中国石化集团茂名石油化工公司
中国石油化工股份有限公司茂名分公司

- 总经理余夕志：追求卓越，建设人民满意、高度负责任、高度受尊敬的世界一流炼化企业。
- 茂名石化创建于1955年，是我国较大的炼化一体化企业之一。原油加工能力2000万吨／年，乙烯生产能力110万吨／年，同时拥有完善的动力、港口、铁路运输、原油和成品油输送管道以及30万吨级单点系泊海上原油接卸等配套系统。
- 企业目标：打造中国石化炼化企业排头兵，把茂名石化建设成为世界一流大型炼化一体化企业和石油化工产业基地。
- 2007—2013年，经济效益连年位列国内同规模炼化企业前列，是中国石化炼化企业排头兵。
- 2012、2013年，销售收入均超过1100亿元。
- 2009年以来，纳税位居广东省前列。其中，2012年，上缴税金241.42亿元，2013年上缴税金263.04亿元，再创新高，并被评为获广东省纳税信用A级纳税人。
- 大力实施绿色低碳战略，着力建设资源节约型和环境友好型企业。“三废”排放合格率保持100%。2013年，获“石油和化工行业能效领跑者标杆企业”、全国绿化模范单位、广东省清洁生产企业、中国石化集团公司节能先进企业和中国石化、全国“安康杯”竞赛示范单位等荣誉称号。
- 近年来，共为社会捐款1609万元。

图片注释

底图为：乙烯夜景；1.余夕志总经理（左一）在现场指导工作；2.茂名石化新建220万吨/年催化裂化装置；3.茂名石化10万吨/年顺丁橡胶装置；4.茂名石化240万吨/年加氢裂化装置。

地址：广东省茂名市双山四路9号大院
邮编：525000
电话：0668—2264248
传真：0668—2269317
网址：www.mpcc.com.cn

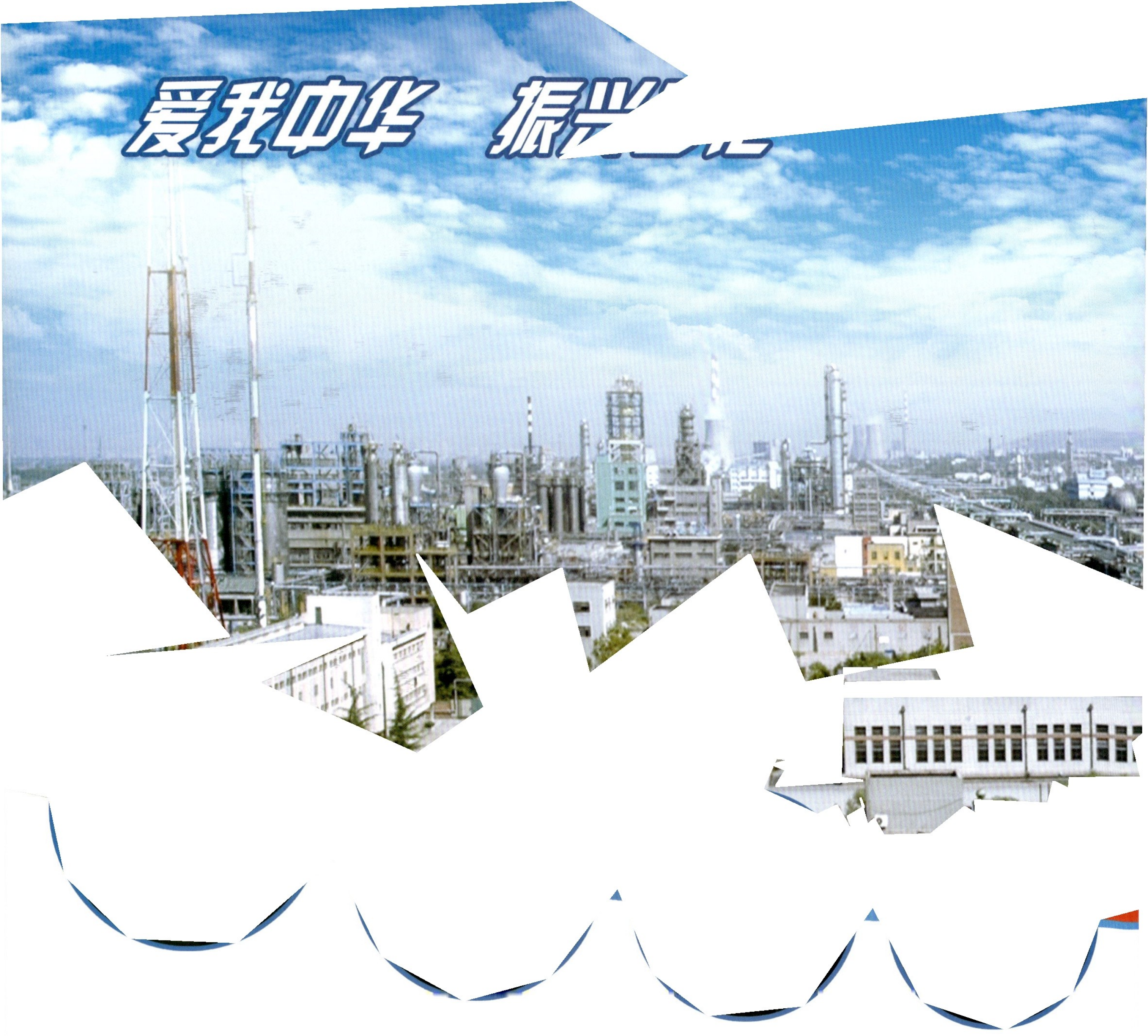

中国石油化工股份有限公司齐鲁分公司

中国石油化工股份有限公司齐鲁分公司（简称齐鲁分公司）、中国石化集团资产经营管理有限公司齐鲁石化分公司（简称齐鲁石化分公司）统称齐鲁石化，隶属中国石化集团公司，位于山东省淄博市临淄区，占地面积二十一点五平方公里。齐鲁石化始建于 1966 年，经过 48 年的建设，现已从起初单一的石油炼制发展成为一家集石油加工、石油化工、煤化工、天然气化工、盐化工为一体，配套、工艺齐全的大型炼油、化工、化纤、化肥联合企业。

目前，齐鲁石化固定资产原值 400 亿元，年营业收入 800 多亿元，拥有大型炼油化工生产装置 112 套。炼油综合加工能力 1050 万吨 / 年，乙烯产能 80 万吨 / 年，化工产品年生产能力为合成树脂 110 万吨、烧碱 45 万吨、橡胶 40 万吨、苯类 45 万吨、醇类 43.5 万吨、腈纶 6.5 万吨、尿素 48 万吨，热电装机容量 50 万千瓦。其中，丁辛醇、丁苯橡胶、聚氯乙烯（乙烯法）的产能位居国内前列，丁辛醇产能独占亚洲鳌头，丁苯橡胶产能为亚洲第二，聚氯

乙烯产能世界排名第五；烧碱和聚氯乙烯产品被评为＂中国名牌＂称号。主要生产汽油、航煤、柴油、沥青、聚乙烯、聚丙烯、聚氯乙烯、合成橡胶、合成纤维、丁辛醇、烧碱、苯类等各种牌号 120 多种石油化工产品。自 1966 年炼油厂建成投产至 2013 年底，累计加工原油 3.03 亿吨，生产乙烯 1350 万吨；完成工业总产值 8426 亿元，上缴利税 969 亿元，为石化工业的发展和地方经济建设做出了重要贡献。

近年来，在中国石化党组的正确领导下，齐鲁石化深入贯彻落实科学发展观，坚持抓管理、提效益，主动转方式、调结构，坚持走内涵发展之路，把企业发展与贡献国家、回报股东、服务社会结合起来。齐鲁石化先后荣获全国科技进步百强企业、全国企业管理＂金马奖＂、全国＂五一＂劳动奖状、全国财会工作先进集体、全国资源综合利用先进单位、全国厂务公开先进集体、全国思想政治工作优秀企业等数十项荣誉称号。

面向未来，齐鲁石化将始终牢记＂爱我中华、振兴石化＂的历史使命，秉承＂团结勤奋、争创一流＂的企业精神，脚踏实地，拼搏进取，全力推进企业的安全发展、清洁发展、和谐发展、科学发展，扎实履行国有企业的经济责任、政治责任和社会责任，为建设＂高度负责任、高度受尊敬＂的世界一流能源化工公司而努力奋斗。

中原石化乙烯原料路线改造（MTO）项目

海南炼化60万吨/年聚酯原料（PX）项目

中国石化山东液化天然气（LNG）项目

黄岛国家石油储备基地工程

中海壳牌南海石化工程PMC项目

（QHSE）管理体系，覆盖范围包括前期咨询、工程设计、EPC/PMC、技术开发、标准编制、安评与环评、工程监理，能为顾客提供全面优质的工程服务。

SEI在催化裂化家族技术、加氢裂化、加氢处理、延迟焦化、减压深拔、制氢、油品储运、乙烯、聚乙烯、聚丙烯、环氧乙烷/乙二醇、丁二烯、芳烃、MTO、S Zorb等品种上，均有自己的专利和专有技术，在所有炼油品种和主要化工品种上形成了自己特色的技术。在天然气、煤和生物能源等替代石油资源的技术开发与工业应用上均取得了重大突破。公司常年保持有效专利近三百项、专有技术一百余项。

SEI入选《工程新闻纪录》（ENR）发布的“全球200强工程设计公司”、“全球225强国际工程承包商”，在全国勘察设计企业百强排名和工程总承包企业百强排名中多次名列前茅，并获得国家工程设计综合资质甲级证书；在中国对外承包工程商会发布的对外承包工程企业信用等级评价中，SEI获得AAA等级。

中国石化塔河炼化有限责任公司

中国石化塔河炼化有限责任公司（简称塔河炼化公司）位于新疆库车县东城石化园区，是由中国石油化工股份有限公司与新疆阿克苏地区共同出资组建的合资公司，2004年4月正式设立中国石油化工股份有限公司塔河分公司。2012年7月26日，为落实中央新疆工作会议精神，推进“产业援疆”工作，改制成立了中国石化塔河炼化有限责任公司。

塔河炼化现拥有炼油生产装置12套，原油加工能力500万吨/年，主要生产90#、93#无铅汽油，0#、-10#、-20#、-35#轻柴油，各标号道路沥青，化工轻油，石油液化气，石油焦，硫磺，石油苯等10余种产品。

塔河炼化自成立以来，高度重视安全环保工作，始终坚持两个文明协调发展。连续五年被中国石化集团公司评为“安全生产先进单位”。塔河炼化已经取得了“一控双达标”合格证，是新疆自治区较早工业污染源主要污染物达标排放企业。十年来，公司累计加工原油2525万吨，实现销售收入965多亿元，上缴税收132多亿元。

今年，恰逢塔河炼化建厂十周年，塔河炼化将按照中国石化集团公司党组的战略部署，全体干部职工发扬“奉献边疆、争创一流”的企业精神，团结奋进、开拓进取、与时俱进、务实创新，为把中国石化建设成为世界一流能源化工公司而努力奋斗。

图片注释

底图为：装置风采；1. 集团公司党组书记，股份公司董事长傅成玉一行到企业调研并亲切慰问干部职工；2. 塔河炼化高度重视环保共走，为驻地构建和谐生态环境做出了应有的贡献。图为该公司化验室员工正在取样监测；3. 载歌载舞赞颂幸福新生活；4. 2010年9月25日，投入运行不久的350万吨装置夜景；5. 南疆明珠-塔河炼化 （全景图）；6. 装置风采。

石油化工科学研究院

石油化工科学研究院（以下简称石科院）成立于1956年7月，是中国石油化工股份有限公司直属综合性科研开发机构，主要从事石油炼制和石油化工技术领域的科学研究与开发、技术许可、技术服务、技术咨询和技术培训。围绕中国炼油工业发展的技术需要，重点开展具有全局性、前瞻性和重大战略意义的关键课题研究。

石科院学科完整，科研开发综合优势突出，业务领域涵盖了炼油工业技术全流程，拥有从原油评价到各项炼油工艺技术及催化剂开发，直到石油产品研制和评价的全炼油厂成套技术的开发实力和研发优势。石科院下设17个研究部门，拥有一支综合技术优势突出的科研队伍，目前职工总数为1246人，各类技术人员959人。其中，中国科学院、中国工程院院士6人，教授级高级工程师114人，高级技术人员468人；博士237人，硕士272人。拥

有近千套中小型炼油和石油化工试验装置及各种化学分析仪器，涉及炼油工艺、石油化工、精细化工和添加剂以及油品应用研究等领域。石科院下设炼油工艺与催化剂国家工程研究中心、石油化工催化材料与反应工程国家重点实验室、国家能源石油炼制技术研发中心、中国石化润滑油评定中心、中国石化水处理技术服务中心等机构。是全国石油产品标准化归口单位，是国家石油产品质量监督检验中心、中国石油学会石油炼制分会的挂靠单位，是《石油学报》、《石油炼制与化工》和英文版的《China Petroleum Processing and Petrochemical Technology》3个科技期刊的编辑、出版单位。石科院下设研究生部和博士后流动站，拥有化学工艺、应用化学专业博士学位、化学工艺、应用化学、工业催化和化学工程专业硕士学位的授予权。

建院至今，共获得部级以上奖励的科技成果881项，国家级奖励128项。其中：国家最高科学技术奖1项、国家发明一等奖2项、国家科技进步特等奖1项，国家科技进步一等奖8项。

2010.9.8 中国石油广西石化 1000 万吨/年炼油工程竣工投产仪式在钦州举行

千万吨炼油项目荣获“IPMA 国际卓越项目管理大型项目金奖”

含硫原油配套工程施工现场

中央控制室

中国石油广西石化公司

中国石油天然气股份有限公司广西石化分公司（简称中国石油广西石化公司）坐落在山青水秀，物阜民丰，被国家批准为中国第六个保税港区，素有北部湾天然良港之称的广西壮族自治区钦州港；是中国石油于 2005 年 9 月为深入落实国家西部大开发战略，优化炼油化工产业布局，建设中国石油广西石化 1000 万吨 / 年炼油工程（以下简称项目）而设立的地区公司。

项目定位于“大规模、短流程、燃料型”，秉承“采用世界先进技术、引入国际领先设计、借鉴国际工程管理、建设世界一流炼厂”的理念，致力于建设“国内领先，世界一流”现代化炼厂。总加工方案采用全加氢型工艺流程，主要工艺技术分别从美国 UOP 公司、DOW 化学公司等国际炼油化工技术专利供应商引进。

项目一次规划，两期建设。一期为低硫原油加工工程（以下简称项目一期），决算总投资 1592389.51 万元，主要包括 1000 万吨 / 年常减压蒸馏、350 万吨 / 年重油催化裂化、220 万吨 / 年蜡油加氢裂化、220 万吨 / 年连续重整、240 万吨 / 年柴油加氢精制、60 万吨 / 年气体分馏、120 万吨 / 年汽油精制、20 万吨 / 年聚丙烯、1 万吨 / 年硫磺回收等十余套主体生产装置，以及公用工程、罐区、码头及码头库区、铁路专用线、钦州 - 南宁成品油管线、100 万方原油商业储备库等配套工程，已于 2010 年 9 月全面投产。二期为高硫原油加工配套工程（以下简称项目二期），主要包括 400 万吨 / 年渣油加氢脱硫装置、200 万吨 / 年柴油加氢改质装置、100 万吨 / 年汽油加氢脱硫装置、26 万吨 / 年硫磺回收装置、14 万标准立方米 / 小时制氢装置、10 万吨 / 年 MTBE 装置等 6 套生产装置以及配套部分公用工程和储运系统。同期建设的产品升级项目包括 80 万吨 / 年航煤加氢精制装置和 40 万吨 / 年轻石脑油异构化装置。概算总投资 70 亿元。

项目一期于 2006 年 6 月 21 日获得国家环评批复；于 2007 年 2 月 12 日获得的正式核准，同年 11 月 8 日破土动工；经过 30 个月的施工建设，于 2010 年 5 月 30 日全面建成中交并进入生产准备阶段，同年 9 月 8 日开厂一次成功。项目二期将于 2014 年上半年全面建成投产。

1000万吨／年常减压蒸馏装置

350万吨／年重油催化裂化装置

气势磅礴的罐区

码头

北部湾畔璀璨的明珠

项目设计采用联合工程设计模式 JEC（Joint Engineering Consortium），既保证了炼厂的先进性，又培养和锻炼了中国石油自己的设计队伍；工程建设采用联合工程管理模式 IPMT（Integrated Project Management Team），实现了安全、质量、进度、投资的全面受控；较早开厂采用联合开工管理模式 ICMT（Integrated Commissioning Management Team），既发挥了中国石油的整体优势，又整合了相关各方的资源，实现了一次开厂成功；生产运行采用矩阵式生产运行模式 SPOM（Specialized & Programmed Operational Matrix），实现了 500 人安全、平稳运行千万吨炼厂的目标。

项目一期自 2010 年 9 月初投产至 2013 年 3 月初停工检修，安稳长满优运行了 30 个月，创造了国内同类型炼厂较早开厂运行的新纪录。在第一个运行周期（30 个月）累计加工原油 2265 万吨，实现营业收入 1298 亿元，实现税费 193.3 亿元。其中，2011 年加工原油 951 万吨，实现销售收入 558 亿元，实现税费 82.7 亿元；2012 年加工原油 895 万吨，实现销售收入 543.6 亿元，实现税费 79.2 亿元。

生产的油品质量除部分柴油外全部达到欧Ⅳ标准；污水排放全部达到国家标准，争创世界一流水平。项目二期于 2014 年上半年全面建成后，将完全具备加工高硫、高酸等各种劣质原油的能力，年加工能力将突破 1000 万吨，年销售收入将达到 600 多亿元，年上缴税费将达到 90 多亿元，生产的油品质量将全部达到欧Ⅳ标准，部分达到欧Ⅴ标准，产品质量以及各项经济技术指标将显著提高，一座与广西秀美山川相和谐的环境友好型现代化炼厂将在北部湾畔为广西经济社会发展加油给力。

整个项目对优化中国石油炼油化工业务布局，提升自身国际竞争力；对改善广西壮族自治区产业结构，促进区域经济发展；对稳定广西成品油市场，满足西南地区成品油市场需求，保障国家能源供应安全具有重要意义。

2010.9.8 中国石油广西石化 1000 万吨/年炼油工程竣工投产仪式在钦州举行

千万吨炼油项目荣获"IPMA国际卓越项目管理大型项目金奖"

含硫原油配套工程施工现场

中央控制室

中国石油广西石化公司

中国石油天然气股份有限公司广西石化分公司（简称中国石油广西石化公司）坐落在山青水秀，物阜民丰，被国家批准为中国第六个保税港区，素有北部湾天然良港之称的广西壮族自治区钦州港；是中国石油于 2005 年 9 月为深入落实国家西部大开发战略，优化炼油化工产业布局，建设中国石油广西石化 1000 万吨 / 年炼油工程（以下简称项目）而设立的地区公司。

项目定位于"大规模、短流程、燃料型"，秉承"采用世界先进技术、引入国际领先设计、借鉴国际工程管理、建设世界一流炼厂"的理念，致力于建设"国内领先，世界一流"现代化炼厂。总加工方案采用全加氢型工艺流程，主要工艺技术分别从美国 UOP 公司、DOW 化学公司等国际炼油化工技术专利供应商引进。

项目一次规划，两期建设。一期为低硫原油加工工程（以下简称项目一期），决算总投资 1592389.51 万元，主要包括 1000 万吨 / 年常减压蒸馏、350 万吨 / 年重油催化裂化、220 万吨 / 年蜡油加氢裂化、220 万吨 / 年连续重整、240 万吨 / 年柴油加氢精制、60 万吨 / 年气体分馏、120 万吨 / 年汽油精制、20 万吨 / 年聚丙烯、1 万吨 / 年硫磺回收等十余套主体生产装置，以及公用工程、罐区、码头及码头库区、铁路专用线、钦州 - 南宁成品油管线、100 万方原油商业储备库等配套工程，已于 2010 年 9 月全面投产。二期为高硫原油加工配套工程（以下简称项目二期），主要包括 400 万吨 / 年渣油加氢脱硫装置、200 万吨 / 年柴油加氢改质装置、100 万吨 / 年汽油加氢脱硫装置、26 万吨 / 年硫磺回收装置、14 万标准立方米 / 小时制氢装置、10 万吨 / 年 MTBE 装置等 6 套生产装置以及配套部分公用工程和储运系统。同期建设的产品升级项目包括 80 万吨 / 年航煤加氢精制装置和 40 万吨 / 年轻石脑油异构化装置。概算总投资 70 亿元。

项目一期于 2006 年 6 月 21 日获得国家环评批复；于 2007 年 2 月 12 日获得的正式核准，同年 11 月 8 日破土动工；经过 30 个月的施工建设，于 2010 年 5 月 30 日全面建成中交并进入生产准备阶段，同年 9 月 8 日开厂一次成功。项目二期将于 2014 年上半年全面建成投产。

中石化第五建设有限公司

SEG SINOPEC FIFTH CONSTRUCTION CO., LTD.

业绩鲁班奖

中石化炼化工程（集团）股份有限公司第五建设有限公司（以下简称五建公司），1953年成立，前身是大连工程公司，1956年搬迁至甘肃省兰州市参加兰州化学工业公司（现为兰州石化）初期建厂工作，2010年12月18日，正式迁驻广州。五建公司是我国较早从事石油化工建设的大型工程建设企业，是中国石油化工集团公司直属大型综合性工程建设企业。具有化工石油工程施工总承包一级企业资质、国外工程承包资质、对外经济合作经营资格资质和建筑行业（建筑工程）乙级、石油化工医药行业（化工工程、石油及化工产品储运）专业乙级设计资质等，正在申报“石油化工工程施工总承包特级资质”。现有员工队伍近3000人，取得各类专业技术职称人员900人，获得国家一级、二级建造师近百人，从事各项管理工作和专业技术人员近千人。

五建公司现具备50亿元/年以上的施工生产能力。能独立承担炼油、化工、化肥、化纤、橡胶、电力、医药、冶金、军工等大中小型装置及配套工程建设任务。在大型设备吊装、大型传动设备（机组）安装、大型储罐安装、大型DCS自动化集散控制系统安装与调试和特种材料焊接等“四大一特”，以及大型锅炉、大型空分、炼油、聚烯烃、甲醇、煤化工等方面，形成了独具特色的技术优势。培养了一大批高级工程技术人员和各专业高级技师。在国家许多重大项目建设中，充分体现了在工程管理、机具装备、专业人才、新技术开发应用等方面的实力和优势。

五建公司在60年的发展历程中，足迹遍布神州大地和海外，立下了一座座丰碑，高标准建成了一大批重点工程建设项目。先后建成近500套大中型装置，为我国的石油化工事业发展做出了突出贡献。用双手托起了共和国石油化工的“长子”—兰州石化，创造了共和国石油化工的多项丰功伟绩。于2006年率先走向“海外”，为中国石化炼化工程海外业务发展立下丰碑，承建的沙特拉比格千万吨/年炼油项目获国家优质工程银质奖。先后获全国“重合同、守信用企业”、“全国五一劳动奖状”、“全国优秀施工企业”、“全国用户满意安装企业”“中国建筑工程鲁班奖”等国家和省部级荣誉190多项。

五建公司面向新世纪发展和社会需要，把成绩作为新的工作起点和动力，以科学发展观统揽大局，坚持走市场国际化、管理现代化、经营集约化发展之路，以“团结、敬业、奉献、创新”为企业精神，以“诚信、规范、双赢”为经营理念，加快“传统业务、高端业务、海外业务”三大业务发展，内强素质，外树形象，以诚信的理念和雄厚的实力，为业主奉献工程精品，为构建和谐社会做出积极贡献，全力打造“世界一流工程建设企业”。

1. 五建公司承建国内单产能最大的煤制氢装置—茂名石化20万标立小时煤制氢装置；2. 五建公司为主体承建的沙特拉比格千万吨/年炼油项目；3. 五建公司承建的兰州石化公司30万吨 / 年合成氨、52万吨 / 年尿素装置，为甘肃省农业建设做出突出贡献。

炼油与石化工业技术进展

（2014）

洪定一　主编

中国石化出版社

内 容 提 要

本书以专题形式，按当前的热点问题分为综述、炼油工艺与产品、化工工艺与产品、三剂、装备技术与信息技术、装置运行与管理、安全与环保、节能减排八个栏目。全书收录有代表性的文章100多篇，由中国石化、中国石油、中国海油等公司所属炼化企业、研究院所和国内其他石油化工相关企事业单位的200多位专家和工程技术人员撰写。

这些文章具有紧密联系企业生产实际，涉及众多当前炼化行业所关注的热点、难点问题的特点，对炼化企业从事生产经营和管理，以及科学研究的技术人员和管理人员有重要的参考价值。

图书在版编目（CIP）数据

炼油与石化工业技术进展. 2014 / 洪定一主编.
—北京：中国石化出版社，2014.10
ISBN 978-7-5114-3073-1

Ⅰ. ①炼… Ⅱ. ①洪… Ⅲ. ①石油炼制-文集②石油化学工业-技术革新-中国-文集 Ⅳ. ①TE62-53
②F426.22-53

中国版本图书馆 CIP 数据核字（2014）第 233217 号

中国石化出版社出版发行
地址：北京市东城区安定门外大街 58 号
邮编：100011　电话：(010)84271850
读者服务部电话：(010)84289974
http://www.sinopec-press.com
E-mail:press@sinopec.com
北京艾普海德印刷有限公司
全国各地新华书店经销
*
880×1230 毫米 16 开本 48 印张 28 彩页 1364 千字
2014 年 10 月第 1 版　2014 年 10 月第 1 次印刷
定价：150.00 元

《炼油与石化工业技术进展》
编 委 会

编者的话

为了及时反映我国炼油与石化工业最新技术进展，中国石化出版社汇编的《炼油与石化工业技术进展》(2014)一书出版了。由于组织、撰稿、审稿、编辑排版等环节均需要时间，因此此版的论文主要反映的是作者们2013年间的实践与进展，编者愿意就此对2013年我国炼油与石化工业技术进展作一简要回顾。

2013年是“十二五”发展计划的第三年，我国宏观经济在中央经济工作会议精神指引下，全年保持了中高速的经济运行，GDP实现56.88万亿元，比上年增长7.7%。2013年我国经济社会的发展为石化产业提供了有活力的内需市场，石化产业通过推进结构调整、加快科技进步和加强经营管理，认真贯彻“稳中求进”的基本方针，持续攻坚克难，克服高油价和经济减速的不利条件，使行业运行总体保持在“平稳向好”的轨迹上，表现出向好明显的积极复苏态势。从运行结果看，2013年我国石化行业在销售收入和经济效益上均实现了难得的两位数的同步增长，取得了令人信服的新进展。

一是石化产业2013年主营业务收入达到11.97万亿元，同比增长10%；其中，炼油行业收入3.47万亿元，增长3.5%；化工行业收入8.10万亿元，增长12.7%。石化产业主营业务收入占全国规模以上工业企业主营业务收入(102.91万亿元)的份额已经超过10%，达到11.63%。

二是经济效益明显改善，石化产业实现利润大幅增加。2013年石化全行业实现利润总额4981亿元，同比增长22.4%。其中，炼油产业扭亏为盈，实现利润400亿元，同比上升423亿元；化工产业实现利润4308亿元，同比增长12%。

三是2013年石化生产取得良好业绩，炼油平稳，乙烯向好。原油加工量达到4.786亿吨，同比增加3.3%；生产成品油2.96亿吨，同比增长4.4%；其中，汽油产量为9833.3万吨，同比增加9.5%；煤油产量为2509.6万吨，同比增加16.4%；柴油产量为1.73亿吨，同比增加0.3%。还生产了石脑油(化工轻油)2867.8万吨，增长4.7%，生产了燃料油2557.2万吨，增长8.3%，生产了液化石油气2500.4万吨，同比增长9.2%。乙烯产量达到1623万吨，增长8.5%，丙烯产量为1460万吨，增长11%；生产合成树脂5837万吨，增长11%；生产合成橡胶409万吨，增长6.3%，生产合成纤维3739万吨，同比增长7.1%；生产化肥7154万吨，同比增长4.9%。

四是我国石化产业建设世界一流2013年取得新进展。炼油能力达到6.27亿吨/年，保持世界第二；炼油综合能耗又有所降低，镇海炼化为44.64千克标油/吨，中海油炼油板块为45.60千克标油/吨。乙烯产能达到1872.5万吨/年，位列世界第二；乙烯综合能耗也有所降低，茂名石化由两条生产线构成的100万吨/年大乙烯装置的综合能耗为527.92千克标油/吨；天津中沙石化100万吨/年大乙烯为531点67千克标油/吨。芳烃生产位列世界一流，PX产能达到1110.8万吨/年，在全球4100万吨/年的产能中占到27%的份额，超过美国、韩国、日本等PX主要生产国，产能位于世界第一，当年PX产量达到830万吨；三大合成材料生产位列世界前茅，聚乙烯产能达到1350万吨/年，聚丙烯产能达到1400万吨/年，全年共生产合成树脂5837万吨；合成橡胶生产能力达到509万吨/年，列世界第一。

五是我国石化产业2013年产业转型和科技创新取得新进展。产业转型上，现代煤化工顺利融入石油化工生产体系，开始成为能源化工的重要补充，煤气化制氢进入工业推广、煤制烯烃(MTO)、煤制油、生物航煤等工业示范项目相继成功，甲醇制芳烃流化床工艺万吨级工业试验进展可喜。产品升级和化工新材料开发上取得新进展，2013年底，我国主营炼厂经过提级改造，均已经具备生产国Ⅳ汽油的能力，汽油中硫含量降到50ppm以下，2014年1月1日起全国已经使用与美国现行正在使用的汽油相当的国Ⅳ汽油；车用柴油质量全面向国III标准升级，全国炼厂将于2014年底起向全国供应国IV标准的车用柴油；茂金属气相法耐热聚乙烯(PE-RT)管材料在齐鲁石化实现了工业生产并通过产品认证；溴化丁基橡胶产品在燕山石化我国首套3万吨/年装置实现了工业生产；常州中简科技和上海石化等企业的高档碳纤维生产技术开发取得进展，2013年生产的T700级碳纤维已经处于我国航空领域稳定供货阶段，T800级高性能碳纤维也突破了工程化技术。石化生产装置成套技术开发上成效显著，200万吨/年高能效(SHEER)加氢成套技术开发获得成功；200万吨/年液相循环加氢装置生产出总硫含量为3mg/kg的精制柴油；用于生产国V汽油的核心技术——第二代S Zorb技术由SEI开发成功，将建成15套装置；首次采用拥有我国全部自主知识产权的乙烯技术和国产“三机”建成的武汉石化80万吨/年大乙烯装置顺利投产；开发自主产权大型联合芳烃技术取得成功，用此国产技术在海南炼化建成的60万吨/年联合芳烃装置运行良好；清洁生产技术上，拥有自主知识产权的催化再生烟气脱硝除尘脱硫技术在镇海炼化180万吨/年重油催化装置成功投用，到2013年2月初，已实现烟气脱硝、除尘、脱硫整体投运和烟气的达标排放，净化气中的NO_x浓度小于$40mg/m^3$。

六是中国石化和中国石油两大集团在《财富》世界500强企业2013年排名中均提升一位，分别高踞第3位和第4位。2013年中石化加工原油2.32亿吨，生产乙烯998万吨、合成树脂1373万吨、合成橡胶96万吨；中国石油全年加工原油1.35亿吨，生产乙烯398万吨。

我国石化工业2013年也经历了一系列严峻的挑战，针对原油对外依存度达到57.4%新高(进口原油2.82亿吨)、国际原油价格高企、炼油产能显现过剩、美国页岩气对东亚乙烯产业造成的严重冲击、PX焦虑事件等一系列难点热点问题，我国石化企业践行高油价下石化产业降本增效模式，包括改进原油资源获取机制；调整装置结构，提高加工较低成本原油的能力；开展炼油全流程优化工程，提高渣油使用价值，渣油加工按效益分配；加大乙烯原料石脑油的替代力度，降低乙烯原料成本等，以上的对策措施都起到了很好的作用。此外，通过加大石化科普力度和严格企业清洁生产责任，缓解了社会对PX的焦虑。

进入2014年，世界经济形势逐步缓慢向好，国际油价走势受美国经济数据提振保持高位振荡，我国石化产品内需势头不减，我国经济将持续稳步发展，预计GDP增速与上年持平或略低；由于产能过剩影响，经济效益下滑开始显现，我国经济运行进入新常态。我国石化产业在2014年的实际运行中，将依托这些重要基础，遵循着重本质安全、重视节能减排、推行绿色低碳、加快结构调整的理念；继续创新运用行之有效的高油价下石化产业降本增效模式和经验，持续攻坚克难，克服产能过剩，决胜市场竞争，在不断提高经济效益方面取得新业绩；在发挥企业技术创新主体作用、产品结构向高端加基础转变方面取得新进展，满足对优质成品油、船用燃料油、重交道路沥青、三大通用合成材料、高性能化工新材料在内的石化产品的需求；在践行可持续发展、加快原料结构向能源化工转变方面取得新突破。

依据2014年上半年的运行实践，可以预见2014年我国石化行业总体运行将趋稳向好。同时，毋庸讳言，我国石化行业在下半年继续面对着国际油价高企、低成本页岩气乙烯和化学品市场同质化竞争的严峻挑战，需要进一步调整产能结构、优化乙烯原料结构和产品结构，进一步细化落实差异化与绿色低碳战略。因此，石化产业2014年能否持续上年的稳定向好态势还存在不少变数，还需要下真功夫、出大力气。经过2013年的洗礼和考验，我国石化行业有信心继续攻坚克难，灵活运用高油价、较低经济增速条件下保持石化产业稳定向好的做法与经验，为2014年我国宏观经济健康稳定发展作出支柱产业应有的贡献。

为了及时反映上述国内和国际石油炼制和石油化工产业在生产经营、工程建设、技术改进与创新以及可持续发展等方面的成果，为炼化企业科技和管理人员提供一个技术与管理经验的交流平台，《炼油与石化工业技术进展》(2014)一书以专题形式，结合当前的热点问题，设立了综述、炼油工艺与产品、化工工艺与产品、三剂、装备技术与信息技术、装置运行与管理、安全与环保、节能减排等八个栏目。全书收录有代表性的文章100多篇，由中国石化、中国石油、中国海油、延长石油、神华集团等公司所属炼化企业、研究院所和国内其他石油化工相关企事业单位的200多位专家和工程技术人员撰写。这些文章具有紧密联系企业生产实际，涉及众多当前炼化行业所关注的热点、难点问题的特点，对炼化企业从事生产经营和管理，以及科学研究的技术人员和管理人员有重要的参考价值。

为了加强对本书编写组织工作的领导，提高本书收录论文的水平，出版社和编辑部邀请了徐承恩、胡永康两位院士担任技术顾问，中国石化、中国石油、中国海油等单位技术部门的有关负责人担任编委，同时特邀部分炼化企业和相关单位的技术负责人担任特邀编委。在此，谨向他们以及众多关心支持本书出版的各级领导、专家和一线的同志们表示衷心感谢！

按照本书的编制原则，编辑部将在2015年继续组织本书新版的编写出版工作。主要收录三方面的文章：

一是增强炼油创效能力的技术支撑：包括紧贴市场需求和贯穿分子炼油理念的炼油全流程持续优化的技术与方法进展；达标生产国四国五汽油柴油的质量升级技术及配套的高辛烷值组分等生产技术进展；装置长周期安全运行保障及节能节水技术进展；重质劣质原油加工技术进展及加工实践；广谱炼油产品差异化及高附加值化进展。

二是基于一体化优势调整乙烯芳烃原料结构，稳定乙烯产业链和芳烃产业链的技术支撑：乙烯原料通过轻质化、多元化与优质化来降低乙烯成本的运行进展与配套技术。包括油田轻烃、天然气液(NGL)以及凝析油作乙烯原料实践进展；炼厂轻烃采集与处理技术及用作乙烯原料的实践进展；FCC干气提浓作乙烯装置进料的技术改进与实践进展；乙烯主体原料轻石脑油改质(提环)及加氢尾油提质(降BMCI)技术进展及实践成效；饱和LPG处理技术及用作乙烯原料的实践进展；以及烯烃、芳烃产业链通过进一步加快产品结构调整、提高固体产品技术含量、差异化生产液体产品以及节能降耗等技术措施加快脱困的工业实践进展。

三是碧水蓝天行动与可持续发展的技术支撑：包括向都市型清洁炼厂和国际一流炼厂转型的实践进展；排烟气装置(FCC、CFB等)烟气脱硫脱硝除尘技术及工业实施进展；炼化装置及污水处理场消除异味技术和实施进展；石化产业介入现代煤化工(煤制油、煤制氢气/合成气、煤基乙烯/丙烯、煤基芳烃、煤基乙醇/乙二醇)的技术进展与工业示范；生物质航煤与生物柴油工业示范进展。

欢迎广大炼化企业、科研院所以及相关单位的科技人员、管理人员积极关注和支持，同时我们也会逐步扩大征稿范围，吸收更多炼油和化工企业的从业人员和相关大专院校专家、学者的优秀论文和科研成果，并注意适当引入国外先进技术和成果。我们真诚地期望，本书能够起到有利于为国内炼油和石油化工企业、科研设计单位搭起一座相互沟通交流的桥梁，以技术创新推动为导向，为推进我国炼油与石化工业的技术进步和提高出炼化产品市场竞争力多做贡献。

主编　洪定一

2014年9月23日

《炼油与石化工业技术进展》(2015版)投稿热线：

电话：010-84289921；

邮箱：tianxi@ sinopec. com；

地址：北京市东城区安外大街58号，中国石化出版社(100011)。

目录

综述

炼油工艺与产品

化工工艺与产品

三 剂

装备技术与信息技术

装置运行与管理

安全与环保

节能减排

综　　述

FRIPP 清洁柴油生产技术进展

郭 蓉 方向晨 周 勇 刘继华

（中国石化抚顺石油化工研究院，辽宁抚顺 113001）

摘 要：为满足炼油企业生产国Ⅳ及欧Ⅴ标准清洁柴油的需要，抚顺石油化工研究院通过对直馏柴油、催化柴油及焦化柴油的硫化物分布、硫形态及芳烃等精细组成分析，针对不同原料油性质及其反应途径的不同，开发了分别适合直馏柴油、二次加工柴油及直柴与二次加工柴油混合油超深度脱硫的 FHUDS 系列催化剂；针对不同来源柴油组分加氢精制目的及加氢装置不同反应区域反应条件的差别，为了更好地充分发挥不同类型催化剂的优点以提高催化剂使用效果，开发了不同体系催化剂选择及级配的 S-RASSG 柴油超深度脱硫技术；针对降低装置投资费用及操作能耗，开发了 SRH 柴油液相循环加氢工艺技术。这些催化剂及新技术已在国内外 39 套柴油加氢装置成功应用，满足了炼油企业生产国Ⅲ、国Ⅳ及国Ⅴ标准清洁柴油的需要，并为北京、上海等地区柴油质量升级提供了良好的技术支撑。

关键词：清洁柴油 深度脱硫催化剂 级配技术 加氢工艺 工业应用

1 前言

随着国民经济的快速发展，市场对石油化工产品需求量不断增加，使得我国进口含硫原油加工量呈逐年上升的趋势。另一方面，随着环保法规的日趋严格，对汽柴油产品质量的要求越来越苛刻，尤其是对汽柴油中硫含量的要求更为严格。柴油的低硫化及大量进口高硫油，使得有更多原来用于调合的轻直馏柴油需要进行加氢脱硫处理，才能满足柴油质量升级的要求。

此外，我国炼油能力的不断增加，使得重质燃料油产量也逐年增加，但市场对燃料油的需求却相对稳定，为了节约有限的石油资源，需要尽可能把增加的燃料油等重质油品转化为市场需求的轻质石油化工产品。为了满足包括燃料油在内的重质原料油深度加工的需要，国内外采用焦化深拔技术及新建渣油加氢处理装置等应对措施。如我国目前渣油加氢处理能力是 13.3 Mt/a，2012 年将超过 20Mt/a。重质油品深度加工技术的发展意味着需要加氢精制的二次加工柴油如催化柴油及焦化柴油的比例将不断增加。此外，随着原油的重质化、劣质化及我国进口含硫原油加工量呈逐年上升的趋势，也使得柴油原料中的硫、氮及胶质等杂质含量增加。另一方面，随着环保法规的日趋严格，对柴油产品质量的要求越来越苛刻，尤其是对柴油中的硫含量、十六烷值及多环芳烃含量的要求更为严格。二次加工柴油必须经过深度加氢精制才能满足高规格的柴油质量指标要求。

随着柴油的低硫化，加氢精制技术显得越来越重要。尽管可以通过提高反应温度、降低反应空速、改建或新建装置增加反应器体积、增加循环氢脱 H_2S 装置、降低馏分切割点及采用更高活性催化剂等方式来提高脱硫深度，但提高反应温度会增加能耗和缩短催化剂使用寿命，降低反应空速会降低处理量，改建或新建装置会增加装置投资及催化剂用量，相比之下，最经济和简便的方法是根据装置工况条件选择最适合的高活性柴油深度加氢脱硫催化剂。

在柴油加氢精制催化剂研发领域，近几年世界各开发机构相继采用新技术推出了高活性的柴油深度脱硫催化剂。研发的催化剂主要有两种类型：Mo-Co 型和 Mo-Ni 型。其中，Mo-Co 型催化剂主要用于低压装置及以直馏柴油为主原料油的深度脱硫，而 Mo-Ni 型催化剂主要用于以二次加工柴油为主原料油的加氢精制及超深度脱硫。如 Albemarle 公司 1998 年采用“超Ⅱ型活性中心(STARS)”技术推出的 KF-757、KF-767 及新推出的 KF-770 Mo-Co 催化剂，Mo-Ni 型 KF-846、KF-848 及新推出的 KF-860 催化剂。Tops φe 公司采用其专有 BRIM™技术开发了 Mo-Co 型 TK-574 及 TK-576 催化剂，Mo-Ni 型有 TK-559、TK-575TK-607 及 TK-609 等催化剂。其中，TK-575、TK-607 及 TK-609 催化剂主要用于劣质柴油及高压装置的超深度加氢脱硫。TK-575 BRIMTM 催化剂的反应温度比 TK-573 降低 5~7℃。Criterion 公司开发了 CENTINEL GOLD 和 ASCENT 两类新催化剂。CENTINEL GOLD 是一类Ⅱ型 Co-Mo-S 和 Ni-Mo-S 活性中心催化剂，典型的催化剂有 DN-3330 及 DN-3636 等 Mo-Ni 催化剂和 DC-2118、DC-2318 等 Mo-Co 催化剂。DN-3330 催化剂设计用于中-高压系统，适用于宽范围的 ULSD 操作，该催化剂有很高的生产 ULSD 活性，适于有足够氢气时使用，一般推荐用于高压装置，处理含大量裂化进料、高含氮、高沸点的重质/劣质原料。DN-3330 催化剂的反应温度比 DN-3110 降低 9~11℃。ASCENT 是用改进的载体制备方法和专用的浸渍技术制备的一类新催化剂。氧化铝表面积得到优化，活性金属的分散度很高，单位催化剂活性金属表面水平最高，Ⅰ型和Ⅱ型活性中心的混合得到优化，其代表催化剂为 DC-2531 和 DN-3551，比 CENTINEL 催化剂活性高 20%。这些新技术满足了生产超低硫柴油(ULSD)的需要。

为了满足加工更多高硫直馏柴油及性质更差的二次加工柴油生产符合欧Ⅲ及欧Ⅳ排放标准低硫柴油的要求，抚顺石油化工研究院(以下简称 FRIPP)加快了开发柴油深度加氢脱硫催化剂的开发步伐。通过改性氧化铝载体的成功开发、活性组分优化组合、载体孔道优化、活性金属分散技术的改进及金属与载体相互作用的深入研究，自 2005 年以来，分别针对混合柴油、直馏柴油/二次加工柴油等原料油，又相继开发了 FH-UDS、FHUDS-2、FHUDS-3、FHUDS-5 及 FHUDS-6 等系列柴油深度加氢脱硫催化剂、S-RASSG 催化剂选择及级配技术、SRH 柴油液相循环加氢等新工艺技术，并在国内 40 多套大型柴油加氢装置成功应用。

FRIPP 近年来开发的 FHUDS-5 催化剂及 S-RASSG 级配技术得到了国内外的一致好评。特别是 2009 年开发的 FHUDS-5 催化剂，在国外市场竞争中通过了挪威 STATOIL、法国 TOTAL、匈牙利 MOL、英国 BP、意大利 ENI 等国外著名石油公司评价体系的性能测试，表现出了较强的性能优势。FHUDS-5 催化剂于 2009 年在英国 BP 公司测试中心与世界一流催化剂进行了对比性能测试，在主要性能相当的情况下，FHUDS-5 体现出更好的超深度脱硫活性；单独 FHUDS-5 及 FHUDS-2/FHUDS-5 组合的 S-RASSG 技术于 2011 年 8~9 月在匈牙利 MOL 公司的性能测试结果也得到高度认可，尤其是 S-RASSG 技术的 FHUDS-2/FHUDS-5 组合体现出很好的超深度脱硫活性和稳定性，可以很好地满足该公司提出的技术要求，被评为顶级(Top tier)；单独 FHUDS-5 还被挪威 STAROIL 公司评为顶级。FHUDS-3 催化剂在印度 IOCL 公司与国外托普索、雅宝、标准等知名公司同台竞标中成功中标，于 2011 年 5 月工业应用，在总压 5.6MPa、体积空速 2.0h^{-1}等条件下实现了长周期稳定生产欧Ⅳ标准柴油的工业应用，其使用效果得到用户的高度认可，至 2014 年 3 月，已稳定运行 34 个月。FHUDS-5 催化剂已在捷克 Paramo 炼厂与国外托普索、雅宝、标准等知名公司同台竞争中标，并成功实现低压下长周期稳定生产硫含量小于 10μg/g 超低硫柴油的工业应用，其活性也优于上两个周期使用的国外同类型催化剂。

FRIPP 与洛阳工程公司合作开发的 SRH 柴油液相循环加氢技术具有操作能耗低及投资费用相对较低等特点，于 2009 年率先在长岭分公司利用现有装置改造建成国内第一套 200kt/a 液相循环加氢工业示范装置并成功应用，相继在在九江分公司建成 1500kt/a 柴油液相循环加氢装置、在湛江东兴建成 2000kt/a 柴油液相循环加氢装置及在胜利石化总厂建成 1000kt/a 液相加氢装置并投入工业应用。

此外，针对高芳烃催化柴油十六烷值低、芳烃含量高、密度大，影响柴油质量升级的问题，FRIPP 开发了 FD2G 高芳烃催化柴油加氢转化生产高辛烷值汽油或芳烃抽提原料等高附加值产品技术，于2013年9月底在金陵分公司加氢裂化装置实现工业应用，柴油馏分十六烷值提高10个单位以上，可生产40%左右、辛烷值大于91的清洁汽油调合组分，在提高柴油质量的同时，经济效益显著，为企业加工劣质催化柴油提供了一条经济合理的加工路线。

国外机构对FRIPP柴油超深度脱硫催化剂的活性评价结果及在国外的工业应用结果表明，FRIPP柴油深度加氢脱硫催化剂及工艺技术总体上已达到了当前国内外同类技术领先水平。

2 FRIPP柴油深度加氢脱硫催化剂进展

2.1 柴油深度加氢脱硫途径及催化剂的基本选用原则

柴油深度和超深度加氢脱硫在反应机理上与常规的加氢脱硫有着很大的差异。当进行深度脱硫时，面临的是柴油馏分中结构相对复杂且有位阻效应的硫化物(如4，6-二甲基二苯并噻吩及2，4，6-三甲基二苯并噻吩类)。常规的加氢脱硫分加氢途径和直接脱硫途径两种，而在脱除有空间位阻效应的硫化物时则同时存在上述两种过程，并根据原料油的组成、装置的操作条件不同而存在不同的主次之分。例如，以直馏柴油为主原料油的深度脱硫，主要遵循直接脱硫途径；而催柴、焦柴等劣质原料油由于多环芳烃及氮含量高，除了深度脱硫外还有芳烃饱和及十六烷值提高等要求，此类原料油的深度脱硫主要遵循加氢后再脱硫的反应途径。因此，不同原料油的深度脱硫应设计有不同活性组分的加氢脱硫催化剂，这样才能满足在最为经济合理的条件下加工不同原料油生产低硫柴油的企业需要，真正做到“量体裁衣”地为企业提供合适的催化剂体系。

在催化剂的选用方面，一般地讲，如果加氢途径是主要的，应选用钼镍型催化剂。该途径的特点是选用的催化剂加氢活性高，产品密度改进大，但它受反应热力学平衡的限制，在中压下不可能采用较高的反应温度。如果直接脱硫途径是主要的，则应选用钼钴型催化剂。该途径的特点是氢耗低，可在较高的加权平均床层温度下操作，使产品硫含量达到10μg/g以下。例如，采用高活性的钼钴型催化剂就可以在低氢耗下实现对直馏柴油为主原料油的深度脱硫。

2.2 FHUDS系列柴油深度加氢脱硫催化剂介绍

2.2.1 FHUDS系列柴油深度加氢脱硫催化剂的设计思路

为了指导新催化剂的设计和开发，文章对不同柴油进行了硫结构及质谱等详细分析表征。芳烃质谱分析数据见表1，硫含量及硫化物分析数据见表2及图1。

表1 不同柴油芳烃含量对比数据

油品名称	常二线柴油	常三线柴油	焦化柴油	茂名催化柴油
总芳烃/%	22.0	28.2	39.2	63.6
单环芳烃/%	12.7	13.5	19.7	12.9
二环芳烃/%	8.9	12.5	16.2	42.6
三环以上芳烃/%	0.4	2.2	3.3	8.1
多环芳烃比例/%	42.3	52.1	49.7	79.7

表2 不同柴油硫含量及硫化物分析数据

油品名称	常二线柴油	常三线柴油	焦化柴油	茂名催化柴油
硫含量/%	0.45	0.96	1.61	1.71
4，6-二甲基二苯并噻吩(4，6-DMDBT)/(μg/g)	4.2	192	154	210
C_3DBT/(μg/g)	0	506	790	920
DMDBT总量/(μg/g)	13.4	4817	13900	15000
DMDBT比例/%	0.30	50.17	86.37	87.85

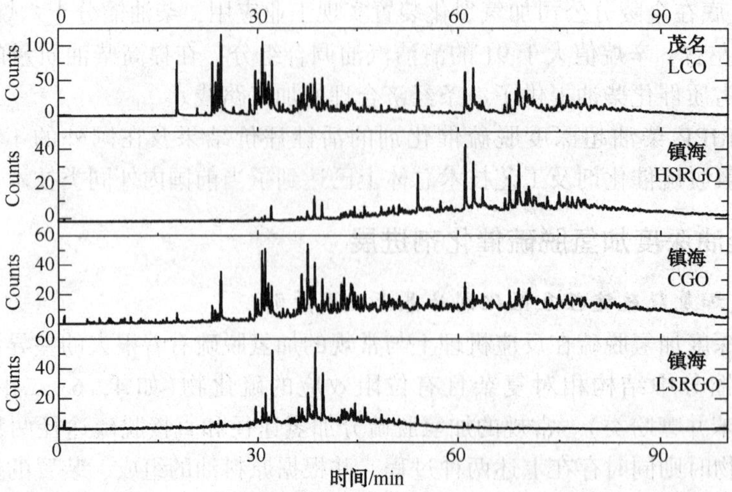

图1　不同原料油所含硫化物的硫结构图

从表1及图1可见，在常二、常三、焦柴及催柴四种柴油中，常二线轻柴油中硫、多环芳烃含量相对低，含取代基的二苯并噻吩类难脱除的硫化物含量仅为13.4μg/g，只占总硫含量的0.3%，适合采用低氢耗的Mo-Co型催化剂进行超深度脱硫；常三线柴油中硫含量是常二线柴油的二倍，而催柴及焦柴中硫含量接近常二线柴油的4倍，需要脱除的硫化物大幅度增加；此外，从图1中硫结构分析结果看，尽管常三线柴油中硫含量没有焦柴高，但从硫结构分析图可以看出，结构复杂的硫化物的含量高于焦柴中含量，表明常三线柴油生产超低硫柴油时的脱硫难度甚至会高于焦化柴油。

此外，从表1还可看出，直馏柴油中芳烃含量低于30%，常二线轻柴油中以单环芳烃为主，但常三线直柴中多环芳烃含量超过总含量的50%，焦化柴油芳烃含量明显高于直馏柴油，多环芳烃约占总含量的50%，而催化柴油中芳烃含量高达63.6%（MIP催柴芳烃含量甚至超过75%），多环芳烃占79.7%。可见，与直柴相比，焦化柴油及催化柴油芳烃含量大幅度增加，尤其是多环芳烃含量增加更为明显，深度脱硫时位阻效应影响更显著，增加了超深度脱硫的难度。

因此，针对焦柴、直柴及催柴等原料油硫结构和芳烃含量的不同，为满足加工不同原料油实现超深度加氢脱硫，应设计不同类型的深度加氢脱硫催化剂。对于直馏柴油为主的原料油的深度脱硫，应设计直接脱硫活性好的氢耗低的Mo-Co型催化剂，而焦柴、催柴等劣质柴油超深度加氢脱硫催化剂则需要重点提高催化剂的加氢活性和脱氮活性，同时催化剂的孔结构应更适合结构复杂的大分子硫化物的脱硫反应。

FRIPP针对不同原料油深度脱硫的反应特点，在成功开发FH-5、FH-98、FH-DS等催化剂的基础上，通过载体孔结构调变、助剂改性调变载体表面性质、活性金属优化组合及负载方式的改进等多种措施，进一步提高了活性中心数及其本征活性，开发了FHUDS系列5个牌号的催化剂及S-RASSG级配技术。即：针对直柴及二次加工柴油混合油的深度脱硫，2005年开发了W-Mo-Ni-Co型FH-UDS催化剂，2010年开发了S-RASSG催化剂级配技术；针对加工催柴、焦柴等劣质柴油满足生产硫含量<10μg/g无硫柴油的需要，开发了W-Mo-Ni型FHUDS-2和FHUDS-6催化剂；针对直馏柴油的深度脱硫，开发了直接脱硫活性好、氢耗低、具有烷基转移功能的Mo-Co型FHUDS-5催化剂，可有效减少高温下加氢途径受热力学平衡影响。尤其S-RASSG级配技术，更适合直柴掺兑部分二次加工柴油混合油的超深度脱硫，并在上海石化实现高空速条件下长周期稳定生产国Ⅳ标准柴油的工业应用。FHUDS系列催化剂及S-RASSG级配技术的成功开发，真正为炼油企业未来如何合理安排加氢装置原料油构成以满足在最为经济合理的条件下生产欧Ⅲ、欧Ⅳ和欧Ⅴ清洁柴油提供了有力技术支撑。

2.2.2 FHUDS 系列柴油深度加氢脱硫催化剂的反应性能

2.2.2.1 FH-UDS 柴油深度加氢脱硫催化剂

为了满足炼油厂生产硫含量<50μg/g 清洁柴油的需要，以适应即将实施的欧Ⅳ排放标准要求，FRIPP 在成功开发了 FH-DS 催化剂的基础上，于 2005 年开发了 FH-UDS 新一代高活性柴油超深度加氢脱硫催化剂。通过制备更大孔容及比表面积的新型改性氧化铝载体、增加催化剂活性中心点、对活性金属组分进行更为合理的匹配及负载方式研究等改进措施，使得 FH-UDS 催化剂具有更为优异的加氢脱硫活性。FH-UDS 催化剂以新型改性氧化铝为载体，以 W-Mo-Ni-Co 为活性组分，使得催化剂同时具有 Co-Mo 催化剂低压加氢脱硫活性好和 Ni-Mo/Ni-W 催化剂脱氮、芳烃饱和及超深度加氢脱硫活性高的特点，其加氢脱硫相对活性比 FH-DS 提高了 50%~159%，更能满足企业生产清洁柴油的需要。

2.2.2.2 FHUDS-2 柴油超深度加氢脱硫催化剂

为满足炼厂可生产硫含量符合欧Ⅳ和欧Ⅴ排放标准的清洁柴油(硫含量<10μg/g)的需要，针对炼厂对催化、焦化等二次加工柴油进行超深度加氢脱硫的要求，FRIPP 又适时开发了加氢性能好、脱氮及超深度加氢脱硫活性好的 W-Mo-Ni 型 FHUDS-2 催化剂。该催化剂是在总结先期催化剂研制经验的基础上，采用含酸性组分的改性氧化铝为载体、添加络合剂改善活性金属分散状态、改进活化方式及更新浸渍技术、调变载体与金属间相互作用，并采用其他多项改进措施而开发的新一代柴油超深度加氢脱硫催化剂。表 3~表 5 列出了 FHUDS-2 与 FH-UDS 及国外同类型参比催化剂生产清洁柴油时的活性对比数据。

表 3 处理茂名混合油时 FHUDS-2 与 FH-UDS 催化剂的性能对比

催化剂		FHUDS-2	FH-UDS	FHUDS-2	FH-UDS
工艺条件					
氢压/MPa		6.0		6.4	
氢油体积比		350		500	
体积空速/h^{-1}		2.5		1.5	
反应温度/℃		基准		基准	基准+7
油品名称	原料油	精制油	精制油	精制油	精制油
硫/(μg/g)	12200	165	535	7.5	9.6
氮/(μg/g)	288	12.7	53	1.0	2.0
总芳烃/%	36.3	29.7	32.5	26.2	30.9
多环芳烃/%	17.8	6.8	8.7	4.0	6.1

表 4 FHUDS-2 与国外参比催化剂处理镇海混合油的活性水平对比

催化剂		FHUDS-2	FH-UDS	国外参比剂 1
氢分压/MPa		6.4	6.4	6.4
LHSV/h^{-1}		1.5	1.5	1.5
平均反应温度/℃		基准	基准+15	基准
原料油构成/%	13.5%焦化石脑油+62.2%常三线直柴+24.3%MIP 催柴			
油品名称	原料油	精制油	精制油	精制油
密度(20℃)/(g/cm^3)	0.8481	0.8280	0.8289	0.8285
馏程范围/℃	76~376	74~359	75~371	75~366
T50%/℃	281	265	272	270
T95%/℃	365	355	356	355
氮含量/(μg/g)	285	1.0	1.0	1.5
硫含量/(μg/g)	11000	4.8	2.5	10.6
HDS 相对体积活性		169		100

表 5　FHUDS-2 与国外参比催化剂处理镇海混合油的活性水平对比

原料油构成	13.5%焦化石脑油+62.2%常三线直柴+24.3%MIP 催柴				
催化剂		FHUDS-2	国外参比剂 2	FHUDS-2	国外参比剂 2
氢分压/MPa		6.4		6.4	
LHSV/h^{-1}		1.5		2.0	
平均反应温度/℃		基准-5		基准+10	
油品名称	原料油	精制油	精制油	精制油	精制油
密度(20℃)/(g/cm^3)	0.8481	0.8284	0.8288	0.8286	0.8293
馏程范围/℃	76~376	75~361	75~367	75~362	75~367
T50%/℃	281	268	272	270	274
T95%/℃	365	358	361	360	362
氮含量/(μg/g)	285	1.0	2.0	1.0	3.0
硫含量/(μg/g)	11000	39.0	65.0	8.5	32.0
HDS 相对体积活性		147	100	227	100

表 3~表 5 结果表明，生产硫含量<10μg/g 无硫柴油时，FHUDS-2 催化剂比国内外参比催化剂具有更高的超深度加氢脱硫活性，反应温度比 FH-UDS 催化剂低 7℃以上，比国外 Mo-Ni 型参比剂 1 高 69%，比参比剂 2 高 47%~127%，同时，FHUDS-2 催化剂的芳烃饱和活性也明显优于 FH-UDS 催化剂。

2.2.2.3　FHUDS-3 低氢耗柴油深度加氢脱硫催化剂

柴油低硫化的发展趋势使得原来可用于直接调和出厂的直馏柴油也需要经加氢脱硫才能满足新的柴油质量要求，因此，针对未来以直柴为主原料油的深度脱硫，FRIPP 在成功开发 FH-UDS 催化剂的基础上，通过载体调变、活性金属优化及负载方式的改进等多种改进措施，又开发出 Mo-Co 型 FHUDS-3(原编号 FHDS-6)柴油深度加氢脱硫催化剂。FHUDS-3 催化剂尤其适合在高空速、低氢耗条件下加工直馏柴油生产欧Ⅳ标准清洁柴油。FHUDS-3 催化剂生产硫含量<350μg/g 和<50μg/g 清洁柴油时的活性对比(FH-UDS)结果见表 6。

表 6　FHUDS-3 与 FH-UDS 催化剂的活性对比

催化剂		FHUDS-3	FH-UDS	FHUDS-3	FH-UDS
工艺条件					
氢分压/MPa		6.0		6.4	
氢油体积比		350		500	
体积空速/h^{-1}		2.5		1.5	
反应温度/℃		基准		基准+3	
油品名称	原料油	精制油	精制油	精制油	精制油
硫/(μg/g)	19817	282	535	30	45
氮/(μg/g)	256	32	53	2.0	3.2
脱硫相对体积活性		152	100	130	100

表 6 结果表明，尽管 FHUDS-3 催化剂以 Mo-Co 为活性组分，但生产硫含量符合欧Ⅲ或欧Ⅳ排放标准低硫柴油时，其加氢脱硫相对体积活性仍比 FH-UDS 催化剂提高了 30%以上，更适合加工以直馏柴油为主的原料油来生产欧Ⅲ或欧Ⅳ排放标准的清洁柴油。

2.2.2.4 FHUDS-5 低氢耗柴油深度加氢脱硫催化剂

柴油超深度脱硫的难点在于4，6-二甲基二苯并噻吩(4，6-DMDBT)类具有空间位阻的硫化物的脱硫。通过对该类硫化物各种反应历程的研究，认为烷基位置转移消除空间位阻效应后再氢解脱硫是更科学经济的脱硫途径，尚未见有系统性实际应用研究报道。为了实现烷基转移脱硫，从微观层面控制催化材料结构，使得载体酸性质得以突破，满足了烷基转移反应要求。为开发具有烷基转移功能的催化剂打下技术基础。

此外，为了减少分子直径较大的大分子硫化物等反应物进出催化剂孔道时扩散效应的影响，FRIPP 在载体制备方面提出了新的创新思路，适当增加了载体孔径，增加了适合大分子反应的直通圆柱形孔道的比例，增加了催化剂有效活性中心及其本征活性，并解决了孔径增加与比表面积降低的矛盾。新旧载体的吸附和脱附曲线对比结果表明，采用创新方式制备的氧化铝的吸附量及吸附曲线与脱附曲线的斜率明显高于传统载体，而吸附和脱附曲线间差距则低于传统载体，说明创新方法制备的载体中便于大分子进出的圆柱形孔道更多，相对而言，则不利于大分子进出的墨水瓶形孔道得以减少，因而提高了催化剂有效活性中心及其本征活性。

FRIPP 通过活性金属分散技术的改进与载体制备技术相结合，开发了脱硫选择性好、氢耗低、高温下具有烷基转移功能的 Mo-Co 型 FHUDS-5 催化剂。

以 FH-UDS 和 FHUDS-3 为参比剂，在引进 200mL 装置上以镇海常三、镇海混合油、金山混合油为原料油进行了活性对比，其结果见表 8～表 10。此外，为了考查 FHUDS-5 对大分子硫化物的脱除效果，以直柴、催柴及掺兑体积分数为 10%VGO 的混合油为原料油，国外 Mo-Co 型催化剂为参比剂，考查了 FHUDS-5 处理含重组分原料的深度脱硫效果，其对比结果见表 11，对比评价用原料油性质见表 7。

表 7 对比试验用各种原料性质

原料油	镇海混合油	金山混合油	镇海常三	60%(体)直柴+30%(体)催柴+10%(体)VGO 混合油
密度(20℃)/(g/cm³)	0.8481	0.8383	0.8533	0.8699
馏程(ASTM-D86)/℃				D7213
IBP/10%	76/186	63/170	217/277	100/204
30%/50%	250/281	238/275	296/309	252/294
70%/90%	310/347	313/343	327/356	335/395
95%/FBP	365/376	360/382	369/375	425/493
硫含量/(μg/g)	11000	10800	17750	10670
氮含量/(μg/g)	285	620	140	570
总芳烃/%			13.3	43.2
多环芳烃/%			1.9	23.6

表 8 FHUDS-5 处理镇海常三线柴油时的活性水平

催化剂	FH-UDS			FHUDS-5		
氢分压/MPa	6.0			6.0		
体积空速/h^{-1}	2.0			2.0		
氢油体积比	300			300		
平均反应温度/℃	340	360	380	340	360	375
油品名称	精制油			精制油		
密度(20℃)/(g/cm³)	0.8352	0.8315	0.8307	0.8345	0.8308	0.8250
馏程(ASTM-D86)/℃						

续表

催化剂	FH-UDS			FHUDS-5		
IBP/10%	195/267	139/258	146/252	191/265	118/253	110/237
30%/50%	290/307	285/301	282/298	289/306	284/300	280/299
70%/90%	325/355	319/348	316/344	324/354	319/348	318/348
95%/FBP	366/372	365/371	356/366	365/372	363/368	359/365
硫含量/(μg/g)	1044	270	20.4	636	66	4.4
氮含量/(μg/g)	50.0	14.3	4.3	23.8	3.3	1.2
HDS 相对体积活性	100	100		148	264	
HDN 相对体积活性	100	100		173	165	
十六烷指数(ASTM4737-96a)	64.1	63.7	62.8	63.7	63.2	63.6

表 9　FHUDS-5 处理镇海混合油时的活性水平

催化剂	FH-UDS	FHUDS-5
氢分压/MPa	6.4	6.4
体积空速/h^{-1}	1.5	1.5
氢油体积比	500	500
平均反应温度/℃	340	340
油品名称	精制油	精制油
硫含量/(μg/g)	350	76.9
氮含量/(μg/g)	17.1	3.1
HDS 相对体积活性	100	287
HDN 相对体积活性	100	163

表 10　FHUDS-5 处理金山混合油时的活性水平

催化剂	FHUDS-3		FHUDS-5
氢分压/MPa	6.4		6.4
体积空速/h^{-1}	2.2		2.2
氢油体积比	400		400
平均反应温度/℃	360	370	360
油品名称	精制油		精制油
密度(20℃)/(g/cm^3)	0.8311	0.8248	0.8221
馏程(ASTM-D86)/℃			
IBP/10%	145/211	120/193	88/170
30%/50%	251/276	239/274	236/268
70%/90%	304/341	303/341	298/339
95%/FBP	356/373	355/371	356/368
硫含量/(μg/g)	363	154	71.9
氮含量/(μg/g)	109	4.6	18.4
HDS 相对体积活性	100		310
HDN 相对体积活性	100		193

表 11 FHUDS-5 处理含 VGO 混合油时的活性水平

催化剂	FHUDS-5	国外参比剂	FHUDS-5	国外参比剂
氢分压/MPa	8.0		8.0	
体积空速/h^{-1}	1.0		1.0	
氢油体积比	400		400	
平均反应温度/℃	360		380	
油品名称	精制油	精制油	精制油	精制油
密度(20℃)/(g/cm^3)	0.8467	0.8493	0.8416	0.8435
馏程范围(D7213)/℃	112~484	113~485	101~467	101~475
IBP/10%	112/200	113/200	101/196	101/196
30%/50%	244/281	244/281	236/274	239/277
70%/90%	319/384	321/386	313/373	316/378
95%/FBP	414/484	417/485	412/467	415/475
硫含量/(μg/g)	30.0	74.3	10.0	43.0
氮含量/(μg/g)	3.0	7.8	1.2	1.8
碳含量/%	86.7	86.76	86.58	86.66
氢含量/%	13.29	13.23	13.41	13.33
HDS 相对体积活性	184	100	262	100
总芳烃/%	30.6	32.8	27.1	31.7
多环芳烃/%	4.2	4.6	3.3	6.3

从表 8~表 11 可见，处理镇海直柴掺兑催柴及焦化汽柴油混合油、镇海常三线直柴时，其加氢脱硫活性比 FH-UDS 催化剂提高 48%~187%，加氢脱氮活性比 FH-UDS 催化剂提高 63%~118%；处理金山直柴、催柴及焦化汽柴油混合油时，其加氢脱硫活性比 FHUDS-3 催化剂提高 210%，加氢脱氮活性比 FHUDS-3 催化剂提高 93%，反应温度比 FHUDS-3 催化剂降低 10℃以上；处理体积分数为 60%直柴、30%催柴及掺兑 10%VGO 重馏分混合油，FHUDS-5 催化剂的加氢脱氮、芳烃饱和及超深度脱硫活性明显优于国外参比剂，达到相同脱硫深度，反应温度比国外同类型催化剂低 20℃以上，相对脱硫活性比国外参比剂提高 84%~162%，说明 FHUDS-5 更有利于大分子硫化物的脱除。

2.2.2.5 FHUDS-6 高活性柴油深度加氢脱硫催化剂

对于催柴、焦柴等劣质柴油的加氢精制，由于其硫、氮及多环芳烃含量高、安定性差，在提高加氢脱硫活性的基础上还需要重点提高催化剂的加氢脱氮和芳烃饱和活性。FRIPP 于 20 世纪 90 年代初期开发了 FH-5 催化剂，于 1998 年底开发了 FH-98 催化剂，于 2008 年开发了 FHUDS-2 催化剂。针对加工高硫氮含量的劣质柴油满足生产硫含量<10μg/g 超低硫柴油的需要，FRIPP 在成功开发 FH-5、FH-98、FH-UDS、FHUDS-2 和 FHUDS-5 等催化剂的基础上，通过优化活性金属、制备有利于大分子吸附的高有效孔道比例新型载体、改进活性金属负载方式等多种措施，增加了催化剂活性中心数及其本征活性，提高了催化剂脱除大分子硫化物的活性，开发出 Mo-Ni 型 FHUDS-6 柴油超深度加氢脱硫催化剂。与 FHUDS-2 催化剂的对比结果见表 12~表 14。

表 12 FHUDS-6 处理镇海常三线柴油时的活性对比

催化剂	FHUDS-2	FHUDS-2	FHUDS-6
氢分压/MPa	6.4	6.4	6.4
体积空速/h^{-1}	1.5	1.5	1.5
氢油体积比	500	500	500
反应温度/℃	基准	基准+15	基准
油品名称	精制油		精制油
硫含量/(μg/g)	23.0	4.6	3.0
氮含量/(μg/g)	1.0	1.0	1.0
HDS 相对体积活性/%	100		380

表 13 FHUDS-6 处理青岛混合油时的活性对比

催化剂	FHUDS-2	FHUDS-2	FHUDS-6
氢分压/MPa	6.4	6.4	6.4
体积空速/h^{-1}	2.5	2.5	2.5
氢油体积比	350	350	350
反应温度/℃	基准	基准+10	基准
油品名称	精制油		精制油
硫含量/(μg/g)	31.4	8.0	7.3
氮含量/(μg/g)	1.0	1.0	1.0
多环芳烃/%	3.5	4.1	3.1

表 14 FHUDS-6 处理催化柴油时的活性水平

催化剂	FHUDS-2	FHUDS-5		FHUDS-6	
氢分压/MPa	6.4	6.4		6.4	
体积空速/h^{-1}	1.5	1.5		1.5	
氢油体积比	500	500		500	
反应温度/℃	基准+10	基准	基准+20	基准	基准+20
油品名称	精制油	精制油	精制油	精制油	精制油
硫含量/(μg/g)	71.2	203	86.7	68.7	37.5
氮含量/(μg/g)	14.5	96.0	54.4	4.1	9.9
多环芳烃/%	7.5	8.2	9.7	5.4	6.5

从表 12~表 14 中试评价结果表明：处理终馏点温度为 375℃、硫含量高达 18000μg/g 的常三柴油生产硫含量<10μg/g 超低硫柴油时，FHUDS-6 催化剂相对加氢脱硫活性比 FHUDS-2 提高 280%，反应温度比 FHUDS-2 催化剂降低 10℃以上；处理直柴掺兑部分二次加工油品混合油时，其反应温度比 FHUDS-2 催化剂低 10℃；处理催化柴油生产硫含量<50μg/g 低硫柴油时，其反应温度比 FHUDS-2 催化剂低 10℃，比 FHUDS-5 催化剂低 20℃以上。可见，FHUDS-6 催化剂更适合催化柴油等氮含量及芳烃含量高的二次加工油品的深度脱硫。

2.3 FHUDS 系列柴油深度加氢脱硫催化剂的选用原则

不同原料油在不同工况条件下加氢脱硫反应途径不同，炼油企业应根据自己的工况条件、加工原料油性质及产品质量要求选择最适合的催化剂。柴油深度加氢脱硫催化剂选择通常要考虑四方面因素[1,2]：①原料油性质；②装置压力等级；③体积空速；④脱硫深度。一般说来，如果在中低压、较高空速及低氢耗下加工直馏柴油为主的原料油，通常选择 Mo-Co 型催化剂；如果在中低压、较高空速下加工直柴及催柴/焦柴混合油，通常选择 S-RASSG 级配技术；如果在中高压下加工催柴、焦柴等劣质柴油为主的原料油生产超低硫柴油时，通常选择 Mo-Ni 或 W-Mo-Ni 型催化剂。

FHUDS 系列柴油深度加氢脱硫催化剂的选用原则参见表 15。

表 15 FHUDS 系列柴油深度加氢脱硫催化剂的选用原则

推荐催化剂	FHUDS-2/FHUDS-5 组合或 FHUDS-6/FHUDS-5 组合	FHUDS-2/FHUDS-6	FHUDS-5
活性金属	W-Mo-Ni/Mo-Co Mo-Ni/Mo-Co	W-Mo-Ni/Mo-Ni	Mo-Co
加工原料油	直柴+焦柴/催柴混合油	催柴/焦柴等劣质柴油	直柴
装置压力	中压/低压	中压/高压	中压/低压
柴油硫含量要求	<350μg/g <50μg/g 或<10μg/g	<50μg/g <10μg/g	<350μg/g <50μg/g 或<10μg/g
其他要求	氢耗限制	密度改进，十六烷值提高	氢耗限制

2.4 FHUDS 系列柴油深度加氢脱硫催化剂的工业应用

FHUDS 系列柴油深度加氢脱硫催化剂自 2006 年在齐鲁分公司 2.6Mt/a 柴油加氢装置工业应用以来，至今已在国内 40 多套大型柴油加氢装置工业应用。FHUDS 系列柴油深度加氢脱硫催化剂为加工进口含硫原油的企业生产低硫柴油提供了有力的技术支撑，已成为国内生产清洁柴油的主导催化剂之一。

FHUDS 系列催化剂的工业应用情况见表 16。

表 16 FHUDS 系列催化剂的工业应用情况

序号	应用厂家	应用时间	规模/(Mt/a)	加氢类型	催化剂
1	齐鲁分公司	2006. 3	2. 6	柴油加氢	FH-UDS
2	镇海炼化分公司	2006. 3	2. 0	柴油加氢	FH-UDS
3	金陵分公司	2006. 8	2. 5	柴油加氢	FH-UDS
4	茂名分公司	2006. 8	2. 6	柴油加氢	FH-UDS
5	上海石化股份有限公司	2007. 6	3. 3	柴油加氢	FH-UDS
6	辽阳石化分公司	2007. 11	1. 2	柴油加氢	FH-UDS
7	浙江和邦	2008. 4	1. 7	柴油加氢	FH-UDS
8	高桥分公司	2008. 4	3. 0	柴油加氢	FHUDS-3
9	青岛炼化	2008. 5	4. 1	柴油加氢	FH-UDS
10	安庆分公司	2009. 1	1. 0	柴油加氢	FH-UDS
11	福建炼化	2009. 4	2. 8	柴油加氢	FH-UDS
12	广州分公司	2009	0. 6	柴油加氢	FHUDS-2/FHUDS-5
13	乌鲁木齐石化分公司	2009. 10	1. 0	柴油加氢	FHUDS-2
14	天津分公司	2009. 12	3. 2	柴油加氢	FHUDS-2
15	长岭分公司	2010. 4	0. 2	柴油加氢	FH-UDS
16	镇海炼化分公司	2010. 1	0. 6	柴油加氢	FHUDS-2

续表

序号	应用厂家	应用时间	规模/(Mt/a)	加氢类型	催化剂
17	金陵分公司	2010.4	2.0	柴油加氢	FHUDS-2
18	广西石化分公司	2010.8	2.4	柴油加氢	FH-UDS
19	上海石化股份有限公司	2010.6	3.3	柴油加氢	FHUDS-2/FHUDS-5
20	长岭分公司	2010.10	2.4	柴油加氢	FHUDS-5
21	吉林石化Ⅰ套	2010.10	1.6	柴油加氢	FH-UDS
22	吉林石化Ⅱ套	2011	1.2	柴油加氢	FHUDS-2
23	兰州石化Ⅰ套	2011	0.6	柴油加氢	FHUDS-2
24	兰州石化Ⅱ套	2011.4	1.2	柴油加氢	FHUDS-2
25	镇海炼化分公司	2011	3.0	柴油加氢	FHUDS-2/FHUDS-5
26	福建炼化分公司	2011	0.8	柴油加氢	FHUDS-2/FHUDS-5
27	印度 IOCL 公司	2011	0.8	柴油加氢	FHUDS-3
28	捷克 Paramo 炼厂	2011	0.3	柴油加氢	FHUDS-5
29	北海炼化	2011	2.4	柴油加氢	FHUDS-2/FHUDS-5
30	兰州石化Ⅲ套	2012	3.5	柴油加氢	FHUDS-5
31	抚顺石化分公司	2012	1.8	柴油加氢	FHUDS-5
32	四川石化	2012	3.3	柴油加氢	FH-UDS
33	高桥分公司	2011	3.0	柴油加氢	FHUDS-5
34	上海石化股份有限公司	2012	1.5	柴油加氢	FHUDS-6/FHUDS-5
35	上海石化股份有限公司	2012	6.0	柴油加氢	FHUDS-6
36	齐鲁分公司	2012	3.4	柴油加氢	FHUDS-6/FHUDS-5
37	茂名分公司	2012	2.6	柴油加氢	FHUDS-6/FHUDS-5
38	金陵分公司	2013	2.0	柴油加氢	FHUDS-2/FHUDS-5
39	金陵分公司	2013	2.0	柴油加氢	FHUDS-6/FHUDS-5
40	福建炼化公司	2013	2.8	柴油加氢	FHUDS-5
41	洛阳石化公司	2013	1.0	柴油加氢	FHUDS-6
42	洛阳石化公司	2013	2.6	柴油加氢	FHUDS-6
43	青岛炼化公司	2013	4.1	柴油加氢	FHUDS-6/FHUDS-5
44	天津分公司	2013	3.2	柴油加氢	FHUDS-6

2.4.1 FH-UDS 柴油深度加氢脱硫催化剂生产国Ⅳ标准柴油的工业应用

FH-UDS 催化剂自 2006 年 3 月以来，已在齐鲁分公司 2.6Mt/a 柴油加氢、镇海炼化 2.0Mt/a 柴油加氢、茂名分公司 2.6Mt/a 柴油加氢、金陵分公司 2.5Mt/a 柴油加氢及上海石化 3.3Mt/a 柴油加氢共计 11 套大型柴油装置工业应用，总加工能力已达 27.9Mt/a。工业应用结果表明，FH-UDS 催化剂可以满足企业生产硫含量<50μg/g 低硫柴油和硫含量<10μg/g 无硫柴油的需要，FH-UDS 催化剂体现了优异的深度加氢脱硫活性，是加工进口高硫原油企业生产硫含量<50μg/g 或硫含量<10μg/g 清洁柴油的理想催化剂。

1）FH-UDS 柴油深度加氢脱硫催化剂在镇海炼化及茂名分公司生产国Ⅳ标准柴油的工业应用

FH-UDS 催化剂在镇海炼化分公司及茂名分公司处理进口高硫柴油生产硫含量符合欧Ⅳ和欧Ⅴ排放标准清洁柴油的工业应用试验结果分别见表 17 及表 18。

表 17　FH-UDS 催化剂生产超低硫柴油的工业应用结果

应用厂家	镇海炼化分公司		茂名分公司	
工艺条件				
氢分压/MPa	4.4		6.4	
体积空速/h^{-1}	1.5		1.79	
入口温度/℃	335		326	
平均温度/℃	370		360	
原料油构成/%	高干点直柴：MIP 催柴：焦汽(62.2：24.3：13.5)		直柴：催柴及焦柴混合油(62：38)	
油品名称	原料油	精制柴油	原料油	精制柴油
密度(20℃)/(g/cm^3)	0.8219	0.8303	0.8630	0.8445
T50/℃	278	278	293	280
T95/℃	362	362	361	353
硫含量/(μg/g)	10700	41	13500	39.8
氮含量/(μg/g)	370	71	508	21.8

表 18　FH-UDS 催化剂生产无硫柴油的工业应用结果

应用厂家	镇海炼化分公司		茂名分公司	
工艺条件				
氢分压/MPa	4.4		6.4	
体积空速/h^{-1}	1.5		1.54	
入口温度/℃	355		320	
平均温度/℃	377		360	
原料油构成/%	常二线直柴：罐区高干点直柴：焦化石脑油（37.8：48.7：13.5）		直柴：催柴及焦柴混合油（62：38）	
油品名称	原料油	精制柴油	原料油	精制柴油
密度(20℃)/(g/cm^3)	0.8578	0.8566	0.8618	0.8380
T50/℃	244	256	284	271
T95/℃	347	343	352	343
硫含量/(μg/g)	6200	7.0	15400	8.0
氮含量/(μg/g)	—	—	290	3.1

从表 17 及表 18 结果可见，镇海现有压力较低的柴油加氢装置及茂名新建中压柴油加氢装置采用 FH-UDS 后，都可以生产硫含量<50μg/g 的低硫柴油和<10μg/g 的无硫柴油，可以满足炼油企业生产超低硫柴油的需要。

2）FH-UDS 催化剂在辽阳石化清洁柴油生产装置上的长周期应用

辽阳石化分公司 1.2Mt/a 柴油加氢装置于 2007 年 12 月开工，加工俄罗斯及委内瑞拉直柴与焦化汽柴油混合油。自 2008 年 1 月起，向北京提供京标 C 清洁柴油，要求硫含量<50μg/g，十六烷值≮51。FH-UDS 催化剂在辽阳石化分公司工业应用长周期生产<50μg/g 低硫柴油的装置运转情况见图 2。

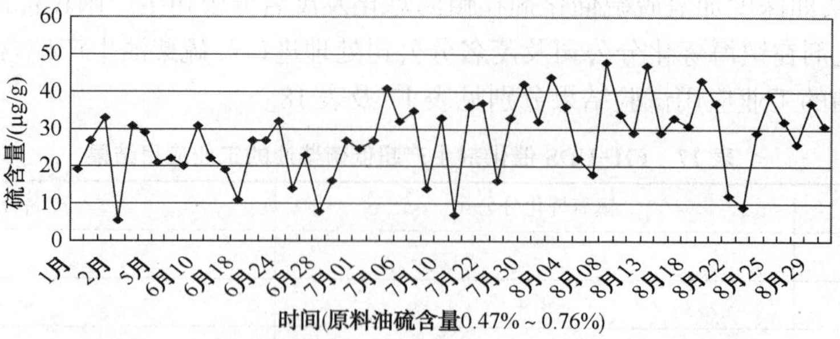

图 2　FH-UDS 催化剂在辽阳石化分公司生产低硫柴油的稳定性结果

从图 2 可见，FH-UDS 催化剂可以满足长周期生产国Ⅳ标准柴油的要求，体现了优异的深度脱硫活性和稳定性，为北京提供国Ⅳ标准清洁柴油提供了技术支撑。

2.4.2　FHUDS-2 柴油超深度加氢脱硫催化剂生产欧Ⅴ标准清洁柴油的工业应用

FHUDS-2 催化剂是专门针对加工催柴、焦柴等劣质柴油生产超低硫柴油而开发的柴油超深度加氢脱硫催化剂。该催化剂芳烃饱和活性、加氢脱氮和超深度加氢脱硫活性好，更适合加工催柴、焦柴等劣质柴油原料生产超低硫柴油，也可以在较高空速条件下加工直柴及二次加工柴油混合油生产欧Ⅳ标准清洁柴油。FHUDS-2 催化剂已在天津分公司、乌鲁木齐石化分公司等企业工业应用。FHUDS-2 催化剂在天津分公司 3.2Mt/a 柴油加氢装置的工业应用结果见表 19。

表 19　FHUDS-2 催化剂在天津分公司 3.2Mt/a 柴油加氢装置工业应用结果

标定时间	2010.3.25		2010.10.23	
主要操作条件				
入口压力/MPa	7.5		7.5	
氢油体积比	307		334	
主催化剂体积空速/h^{-1}	2.5		2.5	
入口温度/℃	316		315	
平均温度/℃	348		347	
油品名称	原料油	精制柴油	原料油	精制柴油
硫含量/(μg/g)	5086	5.0	11200	4.0
氮含量/(μg/g)	241	<1.0	180	<1.0
70%/90%	282/311	282/309	286/308	287/313
95%/EBP	324/335	323/336	320/342	326/337
十六烷值		52.5		52.6
多环芳烃/%		2.4		2.6

表 19 中两次标定的对比结果表明：尽管中期标定期间原料硫含量显著增加，但两次标定期间的空速、反应温度等条件相当，柴油产品硫含量相当，其他指标能够满足欧Ⅴ标准清洁柴油要求，说明 FHUDS-2 催化剂具有良好的活性稳定性。

2.4.3　FHUDS-3 柴油深度加氢脱硫催化剂的工业应用

2.4.3.1　FHUDS-3 柴油深度加氢脱硫催化剂在国内的工业应用

FHUDS-3 催化剂于 2008 年 4 月在高桥分公司 3.0Mt/a 柴油加氢装置工业应用，2008 年 9 月对工业装置进行了生产国Ⅲ和国Ⅳ标准清洁柴油的活性标定，标定结果见表 20。该装置从 2009 年 10 月至 2010 年 8 月一直生产国Ⅳ标准清洁柴油。

表 20　FHUDS-3 催化剂在高桥分公司 3.0Mt/a 柴油加氢装置工业应用结果

柴油质量标准要求	国Ⅲ标准	国Ⅳ标准
工况条件		
入口氢分压/MPa	6.2	6.3
主催化剂体积空速/h^{-1}	2.44	2.22
氢油体积比	390	432
平均反应温度/℃	348	369
原料油构成比例/%	直柴：焦化汽柴：催柴(60.8：30.8：8.4)	直柴：焦化汽柴油(64.1：35.9)
原料油性质		
密度(20℃)/(g/cm^3)	0.8374	0.8304
馏程(ASTM D86)/℃		
初馏点/10%	76/176	68/172
30%/50%	240/271	239/270
70%/90%	302/348	301/347
95%/终馏点	372/381	372/380
硫/(μg/g)	9900	10100
氮/(μg/g)	322	270
精制柴油性质		
硫/(μg/g)	280	22.0
氮/(μg/g)	48.0	4.4
十六烷值	58.0	58.2
总芳烃/%	26.8	22.1
多环芳烃/%	6.0	4.3

从表 20 标定结果看，由于该装置在按生产欧Ⅳ标准柴油方案标定时体积空速高达 2.22h^{-1}，不利于芳烃饱和，因此，柴油产品芳烃含量与原料油相比降低幅度较小。这也说明 FHUDS-3 催化剂在加工直馏柴油和焦化汽柴油混合油时，主要遵循的是直接脱硫途径。表中其他结果表明，在高空速条件下加工处理直馏柴油和焦化汽柴油混合油生产符合欧Ⅲ和欧Ⅳ标准的清洁柴油时，FHUDS-3 催化剂加氢脱硫选择性好，有利于降低装置生产低硫柴油的氢耗和操作费用。

2.4.3.2　*FHUDS-3 柴油深度加氢脱硫催化剂在印度 IOCL 的工业应用*

印度 IOCL 公司 panipat 炼油厂 0.8Mt/a 低压加氢装置拟通过换用高活性催化剂满足在低压、高空速条件下生产欧Ⅳ标准柴油的要求。由于装置压力低及空速高的缺陷，加之装置加工的原料油干点高，生产低硫柴油难度高，要求柴油产品硫含量小于 170μg/g，运行周期不低于 24 个月。IOCL 公司向国际上主要技术提供商发出招标文件并要求向其提供催化剂样品统一进行性能测试。FHUDS-3 催化剂经性能测试和商业投标后成功中标，于 2011 年 5 月进行工业应用，至 2014 年 3 月，已连续运行 34 个月，期间还连续生产了 18 个月欧Ⅳ标准柴油(硫含量小于 50μg/g)，优于技术协议指标要求。工业应用典型结果见表 21，长周期生产欧Ⅳ标准柴油的结果见图 3。

表 21　典型工业应用结果

项　目	2011.09.27	报价指标	项　目	2011.09.27	报价指标
原料流量/(m^3/h)	117	113	产品性质		
硫含量/(μg/g)	11700	16500max	密度(15℃)/(g/cm^3)	0.8401	
入口压力/MPa	5.6	6.3	硫含量/(μg/g)	47	150
循环氢纯度/%	92.8		氮含量/(μg/g)	1.32	
入口温度/℃	338	340	馏程/℃		
出口温度/℃	355	361	IBP/5%	183/214	159/191
平均温度/℃	351	357	10%/50%	234/306	210/293
LHSV/h^{-1}	2.0	1.86	85%/90%	347/355	-/368
气油比/(m^3/m^3)	289	288	95%/FBP	366/377	378/398

从表21可以看出，即使直馏柴油原料油的95%馏出点达到366℃，在反应器入口压力5.6MPa、原料处理量为117m^3/h、体积空速2.0h^{-1}、入口温度338℃、出口温度355℃、平均反应温度351℃等条件下，尽管入口压力比报价给定值低0.7MPa，平均反应温度比报价温度低6℃，加氢后柴油产品硫含量为47μg/g；优于技术报价的150μg/g要求值。总体而言，实际原料油馏程略轻于报价提供原料油，装置标定操作压力及平均反应温度低于技术报价压力，标定空速高于技术报价值的条件下，产品硫含量低于技术报价产品硫含量要求，显示了FHUDS-3催化剂具有优良的加氢脱硫性能。

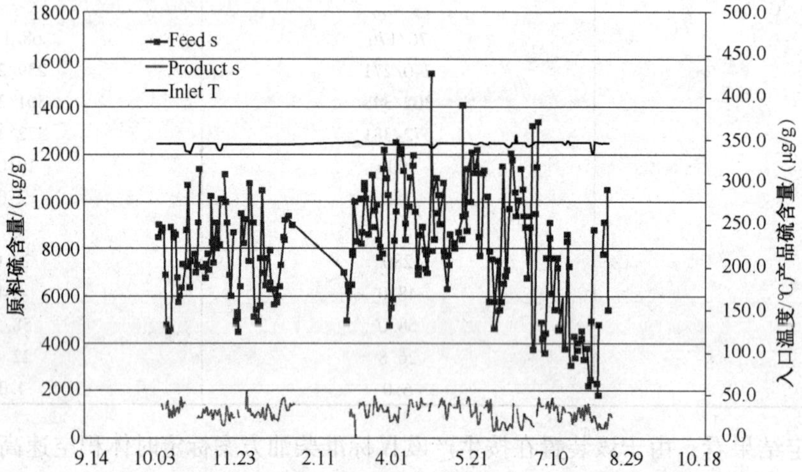

图3　FHUDS-3催化剂在IOCL的工业运转结果(2011.9-2012.10)

图3可以看出，以直馏柴油为原料，原料硫含量主要在0.8%左右，反应器入口温度基本不变，产品硫含量维持在50μg/g以下，显示了本研究Mo-Co型催化剂具有优良的深度脱硫活性和良好的稳定性。

2.4.4　FHUDS-5柴油深度加氢脱硫催化剂的工业应用

捷克Paramo炼油厂柴油超深度脱硫装置压力低(总压3.7MPa)、原料油重，产品硫含量要求<8μg/g，单次运转周期为10个月。上两个周期国外公司公司的催化剂，其结果均不能令人满意。使用FHUDS-5催化剂后，装置处理量比使用国外催化剂时提高10%以上，在相同脱硫深度时反应温度明显低于国外催化剂，显示了FHUDS-5催化剂超深度脱硫时的优势。FHUDS-5催化剂和上周期催化剂在该炼油厂工业应用典型结果见表22。

表22　FHUDS-5催化剂在捷克Paramo炼厂生产欧Ⅴ标准清洁柴油结果

项目	2010年	2011年	项目	2010年	2011年
催化剂型号	上周期国外催化剂	FHUDS-5	入口温度/℃	359	352
工艺条件			出口温度/℃	369	366
进料量/(t/h)	29	30	床层加权平均温度/℃	364	358
入口压力/MPa	3.8	3.8	加氢产品硫含量/(μg/g)	8.0	8.0

从表22可以看出，在平均处理量30t/h(上周期29t/h)、反应器入口压力3.8MPa下、入口反应温度352℃、床层加权平均温度358℃等条件下精制油硫含量8.0μg/g，FHUDS-5催化剂活性明显高于上周期国外催化剂。

2.4.5　FHUDS-6柴油深度加氢脱硫催化剂的工业应用

青岛炼油化工有限责任公司4.1Mt/a柴油加氢精制装置上周期使用FH-UDS/3963催化剂，在高空速条件下生产硫含量<350μg/g低硫柴油时，由于原料中掺入较高比例、十六烷值仅为19.8的

催化柴油，柴油产品十六烷值只有 45~47，不能满足国Ⅲ标准车用柴油十六烷值≮49 的要求。该装置于 2011 年 7 月换用了约 50%的 FHUDS-6 催化剂，生产国Ⅲ标准车用柴油时的典型结果见表 23。

表 23　生产国Ⅲ标准清洁柴油催化剂性能结果

原料油构成	62.4%直柴+11.0%催柴+26.6%焦化汽柴油混合油	
反应器氢分压/MPa	6.15	
体积空速/h^{-1}	2.53	
入口温度/℃	320	
平均温度/℃	352	
油品性质	原料	精制柴油
密度(20℃)/(g/cm^3)	0.8479	0.8382
馏程/℃		
10%/50%	192/273	226/272
90%/95%	343/361	339/359
硫/(μg/g)	12200	241
氮/(μg/g)	205	5.6
十六烷值	45.8	51.5
十六烷值增幅		5.7

从表 23 可见，尽管本周期青岛炼化 4.1Mt/a 加氢装置只换用约体积分数为 50%的 FHUDS-6 催化剂，FHUDS-6 催化剂在高空速条件下体现出很好的加氢脱硫、加氢脱氮、芳烃饱和活性及较高的十六烷值增幅，可以满足生产生产国Ⅲ标准柴油的要求。

3　S-RASSG 柴油深度脱硫催化剂级配技术进展

3.1　S-RASSG 催化剂级配技术的设计思路

研究表明：在较高的氢分压、较低的空速条件下，Mo-Ni 催化剂的加氢活性优势明显，加氢产品中总芳烃、单环芳烃以及多环芳烃量随着反应温度升高而降低，且都低于 Mo-Co 催化剂的加氢产品。但是反应温度过高(>370℃)，Mo-Ni 催化剂芳烃加氢饱和热力学平衡效应显现，芳烃含量增加，因而也会导致深度脱硫效率下降。而 Mo-Co 催化剂加氢产品受热力学影响较小。

中压加氢装置反应器上床层温度相对较低、氢分压较高、硫化氢和氨浓度低，其反应条件更适合芳烃饱和，有利于发挥催化剂的加氢活性。反应器下床层氢分压相对较低、硫化氢浓度高、特别是运转中后期反应温度高容易受热力学平衡限制，不利于催化剂加氢活性的发挥，反而是 Mo-Co 型催化剂在此条件下更易实现超深度脱硫。通过对反应器不同床层在运转过程的工况条件和反应特点，结合不同类型催化剂在不同条件下超深度脱硫时的优缺点，开发了 S-RASSG 柴油超深度脱硫级配技术，即进行加氢活性高的 W-Mo-Ni(或 Mo-Ni)催化剂与直接脱硫活性高的 Mo-Co 型催化剂级配装填，将加氢活性高的催化剂装在反应器上床层，有效降低有机氮化物对烷基转移的抑制作用，建立了适于烷基转移的反应环境；下部高温区装填高温稳定性好的、具有烷基转移功能的Mo-Co型 FHUDS-5 催化剂，以便更好地发挥不同类型催化剂的优势，并有效降低高温下热力学限制带来的超深度脱硫难度，实现了 4，6-DMDBT 的高效脱除，较使用单一催化剂反应效率提高 30%。

为了便于不同原料油超深度时对催化剂的选择提供更好的技术基础，FRIPP 在中试装置上考察了不同类型催化剂及级配装填对不同性质原料油深度脱硫效果的影响，并在不同时期相继进行了 FHUDS-2/FHUDS-3、FHUDS-2/FHUDS-5 等不同类型催化剂的级配研究。中试研究结果表明：

对于不同性质的原料油，应采用不同类型催化剂或级配体系；FHUDS-5 催化剂更适合直馏柴油的超深度脱硫；FHUDS-2 及 FHUDS-6 催化剂更适合二次加工柴油为主原料油的超深度脱硫；而对于直柴掺兑部分二次加工油品混合油的超深度脱硫，S-RASSG 级配技术比采用单一催化剂具有更好的深度脱硫活性并对原料油具有更好的适应性。

3.2 S-RASSG 催化剂级配技术的整体性能

对于直馏柴油为主原料油，由于氮和芳烃含量低，因而氮和芳烃对超深度脱硫的影响相对较小，其主要目的是脱硫；而二次加工油品如催化柴油和焦化柴油，因氮含量和芳烃含量高，氮和多环芳烃对深度脱硫影响大。为了确定加工不同原料油时的催化剂装填方案，分别以直馏柴油、焦化柴油及直柴掺兑 40%二次加工油品混合油为原料油，考察了不同级配方式对超深度脱硫效果的影响，其结果见表 24~表 26。

表 24 催化剂级配方式加工直柴时对柴油超深度脱硫效果的影响

催化剂类型		Mo-Co	W-Mo-Ni	级配方式 1	级配方式 2
氢分压/MPa		6.4	6.4	6.4	6.4
氢油体积比		400	400	400	400
体积空速/h^{-1}		1.5	1.5	1.5	1.5
油品名称	原料油	精制油	精制油	精制油	精制油
硫含量/(μg/g)	18100	6.5	23.0	19.0	10.0
氮含量/(μg/g)	137	1.0	1.0	1.0	1.0

表 25 催化剂级配方式加工焦化柴油时对柴油超深度脱硫效果的影响

催化剂类型		Mo-Co	W-Mo-Ni	级配方式 1	级配方式 2
氢分压/MPa		6.4	6.4	6.4	6.4
氢油体积比		400	400	400	400
体积空速/h^{-1}		1.0	1.0	1.0	1.0
油品名称	原料油	精制油	精制油	精制油	精制油
硫含量/(μg/g)	21200	18.5	10.0	13.6	38.0
氮含量/(μg/g)	847	16.0	1.8	2.0	2.5
多环芳烃/%	16.8	5.9	3.6	4.3	4.8
十六烷值	46.0	50.6	52.7	52.3	51.5

表 26 催化剂级配方式加工直柴掺兑二次加工油品混合油时对柴油超深度脱硫效果的影响

催化剂类型		Mo-Co	W-Mo-Ni	级配方式 1	级配方式 2
氢分压/MPa		6.4	6.4	6.4	6.4
氢油体积比		400	400	400	400
体积空速/h^{-1}		1.5	1.5	1.5	1.5
油品名称	原料油	精制油	精制油	精制油	精制油
硫含量/(μg/g)	12238	37.0	49.0	14.0	32.0
氮含量/(μg/g)	734	1.0	7.0	1.0	1.05

从表 24~表 26 可见：对于直馏柴油，级配方式 2 的脱硫效果优于级配方式 1，但单独使用 Mo-Co型催化剂具有更好的脱硫效果；对于硫氮含量高的焦化柴油，级配方式 1 的脱硫效果及十六烷值增幅均由于级配方式 2，但单独使用加氢性能好的 W-Mo-Ni 型催化剂具有更好的超深度脱硫

活性和十六烷值增幅；对于含40%二次加工油品的混合柴油，级配方式1比单独使用一种类型催化剂具有更好的超深度脱硫效果。可见加氢装置应根据原料油性质不同推荐不同的催化剂或不同级配方案，才能获得更好的超深度脱硫效果。

不同类型催化剂及级配方式对不同原料油超深度脱硫试验结果表明：FHUDS-5类Mo-Co型催化剂更适合直馏柴油在低氢耗下实现超深度脱硫；FHUDS-2类Mo-Ni型催化剂更适合二次加工柴油的超深度脱硫；而处理直柴掺兑催柴及焦化汽柴油混合油，采用加氢活性高的常规催化剂与直接脱硫活性高的Mo-Co型催化剂级配装填的S-RASSG级配技术，有利于发挥不同类型催化剂的优势，比采用单一催化剂具有更好的超深度脱硫活性并对原料油具有更好的适应性。

3.3 S-RASSG催化剂级配技术的工业应用

S-RASSG级配技术自2010年6月在上海石化3.3Mt/a柴油加氢装置工业应用以来，先后在福建炼化0.8Mt/a柴油加氢、镇海炼化新建3.0Mt/a柴油加氢、北海炼化新建2.4Mt/a柴油加氢、上海石化1.5Mt/a柴油加氢、金陵分公司2.6Mt/a柴油加氢、茂名分公司2.6Mt/a柴油加氢及青岛炼化4.1Mt/a柴油加氢等共计13装置工业应用，均取得了满意的应用效果。

3.3.1 S-RASSG催化剂级配技术在上海石化生产国Ⅳ标准清洁柴油的工业应用

上海石化股份有限公司公司3.3Mt/a柴油加氢装置由于设计空速高达2.3h^{-1}，且加工40%的焦化汽柴油及催化柴油混合油，因而原料油硫氮含量均高，生产国Ⅳ标准柴油时对催化剂的性能提出了苛刻的要求。针对该装置的特殊性和原料油的苛刻性，FRIPP推荐该装置采用S-RASSG催化剂级配技术并配套采用FHUDS-2/FHUDS-5催化剂组合。该装置于2010年6月初开工，于2010年8月底对工业装置进行了高空速条件下生产国Ⅳ标准清洁柴油的活性标定，标定结果见表27。

表27 上海石化3.3Mt/a柴油加氢装置工业应用结果

标定时间	2010.8.26~8.27	
装填催化剂	FHUDS-2/FHUDS-5	
入口氢分压/MPa	6.5	
氢油体积比	359	
主催化剂体积空速/h^{-1}	2.25	
入口温度/℃	320	
平均温度/℃	358	
油品名称	混合原料	精制柴油
密度(20℃)/(kg/m^3)	842.0	837.5
馏程/℃		
IBP/10%	68/175	179/229
30%/50%	253/284	261/283
70%/90%	313/350	309/344
95%/EBP	365/367(97%)	360/363(97.3%)
硫含量/(μg/g)	10700	46
氮含量/(μg/g)	469	18.6
十六烷值	—	54
总芳烃/%	35.5	29.1
多环芳烃/%	19.0	5.1
色度		<1.0

该装置自2010年11月至2011年2月间，在高分压力6.5MPa、体积空速为1.8~2.2h^{-1}、反应

器入口温度318~325℃、出口温度371~378℃等条件下，加工硫含量为0.96%~1.26%的直柴掺兑40%催柴及焦化汽柴油混合油，连续生产国Ⅳ标准柴油70天，精制柴油硫含量<50μg/g，十六烷值及多环芳烃等主要指标均符合国Ⅳ排放标准要求，满足了该装置在高空速条件下加工直馏柴油掺兑40%催柴及焦化汽柴油混合油稳定生产国Ⅳ排放标准低硫柴油的需要，体现了该催化剂体系超深度脱硫活性好和对原料油适应性强的优势。

该装置自2011年4月~2014年3月间，通过调整反应器入口温度，切换操作生产国Ⅲ和国Ⅳ标准柴油，装置运行良好，产品质量稳定。至2014年3月，该装置已连续运转45个月，体现出很好的活性稳定性及对原料油良好的适应性。S-RASSG级配技术在上海石化连续生产国Ⅳ标准柴油的工业应用结果见上海石化3.3Mt/a柴油加氢装置运转5个月后长周期生产国Ⅳ标准清洁柴油的工业应用结果分别见表28、图4及图5。

表28 上海石化柴油加氢装置生产国Ⅳ标准清洁柴油期间典型工业数据

时间	反应器入口温度/℃	反应器出口温度/℃	体积空速/h^{-1}	原料油硫含量/(μg/g)	精制柴油硫含量/(μg/g)
2010-11-11	322	371	2.1	1.01	23.0
2010-11-15	322	372	2.2	0.98	39.0
2010-11-19	322	375	2.2	1.0	7.2
2010-11-23	321	375	2.1	1.13	19.8
2010-11-27	321	376	2.1	1.07	21.9
2010-12-1	322	376	1.8	1.17	24.4
2010-12-5	323	374	1.8	1.18	26.8
2010-12-9	323	374	1.8	1.26	29.4
2010-12-15	319	373	1.8	1.03	12.6
2010-12-20	318	374	1.8	1.14	29.0
2010-12-22	320	374	1.8	1.15	32.9
2010-12-24	320	374	1.8	1.18	35.3
2010-12-27	319	373	1.8	1.17	37.4
2010-12-30	323	378	1.8	1.10	20.2
2011-01-01	322	374	2.0	1.13	30.9
2011-01-04	319	374	2.0	0.96	29.3
2011-01-08	326	377	2.0	1.03	45.0
2011-01-13	324	378	2.0	1.18	18.9
2011-01-14	322	377	2.0	1.21	22.1
2011-01-16	322	377	2.1	1.12	21.0
2011-01-17	321	376	2.1	1.13	28.0
2011-04-12	322	371	2.0	1.14	20.4
2011-04-13	317	371	2.0	1.11	10.4
2011-04-14	315	3750	2.0	1.14	29.8
2011-04-15	315	370	2.0	1.05	39.5
2011-04-17	324	377	2.0	1.06	32.8
2011-04-18	325	376	2.0	1.08	29.7
2011-05-11	324	375	2.0	1.04	27.6
2011-05-12	324	375	2.0	1.02	29.8
2011-05-13	323	374	2.0	1.08	47.0
2011-05-14	324	375	2.0	1.07	19.3
2011-05-15	323	375	2.0	1.08	42.1
2011-05-16	324	377	2.0	1.07	47.0

续表

时间	反应器入口温度/℃	反应器出口温度/℃	体积空速/h^{-1}	原料油硫含量/(μg/g)	精制柴油硫含量/(μg/g)
2011-05-17	325	378	2.0	0.98	26.0
2011-06-13	315	371	1.9	1.11	42.4
2011-06-14	315	371	1.9	1.11	20.0
2011-06-15	314	371	1.9	1.08	17.0
2011-06-16	313	371	1.9	1.05	18.7
2011-06-17	313	371	1.9	1.08	32.0
2011-06-18	314	371	1.9	1.05	39.0
2011-06-19	308	362	1.9	1.12	15.4
2011-12-03	325	375	2.2	1.07	29.3
2011-12-04	325	376	2.2	0.99	35.5
2012-01-22	329	373	2.1	0.90	14.0
2012-01-23	331	374	2.1	0.94	15.0
2012-01-24	329	374	2.1	0.92	10.4
2012-01-25	328	374	2.1	0.91	7.8
2012-01-26	327	373	2.1	1.09	9.0
2012-02-22	328	373	2.2	1.12	43.0
2012-02-23	326	372	2.2	1.06	27.8
2012-03-16	330	374	2.1	1.18	33.1
2012-03-17	330	374	2.1	1.20	32.0

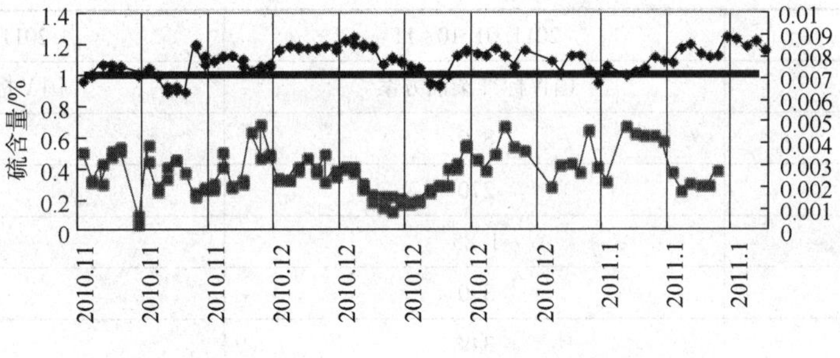

图 4　上海石化柴油加氢装置长周期生产国Ⅳ柴油时原料油和精制柴油硫含量

—◆— 原料油硫含量%；　—■— 精制柴油硫含量%

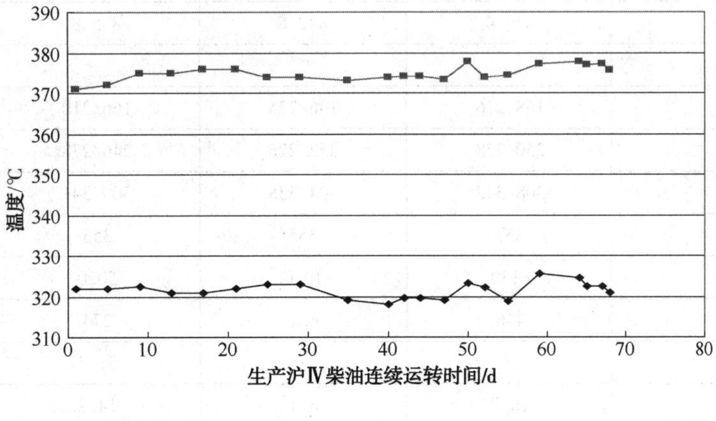

图 5　上海石化柴油加氢装置长周期生产国Ⅳ柴油时反应器入口和出口温度曲线图

—◆— 反应器入口温度；　—■— 反应器出口温度

表 26 标定结果表明，处理硫含量为 1.07%、氮含量为 469μg/g 的直柴、焦化汽柴油及催柴混合油，采用 FHUDS-2/FHUDS-5 催化剂组合，在入口温度 320℃、平均温度 358℃、主催化剂体积空速 2.25h^{-1}、高分压力 6.5MPa 等条件下，柴油产品硫含量为 46μg/g、十六烷值 54、多环芳烃含

量5.1%，主要指标满足欧Ⅳ排放标准清洁柴油质量要求，说明FHUDS-2/FHUDS-5催化剂组合使用可以在高空速条件下满足生产国Ⅳ标准柴油的需要。

从表28、图4及图5可见，上海石化3.3Mt/a柴油加氢装置开工5个月后，在体积空速为1.8~2.2h^{-1}、反应器入口温度318~325℃、出口温度371~378℃等条件下，加工硫含量为0.96%~1.26%的直柴掺兑40%催柴及焦化汽柴油混合油，可以稳定生产国Ⅳ标准柴油，S-RASSG级配技术的FHUDS-2/FHUDS-5催化剂体系体现出对原料油良好的适应性和优异的活性稳定性，为上海地区柴油质量升级提供了有力的技术支撑，并为其他类似柴油加氢装置生产国Ⅳ标准柴油打下了良好的技术基础。

3.3.2　S-RASSG催化剂级配技术在镇海炼化生产国Ⅳ和国Ⅴ标准柴油的工业应用

镇海炼化新建3.0Mt/a柴油加氢装置设计以密度大、干点高的催化柴油和常三线/减一线柴油为原料，采用FRIPP推荐的FHUDS-2/FHUDS-5催化剂组合，于2011年6月开工。该装置于2012年1月进行了生产硫含量<50μg/g及硫含量<10μg/g清洁柴油的活性标定。标定结果表明：(1)处理硫含量为0.613%，氮含量为446μg/g的直柴55.6%、减一线12.2%、一级减二线8.4%及催柴23.8%混合油，在入口总压8.0MPa、体积空速1.85h^{-1}、入口温度320℃、平均温度349℃等条件下，精制柴油硫含量为10μg/g；(2)处理硫含量为0.5%~0.7%的直柴71.0%、减一线与减二线26.2%、焦化柴油2.80%的混合油，在入口总压8.0MPa、体积空速1.85h^{-1}、入口温度330℃、平均温度350℃等条件下，精制柴油硫含量<5μg/g。其标定结果见表29。

表29　镇海炼化3.0Mt/a柴油加氢装置工业应用结果

标定时间	2011.01.10~11		2011.01.12~13	
标定方案	国Ⅳ标准柴油方案		国Ⅴ标准柴油方案	
入口压力/MPa	8.0		8.0	
氢油体积比	270		270	
主催化剂体积空速/h^{-1}	1.85		1.85	
入口温度/℃	320		330	
平均温度/℃	349		350	
原料油构成	直柴55.6%+减一线20.6%+催柴23.8%		直柴71%+减一线26.2%+焦柴2.8%	
油品名称	混合原料	精制柴油	混合原料	精制柴油
密度(20℃)/(kg/m^3)	859.4	842.8	835.8	827.3
馏程/℃				
IBP/10%	168/216	196/225	166/210	198/228
30%/50%	250/278	252/276	246/278	255/279
70%/90%	308/342	304/338	309/341	304/335
95%	357	355	355	350
硫含量/(μg/g)	6130	10.0	5020	4.8
氮含量/(μg/g)	446	6.1	274	<5.0
十六烷值	46	50	51.4	55.2
多环芳烃/%	18.7	6.1	14.2	2.7
色度	4.0	<0.5	3.5	<0.5

4　SRH柴油液相循环加氢技术进展

FRIPP开发的SRH柴油液相循环加氢技术是利用油品中的溶解氢来满足加氢反应的需要，以油品中氢浓度的梯度变化作为反应的推动力。该技术催化剂床层处于全液相、反应温度接近等温操作，反应效率高、目的产品收率高。该技术具有装置高压设备少、热量损失小、催化剂利用率高、装置投资和操作费用均较同等规模滴流床加氢装置低等特点。中型装置试验结果证明，SRH液相循环加氢技术可以在适宜的工艺条件下加工各种柴油原料，对原料适应性强、产品质量好。

采用FRIPP开发的SRH柴油液相循环加氢技术于2009年在长岭分公司率先建成国内首套0.2Mt/aSRH液相循环加氢工业示范装置，于2011年年底在九江分公司建成1.5Mt/a柴油液相加氢装置并开气成功。

长岭分公司0.2Mt/aSRH液相循环加氢装置工业应用结果表明：在入口总压4.0MPa条件下，以煤油为原料可以生产合格的3号喷气燃料；以常二柴油、催化柴油和常二柴油、焦化柴油的混合油为原料可以生产满足国Ⅲ质量标准的清洁柴油；以常二线柴油为原料，可以生产满足欧Ⅳ质量标准的清洁柴油，同时该装置长期稳定生产运行表明SRH液相循环加氢技术和关键设备成熟可靠。

九江分公司初期运行试验表明：在体积空速1.5h^{-1}、平均反应温度360℃、入口总压9.3MPa等条件下，处理硫含量为0.30%左右、氮含量为360μg/g的直馏柴油，可以生产硫含量<10μg/g的超低硫柴油。

5 结论

针对柴油质量升级，FRIPP开发了FHUDS系列柴油深度加氢脱硫催化剂、S-RASSG催化剂级配技术及SRH液相循环加氢等技术，已在国内外40多套柴油加氢装置成功应用。工业应用结果证明：针对不同的原料油、不同的加氢装置工况条件而设计开发的FHUDS系列催化剂，对原料适应性强，且活性稳定，真正做到了为用户提供“量体裁衣”式的最适合的催化剂体系；针对提供柴油深度脱硫催化剂使用效率而开发的S-RASSG催化剂级配技术，实现了在高空速条件下加工直馏柴油掺兑超过40%二次加工油品混合油长周期稳定生产国Ⅳ标准清洁柴油的工业应用；针对节省装置投资费用及降低操作能耗而开发的SRH液相循环加氢技术成功实现了生产超低硫柴油的工业应用；FHUDS-3催化剂在印度IOCL柴油加氢装置实现了在高空速条件下长周期稳定生产欧Ⅳ标准柴油的工业应用；FHUDS-5催化剂在捷克Paramo炼厂实现了长周期稳定生产欧Ⅴ标准柴油的工业应用。FHUDS系列催化剂、S-RASSG催化剂级配技术及SRH液相循环加氢技术满足了炼油企业加工进口含硫原油生产低硫柴油的需要，为国内炼油企业生产满足国Ⅳ和国Ⅴ标准清洁柴油提供了有力的技术支撑。

国外加氢裂化催化剂的技术回顾

胡 翔 李 涛

(中国石化扬子石化南京研究院，江苏南京 210048)

摘 要：总结了国外加氢裂化催化剂的技术发展概况，重点归纳介绍了国外UOP公司、Chevron公司、Criterion催化剂公司、Haldor Topsoe公司、Akzo Nobel公司和Albemarle公司最近开发的加氢裂化催化剂新牌号及其性能特点，并且指出了加氢裂化催化剂的未来开发方向。

关键词：加氢裂化 催化剂 进展

1 前言

加氢裂化技术具有原料适应性强、产品方案灵活、液体产品收率高(质量分数一般都在96%左右，有的可高达97%)、产品质量好等诸多优点。加氢裂化不但可以直接生产汽、煤、柴等清洁燃料，而且其产品中的轻、重石脑油和加氢裂化尾油还是优质的化工原料。因此，近年来加氢裂化技术已逐步发展成为现代炼油和石化企业有机结合的技术，多年来一直受到世界各国炼油企业及研究机构的重视。国外从事加氢裂化催化剂研制开发且催化剂剂性能处于领先水平的研究机构主要有UOP(Unocal)、CLG(Chevron)、Criterion/Zeolyst、Akzo Nobel、Axens/IFP和Haldor Topsoe等。但技术先进、工业应用最多的是UOP、CLG(Chevron)和Criterion/Zeolyst公司的加氢裂化催化剂。三家公司的催化剂约占全世界加氢裂化催化剂总量的90%以上[1]，采用UOP技术的加氢裂化装置加工量约占总加工量的80%。因此，UOP加氢裂化催化剂的发展现状和水平具有较大的代表性。

2 国外加氢裂化催化剂的技术回顾

加氢裂化催化剂是加氢裂化反应顺利进行的关键。加氢裂化催化剂兼具加氢和裂解功能，是一种典型的双功能催化剂。一般认为，金属组分是加氢活性的主要来源，酸性担体保持催化剂具有裂化和异构化活性，也可以认为催化剂金属组分的主要功能是使容易结焦的物质迅速加氢而使酸性活性中心保持稳定。但是有加氢活性和酸性活性结合成最佳配比，才能得到优质的加氢裂化催化剂。有效调节不同组分的种类、含量及通过不同的催化剂制备、改性方法来调节不同组分之间的相互作用和催化剂的理化性能一直是加氢裂化催化剂改进和研发的主要内容[2]。

在已有的关于加氢裂化催化剂的研究文献中，加氢活性组分主要有：贵金属的Pt和Rh，以及非贵金属Co、Mo、Ni、W等。研究发现，各非贵金属体系的加氢活性由高到低的组合顺序为NiW，NiMo，CoMo，CoW[3]。最早用于加氢裂化催化剂的裂化活性组分为氧化铝及无定型硅铝。沸石分子筛的问世带来了裂化活性组分的变革，分子筛及其改性产物成为裂化活性组分。沸石型加氢裂化催化剂在活性、选择性和稳定性方面均已达到和超过了无定形加氢裂化催化剂。因此，沸石型加氢裂化催化剂已成为当今世界炼油厂加氢裂化装置所采用的主导催化剂，也是今后加氢裂化催化剂进一步改进和发展的方向。

随着材料科学的高速发展，新型的结构功能材料(如β分子筛、MCM-41、介孔纳米材料等)均被用作加氢裂化催化剂的载体[4]。MAESEN等[5]对不同的裂化活性组分(FAU-，EMT-和BETA-型沸石)上链状烃加氢裂化后产物分布研究发现：加氢裂化反应的选择性并非基于沸石的拓扑结构，加氢裂化反应途径随着烯烃物种在催化剂酸性位上覆盖度的变化而改变。GYFTOPOULOU 等[6]利用自制的柱撑黏土材料制备加氢裂化催化剂进行了研究。SONG 等[7]利用新型介孔材料 MCM-41 为硅源合成β分子筛，并对合成的新材料进行了表征和加氢裂化评价。研究发现，由于催化剂裂化活性组分中存在更多的介孔结构，提高了催化剂酸性中心的可接近性，评价结果显示所得催化剂具有更好的反应活性和中间馏分油(喷气燃料和柴油)选择性。新材料的不断涌现为加氢裂化催化剂的发展注入了新的活力，成为加氢裂化催化剂研究的前沿领域。

2.1 UOP 公司

UOP 公司推出了许多应用于加氢裂化领域的催化剂，主要有两种，一种是 DHC 型催化剂，其载体为无定形，主要用于一段流程，能最大量生产中间馏分油；另一种是 HC 型催化剂，其载体为分子筛，主要用于二段流程和串联流程[8~10]。最新的 Unicracking 催化剂包括最大量生产中间馏分油的 HC-110、HC-115、HC-120 和 HC-215 催化剂及最大量生产石脑油馏分的 HC-29 和 HC-170、HC-175LT、HC-185LT 催化剂，灵活生产煤油与石脑油馏分的 HC-35 催化剂，灵活生产中间馏分油和石脑油的 DHC-41 和 HC-43、HC-150 催化剂。

UOP 公司的 HC-215 催化剂是一种生产中馏分油的催化剂，其活性和选择性都优于全无定形催化剂。HC-150 是一种可灵活生产大量中馏分油或石脑油的催化剂，已用于欧洲一家炼油厂。HC-53 催化剂能使芳烃选择性饱和，生产的中馏分油有较多的氢，轻馏分油中氢较少，因此能得到高十六烷值柴油和高辛烷值汽油。HC-34 是一种裂化/饱和组分比例高的催化剂，生产石脑油的活性和选择性高，得到的石脑油产品芳烃含量高、辛烷值高。

如果需要有灵活性并多产中馏分油，可以考虑选用 HC-150。对于要多生产最大量中馏分油的炼厂而言，可以选用 HC-120LT。对于经过一些改造的两段加氢裂化装置，第一段可以选用 UOP 公司最新的 HC-120LT，第二段可以选用生产最大量中馏分油的催化剂 HC-215LT。生产石脑油的加氢裂化催化剂 HC-185LT 或 HC-175LT，在生产石脑油和柴油之间有很大的灵活性。HC-175LT 催化剂是最新的石脑油选择性好的催化剂，其主要特点是在加氢处理时选择性加氢，使氢加到柴油产品中，石脑油芳烃饱和很少，能提供高芳烃高辛烷值的石脑油产品，同时减少氢气消耗。在用于生产中馏分油时，用 HC-175LT 比用 HC-24L 能多得 1%~2%(体积分数)中馏分油产品。第一次使用该催化剂的装置已于 2009 年第四季度在北美的一家炼油厂投产。对于希望有生产石脑油-中馏分油产品灵活性的炼油厂而言，HC-185LT 有以下优点：一是可使炼油厂有很大的灵活性根据市场需要在石脑油和中馏分油产量之间进行调节；二是可使中馏分油产品的冷流动性能(浊点、倾点和冷滤堵塞点)有很大改进。HC-185LT 已在北美的四套加氢裂化装置中应用。

此外，UOP 还使降低床层压力实现了工业化，同时保持与小颗粒催化剂活性及选择性相当的大颗粒择形催化剂。多数 Unicracking 催化剂目前都有 2 种不同粒径可提供。在其活性和选择性与小颗粒催化剂相同的情况下，能够降低床层的压力降。UOP 公司开发的大颗粒(3.175mm)异形系列催化剂，性能与传统的圆柱形催化剂相当，压降低 55%~65%。LT 催化剂 1999 年实现工业化，现在 UOP 公司开发的每种加氢裂化催化剂，都有相应的 LT 催化剂。

中国石油独山子石化公司大炼油加氢裂化装置将使用 DHC-32LT 加氢裂化催化剂，该剂目前在长庆石化分公司 1.2Mt/a 加氢裂化装置上应用。

2.2 Chevron 公司

2.2.1 加氢预处理催化剂

载体和活性金属是优化加氢预处理催化剂的两个关键组分，它决定催化剂活性中心的密度和孔分布。在保持特定原料油关键分子入口孔道的同时，使活性中心的密度最大化就可以优化活性。这种优化对于分子较大的减压瓦斯油原料和分子较小的柴油原料是不一样的。Chevron 公司为加氢裂化原料全馏分减压瓦斯油改进了加氢预处理催化剂。通过优化载体和活性中心密度，公司 2003 年推出 ICR178 催化剂。这种非贵金属无定形催化剂的加氢脱氮性能优越。因为配方作了许多改进，在制备过程中优化浸渍液的pH值，使加氢性能得到改进，加氢脱氮性能提高15%左右，改进氧化铝的化学性质又使加氢脱氮性能提高20%左右。最终使加氢脱氮的运转周期比工业标准加氢裂化预处理催化剂延长一倍。实际工业使用的情况表明，ICR-178的脱氮和脱硫性能都很好，且装填密度比上一代催化剂降低10%。2006年Chevron公司又推出ICR179催化剂。因为有更好的Ⅱ型活性中心密度，所以ICR179与ICR178相比，加氢脱氮活性都分别提高了5.5℃以上。最近Chevron公司还在大力改进，进一步提高加氢脱氮活性，为加工低质直馏和裂化减压瓦斯油提供灵活性。

2.2.2　加氢裂化催化剂

Chevron公司开发加氢裂化新催化剂的目的是提高选择性和活性。提高选择性是要提高目的产品的产率，提高活性是要延长催化剂的使用周期、提高原料油的加工量或加工难以加工的原料油[11]。近几年，Chevron公司推出的加氢裂化新催化剂有以下四种。

ICR177催化剂用于提高苛刻度、难以加工的原料油，以及生产最大量高黏度指数润滑油基础油和中馏分油。其特点是优化了孔分布，使蜡(烷烃)的加氢能力明显提高。与非贵金属沸石的ICR142催化剂相比，ICR177的活性提高5.5℃以上，并能得到更高的润滑油基础油料收率。

ICR180催化剂用于替代多产中馏分油的ICR162催化剂。在煤油产率不增加的情况下，柴油产率提高2%；在低转化率时，石脑油的选择性差别很小，在高转化率时，石脑油的选择性降低2%。因为ICR180的活性比ICR162高5.5℃，因此可以降低气体产率。

ICR183催化剂2008年首次工业应用，用于替代ICR160催化剂，加工难以加工的原料油，生产最大量喷气燃料和石脑油。与ICR160相比，ICR183的活性提高16.7℃，但气体产率不增加。在转化率一定时，柴油产率降低2%，喷气燃料产率不变，重石脑油产率提高1.5%，轻石脑油产率提高1%~2.5%。

ICR240催化剂2004年首次工业应用，替代大量工业应用的ICR120催化剂，生产最大量中馏分油(喷气燃料和柴油)，装置的加工能力可比原设计提高15%。

2.3　Criterion公司

Criterion催化剂公司生产的DN系列加氢裂化预处理催化剂，其主要牌号为DN310、DN3120和DN3300，生产的Z系列加氢裂化催化剂分为用于精制段反应器底部的脱氮-缓和裂化型、最大量生产馏分油型、灵活生产石脑油-馏分油型和选择性生产石脑油型四大类。其中，用于精制段反应器底部的脱氮-缓和裂化型催化剂有Z-503和Z-513，最大量生产馏分油型催化剂有Z-603、Z-623和Z-673，灵活生产石脑油-馏分油型催化剂有Z-723、Z-3723、Z-5723、Z-733和Z-803，选择性生产石脑油型催化剂有Z-753、Z-853和Z-863[12]。

Z-3723是第一个采用新的先进分子筛制备技术制备的USY分子筛催化剂。催化剂为三叶草形，可减少扩散途径，并使压力降减小。该设计可促进其与所有活性中心充分接触，提高了催化剂的活性。由于该三叶草形催化剂密度更小，可使反应器质量减少10%。其独特的性能使该催化剂具有相对传统催化剂更高的加氢性能。同时优化催化剂的成型方式、催化剂组成、金属的负载方式，使催化剂在达到选择性要求的同时，发挥出该分子筛更高的加氢性能优势。由于改进了加氢活性，Z-3723催化剂在保持Z-723催化剂相同的裂化活性和选择性前提下，脱硫活性为它的1.6倍。

Z-863是Zeolyst系列极高活性加氢裂化催化剂中的最新产品。该催化剂耐高氮，可降低预处理操作的苛刻度，还可延长由预处理催化剂寿命限制的装置检修周期。在进料氮含量高时，Z-863保持着比传统催化剂高的温差。Z-863因其极大的活性，还可最大限度饱和经一种基础金属催化剂处理过的轻馏分油。

Criterion催化剂公司生产的加氢裂化催化剂已先后在中国石油锦西石化公司和独山子石化公司等企业工业应用。其中，独山子石化公司600kt/a加氢裂化装置使用DN-200/Z-723加氢裂化催化剂。

2.4 Haldor Topsoe 公司

Haldor Topsoe 公司近年利用其开发的 BRIM™技术平台，开发生产了新一代高活性加氢裂化预处理催化剂 TK-605 BRIM™ 和缓和加氢裂化蜡油加氢处理催化剂 TK-558 BRIM™ 和 TK-559 BRIM™。TK-605 BRIM 催化剂用于加氢裂化预处理。经优化，该催化剂可去除难脱除的含氮化合物，如咔唑。与上一代催化剂相比，TK-605 BRIM 催化剂的活性要高出约 25%(相当于 5℃)。

除此之外，HaldorTopsoe 公司还开发生产能够提高转化率并改善产品质量的 TK-961、TK-962 和 TK-965 缓和加氢裂化催化剂，以及可以用于单段、一段串联和两段加氢裂化装置、最大量生产中间馏分油的 TK-925，TK-926 无定型加氢裂化催化剂和 TK-931，TK-941、TK-951、TK-961 含微量分子筛型加氢裂化催化剂。

用高活性的加氢预处理催化剂 TK-565 和生产大量中间馏分油的缓和加氢裂化催化剂 TK-961 组合，能利用中压加氢处理装置得到最大收率的高质量柴油。TK-565 是一种加氢脱氮(HDN)活性非常高的钼镍催化剂，能延长装置的运转周期或生产氮含量较低的产品，有利于加氢裂化催化剂性能的发挥。TK-961 是一种镍钨无定形加氢裂化新催化剂，与传统的无定形加氢裂化催化剂相比，生产中间馏分油的收率更高且产品质量更好，如芳烃含量更低，柴油的十六烷值指数更高，喷气燃料的烟点更高。这种加氢裂化性能改进的基础是，采用在保持产品选择性的同时，能提高加氢裂化活性的催化剂的专用配方。

2.5 Akzo 公司

Akzo Nobel 公司是目前世界上最大的加氢处理和催化裂化催化剂生产厂商之一，2004 年被 Albemarle 公司收购，更名为 Albemarle 催化剂公司。Akzo Nobel 公司近几年新推出的加氢裂化催化剂最显著的特点就是其催化剂在活性相同的情况下中间馏分油的选择性普遍提高。

KC3210/3211 是 Akzo 公司最新推出的分子筛中油型加氢裂化催化剂，与目前中油选择性最高的分子筛催化剂 KC2210/2211 相比，KC3210/3211 的馏分油选择性在活性相同时要高出许多。

Akzo Nobel 公司最新一代无定形加氢裂化催化剂以 KF1023 和 KF1025 为代表，都可显著提高中间馏分油收率。

Akzo Nobel 公司生产的分子筛型加氢裂化催化剂抗氮性能好，可允许裂化段进料含氮量在 40~60μg/g，目前其正在开发新一代加氢裂化催化剂。

2.6 Albemarle 公司

Albemarle 公司生产的缓和加氢裂化催化剂主要包括 NiMo 型沸石催化剂(KC2301、2601)、CoMo 型沸石催化剂(KC2602)、无定型 NiMo 型催化剂(KF1014、1015)、无定型 CoMo 型催化剂(KF1022)[13]。多产中间馏分油系列催化剂主要有 NiW 型沸石催化剂(KC3210)、NiMo 型沸石催化剂(KC3211、KF1015MD)。减压瓦斯油加氢裂化催化剂包括 NiMo 型沸石催化剂(KC2301、2601)、CoMo 型沸石催化剂(KC2602)。多产石脑油催化剂有 NiW 型催化剂(KC2710)、NiMo 型催化剂(KC2711、2715)。

Albemarle 公司生产的 KF848 加氢裂化预处理催化剂享有较高声誉，至今仍在世界上广泛使用。新型 NiMo 催化剂 KF868 由 Albemarle 公司和日本凯金公司共同开发。该催化剂以 Albemarle 的 STARS(TM) 技术为基础，在高饱和芳烃含量时可提高减压瓦斯油加氢裂化预处理性能，并可提高加氢脱氮活性。KF868 可延长催化剂循环周期，提高产品产量，可允许使用选择性更强的加氢裂化催化剂，并在没有额外投入的情况下加工劣质原料。

该公司推出的 NEBULA 体相法加氢裂化预处理催化剂，其加氢脱氮和加氢脱芳性能居于国际领先水平。该催化剂的活性高于常规加氢处理催化剂，能够在加氢裂化和加氢处理应用中提高柴油的产量和质量。NEBULA 催化剂可以直接用于加氢裂化装置的重复装载，产生更多的超低硫柴油(ULSD)而不会增加该装置的成本。

3 结语

加氢裂化是重质馏分油深度加工的主要工艺之一，随着加工原料的重质化和劣质化，在今后相当长一段时期内，两段加氢裂化工艺将是加氢裂化工艺发展的主流。优质的航空燃料与车用柴油将是加氢裂化工艺的主要产品。此外，根据相关工艺的需求生产石脑油馏分也是加氢裂化过程的另一任务，而随着燃油标准的提高，必将对加氢裂化过程提出更高要求。炼化企业将继续强化整体统筹，将加氢裂化技术与其他的加工工艺相结合，共同实现化石能源的高效利用。催化剂方面，根据不同的原料、特点和产品需求，选择不同的组分，设计制备具有特定性质要求的催化剂，并完成对催化剂的结构和功能的可控裁剪将是未来加氢裂化催化剂的主要发展方向，此外，提高加氢裂化催化剂的抗污染能力也将是催化剂研发的重要内容。

参 考 文 献

[1] 郭淑芝，王甫村，朱金玲等．国外馏分油加氢裂化工艺和催化剂的最新进展[J]．炼油与化工，2007，18(4)：7-10.

[2] 许天华，张天宇．加氢裂化催化剂的应用现状[J]．化工技术与开发，2012，41(11)：50-51.

[3] MURALI G，SRINIVAS B N，RANA M S，etal. Mixed oxide supported hydrodesulfurization catalysts：A review [J]. Catalysis Today，2003，86(1/4)：45-60.

[4] MICH LE B，PAVEL A，CHRISTOPHE G，etal. Overview of support effects in hydrotreating catalysts[J]. Catalysis Today，2003，86(1/4)：5-16.

[5] MAESEN T M，CALERO S，SCHENK M，etal. Alkane hydrocracking：Shape selectivity or kinetics[J]. Journal of Catalysis，2004，221(1)：241-251.

[6] GYFTOPOULOU M E，MILLAN M，BRIDGWATER A V，etal. Pillared clays as catalysts for hydrocracking of heavy liquid fuels[J]. Applied Catalysis A：General，2005，282 (1/2)：205-214.

[7] SONG C，YANG Y，ZHANG K，et al. BETA zeolite made from mesoporous material and its hydrocracking performance[J]. Catalysis Today，2006，116(1)：2-5.

[8] Ward；John W. Hydrocracking catalyst and process[P]. USP 5，447，623，1995.

[9] Wang Li . Hydrocracking catalyst containing beta and Y zeolites，and process for its use to make jet fuel or distillate [P]. USP7，585，405，2009.

[10] Wang Li. Hydrocracking catalyst containing beta and Y zeolites，and process for its use to produce naphtha[P]. USP7，510，645，2009.

[11] 沈燕华．国外馏分油加氢裂化技术新进展[J]．当代石油石化，2004，12(7)：37-41.

[12] 吴惊涛，石友良．国外馏分油加氢裂化技术新进展[J]．当代化工，2008，37(2)：161-165.

[13] 钱伯章．炼油催化剂技术的新进展[J]．工业催化，2003，11(8)：16-20.

催化裂化烟气脱硫方法的综述

龚望欣　宫振宇　王明哲　凌　俊

（中国石化北京燕山分公司，北京　102503）

摘　要：催化裂化装置是炼油厂二氧化硫污染的重要来源。在各种降低催化裂化烟气二氧化硫措施中，使用烟气硫转移剂是最便宜的方法。但该方法也存在着只脱硫不除尘的弊病，还需增加烟气除尘设施，且该方法只在原料油中含硫量在0.12%~0.50%时较为合适，当含硫量超过0.5%时，该技术没有较大的优势。湿法烟气脱硫技术需要较多的投资和较高的操作费用，但该技术是降低烟气中SO_x的最后一道防线，也是最稳定的一个方法。烟气洗涤脱硫的脱除效率最高，而且同时达到除尘的目的，在国内外普遍应用。其中，中国石化较多地采用了美国Belco公司的EDV湿法脱硫技术，中国石油则较多地采用了美国Exxon公司的WGS湿法洗涤工艺，湿法脱硫技术较好的解决了催化裂化烟气脱硫问题，是当今世界主流的催化裂化烟气脱硫技术。

关键词：催化裂化　烟气净化　湿法脱硫　环境保护

1　前言

目前人类对能源的需求大部分来自化石燃料，含硫原油加工及产品使用过程中的二氧化硫排放量也日益增加，是大气主要污染物之一，大气中的二氧化硫以酸雨等形式严重危害着人类生存环境。二氧化硫对人体的结膜和上呼吸道粘膜有强烈刺激性，可损伤呼吸器官，可致支气管炎、肺炎，甚至肺水肿呼吸麻痹。短期接触二氧化硫浓度为0.5mg/m^{3}空气的老年人或慢性病人死亡率增高。浓度高于0.25mg/m^3，可使呼吸道疾病患者病情恶化。长期接触浓度为1.0mg/m^{3}空气的人群呼吸系统病症增加。另外，二氧化硫可使金属材料、房屋建筑、棉纺化纤织品、皮革纸张等制品引起腐蚀、剥落、褪色而损坏。二氧化硫还可使植物叶子变黄甚至枯死。

催化裂化装置是炼油厂里二氧化硫和粉尘污染的重要来源，根据北京市大气污染物地方排放标准，烟气SO_2最高允许排放浓度为150mg/m^3，颗粒物为50mg/m^3，国家也相继出台了环保排放标准，详见表1。

表1　催化裂化再生烟气污染物排放控制标准及排放限值

执行标准	排放限值/(mg/m^3)(标准)		
	二氧化硫	氮氧化物	颗粒物
GB 16297—1996《大气污染物综合排放标准》(国家标准)	≤550	≤240	≤120
HJ/T 125—2003《清洁生产标准 石油炼制业》(国家环境保护标准)	≤550		≤100
DB11/447—2007《炼油与石油化学工业大气污染物排放标准》(北京市地方标准)	≤150	≤300	≤50
DB11/501—2007《大气污染物排放标准》(北京市地方标准)	≤200	≤200	≤30
DB44/27—2001《大气污染物排放限值》(广东省地方标准)	≤500	≤120	≤120
《石油炼制工业污染物排放标准》(国家标准征求意见稿)	≤400	≤200	≤50

2 催化裂化二氧化硫产生过程

一般原料中的硫在催化裂化反应器发生反应后有45%~55%转化为H_2S，35%~45%进入液体产品，5%~15%沉积在焦炭上，见表2。焦炭上的硫随催化剂循环进入再生器后氧化成SO_x。对于完全燃烧的催化裂化装置，几乎所有从再生器出来的硫都是以SO_2和SO_3的形式存在。对于部分燃烧运行条件下的再生器中不但含有SO_2和SO_3，还包括羰基硫(COS)、二硫化碳(CS_2)，甚至根据再生器或混合烟道的操作温度的不同，有的催化裂化装置烟气中还含有H_2S。对于常规催化裂化，一般烟气中SO_x含有约90%左右的SO_2和10%左右的SO_3。

表2 典型的蜡油催化裂化产物中的硫分布

原料	胜利蜡油	伊朗蜡油	沙特轻质蜡油
原料硫含量/%	0.65	1.46	2.07
硫分布/%			
硫化氢	45.3	49.5	51.2
汽油	7.4	6.2	7.2
柴油	20.2	19.5	18.2
油浆	13.9	14.1	11.6
焦炭	13.2	10.7	11.8

催化裂化排放的二氧化硫含量除了和原料中的硫含量有关系，还和再生剂的碳含量、过剩氧含量、焦炭产率有一定关系。实验研究表明，利用催化裂化平衡剂，在再生温度732℃和原料硫含量1.5%的情况下，通过实验数据回归得到二氧化硫排放量和再生剂的碳含量、氧含量、焦炭产率之间的关系，具体关联式如下：

$$SO_2 = 61 + 201 \times CRC - 33 \times O_2 + 41 \times CK$$

式中 SO_2——二氧化硫的排放浓度，μg/g；

CRC——再生剂的碳含量，其数值范围在0.06%~0.17%；

O_2——氧含量，其数值范围在1.08%~3.50%；

CK——焦炭产率，其数值范围在5.42%~8.40%。

3 催化裂化脱硫技术

已经工业应用的降低SO_x技术主要有原料选择、原料加氢脱硫、烟气脱硫和SO_x转移助剂，见表3。

表3 降低SO_x技术

技术名称	技术介绍	备注
原料选择	通过选取轻质含硫少的原油作为原料，控制原料中的硫含量，以减少烟气中硫化物的排放	受原油性质和二次加工装置类型及能力影响，选择余地较窄，在全球原油逐渐偏向重质化的过程中，原料含硫量会越来越高，因此只有有条件的企业才可以考虑采取原料选择的措施
原料加氢脱硫	通过加氢处理可脱除原料中的部分硫和氮，原料加氢不但增加了催化裂化原料油的氢含量，而且可以降低重金属和残炭	要使焦炭中硫含量降至0.5%以下，原料中含硫量则要在0.2%以下，原料加氢会使加工费用较大幅度上升，但现阶段面临的问题是即使经过原料加氢预处理，催化原料硫降低到一般程度也难以满足新的催化烟气排放标准。因此，很多原料虽然经过脱硫，但是由于环保要求的严格，催化烟气仍需进一步进行脱硫

续表

技术名称	技术介绍	备注
SO_x转移助剂	SO_x转移助剂掺和在FCC催化剂内，一起在反应器和再生器内循环。在再生器内，SO_x转移助剂和SO_3发生反应在转移剂表面形成稳定的金属硫酸盐。在提升管反应器的还原气氛中，硫酸盐中的硫以H_2S的形式释放出来，与裂化反应生成的H_2S一起，作为硫磺回收装置的原料，进行硫的回收	该方法是最便宜的方法，不需要新的投资。但该方法也存在着只脱硫不除尘的弊病，由于环保的要求，对烟气中的含尘量也有要求，需增加烟气静电除尘设施等。而且该方法只在原料油中含硫量在0.12%～0.50%范围时较为合适，当含硫量超过0.5%时，该技术没有较大的优势
烟气脱硫	通过将烟气中的SO_x吸收或中和，使烟气中的SO_x脱除，以实现达标排放的要求	该技术需要较多的投资和较高的操作费用，但该技术是降低烟气中SO_x的最后一道防线，也是最稳定的一个方法。烟气洗涤脱硫的脱除效率最高，而且达到了同时除尘的目的，在国内外普遍应用

4　催化裂化装置的烟气脱硫技术的选择原则

催化裂化装置的烟气脱硫技术的选择要遵循以下原则：

(1)达到国家和地区的污染物排放标准要求。二氧化硫的排放控制日益严格，因此对于脱硫效率低于90%的干法及半干法烟气脱硫技术的应用受到了一定限值，催化裂化烟气脱硫工艺的选择必须能满足国家污染物排放标准的要求。同时，烟气脱硫工艺的选择也应该考虑控制潜在的二次污染，例如吸收剂的制造和调配过程对周围环境的影响，脱硫副产品无害化处置的可能性等。

(2)符合循环经济和清洁生产的原则。脱硫副产品的可利用性是工艺选择的另一关键，另外，也要考虑吸收剂的易获得性和易使用性。

(3)具有较好的技术经济指标。烟气脱硫装置的投资及运行费用必须符合企业实际情况，使得企业能够建得起，用得上，采用可回收法时，则根据脱硫副产品的销售情况来确定。

(4)满足企业的使用条件。企业采用的脱硫技术必须充分考虑工艺和设备的成熟程度，特别是在防止腐蚀、结垢、堵塞等方面。要求烟气净化系统具有较高的可靠性，对上游催化裂化装置的影响最小，对事故工况的适应能力强，能够满足与催化裂化装置同步运行的要求，烟气脱硫设施的连续运行周期应与催化裂化装置一致。此外，还要考虑装置占地的大小以及对催化装置运行状况的影响。国内催化裂化装置大多设有烟气能量回收部分，利用烟机和余热锅炉来回收烟气能量，烟机出口压力约为8kPa(表)，经过烟道和余热锅炉后，压力已经变为常压或者微负压。要上烟气洗涤技术就必须加在余热锅炉后、烟囱前，即要求达到比较好的洗涤接触传质吸收，又要压降低，烟气洗涤部分的压降增加，会提高烟机出口压力，降低烟机的能量回收效率，同时，还要兼顾余热锅炉的设计压力，使余热锅炉的承压不能太高。同时湿法烟气洗涤后的催化烟气温度降低，密度增加，需要核算烟囱的抽力能否满足要求。

5　SO_x转移助剂主要应用情况

SO_x转移剂是催化裂化中用于降低再生烟气中硫化物排放的一类助剂或催化剂。SO_x转移剂大致可归纳为两类：一类是脱硫催化剂，即催化裂化催化剂本身就包含有硫转移活性组分。另一类是添加剂类型的SO_x转移剂，它与FCC的物性相似，在实际生产中应用较为广泛，它的操作灵活性大。

SO_x转移剂通过类似于催化剂加注的方法加入催化裂化再生器，和催化剂混合在一起循环于反应器和再生器之间。在再生器内，焦炭上的硫燃烧生成SO_2和SO_3，其中SO_3和SO_x转移剂在SO_x转移剂表面形成稳定的金属硫酸盐MSO_4(M代表金属)。然后在提升管反应器的还原气氛中，硫酸盐

中的硫以 H_2S 的形式释放出来，与催化裂化反应生产的 H_2S 一起进入到干气和液化气等产品中。脱硫后的 SO_x 转移剂循环至再生器，又具备了捕集 SO_x 的能力。图 1 给出了 SO_x 转移剂在反应器和再生器之间循环过程中所发生的化学反应。

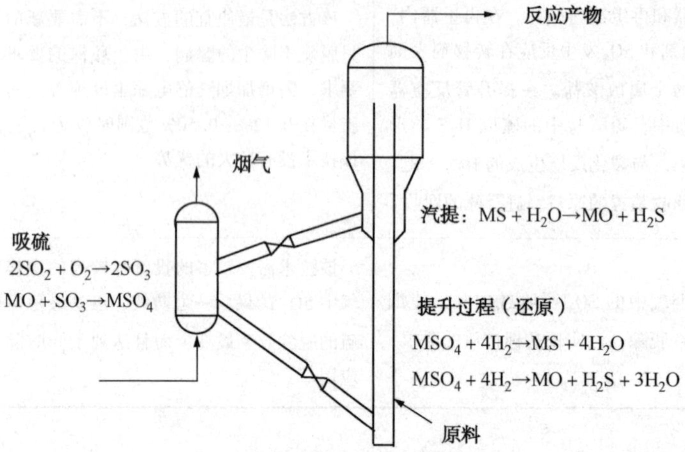

图 1　SO_x 转移剂的反应机理图

SO_2 要转化为 SO_3 才可能与 SO_x 转移剂中的金属氧化物反应，形成硫酸盐。因此，在 SO_x 转移剂中都含有促进 SO_2 氧化的成分。如果 SO_3 与金属氧化物形成硫酸盐太稳定，在提升管反应器内则难以还原为 H_2S。研究表明，MgO 和 La_2O_3 形成的硫酸盐的稳定程度适宜。以往的看法是，在提升管的气氛中，H_2 使金属硫酸盐还原。近年认为，在提升管反应器内，烃类(HC_S)也可以提供氢使硫酸盐还原，其反应式为：

$$MSO_4+HC_S \longrightarrow MO+3H_2O+H_2S+(HC_S-8H)$$

研究表明钒既促进 SO_2 转化为 SO_3，与 MgO 和 La_2O_3 之类的金属氧化物复配，又使金属硫酸盐和硫化物在提升管内更容易释放出 H_2S。因此，当今的 SO_x 转移剂绝大多数含有 1.0%~2.5%的钒。

由于 SO_x 转移剂的反应机理要求 SO_3 和 SO_x 转移剂形成稳定的金属硫酸盐 MSO_4 才能进一步发挥作用，而一般催化裂化烟气中的 SO_3 含量又远低于 SO_2 含量，因此使用脱 SO_x 助剂对于一些装置有着明显的局限性，SO_x 转移剂的使用环境要求烟气中含有较高的过剩氧含量，才能充分发挥脱 SO_x 助剂的效果。一般采用完全再生方式能加快 SO_2 氧化为 SO_3 的反应速度，提高 SO_x 脱除效率；而采用两段再生的催化裂化装置脱 SO_x 助剂的应用效果一般不明显。

6　烟气脱硫技术的主要应用情况

烟气脱硫方法根据脱硫剂的类型可分为干法脱硫、半干法脱硫和湿法脱硫。

干法烟气脱硫技术包括应用固体粉状或粒状吸附剂，吸收剂捕获气相中的 SO_2 以及采用催化剂或其他物理化学技术将烟气中的 SO_2 活化转化为元素 S 或易于处理的 SO_2 等。半干法烟气脱硫技术以石灰粉或石灰浆为吸收剂，通过不同工艺技术(如喷雾干燥技术、循环流化床技术)实现对烟气的高效率脱硫。

干法脱硫又分为固定床干法脱硫和流化床干法脱硫，干法的优点是该技术不用降低烟气的排烟温度，扩散效果好，不需要进行污水处理。干法脱硫的缺点是该技术要求具备大型吸附塔和大量吸附剂，再生设备庞大，设备费用相对较高，占地面积大，脱硫费用高，一般脱硫效率较难达到 90%，如果环保的脱硫要求持续提高，干法脱硫难满足较苛刻的脱硫要求。半干法脱硫技术与干法相比，具有处理成本低、烟气通量大，可以处理不同硫含量的烟气的优点，缺点是产生二次污染。

湿法烟气脱硫是利用碱性的吸收剂溶液脱除烟气中的 SO_2。湿法脱硫又可分为可再生湿法脱硫和非可再生湿法脱硫两种。其中国外的湿法脱硫技术以 EDV(Electro-Dynamic Venturei)湿法洗涤工艺、海水洗涤工艺和 WGS(Wet Gas Scrubbing)湿法洗涤工艺为代表的非可再生湿法洗涤工艺和 Labsorb、CanSolv 可再生湿法洗涤工艺最具代表性。

非可再生湿法洗涤工艺建设投资较低，装置操作简单，工况运行稳定，但需要消耗大量吸收剂，产生较多废水。可再生湿法洗涤工艺是利用吸收剂对烟气中 SO_2进行高选择性的化学吸收，吸收后的富吸收剂在一定条件下再生分离出高纯度的 SO_2气体。吸收剂是可再生湿法烟气脱硫技术的核心，吸收剂是可再生湿法烟气脱硫技术的核心，决定了烟气脱硫技术的先进性，一般采用的复配吸收剂具有较高的吸收 SO_2选择性、吸收容量大、反应过程可逆、不易挥发、不易热分解等特点。可再生湿法烟气脱硫技术的专用吸收剂分为无机缓冲液和有机缓冲液。无机缓冲液一般由弱酸和弱酸盐或者弱碱和弱碱盐组成，具有性能稳定、反应速度快、可循环使用等特点。有机缓冲液一般由复配的有机胺溶液组成，具有不易挥发、加热不分解等特点。可再生湿法烟气脱硫技术的最大优势在于可将 SO_2进行回收和资源化利用，同时可大大减少液体、固体废弃物的排放量。为了不污染吸收剂，烟气的冷却除尘和溶剂脱硫一般要分开进行，同时还要考虑脱除溶剂中累积的热稳定盐，并且由于多了再生系统，可再生湿法烟气脱硫一次性投资要高得多，装置的能耗也相对较高，同时装置流程也更为复杂，工艺的复杂性也使烟气脱硫装置很难长周期运行，如果可再生湿法洗涤工艺回收了大量的 SO_2，则一定要充分考虑下游接收 SO_2装置的接受能力以及接收和不接收 SO_2情况下的操作。

总的来说，湿法脱硫具有结构紧凑，占地少，造价低，脱硫效率高等优点。在世界各国现有的烟气脱硫技术中，湿法脱硫约占 85%左右，以湿法脱硫为主的国家有日本(占 98%)、美国(占 92%)和德国(占 90%)。具体湿法脱硫技术的详细分类见表 4。

表 4 湿法脱硫技术分类

湿法脱硫工艺分类	技术方	技术名称	在催化裂化装置的应用业绩
非再生法	BELCO 公司	EDV 钠法脱硫技术	全世界 70 多套
	Exxon 公司	WGS 钠法脱硫技术	全世界 25 套
	ALSTOM 公司	海水洗涤技术	挪威 Mongstad 炼油厂 1 套
	宁波工程公司和抚顺石油化工研究院	双循环湍冲文丘里钠法脱硫技术	镇海石化 1 套
再生法	加拿大 Cansolv 公司	加拿大 Cansolv 胺法	美国特拉华州炼油厂 1 套
	航天神舟研究所、燕山石化和北京化工研究院	钠钙双碱法技术	燕山石化 1 套

6.1 干法烟气脱硫技术

干法烟气脱硫技术包括应用固体粉状或粒状吸附剂、吸收剂捕获气相中的 SO_2以及采用催化剂或其他物理化学技术将烟气中的 SO_2活化转化为元素 S 或易于处理的 SO_3等。干法烟气脱硫主要包括吸附法、金属氧化物吸收法、催化反应法、高能活化氧化法、荷电干式喷射脱硫法。

吸附法是利用活性炭、硅胶、活性氧化铝、分子筛等吸附剂对 SO_2气体有较高的选择吸附性的特性，来吸附烟气中的 SO_2，达到净化烟气的目的，吸附剂可以通过适当的再生后重复使用。由于吸附剂本身容量有限，以及再生时放出的 SO_2仍需要处理等缺点使得该方法不适用于大规模工业烟气脱硫。现以活性炭法为例来说明脱硫过程。活性炭烟气脱硫技术在较低温度下将 SO_2氧化成 SO_3，并在同一设备将 SO_3转化成硫酸。活性炭具有极丰富的空隙构造，因而具有良好的吸附特性。此技术便是基于 SO_2在活性炭表面的吸附和催化氧化。当烟道气通过活性炭时，其中的 SO_2吸附于活性炭表面，在活性炭催化作用下，与吸附在活性炭表面的O_2发生反应，生成SO_3，SO_3再与H_2O反应生成硫酸。此外，活性炭还可以对烟气脱硝起到催化作用，促使烟气中的NO_x与喷入的NH_3还原为N_2和H_2O。由颗粒状的活性炭形成的吸附层，可同时对烟气起过滤作用，当烟气通过活性炭层时，携带的粉尘会被活性炭层截留。也正是吸附剂和吸收剂的吸附功能很容易吸收催化裂化催化剂并很快失效，因此，吸附法无法在催化裂化工艺上广泛应用。

金属氧化物吸收法是利用某些具有碱性的金属氧化物如氧化钙、氧化锰、氧化锌、氧化铁、氧化铜等可以与SO_2反应，对SO_2有较大吸收能力，也可以用于SO_2的净化，再生时可以高温分解或低温还原。美国Engelhard公司的ESR脱硫工艺是典型的金属氧化物吸收法干法工艺，该工艺可使用石灰，也可使用苏打粉、化学碱及天然碱作吸收剂，固体吸收剂在稀相提升管流化床式吸附器(ESR)中与烟气接触吸收烟气中的SO_x，待生吸收剂转移到再生塔鼓泡床中经燃料气再生后回到吸收器中循环使用，此过程的吸附剂为金属氧化物，操作温度在120~930℃，脱硫率可达95%。ESR工艺的优点是不降低排烟温度，扩散效果好，没有水污染问题；投资较低，操作费用低；缺点是其吸附反应仅在固体表面进行，而内部反应时间长，要求具备大型吸附塔，并需要大量吸附剂，不利于长周期运行。金属氧化物吸收法具有与吸附法同样的缺点，不适合大规模烟气脱硫，而且一旦这些金属氧化物吸附了催化裂化装置的催化剂也很难再生，因此，金属氧化法也难以在催化裂化装置上广泛应用。

催化反应法是利用高效催化剂将烟气中的SO_2进行催化转化，它包括催化氧化法和催化还原法。催化氧化脱硫法是将烟气中的SO_2直接转化为SO_3，SO_3在冷凝器内冷凝成浓硫酸。该方法与前面两种方法相比，不仅脱硫率较高，而且将SO_2转化为有用的产品，既净化了烟气，又创造了新的价值。该方法的缺点也很明显，设备庞大，投资高，操作复杂，对于处理流量大、SO_2浓度低的烟气并不经济，而更适宜于处理高SO_2浓度的烟气，该技术在国外已在电厂锅炉有工业化应用装置，但是只要是应用到催化裂化工艺中就不可避免的要考虑催化剂会进入到硫酸等产品中去。

高能活化氧化法主要是利用高能电子或等离子体技术使烟气中SO_2、NO_x、H_2O、O_2等分子被激活、电离甚至裂解，产生大量离子和自由基等活性物质。由于自由基的强氧化性使SO_2、NO被氧化，在注入氨的情况下，生成硫铵和硝铵化肥。该方法可以同时脱除烟气中的氮氧化物和硫氧化物。根据高能电子的来源，可分为电子束照射法和脉冲电晕等离子体法。电子束照射法(具体流程见图2)以电子束氨法烟气脱硫脱硝技术居多，电子束氨法烟气脱硫脱硝工业化技术(简称CAEB-EPS技术)，技术是利用高能电子束(0.8~1MeV)辐照烟气，将烟气中的二氧化硫和氮氧化物转化成硫酸铵和硝酸铵的一种烟气脱硫脱硝技术。该技术的工业装置一般采用烟气降温增湿、加氨、电子束辐照和副产物收集的工艺流程。除尘净化后的烟气通过冷却塔调节烟气的温度和湿度(降低温度、增加含水量)，然后流经反应器。在反应器中，烟气被电子束辐照产生多种活性基团，这些活性基团氧化烟气中的SO_2和NO_x，形成相应的酸。它们同在反应器烟气上游喷入的氨反应，生成硫酸氨和硝酸氨微粒。副产物收集装置收集产生的硫酸氨和硝酸氨微粒，可作为农用肥料和工业原料使用。该技术目前还无法应用于催化裂化烟气脱硫脱硝。脉冲电晕放电等离子体烟气技术是利用脉冲电源产生的高电压脉冲加在反应器电极上，在反应器电极之间产生强电场，在强电场作用下，部分烟气分子电离，电离出的电子在强电场的加速下获得能量，成为高能电子(5~20eV)，高能电子则可以激活、裂解、电离其他烟气分子，产生多种活性粒子和自由基。在反应器里，烟气中的SO_2、NO被活性粒子和自由基氧化为高阶氧化物SO_3、NO_2，与烟气中的H_2O相遇后形成H_2SO_4和HNO_3，在有NH_3或其他中和物注入情况下生成$(NH_4)_2SO_4/NH_4NO_3$的气溶胶，再由收尘器收集。脉冲电晕放电烟气脱硫脱硝反应器的电场本身同时具有除尘功能。具有装置简单、运行成本低、有害污染物清除彻底、不产生二次污染等优点。电子束同时脱硫、脱硝技术已经具备工业化水平，在部分电厂已经商业运行，同时脱硫、脱硝效果良好。而脉冲电晕技术还处于中试阶段，尚没有工业化运用。在示范工程中也发现等离子法存在一些问题，大量的氨气未反应完全随废气跑出，副产品硫铵和硝铵颗粒难以回收而随废气排放，造成二次污染，故目前该技术尚未大规模推广，也还没有在催化裂化装置的烟气上应用过。

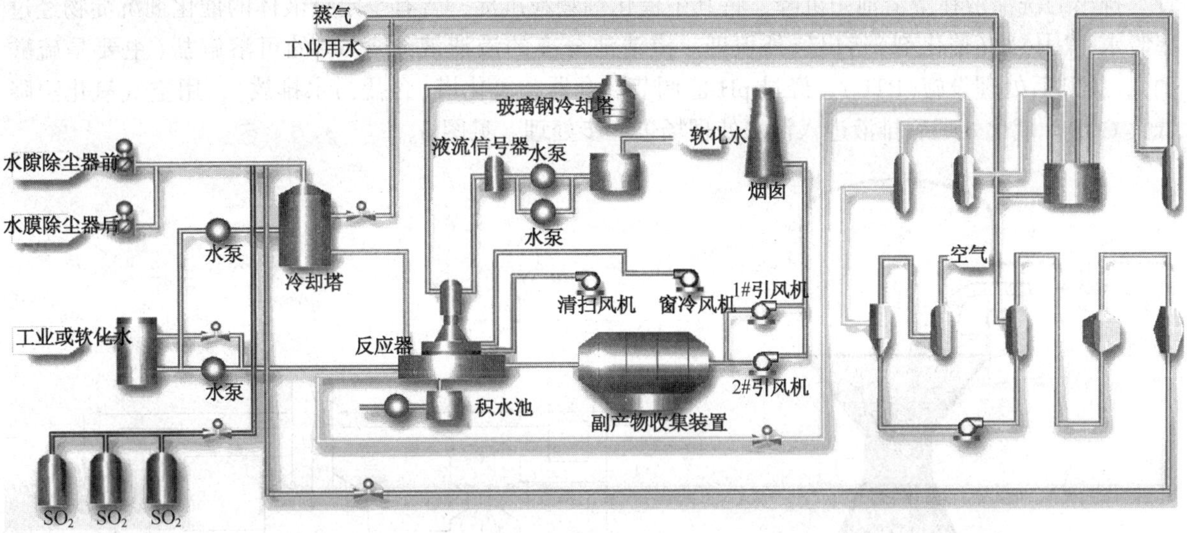

图 2　电子束法烟气脱硫脱硝工艺流程图

荷电干式喷射脱硫法(CDSI)是通过在锅炉出口烟道内(除尘器前)的适当位置喷入携带有静电荷的干吸收剂(通常用熟石灰)，使吸收剂与烟气中的 SO_2反应生成 $CaSO_3$，由于烟气中还含有少量的氧气和水分，会产生极少量的 $CaSO_4$颗粒物质，然后被后部的除尘设备除去。吸收剂以高速流过喷射单元产生的高压静电电晕充电区，使其携带大量的静电荷(通常是负电荷)。吸收剂颗粒由于带有同种电荷而相互排斥，很快在烟气中扩散，形成均匀的悬浮状态，使每个吸收剂粒子的表面都充分暴露在烟气中，与 SO_2的反应机会大大增加，从而提高脱硫效率；吸收剂颗粒表面的电晕大大提高了吸收剂的活性，降低了同 SO_2完全反应所需的停留时间，从而有效提高了 SO_2的脱除率。此外，CDSI 系统还有助于清除细颗粒粉尘。带静电荷的吸收剂粒子将细颗粒粉尘吸附在其表面，形成较大的颗粒，使烟气中粉尘的平均粒径增大，提高了相应的除尘效率。CDSI 系统投资少，占地面积小，运行费用较低；自动化程度高，操作简便，运行可靠；吸收剂不仅可用商用 $Ca(OH)_2$，也可利用经干燥后的电石渣，脱硫后的生成物为干燥的 $CaSO_3$及少量的 $CaSO_4$，难溶于水，无二次污染问题。但是此系统所需钙硫比较高，为1.3~1.5；脱硫效率较低，一般只能达到70%左右，很难满足催化裂化装置日益严格的环保要求。

6.2　湿法烟气脱硫技术

6.2.1　WGS 湿法洗涤工艺

WGS 湿法洗涤工艺是 Exxon 公司于20世纪70年代开发的一种有效的催化裂化烟气湿法脱硫除尘技术。

该工艺主要包括两部分，即湿法气体洗涤装置(WGSR)和净化处理装置(PTU)。该工艺使用碱性溶液作为吸收剂(洗涤液)，烟气首先进入 WGSR，并在其中脱除颗粒和 SO_x。WGSR 主要包括一个文丘里管和分离塔，吸收剂与烟气同向进入文丘里管，吸收过程发生在文丘里管湍流部分。吸收剂液体在缩径段的壁上形成一层薄膜，然后在咽喉段的入口被分割成液滴，由于相对速度差的存在，气体与液滴间发生惯性碰撞，催化剂颗粒在咽喉段被捕捉，用缓冲溶液洗涤除去；SO_x 在咽喉段和扩径段被吸收，生成亚硫酸钠及硫酸钠，详见图 3 和图 4。

气液混合物切向进入分离塔中，并在洗涤器内按相同方向旋转，实现清洁气体与脏吸收剂液体分离。分离塔中的脱夹带设施具有高效、低堵塞、低压力降的特点，将气体夹带的吸收剂液体脱除，并通过塔外循环线返回塔底，外循环降液管的吸收剂溶液同时对塔底浆液起到搅拌作用，使塔底浆液中的催化剂粉尘处于均匀悬浮的状态。清洁气体通过分离器上部的烟囱排入大气，如图5所示。吸收剂溶液循环使用，为防止催化剂积累，装置运行中将排出部分洗涤液进入洗涤液处理装置。排出的洗涤液在澄清池中沉降，将其中催化剂颗粒沉淀，含有一定量液体的催化剂沉淀物经过滤脱水，固体物(催化剂)运出厂外填埋。澄清池分离的澄清液约含5%的可溶解盐(主要是硫酸钠)，排到后处理设施(PTU)，经过pH值调节混合器、氧化塔(含盐污水排放)，用空气氧化法降低其COD，氧化处理后排液进入污水处理场进一步处理，见图6。

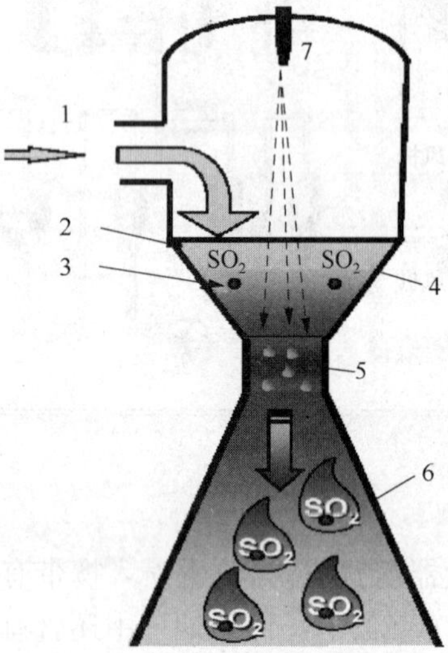

图3 二氧化硫和粉尘吸收过程

1—催化裂化烟气；2—二氧化硫；3—颗粒物；
4—缩颈段；5—咽喉段；6—扩颈段；
7—塔底循环浆液回流至文丘里顶部喷淋

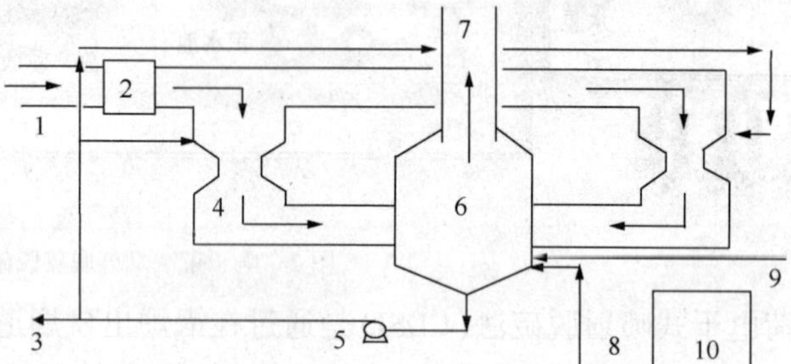

图4 WGS的原则流程图

1—催化裂化来再生烟气；2—烟气冷却器；3—去往排液处理装置；4—洗涤器；5—循环浆液泵；
6—分离罐；7—烟囱；8—碱液加注泵；9—补充水；10—碱罐

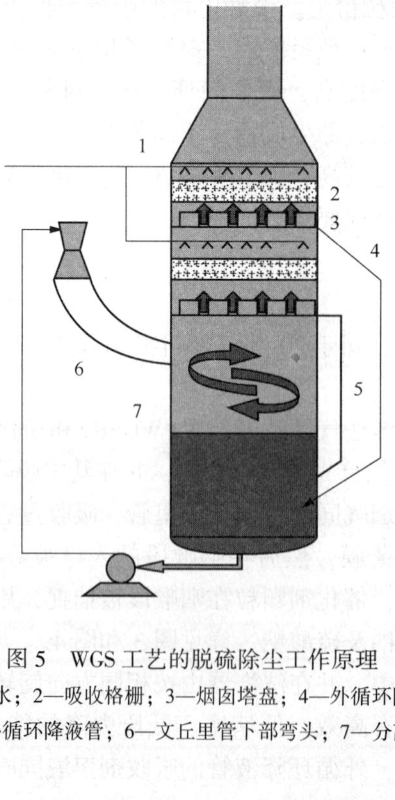

图5 WGS工艺的脱硫除尘工作原理

1—喷淋水；2—吸收格栅；3—烟囱塔盘；4—外循环降液管；
5—外循环降液管；6—文丘里管下部弯头；7—分离器

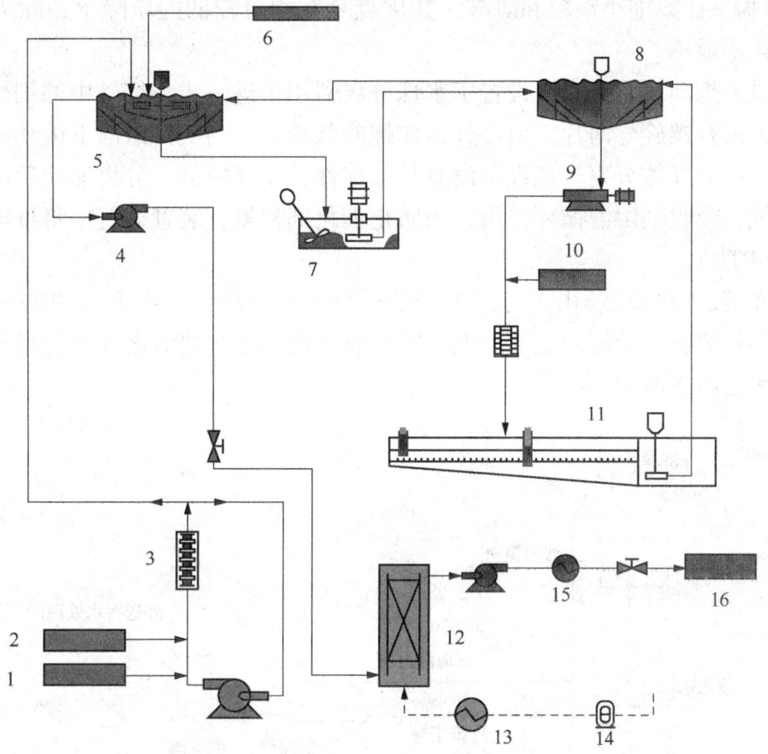

图 6　WGS 湿法洗涤工艺的废液处理单元流程图

1—外排浆液；2—碱液；3—混合器；4—沉淀器上清液泵；5—沉淀器；6，10—絮凝剂加注设施；7—搅拌设备；8—浓缩池；9—浓缩泵；11—脱水机床；12—氧化罐；13，15—冷却器；14—鼓风机；16—外排水

该技术可用于催化裂化烟气脱硫的文丘里洗涤器有两种，即高再生烟气的压力和低再生烟气的压力(采用抽空器)两种。高再生烟气的压力洗涤器，在文丘里管喉部以上注入洗涤液，通过文丘里管时压力下降，将液体雾化。如锅炉出口烟气压力大于 10kPa，则可在气液比(进口烟气体积与循环洗涤液体积比)370~1400 的情况下操作；如锅炉出口烟气压力小于 10kPa，文丘里洗涤器必须采用抽空器类型，即采用更小的气液比 75~150，使洗涤液能高速进入文丘里管喉部雾化，该技术的电耗、洗涤液消耗和水耗很高。早期 WGS 技术的 JEV 喷射式文丘里管压降较大，一般为 10kPa，改进后的 HEV 高能式文丘里管压降在 3~5kPa，且效能较高。

为了满足清除烟气中 NO_x 的要求，WGS 湿法洗涤工艺也可以在洗涤塔内预留脱硝空间，该技术采用氧化法，采用强氧化剂($NaClO_2$ 或 $NaClO$)，氧化剂的费用较高，但操作简单、平稳。

6.2.2　EDV 湿法烟气净化技术

EDV 湿法烟气净化技术主要由烟气系统、洗涤吸收系统和废水处理系统三部分组成。工艺水和用作脱硫剂的碱液分别送往除尘脱硫塔，碱液进入除尘脱硫塔后经循环泵循环喷淋，与自下而上的烟气进行逆向接触，充分的进行反应。洗涤吸收系统又是由喷淋脱硫部分、滤清模块和水珠分离器组成，所有设备元件全部安装集成在一个上流式的塔体内。催化裂化来的烟气在除尘脱硫塔内被冷却到饱和温度，而后与含有吸收剂溶液的喷射液滴接触，将催化剂颗粒物洗涤并吸收 SO_x。喷嘴喷出的是相对较大的液滴，以防止薄雾的形成，从而无须使用易堵塞的传统除沫器。当上游系统出现故障大量催化剂带入时，也不会出现堵塞问题，塔内有多层喷射喷嘴和急冷喷嘴(LAB-G 喷嘴)，独特设计的喷嘴是该系统的关键，具有不堵塞、耐磨、耐腐蚀、能处理高浓度液浆的特点。

饱和气体离开喷淋脱硫部分后直接进入 EDV 滤清模块除去细小颗粒，通过饱和、冷凝和过滤除去细颗粒。饱和状态的气体经稍微加速后，通过绝热膨胀达到过饱和状态，细颗粒和酸雾就会冷凝集聚，颗粒尺寸急剧增大，大大降低除去这两类物质需要的能量和复杂性滤清模块底部装有向上喷射的LAB-F喷嘴，扑集细小颗粒和酸雾，其优点是在相对较低的压降下，除去细小颗粒，同时对气体流量的变化不敏感。

为保证烟气进入烟囱不含液滴，设置了水珠分离器用于进一步将烟气中的细微液脱除，水珠分离器为空心结构，内有螺旋导向片，引导气体作螺旋状流动，当气体沿向下流动时，在离心力作用下被甩至器壁，从而与气体分离。该设备没有易堵部件，压降极低。分离液滴后的清洁气体通过上部的烟囱排入大气，吸收剂溶液循环使用，为防止催化剂积累，装置运行中将排出部分洗涤液进入排出液处理系统(PTU)。

排出部分洗涤液(外排浆液)由泵打入沉淀器进行固液分离，分离出来的催化剂通过脱水后形成泥饼，拉出场外填埋，沉淀器的上清液返回除尘脱硫塔。上排清液进入氧化罐再次氧化后达标排放，具体工艺流程如图7所示。

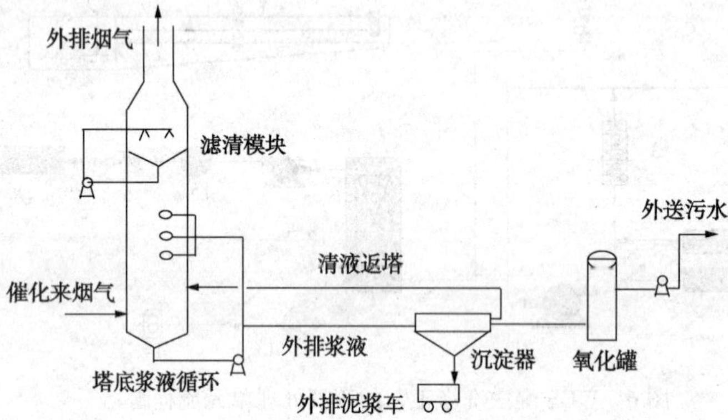

图7 EDV湿法脱硫工艺原则流程图

EDV湿法烟气净化技术的除尘脱硫塔设置了可应对催化裂化多种极端工况下的联锁自保措施，且自保系统操作简单；除尘脱硫塔内无可移动的设备，这也大大提高了该技术长期运行的可靠性，该烟气脱硫装置最长运行周期已达7年以上，完全满足和催化裂化装置长周期同步运行的需要；由于循环的吸收液基本维持中性，对设备材质要求不高，因而整个装置的建设成本也相对较低；采用该技术，只需稍作改动即可增加$LoTO_x$烟气脱硝技术。

EDV湿法烟气净化技术有以下技术特点：

(1) EDV湿法烟气净化工艺安全可靠，即使在催化裂化装置烟机突然停机和热工系统的取热设备发生“爆管”的情况下也不会给催化裂化装置和EDV烟气净化系统带来严重威胁，较高的水气比以及事故下能大量喷水的自保系统保证了EDV烟气净化系统在催化裂化装置运行不正常和污染物浓度不稳定的状况依然能够运行。

(2) EDV湿法烟气净化工艺可较好的适用于已运行的催化裂化装置，该工艺的除尘脱硫设备布置可充分考虑现场条件，尽可能的利用了原有设备和原有的公用工程设施，其中脱硫塔和后处理设施PTU部分可因地制宜的分开布置，较好的利用催化裂化装置现场的小面积空地。

(3) EDV湿法烟气净化工艺的脱硫塔内结构简单、系统压降小、除尘效率高、能耗较低，脱硫除尘设备的器壁不容易结垢，能较好的实现长周期运行。

(4) EDV湿法烟气净化工艺操作弹性大，该烟气净化系统可以在50%~110%负荷下有效运行，甚至在在负荷接近于零的情况下也可以正常运行。

(5) EDV湿法烟气净化工艺不会产生酸雾。湿法脱硫工艺要尽可能避免产生“雾”状气体，“雾”会携带酸性物质形成酸雾，一旦产生酸雾，酸雾的强腐蚀性就会对设备和环境造成极大的影响。

(6) EDV湿法烟气净化工艺是采用分层式和模块式的设计，烟气净化部分可先增上脱硫除尘部分，当环保要求进一步降低烟气中的氮氧化物时，该工艺可在脱硫塔上再增上罗塔斯($LoTO_x^{TM}$)

脱硝部分，罗塔斯(LoTO$_x$™)工艺中的NO_x与臭氧反应形成的化合物可以很容易地在清除颗粒物和SO_2的过程中从烟气中清除掉。只需要改造脱硫塔就能够满足脱硝要求，后处理设施 PTU 部分不需要动改，改造过程施工简单。

7 对 EDV 湿法脱硫和 WGS 湿法洗涤工艺的评价

(1)EDV 湿法脱硫和 WGS 湿法洗涤工艺安全可靠，要尽可能避免给催化裂化装置运行带来隐患。部分催化裂化装置带有外取热器、内取热器或高温取热器，当这些取热设备发生爆管时会有大量蒸汽和催化剂随着烟气涌向烟气脱硫除尘脱硝设备，如果在这部分设备中存在着易积存催化剂的部位堆积了大量催化剂、存在着填料或存在着固定床就极易造成催化裂化装置的再生器憋压，从而影响催化裂化装置运行安全。

(2)EDV 湿法脱硫和 WGS 湿法洗涤工艺能很好的适应催化裂化装置的不同加工负荷，要有较好的操作弹性。催化裂化装置是炼油厂十分重要的生产装置，其加工负荷也会因炼油厂加工方案的不同而进行调整。烟气脱硫除尘脱硝技术在催化裂化装置处于不同负荷的情况下不能出现脱硫除尘脱硝数据不合格问题，不能出现正常的气液相平衡和水平衡被严重破坏问题。

(3)EDV 湿法脱硫和 WGS 湿法洗涤工艺操作简单，尽可能少的增加操作人员的工作量。不同技术差异较大，最简单的烟气脱硫除尘脱硝技术几乎不需要额外增加操作员，完全可以依托原有催化裂化装置的操作员完成烟气脱硫除尘脱销日常操作和维护。

(4)EDV 湿法脱硫和 WGS 湿法洗涤工艺的总压降小。压降越大，对余热锅炉炉墙的耐压要求越高。如果余热锅炉内烟气压力较高就极易引起炉墙泄露，这样随烟气泄露出来的有害气体会给现场操作人员带来人身伤害，而且炉墙的设备维护工作量会大大增加。烟气脱硫除尘脱销部分总压降的增加也会导致烟机发电量下降。

(5)EDV 湿法脱硫和 WGS 湿法洗涤工艺能较灵活的在现场布置设备。对于新建催化裂化装置较容易和烟气脱硫除尘脱销部分进行一体化设计，而大部分已建成的催化裂化装置在平面上都没有预留烟气脱 SO_x、NO_x 设施的位置，同时催化余热锅炉或 CO 锅炉与烟囱之间的距离很短，平面和空间都受限制，对于现有催化裂化装置再增上烟气脱硫除尘脱销设备则难以在现场找到合适的装置建设空间，工程设计和工程施工难度大。如该技术能较灵活的在现场布置设备，那么会极大的增强该技术的竞争力。

(6)EDV 湿法脱硫和 WGS 湿法洗涤工艺的设备投资低。脱硫和除尘过程最好能够同时进行，脱硫和除尘分开进行会较大幅度的增加设备投资。如果先将烟气在气相状态下进行除尘，再在液相环境中进行脱硫，那么脱硫的环境里也还会有催化剂存在，这部分残留的催化剂依然会对脱硫设备造成严重的磨损，若脱硫液用于循环再生，那么脱硫液也会被催化剂污染。如果先将烟气在液相环境下进行除尘，那么这部分用于除尘的液体会吸收烟气中的大量的二氧化硫和少量的三氧化硫、盐酸、氢氟酸，导致这部分液体具有强酸性，极易造成设备的严重腐蚀，如要在如此严重的腐蚀环境采取防腐措施，会极大的增加设备投资。

8 结语

使用烟气硫转移剂是最便宜的方法，不需要新的投资，但该方法也存在着只脱硫不除尘的弊病，由于环保的要求，对烟气中的含尘量也有要求，需增加烟气静电除尘设施等。而且该方法只在原料油中含硫量在 0.12%~0.50%范围时较为合适，当含硫量超过 0.5%时，该技术没有较大的优势。湿法烟气脱硫技术需要较多的投资和较高的操作费用，但该技术是降低烟气中 SO_x的最后一道防线，也是最稳定的一个方法。烟气洗涤脱硫的脱除效率最高，而且达到了同时除尘的目的，在国内外普遍应用。其中中国石化较多的采用了美国贝尔格的 EDV 湿法脱硫技术，中国石油较多的采用了美国 Exxon 公司的 WGS 湿法洗涤工艺，湿法脱硫技术较好的解决了催化裂化烟气脱硫问题，湿法脱硫技术是当今世界主流的催化裂化烟气脱硫技术。

参 考 文 献

[1] 胡敏．催化裂化烟气排放控制现状及面临问题的分析[J]. 中外能源，2012，17(5)：77-83.
[2] 龚望欣，杜杰，贾振东．EDV 湿法脱硫技术在燕山三催化的应用[J]. 石化技术，2011，18(4)：37.
[3] 陈俊武．催化裂化工艺与工程[M]. 北京：中国石化出版社，2005.

α-烯烃生产技术的最新进展

郑明芳

(中国石化北京化工研究院燕山分院，北京 102500)

摘　要：本文主要介绍了几种已经产业化的利用乙烯齐聚法生产α-烯烃的技术，包括CPChem公司的Ziegler工艺、INEOS公司的改进的Ziegler工艺、Shell公司的SHOP工艺、日本出光石化公司的Idemitsu工艺、SABIC/Linde alpha-Sablin™工艺和CPChem公司的乙烯三聚工艺，重点介绍了中国石化具有自主知识产权的α-烯烃生产技术，包括乙烯三聚工艺和正在开发的铁系乙烯齐聚工艺。

关键词：齐聚　α-烯烃　工艺

1　前言

α-烯烃是重要的有机化工原料和中间体，依据其碳链的长短，在乙烯共聚单体、增塑剂用醇、合成润滑油和油品添加剂等领域有着广泛的应用[1]。较低碳数的α-烯烃如1-丁烯、1-己烯和1-辛烯主要作为高密度聚乙烯和线性低密度聚乙烯生产用共聚单体，C_8、C_{10}和C_{12}的α-烯烃是用于生产合成润滑油的原料。C_6~C_{10}的α-烯烃用于生产增塑剂用醇。C_{12}~C_{18}的α-烯烃用于生产具有很好生物降解性的洗涤剂，大于C_{18}的α-烯烃可以直接用于润滑剂和钻井液。

随着聚烯烃产业的发展，全球α-烯烃的消费量增长迅速。根据IHS Chemical公司化学经济手册(Chemical Economics Handbook，缩写为CEH)提供的关于线性α-烯烃的最新报告显示[2]，不计炼油厂的1-丁烯的产能，截至2012年底，全球的α-烯烃产能达到4282kt/a，表观消费量达到3496kt，分别比2009增长了24.7%和31.1%[3]。预计2012~2018年间，全球的α-烯烃平均年消费增长率为3%，2018年的表观消费量将达到4237kt，其中国内α-烯烃的表观消费量将由2012年的76kt增长到100kt，而国内现在仅有50kt/a的1-己烯的产能，与未来的需求还有很大差距。

α-烯烃的生产方法主要有乙烯齐聚法、蜡裂解法、煤气化抽提法、脂肪醇脱氢法、烯烃二聚和歧化、内烯烃异构法等[4]。目前，乙烯齐聚法是生产α-烯烃的主要方法，利用该法生产的α-烯烃占整个α-烯烃生产总量的70%以上。本文将主要介绍几种已经产业化的利用乙烯齐聚法生产α-烯烃的技术，并重点介绍中国石化具有自主知识产权的α-烯烃生产技术。

2　产业化的乙烯齐聚法生产α-烯烃的技术

2.1　Ziegler工艺

Ziegler工艺是雪佛龙菲利普斯化工公司(CPChem)的乙烯齐聚工艺(原由Gulf开发，后来与Chevron合并)[5]。在高温(175~290℃)、高压(13~27MPa)的条件下，乙烯在三乙基铝的催化作用下，发生链增长反应得到不同链长的烷基铝，同时生成的烷基铝通过与乙烯的置换反应得到具有偶数碳的α-烯烃，产品分布在C_4~C_{30+}。由于所使用的三乙基铝的浓度很低，链置换反应中再生的三乙基铝不进行循环使用，将在后续的单元操作中通过水解形成铝酸盐除去。Ziegler工艺的优点是生产的α-烯烃质量较好，碳数呈几何分布(见表1)，低碳(C_4~C_8)产品占40%以上。通过调节操作条件，C_4~C_8产品的质量分数可由44%增长到49%。缺点是工艺条件苛刻，反应过程中使用的烷基铝化合物，在高温、高压下进行传送和反应，燃爆的危险性很大，必须要有精密可靠的反应和控制设备相匹配。

表1 不同乙烯齐聚工艺生产的α-烯烃产品分布比较 %

项目	Ziegler 工艺	改进的 Ziegler 工艺		SHOP 工艺	Idemitsu 工艺	Alpha-Sablin™ 工艺
		BP	INEOS			
C_4	14	12	0	7~14	14.9	27
C_6~C_{10}	41	54~60	70~77	25~41	C_6：15.4	52
C_{12}~C_{14}	19	20~25	21~28	15~18	C_8：14.1	C_{12}：8
C_{16}~C_{18}	12	5~7	—	11~15	C_{10}~C_{18}：41.3	C_{14}~C_{18}：10
C_{20+}	14	2	2	14~42	14.3	3

2.2 改进的 Ziegler 工艺

改进的 Ziegler 工艺是 INEOS 公司的乙烯齐聚工艺，该工艺由 Ethyl 公司开发并首次使用。1994 年，Ethyl 的α-烯烃业务并入 Albemarle 公司，而 Albemarle 公司于 1996 年将α-烯烃、聚α-烯烃以及洗涤剂醇业务转让给 Amoco 公司，后来 Amoco 与英国石油公司合并成立 BP Amoco 公司，随后更名为 BP。2005 年，INEOS 从 BP 取得炼油、烯烃及衍生物业务[6]。

与 Ziegler 工艺不同的是，改进的 Ziegler 工艺包括的链增长和链置换反应分两步进行。第一步在温度约 116~132℃、压力约 18~20MPa 的条件下，乙烯与三乙基铝发生乙烯齐聚反应，快速生成三烷基铝混合物。然后三烷基铝混合物进入温度 260~316℃、压力 1.5MPa 的第二步反应，与乙烯发生置换反应生成含有 C_4~C_{18}的线性α-烯烃，再生的三乙基铝则循环使用。该工艺中 C_4~C_{12}产品中的线性α-烯烃含量在 93.7%~99.7%，其中 1-丁烯的纯度最高。杂质包括内烯烃、支链烯烃等。与 Ziegler 工艺相比，改进的 Ziegler 工艺在循环过程中α-烯烃产品将进一步反应，会产生更多的支化低聚物。这些支化产品集中在高碳数 C_{14}~C_{18}范围内，如 C_{14}产品中的α-烯烃含量为 81.0%，C_{16}~C_{18}产品中的α-烯烃含量仅为 62.7%。

在 INEOS 从 BP 取得α-烯烃的业务之前，BP 在美国加州的 Pasadena 利用改进的 Ziegler 工艺得到的产品碳数分布呈泊松分布，见表 1。为满足市场对共聚单体、增塑剂和聚α-烯烃的需要，INEOS 在 2005 年关停 Pasadena 的齐聚装置之后，在比利时的 Feluy 和加拿大的 Alberta 都采用类似工艺。不同的是，INEOS 加入了丁烯循环单元，使得产品分布中工 C_6~C_{10}的含量高达 70%~77%(见表 1)，成为 C_6~C_{10}α-烯烃产品的第二大生产商。

2.3 SHOP 工艺

SHOP 工艺是 Shell 公司开发的乙烯齐聚工艺，1977 年在美国路易斯安那州的 Geismar 首次实现商业化。该工艺包含 3 个基本的反应：乙烯齐聚、烯烃的异构化、烯烃的歧化[7]。在乙烯齐聚反应中，与 Ziegler 和改进 Ziegler 工艺不同，SHOP 工艺采用了非 Ziegler 催化剂体系，以具有双齿配体的镍化合物为催化剂，极性含氧溶剂如 1，4-丁二醇为溶剂，经齐聚得到呈几何分布的 C_4~C_{20}^+的α-烯烃产品。其中 C_4~C_{12}产品中的线性α-烯烃含量在 94%~99%，1-己烯的纯度最高[8]。经分馏后，C_4和 C_{20}^+的组分在接下来的异构化和歧化反应中将转化为 C_{11}~C_{14}的内烯烃，再经过氢甲酰化反应进一步转化为增塑剂用醇和洗涤剂用醇。

SHOP 法的优点包括可以通过齐聚、异构化、歧化三步反应，使乙烯 100%转化成有用的烯烃产品，故经济性强；而且齐聚产物中线性率可达 99%；并且催化剂与产物自然分层、产品后处理简单及催化剂可循环使用等。该工艺的主要缺点是工艺流程长、反应步骤多，α-烯烃产品的分布较宽(C_4~C_{30})，生成一定比例的不宜作共聚单体的产物，催化剂组成比较复杂，中间循环量很大，能耗较高。SHOP 法主要用于制备高碳醇及烷基苯等，与洗涤剂的发展密切相关，而不宜作为生产共聚单体的低碳产品如 1-己烯、1-辛烯的生产方法。

2.4 Idemitsu 工艺[9]

Idemitsu 工艺是日本出光石化公司的乙烯齐聚工艺，于 1989 年在日本的 Chiba 首次实现商业化生产，建有一套 60kt/a 的 α-烯烃工业装置。该技术是以无水氯化锆作为主催化剂，倍半乙基铝和三乙基铝作为助催化剂(倍半乙基铝与三乙基铝的物质的量之比为 3.5)，噻吩作为调节剂，用环己烷做溶剂，在氮气气氛下进行乙烯齐聚反应，反应温度 120℃，反应压力 6.4MPa，得到的主要产物是线性低碳 α-烯烃，因此该工艺适合生产作为共聚单体的线性 α-烯烃，如 1-丁烯、己烯-1、辛烯-1 等，产品分布情况见表 1。

2.5 SABIC/Linde alpha-Sablin™ 工艺[10]

Alpha-Sablin™工艺是 SABIC(沙特阿拉伯基础工业公司)和德国 Linde 公司联合开发的乙烯齐聚工艺。该工艺以一种锆化合物为主催化剂、烷基铝为助催化剂组成双组分催化体系，由一级均相反应生产 C_4~C_{20}α-烯烃，然后加入到一连串的传统分离塔获得所要求的质量标准的理想馏分。该工艺的优点是反应条件温和，反应温度 50~100℃，反应压力 2.0~3.5MPa，催化剂具有较高的活性和选择性，产品选择性和纯度高，不需设置任何产品精加工步骤如用于除去副产物的超分馏塔等。产品分布灵活性大，通过调节催化剂配比可以得到不同碳数分布的 α-烯烃产品。产品的一般分布见表 1。该工艺于 2009 年首次应用于 SABIC 的 Jubail 联合石化公司的 150kt/a 的工业装置上，俄罗斯的 NKNK 将于 2014~2015 年应用该工艺生产 α-烯烃。

2.6 CPChem 的乙烯三聚工艺[11]

不同于上述介绍的全组分的乙烯齐聚工艺，CPChem 的乙烯三聚工艺是高选择性生产 1-己烯的工艺，其目的产物 1-己烯的纯度、产率及选择性较乙烯齐聚高得多，自 UCC 于 20 世纪 90 年代初公开了以铬金属作为活性中心的乙烯三聚制 1-己烯的专利后，世界各大石油公司如 CPChem、BP-Amoco、Sumitomo、Mitsubishi 等也迅速进行跟踪研究，并取得长足进展，其中最为突出的当属 CPChem 公司 1996 年开发的乙烯三聚制 1-己烯工艺[12]。

与传统的乙烯齐聚催化剂不同，CPChem 的乙烯三聚工艺中的铬基催化剂催化乙烯三聚反应是通过形成金属环戊烷及金属环庚烷中间体来完成的，如图 1 所示。首先铬活性中心与两个乙烯分子配位，形成铬金属环戊烷。由于五元环在热力学上属于相对比较稳定的结构，因此有足够的时间再插入一个乙烯分子形成七元的铬金属环庚烷，然后该中间体通过还原消除反应释放出 1-己烯，催化剂本身又还原成铬化合物[13,14]。

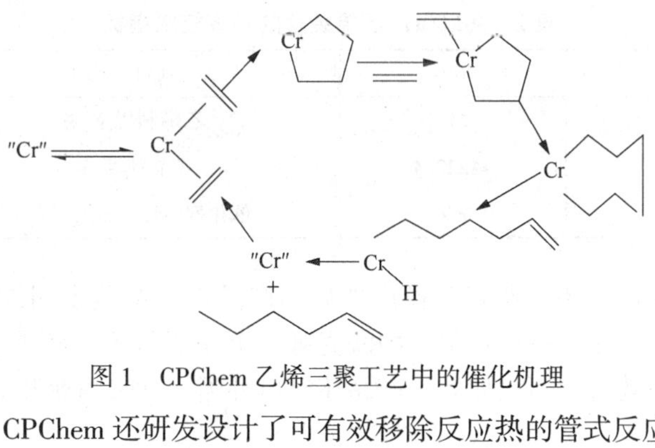

图 1 CPChem 乙烯三聚工艺中的催化机理

除催化剂的筛选外，CPChem 还研发设计了可有效移除反应热的管式反应器以及尽可能减少热交换器结垢的方法，优化了分离系统，以分离产品、回收未反应的乙烯和循环使用溶剂。采用该工艺，CPChem 公司于 2002 年在卡塔尔建成投运 47kt/a 的 1-己烯生产装置，于 2011 年在沙特阿拉伯建成的 1-己烯装置规模为 100kt/a。另外，CPChem 声称将于 2014 年在美国德克萨斯州完成 250 kt/a的 1-己烯生产装置建设。

与传统乙烯齐聚工艺相比，CPChem 乙烯三聚工艺最大的优点是产品组分单一，不会同时生成很多副产品，产品 C_6~C_{10} α-烯烃的选择性高达 95%~99%，其中 1-己烯含量高达 93%~95%，纯度达到99%。正因如此，该工艺的流程得以简化，减少了蒸馏分离设备，大大降低了投资成本。凭借该工艺，CPChem公司获得2005年Kirkpatrick化学工程最高成就奖。

3 中国石化的α-烯烃生产技术

3.1 乙烯三聚工艺

中国石化的乙烯三聚工艺研究始于1997年，承担该技术研发任务的北京化工研究院燕山分院于1997年5月开始开展小试探索研究，1999年7月，采用四元催化剂通过乙烯选择性三聚制1-己烯的小试技术获得重大突破[15~17]，同年10月燕山分院做出进行中试放大研究的决定。2001年底，500t/a1-己烯中试装置建成，2002年开始中试试验，2004年5月完成了500t/a中试技术及50kt/a工业生产装置工艺包的开发，2007年6月在北京燕山分公司化工八厂完成了50kt/a工业生产装置的建设并一次开车成功，得到合格产品。这使得中国石化成为继CPChem之后，世界上第二家拥有此项技术的企业，也填补了国内α-烯烃生产的空白。

中国石化的乙烯三聚工艺采用的四元催化剂由铬化合物、含氮配位体、烷基铝和促进剂卤化物组成，该工艺以正庚烷为溶剂，在四元催化剂的作用下，乙烯选择性转化为1-己烯，然后经过常规的蒸馏分离过程得到1-己烯产品[18,19]，流程示意图见图2。与CPChem的乙烯三聚工艺类似，该工艺的优点是产品组分单一，1-己烯的选择性大于93%，副产品癸烯的选择性为6%，1-己烯产品纯度大于99%，能耗为222.4kgEO/t，主要经济技术指标达到国际先进水平，具体的指标见表2。

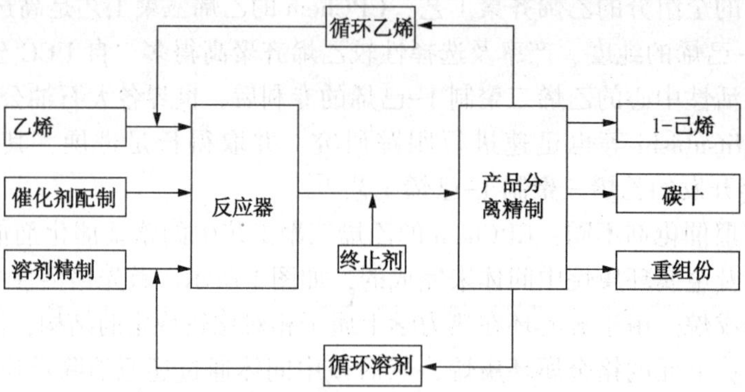

图2 中国石化乙烯三聚工艺的流程示意图

表2 50kt/a1-己烯装置的经济技术指标

项目名称	指标	项目名称	指标
物耗/(t乙烯/t)	≤1.1	乙烯利用率/%	≥99
能耗/(kgEO/t)	≤222.4	产品纯度/%	≥99
1-己烯选择性/%	≥93	催化剂活性/(kg/g·Cr)	≥250

在中国石化的50kt/a1-己烯工业装置投产之后，产品迅速覆盖了国内90%以上的用户，如茂名石化、上海金菲、天津石化、齐鲁石化、中海壳牌、上海赛科等，使进口产品价格下降了30%，为用户带来了可观的经济效益。不仅如此，产品还出口韩国、马来西亚和菲律宾等国家，为国家赚取了大量外汇。

3.2 铁系乙烯齐聚工艺

中国石化的乙烯三聚工艺的产业化填补了国内1-己烯生产的空白，为国内的聚烯烃装置解决了共聚单体需要进口的问题，但更高碳数的α-烯烃如1-辛烯、1-癸烯及其制品仍然依赖进口，严重制约了国内相关产业的发展。

在已经产业化的α-烯烃生产工艺中，全组分的乙烯齐聚技术是C_8以上碳数α-烯烃的主要来源。在新兴的乙烯齐聚技术中，杜邦公司开发的Versipol™乙烯齐聚工艺能生产出高纯度线性α-烯烃，催化剂残留低，系统污垢少，分离容易，产品碳数分布可以在一定范围内调节，是现在相对比较先进的 α-烯烃制备工艺。该工艺以吡啶基三齿氮铁配合物为主催化剂[20-23][见图 3(a)]，甲基铝氧烷(MAO)或者改性甲基铝氧烷(MMAO)为助催化剂，在温度 80~140℃、压力 4.8~11.7MPa(700~1700psig)的条件下，在芳烃类溶剂中催化乙烯齐聚得到 C_4~C_{20}α-烯烃，产品遵循 Schultz-Flory 分布，分布系数为 0.55~0.7。目前，杜邦公司开发的 Versipol™完成了中试试验，尚未工业化[24]。

中国石化从 2009 年开始与中科院化学所合作，开发出具有自主知识产权的菲咯啉基铁系乙烯齐聚工艺，目前已完成中试实验，正在进行 50kt/aα-烯烃工艺包的开发。中国石化的铁系乙烯齐聚工艺以菲咯啉基铁配合物为主催化剂[25,26][见图 3(b)]，三乙基铝为助催化剂，在温度 30~50℃、压力 3.0~5.0MPa 的条件下，在芳烃类溶剂中催化乙烯齐聚得到 C_4~C_{20}α-烯烃，产品同样遵循 Schultz-Flory 分布，分布系数为 0.62~0.68。通过改变操作条件，可以实现产品在该范围内的调节。主要产品 1-己烯的纯度大于 99%，1-辛烯的纯度大于 98%，1-癸烯的纯度大于 95%。相比杜邦公司的 Versipol™工艺，中国石化的铁系乙烯齐聚工艺操作条件更温和，助催化剂成本更低，产品分布更符合市场需要[27-33]。

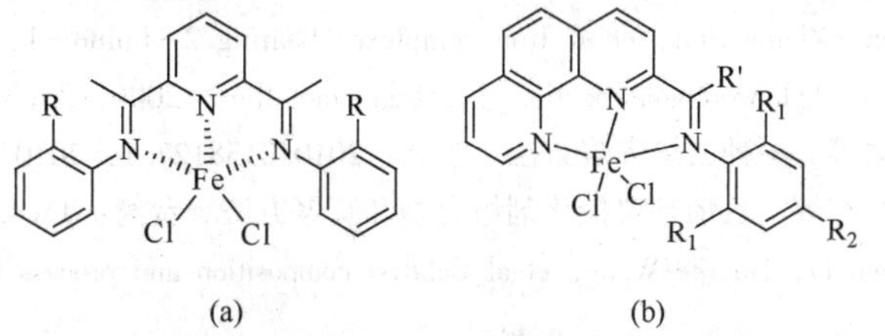

图 3 杜邦与中国石化铁系乙烯齐聚工艺中主催化剂的结构

4 结语

随着我国合成树脂和塑料工业的快速发展，对 α-烯烃的需求量呈逐年上升的趋势。国内现有的 50kt/a 的 1-己烯的产能远不能满足这种增长的需求，尤其是 C_8 以上高级 α-烯烃的需求。近几年，中国石化投入了巨大的人力、物力进行了全组分乙烯齐聚工艺的开发。为了尽快解决制约相关行业发展的瓶颈问题，还需要加快该工艺工业化的步伐，以期早日实现高碳数 α-烯烃生产的国产化。

参 考 文 献

[1] IHS，CEH：Linear Alpha-Olefins，2013.8：11.

[2] IHS，CEH：Linear Alpha-Olefins，2013.8：5.

[3] IHS，CEH：Linear Alpha-Olefins，2010.11：5.

[4] Chem. Systems. PERP：Alpha-Olefins. 2008.4：42-114.

[5] IHS，CEH：Linear Alpha-Olefins，2013.8：13-14.

[6] IHS，CEH：Linear Alpha-Olefins，2013.8：14-16.

[7] Chem. Systems. PERP：Developments in LAO Comonomer Technologies for Polyethylene. 2012.5：31-32.

[8] IHS，CEH：Linear Alpha-Olefins，2013.8：16

[9] Chem. Systems. PERP：Alpha-Olefins. 2008.4：61-62

[10] Chem. Systems. PERP：Developments in LAO Comonomer Technologies for Polyethylene. 2012.5：45-48

[11] Chem. Systems. PERP：Developments in LAOComonomer Technologies for Polyethylene. 2012.5：65-68.

[12] W. K. Reagen，B. K. Conroy，US Patent 5，288，823（1994）to Phillips Petroleum.

[13] Briggs J R. The selectivetrimerization of ethylene to 1-hexene. J Chem Soc Chem Commun，1989，(11)：674-677.

[14] Emerich R，Heinemann O，Jolly P W，et al. The role of metallacycles in the chromium-catalyzed trimerization of

ethylene. Organometallics, 1997, 16(8): 1511-1513.
[15] 李达刚，杜向东，栗同林．一种用于乙烯三聚的新型催化剂、其制备方法及应用．CN1108193C，2003
[16] 栗同林，隋军龙．吡咯衍生物的制备方法．CN1176075C，2004
[17] 栗同林．活性有机酸铬的制备方法．CN1186305C，2005
[18] 梁爱民，徐林，李传清．从乙烯三聚产物中分离精制 1-己烯的方法．CN100339342C，2007
[19] 梁爱民，徐林，李传清．从乙烯三聚反应液中脱除聚乙烯的方法．CN1238315C，2006
[20] Small B L, Brookhart M, Bennett A M A. Highly active iron and cobalt catalysts for the polymerization of ethylene [J]. J Am Chem Soc, 1998, 120(16): 4049-4050.
[21] Britovsek G J P, Gibson V C, Kimberley B S, et al. Novel olefin polymerization catalysts based on iron and cobalt [J]. Chem Commun, 1998, (7): 849-850.
[22] Britovsek G J P, Mastroianni S, Gibson V C, et al. Oligomerisation of ethylene by bis(imino)pyridyliron and-cobalt complexes[J]. Chem Eur J, 2000, 6(12): 2221-2231.
[23] Small B L, Brookhart M. Iron-Based catalysts with exceptionally high activities and selectivities for oligomerization of ethylene to linear α-olefins[J]. J Am Chem Soc, 1998, 120(28): 7143-7144.
[24] Chem. Systems. PERP: Developments in LAOComonomer Technologies for Polyethylene. 2012. 5: 18.
[25] 孙文华，介素云，张树．一种用于乙烯齐聚和聚合的催化剂及制备方法和用途．CN100372609C，2008
[26] SunWenhua, Jie Suyun, Zhang Shu, et al. Iron complexes bearing 2-Imino-1, 10-phenanthrolinyl ligands as highly active catalysts for ethylene oligomerization[J]. Organometallics, 2006, 25(3): 666 677.
[27] 郑明芳，王怀杰，刘珺等．一种乙烯齐聚方法．中国：201010138127.1，2010
[28] 郑明芳，李维真，王怀杰等．乙烯寡聚催化剂组合物和寡聚方法．台湾：TW431025，2014
[29] Mingfang Zheng, Weizhen Li, Huaijie Wang, et al. Catalyst composition and process for ethylene oligomerization. Iran: IR71569, 2011
[30] 刘珺，郑明芳，李维真等．乙烯齐聚催化剂的制备方法及由此制备的催化剂的应用．中国：201110267830.7，2011
[31] 张海英，刘珺，郑明芳等．一种配合物的制备方法及配合物的应用．中国：201210446003.9，2012
[32] 王怀杰，栗同林，刘珺等．一种乙烯齐聚催化剂组合物及应用．中国：201310476461.1，2013
[33] 郑明芳，王怀杰，刘珺等．一种乙烯齐聚用催化剂组合物及乙烯齐聚方法．中国：201310376576.3，2013

2013年环氧丙烷市场综述及技术进展

迟洪泉

（中国石化齐鲁分公司，山东淄博 255408）

摘　要：本文介绍了世界环氧丙烷生产能力增长态势。通过对市场历史数据及现状的分析，预测了未来我国环氧丙烷的供需状况。重点分析了国内近年环氧丙烷发展状况、现有生产装置、消费结构现状，根据目前在建及拟建装置的项目进展情况，对2014年国内环氧丙烷供需态势进行了预测；对环氧丙烷生产工艺和生产现状做了详细介绍，并简要分析其发展趋势。

关键词：环氧丙烷　需求　市场　技术　进展

1　前言

回顾2013年化工产品市场，作为聚氨酯行业最重要的基础原料，环氧丙烷是涨势最喜人产品之一，其市场价格屡创年内新高，一年涨幅高达23.5%，并带动下游各种牌号聚醚价格大幅上涨。然而，随之而来的是国企化工巨头，超级民企扩建、新建环氧丙烷装置的计划纷纷出炉，国内环氧丙烷供需格局将面临一场巨变。

2　世界环氧丙烷供需情况

2013年环氧丙烷全球生产能力约为9765kt，同比增长2.36%。世界环氧丙烷的供应区域主要集中在北美洲、西欧及东北亚国家，占比分别达到23.54%、26.10%、35.32%，见表1。近几年来产能增长速度较快的区域主要集中在东南亚及东北亚，北美和西欧由于市场成熟及当地丙烯资源的限制，基本没有新增的环氧丙烷产能。相对而言，消费超过6%的年均增速则推动了亚洲地区环氧丙烷产能快速增长。预计五年后，亚洲地区环氧丙烷消费量将占全球消费总量的比例将接近一半。近年来世界环氧丙烷产能保持稳定小幅增长，预计未来5年环氧丙烷的供应量将维持上升走势，产能增速在4%~6%，5年内环氧丙烷世界总产能将突破13Mt/a。

表1　全球环氧丙烷产能统计　kt

公司	国家和地区	产能
利安德化学	美国德州 Bayport	600
利安德化学	荷兰 Botlek	245
利安德化学	美国德州 Channelview	550
利安德化学	法国 Fos	220
利安德拜耳	荷兰 Maasvlakte	285
陶氏化学	巴西 Aratu	250
陶氏化学	美国德州 Freeport	725
陶氏化学	德国 Stade	590
陶氏化学	美国路易斯安纳州 Plaquemine	330
陶氏化学与巴斯夫合资	比利时安特卫普	300

续表

公司	国家和地区	产能
Ellba CV	荷兰 Moerdijk	250
Ellba Eastern	新加坡 Seraya	250
亨斯迈	美国德州 Port Neches	240
英力士烯烃	德国 Cologne	210
新加坡 Seraya 化学	新加坡 Seraya	160
壳牌化学公司	荷兰 Moerdijk	210
巴斯夫	德国路德维希港	125
西班牙 Repsol YPF	西班牙 Puertollano	70
西班牙 Repsol YPF	西班牙 Tarragona	200
日本旭硝子	日本鹿岛	110
日本 Nihon Oxirane	日本 Sodegaura	180
住友化学	日本 Ichihara	200
日本德山公司	日本 Tokuyama	80
SKC 化学	韩国蔚山	170
SCG-DOW	泰国	390
PetroRabigh	沙特	200
中海壳牌	中国广东	290
方大锦化	中国辽宁	120
滨化集团	中国滨州	280
天津大沽	中国天津	150
山东鑫岳	中国滨州	300
镇海炼化	中国宁波	285
山东金岭	中国山东	160
其他		1040
合计		9765

3 中国环氧丙烷产能供应分析

截至 2013 年 12 月份，国内环氧丙烷产能达到 2110kt，较去年增加 12.2%。其中新增产能为 340kt，包括山东滨化 80kt，山东金岭 80kt，山东三岳 80kt，山东大泽 100kt。因环保问题政府要求停产而减少的产能共 110kt，分别为沈阳化工集团金碧兰有限公司 40kt，山东东辰控股集团 50kt，河北汇川轻化工有限公司 20kt。国内环氧丙烷供应格局以民营企业为龙头，约占总产能的 51%，其次是合资企业，约占总产能的 32%，最后是国有企业，约占总产能的 18%，详见表 2。

表 2 2013 年中国主要环氧丙烷生产企业及产能统计 kt/a

生产厂家	生产能力	生产厂家	生产能力
中海壳牌	290	南京金浦锦湖化工	80
镇海利安德化学	285	山东三岳一期(三木)	80
山东滨化	280	山东石大胜华	70
山东无棣鑫岳化工	300	山东东大化工	50
山东东营金岭	160	福建湄州湾氯碱公司	50
天津大沽石化	150	淄博永大化工	50
辽宁方大锦化	120	金浦集团钟山化工	45
大泽化工(维尔斯)一期	100	合计	2110

2013 年国内环氧丙烷生产装置平均开工率为 78.7%，较去年没有太大变化，产量在 1660kt 左右，同比增加 13.7%。今年国内进口环氧丙烷数量较去年明显减少，国内产能方面则有增有减，供应仍有一些缺口，尤其是下半年行情一直保持上涨趋势，环氧丙烷利润情况较好，开工负荷一直维持高水平。

4　2013 年后国内新建装置统计及国产环氧丙烷供应格局变化

2013 年有 380kt 环氧丙烷产能未能及时投放市场。其中吉林神华 300ktHPPO 装置，因其巨大的产能足以对市场产生极大的冲击而备受市场人士关注，这套装置的特点是生产工艺更环保，不同于传统的氯醇法工艺。2013 年 11 月 15 日，该公司完成了催化剂装填的准备工作，12 月 5 日进双氧水正式投料试车。据了解，目前该装置设备仍在调试中，考虑到天气、运输、行情等因素，正式运营时间尚未确定，传闻将在 2014 年 6 月完全投产，但装置达到满负荷运行还需要时间。另外山东三岳第二条 80kt 生产线原本计划在 2013 年 12 月份开车，工期也延迟至 2014 年 4 月。2013 年后国内环氧丙烷拟在建项目统计见表 3。

表 3　2013 年后国内环氧丙烷拟在建项目统计　　kt/a

生产厂家	生产能力	投产时间/年
山东三岳二期	80	2014
吉神化学	300	2014
华泰集团	80	2014
中国石化长岭分公司	100	2014
万华化学	240	2015
亨斯迈新材料	240	2015
南京金浦锦湖化工	80	未知
上海赛科石化	300	未知
淄博永大化工	50	未知
宁波大榭	300	未知
利安德中石化宁波	200	未知
阳煤恒通化工	200	未知
合计	2170	

5　进口环氧丙烷供应情况

据海关统计，2013 年我国环氧丙烷进口量 444.9kt，同比减少 13.7%，其中 12 月份进口 41.5kt，环比减少 13.5%；全年进口金额 7.31 亿美元，均价 1642 $/t，均价相比 2012 年涨了 2.8%。华东地区是我国进口环氧丙烷的主要区域，进口货源成为当地下游用户满足原料需求的重要途径，大约占到全部进口货源的 97%，另外 3%则流向山东和华北地区。

2013 年我国环氧丙烷主要进口国依次为：新加坡进口量 193.7kt，占国内进口总量的 41.3%；泰国 173.5kt，占 39.0%；日本 34.3kt，占 7.7%；沙特阿拉伯占 7.2%。南京是环氧丙烷入关的最大关口，进口量为 359.4kt，占国内总进口量 80.8%；宁波海关进口量为 64kt，占国内总进口量 14.4%。

2013 年因国外装置不断意外检修使得市场的进口量下降较为明显，而国内供应不足，导致环氧丙烷市场对进口的依存度依然偏高。今年中国环氧丙烷进口量较 2013 年将会有所增加，预计 2014 年我国环氧丙烷进口量在 500kt 左右。

6 2013年环氧丙烷消费分析

随着聚氨酯工业的飞速发展，我国环氧丙烷消费量快速增长，目前最主要的用途还是制造聚醚多元醇，有80%以上的环氧丙烷用于生产聚醚多元醇，在未来几年中，聚醚多元醇行业仍是环氧丙烷消费大户，丙二醇及碳酸二甲酯第二的位置也比较稳固，处于第三位的精细类下游虽然应用范围及其广泛，但是需求量一直难以形成较大的规模。2013年聚醚对环氧丙烷的需求用量大约1700kt，占消费总量的81%；丙二醇/碳酸二甲酯需求用量大约190kt，占消费总量的9%；丙二醇甲醚/丙二醇甲醚醋酸酯需求大约占消费总量的5%，用量在100kt左右；阻燃剂、石油破乳剂等小产品大约占到5%，用量在100kt左右，见图1。

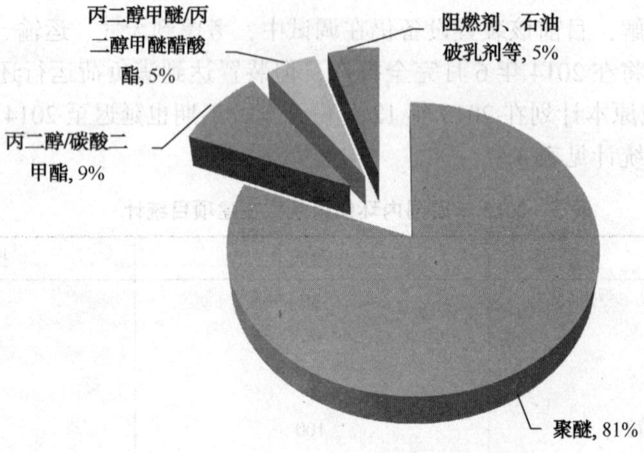

图1 2013年中国环氧丙烷消费结构图

从地域上看，中国环氧丙烷的消费主要以东南沿海地区为主，华北和东北地区次之，内陆地区较少。其中，山东、华北、东北地区集中了全国66%的产能供应；华东沿海地区的环氧丙烷415kt的产能与当地庞大的聚醚产能相比，供应略显不足，因此外销量极其有限，凭借其丰富的港口资源和便捷的地理位置，使得当地依靠进口货源成为满足下游原料需求的主要途径；华南地区环氧丙烷下游企业不多，除了可以自给自足的中海壳牌以外，当地对环氧丙烷的需求量并不大。

从产量、进口量、出口量的数据来看，2013年国内环氧丙烷表观消费量大约在2100kt，较去年增加4.7%，其中全年产量大约1660kt，进口量约在450kt，出口仅1kt，可忽略不计。

2009年以来中国环氧丙烷产量、进出口量及表观消费量统计见表4。

表4 2009~2013年来中国环氧丙烷供需状况统计 kt

时间/年	产量	进口量	出口量	表观消费量	自给率/%
2009	1050	255	0	1301	80.4
2010	1290	362	0	1652	78.1
2011	1330	314	0	1644	80.9
2012	1490	515	0	2005	74.3
2013	1660	445	1	2099	78.8

7 2013年国内环氧丙烷市场走势回顾

2013年因国外装置不断意外检修使得市场的进口量下降较为明显，虽然年中有几套新装置投产，但同样也有几套小装置停产，进口货源的供应不足与国内工厂的开工不稳定，加上原料丙烯的价格高企，使得环氧丙烷的价格处于比较高的位置。总体来看，2013年环氧丙烷供小于求的局面依然没有改变，2013年国内环氧丙烷全年均价在12353元/t，较2012年均价12190元/t同比上涨1.34%，如图2所示。

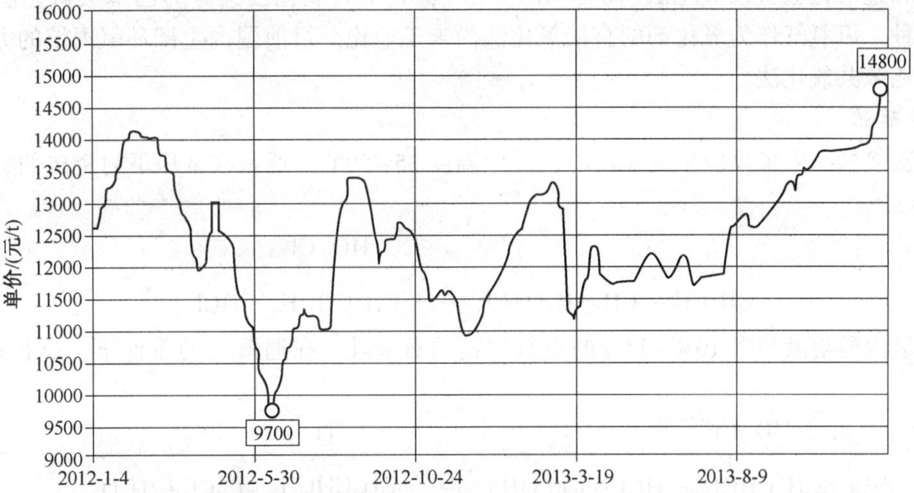

图2 2012~2013年中国环氧丙烷价格走势图

8 2014年环氧丙烷供需前景展望

2014~2015年国内市场的新增环氧丙烷装置将陆续投产，特别是国内几套大的环氧丙烷装置将投产，国内产能有望继续扩大。原计划在2013年12月份投产的山东三岳第二条80kt以及吉林神华300kt装置并未顺利按计划表执行，那么380kt产能将计于2014年国内环氧丙烷新增产能，而2014年新增产能还有山东华泰和长岭石化共计180kt，初步预计2014年国内环氧丙烷产能将达到2650kt，平均开工率按80%来计算，产量将达到2120kt左右，进口量预计在500kt左右，因此2014年国内环氧丙烷供应总量将达到2620kt。

据报道，亚太地区多套环氧丙烷装置将于2014年上半年安排检修计划，国内27.5%的产能将在2014年上半年拥有或长或短的检修计划。这样的检修力度，将造成一定程度的市场供应紧张，2014年上半年有望延续去年环氧丙烷价格居高不下的局面。但在国内外经济大环境下，整体来看，下游需求出现大幅增长的可能性不大，2014年国内环氧丙烷的需求会在维持去年水平的基础上略有增加。主要原因是下游聚醚、PM/PMA、DMC/PG行业新的需求增长点寥寥无几：主要消费领域中的聚醚多元醇，虽然产能在近几年连续大幅增加，但是开工率却在逐步下滑，一直在60%~70%徘徊，产量保持微幅增长，市场格局处于供大于求的状态；丙二醇受去年产能暴增影响，增长或将基本停滞，虽然主要下游不饱和树脂产能将有14.2%的提升，但需求面的增长相对于丙二醇产能的庞大基数，开工率方面仍将面临严峻挑战，预计仍将在30%~70%运行；丙二醇醚经历先前产能急剧扩张，产能、产量的增速明显放缓，市场已进入产能过剩的阶段，工厂开工率普遍下降，成本压力提升。预计今年聚醚行业对环氧丙烷的需求量在2000kt，丙二醇及碳酸二甲酯对环氧丙烷的需求量在220kt，第三消费结构对环氧丙烷消费量在250kt，2014年国内环氧丙烷总消费量在2450kt。

随着国内丙烷脱氢和煤(甲醇)制烯烃等项目的大量投产，丙烯下游衍生品的产能增幅将远大于需求的增量，到2015年年底前，如果目前所有拟在建项目全部建成投产，环氧丙烷产能将超过4000kt/a，环氧丙烷市场也将进入产能过剩的行列，进口量会因为国内竞争的加剧而相应减少，随着环氧丙烷产能过剩的局面逐渐明朗，走势低迷将成为明后年市场的主旋律。

9 国内外环氧丙烷生产技术进展

环氧丙烷(PO)作为一种重要的石化基础原料，于1931年由美国联碳公司首先采用氯醇法传统工艺制成，随后美国DOW公司和德国BASF公司也相继于1942年和1948年以氯醇法生产环氧丙烷。国外已工业化生产环氧丙烷的方法有：氯醇化法、共氧化法(也称联产法、间接氧化法)、异丙苯氧化法和过氧化氢直接氧化法(简称 HPPO 法)，其中共氧化法又分为乙苯共氧化法和异丁烷共氧化法两种。以氧气作为氧化剂的直接氧化法尚未工业化。目前国内生产环氧丙烷的方法主要有氯醇化法和乙苯共氧化法。

9.1 氯醇法

首先，次氯酸与丙烯反应生成氯丙醇，反应温度 35~50℃，通常在常压下衬瓷砖的碳钢塔内进行反应：

$$CH_3CH{=}CH_2+H_2O+Cl_2 \longrightarrow CH_3\overset{HO}{\overset{|}{C}}H\overset{Cl}{\overset{|}{C}}H_2+HCl$$

然后，氯丙醇溶液与含 10%~15%的氢氧化钙的石灰乳，在通蒸汽的条件下，进行皂化反应，得环氧丙烷：

$$CH_3\overset{HO}{\overset{|}{C}}H\overset{Cl}{\overset{|}{C}}H_2+HCl+Ca(OH)_2 \longrightarrow CH_3\overset{O}{\overbrace{CHCH_2}}+CaCl_2+2H_2O$$

优点：工艺成熟、选择性好、对丙烯纯度要求不高，操作负荷弹性大。

缺点：水资源消耗大，产生大量“五高”废水和废渣，难以处理；消耗大量的氯气和石灰，氯和钙在废水和废渣中排放掉；次氯酸对设备的腐蚀也比较严重。

2000 年，美国淘汰了氯醇法工艺，目前世界采用氯醇法生产的环氧丙烷约占总产量的 40%多，国内现有 70%左右的环氧丙烷产能使用氯醇法。

9.2 共氧化法(PO/SM 法和 PO/TBA)

共氧化法又称哈康法，共氧化法的基本生产原理是：首先，在一定温度和压力下使用氧气或空气氧化乙苯或者异丁烷，生成相应的有机氢过氧化物。然后，丙烯与有机氢过氧化物反应生成环氧丙烷，同时联产 α-甲基苯甲醇或叔丁醇。α-甲基苯甲醇脱水成为苯乙烯，叔丁醇脱水可制得异丁烯。两种过程都会产生环氧丙烷量的 2~3 倍的联产品。

根据原料和联产产品，可分为乙苯共氧化法(PO/SM 法)和异丁烷共氧化法(PO/TBA 法)等。除 PO 外，前者联产苯乙烯(SM)，后者联产叔丁醇(TBA)，可直接和甲醇反应得到甲基叔丁基醚(MTBE)。

共氧化法由美国奥克兰公司开发，1969 年工业化。目前，国外利安德、壳牌、雷普索尔等公司都有 PO/SM 生产技术。利安德和亨斯迈有 PO/TBA 技术。

目前世界采用共氧化法生产的环氧丙烷约占总产量的 50%多。

乙苯共氧化法生产 PO 的主要反应：

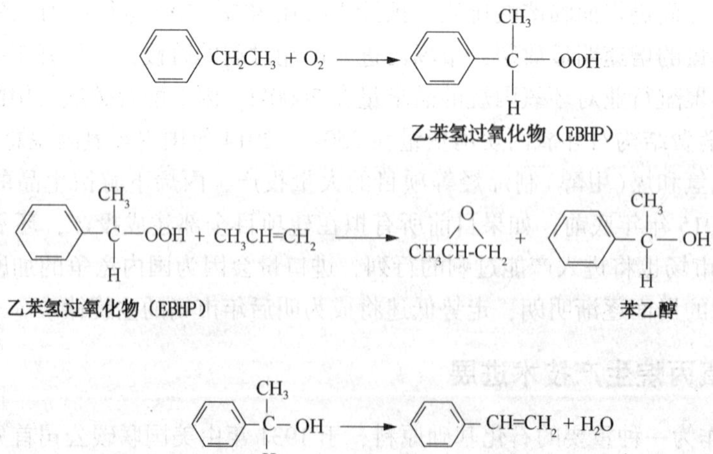

采用乙苯法生产环氧丙烷主要副产物是苯乙醇和苯乙酮，一般将苯乙酮采用加氢的方法转换成苯乙醇，而苯乙醇脱水则得到苯乙烯，国内宁波镇海炼化利安德化学和中海壳牌采用的是此技术。其工艺流程如图3所示。

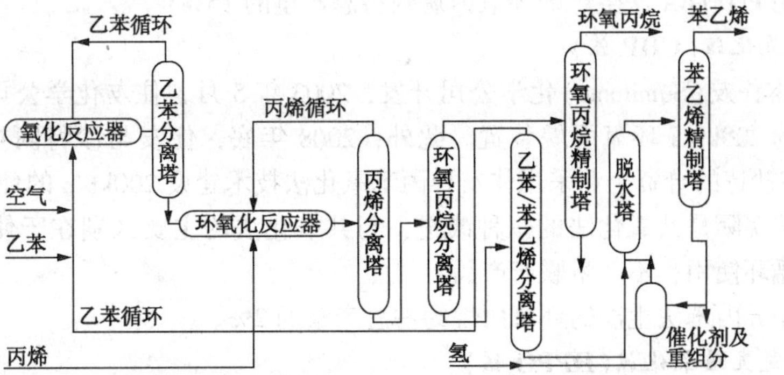

图3　乙苯法(PO/SM)工艺流程示意图

PO/SM法优点是克服了氯醇法的三废污染严重、设备腐蚀和需要氯为原料的缺点，具有反应较平稳、无污染等优点。

PO/SM法缺点是工艺流程长、防爆要求严、投资大、对原料规格要求高、操作条件严格、联产品比例大等。每生产1t环氧丙烷有2t以上苯乙烯生成，这远超过主产品的产量，而且副产品的市场需求量波动大，所以环氧丙烷生产受市场因素制约严重。因此乙苯共氧化法(PO/SM)装置必须考虑对联产品同时有需求，才显出优越性。

目前世界采用PO/SM法生产的环氧丙烷约占总产量的30%以上。

异丁烷共氧化法生产PO的主要反应如下，其工艺流程如图4所示。

$$(CH_3)_3CH + O_2 \longrightarrow (CH_3)_3C—O—OH$$

$$(CH_3)_3—O—OH + CH_3CH{=}CH_2 \longrightarrow CH_3\overset{O}{\widehat{CHCH_2}} + (CH_3)_3C—OH$$

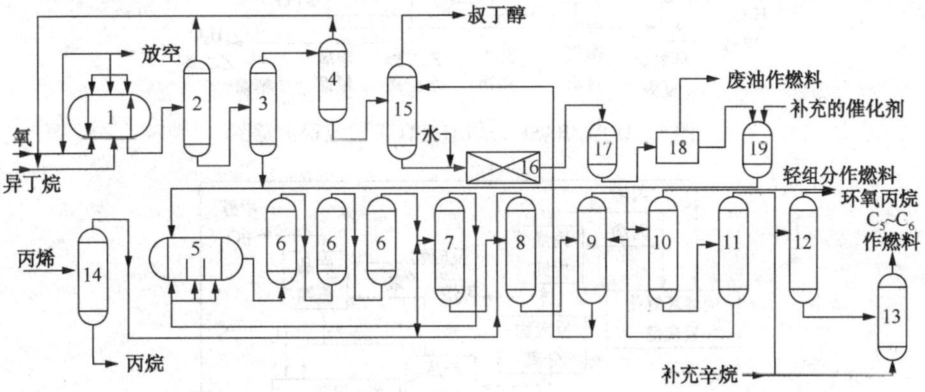

1-异丁烷过氧化反应器；2-高压脱丁烷塔；3-低压脱丁烷塔；4-异丁烷循环塔；5-第一级环氧化反应器；6-第二级环氧化反应器；7-高压脱丙烯塔；8-低压脱丙烯塔；9-环氧丙烷回收塔；10-轻组分塔；11-环氧丙烷塔；12-环氧丙烷萃取塔；13-辛烷塔；14-碳三分离器；15-叔丁醇塔；16-静态混合器；17-铝回收塔；18-离心分离机；19-催化剂罐

图4　异丁烷共氧化(PO/TBA)工艺流程示意图

2012年11月亨斯迈宣布已经和中国石化金陵公司签订合同，合资建设南京金陵亨斯迈新材料有限公司。新装置预计2014年底完工，采用亨斯迈的PO/TBA生产技术。

异丁烷共氧化法优点是克服了氯醇法三废污染严重、腐蚀大和需求氯资源。

异丁烷共氧化法缺点是工艺复杂、流程长、对设备要求高，因而投资费用高，每吨环氧丙烷副产 2.5~3.0t 叔丁醇，需要平衡大量的联产物。这类装置宜建设在大型石油化工装置附近，装置能力不宜过小。此工艺产生的叔丁醇(TBA)被转化为甲基叔丁基醚(MTBE)作为联产品用于汽油添加剂，由于 MTBE 涉及健康和水体污染风险，该工艺的应用正在减少。

目前世界采用 PO/TBA 法生产的环氧丙烷约占总产量的 15%。

9.3 异丙苯氧化法(CHP 法)

CHP 法由日本住友(Sumitomo)化学公司开发，2003 年 5 月，住友化学公司在日本千叶建成采用异丙苯氧化法的 200kt/a 环氧丙烷装置。此外，2008 年底，住友与沙特阿拉伯-美国石油公司(Saudi Aramco)在沙特的合资企业采用住友异丙苯氧化法技术建设 200kt/a 的环氧丙烷装置投产。

异丙苯氧化法实际是共氧化法的一种改进，与共氧化法的主要区别在于使用异丙苯替代了乙苯。并且异丙苯循环使用，不产生联产产品。

目前世界采用异丙苯法生产的环氧丙烷约占总产量的 2%。

9.4 过氧化氢直接氧化法(HPPO 法)

过氧化氢真接氧化法是由过氧化氢(双氧水)催化环氧化丙烯制环氧丙烷的新工艺，生产过程中只生成环氧丙烷和水。

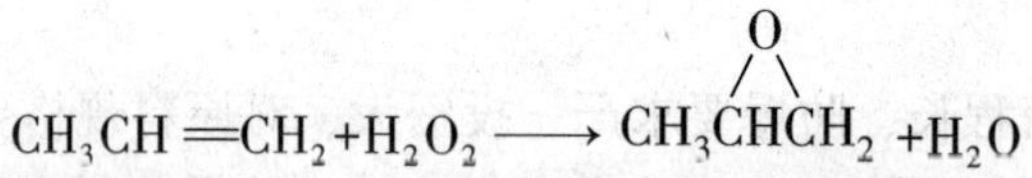

目前国外 HPPO 法工业化技术有两种，一种是陶氏化学和巴斯夫公司联合开发的技术；第二种是赢创工业集团与伍德公司联合开发的技术，分别如图 5、图 6 所示。

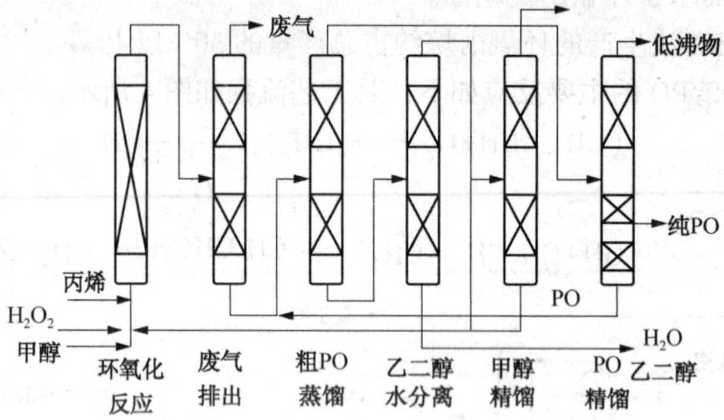

图 5 DOW/BASF 公司 HPPO 工艺流程示意图

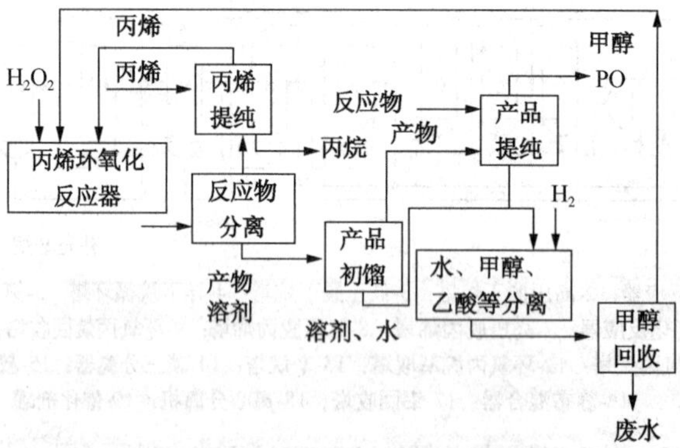

图 6 赢创/伍德公司 HPPO 工艺流程简图

在韩国蔚山的联合装置于 2008 年 8 月投产，由 SK 化学公司拥有，设计生产 100kt/a 环氧丙烷(PO)，采用由赢创工业公司和伍德公司开发的技术。该装置由赢创 Headwaters 公司在蔚山的装置供应过氧化氢。

巴斯夫公司于 2008 年底投运了其第一套商业化规模过氧化氢制环氧丙烷(HPPO)联合装置，

该联合装置为巴斯夫公司和陶氏化学公司共同拥有的合资企业，位于比利时安特卫普，采用了两家公司开发的新技术。该安特卫普联合装置设计生产300kt/a环氧丙烷(PO)，另外，拥有230kt/a过氧化氢装置，该装置由苏威公司持股50%以及巴斯夫公司和陶氏化学公司各持股25%。该巴斯夫-陶氏合资企业建成的是世界上第一套大规模HPPO联合装置。

巴斯夫公司、陶氏化学公司与苏威公司还联手在泰国马塔府建设过氧化氢法环氧丙烷装置，配套330kt/a过氧化氢装置，390kt/a环氧丙烷装置采用由巴斯夫公司和陶氏化学公司开发的技术，该390kt/aHPPO装置已于2011年底投产。

2011年9月，吉林神华和吉林北方化学公司的合资企业宣布将采用赢创/伍德HPPO工艺建设300kt/a的环氧丙烷装置。

HPPO法的优点是生产过程中只生成环氧丙烷和水，工艺流程简单，占地面积小；产品收率高，没有其他联产品；三废少，基本无污染，属于环境友好的清洁生产系统。HPPO生产工艺的选择性很高，相对于传统工艺，原材料消耗更低。国家工业和信息化部2012年2月出台的《石化和化学工业“十二五”发展规划》中明确指出，直接氧化法环氧丙烷技术(简称HPPO环丙技术)将成为“十二五”期间技术创新重点项目。

HPPO法的缺点是：①工业化时间短，工艺待完善；②H_2O_2和催化剂价格相对较高；③H_2O_2水溶液储运困难，现场生产费用高，需要跟过氧化氢装置联合布置或与国内过剩的H_2O_2装置做商业合作。

目前世界采用HPPO法生产的环氧丙烷约占总产量的1%。

氯醇化法、共氧化法、异丙苯氧化法和过氧化氢直接氧化法技术优缺点和经济指标对比见表5、表6。

表5　氯醇法、共氧化法和HPPO法优缺点对比表

生产路线	优点	缺点
氯醇法	① 工艺成熟；流程简单； ② 单产品，操作弹性大； ③ 对设备要求低，基建投资低； ④ 生产比较安全	① 设备易腐蚀； ② 氯气消耗多； ③ 副产二氯丙烷； ④ 废水、废渣量大
共氧化法	① 单位装置产能大； ② 对设备无腐蚀； ③ 无需氯气资源； ④ 三废污染小	① 工艺流程长，复杂，防爆要求高，操作条件严格； ② 原料品种多，对丙烯纯度要求高； ③ 生产大量联产品，市场稳定性差； ④ 装置规模要求较高，投资大，建设周期较长； ⑤ 国内尚未自主掌握共氧化法技术，只能采取和跨国化工公司合作建设的方法
HPPO	① 工艺流程简单，流程短、副产品少； ② 无联产产品，市场灵活性强； ③ 物料消耗、能耗低，占地少、投资相对少	① 工业化时间短，工艺待完善； ② H_2O_2水溶液储运困难，需要跟H_2O_2装置联合布置或外购H_2O_2； ③ H_2O_2和催化剂价格相对较高

表6　氯醇法、共氧化法和HPPO法技术经济指标对比

项目	氯醇法	共氧化法		HPPO法
		异丁烷	乙苯法	
投资/(亿元/10^4t)	2.10	2.77	4.69	1.1
产品成本相对比例	1		1.05	0.86

续表

项目	氯醇法	共氧化法		HPPO 法
		异丁烷	乙苯法	
原材料/(t/t)				
丙烯	0.78	0.85	0.80	0.78
异丁烷		2.77		
乙苯			2.90	
氢气			2.73	
氯气	1.35~1.50			
生石灰	1.00			
过氧化氢				0.72
要求	不严格	较严格		无特殊
副产物/(t/t)				
二氯丙烷	0.1~0.27			
二氯异丙醚	0.022			
有机物废水	40~80			
氯化钙废渣	2			
叔丁醇		2.36		
苯乙烯			2.6	
能源动力消耗				
电耗/(kW·h/t)	100	385	385	比传统工艺降低35%~40%
冷却水耗/(t/t)	200	500	503	
蒸汽(4MPa)/(t/t)	6.0	13.0	12	
人工				
	81	56	74	50

9.5 氧气直接氧化法

$$2CH_3CH{=}CH_2+O_2 \longrightarrow 2\ CH_3\overbrace{CHCH_2}^{O}+H_2O$$

为解决传统生产中的排污问题并降低生产成本，以氧气作氧化剂，对丙烯直接气相催化氧化制环氧丙烷一直是人们渴望解决并被认为是最具挑战性的课题。美国 Lyondell 公司正在开发将丙烯、氢气、氧气转化为环氧丙烷的直接氧化技术，使用一种由钯和钛的硅酸盐组成的双功能催化剂，用氢和氧产生过氧化氢后立即将丙烯转化为环氧丙烷，整个工艺过程在一台反应器内完成。该公司在美国建有一套实验装置，目前该工艺尚处于试验阶段。

9.6 技术发展趋势

目前，在环氧丙烷生产工艺方面，欧美国家是以环氧丙烷/苯乙烯间接氧化的联产法工艺为主，其他地区则以氯醇化工艺为主。我国现有环氧丙烷生产装置除了镇海炼化利安德化学和中海壳牌采用的是 PO/SM 技术外全部采用丙烯氯醇化法生产工艺。氯醇法因消耗大量高能耗的氯气、石灰原料和水资源，生产过程中设备腐蚀也比较严重，产生大量废水和废渣，环境污染严重，尽管国外曾开发并应用了烧碱皂化废水回用于电解槽或采盐的改进氯醇法工艺，但无法从根本上解决资源利用和环保问题，且大大增加了生产成本，所以正逐渐为各国淘汰，我国也于 2011 年将氯醇法环氧丙烷列为限制类。共氧化法因联产品分摊产品成本，在有丰富异丁烷或乙苯原料的大型石化企业，同时联产 TBA(或 MTBE)或 SM 有销售市场的情况下，建设较大规模的 PO 装置，该工艺有一定的竞争优势。从世界环氧丙烷生产发展趋势分析，由于与传统的环氧丙烷氯醇法和共氧化法工艺技术相比，过氧化氢直接氧化法(HPPO)技术在经济、环境以及未来发展等方面具有独特的竞争优势，因此该工艺在今后一段时期，将成为新建 PO 装置主要采用的生产工艺。氧气直接氧化法，同样具有很强的竞争力，是今后科研发展的方向，但该工艺现在还处于试验阶段，实现工业化还需时日。

参 考 文 献

[1] 薛祖源 . 环氧丙烷生产工艺述评及发展设想[J]. 化工设计，2009，19(5)：3-10.

[2] 张健，谢好，牛志蒙，环氧丙烷生产技术及市场综述[J]. 化工科技，2010，18(3)：75-79

[3] 朱留琴 . 环氧丙烷的生产技术及市场分析[J]. 精细石油化工进展 . 2012(10)：39-43

[4] Huntsman Corp. has signed a license agreement with YantaiWanhua for the production of propylene oxide and methyl-tertiary butyl ether[J]. Hydrocarbon Processing，2011，90(7)：32.

[5] 姚健奇 . 2008 年中国环氧丙烷市场供应格局分析[J]. 聚氨酯，2009，(82)：16-17.

[6] 蔡杰，吴莉娜 . 国内外环氧丙烷生产技术及市场分析[J]. 中国氯碱，2009，(5)：1-6.

[7] 张建丽 . 环氧丙烷生产技术进展及市场分析[J]. 氯碱工业，2008，44(9)，29-33.

[9] Hans Jurgen Bittermann. 环氧丙烷生产的最佳选择[J]. 流程工业，2008(21)：86-87.

全球丁辛醇产业现状及下游发展分析

史宏星

(中国石化齐鲁分公司，山东淄博　255408)

摘　要：我国丁辛醇产业在2013年年底出现产品过剩，国内产品的竞争加剧，出现全行业面临亏损、停产的局面，生存空间进一步压缩。本文对丁辛醇技术的发展历史、国内外发展情况和现状进行了比较详实的分析，加快丁辛醇下游新产品衍生物的开发或装置转产，将是未来我国丁辛醇产业的发展趋势，现在就应当未雨绸缪。

关键词：丁辛醇　现状　发展分析　装置转产

1　丁辛醇产品用途概述

止丁醇属脂肪族饱和四碳醇，其与邻苯二甲酸、对苯二甲酸、己二酸、脂肪酸、油酸、磷酸合成的酯类用作增塑剂广泛用于各种塑料、涂料和橡胶制品中。正丁醇也是生产醋酸丁酯的主要原料，醋酸丁酯是一种良好的有机溶剂，广泛应用于硝化纤维、涂料、油墨、人造革、医药、塑料以及香料等工业。正丁醇也是制丁醛、丁酸、丁胺和乳酸丁酯、丁酸丁酯、甲基丙烯酸丁酯、丙烯酸丁酯等有机化合物的原料，是树脂、油漆、粘接剂的溶剂及选矿消泡剂，也是油脂、药物和香料的萃取剂及醇酸树脂涂添加剂。

辛醇是一种重要的基本有机化工原料和化学助剂原料，最大的工业应用是与邻苯二甲酸、对苯二甲酸、己二酸、偏苯三酸等合成各类增塑剂，此外还广泛用于柴油添加剂、合成润滑油添加剂、抗氧剂、选矿剂、脱水剂、消泡剂、合成香料以及医药等精细化工产品，在纸张上浆、照相、胶乳、印染等行业中也有着非常广泛的使用。

2　丁辛醇生产技术的发展

丁辛醇是随着石油化工、聚氯乙烯材料工业的发展以及羰基合成工业技术的发展而迅速发展起来的。二次世界大战期间德国开发了乙醛缩合法(Aldol法)，反应压力低，可任意调节丁辛醇生产比例，且不生成副产品异丁醇等。但工艺流程长，收率低，成本较高，已被淘汰。德国在1938年首先开发成功了高压羰基合成反应技术，采用钴系催化剂，随后在美、英、法、意等国获得长足发展。后来美国的联炭公司与英国的戴维公司、约翰逊马休公司，从1965年开始研究低压羰基合成法，采用铑膦系催化剂，于1976年在波多黎各的庞塞建成世界第一座低丙烯压羰基合成装置，生产能力为136kt/a。这一低压羰基合成装置的成功运行，是对传统高压羰基合成法的完全突破，标志着羰基合成工艺技术新时期的到来。

20世纪70年代联碳(UCC，现陶氏)、Davy Mckee(现KPT)和Johnson Matthey(UCC/Davy/JM)共同开发的改性铑法，即“低压羰基合成工艺”采用油溶性三苯基膦(TPP)配体改性的铑为催化剂，产物丁醛靠大量未反应的合成气和丙烯从反应釜中带出，从而实现产物和催化剂的分离，称为气相循环工艺。为减少大量气体循环而带来的能量消耗，80年代初成功开发了低压羰基合成液相循环工艺，即反应产物丁醛和催化剂溶液一起自反应釜中排出，然后对产物丁醛和催化剂溶液进行气化分离。该工艺为双釜串联工艺，采用铑/三苯基膦(TPP)系催化剂。

液相循环低压改性铑法是当今世界最先进、最广泛使用的丁辛醇合成技术。通过对液相循环改性铑法技术加以改进，先后发展形成各有特色的具有竞争力的专有技术，目前有 Davy 工艺、三菱化成工艺和 BASF 工艺。这些工艺的催化剂活性都高，催化剂循环方式均为蒸发分离、液相循环，反应器也不需要特殊材质。

UCC/KPT 后来又开发铑/亚磷酸盐络合环氧化物催化剂，其活性比铑/三苯基膦（TPP）高，在相近的反应温度下该工艺的反应压力更低。由于原料转化率极高，故可使烯烃氢甲酰化反应实现一次性转化，而不必循环。该催化剂为最新一代催化剂，其相关工艺名称为“LPOXO-MK-IV”。

为减少价格昂贵的铑催化剂的损耗，20 世纪 80 年代罗纳-普朗克/鲁尔化学开发了一种两相工艺，以三苯基膦-间磺酸盐（TPPTS）作配位体对铑催化剂改性，称为水溶性铑催化剂。这种催化剂具有催化剂与产物容易分离、产物正异构比例高的特点，而且用水作溶剂既便宜、安全，又有利于环境保护。但这种两相工艺也有其不足之处，主要是由于烯烃原料在水介质中比在有机相中溶解性低，所以催化剂反应速率有所降低．同时由于这一反应是多相的，所以催化剂活性相当低，因此水溶性催化剂工艺的操作压力和温度比油溶性工艺高，还需要较高的铑浓度。随后，又提出了在均相反应中使用超声波以增加界面的表面积，使用极性有机溶剂和特制的配体以使反应均匀进行等改进方案，目前还没有大规模工业应用的报道。

2005 年日本 Sangi 公司研究开发了一种高活性羟磷灰石催化剂，采用植物来源的乙醇为原料，开发出在低温条件下合成正丁醇，正丁醇选择性达到近 80%，其正丁醇生产成本比丙烯羰基合成法有一定的竞争优势。该磷灰石催化工艺运作简单，反应可以常压一步完成。不存在催化剂失活现象，节能且没有副产物，仅生成水，现在还处在研发、成熟阶段，没有工业化应用装置。

3　国外丁辛醇工业生产发展状况

自从戴维公司低压羰基合成丁辛醇技术开发成功后，在世界上，特别是在欧美等发达国家和地区，丁辛醇装置建设迅速扩张，20 世纪 80 年代末以前，世界上丁辛醇生产主要集中在美国、欧洲、日本等少数发达国家和地区，产量占当时全球 80 以上。丁辛醇产品的主要消费市场也集中在欧美、日本等发达国家和地区，消费量占当时全球 70 以上。这是世界丁辛醇工业发展的第一次浪潮。

欧美、日等发达国家和地区，丁辛醇建设布局早在 20 世纪末就已经完成，而且其消费市场也趋于饱和，他们依靠充裕的资金和成熟的技术，走马圈地似地在东南亚投资扩张。20 世纪末期，东南亚地区还没有羰基醇生产装置，亚洲地区巨大的市场需求潜力吸引一些世界著名的大型企业前来投资。美国伊士曼化学公司是世界羰基醇主要生产商，在新加坡裕廊岛投资建设 15 万吨正丁醇装置等。工程原计划 1997 年开工建设，后因当年东南亚地区爆发金融危机而停建，1999 年才恢复建设，2001 年建成投产。埃克森美孚公司在新加坡裕廊岛建设的大型乙烯工程配套 150kt/a 羰基醇联合装置 2001 年建成投产。杜邦公司在裕廊岛投资 2 亿美元建设的 150kt/a 羰基醛类、辛醇工程投产。德国巴斯夫公司是世界羰基醇生产巨头，该公司在马来西亚格奔岛兴建的 250kt/a 羰基醇装置在 2001 年一季度建成投产。联碳公司和马来西亚石油公司在本加奴州居茶基地合资兴建的 140kt/a 正丁醇装置在 2001 年 9 月投产。欧美等石油化工巨头在亚洲，特别是在东南亚地区，几年间建成投产了 840kt/a 的丁辛醇装置，在世界丁辛醇工业发展过程中是罕见的，被成为丁辛醇发展的第二次浪潮。

世界丁辛醇发展的第二次浪潮主要发生在亚洲地区，同时在南非、东欧地区也建起三套中小规模的丁辛醇装置，南非萨索尔公司采用日本三菱化成公司技术，投资 1.37 亿美元建设 150kt/a 正丁醇装置，也在 2001 年中期投产；在东欧，波兰化工联合企业 Zklady 引进联碳/戴维低压羰基合成技术，改造扩建原有生产装置，正丁醇和辛醇生产能力分别达到 20kt/a 和 170kt/a；罗巴尼亚里姆尼库—维尔恰化学联合公司有机合成厂采用联碳/戴维技术，将高压钴法改成低压铑法技术，生产能力增加到 65kt/a。

2013年美国生产丁醇1100kt，辛醇420kt，丁辛醇总产量1520kt；德国生产丁醇640kt，辛醇500kt，丁辛醇总产量为1140kt；日本生产丁醇250kt，辛醇370kt，丁辛醇总产量620kt；马来西亚生产辛醇420kt；俄罗斯生产丁醇200kt，辛醇120kt，丁辛醇总产量320kt；法国生产丁醇160kt，辛醇140kt，丁辛醇总产量300kt；南非生产丁醇150kt，辛醇120kt，丁辛醇总产量270kt。现在国外丁醇生产规模年达到4000kt，辛醇生产规模年达到4300kt。

国外丁辛醇生产主要控制在几家国际化工巨头手里，比如：德国巴斯夫化学公司，丁辛醇总生产能力为920kt/a；美国道化学公司，丁辛醇生产能力为700kt/a；美国伊士曼公司，丁辛醇总生产能力为540kt/a；德国塞拉尼斯化学公司，丁辛醇总生产能力为460kt/a；美国埃克森化学公司，丁辛醇总生产能力410kt/a；欧洲羰基合成醇公司，丁辛醇总生产能力为340kt/a。

现在，美、欧、日、东南亚等国家和地区的丁辛醇发展达到饱和，已经没有什么发展潜力，而且这些国家和地区的市场也相当成熟，增长空间不大，在今后几年，美、欧、日、韩等都没有新建装置的计划，只有沙特丁醇公司(沙特克耶邦石化公司、沙特丙烯酸有限公司和Sadara化工公司三家公司的合资公司)于2012年12月27日宣布在沙特东部的朱拜勒工业城，采用最先进的技术投资建设340kt丁醇项目(330kt丁醇，11kt/a异丁醇)，计划于2015年建成投产。

4 国内丁辛醇工业生产发展状况

20世纪末期国际上羰基合成醇建设浪潮。同样发生在我们国内，20世纪80年代，齐鲁石化、吉化石化、大庆石化、北京化工四厂先后引进丁辛醇生产装置，随后齐鲁石化、吉化石化、大庆石化都进行了扩产技术改造。

齐鲁石化采用采用美国联碳/英国戴维技术，将羰基合成单元气相循环改为液相循环，2台反应器由并联操作改为串联操作，增加和调换了加氢系统部分设备，丁醇和辛醇可分开生产，装置能力分别扩至50kt/a和85t/a，1999年11月投产。1997年，吉化公司化肥厂采用联碳/戴维低压液相循环铑法技术，对高压钴法装置进行技术改造，改造后，辛醇与丁醇可切换生产，即生产70kt/a丁醇或60kt/a辛醇产品，加上原50kt/a辛醇能力，丁醇、辛醇总能力达120kt/a，2000年8月建成投产。在此期间，大庆石化总厂丁辛醇装置在原有工艺流程基本不变的情况下，将装置能力扩至82kt/a。

进入21世纪，东南亚等地丁辛醇装置建成后，国外丁辛醇建设偃旗息鼓，我国丁辛醇投资建设再次迎来高潮，在世界上独树一帜。其中，2004年9月，中国石油吉林石化分公司采用Davy低压液相羰基合成技术，对丁辛醇装置进行升级改扩建投产，每年增产丁醇120kt，使其丁醇生产能力达到190kt，辛醇产能为50kt，总生产能力达到240kt，成为当时我国最大的丁醇生产企业；中石化齐鲁分公司30kt/a异丁醛装置和171kt/a辛醇装置于2004年10月投产，辛醇产能达到260kt，丁辛醇总生产能力达到310kt，成为当时我国最大的辛醇生产企业；2005年6月扬子-BASF丁辛醇装置竣工投产，扬巴210kt/a丁辛醇装置中丁醇产能100kt/a和辛醇产能110kt/a。2008年扬子-BASF公司又对其装置进行了扩能改造，新增加55kt的产能，使其装置总生产能力达到了305kt的规模；山东建兰化工股份公司(原齐鲁第一化肥厂)2008年底新建70kt辛醇装置顺利竣工投产，这使得我国羰基合成法生产丁辛醇生产能力，总生产规模达到1050kt/a水平，超过日本成为世界上除美国、欧盟以外第三大生产国。

在2010年，山东东营利华益公司和天津渤海石化碱厂两套245kt丁辛醇装置分别于2010年的10月份、12月份建成投产；2011年4月，山东建兰化工股份公司(同上淄博齐鲁第一化肥厂)将其辛醇装置进行扩能改造，产能翻倍达到了140kt，2011年9月份新建70kt辛醇生产线顺利投产，辛醇产能达到210kt；山东蓝帆增塑剂厂140kt辛醇装置经过近一年的施工建设，于2012年10月份建成投产。我国天津碱厂2010年底建成225kt丁辛醇装置，2011年又开始筹划建设二期丁辛醇项目，到2013年9月份装置完成施工，其生产规模达到了翻番，总生产能力达到500kt，成为当之无愧的国内第一。

进入2013年，我国丁辛醇装置竣工投产的“捷报”频频传来，国内丁辛醇装置更是呈现出井喷式增长，并且新增产能主要集中在山东及江苏地区。2013年国内丁辛醇总产能共增加1275kt，产能的大幅扩张直接影响到国内丁辛醇市场价格的变化，丁辛醇价格持续大幅下降，整个行业出现集体亏损。2013年国内新建成投产装置见表1。

表1　2013年我国新增丁辛醇　　kt/a

公司名称	辛醇产能	正丁醇产能	备注
山东鲁西化工	140	85	2013年3月正式投产
山东华鲁恒升	80	100	2013年6月投产开车
兖矿滕州国泰	—	150	2013年7月正式投产
天津碱厂	140	85	2013年9月二期新装置投产
江苏惠生	125	100	2013年9月正式投产
菏泽东方化工厂	55	35	2013年10月投产试运行
江苏善俊化工公司	80	100	2013年11月试运行
合计	620	655	

截止2013年底，我国丁辛醇生产能力达到367t，其中我国大陆年生产能力为3.2Mt，台湾地区年生产能力为470kt，而曾经世界第一的美国生产规模十几年里一直维持现在1.6Mt的水平，我国丁辛醇产量超过美国2.07Mt，成为世界最大生产国。我国丁辛醇生产企业情况见表2。

表2　我国丁辛醇生产企业统计情况(截止2013年底)　　kt

生产企业	技术提供商	工艺技术	设计产能		规模	投产时间
			丁醇	辛醇		
大庆石化公司	英国戴维	液相低压铑法	75	130	205	2012年10月
齐鲁石化公司	英国戴维	液相低压铑法	50	256	306	2004年10月
吉林石化公司	英国戴维	液相低压铑法	170	70	240	2004年10月
北京化四厂	日本三菱	液相低压铑法	20	50	70	1996年
扬巴合资公司	德国巴斯夫	液相低压铑法	125	140	265	2005年6月
南京惠生公司	陶氏与戴维	液相低压铑法	125	125	250	2013年9月
江苏善俊公司	陶氏与戴维	液相低压铑法	100	80	180	2013年11月
山东建兰公司	四川大学	气相高压鈷法	70	140	210	2011年扩能
台湾台塑集团	陶氏与戴维	液相低压铑法	250		250	2009年
台湾南亚塑料	陶氏与戴维	液相低压铑法		220	220	2010年
山东利华益	陶氏与戴维	液相低压铑法	85	140	225	2010年10月
天 津 碱 厂	陶氏与戴维	液相低压铑法	170	280	450	2013年9月(二期)
蓝帆增塑剂厂	陶氏与戴维	液相低压铑法	0	140	140	2012年11月
山东鲁西化工	陶氏与戴维	液相低压铑法	85	140	225	2013年3月
华鲁恒升公司	陶氏与戴维	液相低压铑法	20	180	200	2013年6月
滕州国泰公司	陶氏与戴维	液相低压铑法	150		150	2013年7月
菏泽东方化工厂	陶氏与戴维	液相低压铑法	35	55	90	2013年10月
合计			1530	2146	3676	

国内对丁辛醇产品生产已经过剩，但是国内投资建设的热情依然未减，目前仍然有九家公司或企业在投资建设丁辛醇装置，产能超过2Mt，这些装置将分别在2014年年底或明年初投产，到2014年底，我国丁辛醇生产能力将达到560多万吨，超过美国和欧盟总和(国外丁辛醇总生产能力约8.3Mt)，使得全球丁辛醇生产能力达到14Mt的空前水平，占全球比重达到40%。2014年即将投产的新建丁辛醇装置见表3。

表3 2014年计划投产的丁辛醇项目 kt/a

公司名称	辛醇产能	正丁醇产能	异丁醇	总产能	备注
中国石油四川成都石化	77.6	201.1	29.2	307.9	2014年底
烟台万华集团公司		225		225	2014年10月
中国石化安庆分公司	110	100	22.6	232.6	2014年底-2015年初
江苏华昌化工公司	100	125	25	250	2014年10月
日照晨曦化工公司		135	15	150	2013年5月
鲁西化工二期	140	85	25	250	2014年8月
阳煤德州平原公司	140			140	2014年底
沈阳张明化工公司	140	85	25	250	2014年底
中海油惠州化工公司	140	85	25	250	2014年底-2015年初
合计	847.6	1041.1	166.8	2055.5	

5 我国丁辛醇进口、生产及消费情况分析

自从20世纪后期至今，我国一直保持着世界第一大丁辛醇进口国的地位，随着我国丁辛醇大型装置不断建设、投产，使得我国消费丁辛醇的量在持续增长，但是进口量却出现逐年下降的趋势。近五年来，我国丁醇进口量分别为2010年589.2kt、2011年为491.2kt、2012年为488.8kt、2013年为409.6kt。辛醇进口量分别是2010年的466.3kt、2011年为359.1kt、2012年为361.9kt、2013年为278.2kt。

我国丁醇国内产量逐年增长，特别是2013年达到创纪录的924.9kt，而2010年产量为530kt、2011年产量为660kt、2012年产量为685.4kt；国内辛醇生产与丁醇一直，产量也是在2013年达到创纪录的1137kt，其2010年产量为575kt、2011年产量为675kt、2012年产量为900.4kt。

2014年上半年，我国丁醇进口量为105209t，而2013年上半年我国进口丁醇为253754t，同比下降148545t，下降幅度58.54%；2014年上半年，我国辛醇进口量为97398t，而2013年上半年我国进口辛醇为149783t，同比下降52385t，下降幅度34.98%。

现在我国丁辛醇生产规模已经超过欧盟和美国总和，成为世界最大的生产国，目前依然进口国外产品来满足国内市场的需求，现在依然是世界最大的丁辛醇进口国。下面是最近四年我国丁辛醇产品主要进口国统计情况见表4、表5。

表4 我国丁醇主要进口国家和地区 t

时间	台湾省	俄罗斯	美国	马来西亚	德国	日本	新加坡	南非
2010	136710	110250	85260	70750	52400	47830	31920	25880
2011	146514	100044	57177	74774	35117	19759	33976	15542
2012	146664	72119	97605	70520	17467	13338	30000	31662
2013	137553	75927	53753	37927	28546	13402	30950	16122

表 5 我国辛醇主要进口国家和地区 t

时间	印尼	日本	沙特	中国台湾	德国	韩国	马来西亚	美国
2010	112200	91000	64310	28820	26960	63820	13360	9190
2011	93307	57690	74598	12664	26926	29937	5051	11166
2012	119410	42646	55382	30014	17491	21585	24855	21233
2013	110991	36256	31826	42557	12528	16983	11461	10825

我国丁辛醇进口量很大，但是集中度很高，主要集中在江苏、广东、浙江三省，三省总进口量占全国进口量的60%，这与该地区巨大的经济规模和经济的快速发展十分吻合，具体情况见表6、表7。

表 6 我国丁醇主要进口消费省市和地区 t

时间	江苏	广东	浙江	内蒙古	上海	黑龙江	山东	河北
2010	285376	115340	105966	32159	23261	25638	18028	7065
2011	216161	95036	79336	34632	17761	10553		6495
2012	251932	102172	78191	30413	19925	910		
2013	164478	84791	77315	60089	4802	11817		

表 7 我国辛醇主要进口消费省市和地区 t

时间	江苏	广东	浙江	山东	上海	内蒙古	黑龙江
2010	144904	102983	124617	14399	12442	2723	2921
2011	148405	106127	71525	6829	2032	1925	245
2012	116406	131532	91800	15407	3104	2917	1558
2013	131532	116406	91800	15407	3104	2917	1558

6 我国丁醇产品的消费领域

国内丁醇产品的主要消费领域是化学工业及医药工业，其中化学工业约占总消费量的75%，主要用于生产丙烯酸丁酯、醋酸丁酯、邻苯二甲酸二丁酯、丁醛、油漆涂料及医药中间体等产品。在医药工业方面，丁醇主要用于生产抗生素、激素及维生素等药物。近年进口药品对国内市场造成了一定冲击，因此医药工业对丁醇的需求量不会有太大的增长。丙烯酸丁酯的消费比例将大幅增加，成为正丁醇最主要的下游消费产品，其次是醋酸丁酯。

从丁醇的消费市场看，丙烯酸丁酯和醋酸丁酯需求的强劲增长已经是推动丁醇消费增长的主要动力。

6.1 丙烯酸丁酯

我国正丁醇主要用于生产丙烯酸丁酯，其主要用于下游压敏胶，建筑乳液、油漆涂料，纺织浆料及高吸水性树脂等产品。随着我国经济的持续快速发展，特别是房地产业的飞速发展，造成了我国对于建筑乳液、油漆涂料等的使用量逐年大幅增加，从而促使了我国正丁醇消费量大幅增长。

截至2013年底，国内丙烯酸丁酯产能已达到2.5Mt/a，根据单耗为0.5t/t计算，开工率60%左右，对原料正丁醇的需求量约为750kt，详见表8。

表8　我国目前国内丙烯酸丁酯装置生产能力　kt/a

单位名称	生产能力	消耗正丁醇
江苏裕廊(盐城)化工有限公司	150	75
上海华谊丙烯酸公司	150	75
江苏裕廊(泰州)化工有限公司	120	60
台塑(宁波)股份有限公司	120	60
浙江卫星(嘉兴)石化股份公司	120	60
江苏百川化工(无锡)股份公司	100	50
江苏百川化工(如皋)股份公司	100	50
扬子-巴斯夫石化公司	100	50
中海油惠州分公司	100	50
山东兖矿国泰	100	50
沈阳蜡化化工公司	100	50
江苏江阴长华化工公司	90	45
江苏句容化工(泰兴)分公司	80	40
台湾炎洲集团(南通)分公司	80	40
江苏宜兴三木集团	80	40
湛江江门谦信化工有限公司	80	40
中国重庆扬子江乙酰公司	80	40
山东沭化金沂蒙集团	80	40
山东齐鲁开泰实业股份公司	80	40
吉林石化化工股份公司	80	40
兰州石化化工公司	80	40
北京(化四)东方化工厂	60	30
山东正和化工公司	60	30
上海东盐化工有限公司	60	30
广州珠江化工集团有限公司	55	28
江苏索普集团公司	50	25
南昌市赣江溶剂厂	50	25
顺德顺冠气体溶剂有限公司	30	15
惠州盛达化工公司	20	10
合计	2455	1228

从上面统计情况看，我国丙烯酸丁酯生产地区相对比较集中，大的生产企业主要分布在江、浙、沪、广地区，这与我国丁辛醇产品进口量统计情况十分吻合，证明了该地区是我国丁辛醇产品主要的消费地区。

现在我国丙烯酸丁酯经过最近几年的快速发展，已经能够自给自足并且还有部分剩余出口。现在我国丙烯酸丁酯出口量大于进口量，每年净出口量在50kt左右，说明我国丙烯酸丁酯产业已经饱和，但是依然有多家企业在新建、扩建或计划投资建设新的丙烯酸丁酯装置，将加大我国市场的供应量(见表9)，今后的竞争难以避免。

表9　丙烯酸丁酯在建和拟建情况　kt

拟建单位名称	在建和拟建规模/kt	备注	拟建单位名称	在建和拟建规模/kt	备注
烟台万华股份有限公司	150	在建	中石油四川新津丁辛醇公司	100	在建
中石化安庆石化	150	在建	浙江宁波大榭开发区	100	拟建
扬巴公司	100	在建			

6.2　醋酸丁酯

除丙烯酸丁酯外，正丁醇的第二大消费领域就是醋酸丁酯。醋酸丁酯是一种良好的有机溶剂，在硝化纤维、涂料、油墨、人造革、医药、塑料及香料等工业中应用较广泛。

目前我国醋酸丁酯生产企业较多，主要分布在江苏、上海等华东地区及广东省。近年，由于我国房地产行业发展迅速，拉动了对涂料的需求，也带动了作为优良溶剂的醋酸丁酯行业的发展。现在，我国醋酸丁酯生产能力约120t/a，根据单耗为0.4，开工率按80%计，对原料正丁醇的需求量约380kt，见表10。

表10　我国目前国内醋酸丁酯装置生产能力统计情况　kt/a

单位名称	生产能力	消耗正丁醇
江苏百川化工(如皋)有限公司	200	80
江苏索普集团公司	150	60
江门谦信发展有限公司	110	44
江苏长华化工公司	100	40
广州溶剂厂	80	32
上海东盐化工限公司	80	32
重庆扬子江乙酰化工公司	80	32
山东金沂蒙有限公司	80	32
南昌赣江溶剂厂	50	20
天津泰森化工有限责任公司	35	14
珠江化工集团公司	35	14
广东新会三木	30	12
惠州盛达化工公司	30	12
江苏三木集团公司	30	12
佛山市顺德顺冠气体溶剂有限公司	30	12
广州骏鑫化工公司	20	8
石家庄新宇三阳化工公司	20	8
河南庆安化工股份有限公司	20	8
合计	1160	464

6.3　邻苯二甲酸二丁酯(DBP)

邻苯二甲酸二丁酯是聚氯乙烯最常用的增塑剂，可使制品具有良好的柔软性，但挥发性和水抽出性较大，因而耐久性差。邻苯二甲酸二丁酯是硝基纤维素的优良增塑剂，凝胶化能力强，用于硝基纤维素涂料，有良好的软化作用。稳定性、耐挠曲性、黏结性和防水性均优于其他增塑剂。邻苯二甲酸二丁酯也可用作聚醋酸乙烯、醇酸树脂、硝基纤维素、乙基纤维素及氯丁橡胶、丁腈橡胶的增塑剂。

目前我国增塑剂生产企业较多，主要分布在华北、华东、华南地区，生产能力约4000kt/a，其中邻苯二甲酸二丁酯的生产能力约600kt/a(许多企业装置是与DOP相互切换)，其中山东淄博增塑剂厂为国内最大的生产企业，其邻苯二甲酸二丁酯生产能力100kt/a，每年正丁醇消费量约55kt。

国内DBP的生产一般都在邻苯二甲酸二辛酯及其他酯类增塑剂生产厂里生产的，而且有些企业还可以相互切换，但是DBP国内用量逐渐缩小，装置开工率很低，一般维持在50%左右，我国邻苯二甲酸二丁酯对正丁醇的需求量约150kt/a。

其他产品如医药中间体、农药中间体及选矿剂等产品对正丁醇的需求量也较大，由于下游产品较为分散，据估计，上述产品对正丁醇的需求量约100kt。

7　我国辛醇产品的消费领域

我国辛醇的主要消费领域是化学工业，其中，用于生产邻苯二甲酸二辛酯(DOP)的消费量约占总消费量的70%以上，其他方面约占不足30%。我国DOP需求集中在江浙、鲁、粤地区，主要消费领域是PVC、人造革、电缆料、收缩膜和压延膜、PVC地板墙壁纸和管材等，90%DOP用于PVC的增塑剂，只有少量用作有机溶剂和合成橡胶的软化剂。

7.1　生产增塑剂邻苯二甲酸二辛酯(DOP)产品领域

目前而我国增塑剂年产能力已达4000kt以上，其中邻苯二甲酸二辛脂生产能力3000kt，位居全球首位。邻苯二甲酸二辛酯消费量为1500kt，目前，生产厂家有近40家，主要以生产邻苯类增塑剂为主。由于前几年产能增长过快，产能已严重过剩，造成我国邻苯类增塑剂行业开工率过低，特别是一些规模小、销路不畅的生产企业常年处于停产状态，目前开工率在50%左右。

2009年我国DOP产量1.5Mt，2010年，我国DOP产量下降到1.32Mt，2011~2013年DOP产量虽然有所恢复，但是恢复较为缓和，国内产量一直维持在1.5Mt的水平。生产1tDOP消耗0.46t辛醇，1.5MtDOP消耗辛醇达到70多万吨，由此可见，我国每年在DOP领域消耗掉70多万吨辛醇，是名符其实的辛醇消耗主要领域。

我国增塑剂企业许多是合资企业，主要投资方是台湾联华神通集团(在大陆称之为联成化学科技股份有限公司)、韩国爱敬集团公司(在大陆称之为爱敬化工公司)、新加坡祥峰投资集团公司(在大陆称之为宏信化工公司)。台湾联华神通集团公司、韩国爱敬集团公司、新加坡祥峰投资集团公司等在我国合资增塑剂企业有7家，生产能力1.4Mt，占我国增塑剂总生产能力的40%，见表11。

表11　国内主要邻苯二甲酸二辛脂增塑剂企业产能状况　　kt/a

地区	生产企业名称	生产规模	备注
东北地区	吉林石化联合化工厂	50	
	沈阳鸿祥化工厂	50	
华北地区	河南庆安化工	150	可切换生产DBP
	天津泰森化工集团有限公司	120	
	石家庄白龙化工	80	
	河北雄县海洋化工	40	
	北京华颖化工	35	
	河北雄县金泉化工	30	停产
	河北廊坊振东化工	10	停产
华东地区	蓝帆(齐鲁增塑剂)化工公司	360	包括10万吨DBP
	山东宏信化工公司	200	可切换生产DBP
	浙江镇江联成化工	400	主要生产DINP
	浙江宁波爱敬化工	250	扩大DOTP产能合资

续表

地区	生产企业名称	生产规模	备注
华东地区	浙江华泰股份公司	200	
	浙江庆安化工	150	属于河南庆安化工公司
	浙江伟博化工	150	
	宁波东来化工	150	
	浙江建德建业化工公司	100	主要生产 DBP
	宁波联泰	60	
	浙江杭州宇田化工	40	
	浙江杭州大自然化工	20	停产
	金陵石化化工公司	200	可切换生产 DBP
	昆山合峰化工公司	150	
	江苏宏信化工公司	120	合资
	上海联成化学工业有限公司	100	合资
	苏州安利化工公司	30	停产
华南地区	广东中山联成化工公司	200	合资
	珠海联成化工公司	100	合资
	东莞兴宝股份公司	60	
	高明腾业股份公司	60	
	东莞盛和化工公司	50	
	广东榕泰化工公司	50	
	埃克森化工(番禺)有限公司	50	独资
总计		3815	

虽然近几年国内 DOP 装置开工率不高，整个行业经济效益低下，同时受到国外产品的进口的冲击，许多中小型增塑剂装置面临被淘汰的命运。但是依然有几家企业逆势筹建新的 DOP 生产装置，比如：天津碱厂正在筹建 100ktDOP 装置；山东利华益正在筹建 150ktDOP 装置；山东晨曦化工公司筹建 100ktDOP 装置；天津泰森正在新建 200ktDOP 装置，这势必造成国内 DOP 生产企业更加惨烈的竞争。

7.2 丙烯酸辛酯

在辛醇的下游产品中，近年来丙烯酸辛酯市场需求增长较快，据分析，建筑、纺织、包装材料和卫生材料领域需求将成为中国丙烯酸辛酯市场未来发展的四大驱动力。

随着新型辛酯产品，比如己二酸二辛酯、棕榈酸辛酯、马来酸异辛酸酯、偏苯三酸三异辛酯等产品不断得到重视与发展，对辛醇的需求量不断增加。据预测我国辛醇酯产品仍有较大发展空间，从长远看，辛醇酯类产品将会带动辛醇需求的明显上升。生产 1t 丙烯酸辛酯消耗 0.64t 辛醇，我国目前丙烯酸辛酯生产能力接近 300kt/a。国内目前扬巴公司在扩建其装置，将其生产能力扩大一倍，达到 100kt；另外浙江宁波大榭开发区今年 3 月份开始招商，计划在该开发区建设一套 80kt 丙烯酸辛酯装置。目前该产品目前市场较好，开工率较高，维持在 80%的高水平，在此领域年消耗辛醇 150kt，见表 12。

表12 我国丙烯酸辛酯生产业 kt

单位名称	丙烯酸辛酯	单位名称	丙烯酸辛酯
江苏裕廊(盐城)化工有限公司	40	中海油惠州分公司	20
江苏裕廊(泰州)化工有限公司	30	沈阳蜡化化工公司	20
扬子-巴斯夫石化公司	50	吉林石化化工股份公司	20
上海华谊丙烯酸公司	20	北京(化四)东方化工厂	15
台塑(宁波)股份有限公司	40	合计	295
浙江卫星(嘉兴)石化股份公司	40		

7.3 异辛酸

异辛酸是一种重要的精细化工原料，不仅应用于火箭发射等领域，还可作为青霉素类针剂和片剂的原料，广泛应用于医药行业，可制作催干剂、固化促进剂、催化剂，广泛应用于涂料、油墨、玻璃钢行业。此外，在塑料行业，异辛酸盐类是PVC等优良的热稳定剂，其酯类是优良的增塑剂。在制冷行业，异辛酸用于无氟制冷的润滑剂。在橡胶行业，其钴盐可用作橡胶黏合剂。在石油化工和日用化工行业，可用来制作各种油品添加剂、防锈剂、防冻剂、化学萃取剂、烃类胶凝剂。它的酯类还可作为食品添加剂、饲料添加剂、渔业杀菌剂、生物助长剂分别用于食品加工业、农业和渔业。

我国异辛酸生产企业超过10家，其中沈阳张明化工股份有限公司生产能力最大，技术最先进，生产能力达到30kt；河南安庆化工集团有限公司，采用自主开发的高压辛醇氢氧化钠技术，生产规模为5kt，装置运行基本正常；浙江湖州伊唯尔实业有限公司异辛酸生产能力为5kt/a；天津涂料助剂厂异辛酸年生产能力为2kt/a。其他企业规模多为数百吨级，多数处于停产或半停产状态。目前我国异辛酸生产规模约50kt，消耗辛醇约45kt。

7.4 对苯二甲酸二辛酯及其他

目前，对苯二甲酸二辛酯(DOTP)消耗辛醇约50kt；其他还用于柴油添加剂、合成润滑剂、抗氧剂、溶剂、消泡剂，纸张上浆、照像、胶乳、印染等方面消费量为60kt。

8 丁辛醇装置转产的产品方向

通过上面对丁、辛醇主要消费领域和下游产品的需求分析看出，目前我国国内丁辛醇下游产品生产已经比较饱和，而且有些产品产能居于世界前列，不仅能够自产自足且还有冗余供出口，这些丁辛醇产品的消费厂家大都集中在江苏、浙江和广东三地，它们大多是进口丁辛醇产品，对国外的依赖度远远高于对国内产品的依赖度。

一方面我国丁辛醇逐年产能不断大幅增加，另一方面丁辛醇进口依然不停，这种内外夹击使得我国丁辛醇产业的前途变得越来越黯淡，令人焦虑。这种状况也曾经在二十世纪末发生在欧美等经济发达国家和地区，特别是德国巴斯夫公司当时审时度势，果断将其在欧洲和美国的几套丁辛醇装置经过改造转产异壬醇和2-丙基庚醇，既消除了欧美市场的压力又取得了良好的经济效益，这是值得我们借鉴的。

异壬醇和2-丙基庚醇是优良的增塑剂原料，未来发展空间很大，目前在我国仅有扬巴公司2012年投产的80kt 2-丙基庚醇。2012年8月份，中石化与德国巴斯夫合资(50：50)计划在茂名石化投资建设180kt异壬醇。异壬醇和2-丙基庚醇目前市场缺口大，是极具发展前景的辛醇替代品。

8.1 异壬醇

异壬醇(Isononyl alcohol，简称INA)，中文全名为7-甲基-1-辛醇，分子式为$C_9H_{20}O$，相对分子质量为144.25。主要用于与苯酐反应生产PVC用增塑剂邻苯二甲酸二异壬醇醋(DINP)。邻苯二甲酸二异壬醇醋是一种优良的通用的无毒型增塑剂，与邻苯二甲酸二辛醋(DOP)相比，邻苯二甲酸二异壬醇醋的分子量更大一点，碳链更长一点，所以拥有更好的老化性能，抗迁移性能，抗萃取性能，更高的耐高温性能、优良的耐热性、耐光性以及电绝缘性，主要用于聚氯乙烯、氯乙烯共聚物、醋酸纤维素、乙基纤维素和合成橡胶等，在玩具膜、电线、电缆中得到广泛的应用。随着市场对邻苯二甲酸二异壬醇醋使用安全性的逐步认可，邻苯二甲酸二异壬醇醋作为邻苯二甲酸二辛醋的环保代用品，其需求量将快速增长，从而推动异千醇的消费量快速上升。

8.1.1　世界异壬醇生产现状

2011 年底，世界异壬醇的总生产能力近 1300kt，生产厂家主要集中在西欧、北美和亚洲地区，其中西欧地区的生产能力为 605kt/a；亚洲地区的生产能力为 435kt/a；北美地区的生产能力为 165kt/a，其他国家和地区的生产能力不足 100kt/a。其中德国是最主要的生产国家，生产能力为 490kt/a，约占世界总生产能力 40%；其次是新加坡，生产能力为 220kt/a，约占总生产能力的 17%；再次是美国，生产能力为 165kt/a，约占总生产能力的 13%，详见表 13。

表 13　世界主要异壬醇生产企业　　kt

企业名称	所在国家/地区	产能	工艺路线
Oxeno	德国　迈尔	340	OCTOL 工艺
BASF	德国　路德维希	150	传统工艺
Exxon Mobil	新加坡裕廊	220	Exxon Mobil 工艺
Exxon Mobil	荷兰	85	Exxon Mobil 工艺
Exxon Mobil	法国	30	Exxon Mobil 工艺
Exxon Mobil	美国	120	Exxon Mobil 工艺
Shell	美国	45	OXO 工艺
南亚塑料公司	台湾麦寮	115	Johnson Matthey 工艺
Kyowa Yuka	日本千叶	100	Johnson Matthey 工艺
Repsol-YPE	阿根廷	34	OXO 工艺
合计		1239	

从生产企业看，世界异壬醇的生产主要控制在包括 ExxonMobil、Oxeno、BASF 以及中国台湾南亚塑料公司等几大企业手中，其中 Exxon Mobil 是世界上最大的异壬醇生产厂家，生产能力为 489kt/a，约占世界总生产能力的 40%，分别在阿根廷、法国、美国和新加坡建有生产装置；其次是 Oxeno 公司，生产能力为 340kt/a，约占总生产能力的 27%，在德国建有生产装置。

8.1.2　消费现状及发展前景

2012 年，世界异壬醇的总消费量约为 1200kt，消费主要集中在美国、西欧和亚洲地区，其中美国的消费量约占总消费量的 10%，西欧的消费量约占 40%，亚洲的消费量约 45%。全球异壬醇主要用于生产邻苯二甲酸二异壬酯(DINP)，约占总消费量的 85%以上。近几年来，在美国、西欧、日本以及亚洲其他国家和地区，用于生产 DINP 的异壬醇约占其总消费量的比例分别为 85%、90%、95%和 98%。预计今后几年，世界异壬醇的需求量将以年均约 5.0%的速度增长，到 2015 年总需求量将达到约 1.5Mt。

8.1.3　我国异壬醇供需现状及发展前景

到目前为止，我国异壬醇的生产还是空白，所需产品全部依靠进口。但近年来，我国科研人员对高碳羰基醇制备的研究取得了一定进展，研究范围涉及高碳羰烃氢甲酰化反应的三个主要催化体系：均相催化体系、水/有机两相催化体系、固载水相催化体系。其中，中国石化上海石油化工研究院以 T-99 固体磷酸为催化剂，采用超临界-近临界相结合技术，突破了混合丁烯齐聚中不同异构体反应活性不同引起的催化剂迅速失活问题，形成了完整的丁烯齐聚技术。齐聚物中异辛烯占80%~85%，从而有可能为异壬醇的生产提供原料。清华大学C1化工国家实验室以丁烯齐聚制得的混合辛烯为原料，采用氧化三苯基膦为配位体的铑催化剂，在140℃、10.5MPa条件下，使异壬醛收率达90%，为进一步工业放大提供了有效数据。

因国内没有异壬醇生产，我国产品全部依靠进口，用于生产DINP的消费量约占总消费量的95%。我国DINP生产企业主要有：齐鲁增塑剂厂，产能100kt；南京金陵石化产能50kt；山东宏信化工公司产能50kt；上海联成、中山联成、宁波东来、浙江华泰、昆山合峰、河南庆安、广东榕泰、广东兴宝等，产能均为40kt/a，总产能超过500kt。

不同地区对异壬醇的需求量不同，其中华东地区是最主要的消费领域，约占总消费量的30%，其次是华北地区，约占总消费量的19%，华中地区的消费量约占17%，华南地区的消费量约占12%。2013年我国进口了350kt，预计今后几年，我国对异壬醇的需求量将以较快的速度增长，到2015年总需求量将达到约500kt。

8.2 2-丙基庚醇

2-丙基庚醇主要用于生产增塑剂，它与苯酐、偏苯三酸酐、己二酸等多元酸、酸酐反应，合成各种醋类增塑剂，其中以苯酐反应合成的邻苯二甲酸二(2-丙基庚)庚酯(DPHP)为主。与邻苯二甲酸二辛醋(简称DOP)相比，用DPHP增塑的聚氯乙烯(PVC)制品具有更好的电绝缘性、耐候性、低挥发性及低雾化性能。此外，2-基庚醇可与环氧乙烷等反应，合成表面活性剂，作为合成洗涤剂组分。2009年，新开发出2-丙基庚基丙烯酸酯，可作为胶黏剂原料。

2-丙基庚醇生产主要集中在欧美等国，其生产技术主要有巴斯夫公司的技术和陶氏-戴维联合公司的低压碳基合成技术。2000年巴斯夫公司在德国建成首套产能为65kt的2-丙基庚醇装置；2006年11月巴斯夫公司又将美国德克萨斯州一套基于丙烯原料生产异辛醇装置改造成产能120kt的2-丙基庚醇装置。2009年12月德国赢创土业公司在德国玛尔化土园区投产了1套产能为60kt的2-丙基庚醇装置。

目前，全世界共有5套生产装置，总产能约为425kt。德国的巴斯夫公司产能265kt是世界最大的生产商。世界约83%的2-丙基庚醇用于生产增塑剂DPHP，大约10%用于生产表面活性剂，还有约5%生产2-丙基庚醇丙烯酸醋，用于其他用途的2%，详见表14。

表14 全球2-丙基庚醇生产企业情况

公司名称	生产装置所	生产能力	技术来源
巴斯夫公司	美国，德克萨斯	120	巴斯夫自有技术
巴斯夫公司	德国，路德维希港	65	巴斯夫自有技术
赢创工业公司	德国，玛尔	60	陶氏一戴维技术
帕斯托普公司	瑞典	100	巴斯夫技术
扬巴公司	中国，江苏	80	巴斯夫技术
合计		42.5	

2012年1月国内第1套2-丙基庚醇工业化装置—扬子石化一巴斯夫有限责任公司(简称扬巴石化)的80kt装置投产，结束了中国不能生产2-丙基庚醇的历史。

中国神华集团包头煤制烯烃96kt 2-丙基庚醇装置正在加紧建设，预计2014年投产；中煤陕西榆林能源化土有限公司600kt 2-丙基庚醇装置已于2011年8月23日开工建设，预计2014年底建成投产；蒙大新能源公司甲醇制烯烃项目新建730kt 2-丙基庚醇装置于2011年11月9日开工奠基，预计2015年投产；延长石油煤油气资源综合利用项目中80kt 2-丙基庚醇装置正在进行总体设计，预计2015年投产。另外，扬巴石化还计划对现有的80kt装置进行扩能改造一倍。如计划项目能顺利实施，预计2015年底国内2-丙基庚醇生产能力将达到470kt。

9 结论

(1)欧美、日、韩等发达国家或地区丁辛醇市场早已饱和，大量向外国出口，国内丁辛醇面临着产能严重过剩，形成了两头堵的尴尬局面。丁辛醇装置的无序建设必须禁止，否则整个产业将遭受致命的打击，国家及有关主管职能部门必须引起高度警惕。

(2)有能力的企业应尽快加大下游衍生物产品的生产与开发，扩大自产自销能力，同时避免在低水平的初级产品上进行惨烈竞争。

(3)借鉴德国巴斯夫将其丁辛醇装置转产异壬醇、2-丙基庚醇和其他高碳醇的做法，有国际视野的企业或公司加快异壬醇、2-丙基庚醇和其他高碳醇产品的转产，满足国内的需求，加强在高端领域的国际竞争。

(4)我国是丁辛醇世界第一生产大国，是第二美国的 2 倍多，今年年底将达到美国的 3 倍多，为了协调、规范、抑制杂乱无序、盲目的投资冲动，充分发挥我国丁辛醇生产规模的“优势”、影响或掌握全球丁辛醇定价机制和贸易规则的话语权，国内应该成立丁辛醇行业协会，统一协调、一致对外，用同一个声音说话，保护我国丁辛醇行业健康、可持续发展。

参 考 文 献

[1] 宫福斌，杨贵林．丁辛醇的生产技术现状及发展趋势分析[J]．化工管理，2013，14.
[2] 侯志扬．国内外丁辛醇市场及技术发展分析[J]．中国石油和化工经济分析，2011，10.
[3] 刘媛．丁辛醇装置经济规模探析[J]．当代石油石化，2013，08.
[4] 昌建桦．集中扩能下的国内丁辛醇市场回顾与展望[J]．当代石油石化，2012，09.
[5] 唐昭英，易淑宏．探讨丁辛醇的国内外生产现状和进口变化情况[J]．现代经济信息，2013，15.
[6] 朱燕．丙烯酸丁醋的国内外市场分析[J]．精细与专用化学品，2011，10.
[7] 颜文革．煤化工 C4 生产 2-丙基庚醇[J]．内蒙古石油化工，2012，20.
[8] 孙陆晶．2-丙基庚醇市场分析[J]．石油化工技术与经济，2012，6.
[9] 钱伯章．二丙基庚醇的市场原料和技术综述[J]．精细化工原料及中间体，2011，9.
[10] 张传兆．异壬醇的发展现状及市场分析[J]．齐鲁石油化工，2010，04.
[11] 谢卫东．丁辛醇合成工艺评价及选择[J]．中国化工贸易，2012，12.
[12] 刘媛．国内外丁辛醇市场分析及对策与建议[J]．化工进展，2010，05.
[13] 王俐．丁醇、辛醇产业发展近况[J]．化学工业，2009，09.
[14] 李仕超，孔艳．丁辛醇工艺技术进展及选择[J]．四川化工，2009，03.
[15] 史瑾燕．低压羰基法生产丁辛醇工艺技术进展[J]．化工中间体，2008，7.
[16] 程佳．世界丁辛醇市场分析及发展建议[J]精细化工原料及中间体，2008，06.

国内液化石油气消费现状与未来发展

苏栋根　谭正湘　罗　辉

(中国石化长岭分公司，湖南岳阳　414012)

1　前言

进入21世纪，我国炼油产能高速扩张，液化石油气增产技术不断进步，液化石油气产量大幅提高；与此同时，天然气管道快速发展，天然气以其清洁环保和价格优势迅速抢占液化石油气的传统市场，导致液化石油气价格下滑，销售困难。面对市场形势的变化，开发液化石油气的工业应用成为炼油企业的共识。聚丙烯、MTBE以及芳构化、烷基化、乙烯裂解原料、丁烷制顺酐、丙烷制丙烯、车用液化气等消耗了大量的液化石油气组分。目前，液化石油气的工业消费量已经超过民用消费量，未来5年，仍是液化石油气工业应用的高速发展期，大量丙烷制丙烯装置将建成投产，烷基化焕发新生，乙烯裂解原料、车用液化气以及其他工业应用都将进一步得到发展，而天然气、页岩气的发展将继续冲击石油液化气的传统市场。

2　生产与消费

根据石化行业协会统计，2009~2013年液化气生产与消费数据见表1、图1，表1中数据为商品量数据。其中，2013年国内液化气产量为23982kt，表观消费量为26789kt，2009~2013年年均产量增长6%左右，年均消费量增长3.5%左右。2013年国内原油加工量为479Mt，商品液化气收率在5%左右。由于炼厂一般都有液化气深加工装置，催化、焦化、重整等装置生产的液态烃需要经过气分、MTBE等装置后剩下的以液化气商品的形式对外销售，典型炼厂液态烃收率为8%，也就是说，国内液化石油气实际产量如果以液态烃算总产量大约38.32Mt。考虑进出口数据，2013年液化石油气实际表观消费量40Mt左右。

表1　2009~2013年液化气表观消费量　kt

时间	产量	进口量	出口量	表观消费量
2009年	19295	4091	849	22537
2010年	21098	3196	917	23377
2011年	21652	3408	1170	23890
2012年	22564	3333	1270	24627
2013年	23982	4084	1277	26789
2013年同比/%	6.28	22.5	0.55	8.78

3　价格走势

从图1中可以看出，2009年以后，由于成品油、石脑油完全与国际接轨，液化气价格走势基本与汽油、石脑油价格走势一致，2011年后因汽油质量升级，汽油与液化石油气价差有所增大，2013年下半年后液化石油气价格走势明显强于汽油和石脑油价格，让人对2014年液化气市场充满期待。

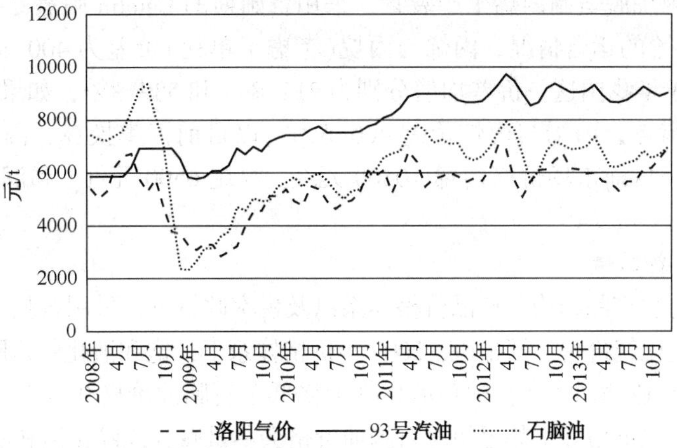

图 1　2008~2013 液化石油气、93 号汽油和石脑油价格走势图

4　液化石油气深加工

最近 5 年，液化气深加工得到全面推广和应用。炼油厂液态烃中丙烯含量大约在 30%左右，2013 年丙烯产量大约 11.55Mt，MTBE 实际产量 5.6Mt，消化异丁烯 3.5Mt。由于丙烯、MTBE 效益好，已得到优先发展，几乎所有炼油企业都建有这两套装置，这里不再阐述，下面重点介绍最近几年液化石油气其他深加工情况。

4.1　芳构化

国内芳构化装置建设起步于 2006 年，2009 还只有几套装置投产，2010 年后芳构化装置建设进入建设高峰期。2010~2012 年短短三年间，国内集中上马 70 余套装置，目前国内产能已超过 14Mt/a，其中山东地区超过 5Mt/a，芳构化成为继气分，MTBE 后又一种门槛低的液化气深度加工项目。由于芳构化装置建设分布欠合理，原料缺口大，装置效益下滑，2013 年后装置开工率大幅下降，2012 年以前装置开工率保持在 60%以上，2012 年装置开工率 50%左右，2013 年装置开工率 40%左右，2013 年底甚至只有 30%左右。

以 14Mt/a 产能估算，芳构化装置满负荷运行消化石油液化气组分大约 5.2Mt/a，开工率 50%，消化液化石油气组分大约 2.6Mt/a，开工率 40%，消化液化气组分大约 2.08Mt/a。

4.2　异构化

国内现有异构化产能 1.8Mt/a，目前主要集中在山东地炼，其中鲁清、大有、裕祥、华邦、胜华等单位均有异构化装置。2014 年预计新增产能 1.2Mt/a。

一般进入异构化的装置原料气要求烯烃含量在 40%左右，异构后异丁烯含量达到 15%~20%左右，异丁烯全部用来生产 MTBE 或高纯度异丁烯，1.8Mt/a 异构化装置，消化石油液化气组分 300kt/a，3Mt/a 异构化装置消化石油液化气组分 500kt/a。

4.3　烷基化

2010 年后，汽油调油市场的兴起。烷基化成为新的投资热点，2010~2013 年先后有 15 套以上装置建成投产，目前国内烷基化产能已超过 5Mt/a，其中两大石油集团只剩武汉、抚顺、兰州、大连和西太平洋等几套装置，产能不到 800kt/a，其他都为地炼所有，都是在 2010 年后投产，全部采用硫酸法。

以 5Mt/a 烷基化测算，装置满负荷运行消耗液化石油气组分 5Mt/a，受原料资源影响，装置实际开工率在 65%左右，消化液化石油气组分 3.25Mt/a。烷基化同时消化液化气组分中的烷烃和烯烃，不象芳构化以消化液化气中烯烃为主。从某种意义上讲，烷基化对液化气资源影响更大。

4.4　丙烷制丙烯

2013 年 10 月，天津渤化石化有限公司 600kt/a 丙烷脱氢项目正式开工，此项目为国内首套、世界单套规模最大的丙烷脱氢制丙烯生产装置，采用鲁姆斯的 Catofin 脱氢专利技术。

根据美国 PDH 装置的运营情况，丙烯与丙烷(考虑了单耗)价差为 400 \$/t 时装置达到盈亏平衡，而 2011 年和 2013 年我国这一价差均值分别为 717 \$/t 和 589 \$/t，如果我国 PDH 装置能实现与美国同样的盈亏平衡点，丙烯与丙烷价差 400 \$/t，以目前汇率换算，丙烯与丙烷价差在 2500 元/t 以上可实现赢利，目前市场价格丙烯 10500 元/t、丙烷 6500 元/t，利润空间 1500 元/t，有非常高的赢利水平。

4.5 饱和液化气制乙烯

在目前的装置能力、产品结构、产品价格体系以及税率政策下，采用石脑油裂解，还是乙烯裂解主要取决于石脑油与液化气价差，据报道，2009 年价格体系下，饱和液化气边际效益贡献比石脑油低 57.63 元/t。根据乙烯企业的说法，在饱和液化气价格低于石脑油价格 90%时，希望采用更多的饱和液化气，一旦饱和液化气价格等于甚至超过石脑油价格会尽量减少或停止饱和液化气使用。

目前饱和液化气在乙烯裂解原料中所占比例为 8%~15%，平均水平在 10%左右，截止 2014 年初，国内共有乙烯装置 21 套，总产能达 16.365Mt/a，2013 年实际产量 15Mt/a，消耗饱和液化气 5Mt/a 左右。

4.6 车用液化气

广州、武汉、上海、长春、大连、济南等大中型城市都有出租车、工交车使用液化气，山东省、福建省以及东三省等一些地级市已建立起比较完善的车用液化气销售网络体系，中部省市的地级市也在尝试车用液化气使用，比如湖南湘潭。

车用液化气加气价格一般与汽油价格联动，车用液化气公司一般承诺，其气价格比 93 号汽油低 1.5 元/L 以上，汽车燃油成本明显降低，出租车节省成本 600~1000 元/月左右，目前车用液化气价格在 5 元/L 左右，相当于 9000 元/t，高出液化气市场价格 2000 元/t 左右，考虑销售成本 300~500 元/t，车用液化气利润空间有 1500 元/t。

据报道，目前广东省车用气消费量为 400kt/a，其中广石化每年供应量 100kt，其余基本由进口气补充。业内人士估计，2013 年国内车用液化气消费量 1.5Mt/a 左右。目前，国内供应车用气的炼厂相对较少，仅山东的垦利仪鸣、中海油龙口、东方宏业、河北大本营、上海高桥石化、湖北汉兴科技、广石化等部分生产厂家供应车用气，荆门石化据悉近期亦有生产车用气打算，其余大部分由进口气配比来补充。

4.7 民用液化气

受天然气、太阳能等新型能源冲击，民用液化气消费萎缩已是事实。近几年国内民用燃气消费情况见表 2。民用天然气无论是消费量，还是用气人口呈高速增长态势，2010 年后液化石油气、人工煤气，无论是消费量，还是用气人口呈明显下跌趋势。以 1m^3 天然气与 1L 液化石油气燃烧效果接近，按 1t 液化气 1818L 换算，2005 年民用天然气消费量与民用液化石油气消费量基本相当，2013 年民用天然气消费量相当于民用液化石油气消费量的 4.5 倍。

表 2 近几年国内民用燃气情况

年份/年	天然气		人工煤气		液化石油气	
	全国供气量/10^8m^3	用气人口/万人	全国供气量/10^8m^3	用气人口/万人	全国供气量/10^4t	用气人口/万人
2000	82	2581	152	3944	1054	11107
2005	210	7104	256	4369	1222	18013
2010	488	17021	280	2802	1268	16503
2011	679	19028	85	2676	1166	16094
2012	795	21208	77	2442	1115	15683
2013	912	24000			1077	

5 未来发展

5.1 原油加工量持续增长，液化石油气产量稳定增加

从2013年开始，我国着力调整经济结构，国内经济增长速度下降，但国内炼油产能高速扩张的步伐并没有停止，2013年国内新增炼油产能5650kt/t，增长9.3%，全国原油加工能力已突破6.0亿t/a，新增产能基本上都是在2014年正式投产，考虑成品油需求受经济增速下降影响，估计成品油需求增长在3.0%左右，预计原油加工量增加1500kt/t，增产液化石油气120kt/t，达到3952kt/t。

5.2 天然气继续高速增长，民用液化石油气市场进一步萎缩

2013年，我国天然气表观消费量达到$1.676\times10^{11}m^3$，同比增长13.9%，已成为世界第三大天然气消费国。机构预计2014年，国内天然气消费量将达$1.86\times10^{11}m^3$，进口量达到$6.3\times10^{10}m^3$。2015年需求可能达到$2\times10^{11}m^3$，2020年达$3\times10^{11}m^3$，到2030年将接近$5\times10^{11}m^3$。天然气取代液化石油气已成为主要的民用燃气。液化石油气快速退出城市民用气市场已成为事实，液化石油气进入农村以及偏远地区的速度因需求趋于饱和而开始下降，预计2014年民用液化石油气消费量9.9Mt，较2013年减少870kt。

5.3 液化石油气深加工进一步受到追捧，液化石油气资源稀缺

5.3.1 丙烷制丙烯装置大量新建，丙烷供需矛盾凸显

目前国内在建和拟建的丙烷脱氢项目总产能达到9.2Mt，2014年有三锦石化、浙江卫星、扬子江石化一期、宁波海越、烟台万华以及河北海伟共计3.35Mt丙烷脱氢产能陆续投产，年底国内丙烷制丙烯产能有望达到4Mt/a。

由于国内炼厂丙烷硫含量偏高，而且供应量较为分散，目前丙烷脱氢项目的原料丙烷主要依靠进口，其实国内丙烷通过脱硫应该可以达到其质量要求。随着大量丙烷脱氢项目的建成，丙烷资源将日趋紧张，按80%收率计算，2014年投产装置满负荷运行，需要丙烷5Mt/a，考虑每套装置投产时间不同，按装置年负荷率50%测算，需要丙烷3Mt。如果2015年实现9.2Mt/a产能，需要丙烷11.5Mt/a，虽然页岩气革命的蓬勃发展，全球丙烷产量快速上升，但丙烷在其他地区的需求也在增长，中国快速大幅增加的市场需求势必难以得到满足，国内有几家企业与国外企业签定了长期供货合同，但多数企业并没有签定，到时国际丙烷价格必然会上涨，国内丙烷资源必将受到追捧。

5.3.2 汽油升级步伐加快，助推烷基化装置发展

从全球范围来看，美国的调合汽油组分中，催化裂化汽油占38%，重整汽油占24%，烷基化汽油占15%左右；汽油质量要求最严格的加州，其烷基化汽油比例高达20%~25%。欧盟的汽油组分虽然以重整汽油为主，但烷基化汽油比例远高于我国，约占6%左右。而我国的调合汽油组分中，催化裂化汽油高达77%左右，重整汽油占15%左右，而烷基化汽油比例仅为0.2%左右。相对于美国、欧洲等炼油产业发达地区，我国烷基化装置数量少，规模小，汽油中烷基化汽油比例低，对汽油产品性质贡献低，随着国内环保要求的不断提高，汽油质量升级的加快，烷基化这一传统老工艺有望进一步焕发出新的生命力。

2014年国内烷基化装置将新增产能近8Mt/a，年末总产能有望达到13Mt/a左右，按60%开工率测算，消化液化石油气组分7.8Mt，考虑新装置开工时间不同，消化液化石油气5.8Mt。

5.3.3 丙烯产能大幅提高，饱和液化气裂解优势不明显

由于近期有大量煤制烯烃和丙烷制丙烯装置投产，国内丙烯资源长期供不应求的矛盾将会得到缓解，丙烯价格将难以继续保持坚挺，饱和液化气裂解增产丙烯的优势将打折扣，但芳烃价格高峰已过去，石脑油裂解多产芳烃的优势已不太明显，与此同时，乙烯裂解原料多元化不会改变，在液化气消费淡季或液化气价格低的地区，饱和液化气的成本优势依然存在，因此，估计饱和液化气作

乙烯裂解原料不会出现明显减少，由于乙烯产能增加以及饱和液化气裂解工艺技术的进步，饱和液化气消费量可能保持平稳或略有增加。2014 年饱和液化气消费量 5.2Mt。

5.3.4　芳构化效益差，装置面临改造升级

芳构化发展到现在已出现两个难以突破的瓶颈，一个是原料资源，原料中烯烃含量要求在 50%左右，且越高越容易芳构化，芳构化比较理想的原料为催化裂化醚后混合碳四，炼厂催化裂化醚后混合碳四资源有限，醚后混合碳四价格被不断推高，山东地区价格已比民用液化气价格高 500 元/t 以上。另一个是效益，2012 年以前芳构化装置生产效益非常好，据说加工效益在 1000 元/t 以上，之后原料价格上涨，消费税新政，液体产品征收消费税，芳构化装置处于亏损状态，依据芳构化装置经济评估数据，在不考虑增值税、消费税的情况下，生成油的加工成本在 1500 元/t 左右，目前市场价格，芳构化生成油 8000 元/t，醚后混合碳四 6700 元/t，装置运行亏损。大多数芳构化装置处于停工闲置状态，少数开工装置也处于苦苦支撑的局面。2014 年估计情况难有改变，装置开工率最多在 30%左右，消化液化石油气 1.56Mt。

6　消费结构及需求预测

综合前面的分析与测算，2013 年、2014 年液化石油气消费情况见表 3。

表 3　2013 年、2014 年液化石油气消费情况

项目	2013 年		2014 年	
	消费量/Mt	消费比例/%	消费量/Mt	消费比例/%
气分丙烯	11.55	29.20	11.91	26.25
民用液化气	10.77	27.23	9.9	21.82
烷基化	3.25	8.22	5.8	12.78
MTBE	3.5	8.85	4	8.82
乙烯裂解	5	12.64	5.2	11.46
丙烷制丙烯	0.1	0.25	3	6.61
芳构化	2.08	5.26	1.56	3.44
异构化	0.3	0.76	0.5	1.10
车用液化气	1.5	3.79	2	4.41
其他	1.5	3.79	1.5	3.31
合计	39.55		45.37	

2014 年与 2013 年比增加液化石油气消费 5.82Mt，增长 14.72%，消费大幅增加的原因是新建丙烷制丙烯和烷基化装置的投产，增加的消费量依靠国内原油加工量提高增产 1.2Mt 液化石油气，剩下的 4.62Mt 依靠进口来满足，这样 2014 年液化气进口量将超过 8Mt，净进口量超过 7Mt，创造新的进口记录。

7　结束语

随着液化石油气的工业应用加快，对液化石油气的质量提出了更高的要求，公司必须考虑如何进一步提高液化石油气质量，降低硫含量，同时提高切割产品纯度。

随着环保要求越来越严，根据国外经验，我国烷基化汽油产量必须提高，对液化石油气的利用格局将产生影响。

由于汽油消费税和汽油质量升级，汽油价格与液化石油气的价差拉大，尤其是单位体积价差，目前液化石油气出厂价与 93 号汽油零售价价差已超过 3.5 元/L，液化石油气二次加工的利润空间扩大。

煤间接液化技术进展

李管社

（中石化宁波技术研究院，浙江宁波 315103）

摘　要： 从煤气化制合成气、费托合成技术、弛放气回收、费托合成反应水处理、费托合成催化剂开发等方面介绍了中国石化近几年在煤间接液化技术方面所取得的一些进展。

关键词： 煤制油　技术进展　间接液化　费托合成

1　前言

随着能源消费需求的飞速增长，中国将取代美国成为世界上最大的石油进口国。2013 年我国石油和原油表观消费量分别达到 4.98×10^8t 和 4.87×10^8t，累计进口原油 2.82×10^8t，同比攀升 4.03%，石油对外依存度达 58.1%，安全供应形势不容乐观。中国是世界上煤炭资源丰富的国家之一，全国煤炭保有查明储量为 1.3412×10^{12}t（截至 2010 年底）。以储量丰富的煤为原料生产液体燃料就成为我国缓解石油供需矛盾，保障石油安全供应的重要手段。

中国石化从 2003 年开始进行煤间接液化技术研究，在这十年内共完成固定床费托合成油技术和浆态床费托合成油技术的开发，在煤气化、合成气制备、催化剂开发、反应水处理、工业化等方面取得了许多进展。

2　煤气化制合成气

2.1　煤气化

“单喷嘴冷壁式粉煤加压气化技术”（简称：SE-东方炉气化技术）是中国石化与华东理工大学共同开发的具有自主知识产权的粉煤气化技术。该技术[1]所使用的单喷嘴为四通道、同心圆结构布置，采用水冷盘管式或水冷夹套方式冷却。燃烧室为立式圆筒形，内设膜式水冷壁内件。在气化过程中，粉煤、高压氧气和蒸汽通过顶部的喷嘴喷入气化炉内，在 4.0MPa、1300～1700℃下快速气化反应，生成主要成分为 H_2、CO 和 CO_2的粗合成气。温度约 1550℃的粗合成气与熔融状的炉渣和灰分同向并流向下，穿过激冷水分布环，沿激冷管进入激冷室的水浴中。

SE-东方炉气化技术生产的合成气有效组分（H_2+CO）约 95%，气化室水冷壁内的热水操作温度高，汽水混合物经汽包分离可副产 5.5MPa（G）的饱和蒸气。由于气化炉反应温度高、气化速度快，粗合成气与熔融状的炉渣和灰分同向并流，因此 SE-东方炉气化具有煤种适应性广、原料消耗低、碳转化率高、冷煤气效率高、气化炉与喷嘴寿命长、易于大型化等优点。2014 年 2 月，由中石化宁波工程公司建设的第一台 SE-东方炉气化装置，点火投料成功，生产出合格的氢气，并完成了由氮气输送工况向二氧化碳输送工况的切换。

此外，中国石化近几年在劣质原料非催化部分氧化、固定床加压气化、不同原料气化炉喷嘴设计等方面也取得多项技术成果[2]。

2.2　一氧化碳变换技术[3]

在一氧化碳变换技术方面，中石化开发出一种在变换反应条件下分离二氧化碳，促进变换反应向氢气生成方向移动的技术，工艺流程如图 1 所示。该技术使变换气在一定温度、压力、空速条件下进入一内填氧化钙颗粒的半流化反应床中，变换气中的二氧化碳与反应床中的氧化钙反应生成碳酸钙，使得变换气中的二氧化碳含量大幅度减小，促使一氧化碳变换反应向生成氢气方向移动。

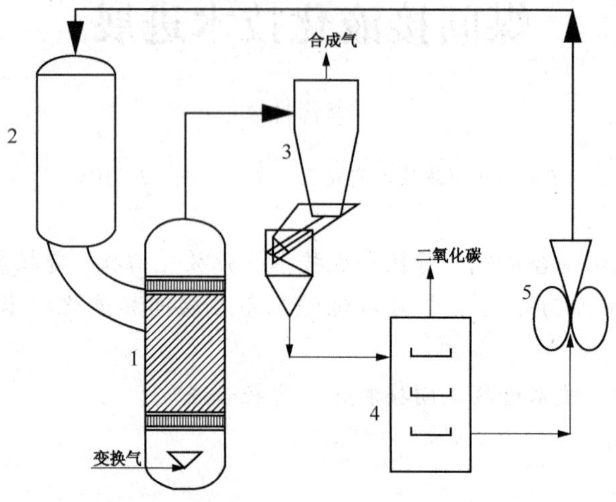

图1 变换气中二氧化碳分离工艺

1—分离器；2—氧化钙颗粒储罐；3—气固分离器；4—煅烧炉；5—颗粒挤压机

该技术控制进入分离器的变换气流速，使氧化钙颗粒处于半流化状态。半流化状态氧化钙颗粒上下翻滚，粒与粒之间相互碰撞，使颗粒表面生成的碳酸钙脱落。从颗粒表面脱落的碳酸钙粉末，由于粒径小，在分离器内处于颗粒输送阶段，随气体一起上升，进入气固分离器中与变换气分离。

3 费托合成

中国石化从2003年开始研究开发费托合成油技术，至2013年年底已完成1Mt/a固定床和2Mt/a浆态床两套费托合成油技术工艺包的开发。

3.1 固定床费-托合成油技术

3.1.1 中试研究

2006~2010年，中国石化完成了日产10t固定床费-托合成油中试研究。在长达四年半的研究过程中，采用四种型号的催化剂，进行了七装催化剂中试研究和一轮催化剂再生研究。分别考察了催化剂的稳定性以及床层温度、H_2/CO、压力、氮气浓度对催化剂性能的影响，并进行了催化剂长期运行的稳定性考察。

工程技术方面共开停车17次，积累了开停车经验，解决了中试过程中出现的工程问题；进行了17次试验数据标定，对反应器床层压降计算公式进行了试验验证，为固定床费-托合成技术工艺包编制提供了依据。

3.1.2 自动升温程序

固定床费-托合成油生产关键问题之一是反应床层升温过程中易发生的催化剂超温失活。中国石化根据其17次的开停车经验，优化了固定床升温步骤，并开发出用于催化剂床层升温过程的自动升温程序。该程序依靠反应系统的温度控制手段、床层温度确定手段来实现升温速率监控、报警与连锁，避免了人为升温过快引起的超温，增加了升温过程的可靠性。

3.1.3 设备腐蚀

费-托合成油产品复杂，除烃类产品外还含有少量有机酸和大量的水，对设备具有一定的腐蚀[4]。2009年中国石化采用宏观观察、超声检测、金相观察、X射线衍射(XRD)、扫描电镜(SEM)及能谱(EDX)等方法，对固定床费-托合成油中试装置设备腐蚀进行了研究分析。结果表明腐蚀原因主要是设备内发生了冷凝腐蚀，也存在一定程度的垢下腐蚀以及管程工业循环水造成的均匀腐蚀。根据研究结果，中石化从设计选材、介质处理、常规检修、生产操作等方面提出了预防设备冷凝腐蚀和垢下腐蚀的设计方案和操作规程。

3.2 浆态床费-托合成油技术

3.2.1 中试试验

2011~2012 年中国石化完成了 70bbl/天浆态床费-托合成油中试研究。在累计运行的 7485h 里，除了测定两种原料气(含氮合成气和纯合成气)、不同反应温度下的生产数据外，还进行了失活催化剂的再生、再生催化剂的稳定性(2500h)、耐磨性能和过滤分离性能考察。测定了浆态床费-托合成反应器内不同高度催化剂的浓度分布情况，考察了各级过滤器稳定运行情况，研究了系统停车充氮对催化剂活性的影响，进行了不同蒸发率条件下的传热系数和温度控制研究。

3.2.2 固液分离技术

油品中固体催化剂的分离是浆态床费-托合成油生产中关键技术之一。中国石化 70bbl/d 浆态床费-托合成油中试试验采用两级过滤分离技术。初级过滤是将费-托合成反应器内粒度大于数微米的催化剂颗粒留在反应器内，维持反应器内催化剂的藏量，将费托合成的产品移出反应器。二级过滤是从一级过滤分离出的产品中移出粒度较大的催化剂颗粒，将产品蜡中的固体含量降到所需的 PPM 级。生产过程中发现常有细小的颗粒卡在过滤元件的孔道中，造成孔道堵塞，使过滤通量降低，反冲洗时间间隔缩短，影响过滤元件的使用寿命。为了解决这一问题，中国石化开发出一套沉降/磁分离组合技术，引入浆态床费-托合成油固液分离系统，使其与原分离系统共同作用，将反应器中细小催化剂颗粒高效分离。

3.2.3 催化剂再生前的浆液分离技术[5]

催化剂加氢还原前需要将催化剂从浆液中分离出来，除去包裹在催化剂表面和沉积在催化剂活性孔中以及内凹面的蜡，这样才能使催化剂与还原氢气充分接触，发生还原反应并恢复催化剂的活性。中试试验采用的分离技术需要沉降、滗析、热氮气冲扫、烧炭等工序，工艺复杂，能耗较高。2012 年中国石化开发出一新分离技术，工艺流程图如图 2 所示。该技术利用极性与蜡相近的低沸点有机溶液，将附在催化剂表面和凹面的高沸点浆液溶解，然后通过过滤除去高沸点浆液，保证了催化剂干燥能在中低温下完成，避免了钴基催化剂在高温处理过程中可能引起的磁性损失和活性降低风险。

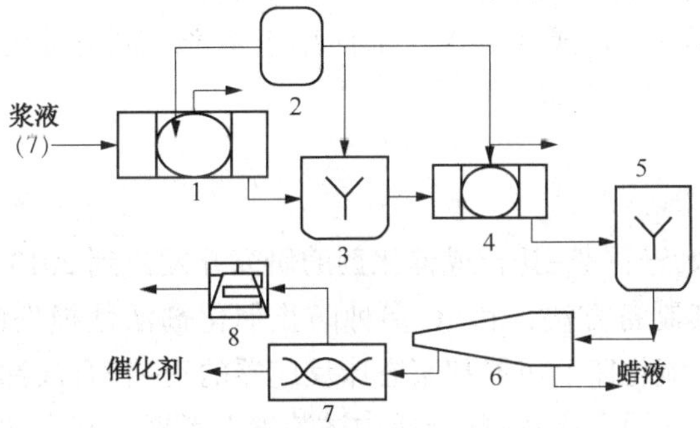

图 2 催化剂除蜡工艺流程图

1—一级过滤器；2—溶剂罐；3—一级溶蜡罐；4—二级过滤器；5—二级溶蜡罐；6—滗析机；7—催化剂干燥器；8—气相溶剂冷凝器

4 弛放气回收技术[6]

煤间接液化过程中副产的弛放气中含有氢气、一氧化碳、甲烷、低碳烃、二氧化碳等组分。由于弛放气中硫含量很低，这些有用组分的回收利用价值很高。中国石化从 2007 年开始研究开发弛放气中有用组分的回收利用技术，先后开发出单组分、有效合成气组分和多组分的多套分离回收技术。2010 年开发的弛放气回收技术工艺流程如图 3 所示，为一套有用组分全回收技术。其中设置第一套中空纤维膜分离器是为了将弛放气中干基组成高达40%~50%的氢气预先分离，目的是减少后续气体处理量，降低后续工段设备投资。此外将氢气预先分离还能提高一氧化碳和甲烷组分的含量，促进变换、重整反应向生成氢气方向移动。

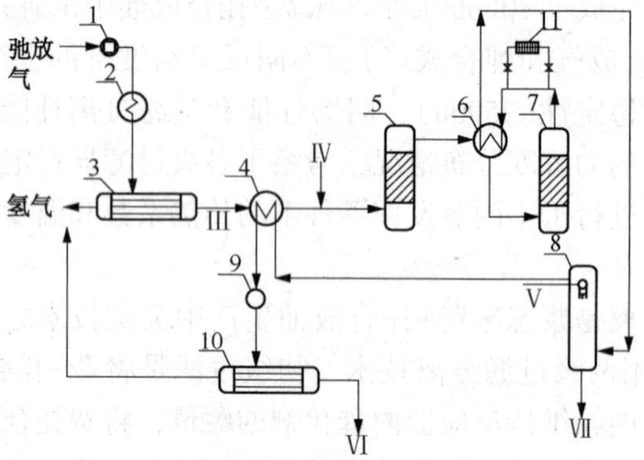

图3　弛放气回收工艺

1，9—压缩机；2，4，6—换热器；3，10—中空纤维膜分离器；5，7，8—反应器

5　反应水处理技术

煤间接液化生产过程中副产大量的反应水(水烃质量比1~1.3)和溶于水中的高附加值醇、醛、酮、酸等含氧化合物。对于大规模的煤间接液化企业来说，回收利用反应水和其中的含氧化合物，对降低单位产品耗水量、提高企业的经济效益具有重要促进作用。

中国石化十分重视国家的节水减排政策，先后开发出多项煤制油反应水的处理和回用工艺。其中李本高等人发明的处理工艺[7]将反应水处理分成四个步骤：

(1) 从反应水中分离油类物质，油相回收；

(2) 把分油后的反应水分为贫含有机物的低浓度水和富含有机物的高浓度水；

(3) 将低浓度水中的有机物去除后回用；

(4) 高浓度水经过油水分离后，油相回收，水相回用。

这一处理方法能够使费-托合成反应水全部回用于生产，同时能够将反应水中的有机物回收利用。

6　催化剂研发

中国石化从2004年开始进行费-托合成催化剂的研究开发，到2013年底，共开发了60多种铁基催化剂、钴基催化剂及其制备方法，和10多种防止催化剂活性损失的开工、停工、再生方法，可分别用于固定床反应器、流化床反应器和浆态床反应器的费-托合成油工艺中。

2006年中国石化在10t/d固定床费-托合成中试装置上考察了其中的RFT-2钴基费托合成催化剂的反应性能[8]。在合成气空速750~800h^{-1}、原料气转化率93%左右的工况下，C_{3+}烃类选择性达90%以上，C_{5+}液体烃选择性达86%以上，催化剂具有较好的反应性能。在较高的原料气转化率工况下进行1000h的稳定性运转考察，催化剂活性、选择性未见明显变化，催化剂运转稳定性良好。

2011年中国石化在70bbl/d浆态床费托合成油示范装置上考察了自主研发、具有较好抗磨损性能，适合浆态床费托合成反应器使用的SFT-1催化剂的反应性能，并进行了2500h再生后的催化剂稳定性运转考察。试验发现在适宜反应条件下，CO转化率大于93%，甲烷选择性仅7.7%，C_{5+}选择性超过86%。再生后的催化剂稳定性考察发现，运转2500h后催化剂活性、选择性未见明显变化，催化剂稳定性良好。

此外中国石化还开发出一种采用混合催化剂的费-托合成方法[9]。该方法要求在使用浆态床费

-托合成反应器进行费-托合成反应时，使用含有两种费-托合成催化剂的混合催化剂。第一种为负载型钴基催化剂，以Co为活性组分，以Zr、Li、Mn、Mo、Ti、Mg、Cu、W中的一种或几种为助剂；第二种亦为负载型钴基催化剂，以Co为活性组分，以Zr、Li、Mn、Mo、Ti、Mg、Cu、W中的一种或几种为第一助剂，以Ni为第二助剂。两种催化剂混合一起使用，相比于一种催化剂单独使用，可获得较高的原料转化率、降低甲烷选择性、提高C_5^+以上烃类选择性。

参考文献

[1] 吴琼，林伟宁．典型煤气化技术进展[J]．轻工机械，2012，32(4)：23-28.

[2] 费名俭，郭文元，将自平，等．一种气化炉工艺烧嘴结构：中国，CN103333717A.

[3] 李管社，韩梅，曹红英，等．一种变换气中二氧化碳的分离装置和分离方法：中国，ZL 2011 1 0387740. 1.

[4] 叶童墉，张玮，董月香，等．F-T合成中试装置冷却器管开裂原因分析[J]．轻工机械，2010，(6)：118-120.

[5] 李管社，韩梅，吴伟伟等．一种浆态床F-T合成工艺中固体催化剂和浆液的分离方法：中国，CN102580396A.

[6] 李管社，周洪义，陈金锋．一种费-托合成工艺弛放气的回收方法：中国，CN102452641B

[7] 李本高，桑军强．一种费-托合成反应水的处理方法：中国，CN101190821A.

[8] 严仲彪，吴昊，李管社．RFT-2固定床费托合成催化剂中试应用研究[J]．大氮肥，2011. 34(5)：289-291.

[9] 陈楠，张舒，倪向前等．一种采用混合催化剂的费托合成方法：中国，CN102911693A.

炼油工艺与产品

逆流连续重整工艺技术

袁忠勋　刘永芳

（中国石化工程建设有限公司，北京 100101）

摘　要：现有的连续重整技术采用催化剂与反应物相同流动方向的顺流式循环输送方式，存在着反应器中催化剂的活性状态与其进行的反应难易程度不相匹配的问题，并且催化剂循环回路上设置了复杂的闭锁料斗及控制系统。中国石化开发的逆流连续重整工艺技术与现有连续重整技术不同，该技术改变了催化剂在反应区的流动方向，催化剂在反应区循环输送方向与反应物料的流动方向相反，即催化剂为逆流输送，并且取消了闭锁料斗及控制系统。该技术具有鲜明的特点和独创性。采用该技术的600kt/a 工业装置于2013 年投产。装置运行结果表明，该技术操作简单、运行安全平稳、各项技术指标先进，达到预期的攻关目标。

关键词：逆流重整催化剂输送　循环　反应　再生　运行　标定

1　前言

传统的连续重整技术的催化剂和反应物流在反应区的流动方向是一致的，反应物先进入第一重整反应器，然后依次通过第二、第三重整反应器，最后离开最后一个反应器到分离系统进一步分离。从再生器来的再生后的新鲜催化剂（下称再生催化剂）被提升输送至第一重整反应器，然后依次通过第二重整反应器直至最后一个反应器。从最后一个反应器出来的催化剂（下称待生催化剂）上积累一定量的焦炭，最后待生催化剂被提升输送至再生器进行再生，至此完成整个催化剂的循环。流程示意见图1。

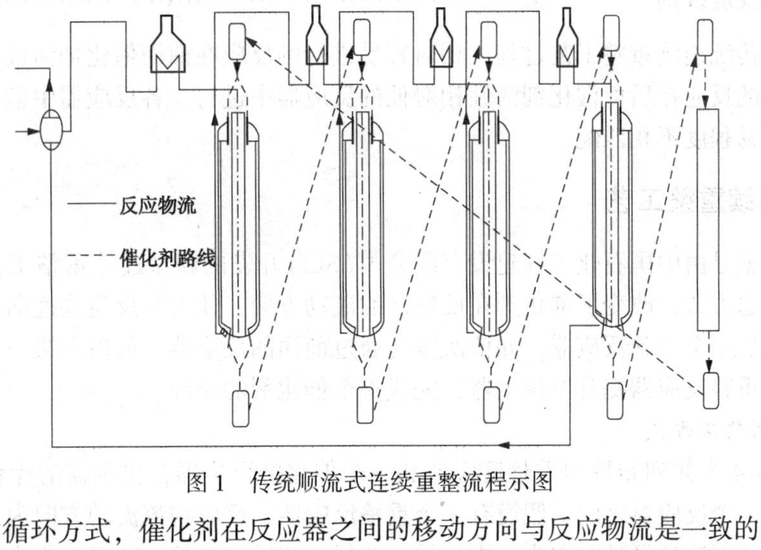

图1　传统顺流式连续重整流程示图

这种催化剂的循环方式，催化剂在反应器之间的移动方向与反应物流是一致的，均是先进入一反，然后依次通过二反、三反最后至末反，催化剂在移动过程中从一反至最后一个反应器焦炭量不断积累，也就是说随着催化剂的移动其活性不断降低，一反催化剂活性最高，四反催化剂活性最低。

2　传统连续重整催化剂活性与反应难易程度的对应关系

在各重整反应器中进行的化学反应其相对反应速率是不同的，并且差别很大。典型重整化学反应大约的相对反应速率如表1所示。

表1　催化重整相对反应速率

反应	相对反应速率*	反应	相对反应速率*
烷烃脱氢环化	1(基准)	异构化	3
环烷脱氢	30	裂化	0.5

*压力小于1.5MPa。

由表1可以看出，重整主要反应有难有易，由易到难的顺序为：环烷脱氢>异构化>烷烃脱氢环化>加氢裂化。依据原料性质和催化剂装填比例不同，在每个反应器中发生的主要化学反应的顺序略有不同，但总的趋势相差不多。容易进行的反应在前面的反应器中进行，相对较难进行的反应在后面的反应器中进行。第一重整反应器中主要进行以环烷脱氢为主的反应；而在最后一个反应器中主要进行裂解和烷烃脱氢环化反应。

传统连续重整工艺的催化剂和反应物流在反应区的流动方向是一致的，从再生器来的含积炭最低的再生催化剂被提升输送全第一重整反应器，积炭后依次通过后续反应器。随着催化剂从第一反应器向最后一个反应器的顺流移动过程，反应不断加深，催化剂积炭不断增加，含氯量不断下降，催化剂的活性也就不断下降。这一过程示意如下：

	第一反应器	第二反应器	第三反应器	第四反应器
催化剂输送方向	→……………………………………………………→			
反应物流流动方向	→……………………………………………………→			
反应器中积炭量	低 →……………………………………………………→			高
反应器中催化剂活性	高 →……………………………………………………→			低
反应器中进行的反应级别	易 →……………………………………………………→			难

由此可见，传统连续重整工艺过程，相对容易进行的反应在前面催化剂活性相对高的反应器中进行，而难进行的反应在后面催化剂活性相对低的反应器中进行，各反应器中催化剂的活性状态与其进行的反应难易程度不相匹配。

3　逆流连续重整工艺

逆流连续重整是由中国石化工程建设有限公司(SEI)开发的新型连续重整工艺技术。该技术采用催化剂逆流输送方式，改变了催化剂在反应区的流动方向，使之与反应物逆向流动。再生催化剂先提升输送至最后一个重整反应器，并依次输送通过前面的反应器，最后至第一重整反应器，待生催化剂再从第一重整反应器提升至再生器，完成整个催化剂的循环。

3.1　催化剂循环方式

该工艺有3~4个并列布置的重整反应器和一个催化剂再生器，再生器的操作压力介于第一重整反应器和最后一个反应器之间。假设有4个重整反应器，反应物流流动方向为：一反→二反→三反→四反，而催化剂输送循环方向为：再生器→四反→三反→二反→一反→再生器。逆流连续重整反应物料及催化剂流向见图2。

逆流连续重整的催化剂循环流程使得反应器中催化剂的活性由高至低的顺序为：四反→三反→二反→一反，其催化剂的流动方向、反应物流方向、积炭高低顺序、催化剂活性以及其中的反应难

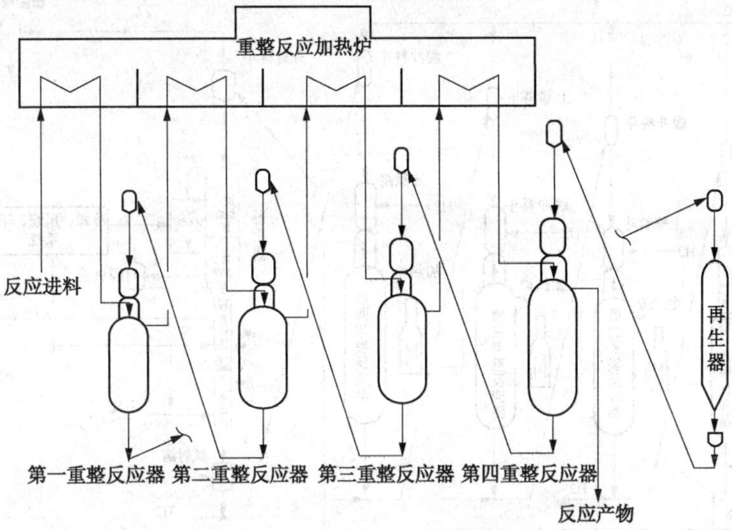

图 2　逆流连续重整反应物料和催化剂流向示意图

易程度示意如下：

	一反　　　二反　　　三反　　　四反
催化剂输送方向	←…………………………………
反应物流流动方向	…………………………………→
反应器中积炭量	高→…………………………………→低
反应器中催化剂活性	低→…………………………………→高
反应器中进行的反应级别	易→…………………………………→难

由此可见，该工艺过程使得容易进行的反应对应的是低活性的催化剂，而难进行的反应对应的是高活性的催化剂。催化剂的活性得到了充分的发挥，在每个反应器中催化剂的活性状态与反应的难易程度是相匹配的。这种催化剂的循环安排是合理的，克服了传统连续重整在这方面的弊病。

3.2　反应合理性的实验验证

环己烷脱氢代表了在第一重整反应器中进行的反应，正庚烷环化脱氢代表了在最后一个重整反应器中进行的反应。为了验证逆流连续重整工艺的合理性，进行了不同催化剂积炭量对环己烷脱氢和对正庚烷环化脱氢反应影响的实验。

对环己烷脱氢反应的实验结果表明，当催化剂的积炭量达到 4.3%时，环己烷的转化率仍达94%以上，与含炭 3.0%的催化剂相比仅降低 2.2%，表明催化剂的积炭量对环己烷脱氢反应也即对第一反应器中进行的反应影响较小。

对正庚烷环化脱氢反应的实验结果表明，随着催化剂积炭量的增加，正庚烷的转化率和芳烃产率逐渐降低，当积炭超过 4.5%后，降低速度加快。表明积炭对正庚烷转化率有较显著的影响。也就是说催化剂的积炭量对最后反应器中进行的反应影响很大。

逆流连续重整的最后一个反应器催化剂的平均含炭量最低，第一反应器催化剂的平均含炭量最高。因此，从上述催化剂积炭量对环己烷脱氢和正庚烷环化脱氢反应影响的实验结果可以看出，逆流连续重整工艺有其合理性。

3.3　工艺流程

逆流连续重整工艺包括原料预处理、重整反应及产物分离、催化剂连续再生三个部分。原料预处理、重整反应及产物分离同常规的连续重整没有大的区别，最大差别就在于催化剂的循环输送以及催化剂再生方式。该工艺重整反应、催化剂循环和再生的流程见图 3。

3.3.1　催化剂循环

再生催化剂从再生器提升至第四重整反应器上部的缓冲料斗，然后靠重力进入还原罐，还原后

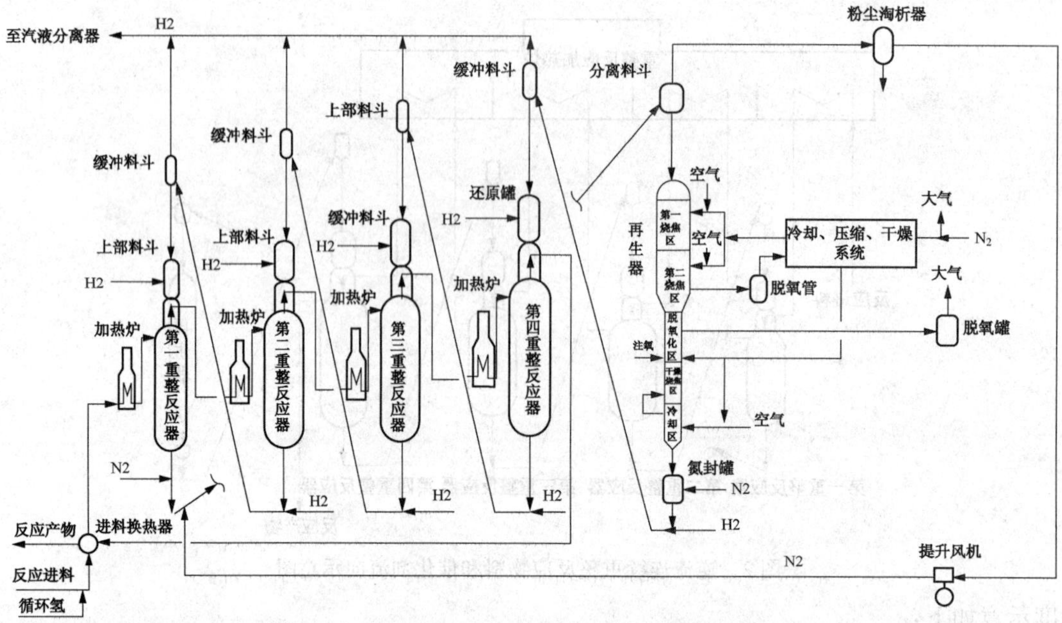

图3 逆流连续重整工艺反应、催化剂循环和再生流程

再进入第四重整反应器。用提升器将第四重整反应器的催化剂提升到第三重整反应器的缓冲料斗，再靠重力经过料腿和上部料斗进入第三重整反应器，依次类推，直到第一重整反应器。待生催化剂从第一重整反应器底部提升至再生器上部的分离料斗内，在分离料斗完成催化剂的淘析。除去粉尘之后的催化剂靠重力落入再生器内进行烧焦等再生过程。离开再生器的再生催化剂经氮封罐进入再生器提升器，至此完成了整个循环过程。

待生催化剂从第一重整反应器到分离料斗用氮气提升，再生催化剂从再生器底部到第四重整反应器缓冲料斗用氢气提升。再生器的压力高于第四重整反应器低于第一重整反应器。从反应区向再生系统和从再生系统向反应区的催化剂输送都是从高压向低压的提升输送。催化剂循环回路不设置闭锁料斗系统，在正常操作情况下，催化剂的循环输送为无阀操作。催化剂循环输送管线上没有正常操作时需要开关的阀门。

催化剂循环回路的压力降被分散在各反应器之间。催化剂从后一个反应器向前一个反应器的提升输送需克服逆压差。在反应器之间催化剂用氢气提升输送。提升氢气和被提升的催化剂一起进入前一个反应器的缓冲料斗，然后提升氢气从缓冲料斗排出至重整气液分离器。缓冲料斗的压力低于反应器，在缓冲料斗与反应器之间设置长料腿，缓冲料斗中的催化剂靠重力克服逆压差经过料腿进入反应器。

催化剂在输送过程中会因摩擦产生粉尘，所以要除去这部分粉尘。待生催化剂被提升至再生器上部的分离料斗后，经氮气淘析，携带催化剂粉尘的淘析气经粉尘收集器收集其中的粉尘，从粉尘收集器出来的不带粉尘的氮气经氮气风机和除尘风机升压，然后分别作为待生催化剂的提升气体、密封气体及淘析气体循环使用。

3.3.2 催化剂再生

逆流连续重整的催化剂再生采用两段烧炭和再生气体冷循环流程。再生器自上而下分为第一烧焦区、第二烧焦区、氧氯化区、干燥焙烧区和冷却区五个部分。在再生器内自上而下完成待生催化剂烧焦、氧氯化、干燥及冷却过程。

有正常情况下，第一烧焦区烧掉催化剂上的绝大部分积炭，第二烧焦区烧掉剩余的积炭。为保证烧焦充分和完全，分别控制进入第一烧焦区和第二烧焦区入口的氧含量以及温度，并保证最终烧焦气中有一定的含氧量。

从冷却、干燥、压缩系统来的再生循环气与空气混合并加热后从再生器顶部进入第一烧焦区。

离开第一烧焦区的气体再进入第二烧焦区。正常情况下，离开第一烧焦区的气体不含氧。从第二烧焦区出口来的再生循环气体中含有烧焦时产生的水、CO_2以及少量的氯化物，该气体被送至脱氯罐。在脱氯罐中用固体脱氯剂除去氯化氢。脱氯后的再生循环气进入冷却、干燥、压缩系统。多余的再生气体在该系统经冷却后放空。正常操作时，离开冷却、干燥、升压系统的再生循环气分为三部分：第一部分进入再生器的第一烧焦区；第二部分进入第二烧焦区；第三部分分为两路：一路进入氧氯化区；另一路与新鲜空气混合后进入冷却区，用于冷却从干燥焙烧区下来的热催化剂。离开冷却区的气体经加热后进入干燥焙烧区。干燥焙烧区的气体在干燥区内逆催化剂流动方向上行至氧氯化区，与氧氯化区气体混合后通过氧氯化区。该气体从氧氯化区的出口排出，经过脱氯后排放。

再生烧焦、氧氯化及干燥/冷却所需要的氧由空气提供。空气分成三部分进入再生器，第一和第二部分分别与烧焦气混合后进入再生器的第一和第二烧焦区入口，为第一和第二烧焦区提供烧焦所需氧气；第三部分与再生循环气混合后依次进入冷却区、干燥焙烧区和氧氯化区，为氧氯化提供氧气，最后随氧氯化区气体一起经脱氯后排入大气。

正常情况下进入再生器的待生催化剂含炭量为3%~8%。离开再生器的再生催化剂含炭量小于0.2%。

再生后的催化剂为氧化态，在进入反应区之前要进行还原。还原罐设置在最后一个重整反应器的上部，再生催化剂在还原罐中经热氢气还原后进入反应器。

4 流移动床连续重整工艺特点及工程优点

4.1 反应部分特点

(1) 催化剂逆流输送，优化了反应条件，有利于提高产品收率和延长催化剂寿命；

(2) 反应压力采用目前连续重整最先进的水平，平均反应压力为0.35MPa(G)；

(3) 反应器为单个并列布置，结构简单，制造容易，操作维修方便。

4.2 催化剂再生部分特点

(1) 再生器压力介于一反和四反之间，为0.4MPa左右；

(2) 分别控制一段烧焦区入口氧浓度及二段烧焦区出口过剩氧以保证烧焦安全。采用大循环烧焦气量及低氧浓度的方式以优化烧焦条件；

(3) 再生气循环采用固体脱氯、冷却、干燥、压缩、换热及电加热流程。对设备要求低；

(4) 再生器不采用特殊材质，采用不锈钢，节约投资；

(5) 氧氯化区、干燥焙烧区及冷却区采用同心筒式轴向结构，结构简单，安装维修方便；

(6) 再生放空气体经固体脱氯后放空以除去其中的微量氯，减少对环境的污染。流程简单、操作方便；

(7) 再生循环气体和放空气体的脱氯也可采用碱洗的方式，可适应多种场合和不同的需求。

4.3 催化剂循环输送部分特点

(1) 再生器压力介于一反和四反之间，从反应向再生的催化剂提升和从再生向反应的催化剂输送都为顺差压输送，即从高压向低压输送。催化剂循环回路不设闭锁料斗，整个催化剂循环输送过程为真正的无阀操作过程，对催化剂磨损小，操作和调整十分简单；

(2) 催化剂输送的逆差压被分解在各个反应器之间，从后一个反应器向前一个反应器的催化剂输送需要克服的逆差压较小，并且都是氢/烃环境，采用反应器上部高位缓冲料斗及反应器上部氢气料封置换罐的组合方式解决。大大简化了流程及控制，安全可靠，节约投资；

(3) 由反应部分向再生部分的提升气为氮气，由再生器向反应部分的提升气为氢气；各反应器之间的催化剂提升气为氢气。所有的提升气体都是循环使用的。

5 工业应用结果

2013年，世界上首套采用逆流连续重整工艺技术、规模为600kt/a的连续重整装置成功投产。

该装置以直馏及焦化加氢石脑油为原料，采用国产 PS-VI 连续重整催化剂，生产高辛烷值汽油调和组分并副产氢气。

装置投产后操作调整简单、运行平稳，操作状况十分良好。装置在稳定汽油辛烷值 RON102 时，稳定汽油收率 89.71%，稳定汽油芳烃含量 79.14%，芳烃产率 80.01%，芳烃转化率 173.59%，氢气产率 3.7%。各项运行技术指标良好。

6 总结

逆流连续重整工艺在催化剂循环方式上与现有的连续重整不同，克服了传统连续重整各个反应器中的催化剂活性与反应要求不相匹配的弊病。从反应动力学看，在难转化的后部反应器内使用活性较高的催化剂，在易转化的前端反应器内使用活性低的催化剂，有利于提高产品收率，技术合理。该技术是由国内自行提出和开发的，技术先进可靠。从知识产权角度分析，具有鲜明的技术独创性。

工业装置运行实践证明，逆流连续重整因取消了闭锁料斗及其控制系统，工艺操作过程更加简单，容易操作调整，装置运行十分平稳。运行标定结果表明，液体产品收率等技术经济指标方面优于现有的连续重整工艺。

采用该技术的连续重整装置在 600kt/a 连续重整装置成功应用后，我国的连续重整技术又上了一个新台阶，步入了国际先进行列。

连续重整国产技术和 IFP 技术对比分析

孙艳朋　徐　明　吴立波　王红辉

（中国石化洛阳分公司哈萨克斯坦项目组，河南洛阳 471012）

摘　要：通过对国产连续重整技术和 IFP 技术在原料性质、反应操作参数、产品质量、催化剂再生工艺、催化剂循环流程以及技术经济等方面进行了比较分析，比较发现：国产技术对原料杂质要求低，反应温度和空速低，LPG 产率高，能够进行低碳烧焦，投资和能耗水平较低。IFP 技术反应压力低，重整氢气纯度高，且在烧焦速度、烧焦安全性、催化剂除尘以及氮气隔离技术方面要优于国产技术。通过对比分析，加深了对两种技术优缺点的认识和理解，对装置的优化和稳定运行以及新建装置技术路线的选择，有一定的参考作用。

关键词：连续重整　国产技术　催化剂再生　催化剂循环

1　前言

连续重整作为重要的炼油二次加工手段，该技术是石油炼制与化工的支柱技术之一，其发展对促进炼油技术的整体进步，提高经济效益和环保效益具有重要的作用[1]。由于连续重整技术设计领域广、设备要求高、控制系统复杂、操作难度大，长期以来，世界上的连续重整装置多数采用了美国环球油品（UOP）公司的连续重整工艺和法国石油研究院（IFP）的连续重整工艺[2]。近年来，中石化开发了具有自主知识产权的国产连续重整技术（SLCR）并在洛阳石化工业化应用成功，目前该技术在国内逐渐开始普及应用，其中已有六套装置投入生产运行。

催化剂再生系统是重整装置的技术核心，也是重整装置发展的主要部分。其中能够代表我国三代连续重整技术发展历程的是长岭 500kt/a 低压组合床重整装置、洛阳 700kt/a 连续重整装置采用国产技术改造和广石化 1Mt/a 国产超低压连续重整装置。而在国内采用 IFP 技术投产运行的装置至少有八套，其中采用 IFP 一代技术的两套装置都已进行了一定的技术改造，大部分采用 IFP 技术的装置主要为其二、三代技术。本文对比分析了国产技术（重整装置 A）和 IFP 技术（重整装置 B、RegenC2 技术）的特点和区别，并对装置运行过程提出了个人的一些见解，希望通过分析，有利于对两种技术优缺点的认识和理解，对装置的优化和稳定运行以及新装置技术路线的选择提供参考。

2　原料性质

连续重整原料油的馏程与其组成有关，不但是重整原料一个非常重要的性质，也是炼油厂对原料油进行控制的一个非常重要的参数。对于一定要求的辛烷值来说，进料组成越轻其所要求的反应苛刻度就越高，相反，在恒定的反应苛刻度条件下，低初馏点会导致较低芳烃和氢气收率；原料馏分越重，所需要的反应苛刻度就越低，但重馏分中往往含有更多的多环化合物，所以要控制终馏点不能过高，否则能够对催化剂寿命造成不利的影响。如表 1 所示，IFP 技术要求的进料馏分较重，且对杂质含量要求较高。

表1　重整进料质量要求

分析项	重整装置 A/℃	重整装置 B/℃	分析项	重整装置 A/℃	重整装置 B/℃
初馏点	83	90.5	硫含量/(μg/g)	<0.5	<0.5
10%	92	103.1	氮含量/(μg/g)	<0.5	<0.5
30%	107	111.8	水和氧化物/(μg/g)	≯15	4
50%	116	127.4	As/(μg/kg)	≯5	3
70%	138	140.7	Pb/(μg/kg)	≯5	3
90%	163	169.0	氯/(μg/g)	≯2	<1
干点	178	191.4			

3　反应操作参数

连续重整反应的操作参数主要指压力、温度、空速、氢烃比，操作参数的改变能够影响到产品质量、产率及催化剂的失活速率等。在一定条件下，参数的选择和调整主要取决于原料性质和产品要求。从理论上说，压力、空速越低，温度越高，其反应苛刻度越高。氢/烃比对产品质量(辛烷值)或产率没有明显的影响，但高氢/烃比能减少积炭形成。采用国产技术和 IFP 技术的装置主要操作参数参见表2。

表2　国产技术和 IFP 技术工艺操作参数对比

项目	重整装置 A				重整装置 B			
	一反	二反	三反	四反	一反	二反	三反	四反
辛烷值	102				103			
催化剂型号	PS-Ⅵ				CR601			
反应器入口温度/℃	500/540	500/540	500/540	500/540	514/545	514/545	514/545	514/545
反应器出口温度/℃	421/464	450/489	472/508	472/508	392/421	440/469	463/493	478/508
反应温降/℃	110	70	45	32	122	74	51	36
反应器压力(入口/出口)/MPa	0.70/0.68	0.65/0.63	0.63/0.61	0.61/0.58	0.49/0.47	0.44/0.42	0.40/0.38	0.35/0.33
H/HC	2.5				2.5			
空速	1.15				2.0			
催化剂装填比	10：20：30：40				15：15：25：45			

4　产品质量

连续重整装置的产品主要有：氢气、LPG、脱丁烷重整生成油等，其产品质量与原料性质、催化剂性能、操作参数等条件密切相关。采用不同技术时的产品质量分别见表3~表5。

表3　重整氢气组成

组成	重整装置 A/%	重整装置 B/%	组成	重整装置 A/%	重整装置 B/%
H_2	91.91	92.66	iC_4	0.52	0.35
C_1	2.67	2.77	C_5	0.20	0.26
C_2	2.31	1.79	C_6^+	0.45	0.44
C_3	1.60	1.26	平均相对分子质量	4.73	4.47
nC_4	0.34	0.48			

表4 LPG质量数据

项目	重整装置A/%	重整装置B/%	项目	重整装置A/%	重整装置B/%
H_2	0.01	0.01	iC_4	24.07	24.12
C_1	0.52	0.54	C_5	0.53	0.46
C_2	6.95	6.94	产率,%	5.93	2.55
C_3	26.71	26.39	密度/(kg/m^3)	512	500
nC_4	41.69	41.54	分子量	52.63	49.90

表5 脱丁烷重整生成油质量

项目	重整装置A/%	重整装置B/%	项目	重整装置A/%	重整装置B/%
C_4	0.03	0.16	C_9^+	37.77	37.71
C_5	2.17	2.85	产率/%	87.64	88.90
C_6	6.24	6.19	密度/(kg/m^3)	0.8402	0.8341
C_7	26.59	26.53	相对分子质量	106	105
C_8	27.2	26.56	C_4^-/% ≯	1.0	1.0

由表3可知，采用国产技术的氢气纯度为91.91%，而采用IFP技术可使氢气纯度提高至92.66%。通过表4和表5可知，采用国产技术的LPG产率较高，脱丁烷重整生成油产率较低，这是由于国产技术的LPG中含有较多的重组分所致。

5 催化剂再生工艺

国产技术再生气体和IFP技术再生气体均采用“干、冷”循环，在再生气循环回路中设置了干燥器，烧焦过程中生成的水气在干燥过程中被脱除，进入再生器烧焦区的水体积分数小于50μL/L，每次烧焦过程中生成的水分约为2000μg/g，因此在烧焦过程中与催化剂接触的气相的水含量很小，有效地减缓了催化剂比表面积的下降速率，延长催化剂的使用寿命[3]。同时，烧焦气、氧氯化气单独抽出，降低了装置设备材质的投资费用[4]。

国产技术和IFP技术的区别在于：国产技术采用的一段烧焦工艺，很大程度上降低了再生回路的复杂性，保证烧焦过程严格连续，能够充分发挥设备的烧焦能力和增加装置的操作平稳度。另外，国产技术可以进行低碳烧焦，其碳含量允许<3%；其干燥介质采用净化压缩空气。IFP技术采用二段烧焦，其再生器的烧焦安全性得到保证，避免了催化剂在氧氯化区进行烧焦，减少了催化剂和再生器内构件的损坏几率；二段烧焦气入口温度利用冷态再生气来调节，相对于国产技术而言，IFP技术减少了一台电加热器；再生部分多余的干燥气体自氧氯化区出口进入烧焦区循环利用，因此不适合低炭烧焦操作，其工艺设计要求的碳含量为3%~7%。再者，干燥介质为再生气和少量空气的混合气体，其氧含量要求为8%~12%。

如表6所示，IFP技术的操作压力、床层温度低于国产技术，由烧焦动力学可知，在催化剂碳含量一定的情况下，要达到相同的烧焦速度，国产技术的烧焦反应速度要略低于IFP技术，也就是说国产技术的催化剂再生效率要低于IFP技术的催化剂再生效率[5]。另外，国产技术的烧焦区床层峰温为570℃，而IFP技术的烧焦峰温为520℃，较低的烧焦峰温有利于保护催化剂的物理性能，可以有效的延长催化剂的使用寿命。再者，IFP技术采用的二段烧焦工艺的空气注入点在二烧床层入口处，其优点是可以实现差别化烧焦，即能够控制进入烧焦区的高碳催化剂在相对较低的氧含量下进行烧焦，而未完全烧净的焦炭能够通过调节二烧床层空气的注入量而彻底烧净，相较于国产技术而言具有更大的操作可调节性，但是，该工艺存在的不足是：若积碳催化剂在二烧床层未彻底烧净，则存在积碳催化剂进入到氧氯化区的风险，从而出现再生器超温的可能。

表 6 催化剂再生主要操作参数对比

项目	重整装置 A(设计条件)			重整装置 B(设计条件)		
	温度/℃	压力/MPa	氧含量(mol)/%	温度/℃	压力/MPa	氧含量(mol)/%
烧焦区/第一烧焦床层	470	0.77	0.6~0.9	479	0.555	0.8
过热区/第二烧焦床层	500	0.77	0.6~0.9	480	0.545	0.8
烧焦区峰值	570	—	—	520	—	—
烧焦尾气	480	0.7	—	503	0.540	0.8
氧氯化区	530	0.765	21	510	0.535	4~6
焙烧区	565	0.765	21	520	0.545	8~12

6 催化剂循环流程

为实现催化剂的连续再生，必须有一套提升系统，以满足催化剂在反应与再生部分之间的连续提升。国产技术与 IFP 技术的反应器均采用并列布置方式，并设置五个提升系统，反应器间的催化剂输送依靠氢气的提升来实现。来自重整反应部分的待生催化剂，在第四反应器底部的四反下部料斗内，先经氮气置换出所携带的烃类，然后进入四反提升器。在提升器中，依靠氮气作为一次、二次提升气将催化剂提升至再生器上部的分离料斗，然后经闭锁料斗的调节作用后依次进入烧焦区、氧氯化区、干燥(焙烧)区进行烧焦、氯化氧化及干燥(焙烧)。完成这三个步骤后的催化剂(称为再生催化剂)被提升至位于反应器顶部的还原室内进行催化剂的氢气还原过程，该过程采用一段还原的方式，还原后的催化剂循环回到重整第一反应器。

国产技术与 IFP 技术在催化剂循环部分虽然具有较大程度上的相似性，但是二者还是存在一定的差异性。相对于 IFP 技术采用的“有阀输送”技术而言，国产重整工艺中的“无阀输送”技术的闭锁料斗处于催化剂循环回路中的压力最低点，利用再生器上部的缓冲区作为闭锁料斗的高压区，通过专设的可编程逻辑控制器(PLC)控制三个气体阀，改变闭锁料斗变压区中的压力，使催化剂分批装入和卸出闭锁料斗变压区，从而完成将催化剂从低压向高压的输送，同时控制整个再生系统催化剂的循环量[6]。该技术实现了催化剂由低压区向高压区的定量输送；合理利用再生器，减少了闭锁料斗高压区的波动；催化剂实现了严格的连续再生，避免了再生器内构件受损；催化剂磨损减少 20%以上，再生器框架总高度降低 20%以上。

对于再生器底部的一次、二次提升气，国产技术采用的是氢气，而 IFP 采用的是氮气。这主要是由于二者工艺上的差别造成的，国产技术中第一提升器直接提升至一反顶部的还原室，而 IFP 则提升至一反上部的第一上部料斗中，也就是说国产技术减少了第一上部料斗的设置，节省了投资，但 IFP 技术更有利于催化剂循环的稳定操作。

国产技术在再生器顶部设置了淘析风机和粉尘收集器，而 IFP 技术不但在第一上部料斗顶部设置了淘析风机、翅片管冷却器以及粉尘收集器，而且在再生器顶部也设置了一台粉尘收集器，且两台粉尘收集器的规格不同(第一上部料斗过滤器的正常气体通过量为 2192kg/h，其能够过滤掉最小的粉尘颗粒直径为 1.6mm；上部缓冲罐过滤器的正常气体通过量为 289kg/h，其能够过滤掉的最小粉尘颗粒直径为 1.4mm)。重整装置 A 再生装置在生产中经常发生还原室的后路被催化剂粉尘堵塞的现象，并且粉尘进一步进入到氢气增压机的吸气阀中，从而对增压机的正常运行造成影响，为此重整装置 A 在还原尾气流程中增加了一台粉尘收集器，并通过新加粉尘收集器定期卸载粉尘。而应用 IFP 技术的装置较少遇到催化剂粉尘堵塞还原气后路的情况，作者认为造成这种情况的原因除了 IFP 分级采用两台不同规格的粉尘收集器外，还与该装置第一提升器操作条件有关，因为第一提升器的操作温度为 445℃，提升气为氢气，催化剂在第一提升器中能够发生部分的催化剂还原反应，过程中产生的催化剂粉尘随还原气进入还原室中，进而导致还原尾气后路不畅。

不论国产技术还是 IFP 技术都设置了氮气隔离系统，将重整反应系统的氢烃环境与催化剂再生器的氧气环境隔开以及再生器的氧气环境与再生催化剂提升的氢气环境隔开，以提高装置运行的安全可靠性。但是在隔离系统的设置上，这两种技术采用了不同的控制方式，国产技术在氮气循环系统受到污染后将引起再生系统的冷停车，而IFP技术只需要停掉四反底部密封以及第一上部料斗密封，然后通过打开氮气补充阀进行氮气置换即可，大大增强了系统的操作稳定性。同时，IFP技术提升氮气为高温氮气，其余使用的全部为低温氮气；而国产技术的提升氮气是180℃的高温氮气。

7 技术经济

连续重整装置的经济性对提高企业的经济效益起着重要的作用[7]，假定现有两套重整装置，其处理量和原料性质完全相同，区别在于一套采用国产技术，而另一套采用IFP技术，我们在对比两套装置的经济性时就必须涉及装置的投资、成本、能耗等因素。表7给出了连续重整装置在采用国产技术和IFP技术时引进内容及外汇投资对比情况。

表7中并没有考虑专利技术的使用费、工艺包费用、闭锁料斗控制系统的软、硬件费、出国人员费、外籍人员现场服务费等，但是实际上引进的IFP连续重整技术需花费较高额度的外汇。而对于国产技术而言，上述费用则可以省去，尤其是可节省外汇。

工程费用是连续重整装置建设投资中的主要部分和计算基础，约占建设总投资的80~85%，是影响投资高低的决定性因素。因此，在对比国产技术和IFP技术的投资费用时，必须比较二者的工程费用。如表8所示，采用国产技术和IFP技术的装置规模、产品性质以及催化剂型号完全一致，但IFP技术的综合工程费用较国产技术要高出3%。

表7 采用国产技术和IFP技术时引进内容及外汇投资对比

国产技术	投资估算(万美元)	IFP	投资估算(万美元)
反应器内构件、再生器内构件		反应器内构件、再生器内构件	
重整进料换热器(板式换热器)		重整进料换热器(板式换热器)	
电加热器		电加热器	
氢气提纯系统(膜分离)		氢气提纯系统(膜分离)	
—		再生气干燥器	
粉尘收集器		粉尘收集器	
除尘风机		除尘风机	
重整进料加热炉炉管及配件		重整进料加热炉炉管及配件	
高温临清部位的合金钢管道		高温临清部位的合金钢管道	
催化剂管线专用球阀、特殊控制阀		催化剂管线专用球阀、特殊控制阀	
引进的电动切断阀、防尘调节阀及蝶阀		引进的电动切断阀、防尘调节阀及蝶阀	
在线分析仪		在线分析仪	
集散控制系统(DCS)和紧急停车系统(ESD)		集散控制系统(DCS)和紧急停车系统(ESD)	
合计	基准		基准+27%

表8 综合工程费用比较

采用技术	国产技术	IFP	采用技术	国产技术	IFP
装置基本情况			重整催化剂	PS-Ⅵ	PS-Ⅵ
预处理规模/(kt/a)	1054.6	1054.6	采用价格体系	2007年初	2007年初
重整规模/(kt/a)	1000	1000	工程费用	基准	基准+3%
再生规模/(1b/h)	2500	2500	其中：催化剂再生部分投资	基准	基准+13%
产品苛刻度，C_5+RON	104	104	反应器布置型式相关投资	基准	基准+6%

在计算装置经济性的过程中，除了需要考虑装置前期投资的费用，还不得不考虑装置的能耗。催化重整装置的能耗与原料性质、产品质量、工艺技术、设备效率和装置规模有关，装置规模越小、原料性质越差、产品辛烷值越高、外送氢气压力越高，则能耗越大。一般意义上而言，催化重整装置能耗最高的地方是加热炉、循环氢压缩机和重整氢增压机。

表 9　重整装置 A 与重整装置 B 动力及辅材消耗计算(72h)

项目	能耗系数	重整装置 A①		重整装置 B②	
		数量/t	能量消耗	数量/t	能量消耗
新鲜水	0.17	126	21.42	275.2	46.784
循环水	0.1	108687	10868.7	217461.6	21746.16
除氧水	9.2	2045	18814	3038.4	27953.28
除盐水	2.3	378	869.4	360	828
电	0.26	614440③	159754.4	1049256③	272806.6
1.0MPa 蒸汽	76	302	22952	11.97	909.72
3.5MPa 蒸汽	88	-88④	-7744	0	0
2.2MPa 蒸汽	85	—	—	1065.6	90576
燃料气	950	426	404700	383.76	364572
燃料油	1030	—	0	41.544	42790.32
0.3MPa 蒸汽	55	-1381.4	-75977	—	—
合计			534258.9		822228.8
重整进料量/t		5949.13		9072	
装置能耗/(kgEO/t)		89.8		90.6	

注：① 重整装置 A2006 年 9 月标定期间动力及辅材消耗计算(72h)；
② 重整装置 B 设计值；
③ 单位为 kW · h；
④ 负号代表输出。

从表 9 中可以看出，国产技术的能耗较 IFP 技术的能耗低 0.8kgEO/t，综合来说，国产技术相对于 IFP 技术在投资费用及能耗水平上占有一定的优势。

8　结论

(1) 连续重整国产技术和 IFP 技术在工业应用上各有优势，二者既有相同之处，又有诸多区别。

(2) 国产技术对原料杂质含量的要求不高；IFP 技术要求的原料馏分较重。

(3) 国产技术的反应温度和空速低，LPG 产率高；IFP 技术反应压力低，重整氢气纯度和脱丁烷重整生成油产率高。

(4) 国产技术采用一段烧焦，且能进行<3%的低炭烧焦；IFP 技术采用的是二段烧焦，操作压力、床层温度略低于国产技术，其烧焦反应速度大于国产技术。

(5) 国产技术采用的“无阀输送”工艺减少了闭锁料斗高压区的波动，避免了再生器内构件受损，催化剂磨损减少 20%以上，再生器框架总高度降低 20%以上；IFP 技术采用“有阀输送”工艺。

(6) 国产技术在氮气隔离系统污染的情况下将引起系统冷停车，不利于系统的稳定操作；IFP 技术氮气系统污染时只需进行氮气置换即可。

(7) 国产技术比 IFP 技术在投资费用及能耗水平上占有一定的优势；国产技术综合工程费和能耗水平相较于 IFP 技术分别低 3%和 0.8kgEO/t。

参　考　文　献

[1]　马爱增，徐又春，赵振辉．连续重整成套技术的开发及工业应用[J]．石油炼制与化工，2011，42(2)：1-4.
[2]　赵志海．IFP 与 UOP 连续重整再生技术烧炭过程的分析和比较[J]．炼油设计，2002，32(1)：14-17.
[3]　张世瑞，高海珊．IFP 连续重整技术的最新进展[J]．石油化工动态，1999，7(5)：32-34.
[4]　李彬，邢卫东．国产连续重整成套技术在装置改造中的应用[J]．石油炼制与化工，2010，41(11)：48-52.
[5]　高劲松，卢春喜，刘耀芳等．连续重整新型铂锡催化剂的表观烧炭动力学[J]．炼油设计，1999，29(11)：41-45.
[6]　汤杰国，冯金松，邢卫东．国产连续重整技术在装置改造中的应用探讨[J]．河南化工，2005，22(10)：36-38.
[7]　罗家弼．关于铂重整装置经济效益的讨论[J]．石油炼制与化工，1984，3：5-8

S Zorb 装置脱硫能力的分析

张建民

（中国石化镇海炼化分公司，浙江宁波　315207）

摘　要：对S Zorb 工艺技术运用到汽油脱硫装置中的实际生产特点进行介绍，从工业运用的角度分析制约装置脱硫能力以及生产低硫汽油的关键因素，结合装置运行过程出现的问题，提出相应对策和优化方案，就采取的措施和效果进行总结分析。

关键词：S Zorb　吸附剂　脱硫能力　吸附剂循环对策

1　前言

中国石化镇海炼化分公司为满足汽油产品质量升级的需要，2009 年以 S Zorb 技术为工艺路线建成催化汽油脱硫装置(简称 S Zorb 装置)并投产，装置运行至今，生产的低硫汽油产品质量满足国Ⅳ、国Ⅴ标准的要求，但是在装置运行过程中也暴露出一些问题，导致装置脱硫能力下降。为此，在技术攻关团队的共同努力下，通过不断的摸索和改进，优化操作工况，使 S Zorb 工艺技术的优势得到充分体现，为进一步汽油产品质量升级打下了坚实的基础。

2　工艺流程及脱硫反应机理

2.1　工艺流程

S Zorb 装置在工艺流程上与传统意义上的固定床加氢装置相比，原料系统和分馏系统均保持高度的相似性，在氢气流程以及反再系统流程上具有自身独立的特色。工艺流程如图 1 所示，催化稳

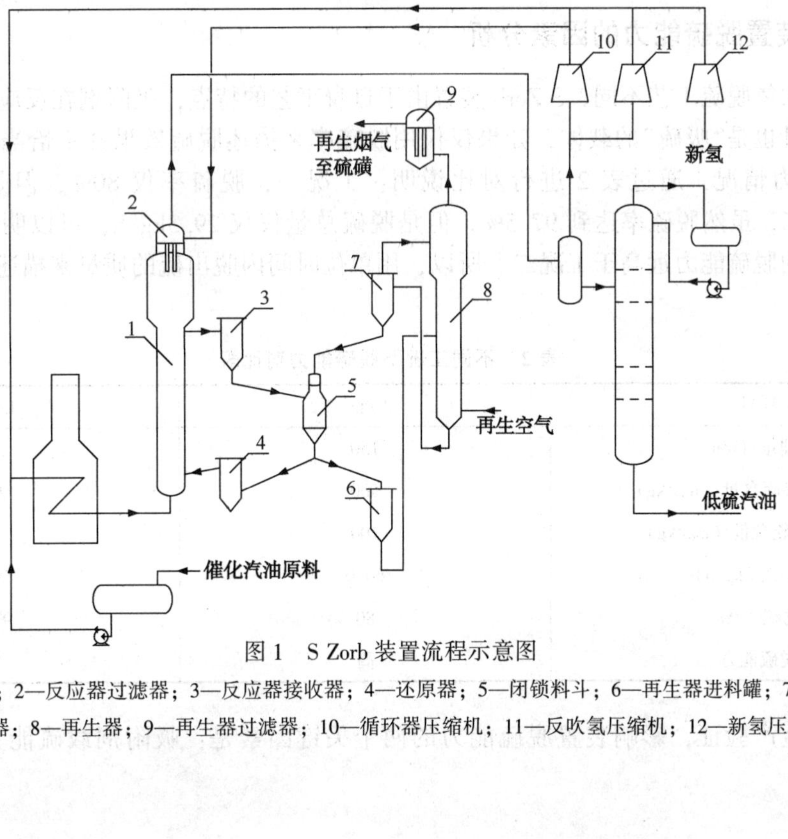

图 1　S Zorb 装置流程示意图

1—反应器；2—反应器过滤器；3—反应器接收器；4—还原器；5—闭锁料斗；6—再生器进料罐；7—再生器接收器；8—再生器；9—再生器过滤器；10—循环器压缩机；11—反吹氢压缩机；12—新氢压缩机

定汽油原料与氢气混合后，经换热器、加热炉升温至完全气化状态，在反应器内部自下而上流动使反应器内呈流化床状态，原料经吸附剂作用后将其中的有机硫化物脱除并转移至吸附剂上，在反应器内吸附硫后的吸附剂，通过闭锁料斗的步序控制实现从反应器输送到再生器，待生吸附剂在再生器内与空气接触后发生氧化反应，产生富含二氧化硫的再生烟气外排至硫磺装置处理，而再生后的吸附剂经闭锁料斗步序控制从再生器返回到反应器底部循环利用；脱硫后的油气经高精度过滤器进行气-固分离后至稳定系统，低硫汽油自稳定塔底出装置。

2.2 脱硫反应机理

S Zorb 工艺技术脱硫的主要机理通过镍还原、硫转移吸附、硫化锌和镍的氧化 5 个反应体现。即其中，镍还原、硫转移吸附，即反应①~③是在反应器中临氢环境中进行；硫化锌和镍的氧化，即反应④、反应⑤是在再生器中完成。

$$NiO+H_2 \longrightarrow Ni+H_2O \quad ①$$

$$R-S+Ni+H_2 \longrightarrow R-2H+NiS \quad ②$$

$$NiS+ZnO+H_2 \longrightarrow Ni+ZnS+H_2O \quad ③$$

$$ZnS+1.5O_2 \longrightarrow ZnO+SO_2 \quad ④$$

$$Ni+0.5O_2 \longrightarrow NiO \quad ⑤$$

S Zorb 装置所使用的吸附剂是以硅铝材料为载体，Ni、Zn 为活性组元，新鲜吸附剂中的有效成分为 NiO 和 ZnO。通过反应方程式可以直观地看出，在整个脱硫及再生过程中，Ni 实际上起到将硫从汽油中转嫁到 Zn 上。从镇海炼化再生吸附剂样品中 NiO 的含量分析表 1 中可以看出，在吸附剂循环过程中，NiO 的含量相对稳定。因此，S Zorb 装置脱硫能力是由吸附剂循环过程中 ZnO 的总量决定，即单位时间内参与反应的 ZnO 总量决定了从原料汽油中脱出硫的总量。

表 1 镇海炼化 S Zorb 装置待生吸附剂 NiO 定量分析结果 %

样品序列	样品一	样品二	样品三	样品四	样品五	样品六	样品七
NiO	16.3	16.8	16.2	16.6	16.6	16	16.8

3 影响装置脱硫能力的因素分析

与传统的加氢脱硫工艺不同，S Zorb 装置由于自身工艺的特点，吸附剂在反应器内不仅是脱硫的催化剂，而且也是“吸硫”的载体，如果仅仅用脱硫率来描述脱硫效果并不恰当。为直观的表示吸附剂脱硫能力情况，通过表 2 进行对比说明：工况一，脱硫率仅 80%，但是脱硫总量高达 60kg/h；工况二，虽然脱硫率达到 97.5%，但是脱硫总量仅仅 29.3kg/h，可以明显判断出装置在工况一条件下的脱硫能力远高于工况二。所以，用单位时间内脱出硫的质量来描述装置脱硫能力较为合适。

表 2 不同工况下脱硫能力对比表

项目	工况一	工况二
处理量/(t/h)	150	150
进装置原料硫含量/(mg/kg)	500	200
精制汽油硫含量/(mg/kg)	100	5
脱硫量/(kg/h)	60.0	29.3
脱硫率/%	80	97.5
脱硫能力	高	低

通过实际生产验证，影响装置脱硫能力的两个关键因素是：吸附剂载硫能力和吸附剂循环

速率。

3.1 影响吸附剂载硫能力的因素分析

吸附剂载硫能力主要通过待生吸附剂和再生吸附剂的硫差来体现，在保持一定吸附剂循环速率的前提下，硫差越大，则再生吸附剂能吸附的总硫量就越大，装置就能保持较高的脱硫能力。影响吸附剂载硫能力的主要因素是吸附剂再生效果和吸附剂活性。

3.1.1 吸附剂再生效果

吸附剂中脱硫的有效组分是 ZnO，当再生器操作条件控制不当时，会导致吸附剂再生效果变差，再生吸附剂中硫化锌含量增大，从而降低待生吸附剂与再生吸附剂的硫差。ZnO 在反应器内吸附一定的硫形成 ZnS，该部分的 ZnS 必须在再生器内实现氧化，才能在反应器内重新具备“捕捉”硫的能力，在实际操作中通常控制再生吸附剂中 ZnS 保持在 4%~6%。这就需要控制适当的再生空气量，实现 ZnS 部分氧化的目的，当再生空气量不足时，再生效果差，再生吸附剂中 ZnS 含量高、ZnO 含量低，则脱硫能力降低。

但是在再生风量的调配上，也不能进行过氧操作，氧含量太高会进行过渡再生，在富氧的环境中 ZnO 的进一步副反应发生：

$$ZnO+SO_2+0.5O_2 \longrightarrow ZnSO_4 \quad ⑥$$

$$3ZnO+2SO_2+2O_2 \longrightarrow Zn_3O(SO_4)_2 \quad ⑦$$

当 $ZnSO_4$、$Zn_3O(SO_4)_2$形成后，不仅是降低了再生吸附剂中 ZnO 的含量，更重要的是，$ZnSO_4$非常容易形成块状物，当再生器内水含量增大时更为突出，当块状物出现后，固体吸附剂的提升输送通常会异常困难，导致吸附剂循环中断，甚至在再生器锥部形成密实的整体块状结构。在 S Zorb 工艺技术工业运用初期，最早暴露出再生吸附剂结块问题的是 2003 年美国 Borger 炼油厂，其待生吸附剂块状物 $ZnSO_4$含量达到 50%，镇海炼化分公司的 S Zorb 装置在 2010 年 12 月再生器下料吸附剂输送线堵塞严重，对结块物进行分析，结果表明 $ZnSO_4$含量高达 40%，再生器结块情况如图 2 所示。

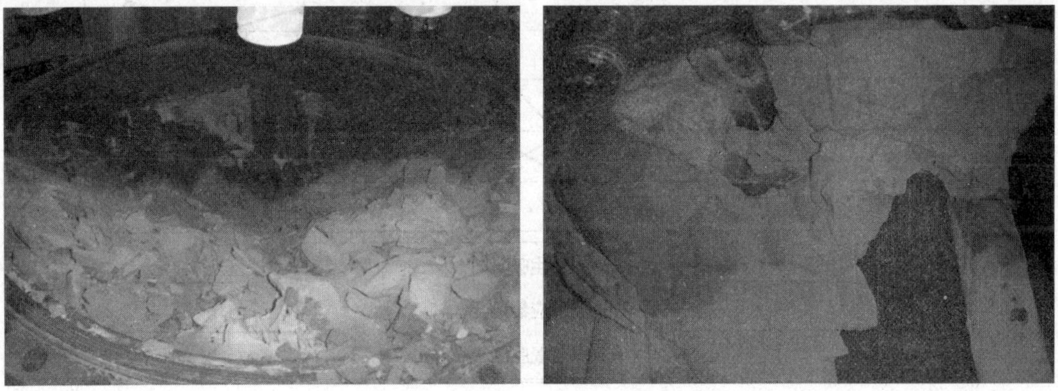

图 2　S Zorb 装置再生器锥部结块情况

而 $Zn_3O(SO_4)_2$进入反应系统后，能与 H_2进一步发生反应：

$$Zn_3O(SO_4)_2+8H_2 \longrightarrow 2ZnS+ZnO+8H_2O \quad ⑧$$

从上述反应可以看出 $Zn_3O(SO_4)_2$中 2/3 的锌没有起到吸附剂应有的作用，同时生成 H_2O，而反应系统中 H_2O 的出现又极易导致吸附剂失活。

为进行合理再生工况的控制所采取的对策：在操作中要实时根据再生烟气氧含量和待生、再生吸附剂中载硫量，以及原料及精制汽油的硫含量数据，精细控制再生空气量。生产中所需空气量计算可以根据吸附剂循环速率结合待生和再生吸附剂载硫、载碳的数据差值进行理论计算实现，从而达到既实现再生的贫氧操作控制，又确保再生吸附剂中保持适当的 ZnO，满足吸附剂活性的要求。

3.1.2　吸附剂活性

对于吸附剂失活的理论研究，虽然起步较晚，但现有的研究结果表明：吸附剂在使用过程中生成 $ZnAl_2O_4$和 Zn_2SiO_4，而两者并不能逆向转化为 ZnO，导致活性组元 ZnO 损失量较大，脱硫能力下降[1]。分析认为 $ZnAl_2O_4$的生成，主要是使用过程中吸附剂中的非骨架铝先行与 ZnO 发生反应，随后部分骨架上的铝也与 ZnO 发生反应生成 $ZnAl_2O_4$[1]。针对 $ZnAl_2O_4$生成，在实际操作中并无很好的方法抑制其生成，主要的对策是定期进行系统内的吸附剂置换，卸出旧剂、补充新剂，确保吸附剂中 $ZnAl_2O_4$含量相对稳定。通常控制其含量不大于 20%，进行吸附剂置换需要掌握的原则是少量多次，且不可短时间内大量进行吸附置换，否则会带来吸附剂破碎、细粉含量增大、反应器顶过滤器压降上升速率加快、吸附剂活性突增、低硫汽油辛烷值损失增大等一系列问题。

Zn_2SiO_4也是吸附剂在使用过程中出现的反应副产物，其主要反应机理是：

$$SiO_2+2ZnO+H_2O \longrightarrow Zn_2SiO_4+H_2O \quad ⑨$$

此反应物中的 SiO_2来自吸附剂骨架中的石英沙，吸附剂在再生器、还原器、反应器中均有 ZnO 组分，H_2O 主要来自五方面：①还原器内 NiO、$Zn_3O(SO_4)_2$与氢气反应生成水；②再生空气中含有微量的水；③再生器内微量的烃类、氢气发生氧化反应，生成微量水；④再生器内取热盘管发生泄漏；⑤汽油原料带水，在反应⑨中，水不参与反应，仅仅作为反应条件出现，因此要抑制 Zn_2SiO_4的生成就必须严格控制反再系统内的水含量。

镇海炼化分公司 S Zorb 装置吸附剂活性降低的现象从 2010 年 10 月逐渐表现出来，其具体体现在反应器温升降低，吸附剂载硫量下降、再生烟气氧含量波动增大、装置脱硫能力下降，尤其在 2011 年 1~3 月，反应器温升下降至 20℃以下，严重影响到低硫汽油的生产，通过委托石科院对吸附剂组成进行定量分析结合装置脱硫能力，形成如图 3 所示分析图，较好地反映出吸附剂活性与吸附剂中硅酸锌含量的关系。

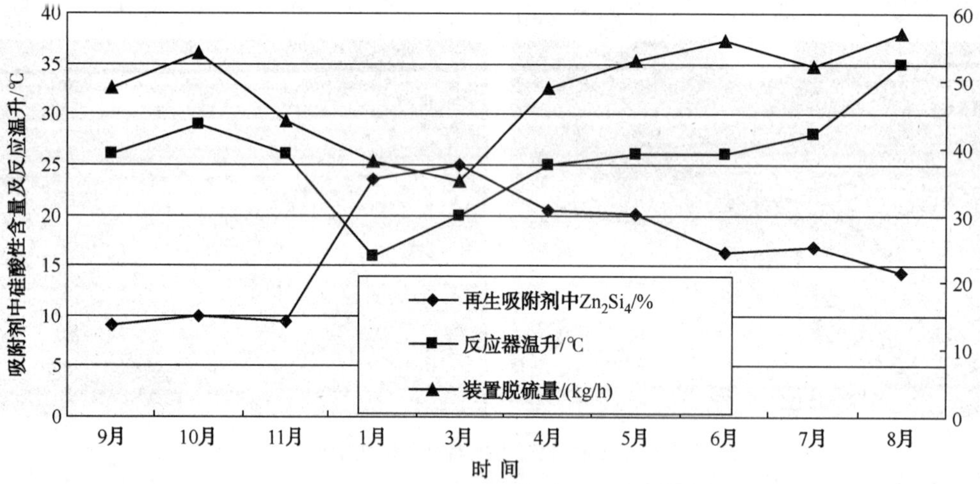

图 3　吸附剂活性与吸附剂中硅酸锌含量关系

为减少系统内水含量、降低反再系统内的水分压，镇海炼化分公司采取了如下措施：

(1) 因为在加压的环境下，有利于水蒸气在吸附剂中的扩散，能提高硅酸锌的生成速率[2]，通过在流程上增加冷氢线，将还原器的操作温度由 400℃降至 300℃以下，取消还原器的原有功能，避免还原器中水的生成，使 NiO、$Zn_3O(SO_4)_2$与 H_2 的反应在反应器内发生。而反应器内油气、氢气分压占绝对量，水蒸气分压低，抑制反应⑨的发生，此项措施经讨论验证后于 2012 年普遍用于 S Zorb 装置中。

(2) 采用净化风作为再生空气，并使用再生空气干燥器，控制再生空气露点在-70℃以下。

(3) 在反应器接收器内建立料位，发挥其内部氢气气提效果，同时保证闭锁料斗第3步吹烃效果，减少吸附剂携带烃类进入再生系统。

(4) 利用检修机会对再生盘管进行酸洗、清除水垢，并通过管线试压查漏，确认管线完好情况，在正常生产中监控除氧水使用量，以便于及时发现取热盘管泄漏情况。

(5) 做好原料脱水工作。

上述控制吸附剂中$ZnAl_2O_4$和Zn_2SiO_4的对策落实后，装置的吸附剂活性控制较为理想，现阶段装置剂耗约25g/t(剂/油)，系统内吸附剂$ZnAl_2O_4$维持在15%左右，Zn_2SiO_4维持在7%左右，反应器温升控制30℃，在生产低硫汽油的同时，兼顾了汽油辛烷值的损失，关键操作思路和措施也在二代国产化S Zorb技术上得到了体现。

3.2 影响吸附剂转剂速率的因素分析

当吸附剂活性保持稳定的情况下，S Zorb装置的脱硫能力则主要取决于吸附剂循环速率，吸附剂循环速率即装置在正常运行过程中单位时间内的吸附剂循环量(kg/h)。在吸附剂硫差相对稳定工况下，吸附剂循环速率越高，则说明单位时间内脱硫量越多，装置脱硫能力越大。导致吸附剂循环速率降低的主要因素是闭锁料斗循环时间延长和闭锁料斗循环中断。

3.2.1 闭锁料斗循环时间延长

在S Zorb装置中，闭锁料斗的步序控制实现了吸附剂从反应系统输送到再生系统，然后由再生系统再返回至反应系统，这样一个循环总耗时，称之为闭锁料斗循环时间。闭锁料斗循环程序主要由9个大步序，共包含13个子步序组成，各子步序均有一定的运行时间，在国产一代S Zorb装置中主要有2个子步序使闭锁料斗循环时间延长，偏离设计参数，即第1、第2步(从反应器接收器收料)和第3步(闭锁料斗氮气吹扫)。

在S Zorb工艺流程中，吸附剂从反应器向反应器接收器的输送，主要是利用两者在管口对接点压差不同，在净压差的作用下实现吸附剂的从反应器向反应器接收器的溢流。镇海炼化分公司S Zorb装置开工后即暴露出反应器接收器D105无法建立正常料位的问题，由此引起闭锁料斗第1、第2步耗时延长；因反应器接收器D105无法建立正常料位，吸附剂在反应器接收器内氢气气提时间短，附着在吸附剂上的油气较多，使闭锁料斗第3步时间延长，为保证每次循环中所输送剂量相同，则只能延长闭锁料斗第1、第2和第3步时间，从而使闭锁料斗循环时间延长，导致闭锁料斗循环实际耗时比设计用时增加1/3以上，吸附剂循环速率大幅度降低，进而导致装置脱硫能力下降。

针对闭锁料斗循环中第1、第2和第3步时间偏长的问题，通过实际核算，在设计工况下，反应器内实际料位高于溢流管。通过分析认为，造成反应器接收器D105无法建立料位的原因主要是：①溢流管上方吸附剂床层料位不足，导致反应器与反应器接收器之间的净压差偏低；②溢流管内阻力较大，不利于吸附剂输送；③吸附剂在运行中孔体积减小，密实密度增大流化性能变差。

为改善闭锁料斗循环时间，采取如下对策：①降低反应系统操作压力，尽可能采取高负荷工况运行，在一定程度上提高吸附剂床层的膨胀量，增高溢流管上方反应器床层内的实际料位，但是，此操作会引起反应器顶过滤器负荷增大，甚至超负荷，因此在优化操作工况的同时必须兼顾装置长周期生产；②通过技术改造，将水平溢流管改造成斜管形式，参照催化裂化装置再生器脱气罐设计思路，在反应器接收器顶部增加增加脱气线至反应器上部，溢流管内的松动氢气流向顺吸附剂输送流向，从而降低溢流管内的输送阻力，装置改造简图对比如图4和图5所示。该设计思路已逐步在向国内第一批S Zorb装置进行推广，在反应器顶部设置脱气线的思路已经在后续的S Zorb装置中得到广泛运用；③合理控制再生工况，确保吸附剂的再生程度，防止吸附剂上过度集碳，同时定期进行吸附剂置换，补充新鲜吸附剂，维持吸附剂的流动性。

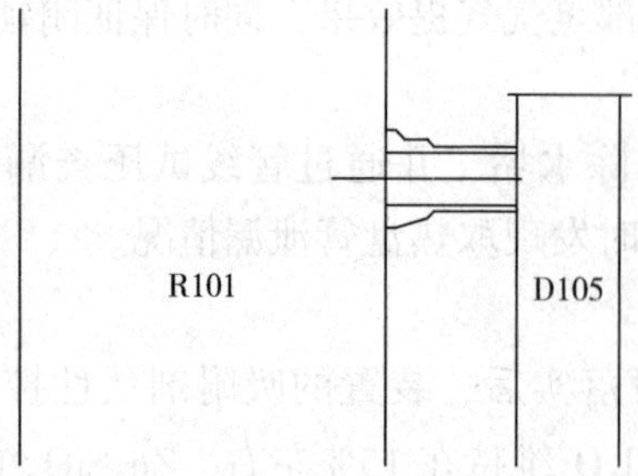

图4 连通线改造前示意图

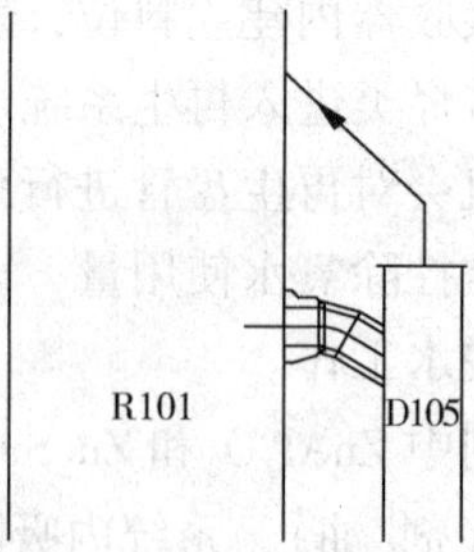

图5 连通线改造后示意图

上述对策落实后，镇海炼化闭锁料斗循环时间得到极大改善，对比第一周期与装置目前工况，吸附剂循环时间降低25%以上，吸附剂循环速率加快，装置脱硫能力提高15%以上。

3.2.2 闭锁料斗循环中断

在S Zorb装置生产中，引起闭锁料斗循环中断的两个主要因素是：闭锁料斗程控阀故障和相邻装置射线探伤作业。

程控阀作为保证闭锁料斗正常运行的关键设备，工作条件苛刻，动作频率高，出现阀门内漏、卡塞的故障几率较大，程控阀的故障不可避免。程控阀内漏将导致部分过滤器压差、闭锁料斗排低压瓦斯流量异常，步序执行过程中调压操作无法执行到位、管线堵塞等现象；程控阀卡塞将直接导致阀门开关超时，闭锁料斗循环步序自停。程控阀故障发生后，闭锁料斗循环中断，吸附剂循环无法维持，吸附剂正常的再生操作被打断，当反应器内的待生吸附剂所含的ZnO逐渐转化为ZnS后，装置的脱硫能力随闭锁料斗停运时间延长而降低，装置脱硫能力受到极大影响。

为减少程控阀的故障，以及缩短程控阀故障处置时间，主要可以从以下几方面开展工作：①在装置首次开工期间，做好管线的吹扫，避免焊渣、铁屑等硬物存于系统中，防止此类介质划损程控阀阀芯及密封面，避免阀门内漏；②确保反应器接收器内吸附剂的氢气气提效果，避免含油量较大的吸附剂通过程控阀，导致程控阀卡塞；③建立有效的程控阀应急处置流程，一旦阀门故障，能够在第一时间内得到处理，缩短程控阀更换时间；④随着程控阀运转周期延长，其回讯、执行机构、密封面等都会暴露出一定问题，因此需要在做好阀门维护保养的同时，根据程控阀开关时间，及时排查出工况较差的程控阀，进行有计划的更换，在程控阀更换之前提高吸附剂再生程度，增大吸附剂硫容，即便闭锁料斗循环中断，也能减少程控阀更换对生产的干扰程度；⑤对不同规格的程控阀必须保持一定的备阀比率，避免程控阀故障时出现无阀可换的情况。

在S Zorb装置中大量使用核料位计检测设备内的实际料位，相邻装置射线探伤也是引起闭锁料斗循环中断的主要因素，此类问题在炼化企业全厂性检修年尤为突出。在射线探伤作业时核料位计接收棒接收到外来射线，在容器内部实际有料位的情况下，显示无料位，在此工况下，闭锁料斗循环步序的关键控制点被干扰，出现假值，会导致闭锁料斗内吸附剂装满、滤芯受损或步序提前中止等现象，导致闭锁料斗程序无法正常运行，通常在临近装置射线探伤期间只能将闭锁料斗循环步序中止，中断吸附剂循环。

通过对装置的实际运行分析，可以得出：影响闭锁料斗正常循环的核料位计主要有再生器进料罐料位指示、闭锁料斗低料位开关、闭锁料斗料位指示和再生器接收器高料位开关等四只核料位计，为此建议采取如下措施：①在再生器进料罐中设置压差计，在再生器接收器高料位开关对应位置设置压差计，在射线探伤期间通过压差计来检测罐内实际料位，利用压差计来实现相关步序控制；②对闭锁料斗核料位计和料位开关进行现场铅板防护，避免外来射线对核料位计的干扰；③在新建S Zorb装置过程中选址应考虑射线拍片对装置的影响；④炼化企业在安排装置系列检修时，尽可能将S Zorb装置与相邻装置安排在同一检修序列。

4 结论

(1) 影响装置脱硫能力的两个关键因素是吸附剂载硫能力和吸附剂循环速率。

(2) 在保持一定吸附剂循环速率的前提下，吸附剂活性越高，则待生吸附剂与再生吸附剂之间的硫差越大，装置脱硫能力越高；通过合理控制再生工况、定期吸附剂置换、降低反再系统内水分压，能有效保持吸附剂活性。

(3) 当吸附剂活性保持稳定的情况下，S Zorb 装置的脱硫能力则主要取决于吸附剂循环速率，吸附剂循环速率越高，装置脱硫能力越高；进行技术改造，减少吸附剂通过反应器至反应器接收器溢流管的阻力，避免闭锁料斗循环中断，能够有效提高吸附剂循环速率。

参 考 文 献

[1] 徐广通，刁玉霞等 . S Zorb 装置汽油脱硫过程中吸附剂失活原因分析[J]. 石油炼制与化工，2011，42(12)：1-6.

[2] 张欣等 . 吸附剂中硅酸锌的生成条件[J]. 石油学报，2013，29(4)：619-625.

S Zorb 技术进展与工程应用

吴德飞　黄泽川　袁忠勋

（中国石化工程建设有限公司，北京 100101）

摘　要：经过首批七套国产化装置的应用和验证，第二代 S Zorb 工艺与工程技术可靠性大幅提高，长岭 1200kt/a 装置创造了连续运行超过 40 个月的工业记录。SEI 在进一步改进与创新 S Zorb 工艺与工程技术的同时采用标准化技术对第二批装置进行了标准化工程设计，实现了批量装置的快速建成投产，仅 2013 年投产装置达 10 套。经调研和分析各装置 2012 年以来的运行情况，第二批装置的剂耗、能耗、辛烷值损失等指标更加先进，完全能够满足炼油厂生产国Ⅴ车用汽油时长周期稳定运行的要求。

关键词：S Zorb 催化裂化汽油　脱硫　改进　标准化设计长周期

1　前言

为满足自 2014 年 1 月 1 日起正式实施的车用汽油国家标准[1] GB17930 第四阶段(国四)对硫含量不大于 50μg/g 的要求，兼顾远期第五阶段(国Ⅴ)不大于 10μg/g 更加严格的要求，国内炼油厂普遍需要建设催化裂化汽油脱硫设施。经过首批七套国产化装置的应用和验证，第二代 S Zorb 催化汽油吸附脱硫工艺与工程技术可靠性较原技术大幅提高[2]。中国石化工程建设有限公司(简称 SEI)通过分析首批装置运行数据和情况，对 S Zorb 工艺与工程技术进一步改进与创新，技术成果在第二批催化汽油脱硫装置建设中得到了普遍应用。通过采用标准化技术实施三个规模装置的标准化工程设计，实现了批量装置的快速建成投产，国内投产的 S Zorb 装置达到 20 套。

2014 年 3 月，对国内 S Zorb 装置自 2012 年以来的运行情况进行了调研和分析，第二批装置的剂耗、能耗、辛烷值损失等指标更加先进，完全能够满足炼油厂长周期稳定运行的要求。

2　S Zorb 工艺与工程技术改进与创新

采用第二代 S Zorb 技术建成的首批七套国产化装置较好的解决了原技术影响装置长周期运行的主要问题[3]，成为各建设单位生产清洁汽油的主要技术手段，同时也暴露出一些有待进一步完善的技术细节问题。在第一批装置运行数据采集与分析的基础上，SEI 对 S Zorb 工艺与工程技术进一步改进与创新，主要包括：

(1) 根据工业装置运行数据和国产吸附剂运行特性，优化 S Zorb 吸附脱硫和再生反应动力学和工艺计算模型。随着国内投产装置的增多，各种工况数据日渐丰富，同时国产吸附剂投入广泛应用，其各项反应动力学特性有所不同。这些数据为进一步调整和优化 S Zorb 吸附脱硫及氧化再生的反应动力学和工艺计算模型提供了依据。

(2) 优化反应器转剂推动力计算模型。首批装置因脱硫负荷普遍偏低存在反应器转剂困难的现象。针对这种情况，在第二批装置设计过程中，对反应器转剂动力学模型进行了优化。工程设计的变化具体表现在优化反应器设计线速，降低转剂横管高度，增设反应器接收器返气线等。

(3) 增设反应器顶部排细粉线。目前的反应器流化床气固分离方式经过长期运转后将会不可避免地出现吸附剂细粉在顶部聚集的现象，反应器过滤器的反吹频率将逐渐加大。为必要时将积聚在反应器顶部的吸附剂细粉排出，降低过滤器反吹频率，设置了反应器顶部排细粉线。建议反应器过滤器差压达到紧急反吹且反吹时间不大于 20min 时可利用反应器顶部排细粉线，经闭锁料斗排出反应器顶部聚集的吸附剂细粉。排细粉时应调节好料斗内压力，避免产生压力冲击。

(4) 明确装置原料管理要求，避免进料换热器结垢。进料换热器结垢的主要原因在于原料经罐区存放时与空气接触，原料中的二烯烃被氧化生成结焦前躯物。原料中的结焦前躯物在进料换热器升温全部气化过程中发生结垢，导致换热效率下降、压降升高。中国石化于 2012 年 3 月发布的《汽油后处理装置长周期运行指导意见》，对原料管理提出了明确要求，原料催化汽油应直接从催化装置热供，如果必须经过罐区时，要求储罐采用氮封。按 S Zorb 装置原料管理要求进行操作和管理的装置基本有效地解决了因进料换热器结垢而频繁清洗的问题，促进提高装置的可靠性和安全性，提高了装置效率。

(5) 将还原反应转移到反应器中发生。再生吸附剂的还原反应目的是将被氧化的吸附剂回到还原状态以恢复脱硫活性，主要的还原反应有：

$$NiO+H_2 \longrightarrow Ni+H_2O$$

$$Zn_3O(SO_4)2+8H_2 \longrightarrow 2ZnS+ZnO+8H_2O$$

还原反应生成的水易促进吸附剂发生失活反应，尤其因还原器空间狭小、水分压偏大，此问题更加严重。为避免不利反应的发生，将还原氢气的温度控制在还原反应发生的活化温度之下，使还原反应转移到反应器中发生，还原器实际仅起到转剂缓冲罐的作用。还原反应在反应器大空间内生成的少量水所占分压大幅降低，能有效抑制吸附剂失活结块等有害反应的发生。

上述完善措施在部分首批装置上进行了改造实施，在第二批装置中得到全面应用，效果明显。

3 新一批装置的标准化设计

S Zorb 技术因其先进性成为中国石化汽油质量升级的主要技术手段，同时向系统外转让 4 套技术使用权。自 2011 年 7 月起，共计规划建设近 20 套 S Zorb 装置。面对批量的同类装置、有限的人力资源和紧张的建设周期，SEI 积极探索和推行标准化设计，主要措施有：

(1) 统一装置设计技术规定、规范设计行为，避免因人而异或因不同建设单位而异；

(2) 统一装置的编码体系；

(3) 统一平面布置和三维布置，形成标准化的装置平面布置，900kt/a、1.2Mt/a 和 1.5Mt/a 装置的标准平面尺寸分别为 85m×45m、90m×45m 和 100m×45m。对于受场地限制不能实现标准化占地的装置，优先保证反再框架和分馏塔框架等关键和复杂部分的布置相对固定；

(4)以“专人专项”原则统一配置专业人力资源和项目管理人员，每个专业设计人员工作任务单一、高效；

(5)统一同类物资交货周期，创造条件进行多套装置同类技术谈判同时进行。减少或简化建设单位、SEI、供货商的三方技术谈判及开工会等工作内容，为设计人员节省大量重复性工作时间。

标准化设计为批量 S Zorb 超清洁汽油生产装置的标准化采购和统一备品备件创造了条件，多套装置的集成物资形成了采购批量。SEI 配合集团公司物资装备部实现 10 类主要物资的标准化采购。标准化采购较之前分散采购价格相比大幅下降。同时，标准化采购为备件的统一储备提供了基础，打破了每套装置单独分散储备的格局，降低企业库存和运行成本，平均每套装置减少备件储备 1000 万元以上，经济效益突出。

2013 年下半年有 10 套 S Zorb 装置集中投产，为建设单位的车用汽油汽油质量升级奠定物质基础，见表1。这10套装置总加工能力达12.9Mt/a，能够减少SO_2排放达10kt/a。

表1 2013年下半年投产的S Zorb装置情况

项目	设计规模/(Mt/a)	设计原料硫含量/(mg/kg)	设计产品硫含量/(mg/kg)	投产时间
茂名石化	1.5	600	10	2013.7.25
安庆石化	1.5	600	10	2013.9.1
燕山石化2#	1.2	600	10	2013.10.24
洛阳石化	1.5	600	10	2013.10.24
中石油华北石化	1.2	600	10	2013.11.7
海南炼化	1.2	600	10	2013.11.7
延长永坪炼油厂	0.9	150	10	2013.11.23
福建联合石化	1.2	600	10	2013.12.7
扬子石化	0.9	600	10	2013.12.11
延长延安石化厂	1.8	200	10	2013.12.27

批量S Zorb装置的标准化工作高效、快速、同步推进批量装置的工程设计和建设进度，成为中国石化集团公司推行标准化设计的样板。“批量S Zorb项目的标准化管理与建设”研究和应用成果获得中国石化第22届管理现代化创新成果一等奖。

4 S Zorb装置运行情况分析

2014年3月对国内装置的自2012年以来的运行情况进行详细的调研，部分数据见表2。

表2 2012年以来S Zorb装置运行情况

项目	吸附剂来源	硫含量/(μg/g)		能耗/(MJ/t)	汽油收率/%	加工负荷/%	RON损失
		原料	产物				
高桥	国产吸附剂	419	3.4	258.4	99.1	85.9	0.98
济南①	国产吸附剂	600	18	260	99.1	112	0.8
镇海	国产吸附剂	260	5.4	257.9	99.78	92.6	0.73
长岭	进口吸附剂	400	20	209.5	99.3	98.3	0.60
金山	国产吸附剂	170.3	2.9	239	99.34	99.44	0.47
金陵②	国产吸附剂	328	6.8	188	100	109	0.3
安庆	国产吸附剂	261	19	272.6	99.2	91.9	0.68
福建	国产吸附剂	170	8	257.3	99.33	82.1	0.18
海南	国产吸附剂	194	11	256.6	99.1	100	0.3
燕山2#	国产吸附剂	190	3	296	99.47	84.0	0.96
华北石化③	进口吸附剂	580	9.1	318.3	99.9	65.7	1.82
茂名	进口吸附剂	165	8.1	293.3	99.96	92.4	0.6
洛阳	国产吸附剂	273	26	222	99.38	100.5	0.03
永坪	国产吸附剂	86.4	3.6	370.6	99.11	97.4	0.4

注：① 济南装置进行了扩能改造，未更换反应器、再生器、压缩机、转剂系统等核心设备。

② 金陵装置采取了系列操作优化措施，各项指标优异。

③ 华北石化装置因全厂总流程需要，原料催化汽油烯烃含量为35%(体积分数)，终馏点为170℃远低于正常的205℃，因此RON损失偏大；装置负荷仅为66%，因此能耗偏高。

调研表明：

（1）各装置都已经成为建设单位汽油质量升级的核心装置，发挥着保证汽油质量的关键作用。经过两轮的技术改进和完善，S Zorb 的可靠性能够满足炼油厂长周期稳定运行的要求[4]。

（2）随着国四标准的正式实施和部分地区国Ⅴ标准的提前实施，多数装置已经进入按照精制汽油硫含量不大于 10μg/g 的要求正式、长期生产的阶段，S Zorb 装置能够满足要求。考虑国Ⅴ阶段产品硫含量要求的严苛性，应保证原料和产品硫含量在线分析仪正常投用，便于及时监控、调整操作。

（3）装置普遍采用国产吸附剂，各项工艺性能正常。与进口吸附剂相比，国产吸附剂的脱硫活性和辛烷值保持性能略有不同。

（4）装置的能耗普遍不大于 300MJ/t，远低于催化汽油选择性加氢脱硫技术的能耗。

（5）金陵 1.5Mt/a 装置采取了一系列的操作优化措施，集中于降低辛烷值损失、减少吸附剂消耗、降低装置能耗、提高产品收率。该装置长期处于满负荷操作，剂耗仅为 0.023kt/t，经总结形成一套对 S Zorb 装置具有良好指导意义的操作方法。中国石化决定以主要贡献人的名字将该操作方法命名为《S Zorb 装置孙同根操作法》。

（6）加工过程的辛烷值 RON 损失存在较大差异，主要原因在于原料的烯烃含量、脱硫深度、对待生和再生吸附剂硫差及炭含量等指标控制有所不同。建议加强交流、对标先进，对自有装置的操作进行深入的优化调整。

（7）长岭装置自 2010 年 11 月首次开工后连续运行至 2014 年 4 月，创造了 S Zorb 装置连续运行 40 个月的记录。

（8）经过技术攻关，主要装备全部实现国内制造并推广应用，有效降低了装置建设成本和生产维护费用。

本次调研中对卸剂线使用及磨损情况进行了详细了解，主要情况如下：

（1）目前国内共有 20 套装置运行，长岭、沧州、齐鲁、广州等装置曾出现卸剂线磨穿、泄漏的情况，新一批 12 套装置采用新的技术不存在转剂问题。

（2）出现转剂困难的主要原因是装置脱硫负荷远低于设计负荷、转剂推动力不足。由于卸剂线设计的。目的是用于停工时清空反应器装剂，并非用于长期转剂使用。对于转剂困难的装置，应调整操作，采取适当增加反应器藏量、降低反应器压力、增加循环量等措施以提高反应器料位，恢复正常的横管转剂，彻底杜绝卸剂线磨损的情况发生。

（3）长岭装置 2013 年对卸剂线进行了部分整改；镇海和济南装置将横管改为与 D-105 斜管连接后不再采用卸剂线转剂；高桥装置长期采用横管转剂；广州装置的卸剂线整改设计已经完成，即将实施。

（4）对存在隐患的装置卸剂线采取下列整改措施：统一采用 DN80 厚壁管、大转弯半径；弯头采用可拆卸方式连接并且备用一套；卸剂线使用过程中要求每个月拆下弯头检测壁厚，对于出现减薄、影响生产安全的弯头及时更换。

（5）要求使用卸剂线转剂的装置在满足料斗转剂速率的前提下尽量减小（FE-2002）提升气量，降低流速减缓磨损；加大在线测厚频次和测厚范围，要求每个月至少检测两次壁厚。

5 总结

SEI 对 S Zorb 工艺与工程技术进一步改进与创新，同时采用标准化技术对第二批装置进行了标准化工程设计，实现了批量装置的快速建成投产，仅 2013 年投产装置达 10 套。第二批装置的能耗、剂耗、辛烷值损失等指标更加先进，为建设单位的汽油质量升级奠定了重要的物质基础。

第二代 S Zorb 工艺与工程技术可靠性大幅提高，完全能够满足炼油厂生产满足国Ⅳ和国Ⅴ标准高清洁汽油长周期稳定运行的要求。“第二代 S Zorb 工艺与工程技术的开发与工业应用”获得中国石化2013年度科技进步一等奖，能耗、剂耗、脱硫深度、辛烷值损失等指标达到国际一流水平。

参 考 文 献

[1] GB 17930—2013 车用汽油国家标准．北京：中国标准出版社，2013.
[2] 朱云霞，徐惠．S Zorb技术的完善与发展[J]．炼油技术与工程，2009，39(8)：7-12.
[3] 吴德飞，庄剑等．S Zorb技术国产化改进与应用[J]．石油炼制与化工，2012，43(7)：76-79.
[4] 郭晓亮．S Zorb装置长周期运行影响因素及对策[J]．炼油技术与工程，2013，43(1)：5-9.

吸附法生产清洁燃油

魏延雨

（中国石化扬子石化研究院，江苏南京　210048）

摘　要：与传统加氢脱硫技术相比，吸附脱硫具有投资少、操作条件温和、耗氢少、对辛烷值影响小等优点，近年来得到了快速发展，目前成为是我国生产国五汽油的主要方法之一。通过综述吸附脱硫技术的最新研究成果，对吸附脱硫技术存在的问题及前景进行了分析和展望。

关键词：清洁燃油　物理吸附脱硫　酸性位吸附脱硫　π络合吸附脱硫　S-M　吸附脱硫　反应吸附脱硫

1　前言

石油作为三大能源之一，在给人类生活带来便利的同时，也对我们的生存环境造成了污染。尤其是汽车工业的高速发展，汽车数量不断增加，汽车尾气对环境的污染越来越严重，在城市大气污染源中，汽车尾气贡献的比例超过50%。因此近年来，世界各国都在致力于低硫含量的清洁燃油的生产。目前美国、欧盟等发达国家都要求汽油中硫含量不得高于10μg/g，我国对清洁燃油生产技术的研究起步较晚，目前与世界发达国家还有较大的差距，随着近年来雾霾天气的严重，我国也加快了清洁燃油的使用步伐。2013年全国主要城市已经开始使用硫含量低于50μg/g的国四汽油，目前北京、上海、南京等城市已率先使用硫含量低于10μg/g的国五汽油，并计划于2018年起全国全面使用国五汽油。因此，低硫含量清洁燃油的生产是社会发展的需求，也是今后我们研究的重点。

随着我国家用汽车数量的急剧增加，我国汽油消耗也明显增加，因此汽油的脱硫成为目前研究的重点。我国汽油脱硫形式的严峻性，源于我国汽油结构的不合理，在我国含硫量较高的催化裂化(FCC)汽油比例过大，约占汽油总量的80%，而发达国家FCC汽油仅占的30%。因此，我国汽油脱硫的关键在于FCC汽油脱硫，而确定FCC汽油中含硫化合物的种类及分布情况是脱硫技术研究的出发点。

山红红[1]等人用气相色谱分析了胜利石油化工总厂生产的FCC汽油，发现FCC汽油中的含硫化合物主要有四类：硫醇、硫醚、二硫化物、噻吩类化合物，其中硫醇含量最少，仅占0.3%，硫醚和二硫化物含量中等，大约占11.1%，大部分都是噻吩、甲基噻吩、C_2-噻吩，C_3-噻吩、C_4-噻吩等噻吩类化合物，因此，如何有效脱除噻吩类含硫化合物是脱硫技术研究的关键。

目前世界上主要的脱硫技术可以分为两类：加氢脱硫(HDS)和非加氢脱硫(Non-HDS)。HDS技术是目前普遍采用的脱硫技术，但其存在一次性投资大、运行成本高、消耗氢气多、对辛烷值影响大、脱除噻吩类含硫化合物的条件苛刻，生产低硫含量油品的成本高等缺陷，已经难以满足低硫含量清洁燃油生产的要求。Non-HDS技术主要包括酸碱精制脱硫、溶剂抽提脱硫、氧化脱硫、烷基化脱硫、膜分离脱硫、生物脱硫、吸附脱硫等。其中吸附脱硫(ADS)主要通过固体吸附剂对燃料油中含硫化合物的特异性吸附，从而使燃油中的含硫化合物与烃类物质相分离[2]。吸附脱硫一般在常温常压下进行，具有工艺条件温和、操作方便、能够实现深度脱硫、对辛烷值影响小的优点，是目前清洁燃油生产研究的热点。吸附脱硫的基础是吸附剂与含硫化合物之间的相互作用力，因此根据相互作用力的不同，将吸附脱硫分为物理吸附脱硫、酸性位吸附脱硫、π 络合吸附脱硫、S-M 吸附脱硫和反应吸附脱硫 5 种。本文以这 5 种脱硫方式为出发点，综合介绍了 ADS 技术生产清洁燃油的研究进展，并对目前存在的问题及前景进行了分析和展望。

2 物理吸附脱硫

不同尺寸和构型的分子在吸附剂孔道内扩散阻力不同，物理吸附脱硫就是依据扩散阻力的差异来实现对含硫化合物的选择吸附。分子在吸附剂中的扩散能垒与分子自身的尺寸、构型以及吸附剂的孔径密切相关，因此根据含硫化合物分子的不同，选择不同孔径和孔道结构的吸附剂，是物理吸附的关键。

罗国华等[3]人比较了 X、Y、ZSM-5 和 Silicalite-I 沸石分子筛脱除焦化苯中噻吩(180mg/L)的能力，发现 ZSM-5 和 Silicalite-I 分子筛吸附噻吩的能力明显优于其他分子筛，吸附硫容约为 0.6mg/g。吸附脱硫性能的好坏与分子筛的孔径和孔道结构有关，Silicalite-I 和 ZSM-5 含有相似三维立体交叉的孔道结构，孔道直径大约为 0.56nm，噻吩分子的临界直径约为 0.53nm，苯的临界直径约为 0.67nm。根据过渡态理论，当过渡态所需空间大于分子筛空腔中的有效空间时，吸附将受到阻止，因此分子临界直径较小的噻吩比苯更容易吸附在分子筛的内表面。周广林等[4]人在用 5A，ZSM-5，13X，NaY 四种分子筛吸附液化石油气中二甲基二硫醚时，也发现了类似的现象，四种分子筛脱硫能力的大小顺序为：NaY>ZSM-5>13X>5A。同样的原因，二甲基二硫醚的临界动力学直径约为 0.62nm，Y 型分子筛的孔道直径约为 0.76nm，且具有三维立体交叉孔道体系，因此二甲基二硫醚分子很容易通过其孔道，吸附量较大，约为 2.6mg/g。而 13X 分子筛和 5A 分子筛子具有一维孔道结构，且孔径较小，对二甲基二硫醚的吸附能力较差。

由于物理吸附脱硫所依据的作用力是分子扩散阻力，其差异性较小，并且真实汽油中的组分复杂，含硫化合物多样，很难依据汽油中各组分分子之间扩散阻力的差异，将所有的含硫化合物吸附分离。董世伟等[5]以 NaY 分子筛脱除 FCC 汽油中的含硫化合物，其脱硫率仅为 48.7%，当生产硫含量小于 1μg/g 的 FCC 汽油时，吸附剂的穿透硫容非常小，仅有 0.024mg/g。因此物理吸附脱硫不适合用于大规模的工业化生产。

3 酸性位吸附脱硫

3.1 吸附剂

根据 Lewis 酸碱理论，噻吩类含硫化合物中的硫原子含有孤对电子，属于 Lewis 碱，因此可以与吸附剂内表面的 Lewis 酸性位相互作用，从而吸附在吸附剂中，这就是酸性位吸附脱硫的理论依据[6]。因此，对吸附剂适当改性，提高其表面的酸性，有助于提高吸附剂的脱硫性能。

Mikhail 等[7]人比较了高岭土、斑脱土、木炭、石油焦和水泥粉尘 5 种吸附剂二甲基二硫醚的能力，发现具有最强酸性的斑脱土的吸附能力也最强，并且脱硫能力随着酸性的提高而提高，因此吸附剂表面酸性的强弱关系到吸附剂的脱硫性能的大小。JaeHyungKim 等[8]人在对比活性炭、活性铝和 Ni 基吸附剂的脱硫性能时，发现活性炭的效果最好。分析发现活性炭主要通过表面含氧基团与含硫化合物相互作用，达到吸附脱硫的目的，饱和吸附硫容可达到 16.92mg/g。Jiang 等[9]人发现浓硫酸氧化处理可以提高活性炭表面的酸性含氧基团，氧化后活性炭的吸附硫容是未经氧化时的 2 倍。除浓硫酸外，过硫酸铵、臭氧、浓硝酸等氧化剂也可用于处理活性炭，于维钊等[10,11]人采用过硫酸铵溶液和臭氧对椰壳活性炭进行了氧化改性，结果表明经过臭氧处理后的活性炭的脱硫效果更好，吸附硫容高达 21.5mg/g。蒋宗轩等[12]人考察了不同氧化剂处理对活性炭脱硫率的影响，发现浓硫酸>浓硝酸>过二硫酸铵>过氧化氢(30%)>高锰酸钾水溶液。同样的结果也来自彭国锋等[13]人，他们比较了用双氧水、高锰酸钾、浓硝酸和浓硫酸改性后活性炭的脱离性能，发现 250℃ 下浓硫酸改性的活性炭吸附脱硫效果最好。由此可见，通过氧化剂对活性炭进行改性可以提高其表面的酸性含氧基团，从而提高其吸附脱硫性能。

金属阳离子可以接受未共用电子对，属于 Lewis 酸，所以还可以通过负载金属阳离子的方式来提高活性炭表面的酸性，进而提高活性炭的脱硫性能。HishamS. Bamufleh 等[14]人用 $ZnCl_2$来改性活性炭，发现改性后脱硫效果明显改善。而余谟鑫等[15]人研究了负载 Ag^+、Ni^{2+}、Cu^{2+}、Zn^{2+}、Fe^{3+}和 Co^{3+}6 种离子的活性炭的脱硫性能，发现负载 Ag^+、Ni^{2+}、Cu^{2+}和 Zn^{2+}可以提高活性炭的脱硫性能，而负载 Fe^{3+}和 Co^{3+}后活性炭的脱硫性能则会下降。通过密度泛函理论计算可知，苯并噻吩属于软碱，Ag^+为软酸，Ni^{2+}、Cu^{2+}和 Zn^{2+}属交界酸，而 Fe^{3+}和 Co^{3+}为硬酸，根据“软亲软，硬亲硬，软硬搭配不稳定”的软硬酸碱理论负载软酸的 Ag^+后吸附剂的脱硫性能最好。

负载金属离子的分子筛是另一类较为常用的酸性位脱硫吸附剂。ShaoX 等[16]人制备了不同 CuO 含量的 SBA-15 吸附剂，发现吸附剂的酸性与脱硫性能均随着 CuO 的增加而增加，当负载 3mmol/g 的 CuO 时，吸附剂表面有最高的 Lewis 酸酸量，此时的脱硫性能也最佳。YuheWang 等[17]人发现 MCM-41、SBA-15 分别负载 CuCl、$PdCl_2$后，其脱硫性能也得到了改善，其中 $PdCl_2$/SBA-15 的性能最佳，可以将原料中的硫从 841μg/g 降到 50μg/g。JungGeunPark 等[18]人发现负载 30% 的 Ni 后 SBA-15 的脱硫性能也得到了改善，吸附硫容可达 1.7mg/g。李武等[19]人研究了不同载体负载 CuCl 后的脱离性能，发现 Cu(I)/SBA-15>Cu(I)/活性炭>Cu(I)/13X>Cu(I)/Al_2O_3>Cu(I)/Y。而闫吴敏等[20]人研究了 13X 分子筛负载不同离子后的脱硫性能，发现 Cu^{2+}/13X<Zn^{2+}/13X<Ni^{2+}/13X<Ag^+/13X。

3.2 脱硫工艺

随着对酸性位吸附脱硫研究的深入，陆续出现了一些具有实用价值的吸附脱硫工艺，其中最具代表性的是 IRVAD 工艺、LADS 工艺和 Exxon 工艺。

3.2.1 IRVAD 工艺

IRVAD 工艺由 Black&VeatchPritchardInc 与 AlconIndustrialChemicals 联合开发[21,22]。其原理是利用油品中含硫化合物中硫原子的极性，在无氢气存在的条件下，通过极性的氧化铝基吸附剂，将汽油中的含硫化合物吸附脱除。IRVAD 工艺采用多级吸附的方式，在吸附过程中，吸附剂与液体油品逆流接触，失活的吸附剂通过加热的活性气体(氢气、氮气、甲烷、乙烷、丙烷、丁烷或它们的混合气体)吹扫再生，其简易流程如图 1 所示。IRVAD 工艺可以将汽油中的硫含量从 756μg/g 降到 30μg/g 以下，脱硫率在 90%以上。

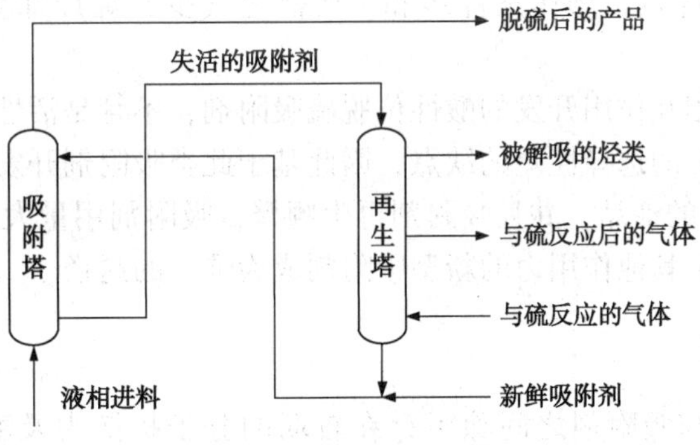

图 1　IRVAD 工艺流程简图

IRVAD 工艺在低压下操作，脱硫过程不需要氢气的参与，因此也不会引起烯烃的加氢饱和，同时还具有低能耗，收率高等优点。但该工艺也有其局限性，所用氧化铝基吸附剂对含硫化合物的吸附是通过物理作用力，作用力弱，吸附硫容小，吸附剂需要频繁再生，吸附剂消耗大，此外该技术目前很难用于生产硫含量低于 10μg/g 的汽油，目前相关工作已经基本停止。

3.2.2 LADS 工艺

LADS 工艺由洛阳石化工程公司炼制研究所开发，该技术采用固定床工艺，使用配套脱硫吸附剂 LADS-A 和再生脱附剂 LADS-D[23]，在较低的吸附温度(65～85℃)和适当的吸附空速(1.0～2.0h^{-1})下，可以将 FCC 汽油中的硫含量从 1290μg/g 降至 200μg/g 以下，失活的吸附剂可以通过脱附剂 LADS-D 再生。其工艺流程图如图 2 所示。

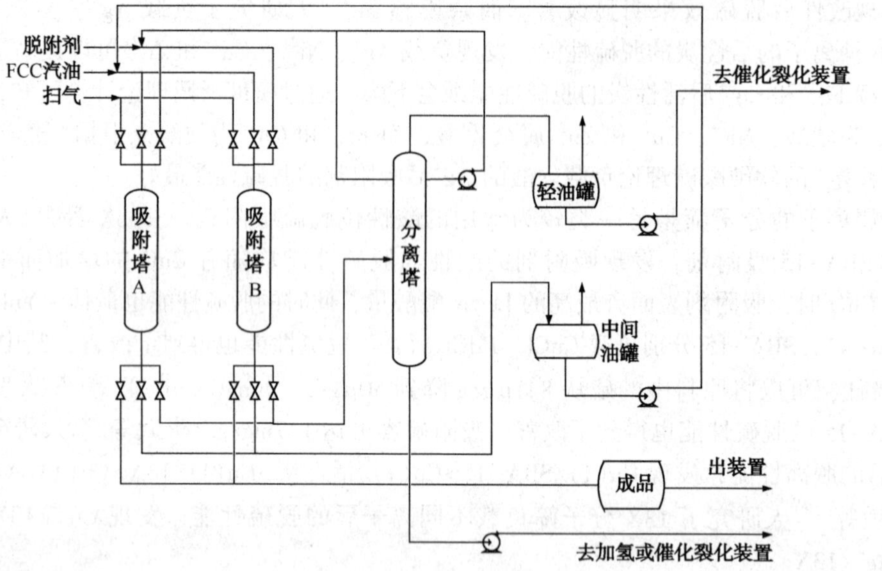

图 2　LADS 工艺流程图

与 IRVAD 工艺类似，LADS 工艺也具有不需要氢气参与，不会造成辛烷值降低，操作简单，生产成本低的优点。同样的，LADS 工艺也存在吸附硫容小，再生频繁，且难将硫含量降到 10μg/g 以下的缺陷，很难达到大规模工业化生产的要求。

3.2.3　Exxon 工艺

Exxon 工艺是美国 Exxon 公司[24]开发的一种柴油深度脱硫工艺，该工艺将加氢脱硫与吸附脱硫进行了耦合，柴油先通过加氢脱除其中的大部分含硫化合物，而其中的难脱除的含硫化合物通过活性炭、活性焦炭等吸附脱除。吸附过程可以采用固定床也可以采用流动床，操作过程采用逆流操作，失活的吸附剂可以通过甲苯等有机溶剂清洗再生。经过加氢和吸附两段脱硫后，可以将柴油中的硫含量从 1000μg/g 降至 20μg/g 以下。通过加氢脱硫和吸附脱硫的耦合，该工艺很好的发挥了其各自的优点，操作条件缓和，所需氢气少，烯烃加氢饱和程度低，可以生产低硫含量的油品。

由此可见，根据酸碱相互作用开发的酸性位脱硫吸附剂，不管是活性炭还是分子筛，其都存在吸附硫容小，对含硫化和物的选择性差的缺点，因此基于此类吸附剂开发的吸附脱硫工艺，很难用于生产硫含量低于 10μg/g 的油品，并且吸附剂再生频繁，吸附剂用量大，很难满足大规模工业化生产的要求，因此开发基于其他作用力的新型吸附剂成为唯一的途径。

4　π络合吸附机理

油品中的含硫化合物与吸附剂之间除了存在较弱的分子扩散力及酸碱相互作用力外，还包括一些较强的作用力。分析噻吩的电子结构，发现噻吩的硫原子上有两个电子对，其中一个电子对参与形成离域 π 键，另一个电子位于噻吩环的平面上，因此噻吩既可以作为 π 给电子体，与金属形成 π 络合键，也可以作为给电子体，直接与金属相互作用形成 S-M 键。为此 Song[25]课题组在总结大量前人研究的基础上，提出了吸附剂中金属离子与含硫化合物相互作用的 8 种构型(见图 3)。这 8 种构型可以归纳为 3 类：S-M 配位结构(η^1S 和 S-μ3)，π 配位结构(η^4和η^5)和两种结构的综合形式(η^4，S-μ2 和η^4，S-μ3)。因此可以开发基于 π 络合键及 S-M 键的新型吸附剂。

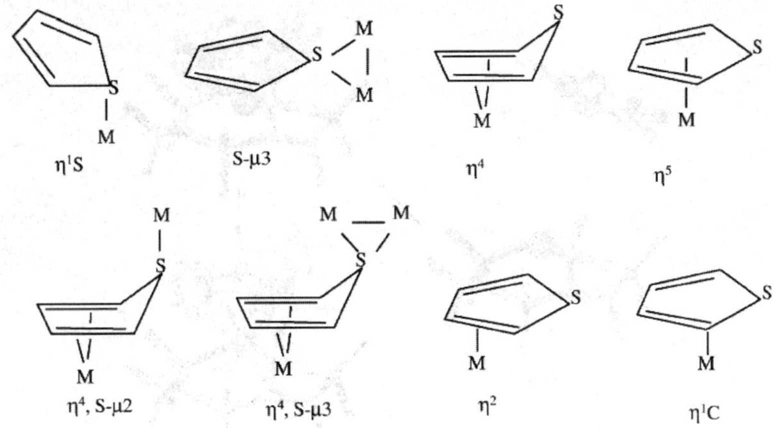

图 3 噻吩-金属配合物的结构

π 络合吸附脱硫就是基于吸附剂与含硫化合物之间形成的 π 络合键而开发的脱硫工艺。π 络合键的键能介于范德华力和化学键之间，属于弱化学键的范畴，但其键能大于酸碱作用，因此 π 络合吸附脱硫能够获得较物理吸附脱硫和酸性位吸附脱硫更好的脱硫效果。相对于化学键来说 π 络合键的键能较弱，吸附在吸附剂上的含硫化合物较容易脱附，失活吸附剂容易再生。近年来 π 络合吸附脱硫技术得到了迅速发展，在这方面 Yang 等人做出了突出贡献。

Yang 等人首先将 π 络合吸附技术应用于燃油的吸附脱硫，他们[26-27]考察了 Cu^+/Y、Ag^+/Y、HY 和 NaY 吸附噻吩-辛烷-苯中噻吩的能力，发现改性后的 Cu^+/Y 和 Ag^+/Y 吸附脱硫能力更强，而模拟化合物中苯的存在，会显著降低 Cu^+/Y 的脱硫能力，穿透硫容从 5.50%降为 0.75%，这主要是因为苯与噻吩一样也含有离域 π 键，从而与噻吩产生了竞争吸附。分子轨道理论(NBO)的计表明[28]，噻吩的吸附强度要大于苯，而 Cu^+的吸附强度大于 Ag^+，这与实验结果相吻合，这也从理论角度证明了 Cu^+/Y 和 Ag^+/Y 对噻吩的吸附属于 π 络合吸附。以 Cu^+为例，其与噻吩的 π 络合机理如图 4 所示[29]，噻吩环中的离域 π 电子向 Cu^+的 4s 空轨道的 σ-给予，Cu^+的 3d 电子向噻吩的 π^*轨道的 $d\rightarrow\pi^*$反馈，从而共同形成 π 络合吸附，在此过程中 $d\rightarrow\pi^*$反馈作用更重要。周丹红[28]等利用密度泛函理论(DFT)及自然轨道理论(NBO)研究了噻吩、苯并噻吩、二苯并噻吩、4,6-二甲基二苯并噻吩以及苯分子在 Cu^+/Y、Ag^+/Y 分子筛上的 π 络合吸附作用，但是他们认为噻吩在 Cu^+/Y 中的吸附主要是通过 Cu^+的 3d 轨道向噻吩 σ^*-轨道的 $d\rightarrow\sigma^*$反馈，而不是 $d\rightarrow\pi^*$反馈。但在苯的吸附上他们得出了相同的结论，苯的 π-络合吸附中，σ-给予是苯环 π 轨道向 Cu^+的 s 空轨道的电子流出，而 π-电子反馈是 Cu^+外层 3d 电子流向苯环 π^*-轨道，苯的 π-电子反馈作用更重要。Cu^+对噻吩的吸附能是苯的 1.2 倍，因此 Cu^+/Y 能够选择性的吸附噻吩，但是苯的存在也会产生竞争吸附，显著影响吸附剂的脱硫性能。

Yang 课题组在大量实验室研究的基础上，也对 π 络合吸附脱硫剂的工业化应用进行了大量的探索，并开发了 SelexsorbCDX-Cu^+/Y 技术。该技术在常温常压下进行，燃油与吸附剂在固定床反应器中接触，从而达到吸附脱硫的目的。他们[30]采用此技术考察了 Cu^+/Y 脱除真实汽油中含硫化合物的效果，结果表明 1g 吸附剂可以处理 14.7ml 含硫量为 335μg/g 的汽油，使其中的硫含量降为 0.28μg/g，在吸附过程中并不会引起汽油中其余成分的变化。而在 Cu^+/Y 吸附剂之前增加 30%的活性炭床层可以显著的提高吸附剂的脱硫能力[31]，吸附硫容从 0.17mmol/g 提高到 0.24mmol/g。

除 Cu^+/Y 外 Yang[32]还制备了 CuCl/AC，$PdCl_2$/AC 和 Pd/AC 三种吸附剂，用于脱除模拟航空煤油中噻吩，发现 $PdCl_2$/AC 的效果最好。失活吸附剂可以在 50℃用苯(30%)和辛烷(70%)的混合溶液再生，但再生率仅为 45%，而用超声波辅助可将再生率提高到 65%。由此可见，此类负载盐的吸附剂再生较为困难，为此，Yang[33-34]比较了 CuCl/MCM-41、$PdCl_2$/MCM-41、CuCl/SBA-15、$PdCl_2$/SBA-15、Cu_2O/SBA-15(700℃)、Cu_2O/MCM-41(550℃)、Cu_2O/MCM-41(700℃)7 种

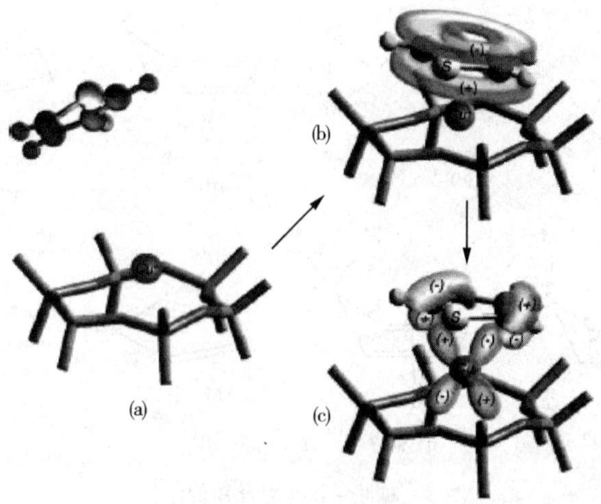

图4　Cu^{+}/Y 分子筛吸附噻吩的π络合机理示意图[29]

吸附剂的脱硫及再生性能，发现负载 Cu_2O 的吸附剂虽然其吸附硫容小于负载盐的吸附剂，但是可以通过焙烧来获得100%的再生。

总体来说，π络合吸附脱硫具有投资成本低、操作条件温和、不需要氢气、不会对辛烷值造成影响的优点，但目前还处在实验室研究阶段，并未见大型的工业化装置。π络合吸附脱硫要想实现工业化还有大量的问题亟待解决：首先，真实汽油体系中的芳香族化合物的烯烃会对噻吩类含硫化合物产生竞争吸附，严重影响吸附剂的硫容；其次，目前此类吸附剂中脱硫效果最好的 Cu^{+} 处于不稳定价态，在空气中很容被氧化为 Cu^{2+}，造成脱硫能力的严重下滑；最后，通过负载盐制备的吸附剂目前通常采用溶剂再生或用气体吹扫，但此类方法的再生率仅有50%左右，很难适应工业化生产的需求。

5　S-M 吸附脱硫

5.1　S-M 吸附剂

由图3可知，噻吩与金属离子除了可生成π络合键以外，也可以通过S原子直接与金属离子作用，生成S-M键，其键能要高于π络合键，因此开发基于S-M键的吸附剂可以获得较π络合吸附脱硫更高的硫容。Song[35]课题组在此方面做了大量的研究，噻吩、苯并噻吩的最高占据轨道(HOMO)位于S原子上，而苯及其同系物的HOMO位于苯的共轭六元环上，因此，通过过渡金属的最低未占轨道(LUMO)的电子与硫原子的相互作用，可以从芳烃中更好的选择吸附含硫化合物。

Song 等[36]考察了 Cu^{2+}/Y、Ni^{2+}/Y、Zn^{2+}/Y、Pd^{2+}/Y 和 Ce^{3+}/Y 的脱硫性能，结果显示 Ce^{3+}/Y 的脱硫效果最好，用于含硫量为750μg/g 的 JP-8 时的吸附硫容为4.5mg/g。静态吸附实验表明，Ce^{3+}/Y 对不同含硫化合物的吸附能力为：2-甲基噻吩>5-甲基噻吩>苯并噻吩，而动态吸附实验却得到了不同的结果：5-甲基噻吩>苯并噻吩>2-甲基噻吩。此现象正可以用S-M键来解释，静态吸附的作用时间足够长，含硫化合物可以充分与 Ce^{3+}/Y 中的活性组分 Ce^{3+} 相互作用，因此决定其吸附能力的因素主要是含硫化合物中S原子的电子密度，由于甲基是供电子基团，所以2-甲基噻吩中S原子的电子密度最大，所以其最容易吸附在吸附剂上。而在动态实验时，含硫化合物与 Ce^{3+} 的作用时间短，不能充分接触，2-甲基噻吩的甲基靠近S原子，形成位阻，使其不能与金属离子充分接触，因此对其吸附能力差。

除 Ce^{3+} 以外，Ni 也可以与含硫化合物形成S-M键，Song 等[37]在研究活性炭、Ni/SiO_2-Al_2O_3 和活性 Al_2O_3 脱硫性能时，发现活性炭主要是通过氢键来吸附，活性 Al_2O_3 主要靠酸碱相互作用来吸附，而 Ni/SiO_2-Al_2O_3 主要通过 Ni 与S原子的之间形成化学键来吸附。随之 Song 课题组考察了不同因素对 Ni 基吸附剂脱离性能的影响，他们[38]将 Ni/SiO_2-Al_2O_3 用于 JP-8 的吸附脱硫，发现先对 JP-8 进行精馏，然后再吸附脱硫，脱硫效果更佳，吸附硫容可以提高 2.5 倍。这主要是因为容易阻塞吸附剂的孔道的 C_3-BTs 经过精馏得到了分离。此外他们[39]还以 NH_4Y 和 KY 作为载体通过离子交换法制备了 NiY 吸附剂，发现 KY 的效果是 NH_4Y 的 3 倍，这主要是 K 的存在有助于 Ni 在分子筛表面的分布。

5.2 吸附脱硫工艺

在大量实验研究的基础上，Song[35]等人也对其工业化进行了探索，并提出了 SARS-HDSCS 工艺，其工艺流程如图 5 所示。

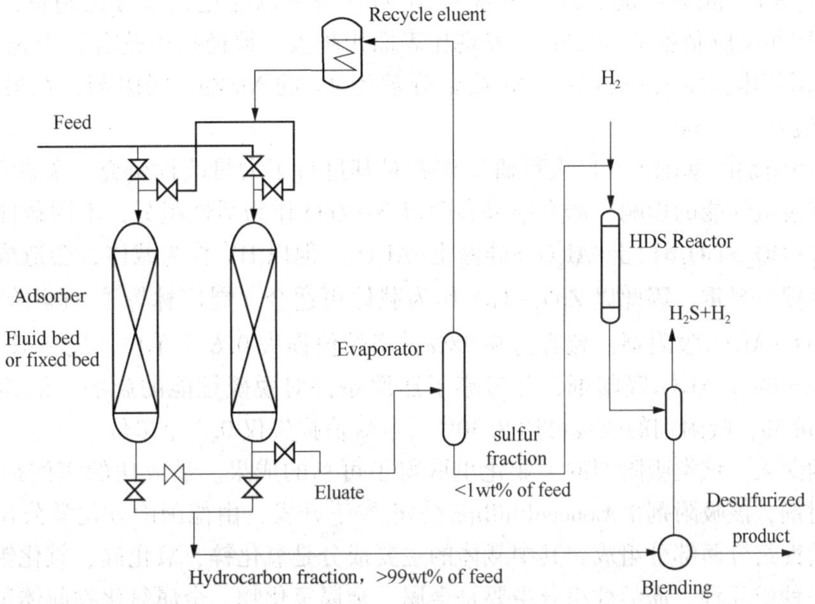

图 5 SARS-HDSCS 工艺流程图

和 Exxon 工艺相类似，SARS-HDSCS 工艺也是加氢脱硫与吸附脱硫的耦合，不同的是 SARS-HDSCS 工艺的原料油先经过吸附脱硫，然后再加氢脱硫。在吸附脱硫单元，原油与吸附剂充分作用，得到低硫馏分，吸附饱和的吸附剂，用溶剂脱附再生，再生后的含硫洗液先经过蒸发器进行浓缩，浓缩后的洗液再进行加氢脱硫，脱硫后的洗液与吸附后的低硫馏分混合，就可以得到低硫燃油。该工艺不仅可以实现油品的深度脱硫，而且可以避免对油品中的所有馏分进行加氢处理，降低了加氢负荷。

S-M 吸附脱硫是通过含硫化合物中的 S 原子与吸附剂之间的金属离子形成 S-M 键来实现的，由于 S-M 键的键能较强，并且可也解决芳烃与烯烃的竞争性吸附问题，因此此类吸附剂的吸附硫容一般较大，其余加氢脱硫配合使用，具有一定的工业化生产价值，是今后吸附脱硫技术发展的一个方向。

6 反应吸附脱硫技术

反应吸附脱硫技术(RADS)所涉及的做用力，不仅仅有 S-M 键的生成，还有 C-S 的断裂，吸附过程中燃油中的含硫化合物与吸附剂中的金属组分反应，S 原子以金属硫化物的形式吸附在吸附剂中，从而实现油品的脱硫。此技术仅吸附含硫化合物中的硫原子，剩余的烃类会释放到燃油中，因此脱硫过程中没有游离态 H_2S 的产生，这就避免了烯烃与 H_2S 作用生成硫醇的反应，故该工艺可以将燃油中的硫含量降到很低，是目前生产超低硫燃油的主要方法之一。

6.1 反应吸附脱硫吸附剂

RADS 技术最早的雏形可以追溯到 ZnO、MnO_2、CaO 等金属氧化物对气体中 H_2S 的脱除，近年来才将其用于燃油的脱硫。反应吸附脱硫所用吸附剂的主要成分一般为金属及其氧化物，最具代表性的是 Ni/ZnO 系吸附剂。IgorBezverkhyy 等[40]用 Na_2CO_3作为沉淀剂采用共沉淀法制备了 Ni/ZnO 吸附剂，发现预还原会降低脱硫性能，分析发现预还原会使部分 Ni 与 Zn 生成 Ni-Zn 合金，而 Ni-Zn 合金的存在不利于吸附剂的脱硫。然而 JingxinFan 等[41]却发现预还原有利于提高吸附剂的脱硫性能，他们在预还原后的吸附剂中并没有发现 Ni-Zn 合金的存在。LichunHuang 等[42]采用 Na_2CO_3作沉淀剂制备 Ni/ZnO 吸附剂时，发现 Na 离子的存在不利于吸附剂的脱硫。为解决 Na 离子的影响，以及确定预还原对脱硫性能的影响，魏延雨等[43]采用尿素作为沉淀剂，制备了 Ni/ZnO 吸附剂，该吸附剂还原后并不存在 Ni-Zn 合金，400℃、1.0MPa 下脱除模拟汽油中的噻吩，吸附剂的穿透硫容高达 13.8%。除共沉淀法外，吸附剂 Ni/ZnO 也可以通过其余方法制备，JingchengZhang 等[44]采用低温固相反应制备了 Ni/ZnO，发现比表面积越大，粒径越小越有利于脱硫性能的提高。徐文清等[45]采用等体积浸渍法制备了 Ni 质量分数为 4%的 Ni/ZnO 吸附剂，在最佳条件 380℃，2.0MPa 下吸附硫容为 2.54%。

在 Ni/ZnO 吸附剂的基础上，广大科研工作者对其进行了大量改性研究。孟璇等[46]系统研究了载体对吸附剂脱硫性能的影响。研究结果表明以 Ni/ZnO 作为活性组分，不同载体脱硫性能的顺序为：HY>ZrO_2-TiO_2>TiO_2>白土-Al_2O_3>硅藻土-Al_2O_3。但以 HY 作为载体，会造成大量烯烃的加氢饱和，辛烷值损失严重，因此以 ZrO_2-TiO_2作为载体更适合。周广林等[47]采用等体积浸渍法制备的 Ni/ZnO-SiO_2-Al_2O_3吸附剂，硫容为 9.98%，辛烷值损失 0.6 个单位。庞道双[48]用同样的方法制备了 Ni/ZnO-SiO_2-Al_2O_3吸附剂，并考察了还原条件对脱硫性能的影响，最佳的还原温度为 450℃，还原时间 5h，吸附剂的硫容可达 8.30%，辛烷值损失仅 0.3 个单位。

随着研究的深入，该类吸附剂的工业化也取得了可喜的成果。最成功的实例是与 S Zorb 工艺配套的专利吸附剂，该吸附剂由 ConocoPhillips 公司[49~52]开发，由德国南方化学公司制造。吸附剂主要由载体和活性组分两部分组成，其中载体的主要成分是氧化锌、氧化硅、氧化铝、钛酸锌和钙的化合物中的一种或几种。而活性组分主要是金属、金属氧化物、金属氧化物前体等。经过不懈的努力，S Zorb 配套吸附剂的国产化也取得了可喜的进展，中国石化石油化工科学研究院[53]开发的由金属及其氧化物和 SiO_2等组成的吸附剂目前已用于 S Zorb 工艺，装置运行平稳后，国产吸附剂脱硫活性更高，可将汽油产品的硫质量分数控制在 8ug/g 以下，汽油硫含量完全达到了国五汽油标准的要求[54]。

6.2 反应吸附脱硫机理

为了从本质上认识反应吸附脱脱硫的历程，从而为吸附剂的开发提供理论依据，大量科研工作者对反应吸附脱硫机理进行了深入研究，并取得了可喜的成果。Tawara 等[55~56]人用 Ni/ZnO 脱除煤油中的含硫化合物时发现在 H_2氛围中，Ni 原子首先与含硫化合物反应生成 NiS，然后 S 原子由 NiS 转移到 ZnO 生成 ZnS，Ni 得到还原再生[57]。在此基础上，Moulijn[58]经过大量研究提出了 Ni/ZnO 反应吸附脱硫的机理(见图 6)，这也是目前公认的反应吸附脱离机理。

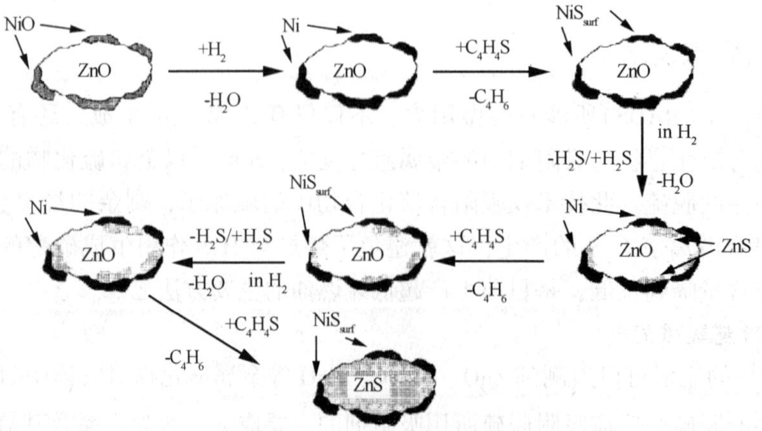

图 6 反应吸附脱硫机理[60]

反应吸附脱硫的具体历程如下：高温下吸附剂中的 NiO 首先被氢气还原为金属 Ni 原子，而后汽油中的噻吩类化合物与金属 Ni 原子相互作用生成 NiS，剩余的烃类释放到汽油中。H_2氛围中生成的 NiS 会被 H_2还原为金属 Ni 原子，并释放出 H_2S，其中的活性组分金属 Ni 原子得到再生。生成的 H_2S 能够被 ZnO 迅速捕捉，并以 ZnS 的形式吸附在吸附剂中。再生的金属 Ni 原子可以继续参加反应，随着反应的进行，ZnO 由外到内逐渐被硫化，当反应进行到一定程度，ZnO 会全部变为 ZnS，此时吸附剂不再具备吸附脱硫功能，吸附剂失活。因此在反应吸附脱硫过程中 Ni 原子决定吸附剂的脱硫活性，而 ZnO 却决定吸附剂的硫容。

6.3 脱硫工艺

随着反应吸附脱硫研究的深入，其工业化进程取得了可喜的成果，最具代表性的有 RIT（Research Triangle Institute）公司的 TReND（transport reactor fornaphtha desulfurization）工艺和 ConocoPhillips 公司的 S Zorb 工艺。

6.3.1 TReND 工艺

RTI 公司开发的 TReND 工艺是基于负载型金属氧化物吸附剂的反应吸附脱硫工艺。该工艺的特点是采用类似于催化裂化过程中的移动床反应器，气相吸附燃油中的含硫化合物。在 426～535℃，临氢条件下，该工艺可以很好的脱除燃油中的硫醇及噻吩类化合物，辛烷值损失仅为 0.2 个单位。

6.3.2 S Zorb 工艺

ConocoPhillips 公司开发的 S Zorb 工艺是另一种反应吸附脱硫工艺，其主要针对 FCC 汽油脱硫，具有脱硫率高和辛烷值损失小的特点。该技术的首套示范装置于 2001 年在美国 Borger 炼油厂投产，取得了很好的脱硫效果。2007 年中国石化整体购买了该技术，成为目前国内生产低硫含量汽油的主要技术。该工艺的流程如图 7 所示[54]。

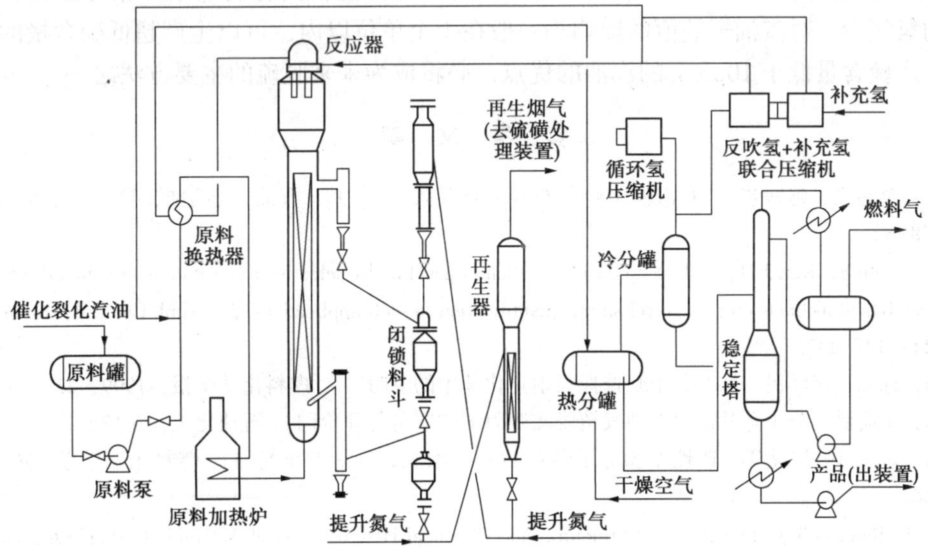

图 7　S Zorb 工艺流程图

S Zorb 工艺主要包括反应吸附脱硫系统、再生系统和还原系统三部分。反应吸附脱硫系统是该工艺最重要的部分，发生的主要反应为：含硫化合物的吸附、烯烃的加氢饱以及烯烃的异构化反应。再生系统和还原系统是吸附剂的再生循环过程，主要反应为吸附剂的氧化还原。S Zorb 工艺的主要流程为：原料油加压后先与循环 H_2混合，然后再换热器中与反应产物进行换热，初步加热的混合气再在加热炉中进一步加热。达到反应温度的混合气体，通过从底部进入流化床反应器，在反应器中与吸附剂相互作用，发生吸附脱硫反应，脱硫后的混合气气固分离后经过热分罐和冷分罐进入稳定系统，汽油产品从稳定塔塔底送出装置。失活吸附剂再生循环时工艺能否连续化生产的关键，循环路线为：失活的吸附剂首先通过反应器溢流横管进入接收器，经热 H_2 提升后进入闭锁料斗，再通入氮气吹扫置换后，进入再生系统进行吸附剂氧化再生，再生后的吸附剂进入闭锁料斗，氮气置换后，进入还原器中进行还原，还原后的吸附剂返回到反应器中继续进行脱硫反应。

S Zorb 工艺是目前生产国Ⅴ汽油的主要工艺，其反应条件相对温和，脱硫过程中所需要的氢气少，对汽油辛烷值的影响小，一般在 1 个单位以内，可以生产超低硫含量的汽油，近年来也将其应用于柴油的脱硫。随着我国对汽油标准的要求越来越高，反应吸附脱硫技术将是未来脱硫工艺研究的热点。

7 结论

ADS 技术作为吸附脱硫技术的补充，近年来得到了迅速的发展，目前研究方向还主要集中在新型吸附剂的开发上。在 ADS 技术中，除反应吸附脱硫实现了工业化生产外，其余脱硫方法都还处在实验室研究阶段。物理吸附脱硫所涉及的作用力为分子扩散的阻力，作用力弱，不同分子间的差异小，因此此类吸附剂的硫容小，选择性差，很难满足工业化生产的要求。酸性位吸附脱硫是依靠酸碱之间的相互作用来实现脱硫目的的，含硫化合物属于弱碱，因此在吸附过程中，作用力较弱，因此吸附剂的硫容也不大，也难以满足工业化生产的需求。π 络合吸附脱硫依靠的是 π 络合键，其键能适中，因此该吸附剂的吸附硫容较大，具有工业化应用前景，但是其再生存在问题，需要开发新的再生方法。由于该工艺具有反应条件温和、设备简单、操作方便、不需要氢气的优点，工业化一旦成功将较具有很大竞争优势。而 S-M 吸附脱硫所涉及的作用力为 S-M 键，键能大，对含硫化合物的吸附稳定，再生可以通过高温焙烧，具有很高的工业化价值，是今后吸附脱硫研究的另一个方向。

反应吸附脱硫作为 ADS 唯一一个工业化成功的脱硫方法，具有反应条件相对温和、脱硫过程中所需要的氢气少、对汽油辛烷值的影响小一般在 1 个单位以内、可以生产超低硫含量的汽油、能够连续化生产硫含量低于 10μg/g 的汽油的优点，必将成为未来脱硫的主要方法之一。

参 考 文 献

[1] 山红红，李春义，赵博艺. FCC 汽油中硫分布和催化脱硫研究[J]. 石油大学学报(自然科学版)，2001，25(6)：78-82.

[2] Ma X L，Velu S，Kim J H，etal. Deep desulfurization of gasoline by selective adsorption over solid adsorbents and impact of analytical methods on ppm-level sulfur quantification for cell applications[J]. Appl. Catal. B：Environ.，2005，56(1/2)：137-147.

[3] 罗国华，徐新，佟泽民. 沸石分子筛选择吸附焦化苯中的噻吩[J]. 燃料化学学报，1999，27(5)：476-480.

[4] 周广林，王晓胜. 分子筛基液化石油气精脱硫吸附剂的制备与评价[J]. 石油化工，2013，42(3)：286-191.

[5] 董世伟，秦玉才，阮艳军. 改性 Y 型分子筛对 FCC 汽油脱硫性能的研究[J]. 燃料化学学报，2013，41(3)：341-346.

[6] Ania C O. Bandosz T J. Importance of Structural and Chemical Heterogeneity of Activated Carbon Surfaces for Adsorption of Dibenzothiophene[J]. Langmuir，2005，21(17)：7752-7759.

[7] MIKHAIL S，ZAKI T，KHALIL L. Desulfurization by an economically adsorption technique[J]. Appl Catal A，2002，227(1/2)：265-278.

[8] Jae Hyung Kim，Xiaoliang Ma，Anning Zhou，et al. Ultra-deep desulfurization and denitrogenation of diesel fuel by selective adsorption over three different adsorbents：A studyon adsorptive selectivity and mechanism[J]. Catalysis Today，2006，111(1)：74-83.

[9] Jiang Z，Liu Y，Sun X，et a1. Activated carbons chemically modified by concentrated H_2SO_4 for the adsorption of the pollutants from waste water and the dibenzothiophene from fuel oils[J]. Langmuir，2003，19(3)：731-736.

[10] 于维钊，郑经堂，何小超. 活性炭吸附脱硫机理的硬软酸碱理论研究[J]. 石油化工，2008，37(12)：

1270-1275.
[11] 于维钊，炭基材料的汽油吸附脱硫研究，博士论文，中国石油大学(华东)，2008.
[12] 蒋宗轩，吸附和氧化-萃取(吸附)用于柴油超深度脱硫研究，博士论文，中国科学研究院，2003.
[13] 彭国峰，FCC 汽油静态吸附脱硫的研究[J]. 精细石油化工进展，2008，9(12)：37-40.
[14] Hisham S. Bamufleh. Single and binary sulfur removal components from model diesel fuel using granular activated carbon from dates' stones activated by $ZnCl_2$[J]. Applied Catalysis A: General, 2009, 365(2): 153-158.
[15] 余谟鑫，李忠，夏启斌．活性炭表面负载金属离子对其吸附苯并噻吩的影响[J]. 化工学报，2006，57(8)：1943-1948.
[16] Shao X, Duan L, Wu, et al. Efect of Surface Acidity of CuO-SBA-15 on Adsorptive Desulfurization of Fue1 oil[J]. Acta Phys. Chim. Sin. 2012, 28(6): 1467-1473.
[17] Yuhe Wang, Ralph T. Yang. Desulfurization of Jet Fuel JP-5 Light Fraction by MCM-41 and SBA-15 Supported Cuprous Oxide for Fuel Cell Applications[J]. Ind. Eng. Chem. Res., 2009, 48(1): 142-147.
[18] Jung Geun Park, Chang Hyun Ko, Kwang Bok Yi, et al. Reactive adsorption of sulfur compounds in diesel on nickel supported on mesoporous silica[J], Applied Catalysis B: Environmental, 2008, 81: 244-250.
[19] 李武．有序介孔材料 SBA-15/Cu(Ⅰ)分离噻吩的研究，硕士论文，天津大学，2007
[20] 闫武敏，载金属离子的 X 型分子筛吸附脱硫性能的研究，硕士论文，南京工业大学，2006.
[21] lrvine R L. Process for Desulfurizing Gasoline and Hydrocarbon Fedstocks. US 5730860. 1998.
[22] lrvine R L, Benson B A, Frye R A. IRVAD Process-low Cost Breakthrough for Low Sulfur Gasoline. NPRA Annual Meeting. 1999.
[23] 张晓静，秦如意，刘金龙．催化裂化汽油非临氢吸附脱硫新技术[J]. 2003，33(1)：11-14.
[24] Teh C. Deep Desulfufization of Distillate Fuels. US 5454933, 1995.
[25] X. Ma, L. Sun, C. Song. A new approach to deep desulfurization of gasoline, diesel fuel and jet fuel by selective adsorption for ultra-clean fuels and for fuel cell applications[J]. Catal. Today, 2002, 77(1): 107-116.
[26] Takahashi A, Yang F H, Yang R T. New sorbents for desulfurization by π-complexation: Thiophene/benzene adsorption[J]. Ind Eng Chem Res, 2002, 41(10): 2487-2496.
[27] Arturo J., Hernandez-Maldonado, Ralph T. Yang. Desulfurization of liquid fuels by adsorption via π-complexation with Cu(Ⅰ)-Y and Ag-Y zeolites[J]. Ind. Eng. Chem. Res., 2003, 42(1): 123-129.
[28] 周丹红，王玉清，贺宁．Cu(Ⅰ)，Ag(Ⅰ)/分子筛化学吸附脱硫的 π 络合机理[J]. 物理化学学报，2006，22(5)：542-547.
[29] Arturo J. Hernandez-Maldonado, Ralph T. Yang. Desulfurization of transportation fuels by p-complexation sorbents: Cu(Ⅰ)-, Ni(Ⅱ)-, and Zn(Ⅱ) zeolites[J]. Applied Catalysis B: Environmental, 2005, 56 (1/2): 111-126.
[30] Arturo J., Hernandez-Maldonado, Ralph T. Yang. Desulfurization of commercial liquid fuels by selective adsorption via π-complexation with Cu(Ⅰ)-Y zeolite[J]. Ind. Eng. Chem. Res., 2003, 42(13): 3103-3110.
[31] Arturo J., Hernandez-Maldonado, Ralph T. Yang. New sorbents for desulfurization of diesel fuels via π-Complexation[J]. AIChE Journal, 2004, 50(4): 791-801.
[32] Yuhe Wang, Ralph T. Yang. Desulfurization of liquid fuels by adsorption on carbon-based sorbents andultrasound-assisted sorbent regeneration[J]. Langmuir, 2007, 23(7): 3825-3831.
[33] Yuhe Wang, Ralph T. Yang, John M. et al. Desulfurization of jet fuel by π-complexation adsorption with metal halides supported on MCM-41 and SBA-15 mesoporous materials[J]. Chemical Engineering Science, 2008, 63(2): 356-365.
[34] Yuhe Wang, Ralph T. Yang. Desulfurization of jet fuel JP-5 light fraction by MCM-41 and SBA-15 supported cuprous oxide for fuel cell applications[J]. Ind. Eng. Chem. Res., 2009, 48(1): 142-147.
[35] Xiaoliang Ma, Lu Sun, Chunshan Song. A new approach to deep desulfurization of gasoline, diesel fuel and jet fuel by selective adsorption for ultra-clean fuels and for fuel cell applications[J]. Catalysis Today, 2002, 77(1): 107-116.
[36] S. Velu, Xiaoliang Ma, Chunshan Song. Selective adsorption for removing sulfur from jet fuel over zeolite-based adsorbents[J]. Ind. Eng. Chem. Res. 2003, 42(21): 5293-5304.
[37] Jae Hyung Kim, Xiaoliang Ma, Chunshan Song. Ultra-deep desulfurization and denitrogenation of diesel fuel by se-

lective adsorption over three different adsorbents: A study on adsorptive selectivity and mechanism[J]. Catalysis Today, 2006, 111(1): 74 - 83.

[38] Subramani Velu, Xialiang Ma, Chunshan Song. Desulfurization of JP-8 jet fuel by selective adsorption over a Ni-based adsorbent for micro solid oxide fuel cells[J]. Energy & Fuels, 2005, 19(3): 1116-1125.

[39] Subramani Velu, Chunshan Song, Mark H. Engelhard. Adsorptive removal of organic sulfur compounds from jet fuel over K-exchanged NiY zeolites prepared by impregnation and ion exchange[J]. Ind. Eng. Chem. Res., 2005, 44(15): 5740-5749.

[40] Andrey Ryzhikov, Igor Bezverkhyy, Jean-Pierre Bellat. Reactive adsorption of thiophene on Ni/ZnO: Role of hydrogen pretreatment and nature of the rate determining step[J]. Applied Catalysis B: Environmental, 2008, 84(3): 766-772.

[41] Jingxin Fan, Gang Wang, Yu Sun, Chunming Xu, et al. Research on Reactive Adsorption Desulfurization over Ni/ZnO-SiO_2-Al_2O_3 Adsorbent in a Fixed-Fluidized Bed Reactor[J]. Ind. Eng. Chem. Res., 2010, 49(18): 8450-8460.

[42] Lichun Huang, Zhangfeng Qin, Guofu Wang, et al. A detailed study on the negative effect of residual sodium on the performance of Ni/ZnO adsorbent for diesel fuel desulfurization[J]. Ind. Eng. Chem. Res., 2010, 49(10): 4670-4675.

[43] 魏延雨, 李永红, 孔爱华. Ni-Zn复合氧化物用于反应吸附脱除噻吩[J]. 石油学报(石油加工), 2013, 29(2): 214-222.

[44] Jingcheng Zhang, Yunqi Liu, Shuang Tian, et al, Reactive adsorption of thiophene on Ni/ZnO adsorbent: Effect of ZnO textural structure on the desulfurization activity[J]. Journal of Natural Gas Chemistry, 2010, 19(3): 327-332.

[45] 徐文清, 熊纯清, 周广林. Ni/ZnO吸附剂脱除催化裂化汽油中的硫[J]. 石油学报(石油加工), 2008, 24(6): 739-743.

[46] 孟璇. 催化裂化汽油S Zorb反应吸附脱硫工艺吸附剂的研究. 博士论文, 华东理工大学, 2012.

[47] 周广林, 孙文艳, 姜伟丽. Ni/ZnO-SiO2-Al2O3吸附剂上加氢汽油的深度临氢吸附脱硫[J]. 石油炼制与化工, 2013, 44(7): 17-21.

[48] 庞道双, 张文慧, 周广林. 还原条件对脱硫吸附剂Ni/ZnO-SiO2-A12O3结构和脱硫性能的影响[J]. 合成技术及应用, 2011, 26(3): 22-26.

[49] 菲利浦石油公司, 吸附剂组合物、其生产方法及其在脱硫中的用途, 中国专利, B01J20/00, 00808908.6, 2000.

[50] 菲利浦石油公司, 吸附剂组合物、其生产方法及其在脱硫中的用途, 中国专利, B01J20/06, 00808906.X, 2000.

[51] 菲利浦石油公司, 脱硫方法及用于脱硫的新吸附剂, 中国专利, B01J20/02, 00814486.9, 2000.

[52] 菲利浦石油公司, 脱硫方法及用于脱硫的新吸附剂, 中国专利, C10G29/02, 00814798.1, 2000.

[53] 中国石油化工股份有限公司, 脱硫和用于脱硫的新方法, 中国专利, C10G29/00, 0034200.8, 2005.

[54] 姚智, 杨远行, 王万新. 国产吸附剂在S Zorb汽油吸附脱硫装置上的工业应用[J]. 石油炼制与化工, 2013, 44(5): 43-46.

[55] K. Tawara, T. Nishimura, H. Iwanami, et al, New hydrodesulfurization catalyst for petroleumfed fuel cell vehicles and cogenerations[J]. Ind. Eng. Chem. Res., 2001, 40(10): 2367-2370.

[56] K. Tawara, J. Imai, H. Iwanami, Ultra-deep hydrodesulfurization of kerosene for fuel cell system. Part 1. Evaluations of conventional catalysts[J]. Sekiyu Gakkaishi, 2000, 43(2): 105-113.

[57] K. Tawara, T. Nishimura, H. Iwanami, Ultra-deep hydrodesulfurization of kerosene for fuel cell system. Part 2. Regeneration of sulfur-poisoned nickel catalyst in hydrogen and finding of autoregenerative nickel catalyst[J]. Sekiyu Gakkaishi, 2000, 43(2): 114-120.

[58] I. V. Babich, J. A. Moulijn, Science and technology of novel processes for deep desulfurization of oil refinery streams: a review[J]. Fuel, 2003, 82(6): 607-631.

YD-CADS汽油超深度催化吸附脱硫技术开发应用

罗万明[1] 金德浩[1] 刘宏伟[1] 王军峰[1] 李铖[1] 蒋宗轩[2] 刘铁峰[2]

（1. 陕西延长石油集团炼化公司，陕西洛川 727406；
2. 中科院大连化学物理研究所，辽宁大连 116023）

摘 要：陕西延长石油集团炼化公司和中科院大连化物所共同开发的YD-CADS汽油固定床超深度催化吸附脱硫组合技术，以全馏分FCC汽油为原料生产超低硫清洁汽油。该技术采用脱二烯烃和催化吸附脱硫串联固定床工艺，具有流程短、投资低、占地少、操作简单等优点，中试结果表明：在处理硫含量约100μg/g的FCC汽油时，汽油产品硫含量小于10μg/g，烯烃饱和小于2%，RON损失在0.8个单位以下，液体收率在99.9%以上，氢耗在0.2%以下。

关键词：FCC汽油 脱二烯烃 催化吸附脱硫 固定床

1 前言

近年来随着全球环保意识的逐步增强和许多城市出现雾霾的天数增多，世界各国纷纷制定日益严格的汽车尾气排放标准，许多国家的法律法规也要求生产更环保的超低硫汽油[1~4]，我国对汽油硫指标要求也越来越高。继北京2012年5月起执行京Ⅴ标准汽油后，2014年起已在全国范围执行国Ⅳ标准汽油，并将在2018年起执行低于10μg/g的超低硫汽油国Ⅴ标准[5]，因此，生产低硫或甚至无硫汽油成为一项非常紧迫的任务。在我国汽油组分中，FCC汽油约占50%~80%，成品汽油中90%以上的硫来自FCC汽油组分，降低FCC汽油组分中的硫是满足生产超低硫汽油的关键。现有许多脱硫技术可生产低硫汽油，主流为选择性加氢（HDS）技术[6]，主要有ExxonMobil公司SCAN-fining工艺[7,8]、UOP公司ISAL工艺[9]、Axens公司的Prime-G$^+$工艺[10]、CDTECH公司催化蒸馏技术[10,11]、中石化石科院RSDS系列[12,13]和抚研院OCT系列[14~17]等技术，这些技术大多针对硫含量小于50μg/g开发的，RON损失小于3个单位；也有针对硫含量小于10μg/g开发的技术，如吸附脱硫（ADS）技术[18,19]，主要有康菲石油公司开发和中石化改进完善的S Zorb工艺[20~25]。面对超低硫或无硫清洁汽油生产需求，以上的技术在脱硫深度、能耗、操作难易程度及投资等方面还有升级改进的潜力。

延长石油汽油组分结构主要为60%的FCC汽油、30%的重整汽油和10%的醚化汽油，且FCC汽油组分中的硫含量60~150μg/g，汽油中的硫主要以硫醇（RSH）、硫醚（RSR）、二硫化物（RSSR）、噻吩及其衍生物、以及苯并噻吩及其衍生物等形式存在，针对该汽油原料，延长石油炼化公司和中科院大连化物所合作研究，以吸附脱硫为基础进行研究开发全馏分FCC汽油脱硫工艺技术，并攻克了二烯烃结焦问题，配套研发了脱二烯烃和吸附脱硫催化剂。

2 YD-CADS工艺技术开发

通过对FCC汽油原料性质和ADS原理的深入研究，结合行业现有脱硫技术水平，我们将脱硫技术研究重点方向定为催化吸附脱硫（CADS），以此为基础开发了YD-CADS汽油固定床超深度催化吸附脱硫组合技术工艺。该工艺由选择加氢脱二烯烃与催化吸附超深度脱硫进行组合，采用固定床工艺流程，2013年7月进行了10kt/a中试装置运行，各项技术指标达到了预期目的。

2.1 YD-CADS 工艺原理

在固定床反应器中，在较温和的反应条件下(氢分压<1.5MPa、温度<400℃)，以 FCC 汽油和氢气为原料，经选择加氢反应脱除 FCC 汽油原料中的大部分二烯烃至要求值后，运用催化吸附的方法脱除 FCC 汽油中的有机硫化物，并尽可能保持其辛烷值损失最小。催化吸附脱硫原理见图 1。

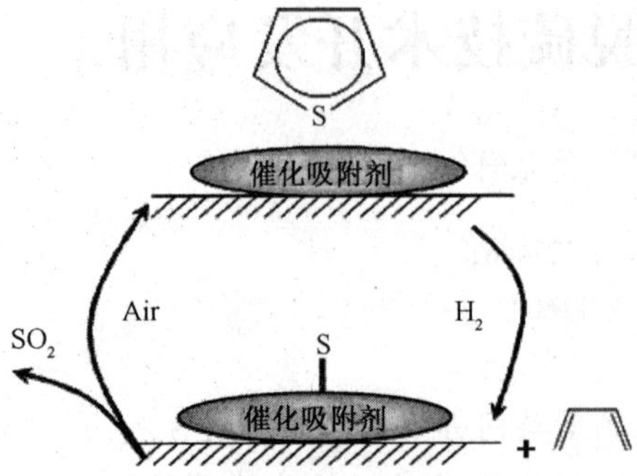

图 1 催化吸附脱硫原理

化学反应式：$C_4H_4S+H_2+MO \xrightarrow{cat} C_4H_4+H_2O+MS$

2.2 YD-CADS 工艺流程

该工艺流程较短，主要由原料缓冲、脱二烯和吸附脱硫、产品分离组成，催化汽油原料进入原料缓冲罐中，通过原料油泵增压，与氢气混合后经过反应产物-反应进料换热器进入反应器。通过反应器脱二烯烃后，经反应产物-反应进料换热器，经加热炉升温后进入反应器，通过反应器吸附脱硫后，进入反应产物-反应进料换热器、反应产物冷却器冷却后进入气液分离器进行油、气、水分离，分别送出装置。YD-CADS 原则工艺流程见图 2。

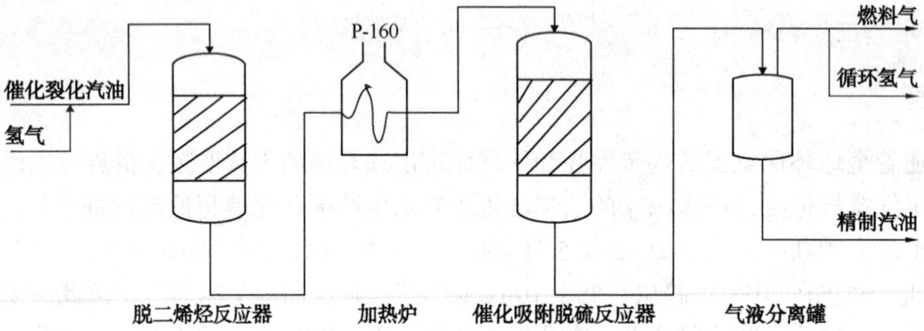

图 2 YD-CADS 原则工艺流程

3 YD-CADS 工艺技术中试结果

3.1 YD-CADS 工艺中试装置以延长石油 FCC 汽油为原料，操作参数、原料和产品性质等指标中试情况见表 1。

表 1 中试情况

项目	时间		
	2013.7	2013.11	2013.12
原料			
硫含量/(μg/g)	105.6	112.8	89.5
RON	88.1	88.5	88.2
烯烃含量/%(体积分数)	25	25	23
二烯值含量/(gI_2/100g)	0.78	0.96	0.68
脱二烯烃			
反应温度/℃	115	150	143
氢分压/MPa	1.20	1.32	0.98
体积空速/h^{-1}	1	2	2

续表

项目	时间		
	2013.7	2013.11	2013.12
催化吸附脱硫			
反应温度/℃	310	370	355
氢分压/MPa	1.10	1.22	0.91
体积空速/h^{-1}	1	2	2
氢油体积比(体积比)	55：1	75：1	60：1
产品			
硫含量/(μg/g)	2.4	6.2	5.1
RON	87.3	88.1	87.5
二烯值含量/(gI_2/100g)	0.02	0.06	0.04
烯烃含量/%(体积分数)	23.5	23.1	21.6
汽油收率/%(质量分数)	100.2	99.9	99.9
化学氢耗/%(质量分数)	0.16	0.19	0.17

3.2 中试结果分析

由表1可看出，原料硫含量在100μg/g左右，*RON* 约88~88.5，由于催化裂化装置采用MIP技术，烯烃含量在25%左右，二烯值约1gI_2/100g。用于万吨级中试原料性质相对稳定，并且硫含量较低，烯烃含量较低。

从产品分析数据来看，产品硫含量平均小于8μg/g，脱硫率在92%以上；二烯烃脱除效果较好，脱后二烯值在0.08gI_2/100g以下，可有效缓解吸附反应进料结焦问题；烯烃饱和在2%以下，RON损失在0.8个单位以下，有效的保持RON损失较小。

从操作参数来看，反应氢分压在1.0~1.8MPa；反应温度在300~380℃；利用氢纯度为88%的重整氢气时，氢油体积比约(50~100)：1，根据实验氢气纯度大于20%时可满足生产需求，但氢油体积比需放大，增加了氢气压缩机投资和运行成本，氢耗较低，在0.18m%以下；由于采用催化吸附脱硫技术，选择性较强，汽油目的产品收率较高，在99.9%以上；采用集散型DCS控制系统，从中试操作来看，操作较简单，整套装置由现有精制岗位操作工兼职操作，运行平稳，在中试过程中没有增加岗位人员；由以上操作参数可知，该工艺操作条件较缓和，操作难度低，目的产品收率高。

4 结论

(1)由中试结果表明，YD-CADS工艺操作条件缓和，原料中二烯值由0.8gI_2/100g脱至0.1gI_2/100g以下，经催化吸附脱硫处理全馏分FCC汽油后，原料油中硫含量由100μg/g降至10μg/g以下，RON损失在0.8个单位以下，烯烃饱和在2%以下，液体收率在99.9%以上，氢耗在0.2%以下。经装置连续运行验证了该技术具有良好的脱硫选择性和辛烷值的保持能力，特别是在处理硫含量在100μg/g以内的FCC汽油具有突出优势。

(2)由图2可知，YD-CADS工艺具有流程短、占地少、投资小、设备数量少，且全部国产化、固定床反应器操作简单等优点，体现了用最简单的方法去解决较复杂的难题理念，特别是处理低硫原料具有的突出优势，可与选择性加氢技术进行互补生产国Ⅴ标准汽油。

(3)该技术的成功开发，为清洁油品生产提供了技术选择。

参 考 文 献

[1] C. S. Song, An overview of new approaches to deep desulfurization for ultra - clean gasoline, diesel fuel and jet fuel. Catal. Today, 2003, (86): 211-263.

[2] C. Song, X. L. Ma, New design approaches to ultra - clean diesel fuels by deep desulfurization and deep dearomatization. Appl. Catal. B, 2003, (41): 207-238.

[3] A. J. Hernandez-Maldonado, R. T. Yang, Desulfurization of transportation fuels by adsorption. Catal. Rev. -Sci. Eng, 2004, (46): 111-150.

[4] I. V. Babich, J. A. Moulijn, Science and technology of novel processes for deep desulfurization of oil refinery streams: A review. Fuel, 2003, (82): 607-631.

[5] GB 17930—2013 车用汽油标准. 2013: 3-10.

[6] 钱伯章等. 低硫和超低硫汽油生产技术进展. 天然气与石油, 2008, 26(2).

[7] 高道伟等. FCC 汽油加氢脱硫工艺技术研究进展. 石油与天然气化工, 2013, (3).

[8] BrignacGB. TheSCANfiningHydrotreatmentProcess[J]. WorldRefining, 2000, 10(7): 14-18.

[9] RarrevoJD. Catalystselectexperienceforhydrotreating[J]. Oil&Gasj, 2000, 10(7): 14-18.

[10] 刘利. 催化裂化汽油脱硫技术方案对比与应用研分析[J]. 炼油技术与工程, 2008, 38(11): 11-14.

[11] K. L. Rock, Ultra-low sulfur gasoline via catalytic distillation, in: Proceedings of the Fifth International Conference on Refinery Processing, AIChE 2002 Spring National Meeting, New Orleans, LA, 2002, 200-205.

[12] 李明丰, 夏国富等, 催化裂化汽油选择性加氢脱硫催化剂 RSDS-1 的开发[J]. 石油炼制与化工, 2003, 34(7): 1-4.

[13] 陈勇, 习远兵等. 第二代催化裂化汽油选择性加氢脱硫(RSDS-Ⅱ)技术的中试研究及工业应用[J]. 石油炼制与化工, 2011, 42(10): 5-8.

[14] 赵乐平, 周勇等. OCT-M 催化裂化汽油选择性加氢脱硫技术[J]. 炼油技术与工程, 2004, 34(2): 6-8.

[15] 赵乐平, 方向晨等. 催化裂化汽油选择性深度加氢脱硫技术 OCT-MD 的开发[J]. 炼油技术与工程, 2008, 38(7): 3-6.

[16] 赵乐平, 关明华等. OCT-ME 催化裂化汽油超深度加氢脱硫技术的开发[J]. 石油炼制与化工, 2012, 43(8): 13-15.

[17] 吴潮汉, 庄宇等. OCT-ME 超深度加氢脱硫汽油技术工业应用[J]. 炼油技术与工程, 2014, 44(1): 39-41.

[18] 朱云霞, 徐惠, S Zorb 技术的完善及发展[J]. 炼油技术与工程, 2009, 39(8): 7-12.

[19] C. S. Song, X. L. Ma, Ultra-deep desulfurization of liquid hydrocarbon fuels: chemistry and process. Inter. J. Green Energy 2004, (1): 167-191.

[20] Pete C. Stynes; Terry Shepherd; Max Thompson; Dennis Kidd; Chris Covert Innovation key to new technology project success Phillips S Zorb becomes low sulfur gasoline solution NPRA 2001 Annual Meeting, AM-01-43, New Orleans, LA, 2001

[21] 张晓静, 秦如意, 刘金龙, 胡滨, 李燕. FCC 汽油吸附脱硫工艺的研究. 石油炼制与化工, 2003, 34(3): 24-27.

[22] Z. X. Jiang, Y. Liu, M. P. Sun, Z. Q. Shen, C. R. Han, C. Li, Adsorption of dibenzothiophene on modified activated carbons for ultra-deep desulfurization of fuel oils. Chin. J. Catal. 2003, (24): 649-650.

[23] J. C. Zhang, L. F. Song, J. Y. Hu, S. L. Ong, W. J. Ng, L. Y. Lee, Y. H. Wang, J. G. Zhao, R. Y. Ma, Investigation on gasoline deep desulfurization for fuel cell applications. Energy Conversion And Management 2005, (46): 1-9.

[24] Laan J V. S Zorb 脱硫技术新进展[J]. 国际炼油与石化, 2005, (4).

[25] 李鹏, 田健辉, 汽油吸附脱硫 S Zorb 技术进展综述炼油技术与工程, 2014, 44(1): 1-6.

2.0Mt/a 高压加氢装置腐蚀分析与对策

杨有亮

（中国石化北京燕山分公司，北京　100012）

摘　要：2.0Mt/a 高压加氢装置高压换热器和高压空冷均出现过腐蚀泄漏，危及装置长周期安全稳定运行。结合装置实际发生的腐蚀问题，分析了高压设备腐蚀泄漏的原因、加氢装置腐蚀机理和重点部位的腐蚀类型，根据装置操作和设计现状，从工艺设计、工艺操作、设备设计方面提出了规范注水、合理选材和加强注剂监控等防腐的措施，还进一步分析了高压加氢装置连续注水部位、含硫污水 pH 值显碱性等细节问题。

关键词：加氢　高压换热器　高压空冷　腐蚀　泄漏

1　前言

根据统计，2008~2011 年，中国石化范围内蒸馏、焦化和加氢等主要炼油生产装置中，因腐蚀泄漏导致非计划停工的有 18 套，其中加氢裂化装置占 8 套。在这些加氢裂化装置中，因高压换热器和高压空冷泄漏导致非计划停工的各占 3 套，占加氢装置非计划停工的 75%。随着原油的劣质化，腐蚀问题已成为影响炼油装置长周期运行的主要影响因素，而高压换热器和高空冷腐蚀泄漏是导致加氢装置非计划停工的主要影响因素，也严重影响了装置的安全稳定生产[1]。

2.0Mt/a 高压加氢装置是中国石化燕山分公司 10Mt 炼油改造工程的重点装置之一。由中国石化工程建设公司(SEI)设计，采用中国石化石油化工科学研究院(RIPP)开发的加氢精制和高压加氢催化剂，流程属于双剂串联、一次通过的高压加氢工艺。装置于 2007 年 6 月 19 日实现一次开车成功。在生产过程中，高压加氢装置高压换热器和高压空冷均出现过泄漏，所以，对高压加氢装置高压换热器和高压空冷腐蚀问题的分析与防范，有着不可忽视的现实意义。

实际生产发现腐蚀是一个综合的课题，也是一个很复杂的现象，并非加强某一个方面就能解决问题。本文拟从改善操作条件、加强工艺防腐和设备材质升级等多个方面进行研究；另外，注重细节操作与腐蚀管理，亦能达到减缓腐蚀、确保装置安稳生产的目的。

2　高压加氢装置现状

2.1　加工原料情况

2.0Mt/a 高压加氢装置设计加工减压蜡油和焦化蜡油，设计原料硫含量 1.7%，氮含量 1270μg/g，氯离子不大于 1μg/g。统计 2010~2012 年原料硫、氮含量情况如图 1 和图 2 所示。从统计结果看，加氢原料中硫含量平均 0.955%，氮含量平均 1400μg/g。近年来，随原油劣质化，原料中硫含量呈上涨趋势。

2010~2012 年原料中氯离子含量平均约为 2μg/g 左右，新氢中氯离子含量始终为 0，高压加氢注水的氯离子含量均小于 5μg/g。与设计原料中的硫、氮及氯离子指标相比，氮和氯离子含量时常超标，特别是原料中氮含量设计 1270μg/g，总体超标，高时达到 2000μg/g 以上。

2.2　高压空冷和高压换热器工艺设计

2.0Mt/a 高压加氢装置高压空冷器 8 片，入口、出口采用 1 分 2，2 分 4，4 分 8，8 分 16 的规则进行对称布置安装。进出口管线的连接处采用三通式结构。空冷器采用丝堵式管箱结构，管箱材

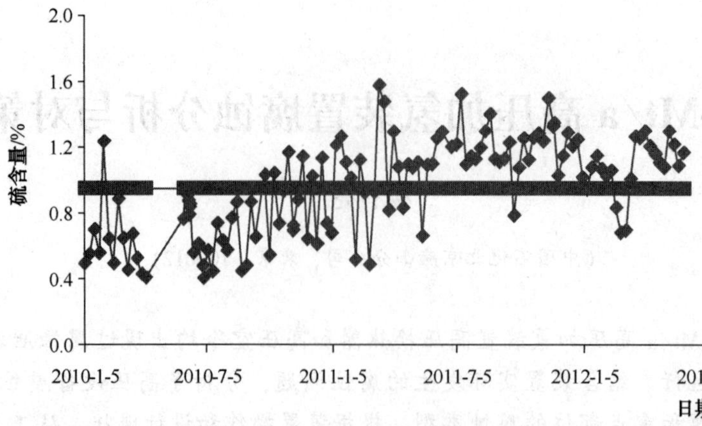

图1 高压加氢装置原料硫含量趋势

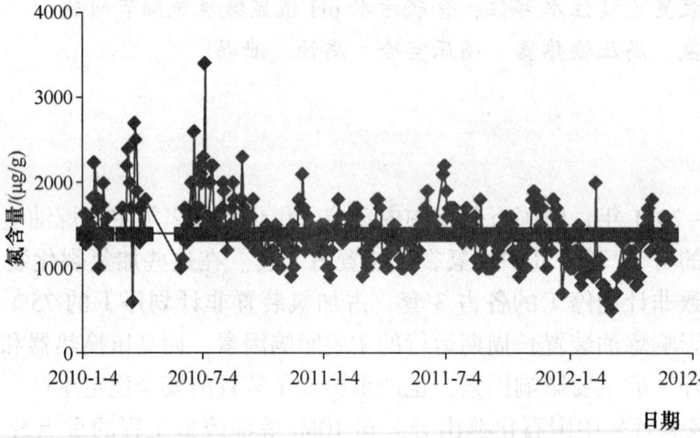

图2 高压加氢装置原料氮含量趋势

质为16Mn(HIC)，管束材质为10号钢，管束管端入口衬350mm钛管。每台空冷器出口设温度指示，且有变频调节每路出口温度，可及时监督流体分配，减少偏流。空冷入口采用4路注水，每路有流量显示，可调整注水量，确保注水均匀。高压空气冷却器介质设计条件：入口温度150℃，出口温度50℃，入口压力13.35MPa，出口压力12.7MPa；介质中硫化氢体积分数为1%，氨(NH_3)体积分数为0.2%。

热高分后的高压换热器E-3103A/B是热高分气与冷低分油换热器。管程介质是含NH_3、H_2、H_2S、Cl^-和轻烃类组分，壳程介质为未脱硫的冷低分油。换热器型号DSFU1550-15.0/10-1008-7/19-2I，规格(直径×壁厚×长)$\phi1500\times(70+6)\times10088$，筒体材质16MnR+堆焊，管箱/浮头材质2.25Cr1Mo+堆焊，堆焊层材质E309+316L，堆焊层厚度6.5mm，管束材质TP316L，管程设计压力15MPa，管程设计温度280℃，壳程设计压力10.15MPa，壳程设计温度270℃。

2.3 高压空冷和高压换热器操作条件

2.0Mt/a高压加氢装置从热高分出来的热高分气经过E-3103A/B(热高分气与冷低分油换热)、E-3102(热高分气与循环氢)，进入高压空冷。操作条件：空冷入口操作温度在130℃左右，空冷出口操作温度控制在49℃。自2007年6月装置硫化时泄漏，现场直接焊接处理后，运行至今正常。

热高分后的高压换热器E3103A/B是热高分气与冷低分油换热器。管程是含H_2、H_2S和轻烃类组分，壳程为未脱硫的冷低分油。在正常情况下，第一台E-3103A管程入口操作温度在220℃(一般不低于210℃)，第二台E3103B入口操作温度在210℃左右。从操作温度看，E-3103B流程以后，正好处在氯化铵盐结晶区，见表1。

表 1　E3103A/B 实际操作温度(2009 年)　℃

名称	仪表位号	2 月 25 日	3 月 3 日	8 月 21 日	10 月 22 日
E-3103A 管程入口	TI-3156	226.03	223.54	227.39	227.1
E-3103A 管程出口	TI-3157	212.57	212.44	217.62	211.4
E-3103B 管程入口	TI-3157	212.57	212.44	217.62	211.4
E-3103B 管程出口	TI-3158	167.89	170.88	172.72	158.7
A-3101 入口	TI-3159	136.41	138.04	143.77	131.9

2.4　注水点的设计

高压加氢装置反应系统注水有四点(见图 3)：①热高分气空冷器(A-3101)入口，连续注水；②热低分气空冷器(A-3102)入口，间断注水；③热高分气/混氢(油)换热器(E-3102)管程入口，间断注水；④热高分气/冷低分油换热器(E-3103B)管程入口，间断注水。均为冲洗铵盐，防止铵盐结晶。其中 E-3102、E-3103B 管程入口注水点主要冲洗氯化铵盐结晶物，A-3101 入口注水点主要冲洗硫化氢铵盐结晶物。注水设计条件：温度 40℃，压力 13.6MPa，流量 25t/h。

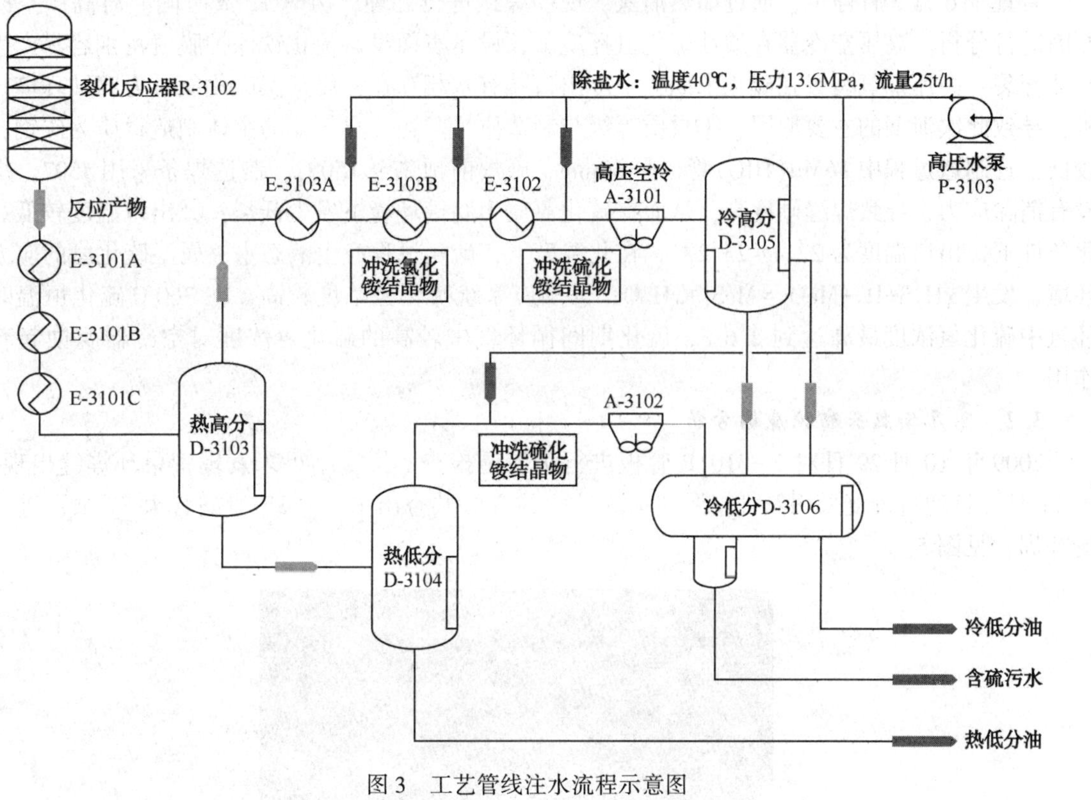

图 3　工艺管线注水流程示意图

3　高压加氢装置主要部位腐蚀原因分析

2.0Mt/a 高压加氢装置高压空冷和高压换热器分别于 2007 年 6 月和 2009 年 10 月出现过泄漏。2007 年 6 月 2 日，高压加氢装置在开工硫化结束时，检查发现，8 台高压空冷中的 5 台管束与管板焊接处泄漏。2009 年 10 月 22 日，高压加氢装置硫化氢汽提塔 C3201 顶压力突然升高至 1.01MPa(正常操作压力 0.75MPa)，塔顶干气量剧增，反应系统压力 1min 之内由 12.87MPa 下降到 12.78MPa，操作人员当即判断可能是高低压换热器 E-3103A/B 内漏导致，立即启动紧急预案，停工处理。通过打压的方法判断 E-3103B 内漏。

3.1 高压空冷腐蚀原因分析

2007 年 6 月 2 日 2.0Mt/a 高压加氢装置在开工硫化结束时，5 台高压空冷管束与管板焊接处泄漏，主要集中在空冷的最下排出口端。打开发现空冷管束与管板焊缝有明显裂纹，见图 4。

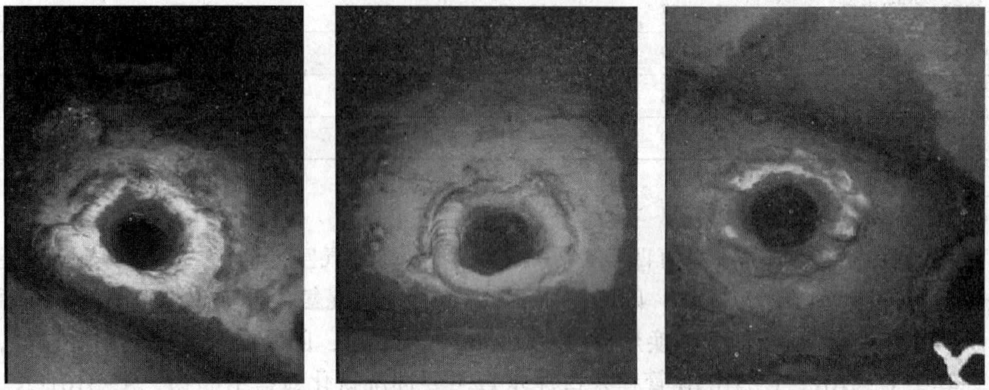

图 4　高压空冷泄漏管检测情况

装置于 6 月 3 日停工，通过加热消氢、现场焊接进行处理，历时 12 天时间。对高压空冷泄漏原因进行分析。高压空冷器在酸性硫化氢环境下，设备表面没有硫化铁保护膜就特别容易产生应力腐蚀开裂。高压加氢装置在硫化末期，空冷出口端有水相存在，属于湿硫化氢应力腐蚀环境。经分析，导致此次泄漏的主要原因：①材质等级与制造质量问题。空气器的主体制造材质为碳钢，级别较低，且制造过程中 16Mn(HIC)管板厚 60mm，施焊前预热至 150℃，制造焊条采用 J507，焊接后没有消除应力，导致焊缝硬度高，从而在硫化氢应力腐蚀环境下发生开裂；②出口温度较低。在硫化条件下，出口温度为 22.1～23.2℃，在此温度下，硫化过程产生液态水，属湿硫化氢的应力腐蚀环境，发生 $xH_2S+H_2+MeO_x=MeS_x+xH_2O$；③反应系统硫化氢浓度较高，在 360℃ 硫化恒温时，循环氢中硫化氢浓度最高达到 2.6%，硫化期间循环气中较高的硫化氢浓度对空冷器腐蚀起着促进作用。

3.2 高压换热器腐蚀原因分析

2009 年 10 月 29 日对 E-3101B 管板进行了渗透检查，检查结果未发现管束环焊缝出现裂纹。至 11 月 2 日通过反复采用氮气查漏和水压试验的方法共查出 E-3103B 泄漏管束 87 根，进行了现场补焊，见图 5。

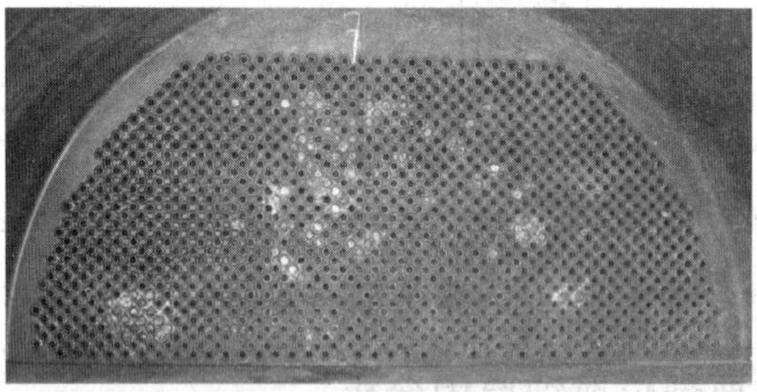

图 5　管程入口管板堵管情况

2009 年 10 月 29 日，拆开换热器主螺纹压盖后发现管板和管束较脏，于是用软化水对管板和管束进行冲洗，后用净化风吹干。冲洗过程中发现个别管束存在堵塞现象，后从管束中取出部分污垢。此外，用内窥镜进行观察，发现换热器管束内有结晶物。

现场冲洗管束和管板时有明显的氨味，管束内有污垢，见图 6，对污垢进行了元素分析：C8.1%，H3.01%，S14.8%，N2.9%，Cl0.2%。根据元素折算化合物含量：NH_4HS9.96%、NH_4Cl0.412%。该换热器管程介质是含 NH_3、H_2、H_2S、Cl^- 和轻烃类组分，壳程介质为未脱硫的冷低分油，操作温度 212～167℃，正好处在氯化铵结晶区(210～130℃)。因此，判断管束内的结晶

物是含 NH_4Cl 的铵盐。由于在停工前及停工时注水冲洗过，因此，铵盐的含量应高于本次的分析结果。通过以上分析，造成 E-3101B 管束腐蚀的因素主要有三个方面：①管束内有大量铵盐结晶物。从以上的分析可以看出，E-3101B 管程出入口温度正好在 210~130℃这一范围内，具备形成了氯化铵结晶物的温度条件，从采样分析可以看出，原料油中氮含量和氯离子含量偏高，质量控制指标分别为 1400μg/g 和 1μg/g，但实际原料中氮含量平均在 1600μg/g 左右，氯离子含量在 5μg/g 左右，为形成铵盐创造了条件，现场冲洗管束和管板时有明显的氨味及污垢，分析结果也证实生成了氯化铵；②E-3101B 管束材质为 316L 奥氏体不锈钢，对氯离子耐蚀性较差；③本台换热器前后均有间断注水点，但较长间隔(一般压差达到 0.02MPa 时进行一次注水)的间断注水形成了氯化铵的浓溶液，加剧了腐蚀泄漏。

图 6　管束、管箱内取出的污垢

基于以上分析，要防止铵盐对换热器管束的腐蚀，降低安全风险，必须从工艺操作条件和设备本体两方面考虑。

4　高压加氢装置腐蚀机理

高压加氢装置由于操作条件的特殊性，常有一些特殊的损伤形式，高温部位以反应器为代表，低温部位以高压空冷为对象。其主要的损伤形式有高温氢腐蚀、氢脆、高温硫化氢腐蚀、连多硫酸引起的应力腐蚀开裂、铬-钼钢的回火脆性、奥氏体不锈钢堆焊层的氢致剥离、$H_2S—NH_3—H_2O$ 和 $HCl—NH_3—H_2O$ 型腐蚀[2]。实际随着对损伤机理、设备材质和操作条件的不断探索，高温部位的腐蚀不是很突出，主要的腐蚀表现在小于 210℃以下的 $H_2S—NH_3—H_2O$ 和 $HCl—NH_3—H_2O$ 型腐蚀。

高压加氢装置的进料中含有的硫、氮和氯，经过加氢后，生成 H_2S、NH_3和 HCl 腐蚀性介质，且相互发生反应，在小于 210℃的部位(热高分后)生成氯化铵，即 $NH_3+HCl═══NH_4Cl$；在小于 120℃的部位(高压空冷后)生成硫氢化铵，即 $NH_3+H_2S═══NH_4HS$。氯化铵和硫氢化铵结晶物在下游的高压换热器管束和高压空冷管子内结垢、沉积，产生垢下腐蚀和冲刷腐蚀。因其铵盐溶于水，一般在高压换热器和高压空冷器入口注水进行冲洗。总体形成 $H_2S—NH_3—H_2O$ 和 $HCl—NH_3—H_2O$ 型腐蚀。

4.1　铵盐垢下腐蚀

加氢原料中的硫、氮和氯，经过加氢后，生成 H_2S、NH_3和 HCl，在反应流出物换热冷却后，化合成 NH_4HS、NH_4Cl 结晶析出，于换热器或空冷器流速低的部位浓缩沉积造成垢下腐蚀。由于垢下腐蚀发生金属溶解，产生大量的金属阳离子 Fe^{2+}，使溶液中的正电荷过剩，吸引外部的 HS^-和 Cl^-，借电泳作用移动到发生腐蚀的部位，造成 HS^-和 Cl^-的富集，使该部位溶液的 pH 值下降。同时金属表面的 FeS 保护膜由于 NH_4HS 和 NH_4Cl 的存在被破坏，使腐蚀进一步加剧，生成更多的阳离子，吸引更多的阴离子进来。如此循环往复，形成自催化过程，并随时间推移而加速进行下去。因此，如果系统内一旦形成 NH_4HS 和 NH_4Cl 的结垢物，在少量水存在的情况下，便会发生十分严重的局部腐蚀[3]。

NH_4HS 的垢下腐蚀机理反应方程式见式(1)、式(2)。

$$H_2S+NH_3 \longrightarrow NH_4HS \tag{1}$$

$$Fe+H_2S \longrightarrow F_2S+H_2 \tag{2}$$

当 NH_4HS 摩尔分数低于2%不会发生明显腐蚀，随着 NH_4HS 摩尔分数上升，腐蚀加剧。当 NH_4HS 的浓度增加到较大时，会形成氨离子络合物，剥离金属表面的FeS保护层，急剧增加垢下腐蚀速率，反应方程式见式(3)。

$$FeS+6NH_4HS \longrightarrow [Fe(NH_3)_6]^{2+}+6H_2S+S^{2-} \tag{3}$$

NH_4Cl 的垢下腐蚀机理与 NH_4HS 相似，其反应方程式见式(4)~式(6)。

$$HCl+NH_3 \longrightarrow NH_4Cl \tag{4}$$

$$Fe+2HCl \longrightarrow FeCl_2+H_2 \tag{5}$$

$$FeS+2HCl \longrightarrow FeCl_2+H_2S \tag{6}$$

当金属与表面形成的垢层之间存在酸性或碱性的腐蚀环境时，会造成金属的不断腐蚀，并逐渐向金属构件内部延伸，直到穿孔失效。高压换热器有氯化铵堵塞和垢下腐蚀问题，高压空冷有硫氢化铵垢下腐蚀和硫氢化铵水溶液冲刷腐蚀问题。冲洗水质量不好会引起硫化铁保护膜破坏，分配不均会引起局部严重冲刷腐蚀，高流速引起管入口端冲刷腐蚀，低流速引起管内结垢。

4.2 冲刷腐蚀

在高压下，含有 NH_4HS 和 NH_4Cl 固体颗粒的工艺介质呈雾沫状高速进入管箱，形成强烈的湍流。气液两相流冲击管板表面，基管和管板的强度焊焊缝不断冲刷磨损，导致发生穿孔泄漏。

各种研究发现，加氢装置的腐蚀因子 K_p 值对分析冲蚀的危险性具有一定的指导意义。K_p 值是指反应流出物中 NH_3 和 H_2S 的摩尔百分数的乘积，它的大小与原料性质、高压加氢转化率、油和气体流量和循环氢组成等有关，K_p 值越大，铵盐沉积温度越高，流体潜在腐蚀性越强。相关的 NH_4HS 浓度、流速均对系统冲刷腐蚀有影响。

K_p 值在0.1~0.5之间，流速应控制在3.0~6.1m/s之间。K_p 值越高，冲蚀越严重。而流速在3.0~3.7m/s之间通常会导致铵盐沉积，因此流速控制在4.6m/s左右比较适中。

但是在实际应用中，应该对管箱内部等关键部位进行流体动力学建模，通过分析流型，分析速度、速度梯度、壁面剪切应力和相分率等分布规律，结合冲蚀试验结果来进行冲蚀定位和腐蚀速率的定量分析才能更准确地控制冲刷引起的腐蚀。

4.3 铵盐露点腐蚀

当反应流出物冷却到水的露点温度时，NH_4Cl 结晶铵盐将吸收第一滴液态水形成强酸环境，对设备管道形成点蚀。当大量水被冷凝后，由于溶解了大量的 NH_3 而呈碱性。同样地，NH_4HS 结晶体在吸潮后最初形成高浓度的饱和溶液，也将对REAC造成强烈的腐蚀。

现有研究表明，高压加氢原料油含有的S、N和少量的Cl元素，是引发铵盐(NH_4HS 和 NH_4Cl)沉积垢下腐蚀或冲蚀的主要因素。通常 NH_4Cl 结晶沉积发生在反应流出物最后的换热器及其下游位置。铵盐理论结晶温度可以通过 K_p 值的计算，按 NH_4HS、NH_4Cl 的沉积曲线查找出具体的沉积温度，如图7所示[4]。K_p 值越大，铵盐沉积温度越高，沉积位置越靠前，流体潜在的腐蚀性越强，允许的流速范围越窄。

此类形式腐蚀的主要因素有：氨和硫化氢浓度越大，腐蚀越严重；管内流体的流速越高，腐蚀越剧烈；但当流速过低时，会使铵盐沉积，导致管子的局部腐蚀；另如氰化物和氧的存在，对腐蚀将产生强烈影响。

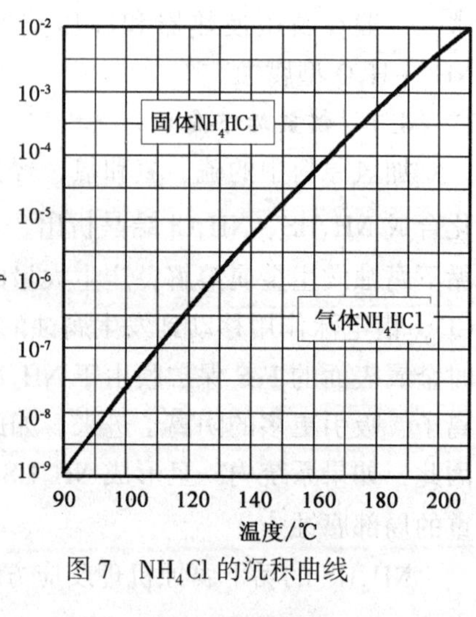

图7 NH_4Cl 的沉积曲线

5 高压加氢装置防腐措施的研究

随着科技的进步，高压空冷的结构、使用性能与可靠性等都不断得到改进，而且在实际生产过程中，通过加工各种原料时高压换热器和高压空冷所显示出来的腐蚀状况而总结和认识了一些规律，为设备的安全使用提供了有利条件。

5.1 工艺防腐措施

2.0Mt/a 高压加氢装置高压空冷 A-3101 开工时泄漏，处理后，一直运行到第二个周期，运行了 5 年多。高低压换热器 E-3103B 泄漏修理好后，运行到 2010 年 4 月，运行了 5 个月。2010 年利用大检修的机会，E-3103B 材质升级为 2205 双相钢，整体更换。鉴于两台高压设备的腐蚀泄漏，对腐蚀泄漏的原因进行详细分析，完善工艺防腐措施，使防腐工作更加深入。从装置运行情况来看，措施收到了显著效果。

5.1.1 从源头加强原料控制

近年来，随着社会需求的不断增加，原油的需求日趋紧张，各油田为扩大原油产量，常常进行注氯开采，造成原油氯含量日益升高，加工过程的氯腐蚀大大增加，给腐蚀防护工作带来极大的困难。随着氯腐蚀危害的日渐突出，在原油加工过程中，氯化物可造成催化剂中毒和设备腐蚀，无论是有机氯还是无机氯，这种腐蚀作用都是通过氯化氢这一腐蚀介质来完成的。

从上游蒸馏装置入手，做好原油调和，确保原料性质稳定。优化电脱盐操作，最大限度降低原料含盐。加强电脱盐控制，优选破乳剂，降低原油脱后含盐。另外可以考虑使用高温除氯剂，经过调研上游装置除有机氯及考虑使用高温除氯剂的措施目前没有使用过，这方面应该进一步研究。

5.1.2 规范注水方法

加强管理，规范注水时间和注水量，减少生成浓 NH_4Cl 液的机会。2009 年 E-3103B 检修后，E-3103B 前的注水由以前的依据差压，改为规定每 7 天为一间隔点对 E-3103B 间断注水一次，注水时间 6h。2010 年装置大检修后对 E-3103B 进行了整体更换，开始在 E-3102 前连续注水，E-3103B 前按以前规定间断注水，此规定已执行两年多，E-3103B 和 E-3102 的差压均维持在 0.012MPa 左右，未上涨。换热器换热温度、压力测量点参数稳定，另外，从后部硫化氢汽提塔干气量和氢含量观察，换热器运行正常。

5.1.2.1 注水量的控制

高压加氢反应产物中生成氯化氢、硫化氢和氨，随着温度的降低逐渐形成氯化铵和硫氢化铵，氯化铵的结晶温度 210℃以下，硫氢化铵结晶温度在 120℃以下，其主要危害是结晶物易造成高压换热器堵塞，系统压降增大，易对设备和管线造成冲刷腐蚀。高压加氢装置采用注水工艺来溶解铵盐。

理论上，反应系统注水总量的控制方法：①原料油每 200μg/g 氮含量注原料油体积含量 1%的除盐水；②高分排放含硫污水中硫氢化铵质量含量不超过 4%[5] 来控制除盐水注水量；③以原料 10%质量含量控制总的除盐水注水量。

正常生产期间，高压加氢装置一般加工量在 245t/h，注水总量控制在 28t/h 以上，保持注水量为装置加工量的 10%以上，注水总量根据加工量进行实时调节，同时要求：①空冷前注水四路流控量偏差不大于 200kg；②生产期间，严格控制冷低分 D-3106 分水包界位(LIC-3110)按不大于 60%控制，若液位高，则将界位压空；③禁止冷低分 D-3106 界位(LIC-3108)向分水包(LIC-3110)补水；④冷高分 D-3105 界位低液位控制，若发现 D-3106 分水包界位(LIC-3110)有上涨趋势，需核对 D-3105 界位，防止 D-3105 油路带水。

5.1.2.2 间断注水点切换措施

目前，在高压换热器 E-3102 管程前连续注水。因 E3102 注水是在 E3103B 之后，用水冲洗

E3103B 时可以达到冲洗 E3102 的目的。

高压换热器 E-3103B 管程前注水。E-3103B 每周冲洗一次，每次冲洗 6h。切换时，逐渐开 E-3103B管程前注水线截止阀，在不小于 30min 时间内分步切换，以减小因温度波动对高压换热器的影响，以 DCS 显示反应注水泵(P-3103)总注水量(FIC-3108)和 A-3101 四路注水流量为参考，一次将 E-3103B 管程前注水流量提高到 20t/h，A3101 入口流程不变。

热低分空冷器 A-3102 前注水。A-3102 无压差测量点且为间断注水，因热低分空冷器 A-3102 前注水点在热低分出口竖管上，且热低分至冷低分差压小，注水后水会流入热低分，所以不具备注水条件，准备改造至热低分空冷入口。

5.1.3 规范工艺操作条件

规范的工艺操作条件，可以大大提高工艺防腐效果，否则，再好的原料、设备结构及设备材质，也会出现严重的腐蚀问题。高压加氢装置自高压空冷和高压换热器出现泄漏后，相应严格规范了工艺操作条件，从装置运行情况看，效果显著。

(1)通过工艺调整热高压分离器(D-3103)温度，控制 E-3103B 入口温度不小于 210℃，以保护 E-3103A，确保结晶点在注水点之后。

(2)控制冷低压分离器(D-3106)界位稳定，防止冷低分油带含硫污水，从管束外腐蚀高压换热器管束。

(3)高压空冷入口温度控制在 130℃以上，不低于 120℃，以防止铵盐结晶对空冷入口形成冲刷腐蚀；高压空冷出口温度控制在 49℃，且每路通过变频控制温差不大于 1℃，确保空冷不偏流，同时防止温度降低，铵盐浓缩，对空冷出口形成冲刷腐蚀。

(4)开工硫化时，循环氢中硫化氢含量严格控制小于 1%(体积比)。2010 年 4 月高压加氢装置检修后严格执行这一条，在 2007 年开工硫化后泄漏的高压空冷再没有出现腐蚀泄漏问题。

5.2 缓蚀剂注入防腐

自 2.0Mt/a 高压加氢装置投产以来，高压空冷入口一直注入复合缓蚀剂多硫化钠。复合缓蚀剂多硫化钠的加入，可以从以下三个方面防止高压加氢装置的腐蚀：

(1)抑制垢物形成。

多硫化钠与加氢脱氮反应生成的氨很容易反应生成多硫化铵，降低了物料中 H_2S、HCl 与 NH_3 反应的机率，从而在一定程度上减少了 NH_4HS 和 NH_4Cl 的结垢与沉积，抑制了垢下腐蚀。反应机理如下：

$$2NH_3+2H_2O+Na_2S_n = (NH_4)_2S_n+2NaOH$$

(2)形成保护膜。

多硫化钠与设备内壁金属表面中的铁原子反应，在内壁表面上生成 FeS 致密保护膜，减少了物料中 H_2S、HCl 与设备内壁金属接触的机会，对设备或管线内壁产生保护作用，从而延缓了设备的腐蚀速度。反应方程式如下：

$$x\mathrm{Fe}+Na_2S_n = x\mathrm{FeS}+2NaS_{1/2(n-x)}$$

(3)中和作用。

多硫化钠在溶液中能够游离出 OH^-，呈碱性，从而能够很好地中和 HCl、H_2S、HCN，防止产生化学腐蚀。反应方程式如下：

$$Na_2S_n+H_2O = NaOH+NaHS+(n-1)S$$

$$NaOH+HCl = NaCl+H_2O$$

$$NaOH+H_2S = NaHS+H_2O$$

$$NaOH+HCN = NaCN+H_2O$$

2.0Mt/a 高压加氢装置多硫化钠缓蚀剂用除盐水稀释后，加在高压注水泵的入口，一般加入量控制在进料量的 10μg/g 左右，日常随含硫污水中的铁离子进行实时调整。

5.3 选型与材质方面

5.3.1 高压空冷选型与材质

为减缓腐蚀，延长设备使用寿命。目前，高压空冷通常采用丝堵式管箱结构，以避免在空冷器管束上使用U形管，同时也便于生产制造和检修时清扫；在管箱上的所有管子入口端加不锈钢衬套；对于多片管束组成的空冷器，入口配管采用对称平衡分配方式，以利流体分配均匀；在空冷器上游注水，以防铵盐结晶，并且，注水量使高压分离器水中 NH_4HS 的浓度不超过4%。空冷管束的材质上一般采用碳钢、SUS430、蒙乃尔和 Alloy825 合金。

API932B 主要推荐 Incone1625 或 C276、Incoloy825 高合金，Chevron 推荐高压空冷器材质 Incoloy825；UOP 推荐高压空冷器材质 Incone1625。但是设备的造价高昂，也不能确保一劳永逸地解决腐蚀问题。

5.3.2 高压换热器选型与材质

要满足高温高压含有氢和硫化氢介质场合，再加上装置大型化后，目前，高压加氢装置一般采用螺纹锁紧环式换热器，特点是密封性能可靠、拆卸方便、结构紧凑。在热高分之后的高压换热器容易形成 $HCl—NH_3—H_2O$ 型腐蚀，为防止腐蚀，设备在设计制造时，要从材质方面进行考虑。

2005年12月22~23日，中石化股份公司炼油事业部在上海高桥分公司组织召开了“高压加氢装置高压换热器设计选材及防腐蚀技术研讨会”，就出现的高压加氢装置高压换热器腐蚀泄漏产生的原因及防腐蚀措施进行了研讨，该会议的会议纪要《高压加氢装置高压换热器设计选材及防腐蚀技术研讨会会议纪要》中明确指出：当高压换热器管程高压介质温度降低到氯化铵结晶区(一般为210~130℃)时，由于氯化铵结晶，在有水存在的条件下对换热器管束产生强烈腐蚀，在这一温度区间不宜使用321、316等300系列奥氏体不锈钢。

316L又名钛钢，由于添加Mo(2%~3%)，优秀的耐点蚀性，高温蠕变性，强度优秀。不锈钢的耐蚀性取决于钢中所含的合金元素。铬是使不锈钢获得耐蚀性的基本元素，当钢中含铬量达到12%左右时，铬与腐蚀介质中的氧作用，在钢表面形成一层很薄的氧化膜(自钝化膜)，可阻止钢的基体进一步腐蚀。含有氯离子的溶液对不锈钢也会产生腐蚀作用，特别是在有应力存在的条件下产生应力腐蚀。316L不锈钢耐酸性能较好，主要用于酸性介质环境；对于碱，不锈钢在稀碱液中具有较好的耐蚀性，在高温碱液中易产生全面腐蚀和局部腐蚀，如果是碱性介质环境，最好采用304不锈钢。

2205双相不锈钢是一种铁素体-奥氏不锈钢。它综合了铁素体和奥氏体有益的性能，具有很好的抗氯离子应力腐蚀性能及良好的抗硫化物应力腐蚀能力，其抗酸碱腐蚀性能良好，同时具备较高的机械强度。工业用的过硫化钠是由硫化钠和硫反应而制得的，广泛用于石油炼制行业的缓蚀剂，多硫化钠不会对2205双相钢产生腐蚀。

6 防腐效果与技术分析

2.0Mt/a 高压加氢装置高压空冷于2007年6月硫化结束时泄漏，现场进行处理后投入使用，日常生产时加强了防腐操作，运行至今，正常。2009年10月E3103B泄漏后也进行了现场堵漏处理，11月投入运行至2010年4月，运行5个多月。2010年装置大检修后对E3103B进行了整体更换，材质升级为2205双相钢，从换热器换热温度、压差监控，另外，从后部硫化氢汽提塔干气量和氢含量监控，换热器运行稳定。

取2012年1月至6月反应系统(冷低分D3106)含硫污水腐蚀数据见表2。含硫污水pH值平均在8.93，氨氮含量6787mg/L，硫化物含量14617mg/L，总铁含量0.49mg/L，特别是总铁含量一直小于3mg/L，从监控数据看防腐效果较好。

表2 2012年1~6月反应系统防腐数据

分析项目	最大值	最小值	平均值
pH值	9.79	8.56	8.93
氨氮含量/(mg/L)	12785	1916	6787
硫化物含量/(mg/L)	29842	2496	14617
总铁/(mg/L)	3.00	0.01	0.49

6.1 在高压换热器前连续注水

设计在高压换热器处间断注水，2010年4月高压加氢装置检修后，发现高压空冷第三路注水点堵塞，为确保高压空冷每片均匀注水，将连续注水点改在E-3102前，运行两年多，防腐正常。

在E-3103B前连续注入：①即使反应产物中有氯离子，也可以在连续注水时稀释成浓度很低的盐酸，对换热器腐蚀很小，不至于使用间断注水形式而形成相对浓度较高的盐酸，对换热器腐蚀影响更大；②连续在E-3103B前注水，既可以保证E-3102连续水冲洗，又可保证高压空冷水量均匀；③在E-3103B前操作温度210℃左右，但操作压力在12.8MPa，水的汽化温度在375℃左右，注水不会汽化，不会对换热器防腐产生不利影响。

6.2 加氢含硫污水显碱性

从表2可以看出，高压加氢装置因反应生产氨而使含硫污水pH值一般在9左右(时常大于9)，显碱性，而防腐指标要求含硫污水pH值小于9。

通过分析发现：①理论上，氨和硫化氢在水中的溶解度是702：2.58[6]的关系，部分硫化氢能溶解在水中主要是因形成硫化氢铵的缘故，氨的溶解度远大于硫化氢，所以加氢含硫污水显碱性；②多硫化纳水溶液显碱性，但对加氢含硫污水pH值影响很小，虽然多硫化钠反应生成氢氧化钠，通过试验发现，即使不注多硫化钠，含硫污水也呈碱性；③从材质的角度分析，pH值在9左右对高压空冷、冷高分及相应管线不会发生碱脆等影响。

实践证明，多硫化钠缓蚀剂的调整应以铁离子含量为指标，对含硫污水pH值基本没有影响。加氢装置含硫污水pH值与原料性质有一定关联性，但原则上不随含硫污水pH值而调整原油氮含量。

7 结论

(1)对于高压加氢装置来说，高压空冷和高压换热器是防腐的重点，是确保高压加氢装置长周期、安稳运行的关键所在。

(2)从高压加氢装置两台高压设备运行情况证明：高材质的设备也要按要求进行操作和工艺防腐。操作上严格控制高压换热器入口温度和高压空冷入口、出口温度，按规定控制好注水操作。特别是在可能形成氯化铵盐部位要有注水手段，且可考虑连续注水，防止垢下腐蚀，同时降低铵盐溶解后形成盐酸的浓度；在注剂方面，按原料量注入多硫化钠可有效缓解腐蚀。

(3)实践证明，可以从210℃温度部位连续注水。加氢装置含硫污水呈碱性，pH值在9左右，对后续设备没有影响。

参考文献

[1] 顾望平. 反应流出物系统的腐蚀[M]. 北京：中国石化出版社，2008：75-167.
[2] 韩崇仁. 高压加氢工艺与工程[M]. 北京：中国石化出版杜，2001：719-721，725-744.
[3] 杨秀娜，齐慧敏. 加氢反应流出物腐蚀案例分析[J]. 炼油与化工，2011.22：42-43.
[4] 谭金龙，夏翔鸣，加氢高压空冷器的腐蚀失效分析[J]. 中国石化2008设备防腐技术年会论文集-腐蚀失效分析，2008：241.
[5] 陈尧焕，李鹏. 中国石化高压加氢装置运行分析[J]. 炼油技术与工程，2007，37(10)：1-4.
[6] 韩崇仁. 高压加氢工艺与工程[M]. 北京：中国石化出版杜，2001：327.

GARDES汽油加氢技术工业应用进展

刘肖飞　常晓昕　杨红强　王廷海　向永生

（中国石油石油化工研究院兰州化工研究中心，甘肃兰州　730060）

摘　要：中国石油采用自主研发的选择性加氢脱硫-辛烷值恢复工艺技术(GARDES)，顺利完成国Ⅲ至国Ⅳ汽油质量升级。七套工业装置应用结果表明：GARDES技术具有脱硫率高、辛烷值损失小、能耗低的特点，可适应高硫、低硫，高烯烃、低烯烃等不同原料，尤其适合处理高硫、高烯烃原料；可适应国Ⅳ、国Ⅴ不同的生产方案，企业不需要二次投资即可实现国Ⅴ标准的平滑过渡；辛烷值恢复催化剂同时具有补充脱硫、异构和芳构功能，在反应中后期可通过芳构化反应减少辛烷值损失。从工业运行数据来看，GARDES工艺技术圆满完成国Ⅳ汽油质量升级要求，部分装置接近国Ⅴ指标。

关键词：GARDES技术　汽油加氢　国Ⅳ汽油　国Ⅴ汽油

1　前言

近两年来，全国大部分地区频繁陷入严重的雾霾和污染天气中，造成这一现象的罪魁祸首之一就有汽车尾气的排放。因此，受环保法规要求和汽车行业对燃料质量要求趋严的推动，我国油品质量升级步伐明显加快；解决车用汽油带来的环境污染问题，加快汽油质量升级步伐便迫在眉睫。

我国车用汽油中质量分数90%以上的硫和体积分数98%以上的烯烃来自催化裂化汽油，而催化裂化装置是我国重要的原油二次加工装置和提供车用燃料的主要装置，催化裂化汽油占我国车用汽油比例的80%以上[1]。随着环保对汽油质量要求越来越严格，催化裂化汽油暴露出日益严重、亟待解决的硫和烯烃含量高的问题。采用传统的加氢精制工艺虽然能有效的降低FCC汽油中的硫和烯烃含量，但是由于烯烃的过度饱和、辛烷值损失大，难以被炼油厂接受。因此，FCC汽油的脱硫、降烯烃和保持辛烷值就成为我国清洁汽油生产技术研发的核心问题。

目前，国内外众多的FCC汽油清洁化技术已在国内FCC装置上百家争鸣、百花齐放，但其主要是针对高硫、低烯烃FCC汽油开发，而我国汽油特点为高硫、高烯烃。现有技术将不同程度地导致辛烷值损失过大，并不适用于国内FCC汽油的加氢改质，给以FCC汽油为主要调合组分的我国清洁汽油的生产带来了极大的挑战。针对这一问题，中国石油石油化工研究院和中国石油大学(北京)经过多年的合作，开发了将深度脱硫和烯烃定向转化相耦合的GARDES工艺技术和催化剂，为实现我国高硫、高烯烃含量的FCC汽油的清洁化提供了一条新的技术途径[2]。

2　GARDES工艺简介

GARDES工艺流程详见图1所示，该工艺共包括4个操作单元：①预处理，除去FCC汽油中的大部分胶质和机械杂质；②预加氢，使全馏分FCC汽油中的硫醇硫与二烯烃作用生成硫醚转移到重馏份中，同时脱除二烯烃；③分馏，对全馏分FCC汽油进行轻、重馏份切割，得到轻汽油(LCN)与重汽油(HCN)；④选择性加氢脱硫和辛烷值恢复，切割所得到的重汽油(HCN)经过选择性加氢脱硫和辛烷值恢复两段加氢处理后得到总硫和硫醇硫含量符合调和要求的改质重汽油，最后与轻汽油(LCN)调和而得到满足国Ⅳ标准的清洁汽油调和组分。

GARDES配套催化剂包括：保护剂GDS-10、预加氢催化剂GDS-20、选择性加氢脱硫催化剂

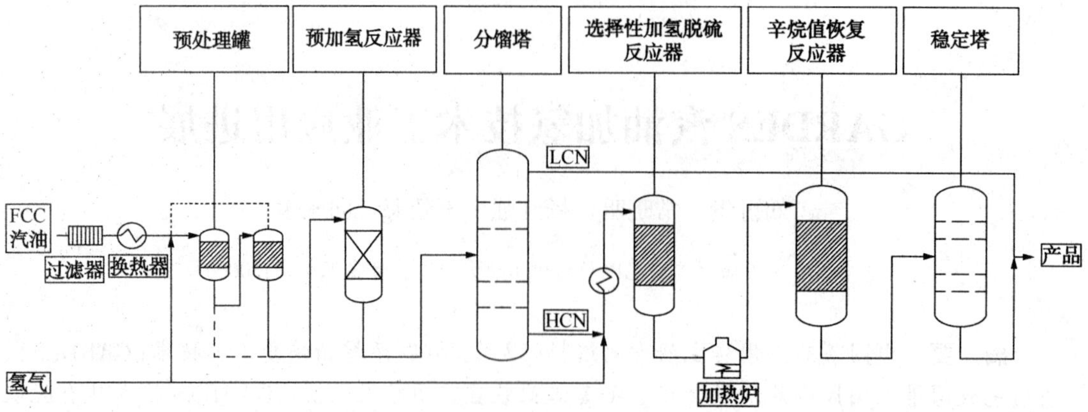

图1　GARDES工艺流程图

GDS-30、辛烷值恢复催化剂GDS-40四个催化剂和一个辅助性材料GDS-01。

GARDES工艺将高选择性加氢脱硫和烯烃定向转化组合，构建了适合于高硫、高烯烃含量的FCC汽油清洁化工艺技术。通过反应工艺的优化配置和催化剂的合理级配，可实现不同类型含硫化合物的递进脱除：采用预加氢催化剂对全馏分FCC汽油进行预处理，同步实现轻汽油中硫醇的硫醚化和双烯的选择性脱除，为选择性脱硫催化剂和辛烷值恢复催化剂的长周期运行提供保证；在加氢脱硫反应器中采用高选择性的加氢脱硫催化剂，用于脱除噻吩类等较大分子的含硫化合物，而在辛烷值恢复反应器中则采用分子筛催化剂用于小分子含硫化合物的脱除，同时抑制脱硫产物硫化氢与烯烃重新反应生成硫醇。

3　工业应用情况

2013年，中国石油采用自主研发的催化汽油选择性加氢脱硫及辛烷值恢复工艺技术(GARDES)，完成汽油标准由国Ⅲ过渡至国Ⅳ的质量升级工作。GARDES技术先后在宁夏石化、辽河石化、独山子石化、大庆石化等七家企业实现工业应用，均实现一次性开车成功。截至目前，GARDES工艺技术已建成10套工业化装置，总加工能力7.4Mt/a；在建装置5套，总加工能力3.5Mt/a；总加工能力约我国催化汽油总量的20%，每年可减少SO_2排放2kt以上。

3.1　装置开工

表1　各企业装置开工具体耗时　　h

开工过程	宁夏石化	辽河石化	独山子石化	大庆石化	抚顺石化	呼和浩特石化
装填	73	48	86	48	96	100
干燥	76	52	54	60	50	60
预润湿	5	6	6	6	4	5
硫化	53	67	50	55	53	84
钝化	120	28	48	45	31	42
正常开工至产品合格	24	4	24	4	24	24
总开工用时	351	205	268	218	258	315

注：总开工用时只含催化剂处理过程的耗时，不包含装置系统氮气置换、气密和氢气置换、气密耗时。

从表1可以看出，因宁夏石化是首套新建汽油加氢装置开工，整个开工过程未知因素较多，催化剂的装填、干燥及钝化均用时较长，致使开工耗时达351h，其余五家平均耗时253h。其中，辽河石化和大庆石化在钝化结束后4h，即得到硫醇、总硫满足国Ⅳ指标的汽油产品。

3.2 装置标定

在装置运行约 1 个月后，五家企业分别对催化剂性能进行了初次标定，呼和浩特和格尔木尚未进行标定。各家企业开工及标定时间如表 2 所示。

表 2 各家企业开工及标定时间

单位名称	装置规模/(kt/a)	开工时间	初次标定时间(2013 年)
宁夏石化	1200	2013. 10. 15	11. 25～11. 28 12. 2～12. 5
辽河石化	400	2013. 10. 24	12. 19～12. 21
独山子石化	800	2013. 10. 26	12. 12～12. 13 12. 18
大庆石化	1300	2013. 10. 30	11. 25～11. 26 11. 28～11. 29
呼和浩特石化	1200	2013. 11. 22	尚未标定
抚顺石化	1200	2013. 12. 6	12. 25～12. 27
格尔木石化	164	2014. 1. 2	尚未标定

3.2.1 独山子石化标定

独山子石化原料属于典型的“三高”原料，即“高硫、高硫醇、高烯烃”，硫含量约在 450～1000ppm，硫醇含量约 100～170μg/g，烯烃含量约 42%～45%(体积分数)。在装置转入正常开工后一个半月，进行了催化剂标定。

表 3 标定工艺条件

工艺条件	预加氢反应器		加氢脱硫反应器		辛烷值恢复反应器	
	实际值	协议值	实际值	协议值	实际值	协议值
入口温度/℃	123±3	140	206±3	240	272±3	340
空速/h^{-1}	2. 41	2. 43	2. 1～2. 3	2. 6	1. 1～1. 3	1. 5
氢油比	5	7	430±50	≮250	430±50	≮250
入口压力/MPa	2. 3	2. 3～2. 5	2. 2	2. 0～2. 2	1. 85	1. 7～1. 9

从表 3 可以看出，预加氢反应器、加氢脱硫反应器、辛烷值恢复反应器(以下分别简称为一反、二反、三反)的入口温度均在低于技术协议值下运行；因轻汽油采出量高于设计值，致使二反、三反空速比设计值偏低；一反氢油比略低；二反、三反氢油比远高于技术协议值，这将导致能耗增加。

表 4 原料与混合汽油产品性质表

项　目	FCC 原料	混合汽油	协议值	项目	FCC 原料	混合汽油	协议值
初馏点/℃	28. 2	29. 2	30	干点/℃	192. 1	191. 1	≤205
烯烃/%(体积分数)	42. 2	36. 3	≤48	液收/%	—	99. 33	≥99. 0
总硫/(μg/g)	515	39. 2	≤50	辛烷值损失	1. 05		≤1. 5
硫醇/(μg/g)	102	8	≤10	脱硫率/%	92. 4		
芳烃/%(体积分数)	12. 23	11. 88	—	脱硫醇率/%	92. 2		

结合表 4 中数据可以看出，针对独山子石化的“三高”原料，采用 GARDES 工艺处理后的混合

汽油产品总硫、硫醇含量均达到国Ⅳ汽油标准，在脱硫率、脱硫醇率均高于92%时，产品的辛烷值损失为1.05，产品干点、液收均达到指标要求。因辛烷值恢复反应器温度偏离设计值，目前的反应温度下催化剂芳构化活性未启动，故芳烃无增量，仅发挥了脱硫和脱硫醇的作用，随开工时间延长，催化剂不断被钝化，至反应中后期可通过芳构化反应减少辛烷值损失。

表5 实际能耗与设计能耗对比

项目	实际能耗/(kgEO/t)	设计能耗/(kgEO/t)	对比增减/%
电力	3.58	4.39	-18.39%
循环水	0.43	0.29	47.89%
除盐水	0.31	0.11	176.24%
燃料气	3.32	3.77	-12.04%
4.0MPa蒸汽	18.93	14.54	30.16%
1.0MPa蒸汽	-0.31	-1.41	78.07%
净化风	0.02	0.11	-84.62%
氮气	0.01	0.02	-42.68%
凝结水	-1.27	-1.24	-2.98%
合计	25.01	20.59	21.46%

从表5中实际值与设计值对比情况来看，除盐水、循环水、4.0MPa蒸汽、1.0MPa蒸汽未达到设计能耗，其余能耗均低于设计值，具体分析如下：

(1) 除盐水的设计值为4.46t/h，实际12.44t/h，原因是设计院在设计装置能耗时未考虑机泵的密封冷却用循环水。

(2) 循环水设计用量265t/h，目前实际用量400t/h，主要是为了保证循环水进出换热器的流速，冷换设备的进出口开度较大，循环水用量较设计值偏高。

(3) 4.0MPa蒸汽开工初期设计用量15.15t/h，目前实际用量20.16t/h，原因是分馏塔C1001的轻汽油抽出比例高，为了维持C1001的顶回流，C1001底重沸器的4.0MPa蒸汽用量大大增加，导致总体能耗偏高。

装置的总能耗为25.01kgEO/t原料，高于设计值20.59kgEO/t，从耗能比例上看，4.0MPa蒸汽占装置总能耗的75.7%(设计值70.74%)，其次是电耗和燃料气的能耗，分别占总能耗的14.3%和13.3%。

3.2.2 其他几家企业标定

宁夏石化、辽河石化等4家企业在装置开工转入正常运行后20天到2个月，也相继进行了催化剂的标定，见表6和表7。

表6 标定工艺条件

单位名称	主要操作条件					
	预加氢反应器		加氢脱硫反应器		辛烷值恢复反应器	
	温度/℃	压力/MPa	温度/℃	压力/MPa	温度/℃	压力/MPa
宁夏石化	95	2.33	195	2.06	260	1.84
辽河石化	107	2.0	181	1.71	254	1.51
大庆石化	96.5	2.39	193.7	2.19	261.9	1.94
抚顺石化	95	2.2	188	2.35	255	1.84

表 7　原料与混合汽油产品性质表

单位名称	油品	硫/(μg/g)	硫醇/(μg/g)	脱硫率/%	脱硫醇率/%	干点/℃	液收/%	*RON* 损失	烯烃/%(体积分数)
宁夏石化	FCC 原料	80	20	82.5	60	196	99.9	1.0	40.3
	混合汽油	14	8			189			34.7
辽河石化	FCC 原料	146.5	8.5	89.4	18.8	193	99.67	≤0.8	47.4
	混合汽油	15.5	6.9			190			43.0
大庆石化	FCC 原料	85	29	65.9	67.8	189	99.84	≤0.4	36.7
	混合汽油	28	9			189			33.4
抚顺石化	FCC 原料	81.46	17.67	73.4	83.0	190	99.0	≤0.6	38.7
	混合汽油	21.7	3			192			38.1

注：宁夏石化和辽河石化两家企业标定时装置收率不足 100%，液收为标定液收值/装置收率值。

辽河石化 FCC 汽油为高烯烃原料，体积含量基本在 45%~55%，高于技术协议中的设定值 44%(体积分数)。标定期间烯烃含量为 47.4%，在脱硫率达 89.4%时，*RON* 损失为 0.8，略高于设计值 0.7，这与其原料中的烯烃含量过高有关。

宁夏石化装置采用国Ⅴ装填进行国Ⅳ生产，标定期间工艺条件优化不完全，导致混合汽油产品总硫含量降至 14μg/g，远低于≤50μg/g 的技术指标，质量过剩较多，导致辛烷值损失较大，达 1.0 个单位。

大庆石化、抚顺石化 FCC 与宁夏石化原料性质相近，属低硫原料，总硫含量约为 80μg/g，烯烃含量约为 36%~40%(体积分数)。混合汽油产品总硫含量在 20~30μg/g 之间，辛烷值损失较小。

表 8　装置能耗对比

单位名称	实际能耗/(kgEO/t)	设计能耗/(kgEO/t)	单位名称	实际能耗/(kgEO/t)	设计能耗/(kgEO/t)
宁夏石化	14.58	17.77	大庆石化	14.43	18.26
辽河石化	22.52	17.04	抚顺石化	18.47	17.12

从表 8 中数据知，宁夏石化、大庆石化的实际能耗均低于设计能耗，但辽河石化、抚顺石化能耗高于设计值，原因如下：

(1) 辽河石化：影响装置能耗的主要因素是燃料气用量。燃料气设计能耗 3.725kgEO/t，实际能耗 18.415kgEO/t，用量远超设计值，分析原因，一是计量仪表偏差；二是装置开工以来空气预热系统一直无法运行，导致加热炉效率低。汽油加氢装置有两台加热炉，共用一个空气预热系统。在开工初期投用过程中发现，引风机负荷不够，加热炉负压低，易正压熄火；三是未达到设计工况，轻汽油采出量高于设计值，分馏塔操作存在轻重组分重叠等。

(2) 抚顺石化：原设计中未将 1.0MPa 蒸汽和新鲜水作为能耗指标，而根据厂内的惯例，本次标定将这两项纳入能耗指标中；另根据冬季防冻防凝的需要，循环水的副线打开甚至开大，导致循环水用量上升；与设计相比可燃气中的氢气含量大幅增大，瓦斯组分变化较大、热值不高，导致本月瓦斯消耗量、单耗大幅上升。以上三点导致装置能耗略高于设计值。

3.3　汽油国Ⅴ标准生产方案

表 9 给出了各企业近期的典型运行数据情况。

表 9　各企业典型运行数据

单位名称	硫/(μg/g)	硫醇/(μg/g)	单位名称	硫/(μg/g)	硫醇/(μg/g)
宁夏石化	16	6	辽河石化	23	9
大庆石化	17	7	呼和浩特石化	13	9.5
抚顺石化	16	3	独山子石化	48	8.4

从表9可知，宁夏石化、大庆石化、抚顺石化、呼和浩特石化四家企业产品总硫含量基本在15μg/g，辽河石化产品总硫含量为23μg/g，硫含量质量过剩幅度较大。在装置与工艺不做改动的条件下，仅需对入口温度、分馏塔的操作条件等稍作调整，即可满足未来国Ⅴ汽油质量升级要求，从而实现国Ⅳ至国Ⅴ标准的平滑过渡。

从目前的运行情况看，独山子石化通过调整工艺条件，汽油产品总硫可以达到10~20μg/g的水平，但估计辛烷值损失较大。现有装置按照国Ⅳ方案装填催化剂，建议将装置负荷降低至60%~80%之间，调整三个反应器入口温度，以及轻重汽油切割比例，开展国Ⅴ工业试验，掌握GARDES技术针对"高硫、高硫醇、高烯烃"原料国Ⅴ方案能够达到的水平。

另外，建议更换GDS-40催化剂。通过调整催化剂配方，优化装填方案，从而更充分发挥催化剂的异构化、芳构化性能，攻克"高硫、高硫醇、高烯烃"原料的处理难题。

4 结论

(1) 初次标定均在装置开工不足2个月前进行，催化剂尚处于初活性期，部分工艺条件还有优化调整空间，从而导致部分指标未满足协议值。

(2) GARDES技术可适应高硫、低硫，高烯烃、低烯烃等不同原料，尤其适合处理高硫、高烯烃原料；在脱硫率均为92%时，RON损失与Prime-G+工艺相当，说明GARDES工艺已达到Prime-G+工艺水平。

(3) GARDES技术可适应国Ⅳ、国Ⅳ不同的生产方案，企业不需要二次投资即可实现国Ⅴ标准的平滑过渡。

(4) 辛烷值恢复反应器目前操作温度远低于设计值，辛烷值恢复活性未发挥，仅发挥了脱硫和脱硫醇的作用。随开工时间延长，催化剂不断被钝化，至反应中后期可通过芳构化反应减少辛烷值损失。

参考文献

[1] 余济伟，霍东亮，崔德强，等.FCC汽油加氢改质工艺的研究.工业催化，2010，18(增刊)：286-288.

[2] 石冈，范煜，鲍晓军，等.催化裂化汽油加氢改质GARDES技术的开发及工业试验.石油炼制与化工，2013，44(9)：66-71.

催柴加氢改汽油加氢存在的问题及对策

付自岳　曹洪武　裴季红

（中国石化洛阳分公司，河南洛阳　471012）

摘　要：汽油加氢对于洛阳分公司汽油生产起到了质量保障作用，催柴加氢装置改汽油加氢能否成功的关键在于降压后循环氢压缩机是否能平稳运行，文中对压缩机在汽油加氢工况下的喘振原因进行了分析并提出了解决办法。在采用催化汽油全馏分加氢 FRS 技术生产期间出现了反应温度不易控制、辛烷值损失大、低压气体排放量大、轻油收率低、精制汽油带硫化氢多、装置处理能力不高等问题，在采用了选择性加氢脱硫 OCT-M 技术，问题得到顺利解决。

关键词：汽油加氢　喘振　全馏分加氢 FRS　选择性脱硫　辛烷值

1　前言

目前，洛阳分公司汽油生产流程（见图 1）为

减压蜡油+焦化蜡油+脱沥青油──→蜡油加氢──→精制蜡油

精制蜡油+闪蒸塔底油──→催化裂化──→催化汽油

如果能够控制好精制蜡油和闪蒸塔底油的硫含量，催化裂化汽油可以直接满足≯150 μg/g 的国Ⅲ产品标准。

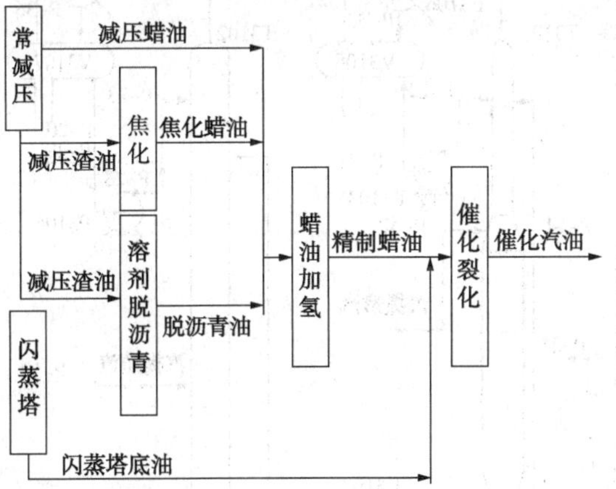

图 1　汽油生产流程

蜡油加氢装置每两年需要停工撇头一次，催化剂运行末期精制蜡油硫含量变大，在催化剂运行末期及停工撇头期间催化汽油硫含量难以达到产品要求。如果闪蒸塔的原料硫含量大，则闪蒸塔底油硫含量也将会大，相应的催化汽油硫含量也会比较大。

鉴于上述两个原因，2011 年 10 月大检修时应用抚顺石油研究院的 OCT-M 技术将闲置的催柴加氢装置改造为催化重汽油加氢装置，反应部分设计规模为 600kt/a。2012 年 10 月底蜡油加氢催化剂活性下降，精制蜡油硫含量升高，二催化汽油硫含量达到 350 μg/g，汽油不能合格出厂。由于当时预分馏塔 T3301 被重整占用，轻重汽油不能分割，临时采用抚研院的催化汽油全馏分加氢——FRS 技术，把二催化汽油直接引入加氢反应部分，并于 2012 年 11 月 30 日开工生产，产品合格。

2　装置改造

2.1　改造项目

2.1.1　改造原则

根据总体规划，2013 年 10 月 S Zorb 就要建成，S Zorb 建成后再改回催柴加氢，因此本次改造对装置不进行大范围改动。

（1）充分利用装置现有场地，尽量利用现有设备，最大限度地减少改造工程量，缩短施工周期，节约投资。

（2）装置按600kt/a重汽油加工能力进行设计，年开工时间8400h。

2.1.2　具体改造项目

（1）增上预分馏塔T3301底重汽油至催柴加氢原料罐V3101进料跨线；增上催柴加氢分馏塔T3102底产品(462#线)至原精制汽油至二催跨线；增上预分馏塔T3301顶轻汽油至462#线跨线；增上462#线至常压汽油脱硫醇跨线。

（2）利用航煤加氢循环氢脱硫塔T3203作为汽油加氢循环氢脱硫塔，增上催化柴油循环氢至航煤循环氢脱硫塔T3203连接管线。

（3）催化柴油加氢进料泵P3101A/B扬程为1100m，对于汽油加氢扬程太高，故更换转子，将泵扬程改造为420m。

（4）由于催化柴油汽提塔T3101进料温度偏低，不能采用1.0MPa蒸汽汽提，因此催化柴油T3101增上汽提氢气线及流量孔板、调节阀，改用重整氢气汽提。

（5）由于催化柴油分馏塔T3102顶不再出产品，不需要通过回流控制顶温，因此T3102顶回流调节阀改为塔顶回流罐V3107液控，实行全回流操作。

（6）对装置的12台孔板流量计、19台调节阀和主要工艺物流的压力、温度、关键设备的液位、界位进行了核算，新增脱硫化氢汽提塔(T3101)汽提氢气的调节阀和孔板流量计。

（7）增上二催化汽油直接进催化柴油加氢原料罐V3101跨线。

2.2　改造前后流程图对比

改造前后流程图分别如图2和图3所示。

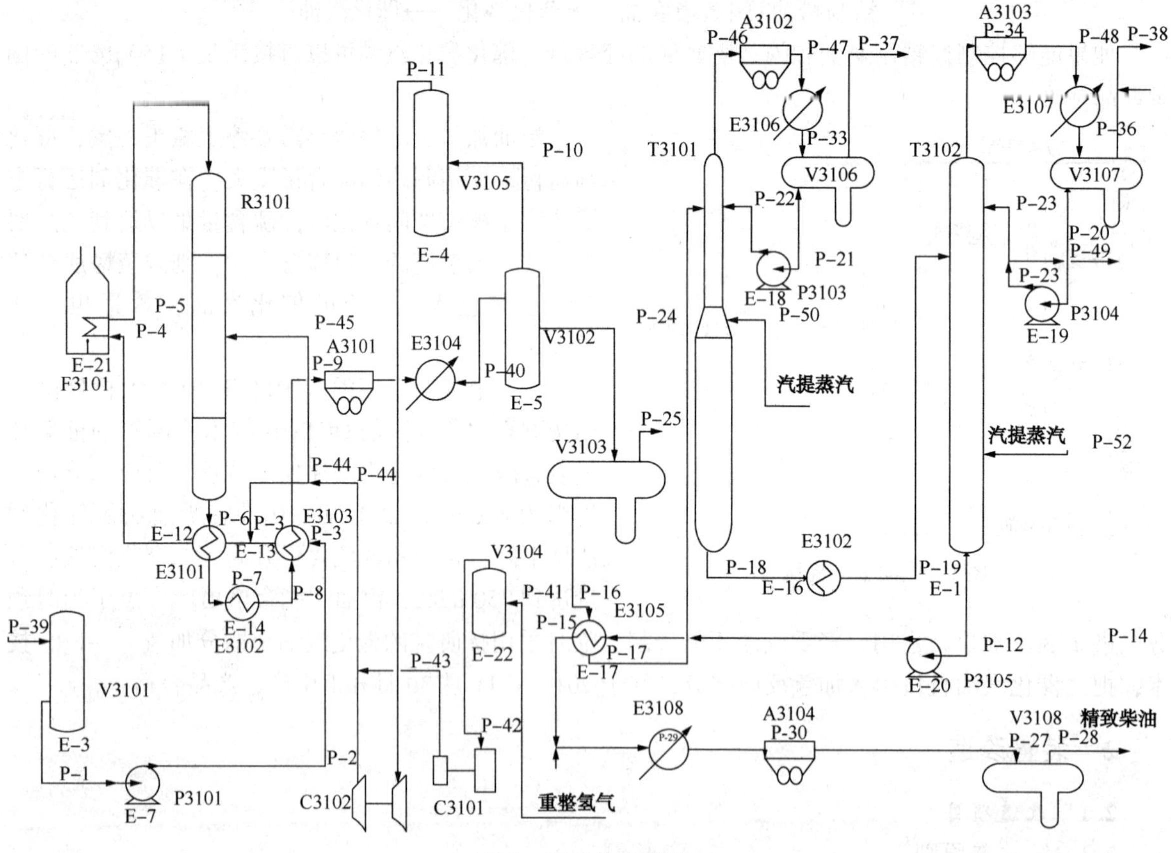

图2　改造前流程图

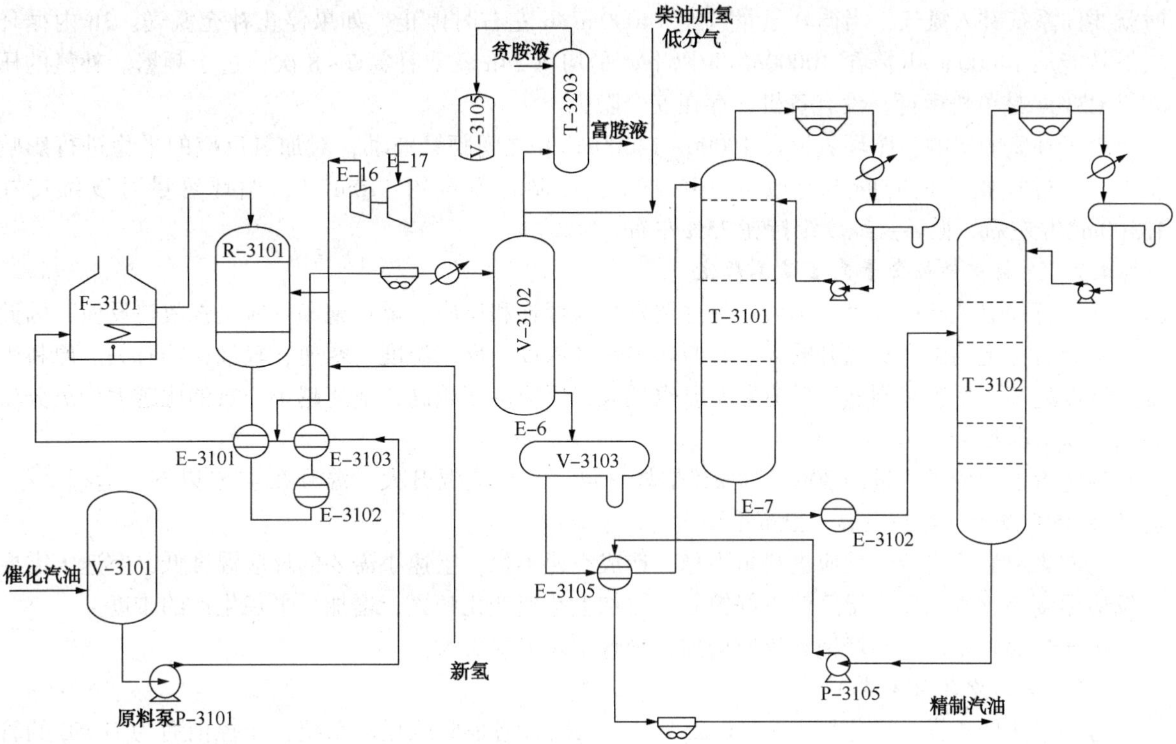

图 3　改造后流程图

3　装置开工及生产中存在的问题

2012 年 11 月，蜡油加氢催化剂活性下降，同时常压闪蒸塔原料硫含量升高，造成二催化汽油硫含量升高至 350 μg/g 左右。为了能使汽油硫含量合格出厂，必须开汽油加氢。

装置开工后出现的问题较多，主要有反应系统需要连续补氮、反应温度难以控制、辛烷值损失大、精制汽油中硫化氢含量高、低压气体排放量大、加氢部分处理能力小等问题。

4　原因分析

4.1　循环氢压缩机运行工况变化大

循环氢压缩机 C3102 设计入口压力 7.0MPa，出口压力 9.0MPa。在催柴加氢状况下，C3102 入口压力 6.86MPa、出口压力 8.0MPa；改成汽油加氢后 C3102 入口压力 1.9MPa、出口压力 2.5MPa，工况变化过大。催柴加氢时循环氢纯度约为 88.02%，改成汽油加氢后循环氢纯度约为 96.32%，密度降低较多，详见表 1。

表 1　C3102 运行参数

项　目	设计参数	催柴加氢	汽油加氢	项　目	设计参数	催柴加氢	汽油加氢
入口压力/MPa	7.0	6.86	1.90	循环氢相对分子质量	7.247	4.493	2.880
出口压力/MPa	9.0	8.0	2.50				
循环氢纯度/%	70.86	88.02	96.32	循环氢密度/(kg/m^3)	0.278	0.1748	0.1120

由于循环氢纯度高、密度小，再加上压缩机的工作工况与设计工况偏差太大，造成循环氢压缩机上量不好，在循环氢量低于 8000m^3/h 时压缩机就会喘振。为了保证压缩机安全运行，必须往系统里补入氮气，增加循环氢的密度。通常在循环氢纯度降至 75% 左右时，循环氢量可以达到 13500m^3/h 左右，可以保证压缩机正常运行。

由于氮气在汽油中也有一定溶解性，因此氮气需要经常补充，一般当循环氢量降至 10000m^3/h

时就要向系统补入氮气，当循环氢量升至14000m³/h左右时停止。如果停止补充氮气，3h内循环氢量就能从14000m³/h降至10000m³/h以下，平均每24h就要补氮7~8次，过于频繁。补氮的压缩机C3104是单机运行，没有备机，存在安全隐患。

由于补氮的影响，循环氢量在10000~14000m³/h之间频繁波动，对加氢反应的平稳进行影响很大，经过摸索后把间断补氮改为连续补氮，控制补氮量约110m³/h，循环氢量可以维持在13500m³/h左右，循环氢纯度维持在75%左右。

4.2 原料中烯烃含量高且量不稳定

在进行加氢脱硫反应时，不可避免地要发生烯烃饱和反应。烯烃饱和反应是强放热反应，因此反应器会有一定的温升。温升的大小和原料中烯烃浓度、反应温度、空速、轻油比等有关。原料中烯烃浓度越高，反应越剧烈，反应器温升也越大；反应温度越高，空速越小、氢油比越大、氢分压越高，反应器温升也越大。

催化汽油中烯烃含量约30%~34%，烯烃含量高，反应温升大，温升在45℃以下，运行平稳；温升在45℃以上，容易飞温，很难平稳运行。

上游来料量不稳定、反应进料量不稳，造成空速不稳。空速小需要的反应温度低，空速大需要的反应温度高，本来反应温度就不好控制，再加上空速变化频繁，增加了平稳生产的难度。

由于烯烃含量高，烯烃饱和反应增加，导致辛烷值损失大。

4.3 原料中轻组分多

分馏塔T3102设计操作压力为≯0.25MPa，压控后路是低压瓦斯系统，压控前后为*DN*50的管线。催化汽油中轻组分含量较多、挥发性强，当分馏塔进料温度提到95℃时，压控及副线已经全开，温度再高，压控就排不及了。正是由于压力的限制，分馏塔进料温度只能按90~95℃控制。汽提塔进料是与分馏塔底的精制汽油换热的，因为分馏塔进料温度不高，塔底温度也不高，汽提塔进料温度只能换热至71℃左右。因为进料温度低，所以对硫化氢的汽提效果不能保证，造成精制汽油中气相硫化氢含量达到350μg/g。

5 采取的措施

5.1 引柴油低分气

2.6Mt/a柴油加氢低分含硫气压力2.5MPa，循环氢量约3400m³/h，其中氢气含量约78%，直接作为含硫气排出较可惜，同时低分气密度较大，达到0.33kg/m³。汽油加氢系统压力1.9MPa，耗氢量约2941m³/h(全馏分加氢)，对循环氢纯度要求不高。为了压缩机的正常运行还要通过往系统里补氮气来提高循环氢密度。因此，柴油加氢低分气可以补入汽油加氢系统，既可以节约重整氢，又可以减少汽油加氢系统的补氮量，同时也减少了含硫气的排放，可谓一举多得。

2013年4月11日，柴油加氢低压分离器V3405至汽油高压分离器V3102新增氢气线完工后投用，由汽油加氢手阀卡量；柴油低分气约3400m³/h引至汽油加氢，节约重整氢气约2900m³/h，但低分气中甲烷、乙烷和丙烷含量较高，分别有8.58%、7.17%、3.10%，对加氢反应有抑制作用，汽油加氢反应温度相应地从240℃提高到了248℃。由于汽油循环氢密度增大，氮气补入基本停止，可节约氮气110m³/h。

5.2 投用预分馏塔T3301

2013年5月3日重整预加氢单元增上了石脑油进料换热器，原汽油预分馏塔T3301还给了汽油加氢装置，于是采用了OCT-M技术，对两套催化汽油实施轻重组分分割，仅硫含量高的重汽油组分进反应系统进行加氢反应，轻汽油组分直接进常压脱臭，以降低汽油辛烷值的加氢损失。

T3301系统于2013年5月3日垫油，2013年5月4日一二催汽油改进T3301，T3301顶轻汽油去常压流程打通，塔底重汽油进汽油反应系统原料罐V3101，调整汽油反应温度至255℃，压力1.9MPa不变，产品硫含量合格稳定，汽油加氢轻重组分切割方案成功实现了在线切换。

6 效果

6.1 反应温度控制平稳

采用OCT-M技术后，反应进料中烯烃含量从30 %以上大幅降低至22%左右，见表4。反应器温升从45℃降到了15℃，反应温度提高了7℃，其他操作参数变化不大反应温度控制平稳，见表2。

表2 全馏分和轻重分割反应参数情况

项　目	FRS	OCT-M	项　目	FRS	OCT-M
重汽油/(t/h)	82	84	温升/℃	45	15
反应进料/(t/h)	94	84	循环氢量/(m^3/h)	13500	13500
循环比	14.9	—	氢油比	85	86
新氢/(m^3/h)	2941	1960	空速	3.3	3.1
反应压力/MPa	1.9	1.9	汽提塔进料温度/℃	71	130
反应温度/℃	240	255	分馏塔进料温度/℃	93	167
反应器出口温度/℃	285	270			

6.2 辛烷值损失减少

从产品质量情况看，全馏分加氢情况下辛烷值损失为2.60个单位，见表3。采用OCT-M技术后重汽油加氢前后辛烷值损失2.4个单位，总的辛烷值损失为1.10个单位，见表4。

表3 全馏分加氢原料及产品情况

项　目	二催汽油	精制汽油	项　目	二催汽油	精制汽油
初馏点/℃	31.4	31.7	正构烷烃/%(体积分数)	8.04	11.6
10%/℃	46	47.3	异构烷烃/%(体积分数)	34.64	38.42
50%/℃	98.4	100.2	烯烃/%(体积分数)	28.18	19.96
90%/℃	179	179.6	环烷烃/%(体积分数)	7.12	7.65
终馏点/℃	204	204.2	芳烃/%(体积分数)	20.84	21.07
硫醇性硫/(μg/g)		35	未知组分/%(体积分数)	1.18	1.3
密度(20℃)/(kg/m^3)	727.7	724.3	硫含量/%(质量分数)	0.0385	0.0119
RON	89.4	86.8			

表4 重汽油选择性加氢原料及产品情况

项　目	原　料		产　品		
	一催汽油	二催汽油	轻汽油	重汽油	精制汽油
初馏点/℃	33.8	31.3	28.5	88	76.8
10%/℃	49.4	48.1	36	108	105.9
50%/℃	104.6	108	47	138	139.1
90%/℃	181.5	180.3	81	186	189.8
终馏点/℃	204.1	203.7	108	206.5	211.9
硫醇性硫/(μg/g)	59	36	24	18	62
密度(20℃)/(kg/m^3)	733.6	728.7	—	777.7	781.5
RON	90.4	89.5	93.8	86.3	83.9
正构烷烃/%(体积分数)	5.67	5.67	6.02	4.06	6.35
异构烷烃/%(体积分数)	32.99	34.77	40.17	25.28	30.39
烯烃/%(体积分数)	30.01	30.02	47.33	21.94	15.29
环烷烃/%(体积分数)	7.95	7.28	4.14	9.27	11.27
芳烃/%(体积分数)	22.14	21.29	2.34	37.44	34.59
硫含量/%(质量分数)	0.0286	0.038	0.0108	0.0507	0.0168

6.3 轻油收率增加

从物料平衡(见表5)情况看，采用OCT-M技术后总的处理量大幅度增加，由于低压排放减少，轻油收率增加1.08%。

表5 全馏分和轻重分割物料平衡情况

项　目	FRS		OCT-M	
	数值	收率/%	数值	收率/%
入方				
处理量/(t/h)			140.00	99.76
加氢处理量/(t/h)	82.00	99.44	82.00	
新氢/(t/h)	0.47	0.56	0.33	0.24
合计/(t/h)	82.47	100.00	140.33	100.00
出方				
精制汽油/(t/h)	81.15	98.41	81.47	58.06
轻汽油/(t/h)	0	0.00	58.1	41.43
含硫气/(t/h)	1.23	1.49	0.58	0.41
合计/(t/h)		99.90		99.90
损失/(t/h)	0.08	0.10	0.14	0.10
轻油收率/%		98.41		99.49

6.4 精制汽油中硫化氢含量减少

和全馏分催化汽油相比，重汽油中轻组分含量大幅度降低，T3102顶低压排放量大幅度下降，塔压的瓶颈不复存在，进料温度从93℃提至167℃，汽提塔的进料温度也从71℃提至130℃(见表2)，对硫化氢的汽提效果增加，精制汽油中硫化氢含量从原来的350 μg/g下降至50 μg/g以下，减少了下游预碱洗的耗碱量。

7 结论

(1) 催化柴油加氢装置经过改造成全馏分加氢基本上能满足汽油产品需要，但是辛烷值损失较大，操作比较困难，收率低。

(2) 在催柴加氢改造的装置上，和FRS技术相比，采用OCT-M技术不仅可以大幅降低辛烷值损失，而且反应平稳、轻油收率更高、精制汽油带硫化氢少、反应部分处理能力大。

影响加氢裂化尾油质量因素分析

褚增富

（中国石化镇海炼化分公司，浙江宁波 315207）

摘　要：分析了镇海炼化加氢裂化尾油 BMCI 值与乙烯收率的关系情况，重点对加氢裂化反应机理剖析，结合加氢裂化装置实际运行数据，在确定催化剂和压力的情况下，考察了影响 BMCI 值的主要因素，包括原料油性质、反应条件和尾油的切割，在实际生产中对调整尾油质量有指导意义。

关键词：加氢裂化　尾油　BMCI 值　因素分析

1　前言

镇海炼化现有 2 套加氢裂化装置，Ⅰ加氢裂化是中油型加氢裂化装置，于 1993 年 10 月开工正常，设计规模为 800kt/a，后经过多次改造，目前裂化系列处理能力为 1Mt/a，精制系列处理能力为 1.2Mt/a；Ⅱ加氢裂化是轻油型加氢裂化装置，设计加工能力为 1.5Mt/a，于 2007 年 3 月投入生产运行。为满足乙烯开工对原料的要求，从“燃料型”向“化工型”转变，Ⅰ加氢裂化装置于 2010 年 6 月更换催化剂，Ⅱ加氢裂化装置于 2010 年 3 月更换催化剂。Ⅰ、Ⅱ加氢裂化装置以最大量生产化工轻油为主要目的化工型装置，加氢裂化是一种耗氢的过程，其中一部份氢耗分摊给了尾油，但尾油在乙烯裂解炉中裂解生成乙烯的同时又产生了大量氢气，再次返回炼油厂，形成了一体化过程中氢气内部循环利用。

加氢裂化装置在催化剂一定的条件下，加氢裂化反应的性能已基本确立，影响尾油质量的主要因素就是原料油的性质、反应条件、分馏塔的切割方式等。

2　加氢裂化尾油主要质量指标芳烃指数 BMCI 值的分析

加氢裂化尾油是用作乙烯蒸汽裂解原料，裂解原料的优劣标准取决于芳烃关联指数——*BMCI* 值。芳烃关联指数 *BMCI* 值（Bureau of Mines Correlation Index）是由该馏分的体积平均沸点 t 和密度相关联后的一个条件参数，其定义为

$$BMCI=48640/(t_{体}+273)+473.7\times d-456.8$$

式中　$t_{体}$——平均沸点；

d——相对密度。

由定义式可见，*BMCI* 值与平均沸点成反比，与相对密度成正比。乙烯原料的芳香性越强，*BMCI* 值越高，反之则相反。*BMCI* 值增加的规律与烃类芳香性增强是一致的，即

正构链烷烃<支链烷烃<烷基单环环烷烃<无烷基单环环烷烃<双环环烷烃<烷基单环芳烃<无烷基单环芳烃<双环芳烃<多环芳烃

一般规定苯的 *BMCI* 值为 100，萘为 132，正戊烷为-0.6，正十五烷为-1.2。

对加氢裂化尾油，*BMCI* 值和乙烯收率估计值有下述关系：

$$乙烯收率\ E=33-0.24\times BMCI$$

BMCI 值反映了芳烃性指标，也反应了乙烯收率的指标。*BMCI* 值越高，乙烯原料的芳香性越强，裂解性能越差；*BMCI* 值越小，烷基性越强，裂解性能越好，乙烯收率越高。

3 加氢裂化尾油质量因素分析

Ⅰ、Ⅱ加氢裂化的尾油质量主要影响因素是原料油性质和工艺条件。Ⅰ、Ⅱ加氢裂化主要工艺条件见表1。

表1 加氢裂化装置主要工艺条件比较

项 目	Ⅰ加氢裂化	Ⅱ加氢裂化	项 目	Ⅰ加氢裂化	Ⅱ加氢裂化
高分压力/MPa	15.5	13.5	预精制催化剂	FF-46	FF-46
反应设计进料量/(t/h)	105	178	精制反应温度/℃	380	388
新氢耗量/(m^3/h)	40000	52000	裂化催化剂	FC-50	FC-24/32
精制体积空速/h^{-1}	1.0	1.1	裂化反应温度/℃	388	378
裂化体积空速/h^{-1}	0.9	2.4			

在一定的压力和催化剂条件下，目前Ⅰ、Ⅱ加氢裂化的尾油质量主要影响因素是原料油性质、反应温度、空速、氢油比和尾油馏分的切割。

3.1 原料油性质对尾油质量的影响

3.1.1 原油的选择

按照原油结构组成分类，原油的类型大致分为石蜡基原油(其中 *K* 值为>12.1)、中间基原油(其中 *K* 值为 11.5~12.1)和环烷基原油(其中 *K* 值为 10.5~11.5)。石蜡基原油一般适宜产催化原料，环烷基原油适宜生产高芳潜的重石脑油和基础润滑油，中间基原油介于二者之间，根据公司的实际生产情况，做好油化一体化资源，需要同时兼顾高芳潜的重石脑油和低 *BMCI* 值的尾油，所以加氢裂化原料应尽可能选择中间基原油。

3.1.2 原料油馏分范围和氮含量的控制

加氢裂化的裂化反应速度为带烷基芳烃>多环烷烃>多环芳烃。加氢裂化反应一般是多环芳烃先加氢变为多环烷烃再进行开环反应和裂化反应，但是分子结构复杂的芳香杂环氮化物的含量变化，又会影响芳烃加氢饱和反应和加氢裂化性能。随着加氢裂化原料油(蜡油部分)馏分变重，多环烷烃和多环芳烃越高，加氢裂化性能降低，反应的转化率也较低，生产的尾油 *BMCI* 也越高。所以对加氢裂化原料油的馏分控制是控制尾油质量的一个重要手段。

对于Ⅰ、Ⅱ加氢裂化原料主要加工轻蜡油，Ⅰ常减二线主副Ⅰ加氢裂化装置，Ⅲ常减二线直供Ⅱ加氢裂化装置，当轻蜡油不够时由Ⅱ常加工高硫(或含硫)油的轻蜡与部分重蜡油进 5#或 9#罐区进行补充，2012 年Ⅰ加氢裂化原料的干点均值为 519℃，Ⅱ加氢裂化原料的干点均值为 512℃，远低于 550℃的指标，确保加氢裂化原料的干点得到优化控制。

随着原料油中氮含量的越高，分子结构复杂的芳香杂环氮化物的含量也越高，降低了芳烃加氢饱和反应和加氢裂化性能，从而加氢裂化尾油的 *BMCI* 提高。

3.2 反应条件对加氢裂化尾油质量的影响

3.2.1 反应温度对加氢裂化尾油质量的影响

温度是加氢裂化重要的控制参数之一，在其他工艺参数不变的条件下，反应温度与转化率呈线性关系，可直接影响尾油的组成，当转化率从 65%增加至 75%时，尾油的链烷烃明显增加，多环芳烃减少，BMCI 值降低，但尾油的收率下降明显。加氢裂化反应温度对转化率、尾油质量和收率的影响见表 2。

从表 2 可知，Ⅰ、Ⅱ加氢裂化的裂化温度分别升高后，转化率提高，尾油的 *BMCI* 降低，但尾油的收率却下降了，表明提高反应温度对降低尾油的 *BMCI* 值有利。

表2　加氢裂化反应温度对转化率、尾油质量和收率的影响

项　　目	Ⅰ加氢裂化			Ⅱ加氢裂化		
精制温度/℃	380	381	382	386	387	387
裂化温度/℃	379	383	388	375	378	381
转化率/%	65	70	75	60	66	71
尾油收率/%	38	35	31	32	28	23
BMCI 值	16	14	11	17	15	12

3.2.2　空速对加氢裂化尾油质量的影响

加氢裂化反应器内装有固定量的催化剂，空速的变化相当于进料速率的变化，也就是加氢裂化装置的负荷。温度和空速存在互补关系，不同的空速可通过调节反应温度达到相同的转化率。在原料和其他反应参数一定时，改变空速。空速对尾油质量的影响见表3。

表3　加氢裂化空速对尾油质量的影响

项　　目	Ⅰ加氢裂化			Ⅱ加氢裂化		
空速/(t/h^{-1})	设计 105	100	90	设计 178	170	155
10%/℃	320	318	313	330	338	343
50%/℃	365	362	360	385	388	390
干点/℃	450	446	445	481	479	475
BMCI 值	14	13	11	15	14	13

从表3可知，Ⅰ、Ⅱ加氢裂化以设计负荷为基础相比，当负荷下降并在没有温度补偿时，反应深度即转化率提高，尾油 *BMCI* 值呈降低趋势，符合加氢裂化反应原理。

3.2.3　氢油比对加氢裂化尾油质量的影响

加氢裂化反应随着反应压力的增加，产品中与芳香烃有关指标会更好，但加氢裂化的反应压力一般调整的余地较少，特别继续提高反应压力对装置"安稳长"运行风险加大，一般不会提高反应压力操作。裂化反应遵循正碳离子反应和 β 键断裂机理，与氢分压基本无关，但氢分压可影响产品质量，尤其产品中的芳烃含量，提高氢分压可促进芳烃加氢饱和反应，从而影响加氢裂化反应。

就反应过程而言，氢油比的变化实质是影响反应的氢分压，增加氢分压对加氢脱氮有促进作用，裂化反应由于深度裂解导致大量的耗氢也需要高氢油比，提高氢油比最有效的手段是提高补充氢的纯度和排废氢的程度。提高氢油比可提高尾油的质量，根据油化一体化整体效益调节加氢裂化的氢油比，达到效益最大化。

3.3　尾油的切割对加氢裂化尾油质量的影响

加氢裂化分馏塔的切割方式对尾油的收率和 *BMCI* 值产生影响。加氢裂化各馏份的 *BMCI* 值的大致规律为：轻石脑油<尾油<柴油<重石脑油<喷气燃料。

根据 *BMCI* 值计算公式，降低 *BMCI* 值可通过降低相对密度和提高平均体积沸点的技术来实现。为提高体积平均沸点，Ⅰ加氢裂化在保证军用柴油质量的情况下，尽可能将军用柴油、轻滑油料的干点切重一些；Ⅱ加氢裂化尽可能将柴油、重柴油的干点切重一些，从而降低尾油的 *BMCI* 值。

4　结束语

(1) 通过以上分析，加氢裂化装置在确定压力、催化剂已选定情况下，原料油性质、反应条件及分馏塔的切割等是影响尾油质量的重要因素。加氢裂化原料的优化，原油加工的优化，加氢裂化原料供料方式的优化来降低加氢裂化原料的干点和氮含量，提高裂解反应深度，从而降低尾油的

BMCI 值；提高反应温度或降低空速会提高反应转化率，反应转化率提高后尾油的链烷烃含量提高明显，环烷烃和芳烃含量降低，*BMCI* 值降低；分馏塔优化操作的前提下，加强馏分的切割，提高尾油质量。

(2) 加氢裂化反应中，多环芳烃在进行裂化反应时选择断环后，单环芳烃主要集中在重石脑油馏分和中间馏分中，尾油中则环烷烃、硫、氮杂质含量减少，*BMCI* 值降低。在实际生产中，对原料油的性质优化、反应条件及分馏塔的馏份切割来控制尾油的 *BMCI* 值，应从公司全局出发，与公司的一体化效益和装置长周期运行相结合，优化加氢裂化装置操作，达到效益最大化。

天津石化1.8Mt/a加氢裂化装置提高喷气燃料收率的探讨

张　彬

（中国石化天津分公司，天津　300271）

摘　要： 介绍天津石化1.8Mt/a加氢裂化装置的运行情况、产品分布，分析装置喷气燃料生产存在的问题，并提出具体的解决办法。通过调节反应温度、产品抽出温度、汽提蒸汽量等操作参数来提高喷气燃料收率，在满足下游装置原料需求的同时，释放装置高附加值产品的产能，增加产品产量提高装置的经济效益。

关键词： 加氢裂化　产品分布　技术特点　喷气燃料

1　前言

天津石化1.8Mt/a加氢裂化装置是由中国石油化工股份有限公司抚顺石油化工研究院提供设计基础数据，中国石化工程公司负责工程设计，2009年建成投产，装置总占地面积为1.995公顷，是1Mt/a乙烯装置原料的重要生产装置。2012年8月份装置停工检修及部分改造，同年10月顺利开车运行至今。1.8Mt/a加氢裂化装置设计原料油是按沙轻、沙重各50%的混合油进行设计的，装置产有干气、液化石油气、轻石脑油、重石脑油、喷气燃料、柴油及尾油等产品。装置由反应、分馏和吸收稳定三部分组成。其主要技术特点如下：

（1）装置反应部分采用串联工艺，精制和裂化反应器分别装填抚顺石化研究院的FZC系列保护剂、FF-36/FF-46加氢精制催化剂和FC-32加氢裂化催化剂。

（2）装置采用热高分工艺流程，减少反应流出物冷却负荷，优化换热流程，充分回收热高分气热量，降低装置能耗。

（3）采用炉前混氢流程，提高反应加热炉效率，减少设备投资。

（4）分馏塔为双侧线产出，可根据市场情况实现产品产量调节。

（5）加氢裂化装置原料适应性强、产品优质，能够根据市场需求调整产品结构分布。

2　装置喷气燃料生产现状分析

目前，加氢裂化装置柴油和喷气燃料的收率为12.86%和17.98%，柴油的初馏点和10%馏出温度分别为176℃和227℃，远低于设计值246℃和253℃；喷气燃料的干点为242℃左右，与设计值接近，可以看出柴油的初馏点偏低，其中有10%左右的喷气燃料组分没有分割出来，装置高附加值产品喷气燃料少产了，而相对附加值低的柴油多产了。喷气燃料的干点也有提高的空间，因此装置需要通过调整工艺参数、优化操作来提高喷气燃料的收率，从而达到提高产品经济效益的目的。

2.1　加氢裂化装置柴油和喷气燃料馏程的对比

加氢裂化装置柴油和喷气燃料馏程的对比如表1所示。

表1　柴油和喷气燃料馏程情况　℃

样品名称	初馏点	10%馏出温度	50%馏出温度	90%馏出温度	95%馏出温度	终馏点
柴油产品	177.0(设计值246)	227.0(设计值253)	268.0	298.0	306.0	313.0
喷气燃料产品	155.0	175.0	195.0	225.0	—	242.0

从表1可以看出装置柴油初馏点和10%流出温度偏低是制约喷气燃料收率的重要因素。其中柴油和喷气燃料的重叠度较大10%以上，若能提高柴油初馏点实现清晰分割，喷气燃料收率将大幅提高。

表2 调整前工艺主要参数及收率情况

项　目	数值	项　目	数值
处理量/(t/h)	200	喷气燃料侧线抽出温度/℃	183
氢油比	865	喷气燃料量	38
裂化反应平均温度/℃	373	一中回流量/(t/h)	155
耗氢量/(Nm^3/h)	63800	二中回流量/(t/h)	116
分馏进料温度/℃	292	一中回流温度/℃	147
柴油侧线抽出温度/℃	239	二中回流温度/℃	190
柴油量	28	喷气燃料收率(均值)	17.98
柴油汽提蒸汽量/(t/h)	1.4		

由表2可以看出，调整前装置裂化反应温度较低为372.5℃，转化率较低，各侧线产品的抽出温度、流量相对较低，且分馏塔进料温度、中段回流和汽提蒸汽参数等不是最优，喷气燃料收率比较低可以适当增加。

2.2 分析对策、优化生产

影响装置喷气燃料收率的因素为转化率和清晰分割。转化率可以通过裂化反应温度来调整，清晰分割可以通过分馏系统进行调整，所以加氢裂化装置在保持原料油性质稳定及处理量不变的条件下，采取了提高裂化反应深度、并相应地提高喷气燃料、柴油侧线流量同时提高柴油汽提蒸汽量，提高柴油初馏点和喷气燃料的干点实现柴油、喷气燃料的清晰分割。

加氢裂化装置此次生产方案调整的总体思路是反应部分通过提高裂化反应平均温度，分馏部分通过优化产品组分切割，增加喷气燃料收率。

2.2.1 提高柴油产品初馏点

提高柴油产品的初馏点主要是在稳定装置原料性质、加工负荷、转化率、分馏塔进料温度、分馏塔塔顶温度、塔顶回流量及分馏塔塔顶压力的前提下，通过适当提高柴油抽出温度，同时提高柴油汽提蒸汽量，来实现提高柴油初馏点的目的。

柴油抽出温度由原来的239℃提高至242℃，同时汽提蒸汽量提高0.3t/h，可实现合理控制柴油初馏点。

2.2.2 适当提高喷气燃料产品干点

提高喷气燃料产品的干点主要是在稳定装置原料性质、加工负荷、转化率、分馏塔进料温度、分馏塔塔顶温度、塔顶回流量及分馏塔塔顶压力的前提下，通过适当提高喷气燃料抽出温度，来实现喷气燃料干点提高的目的。

喷气燃料抽出温度由原来的182℃提高至184~186℃，同时稳定喷气燃料侧线汽提塔的操作，可实现合理控制喷气燃料干点。

2.2.3 保持较高的转化率

近年来原油性质向劣质化、重质化发展，提高加氢裂化反应转化率，是提高喷气燃料产量的必要手段。但同时要多产尾油，以满足乙烯裂解用原料，因此转化率不宜过高。

2.2.4 工艺调整后产品收率及参数变化情况

表3 调整后柴油、喷气燃料馏程情况 ℃

样品名称	初馏点	10%馏出温度	50%馏出温度	90%馏出温度	95%馏出温度	终馏点
柴油产品	210.0	235.0	268.0	298.0	306.0	317.0
喷气燃料产品	160.0	175.0	195.0	225.0	—	246.0

由表3可看出调整后柴油初馏点有了大幅提高，喷气燃料和柴油的重叠度大幅降低。

表 4　调整后工艺主要参数及收率情况

项　　目	数值	项　　目	数值
处理量/(t/h)	200	喷气燃料侧线抽出温度/℃	186
氢油比	860	喷气燃料量	40.5
裂化反应平均温度/℃	374	一中回流量/(t/h)	151
耗氢量/(Nm^3/h)	63890	二中回流量/(t/h)	112
分馏进料温度/℃	292	一中回流温度/℃	146
柴油侧线抽出温度/℃	242	二中回流温度/℃	189
柴油量	29	喷气燃料收率	18.97
柴油汽提蒸汽量/(t/h)	1.6		

由表 4 数据可以看住，在装置处理量和精制反应温度基本维持不变，调整后裂化反应温度提高了 1.5℃，柴油汽提蒸汽量提高了 0.3t/h，柴油塔侧线抽出量提高了 4t/h，喷气燃料侧线抽出量提高了 2.5t/h，喷气燃料收率提高了 0.99%。

3　优化调整前后效果对比

表 5　调整前后效果对比

样品名称	初馏点/℃	10%馏出温度/℃	50%馏出温度/℃	90%馏出温度/℃	95%馏出温度/℃	终馏点/℃	收率(平均值)/%
调整前							
柴油产品	177.0	227.0	268.0	298.0	306.0	313.0	13.42
喷气燃料产品	155.0	175.0	195.0	225.0	—	242.0	17.98
调整后							
柴油产品	210.0	235.0	268.0	298.0	306.0	317.0	13.46
喷气燃料产品	160.0	175.0	195.0	225.0	—	246.0	18.97

由表 5 可以看出，通过优化调整柴油初馏点大幅提高，提高 30℃以上柴油和喷气燃料重叠度降低，产品分割更加清晰，喷气燃料干点上限控制 245~250℃，喷气燃料收率显著提高。

4　调整后实现经济效益

1.8Mt/a 加氢裂化装置经过提高裂化反应温度，优化分馏系统操作对柴油和喷气燃料产品清晰分割，实施 2 个月来，喷气燃料收率平均提高 0.99%，按加工量 200t/h 计算 预计每年可增产喷气燃料：200×24×365×0.99%=17345(t)；喷气燃料与柴油的差价为 489 元/t，优化调整后年增加效益为 ：17345×489=848.2(万元)。

增加的操作费用为 1.0MPa 蒸汽消耗量增加 0.3t/h，全年消耗：0.3×365×24=2628(t)。单价为 175 元/t，增加的操作费用：2628×175=46(万元)。

总的经济效益：848.2-46=802.2(万元)。

5　结论

(1) 根据加氢裂化装置的工艺特点，通过调整反应温度提高转化率，优化侧线抽出实现清晰分割，天津石化 1.8Mt/a 加氢裂化装置通过工艺参数优化，释放高附加值产品产能，进一步提高了喷气燃料产品的收率，提高了装置的经济效益。

(2) 在生产过程中，要深挖装置潜能，对一些问题要及时发现，积极研究讨论解决方案，提出可靠的、易行优化项目，为今后进一步节能减排、降本增效、平稳运行打下了基础。

催化裂化汽油预加氢装置的开工与标定

张学军[1] 陈富金[2] 赵秦峰[1] 赵文祥[2]

(1. 中国石油石油化工研究院，北京 100195；
2. 中国石油哈尔滨石化分公司，哈尔滨 150056)

摘 要：哈尔滨石化催化裂化汽油预加氢装置开车一次成功。标定结果显示，催化裂化汽油的硫醇硫从 21.6μg/g 降到了 2.7μg/g，双烯值从 0.64gI_2/100g 降到了 0.20gI_2/100g，单烯烃仅仅降低了 0.3 个单位，产品 *RON* 没有损失。催化裂化汽油预加氢装置的开车与标定不仅验证了装置开停工方案的可行性，也充分证明了石油化工研究院开发的催化裂化汽油预加氢催化剂具有加氢活性高、加氢选择性好的特点。

关键词：催化裂化汽油 预加氢 开工 标定

1 前言

近年来，为降低有害物质的排放，世界各国对发动机燃料的组成提出了更严格的限制。北京地区已全面实行京 V 汽油标准，要求硫的质量分数≯10μg/g；国 V 汽油标准将于 2018 年在全国实施[1]。催化裂化汽油中的硫醇类化合物具有较强的腐蚀性和令人生厌的气味，所以在出厂前必须除去。为了控制催化裂化汽油的硫醇硫质量分数，炼厂普遍采用碱精制的方法，这种方法会产生大量有毒有害的汽油碱渣[2]。另外，催化裂化汽油中还存在一定数量的二烯烃。二烯烃在加工过程中会聚合生成胶质及其他生焦前驱物，造成换热器、加热炉炉管堵塞，传热效率降低[3]。催化裂化轻汽油中的硫化物主要是硫醇、硫醚类化合物，这些硫化物在催化剂的作用下可以与双烯反应生成沸点较高的硫化物，这些硫化物可以通过蒸馏的方式除去。此外，通过催化裂化汽油预加氢技术可以将催化裂化汽油中的双烯加氢为单烯，给下游装置提供更加洁净的进料，延长下游单元装置的运行周期[4,5]。哈尔滨石化公司催化裂化汽油预加氢装置开车一次成功，切换原料 12h 内生产出合格产品。

2 装置概述

哈尔滨石化催化裂化汽油预加氢装置设计处理量 250kt/a，主要设计参数为压力 2.2MPa、体积空速 4.0h^{-1}、氢油体积比(5~10)：1，入口温度 110(初期)~210℃(末期)。装置原则工艺流程为：催化裂化汽油与氢气混合后经过进料与反应产物换热器、原料加热炉加热到反应温度后，进入预加氢反应器。在预加氢反应器中催化剂的作用下，催化汽油中的双烯加氢为单烯，小分子硫化物转化为大分子硫化物，同时部分单烯发生双键异构化反应。从预加氢反应器出来的产品经过进料与反应产物换热器、反应产物空冷器后进入产品分离罐进行气液分离。气液分离罐的液相组分进入稳定塔稳定后送出装置。流程如图 1 所示。

3 装置开工

3.1 催化剂装填

哈尔滨石化催化裂化汽油预加氢装置使用的是中国石油石油化工研究院开发的 GHC-32 催化裂化汽油预加氢催化剂，其主要理化性质见表 1。

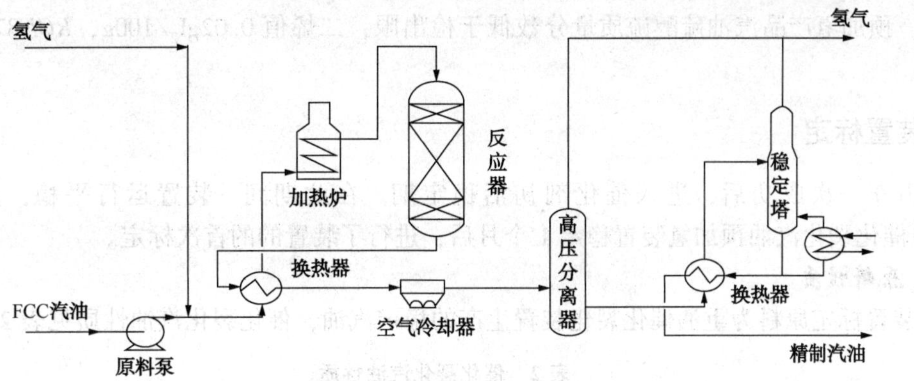

图 1　催化裂化汽油预加氢装置原则流程图

表 1　GHC-32 催化剂理化性质

堆密度/(g/cm³)	孔体积/(mL/g)	比表面积/(cm²/g)	强度/(N/颗)
0.77	0.42	152	115

此次催化剂采用了袋式装填，一共装填 GHC-32 催化裂化汽油预加氢催化剂 8.17t，装填体积 10.5m^3，装填密度 0.778t/m^3。

3.2　催化剂干燥

预加氢催化剂的干燥温度分别是 150℃和 250℃。整个干燥过程预加氢催化剂共脱水 180kg，脱水率为 1.06%，如图 2 所示。

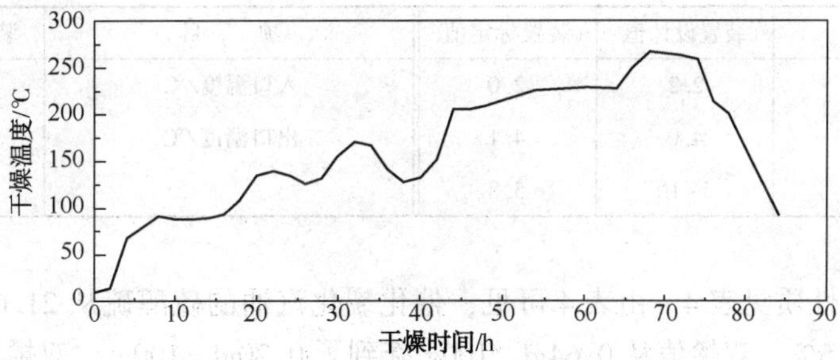

图 2　装置开工干燥曲线

3.3　催化剂硫化

预加氢催化剂的硫化温度为 230℃和 280℃。催化剂硫化期间共注入硫化剂 DMDS 为 979.5kg，是催化剂理论需硫量的 1.14 倍，如图 3 所示。

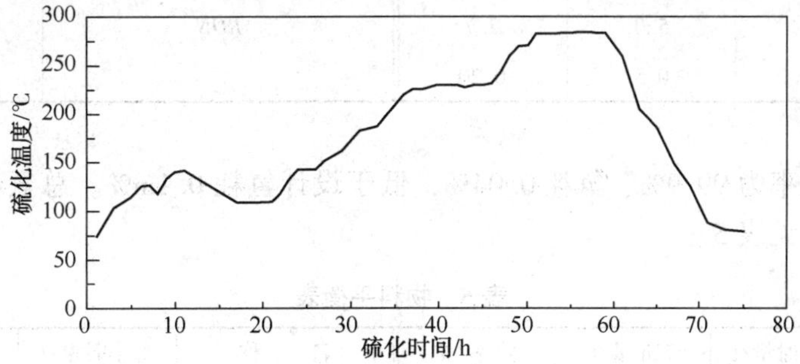

图 3　装置开工硫化曲线

3.4　切换原料

预加氢催化剂硫化结束后，换进催化裂化汽油，装置进料量 30t/h，催化剂体积空速 4.0h^{-1}，与设计值相同。分析结果显示，催化裂化汽油原料硫醇硫 26.9mg/kg，二烯值 0.42gI_2/100g，

*RON*87.1。预加氢产品汽油硫醇硫质量分数低于检出限，二烯值 0.02gI_2/100g，*RON*87.2，产品质量合格。

4 装置标定

装置开车一次成功后，进入催化剂初活稳定期。在此期间，装置运行平稳，产品合格率100%。在催化裂化汽油预加氢装置稳定1个月后，进行了装置的的首次标定。

4.1 原料性质

本次装置标定原料为重油催化裂化装置生产的稳定汽油，催化裂化汽油性质见表2。

表2 催化裂化汽油性质

项　目	装置设计值	装置标定值	项　目	装置设计值	装置标定值
密度/(g/cm^3)	0.715	0.705	烯烃/%(体积分数)	36.4	30.0
硫醇硫/(μg/g)	26.1	21.6	*RON*	90.2	87.5
双烯值/(gI_2/100g)	1.04	0.64			

4.2 工艺条件

装置标定的工艺条件见表3。由表3可见，标定期间体积空速、氢油体积比与设计值基本相当，平均入口压力为2.0MPa，低于设计值2.2MPa。平均入口温度98℃，出口温度101℃，均低于设计值，标定期间的工艺条件比设计条件缓和。

表3 标定工艺条件

项　目	装置设计值	装置标定值	项　目	装置设计值	装置标定值
入口压力/MPa	2.2	2.0	入口温度/℃	115	98
体积空速/h^{-1}	4.0	4.1	出口温度/℃	125	101
氢油体积比	5~10	5.8			

4.3 产品性质

加氢产品的主要性质见表4。由表4可见，催化裂化汽油的硫醇硫从21.6μg/g降到了2.7μg/g，硫醇硫脱除率87.5%，双烯值从0.64gI_2/100g降到了0.20gI_2/100g，双烯饱和率68.8%，而单烯烃仅仅降低了0.3个单位，单烯饱和率1.0%，加氢产品的*RON*没有损失。

表4 预加氢产品分析

项　目	设计值	标定值	项　目	设计值	标定值
密度/(g/cm^3)	0.715	0.705	烯烃/%(体积分数)		29.7
硫醇硫/(μg/g)	5.0	2.7	*RON*		87.5
双烯值/(gI_2/100g)	0.5	0.20			

4.4 物料平衡

标定期间汽油收率为99.9%、氢耗0.04%，低于设计氢耗0.1m%。总氢耗包括化学氢耗、溶解氢以及漏损氢等，见表5。

表5 物料平衡表

名　称	每小时量/t	72h量/t	收率/%	名　称	每小时量/t	72h量/t	收率/%
入方				出方			
稳定汽油	30.218	2175.69	100.00	产品汽油	30.214	2175.37	99.99
氢气	0.022	1.60	0.07	外排氢气	0.010	0.65	0.03
总量	30.240	2177.29	100.07	干气+损失	0.016	1.17	0.05
				总量	30.240	2177.29	100.07

4.5 动力消耗

装置标定期间的总体能耗见表6。标定能耗为102.25MJ/t，主要来自燃料气消耗和装置运行用电两个方面。其中燃料气单耗1.8kg/t原料，折合能耗71.646MJ/t，占总能耗的70.1%；用电单耗2.8874kW/t，折合能耗28.164MJ/t，占总能耗的27.5%，两者合计能耗占总能耗的97.5%。

表6 装置动力消耗及能耗表

项目	小时耗量		原料单耗		单位能耗/(MJ/t)	比例/%
	单位	数量	单位	数量		
燃料气	kg/h	54.4	kg/t	1.8013	71.646	70.1
电	kW·h/h	87.2	kW·h/t	2.8874	28.164	27.5
循环水	t/h	14	t/t	0.4636	1.941	2.0
净化风	Nm^3/h	10	Nm^3/t	0.3311	0.499	0.4
合计					102.25	2.44kgEO/t

5 结论

(1)催化裂化汽油预加氢装置的标定结果表明，催化裂化汽油的硫醇硫质量分数从21.6.8μg/g降到了2.7μg/g，双烯值从0.64gI_2/100g降到了0.20gI_2/100g，单烯烃仅仅降低了0.3个单位。GHC-32催化裂化汽油预加氢催化剂表现出良好的加氢活性、选择性。

(2)催化裂化汽油预加氢技术不但可以大幅度降低催化裂化汽油中的硫醇硫质量分数，而且可以大幅度降低催化裂化汽油的双烯质量分数，给下游装置提供更加洁净的进料，延长下游单元装置的运行周期，具有很好的工业应用前景。

参考文献

[1] 郭莘.汽油标准与排放法规的发展及我国清洁汽油生产技术趋势[J].石油商技，2012，30(3)：4-13.
[2] 王旭江，周则飞.炼油厂碱渣恶臭污染的治理[J].石油炼制与化工，2004，35(7)：72-75
[3] 于存烨.简述烯烃设备焦垢的形成与清洗[J].化学清洗，1996，12(3)：12-16.
[4] 申志兵，柯明，宋昭峥，等.硫醚化脱除FCC汽油中硫醇和二烯烃研究进展[J].化学工业与工程，2010，27(6)：544-550.
[5] 申志兵，柯明，刘基扬.Ni/Al_2O_3对硫醇与异戊二烯硫醚化反应的催化性能研究[J].石油炼制与化工，2010，41(11)：37-42.

榆炼1.8Mt/a催化装置收率影响因素分析

李　宏　高庆军

(陕西延长石油榆林炼油厂，陕西靖边　718500)

摘　要：榆林炼油厂1.8Mt/a催化装置正常运行过程中收率波动较大，特别是针对目前催化剂在高铁含量的情况下汽柴液综合收率持续降低。为了提高装置收率，查找影响装置收率因素，通过近一年多的摸索调整，确定了影响装置汽柴液综合收率提高的因素有原料油性质、催化剂性质及操作条件，为提高装置收率、确定装置收率波动大的原因明确了方向。

关键词：催化裂化　原料油　催化剂　操作条件　收率

1　前言

榆林炼油厂(以下简称榆炼)1.8Mt/a催化装置于2011年6月建成投产，本装置采用石油化工科学研究院开发的降烯烃MIP工艺技术，该装置两器为并列布置，催化剂为两段再生，再生方式为富氧再生，本装置由洛阳院设计。

装置于2012年5月进行了首次检修，在检修过程中对原料油喷嘴进行了更换，同时对预提升段也进行了技改，使装置操作更加平稳，同时提高了装置的操作弹性，装置汽柴液总收率在大修后得到了明显提高。由于原料油性质及操作条件的变化，使本装置在2013年全年内收率一直偏低，通过多次和石科院专家交流，并在本装置上进行实践操作，目前确定了影响本装置收率提高的因素，并根据原因确定相应措施，使本装置收率能得到提高。

2　MIP催化裂化反应机理

榆炼1.8Mt/a催化裂化装置提升管反应器分成两个反应区，反应一区采用高温、短接触时间和高剂油比操作条件，满足裂化反应，保证一定的转化率；在第二反应区内，通过加入待生催化剂，控制第二反应区以较低的反应温度和较长的停留时间，促进氢转移反应和异构化反应，使汽油中的烯烃含量降低，异构烷烃和芳烃含量增加。

3　影响催化裂化汽柴液收率因素

3.1　原料油对产品分布的影响

目前，榆炼1.8Mt/a催化裂化装置原料为单纯的常压渣油。2012年8月与2012年9月装置操作条件基本相同，催化剂性能相同，催化剂性质见表1，操作条件见表2。2012年8月延炼催化装置检修，本装置大量参炼延炼渣油，2012年9月停止参炼延炼渣油，其原料油性质对比见表3，产品分布对比见表4。

通过表3可知，2012年8月催化原料油明显优于2012年9月，主要表现在原料密度低、残炭低、氢含量高；陈俊武等[1]指出，一般将原料的密度、残炭、金属和氢的质量分数列为主要限制指标，并要求密度小于0.92g/cm，残炭质量分数为4%~5%，所含金属主要为镍和钒，氢质量分数大于12%。许友好[2]指出，原料密度每增加1kg/m^3，汽柴液总收率下降约0.2个百分点，再加上原料残炭每增加1个百分点，按70%转化为焦炭，焦炭产率增加约0.7个百分点，相应地汽柴液总收率减少约 0.7 个百分点；原料中氢含量对装置收率影响较大，根据石科院的相关经验，原料中氢含量每提高 0.1%装置收率能提高约 0.2%。

表 1　催化剂性质对比

采样时间(年-月-日)	活性/%	比表面/(m^2/g)	孔容/(mL/g)	定炭/%	金属含量/%							
					Re_2O_3	Fe	Ni	V	Na	Sb	Ca	Cu
2012-08-09	61.40	117.00	0.150	0.10	2.60	0.66	0.81	0.31	0.36	0.222	0.18	0.014
2012-08-13	61.30	118.00	0.150	0.02	2.54	0.68	0.84	0.31	0.36	0.197	0.18	0.000
2012-08-20	62.00	115.00	0.140	0.04	2.48	0.73	0.89	0.31	0.37	0.160	0.19	0.000
2012-08-27	61.00	118.00	0.140	0.09	2.33	0.72	0.83	0.30	0.36	0.164	0.18	0.000
2012-09-05	59.30	116.00	0.140	0.06	2.53	0.80	0.88	0.31	0.34	0.158	0.19	0.000
2012-09-10	58.40	115.00	0.150	0.05	2.42	0.82	0.84	0.31	0.34	0.181	0.19	0.000
2012-09-24	62.20	114.00	0.150	0.05	2.48	0.82	0.84	0.31	0.31	0.167	0.18	0.000

表 2　操作条件对比

项　目	2012 年 8 月	2012 年 9 月	项　目	2012 年 8 月	2012 年 9 月
反应温度/℃	510	510	再生器总藏量/t	173	175
再生床温/℃	664	664	进料雾化汽/%	5.2	5.3
原料预热温度/℃	220	220	预提升干气/(Nm^3/h)	4600	4610
回炼比/%	10	9	主风量/(Nm^3/h)	247000	275000
进料量/(t/h)	230	230	催化剂再生方式	贫氧再生	贫氧再生

表 3　原料油性质对比

项　目	2012 年 8 月	2012 年 9 月	项　目	2012 年 8 月	2012 年 9 月
密度/(kg/m^3)	904.3	908	C	86.72	86.88
黏度(100℃)/(mm^2/s)	90.64	103	H	12.58	12.16
馏程/℃			胶质+沥青质	9.51	11.15
初馏点	267	261	残炭	4.58	5.86
10%	367	379	金属含量/(μg/g)		
50%	446	470	Fe	9.4	8.6
组成/%			Ni	6.4	5.9
饱和烃	71.04	68.17	V	1.34	1.4
芳烃	19.16	21.32			

表 4　产品分布对比

项　目	2012 年 8 月	2012 年 9 月	项　目	2012 年 8 月	2012 年 9 月
干气收率/%	3.48	3.68	油浆收率/%	2.56	2.55
液化气收率/%	12.85	13.16	焦炭收率/%	7.76	8.21
汽油收率/%	45.85	46.03	损失/%	0.37	0.36
柴油收率/%	27.13	26.01	汽柴液总收率/%	85.83	85.20

由表 4 可知，2012 年 8 月汽柴液综合收率为 85.83%，在相同的催化剂性能及操作条件下，比 2012 年 9 月收率高 0.63%，干气和焦炭产率明显降低，且产品分布较为合理。所以原料油性质是决定装置收率的主要原因。

3.2　催化剂对产品分布的影响

本装置自从投产以来一直使用长岭催化剂厂生产的 MIP 工艺专用催化剂——CRMI-2 催化剂。

为了确定催化剂对产品分布的影响，目前选择在操作条件相同、原料性质相似的情况下进行对比。经分析，2012年11月与2013年10月原料性质相似，操作条件相同，操作条件对比见表5，原料性质见表6，其催化剂性能对比见表7，汽柴液总收率对比见表8。

表5 操作条件对比

项目	2012年11月	2013年10月	项目	2012年11月	2013年10月
反应温度/℃	514	515	再生器总藏量/t	178	180
再生床温/℃	665	663	进料雾化汽/%	5.2	5.3
原料预热温度/℃	220	220	预提升干气/(Nm^3/h)	4610	4500
回炼比/%	8.4	7.8	主风量/(Nm^3/h)	260000	262154
进料量/(t/h)	230	230	催化剂再生方式	贫氧再生	贫氧再生

表6 原料油性质对比

项目	2012年11月	2013年10月	项目	2012年11月	2013年10月
密度/(kg/m^3)	905.9	906.6	C	86.51	86.63
黏度(100℃)/(mm^2/s)	101.21	99.35	H	12.30	12.25
馏程/℃			胶质+沥青质	11.09	11.95
初馏点	267	262	残炭	5.5	5.3
10%	364	373	金属含量/(μg/g)		
50%	461	467	Fe	10.9	13.1
组成/%			Ni	4.3	5.71
饱和烃	67.88	67.05	V	1.16	1.61
芳烃	20.17	20.85			

表7 催化剂性能对比

项目	2012年11月	2013年10月	项目	2012年11月	2013年10月
活性/%	58.2	63.5	Fe	0.97	1.22
比表面/(m^2/g)	115	139	Ni	0.95	0.64
孔容/(mL/g)	0.15	0.16	V	0.33	0.23
松堆比/(g/mL)	0.78	0.79	Na	0.34	0.26
定炭/%	0.056	0.16	Sb	0.156	0.172
金属含量/%			Ca	0.2	0.25
Re_2O_3	2.35	1.95	Cu	0.009	0

表8 汽柴液总收率对比

项目	2012年11月	2013年10月	项目	2012年11月	2013年10月
干气收率/%	3.67	3.28	油浆收率/%	3.4	2.3
液化气收率/%	11.43	12.18	焦炭收率/%	8.51	11.08
汽油收率/%	45.46	44.29	损失/%	0.36	0.42
柴油收率/%	27.17	26.45	汽柴液总收率/%	84.06	82.92

在相同的原料油性质及操作条件下，通过表7可知，2013年10月催化剂中铁含量为1.22%，明显高于2012年11月的0.97%；2013年10月稀土含量为1.95%，低于2012年11月的2.35%；2013年10月催化剂活性及比表面积均高于2012年11月，主要是2013年10月催化剂中铁含量高，使催化剂的有效活性较低，活性保持率低，催化剂置换量大所致，催化剂的其他各项指标基本相同。

通过表 8 可知，2012 年 11 月装置汽柴液总收率为 84.06%，比 2013 年 10 月 82.92%高 1.14%，所以同样性质的原料油和操作条件，催化剂的使用性能对装置汽柴液综合收率影响较大，特别是催化剂中铁含量和稀土含量的影响较为明显，催化剂中的铁覆盖在催化剂活性表面，使催化剂有效活性降低，所以催化剂中低铁含量和相对较高的稀土含量有利于催化裂化反应的进行，更有利于装置收率的提高。

3.3 操作条件对产品分布的影响

为了能准确判定操作条件对产品分布的影响规律，排除原料油性质及催化剂性质对产品分布的影响，现选择相似的原料性质及催化剂性质下确定操作条件对产品分布的影响。原料油性质见表 9，催化剂性质见表 10，操作条件见 11，产品分布见表 12。

表 9 原料油性质

项目	2013 年 7 月	2013 年 8 月	项目	2013 年 7 月	2013 年 8 月
密度/(kg/m^3)	908.6	908	胶质沥青质	10.55	10.42
黏度(100℃)/(mm^2/s)	93.53	94.20	残炭	5.36	5.24
馏程/℃			硫	0.138	0.133
初馏点	278	281	C	86.98	87.03
10%	378	377	H	12.49	12.51
50%	472	470	金属含量/(μg/g)		
组成/%			Fe	11.7	10.8
饱和烃	69.69	69.54	Ni	6.44	6.18
芳烃	19.62	19.71	V	1.65	1.60

表 10 催化剂性质

项目	2013 年 7 月	2013 年 8 月	项目	2013 年 7 月	2013 年 8 月
活性/%	63.5	64	Fe	1.07	1.10
比表面/(m^2/g)	135	134	Ni	0.77	0.68
孔容(mL/g)	0.16	0.16	V	0.26	0.26
松堆比/(g/mL)	0.77	0.77	Na	0.28	0.24
定炭/%	0.08	0.12	Sb	0.169	0.163
金属含量/%			Ca	0.21	0.22
Re_2O_3	2.04	2.06	Cu	0.006	0.006

表 11 操作条件对比

项目	2013 年 7 月	2013 年 8 月	项目	2013 年 7 月	2013 年 8 月
反应温度/℃	518	506	进料雾化汽/%	5.5	5.5
再生床温/℃	662	660	预提升干气/(Nm^3/h)	6000	5700
原料预热温度/℃	210	210	预提升蒸汽/(t/h)	0	0
回炼比/%	3	10	主风量/(Nm^3/h)	268000	244000
进料量/(t/h)	180	205	催化剂再生方式	富氧再生	贫氧再生
再生器总藏量/t	180	178			

表 12 产品分布

项目	2013 年 7 月	2013 年 8 月	项目	2013 年 7 月	2013 年 8 月
干气收率/%	3.85	3.49	油浆收率/%	2.12	1.97
液化气收率/%	11.04	11.14	焦炭收率/%	10.21	10.01
汽油收率/%	49.24	47.52	损失/%	0.35	0.35
柴油收率/%	23.19	25.51	汽柴液总收率/%	83.46	84.17

由表9可知2013年7月和8月原料油中残炭、密度等关键指标基本相同，原料油性质相似；由表10可知催化剂的活性、重金属含量及稀土含量等关键指标也基本相同，催化剂性能相同。

通过表11可知，2013年7月与2013年8月的操作条件相比，2013年7月反应温度控制较高，回炼比较小，装置加工量低，装置为富氧再生，而2013年8月装置为贫氧再生。

通过表12可知，2013年7月装置干气和焦炭收率明显高于2013年8月，使得7月汽柴液总收率仅为83.46%，比8月84.17%低0.71%，所以高催化剂活性、高反应温度、低回炼比及富氧再生操作不利于装置汽柴液收率的提高。

4 结论

(1) 催化原料油中低残炭、低密度、高氢含量有利于催化裂化反应目的产品的生成，有助于装置汽柴液综合收率的提高。

(2) 催化剂中重金属含量对装置收率影响较大，当催化剂中金属含量高时，虽然催化剂表观活性高，但在实际反应过程中有效活性中心不足，反应实际剂油比降低，造成装置收率低；

(3) 催化剂中的钒在高温水热条件下加速了分子筛骨架的水解，导致了裂化反应活性的下降；稀土化合物与钒酸相互作用生成高温稳定的钒酸稀土，抑制了钒酸对分子筛水解的促进效应，从而使分子筛的结构完整，有利于催化裂化反应的进行，所以催化剂中高稀土含量有利于装置收率的提高。

(4)催化剂在贫氧再生情况下的收率比富氧再生情况下高。

(5)过高的反应温度和催化剂活性有利于干气和焦炭产率的升高，造成装置目的产品收率降低，通过控制合适的催化剂活性和反应温度，来确保回炼比适中，可有效提高装置收率，回炼比过大或过小均会使汽柴液综合收率降低。

参 考 文 献

[1] 陈俊武，曹汉昌．催化裂化工艺与工程[M]．北京：中国石化出版社，1995.336-337.

[2] 许友好．催化裂化化学与工艺[M]．北京：科学出版社，2013.3

催化裂化汽油选择性加氢脱硫工艺技术应用

曹　松　于新文

（中国石油庆阳石化公司，甘肃庆阳　745000）

摘　要：主要介绍中国石油石油化工研究院开发的催化裂化汽油选择性加氢脱硫工艺技术(DSO)及配套的催化裂化汽油选择性加氢脱硫催化剂在庆阳石化汽油加氢装置上的工业应用。

关键词：加氢脱硫　DSO　辛烷值

1　前言

为了满足产品质量升级，庆阳石化公司新建一套700kt/a催化汽油加氢脱硫装置。采用中国石油化工研究院研发的DSO催化汽油加氢脱硫工艺技术，以催化汽油为原料，生产硫含量<10μg/g的低硫汽油调合组分。该装置于2012年10月全面开工建设，2013年7月30日一次开车成功。本文主要介绍催化裂化汽油加氢脱硫技术(DSO)在庆阳石化汽油加氢装置上工业应用的效果。

2　装置概况

催化汽油原料经过脱砷、预加氢后经分馏塔切割为轻、重汽油组分，重汽油经加氢脱硫和加氢后处理与轻汽油混合至罐区，作为汽油调和组分。工艺流程如图1所示。

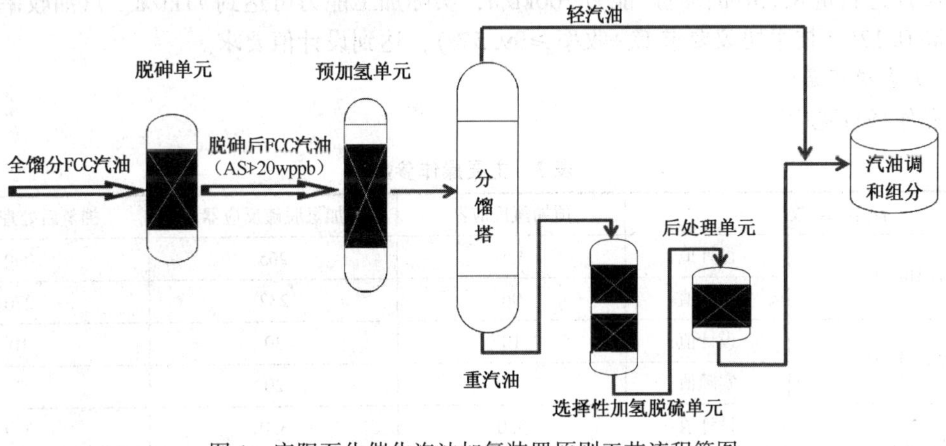

图1　庆阳石化催化汽油加氢装置原则工艺流程简图

3　工业应用情况

3.1　原料组成

装置原料为上游催化裂化装置生产的稳定汽油，原料性质见表1。

原料中硫含量(101.1μg/g左右)低于设计值(160μg/g)，烯烃含量(48%左右)高于设计值(43%)，硫醇硫含量(平均14.3μg/g)，低于设计值(24μg/g)；二烯值高于设计，原料砷含量略高于设计。综上所述，原料性质较优于设计。

表1　催化汽油原料性质

分析项目	设计值	实际(平均)值	分析项目	设计值	实际(平均)值
密度(20℃)/(kg/m^3)	720.0	728.7	族组成/%(体积分数)		
馏程/℃			烷烃	40.0	
IBP	40.0	49.5	烯烃	43.0	48.5
10%	55.0	64.0	芳烃	17.0	
50%	100.0	103.0	硫含量/(μg/g)	160.0	101.1
90%	166.0	173.0	硫醇硫含量/(μg/g)	24.0	14.3
FBP	194.0	196.5	研究法辛烷值(RON)	90.5	91.3
			二烯值/(gI_2/100g)	1.4	2.04
			砷含量/(μg/kg)	70.0	90

3.2　物料平衡

装置物料平衡见表2。

表2　装置物料平衡表

项目	物料名称	质量/%	t/d	kt/a
原料(进料)	稳定汽油	100	2028	710
	新氢	0.8	16.18	5.66
	合计	100.8	2044.18	715.66
产品(出料)	脱硫汽油	99.62	2020.3	707.1
	分馏塔顶气	0.38	7.7	
	稳定塔顶气	0.15	3.06	
	损失	0.65	13.12	
	合计	100.8	2044.18	

装置设计进料量83.3t/h，生产能力700kt/a，实际加工能力可达到71kt/a。汽油收率99.62%，较设计值高0.12%(技术协议要求C_5+收率≥99.5%)，达到设计值要求。

3.3　主要操作条件

主要操作条件见表3。

表3　主要操作参数

操作参数		预加氢反应器	加氢脱硫反应器	加氢后处理反应器
入口温度/℃	设计值	130	265	290
	实际值	96	232	270
床层温升/℃	设计值	10	30	10
	实际值	5	20	2
体积空速/h^{-1}	设计值	3.0	3.0	5.0
	实际值	3.0	2.9	4.9
入口压力/MPa	设计值	2.4	2.2	
	实际值	2.4	1.88	1.67
氢油比(体积比)	设计值	10	300	300
	实际值	7	330	330

从表3可以看出反应器操作温度低于设计值，说明催化剂，选择性强，活性高。

3.4　产品性质

主要产品性质见表4。

表4 加氢汽油产品性质

项目	催化汽油(原料)			混合汽油(产品)			辛烷值损失
	总硫/(μg/g)	烯烃/%(体积分数)	辛烷值 *RON*	总硫/(μg/g)	烯烃/%(体积分数)	辛烷值 *RON*	
最小值	95.9	48	90.8	8.9	36.9	89.1	1.9
最大值	104.4	48.7	91.4	11.3	44.1	89.5	2.1
平均值	101.1	48.4	91.3	10.8	39.9	89.3	2.0

由表4可见，产品硫含量能够降到10μg/g左右，达到设计要求。由于是装置运行初期，催化剂活性高，辛烷值损失较大，达到2.0个单位(*RON*)。

3.5 装置能耗

装置能耗见表5。

表5 装置能耗

名称 单位	消耗量	单耗/(t/t)	折算系数	设计单耗	能耗/(kgEO/t)	
					设计	实际
燃料气/Nm^3	149635Nm^3/78.4t	0.0129	950	0.0156	14.82	12.24
循环水/t	25339.5	4.16	0.1	3.348	0.335	0.42
除盐水/t	0.299	0	2.3	0	0	0
电/(kW/h)	83507	13.73	0.23	34.46	7.926	3.21
净化风/Nm^3	43164	7.09	0.04	3.36	0.134	
工业风/Nm^3	545	0.089	0.038	0	0	0.27
氮气/Nm^3	8963	1.47	0.15	0	0	0.22
合计					23.45	16.36

由表5可见，实际能耗为16.36kgEO/t，低于设计能耗7.09kgEO/t。

4 结论

FCC汽油选择性加氢脱硫DSO工艺技术在庆阳石化公司700kt/a催化汽油加氢脱硫装置上实现了首次全套工艺技术应用，硫含量达到了国Ⅴ汽油标准。表明该技术原料适应性强，反应条件缓和，脱硫率高，辛烷值损失小，液收高，运转周期长，能耗低，技术成熟可靠。能够生产满足市场需要的低硫清洁汽油(符合国Ⅴ车用汽油标准)，促进社会经济和汽车工业的发展，有利于减少污染、保护环境、改善人类生存环境和提高生活质量。该技术填补了中国石油集团生产国Ⅳ、国Ⅴ清洁汽油的技术空白，为其汽油质量升级提供自主技术支持，具有良好的工业应用前景和较强的市场竞争能力。

参考文献

[1] 王军民. 超低清洁汽油的生产技术[J]. 天然气与石油. 2005, (7): 12-15.
[2] 兰玲. 催化裂化汽油加氢脱硫技术研究[M]. 石油炼制与化工, 2010: 20-100.
[3] 朱渝. 催化裂化汽油选择性加氢脱硫技术工业应用试验[M]. 石油炼制与化工, 2005: 13-50.
[4] 秦小虎. 全馏分FCC汽油加氢脱硫技术开发与工业应用[M]. 当代化工, 2007: 45-367.

延迟焦化装置工艺防腐分析及探讨

杨跃进

（中国石化洛阳分公司，河南洛阳　471012）

摘　要：对洛阳石化延迟焦化装置的腐蚀情况进行描述，并将主要部位的腐蚀进行分类。通过对腐蚀机理的分析，有针对性的对焦化装置工艺防腐措施进行了探讨。

关键词：工艺防腐　延迟焦化　腐蚀机理　措施

1　前言

洛阳石化1.4Mt/a延迟焦化装置于2008年建成投产。随着原油性质变重、硫含量增高，作为二次加工原料的减压渣油性质更趋于劣化，硫含量更高，焦化装置面临的腐蚀问题日益突出，使得装置运行风险大大提高，对装置的安全生产和长周期运行提出了巨大挑战。

2　洛阳焦化主要存在的腐蚀问题及原因分析

2.1　原料中硫含量及其影响

延迟焦化是将渣油深度热裂化，转化为气体、轻中质馏分油和焦炭的加工过程。洛阳石化焦化装置的原料是凝析油和塔河深拔减渣，原油的硫含量较高，而且硫的分布趋势是越到重油部位硫含量越高，渣油馏分中的硫约占原油硫含量的43.6%~76.0%，可见焦化原料中腐蚀性物质含量高，原料的劣质化。2011年洛阳焦化减压渣油性质见表1。

表1　减压渣油性质

项　目	1月	2月	3月	4月	5月	6月	7月	8月	设计值
密度/(kg/m^3)	990.37	980.68	993.15	989.96	993.70	1050.08	1030.57	1088.36	949.6
残炭/%	19.68	18.92	20.15	20.42	20.33	21.09	19.12	18.98	20.50
硫含量/%	2.75	1.64	2.19	2.12	1.90	1.89	1.81	1.80	2.78

洛阳焦化原料性质设计含硫2.78%[1]，现渣油硫含量最高为2.75%，随着2012年渣油劣质化进程的加快，硫含量会逐渐增加，对设备的腐蚀必将加剧，加大了防腐的难度。原料中硫的含量直接从源头上影响着装置的腐蚀程度，同时关系着装置的安全平稳运行。

2.2　腐蚀问题及原因分析

自2008年6月开工至2011年9月停工检修，装置连续运行期间状况良好，无论是能耗还是液收都取得了好成绩，但是运行期间设备和管线呈现出不同的腐蚀状况。找到主要腐蚀部位，进行分析，并提出相应的防腐措施，对长周期运行有重大意义。

2.2.1　管道腐蚀状况

洛阳焦化装置现有8个在线腐蚀监测点，根据在线监测显示，这些管道呈现出不同的腐蚀状况，其中重蜡油抽出管道、分馏塔底抽出管道和焦化原料油管道腐蚀速率最大，其中分馏塔底抽出管线腐蚀损耗接近0.1mm。分馏塔底抽出管线在线腐蚀监测状况如图1所示。

根据在线腐蚀监测显示，把其中5个监测点的腐蚀速率情况作出表2。

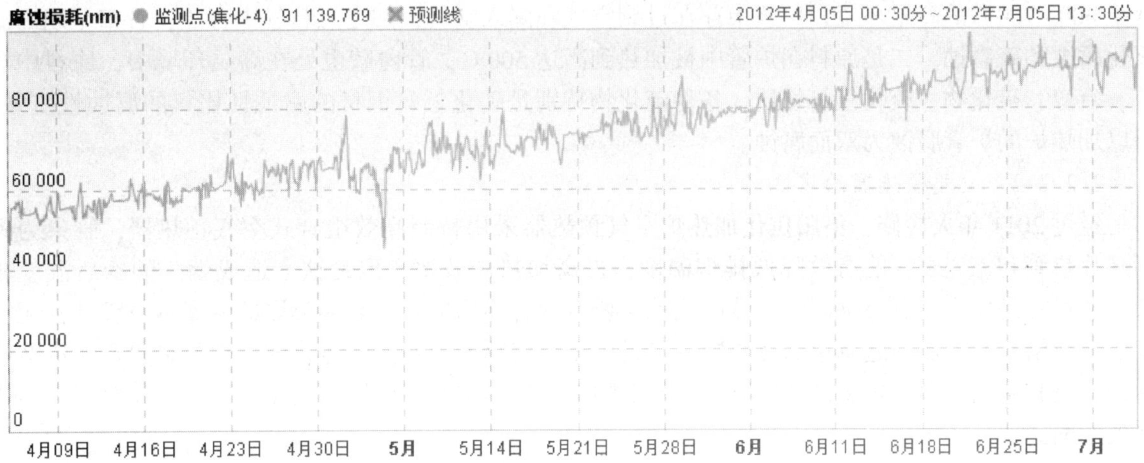

图1 分馏塔底抽出管线在线腐蚀监测

表2 监测点腐蚀速率

监测点	监测方法	时段腐蚀速率/(mm/a)	压力/MPa	温度/℃	材质
焦化原料油管道	20#高温探针	0.11984	0.78	220	20#
分馏塔底抽出管道	1Cr5Mo 高温探针	0.15853	0.42	365	1Cr5Mo
重蜡油抽出管道	1Cr5Mo 高温探针	0.16233	0.50	373	1Cr5Mo
柴油抽出管道	20#中高温探针	0.09976	0.57	231	20#
稳定塔顶水冷器后管道	20#低温探针	0.00899	1.28	60	20#

由表2可以看出，重蜡油抽出管道和分馏塔底抽出管道腐蚀速率较大，这主要是由于它们处于分馏塔下部，温度高达340~400℃，存在严重的高温硫腐蚀，致使腐蚀速率加大。焦化原料油管道温度在120~310℃，因为原料还没有经过加热炉，其中的环烷酸没有被高温分解，环烷酸腐蚀基本上只存在于原料油管道，这是焦化原料油管道不同于其他管道的一类腐蚀。

2.2.2 加热炉的腐蚀

2.2.2.1 炉管的腐蚀

洛阳焦化加热炉在运行三年后，大检修时检查其腐蚀情况如下：F1101(一室)南厢辐射室炉管西侧从下往上数有6根炉管表面积有一层砖红色垢物，东侧从下往上数有9根炉管表面有一定的氧化爆皮，无鼓胀变形、无明显高温蠕变现象，敲击声清脆，炉内辐射涂料大面积开裂、剥落。南厢辐射室炉管直管测厚值为10.88~11.83mm之间，弯头测厚值为11.10~13.04mm之间。F1101(二室)情况类似。炉管腐蚀情况如图2和图3所示。

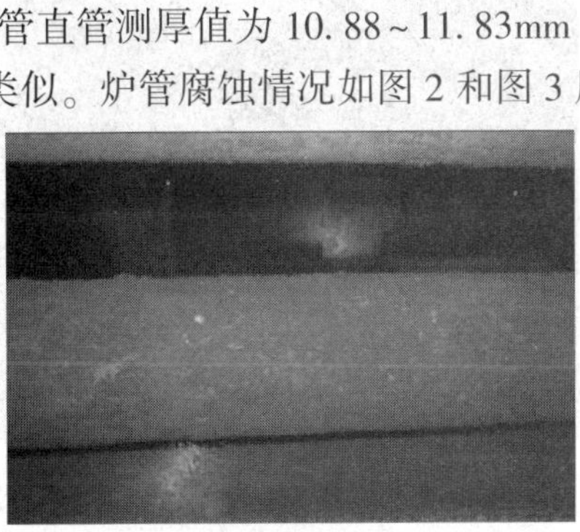

图2 炉管结垢形貌

图3 氧化爆皮形貌

洛阳焦化的加热炉炉管为1Cr9Mo材质，相对于1Cr5Mo材质，有防腐优势，大检修时测厚没见明显腐蚀减薄，还能继续使用。加热炉炉管主要存在高温氧化腐蚀和高温硫腐蚀，一是炉管长期处于600~700℃的高温环境，炉膛中存在过剩空气和漏入空气，加之燃料气中含硫，管壁呈现高温氧化腐蚀和硫腐蚀。二是原料在炉管中被加热到高达500℃，管内壁也处在高温环境中，原料中含硫、硫醇、硫化物、硫化氢等物质，各种硫化物特别是硫化氢对钢材的腐蚀性比氧的腐蚀性更强。所以加热炉的炉管腐蚀为双面腐蚀。

2.2.2.2　空气预热器的腐蚀

经过2011年大检修，洛阳焦化加热炉空气预热器采用特制高效组合式空气预热器，管束为碳钢翅片热管和搪瓷管，能有效降低排烟温度，提高加热炉效率。但是这会造成烟气的冷后温度较低，相对容易发生露点腐蚀。预热器的腐蚀主要有两方面原因：一是换热段的温度本身较低，无法有效避免结露，从而引起管束露点腐蚀。二是由于覆盖物的存在。覆盖物的主要是烟道及对流室脱落的衬里和灰垢，含有较多的硫化物，在覆盖物下方易形成垢下腐蚀。图4为某焦化装置空气预热器失效图。

2.2.3　分馏系统的腐蚀

焦化分馏系统的腐蚀主要存在于分馏塔顶部及顶循系统，这些部位主要存在低温部位硫腐蚀和氮化物腐蚀。原料中的硫化物、氮化物、氯化物经过裂解反应或高温水解反应，分别生成 H_2S、NH_4 和 HCl，由于 NH_3 的中和作用使得介质呈现中性甚至碱性，缓解了 HCl、H_2S 对设备产生的均匀腐蚀，即 NH_3 的存在对设备的均匀腐蚀起到缓蚀作用，但带来点蚀、坑蚀、垢下腐蚀等局部腐蚀倾向的增加。NH_3 与 HCl 作用生成 NH_4Cl，在分馏塔顶温度低、流速低的部位会因为 NH_4Cl 的结晶造成设备、管线的堵塞、垢下腐蚀和磨损腐蚀的加剧。上周期顶循泵叶轮三次被腐蚀更换，腐蚀形貌如图5所示，顶循系统管线经常结盐堵塞，顶循管线弯头减薄严重。

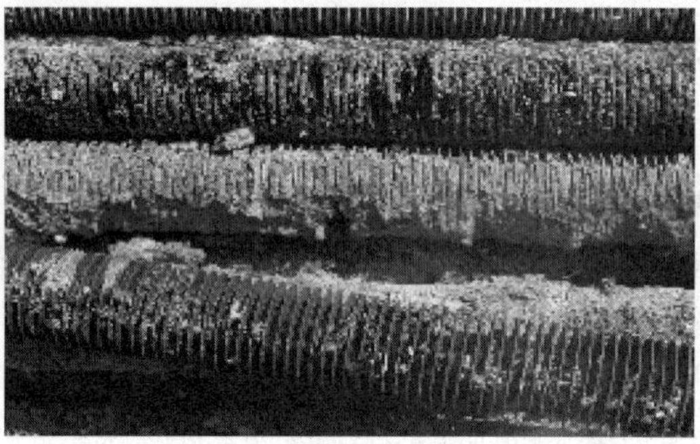

图4　空气预热器腐蚀失效

2011年大检修时分馏塔1~2层塔盘腐蚀轻微，3~11层塔盘腐蚀减薄，4~7层塔盘和浮阀腐蚀减薄严重，局部穿孔，浮阀脱落。第4层塔盘腐蚀形貌如图6所示。分馏塔出现1~3层塔盘腐蚀程度没有4~7层塔盘严重的现象，这是为了处理顶循结盐腐蚀而在顶循泵入口用除盐水水洗的结果，除盐水将顶循的铵盐溶解，返回到分馏塔第1层塔盘，接着向下水洗1~3层塔盘，减轻了这三层塔盘的腐蚀，这些溶解有大量铵盐的水溶液汇集到顶循集液箱，因为没有及时排出分馏塔，这些水溶液下移，造成4~7层塔盘的严重腐蚀。

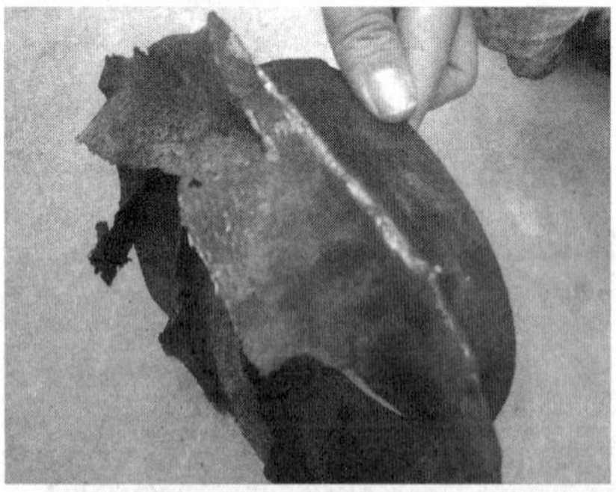

图5　2011年顶循泵叶轮腐蚀形貌

图6　2011年检修分馏塔盘腐蚀形貌

2.2.4　焦炭塔及塔顶大油气管线的腐蚀

焦炭塔内壁、焦炭塔顶大油气线主要发生高温硫腐蚀。腐蚀形态为高温硫化物的全面腐蚀。焦炭塔的中、下部塔内壁通常附有一层牢固而致密的焦炭保护层，隔离了腐蚀介质，一般情况腐蚀不重，而焦炭塔顶部、焦炭塔上部泡沫段及气液相交界部位，由于温度较高，会因为高温硫化物的作用而表现出不同程度的腐蚀，使用的材料不同，原料中硫含量不同，其腐蚀的速度也差别较大。值得注意的是，高压水的过度冲刷会造成塔壁腐蚀的加剧，塔外壁焊有立柱加强或保温不好的部位，由于冷凝作用形成了 H_2S—HCl—NH_3—H_2O 型腐蚀介质，腐蚀最为严重。

3 防腐措施

3.1 焦化原料控制

焦化装置加工的原料应符合设计要求，原料油的硫含量，原则上不能超过设计值，洛阳焦化原料硫含量应控制在设计值2.78%以内，目前多采用混炼原油的方法，一般采用高硫原油与低硫原油以1∶1混合比较合适[2]。焦化原料酸值应不大于1.5mgKOH/g，同时还应加强原料氯含量的控制。从2009年7月洛阳焦化回炼全厂重污油，重污油成份复杂，盐含量平均为107mg/L，最高达307.8mg/L，每次回炼都不同程度的造成分馏塔上部及塔顶油气系统结盐，并对相关管道和设备造成腐蚀，尤其是回炼重污油时，要控制好盐含量不应大于10mg/L，与此同时还应加强原油的电脱盐和重污油的脱水，从根源上减轻装置腐蚀。

3.2 调整工艺与优化操作

3.2.1 加热炉防腐

加热炉炉管防腐主要从燃料气和温度控制两方面采取措施。降低燃料中硫含量可以有效减轻炉管的高温硫腐蚀，燃料气含硫量应小于100mg/m³。炉管温度控制应根据使用的炉管材料而定，控制炉管表面温度不超过规定值，1Cr5Mo材质炉管壁温度不宜超过650℃，1Cr9Mo材质炉管壁温度不宜超过705℃。此外还应关注好炉火燃烧情况，避免偏烧等不正常燃烧，在线清焦或烧焦时注意保护好炉管。

针对露点腐蚀，要控制好排烟温度，确保管壁温度高于烟气露点温度5℃。2011年岳阳长岭设备研究所有限公司对洛阳焦化加热炉的烟气露点温度进行了测试，结果如表3所示。露点温度为61℃，与日常操作的排烟温度相差远超过5℃，这可解释大检修时洛阳焦化加热炉空气预热器腐蚀甚微的现象。

表3 露点温度测试

装置	预热器入口温度/℃	排烟温度/℃	烟气成分				露点温度/℃
			O_2/%	CO_2/%	CO/(μg/g)	SO_3/(μg/g)	
F1101	330	140	3.80	9.28	20	5	61

3.2.2 分馏塔防腐

(1)分馏塔顶温度及回流控制，转移结晶区域。核算塔顶油气中水露点温度，控制塔顶内部操作温度高于水露点温度28℃以上，塔顶回流温度高于90℃。提高分馏塔顶温，控制分馏塔顶温在125~130℃，使塔顶热量上移，使铵盐在塔顶后部空冷处结晶，尽量避免铵盐在分馏塔顶塔盘结晶析出，造成分馏塔顶部低温 H_2S—HCl—NH_3—H_2O 型腐蚀。

对于空冷的铵盐结晶可采取水洗空冷的措施。由于空冷铵盐结晶，造成分馏塔顶压逐渐升高，气压机入口压力持续降低。2012年4月洛阳焦化在空冷A1115A-H吹扫蒸汽入口管线新加DN50除盐水线，根据塔顶温控制情况，每次切除1~3台空冷进行水洗，水洗效果很好。水洗流程见图7。

(2)增加分馏塔顶循上回流反塔处水洗线。在顶循上回流返塔调节阀阀后增加一条除盐水水洗线进行水洗，水洗流程见图7，使顶循集油箱及其上部塔盘的铵盐溶解在除盐水中，然后由顶循泵入口排污油线排入到污水除油调节罐V2101进行处理，这样有效的降低了分馏塔顶部的低温硫腐蚀和氮化物的腐蚀，延长了分馏塔顶部塔盘的使用寿命。

(3)必要时注缓蚀剂，在低温硫腐蚀严重的部位采用注入缓蚀剂的方法也可以在很大程度上减

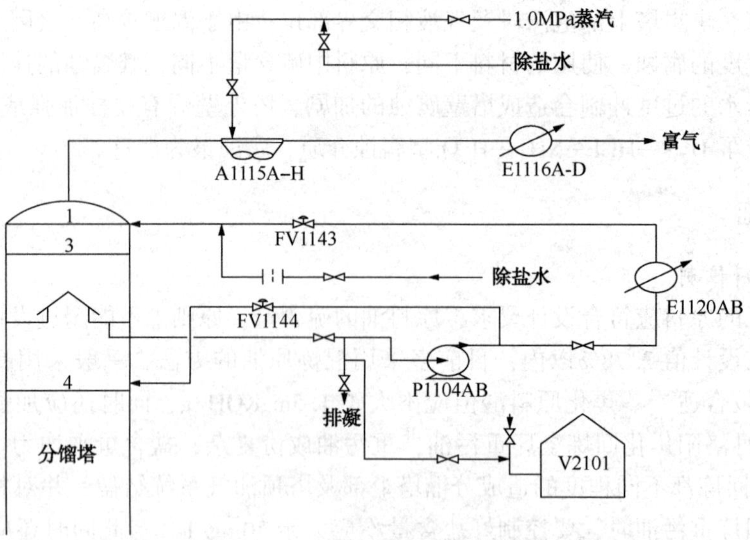

图7　分馏塔水洗流程图

轻低温硫腐蚀的产生，注入部位：焦化分馏塔顶油气管线。用量：不宜超过20μg/g（相对于塔顶总流出物，连续注入）。

3.2.3　焦炭塔防腐

焦炭塔在18~28h的周期内要经历生焦、除焦等不同的操作过程，出现由常温到470~490℃周期性的冷热循环操作，形成温差应力，引起显著的周期性应变。应控制升温和冷却速率在允许范围内，切塔前预热要充分，给汽给水量和速度要适当。严格控制焦炭塔泡沫层高度，尽可能减少和防止焦粉携带现象的发生，同时应避免非计划停工现象的发生，从而避免焦炭塔顶油气阀、油气管线以及分馏塔底循环系统的结焦。尤其对焦炭塔塔顶油气管线三通、弯头及分支管部位应加大腐蚀裕量，并进行跟踪测厚与数据分析。

3.3　加强腐蚀监测

洛阳焦化装置现有在线腐蚀监测、化学分析、定点测厚、腐蚀挂片、定期烟气露点测试等腐蚀监测方式。通过在线腐蚀监测系统取得相关数据，为以后装置大修改造，材质升级提供基础数据。由于高温硫腐蚀为均匀腐蚀，可以通过测厚等检测方法进行监测。建议对焦化装置实施管道定期测厚制度，并根据监测情况及时调整监测频率，以便对全装置的工艺管道腐蚀情况进行监测。装置应根据实际情况建立腐蚀监检测系统，保证生产装置的安全运行。针对化学分析，洛阳焦化还应增加以下分析项目和分析频次，见表4。

表4　洛阳焦化需增加的化学分析项目

分析介质	分析项目	分析频次
原料油	总氯，金属含量，酸值，氮含量，盐含量	1次/周
分馏塔顶水(V1103)、富气压缩机级间排水(V1501)、富气压缩机出口排水(V1201)	pH值，氯离子含量，总硫含量，铁离子含量，CN^-含量，氨氮	2次/周
加热炉烟气	CO，CO_2，O_2，SO_2氮氧化物，水含量	2次/周
冷焦水、切焦水、E1123AB水箱内水	pH值，氯离子含量，总硫含量	1次/15天
富气	硫化氢含量	1次/天

3.4　材质升级和表面改性技术

提高材质是应对腐蚀最基本也是最常见的措施。对于高温硫腐蚀防护，最主要的措施就是提高管线和设备材质，改用抗硫化氢腐蚀的钢材。比如焦化汽油线可采用碳钢材质管线，而蜡油线要采用1Cr5Mo材质管线，建议分馏塔底线采用1Cr9Mo材质管线，柴油线和瓦斯线采用碳钢加厚管线，原料线采用 1Cr5Mo 材质管线。

表面处理，对于部分换热器的腐蚀状况，可以采用渗铝技术加以处理。渗铝技术是一种材料表面活性处理的方法。另外，对低温硫腐蚀严重的富气管线等对管线进行防腐涂层等表面处理可以在很大程度上减缓腐蚀，如有机硅耐蚀涂料，表面喷铝技术等。

3.5 加强工艺防腐管理

加强工艺防腐管理是确保工艺防腐效果的重要手段。一方面，由于管理部门的分工不同，出现工艺防腐的管理工作存在“割裂”现象，管理存在薄弱环节；另一方面，由于影响工艺防腐效果的因素比较多，有药剂质量、技术方案、运行效果监测、工艺调整等，这些因素需要有效的组织与协调，才能取得工艺防腐的效果。

4 结论

通过分析，焦化装置存在腐蚀类型多，问题突出，对于不同部位的腐蚀进行了具体分析，提出了相应措施，尤其是对分馏塔的防腐提出了新的有效措施。对装置制定不同的防腐方案是生产的需要，防腐方案应是工艺防腐和设备材料的有机结合。操作过程中，应严格按照工艺防腐控制指标执行，延长设备寿命和提高日常操作运行中的安全性能，减少或避免因腐蚀造成的泄漏、中毒、污染等事故。

参 考 文 献

[1] 关玲．浅析燕山石化延迟焦化装置腐蚀与防护[J]．石油化工安全环保技术，2008. 24(5)：41.

弹丸焦生产经济效益分析和安全可控生产技术探讨

郭立静

(中国石化洛阳分公司，河南洛阳 471012)

摘 要：随着炼油厂加工原油的重质化和劣质化程度增加，以及减压深拔的普及，延迟焦化装置生成弹丸焦的几率越来越高。弹丸焦生产对装置长周期运行和安全生产影响较大，但液体收率增加。分析了焦化装置生产弹丸焦的经济效益，探讨了开展弹丸焦生产所面临的安全性和可控性技术问题，提出了中石化洛阳分公司弹丸焦生产的技术措施，实现了弹丸焦安全可控生产。

关键词：延迟焦化 弹丸焦 安全 可控

1 前言

延迟焦化工艺是以减压渣油等重质油为原料，在加热炉内快速加热至500℃左右，使其延迟到焦炭塔内进行裂解和缩合反应，生成油气和焦炭的一种过程。随着炼油厂加工原油的重质化和劣质化程度增加，以及减压深拔的普及，减压渣油变得越来越重，延迟焦化装置生成弹丸焦的几率也越来越高。

弹丸焦是非正常生产时的一种产物，弹丸焦的出现给装置的长周期运行和安全生产带来了极大的威胁，所以在传统延迟焦化生产中，都是在研究如何避免弹丸焦的生成。但弹丸焦生产时装置液收均有不同程度的提高，延迟焦化工艺的目的就是生产轻质油品，其发展的方向是追求最大液收和最小焦炭产率。因此，如能解决弹丸焦销路和焦化蜡油后续处理的问题，焦化生产弹丸焦还是具有一定的经济效益。

中国石化洛阳分公司1.4Mt/a延迟焦化装置采用中国石化洛阳石油化工工程公司(LPEC)设计的大型化“一炉两塔”流程以及可灵活调节循环比的生产工艺。公司配套有310t/h高压循环流化床(CFB)锅炉和2.2Mt/a蜡油加氢装置。2010年CFB锅炉进行了弹丸焦试烧，取得成功，不仅消除给焦机频繁堵焦现象，同时锅炉的飞灰可燃物从原先的15.83%下降至9.89%。CFB锅炉弹丸焦试烧的成功，解决了弹丸焦出路的问题，为焦化装置弹丸焦生产创造了有利条件。因此，2012年洛阳焦化进行了弹丸焦生产技术攻关。

2 弹丸焦生产经济效益分析

从国内弹丸焦生产前后数据对比分析可以发现，装置有弹丸焦时的液体产品收率比无弹丸焦时高出1~2个百分点，焦炭产率降低1个百分点左右。有文献报道了弹丸焦生产的经济效益：按液体收率提高(或焦炭产率降低)1%，则一套1Mt/a的延迟焦化装置，可增加经济效益为2000~3000万元/a[1]。按此测算，洛阳焦化生产弹丸焦可创效3000~4000万元/a。

但需指出的是该计算方法只适用于石油焦自产自销的情况，不考虑弹丸焦和普通焦的价格差。否则，效益测算时，不仅要考虑液收提高所带来的效益正增长，还要考虑石油焦品质下降(即弹丸焦与普通焦的差价)所带来的效益负增长。随着两者差价的增大，弹丸焦生产的经济效益越来越小甚至为负。

按照某厂2012年内部价格和物料平衡测算，4A普通焦和弹丸焦价格分别为1300元/t、1100

元/t(均不含运费)，弹丸焦生产时液收提高1%，则1Mt/a焦化生产弹丸焦时的效益反而减少2700多万元。对于同时有焦化和CFB锅炉装置的公司来说，焦化生产的弹丸焦在公司内供CFB锅炉燃烧，省去外购弹丸焦所需的运费，则弹丸焦生产方案可增加效益2700万元以上，见表1。

表1 1Mt/a延迟焦化装置经济效益估算

方案	产物	收率/%	年产量/kt	单价/(元/t)	价值/万元
方案1：产弹丸焦	干气	4.50	45	2875	12938
	LPG+汽+柴	50.50	505	5750	290375
	蜡油	17.60②	176	4025	70840
	弹丸焦	27.40	274	1300①	35620
	合计	100.00	1000		409773
方案2：不产弹丸焦	干气	4.50	45	2875	12938
	气体+液体	50.50	505	5750	290375
	蜡油	16.60	166	4025	66815
	普通焦	28.40	284	1300	36920
	合计	100.00	1000		407048
效益变化/万元					2725

注：①弹丸焦价格含运费，按200元计算；

②液收提高按蜡油计算。

3 弹丸焦生产技术难点

普通焦和弹丸焦差价较小时，生产弹丸焦虽然经济效益可观，但在目前原油资源匮乏和性质劣质化的情况下，国内不少延迟焦化装置也偶有弹丸焦生成，却并未大规模常态化生产，普遍做法仍是一旦确定有弹丸焦生成或发现有生成的前兆时，采取降低加热炉出口温度、提高循环比、提高焦炭塔压力和调整原料组成等措施来避免或抑止弹丸焦的产生。究其原因，除了弹丸焦销路的问题外，主要是弹丸焦生产存在安全性和可控性等技术难点。延迟焦化装置偶尔生成弹丸焦不难，但难在要安全可控地生产，否则造成设备损坏、装置停工以及出现安全事故，则就失去了生产弹丸焦的初衷。

3.1 弹丸焦生产对装置安全运行的影响

综合国内曾经生成弹丸焦的延迟焦化装置相关资料，生成弹丸焦对装置的影响主要有以下八个方面：

(1) 生成弹丸焦后，堵塞管线造成给、放水不畅，迫使装置大幅度降量或切断进料。

(2) 由于弹丸焦结构比较松散，除焦时焦炭容易塌方而砸坏钻头及钻杆，塌方严重时会砸掉钻头或造成埋钻，引发装置生产波动或非计划停工。

(3) 焦炭塔生产弹丸焦后产生“腾涌”现象，造成生产和给水期间焦炭塔及其附属高温油气管线、设备振动严重，对高温部分的法兰造成冲击，容易引发高温部位法兰泄漏着火。

(4) 放水堵塞后处理过程中，在强制拆卸底盖、过滤器和法兰过程中焦炭塌方、热水喷出会影响作业人员的人身安全，易烫伤作业人员。

(5) 在给水冷焦阶段，冷焦水从弹丸焦的空隙中穿过造成焦炭冷热不均，容易在焦炭塔内形成“热斑”，造成开顶盖时压力超高和除焦时焦层中的过热蒸汽喷发。

(6) 弹丸焦在换塔后吹汽时极易被带入分馏塔，造成分馏塔底堵塞。

(7) 弹丸焦灰分高，发热值低，产品质量差。弹丸焦如不能实现单独隔离，容易污染产品造成客户投诉。

(8) 原料劣质化、高苛刻度运行后造成加热炉炉管结焦速率上升，影响加热炉的长周期运行。另外炉出口至焦炭塔管线结焦严重时只有停工处理。

对于两炉四塔或三炉六塔的延迟焦化装置，因为焦炭塔数量较多，生成弹丸焦时可将相应的焦炭塔切除进行处理，所以不用大幅度降低装置进料量以及考虑处理时间的问题。但对像洛阳石化这样的一炉两塔配置的焦化装置，一旦生成弹丸焦，则必须要大幅度地降低装置加工量，并尽快处理完毕，否则另一焦炭塔生焦满塔后，装置就要切断进料。因此，一炉两塔的延迟焦化装置生产弹丸焦时，不仅要考虑安全性的问题，还要考虑可控性的问题。

3.2 弹丸焦生产的可控性探讨

影响弹丸焦生成的因素有原料性质和操作条件。研究和实践表明，不是所有的原料都能生成弹丸焦。当原料性质较好时，即使采用高反应温度、低循环比等较为苛刻的操作条件，也不能生成弹丸焦，只会造成加热炉炉管结焦速率增加，干气产率上升等不期望的状况发生。

3.2.1 焦化原料对弹丸焦生成的影响

判断焦化原料是否易生成弹丸焦尚无统一标准，目前最常用的有API度法和残炭与沥青质比值法两种。

原料API度小于7时，产生弹丸焦几率比较大；API度在7~9之间时，有可能产生弹丸焦；API度大于9时，产生弹丸焦可能性较小。

残炭与沥青质之比小于1.4时，装置易产生弹丸焦；比值介于1.4~1.6时，有可能产生弹丸焦；比值大于1.6时，产成弹丸焦的可能性较小。

由于渣油组成极为复杂，通过原料物性参数对渣油生焦反应结果进行判断其准确程度尚未可知，另外由于焦化原料变化频繁，测定原料性质耗时过长，装置难以根据上述体系准确判断原料是否易生成弹丸焦。国内还有其他单位正在做相关实验，如中国石油大学国家重质油实验室研究的焦化原料成焦特性快速评价方法[2]。

3.2.2 操作条件对弹丸焦生成的影响

3.2.2.1 反应温度

反应温度是焦化的重要参数之一，对反应最终的成焦类型具有重要影响。据文献报道，升高温度有利于弹丸焦的生成，温度越高，生成弹丸焦的数量越多，直径越大[3]。高温之所以有利于弹丸焦的生成可能是因为：高温下自由基反应剧烈，短时间内不会被氢转移反应所稳定，缩合速度较快，以至没有足够的时间使中间相分子达到所需尺寸。同时，由于系统最低黏度持续时间较短，中间相小球体来不及融并及增长就已固化，结果导致形成光学结构较小的弹丸焦。另外，高温下气体的快速逸出可能使得系统紊乱，破坏中间相融并与破碎的平衡，在气流的强烈扰动下，中间相只能以尺寸较小的碎片形式存在，最终导致弹丸焦的生成[4]，辽河超稠原油生焦情况见表2。

表2 辽河超稠原油焦化在不同反应温度时的生焦情况

温度/℃	生焦情况	温度/℃	生焦情况
503	生成 ϕ5~50mm 的弹丸焦	498	生成 ϕ5mm 左右弹丸焦，但塔口有黏油生成
501	生成 ϕ5~10mm 的弹丸焦	<498	弹丸焦数量有所降低，但黏油量增加较多

3.2.2.2 反应压力

降低焦炭塔压力有利于弹丸焦的生成，增加压力有助于抑制弹丸焦的生成。国内大量工业试验也证实了这一结论。提高压力之所以能够抑制弹丸焦的生成是因为：压力的提高可阻止原料的快速气化，减小焦炭塔内气速，降低弹丸焦前驱体在液体中的浓度及反应速率，改善中间相小球体的长大、融并，进而抑制了弹丸焦的生成。

3.2.2.3 循环比

降低循环比，能促进弹丸焦的生成。其主要原因是降低循环比之后，相当于提高了焦化原料沥青质含量，降低了芳烃含量，使系统胶体稳定性降低，残炭与沥青质之比减小，生成弹丸焦的倾向增加。

表3为产生弹丸焦的部分焦化装置的原料性质和工艺条件，通过此表可以看出，产生弹丸焦时各个装置的原料性质和操作条件均不相同，所以如果要生产弹丸焦，要针对不同的原料性质摸索出合适的操作条件。但总的趋势应是原料足够劣质，操作条件较为苛刻。生成弹丸焦的原料为高残炭、高沥青质减渣或劣质化的稠油，一般沥青质的含量要在13%以上。同时采用较高的炉出口温度、较低的循环比和较低焦炭塔压力等苛刻的操作条件，在焦炭塔内形成了高温和剧烈的湍流环境，促进弹丸焦的生成。

表3　国内产生弹丸焦装置原料性质和关键工艺参数汇总表

厂家	原油品种	焦化原料性质		关键工艺参数		
		残炭/%	沥青质/%	反应温度/℃	反应压力/MPa	循环比
辽河石化稠油焦化装置	辽河超稠油+纳普油	13.92①	27.30②	498~501	0.13~0.15	0.40~0.65
茂名石化	索鲁士+伊朗	24.86	16.12	482~492	0.17	0.25
青岛大炼油	伊重+沙中+沙重	26.50	13.80	495~497	0.17~0.19	0.10~0.15
齐鲁石化	孤岛+卡斯提拉+阿尔沙垠	17.90	13.00	490~491	0.15~0.16	0.20~0.21
扬子石化	卡斯特拉+卡诺姆混合原油	26.62	17.50	496	0.156	0.24
洛阳石化	中原+管输进口+塔河油	27.11	49.70②	496	0.145	0.45

注：①辽河焦化进料为辽河稠油；
②该原料中沥青质为胶质+沥青质数据。

4　安全可控弹丸焦生产技术措施

洛阳分公司焦化装置采用了LPEC的可调循环比技术，循环比调节灵活方便；加热炉使用三点注汽、定向反射、机械清焦等技术，为降低炉管的结焦速度并延长加热炉的运行周期提供了技术支撑；焦炭塔使用了全自动顶盖机和底盖机，最大程度地降低了除焦人员的劳动强度和作业风险，而且缩短了拆卸和安装时间，为缩短生焦周期节约了宝贵的时间，这些都为实施弹丸焦生产方案奠定了一定基础。但是要安全可控地进行弹丸焦生产，还需要做大量的工作。

4.1　原料成焦特性探索

洛阳分公司焦化装置要安全可控生产弹丸焦，需加强对原料的分析和测评，优化和调整关键工艺参数，找出适合生成5~10mm松散弹丸焦小球体的工艺条件，避免出现直径300mm及以上的大弹丸焦造成管线堵塞和装置异常。

(1) 增上减渣四组分分析仪器，解决分公司质检中心只能分析胶质和沥青质混合物含量，不能分析出胶质、沥青质具体含量的问题。

(2) 调配原油混炼比例，使焦化减渣中残炭与沥青质比值小于1.4。

(3) 稳定原料性质，开展焦化反应温度、反应压力和循环比调整试验，选出合适的生成5~10mm松散弹丸焦小球体的工艺条件。

(4) 逐步摸索建立洛阳焦化装置原料和工艺参数数据库，探寻安全可控生产弹丸焦的原料数据及对应的工艺参数。

4.2　生产工艺管理

因为原料更加劣质，操作条件更为苛刻，所以弹丸焦生产后在管线内的结焦速率也会增加，因此要加强对加热炉炉管表面温度的监控，根据炉管表面温度做好一年两次或三次机械清焦的准备。对高温易结焦部位的仪表维护要进一步加强，加大定期冲洗的频次，防止结焦造成仪表失灵。

生产弹丸后，会造成给、放水不畅，影响冷焦速度，所以工艺上要开展焦炭塔上给水和强制放水试验，当无法正常给、放水时，可从上给水线进行冷焦，并强制打开底盖机放水。

另外组织制定弹丸焦质量、销售管理规定，避免弹丸焦污染其他石油焦造成产品质量投诉事件的发生，并做好“产—用—销”的平衡。

4.3 设备改造

由于弹丸焦结构比较松散，容易堵塞放水管线，导致放水不畅；除焦时焦炭容易塌方，砸坏钻头及钻杆；强制放水时，热水喷出烫伤作业人员，所以需要对设备进行适应性改造。

(1) 将焦炭塔 ZDGJC1800 型底盖机更换为平板式自动底盖机，解决原有底盖机故障率高、不能强制放水的问题，提高运行可靠性和安全性。

(2) 将除焦风动马达更换为电动顶驱，切焦器更换为新型防砸、防埋(卡)切焦器，增强对焦炭塌方的处理能力。

(3) 对焦池三道格栅升级改造，使其具备抗击焦炭塔直接放水时大水量冲击的能力。

(4) 增加冷焦水罐、放水过滤器和分馏塔塔底过滤器清理频次，消除焦粉积聚。

5 安全可控弹丸焦生产情况

在收集了大量弹丸焦生产数据(表4)的基础上，2012年洛阳焦化开展了安全可控弹丸焦攻关。2012年4~5月份顺利完成直接放水和上给水两项技术试验后，在原料劣质化的情况下逐步实施“高苛刻度临界卡边操作”，2012年10月18日、20日相继产出两塔弹丸焦，弹丸焦粒径大多为5~8mm，结构比较松散，未对安全生产造成冲击，实现了弹丸焦安全可控生产的目标。

表4 弹丸焦和非弹丸焦生产原料性质和主要工艺参数

项　　目	非弹丸焦	弹丸焦	项　　目	非弹丸焦	弹丸焦
炉出口温度/℃*	492	493	硫含量/%	–	2.74
焦炭塔进料温度/℃	487	488	四组分		
反应压力/MPa	0.14	0.14	饱和烃/%	–	10.6
循环比/MPa	0.14	0.10	芳烃/%	–	49.7
残炭/%	19.16	22.38	胶质/%	–	22.5
密度(20℃)/(kg/m^3)	994.9	1000.2	沥青质/%	–	17.2

注：* 炉出口温度为采用中国石油大学“定向反射深度裂解”技术改造后的双面辐射加热炉出口温度。

6 结论

对于石油焦自产自销的炼油企业，延迟焦化按照弹丸焦生产方案运行，能够提高装置液收，降低焦炭产率，为企业创造较大经济效益。但对焦化尤其是一炉两塔配置的焦化装置，生产弹丸焦的关键是要解决好安全性和可控性的问题。洛阳分公司焦化装置以安全可控为目标进行了弹丸焦生产技术探索，在保证装置安全生产的前提下成功生产出了弹丸焦，达到了攻关的目标，同时也可为其他焦化装置弹丸焦生产提供参考和借鉴。

参 考 文 献

[1] 胡尧良．弹丸焦生产方案的经济效益和实施措施[J]．炼油技术与工程，2011，41(10)：1-7.

[2] 孟兆会．重油生成弹丸焦快速预测方法的研究[J]．中国石油大学硕士学位论文，2011.

[3] 张峰，陈春茂，余昌信等．超稠原油延迟焦化产生弹丸焦的原油及对策[J]．炼油技术与工程，2006，36(12)：11-13.

[4] 林祥钦，李雪，等．延迟焦化工艺中弹丸焦生成与抑制的研究进展[J]．石化技术与应用，2010，28(5)：434-437.

蒸汽品质对炼油汽轮机的影响

姚建国

（中国石化上海高桥分公司，上海　200137）

摘　要：中压蒸汽的品质对工业汽轮机来讲非常重要，分析蒸汽的压力、温度对汽轮机做功的影响，以及蒸汽除盐等对汽轮机的重要性、故障原因，提出相应措施整改，做好防范，确保炼油汽轮机"安、满、长、稳、优"运行。

关键词：蒸汽品质　汽轮机　结盐　蒸汽管理

1　前言

汽轮机的工质是蒸汽。蒸汽品质的好坏直接影响到汽轮机的"安、满、长、稳、优"地运行。蒸汽工艺参数：温度、压力、流量偏离设计工况将影响机组的做功能力，甚至影响机组的安全运行。蒸汽过饱和度不够或蒸汽中带水珠对汽轮机叶片会带来致命的伤害。蒸汽的工艺参数如压力、温度、流量不满足设计工况强行开机此情况在装置开工初期经常出现，若机组缺少必要的联锁保护及应急预案，很难保证机组安全运行。2011 年某公司一柴油加氢装置循环机轴弯曲受损，蒸汽参数不满足工艺要求是故障发生的主要原因之一。同时，蒸汽带盐也严重影响着汽轮机的安全运行，从 2005 年以来作业部汽轮机共发生 5 次结盐。因此，防止蒸汽带盐是蒸汽管理的重中之重。

2　蒸汽参数对汽轮机的影响

在汽轮机中，蒸汽在喷嘴中发生膨胀，蒸汽的压力及温度降低，速度增加，蒸汽的热能转变为动能，具有较大动能的蒸汽以高速度喷射到叶片上，汽流流经动叶片组时，由于汽流方向改变或继续膨胀作功，推动叶轮 2 旋转，从而带动汽轮机的转子转动对外做功，蒸汽的动能转变成机械能。只有一列喷嘴和一列动叶片组成的汽轮机叫单级汽轮机。由于高压蒸汽一次降压后汽流速度极高，因而叶轮转速极高，这种工况超过目前材料允许的强度。考虑到叶轮转速及材料强度许可目前工业上通常采用的是多级汽轮机，采用压力分级法，每级压力降及汽流速度都不大，有效保证机组的安全长周期运行。

图 1 是汽轮机的工作原理示意图。蒸汽的进汽压力、温度、蒸汽的流量大小及蒸汽排汽的压力、温度决定了汽轮机的做功能力的大小。根据汽轮机设计或实际蒸汽工况参数可对照图 2 蒸汽焓-熵图用式(1)计算出汽轮机的功率。

$$P = D_{\Delta}H\eta/3600 \tag{1}$$

式中　P——汽轮机总功率，kW；

D——汽轮机的进汽量，kg/h；

$_{\Delta}H$——汽轮机的总焓降，kJ/kg；

η——汽轮机的效率。

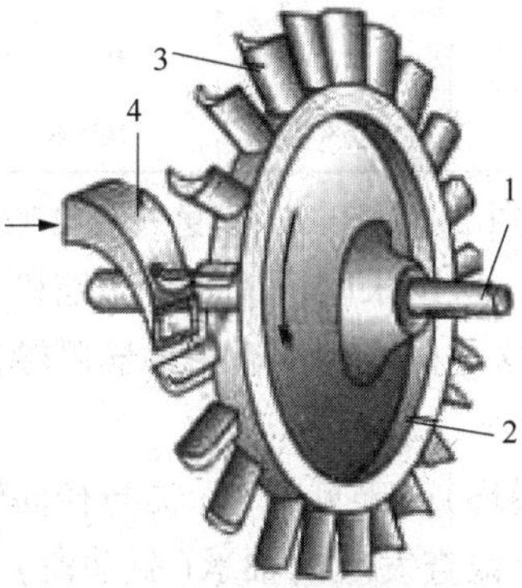

1-轴；2-叶轮；3-动叶片；4-喷嘴

图 1　汽轮机工作原理示意图

2.1　进口蒸汽品质达不到设计对汽轮机的影响

对运行中的汽轮机，若进口蒸汽压力温度下降，如果汽轮机出口参数未变，机组的做功会下降，因为汽轮机的入口蒸汽的焓值下降(可查图 2)，汽轮机的总焓降下降。要保证机组正常做功，操作

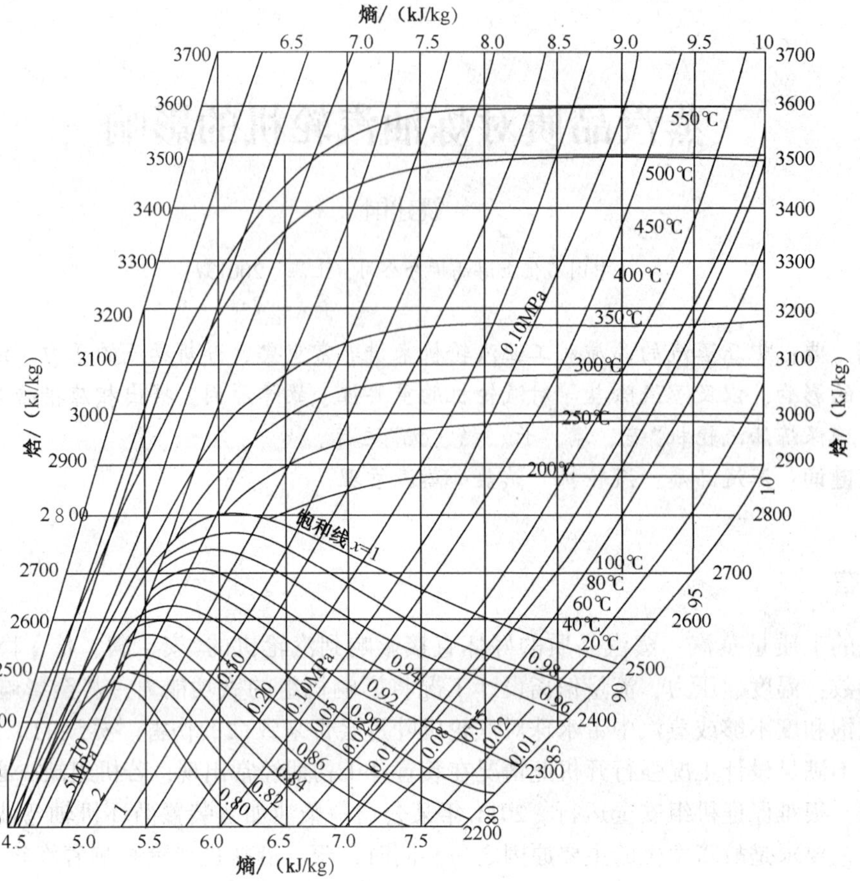

图2　蒸汽焓-熵图

上要么要求蒸汽温度压力调整恢复，要么调节汽门增加蒸汽流量。

对炼油装置开工初期来讲，蒸汽供应往往是一大瓶颈，2011年该柴油加氢装置循环机由于蒸汽工况不满足见表1，加上操作、管理上的因素导致机组受损，装置被迫推迟开工。

表1　循环机组开机过程的蒸汽参数

项目	时间测点						
	9：19	9：50	11：26	11：28：14	11：28：36	11：28：58	11：29：56
中压压力/MPa	3.12	3.1	2.86	2.83	2.82	2.78	2.57
中压温度/℃	237.1	235.4	269.8	271.7	272	273.3	274
背压压力/MPa	0.84	0.78	0.72	0.71	0.72	0.71	0.63
背压温度/℃	102.6	127	165	167.8	168.4	168.5	169.6

从表中蒸汽参数来分析，过临界时中压蒸汽压力从2.8MPa下降到2.57MPa、温度只有270℃左右，蒸汽参数要求达不到操作要求，加上开工期间蒸汽供应量小导致机组未能快速通过压缩机一阶临界区，机组振动急剧增大，导致转子与静子部分产生碰撞摩擦，这是机组转子近联轴器侧轴段发生100多微米弯曲故障的主要原因之一。

拆机检查发现：径向轴承下瓦块与轴发生摩擦，后密封静环(石墨环)破碎见图3，轴与径向轴承发生摩擦见图4，转子与级间气封发生碰撞摩擦见图5，转子送厂家检查发现前轴承(驱动段)与联轴节之间轴发生100多微米的弯曲见图6，转子经制造厂的矫正处理，十余日后修复、回装、投用。

图 3　事故后的干气密封后密封石墨环

图 4　事故后的径向轴承瓦块表面磨损

图 5　事故后的级间气封磨损

图 6　事故后的压缩机转子

从蒸汽焓-熵图 2 可知，相同进气参数情况下背压越低则蒸汽焓降越大，相同的蒸汽流量情况下做功能力越大，有利于驱动机组快速通过一阶临界区域。然而当时由于环保的压力，为了减少噪声，要求低压蒸汽并网开机，从管理上来讲操作发生变更应做好相应的风险识别及操作法变更手续的办理，实际操作中忽视了。中压蒸汽品质差，背压并网后蒸汽总焓降减小，蒸汽流量又不足，从而蒸汽的做功能力小导致机组未能快速通过一阶临界区，机组振动急剧增大而损伤。

对环保要求越来越高的今天，减少噪声，低压蒸汽并网开机也无可厚非，关键在于做好相应的计算、方案、预案等工作。实际操作中可根据压缩机的工况参数计算出压缩机所需要的功率，再根据汽轮机的实际进出口蒸汽压力温度反推算出所需要的总蒸汽量，考虑到实际工况的波动情况适当放点余量，在暖机到位的情况下低压蒸汽并网开机未尝不可，但实际进汽参数必须得到保证，这方面工作还需细化，量化蒸汽最小流量。

2.2　排汽压力、温度对汽轮机的影响

对背压工业汽轮机来讲，目前背压一般可保证 30℃左右的过热度，目前炼油板块蒸汽 1.0MPa 背压相对稳定，温度通常保持在 250℃，从历年汽轮机检查的情况来看，末级叶片情况良好，没有液击或冲蚀的迹象。合理控制好排汽压力、温度确保了汽轮机的安全运行。

对凝汽式汽轮机来讲蒸汽进入冷凝器时应保证一定的过热度，目的是为了保证汽轮机末级出来的蒸汽是干蒸汽，若控制不好导致汽轮机末几级将进入湿蒸汽区工作，此时蒸汽中含的水滴将加剧对叶片的侵蚀和腐蚀，使机组的经济性和安全性都有所降低。叶片所受应力增大，严重时会发生折断，发生安全事故，因此运行中要关注好进冷凝器处蒸汽温度和压力避免处于湿蒸汽工况。

2.3 中压蒸汽含盐对汽轮机的影响

中压蒸汽品质的好坏关系到机组的安全运行，从2005年以来炼油五部汽轮机共发生5次结盐，见图7~图9。图片中的动、静叶中的白色物质(分析为钠盐)用湿蒸汽冲洗后即溶化。

图7 2005年加氢裂化汽轮机静叶结盐情况

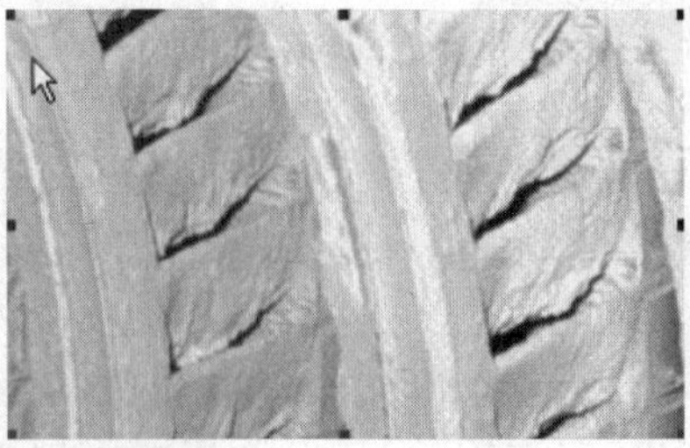

图8 2007年加氢汽轮机静叶结盐情况

图9 2007年加氢汽轮机动叶结盐情况

2009年及2012年期间重整循环机转速提不起来，机组做功能力减弱，检查发现汽轮机的进汽量在逐渐下降从正常的20t/h左右下降到17t/h，即使汽轮机主汽门全开也无济于事，同时发现汽轮机的轮室压力上升，判断为由于汽轮机结盐导致汽轮机做功能力下降，在相关部门的共同配合下进行了在线洗盐，同时对低点排凝物进行进行收集及分析，分析结果为：Na^+ 3817mg/L，Cl^- 965mg/L，其余的成分未分析。查阅装置自发蒸汽分析数据见表2。

表2 装置自发蒸汽分析数据

月份	Na^+月平均值≤25.0μg/L	月份	Na^+月平均值≤25.0μg/L	月份	Na^+月平均值≤25.0μg/L
1月	13.28	4月	9.77	7月	11.94
2月	20.55	5月	10.98	8月	13.11
3月	装置停工检修	6月	12.78	9月	11.18

数据显示自发蒸汽Na^+月平均值≤25.0μg/L未超标，且从公司相关检测系统查看该单个数据符合要求并未超标。

从现场流程来看该循环机入口中压蒸汽有两路，除了自发蒸汽还有外来管网蒸汽，其中有来自外装置的中压蒸汽。查阅外装置蒸汽品质分析数据见表3。

表3 外装置蒸汽品质分析数据(Na^+月平均值)

月份	V5703/(μg/L)	V5609/(μg/L)	V5503/(μg/L)	V5409/(μg/L)
9月	780	336	140	311
10月	127	737	654	156

从表3可见蒸汽钠离子数据远超出小于25.0μg/L要求值，中压蒸汽带钠盐导致汽轮机结盐，机组做功能力下降影响正常的工艺生产，同时结盐，尤其是结在机组的转子上对机组存在重大安全隐患。

钠是由给水带入炉水和蒸汽中的最重要和主要的杂质，钠在炉水和蒸汽中的存在形态有如下几种：NaCl、Na_2SO_4、Na_2SiO_3和NaOH。这些杂质在过热蒸汽中的溶解度与此蒸汽的参数(压力和温度)有关，蒸汽压力越高，它们在蒸汽中的溶解度越大。汽轮机内盐类沉积的主要原因是：由于蒸汽膨胀作功，其压力和温度逐级降低，各种钠盐在蒸汽中的溶解度随压力降低而减小，当其中某种物质的溶解度下降到低于它在蒸汽中的含量时，该物质就会以固态析出，汽轮机的喷嘴、叶片等出就会逐步结满钠盐。不仅影响汽轮机的做功能力，而且还危及机组安全运行。

日常管理中对蒸汽品质的控制主要控制Na^+含量，中压蒸汽要求钠离子小于15μg/L。翻阅重整操作法蒸汽相关文献发现：蒸汽中要求不得含有氯和氯的化合物；蒸汽中不得有杂质。但从在线洗盐的排凝物分析来看中压蒸汽的品质未达到操作法及相关标准规范的要求，从管理及日常锅炉给水及中压蒸汽的分析上来看存在薄弱环节。

操作上对该装置余热锅炉系统加强关注，主要有：

(1) 采样工作；

(2) 加药工作　配药，当班必须按规定配药，要求每罐加 1/4 包 Na_3PO_4 冲除氧水至满罐。加药(根据化验分析的 PO_4^{3-} 成绩来确定是否开泵)：①0～5mg/L 时，开加药泵 15min；②>5mg/L 时，不开加药泵。

(3) 定排工作　根据锅炉水化验分析的电导成绩决定定排次数：

①≤200μs/cm 定排 1 次；②200～400μs/cm 定排 2 次；③400～600μs/cm 定排 3 次；④>600μs/cm 定排 4 次。

(4) 连排工作　连排的大小以 D-912 液面能控制为主，以 D-912 液面控制阀 LC5203 的 OP 值在 40%～70%开度之间。最终控制指标为

①过热蒸汽：Na^+ ≤ 15μg/L；②锅炉水：pH 值 9～11；③PO_4^{3-} 5～15/(mg/L)；④电导率≤200μS/cm。

同样对公司炼油板块其他产中压蒸汽的装置来讲，控制好锅炉水，及时分析中压蒸汽指标，出现异常除了加强考核外更应及时调整，避免不必要安全风险的发生。

3　结论

(1) 蒸汽参数不到位及结盐使汽轮机做功下降，影响装置的正常处理量；

(2) 从安全角度来讲：在叶片积盐的部位由于盐份的堆积，堆积不均匀常导致机组振动增加，同时叶片表面会受到垢下腐蚀，腐蚀严重的情况下叶片表面产生凹坑和裂纹，强度降低；极易发生叶片断裂事故，带来灾难性的后果；

(3) 加强蒸汽管理尤其是中压蒸汽管理应是汽轮机安全运行的前提保证。

参考文献

[1]　GB12145-1999 火力发电机组及蒸汽动力设备水汽质量标准.

汽油汽提塔运行状况分析

郭 航

(中国石化天津分公司，天津 300271)

摘 要：针对C_5产品中C_4含量超标，通过对DA-1201运行数据进行分析，查找出造成C_5产品中C_4含量超标的原因并提出解决措施。

关键词：汽油汽提塔 DA1201 堵塞

1 前言

裂解气压缩机是乙烯装置的心脏。乙烯装置在改扩建后由于装置负荷增加，粗汽油组成是过去的1.4倍，为减轻裂解气压缩机的负荷，将裂解气压缩机二段吸入罐中的粗汽油直接汽提加热改为了现在的汽油汽提塔。在该塔内C_4及更轻组分由塔顶蒸出后返回至一段吸入罐，塔釜C_5及更重组分用泵抽出与脱丁烷塔釜液混合，冷却后作为粗裂解汽油排至储罐，为裂解汽油加氢单元提供原料。检修后C_5产品中C_4含量一直超标，最高至8.9%(指标为≤3.60%)。

2 DA1201运行状况概述

DA1201自9月29日开车后运行状态不佳，主要表现在以下五方面：

(1) 进料量一直处于满量程15738kg/h，

(2) 塔釜再沸量稳定的情况下，灵敏板温度变化较大；

(3) 塔釜采出量忽大忽小，液位控制阀基本上处于开度的下线10%的位置；

(4) 塔顶气相温度较低，与设计值46.1℃相差20℃以上；

(5) DA1201塔釜含水，通过现场监测150kg/h。

3 DA1201数据采集

DA1201进料馏程，进料组成与塔釜采出物料组成与设计值的对比情况，分别见表1~表3。

表1 DA1201进料的馏程

采样日期	样品名称	*IBP*/℃	10%/℃	30%/℃	50%/℃	70%/℃	90%/℃	EP/℃
2012-11-16 9：00	GA-207出口	38.4	71.3	80.3	83.9	88.3	102.6	125.1
2012-11-29 9：00	GA-207出口	42.2	66.5	78	82.3	86.1	97.9	122.7

表2 DA1201进料组成与设计值比较

采样日期	2012-11-1 9：00	2012-11-15 9：00	2012-11-29 9：00	设计值
样品名称	GA-207	GA-207	GA-207	GA1201进料
$\sum C_5$/%	6.89	6.01	6.99	5.352
$\sum C_4$/%	2.94	2.69	3.31	3.833
$\sum C_6 \sim \sum C_8$/%	11.96	11.84	11.35	14.85
B/%	71.44	59.23	60.65	28.649

续表

采样日期	2012-11-1 9：00	2012-11-15 9：00	2012-11-29 9：00	设计值
T/%	6.17	18.6	16.96	25.369
EB/%	0.23	0.23	0.11	
PM-X/%	0.1	0.1	0.06	
STY/%	0.03	0.16	0.09	5.042
OX/%	0.04	0.05	0.03	
C_{9+}/%	0.15	0.94	0.45	3.259

表 3　DA1201 塔釜采出物料组成与设计值对比

采样点	临时采样	临时采样	临时采样	临时采样	临时采样	临时采样	临时采样	设计值
采样日期	2012-11-1 16：00	2012-11-8 15：00	2012-11-15 9：00	2012-11-15 11：00	2012-11-15 14：00	2012-11-27 10：48	2012-11-29 10：00	
样品名称	GA-1201	DA1201	DA-1201 出	DA-1201 出	DA-1201 出	DA-1201 出	GA-1201	
$\sum C_5$/%	3.6	6.49	2.3	5.76	5.73	4.04	4.97	4.683
$\sum C_4$/%	0.33	1.79	0.15	2.7	2.37	1.05	1.11	1
$\sum C_6 \sim \sum C_8$/%	10.1	9.87	9.36	11.27	10.61	9.21	8.49	14.447
B/%	75.31	44.24	59.78	56.24	49.77	53.6	62.33	27.706
T/%	6.85	35.54	22.65	22.05	30.37	26.34	19.36	25.588
EB/%	0.12	0.21	0.17	0.16	0.2	0.18	0.2	
PM-X/%	0.06	0.09	0.03	0.08	0.11	0.05	0.13	
STY/%	0.06	0.14	0.13	0.12	0.21	0.15	0.1	6.529
OX/%	0.02	0.04	0.04	0.03	0.05	0.05	0.04	
C_9+/%	3.49	1.59	5.4	1.54	0.58	5.34	1.6	8.436

根据以上样品分析，认为：

(1) DA1201 进料组成与设计值基本接近，尤其是 $C_4 \sim C_8$都略低于设计值。

(2) DA1201 进料在 84℃以下就有 50%组成被蒸馏，说明 DA1201 进料组成相对轻。

根据实际情况，调整了 DA1201 塔釜温度。由原来的 95℃降至 75～80℃，但情况未得到改善，C_5产品中 C_4含量超标。

4　DA1201

问题分析

从历史数据上看 DA1201 一直工作正常，即使原料出现波动通过调整也能很快的达到设计的要求。在此期间本装置只是进行了一次大检修，DA1201 的 15 块浮阀塔板都经过拆出清理，其他未做改动。为了彻底查出 DA1201 的问题，首先塔的压差进行了现场实测，见表 4。

表 4　DA1201 压差监测数据

项　目	第一次	第二次	第三次	第四次	第五次	设计值
DA1201 塔顶	76	77	76	68	46	52
DA1201 塔釜	134	154	163	150	121	67
压差	58	77	87	82	75	15

通过表 4 可以看出：DA1201 塔釜液相出料与塔顶气相出料的压差比设计值大了数倍。其次，通过 DA201 检修前后的数据对比(见表 5)，可看出：DA1201 进料量是设计值的 2 倍，塔釜液相采

出量只是设计值的1/3，塔顶气相出料温度比设计值低了20℃。

表5 DA1201检修前后的操作数据与设计值比较

项　　目	设计值	实际值	检修前	项　　目	设计值	实际值	检修前
进料温度/℃	34.9	32.9	37	塔顶出料流量/(kg/h)	450		
进料压力/kPa	200	200	185	塔釜出料温度/℃	103.8	75	95
进料流量/(kg/h)	8346	15738	8000	塔釜出料压力/kPa	67	134	
塔顶出料温度/℃	46.1	24.2	42	塔釜出料流量/(kg/h)	7770	1949	6200
塔顶出料压力/kPa	52	76					

在现场采样时发现DA1201出料含水，且水量较大。为了进一步确认，又对DA1201进料进行了采样分析，结果是DA1201进料中含水量，但含水量较少。为此，对运行的DA1201再沸器进行了切换，并进行了打压，未发现泄漏点，排出了由于再沸器泄漏造成DA1201塔釜带水的可能。

通过以上对数据的对比和现场排查，最终作出以下分析：

(1) 由于DA1201经过检修，虽然技术人员和设备人员在检修后也对DA1201的检修质量进行了验收，但由于塔的直径较小，又不可能对每层塔板进行逐层检查，所以存在塔板被异物堵塞的可能，这也就不难解释DA1201压差高的原因了。

(2) DA1201堵塞，造成DA1201降液不畅。大量的液体进入塔内，在塔板上聚集，形成液泛，最后随着气相带入FA201中并形成节流降温，这也就是造成DA1201气相出料温度低的原因。

(3) DA1201气相返回至FA201后，连同新的物料又被压缩机吸入，在裂解气一段排出冷却器EA203A/B冷却后重新回到FA202中成为DA1201的进料，周而复始形成叠加量。这也就解释了为什么DA1201进料一直处于最大量的原因。

(4) 由于DA1201进料量大，塔顶气速升高，返回量增加。从而使FA201和FA202气速都升高。而气液分离罐内气流的速度是不宜过快的，否则容易产生气液夹带。当FA202的气速增加后，裂解气中的水来不及沉降至罐底，只在FA202油相作短暂停留，就被送入DA1201中，部分气化回到FA201部分沉降至DA1201塔釜，由于液相采出阀只有10%的开度，外送量过小造成水在塔釜和再沸器中聚集。

(5) 水在DA1201塔釜聚集，当DA1201再沸器加热时，由于水的比热容4200kJ/(kg·K)远大于汽油的比热容2200kJ/(kg·K)，当灵敏板温度达到要求时，即使关小或关闭加热蒸汽，水中的热量还会继续加热烃类，使灵敏板温度继续是高，直至水中的热量释放出来。当灵敏板温度降于设定值时，水又要吸收相对多的热量，使得加热蒸汽控制阀开度过大。这也就是灵敏板温度变化大的原因。

5 措施及方法

(1) 采用带压开孔技术，DA1201气相出料线加阀门。这样DA1201可在线切出，在不停车的条件下对DA1201重新检查清理，但安全风险非常大。

(2) 待装置停车后再进行检修。

(3) 在现有条件下，通过降低塔釜温度、增加塔釜采出量，从而达到减小塔压差、增加降液量、降低塔顶气相负荷、减小DA1201进料量的目的。这只是维持的办法，不但造成DA1201塔釜采出轻组分超标，甚至影响碳五产品的质量。

DA1201的问题根源是由于塔板堵塞造成的。

采用添加剂提高劣质重油延迟焦化装置液体产品收率的技术研究开发与工业应用

张东明

（中国石油石油化工研究院，北京　100195）

摘　要：近年来世界各大石油公司都加速了对延迟焦化技术的研究和改进。研究和改进的方向主要集中在追求高液收、增加柴油收率、调控产物分布和提高焦炭质量，优化操作及改进工艺流程延长开工周期等方面。本文主要探讨了一种加注添加剂提高延迟焦化液体产品收率的技术研究开发与工业应用情况。

关键词：延迟焦化　添加剂　液收

1　前言

延迟焦化是炼油厂大量应用的渣油转化技术，是美国、中国、委内瑞拉、印度、加拿大等国渣油轻质化的主要手段。全球共有170余套渣油延迟焦化装置在运行，总加工能力400Mt以上，我国2012年延迟焦化加工能力已达113Mt。美国和中国的大型石油公司都拥有自主的渣油延迟焦化成套技术。虽然我国延迟焦化的加工能力仅次于美国，居世界第二位，但技术上与国外先进水平有一定差距，主要表现在焦化原料渣油的蒸馏拔出度较浅、加热炉管烧焦周期较短、石油焦质量不高（弹丸焦、粘焦、粉焦），液体产物收率偏低等。近年来世界各大石油公司都加速了对延迟焦化技术的研究和改进。研究和改进的方向主要集中在追求高液收、增加柴油收率、调控产物分布和提高焦炭质量，优化操作及改进工艺流程延长开工周期等方面。提高延迟焦化装置经济效益的关键是减少焦炭和干气的产率，增加液体产物收率。途径有：(1)渣油先加氢再焦化，这种方法不仅可以大大提高液收，而且还可以改善产品质量，但这种方法的投资和操作费用太高，在经济上不可行；(2)优化操作条件，美国大陆石油公司通过降低循环比，降低压力，提高温度和渣油深拔四项操作措施，提高液体收率；(3)加入添加剂，通过在原料渣油中加入各种添加剂，减少焦炭和气体生成。这也是提高液收最简便最经济的方法。本文主要探讨了加注添加剂提高延迟焦化液体产品收率的方法。

2　基本原理

2.1　延迟焦化反应机理

延迟焦化过程是重质油深度裂化和缩合反应的综合热过程。重质油的组成十分复杂，除了各种烃类之外，还含有较多的胶质、沥青质、重金属、氮化物等杂质，其热转化机理十分复杂。

热转化机理可以用自由基理论来解释，烃分子热裂化是在高温下键能较弱的化学键断裂生成自由基。H·、CH_3·、和C_2H_5·等较小的自由基可以从其他烃分子夺取一个氢自由基而生成氢气或小烷烃和一个新的自由基。较大的自由基不稳定，会很快再断裂生成烯烃和小的自由基，这一系列的连锁反应最终生成小分子的烯烃和烷烃。重油中各种组成的热裂化反应机理如下：

(1) 正构烷烃的热裂化反应机理：

① 大分子的C—C键断裂生成两个自由基：

$$C_{16}H_{34} \longrightarrow 2C_8H_{17}\cdot$$

② 生成的大分子自由基在β位的C—C键再继续断裂生成更小的自由基和烯烃：

$$C_8H_{17}\cdot \longrightarrow C_4H_8+C_4H_9\cdot$$
$$C_4H_9\cdot \longrightarrow C_2H_4+C_2H_5\cdot$$
$$C_4H_4\cdot \longrightarrow C_3H_6+CH_3\cdot$$
$$C_2H_5\cdot \longrightarrow C_2H_4+H\cdot$$

③ 小的自由基(甲基自由基和氢自由基等)与其他分子碰撞生成新的自由基和烃分子：

$$CH_3\cdot +C_{16}H_{34}\longrightarrow CH_4+C_{16}H_{33}\cdot$$
$$H\cdot +C_{16}H_{34}\longrightarrow H_2+C_{16}H_{33}\cdot$$

④ 大的自由基不稳定，再分裂生成小的自由基和烯烃：

$$C_{16}H_{33}\cdot \longrightarrow C_8H_{16}+C_8H_{17}\cdot$$

⑤ 自由基结合生成烷烃连锁反应终止：

$$H\cdot +H\cdot \longrightarrow H_2$$
$$CH_3\cdot +H\cdot \longrightarrow CH_4$$
$$C_8H_{17}\cdot +H\cdot \longrightarrow C_8H_{18}$$
$$C_8H_{17}\cdot +CH_3\cdot \longrightarrow C_9H_{20}$$

(2) 异构烷烃的热裂化反应机理　反应机理与正构烷烃的反应机理基本相同。

(3) 环烷烃的热裂化反应机理　带侧链的环烷烃的热裂化主要是在侧链上发生与烷烃相似的C—C键断裂，侧链越长断裂的速度越快。只有在较高的反应温度下可能发生环烷环断裂生成环烯烃和环二烯烃等化合物。

(4) 芳烃的热裂化反应机理　在热裂化反应过程中，带侧链芳烃的烷基侧链发生与烷烃相似的键断裂反应，但芳环不能断裂，只能形成稳定的芳环自由基。芳环自由基可以再发生裂化反应或发生缩合反应生成多环芳烃和稠环芳烃。

① 芳烃的大分子侧链断裂生成两个自由基：$C_6H_5C_{10}H_{21}\longrightarrow C_6H_5C_2H_4\cdot +C_8H_{17}\cdot$；

② 生成的芳烃自由基再断裂生成芳环自由基和烯烃：$C_6H_5C_2H_4\cdot \longrightarrow C_6H_5\cdot +C_2H_4$；

③ 芳环自由基缩合：$2C_6H_5\cdot \longrightarrow (C_6H_5)_2$

2个或多咯苯环(萘环、蒽环)的缩合物逐渐转化为稠环芳烃。缩合的程度越深，环上的氢原子越少。

(5) 沥青质的热裂化反应机理　沥青质在高温下的反应倾向与稠环芳烃相似，即发生侧链断裂生成低分子烃类和自由基缩合生成焦炭。

(6) 非烃分子的热裂化反应机理　非烃分子的C—S和C—N键不稳定，在高温下会发生分解和叠合反应，很少发生异构化反应和烯烃的叠合反应。

(7) 焦炭的生成机理：

① 胶质和沥青质生成焦炭的机理　胶质和沥青质的胶体悬浮物发生“歧变”形成交联结构的无定形焦炭。胶质和沥青质生成的焦炭具有无定形性质和杂质含量高，所以生成的焦炭不适合制造高质量的电极。

② 芳烃生成焦炭的机理　芳烃发生叠合和缩合反应生成焦炭。由芳烃叠合反应和缩合反应生成的焦炭具有结晶的外观，交联很少。采用高芳烃、低杂质原料生成的焦炭经过焙烧、石墨化后可以生产优质电极。

2.2　增液剂原理

自由基能分解生成烯烃分子和新的自由基，这种分解作用发生在具有未为成对电子的那个碳原子的β键位置上，例如：

$$C—C—C—C—C—C—C\cdot \qquad C—C—C—C—C\cdot +C=C$$

因此，热裂化产物中，干气(C_1　C_2)产率比催化裂化多。而加入合成的高分子活性物质，能够与未成对电子相互作用，抑制自由基的β键断裂，促进自由基发生均裂反应，从而减少裂解气体的生成。而通过加入过氧化物(ROOH)分解剂，使链反应中止，可以减少焦炭生成。加入分解剂还可以破坏超分子结构的溶剂化层，使被包裹的轻质油释放出来。

3 实验室小试研究结果

3.1 筛选实验原料

实验原料为某炼油厂劣质重油减压渣油，详见表1。

表1 原料渣油物理性质

项　目	设计	项　目	设计	项　目	设计
密度(20℃)/(kg/m^3)	958	凝点/℃	41	金属	
残炭/%	11.6	氮/%	0.7	Ni/(mg/kg)	88.4
碳/%	86.1	S/%	1.2	V/(mg/kg)	6.8
氢/%	10.6			Fe/(mg/kg)	56.8

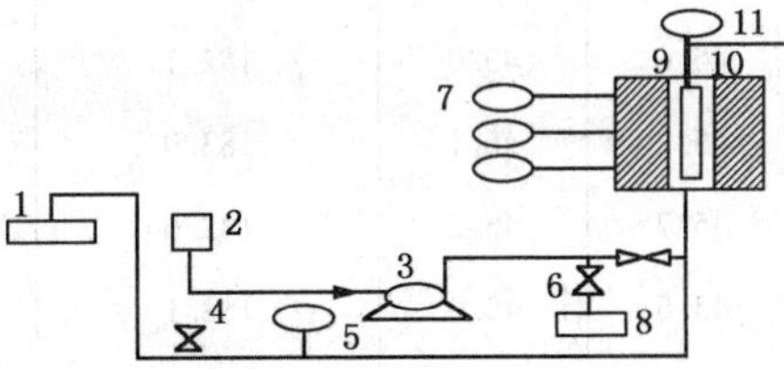

图1 实验装置

1—水蒸气发生器；2—渣油储槽；3—柱塞计量泵；4—水蒸气调节阀；5—水蒸气流量计；6—渣油流量调节阀；7—加热炉温控仪；8—渣油槽；9—加热炉管；10—加热炉；11—炉出口温度记录仪；12—焦化塔；13—冷凝器；14—焦化产品接受器

3.2 小试实验装置(图1)

3.3 小试实验结果

经过筛选，从研制的不同添加剂中，筛选出效果最好的一种添加剂。在加剂量控制300μg/g的情况下，焦化总液体收率可提高3.4%~6.8%，平均提高4.7%。其中，汽油收率提高约1%，柴油收率提高约3%，焦炭和气体收率各降低约2%。加剂前后焦化汽油、柴油、蜡油的化学组成、硫、氮、残炭含量不发生变化。

4 工业试验

工业试验注入位置及流程见图2。所需设备及规格为专用配剂罐(≤20m^3)；计量泵(流量≥25L/h)。

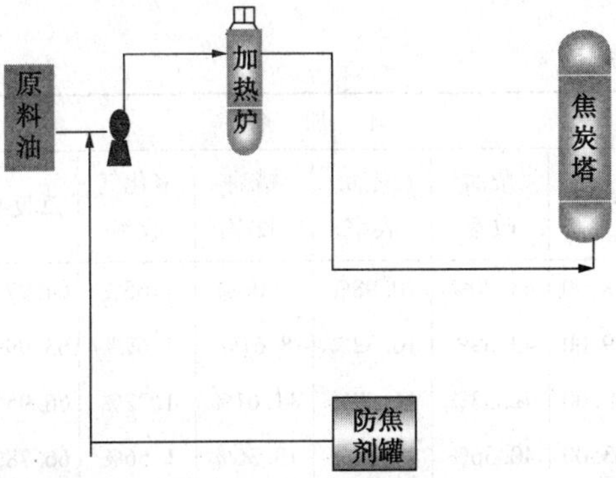

图2 注入位置及流程

4.1 加剂方法

根据某石化公司焦化装置的原油加工情况，采用间歇式加注方式。即在加工某种原料油时，根据加工的时间确定加剂和不加剂的天数。保证加剂和不加剂的天数基本一致。当切换原料油后，也依此进行。这样可以准确得知液体增收技术对各种原油的感受性。在试验期间延迟焦化车间保证平稳操作，对加工量、循环比、分馏塔顶压力不做较大调整，以保证数据收集的可比性、准确性和可靠性。标定时间为20天，标定采用以焦化装置生焦周期隔次性的间断式标定法，在生焦周期24h的前提下，焦炭塔切换四通阀前 1h 注入焦化增收剂，稳定注入几天后，然后在切换四通阀前一小时停剂。采集几天空白数据后，切换四通阀前 1h 再次注入剂，依此类推。

4.2 注入浓度和注入量

增收剂加剂量为 150μg/g(相对于物料量)。添加剂用量：按照 126t/h 计算，需要 12.6L/h。

4.3 工业试验数果分析

表 2 炉出口温度、装置循环比及分馏塔顶压力操作数据

序号	加热炉出口温度/℃	辐射四路进料量/(t/h)				辐射总进料量/(t/h)	循环比	分馏塔顶压力/MPa
1	481	46.6	45.6	46.5	46.3	185	0.55	0.11
2	482	45.9	45.9	45.2	45.9	182	0.56	0.10
3	485	46.1	45.8	45.3	45.8	183	0.56	0.09
4	485	45.8	45.9	45.7	45.2	182.6	0.55	0.10
5	485	45.6	45.9	45.6	45.0	182.1	0.55	0.10
6	486	46.5	46.1	45.2	46.1	183.9	0.57	0.11
7	485	45.8	45.9	45.7	45.2	182.6	0.55	0.10
8	485	45.6	45.9	45.6	45.0	182.1	0.55	0.10
9	485	45.5	45.7	56.1	45.6	182.9	0.55	0.10
10	486	46.6	45.6	46.5	46.3	185	0.55	0.10
11	481	45.8	45.4	45.3	45.7	182.2	0.56	0.09
12	481	45.7	45.4	44.7	45.5	181.3	0.54	0.10
13	481	46.2	45.7	45.9	45.9	183.7	0.57	0.11
14	481	46.0	45.6	45.7	45.8	183.1	0.56	0.10
15	485	45.7	46.3	45.6	45.7	183.1	0.55	0.10
16	485	45.7	46.3	45.8	45.8	183.6	0.55	0.10
17	487	46.2	45.7	46.5	46.0	184.4	0.57	0.11
18	487	46.0	45.4	46.4	45.6	183.4	0.56	0.11
19	481	46.0	45.6	45.7	45.8	183.1	0.56	0.10
20	481	45.8	45.4	45.3	45.7	182.2	0.55	0.10

从表 2 中可以看出，在焦化装置标定期间，班组做到尽量保持平稳操作。装置循环比及分馏塔顶压力没有做出较大调整，保证了数据收集的准确性。

表 3 物料平衡及对比数据

序号	加剂						不加剂					
	原料	柴油收率	汽油收率	蜡油收率	液化气收率	总收率	原料	柴油收率	汽油收率	蜡油收率	液化气收率	总收率
1	2557.0	42.94%	12.48%	10.25%	1.64%	67.31%	2478.00	43.30%	10.98%	9.04%	1.65%	64.97%
2	2482.0	42.91%	11.32%	10.19%	1.61%	66.04%	2519.00	43.39%	10.32%	8.61%	1.67%	63.99%
3	2742.00	41.54%	11.52%	13.49%	1.82%	68.38%	2669.00	42.53%	11.09%	11.61%	1.72%	66.95%
4	2692.00	41.75%	11.01%	13.52%	1.60%	67.88%	2703.00	40.36%	11.39%	13.36%	1.66%	66.78%
5	2748.00	40.98%	11.97%	14.63%	1.82%	69.40%	2830.00	41.05%	12.05%	12.58%	1.77%	67.45%
6	2666.00	42.01%	12.08%	14.55%	1.80%	70.44%	2776.00	42.04%	11.06%	13.36%	1.98%	68.44%

续表

序号	加剂						不加剂					
	原料	柴油收率	汽油收率	蜡油收率	液化气收率	总收率	原料	柴油收率	汽油收率	蜡油收率	液化气收率	总收率
7	2764.00	41.17%	11.14%	14.00%	1.48%	67.80%	2807.00	41.57%	10.94%	13.22%	1.32%	67.05%
8	2724.00	40.01%	11.53%	15.31%	1.62%	68.47%	2768.00	40.34%	10.30%	16.40%	1.91%	68.95%
9	2760.00	40.65%	11.38%	16.27%	1.85%	70.14%	2772.00	41.31%	11.47%	12.81%	1.84%	67.42%
10	2835.00	40.46%	11.57%	14.71%	1.55%	68.29%	2829.00	41.25%	10.96%	12.65%	1.87%	66.74%
平均收率		41.44%	11.60%	13.69%	1.68%	68.41%		41.47%	11.06%	12.36%	1.74%	66.87%

加剂、不加剂收率统计均为10天，表3数据显示，总收率有显著增加，增幅为1.54%。主要体现在汽油和蜡油方面，汽油增收0.54%；蜡油增收1.33%。具体见各油品的图3~图6收率趋势图。

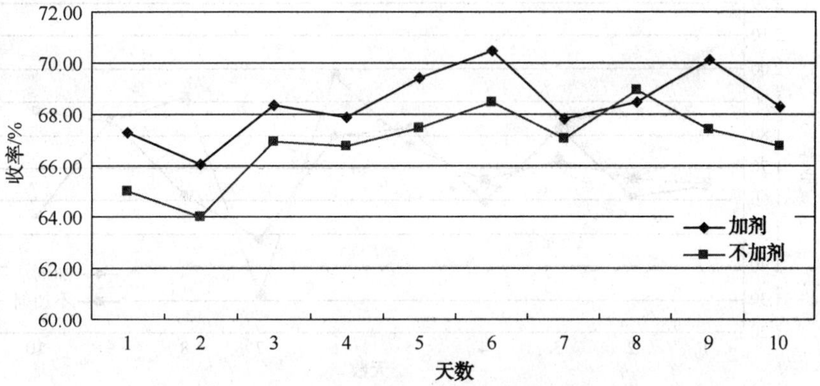

图3 加剂和不加剂总收率趋势图

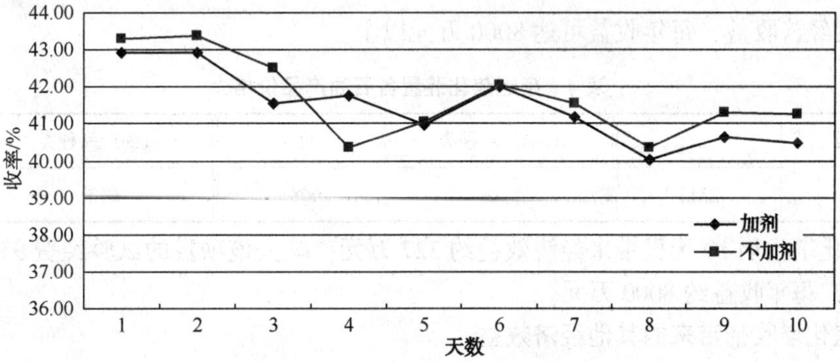

图4 加剂和不加剂柴油收率趋势图

从表3以及各趋势图中看出，在使用GAT-B/C焦化增收剂之后，焦化装置增加了1.78个百分点，达到了试验目标的要求。

4.4 试用焦化增收剂的具体经济收益

4.4.1 试验期间延迟焦化装置各石油产品价格

根据表3的收率分布情况，汽油增收0.54个百分点，蜡油增收1.33百分点，结合石油产品的具体价格(见表4)，可以计算出：每生产出1t汽油可以直接收益328.5元；生产出1t蜡油可以直接收益676.3元；根据10天空白数据每天汽油产出量平均数300.4t可以计算出，每日带来的经济收益为98681.4元；蜡油平均每天产量337.7t；每日带来的经济收益为228386.5元；合计327067.4元。根据空白数据，每天原料油处理量平均值2715.1t可以计算出，每炼1t超稠油就可

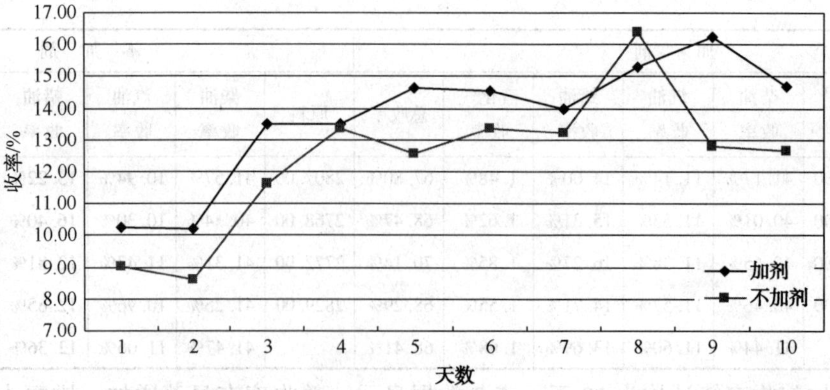

图 5 加剂和不加剂蜡油收率趋势图

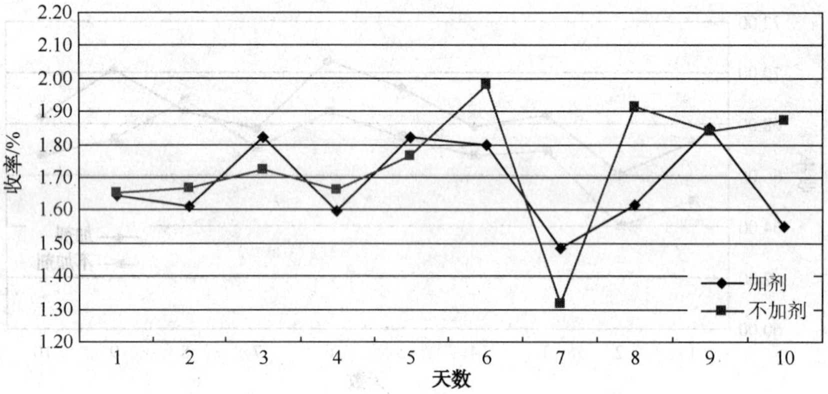

图 6 加剂和不加剂液化气收率趋势图

直接带来 52 元经济收益，每年收益可达 8000 万元以上。

表 4 延迟焦化装置各石油产品价格

石油产品种类	元/t	石油产品种类	元/t	石油产品种类	元/t
原料渣油	2312	汽油	6084	蜡油	5085

在试用焦化增收剂 10 天里带来经济效益约 327 万元，减去该项目的试验经费 95 万元，直接收益约 232 万元，每年收益约 8000 万元。

4.4.2 焦化增收剂带来的其他经济效益

（1）节省能源/燃料　对于加热炉来说，能源的费用相当大。比如，一个典型的 2Mt 焦化，其能耗每年将接近 1.4 亿人民币。在能源消耗上一点点节省或者换热效率的提高，每年都会给炼油厂带来可观的效益。如节省 2%的燃油，每年就能够带来 280 万元的燃料费用节省。采用热转换液体增收技术可以减少高温结垢，能够为用户带来明显的能源上的节省。

（2）维修、清焦费用的节省　对于焦化系统，对于典型的 1Mt 焦化，每年可节省加热炉清焦费用 25 万元，节省 50%的系统清洁费用约 100 万元。

5 结论

综上所述，采用加注添加剂的技术，可有效增加延迟焦化装置液体产品收率，并节省燃料成本和维护费用，为石化企业带来了明显的经济效益。

参 考 文 献

[1] 翟国华.21世纪中国炼油工业的重要发展方向-重质(超重质)原油加工[J].中外能源，2007，12(3)：58.
[2] 张峰.辽河油田超稠原油延迟焦化的研究[J].天然气与石油，2004，22(2)：50-52.
[3] 姜文 程刚 赵玉军等苏丹稠油的延迟焦化.炼油技术与工程，2005，35(4)：6-8.
[4] 程之光.重油加工技术[M].北京：中国石化出版社，1994.

CRC 技术在两段提升管催化裂化装置的应用

禄军让　魏治中　张敦荣　聂普选

(中国石油庆阳石化公司，甘肃庆阳　745002)

摘　要：庆阳石化公司 1.6Mt/a 重油催化裂化装置原设计采用中国石油大学两段提升管催化裂化(TSRFCC)工艺，2010 年 9 月建成投产，各项指标达到或优于设计指标。为进一步提高运行水平，2013 年 8 月碰头维修期间采用 CRC(冷再生催化剂循环)专利技术对装置进行优化改造。项目实施后，装置运行平稳，调节灵活。在原料性质相同的情况下，轻质油收率与改造前标定相比提高了 1.3 个百分点，三项液体收率增加 0.59 个百分点，装置能耗降低 5.17kgEO/t 原料，产生了可观的经济效益。

关键词：TSRFCC 催化裂化；CRC 技术；剂油比；产品分布；收率；能耗；效益

1　前言

庆阳石化公司 1.6Mt/a 重油催化裂化装置由中国石油天然气股份有限公司华东勘察设计研究院设计，以长庆原油常压渣油为原料，设计采用中国石油大学两段提升管催化裂化(TSRFCC)工艺。该技术针对催化装置新鲜原料与一次反应生成的中间物料(回炼油、油浆)裂化难易程度，采用两段提升管工艺，针对不同进料分别采取不同的反应条件，通过“分段反应、催化剂接力”技术措施，达到提高轻质油收率、多产液化石油气、改善汽柴油质量的目的。

装置于 2010 年 9 月建成投产，第一周期连续运行 19 个月，整体运行平稳，轻质油收率、综合商品率均优于设计指标、产品质量合格。2012 年 4 月进行了装置首次全面停工计划大检修，针对第一运行周期存在的问题成功实施了消缺、补漏为目的系列技术改造，实现一次开车成功。2013 年 8 月装置碰头维修期间采用洛阳维达石化工程有限公司开发、设计的冷再生催化剂循环(CRC)专利技术对装置进行操作优化、节能增效技术改造，2013 年 9 月一次顺利开车。装置运行正常，操作平稳，调节灵活，产品分布、轻油收率、装置能耗得到明显改善，CRC 项目改造产生了可观的经济效益。

2　CRC 项目改造情况

2.1　项目实施背景

庆阳石化公司 1.6Mt/a 重油催化裂化装置采用中国石油大学两段提升管催化裂化(TSRFCC)技术，反应部分采用两段提升管布置，通过分段反应、短反应时间、催化剂接力，提高目的产品收率、特别是丙烯产率，降低干气及焦炭产率。

再生部分采用快速床—湍流床串联再生工艺技术。再生器下部为快速床(烧焦罐)，上部为湍流床(二密相)，中间由低压降大孔分布板将两段隔开。通过实际运行情况看，该技术强化烧焦的同时，二密相温度较高，特别是在装置满负荷条件下二密相床温长期在 700~710℃，而长庆原油渣油较易裂解，反应苛刻度低，适合“低反应温度、大剂油比”操作条件，操作时还要兼顾原料预热温度的控制，这样就导致再生温度、反应温度、原料预热温度和剂油比控制之间的矛盾。

为进一步改善产品分布、提高液收、降低装置能耗，实现反应温度、原料预热温度和剂油比的灵活调节，2013年8月装置碰头维修期间采用洛阳维达石化工程有限公司开发、设计的冷再生催化剂循环(CRC-FCC)专利技术对装置进行优化操作技术改造。

2.2 CRC技术原理和特点

2.2.1 技术原理

该技术采用了专利的再生催化剂冷却技术(CRC技术)，在保证较高的再生器温度和良好的再生效果前提下，降低进入反应器的再生剂温度，科学地解决了目前催化裂化技术普遍存在的再生温度、反应温度、原料预热温度和剂油比之间的矛盾，实现了再生温度、反应温度和剂油比的独立调节，达到了"低温接触、大剂油比、高催化剂活性"的催化裂化反应要求，优化了各反应区的操作条件，在节能减排的同时，改善产品分布，提高了产品质量和目的产品收率，提高企业的竞争能力和经济效益。

2.2.2 技术特点

(1) 降低再生催化剂进入提升管的温度，再生剂在预提升段的水热失活减轻，催化剂循环量增加，提高进入提升管的催化剂的平均活性，使催化剂活性中心数也大幅度提高，强化了遵照正碳离子机理进行反应(如裂化反应和氢转移反应)，抑制了热裂解反应，使生成C_3、C_4的选择性显著提高，生成C_1、C_2的选择性显著下降，同时促进重油催化裂化过程中的噻吩类硫化物向H2S转移。

(2) 消除再生剂在重油提升管反应器底部的偏流，改善了原料油与催化剂的接触效果，促进了原料油的快速汽化和反应，提高催化裂化反应的选择性。

(3) 为提高进入提升管的原料温度创造了条件，改善原料的雾化效果，促进了原料油的快速汽化和反应，提高催化裂化反应的选择性。

(4) CRC-再生剂冷却器为密相床操作，增大了反应再生系统的催化剂藏量，提高了缓冲能力，可消除反应再生系统操作波动引起的震动和油气倒流等事故的发生，提高装置操作的安全性、稳定性和可靠性。

2.3 技术方案

(1) 反应再生系统主体保持原设计布置方式，一段提升管、二段提升管入沉降器的方位不变。在一、二段再生斜管处分别新增CRC-再生剂冷却器两台，冷却器为密相输送，增设单独的流化风。

(2) 根据现场安装空间需要，一段提升管预提升段下移6.4m，二段提升管预提升段下移3.45m。

(3) 预提升器下移，增加与原提升管等径的过渡段，一段、二段提升管进料喷嘴高度不变，保持原设计短反应时间及快速分离技术特点。

(4) CRC改造新增的两台冷却器取热与发汽系统采用一体式设计，汽包液位控制采用三冲量控制，汽水分离为除沫网，所产中压饱和蒸汽经汽水分离器后并入饱和蒸汽管网。

2.4 项目实施

技术方案确定后，于2013年8月碰头维修期间组织实施，8月30日工程建设完成，开始进行控制系统调试及衬里烘干汽包煮炉，2013年9月5日按正常开工程序进入开工阶段，2013年9月7日一次顺利开车。经过不断的运行摸索及操作调整，技术改造的优势得到发挥。

3 项目标定

为准确评价和掌握技术改造后加工能力、产品分布、产品质量、装置能耗等指标变化情况，为进一步优化操作提供依据。2013年11月28日~2013年12月1日进行了系统标定。

3.1 原料性质

改造前后标定期间原料油性质见表1。由表1看出，与改造前相比，原料残炭、密度、重金

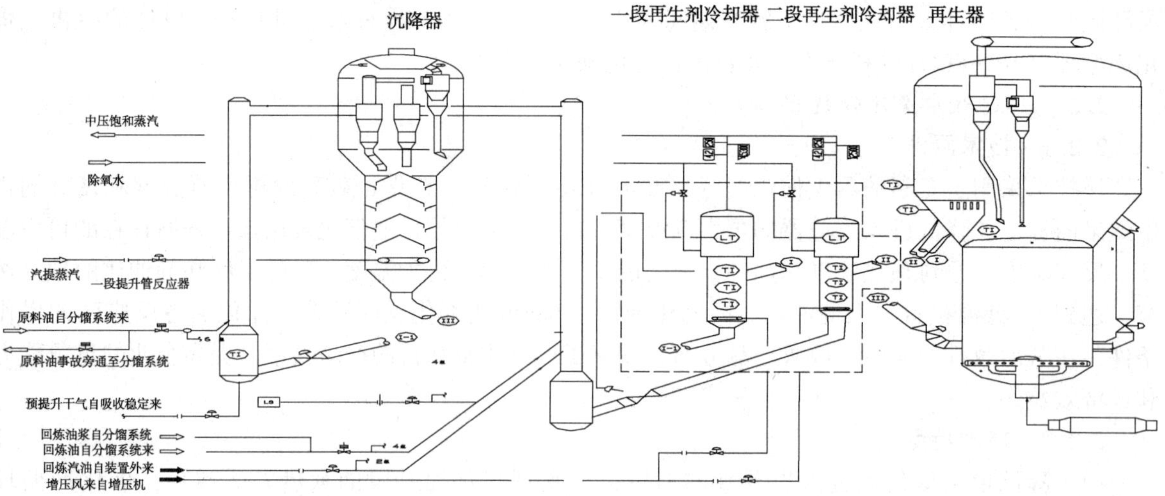

图 1　CRC 技术改造示意图

属、硫含量、族组成与改造前基本相同。

表 1　原料油性质

项　　目	改造前标定	改造后（混合渣油）	项　　目	改造前标定	改造后（混合渣油）
密度 d_{20}^{4}/(kg/m³)	909.6	908.5	钒/(μg/g)	1.14	1.38
残炭/%	3.65	3.76	铁/(μg/g)	22.1	6.68
元素分析			钙/(μg/g)	5.05	<0.01
氢/%	12.75	12.69	族组成		
碳/%	86.8	86.74	饱和烃/%	67.58	68.69
硫/(μg/g)	1697	1546	芳烃/%	19.45	20.36
氮/(μg/g)	2903	3446	胶质/%	8.74	8.46
重金属			沥青质/%	1.20	1.12
镍/(μg/g)	3.16	3.43			

3.2　主要操作条件

CRC 改造前后主要操作参数见表 2。从表 2 看出，改造后再生催化剂冷后温度由 689℃ 下降至 657℃，降低了 32℃；一段提升管剂油比由 5.9 提至 9.4，增加了 3.5；二段提升管剂油比由 6.3 提至 10.3，增加了 4.0。充分发挥 CRC 的大剂油优势，对改造后装置运行期间操作参数进行摸索，一段反应温度降低 6℃，二段温度降低 12℃，原料预热温度由 210℃ 提高至 260℃ 其他操作参数和改造前变化不大。

表 2　主要操作条件

项　　目	改造前标定值	CRC 标定值	项　　目	改造前标定值	CRC 标定值
一段提升管出口温度/℃	496	490	一二段提升管剂油比	5.5/6.3	9.4/10.3
一段提升管预提升段温度/℃	689	657	沉降器顶压力/MPa(表)	0.218	0.22
二段提升管出口温度/℃	505	493	再生器顶压力/MPa(表)	0.24	0.24
二段提升管预提升段温度/℃	690	648	原料油进料温度/℃	210	260

3.3　物料平衡

CRC 改造前后产品分布及物料平衡见表 3。通过数据分析，采用 CRC 技术与改造前标定相比，汽油收率增加 2.7 个百分点，柴油收率降低 1.4 个百分点，液化气收率降低 0.71 个百分点，干气收率降低 0.21 个百分点，油浆收率降低 0.78 个百分点，生焦率增加 0.39 个百分点，轻油收率增加 1.30 个百分点，综合商品率降低 0.19 个百分点。干气、焦炭产率降低，轻质油收率增加，达到了改善产品分布的目的。

CRC 技术改造后剂油比提高，一段、二段反应温度降低，再生器稀相温度降低，为增大油浆回炼量创造了条件，油浆外甩量由原来的 2.13%下降至 1.35%，轻油收率提高，综合商品率有所降低。

表 3 产品分布及物料平衡表

原料合计	设计		改造前标定		CRC 改造后标定	
	%	t/h	%	t/h	%	t/h
	100	181.143	100	216.82	100	222.661
液化气	19.6	35.512	15.93	34.549	15.22	33.889
汽油	36.53	66.179	42.51	92.17	45.21	100.681
柴油	29.62	53.643	28.18	61.093	26.78	59.625
油浆	0.97	1.762	2.13	4.626	1.35	3.014
干气+损失	4.73	8.571	3.43	7.43	3.22	7.169
焦炭	8.55	15.476	7.82	16.96	8.21	18.28
合计	100	181.143	100	216.82	100	222.661
轻质油收率(汽油+柴油)/%	66.15		70.69		71.99	
产品总收率(汽油+柴油+液化气)/%	85.75		86.62		87.21	
产品综合商品率(汽油+柴油+液化气+油浆)/%	86.72		88.75		88.56	

3.4 能耗情况

CRC 技术的特点是强化正碳离子反应、抑制热裂化反应，增强了氢转移、异构化等放热反应，在保持同样的转化率情况下反应需热量降低，再生总取热量增加。

装置利用 CRC 技术改造后，虽然外取热器、油浆蒸汽发生器发汽量有所降低，但是一段、二段 CRC 预冷器多产蒸汽 35t/h，催化装置总产汽量增加 13.5t/h。CRC 改造前装置能耗为 50.78kgEO/t 原料，改造后为 45.61kgEO/t 原料，改造后能耗降低 5.17kgEO/t。

4 CRC 项目实施后产生的经济效益

4.1 产品分布变化产生的效益

按催化装置加工能力 1.6Mt/a 估算，CRC 改造后可多产汽油 43.2kt，少产液化气 11.36kt，少产柴油 22.4kt，少产油浆 12.48kt，少产干气 0.21 万吨，按照相关原料和产品的价格(见表 4)对效益估算如下：

多产汽油产生的效益：4.32×8605=37173.6(万元)；

少产柴油损失的效益：−2.24×7645=−17128.4(万元)；

少产的液化气的损失：−1.136×5960=−6736.8(万元)；

少产油浆损失的效益：−1.248×3650=−4555.2(万元)；

少产干气损失的效益：−500×0.21=−105(万元)；

汽油辛烷值降低损失的效益：−4.32×0.37×22=−35.16(万元)。

由于产品分布变化产生的效益为

37173.6−17128.4−6736.8−4555.2−105−35.16=8613.04 万元。

表4 相关原料及产品价格

项　目	价格(元/t)	项　目	价格(元/t)	项　目	价格(元/t)
90#国Ⅳ汽油	8605	油浆	3650	干气	500
0#国Ⅳ柴油	7645	中压饱和蒸汽(3.5MPa 250℃)	150	汽油辛烷值损失1个单位调和需要的费用	22
液化气	5960				

4.2 多产中压饱和蒸汽产生的效益

改造前催化装置产生3.5MPa中压饱和蒸汽146.4t/h，改造后产生中压饱和蒸汽159.9t/h，与改造前相比多产中压饱和蒸汽13.5t/h，中压饱和蒸汽价格按150元/t估算，改造后多产中压饱和蒸汽13.5t/h，产生的效益：150元/t×13.5t/h×8400h＝1701万元。

4.3 改造经济效益

利用CRC技术改造的投资成本为2997万元，改造后年产生的效益为8613.04+1701＝10314.04(万元)。三个月可收回投资成本。

5 结论

从装置实施CRC项目前后的标定结果及运行情况看，催化裂化装置实施CRC技术改造后，装置运行正常，操作平稳，调节灵活；增强了正碳离子反应，降低了热裂化反应，促进了催化裂化反应中异构化和氢转移反应，轻质油收率提高，产品结构得到优化，能耗降低，产品性质得到改善，经济效益显著。

(1) CRC改造后反再系统流化平稳、调节灵活，抗事故能力增强。自改造开工运行至现在，再生线路流化正常，再生滑阀压降比改造前提高了5~10kPa，一段出口反应温度比改造前降低了5℃，二段提升管出口温度比改造前降低了12℃，反再各部位藏量控制平稳，催化剂流化平稳、循环正常，实现了反应温度和剂油比的灵活调节。

(2) 产品结构发生变化，轻质有收率明显提高。装置经过CRC改造后，汽油收率提高了2.7个百分点，柴油收率降低了1.4个百分点，液化气收率降低了0.71个百分点，干气收率降低了0.21个百分点，油浆收率降低了0.78个百分点。轻质油收率与改造前标定相比提高了1.3个百分点，三项液体收率增加0.59个百分点，达到了改造目的。

(3) 节能效果显著，降低了装置能耗。实施CRC技术改造后，反应需热量降低，装置能耗由改造前的50.78kgEO/t原料，下降至45.61kgEO/t原料，装置能耗降低5.17kgEO/t原料。

(4) 经济效益显著。装置利用CRC技术改造后，由于产品分布变化产生的效益为8613.04万元/a，多产中压饱和蒸汽产生的效益1701万元/a，年创效益10314.04万元，项目投资成本为2997万元，三个月可收回投资成本。

参 考 文 献

[1] 陈俊武．催化裂化工艺与工程[M]．北京：中国石化出版社，2005：131-137.
[2] 何奕工．正碳离子和相关的反应机理[J]．石油学报(石油加工)，2007，4.
[2] 邹圣武．FCC过程中氢转移反应对汽油烯烃含量的影响[J]．吉林化工学院学报，2007，21(1).

中国石油国Ⅳ汽油质量升级技术的研发及应用

兰 玲 赵秦峰

（中国石油石油化工研究院，北京 100195）

摘 要：在对中国石油典型催化裂化汽油的硫化物及烃类分布详细讨论的基础上，结合催化裂化汽油选择性加氢脱硫技术开发需要考虑的关键因素，确立了催化裂化汽油选择性加氢脱硫（DSO）成套技术的工艺路线。工业标定结果表明：以硫含量96~257μg/g、烯烃体积含量28.4%~50.0%的催化裂化汽油为原料，生产国Ⅳ标准硫含量的清洁汽油，研究法辛烷值损失0~0.7个单位；仅通过工艺条件的调整，采用DSO技术的装置即可实现国Ⅴ汽油的生产，以硫含量101μg/g、烯烃体积含量34.6%的催化裂化汽油为原料，生产国Ⅴ标准硫含量的清洁汽油，研究法辛烷值损失0.6个单位。表明DSO技术具有原料适应性强、脱硫活性高、选择性好等特点，可满足中国石油汽油质量升级的需要。

关键词：催化裂化汽油 加氢脱硫 辛烷值 工业应用

1 前言

2014年1月1日起，我国将全面执行国IV汽油标准，硫含量要求不大于50μg/g，因此降低汽油硫含量成了我国炼油企业面临的重大课题。中国石油汽油池中催化裂化（FCC）汽油的比例占70%左右，中国石油汽油质量升级的关键在于FCC汽油的清洁化。中石油大部分炼厂FCC汽油烯烃含量在42%（体积分数）以下，在国IV汽油质量升级中降烯烃不是主要矛盾，大部分企业FCC汽油硫含量在200μg/g以内，通过加氢脱硫实现国IV汽油质量升级是可行的，中国石油国IV汽油质量升级的关键在于降低FCC汽油的硫含量。

针对中国石油FCC汽油的特点，中国石油石油化工研究院（以下简称石化院）开发了FCC汽油选择性加氢脱硫（DSO）成套技术，该技术可以最小的辛烷值损失有效降低FCC汽油硫含量，于2013年在中国石油几家企业成功进行工业应用，DSO技术已成为中国石油国IV汽油质量升级的主体技术之一。

2 工艺路线设计及特点

FCC汽油中富含大量的烯烃，这些烯烃组分辛烷值较高，因此FCC汽油选择性加氢脱硫技术最大的难点是在脱硫的同时如何减小烯烃饱和导致的辛烷值损失，同时确保装置长周期平稳运行也是开发FCC汽油选择性加氢脱硫技术必须考虑的重要因素。

FCC汽油中的含硫化合物主要由硫醇类、噻吩类、硫醚类等硫化物组成，中国石油典型FCC汽油的硫化物类型分布规律见表1。从表1可见，FCC汽油的硫化物分布具有以下特点：（1）沸点较低的轻馏分硫含量较低，硫化物类型以硫醇类硫化物为主；（2）沸点较高的重馏分硫含量较高，硫化物类型以噻吩类硫化物为主。

FCC汽油中的烃类主要包括烯烃、芳烃和烷烃，中国石油典型FCC汽油的烃类组成分布规律见图1。从图1可见，FCC汽油的烃类组成分布具有以下特点：烯烃主要保留在沸点较低的轻汽油馏分中，芳烃主要集中在沸点较高的重汽油馏分中。

表1　中国石油典型FCC汽油的硫化物类型分布

馏程范围/℃	$\omega_{总硫}$/(μg/g)	$\omega_{硫醇类硫}$/%	$\omega_{噻吩类硫}$/%	$\omega_{硫醚类硫及其他硫}$/%
初馏点~60	38.5	60	0	40
60~75	82.5	21	76	3
75~90	82.8	17	73	10
90~105	154.1	43	49	8
105~120	200.0	38	57	5
120~135	238.7	28	64	8
135~150	258.5	19	72	9
150~165	258.8	28	47	25
165~终馏点	474.5	8	68	24

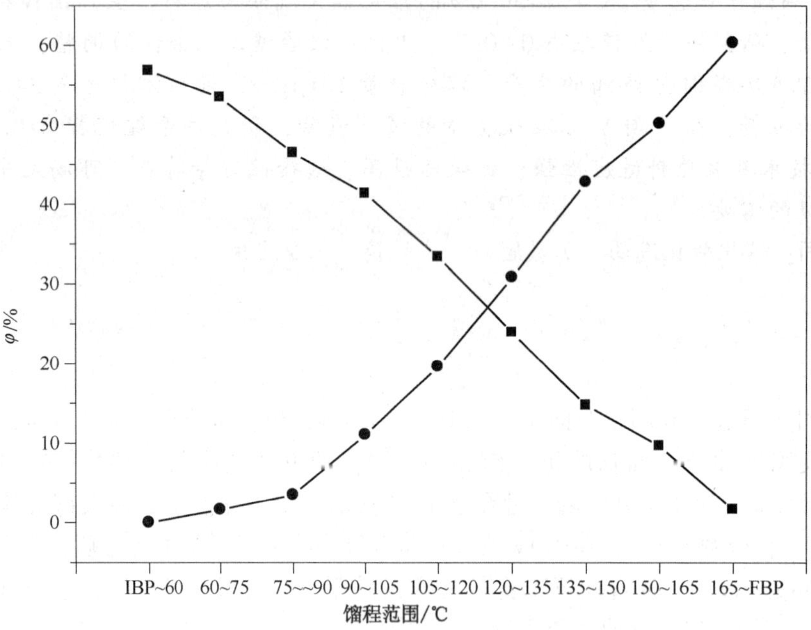

图1　中国石油典型FCC汽油的烃类组成分布

■烯烃；●芳烃

FCC汽油中的烯烃在加氢过程会发生饱和导致辛烷值损失，因此必须对烯烃含量较低、硫含量较高且以噻吩类硫化物为主的重汽油馏分进行加氢脱硫。FCC轻汽油馏分中烯烃含量高、硫化物以硫醇类和硫醚类硫化物为主，部分技术采用碱液抽提与氧化脱硫醇组合或无碱脱臭与柴油吸收分馏切割实现轻汽油硫化物的部分脱除[1,2]，这无形中增加了碱渣排放及装置运行能耗，如能采用缓和的加氢方式，在不损失辛烷值的前提下降低轻汽油馏分中的硫含量将使得技术极具竞争力。

FCC汽油中二烯烃含量较高并极易在重汽油加氢脱硫过程结焦，因此要确保装置长周期平稳运行，二烯烃的选择性饱和也是FCC汽油选择性加氢脱硫技术开发必须考虑的因素。

此外，由于中国石油配置渣油加氢装置的炼厂较少，因此FCC汽油中砷含量相对较高，大部分炼油厂FCC汽油的砷含量在20~60μg/kg，个别企业的砷含量最高可达200μg/kg。砷是加氢催化剂的永久性中毒物质，因此中国石油的FCC汽油选择性加氢脱硫技术还必须要考虑脱砷措施，以保证装置的长周期运行。

综合以上分析，根据中国石油FCC汽油烯烃含量高、普遍含砷的特点，设计的DSO成套技术工艺路线如图2所示。

催化汽油原料经过脱砷、预加氢后经分馏塔切割为轻、重汽油组分，重汽油经加氢脱硫和加氢后处理与轻汽油混合至罐区，作为汽油调和组分。

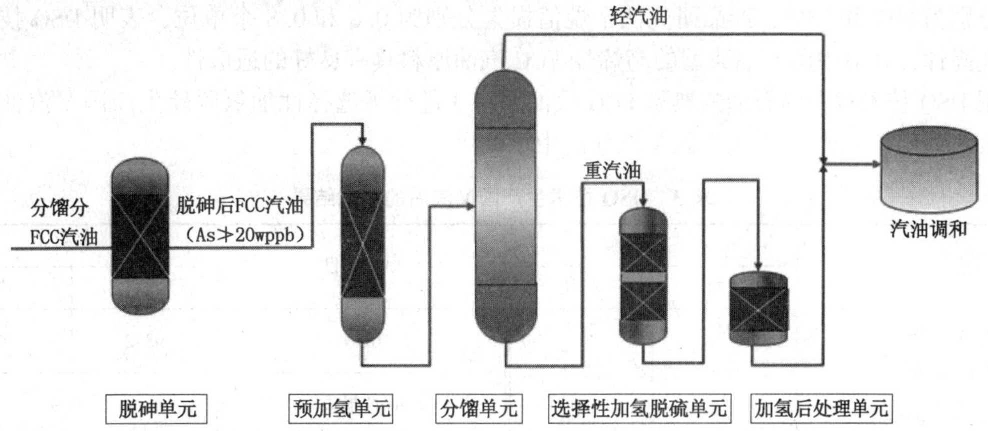

图 2　DSO 技术工艺路线简图

该工艺路线特点如下：

(1) 对全馏分 FCC 汽油进行常温脱砷，使原料砷含量不高于 20wppb，可使下游加氢单元催化剂不受原料中砷的毒害影响，由于在非临氢温和状态下操作，不会在脱砷过程造成产品辛烷值损失。

(2) 对脱砷后全馏分 FCC 汽油进行预加氢，选择性饱和二烯烃，减少结焦，保证装置长周期运行；将小分子硫化物转化为大分子硫化物，可大幅度降低轻汽油馏分硫含量，使其满足调和需要。

(3) 根据催化汽油中硫分布特点，将全馏分汽油切割为轻重两个组分，将硫含量低、烯烃含量高且易在加氢过程大量饱和造成辛烷值损失的轻汽油抽出直接调和，将硫含量高、烯烃含量低的重汽油馏分作为加氢脱硫单元提供原料，减少产品辛烷值损失。

(4) 对重汽油馏分进行选择性加氢脱硫，可将其中的大部分硫化物脱除，控制烯烃饱和，使辛烷值损失最小。

(5) 对选择性加氢脱硫后的重汽油加氢产物进行加氢后处理，进一步脱除重汽油中的微量硫，保证硫醇合格。

3　生产国Ⅳ及国Ⅴ汽油的中试研究

采用 DSO 技术对中国石油的典型 FCC 汽油原料 1、原料 2 进行了选择性加氢脱硫生产国 IV 汽油的中试研究。表 2 列出了 DSO 技术生产国Ⅳ汽油的中试结果。

表 2　DSO 技术生产国 IV 汽油的中试结果

项　　目	原料 1		原料 2	
	原料	产品	原料	产品
$\omega_{总硫}$/(μg/g)	109	44	182	49
$\varphi_{烯烃}$/ %	45.2	42.8	41.8	39.7
$\omega_{硫醇硫}$/(μg/g)	13	6	26	5
RON	91.6	91.0	93.4	92.6
RON 损失	0.6		0.8	

由表 2 可知：原料 1、2 的硫含量分别为 109μg/g 和 182μg/g，烯烃体积含量分别为 45.2%和 41.8%，属于中国石油典型的高烯烃 FCC 汽油原料。这类原料更易在加氢过程发生烯烃饱和和损失辛烷值，是选择性加氢脱硫技术中加工难度最大的原料。

采用 DSO 技术对原料 1、2 进行选择性加氢脱硫后，产品硫含量分别降至 44μg/g 和 49μg/g，脱硫率分别为 60%和 73%，产品研究法辛烷值损失分别为 0.6 和 0.8 个单位，表明 DSO 技术具有优异的选择性，针对中国石油典型的高烯烃 FCC 汽油原料具有良好的适应性。

采用 DSO 技术对中国石油的典型 FCC 汽油原料 3 进行了选择性加氢脱硫生产国Ⅴ汽油的中试研究。表 3 列出了 DSO 技术生产国Ⅴ汽油的中试结果。

表 3　DSO 技术生产国Ⅴ汽油的中试结果

项　目	原料 4		项　目	原料 4	
	原料	产品		原料	产品
$\omega_{总硫}$/(μg/g)	94	7.8	RON	93.2	92.3
$\varphi_{烯烃}$/%	29.6	27.1			
$\omega_{硫醇硫}$/(μg/g)	16	4	RON 损失	0.9	

由表 3 可知：原料 3 的硫含量和烯烃体积含量分别为 94μg/g 和 29.6%，采用 DSO 技术对原料 3 进行选择性加氢脱硫后，产品硫含量降至 7.8μg/g，脱硫率为 91.7%，产品研究法辛烷值损失 0.9 个单位，表明 DSO 技术可以生产满足国Ⅴ标准硫含量要求的清洁汽油，且辛烷值损失较小。

4　工业应用

2013 年 7-11 月，中国石油炼油厂 A700kt/a、B1500kt/a、C400kt/a、D600kt/a 以及 E900kt/a 等 5 套采用 DSO 技术的 FCC 汽油加氢脱硫装置投运，其中 4 套装置完成了初期国Ⅳ工况标定，1 套装置完成了初期国Ⅴ工况标定。DSO 技术生产国Ⅳ汽油的工业标定结果见表 4。

表 4　DSO 技术在炼油厂 A~D 生产国Ⅳ汽油的工业标定结果

项　目	A		B		C		D	
	原料	产品	原料	产品	原料	产品	原料	产品
$\omega_{总硫}$/(μg/g)	96	56	104	21	257	47	121	29
$\varphi_{烯烃}$/%	39.7	38.9	33.3	33.3	50.0	46.8	28.4	27.6
$\omega_{硫醇硫}$/(μg/g)	19	7	17	7	21	9	9	6
RON	90.5	90.5	92.4	92.2	91.0	90.3	89.1	88.9
RON 损失	0		0.2		0.7		0.2	

由表 4 可知，对于硫含量为 96~121μg/g、烯烃体积含量为 28.4%~39.7%的炼油厂 A、B、D 等低硫、高烯烃 FCC 汽油原料，生产国Ⅳ标准硫含量的清洁汽油，研究法辛烷值损失不超过 0.2 个单位；对于硫含量为 257μg/g、烯烃体积含量为 50.0%的炼油厂 C 高硫、超高烯烃 FCC 汽油原料，生产国Ⅳ标准硫含量的清洁汽油，研究法辛烷值损失仅 0.7 个单位，表明 DSO 技术具有优异的脱硫活性及选择性，辛烷值损失等指标达与引进技术水平相当[3,4]，可满足企业国Ⅳ清洁汽油的生产需求。

在采用 DSO 技术的装置上仅通过调整轻重汽油切割比例及重汽油馏分加氢脱硫反应温度，即可顺利实现国Ⅳ工况向国Ⅴ工况的平滑过渡。DSO 技术生产国Ⅴ汽油的工业标定结果见表 5。

表 5　DSO 技术生产国Ⅴ汽油的工业标定结果

项　目	炼油厂 B		项　目	炼油厂 B	
	原料	产品		原料	产品
$\omega_{总硫}$/(μg/g)	101	9	*RON*	92.3	91.7
$\varphi_{烯烃}$/%(体积分数)	34.6	32.4			
$\omega_{硫醇硫}$/(μg/g)	21	6	*RON* 损失	0.6	

由表5可知，对于硫含量为101μg/g、烯烃体积含量为34.6%的炼油厂B FCC汽油原料，生产国Ⅴ标准硫含量的清洁汽油，产品硫含量降至9μg/g、脱硫率91%时研究法辛烷值仅损失0.6个单位，表明DSO技术具有优异的脱硫活性及选择性，实现了装置“国Ⅳ兼顾国Ⅴ”工况的既定目标，可满足企业国Ⅴ清洁汽油的生产需求。

5 结论

（1）国Ⅳ、国Ⅴ工况中试研究结果表明：针对中国石油FCC汽油特点开发的DSO技术，采用“催化汽油原料脱砷—预加氢—分馏塔切割成轻重汽油—重汽油选择性加氢脱硫、加氢后处理—轻重汽油混合”的技术路线可以实现以最小的辛烷值损失生产国Ⅳ、国Ⅴ硫含量标准的清洁汽油。

（2）DSO技术的国Ⅳ、国Ⅴ工业应用结果表明：加工中国石油典型的低硫、高烯烃FCC汽油（硫含量96~121μg/g、烯烃体积含量28.4%~39.7%），生产国Ⅳ标准硫含量的清洁汽油，研究法辛烷值损失不超过0.2个单位；加工中国石油高硫、超高烯烃FCC汽油（硫含量257μg/g，烯烃体积含量50.0%），生产国Ⅳ标准硫含量的清洁汽油研究法仅损失0.7个单位，表明DSO技术具有优异的脱硫选择性，该技术已经成为中国石油国Ⅳ汽油质量升级的主体技术之一。

（3）仅通过工艺条件的调整，DSO技术即可实现国Ⅴ汽油的生产，加工硫含量101μg/g、烯烃体积含量34.6%的原料，生产国Ⅴ标准硫含量的清洁汽油，研究法辛烷值损失仅0.6个单位，表明DSO技术具有优异的深度脱硫活性及选择性，可满足中国石油未来国Ⅴ清洁汽油的生产需要。

参考文献

[1] 陈永，刁远兵，周立新，等．第二代催化裂化汽油选择性加氢脱硫（RSDS-Ⅱ）技术的中试研究及工业应用[J]．石油炼制与化工，2011，42(10)：5-8.

[2] 赵乐平，关明华，刘继华，等．OCT-ME催化裂化汽油超深度加氢脱硫技术的开发[J]．石油炼制与化工，2012，43(8)：13-16.

[3] 江波．法国Prime-G+汽油加氢技术在锦西石化催化汽油加氢脱硫装置的应用[J]．中外能源，2009，14(10)：64-68.

[4] 董海明，曲云，孙丽琳．Prime-G+技术在催化裂化汽油加氢脱硫装置上的应用[J]．石油炼制与化工，2012，43(11)：27-30.

车用柴油质量升级存在问题及对策

王建伟

(中国石化镇海炼化分公司，浙江宁波 315207)

摘 要：随着国家车用柴油质量标准的升级，针对公司车用柴油升级到国Ⅲ标准后，结合现有装置结构对柴油质量现状及存在的问题进行分析，提出相应的解决方案，以满足公司大比例生产国Ⅲ车用柴油及未来高质量标准柴油的要求。

关键词：车用柴油 质量升级 对策措施 十六烷值

1 前言

随着汽车工业迅速发展，同时带来的汽车排放污染等已被列为城市主要大气污染源之一。对此，各国政府相应制定了严格的汽车排放标准，要求在改进和提高汽车发动机设计和制造水平的同时，将提高油品质量作为降低汽车尾气排放的重要措施。为了提高炼油企业对油品质量升级的积极性，解决油品质量升级带来生产成本增加的实际问题，国务院在《关于加强环境保护重点工作的意见》(国发〔2011〕35号)中首次提出，对生产符合下一阶段标准车用燃油的企业，在消费税政策上予以优惠。因此，炼油企业将柴油质量升级到国Ⅳ及以上新标准已是迫在眉睫的重点工作任务。

2 国内车用柴油质量升级趋势

目前，北京、上海和广东已实施第四阶段车用柴油地方标准。北京市于2007年7月4日发布DB 11/239—2007《车用柴油》地方标准，该标准于2008年1月1日实施；上海市于2009年2月10日发布DB 31/428—2009《车用柴油》地方标准，该标准于2009年9月1日实施；广东省于2009年11月4日发布DB 44/695—2009《车用柴油》地方标准，该标准于2010年6月1日实施。针对提前实施国Ⅳ排放的需求，上述三个标准将柴油中的硫含量降至不大于50mg/kg。南京、杭州等地也已经跟进实施第四阶段车用柴油地方标准。目前国内柴油正在执行的柴油国家标准为GB 19147—2013，规定中提出了车用柴油(Ⅲ)和车用柴油(Ⅳ)的指标要求，同时提出了车用柴油(Ⅴ)建议性技术要求。轻柴油分为普通柴油和车用柴油两个质量指标，普通柴油硫含量控制不大于0.035%、十六烷值不小于45(中间基或环烷基原油生产的普通柴油的十六烷值允许不小于40)，车用柴油国Ⅳ标准已经发布，硫含量将降低至不大于50mg/kg、十六烷值不小于49。

表1 车用柴油国家标准对比

指 标	国Ⅲ柴油	国Ⅳ柴油	国Ⅴ柴油(建议)
十六烷值	49	49	51
密度(20℃)/(kg/m^3)	810~850	810~850	810~850
多环芳烃/%	≯11	≯11	≯11
硫含量/(mg/kg)	≯350	≯50	≯10
酸度/(mg/100mL)	≯7	≯7	≯7

3 柴油质量升级存在问题

3.1 加氢原料劣质化，缩短长周期运行

(1) 由于高硫原油价格相对低廉，可降低生产成本，各企业纷纷采购高硫油，原料劣质化程度正不断加深，见表2。镇海炼化原油硫含量计划由现在的1.8%逐步提高至2.0%，局部达到2.5%。原料劣质化及柴油质量升级对催化剂影响极大，严重影响催化剂的寿命，无法满足公司长周期的运行要求。同时，在车用柴油质量升级到国Ⅲ标准柴油后，直馏柴油必须经过加氢精制后才能满足出厂要求。一旦加氢装置因催化剂失效而被迫停工，直接影响到全公司装置加工负荷，全厂的物料平衡均会发生变化，牵一发而动全身，对公司造成巨大损失。

表2 原油硫含量

装　置	现阶段硫含量/%	下一阶段硫含量/%
Ⅰ套常减压	2.1	2.5
Ⅱ套常减压	0.7	1.5
Ⅲ套常减压	1.7	2.0

(2) 柴油加氢装置由于反应压力和催化剂型号不同，三套加氢装置对柴油的脱硫能力也各不相同，柴油的硫含量要降到50mg/kg以下长周期生产国Ⅳ或国Ⅴ标准柴油仍有一定的难度。各装置情况详见表3。

表3 柴油加氢装置情况

装置	反应压力/MPa	加工量/Mt/a	空速/h^{-1}	催化剂型号
Ⅲ加氢	5.2	2	1.8	FHUDS-5/6
Ⅳ加氢	5.7	3	1.9	RS-2000
Ⅵ加氢	8.1	3	1.8	FHUDS-2/5

(3) 柴油加氢原料主要包括直馏柴油、焦化柴油和催化柴油。直馏柴油具有十六烷值高、密度低、芳烃含量低的特点。焦化柴油馏分的硫、氮含量都较高，溴价、实际胶质也明显高于直馏柴油。催化裂化柴油性质最差，具有密度高、十六烷值低、芳烃含量高等特点。由于催化装置大多采用MIP工艺技术，催化柴油的十六烷值只有20左右。各加氢原料性质详见表4。

表4 加氢原料性质

项　目	直馏柴油	催化柴油	焦化柴油
密度(20℃)/(kg/m^3)	0.835	0.935	0.869
硫含量/%	1.2	0.59	1.39
氮含量/(mg/kg)	200	800	900
十六烷值	49	20	47

3.2 催化柴油加工比例高，产品十六烷值低

加氢柴油原料中，二次油加工比例占总加工量的31.88%，其中催化柴油占16.88%。车用柴油质量中，产品密度和十六烷值是升级过程中的主要瓶颈。表5列出了三套加氢装置在不同原料比例工况下，所生产的精制柴油性质。

表5 精制柴油性质

项　目	原料组成	十六烷值	硫含量/(mg/kg)	密度/(kg/m^3)
Ⅲ加氢精柴	直柴+47%催柴	38.6	180	0.881
Ⅲ加氢精柴	直柴+23.5%焦柴	50.3	240	0.850
Ⅳ加氢精柴	直柴+11%焦柴+12.5%催柴	43.9	220	0.850
Ⅳ加氢精柴	直柴+16%焦柴	51.3	260	0.836
Ⅵ加氢精柴	直柴+18.6%焦柴+11.4%催柴	47.3	150	0.849
Ⅵ加氢精柴	直柴+20.3%焦柴	52	150	0.834

可以看出，Ⅲ加氢装置在掺炼47.3%的催化柴油时，精制柴油十六烷值无法满足普通柴油要求。而在掺炼23.5%的焦化柴油，无催化柴油时，生产的柴油可以作为国Ⅲ柴油直接出厂，并且十六烷值还有富余。Ⅳ加氢和Ⅵ加氢装置在加工12.5%的催化柴油和部分焦柴时，产品无法满足国Ⅲ柴油质量要求，只能通过调整柴油原料或添加十六烷值改进剂来提高产品的十六烷值。

3.3 加氢改质性能差，产品密度高

由于加氢精制装置反应压力低，催化剂不具有裂化功能，高比例催化柴油经过加氢精制后，十六烷值提高值、密度降低值较小，改质效果差，导致产品质量无法满足车用柴油要求。三套柴油加氢装置十六烷值提高值在1.5~4个单位，密度降低值≤20个单位。

4 对策措施

4.1 调整产品结构，适当增加低质量柴油产量

(1)受储运系统影响，Ⅳ加氢和Ⅵ加氢装置产品出装置后合并为同一管线进储罐，因此两套装置只能产相同质量标准的柴油。柴油质量升级后，两套装置在同时产国Ⅲ柴油，只有Ⅲ加氢精制柴油可以单独进储罐。结合三套加氢装置的储运情况及产品质量要求，对加氢原料柴油池进行分配，并确定各加氢装置的原料组成及产品目标，详见表6。

表6 各装置原料组成及产品目标

装置	原料组成	产品目标	产品比例/%
Ⅲ加氢	直馏+90t/h 催柴	普通柴油+船用柴油	25
Ⅳ加氢	直馏+40t/h 催柴+50t/h 焦柴	国Ⅲ柴油	30
Ⅵ加氢	直馏+60t/h 焦柴	国Ⅲ柴油+沪Ⅳ柴油	35

(2)提高船用燃料油销售量，降低普通柴油出厂比例。由于船用燃料油对柴油产品质量要求低，其中密度不大于880kg/m^3、十六烷值指数不小于40、硫含量不大于0.5%。船用燃料油的出厂解决了催化柴油十六烷值低、密度高的问题，不需要通过调和高质量车用柴油或增加十六烷值改进剂就可以满足普通柴油产品质量，同时能够达到大比例生产高标准车用柴油的要求。

4.2 更换进口高效催化剂，提高装置长周期运行

加氢装置车用柴油质量升级到国Ⅳ、国Ⅴ柴油标准后，国内加氢装置的长周期运行和产品质量调整还没有实际生产经验，尤其是催化剂使用性能能否达到要求，更是不得而知。国外柴油质量升级步伐早于我国，催化剂在低硫柴油(小于50mg/kg或小于10mg/kg)生产中应用时间较长，而且催化剂稳定性较好，非常值得我们借鉴和学习。因此，通过更换国外高效催化剂，可以为加氢装置产品质量改善和长周期运行提供更大保障。

4.3 新建加氢改质装置，提高产品十六烷值

为了提高柴油的十六烷值必须进一步寻找催化柴油的出路，目前国内已经工业应用的技术有常规柴油加氢、十六烷值改进MCI工艺、中压加氢改质MHUG工艺和加氢裂化工艺，但高芳烃柴油加氢转化FD2G工艺尚无工业应用[1]。

(1)常规加氢精制技术。主要适合于直流柴油、焦化柴油和较少的催化柴油，其十六烷值矛盾并不突出，显然我公司并不适合常规加氢精制技术。

(2)高芳烃含量催柴加氢转化FD2G技术。FD2G工艺利用催化柴油中富含的芳烃，将其部分转化并富集在石脑油馏分中，从而可以生产高附加值的汽油调和组分和清洁柴油调和组分，这部分汽油馏分轻芳烃含量超过了50%，可以作为芳烃抽提原料来直接生产轻芳烃。此工艺尚无工业应用，不推荐。

(3)加氢裂化掺炼催柴技术。我公司加氢裂化掺炼催化柴油时存在的问题：①催柴掺炼后，精制反应器反应热比现有工况增加7.6℃左右，裂化反应器增加7.9℃，精制和裂化反应器出入口温

差由28℃增加至35℃，两套加氢裂化冷氢阀开度从现有50%、62%左右肯定要增开到60%、75%以上(一般按阀门开度≤30%设计)，同时裂化反应器其余冷氢阀开度增加，加热炉负荷降低，装置抗飞温风险的余量被进一步挤压。②Ⅰ、Ⅱ加氢裂化装置喷气燃料烟点分别约26mm、22mm，若减少2mm后，Ⅰ加氢裂化装置难以满足生产喷气燃料的要求，Ⅱ加氢裂化装置难以满足质量控制指标≥20.5mm的要求。③催化柴油10t/h进加氢裂化装置后反应热大，苛刻度降低，重石脑油大幅减少，尾油品质变差，满足不了现有公司的整体生产格局的需要。因此，针对我公司目前情况，不推荐采用此方案。

(4) 加氢改质。MCI和MHUG等柴油加氢改质工艺催化剂均带有一定裂化功能，相当于缓和加氢裂化工艺。从抚顺石化研究院中试和广州石化2Mt/a11MPa的柴油加氢改质装置的标定结果来看，在焦化柴油30%、催化柴油30%的进料工况下，可以提高柴油十六烷值11个单位左右，如公司也采取MHUG工艺改造，会顺利解决催化柴油出路和公司十六烷值紧张的困局。但此方案的投入较大，需要新建一套柴油改质装置，同时，催化柴油加氢对耗氢量影响非常大。催化柴油的高加工成本，要与柴油产品价格及需求量综合考虑。

5 结论和建议

(1) 随着柴油质量不断升级，加工原料日益重质化、劣质化，加氢装置的操作苛刻度不断提高，在柴油质量升级上将面临十六烷值低、密度高的困境，而高苛刻度下的长周期运行也是今后生产中的一大障碍。

(2) 在镇海炼化分公司现有装置结构下，解决十六烷值最便捷的方法是提高船用燃料油的出厂量，减少高质量柴油调和量。如果在船用燃料油无法提高的情况下，实现柴油降低密度、提高十六烷值的有效方法是新建一套柴油加氢装置，建议采用MCI或MHUG加氢改质工艺，彻底解决产品十六烷值低的问题。

(3) 更换进口新型号催化剂，借鉴学习国外低硫柴油生产经验，满足生产低硫柴油时装置的长周期运行。

参 考 文 献

[1] 黄新露. 曾荣辉. 催化裂化柴油加工方案的探讨[J]. 中外能源. 2012, (7): 75~80.

以桐油为原料制备生物柴油的研究进展

霍稳周

(中国石化抚顺石油化工研究院，辽宁抚顺 113001)

摘 要： 阐述了我国桐油的资源以及综合利用情况，重点介绍以桐油为原料制备生物柴油的研究，同时考察了反应条件，并得出最适宜的反应条件。在最适宜的反应条件下采用棕榈油与桐油调和的方法，所得产品符合国标 BD100 的要求。

关键词： 桐油 有机碱 酯交换反应 生物柴油

1 前言

桐油是我国可持续发展的特产资源，是木本油料植物中产量最高、具有极高开发价值的生态型、经济型双重功能的天然油料植物。其价值之高、用途之广、早已引起许多国家的重视；其化学结构之特殊、化学性质之活泼，引起许多化学工作者致力于桐油综合利用的技术开发研究。

目前，我国桐油生产仅停留在传统工艺制油和初级桐油产品的出口，对桐油制备生物柴油的研究较少。为了进一步开发桐油的新用途及生产生物柴油的可行性，本研究系统的考察了桐油转化生物柴油的工艺技术方案及工艺条件，以桐油为原料生产的生物柴油的主要性能指标与国标 BD100 进行了对比，现将研究结果报道如下。

2 实验方法

将催化剂、甲醇及桐油和棕榈油用计量泵按照一定的比例打入连续撞击流反应器中，进行酯交换反应，反应后物料蒸馏回收甲醇和液体催化剂循环使用，蒸馏后的物料进行分离，下层得到粗甘油，上层物料经产品提纯得到淡黄色澄清透明的生物柴油产品，釜残循环使用。

3 结果与讨论

3.1 反应条件考察

通过条件考察得到的最佳反应条件为：反应温度 125℃，反应压力 0.8MPa，醇油摩尔比 8∶1，油脂进料空速 1.0h^{-1}，催化剂加入量为 8%。

3.2 桐油与棕榈油调和制备生物柴油

将棕榈油与桐油各 50%调和，在上述最佳反应条件下，制备了生物柴油物性与国标 BD100 标准进行了对比，结果见表 1。

表 1 与国标 BD100 标准对比

项目名称		标准		桐油+棕榈油生物柴油产品
		S500	S50	
密度(20℃)/(kg/m^3)		820~900		884.0
运动黏度(40℃)/(mm^2/s)		1.9~6.0		5.791
闪点/℃，(闭口)	不低于	130		>190
冷滤点/℃		报告		10

续表

项目名称		标准		桐油+棕榈油生物柴油产品
		S500	S50	
硫含量/%	不大于	0.05	0.005	1.2ng/ul
10%蒸余物残炭(质量分数)/%	不大于	0.3		0.10
硫酸盐灰分/%	不大于	0.020		0.02
水含量/%	不大于	0.05		0.019
机械杂质		无		无
铜片腐蚀(50℃，3h)/级	不大于	1		1.0
十六烷值	不小于	49		49.5
氧化安定性(110℃)/h	不小于	6.0※		1.96#
酸值/(mgKOH/g)	不大于	0.80		0.19
游离甘油含量/%	不大于	0.020		0.019
总甘油/%	不大于	0.240		0.044
90%回收温度/℃	不高于	360		338.9

注：#加抗氧剂；※未加抗氧剂。

通过与国标BD100生物柴油标准对比可以看出：除产品氧化安定性外，其他技术指标完全可以符合国标BD100的要求。

4 结论

本研究以桐油和棕榈油为原料，在连续撞击流反应装置上制备生物柴油，通过反应条件考察，得到了最适宜的反应条件为：反应温度125℃，反应压力0.8MPa，醇油摩尔比8∶1，油脂进料空速1.0h^{-1}，催化剂的加入量8%。在此条件下脂肪酸甲酯的得率90%，所得产品符合国标BD100的要求。

参考文献

[1] 闵恩泽，唐忠，杜泽学，吴巍．发展我国生物柴油产业的探讨[J]，中国工程科学，2005，7(4)：1-4.
[2] 冀星，郗小林，孔林河，李俊峰，李丽．生物柴油技术进展与产业前景[J]，中国工程科学，2002，4(9)：86-93.
[3] 隆金桥．桐油改性的研究．广西民族学院学报(自然科学版)，2000，6(1)：27-29.
[4] 徐桂转，张百良，刘会丽．固定化酶催化桐油酯交换反应的研究[J]，中国农业科学，2006，39(10)：2089-2094.
[5] 谭天伟．生物柴油的开发与应用[J]．现代化工，2002，22(2)：42.
[6] 赵伟，刘拉平，杨健，马养民，周乐．桐油转化生物柴油的研究[J]，西北农林大学学报(自然科学版)，2007，35(11)：176-180.
[7] 范航，张大年，赵一先．生物柴油的研究与应用[J]，上海环境科学，2000，19(11)：516-518;
[8] 吴巍，闵恩泽．绿色可持续发展石油化工生产技术的新进展[J]，化工进展，2004，23(3)：231-237;
[9] 刘伟伟，苏有勇，张无敌，等．橡胶籽油制备生物柴油的研究[J]．中国油脂，2005，30(10)：6-661.

超低硫专用燃料研究

黄燕民[1] 刘双红[2] 蔺建民[1] 王 昆[2]

(1. 中国石化石油化工科学研究院，北京 100083；2. 海军后勤技术装备研究所，北京)

摘 要：研制了超低硫专用燃料，在深度加氢工艺生产的柴油组分油中加入润滑性添加剂，得到一种环保型超低硫专用燃料，具有硫含量极低、馏分窄、闪点高、氧化安定性好、低温性能优异、润滑性能好等特点。考察了润滑性添加剂的加剂量、稳定性等。对专用燃料进行台架试验。结果表明，500h 全尺寸台架试验前后负荷特性完全符合试验发动机规定的要求；800h 试验后开机检查，发现燃料对发动机部件无明显腐蚀，燃烧室表面清洁。

关键词：硫含量 柴油 润滑性 发动机试验

1 前言

随着世界各国对环保问题的日益重视，为了减少柴油车排放污染，生产高质量的清洁柴油，已成为现代炼油工业的发展方向。这种柴油一般具有硫含量低，芳烃含量低，十六烷值高，馏分轻等特点。研究表明，硫是增加柴油发动机排放物中 CH、CO，特别是可吸入颗粒物(PM)的最有害元素，所以降低柴油中硫含量对改善大气污染尤为重要。欧洲柴油标准 EN590-2004(欧Ⅳ)规定硫的质量分数不超过 0.005%，美国柴油标准 ASTM D975-04 以及加拿大标准 CAN/CGSB-3.517 都要求低硫柴油硫的质量分数不超过 0.0015%；我国车用柴油标准 GB/T 19147—2003 规定硫的质量分数不大于 0.05%，2005 年北京执行的车用柴油地方标准 DB11/239—2004(相当于欧Ⅲ)要求硫的质量分数不大于 0.035%。由于低硫柴油生产中普遍采用了苛刻的加氢脱硫工艺，柴油中的极性含氧、含氮化合物以及多环、双环芳烃的含量也随之降低，因而降低了柴油的自然润滑性能[1~3]，引起了一些依靠柴油本身来进行润滑的喷油泵，如旋转泵(rotary pumps)、分配泵(distributor pumps)出现了磨损，大大降低了它们的使用寿命[4]。

向低硫柴油中加入润滑性添加剂即抗磨剂是最简便，也是目前广泛采用的改善柴油润滑性的方法。现有的润滑性添加剂中，如含硫减磨剂，因其本身含有硫元素而不适用于低硫柴油；而含磷减磨剂则易影响尾气处理装置，副作用大；喷气燃料所用的脂肪酸抗磨剂由于与润滑油的相容性不好，也不能应用于低硫柴油。因此非酸性的化合物例如脂肪酸衍生物成为研究的重点[5~9]。

外燃式发动机系统可以为大型机械装备提供充沛的动力。该系统是一种外部加热的闭式循环发动机，采用纯氧作助燃剂，专用燃料在高压燃烧室中稳定燃烧，热量由加热器传给工质，工质膨胀做功。由于该发动机特殊工况条件和工作环境，要求所使用的专用燃料具有较高抗腐蚀性能、安全性以及抗磨损性能。由于普通燃料中所含的硫化物在燃烧时会产生 SO_2 等酸性化合物，这些酸性化合物在高温下对热气机的加热器、外燃系统部件等有腐蚀作用。因此发动机对专用燃料硫含量有严格的限制，要求使用超低硫专用燃料(硫含量低于 10mg/kg)。

采用深度加氢工艺得到的柴油组分油一般具有馏分窄、闪点高、冷滤点低、氧化安定性好等特点，但润滑性较差。本研究开发一种润滑性改进剂(LA-03)，将其加入到超低硫柴油组分油中，以改善超低硫燃料的润滑性。论文对 LA-03 加剂量与润滑性之间关系进行了考察，确定合适的加剂量。对加有 LA-03 的超低硫燃料进行了理化性能评定及发动机台架试验。

2 超低硫燃料技术指标

国外超低硫燃料的硫含量很低，同时还具有馏分窄、闪点高，氧化安定性、低温流动性及润滑性好等特点。应用于外燃式发动机的超低硫燃料之技术标准见表1。从表1可以看出超低硫燃料除了应具备普通柴油的性能外，还应该具有硫含量低、低温流动性好、润滑性能好等特点。

表1 超低硫燃料技术指标

项 目	指标	试验方法	项 目	指标	试验方法
十六烷值	≮45	GB/T386	运动黏度/(mm^2/s)		GB/T265
馏程/℃		GB/T6536	40℃	≮3.5	
10%	≮260		20℃	≯8	
50%	≯300		硫含量/(μg/g)	≯10	GB/T380SH/T0253
90%	≯320		酸度/(mgKOH/100mL)	≯5	GB/T258
总不溶物含量/(mg/100mL)	≯2	SH/T0175	铜片腐蚀(50℃，3h)/级	≯1	GB/T5096
闪点(闭口)/℃	≮100	GB/T261	10%蒸余物残炭/%	≯0.3	GB/T268
凝点/℃ ≯	-20	GB/T510	灰分/%	≯0.01	GB/T508
冷滤点/℃	≯-10	SH/T0248	水溶性酸碱	无	GB/T259
密度(20℃)/(kg/L)	实测	GB/T1884GB/T1885	机械杂质	无	GB/T511
净热值/(MJ/kg)	≮42	GB/T384	润滑性(HFRR)/μm	≯360	ISO12156

国际上普遍采用高频往复试验机(HFRR)评定柴油的润滑性，其方法标准为ISO-12156。该方法的原理是：上试件(钢球)在负载下做高频短冲程往复运动，与下试件(圆形钢片)接触产生摩擦，运行一定时间。试验结束后测量钢球的磨斑直径，经温度和湿度校正后作为试验结果表征柴油的润滑性，即WS1.4。超低硫柴油的HFRR评定值大都在500μm以上，这是造成油泵磨损失效的主要原因，因此必须改善其润滑性。

柴油润滑性指标，以美国为例，燃料供应商坚持HFRR值不大于480μm、油泵制造商则要求不大于420μm，ISO建议HFRR评定值不大于460μm。欧洲、美国、日本等发动机制造商协会认可的“世界燃料规范”要求柴油润滑性HFRR值低于380μm。综合上述因素，考虑到所研发的超低硫燃料中加入润滑性添加剂达到200mg/kg时，其HFRR值可降至360μm以下，因此将超低硫燃料的润滑性指标确定为不大于360μm。此标准比国际上通用燃料的要求还略为苛刻，对保障油泵不出现过度磨损有益，同时有足够的裕度。

3 配方研究

采用ISO-12156方法测定润滑性添加剂的效果。在高频往复试验机(High-Frequency Reciprocating Rig，HFRR)上测定60℃时柴油的磨痕直径(Wear Scar Diameter，WSD)，以水蒸气压1.4kPa为基准，经过校正得到校正磨斑直径$WS_{1.4}$。一般将$WS_{1.4}$小于460μm作为柴油润滑性合格的指标。试验条件如表2所示。

表2 HFRR评定方法的试验条件

参 数	数 值	参 数	数 值
液体体积/mL	2.0±0.20	频率/Hz	50±1
液体温度/℃	60±2	应用载荷/g	200±1
油槽表面面积/cm^2	6.0±1.0	试验时间/min	75±0.1
冲程长度/mm	1.0±002		

3.1 合成工艺的优选

根据实验室的试验结果，确定了脂肪酸与脂肪醇反应生成的酯化物为优选的润滑性改进剂。按照表3所示的因素水平表，进一步对反应条件优化。

表3 因素水平表

水平	因素			
	A：反应温度/℃	B：反应摩尔比	C：催化剂用量/%	D：反应时间/h
1	T+10	1.1	0.5	4
2	T+40	1.3	0.7	6
3	T+90	1.5	1	8

根据表3对应的$L_9(3^4)$正交表，合成一系列样品，并采用HFRR法在柴油中评定加剂柴油的润滑性能，加剂量为180mg/kg，结果见表4。

表4 由$L_9(3^4)$正交表合成的样品及合成条件

实验号	A	B	C	D	WS1.4/μm
1	1	1	1	1	377
2	1	2	2	2	375
3	1	3	3	3	388
4	2	1	2	3	412
5	2	2	3	1	403
6	2	3	1	2	397
7	3	1	3	2	475
8	3	2	1	3	430
9	3	3	2	1	395
均值1	380	421.3	401.3	391.7	
均值2	404	402.7	394	415.7	
均值3	433.3	393.3	422	410	
极差Sj	53.3	28	28	24	

从正交实验表的结果可以看出，反应温度对脂肪酸多元醇酯的抗磨效果影响最大，反应摩尔比和催化剂用量的影响次之，反应时间影响最小。因此，最优合成条件为$A_1B_3C_2D_1$，即反应温度T+10℃，脂肪酸与多元醇摩尔比为1.5，催化剂浓度0.7%(ω)，反应时间4h。合成产品的理化性质见表5。

表5 脂肪酸醇酯的理化性质

项　　目	LA-03-3	LA-03-6	LA-03-7	LA-03-9
外观	淡黄色液体	淡黄色液体	淡黄色液体	淡黄色液体
密度(20℃)/(kg/m^3)	969.2	974.1	969.8	972
运动黏度(40℃)/(mm^2/s)	240	214	237	253
闪点(闭口)/℃	>170	>170	>170	>170
酸值/(mgKOH/g)	9.5	9.1	11.9	10
凝点/℃	6	8	4	8

3.2 基础柴油生产

3.2.1 基础柴油的生产工艺

基础柴油生产工艺流程见图1。原料为减三线油，经一次加氢裂化后，进入一次异构脱蜡装置，控制塔顶温度和压力，对该原料油中的蜡进行处理后，进入高压加氢装置进行二次高压加氢，在该装置中，需要提高氢气纯度，加大反应压力，控制回流比。为了进一步减少原料油中的蜡含量，还要进行异构脱蜡高压分离，该过程要控制原料油的密度和黏度。最后进入第三次高压加氢装置，从减压塔侧线即可获得满足指标要求的超低硫基础柴油。

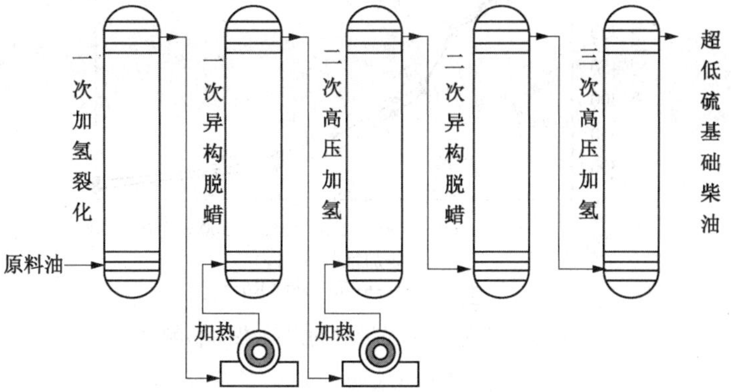

图 1 基础柴油生产工艺流程

3.2.2 基础柴油的性能评定

基础柴油理化性能见表 6。从表 6 可见，通过上述工艺生产的基础柴油具有馏分窄、闪点高、冷滤点低、氧化安定性优异等特点，完全符合指标的要求，但其润滑性较差，需要改进其润滑性能。

表 6 基础柴油及超低硫专用燃料的理化性能

项 目	基础柴油	专用燃料	项 目	基础柴油	专用燃料
十六烷值	54.6	54.7	运动黏度/(mm^2/s)		
馏程/℃			40℃	3.883	3.890
10%	275.6	275.6	20℃	6.645	6.645
50%	284.1	284.1	硫含量/(μg/g)	<0.5	<0.5
90%	305.4	305.4	酸度/(mgKOH/100mL)	0.2	0.3
总不溶物含量/(mg/100mL)	<0.3	<0.3	铜片腐蚀(50℃，3h)/级	1a	1a
闪点(闭口)/℃	126	126	10%蒸余物残炭/%	<0.05	<0.05
凝点/℃	<-50	<-50	灰分/%	<0.002	<0.002
冷滤点/℃	-34	-34	水溶性酸碱	无	无
密度(20℃)/(g/cm^3)	0.8544	0.8548	机械杂质	无	无
净热值/(MJ/kg)	42.85	42.85	润滑性(HFRR)/μm	576	311

3.3 润滑性添加剂的考察

普通轻柴油一般根据其凝点的高低来划分不同的牌号，除基础柴油外，一般加入适量的氧化安定性添加剂、十六烷值改进剂等。本研究的基础柴油由于经深度加氢脱硫与异构化，具有优异的氧化安定性，且十六烷值较高，不必再加相关的添加剂，但该油的自身润滑性差，不能够满足喷油泵的润滑要求。为此开发了一种具有润滑效果好、与柴油的相容性良好的柴油润滑性添加剂，该添加剂同时还具有一定的抗氧化、防腐蚀作用，且具有良好的储存稳定性。

3.3.1 添加剂加入量研究

采用所选的基础柴油考察润滑性添加剂的加剂量与柴油润滑性的关系，同时与进口剂进行对比，结果见图 2。由图 2 可以看出，当润滑性添加剂的添加量小于 50mg/kg 时几乎无效果，添加量大于 250mg/kg 后 WS1.4 变化不大，添加量在 150~250mg/kg 时效果较好。由图 2 还可以看出，润滑性添加剂的添加量小于 125mg/kg 时，其润滑效果与进口剂相当，当添加量大于 125mg/kg 时，润滑性添加剂略优于进口剂。

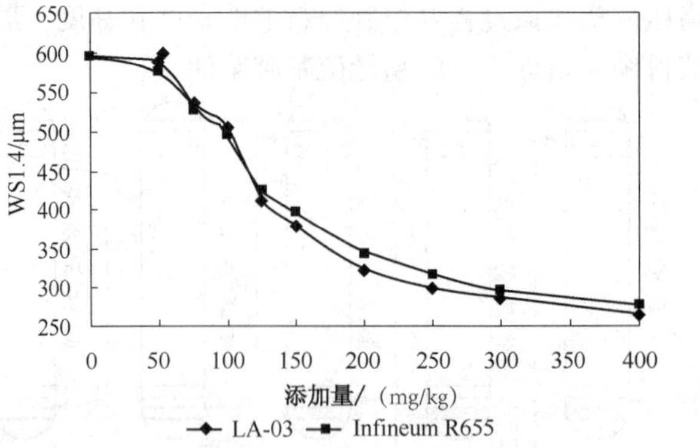

图 2 添加剂添加量对润滑效果的影响

通过对基础柴油和添加剂的考察研究，确定以高压加氢脱硫组分为基础柴油，添加 150～250mg/kg 润滑性添加剂 LA-03，可制得超低硫燃料。

3.3.2 实验室性能评定

研制燃料各项性能的测试结果如表 2 所示。由表 2 可见，研制燃料的全部性能均达到暂定指标要求，加入 200mg/kg 的润滑性添加剂 LA-03 后，超低硫燃料的润滑性得到改善，其他指标未受影响。

4 台架试验

台架试验用发动机的燃烧室温度和压力均较高，试验周期为 500h。试验过程中按不同的运行负荷谱测定发动机的转速、功率、效率、燃油消耗率等参数。在额定工况条件下，功率修正值应大于 71kW，对应的燃油消耗率应小于 255×(1+3%)g/(kW·h)。

4.1 500h 台架试验

500h 台架试验的工况条件为：先进行 40h 最大负荷试验，再进行 410h 的额定负荷试验，最后进行 50h 的 75%额定负荷试验。其中额定功率以上的工况达到 90%(一般规定为 55%)。台架试验前负荷特性试验数据见表 7。由表 7 可见，发动机在各档位的转速平稳，功率和效率随档位的增大而增大，燃油消耗率则随档位的增大而降低。在额定工况条件下(6 档)，发动机的功率修正值为 72.39kW，大于规定的 71kW，对应的燃油消耗率为 230.69g/(kW·h)，低于规定的 255×(1+3%)g/(kW·h)。

表 7 500h 台架试验前负荷特性试验数据

功率档位	1	2	3	4	5	6
转速/(r/min)	1798	1799	1801	1802	1801	1801
燃油流量/(kg/h)	7.90	9.67	11.41	13.21	14.93	16.70
冷却水温度/℃	33	34	35	36	37	38
实测功率/kW	27.58	36.64	44.98	52.93	60.82	68.55
修正功率/kW	28.89	38.37	47.17	55.63	64.06	72.39
实测效率/%	29.0	31.5	32.7	33.3	33.8	34.1
修正效率/%	30.38	32.99	34.29	35.00	35.60	36.01
燃油消耗率/[g/(kW·h)]	273.45	252.02	241.89	237.46	233.06	230.69

500h 台架试验后负荷特性试验数据见表 8。

由表8可见，经500h台架试验后，发动机转速、燃油流量、冷却水温度、功率、效率及燃油消耗率等参数与试验前相比无明显变化。在额定工况条件下(6档)，500h台架试验后发动机的功率修正值为72.06kW，对应的燃油消耗率为241.60g/(kW·h)。试验结果完全满足试验发动机规定的要求。

表8 500h台架试验后负荷特性试验数据

功率档位	1	2	3	4	5	6
转速/(r/min)	1801	1801	1801	1801	1801	1801
燃油流量/(kg/h)	7.87	9.69	11.44	13.26	14.98	17.41
冷却水温度/℃	36	36	37	38	38	40
实测功率/kW	27.35	35.17	42.81	49.88	57.24	67.61
修正功率/kW	28.96	37.15	45.30	52.93	60.69	72.06
实测效率/%	28.9	30.1	31.1	31.2	31.7	32.3
修正效率/%	30.60	31.79	32.91	33.11	33.61	34.43
燃油消耗率/[g/(kW·h)]	271.75	260.83	252.54	250.52	246.83	241.60

500h台架试验其他参数见表9。由表9可见，500h台架试验过程中，各项参数的测定结果均符合限制值规定的要求。

表9 500h台架试验数据

项　目	限制值	实测后修正值	项　目	限制值	实测后修正值
加热管壁平均温差/℃	≯100	66	瞬时额定功率最小值/kW	≮68	69.9
平均火焰温度变化/℃	≯8	1.8	平均额定效率/%	≮32	34.7
平均额定功率/kW	≮71	≮71.5			

4.2 800h台架试验

800h台架试验工况条件为：先进行40h最大负荷试验，然后进行410h的额定负荷试验，再进行300h的75%额定负荷试验，再进行8h的50%额定负荷试验，最后进行51.5h的75%额定负荷试验。实际试验时间为809.5h。

800h台架试验后负荷特性试验数据见表10。由表10可见，经800h台架试验后，发动机转速、燃油流量、冷却水温度、功率、效率及燃油消耗率等参数与试验前相比仍无明显变化。在额定工况条件下，800h台架试验后发动机的功率修正值为71.61kW，对应的燃油消耗率为243.82g/(kW·h)，完全满足规定的要求。800h台架试验其他参数见表11。由表11可见，800h台架试验过程中，燃料在燃烧室燃烧均匀，加热管壁平均温差及平均火焰温度变化不大；发动机功率与效率都在额定值之上，各项参数的测定结果均符合规定的要求。经拆检发现，燃烧室及加热管壁表面清洁，发动机部件及排气滤芯等无明显腐蚀现象。

表10 800h台架试验后负荷特性试验数据

功率档位	1	2	3	4	5	6
转速/(r/min)	1804	1803	1804	1803	1803	1804
燃油流量/(kg/h)	7.90	9.69	11.39	13.26	14.98	17.46
冷却水温度/℃	33	34	35	35	36	37
实测功率/kW	27.39	35.40	42.88	50.60	57.87	67.82
修正功率/kW	28.70	37.13	45.06	53.14	60.93	71.61
实测效率/%	28.8	30.3	31.3	31.7	32.1	32.3
修正效率/%	30.18	31.78	32.89	33.29	33.80	34.11
燃油消耗率/[g/(kW·h)]	275.26	260.97	252.77	249.53	245.86	243.82

表 11　800h 台架试验数据

项　　目	限制值	实测后修正值	项　　目	限制值	实测后修正值
加热管壁平均温差/℃	≯100	69.3	瞬时额定功率最小值/kW	≮68	69.9
平均火焰温度变化/℃	≯8	5	平均额定效率/%	≮32	34.7
平均额定功率/kW	≮71	≮71.5			

5　结论

(1) 在充分调研国外有关超低硫燃料的基础上，根据我国国情及发动机对燃料的要求，制定了超低硫燃料技术指标。

(2) 研制的柴油润滑性添加剂具有优异的润滑效果，通过了苛刻条件下 BOSCH 高压燃油泵组 1500h 台架试验。合适的添加量为 150~250mg/kg。

(3) 台架试验结果表明，研制超低硫燃料在 500h 全尺寸台架试验前后负荷特性完全符合试验发动机规定的要求。试验中，加热管壁温差、平均火焰温度变化、燃油消耗率、功率及效率等参数均在发动机规定的范围内。800h 试验后开机检查结果发现超低硫燃料对发动机部件无明显腐蚀，燃烧室表面清洁。

参 考 文 献

[1]　韦淡平．燃料润滑性研究Ⅰ柴油组分的磨损性能[J]. 石油学报(石油加工)，1986，2(3)：79-87.

[2]　韦淡平．燃料润滑性研究三十年[J]. 石油学报(石油加工)，2000，16(4)：31-39.

[3]　韦淡平．燃料润滑性研究Ⅲ柴油的磨损性能[J]. 石油学报(石油加工)，1990，6(1)：15-19.

[4]　Spikes H A，Wei D. P. Fuel lubricity-fundamentals and review[J]. Fuels International，2000，1：45-65.

[5]　Caprotti R，Ledeore C. Lubricity additives for fuel oil composition[P]. US 6293977，2001.

[6]　Quigley Robert. Fuel Additives[P] EP773279，1997.

[7]　Shiga Michio，Takyama Himiko，Ohta Satoru. et al. Diesel fuel additives and diesel fuel composition[P]，EP 798364，1997.

[8]　Krull Matthias Dr，Kupetz Markus. Fuel oils with improved lubricating activity，containing reaction products of fatty acids with short-chained oil-soluble amines[P]，EP 1209217，2002.

[9]　蔺建民，朱同荣，黄燕民等．低硫柴油多效添加剂组合物，CN03137919.2，2003.

内燃机油抗磨相关技术研究进展

钟锦声　孙文斌　王立华

（中国石化石油化工科学研究院，北京　100083）

摘　要： 抗磨性能是内燃机油一项十分重要的性能。介绍了内燃机油抗磨剂的化学结构、作用机理和添加剂相互作用对内燃机油抗磨性能影响等内燃机油抗磨相关技术的研究进展。

关键词： 内燃机油　抗磨剂　结构　机理　相互作用

1　前言

抗磨性能是内燃机油的一项重要性能。内燃机中一些易于发生磨损的摩擦副，如活塞环-钢套、轴-瓦、凸轮-挺杆等需要内燃机油提供抗磨保护，减少磨损的产生，才能保证内燃机的正常运行。随着内燃机技术的发展，内燃机的设计越来越紧凑，内燃机的工况越来越苛刻，对内燃机油的抗磨性能要求进一步提高。同时高档内燃机油为了满足更高的抗氧性能、清净性能和分散性能等性能的要求，使用的添加剂的种类不断增多，剂量不断增大。不同的添加剂在内燃机摩擦副表面存在竞争吸附，添加剂的种类增多、剂量增大使得摩擦副表面情况变得十分复杂，对抗磨剂在摩擦副表面发挥抗磨作用产生很大的影响。二烷基二硫代磷酸锌盐是内燃机油中广泛使用的抗磨剂，但近年来由于环保的原因，内燃机油中的磷、硫含量有了严格的限制，限制了其在内燃机油中的加量。传统的仅通过添加二烷基二硫代磷酸锌盐来提高内燃机油抗磨性能的方法，已经无法满足需要。本文介绍了内燃机油抗磨剂、抗磨作用机理和添加剂相互作用对内燃机油抗磨性能影响等内燃机油抗磨相关技术的研究进展，为开发具有良好抗磨性能的高档内燃机油提供参考。

2　抗磨剂

2.1　二烷基二硫代磷酸锌盐

二烷基二硫代磷酸锌盐（ZDDP）是内燃机油普遍使用的抗磨剂，具有良好的抗磨性能，同时具有抗氧、抗腐等多种功能。ZDDP 的结构式如图 1 所[1]。

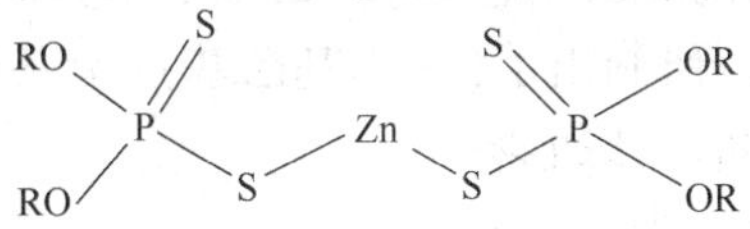

图 1　ZDDP 的结构式

不同 ZDDP 的主要骨架结构是相同的，烷基结构不同，由于烷基的差异，其性能有所不同。内燃机油中常用的 ZDDP 有丁-辛伯烷基二硫代磷酸锌盐、双辛基伯烷基二硫代磷酸锌盐、异丙基-辛基仲伯烷基二硫代磷酸锌盐和异丙基-异己基仲烷基二硫代磷酸锌盐等。长链烷基 ZDDP 在润滑油基础油的溶解性优于短链烷基 ZDDP。长链伯烷基 ZDDP 的热稳定性优于短链伯烷基 ZDDP。仲烷基 ZDDP 的热分解温度低于伯烷基 ZDDP。仲烷基 ZDDP 能在较低温度下同摩擦副表面发生反应提供抗磨作用，为内燃机低温冷启动和停停开开等，油温较低工况下提供保护。长链伯烷基 ZDDP 热稳定性好，在较高温度时同摩擦副表面发生反应提供抗磨作用，为内燃机在高速运行等高油温工况下提供长久持续的保护。仲烷基 ZDDP 和伯烷基 ZDDP 复合使用，可使内燃机油具有良好高低温抗磨性能。

为了进一步提高 ZDDP 性能，减少 ZDDP 加量，一些研究[2~4]对 ZDDP 进行了改进，将芳苄胺基引入 ZDDP 分子中，合成二烷基芳苄胺基磷酸锌（ZADTP），其结构如图 2 所示[4]。

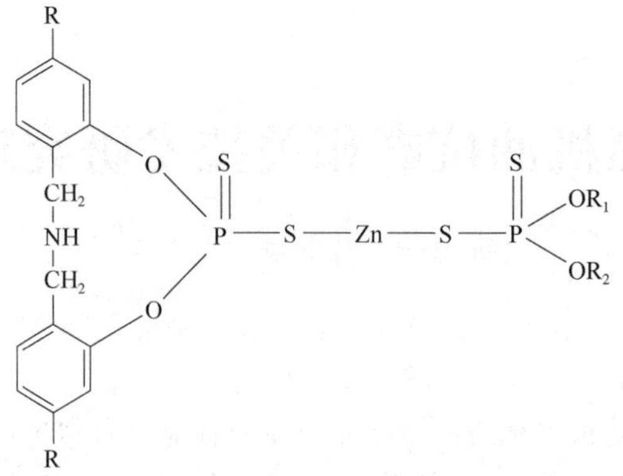

图 2　ZADTP 的结构式

同 ZDDP 相比，ZADTP 具有更好的热稳定性能、油溶性能和抗腐蚀性能，同时在金属表面的油膜强度更强。文献报道[5]二烷基二硫代磷酸复酯盐的抗磨效果和保护作用优于 ZDDP，在获得相近的抗磨效果时，其用量更少。二烷基二硫代磷酸复酯盐结构如图 3 所示，其中 X、Y 为 H 原子或者 $C_1 \sim C_{30}$单价烃基基团，M 为 Zn、Pd、Cd、Sb 和 Mo 等金属[5]。

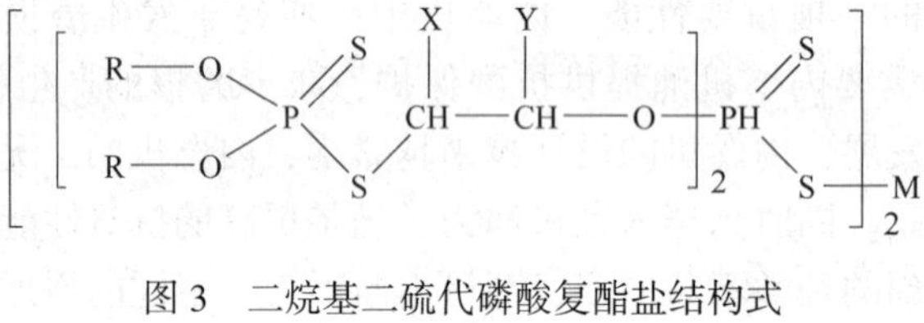

图 3　二烷基二硫代磷酸复酯盐结构式

2.2　油溶性有机钼

油溶性有机钼是一种可溶于润滑油和润滑脂中的有机钼化合物，具有良好的抗磨性能、减摩性能和抗氧性能。内燃机油中常用的油溶性有机钼化合物有二烷基二硫代磷酸钼(MoDTP)、二烷基二硫代氨基甲酸钼(MoDTC)和钼胺络合物(Mo-A)等。20 世纪 60 年代 MoDTP 研发成功，开始在内燃机油中使用，MoDTP 的结构如图 4 所示，其中 R 为烷基，X 为 O 或 S[6]。

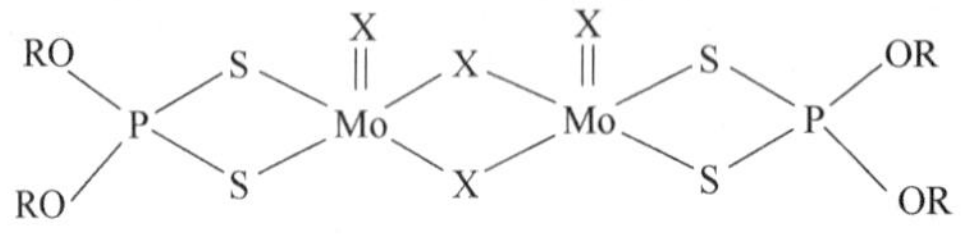

图 4　MoDTP 的结构式

常用的 MoDTP 主要有二异丙基二硫代磷酸钼、二异丁基二硫代磷酸钼、二(2-乙基己基)二硫代磷酸钼等。20 世纪 90 年代后研究者对 MoDTP 的结构进行改进，研制出了(2-乙基己基)-十三烷基二硫代磷酸钼等不对称结构的 MoDTP，使油溶性能和抗磨性能进一步改善[7,8]。

MoDTC 的结构如图 5 所示，其中 R_1、R_2、R_3、R_4代表烷基，X 为 S 或 O[9,10]。

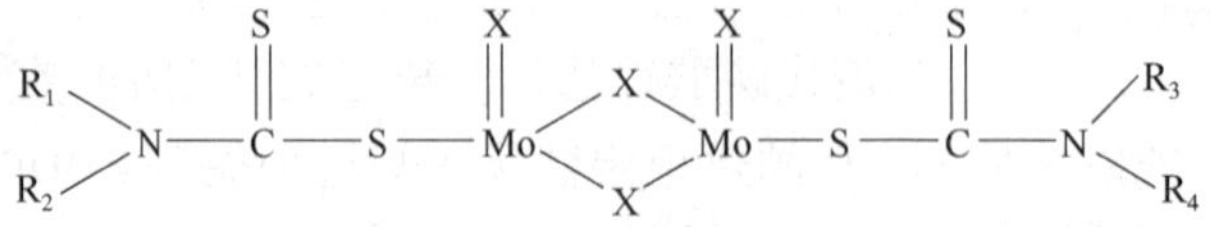

图 5　MoDTC 的结构式

MoDTC 有固态和液态两种不同形态，内燃机油一般使用液态 MoDTC。同 MoDTP 相比，MoDTC 不含磷特，适合用作低磷含量内燃机油抗磨剂。

Mo-A 的结构式如图 6 所示[11,12]，其中 R 代表来自脂肪油或者脂肪酸的脂肪基。

与 MoDTP 和 MoDTC 不同的是 Mo-A 不含硫和磷元素，特别适合作为对硫和磷含量有严格限制

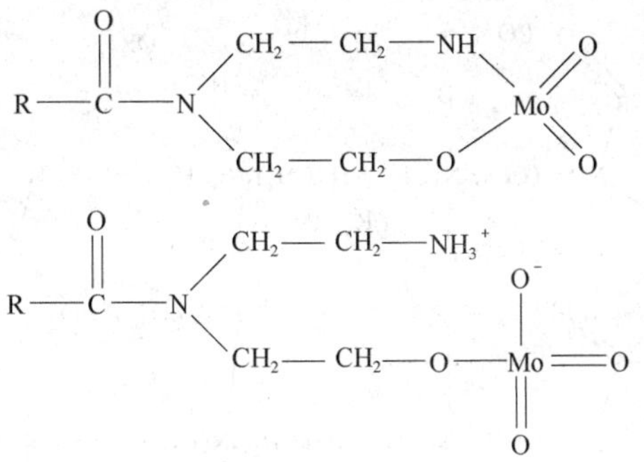

图 6　Mo-A 的结构式

的高档节能汽油机油抗磨剂。

2.3　硼改性添加剂

一些研究发现硼元素引入润滑油添加剂中可以提高油品的抗磨性能和抗氧性能[13,14]。使用硼改性添加剂，可以解决限制硫、磷添加剂用量带来的，油品抗磨性能和抗氧性能降低问题。内燃机油常用的硼改性添加剂主要有含硼清净剂和含硼无灰分散剂等。

含硼清净剂是由磺酸盐、水杨酸盐等金属清净剂同硼酸反应硼化制备而成[15~17]。高碱值硼化磺酸镁的结构示意图如图 7 所示[17]，其中 R 代表烷基。

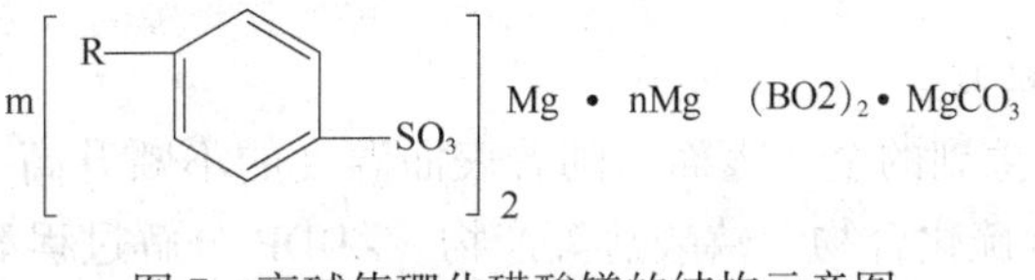

图 7　高碱值硼化磺酸镁的结构示意图

含硼清净剂以硼酸盐为碱库代替通常的碳酸盐，使产品在抗氧性能和抗磨性能方面有显著提高[18]。

含硼无灰分散剂是由聚异丁烯丁二酰亚胺无灰分散剂同硼酸，直接或在促进剂作用下硼化制备而成。含硼无灰分散剂的种类很多，内燃机油中常用的有硼化单聚异丁烯丁二酰亚胺、硼化双聚异丁烯丁二酰亚胺和硼化高分子丁二酰亚胺等。硼化双聚异丁烯丁二酰亚胺的结构示意图如图 8 所示，硼化高分子丁二酰亚胺的结构示意图如图 9 所示，其中 R 为烷基[19]。

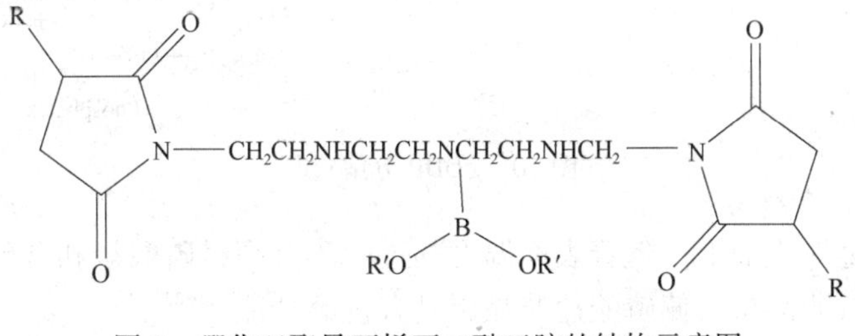

图 8　硼化双聚异丁烯丁二酰亚胺的结构示意图

含硼无灰分散剂具有良好的分散性能。由于引入硼元素，抗磨性能和抗氧性能得到了提高，同时改善了与橡胶密封圈的相容性[19]。

3　抗磨机理

3.1　磨损

磨损是相互接触的物体在相对运动时，表层材料不断发生损耗的过程或者产生残余变形的现象。根据磨损产生的原因和磨损过程的本质，磨损主要可以分为四种类型，即粘着磨损、磨粒磨损、疲劳磨损和腐蚀磨损。其中粘着磨损是指当摩擦副接触时，由于表面不平，发生的是点接触。

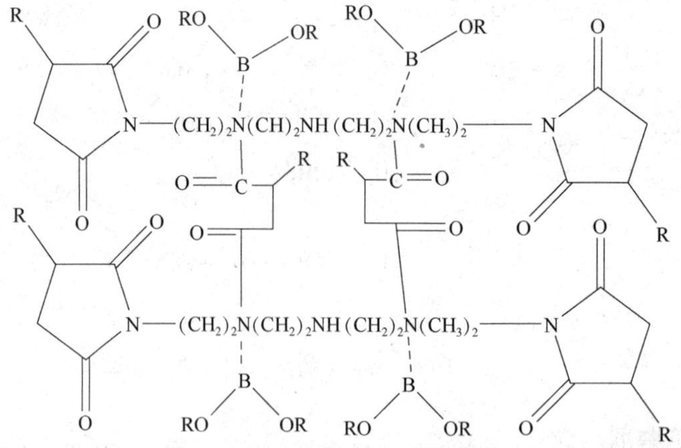

图 9　硼化高分子丁二酰亚胺的结构示意图

在相对滑动和一定载荷的作用下，在接触点发生塑性变形或剪切，使表面膜破裂，摩擦表面温度升高，严重时表面金属会软化或者熔化，此时接触点产生粘着。在摩擦滑动中，粘着点被剪切，同时出现新的粘着点，如果粘着点被剪断的位置不是原来的交界面，而是在金属表层，则会造成材料的消耗，即粘着磨损。内燃机油抗磨剂的主要作用是，在混合润滑和边界润滑的润滑状态下，防止摩擦副表面发生粘着磨损。

3.2　ZDDP 抗磨作用机理

ZDDP 吸附于发动机摩擦副的金属表面。随着表面温度的不断升高，在氧气的作用下，吸附在金属表面的 ZDDP 分解为含硫化合物、磷酸盐等产物。ZDDP 分解过程如图 10 所示[20]。

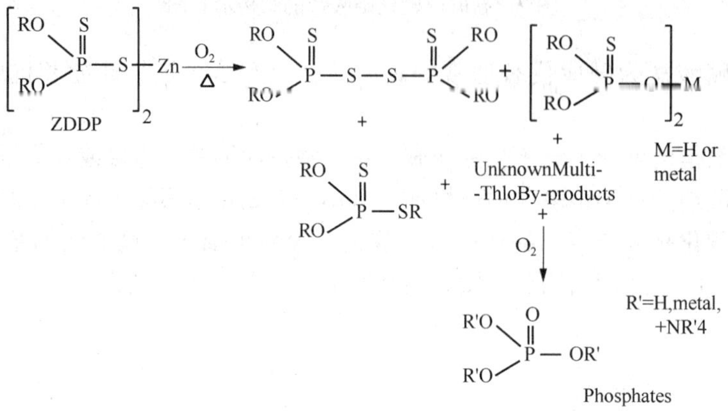

图 10　ZDDP 分解过程

分解产物吸附在金属表面上。随着表面温度的进一步升高，磷酸盐和含硫化合物发生反应，在金属表面形成偏磷酸盐非晶层，偏磷酸盐非晶层具有抗磨功能[20~22]。

3.3　油溶性有机钼抗磨作用机理

在边界润滑和混合润滑状态下，吸附于发动机摩擦副金属表面的油溶性有机钼在高温高压下发生分解，同金属表面相互作用生成抗剪切强度低的反应膜，从而起到抗磨作用。MoDTP 在摩擦副中热分解反应如图 11 所示[7]。

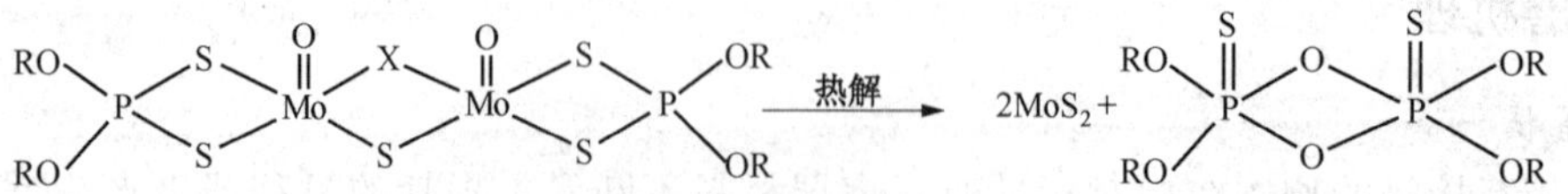

图 11　MoDTP 在摩擦副中热分解反应

韦利行[23]等将 MoDTC 进行热重天平分析，探讨了 MoDTC 热分解机理，并推测了 MoDTC 热分解模式。MoDTC 热分解模式如图 12 所示。

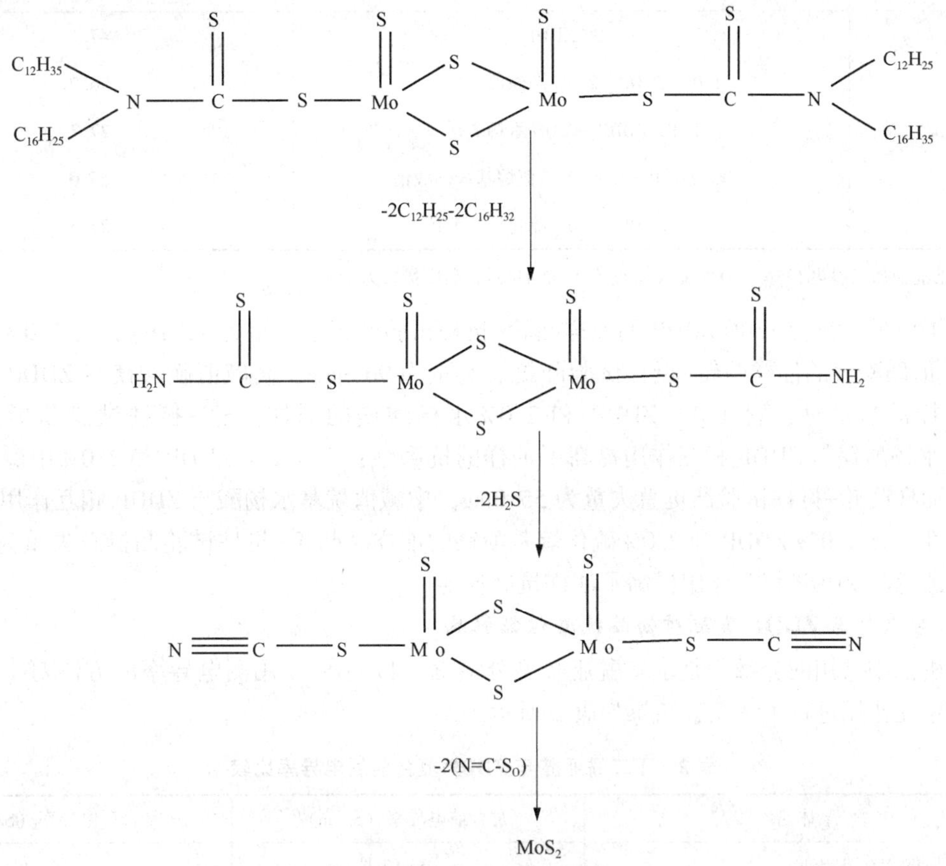

图 12　MoDTC 热分解模式

张瑞军等[24]在全配方油中考察了 MoDTP 和 MoDTC 在缸套–活塞环表面的摩擦学行为，用光电子能谱仪(XPS)对做过抗磨试验的缸套表面进行分析，发现缸套表面生成了 Fe_2O_3、FeO、MoO_3、MoO_2、$FeSO_4$、MoS_2、FeS 和磷酸盐等化合物。MoS_2、FeS、MoO_3和磷酸盐等抗剪切强度低，可有效减小磨损。姚顾超[25]对钼胺络合物的磨斑用能谱仪(EDS)进行了分析，结果显示磨斑中含有大量的钼元素和氧元素，可以推测在磨斑表面生成了 MoO_3、MoO_2等化合物。

3.4　硼改性添加剂抗磨作用机理

含硼润滑油添加剂中的活性元素 B 可与摩擦副表面发生复杂的摩擦化学反应，形成由 FeB、Fe_2B、BN 等组成的摩擦化学反应膜，从而起抗磨减摩作用[26]。胡泽善等[27]利用 XPS 研究了含硼润滑油添加剂的摩擦学性能，发现磨损表面存在 FeB、Fe_2B。并且在一定的深度内其含量从摩擦表面向内部逐渐增大。FeB、Fe_2B 抗剪切强度低，具有抗磨功能。

4　添加剂复配对抗磨性能影响

4.1　清净剂与 ZDDP 复配对油品抗磨性能影响

内燃机油中常用的清净剂主要有磺酸盐、烷基酚盐和烷基水杨酸盐等。内燃机油中清净剂用量较大一般占添加剂总质量分数 40%左右。李桂云[28]等用内燃机油凸轮–挺柱磨损模拟试验机评价了高碱值磺酸镁、水杨酸镁、中碱值烷基水杨酸钙和硫化烷基酚钙 4 种不同的清净剂对 ZDDP 的抗磨性的影响，结果如表 1 所示。

表1 清净剂对ZDDP的抗磨性的影响

样品编号	样品组成	凸轮-挺柱试验凸挺总失重/mg
1	1.0%ZDDP	47.1
2	1.0% ZDDP +2.0%高碱值磺酸镁	96.9
3	1.0% ZDDP +2.0%水杨酸镁	37.7
4	1.0% ZDDP +2.0%中碱值烷基水杨酸钙	55.0
5	1.0% ZDDP +2.0%硫化烷基酚钙	27.5

注：基础油为加氢裂化125N，100℃运动黏度为4.02mm^2/s，黏度指数为118。

由表1可见，只含1.0%ZDDP的油样凸轮-挺柱试验凸挺总失重为47.1mg；含1.0% ZDDP和2.0%高碱值磺酸镁的油样凸轮-挺柱试验凸挺总失重为96.9mg，高碱值磺酸镁与ZDDP相互作用降低了油样的抗磨性；含1.0% ZDDP和2.0%水杨酸镁的油样凸轮-挺柱试验凸挺总失重为37.7mg，水杨酸镁与ZDDP相互作用提高了油样的抗磨性；含1.0% ZDDP和2.0%中碱值烷基水杨酸钙的油样凸轮-挺柱试验凸挺总失重为55.0mg，中碱值烷基水杨酸与ZDDP相互作用降低了油样的抗磨性；含1.0% ZDDP和2.0%硫化烷基酚钙的油样品凸轮-挺柱试验凸挺总失重为27.5mg，硫化烷基酚钙与ZDDP相互作用提高了油样抗磨性能。

4.2 分散剂与ZDDP复配对油品抗磨性能影响

内燃机油中常用的分散剂是丁二酰亚胺型分散剂。付兴国[29]用测电导率的方法对丁二酰亚胺与ZDDP相互作用进行了考察，结果如表2所示。

表2 丁二酰亚胺与ZDDP复合前后电导率比较

复合体系	复合前电导率/(S/cm)	复合后电导率/(S/cm)
5%丁二酰亚胺+95%基础油	6.05×10^{-10}	—
5%ZDDP+95%基础油	7.4×10^{-11}	—
5%丁二酰亚胺+5%ZDDP+90%基础油	—	1.55×10^{-9}

添加剂间如果没有发生相互作用，其总电导率应是各单剂之和；如果添加剂间发生相互作用，将引起导电质点的变化，使电导率发生变化。由表2可见，丁二酰亚胺与ZDDP复合后电导率值比复合前二者电导率值之和高120%，说明二者之间存在较强相互作用。

钟锦声[30]等在全配方的汽油机油中，固定其他功能添加剂的比例和分散剂的总量，用HFRR考察单丁二酰亚胺分散剂、高分子丁二酰亚胺分散剂和硼化丁二酰亚胺分散剂三种分散剂和伯醇ZDDP复配的油样在50℃下抗磨性能。试验结果如表3所示。

表3 不同类型分散剂对油品低温抗磨性能的影响

油样	ZDDP类型	分散剂类型	平均磨斑直径/μm
L	伯醇	硼化丁二酰亚胺	315
M	伯醇	单丁二酰亚胺	276
E	伯醇	高分子丁二酰亚胺	237

由表3可以看出，高分子丁二酰亚胺分散剂和ZDDP复配的油样低温抗磨性能最好，磨斑直径为237μm；单丁二酰亚胺分散剂和ZDDP复配油样低温抗磨性能次之，磨斑直径为276μm；硼化丁二酰亚胺分散剂和ZDDP复配油样低温抗磨性能最差，磨斑直径为315μm。

4.3 油溶性有机钼与ZDDP复配对油品抗磨性能影响

Unnikrishnan[31]等用四球试验机和SRV考察了MoDTP、MoDTC与ZDDP配伍性，结果见表4。

表 4 MoDTP、MoDTC 与 ZDDP 的复合效应

添加剂/基础油	40 千克负荷磨痕直径，mm	烧结负荷，kg	SRV 摩擦系数
MoDTP	0.45	180	0.07-0.08
MoDTC	0.60	160	0.095-0.20
ZDDP	0.70	160	0.09-0.10
MoDTC+ZDDP	0.40	180	0.095-0.20
MoDTP+ZDDP	0.52	180	0.07-0.075
Mobil J 500 基础油	2.20	95	—

由表 4 可见，MoDTC 与 ZDDP 复合使用后产生协同效应，抗磨性能显著提高。但 MoDTP 与 ZDDP 间没有明显的协同效应。Muraki[32]等的研究也得出同样的结果。

王任芳[33]等对 MoDTP 与 ZDDP 相互作用进行了进一步研究，发现 MoDTP 与 ZDDP 相对含量的不同，二者之间相互作用也不同，结果见表 5。

表 5 MoDTP 与 ZDDP(1.2%)复配体系的摩擦学性能随 MoDTP 含量的变化

MoDTP 质量分数×10^2	0	0.3	0.5	1.0	1.5	2.0
单剂的摩擦系数	0.098	0.050	0.046	0.048	0.052	0.056
复合后摩擦系数	0.118	0.032	0.035	0.044	0.048	0.053
单剂的磨斑直径/mm	0.67	0.38	0.36	0.37	0.38	0.39
复合后磨斑直径/mm	0.35	0.32	0.33	0.36	0.36	0.37

由表 5 可以见，当 MoDTP 浓度较低的时候，T202 对不同浓度 MoDTP 的减磨性和抗磨性都起到促进作用，随着 MoDTP 的浓度增加这种促进作用减弱，当大到一定的程度时与 MoDTP 单剂摩擦性能相当。

5 结束语

随着内燃机技术的进步和内燃机油规格的发展，对内燃机油的抗磨性能要求越来越高。传统的硫磷型抗磨剂虽然拥有良好的抗磨性能，但出于环保的考虑，其在内燃机油中的用量受到了限制。要在减少硫磷型抗磨剂添加量情况下开发出高抗磨性能的内燃机油，需要加强非硫磷抗磨剂研发，提高非硫磷抗磨剂抗磨性能，逐步替代硫磷型抗磨剂；加强抗磨机理的研究，复合使用抗磨剂使其发挥协同作用，满足内燃机不同工况不同部位的抗磨需要；同时高档内燃机油的添加剂种类增多，摩擦副表面的吸附情况复杂，加强添加剂之间的相互作用研究有利于进一步提高内燃机油抗磨性能。

参 考 文 献

[1] 程煜，谢斌，邹立科，等．二烃基二硫代磷酸配合物的合成、结构与应用研究进展[J]．四川理工学院学报(自然科学版)，2009，22(2)：78-83.

[2] 唐顺学．一种新型有机锌润滑油添加剂的研究[J]．精细化工，1996，13(2)：47-51.

[3] 肖翠玲，王艳花，丁伟．二烷基芳胺基二硫代磷酸锌的合成及性能研究[J]．化学工程师，2000 (1)：14-15.

[4] 袁光成，周泽义．二烷基二芳苄胺基磷酸锌结构分析[J]．合肥工业大学学报，1996，19(1)：33-35.

[5] 姚俊斌，胡建强，王清量．二烷基二硫代磷酸盐类润滑剂添加剂的合成工艺及进展[J]．润滑与密封，2003 (3)：81-84.

[6] 王飞镝，邱清华，成本诚．烃基硫代磷酸盐金属化合物的合成及性能测定[J]．润滑与密封，1999，(4)：30-33.

[7] 张文钲．油溶性有机钼的生产和研发现状[J]．中国钼业，2003，34(1)：21-26.

[8] Robert J Tynik，Steven G Donnelly，Thomas J. Karol. Molybdenum dialkyldithiocarbamate compositions and lubricating compositions containing the same [P]. WO：2006094011，2006-09-08.

[9] 仇建伟，李建明，周旭光，等．油溶性二烷基二硫代氨基甲酸钼的性能研究[J]．润滑油与密封，2013，38(2)：100-102.

[10] 蒋丽娟，王澎涛，李来平．二烷基二硫代氨基甲酸钼添加剂的研发进展[J]．润滑油，2011，26(5)：23-27.

[11] Thomas. J. Karol. Organic molybdenum complexes [P]. US 5137647. 1992.

[12] Kevin. J. Chase. Novel molybdenum compound [P]. US 20080220995. 2008.

[13] 尤建伟，李芬芬．含硼添加剂在润滑油中的研究进展[J]．合成润滑材料，2009，36(4)：24-30.

[14] 王亚琦，秦月玲．硼酸在润滑油添加剂领域的应用现状[J]．无机盐工业，2007，39(8)：7-9.

[15] 段天平，薛群基，桑运超．影响高碱值硼化石油磺酸钙清净剂性能的因素[J]石油炼制与化工，2004，35(8)：71-75.

[16] 徐小红，付兴国．高碱值硼化烷基水杨酸镁的研制及性能评定[J]．润滑油，2000，15(2)：47-49.

[17] 袁洋，段天平，杨生荣，等．高碱值(性)硼化磺酸盐清净剂的研究应用[J]．润滑与密封，2002(2)：44-47.

[18] 乔玉林，徐滨士，马世宁，等．硼酸盐润滑油添加剂的发展动态[J]．润滑油，1997，12 (3)：1-4.

[19] 罗海棠，黄卿，张心玲，等．硼化无灰分散剂的研究现状及发展趋势[J]．润滑油与燃料，2012，22(2)：1-6.

[20] Melody A Wilk，Willian D Abraham，Brent R Doner. An Investigation into the Effect of Zinc Dithiophosphate on ASTM Sequence VIA Fuel Economy [J]. SAE paper 961914.

[21] 李华峰，李春风，赵立涛，等译．润滑剂剂添加剂化学与应用[M]．中国石化出版社，2006：29-30.

[22] 孟言俊，李桂云，吴肇亮，等．用 XPS 研究 ZDDP 的抗磨作用机理[J]．润滑油，2008，16(3)：42-44.

[23] 韦利行，严正泽．二烷基二硫代氨基甲酸钼的热性质[J]．华东化工学院学报，19(2)：163-168.

[24] 张瑞军，李生华，金元生．二烷基二硫代甲酸钼和二烷基二硫代磷酸钼对缸套/活塞环摩擦学行为的影响[J]．摩擦学学报，2001，21(3)：191-194.

[25] 姚顾超．无硫磷有机钼化合物的合成及其抗氧抗磨性能的评价[D]．上海：华东理工大学，2012.

[26] 王焕敏，张治军．硼酸盐润滑油添加剂的研究现状和进展[J]．化学研究，2011，22(1)：104-108.

[27] 胡泽善，欧忠文，陈国需，等．油溶性烷基氧基硼酸钠的制备及其抗磨减摩性能研究[J]．摩擦学学报，2001，21(4)：279-282..

[28] 李桂云，吴肇亮，靳印宇．添加剂与 ZDDP 相互作用对内燃机油抗磨性能的影响[J]．润滑油，2002，17(2)：56-59.

[29] 付兴国．润滑油添加剂间相互作用的研究[J]．润滑油，1994，(2)：31-34.

[30] 钟锦声，武志强．润滑油低温抗磨性能影响考察[D]．北京：石油化工科学研究院，2012.

[31] Unnikrishnan R.，Jain M. C.，Harinarayan A. K.，et al. Additive-additive interaction：an XPS study of the effect of ZDDP on the AW/EP characteristics of molybdenum based additives[J]. Wear，2002，252：240-249.

[32] Muraki M.，Yanagi Y.，Sakaguchi K.，Synergistic effect on frictional characteristics under rolling-sliding conditions due to a combination of molybdenum dialkyl dithio carbamate and zinc dialkyl dithiophosphate [J]. Tribol. Int. 30 (1997) 69 – 75 .

[33] 王任芳，官文超，梅平，等．二硫代磷酸硫化氧钼与常用内燃机油添加剂的复配特性研究[J]．润滑与密封，1999，(3)：20-23.

蒸发式空冷在溶剂脱蜡脱油中的应用及其优化

苏佳音

（中国石化上海高桥分公司，上海　200137）

摘　要：介绍了中国石化上海高桥分公司润滑油酮苯脱蜡脱油工艺中应用蒸发式空冷的现状，并针对余冷利用提出了现有蒸发式空冷的优化方案。

关键词：氨冷　溶剂回收　蒸发式冷凝器　节能　降耗

1　背景及现状分析

润滑油酮苯脱蜡脱油冷冻系统由压缩、冷凝、节流、蒸发四个环节组成。其中冷冻系统以氨为制冷剂来自于酮苯原料结晶套管、三次溶剂氨冷套管、安全气氨冷换热器这三部分热交换来的热量再经冷冻机压缩后经冷凝器冷凝后的过冷液氨再经节流阀后供各蒸发器蒸发，由此完成了一次冷冻循环。其中不难看出冷凝环节效果的好坏，直接影响酮苯结晶的产量和质量，同时也对下游过滤系统，安全气系统等运行产生至关重要的影响，见图1。

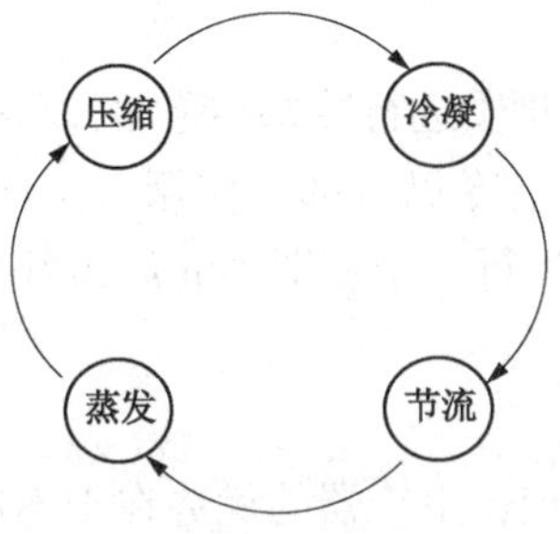

图1　制冷循环

由于近年来进口原油加工量的逐年增加，各油种线别间切换频繁，受各种客观因素影响(环境、气候等)造成产量波动也较大。以2#酮苯为例，详细见表1。

表1　2#酮苯原料加工统计

项目	设计值/(t/h)	实际值/(t/h)	项目	设计值/(t/h)	实际值/(t/h)
减三线	48.98	25~40	减四线	47.00	25~35

其中中石化高桥分公司2#酮苯改造后，距离设计加工量仍有一定差距，在不增加冷冻机的条件下，如何提高产量，节能降耗，打开冷冻系统这个瓶颈，成为了提高酮苯产量与质量的技术难点。

然而现有2#酮苯冷冻系统冷凝器的操作弹性仅有30%，和实际产量却由于各种因素的限制而导致需要操作弹性较大。因此提出从冷冻系统冷凝过程的高效换热入手，破解制约老三套酮苯产量的瓶颈。

蒸发式空冷的引进最早始于20世纪80年代的石蜡成型装置，取得了良好效果，随后在3#酮苯的冷冻系统引进使用，总体来说换热效果较好，且节水、节能、节地、环保效果明显的综合优势显著，紧接着在2#酮苯冷冻系统改造中也应用了蒸发式空冷，取得了较好的效果。因此该装置也正尝试在溶剂回收系统中开展使用蒸发式空冷升级原有水冷式空冷。

益美高蒸发式空冷器的高效传热盘管采用美国益美高公司专利技术制造，与旧式空冷器相比，增加了水蒸发系统，明显提高工效；且设计独特的盘管采用逆流式换热，椭圆形管子交错排列，呈扁平状，与气流形成一定的角度，与旧式的圆形管子相比加强了空气紊流和换热面积，从而极大提高了换热效率，明显降低了电耗。取得了明显的节电、节水效果。

但在实际使用中却发现，空冷空气出口温度一般情况下低于环境温度3~6℃左右，有时竟比水盘温度都低3℃左右，通常情况下水盘温度低于环境温度1~2℃。这是由于蒸发式冷凝器较传统空冷，利用了潜热换热的原理，即水相变吸收热量降低制冷工质氨的温度，然而来之不易的高效潜热未在空冷器内部充分停留，就匆匆排向了大气，造成了能源的浪费。

2 各冷凝过程优缺点比较

2.1 分类

冷凝器分类见图2。

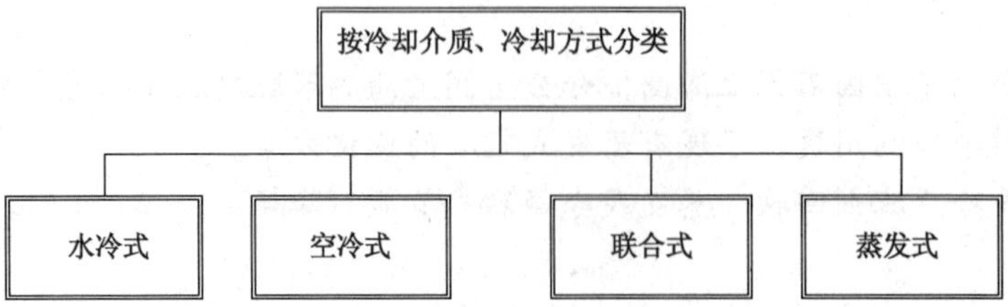

图2 冷凝器分类

2.2 比较

2.2.1 水冷式冷却(凝)器

水冷式冷凝器以水为冷却介质，利用水的温升带走热量，对被冷却介质进行冷却(凝)的设备。冷却水循环利用，目前最为普遍使用，现2#酮苯回收系统、3#酮苯部分空冷仍有部分使用湿空冷。缺点是循环水损耗量较大，以2#酮苯加工量30t/h为例，回收系统空冷运行一个班即12h约需补充7t左右软化水。

2.2.2 空冷式冷却(凝)器

空冷器通过空气对流带走热量，对被冷却介质进行冷凝。与水冷比较，空冷器的优势在于不用水，在特别缺水地区或者供水困难场合其作用不可替代。现2#酮苯、3#酮苯回收系统仍有部分空冷采用此方式。

空冷冷却(凝)的缺陷在于：①由于空冷的传热效果差，空冷能耗高，节水不节能，其实质是以能源的消耗为代价降低水耗；②体积和质量庞大，造价高(一般为水冷设备的1.5~2.5倍[1])，运营成本高。

2.2.3 联合式空冷

结合了水冷、空冷的优点，换热效率有所提高，但是占地面积大，循环水量消耗大等缺点依然存在。

2.2.4 蒸发式冷却(凝)

蒸发式冷却(凝)器是以水为冷却介质，以空气为载体，通过水的蒸发带走热量，对被冷却介质进行冷却(凝)，其结构主要由蒸发盘管部件、喷淋水系统、引风系统、构架四大部分组成。

蒸发式冷却(凝)器的换热机理为通过水的汽化潜热带走被冷却介质冷却(凝)过程中释放的热量，只需保证能够均匀覆盖换热部件的水量，其循环水量可大幅降低，仅为水冷式空冷的10%~30%[2]。冷却水的用量相对于湿空冷大幅降低。实际应用由于飘逸损失、排污换水等因素，蒸发式空冷的耗水量约为湿空冷的50%~80%(资料来源：2#酮苯、3#酮苯经验数据)。除了水耗大幅度下降外，蒸发式空冷还具有以下优势：

(1)换热效果好。蒸发式空冷冷却能力受限于环境湿球温度，干空冷器的冷却能力受限于环境干球温度，通常情况下蒸发式空冷的冷凝温度比空冷式低8~14℃；与湿空冷比较，蒸发式空冷的被冷却介质终温更接近环境湿球温度，通常情况下冷凝温度比水冷设备低3~6℃(资料来源：2#酮苯、3#酮苯装置经验数据)。总体而言，蒸发式空冷的换热效果明显好于传统空冷。

(2)节能。蒸发式空冷使用的循环水量为湿空冷的10%~30%，并且水仅在设备内部循环，通常水泵功率只有湿空冷的12%~25%(资料来源：2#酮苯经验数据)；蒸发式空冷的冷凝温度远低于干空冷器，而冷凝温度每升高1℃，单位换热量的耗电量将增加3%~3.5%[3]；因此，与传统空冷比较，蒸发式空冷的总功耗显著降低，直接节能效果显著。此外，由于换热效果好，有利于工艺系统持续、平稳、高效运行，所产生的间接节能效果更加显著。

(3)节地。蒸发式空冷的传热传质过程在设备内一次完成，结构可更加紧凑，占地面积相应变小，以2#酮苯、冷冻站改造前空冷占地面积总和计算，约为原面积的30~60%(资料来源：2#酮苯、冷冻站空冷占地面积计算值)；

(4)环保。现有冷冻系统冷凝环节在夏天高温下常采用“放空降压”，但每次放出的并不全是不凝性气体(指：混在冷冻系统里的空气、氮、润滑油蒸汽等，这些气体随制冷剂在系统中循环，不随制冷剂一起冷凝，也不产生制冷效应)。“放空降压”排出气体中含有大量氨气，据有关部门取样分析，有时氨含量高达90%，不仅氨损失严重，还造成环境污染。

2.2.5　现有空冷换热存在的不足之处：

(1)传统干、湿或干湿联合空冷冷却(凝)效果受环境影响大，因此其适用性收到诸多限制。例如，在原2#酮苯冷冻站，由于夏季环境温度高，上述传统空冷冷却效果差，使酮苯装置无法满负荷运行，运行率仅为设计值的50%不到。而且在氨高压压力高的情况下，不得不采用放空的方法降低高压压力，造成了冷却工质的浪费和环境的污染。

(2)但是由于水蒸气在空冷内部停留时间较短，尤其在冬春秋三季大量水蒸气未经充分热交换即被排向大气，造成了资源和能源的极大浪费。在冬季低温天气条件下，蒸汽遇冷而产生“白雾”损伤设备，而在夏天高温环境中汽化潜热的换热效率未被充分利用导致工作效率较低而影响冷冻高压压力，以致影响产量；同时易结垢、在东南沿海咸潮环境下易腐蚀等缺点也影响了它的适用性。详细见表2。

表2　各类冷凝器原理和特征

冷却方式	冷却(凝)介质	换热机理	换热原理	理论换热量	主要散热措施	冷凝设备
空冷式	空气	显热换热	利用空气的温升带走热量	1m 空气每升高1℃带走1.3kJ热量	增大面积，提高风速产生紊流，注意减少阻力	干空冷
水冷式	水	显热换热	利用水的温升带走热量	1kg水每升高1带走4.18kJ热量	尽量增大与水的接触面积，提高水的流速、流量	湿空冷
联合式	空气+水	显热换热	利用空气和水的温升带走热量	1m 空气每升高1℃带走1.3kJ热量，1kg水每升高1℃带走4.18kJ热量	增大与空气和水的接触面积，提高水和空气的流速、流量，产生紊流。	干湿联合空冷
蒸发式	空气+水	显热+潜热换热	以水为冷却介质，以空气为载体，通过水的蒸发带走热量	1kg水蒸发吸收约2400kJ的热量	创造易蒸发的水膜形成件，保障蒸发后的气体易排出	蒸发式空冷

3　节能降耗优化方案的提出

针对上述不足，结合蒸发式空冷设计理念，以区域环境数据为基础，合理配置资源，提出蒸发式换热和空冷式换热的最佳配置结构概念，在蒸发式空冷中融入空冷式换热系统，实现一项动力两级利用，不仅有效解决了蒸发式空冷应用中存在的不同环境换热效率差异大(提高操作弹性)、易结垢等适用性缺陷，而且进一步提升了冷凝环节的综合效能，成功扩大了改进后的蒸发式空冷的应用领域和应用范围。

原结构如图 3 所示。改进后结构如图 4 所示。

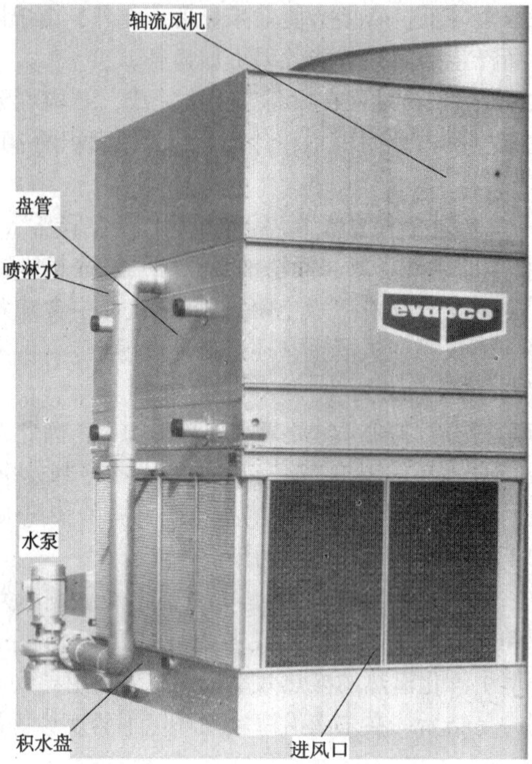

图 3　益美高蒸发式空冷结构示意图

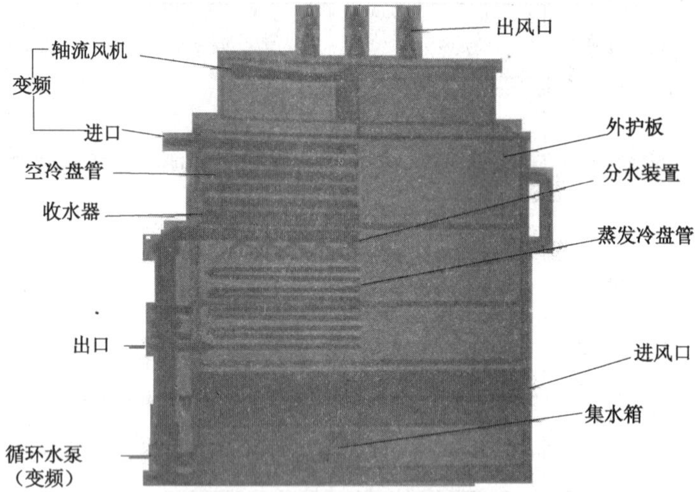

图 4　改进型的高效蒸发式空冷

3.1　运行原理

高温被冷却介质首先进入空冷盘管，利用蒸发换热段产生的水蒸气与空气混合所形成的湿空气对空冷部件内的高温被冷却介质进行冷却，使高温被冷却介质得到预冷降温；降温后的被冷却介质再进入蒸发冷管束，循环冷却水通过喷淋在蒸发冷管束表面形成连续均匀的薄水膜，管束外表面水膜的蒸发使得空气穿过管束后湿度增加而接近饱和，饱和湿空气在轴流风机超强风力作用下从设备出风口排出，从而在换热部位形成负压区域，加速了管束外表面水膜的蒸发，实现强化管束外换热；饱和湿空气在排出前经过挡水板，夹带的水滴被挡水板收集循环利用。

3.2 项目优点

3.2.1 延缓结垢时间，产生污垢较易清洗

污垢的热阻将导致温升，析出垢质沉积会逐渐在部件外壁形成坚硬难以清洗的垢层。污垢的热阻将导致换热性能降低，随着运行时间的延长，污垢可使蒸发式空冷的效能降低30%～60%，并且可导致垢下腐蚀，影响使用寿命。因此改进后被冷却介质首先进入空冷冷凝盘管，待进入蒸发冷的冷凝盘管时被冷却介质的温度已大幅降低，远远低于结垢温度60～70℃，有效减缓了结垢时间。并且温度越低结垢速率也大大减缓，且产生的垢质疏松，易于清洗。

3.2.2 耗水、耗电进一步下降

由于空冷部件承担了一定负荷，进而降低了蒸发段冷却的热负荷，相应降低了水的蒸发量；轴流风机同时为蒸发段与空冷段提供动力，因此提高了利用效率，相应降低了耗电量。

轴流风机通过变频调速实现更大的操作弹性，降低电耗。循环水泵通过变频调速更可以在水系统停运期间停止运行。因此在同样环境和换热量情况下，耗水、耗电量进一步降低。

3.2.3 改善操作弹性，增强设备适应性

通过精确配置蒸发式换热和空冷式换热比例，保证在需求环境下获得较高换热效率同时，实现最佳节水、节能效果。在环境温度较高情况下，充分利用蒸发式换热受湿球温度影响、不受干球温度影响的特点，发挥蒸发式换热效率高的优势，确保换热效率。在环境温度较低情况下，可采用变频调速，充分发挥空冷大温差换热的优势，在满足换热效率的同时达到节水、节能效果；并可使排出的蒸汽达到饱和，从而减少了蒸汽遇冷产生的白雾现象，降低了白雾对设备和周边装置的损伤，提高了设备和周边装置的效能和寿命。

3.3 可行性分析

经调查确认益美高表面蒸发式冷凝器采用了模块化设计和装配，因此对现有冷凝器实行改造可以在最大限度利用现有设备的情况下实施，改造成本费用经计算约为新购设备费用的30%，但与现有运行设备比较，改造后可节水30%～50%，节电10%～20%左右，年节省运行费用40%以上，因此具有投资改造价值。

3.4 不足之处

在应用的过程中也发现冷却水对设备的腐蚀问题只能依靠常开排污阀及定期检测清洗进行缓解，未能从根本上很好解决[4]。

参 考 文 献

[1] 邱丽霞，郝艳红，李润林，勒智平．直接空冷汽轮机及其热力系统[M]．北京：中国电力出版社，2006.

[2] 吴金星，韩东方，曹海亮．高效换热器及其节能应用[M]．北京：化学工业出版社，2009.

[3] 朱东生，孙荷静，蒋翔，吴治将．蒸发式冷凝器的研究现状及其应用[J].

[4] 陶小奇．蒸发式冷凝器运行及保养探讨[J]．上海：高桥石化，2011(5)：37.

非加氢精制组合工艺在喷气燃料装置的应用

岳祥龙　南艳霞　雷红星　能广学　赵　涛

(中国石油庆阳石化公司，甘肃庆阳　745002)

摘　要：庆阳石化公司加工长庆混合原油，该原油密度、酸值、硫含量都比较低，现以常一线馏分(140～240℃)作为原料，采用非加氢精制组合工艺，生产出了满足GB 6537—2006质量标准的3#喷气燃料。该工艺技术投资费用较低，采取了有效的环保措施，降低了污染物排放量和排放浓度，能满足环保要求，具有较高的经济效益和社会效益。

关键词：非加氢精制　组合工艺　喷气燃料　应用

1　前言

庆阳石化原油直馏煤油馏分的主要质量问题是酸值指标超高、产品的颜色达不到要求，需加以处理。目前国内直馏煤油精制的方法主要分非加氢法和临氢法两类，非加氢法喷气燃料精制装置投资费用较低，技术成熟，与临氢法相比对原料变化的适应性相对较差，需要经常更换白土，存在着不同程度的环境污染等问题。临氢法煤油精制工艺是指油品在催化剂、氢气和一定的压力、温度条件下，含硫、氮、氧的有机化合物发生氢解反应，烯烃和芳烃分子发生加氢饱和反应的过程，适合于加工硫含量及杂质含量高的进料，催化剂是临氢法煤油加氢精制工艺的核心。非加氢一般采用传统的磺化酞菁钴固定床催化氧化脱硫醇的工艺，催化剂活性较高，可以在接近常温下操作，因而具有节能的优点，但这种工艺同样存在脱后油颜色变深的问题，导致白土寿命短，而且磺化酞菁钴固定床脱硫醇周期较短、再生频繁。2011年10月经过广泛的市场调研，采用石油化工科学研究院开发的“改进的磺化酞菁钴固定床脱硫醇精制”工艺，生产符合GB 6537—2006标准的要求3号喷气燃料。

表1　原料油性质

项　目	GB6537—2006质量要求	140～240℃馏分油	项　目	GB6537—2006质量要求	140～240℃馏分油
颜色(赛氏比色)，号	报告	+29	50%回收温度℃	不高于232	191.5
组成			90%回收温度℃	报告	219.5
总酸值/(mgKOH/g)	不大于0.015	0.0031	终馏点/℃	不高于300	229.2
芳烃含量/%(体积分数)	不大于20.0		残留量/%(体积分数)	不大于1.5	1.1
烯烃含量/%(体积分数)	不大于5.0		损失量/%(体积分数)	不大于1.5	0.6
总硫含量/%(质量分数)	不大于0.20	0.0205	闪点/℃	不低于38	41.2
硫醇性硫/%(质量分数)	不大于0.0020	0.0045	密度(20℃)/(kg/m^3)	775～830	788.4
挥发性			流动性		
馏程			冰点/℃	不高于-47	-52.7
初馏点/℃	报告	157.0	黏度/(mm^2/s)		
10%回收温度℃	不高于205	169.1	20℃	不小于1.25	
20%回收温度℃	报告	174.8	-20℃	不大于8.0	

续表

项　　目	GB6537—2006 质量要求	140~240℃ 馏分油	项　　目	GB6537—2006 质量要求	140~240℃ 馏分油
燃烧性			水反应		
净热值/(MJ/kg)	不小于 42.8	43.40	界面情况/级	不大于	1b
烟点/mm	不小于 25	24.2	分离程度/级	不大于	2
腐蚀性			电导率		
铜片腐蚀/级	不大于 1	1b	空白		
银片腐蚀/级	不大于 1	2	加剂后(0.5mg/L)		50~450
安定性			水分离指数		
压差/kPa	不小于 3.3		空白	不小于	85
管壁评级/级	小于 3，无异常颜色		加剂后(0.5mg/L)	不小于	70
洁净性			润滑性 WSD/mm		
实际胶质/(mg/100mL)	不大于	7	民用喷气燃料	不大于	0.85(民)

2　工艺原理

2.1　脱酸

常一线馏分总酸值和硫化氢含量都很低，使用碱精制不但不经济，而且碱渣的排放不利于环保。因此使用固定床脱酸剂脱酸

化学原理如下：

$$RCOOH(油中)+OH^- \longrightarrow RCOO^-(吸附剂中)+H_2O$$

$$H_2S(油中)+Zn^{2+} \longrightarrow ZnS(吸附剂中)+H_2O$$

生成的 $RCOO^-$ 及 ZnS 进入吸附剂中而实现从油中的脱除。

2.2　脱硫醇

硫醇具有恶臭味和腐蚀性，转化为相应二硫化物后，臭味及腐蚀性大为减弱。

(1) 化学反应　硫醇遇氧气(或空气)可以转化成二硫化物，反应方程如下：

$$4RSH+O_2 \longrightarrow 2RSSR+2H_2O$$

(2) 催化剂　脱硫醇催化剂是将酞菁类的钴络合物，负载于活性炭上，制备成固体催化剂。

(3) 脱硫醇助剂　脱硫助剂具有清洗胶质、与催化剂协调作用之功能，将其连续注入喷气燃料馏分中，有助于维持催化剂的高活性。

2.3　水洗

脱硫醇塔出来的喷气燃料馏分，携带碱性物质氨、水以及脱硫助剂等水溶性组分，这些物质的存在会影响喷气燃料的质量，降低白土使用寿命，尽管在沉降罐部分水溶性成分迅速自然沉降，但油相仍然呈现浑浊，采用除盐水按照水油体积比=1：50 进行水洗，可以脱除喷气燃料馏分中的微量氮，确保水溶性酸碱合格，有效提高脱硫醇后喷气燃料馏分的水分离指数。

2.4　盐滤脱水

经过水洗后的喷气燃料组分，仍然存在微量的游离水，而游离水的存在不仅影响白土精制的寿命，严重时还会使白土粉化成泥，影响白土塔的正常操作。在盐滤塔中装填一定要求的颗粒盐，含水的喷气燃料馏分自下而上通过盐滤塔，由于盐粒的溶水性极强，可以使油中全部的游离水形成盐水而分离，部分溶解水也为盐粒所吸收，水与盐形成饱和盐水，与油层自然分离后从塔底排出。

2.5 白土精制

喷气燃料馏分在非加氢精制过程中，颜色会不可避免地加深，采用颗粒白土精制脱色工艺，对于喷气燃料除了脱色，还有改善动态热氧化安定性剂颜色安定性的功效。

2.6 精脱硫

喷气燃料馏分由于在白土表面发生氧化反应，生成的硫化氢，影响银片腐蚀，进入精脱硫塔进一步脱除硫化氢，保证银片腐蚀在1级以下。

3 工艺流程

自常压蒸馏装置来的原料喷气燃料(常一线油)进入原料喷气燃料缓冲罐(V401)，经原料喷气燃料进料泵(P401A，B)升压、喷气燃料脱水聚结器(SR401)脱水后在进入脱酸塔(T401)脱除喷气燃料中的微量硫化氢，一定比例的氨水和脱硫醇助剂经助剂加入设施(V405)与脱酸后的原料喷气燃料由喷气燃料-助剂混合器(MI401)混合再与空气经喷气燃料-空气混合器(MI402)混合后进入脱硫醇塔(T402)，塔底析出的污水间断由排污罐(V402)排出；脱硫醇后的喷气燃料及夹带的污水、空气与氮气经喷气燃料-氮气混合器(MI403)混合后进入沉降罐(V403)进行三相分离，尾气自罐顶分出经尾气分液罐(V404)分液后送至汽油脱硫醇与汽油脱硫醇尾气一并处理，罐底分水包分出的含油污水排至污水处理场；沉降后的喷气燃料经喷气燃料成品泵(P402A，B)送入水洗塔(T403)，在塔内与除盐水逆流接触进行水洗以除去喷气燃料中未完全沉降的氨水和助剂；水洗后喷气燃料进入盐滤塔(T404)脱除水洗后夹带的水分再进白土塔(T405A，B)脱色，吸附脱杂后的喷气燃料进入精脱硫塔(T406)进行精脱硫以满足银片腐蚀要求，经脱硫后的精制喷气燃料再经喷气燃料过滤器(FI401A，B)脱除固体颗粒后送至成品油罐区。

4 工艺原则流程图

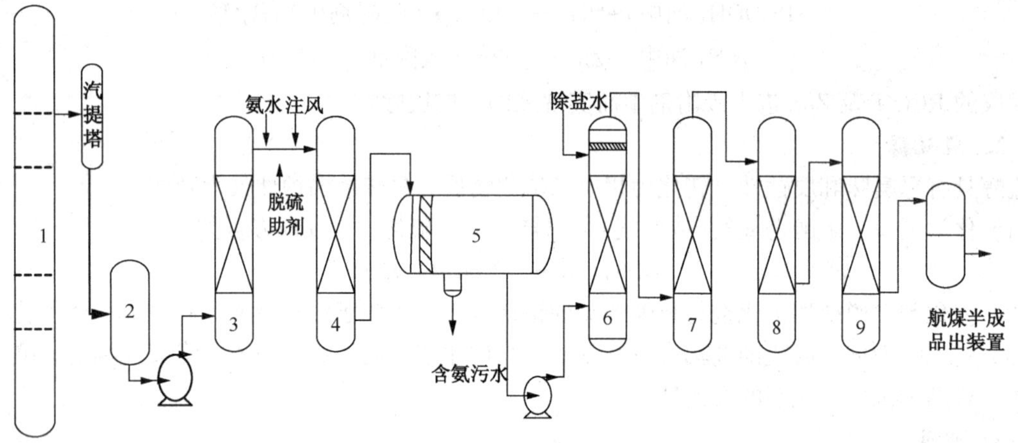

1—常压塔；2—缓冲罐；3—脱酸塔；4—脱硫醇塔；5—沉降罐；6—水洗塔；7—盐滤塔；8—白土塔；9—精脱硫塔；10—过滤器

5 控制系统

200kt/a喷气燃料装置采用分散控制系统(DCS)，对工艺过程进行集中监视和控制，根据要求完成各种先进控制方案，如常规PID控制、选择控制、串级控制等先进控制方案，其中包括手动跟踪模式、无扰切换等先进控制技术，保证装置运行更安全可靠，操作更加方便。

6 生产情况

2012年10月份喷气燃料装置蒸汽吹扫试压、水联运、催化剂装填、气密试验结束，11月3日至8日组织生产3#喷气燃料2000t。

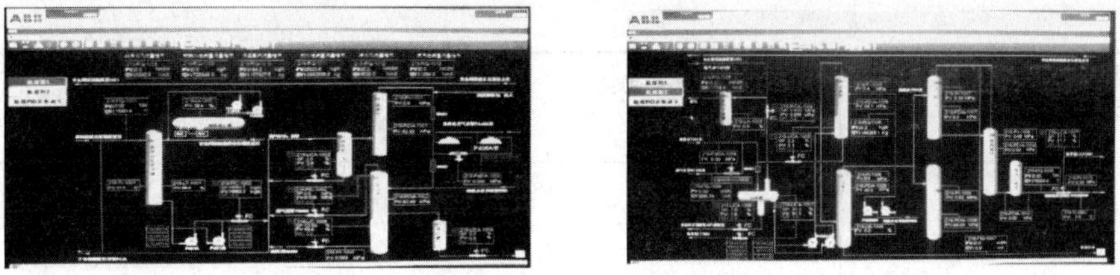

200kt/a 喷气燃料装置 DCS 控制画面

6.1 主要操作条件(表 1)

表 1 主要操作条件

名　　称	指标	名　　称	指标
聚结器压力/MPa	≯0.8	白土塔空速/h^{-1}	≯1.3
过滤器压力/MPa	≯0.5	脱硫醇塔空速/h^{-1}	1~2
氨液过滤器压力/MPa	≯1.0	净化风注入量/(m^3/h)	2~10
脱硫醇塔压差/MPa	≯0.15	缓冲罐液位/%	50±10
脱酸塔压差/MPa	≯0.25	沉降罐液位/%	50±10
盐滤塔压差/MPa	≯0.20	脱硫醇塔进料温度/℃	30~55
水洗塔压差/MPa	≯0.25	注氮/(m^3/h)	取决于注风量
白土塔压差/MPa	≯0.15	除盐水注入量/(m^3/h)	喷气燃料流量的 2%
精脱硫塔压差/MPa	≯0.15	氨液注入量/(L/h)	间断注入

6.2 原材料和公用工程消耗(表 2)

表 2 原材料和公用工程 消耗

项　　目	数量	项　　目	数量
公用系统消耗指标		脱硫醇催化剂 RDM-02(一次装入量)	34.5
电/(kW·h/t)	1.387	盐粒(一次装入量)	22.6
除盐水/(t/t)	0.028	精脱硫剂 RB-02(一次装入量)	36.2
净化空气/(Nm^3/t)	2.4	脱硫助剂 RDP-02/(μg/g)	20
非净化空气/(Nm^3/t)	0.2	颗粒白土(一次装入量)	72.4
脱酸剂 RB-01(一次装入量)	33.5		

6.3 分析对比

常一线馏分油经过该工艺精制后，主要理化指标完全可以满足 3 号喷气燃料国家标准 GB 6537—2006 的要求，具体数据见表 3。

表 3 精制后理化指标与 GB 6537—2006 对比数据

项　　目	GB 6537—2006 质量要求	140~240℃ 馏分油	精制后	试验方法
颜色(赛氏比色)/号		+29	>+30	目测
外观	清澈透明，目视无不溶物		合格	GB/T3555
组成				
总酸值/(mgKOH/g)	不大于 0.015	0.0025	0.0005	GB/T12574
芳烃含量/%(体积分数)	不大于 20.0		11.0	GB/T11132
烯烃含量/%(体积分数)	不大于 5.0		0.7	GB/T11132
总硫含量/%(质量分数)	不大于 0.20	0.0167	0.0120	GB/T380
硫醇性硫/%(质量分数)	不大于 0.0020	0.0045	0.0005	GB/T1792

续表

项　目	GB 6537—2006 质量要求	140~240℃ 馏分油	精制后	试验方法
挥发性				
馏程				
初馏点/℃	报告	157.0	158.3	GB/T 6536
10%回收温度/℃	不高于 205	169.1	169.3	
20%回收温度/℃	报告	174.8	174.2	
50%回收温度/℃	不高于 232	191.5	191.8	
90%回收温度/℃	报告	219.5	219.6	
终馏点/℃	不高于 300	229.2	232.9	
残留量/%(体积分数)	不大于 1.5	1.1	1.0	
损失量/%(体积分数)	不大于 1.5	0.6	0.3	
闪点/℃	不低于 38	41.2	44.9	GB/T 261
密度(20℃)/(kg/m^3)	775~830	788.4	788.5	GB/T 1884
流动性				
冰点/℃	不高于-47	-52.7	53.3	GB/T2430
黏度/(mm^2/s)				GB/T265
20℃	不小于 1.25		1.536	
-20℃	不大于 8.0		3.526	
燃烧性				
净热值/(MJ/kg)	不小于 42.8	43.40	43.40	GB/T384
烟点/mm	不小于 25	24.2	25.8	GB/T 382
腐蚀性				
铜片腐蚀，级	不大于 1	1b	1a	GB/T 5096
银片腐蚀/级	不大于 1	2	0	SH/T 0023
安定性				
压差/kPa	不小于 3.3		0	
管壁评级/级	小于 3，无异常颜色		0	
洁净性				
实际胶质/(mg/100mL)	不大于	7	2	GB/T 8019
水反应				GB/T 1793
界面情况/级	不大于	1b	1b	
分离程度/级	不大于	2	1	
电导率				GB/T 6539
空白			2	
加剂后(0.5mg/L)		50~450	278	
水分离指数				SH/T 0616
空白	不小于	85	98	
加剂后(0.5mg/L)	不小于	70	85	
润滑性 WSD/mm				SH/T 0687
民用喷气燃料	不大于	0.85(民)	0.74	

7 结论

庆阳石化公司 200kt/a 喷气燃料装置采用非加氢精制组合工艺生产 3 号喷气燃料，工艺技术成熟、先进、可靠，产品质量完全可以满足 3 号喷气燃料国家标准 GB 6537—2006 的要求。通过试生产各项经济指标均高于行业基准值，装置投产后既优化了企业产品结构，满足了市场需求，又提高了企业经济效益及生存能力，有较好的经济效益和社会效益。

高收率、高纯度的炼厂干气重整制氢 Copsa™ 新工艺

蔡跃明[1] 陈 运[1] 潘 鹏[2] 高 耸[2]

(1. 四川天采科技有限责任公司，成都 610041；2. 中国石化工程建设公司，北京 100101)

摘 要：针对含有30-40%(体积比)以上氢气的炼厂干气直接进行水蒸汽催化转化制氢过程中，因氢分压大及氢碳比过高导致干气重整制氢的投入产出效率不高的问题，提出了透氢膜作为预处理，并与转化气 THiPSA™精制氢气单元中的二级膜分离相耦合的干气重整制氢 Copsa™新工艺，实现了炼厂干气重整制氢的高收率及高纯度。

关键词：Copsa™ 干气蒸汽重整制氢 THiPSA™ 高收率 高纯度

1 前言

炼厂干气中的有用组分主要为氢气、轻烯烃和轻烷烃等。这些组分在炼厂中都是很有价值的。但目前它们大部分能够综合利用的是直接用作燃料气，有的甚至直接点火炬放空。炼厂干气中既含有氢气，还含有大量轻烯烃和轻烷烃。这些组分可以分离出来分别利用，经济效益可观。

由于炼厂干气组分的复杂性，通过单纯的分离系统提取氢气或 C_2馏分，分离效率比较低，收率或纯度也偏低。全部实现清晰分离的经济成本比较高。此外，清晰分离也受到产品应用及周边市场的限制。

随着原油重质化、高硫化以及油品质量规格的提高，炼厂越来越多地使用加氢裂化、加氢处理、加氢精制等技术，使得炼厂对氢的需求大幅增长。但另一方面，单从炼厂干气分离提氢，满足不了加氢需求，必须要考虑到化工干气等炼油、化工干气一体化综合利用。而没有化工干气的炼厂氢气来源，还需要依赖其他途径的制氢，满足全厂的氢气需要。因此，炼厂干气重整制氢业已成为炼厂新增氢气的主要供应来源之一。

自 2000 年我国第一套以催化裂化(FCC)干气为原料的重整制氢装置投产以来，氢气纯度可达到 99.99%(体积比，以下类同)，氢气总收率也可达到 80%~85%。但是，以炼厂干气为原料水蒸汽重整制氢相比传统的天然气及轻烃气蒸汽重整转化制氢工艺要复杂的多，其复杂性表现在如下两个方面：

第一，炼厂干气来源复杂，往往是催化重整干气、焦化干气等组成的不饱和干气与加氢裂化干气、PSA 解吸气等组成的饱和干气混合而成，其中不饱和干气中的烯烃含量比较高，必须经过加氢处理，使得干气中的烯烃含量小于 1%以下，才能满足转化催化剂使用要求。在预处理加氢过程中的反应热效应与干气中的烯烃、氢含量和干气处理量成比例，波动较大，加上干气中的硫含量也有波动以及各种干气来源的不稳定，往往掩盖了后续脱硫反应的热效应，容易造成 H_2S 穿透，最终导致转化催化剂中毒；

第二，炼厂干气中的氢含量波动很大，对于强吸热反应的轻烃蒸汽转化过程而言，其一，氢气不参与反应，但过高的氢气浓度会导致转化炉中的热量不能及时带走，使得炉膛及炉管容易超温而导致转化催化剂失活；其二，过高的氢气浓度气氛，大大影响转化效率，同时使得转化炉变得更大，温度、水碳比等操作控制更复杂；其三，原料气中的氢浓度过大，增加了干气加氢及转化反应器负荷及加氢与转化催化剂装填量和能耗；其四，由于干气组分及来源的波动，导致干气蒸汽重整制氢装置运行不稳定，产品氢气的收率与纯度经常不达标。

本文根据以往在气体分离和天然气及轻烃气蒸气重整制氢领域的实践经验，结合现有的炼厂干气重整制氢装置工况与特点，提出了采用一种高效的选择性气体膜与轻烃重整转化气双高 PSA（THiPSA™）提氢工艺相耦合的 Copsa™炼厂干气重整制氢新工艺，解决原料干气氢含量过高所导致的重整投入产出效率问题，并实现炼厂干气重整制氢的高收率和产品的高纯度。

2 炼厂干气重整制氢 Copsa™工艺流程

2.1 炼厂干气原料组分

本文选择的炼厂干气是由来自中石化某炼厂的烃化尾气、延迟焦化、轻烃回收、连续重整气，以及 PSA 解析气等混合干气所组成。混合干气的详细组分见表 1。其中，原料气温度 40℃，压力 0.8~1.6MPa(g)，进料量 28500Nm³/h。

表 1 中国石化某炼厂混合干气组分

组分	含量(体积比)/%	组分	含量(体积比)/%	组分	含量(体积比)/%
H_2	31.53	乙烯	0.57	1-丁烯	0.11
CO_2	0.06	丙烷	0.11	2-顺丁烯	0.04
CO	0.00	丙烯	0.04	2-反丁烯	0.11
N_2	13.58	异丁烷	0.10	H_2O	0.03
O_2	0.36	正丁烷	0.10	汽油	0.02
甲烷	52.28	异丁烯	0.13	合计	100.00
乙烷	0.83				

2.2 Copsa™工艺流程(图 1)

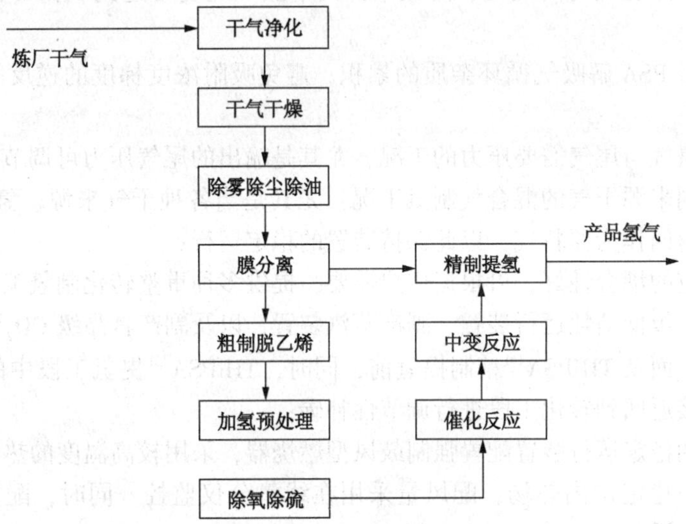

图 1 炼厂干气重整制氢 Copsa™工艺流程框图

2.3 Copsa™流程简述

以炼厂混合干气为原料的水蒸气重整转化制氢 Copsa™工艺流程主要包括：

(1) 膜分离的预处理单元　包括将原料气加压至 0.8~1.6MPa 的压缩、脱除酸性组分的净化、脱除水分的干燥以及除油除尘除雾，满足进入膜分离单元进行分离的工况；

(2) 膜分离　将经过膜分离预处理的混合干气，在 0.8~1.6MPa 压力下通过一级可选择性分离氢气为主的膜分离单元，渗透侧富集氢气、氮气等惰性气体，非渗透侧富集甲烷、C_2及以上馏分；

(3) 精制提氢　将膜分离单元渗透侧富集的氢气、氮气等惰性气体进入精提氢气的变压吸附单元，吸附压力为 0.4~1.0MPa、温度为 35℃的条件下进行变压吸附，得到纯度为 99.9%的产品氢气，满足炼厂加氢装置的需求；

(4) 粗制脱烯烃　一般采用催化加氢方式将从膜分离的非渗透侧富集的C_2及以上馏分的气体中的烯烃分解，使其中的烯烃含量小于1%，满足后续的蒸汽重整催化剂使用要求；

(5) 催化反应　从粗制脱烯烃中得到的富集甲烷、乙烷及轻烃混合气体在温度为650~900℃、压力为0.7~1.5MPa、水蒸气与碳之比为3~5的条件下，通过催化剂，与水蒸汽反应产生一氧化碳、氢气和二氧化碳的催化反应混合气体；

(6) 中变反应　将催化反应混合气体再与水蒸汽反应，其中，一氧化碳进一步转化生成氢气和二氧化碳，与催化反应混合气体中未参与反应的氢气和二氧化碳一起形成转化混合气体，简称转化气或有效气；

(7) 再次精制提氢　将中变反应得到的含氢气和二氧化碳的转化混合气体经换热后，在压力为0.4~1.0MPa、温度为35℃的条件下，与膜分离单元渗透侧流出的富含氢气、氮气等惰性气体混合，进入精制变压吸附工段，得到纯度为99.9%的产品氢气。

在上述工艺流程中，为了有效提高氢气收率，在PSA精制提氢工段中，采用THiPSA™提氢新工艺，将精制提氢PSA的解吸气经压缩后进入第二级膜分离单元，富含氢气的渗透气返部分返回到原料气加压工段，或部分返回到PSA精制提氢工段，从而获得更高的氢气收率。而非渗透气富集氮气、CO_2等惰性气体可调压进入管网或排空。

3　炼厂干气重整制氢Copsa™工艺技术经济分析

3.1　Copsa™工艺装置基本特点

以炼厂混合干气为原料的水蒸气重整制氢Copsa™工艺基本特征包括：

(1) 可以实现产品氢气的高纯度、高收率：其中氢气纯度可达到99.9%以上，氢气收率超过85%~90%；

(2) 有效解决了PSA解吸气循环杂质的累积，避免吸附浓度梯度的逆反问题，能够持续保证产品氢气的高纯度；

(3) 适合产品氢气与尾气需要压力的工况：尤其是输出的尾气压力可调节；

(4) 适用于不同来源干气的混合气制氢工况：尤其是当各种干气来源、氢气含量发生波动时，PSA解吸气可全部返回作为原料气，以此保持装置的稳定运行；

(5) 分离与反应的耦合性好，可根据用户需要，提供多种重整转化制氢工艺装置：常规安全稳定长周期运行装置、极低消耗运行装置、副产蒸汽装置，以及副产食品级CO_2装置。其中，脱碳装置放置于转化工段后面及THiPSA™精制提氢前，同时，THiPSA™提氢工段中的非渗透气部分可返回到脱碳装置或直接返回到转化工段进行调节性补碳；

(6) 对于长周期稳定运行装置配置强制鼓风型燃烧器，采用较高温度的热风助燃，提高火焰燃烧速度、降低能耗、稳定炉内热场，配风量采用在线氧分仪监控。同时，配置在线H_2S检测仪，防止飞温及催化剂失活；

(7) 除副产蒸汽型转化外，所有装置采用汽包自然循环方式，无锅炉水循环泵。设计有开车模式和运行模式两种可调操作模式，可不使用外供蒸汽开车。

3.2　Copsa™工艺装置可以解决的问题

以炼厂混合干气为原料进行水蒸气重整制氢Copsa™工艺相比传统的炼厂干气重整制氢工艺，可以解决如下一些关键问题：

(1) 传统工艺装置产品氢收率与纯度不达标：由于原料气组成及来源经常出现较大波动，导致传统工艺装置的产品氢气质量及收率指标经常达不到设计要求，尤其是当大部分原料气是由含氢量较高的饱和干气为主的工况下，产品氢气纯度在99%时的收率通常小于80%。这样对作为配套重整加氢或全厂作为氢平衡的轻烃转化制氢装置，其作用变成了一种成本。通过新工艺能够保证在不同原料工况下可以实现产品氢气的高纯度与高收率，满足配套重整加氢或全厂氢平衡要求；

(2) 传统工艺设计时对原料气中含氢量范围指标的限制：由于原料气含氢浓度过高，导致其单位产氢量降低。传统工艺设计时对原料气含氢浓度范围要求是至多为30%~40%。其中，考虑到预处理加氢裂化所需的氢气。而实际操作过程中，如PSA解吸干气中的氢含量有时高达70%，或混合干气主要是饱和干气组成而几乎无需消耗预处理加氢。新工艺可以通过一级或二级膜分离单元，对进入预处理加氢单元的原料气中的氢浓度进行调控，使得转化炉中不参与反应的氢气浓度处于相对应的最适宜反应温度控制范围内；

(3) 传统工艺设计时对转化炉温度范围的限制：由于原料中过多的氢气不参与转化反应，氢气含量越高，就会导致转化炉管中的热量不能及时移走，使得炉膛及炉管容易超温，催化剂极易失活，整套装置会处于不稳定及不安全的工况中。也进一步限制装置负荷的提升。传统工艺的炉膛最高温度一般不超过950℃，新工艺可以基本保证在900℃以内，一般维持在850~880℃；

(4) 传统工艺设计时水碳比调节的限制：传统工艺设计时，需要尽可能地提高产品氢的收率或转化率，同时要保证合理的水碳比，使得反应温度相对合理与稳定，能耗减少，一般只能通过配汽量进行调节水碳比(5~7)。通过新工艺中的THiPSA^{TM}系统中的二级膜分离单元回收部分CO_2进行回补碳，可以配合配汽量调节，使得轻烃重整转化反应处于最有利的工况下。经过计算，水碳比在5以下时，降低水碳比所带来的有效气产量下降与能耗降低所导致的原料气消耗减少相当。因此，在配合控制转化炉膛最大温度为900℃以内情况下，尽可能使水碳比维持在4~5左右；

(5) 传统工艺装置投资巨大、用途单一的问题：传统工艺设计中的核心转化炉设计受到炉内未参与反应的氢浓度过高的影响，无法解决一定压力下的反应温度可以适当降低问题，进而使得转化炉制造材料、设备大小、制造工艺，以及相应的处理能力、操作条件等受到很大的限制，导致装置投资巨大，且难以调节以应对原料及操作条件发生波动的工况。新工艺装置可以根据客户对原料与产品工况变化要求，提供多种转化制氢工艺装置，如副产蒸汽、消耗极低的运行装置等。

3.3 Copsa^{TM}工艺与传统工艺的技术经济比较(表2)

表2 干气重整制氢Copsa^{TM}工艺与传统工艺比较

比较项目	Copsa^{TM}工艺	传统工艺	比较项目	Copsa^{TM}工艺	传统工艺
氢气纯度/%	99.99	99.9	原料气烯烃最大含量/%	10-15	10-15
氢气收率/%	>85~90	<80~85	原料气来源变化的影响	小	大
单位氢气成本/(元/Nm^3)	低	高	转化炉膛最高温度/℃	<900	950
尾气热值	高	低	水碳比(物质的量之比)	4~5	5~7
投资率/%	90-100	100	装置稳定性与灵活性	好	不好
投资回收期/%	50	100	操作难易程度	易	难
原料气氢气最大含量/%	>30-40	30-40	处理能力	大	小

4 对现有炼厂干气重整制氢工艺技术改造建议

针对现有炼厂干气重整制氢装置存在的一些问题，采用Copsa^{TM}工艺可以在传统工艺装置上进行适当的技术改造：

(1) 针对现有干气重整制氢装置场地的限制，在现有预处理加氢单元前置一级8~12组膜组件组成的膜分离装置，并在其上方可框架增置THiPSA^{TM}系统中的二级膜分离装置，占地不大。同时需要在压缩机出口，或膜分离单元前面增设膜分离的预处理设备，包括干燥脱水、除尘除油防雾器等；

(2) 在传统工艺装置中的净化单元中，若是采用碱液或有机胺吸收脱碳工艺，可以将转化炉中反应产生的含有10%~30%副产物CO_2的转化气进入第二段脱碳塔，从塔顶流出富含氢的气体流入

THiPSA™精制提氢工段获得产品氢气。从塔底流出的脱碳液继续流入第一段脱碳塔进行吸收，直至吸收饱和或成为副产物，或送至解吸。解吸出来的有机胺循环使用；

(3) 在传统工艺装置的预处理单元中，加氢反应器改为脱氯反应器，而原氧化锌脱硫反应器可改为钴钼加氢反应器或改一台反应器。对原料预热炉也进行适当的多路进料改造，同时，增加回补碳的旁路；

(4) 对来自不同干气的管路进行适当的过滤器、气液分离器等的安置。同时，根据处理量及压力要求，新增一台干气压缩机(如果原有装置压缩机不够时)和一台 THiPSA™系统中的解吸气压缩机(不同于炼厂 PSA 解吸气压缩机)；

(5) 新工艺与传统工艺对原料干气中最大烯烃含量的适应性都比较有限。如果烯烃含量超过10%~15%，此时的加氢预处理裂解烯烃效率比较低，且需要消耗大量的氢气，使得产品氢的产出量大幅度减少。在这种工况下，建议采用中冷或浅冷油吸收-精馏方法，进行清晰或非清晰分离，分别得到高纯度、高收率的烯烃及烷烃，其中的烷烃可直接进入轻烃转化炉制氢或直接作为天然气凝析液(NGL)产品。整个工艺发生很大改变。

5 结论

(1) 炼厂干气重整制氢 Copsa™工艺适用于原料气组分及处理量波动较大的工况，可以实现产品氢气产出的低消耗、低成本、高纯度和高收率；

(2) Copsa™重整制氢装置具有较高的稳定性与灵活性，可根据用户需求调整装置用途，包括长期稳定运行型、副产蒸汽型、极低消耗型等；

(3) 采用 Copsa™工艺，可以针对现有的干气重整制氢装置进行改造，实现产品氢气的高纯度与高收率；

(4) 新工艺与传统工艺均不适用于烯烃含量较高的不饱和干气工况，需要采用其他工艺回收提取产品氢气。

参 考 文 献

[1] 孙钦，何军成．焦化干气制氢技术的工业应用[J]．石油炼制与化工，2003(9)，6-9.
[2] 陈雷，吴弘．炼厂干气制氢用于加氢装置[J]．石油炼制与化工，2004(2)，35-2.
[3] 龚建友，魏家禄．FCC 干气制氢新工艺的工业应用[J]．石油炼制与化工，2004(6)，30-34.
[4] 王家飞，华赍，李正军．炼厂干气的综合利用研究[J]．现代化工，2008(2)，69-92.
[5] 孔庆成，罗志庆，麦健．炼厂干气和轻油混合制氢工艺[J]．CN1180657A/96122320.0.

盈德气体煤制氢业务助推炼化企业前行

马　宁　张香全　苏万银　吴文军　刘怀祥

（安阳盈德气体有限公司，河南安阳　456400）

摘　要：提升油品质量是国家要求，增加供应规模是社会需求，国内超大型炼化项目不断规划建设，石化行业装置升级换代的步幅巨大。需要大量优质、稳定的氢气保证加氢装置高效运行。为了降低炼化企业的资金压力和技术风险，盈德气体作为专业气体供应商，单套系统稳定提供 $10^5Nm^3/h$ 以上的纯氢气，为全加氢炼化项目迅速投产创效助力。

关键词：炼化　盈德气体　煤制氢　清华炉　供氢　联产

1　前言

近几十年来随着国内社会需求的不断提升，炼化企业增长迅猛，为社会提供了大量的油品，在生产和使用过程中，环境承载的压力越来越大。

2014 年随着新一届政府环境治理的积极推进，成品油质量提升不容回避，车用燃料的国家标准进一步提高，尤其是降低其中硫含量，见表 1、表 2。

表 1　GB 17930—2013 汽油硫含量

项　目	车用汽油（Ⅲ）	车用汽油（Ⅳ）	车用汽油（Ⅴ）
硫含量/（mg/kg）	150	50	10
指标有效期	2013 年 12 月 31 日终	2017 年 12 月 31 日终	2018 年 1 月 1 日始

表 2　GB 19147—2013 柴油硫含量

项　目	车用柴油（Ⅲ）	车用柴油（Ⅳ）	车用柴油（Ⅴ）
硫含量/（mg/kg）	350	50	10
指标有效期	2014 年 12 月 31 日终	2015 年 1 月 1 日始	暂无

最近，国家再一次对成品油质量做出规定。2014 年 3 月 24 日国家发展改革委、国家能源局、国家环境保护部特制定《能源行业加强大气污染防治工作方案》：为贯彻落实《大气污染防治行动计划》和《京津冀及周边地区落实大气污染防治行动计划实施细则》，促进能源行业与生态环境的协调和可持续发展，切实改善大气环境质量，方案要求：2015 年京津冀、长三角、珠三角区域重点城市供应国Ⅴ标准车用汽、柴油。2017 年全国范围内供应国Ⅴ标准车用汽柴油。

国家强力要求油品升级的同时，国际原料油劣质化现象却更加明显，炼油装置升级改造迫在眉睫，其中最重要的技术手段就是催化加氢，因此我国炼化企业对氢气的需求越来越大，时间也越来越紧。

2　炼厂氢气的来源

氢气单质在自然界极少，工业生产使用的氢气完全靠人工制造。

2.1　炼厂副产、自产

对于炼厂来说最经济的来源是催化重整副产。但是副产气体不足以满足炼厂的需求量。

使用炼厂干气经蒸汽转化制取 H_2，会损失其中的乙烯、乙烷等高价值组分；使用渣油经纯氧部分氧化等化工技术制取 H_2，则失去渣油裂化制成品油的机会。在经济利益和社会效益上得不偿失。

2.2 天然气转化

天然气通过蒸汽转化制氢，投资相对低廉、工艺成熟、单套装置运行周期长，在投资、生产稳定性、运行费用上有一定优势，但是天然气的高价格及季节性短缺的劣势更加明显。

我国环境污染的压力迫使人们更多的选择了其燃料属性，2013 年国内只开采 $1.209\times10^{11}m^3$；进口也不足，只有 $5.3\times10^{10}m^3$，造成表观消费量占一次能源消费的比重只有 5.9%；《能源行业加强大气污染防治工作方案》要求 2015 年、2017 年天然气(不包含煤制气)消费比重分别提高到 7%、9%以上。可见天然气的缺口还有加大的可能。

国内天然气价格也不断上涨，2013 年 7 月 10 日国家实施了新的各省门站价格，除了西南、西北、东北 13 省，其余各省级门站的增量气价格已超过 3 元，上海、广东超过 3.3 元，从省级门站到用户，显然价格还要更高，而新建的天然气制氢项目必然会按照增量气价计算。

冬季为保民用，部分工业用天然气将被停供，制氢装置无法运行，这也是炼化用氢装置无法接受的。

这些风险使得天然气制氢运行成本上升，难度加大。因此一段时期内，国内很难大规模发展天然气制氢。

2.3 煤制氢

国内制氢原料比重最大的一直是煤焦类化石能源。这是由我国富煤贫油少气的现实情况决定的，而且这种情况还会在很长的一段时间持续下去。

随着煤化工技术进步，尤其高压气流床气化炉的出现，改变了以前煤制氢生产负荷小、污染大、原料缺乏、能耗巨大的状况，当盈德公司第二代清华炉——水煤浆水冷壁气化炉发明后，在制氢装置长周期、稳定性、降成本、减污染等方面则更上一层楼。从 2009 年至今，中国炼厂新建煤制氢项目发展很快，多以水煤浆制气，统计如表 3 所示。

表 3 2009~2013 年中国炼厂新建煤制氢项目表

装置所在地	公司名称	氢气产品产能/(Nm^3/h)	进度
广东茂名	中石化茂名石化	200000	建成投产
新疆克拉玛依	盈德气体	120000	在建
江西九江	中石化九江石化	100000	建成投产
江苏南京	中石化南化	126000	建成投产
河北石家庄	盈德气体	45000	在建
安徽安庆	安徽曙光化工	49000	在建
湖北荆门	盈德气体	53000	在建
广东惠州	中海油惠州炼化二期	210000	在建
山东淄博	金城化工科技	60000	前期工作
湖南岳阳	岳阳中石化壳牌煤气化公司	84000	在建

由此可见，水煤浆制氢将是今后一段时间内炼化企业的主要选择方案。

3 盈德气体在煤制氢行业的优势

盈德气体公司作为专业的工业气体供应商，拥有完全自主知识产权的清华炉水煤浆水冷壁洁净煤气化技术，专注国内市场十余年，各类工业气体的供应能力不断扩张。截止到 2013 年底，空分总产能(氧) $1.6\times10^6Nm^3/h$，合成气供应量已超过 $4\times10^5Nm^3/h$。其中，氢气主要供应炼化加氢和合成氨企业。盈德气体在供氢方面有成熟的经验，也是在全国布点的大规模供应煤制氢的气体公司。

盈德气体在河南安阳滑县，投资建设运营的煤制氢项目2013年投产，每小时供应$1.2\times10^5m^3$氢气给安阳中盈公司生产合成氨，年产液氨460kt，装置一次开车成功，已稳定运行6个月以上。

与炼化合作的项目正在建设中，盈德气体始终以服务客户、完全满足客户要求的理念，持续不断改进煤制氢技术、优化工艺流程，强化资金运作、招投标管理、项目建设指导、员工专业培训，逐步体现专业公司的优势，加速推进煤气化及上下游产品的拓展，和更多的炼化企业合作，助力炼化企业在能源、材料、化学品的产业发展中不断前行。

4 煤制氢的流程及特点

4.1 煤制氢的基本流程

大型空分装置使用内压缩工艺，提供高纯度液氧经复热至常温，送入二代清华炉，在4.0~6.5MPa，1200~1400℃操作条件下，与58%~65%浓度的水煤浆反应，富含水汽的粗煤气脱水脱灰后进入宽温耐硫变换，煤气主要成分变换为H_2和CO_2，再通过低温甲醇洗除去CO_2和硫化物，得到98%以上的氢气，最后通过变压吸附提纯氢气到99.9%甚至更高纯度供应客户。

4.2 清华炉煤制氢的特点

清华炉是综合了水煤浆、水冷壁两项煤气化先进技术的新型高压气流床气化炉。作为洁净煤气化的代表，制浆、气化及渣水都在密闭的系统内运行，正常运转时，不会出现粉尘、废水、废渣、硫化物的无序排放，这些副产物在煤制氢系统内全部经过处理，基本可以做到污染物零排放。

此工艺不但高效低耗，而且在环境友好上很出色，不存在提高油品质量，污染却上移到煤制氢工序的问题。

煤气化设备多、流程长，以前单套系统的在线率不如天然气转化制氢，现在盈德气体在供氢的稳定性和长周期方面已经可以达到天然气制氢的水平。这得益于清华炉的先进设计理念，以及有效的工艺流程配合：

4.2.1 水冷壁

相较于筑有耐火砖的热壁炉，清华炉使用水冷壁，不必定期更换全炉耐火砖，更不必每年数次更换锥底砖，不存在炉砖内铬流失造成的重金属污染，年均可节约两百万元炉砖费用，并为长周期运行创造了条件。

以渣抗渣的冷壁炉没有耐火砖被高温侵蚀的风险，操作温度可以超过1400℃，可扩大原料煤的选择范围。这些优点节约投资及运行费用，通过合理的流程设计不用备炉，也可满足炼厂高在线率供气的要求。

4.2.2 水煤浆

水煤浆安全易于输送、磨煤及输送能耗小、粗煤气的水汽比符合变换工序要求，不用补充高品位蒸汽；可以在6.5~8.7MPa高压工况进行气化，形成的高压煤气配合高压流程，缩小变换、净化工序的设备尺寸，降低投资和占地；减少后工序的压缩功耗及设备投资。

炼化企业及煤化工难于生化处理的高浓污水，可以配制成水煤浆在1200~1400℃高温下分解成无害的物质，污水装置只要处理少量低浓度污水，减少污染及处理费用。

4.2.3. 清华炉烧嘴

点火方式独特，通过燃料气燃烧热量点燃水煤浆，取消了点火烧嘴和真空抽引系统，从热壁炉点火所用的72h变为2h以内，缩短了系统的开车时间。

使用冷却水夹套结构，与水冷壁共用一套高温冷却水系统，减少了常温水冷却时的露点腐蚀，大大延长了烧嘴的使用寿命，首次使用就超过140天。

5 煤制氢项目风险的控制

从投资上看，煤制氢比天然气制氢要复杂，特种设备多，固定资产投资很大，这对准备建设煤制氢装置的炼化企业会有一定的资金压力。

从生产操作分析，煤制氢气化炉高温高压，有纯氧输送和反应，要处理渣水、煤浆等棘手的物料；还有低温空气分离，低温酸性气体净化等诸多较复杂的化工工序，这需要有强大的煤化工团队做支撑、有完整的理论基础和现场经验来保障。这就会使建设煤制氢装置的炼化企业增加技术风险。盈德气体则可以从资金和技术方面很好地控制这些风险。

5.1 煤制氢流程设计

炼化企业加氢过程中，供氢是整条装置的生命线，对氢气供应稳定性的要求近似于装置对电力的要求。不但氢气的品质要达到加氢要求，更重要是平稳、足量的供应新鲜氢。

炼厂氢用量一般是原油用量的0.8%~2.7%，在成品油的制造成本不超过10%；虽然其自身价值比原油少很多，但是对油品附加值的增加作用极大，缺少氢气会造成加氢装置减产或停工，炼厂利益会有很大的损失。

这与盈德气体为钢厂供应氧气类似，盈德气体有十余年商业供气的经历，了解客户的实际需求，衍生供氧时积累的先进理念，采用自我平衡的方式，为用氢客户提供稳定优质的氢气。

由于煤制氢流程长，系统内出现故障的概率较高。因此，盈德气体在空分、气化等系统采取了高冗余度的双系列及后备系统来保证装置的稳定，还设计了联醇、联氨等流程，做了大量的投资和建设，设计多种供气模式，确保为用户的供氢稳定。

5.2 标准流程

煤制氢在我国已成熟，主流程基本定型(见图1)，以$10^5 Nm^3/h$供氢装置为例：

配套两套空分装置；操作压力4.0~6.5MPa，两台清华炉同时运行；三段宽温耐硫变换、低温甲醇洗、PSA提氢、硫回收各一套；即可得到压力3.0~5.0MPa的高纯氢气。

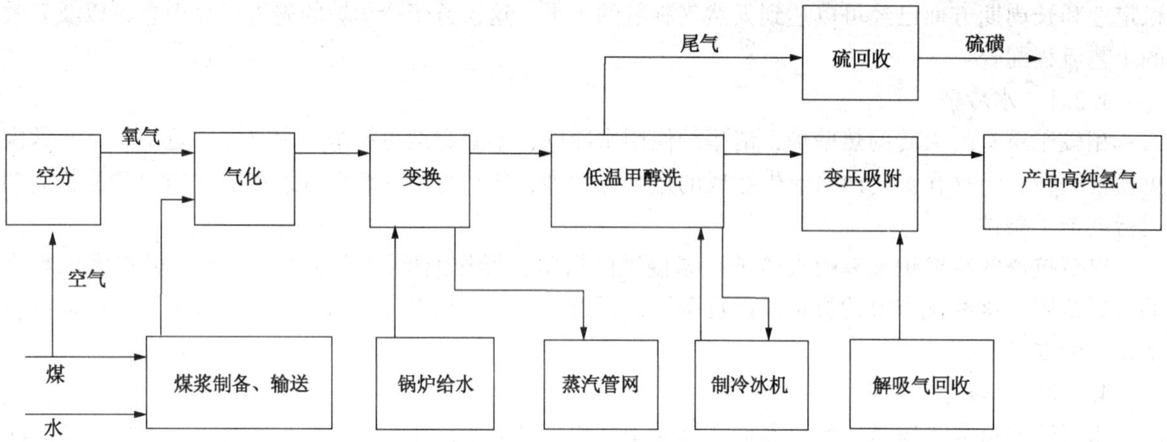

图1 煤制氢标准流程

5.3 煤制氢配套化工产品流程

为进一步保证供氢的可靠性，实现全年100%在线率，4年一大修的目标，盈德气体在流程优化方面，不惜代价，增加投资，设计了联产液氨或甲醇自平衡方案，为供氢可靠性提供了整体解决方案。

5.3.1 联产合成氨

配两套空分装置；操作压力6.5MPa，两台清华炉同时运行；两套三段宽温耐硫变换，低温甲醇洗、PSA提氢、硫回收各一套；合成氨一套。

低温甲醇洗后合成气分两路：一路进入液氮洗，经补氮调节后氢氮气送氨合成系统。另一路净化气复热进入变压吸附，得到3.0~5.0MPa纯氢气$10^5 Nm^3/h$，送炼化加氢；变压吸附解吸气是H_2/CO混合气，加压返回变换，详见图2。

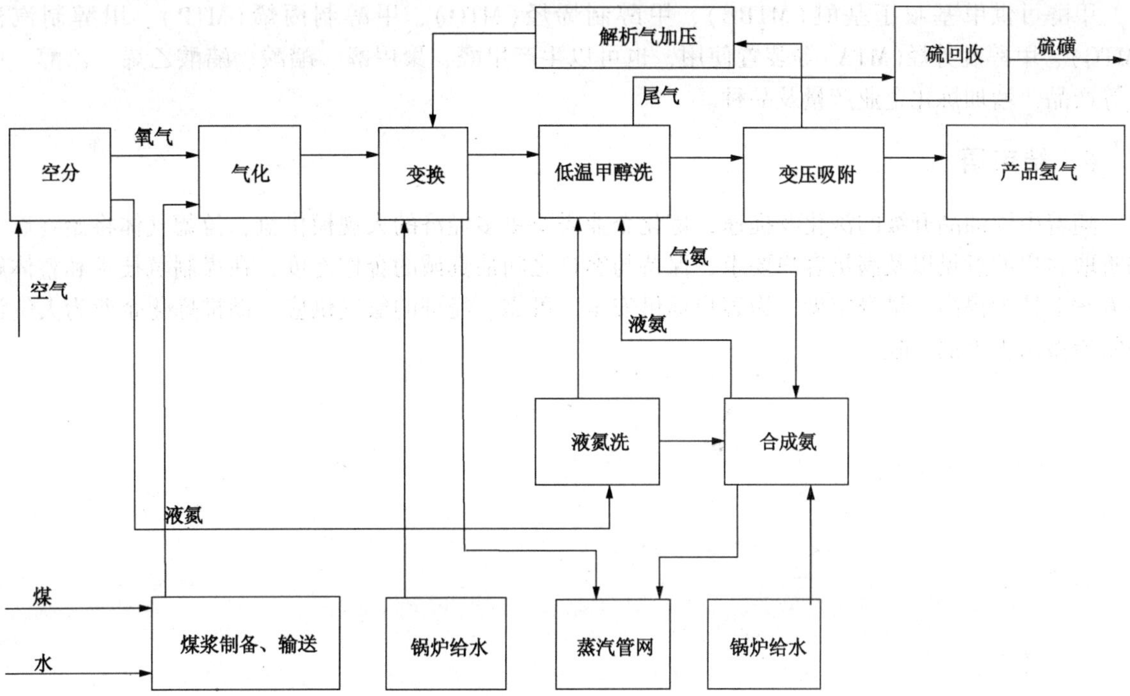

图 2　联产合成氨

液氨可以作为炼化项目中丙烯腈和己内酰胺的原料，也可生产尿素、硝酸、硝铵、苯胺、甲胺等产品，富裕液氨出售。

5.3.2　联产甲醇

配两套空分装置；操作压力 6.5MPa，两台清华炉同时运行；耐硫变换两套；低温甲醇洗一套(吸收塔两台并联)；变压吸附一套；甲醇合成精馏一套，详见图 3。

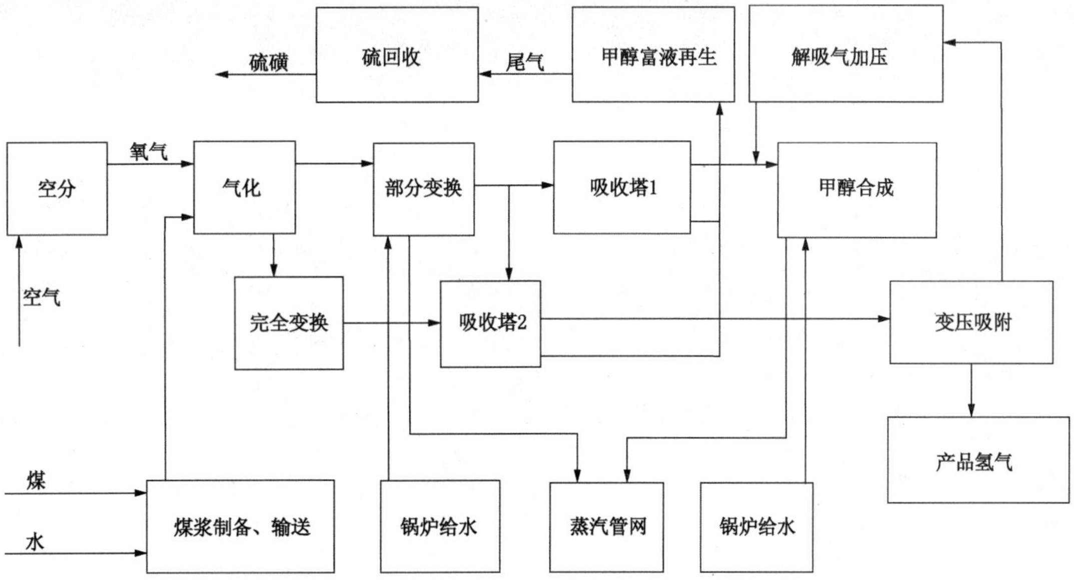

图 3　联产甲醇

粗煤气分为两路：一路完全变换气经过低温甲醇洗，完全脱硫脱碳后，进入变压吸附得到 3.0~5.0MPa 纯氢气 $10^5Nm^3/h$，送炼化加氢；变压吸附解吸气加压回甲醇合成进口。

另一路部分变换气经低温甲醇洗，完全脱硫，保留部分 CO_2 并复热；与变压吸附来的解吸气混合，调节好碳氢比例，送甲醇合成系统。

甲醇可供甲基叔丁基醚(MTBE)、甲醇制烯烃(MTO)、甲醇制丙烯(MTP)、甲醇制汽油(MTG)、甲醇制芳烃(MTA)等装置使用，也可以生产甲醛、聚甲醛、醋酸、醋酸乙烯、乙醇、甲胺等产品，增加炼化企业产量及品种。

6 结束语

随着中国油品升级的深化及提速，炼化企业需要更多经济的大规模供氢，盈德气体将始终尊重和听取客户的意见以及满足客户要求，保持与客户之间最真诚的合作态度，在煤制氢技术和整体解决方案上持续提高，量身定做，为客户提供安全、可靠、经济的氢气供应，助推炼化企业为大气污染防治做出更大的贡献。

化工工艺与产品

中国石化芳烃成套技术开发及应用

刘永芳　袁忠勋

（中国石化工程建设有限公司，北京　100101）

摘　要：以中石化扬子石化 PX 示范装置和海南炼油化工有限公司 600kt/a 对二甲苯项目(下称海南 PX 项目)为对象，开发出了中国石化自主知识产权的芳烃成套技术。海南 PX 项目 2013 年 12 月投产，装置运行结果表明，该技术运行、安全平稳，产品质量、装置能耗、物耗等技术指标达到或超过世界先进水平。

关键词：芳烃成套　吸附分离　格栅　MCS 控制系统　低温热　运行　标定

1　前言

芳烃联合装置通常包括连续重整、芳烃抽提、歧化及烷基转移、二甲苯异构化、吸附分离等五项专利技术，其核心技术是连续重整和吸附分离。在海南 PX 项目投产之前，世界上拥有全套 PX 生产工艺技术的专利商主要有美国 UOP 和法国 Axens 两家，国内外其他公司仅拥有一些单项工艺技术。

目前国内共有 16 家对二甲苯生产企业，已经建成投产 21 套生产装置，PX 产能达近 11.8Mt/a。海南 PX 项目投产之前，国内对二甲苯生产装置吸附分离全部采用国外技术。作为世界上最大的 PX 产品供应商，中国石化一直未能拥有成套芳烃技术，对于芳烃装置的进一步规模化生产十分不利。在 2011 年扬子石化 PX 示范装置投产以前，在五项芳烃生产单元技术中，中国石化已经拥有了连续重整、芳烃抽提、歧化和烷基转移和二甲苯异构化四项技术，只有吸附分离这一关键技术没有实现国产化。而 PX 吸附剂的开发工作已取得了重要进展，仅剩吸附分离技术的关键工艺技术和关键设备上尚待开发，未能形成整套技术，严重制约了 PX 生产技术的国产化。由此可见，开发中国石化具有自主知识产权的成套芳烃生产技术的基础条件已经完全具备。

从 2009 年底开始中国石化工程建设有限公司(SEI)和中国石油化工科学研究院(RIPP)两家主要研发单位联合攻关，主要针对吸附分离工艺、吸附塔格栅和吸附模拟移动床控制系统开展研发攻关。成功开发出了中石化的吸附分离技术——SorPX 工艺技术。

经各方共同努力，2011 年 7 月扬子石化 PX 示范装置建成，2011 年 10 月生产出合格 PX 产品。之后进行了大量试验，测试比较不同床层管线冲洗效果、确定各区最佳床层数量及吸附塔的优化操作条件，包括解吸剂/进料比、吸附剂/进料比、各区回流比、抽余液和抽出液组成、各路冲洗系数、操作温度和压力等，为海南炼化新建 600kt/a PX 项目提供设计依据。

海南 PX 项目属于芳烃成套国产化技术的工业应用工程，所有单元均采用中石化自主技术及催化剂，2013 年 6 月装置建成，2013 年 12 月生产出合格 PX 产品，2014 年 3 月完成全装置标定。

海南 PX 项目实现了多个工艺与工程技术的突破，首次采用包括 SorPX 吸附分离工艺技术在内的中石化自主芳烃成套技术。在该项目上首次采用抽余液塔和抽出液塔加压操作，利用塔顶物冷凝热发生低压蒸汽用于发电；首次在大型石化装置上应用国产 HOLLiAS MACS DCS 控制系统；二甲苯塔下段塔径达 11.8m，是目前投产的最大二甲苯塔；二甲苯重沸炉设计热负荷为 185MW，采用单台加热炉，是目前投产的单台热负荷最大二甲苯塔重沸炉；异构化进料换热器采用国产焊板换热器，面积达 11000m^2，是面积最大的国产板换。

2 吸附分离工艺方案的确定

2.1 物料分配控制

由于程控阀彼此之间相对独立，适应性强，可根据工艺需要改变吸附塔四个区之间床层数的分配来协调PX的纯度与收率之间的关系，且当某个程控阀出故障时，可将该故障阀切出进行检修而不影响装置的正常生产，故确定SorPX吸附分离技术采用2个吸附塔、24个吸附床层、进出物料位置的周期性切换采用多阀系统、每一床层进出物料用同一根床层管线和一套分配管。

2.2 管线冲洗方案

因为模拟移动床的物料管线是自上而下移动的，同一床层管线在不同时间通过的物料不同。为了避免污染，提高产品纯度及提高产品单程收率，需采用管线冲洗。SorPX技术采用四次管线冲洗。一次冲洗(C_1)用于保证PX收率，位于解吸剂D和抽出液E之间，其物料组成与解吸剂D相同；二次冲洗(C_2)和三次冲洗(C_3)用于保证PX纯度，都位于抽出液E和进料F之间，所用物料组成与抽出液E相同；四次冲洗(C_4)用于提高处理能力，位于进料F和抽余液R之间，采用组成与进料F相同物料将残留在管线中抽余液R冲进吸附塔。

为简化流程，减少程控阀数量，C_2和C_3冲洗可以采用分时冲洗，即C_2和C_3冲洗共用一个程控阀。扬子PX示范装置每一吸附床层程控阀的数量为8个，总程控阀的数量为192个。海南PX项目采用C2和C3分时冲洗，每一吸附床层程控阀的数量为7个，总程控阀的数量为168个。

3 吸附塔内件——格栅的开发

吸附分离装置通常有两个吸附塔，每个吸附塔有12个吸附床层，两个塔共24个床层，床层与床层之间用格栅分开。格栅除了用于支撑吸附剂外，也用于将上一吸附床层物料收集导出塔外或将上一吸附床层物料收集与塔外导入的物料一起彻底混合并分配至下一吸附床层。吸附塔格栅的混合与分配性能直接影响吸附分离效率，是吸附分离的核心工程技术之一。

吸附塔内件主要包括格栅和内部分配管系。

SorPX技术的格栅开发采用计算流体力学方法(CFD模拟计算)和冷模相结合，再根据扬子PX示范装置现场操作数据对格栅CFD模型进一步修正的开发手段。SorPX技术的格栅由混合与分配两部分组成，混合部分设置迷宫结构，强化流体的混合效果并延长混合时间，同时通过特殊的隔板结构设计，提高进料和解吸剂的射流搅混效果，提高混合均匀性。分配部分主要由中间流体扩散板及多孔筛板组成。

SorPX的格栅采用扇形格栅分块，吸附塔内物料分配采用斜面形中心管系，从CFD热态性能模拟计算结果看出该斜面中心管系结构的冲洗效果较好。

4 模拟移动床控制系统开发

模拟移动床控制系统(Moving-beds Control System，简称MCS)是SorPX的专用控制系统，其控制要求高、程序复杂，是国产化技术攻关的课题之一，也是整个项目能否顺利运行的关键。

MCS的主要功能包括控制进料分配系统的程控阀开关步序、根据区域变换控制吸附分离循环流量变换、程控阀容错、控制吸附塔压力平稳操作等功能。MCS控制方案数量众多，扫描时间要求快速，联锁逻辑功能复杂，常规DCS无论从硬件还是软件上都无法满足其指标，必须采用专有的控制系统进行有针对性的开发之后才能满足工艺要求。

SorPX工艺技术的MCS控制系统主要有以下先进性：

(1) 吸附塔塔压波动在±35kPa，低于其他现有装置的波动范围，而吸附塔压力波动大小与装置能否长周期运行密切相关；

(2) 实现了冗余容错过程控制与故障安全型控制系统一体化无缝集成的解决方案；

(3) 时间关联参数的调整执行速度快，装置操作效率高；

(4) 设置区域转换 域程控阀故障智能判断功能”等先进的控制策略，减小了吸附塔塔压波动；

5 芳烃联合装置低温热利用技术开发

芳烃联合装置工艺流程长，分馏塔数量多，塔顶冷凝低温热量多，大部分低温热的温位为90~160℃。由于其温位较低，难以在装置内部得到利用，基本都采用空气冷却器和水冷却器进行冷却。这是芳烃联合装置耗能高，低温热得不到有效利用是重要的原因之一。

目前采用的常规办法是配合工厂的低温热利用整体规划，采用除盐水或除氧水作为循环热媒回收利用装置低温热量，用作热水伴热、罐区维温、生活用热等方面，这些方法只能回收一部分低温热，并且存在季节性变化。因此，开发技术上稳定可行、经济上合理有效的低温热利用技术，是降低芳烃联合装置能耗的一个重要手段。

为大幅度降低装置的综合能耗、提高国产化芳烃成套技术的竞争力，在海南炼化PX装置上设置了压蒸汽发电和热水发电两个系统。利用抽余液塔和抽出液塔顶物冷凝热产生低压蒸汽进行发电，其净发电量为15613kW。利用成品塔顶等冷凝热加热热水，再利用热水进行发电，对于不产邻二甲苯工况热水净发电量为1521kW，总发电量超过联合装置总用电量，可外送电量3151kW。

6 二甲苯塔重沸炉大型化的研发

海南PX装置二甲苯塔重沸炉设计热负荷为185MW，在以往同规模的二甲苯塔重沸炉通常采用两台两个辐射室共用一个对流式的圆筒炉。为节省投资和占地，减少加热炉散热面积，海南项目采用了1台立式炉，设计加热炉排烟温度在95℃以下，以降低装置能耗，同时降低烟气排放量。烟气余热回收系统采用两段式空气预热器，低温段预热器采用 耐烟气低温腐蚀的高效空气预热器。同时对衬里结构进行了优化设计。采用 节能隔热衬里材料，进一步降低加热炉外壁温度，减少炉体散热损失。采用上述综合技术措施后二甲苯塔重沸炉整体炉效率达到94%以上，远高于同类加热炉92%的热效率。

由于海南PX装置二甲苯塔重沸炉热负荷大，热效率提高后可大幅度的节省燃料。该加热炉的效率由常规的92%提高到94%，燃料可节省358kg/h，可降低能耗4.4kgEO/tPX。

海南PX项目在超大型加热炉辐射和对流炉管布置形式、钢结构和对流管板设计方案等方面做了大量分析、研究、优化和试验，取得了创新突破。

7 海南PX装置基本情况

海南炼化600kt/a对二甲苯项目的原料为1218.7kt/a C_{6+}重整生成油和32kt/a外购混合二甲苯。该项目由600kt/a芳烃抽提、900kt/a歧化及烷基转移、3.85Mt/a二甲苯精馏、3.27Mt/a吸附分离和2.66Mt/a异构化5套生产工艺装置及辅助配套公用工程组成。项目设计由LPEC和SEI共同完成。LPEC负责芳烃抽提、歧化及烷基转移、联合装置控制室、联合装置公用工程及系统配套工程等设计工作；SEI负责异构化、二甲苯精馏、吸附分离及低温热回收的设计工作。

所有单元均采用中石化自主技术及催化剂，其中芳烃抽提装置采用RIPP的抽提蒸馏工艺(SED)专利技术；歧化及烷基转移装置采用SRIPT开发的甲苯歧化及烷基转移工艺(S-TDTSEC)专利技术及HAT-099型催化剂；吸附分离装置采用SEI和RIPP联合开发的SorPX工艺技术，吸附剂采用RIPP开发的RAX-3000吸附剂，解吸剂使用国产对二乙基苯(PDEB)；异构化采用乙苯转化工艺和RIPP开发的RIC-200催化剂。

本项目考虑了两种产品方案，工况一：不产邻二甲苯，主要产品包括年产597kt对二甲苯和137kt苯；工况二即在工况一的产品结构基础上，原料量不变的条件下联产邻二甲苯，即年产517kt对二甲苯、99kt邻二甲苯和136kt苯。

联合装置(包括中间罐)主要工艺设备共586台/套，全装置设计能耗为3.33×10^6kcal/t PX。

8 海南PX装置标定结果

海南PX项目于2013年12月产出合格PX产品，并在全流程打通后投入正常生产。2014年3月对装置进行了110%负荷72h标定。装置标定结果见表1。

表1 标定结果

项目	设计值	标定值	项目	设计值	标定值
PX+OX平均总收率/%	90	92.03	OX平均纯度/%	98	98.4
吸附分离PX单程平均收率/%	97	98.28	苯平均纯度/%	99.9	99.97
吸附分离PX平均纯度/%	99.8	99.8	装置能耗/(kg EO/t PX)	333	294

从标定结果可以看出，不论从产品质量、收率，还是从能耗，均达到或超过设计值。

9 结论

(1) 中国石化开发出了具有自主特色成套芳烃工艺技术，打破了国外少数公司的垄断。由此成为国内第一个、世界第三个PX成套技术供应商。

(2) 采用自主开发的成套技术建成投产的工业装置其处理能力、产品质量、安全环保等技术指标均达到攻关目标，并且装置运行平稳、操作灵活。

(3) 装置标定能耗仅为294kg EO/t PX，低于同类装置大约60kg EO/t PX，大大降低了装置操作成本。

(4) 自主开发的大型芳烃装置成套技术的装置能耗、物耗等技术指标达到或超过世界先进水平，表明自主开发的成套芳烃工艺技术具有先进性。

对二甲苯市场现状与发展前景

肖 峻

（中国石化长岭分公司，湖南岳阳 414012）

摘 要： 通过介绍对二甲苯(PX)生产现状，对产能、产量、需求量以及近年来市场情况进行分析，得出由于产能增长不及需求增长，预计到2020年国内对二甲苯(PX)仍存在供应缺口，发展对二甲苯(PX)具有良好的前景和盈利空间。

关键词： 对二甲苯(PX) 对苯二甲酸(PTA) 二甲苯(MX) 市场走势 发展前景

1 前言

对二甲苯(PX)由石脑油中获得。可从混合二甲苯中抽提分离，也可将邻二甲苯异构化转化为对二甲苯，对二甲苯还可通过甲苯歧化生产。改进的工艺技术可使甲苯歧化生成对二甲苯的产率提高到大于90%。在全球对二甲苯的消费结构中，90%以上的对二甲苯主要生产对苯二甲酸(PTA)，进而生产聚酯。少部分生产对苯二甲酸二甲酯(DMT)，进而用作溶剂以及作为医药、香料、油墨等产品的生产原料，占总消费量的比例很小。因此，PX称为聚酯产品链的龙头，是重要的化工原料。

由于人们环保意识增强，以及国内民众对PX缺乏足够认识，PX往往被妖魔化而备受抵制，地方政府在引进PX项目时谨慎退缩，造成近两年国内多套PX项目搁浅。根据国际癌症研究机构(IARC)归类，对二甲苯属于第三类致癌物质，即缺乏对人体致癌性证据的物质；美国政府工业卫生学家会议(ACGIH)将其归类为A4级，即缺乏对人体、动物致癌性证据的物质。根据MSDS的GHS分类，PX为易燃液体，会造成水污染，与蒸汽接触会导致中毒，对皮肤和眼有刺激性，其毒性、可燃性和爆炸性和汽油相似，但没有证据表明有致癌性和致畸性。

我国引进投产的芳烃联合装置共16套，14套采用UOP技术，镇海石化芳烃联合装置采用IFP技术。2013年，海南炼化新建的600kt PX联合装置为国内首套SINOPEC自主产权支持的成套芳烃联合装置，达到了世界一流水平的工艺与催化剂技术，而且完全自主建成，大大缩短了大型PX装置的设计、大型设备购置、装置建设周期，全装置充分考虑了单元的热联合优化等，使国内PX生产技术水平上了一个新台阶，成套技术的应用将改善国内同类装置运营情况，提高老装置生产PX的效率和现金利润率。

2 国内外对二甲苯(PX)供需情况

2.1 全球对二甲苯(PX)供需情况

2.1.1 全球对二甲苯(PX)产能情况

进入21世纪后，随着世界经济的快速发展，尤其是亚洲聚酯工业和PTA工业的飞速发展，带动PX产业发展迅猛。从2003年起，世界PX的生产能力以年均9.54%的速度在增长，特别是2009年世界PX的产能增长率高达13.60%。目前全球PX产能达到了43Mt以上，产能年均增长为2Mt左右。

截止2012年年底，全球PX产能主要集中在亚洲，其产能约为32.5Mt/a，占全球产能的75.58%；其次是北美洲，产能为5.78Mt/a，占全球产能的13.28%。全球PX产能情况如表1

所示。

表1　全球各地区PX产能情况　　kt

年份	2003	2004	2005	2006	2007	2008	2009	2010	2011	2012
北美	5470	5470	5520	5520	5780	5780	5780	5780	5780	5780
南美	270	270	270	270	270	270	270	270	270	270
欧洲	2800	2880	2880	2880	2880	2880	2630	2830	3290	3330
亚洲	15000	16760	17230	18930	20910	22510	27030	28960	30000	32500
全球	23540	25380	25900	27600	29840	31440	35710	37840	40380	43520
增速/%	9.54	7.82	2.05	6.56	8.12	4.36	13.60	5.96	6.71	7.78

2008年之前全球PX生产能力位居前5位的依次为美国、中国、韩国、日本和印度，但2008年以后中国PX产能已经跃居第一，美国、韩国和日本产能位列其次。美国PX产能虽高，但因PTA生产多在亚洲，PX运至亚洲成本高昂，因此美国PX负荷较低，多在70%以下，低于日本和韩国的85%左右的开工率。全球各主要生产国PX产能情况如表2所示。

表2　世界主要国家PX产能情况　　kt

年份	2008	2009	2010	2011	2012
中国	4650	7250	8250	8250	10250
美国	4280	4280	4280	4280	4280
韩国	4150	4150	4500	5040	5840
日本	4130	4130	4130	4130	4130
印度	2030	2030	2030	2560	2630

近几年由于亚洲地区涤纶、PTA发展迅猛，促进了亚洲地区近几年PX产能快速增长，其增长速度远远高于世界的增长速度，其年均增长速度达到8.24%。截止2012年年底，在全球43.52Mt的PX产能之中，亚洲PX产能(含中东)达到32.5Mt，占全球PX产能的75.58%。而亚洲PX生产主要集中在中国、日本、印度、韩国、中国台湾省等地区。中国、韩国、日本、台湾省、泰国、印度为亚洲六大PX生产地区，占亚洲产能的80%左右。按2014年到2017年预计投产项目数据统计，未来4年亚洲PX总产能将增长23%，达到40Mt/a。其中，中国和韩国将成为PX产能集中区，中国PX产能将在现有的12.37Mt/a基础上增加约2Mt/a，增长16.17%。同期，韩国PX产能将在目前5.84Mt/a基础上再增加5.1Mt/a，增长87%，近年来，下游需求的增长速度加快，PX供应也出现了前所未有的紧张，价格不断上扬。随着PTA产业的快速发展，全球PX尤其是亚洲面临更大的供应缺口。

2.1.2　全球PX需求情况

全球PX需求在稳步增长，年需求增长在2Mt左右，全球PX的产量与消费主要有以下几个特点：其一是由于全球PX装置负荷长期在85%以下徘徊，说明大量的PX中小装置无法运行，原因之一是北美地区炼油利润较好，无意生产更多PX；其二是北美的PX产能主要在美国，美国的PTA产量在3Mt/a左右，PX消耗量在2Mt/a左右，而美国的PX产能高达4.3Mt/a，大量富余的PX需要出口。但北美生产成本高，消费地又在亚洲，运费高昂，在效益不明显的情况下，减停产比较普遍；其三是大量的欧洲和北美PX装置均为老装置，其运行负荷无法达到最高水准，全球PX产量与需求情况如表3所示。

表3 全球PX产量与需求量情况 kt

年份	2005	2006	2007	2008	2009	2010	2011	2012
产能	25900	27600	29840	31440	35710	37850	40380	43520
产量	22670	24060	26630	25800	28960	30400	31780	34820
开工率/%	88	87	89	82	81	80	79	80
需求量	22590	23190	24040	29510	31440	32260	36000	39000
需求增长率/%		2.69	3.64	22.79	6.52	2.6	11.59	8.33

2.1.3 亚洲PX产量与需求

近几年，随着聚酯工业的迅速发展，亚洲PTA的消费需求在迅速增长，尤其是中国的涤纶、PTA发展速度较快，带动了PX消费快速增长。截止2012年年底亚洲PX产量占全球的75%左右，见表4。

表4 亚洲PX产量与需求量 kt

年份	2008	2009	2010	2011	2012
产能	22510	27030	28960	31040	32500
产量	19640	23110	24320	25600	27310
开工率/%	87	86	84	82	84
需求量	23520	25210	25640	29460	32000
需求增长率/%		7.18	1.68	14.92	4.70

亚洲各国供需不尽相同，总的情况是西亚向东亚出口。韩国虽然产量小于消费量，但它在大量进口PX的同时，也大量出口到中国。截止2012年年底中国PX产量占全球产量的近1/4，占亚洲产量约1/3，中国是PX纯进口国。日本是PX纯出口国，年出口量在2.2Mt左右，日本的PX出口量占亚洲第一，也是全球首位。

2.2 国内对二甲苯(PX)供需情况

2.2.1 国内对二甲苯(PX)产能情况

近年来，随着聚酯工业的迅速发展，带动了我国PX产能不断增加。2005年我国PX厂家为8家，产能为2.95Mt，2006年，我国PX产能增至3.75Mt，到2013年我国PX总产能则增加到12.37Mt，增幅近230%。

国内PX生产企业除青岛丽东以及大连福佳之外，其余生产企业均以大型炼厂为依托，且多数是按照上下游一体化建设的，配套PTA生产装置。如上海石化、扬子石化、天津石化、洛阳石化以及辽阳石化等，部分尚未配套企业的产品以内部互供定向消费，如中石化下属的镇海炼化以及金陵石化的PX主要以合同协议形势供给仪征化纤，部分产品作为商品对外销售。乌鲁木齐石化、福建炼化、青岛丽东化工有限公司、大连福佳石油化工有限公司以及中海油南海石化的产品基本上作为商品对外销售。2013年国内PX的主要生产厂家情况见表5。

表5 2013年国内PX主要生产厂家产能情况 kt

生产厂家	产能	生产厂家	产能
中国石化合计	5130	中石化扬子石化分公司	1000
中国石化天津石化分公司	370	中国石化齐鲁石化分公司	65
中国石化洛阳石化分公司	225	中国石化镇海炼化分公司	650
中国石化上海石化分公司	850	中国石化金陵分公司	600

续表

生产厂家	产能	生产厂家	产能
中国石化福建炼化分公司	770	其他合计	4840
中石化海南炼化	600	青岛丽东化工有限公司	1000
中国石油合计	2400	大连福佳大化石化有限公司	1400
中国石油辽阳石油化工公司	750	中海油惠州石化	840
中国石油乌鲁木齐石油化工公司	1000	福建翔鹭腾龙	1600
中国石油四川石化	650	合计	12370

2.2.2 国内对二甲苯(PX)需求情况分析

PX在中国主要用于生产PTA、DMT以及制药领域。根据统计数据显示，每年用于生产DMT的PX仅为几万吨、制药领域所消耗的PX也仅为PX总消费量的5%左右，它们对PX需求的影响微乎其微；PTA每年消耗的PX约占PX总消费量的90%，PTA的消费增长是拉动PX需求增加的直接因素。

2003年以前国内PX的产量与消费存在以下特点：一是PX进口量较小，以国内供应为主，处于供略小于求的状态；二是国内PX主要由中国石化、中国石油两大集团生产和供应，PX的供需格局也以PX-PTA装置上下游配套消化或集团内部互供为主，两大集团外销的数量很少。因此，国内PX绝大部分可以自供，少量依靠进口。

2003年以后，随着PTA装置的陆续投产，PX需求大幅增长。由于下游PTA的扩能速度要高于PX的扩能速度，导致国内PX一直处于供不应求的状态。2003年中国PX进口突破1Mt，2008年中国PX进口高达3.4Mt，成为全球最大的PX消费国及进口国。目前中国PX的消费量占世界消费量的1/4左右，占亚洲消费量的1/3左右。2006~2011年国内PX表观消费量年均增长率为20.11%，2012年表观消费增速略有减少，但2013年PX表观消费量为16.26Mt，同比增长约32.17%。目前中国已成为全球最大的PX生产国、进口国和消费国。近年国内PX供需情况如表6所示。

2013年，我国PTA产量约为23.47Mt，以每吨PTA消耗0.655t PX测算，消耗PX约为15.4Mt，约占总消费量的94.7%。预计2015年我国PTA的总产能将达到40Mt，以PTA装置开工率为70%以及单耗计算，届时PX的需求量将达到约18.5Mt。而2014~2015年国内仅有中金石化的一套2Mt的PX装置计划上马，因此届时国内PX产能仅约14.3Mt，产能仍不能满足国内生产需求，我国PX仍需大量进口，PX在国内仍有较好的发展前景。

表6 国内对二甲苯的供需状况 kt

年份	产量	进口量	出口量	表观消费量	年增长率/%	自给率/%
2002	1480	280	40	1720	10.23	86.08
2003	1570	1020	90	2500	45.07	62.81
2004	1800	1140	30	2910	16.24	62.01
2005	2234	1607.9	62.9	3779	28.86	59.12
2006	2789	1840.2	97.8	4531.4	19.91	61.55
2007	3681	2903.1	252	6332.1	39.74	58.13
2008	4640.4	3403.5	447.8	7596.1	19.96	61.09
2009	4855	3705.3	333.3	8227	8.30	59.01
2010	6011	3527.2	209.7	9328.5	13.39	64.44
2011	6693	4982	347.9	11327.1	21.42	59.09
2012	6210	6285.8	192.2	12303.6	8.60	50.47
2013	7390	9052.9	181.1	16261.8	31.17	45.44

2.3 下游PTA发展状况

2.3.1 国内PTA产能情况

近年来，随着国内聚酯工业快速发张，PTA市场需求强劲，产能快速增长。PTA产能的投放主要集中在2011~2014年，其中2011年下半年投放4.85Mt，2012年投放12.5Mt，2013年投放7.7Mt，2014年计划投放10Mt。与PTA相比，PX产能释放的步伐太慢，2011年和2012年每年投放的PX产能在1Mt上下，远不及下游PTA和聚酯的扩张速度，因此造成了国内PX供应偏紧的格局，而且在2014年PX供应紧张态势不改，PX主导产业链的格局在2014年并不会发生改变，其价格维持高位运行仍将是大概率事件。

2013年国内PTA的总产能约34Mt。其中PTA产地主要集中于江浙、东南沿海。其中江、浙、沪约占全国总产能的50%，福建约占13%，广东约占10%，其他地区约占17%。

“十二五”后期，国内PTA产业仍有一定的增长，国内多家企业计划新建或扩建装置，如果这些项目能够按计划实施，则“十二五”末期，国内PTA总产能将达到近40Mt。见表7。

表7　2014~2015年期间国内PTA计划新增产能情况　　kt

生产厂家	产能	生产厂家	产能	生产厂家	产能
河南洛阳龙宇化工	900	盛虹集团	1500	福建石狮佳龙	1100
四川晟达化学新材料	1000	桐昆集团	800	合计	530

2.3.2　PTA表观消费情况

近几年，随着国内聚酯工业的不断发展，PTA表观消费量也稳步增加。2006~2012年PTA表观消费量的年均增长率为12.66%。但2013年因为欧盟反倾销，加之国内经济不景气，PTA表观消费量出现了小幅下滑。近年来国内PTA供需平衡情况见表8。

表8　近年来国内PTA的供需状况　　kt

年份	产量	进口量	出口量	表观消费量	年增长率/%	自给率/%
2005	5650	6491.3	0.054	12141.3		46.53
2006	6700	7004.3	0.059	13704.3	12.87	48.89
2007	9810	6988	0.046	16798	22.57	58.40
2008	9350	5940.6	0.089	15290.6	-8.9	61.11
2009	11960	6256.1	1.2	18214.9	19.12	65.66
2010	14135	6642	4.3	20772.7	14.04	68.05
2011	16480	6527.2	27.1	22980.1	10.63	71.71
2012	2300	4194.9	8	27186.9	18.31	84.60
2013	2347	2136.5	126	25480.5	-6.28	92.1

3　近几年对二甲苯(PX)市场走势情况分析

PX的生产原料是石脑油或者二甲苯(MX)，其主要下游产品是PTA，从2012年7月到2013年12月四种产品价格走势来看，基本完全同步。2012~2013年中国石化主要炼油厂石脑油、二甲苯(MX)、对二甲苯(PX)、PTA的价格走势见图1。

一般来说，石脑油直接生产PX的生产成本约2000元/t，二甲苯(MX)生产PX的原料成本约700元/t，加上加工成本约300元/t，合计生产成本约1000元/t。0.655t PX能生产1t PTA，但加工成本和各种损耗费用约1000元/t，因此PTA成本价=0.655×PX价格+1000元，其中0.655×PX价格为原料成本，1000元/t为各种生产费用。从近两年中国石化石脑油、MX、PX、PTA的月均价和一年半平均价(表11)可以看出，石脑油生产PX平均效益达2450元/t左右，用MX生产PX平均效益达1370元/t，因此近两年PX装置效益优势非常明显，但PX生产PTA效益不好，大多数时间仅在保本边缘，主要原因是PX资源紧张，供不应求，造成价格长期居高不下，PTA原料成本过高，生产效益不好。

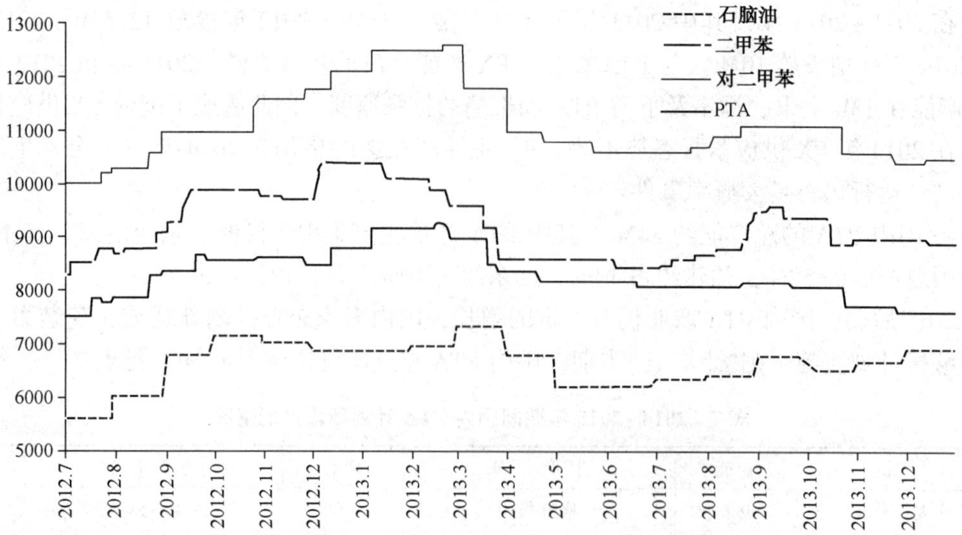

图1　石脑油、二甲苯、对二甲苯、PTA价格走势对比

4　国内对二甲苯(PX)发展设想及有关建议

4.1　今后国内需求预测

PX需求主要取决于PTA的生产发展。据预测，为满足国内需求，2015年、2020年我国PTA产量将分别达24.3Mt和31Mt，按80%的自给率和每吨PTA消耗0.655tPX计算，届时国内PX产量将达到约12.8Mt和16.3Mt左右。按PX装置平均开工率为90%计算，需相应配套PX产能为14.2Mt/a和18.2Mt/a，与2013年的12.37Mt/a产能相比，分别有约1.8Mt/a和5.8Mt/a的发展空间。

4.2　发展目标建议

受扩大内需政策拉动，国内经济逐渐回暖，而全球经济亦从金融危机中逐步复苏。为满足国内外聚酯需求增长，保障PTA的原料稳定供应，增强产业链整体竞争力，国内PX也需随着PTA生产的扩大而适度发展。建议在2020年前将新增PX产能5Mt/a左右，对外依存度控制在20%左右，期末总产能达18Mt/a左右。扣除已核准的1个项目约2Mt/a能力，还有3Mt/a余量可以安排。

根据PX的资源来源和生产特点，严格控制新布点；按照园区化、一体化、规模化要求，通过石油中芳烃资源的优化配置，进一步优化PX产业布局；鼓励自主技术创新和应用，提高核心竞争力，新建PX装置项目应在600kt以上。

4.3　突破原料供应瓶颈，打破垄断局面

中东地储量丰富且成本低廉的乙烷和丙烷气体，近年来该地区的烯烃装置基本采用乙烷及丙烷气体为原料，使得该地区石脑油商品供应量多用于出口，另外非洲和中南美地区也是世界石脑油出口的主要地区，国内芳烃企业可以考虑从以上地区进口重质石脑油为原料。

4.4　优化产业布局，与区域经济发展相协调

近年，由于产业链发展不均衡，出现了原料PX发展速度相对缓慢，而下游PTA产业发展迅猛的态势。且产业链上下游产品布局不同步，产品运输距离过长。目前我国PTA企业大多依赖进口解决PX的供应，我国现有和未来新增的PTA装置仍主要集中在华东、华南沿海地区，该地区的PX供需缺口将进一步扩大，尤其是浙江、江苏和福建地区。国内新建PX装置，要从有利于促进下游PTA产业发展的角度考虑，在解决原料供应的前提下，应优先考虑在贴近下游PTA市场布局的PX项目，如沿江、沿海等省市，发挥项目的区域优势，在局部地区形成上下游一体化的产业链，增加PX-PTA-聚酯产业链的整体竞争力。

丁烯氧化脱氢制丁二烯技术现状

王彦宁

（中国石化天津分公司研究院，天津 300270）

摘 要： 阐述了正丁烯氧化脱氢的技术现状，简单介绍了丁烯脱氢氧化的工业催化剂的发展历程及其类型，同时介绍了国内正丁烯脱氢装置的最新动态。

关键词： 丁烯 氧化脱氢 丁二烯 技术现状

1 前言

丁二烯是一种重要的石油化工基础有机原料和合成橡胶单体，是 C_4 馏分中最重要的组分之一，在石油化工烯烃原料中的地位仅次于乙烯和丙烯。由于其分子中含有共轭二烯，可以发生取代、加成、环化和聚合等反应，使得其在合成橡胶和有机合成等方面具有广泛的用途，可以合成顺丁橡胶(BR)[1]、丁苯橡胶(SBR)[2]、丁腈橡胶[3]、苯乙烯-丁二烯-苯乙烯弹性体(SBS)[4]、丙烯腈-丁二烯-苯乙烯(ABS)树脂[5]等多种产品，此外还可用于生产己二腈、己二胺、尼龙-66、1，4-丁二醇等有机化工产品以及用作粘接剂、汽油添加剂等，用途十分广泛。

正丁烯脱氢制丁二烯作为一种重要的丁二烯来源，我国在 1969 年建成了千吨级规模的正丁烯氧化脱氢制丁二烯工业装置，随后在 1971 年建成了大型正丁烯氧化脱氢装置。而美国 Phillips 公司也在同时期开发成功了丁烯氧化脱氢生产丁二烯新工艺，并于 1970 年实现了工业化[6]。

2 催化脱氢和氧化脱氢[7]

烃类脱氢在石油化工中应用很广，如乙苯脱氢制苯乙烯[8,9]、环己醇脱氢制环己酮[10]和异戊烯脱氢制异戊二烯[11]等。但是脱氢法存在以下几个缺点：脱氢反应是加氢反应的逆反应，为吸热反应。脱氢反应时分子数增加的反应。随着脱氢反应的进行，生成物和氢气逐渐增多，平衡不利于脱氢。脱氢反应受到化学平衡的限制，转化率不可能很高。温度高和烃分压低对平衡有利。但高温意味着能耗大，低烃分压可能在操作时加入大量的惰性气体，这些均使工艺流程复杂，经济效益低。一般说来，催化脱氢法的单程转化率较低。一般工业生产均采用大量的高温过热蒸汽提供反应热量，因此能耗和投资都增大。脱氢反应的催化剂容易积炭，从而降低活性，因此必须进行周期性的清炭。

氧化脱氢可以避免上面的缺点，但催化剂的选择性一定要好，特别是不能生成或少生成含氧有机化合物。否则不仅消耗原料，而且生成的废水和废气造成环境污染。氧化脱氢中的氧对不同的反应和催化剂可以起不同的作用。氧和水蒸气可以与催化剂上的积炭发生反应，从而使催化剂保持活性。由于有水蒸气生成，使吸热的脱氢反应变为放热反应。实际中氧化脱氢反应可看成不可逆过程，可以不考虑化学平衡的影响，而主要集中在催化剂和反应条件的研究上，使催化剂具有良好的选择性和合适的活性。

3 丁烯氧化脱氢的工业催化剂

3.1 丁烯氧化脱氢的催化剂进程

丁烯氧化脱氢工艺的关键是催化剂和反应系统，我国从 20 世纪 60 年代开始对丁烯氧化脱氢生产丁二烯工艺进行研究[6]。

第一代催化剂研制用了10年。1966年锦州炼油厂使用列管式固定床反应器进行了中试，虽然单程转化率和选择性较高，催化剂损失少，但催化剂结碳严重，必须定期再生，另外换热设备复杂，材质要求高，造价昂贵，最终实验中断。后来锦州炼油厂和太原煤炭化学研究所合作，改建导向板硫化床，进行氧化脱氢中试，结果表明，三元钼系催化剂在导向板流化床上进行丁烯氧化脱氢生产丁二烯是可行的。1971年此工艺在国内建成五套工业生产装置：燕山合成橡胶厂15kt/a，锦州炼油厂5kt/a，齐鲁橡胶厂15kt/a，兰州合成橡胶厂6kt/a，岳化橡胶厂16kt/a。三元钼系催化剂作为我国第一代催化剂，为我国合成橡胶厂提供了大量丁二烯原料，同时也暴露出不少问题，主要表现在钼流失，催化剂选择性不高，生成较多副产物，堵塞设备和污染环境。1973年中国科学院兰州化物所与锦州炼油厂合作，开发丁烯氧化脱氢Sn-p-Li催化剂。该催化剂在流化床上操作具有很高的活性和选择性，但反应温度高，水烯比大，能耗大，催化剂强度差，不适于采用流化床。未能实现工业化生产。

第二代催化剂研制用了不到10年。1975年兰州化物所研究钼系六元催化剂，1979年2月在山东齐鲁橡胶厂进行试验，指标效益明显优于三元催化剂，且在1982年通过部级鉴定，达到国内先进水平。丁二烯真实收率保持在56-58%，真实选择性75%左右。

第三代催化剂研制用了五年。1981年兰州化物所研制成H-198尖晶石型铁系催化剂，中试和工业试验表明，H-198催化剂适用于现有导向挡板流化床操作，并且取得了较理想的效果。同年，燕山公司橡胶厂开发了B-02催化剂，华东化工学院用它开发了两段轴向绝热固定床反应工艺流程。齐鲁橡胶厂对B-02催化剂进行了两年中试放大试验，于1986年建成一套16kt/a丁二烯的工业生产装置。

3.2 丁烯氧化脱氢的工业催化剂主要类型

新型催化剂的研制仍在不断进行。丁烯氧化脱氢的工业催化剂主要有以下几种类型：(1)Bi-Mo氧化物体系[12,13]。在这类催化剂中，Mo或Bi-Mo氧化物是主要活性组分，碱金属、铁系元素、VB元素的氧化物主要起到提高活性、选择性和结构稳定性的作用；(2)以Sb或Sn的氧化物为基础的二组分或多组分氧化物催化剂；(3)以Ti氧化物为基础的多组分混合氧化物是近年来开发的一类催化剂；(4)H-198型铁系催化剂[14]。这类催化剂是中国科学院兰州化学物理研究所和兰州化学工业公司研究院于1981年开发成功的，它的晶相结构比较单一。惠生工程(中国)股份有限公司已成功开发出一种新技术，自主开发的新型催化剂B-02铁系催化剂具有优异的性能，可以实现单程转化率和单合格率分别超过那些传统技术的3%~4%和2%~3%，单条生产线可达到丁二烯100kt/a[15]。

周在启分析了催化剂失活的主要原因[16]有：(1)由于长时间氧烯比小或缺氧，Fe^{3+}还原成Fe^{2+}而使催化剂中的α-Fe_2O_3大大减少，降低了丁烯氧化脱氢反应的选择性；(2)催化剂积炭，活性表面积下降和活性中心数目减少；(3)反应温度太高，催化剂发生烧结而使催化剂的表面积下降。

4 国内外现状

受乙烯原料不断轻质化、国内合成橡胶产能快速增长等因素的影响，近年国内丁二烯供应短缺[17]，价格大幅攀升。在此背景下，丁二烯扩能迅速。许多机构也普遍预测，未来五年，世界丁二烯供应量增速每年将达7.9%。虽然业界普遍担心，乙烯裂解原料轻质化后可能导致丁二烯会出现结构性短缺，但事实上，未来几年全球丁二烯供应量增速还可能超过需求增速，据GBI研究公司预测，2020年美国的丁二烯需求将达到2.4Mt/a，而同期其产能将仅为1.9Mt/a[7]。

目前来看，丁二烯供应短缺担忧很可能被夸大了。2013年11月美国艾兰比克全球顾问公司(Alembic Global Advisors)分析师哈桑·艾哈迈德(Hassan Ahmed)表示，2013~2017年全球丁二烯供应量将以年均5.4%的速度增长，超过预期需求增速。据预测，未来5年，北美地区可能新增丁二烯产能不大，但在中国以及亚洲其他国家和中东地区将有大量新建项目投产，从而大幅扩大供应能力。

国有企业依托大型乙烯装置，采用传统的石脑油路线新建丁二烯装置。2012 年巴陵石化丁烯氧化脱氢制丁二烯装置项目可行性研究报告获总部批复。拟在烯烃事业部生产区建设的年产 100kt 丁烯氧化脱氢制丁二烯装置，以巴陵石化及周边石化企业副产醚后碳四馏分为原料，采用中国石化自主开发的丁烯氧化脱氢和乙腈溶剂萃取精馏工艺，以及径向固定床绝热反应器和铁系催化剂技术，解决丁二烯来源问题，提高该公司热塑橡胶产品竞争力。2013 年 9 月 10 日，巴陵石化 100kt/a 丁烯氧化脱氢制丁二烯项目场地平整(土石方)工程开挖。

2013 年 7 月 18 日，武汉石化 130kt/a 丁二烯装置投产。该装置是我国应用中石化自有技术的第三套全国产化装置，并且武汉石化也因此成为华中地区唯一的丁二烯产地。此外，锦州石化 100kt/a 丁二烯装置和福建炼化 60kt/a 丁二烯装置在 2013 年年底投产；四川石化乙烯装置于今年 2 月底投料，丁二烯装置已有产出，但由于目前装置运行仍不平稳。

缺乏混合碳四资源的国内民营企业，则采用丁烯氧化脱氢制丁二烯的工艺建设新装置。2013 年齐翔腾达 50kt/a、华宇橡胶 70kt/a、山东万达集团 150kt/a 丁烯氧化制丁二烯装置先后投产。资料显示，“十二五”期间，我国将建设 10 套丁烯脱氢制丁二烯装置，总年产能约为 900kt/a。

2013 年 12 月 26 日，齐翔腾达和山东齐鲁石化工程有限公司作为委托方与上海朗锐科技签订了《丁二烯氧化脱氢制丁二烯技术出口委托代理协议》。齐翔腾达主研发和对氧化脱氢工艺及催化剂不断改进和完善的基础上开发拥有了发明专利“轴向固定床丁烯氧化脱氢制备丁二烯的方法”，并且拥有 100kt/a 工业化生产装置。

尽管未来几年，新增产能的释放能够在一定程度缓解丁二烯供应的紧张，但是国内丁二烯供不应求的局面将不会改变。

5　结束语

国内正丁烯氧化脱氢制丁二烯技术虽然还存在一些问题，但在相关企业的推动下正逐步优化，未来可能会得到更大范围的应用。除了美国 TPC 集团计划新建以正丁烷为原料二步法脱氢生产丁二烯以外，其他都以正丁烯为原料，经氧化脱氢生产丁二烯。因此，正丁烯氧化脱氢工艺未来一段时间内仍将是增产丁二烯的主要方法。

由于近几年多套大型乙烯装置的建成投产，我国丁二烯的生产能力不断增加。今后几年产能和产量仍将大幅度增长。与此相对应，我国合成橡胶主要品种丁苯橡胶、聚丁二烯橡胶的生产能力虽然也大幅度增长，但是不能完全消化丁二烯产量的增长，国内丁二烯产能将出现过剩。因此，有关企业应该加大新技术的开发力度，逐步完成现有装置的技术改造，进一步降低能耗和物耗。此外，还应积极扩大出口，增加丁二烯在其他方面的应用，如将其转化为扩大出口，增加丁二烯在其他方面的应用，以开拓其消费领域、增加消费量，确保我国丁二烯行业健康稳步发展。

参　考　文　献

[1] Srivastava V K, Maiti M, Jasra R V. Synthesis and utilization of alternative chain transfer agent in cobalt catalyzed 1, 3-butadiene polymerization reaction to produce cis-polybutadiene rubber[J]. 2011, 47(12): 2342-2350.

[2] Liu X, Zhao S, Zhang X, et al. Preparation, structure, and properties of solution-polymerized styrene-butadiene rubber with functionalized end-groups and its silica-filledcomposites[J]. 2014, 55(8): 1964-1976.

[3] 汪多仁. 丁腈橡胶的合成与应用[J]. 世界橡胶工业, 2000, 27(1): 42-43+60.

[4] 邓启明，陈淑琳，冯富嫱，郑彧丰，王力真，古振翼. SBS 嵌段共聚物的合成与应用[J]. 合成橡胶工业，1980, 6: 378-382.

[5] 于志省，李杨，杜晓旭，张微，郑君双，王玉荣. 本体法合成 ABS 树脂 I. 相转变过程的研究[J]. 合成树脂及塑料，2009, 03: 8-12.

[6] 李亲华．我国丁烯氧化脱氢制丁二烯技术进展[J]．石油化工，1990，19(3)：183-190.
[7] 耿旺，杨耀．脱氢法制丁二烯技术现状及展望[J]．精细石油化工，2013，03：70-75.
[8] 刘国柱．乙苯脱氢催化剂性能对比[J]．天津科技，2013，05：107-108.
[9] 赵万臣，陈得荣，王彦斌．乙苯脱氢催化剂在苯乙烯装置中的应用[J]．炼油与化工，2006，04：32~34，59.
[10] 李选志．环己醇脱氢制环己酮催化技术进展[A]．全国工业催化信息站、北京化工大学化工资源有效利用国家重点实验室、工业催化杂志社．第五届全国工业催化技术与应用年会论文集(下册)[C]．全国工业催化信息站、北京化工大学化工资源有效利用国家重点实验室、工业催化杂志社：，2008：4
[11] 山西燃料化学研究所502组．异戊烯催化脱氢制异戊二烯[J]．石油化工，1976，02：176-180，159.
[12] 程琳，李榕，甄强，等．含铋复合氧化物催化剂的研究进展[J]．工业催化，2011，02：1-10.
[13] 付岩，张威．用H-198催化剂在流化床反应器中丁烯氧化脱氢生产丁二烯[J]．合成橡胶工业，1990，06：397-398.
[14] Gu Guizhou，Li Zheng，Zhao Dongfeng，Zhao Chaocheng. Isolation and Characterization of a Thermophilic Oil-Degrading Bacterial Consortium[J]. China Petroleum Processing and Petrochemical Technology，2013，15(2)：82-90.
[15] 周在启．石化催化脱氢和氧化脱氢[J]．黑龙江科技信息，2012，21：21.
[16] 李玉芳，伍小明．丁二烯生产技术进展及国内市场分析[J]．化学工业，2012，30(1-2)：42-45，48.

丁二酸生产工艺技术进展

杨如惠　杨效军

（中国石化仪征化纤股份有限公司，江苏仪征　211900）

摘　要：文章介绍了丁二酸主要生产技术，其主要生产方法有电化学法，顺酐催化加氢法、生物发酵法，并综述了目前国内丁二酸工艺发展现状和未来发展前景。

关键词：丁二酸　电化学法　顺酐催化加氢法　生物发酵法

1　前言

丁二酸(Succinic Acid)又名琥珀酸，分子量为118.09，熔点188℃，沸点235℃，密度1.572g/cm^3(25℃)，常温下为无色或白色具有酸味的固体。它是一种重要的有机化工原料及中间体，其广泛存在于人体、动物、植物和微生物中。它最早由Agricold在1546年蒸煮琥珀时得到。主要应用于制药、农药、食品、合成塑料、橡胶、防护涂料、染料和其他工业中。除了以上应用以外，丁二酸还可以衍生出许多下游产品，如：1，4丁二醇(BDO)、四氢呋喃(THF)、γ-丁内酯(GBL)、N-甲基吡咯烷酮(NMP)等。其作为生物可降解塑料聚丁二酸丁二醇酯(PBS)的主要原料，随着世界和国家对环保可降解政策的引导和发展方向，面临着巨大的市场机遇。丁二酸的生产方法很多，目前已经工业化的主要有：生物发酵法、电解还原法、顺酐催化加氢法等。

2　主要生产技术

2.1　电化学法

电化学法是以马来酸或马来酸酐为原料，电解还原得到丁二酸。电解过程中，在阴极上顺丁烯二酸的稀键加成，发生还原反应生成丁二酸，阳极电解出H+提供给阴极。电化学还原马来酸合成丁二酸主要有两种方式：直接电还原和间接电还原。直接电还原是直接在电极表面由电子进攻双键或活性氢还原生成丁二酸，间接阴极电还原主要以Ti3+/Ti4+为媒质，间接还原马来酸合成丁二酸。其电解方程式为：

阴极反应

$$\begin{matrix} CHCOOH \\ \| \\ CHCOOH \end{matrix} + 2H^+ \xrightarrow{+2e^-} \begin{matrix} CH_2COOH \\ | \\ CH_2COOH \end{matrix}$$

电解过程中使用的电解槽主要分为隔膜[1]和无隔膜[2]两种，工作电极有铅、铅合金、石墨、不锈钢、铜、钛、二氧化钛电极等。专利[3~8] CN101008085A、CN101100758A CN101225524A、CN101407923A、CN101671831A和CN200985348Y等介绍了用电化学法合成丁二酸的方法。20世纪30年代已实现工业化生产，目前，我国丁二酸生产主要还是采用该技术，但在实际生产中，丁二酸的电化学合成法还有许多问题需要解决，如电耗大、离子膜易破损、电解腐蚀严重、电解槽维修困难、污水排放量大且占地面积大不利于大规模生产等。如图1为马来酸酐(MAH)或马来酸(MA)电解流程图。

2.2　顺酐催化加氢法

催化加氢法具有转化率高、产品纯度高、无明显副反应、环境友好等优点，是目前工业上最广泛的丁二酸合成方法。MAH催化加氢生产丁二酸，目前主要有两种路线：MAH在有机溶剂

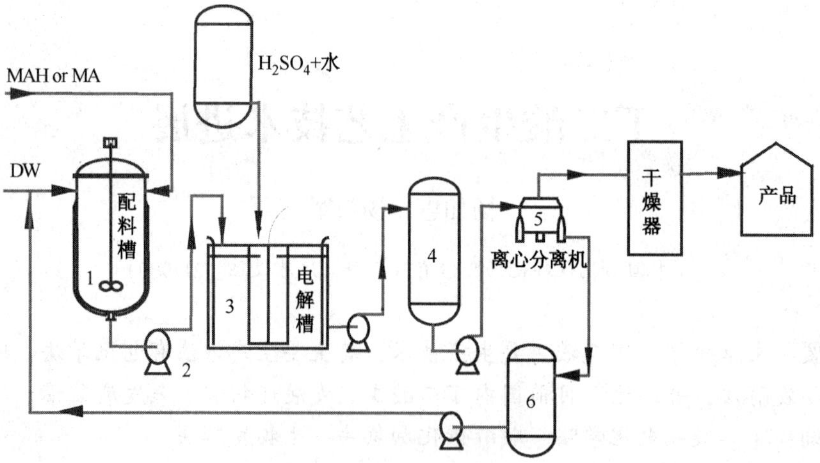

图1　马来酸酐或马来酸电解流程图

1—配料槽；2—真空泵；3—电解槽；4—结晶槽；5—离心机；6—母液槽

或无溶剂(熔融)的条件下催化加氢生丁二酸酐，丁二酸酐再水解成丁二酸，也即非水相法；MAH在有水的条件下首先生成马来酸，然后在负载型贵金属催化剂条件下一步加氢制备丁二酸，也即水相法。

马来酸或马来酸酐的催化加氢体系可分为均相和多相，均相催化加氢体系催化剂中的金属离子主要是过渡金属中的贵金属，如Pd、Rh、Ru等，另外还有Ni、Co等非贵金属。多相催化体系又可分为液相催化加氢体系和气相催化加氢体系。液相催化加氢体系使用的催化剂主要有Pd系、Ni系催化剂，如Pd/C、Ni/SiO_2、Ni-Mo等；气相催化加氢体系使用的催化剂主要有Cu-Cr、Cu-ZnO-Al_2O_3、Cu-ZnO、Cu-ZnO-Al_2O_3-A(A代表促进剂)、Cu-Ni双金属催化剂和贵金属催化剂等(如Pd-Re、Re-Pt-Co和Re催化剂等)。

由于正丁烷氧化制顺酐实现了大规模的工业化生产，使得顺酐的生产成本变得低廉，从顺酐催化加氢生产丁二酸技术路线受到极大的关注。国内外许多学者做了大量的研究工作。

2.2.1　顺酐一步加氢制备丁二酸

一步法也即在催化加氢之前，马来酸酐先在有水的条件下水解成马来酸溶液，然后再催化加氢。目前国内湖南长岭石化科技发展有限公司采用的是马来酸酐水解加氢制备丁二酸技术。其采用固定床连续加氢技术，反应温度70~150℃，反应压力1.0~5.0MPa，氢酸摩尔比为(1~5)：1，体积空速为0.3~0.4h^{-1}。产品质量达到了医药食品级标准。国内外对一步生产丁二酸的研究主要是一些专利[9~13]，如下：

专利CN101844976A公开了一种催化加氢制备丁二酸的方法，它是在装有催化剂的固定床反应器内，将顺酐水溶液、富马酸水溶液或马来酸水溶液中的一种或几种加氢得到丁二酸。采用固定床使催化加氢制备丁二酸实现了连续化、大规模的生产；原料转化率和丁二酸选择性达99%以及产品纯度达99.5%以上。反应入口温度40~55℃，反应出口温度80~150℃，氢分压1.0~6.0MPa，体积空速0.2~2.0h^{-1}，氢酸摩尔比(2~20)：1。加氢所得物料冷却结晶后过滤，得滤饼和滤液，滤饼干燥即得丁二酸产品，所得滤液可循环利用。催化剂为颗粒状负载型催化剂，不需进行产品与催化剂的分离；采用母液循环利用技术，节约了原料，降低了成本，收率为100%。实现了三废零排放；工艺流程简单、规模效益大、产率高、生产成本和能耗低。

专利CN102311332A公开一种生产丁二酸的方法，以重量百分含量为10%~80%的顺酐γ-丁内酯溶液为原料，在反应温度为60~90℃。压力为0.5~1.5MPa及加氢催化剂的存在下进行加氢反应，加氢产物经水解及结晶分离后制得丁二酸。加氢催化剂以Pd为活性组分，活性炭、SiO_2、TiO_2或$BaSO_4$为载体，Co、Mo、Ni、Cu、Fe、Wu中的一种或几中为助剂。Pd的质量分数为1%~

10%，助剂的百分含量为1%~4%。加氢产物水解温度为60~80℃，结晶分离温度为-30~10℃。

专利CN102417445A是将催化剂装入固定床反应器后；通氢气使其压力稳定至5~35atm。加热至50~150℃，使质量分数为1%~25%的马来酸或马来酸盐的水溶液，以0.01h~5.0h~1h空速经过催化剂床层进入液收罐，在反应过程中，保持氢气与马来酸或马来酸盐的进料速率的摩尔比为(3.0~15.0)：1，将获得的反应液经冷却、过滤后，得到丁二酸或丁二酸盐和滤液，将获得的丁二酸盐经过酸化、分离后，获得丁二酸，所得滤液与马来酸混合，过量的氢气回收后再利用。

专利RU2129540、RU2237056介绍了用Pd-Ni或Pd-Fe为活性组分的催化剂催化加氢制备丁二酸。该催化剂用于制备丁二酸具有较好的加氢效果，但该催化剂制备复杂，其加氢工艺都是采用间歇不连续的工艺，需进行产品与催化剂的分离，催化剂为粉末状，回收利用率低。

刘娜，荣泽明等研究了纳米Pd/AC催化顺酐“一锅法”水相合成丁二酸。将改性骨架镍催化剂、贵金属负载型催化剂用于“一锅法”水相顺酐催化加氢合成丁二酸。顺酐转化率达100.0%，丁二酸选择性达99.8%。

如图2为顺酐水解加氢制丁二酸流程图。其流程为：顺酐与脱盐水按一定比例混合，顺酐水解后，与氢气混合经换热器换热进入反应器，经催化加氢反应后反应产物进入气液分离罐，氢气进入循环氢气压缩机，压缩后与补充氢一起循环利用，液相进入结晶罐结晶分离，晶浆进入过滤离心机进行离心分离，液相水经脱除微量杂质金属后循环回顺酐水解罐循环利用，固相丁二酸进行干燥，包装成品。

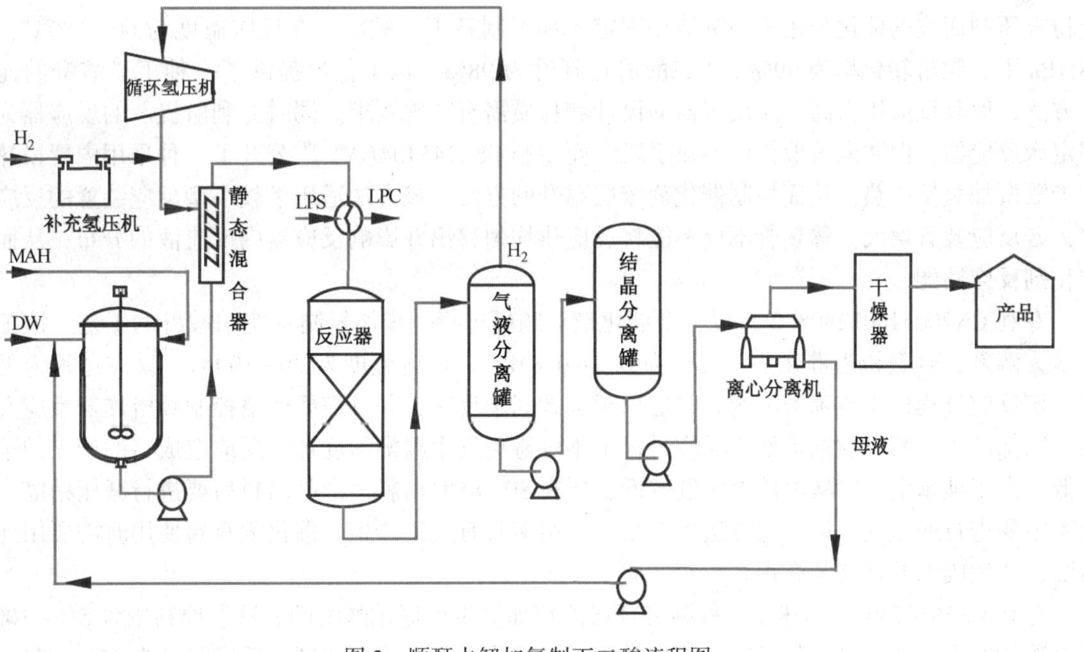

图2　顺酐水解加氢制丁二酸流程图

2.2.2　顺酐二步法制备丁二酸

二步法制备丁二酸是首先由马来酸酐催化加氢制备丁二酸酐，丁二酸酐再水解生成丁二酸。MAH加氢生成丁二酸酐为强放热反应($\Delta H=128kJ/mol$)，因此，在反应中要及时的转移出反应热，以便使催化床层的温度得到有效的控制。马来酸酐催化加氢制备丁二酸酐的方法又分为有溶剂和无溶剂两种方法。

2.2.2.1　无溶剂条件下催化加氢制备丁二酸酐

无溶剂条件也即对MAH的熔融态加氢，其中熔融法加氢技术关键在于催化剂性能和反应条件的控制。

专利 CN92100554.7[14] 和 CN92103481.4[15] 公开了一种无熔剂条件下，利用改性骨架镍催化剂对熔融状态的顺酐加氢制备丁二酸酐的方法。该法在顺酐加氢反应过程中保持釜内氢气压力恒定，该法丁二酸酐最高产率分别为90%和96%，该法需要补偿氢气，对设备要求高，对加氢产物需要负压精馏提纯，能耗大。

专利 US5952514[16] 描述了一种顺酐直接液相加氢制备琥珀酸酐的方法。该方法采用第Ⅷ金属元素为催化剂的活性组分，并且与第Ⅳ族、第Ⅴ族元素混合或者形成合金以增强催化剂的机械强度。在固定床上反应，反应温度为60~180℃，反应压力为10~400bar。该方法中提到的催化剂为含有 Ni/Zr/AI/V/Si 中元素的一种或几种，由于催化剂中含有 Zr/AL/Si，所以催化剂的使用寿命及对环境的污染不能得到保证。产品还要经过减压精馏，所以产品的色度高，生产能耗大，并且在丁二酸酐的精制过程中会有强酸性废物排放，对环境可造成不利影响。

2.2.2.2 有溶剂条件下催化加氢制备丁二酸酐

溶剂法加氢关键在于选择的溶剂与催化剂形成的催化体系。溶剂通常选用醋酐、THF、芳烃、乙酸乙酯、四碳二元酸酯、GBL 等，溶剂一方面用来溶解顺酐，另一方面保证加氢生成丁二酸酐后立即离开催化剂的活性中心，提高选择性，缓和加氢反应条件。

专利 EP0691335[17]，公开了在溶剂存在条件下顺酐一步加氢制备丁二酸酐的方法，其所用催化剂为贵金属 Pd，贵金属含量高达2%~10%催化剂成本高。采用该催化剂，在反应压力为4~6MPa 条件下，丁二酸酐产率为90%~95%，反应压力偏高。

专利 US5952514[16] 和 US5770744[18] 公开了一种铁和惰性无素铝、硅、钛或铁、钴、镍和碳合金粉末压制而成的催化剂用于顺酐液相固定床加氢制备丁二酸酐。在反应温度为60~180℃，压力38MPa 下，顺酐转化率为99%，丁二酸酐选择性为98%。该工艺虽提供了一种丁二酸酐的连续生产方法，但其反应压力高，对反应器的设计和村质需有特殊要求。同时专利所提及的反应器为单管固定床反应器，但并未采取任何换热手段。而专利 US2245404(A)[19] 公开了一种采用内置换热管来移走顺酐加氢反应热，从而控制催化剂床层温升的方法。该方法适用于较小型反应装置的反应热移出，若反应装置增大，移热管不仅不能将反应热均匀移出并影响反应器内反应液的分布，从而降低催化剂反应性能。

专利 CN200510012808.2[20] 以合金催化剂对顺酐进行一步加氢制备琥珀酸酐的工艺。该工艺以纯苯为溶剂，合金粉为催化剂，氢压为0.2~0.8MPa，反应温度为30~100℃。反应过程为无水操作。该反应过程使用纯苯为溶剂，只适用于釜式间歇反应，并且需要严格控制顺酐加氢反应升温曲线，以保证丁二酸酐的选择性，反应过程中不可避免发生顺酐深度加氢反应造成目的产品的选择性降低，由于纯苯对丁二酸酐的溶解度较低，要在80~85℃出料。产品出料后要进行减压精馏，精馏过程中要进行通氮气。该工艺方法操作复杂，精馏时有废渣产生，催化剂重新使用时需要用纯净水清洗，产生废水并且纯苯有毒。

专利 US5616730[21] 阐述了一种顺酐直接液相加氢生产琥珀酸酐的方法。原料中含5%~100%重量分数的顺酐，95%~0%的丁二酸酐。采用雷尼镍或铂系金属催化剂，反应温度在120~150℃，氢压在1~15MPa。该工艺以丁二酸酐为溶剂，只适用于釜式间歇反应，并目需要严格控制顺酐加氢反应升温曲线，以保证丁二酸酐的选择性，产品在熔融态下出料。该方法生产丁二酸酐的产品色度高，由于产品在熔融志下出料，所以反应过程的操作有危险性，产品需要经过脱色、提纯处理，能耗高。

专利 CN95109162 X[22] 以第1族和Ⅷ族无素作为加氢活性组分，液态马来酸酐在加氢条件下加入初始加入的液态琥珀酸酐中的催化剂的悬浮液中进行一步加氢生产丁二酸酐的方法，催化剂以金属粉末或载体的形式存在。反应温度为120~150℃，氢压为1~15MPa，该方法只适用于间歇操作。

专利 CN102389751A[23] 提供了一种顺酐溶液加氢制备丁二酸酐的固定床反应器和方法，顺酐溶液和氢气进入反应器，反应生成丁二酸酐。其通过三段催化剂床层，催化剂床层之间有冷却介质移除反应生成的热量，能更好的控制催化剂床层温度。顺酐溶液中顺酐的质量含量为 10%~50%，溶剂为环已烷、甲基环已烷或甲基环戊烷中的一种以上。

专利 CN101735182A[24] 提供了一种顺酐加氢连续生产丁二酸酐的工艺，顺酐溶液经滴流床反应器加氢后，以 20%~50%分流比分流，分流部分反应液进入精馏塔精馏后得到成品丁二酸酐和溶剂，溶剂回收利用，其余液体与顺酐溶液混合，经换热器换热后返回反应器。该专利也能够移除反应热，丁二酸酐收率高于 97.5%。

陈建兵采用钯炭催化剂，以 γ-丁内酯为有机溶剂，在固定床反应器上进行顺酐催化加氢生产丁二酸酐的研究，在氢分压 3.0MPa、催化剂用量 0.5%、反应温度 80℃、空速 1.0h^{-1}、氢质比 140 的反应条件下，顺酐的转化率达到 99%，丁二酸酐选择性大于 80%。通过冷却结晶的方法在-20℃将丁二酸酐和 γ-丁内酯进行分离。合适的水解条件为：丁二酸酐水解温度控制为 80℃，丁二酸酐质量分数控制为 15%~20%，丁二酸酐和水的摩尔比为 1/4，丁二酸酐水解率达到 100%。

如图 3 为顺酐加氢水解制丁二酸的流程图。其流程为：顺酐经加热熔融之后(或是经有机溶液溶解之后)，与氢气混合进入反应器，经催化加氢反应后反应产物进入气液分离罐，氢气进入循环氢气压缩机，压缩后与补充氢一起循环利用，液相进入负压精馏塔精馏，精馏产品进入缓冲罐后泵送入丁二酸酐水解罐，丁二酸酐与脱盐水按一定比例混合，水解后在结晶罐中结晶，晶浆进入过滤离心机进行离心分离，液相水经脱除微量杂质金属后循环回丁二酸酐水解罐循环利用，固相丁二酸进行干燥，包装成品。

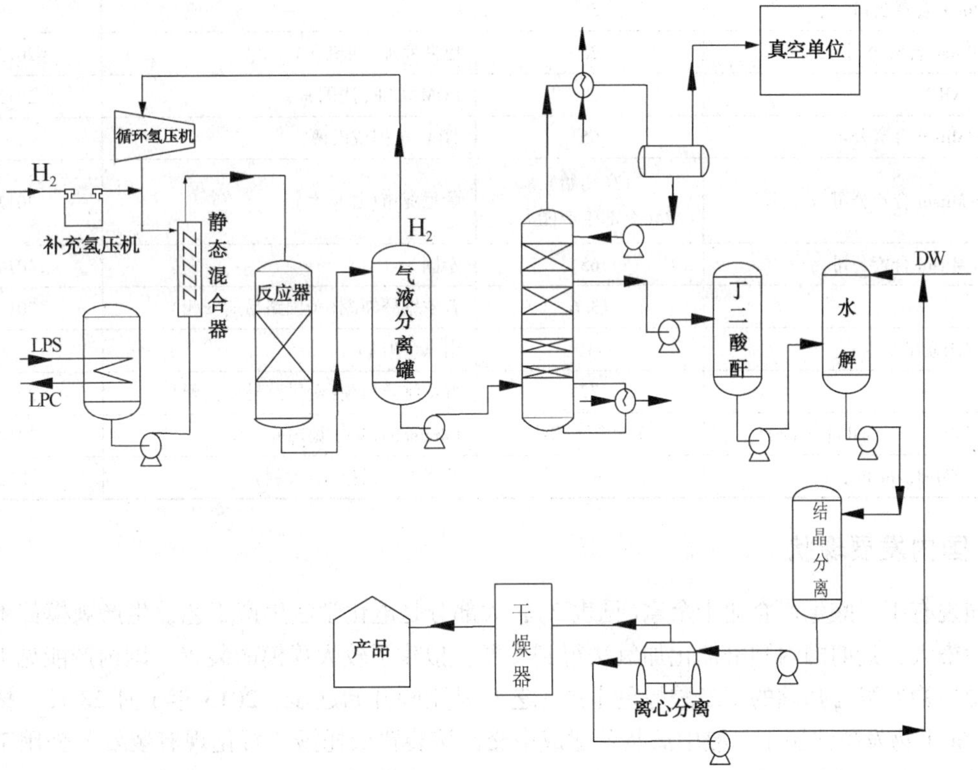

图 3　顺酐加氢水解制丁二酸的流程图

2.3　生物发酵法

微生物发酵法国内外报道较多，国外已经有规模化生产，如法国 Bioamber 公司。国内发酵法制取丁二酸起步较晚，尚未应用于实际生产，目前，中国石化扬子石化拟建设 1kt/a 的生物发酵丁二酸。发酵制备丁二酸至关重要的是利用廉价的原料和营养成分来获得高产量以及高浓度的产品，如利用微生物菌种，以玉米、秸秆、木材等为基本原料，不仅可以得到安全的食品医药级产品，同时还能为农产品的深加工及转化，为高附加值产品提供一条可行的途径。

目前研究的几种丁二酸发酵和提取工艺有：液/液萃取法从发酵液中提取丁二酸；碳水化合物发酵生产丁二酸钙和将盐转化成酸并纯化；电渗析技术，发酵过程中用 NaOH 中和发酵液形成可溶的丁二酸钠，然后发酵液经过过滤、两极膜电渗析，丁二酸钠转化为丁二酸；US5958744[25]中提出了一种既不消耗大量的试剂，也不产生大量副产物的生产和纯化丁二酸的工艺，在整个工艺流程中，结晶的丁二酸是唯一的产物，但是这个生产过程还未能应用于实际生产中。

BioAmber(法国)公司建成了世界上第一套商业化规模生物基琥珀酸装置，已商业化生产生物基琥珀酸。另外，计划 2013 年在 Sarnia 建设一座生物基琥珀酸厂，见表 1。琥珀酸可以作为 C_4 化合物的平台，合成一些重要的化工产品如 BDO、THF、GBL 等。美国 Argonne 国家实验室、Oak Ridge 国家实验室、西北太平洋国家实验室和国家可再生能源实验室组成的集团分别与应用碳化学公司(Applied Carbochemicals)和 Arkenol 公司合作开发酶法工艺，将葡萄糖转化为丁二酸，丁二酸再采用适用催化剂转化成 BDO。目前，美国生物基化学公司 Genomatica 和意大利塑料生产商 Novamant 将在意大利共建首座生物基 BDO 工厂。德国赢创和法国 Bioamber 公司正合作开发生物基 BDO 催化剂。届时，玉米生物基琥珀酸将降低对石油的依赖，改善现有石化产品的状况。该工艺符合低碳环保、绿色生产的要求，预计到 2015 年，全球新的生物基琥珀酸产能陆续释放，将超过 200kt/a。

表 1　国外主要企业的生物基丁二酸的产能

公　司	年产量/kt	工 厂 地 址	运行时间
巴斯夫/Purac 合资公司	50	—	—
巴斯夫/ Purac 合资公司	25	巴塞罗那(西班牙)	2013 年
BioAmber-ARD	3	POMACLE(法国)	2012 年
BioAmber/Mitsui 合资公司	65	TBA(美国或巴西)	—
BioAmber/Mitsui 合资公司	17(初始) 34(全部生产能力)	萨尼亚市(加拿大)	2013 年
BioAmber/Mitsui 合资公司	65	泰国	2014 年
Myriant	13.6	普罗维登斯湖(美国路易斯安州)	2013 年
Myriant-中国蓝星	110	南京(中国)	—
Myriant	77	普罗维登斯湖(美国路易斯安州)	2014 年
Myriant-Uhde(owner and operator)	0.5(第一年)	Infraleuna site (德国)	2012 年
Reverdia(DSM-Roquette)	10	萨诺斯皮诺拉(意大利)	2012 年

3　国内发展现状

我国现有丁二酸生产企业十余家(见表 2)，大部分是电化学法生产工艺，生产规模都不大，能耗高、污染大，近期国内顺酐催化加氢法得到发展，拟建了较大规模的装置，国内产能见下表。而国内以微生物发酵为基础的丁二酸绿色生产工艺只是刚刚开始起步，2013 年 1 月 28 日，扬子石化公司 1kt/a 生物发酵法制丁二酸中试装置建成中交，该装置依托扬子石化现有装置及公用工程配套设施，采用中国石化与南京工业大学高校科研单位共同开发的生物发酵法合成丁二酸技术，装置设计生产能力为 1kt/a，年工作日 300 天，年生产时数 7200h。

表 2　目前我国丁二酸生产企业及产量

生　产　商	产能/(kt/a)	工艺路线	备　注
安庆和兴	3	电化学法	为配套 PBS 扩能至 10kt
安徽三信	3	电化学法	
保定味群	4	电化学法	

续表

生产商	产能/(kt/a)	工艺路线	备注
陕西宝鸡宝玉	2.5	加氢	
上海申人	2	电化学法	
江苏曙光	2	电化学法	
安徽大宇	1	电化学法	
建德大洋	2	电化学法	
江苏昆山味群	1	电化学法	
江苏仙桥	1	电化学法	
山东振兴	1	电化学法	
湖南长岭石化	3	加氢	
山东潍坊三希	0.9	电化学法	
浙江黄岩先灵	0.5	电化学法	
陕西惠丰	0.3	加氢	
江苏阜阳	0.15	电化学法	
天津渤化中河化工	5	加氢	拟建
吐鲁番	20	加氢	拟建
湖南云溪	50	加氢	拟建
扬子石化	1	发酵	
总计	103.35		

4 市场发展前景展望

丁二酸在食品、医药、表面活性剂、绿色溶剂、生物可降解塑料等领域具有广泛的应用前景，其衍生物的化学产品市场潜力较大。目前最具发展前景的市场是作为生物可降解塑料聚丁二酸丁二醇酯(PBS)的主要原料。目前以丁二酸为原料合成PBS生物可降解塑料的技术在德国巴斯夫公司、日本三菱公司、中国清华大学、中科院理化研究所都已开发成功，并投入批量生产。PBS与其他生物可降解塑料相比，不仅力学性能十分优异，而且价格合理，市场需求量很大。专家分析认为，未来我国PBS的年需求量将达到3Mt以上，按生产1t PBS需消耗0.62t丁二酸计算，需消耗丁二酸1.8Mt，而目前我国丁二酸年生产能力远远不能够满足市场的需要，丁二酸的市场增长空间十分巨大。目前国内已有多家企业正在积极筹备上马PBS项目，已成功生产PBS企业安庆和兴2009年产10kt，准备后续在上年产100kt，鑫富药业年产3kt等。并且随着PES塑料，丁二酸和乙二醇缩聚得到的有机高分子材料，PHS塑料，丁二酸和己二醇缩聚得到的有机高分子材料，随着这两种新生降解塑料的研发成功，丁二酸的需求量将会大增。但一直以不可再生的战略资源石油产品作为原料的传统丁二酸生产方法导致了高价格和高污染，抑制了丁二酸作为一种优秀的化学平台产品的发展潜力，国外通过生物发酵法生产的丁二酸利用廉价原料，经过合理的过程优化，生产出更具巨大优势和发展潜力的丁二酸产品，随着我国对绿色产业的关注，特别是全球可持续发展的解决方案日益增长的需求下，可生物降解的生物基聚琥珀酸丁二酯竞争力提升，将使生物基丁二酸市场变得更大，此方法将具有巨大的发展潜力。

参 考 文 献

[1] 李春丽，陈新志．有膜法电化学合成丁二酸的眼睛[J]．青海大学学报(自然科学版)，2006，24(1)：17-21.
[2] 李春丽．无膜法电化学合成丁二酸的研究[J]青海大学学报：自然科学版，2000，18(6)：17-22.
[3] 张新胜，张娴玲．顺丁烯二酸酐电解还原制丁二酸的方法[P]．中国，CN101008085A.

[4] 张文魁，甘永平，辉黄．一种无隔膜电解合成丁二酸工艺及装置[P]．中国，CN101100758A.
[5] 徐颖华，毛信表，盛江峰，赵峰鸣，马淳安．一种新型无隔膜间歇式绿色电合成丁二酸的方法：中国，CN101225524A.
[6] 沈海平，赵峰鸣，马淳安．一种利用电化学管式反应器电解合成丁二酸的方法[P]．中国，CN101407923A.
[7] 徐颖华，朱英红，毛信表，等．一种可用于连续电解合成丁二酸的电解槽[P]．中国，CN101671831A.
[8] 张文魁，甘永平，黄辉无隔膜电解合成丁二酸装置[P]．中国，CN200985348Y.
[9] 李庆华，周冬京，佘喜春，一种催化加氢制备丁二酸的方法[P]．中国，CN101844976A.
[10] 刘野，吕清林，李花伊，等．一种生产丁二酸的方法[P]．中国，CN102311332A].
[11] 高志贤，郗宏娟，庆绍军，等．一种由马来酸合成丁二酸的方法[P]．中国，CN102417445A.
[12] Kondrashova M. N，Ljubimova T. B，Maevskij E. I，et al. Method for preparing succinic acid [P]. RU 2237056，2004-09-27.
[13] Khejfets V. I.，Ermakova G. N.，Pivonenkova L. P. er al. Succinic acid or its salts production method [P]. RU 2129540、19999-04-27.
[14] 唐熙宁．顺酐一步催化加氢生产丁二酐[P]．中国，CN92100554. 7.
[15] 马兴全．由顺丁烯二酸酐制备丁二酸酐的方法[P]．中国 CN92103481. 4.
[16] Gerhard Darsow，Process for preparing succinic anhydride[P]. US5952514.
[17] Jentsch Joreg-dietrich，Martin Georg，Zirngiebl Eberhard. Process for the preparation of succinic anhydride [P]. EP0691335.
[18] Gerhard Darsow. Process for the preparation of succinic anhydride [P]. US5770744.
[19] 赵永祥，张因，秦晓琴，等．顺酐加氢连续生产丁二酸酐的工艺 CN101735182A.
[20] Kise Mearl Alton，Wenner Ralph Richter. Manufacture of succinic anhydride[P]. US 2245404 A.
[21] 葛勇．丁二酸酐及其制作方法[P]. CN200510012808. 2.
[22] Joerg-Dietrich Jentsch，Georg Martin，Eberhard ZirngieblProcess for preparing succinic anhydride [P]. US 5616730 A.
[23] E. 齐尔吉布尔，G. 马丁 J. d. 延施．琥珀酐的制备方法[P]．中国，CN95109162. X.
[24] 徐志刚．顺酐溶液加氢制备丁二酸酐的固定床反应器和方法[P]．中国，CN102389751 A.
[25] 刘新文，张因，等．顺酐加氢连续生产丁二酸酐的工艺[P]．中国，CN101735182A.
[26] Kris A. Berglund，Dilum D. Dunuwila，Sanjay Yedur. Succinic acid production and purification. US5958744.

石脑油烷烃异构化技术发展状况

万士良　陈　龙

（中国石油石油化工研究院兰州化工研究中心，甘肃兰州　730060）

摘　要：烷烃异构化技术是未来炼厂利用石脑油多产环保清洁型汽油的一项重要措施，异构化油不含硫、不含烯烃、不含芳烃且具有较高辛烷值的环保清洁汽油组分。文章阐述了石脑油烷烃异构化工艺技术发展现状，并对国内外几家公司石脑油烷烃异构化工艺技术流程进行了详细介绍。

关键词：石脑油　烷烃异构化　汽油

1　前言

石脑油(也称为直馏汽油或轻汽油)是一种轻质油品，由原油蒸馏或二次加工而得，馏程通常较宽，约 30~200℃，主要成分是 C_4~C_{11}之间的正构烷烃、异构烷烃、环烷烃和芳烃。

石脑油的异构化反应是在临氢条件下，利用含贵金属铂的强酸性催化剂发生异构化反应，将直链烷烃转化为带支链的异构体，即异构化油。虽然石脑油异构化产品相对烷基化油、醚化产品等辛烷值并不高，但有以下优点：硫含量很低，不含烯烃、芳烃和苯；可减少汽车发动机在低速条件下的爆震，使汽油具有较好的挥发性；可提高汽油的前端辛烷值。因此，异构化汽油是较好的清洁汽油调合组分，尤其适合生产国Ⅴ标准的汽油。

2　石脑油异构化工艺技术现状

2.1　一次通过异构化

一次通过异构化的工艺流程如图 1 所示。轻直馏油与补充氢气混合，混合物加热后送入第一反应器，在这里发生异构化反应和苯饱和化反应。

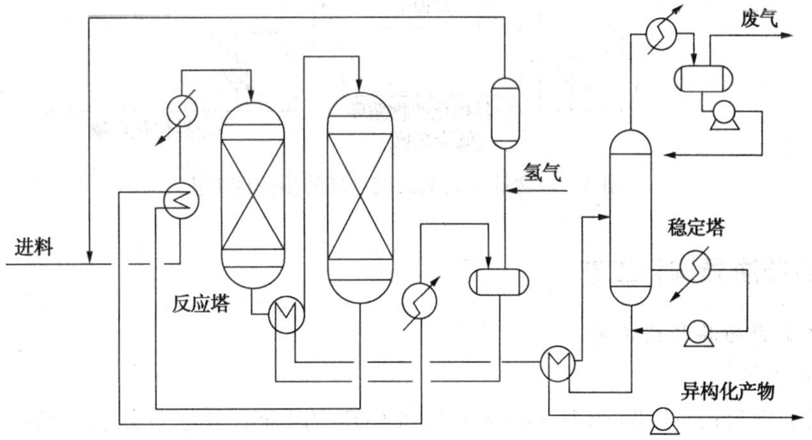

图 1　一次通过异构化工艺流程

第一反应器的气态混合产物经冷却后进入第二异构化反应器，第二反应器的气态混合产物冷却后进入气体分离器，在这里，混合物中的不稳定异构化产物从过量的氢气中分离出来。过量氢气与补充氢气相混合，送入干燥器。

来自分离器的异构化粗产物在加热后进入稳定塔，稳定塔中的顶部蒸汽冷却后进入回流罐中，回流罐中的液态烃回流到稳定塔中，气态烃被分离出来进入废气系统。底部产物或异构化产物经冷却后送至汽油调合装置。

2.2 低辛烷值己烷循环

带有低辛烷值己烷循环的异构化工艺流程如图 2 所示。前述方法生产的异构化产物送至分馏塔，塔顶部及底部的异构化产物经冷却后送至汽油调合装置，而低辛烷值的 C_6 异构化产物在冷却后循环回异构化单元。

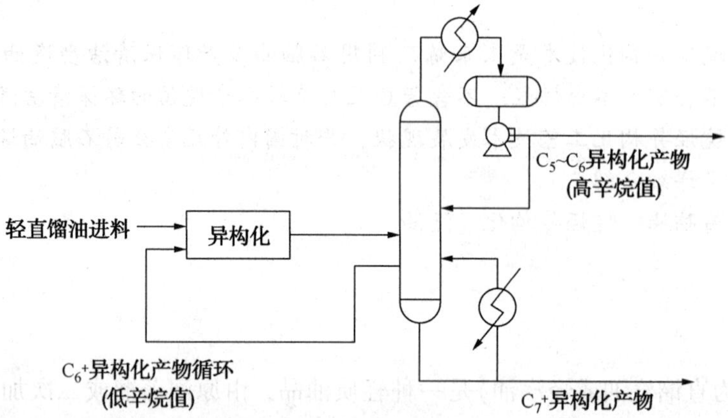

图 2　低辛烷值己烷循环工艺

2.3 包含低辛烷值己烷循环的预分馏

包含低辛烷值己烷循环的预分馏工艺流程如图 3 所示。这项技术利用了预分馏、异构化和后分馏。预分馏步骤包括脱除进料中高辛烷值的异戊烷组分。后分馏步骤包括 C_5 ~ C_6 异构化产物中高辛烷值部分的分离及低辛烷值 C_6 异构化产物的循环。

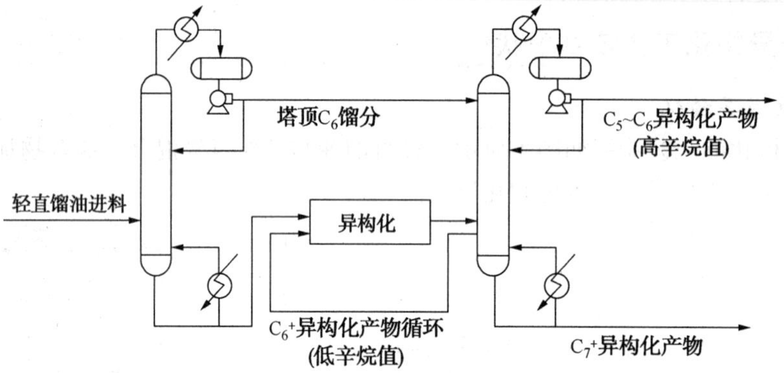

图 3　包含低辛烷值己烷循环的预分馏工艺

3　国外石脑油异构化工艺

3.1 UOP 公司的异构化工艺

3.1.1　TIP 工艺

TIP 工艺是壳牌公司(shell)的 Hysomer 工艺和 UOP 的 IsoSiv 工艺的组合。TIP 工艺的原料通常为轻直馏馏分汽油(LSR)和 *RON* 值为 60 ~ 70 的轻重整油。

TIP 联合工艺流程图见图 4。通常条件下，典型的轻石脑油经非氯活性分子筛催化剂异构化，可获得 *RON* 值为 78 ~ 80 的异构化产物。异构化产物送入 IsoSiv 工艺段，将未反应的正构烷烃分离循环加入异构化反应器。经 IsoSiv 工艺段分离出的产物 *RON* 值为 87 ~ 90。IsoSiv 工艺为气相吸附分离工艺，基于分子筛技术与气相异构化工艺的结合，被认为是从烷烃、环烷烃和烯烃混合物中选择性分离正构烷烃最经济的方式。

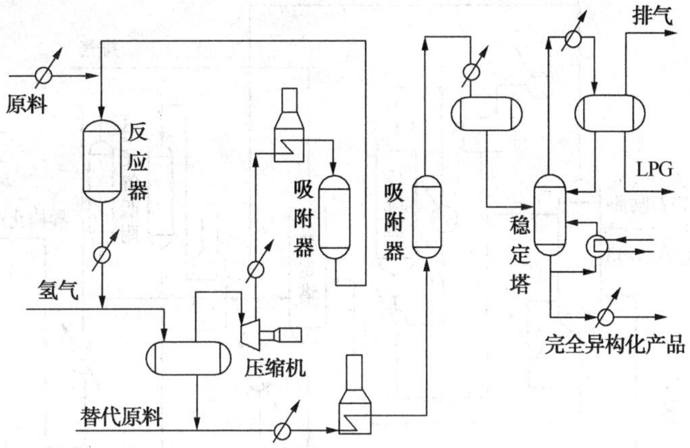

图 4　TIP 联合工艺流程

异构化工艺中氢可促进异构化、饱和芳烃、抑制生焦，IsoSiv 工艺中的氢用于正构烷烃的脱附。

3.1.2　Penex 工艺

UOP 公司采用高活性氯化铝催化剂的单程异构化工艺。通过增加由分子筛(Molex 工艺)或分馏(脱异己烷塔)组成的产品异构/正构烷烃分离装置可实行循环方案。从 Penex 工艺可得到 RON 值约为 85 的汽油调和组分，增加循环操作可使产品 RON 值提高到 90 以上。图 5 为 Penex 工艺流程图。

3.1.3　Par-Isom 工艺

Par-Isom 工艺是 UOP 公司最新改进型流程，采用 LPI-10 催化剂。图 6 为 Par-Isom 工艺流程图。C_5/C_6 原料和补充氢及循环氢混合后加热，反应器中加入 LPI-10 催化剂，低温下即可进行反应。反应器可以是一个，也可以是两个串联。使用一个反应器时，操作费用和投资相对较低，而使用两个反应器能提高装置效率。在两个反应器的反应系统中，第一个反应器的反应温度较高(200~220℃)，这样可以提高反应速率；第二个反应器的温度较低，可以获得更高的异构烷烃的产率。

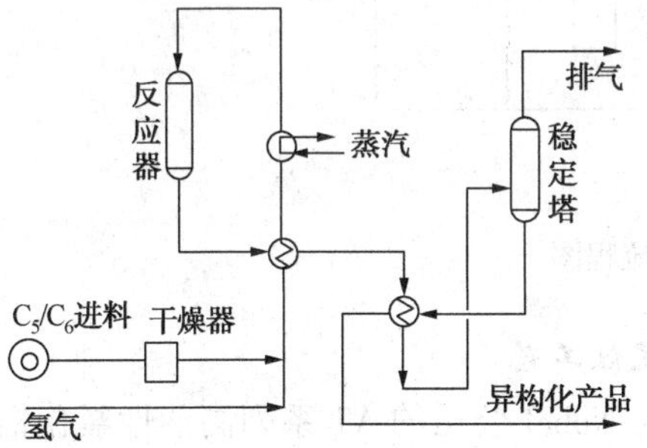

图 5　Penex 工艺流程图

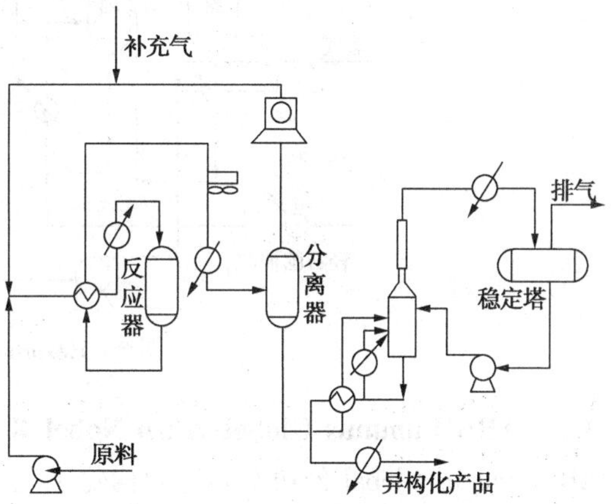

图 6　Par-Isom 工艺流程图

3.2　Exxon 公司的异构烷烃工艺

3.2.1　Ipsorb 工艺

Ipsorb 工艺是由法国石油研究院(IFP) 推出的分离 C_5/C_6 正构烷烃和异构烷烃的改进工艺，使用异戊烷蒸气，采用变压吸附技术，从分子筛中脱附正构烷烃。工艺流程中有一进料脱异戊烷塔，该塔塔底物料送入异构化反应系统，稳定塔下游的分子筛吸附系统利用循环吸附法，将未转化的正构烷烃从气相粗异构化油中除去。吸附的正构烷烃循环脱附，富含异戊烷的蒸汽将正构烷烃再循环到上游脱异戊烷塔中。图 7 为 Ipsorb 异构化工艺流程图。

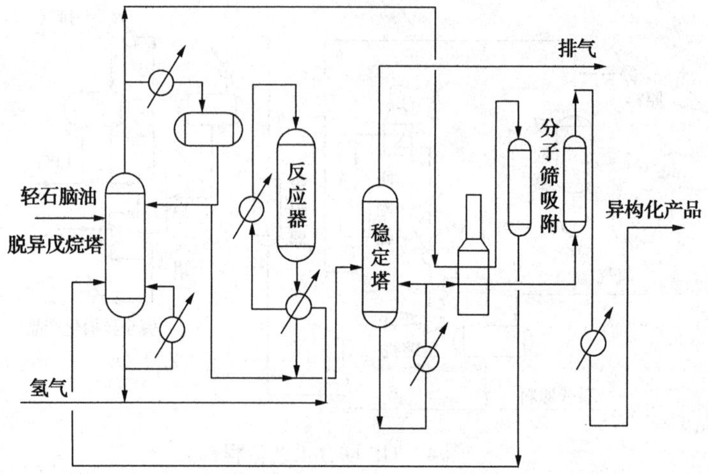

图 7　Ipsorb 异构化工艺流程图

3.2.2　Hexorb 工艺

Hexorb 工艺使用己烷脱附正构烷烃，工艺流程图如图 8。流程中下游设有脱异己烷塔，它将来自分子筛部分的粗异构化油分成富含二甲基丁烷(DMB)、贫含低辛烷值异构物甲基戊烷(MP)的异构化油馏出产品。塔底主要含有 MP 和较高沸点、未被吸附的物质，循环至异构化反应系统。气相富含 MP 的物流，除大部分循环至异构化系统外，也用作分子筛系统的脱附流体，通过变压脱附从分子筛中除去被吸附的正构烷烃。吸附、脱附循环与 Ipsorb 工艺基本相同。

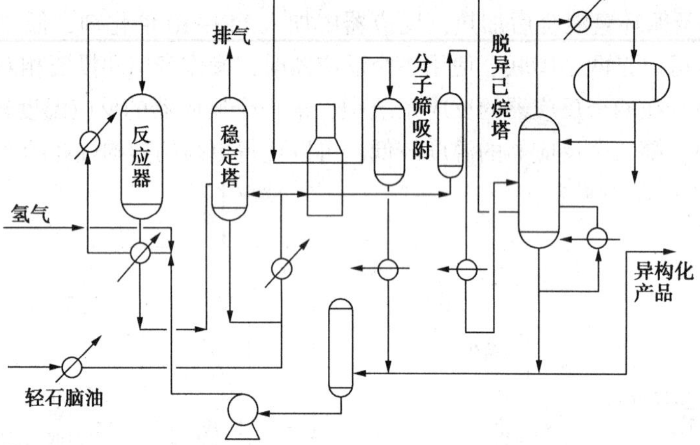

图 8　Hexorb 异构化工艺流程图

3.3　ABB Lummus Global/Akzo Nobel 公司的异构烷烃工艺

ABBLummus Global 公司 C_5/C_6 异构化工艺，使用 Akzo Nobel 公司的 AT 系列高活性氯化铝催化剂。该工艺有以下优点：高转化率(≥60%)、高选择性(≥99%)和高液相空速。Lummus C_5/C_6 异构化工艺通常产品是 *RON* 为 84~85 的异构化油，收率大于 95.5%。图 9 为 Lummus C_4 异构化工艺流程图。

3.4　CEPSA/KBR/Süd-Chemie 公司的异构烷烃工艺

1997 年，西班牙 CEPSA 公司和 KBR 公司以及 Süd-Chemie 公司进行了战略性的联盟。KBR 公司获得了由 CEPSA 公司开发的 C_5/C_6 异构化工艺的专有权，命名为 CKS ISOM 工艺，该工艺使用 Süd-Chemie 公司制造的 Hysopar 异构化催化剂，工艺流程图如图 10。新鲜原料和补充氢气及循环

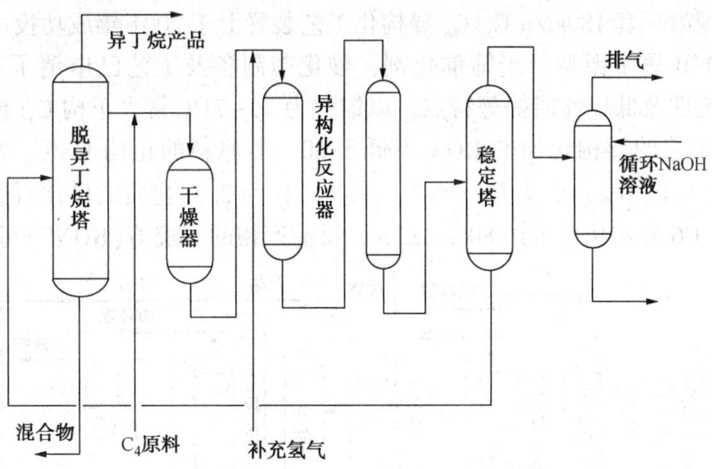

图 9　Lummus C_4 异构化工艺流程图

氢气混合预热后，送入固定床反应器中，反应器出来的中间产物经冷却，送入分离器中，分离器顶部得到氢气，将其压缩并进行循环，分离器底部流出物进入脱丁烷塔，塔顶得到 C_4 以下的烃类，用作炼油厂气体燃料，脱丁烷塔底部得到异构化产品。如果分离出未转化的正戊烷、正己烷及甲基戊烷，将其循环回反应器中进一步异构化，最终产品的辛烷值能进一步增加。

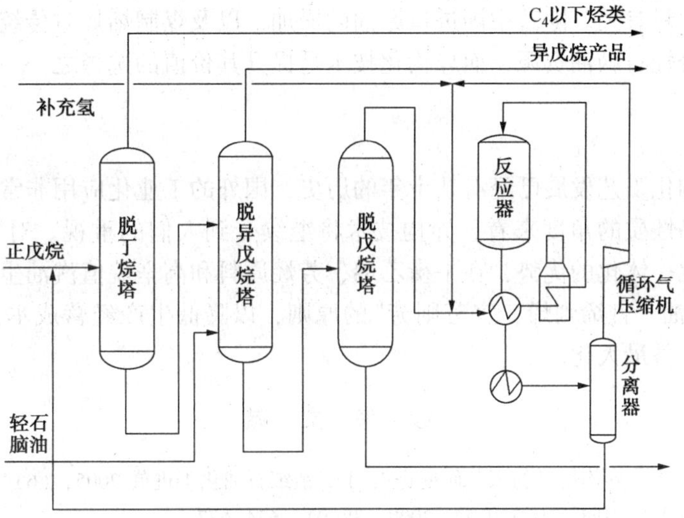

图 10　CKS ISOM 工艺流程图

此外，GTC 公司提供了一项 IsomAlk 技术，该技术与 NPP Neftehim 合作开发，使用 SI-2 催化剂。相对于其他著名的技术来说，这是一项极有竞争力的替代技术，并首先在欧洲和独联体的炼厂得到应用。如今，该技术已在 11 套改造和新建装置上应用，成为轻石脑油异构化的领先工艺。

4　国内石脑油异构化技术状况

国内自 20 世纪 80 年代中期开始轻质烷烃异构化技术的开发工作。早期异构化技术开发主要集中在中温技术上，并取得了较好效果。21 世纪初相继在广东湛江和海南炼化等炼油厂中建设了中温异构化工业装置。近几年为适应新汽油标准要求，中国石油和中国石化又相继在广东揭阳、广西钦州和新疆塔河等石化厂中规划和建设了多套异构化装置。目前新建装置主要采用低温异构化技术，大多含有甲基戊烷和正己烷循环以满足较高辛烷值要求，并且装置规模总体上也较早期大得多。

中国石化石油化工科学研究院(RIPP)开发的 RISO-A、RISO-B 两种复合载体型催化剂和 RISO

异构化工艺，在我国第一套 180kt/a C_5/C_6 异构化工艺装置上于 2001 年成功投产，并取得了较好效果。RISO-A、RISO-B 属中温型分子筛催化剂，催化剂制备及工艺已申请了专利，具有活性高，异构化选择性、稳定性及低压性能好等特点。以馏程为 36~71℃富含正构 C_5(或 C_6)的石脑油为原料，采用一次通过工艺的异构化油的 RON 不低于 80。当原料的正构 C_5/C_6 为 60/40(其 *RON* 为 50.0)时，在压力为 1.47MPa、空速为 $1.0h^{-1}$、H_2/HC 比为 2.7(物质的量比)的条件下，C5 异构化率可达 64%~66%，C6 异构化率可达 80%~82%，反应产物的辛烷值(RONC)可达 81~82。

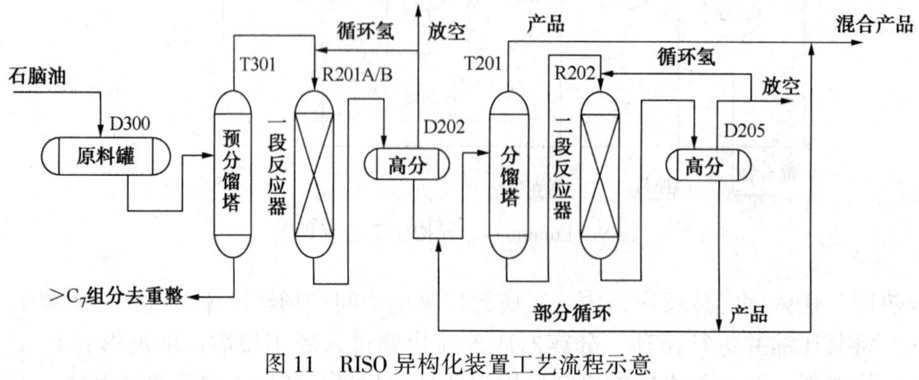

图 11 RISO 异构化装置工艺流程示意

总体而言，异构化技术在中国的应用较少，其原因与国产原油轻石脑油含量较少及轻石脑油普遍用做生产乙烯的原料有关。随着中国进口原油的增加，以及煤制烯烃对传统油制乙烯的冲击，未来炼厂必将富余部分轻石脑油资源，而异构化技术是提升其价值的选择之一。

5 结语

石脑油烷烃异构化工艺发展已经有几十年的历史，国外的工业化应用非常广泛，从降低汽油中的苯含量、改善油品性质的角度来看，异构技术将继续受到人们的重视。对于炼油化工一体化企业，要充分发挥炼化一体化的优势，在平衡乙烯、芳烃原料和高辛烷值汽油生产的条件下，石脑油的利用本着“宜油则油、宜烯则烯、宜芳则芳”的原则，以降低生产经营成本，提高产品附加值作为目的，实现企业效益最大化。

参 考 文 献

[1] 陶海桥，宋清虎 . 多产异构烷烃的工艺研究进展[J]. 精细石油化工进展 2005，(6)4：54-58.
[2] 张冲 . 异构化技术及应用[J]. 辽宁化工，2009，38(9)：674-677.
[3] 张上 . 一种成功的低成本轻汽油异构化方案[C]. 北京：中国石油科技管理部，2010：243-246.
[4] 侯挪 . 石脑油馏分异构化技术发展现状[J]. 抚顺烃加工技术，2003. 1：1-16.
[5] 杨宝贵 . 石脑油加工流程问题的探讨[J]. 炼油技术与工程，2004，34(9)：10-14

丙烷脱氢制丙烯工艺及其经济性分析

杨 英

（中国石油石油化工研究院兰州化工研究中心，甘肃兰州 730060）

摘 要：综述了丙烷脱氢(PDH)制丙烯的工艺进展，重点介绍了工业化应用普遍的Oleflex工艺和Catofin工艺，对比了几种常见PDH制丙烯工艺技术的特点和优势，并对其经济性进行了分析。指出PDH制丙烯工艺存在的问题及今后的研究方向，并结合实际情况提出了投资建议。

关键词：丙烯 丙烷 丙烷脱氢 Oleflex工艺 Catofin工艺 技术经济分析

1 前言

丙烯是一种重要的有机化工原料，其用量仅次于乙烯，除用于生产聚丙烯外，还是生产丙烯腈、丁醇、辛醇、环氧丙烷、异丙醇、丙苯、丙烯酸、羰基醇及壬基酚等产品的主要原料[1]。随着聚丙烯等衍生物需求的迅猛增长，对丙烯的需求量也逐年递增。预计2014~2016年丙烯产能年均增速为4.1%，产量年均增速为4.6%，开工率持续提高[2]。

目前，丙烯供应主要来自石脑油裂解制乙烯和石油催化裂化(FCC)过程的副产品，除非有新的丙烯生产工艺成功投入工业化生产，否则将难以满足石化行业对丙烯的需求。因此，近年开发扩大丙烯来源的生产工艺成为热点，其中丙烷脱氢(PDH)制丙烯工艺最受关注。PDH制丙烯比烃类蒸汽裂解能产生更多的丙烯。当用烃类蒸汽裂解生产丙烯时，丙烯收率最高为33%，而采用PDH法生产丙烯，总收率可达74%~86%，用惟一原料生产惟一产品，PDH的设备投资比烃类蒸汽裂解低33%，并且采用PDH法，能有效地利用液化石油气(LPG)资源使之转变为有用的烯烃[3-7]。

从20世纪90年代以来，PDH已成为石油化工的丙烯原料日益增长的来源。目前，世界上有20余套PDH装置在运转，这些装置主要采用UOP公司的Oleflex工艺和ABB Lummus公司的Catofin工艺[8]。我国有较丰富的LPG资源，它基本由60%(质量分数，下同)的丙烷和20%的丁烷组成，若能有效地将丙烷直接转化成丙烯，则可缓解丙烯来源不足的问题。目前，国内在建的PDH制丙烯产能为638万t，约占全球新建产能的50%，其中海越股份、东华能源、卫星石化均有在建装置，总产能相应为60万t、252万t、105万t，集中于2013年底、2014年初投产[9]。

2 PDH制丙烯工艺

目前已工业化的PDH制丙烯工艺主要有UOP公司的Oleflex工艺、ABB Lummus公司的Catofin工艺、Snamprogetti公司的流化床(FBD)工艺、Krupp Uhdewcng公司的蒸汽活化重整(STAR)工艺、Linde-BASF-Statoil公司共同开发的PDH工艺等[8]。

2.1 Oleflex工艺

UOP公司的Oleflex工艺开发于20世纪80年代，1990年首先在泰国实现了工业化，1997年4月韩国投产25万t/a丙烯的联合装置采用第2代Oleflex技术。采用Oleflex技术的PDH装置截止2012年底有9套正在运行投产，丙烯产能总计241万t/a，另有10余套装置在设计建设之中，总产能超过600万t/a[10]。

图1示出了Oleflex工艺流程。Oleflex工艺采用移动床技术，由反应区、催化剂连续再生区、产品分离区和分馏区组成。该工艺利用富含丙烷的LPG作原料，在压力为3.04MPa，温度为525℃，铂催化剂作用下脱氢，经分离和精馏得到聚合级丙烯产品。丙烷单程转化率为35%~40%，丙烯选择性为84%，丙烯收率约为85%，氢气收率约为3.6%。该技术烯烃收率稳定，催化剂再生方法理想，催化剂使用寿命长，装填量少，但移动床技术复杂，投资和动力消耗较高。

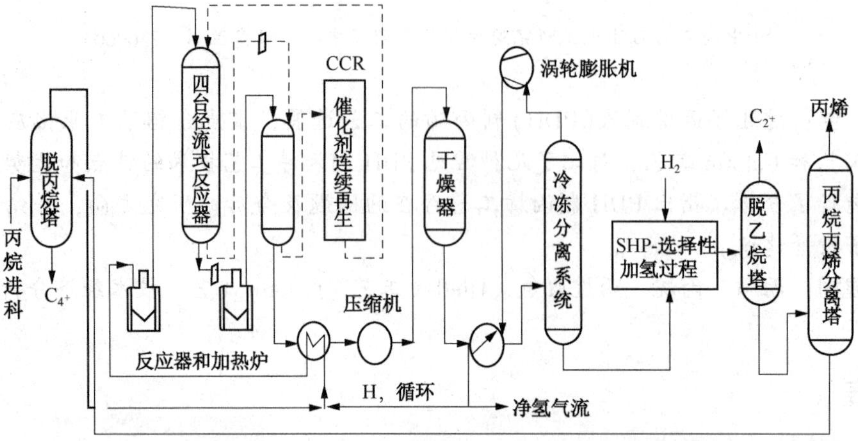

图1　UOP公司的Oleflex工艺流程

Oleflex工艺设计的主要特点是采用移动床反应器，反应均匀稳定，催化剂活性长久保持不变，催化剂再生时反应器不需要关闭或循环操作，同时，连续补充催化剂。以氢气为稀释剂，用于抑制结焦、抑制热裂解和作载热体维持脱氢反应温度。含有烃类的反应器部分和含有氧气的再生部分为一体化，但仍可安全保持分离。Oleflex技术使用无铬、无致癌的铂催化剂，其具有活性高、选择性高和磨损率低的特点，由于可靠和精确的再生控制，Oleflex催化剂的服务寿命长并可提供优良的产量稳定性。另外，为达最佳操作，Oleflex工艺利用UOP的专利设备和系统，包括PSA Polybed™装置，按标准型设计的CCR，UOP锁定漏斗控制，MD蒸馏塔盘，Hi-Flux™管道和工艺仪表测量设备控制(PLC)等。Oleflex工艺可以处理任何从气田来的LPG，也可以处理来自炼厂或者乙烯装置的LPG。为了增强Oleflex工艺的竞争能力，UOP公司对其进行了多次改进，主要集中在催化剂方面，已有3代新催化剂DeH-8，DeH-10，DeH-12陆续工业化，其中DeH-12催化剂在选择性和寿命方面有较大的改善，含铂质量分数比DeH-10少25%，比DeH-8少40%。使用DeH-12催化剂操作空速提高20%，反应器尺寸减小，待再生催化剂上的含焦量低，可使再生器体积缩小50%，减少投资，降低成本[11~15]。

2.2　Catofin工艺

Catofin工艺是ABB Lummus公司开发的C_3~C_5烷烃脱氢生产单烯烃技术。目前，全世界有10余家工厂采用Catofin工艺生产烯烃。2012年6月20日，Enterprise公司宣布将在美国德州墨西哥湾沿岸建造1套全球最大产能之一的PDH制丙烯生产装置，该装置采用Catofin工艺技术，丙烷处理能力为1050kt/a，聚合级丙烯产能为750kt/a，预计于2015年第3季度投产。Catofin技术在全球PDH市场中的占有率达到了50%。

图2示出了ABB Lummus公司的Catofin工艺流程。该工艺采用逆流流动固定床技术，在反应器中空气向下、烃类向上流动，烃蒸汽在铬催化剂上脱氢。Catofin工艺包括4个工序：PDH制丙烯、反应器排放料的压缩、产品的回收和精制，采用烃类/热空气循环方式操作，产品是单一的丙烯。烃类进入催化剂床层前，用热风预热，在650℃，0.05MPa条件下进行反应。丙烷的转化率不小于90%，丙烯选择性超过87%，丙烯收率约为85%。

通过5个或8个循环固定床反应器周期切换进行反应和再生是Catofin工艺技术的主要特点。

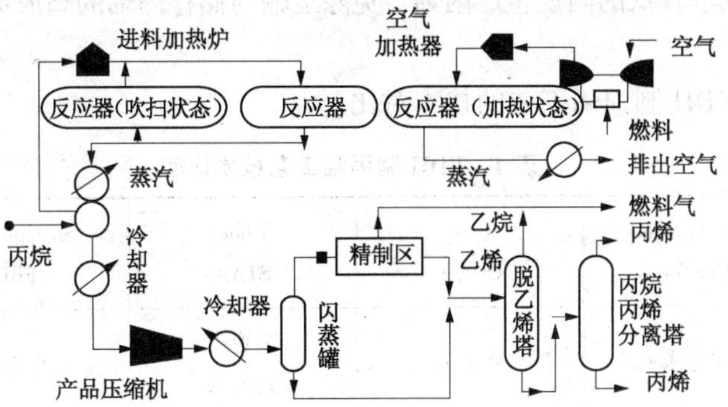

图 2　ABB Lummus 公司的 Catofin 工艺流程

Catofin 工艺的丙烷原料不需要预处理、装置操作稳定、脱氢反应单程转化率较高、不需要循环氢、循环量较少，这些特点有利于降低成本。Enterprise 公司开发出以生产丙烯和丁烯为目的的新一代催化剂。与其他技术相比，这一新型催化剂可以有效降低能源消耗，产品收率更高。这一新型催化剂将在 Enterprise 公司的这一新建 PDH 装置上应用[16~18]。

2.3　FBD 工艺

Snamprogetti 公司的 FBD 工艺是在俄罗斯开发的硫化床脱氢制异丁烯基础上发展起来的，其技术核心是反应器-再生系统，反应和再生在硫化床中完成。目前，俄罗斯 1 套 130kt/a 异丁烯装置应用 FBD 技术进行了改造，还有 5 套异丁烷和丙烷脱氢项目选择该技术[8,19]。

2.4　PDH 工艺

Linde 与 BASF 公司合作开发的 PDH 工艺采用固定床反应器，按烃类/热空气循环方式操作，反应段包括 3 台同样的气体喷射脱氢反应器，其中 2 台用于脱氢操作，另 1 台用于催化剂再生，反应温度为 590℃，压力为 33.9~50.8kPa，丙烷转化率大于 90%。开发者采用 Cr_2O_3-Al_2O_3催化剂，在 590℃，压力大于 0.1MPa 的条件下操作，对 PDH 技术进行了 2 年多的测试，并在 Statoil 公司位于挪威 Mongstad 的炼厂进行了验证试验。采用 BASF 公司提供的 Pt-沸石催化剂对该工艺进行改进后，单程转化率由 32%提高至 50%，总转化率则由 91%提高至 93%。PDH 技术具有产量高、装置体积小、基建要求低等特点[20]。

2.5　STAR 工艺

STAR 工艺由 Philips 石油公司开发，2000 年被 Uhde 公司收购并进行了改进。该工艺采用固定床管式反应器和专有 Pt 和 Ca-Zn-$A1_2O_3$为载体催化剂，在 500~640℃，0.1~0.2MPa，水蒸气存在条件下进行反应，将轻质石蜡脱氢转变为烯烃。水蒸气的作用是降低反应物的分压、促进反应、减少催化剂表面积炭。专有 Pt 催化剂具有高的选择件和单程转化率，丙烷脱氢过程的单程转化率为 30%~40%，丙烯选择性为 85%~93%，丙烯收率约为 80%。与其他 PDH 工艺相比，STAR 工艺具有催化剂用量少、反应器体积小等优点[21]。

3　PDH 制丙烯技术经济性分析

3.1　技术优势

PDH 技术具有三大优势：首先，进料单一，产品单一(主要是丙烯)，PDH 制丙烯比烃类蒸气裂解能产生更多的丙烯，丙烯收率高，设备投资低，并且能有效地利用 LPG 资源使之转变为有用的烯烃。PDH 技术用于增产丙烯，只生产丙烯产品，因此可以直接用于生产丙烯衍生物，如聚丙烯、丙烯酸等；其次，生产成本仅与丙烷密切相关，而丙烷价格与石脑油价格、丙烯市场没有直接的关联，这可以帮助丙烯衍生物生产商改进原料的成本结构，规避一些市场风险；第三，对于丙烯供应不足的衍生物生产厂，可购进成本较低的丙烷生产丙烯，免除运输与储存丙烯的高成本支出[22~24]。

3.2 技术对比

表1列出了几种PDH制丙烯工艺的技术对比。

表1 PDH制丙烯工艺技术比较

工艺名称	ABB-Lummus Catofin	UOP Oleflex	Uhde STAR	Snamprogetti FBD	Linde PDH
反应器	固定床	移动床	多管式固定床	流化床	多管式固定床
反应器结构	绝热	绝热	绝热	绝热	绝热
总反应器个数/个	5	3~4			
物料反应器/个	2	3~4			
反应温度/℃	650	525	500~640	550~600	590
反应压力/MPa	0.05	3.04	0.10~0.20	0.30	≥0.10
选择性/%	87	84	85~93	89	
转化率/%	90(全)44(单)	35~40(单)	30~40(单)	40(单程)	32~50(单)93(全)
单耗/(t/t)	1.18	1.22	1.25		
催化剂	Cr_2O_3/Al_2O_3	$Pt-Sn/Al_2O_3$	贵金属/$Zn-Al_2O_3$	Cr_2O_3/Al_2O_3	$Pt/Ca-Zn-Al_2O_3$
催化剂寿命/a	2	4~5			
再生方式	切换，空气燃烧15~30min	连续移出再生	切换，空气燃烧，反应7h，再生1h	连续移出再生流化床，空气燃烧	切换，空气燃烧，反应6h，再生3h
稀释	未稀释	H_2稀释	H_2O稀释	未稀释	未稀释

由表1可见，这5种PDH制丙烯工艺在催化剂、反应器类型、加热方式、催化剂再生方式、操作压力和温度等方面均有所不同。使用的催化剂主要分为贵金属铂系催化剂和非贵金属铬系催化剂2类；反应器类型主要有固定床、移动床和流化床3种；操作压力Oleflex工艺最高，其他工艺相近；反应温度最低500℃，最高650℃。另外，这5种工艺均具有投资低、公用工程费用低、适合大规模生产的特点[25,26]。

3.3 经济性分析

与其他生产技术相比，获得同等规模的丙烯产量，PDH技术的基建投资相对较低，目前的经济规模是350kt/a。PDH制丙烯装置流程简单，单位烯烃投资额低，产品相对单一，丙烯产量大，副产品附加值高，因此成本也较低[27]。

目前全球工业化PDH制丙烯装置大多采用Oleflex连续移动床工艺，Oleflex工艺采用高选择性、高稳定性和低磨损率的铂基催化剂，生成丙烯的选择性为84%，丙烷单程转化率达到35%~40%；另外多数采用Catofin循环多反应器系统工艺，Catofin工艺应用了逆流流动技术改变了反应物料流向，反应器改为空气向下、烃类直接向上的逆流状态，能以较少的原料获得较多的产品，从而减少了投资的操作费用。Catofin工艺选择铬催化剂，其组分包括质量分数大于18%的氧化铬载于$\gamma-Al_2O_3$上，该催化剂的脱氢性能稳定，烷烃转化率高，循环量少，每100t丙烷原料可制得76~86t丙烯。但该工艺至少需2个反应器轮换操作，所以效率较低，能耗较大。还有其他一些市场化工艺是STAR工艺、FBD工艺以及PDH工艺等。

PDH制丙烯装置引进工艺装置投资非常大，按350kt/a能力的Oleflex工艺装置算，投资约达

20亿元，仅催化剂1次装量投资就超过1.5亿元，专利许可费也超过1亿元。另外，PDH制丙烯装置的生产费用受制于丙烷的费用，丙烷原料价格对生产成本影响较大，只有当丙烯与丙烷的长期平均最小价差大于200美元/t时，装置才能有较好的利润，中东地区丙烷资源丰富、价格稳定，有利于建设PDH制丙烯装置[27~29]。

4 结束语

在丙烯存在供需缺口的情况下，利用PDH制丙烯，具备良好的盈利空间。原料丙烷成本中期将维持下降趋势，也有利于提升PDH装置的盈利能力。但PDH制丙烯技术还存在一些缺陷，如PDH属强吸热反应，受热力学平衡限制，单程转化率难以提高，高温又导致副反应增多，丙烯选择性低，催化剂容易结焦失活，需要及时再生，因此导致装置投资较大，能耗大，生产成本高。已建成投产的工业化装置均存在或多或少的技术难题亟待解决。

PDH制丙烯装置的生产费用受制于丙烷的费用，丙烷原料价格对生产成本影响较大，只有当丙烯与丙烷的长期平均最小价差大于200美元/t时，装置才能有较好的利润。丙烷脱氢技术目前工业化应用并不广泛，除了技术上的原因外，关键是必须有廉价的丙烷资源，否则将使该工艺无法与其他增产丙烯的技术相竞争。丙烷原料的来源多在海湾地区，目前该地区已建成、正在建设或筹备建设的丙烷脱氢装置有多套，今后该地区对外输出的丙烷量必然逐年减少，势必造成依赖原料进口的丙烷脱氢装置的运营成本提高。

参 考 文 献

[1] 洪定一．聚丙烯——原理工艺与技术(第2版)[M]．北京：中国石化出版社，2011：512-513.

[2] 孙永生．丙烯需求增长趋势与丙烯增产技术[J]．石化市场论坛，2003(6)：1-9.

[3] 王巍．催化裂解(DCC)新技术的开发与应用[J]．石油化工技术经济，2005，35(2)：20-23.

[4] 瞿勇，唐华荣，白尔铮，等．C_4烯烃歧化制丙烯技术[J]．石油化工，2002，31(12)：10-17.

[5] 周宏中．国内外丙烯市场现状及发展趋势[J]．化工技术经济，2004，22(9)：28-31.

[6] 殷树青．催化裂化和其他非常规工艺生产丙烯技术进展[J]．齐鲁石油化工，2010(2)：34-36.

[7] 韩香莲．丙烯生产工艺研究进展[J]．山东化工，2013，42(5)：60-62.

[8] Aitani A M. Advances in propylene production routes[J]. Oil Gas European Magazine，2004，20(1)：36-39.

[9] 刘重才．"页岩气革命"改变全球能源格局 丙烷脱氢2013年迎来发展机遇[N]．上海证券报，2013-01-08.

[10] 周巍．丙烷脱氢制丙烯技术浅析[J]．石油化工设计，2013，30(3)：36-38.

[11] Chen Kaidong，Iglesia E，Bell A T. Kinetic isotopic effects in oxidative dehydrogenation of propane on vanadium oxide catalysts[J]. Journal of Catalysis，2000(192)：197-203.

[12] Bhasin M M，McCain J H，Vora B V，et al. Dehydrogenation and oxydehydrogenation of paraffins to Olefins[J]. Appl Catal A，2001(221)：402-406.

[13] Buyevskaya O V，Brüeckner A，Kondratenko E V，et al. Fundamental and combinatorial approaches in the search for and optimisation of catalytic materials for the oxidative dehydrogenation of propane to propene[J]. Catalysis Today，2001(67)：369-378.

[14] Vermeiren W，Wei D，Andersen J. From Olefins to propylene[J]. Hydrocarbon Engineering，2003，8(10)：79-81.

[15] CMAI. Wave of new mideast olefins capacity coming on line[J]. Oil & Gas Journal，2008，106(32)：48-51.

[16] Ruettinger W，Benderly A，Han S，et al. Influence of support surface area and niobium addition on the reactivity of vanadium catalysts for propane oxidative dehygenation[J]. Catalysis Letters，2011(141)：15-21.

[17] Seo Seung-Taek，Won Wangyun，Lee K S. Repetitive control of Catofin process[J]. Korean J Chem Eng，2007，24(6)：921-926.

[18] Rothaemel M，Holtmann H D. Advances in propylene production routes[J]. J Erdol Krdgsa Kojle，2002，118(5)：234-237.

[19] 张睿．丙烷脱氢制丙烯技术进展[J]．工业催化，2010，18(2)：150-152.

[20] 孙欣欣，张琳琳，仇汝臣．浅谈丙烯生产技术[J]．山东化工，2012，41(6)：80-81.

[21] 董群，张钢强，李金玲，等．丙烯生产技术的研究进展[J]．化学工业与工程技术，2011(1)：35-40.

[22] 姚国欣．因地制宜合理选择丙烯生产技术[J]．现代化工，2004，24(8)：4-11.
[23] 严乐平．丙烷脱氢制丙烯生产技术的应用前景[J]．化学工业，2010(11)：33-39.
[24] 王红秋，郑轶丹，梁川．低碳烯烃生产技术进展及前景分析[J]．中外能源，2010(8)：62-67.
[25] 马艳萍，杨茹欣，赵燕．丙烷催化脱氢制丙烯生产技术及工业应用进展[J]．广东化工，2012，39(7)：87.
[26] 周保国．丙烷脱氢制丙烯技术的工业化应用[J]．乙烯工业，2011，23(2)：10.
[27] 王积欣．不同丙烯生产路线的成本分析[J]．石油化工技术与经济．2013，29(1)：28-30.
[28] 盖希坤，田原宇，夏道宏，等．丙烷催化脱氢制丙烯工艺分析[J]．炼油技术与工程，2010(12)：27.
[29] 盖希坤，田原宇，夏道宏．丙烷催化脱氢制丙烯工艺分析[J]．炼油技术与工程，2010(12)：19-20.

丙酮市场供需现状与前瞻

栾　敏

（中国石化齐鲁分公司，山东淄博　255408）

摘　要：丙酮是重要的有机化工原料之一，它既是制造双酚 A、丙酮氰醇、甲基丙烯酸甲酯(MMA)及其高级酯的原料，又是一种优良的溶剂，广泛用于医药、农药、涂料等行业。系统介绍了丙酮市场供需现状与前景展望。

关键词：丙酮　市场供需

1　前言

1920 年，美国 C. Weizmann 等人发明用糖蜜发酵制取丙酮、丁醇的方法，并于 1930 年建成了工业化装置，自此之后发酵法在美国等国家得到了迅速发展。1936 年，Shell 公司首先实现了异丙醇脱氢制丙酮的工业化。20 世纪 40 年代，石化工业界推出了 Wacker 法丙烯直接氧化制丙酮的工艺。50 年代由异丙苯法生产丙酮联产苯酚的技术得到了迅速发展，不断取代异丙醇脱氢法。60 年代后，异丙苯法制丙酮的工艺成了工业上生产丙酮的主流工艺。目前世界丙酮生产装置中约 93.2%采用异丙苯法生产工艺，5.2%采用异丙醇脱氢生产工艺，1.6%采用其他生产工艺。

异丙苯法本身也经历了三个发展阶段：从三氯化铝催化液相鼓泡反应工艺，发展到固体磷酸催化的固定床工艺，后来又发展到先进的沸石催化固定床工艺。无论从经济角度或是从环保角度，沸石催化剂制异丙苯的新工艺明显此原有的三氯化铝工艺好。

50 年代，我国建有一批粮食发酵法制丙酮、丁醇装置，但因粮食价格高，装置规模小，产品成本高，而开工率很低，并逐步停产或关闭。1965 年，我国开始了异丙苯法的研究工作。1970 年建成了万吨级苯酚丙酮装置。国内自行开发的异丙苯技术的某些经济指标与引进装置相接近。1979 年，燕山石化公司从日本三井石化工业公司引进了苯酚丙酮的生产技术和装置，该装置的异丙苯制造部分采用三氯化铝烃化工艺。后来我国也引进了 UOP 的固体磷酸制异内苯的技术。

2　国外市场

2012 年世界丙酮总生产能力约为 7349kt/a。产能主要集中在北美、西欧和亚洲。其中美洲地区的生产能力为 2188kt，约占世界丙酮总生产能力的 29.8%；西欧地区的生产能力为 2028kt，约占总生产能力的 27.5%；亚太地区的生产能力为 2458kt，约占总生产能力的 33.5%；其他国家和地区的生产能力为 675kt，约占总生产能力的 9.2%。英力士苯酚公司是目前世界上最大的丙酮生产厂商，其在比利时、德国等地的装置合计产能为 1140kt/a，占全球总产能的 15.5%，见表 1。

表 1　世界范围丙酮产能分布

地　区	2005 年	2006 年	2011 年	2012 年	地　区	2005 年	2006 年	2011 年	2012 年
北美	1844	1949	2164	2188	其他	896	595	442	675
西欧	1624	1723	1846	2028					
亚太	1232	1898	2242	2458	合计	560	6165	6694	7349

2012 年全球主要丙酮生产企业及产能统计见表 2。

表 2　2012 年全球主要丙酮生产企业及产能统计　　kt/a

生产厂家	国家和地区	生产能力	生产厂家	国家和地区	生产能力
英力士苯酚	比利时、德国等	1140	三井化学公司	日本	234
LG 化学	韩国	360	台湾兴盛化工	台湾	220
壳牌公司	美国	355	上海高桥	中国	217
霍尼韦尔	美国	317	沙伯基础创新塑料	美国	208
Versalis 公司	意大利	295	长春石化台湾公司	台湾	186
西班牙石油公司(Cepsa Quimica)	西班牙	290	三井酚类新加坡有限公司	新加坡	180
台湾化学纤维公司	台湾	250	沙索集团	南非	180
锦湖 P & B 化学品有限公司	韩国	235	其他		2681.97
合计		7348.97			

目前，世界丙酮主要用于生产双酚 A、丙酮氰醇/甲基丙烯酸甲酯(ACH/MMA)和醛醇化学品(甲基异丁基酮 MIBK、甲基异丁基醇、异佛尔酮)以及用作溶剂等。其中直接用作溶剂的占 34%；丙酮氰醇/甲基丙烯酸甲酯占 29%；双酚 A 占 19%；其他用于制备甲基异丁基酮 MIBK、甲基异丁基醇、异佛尔酮等占 18%。美国和西欧丙酮的消费结构明显不同，最明显的是溶剂所占比例，美国丙酮用作溶剂的量仅占 17%，西欧占 37%。从全球丙酮消费市场看，在今后一段时期内，除丙酮氰醇、溶剂等对丙酮的需求量有不同程度的增长外，双酚 A 对丙酮的需求量最大(尤其是亚洲地区)，其他消费增长相对较为平稳，双酚 A、MMA 和溶剂仍将是丙酮的三大消费领域。

表 3　国外丙酮消费结构对比

需求领域/%	美国	西欧	需求领域/%	美国	西欧
溶剂	17	37.1	醇醛缩合物	12.5	4.6
丙酮氰醇	44.5	30.9	其他	8.0	16.3
双酚 A	18.0	11.1			

3　国内供应分析

丙酮的生产方法主要有发酵法、异丙醇法、丙烯直接氧化法、异丙苯法和乙炔水合法，世界上丙酮的工业生产以异丙苯法为主。我国丙酮的工业生产始于 20 世纪 50 年代，当时采用发酵法(也称总溶剂法)，该法生产规模小，产量低，成本高，环境污染严重，远远不能满足国内实际生产的需求，已渐渐被淘汰。随着我国化学工业的发展，采用异丙苯法联产丙酮的生产逐步发展起来，新增扩产步伐也随之加快，产能从 1995 年的 82kt/a 增至 2011 年的 650kt/a，2012 年，随着利华益维远化工在东营和建滔实有化工在扬州兴建的丙酮装置投产，国内丙酮企业已有 8 家，生产能力达到 900kt/a。其中，中石化企业(包括合资)3 家，产能合计 447kt，占全国总产能的 49.7%，虽然同比下降了 6.3 个百分点，但仍保持行业龙头的位置。

2012 年中国主要丙酮生产企业及产能统计见表 4。

表 4　2012 年中国主要丙酮生产企业及产能统计　　kt/a

生产厂家	生产能力	生产厂家	生产能力
高桥石化	217	燕山石化	100
利华益维远化工	130	惠州中信化工	80
中沙天津石化	130	吉林石化	75
实有化工(扬州)	120	哈尔滨蓝星石化	48
合计	900		

我国丙酮市场需求在持续增长，未来有多套装置处于在建或规划当中。目前国内拟建项目共有11个，其中在建项目6个，预计2013年投产的4个，2014年投产的4个，还有3个项目尚处在规划或环评阶段中。2013后年我国丙酮新增产能统计见表5。

表5　2013后年我国丙酮新增产能统计　kt/a

企　业	产能	地点	计划投产时间/年
长春化工(江苏)有限公司	120	江苏常熟	2013
上海中石化三井化工公司	150	上海漕泾	2013
西萨化工(上海)有限公司	150	上海漕泾	2013
台化苯酚(宁波)有限公司	185	江苏宁波	2013
江苏瑞盛新材料科技有限公司	120	江苏仪征	2013~2014
英力士苯酚/扬子石化	250	江苏南京	2013~2016(规划)
燕山石化	75	北京房山	2014
新疆大唐九龙投资有限公司	60	新疆阿克苏	2014
启东中国赛鼎新材料有限公司	75	江苏南通	2014
江苏扬农化工集团有限公司	120	江苏扬州	2014(规划)
江苏海力化工有限公司	220	江苏盐城	2015(规划)
合计	1525		

4　国内市场需求分析

2012年我国丙酮产能900kt/a，产量650kt，净进口689.5kt，表观消费1339.5kt。2002~2012年国内丙酮产量年均增长12.9%，进口量年均增长15%，同期我国丙酮表观消费量年均增长14.2%，虽然近几年国内丙酮能力增长较快，但赶不上需求的增长，因此国内丙酮自给率仍保持下降趋势，国内丙酮自给率由2002年的53.2%下降到2012年的48.5%。

2002年来中国丙酮产量、进出口量及表观消费量见表6。

表6　2002~2012年中国丙酮供需状况统计　kt

年份	产量	进口量	出口量	表观消费量	自给率/%
2002	192.0	169.1	0.3	360.8	53.22
2003	223.0	209.0	0.4	431.6	51.67
2004	225.0	254.3	0.5	478.8	46.99
2005	252.6	337.4	0.4	589.6	42.84
2006	337.6	395.9	0.5	733.0	46.06
2007	345.0	481.8	0.7	826.1	41.76
2008	352.0	365.0	0.5	716.5	49.13
2009	340.0	551.3	0.6	890.7	38.17
2010	430.0	752.2	0.8	1121.4	32.99
2011	550.0	744.8	1.0	1293.8	42.51
2012	650.0	690.2	0.7	1339.5	48.53

2002年来中国丙酮表观消费量如图1所示。

目前我国丙酮主要用于生产MMA占30%，用于双酚A生产占26%，用于医药的占21%，用于化学试剂的占12%，用于防老剂的占11%。

目前中国丙酮消费结构情况如图2所示。

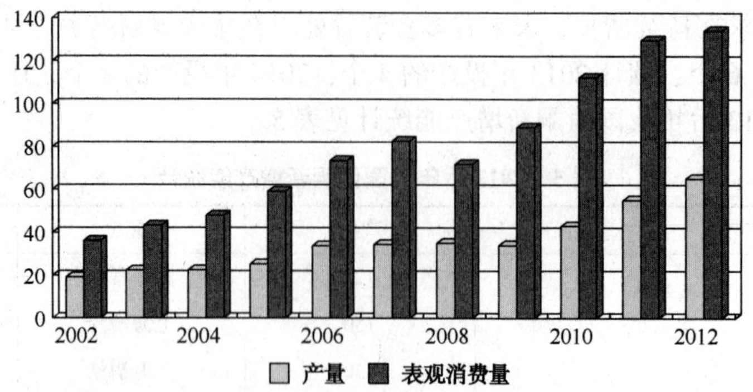

图 1　2001~2012 年中国丙酮表观消费量

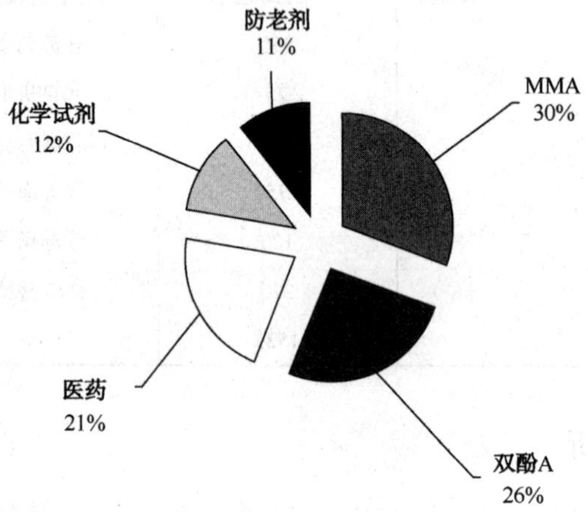

图 2　中国丙酮消费结构分布图

5　进口状况分析

我国丙酮进口量逐年增加。2002~2012 年，我国丙酮进口量由 169kt 增加到 690kt，年均增长 15%。由于丙酮需求量增长很快，虽然近两年生产能力有所增加，但跟不上需求的增长速度，因此进口量呈逐年递增趋势，特别是 2010 和 2011 年，进口量均超过了 700kt 的历史高位。未来几年随着几套大型装置的建成投产，丙酮进口量将会有所下降。

近年来，我国丙酮主要从周边的国家和地区进口。2012 年我国进口来源地排名前五位的依次为中国台湾、美国、泰国、韩国和比利时，进口量分别为 162kt、146kt、74kt、69kt 和 68kt。贸易方式一般贸易占 89%，进料加工占 8%，保税仓库进出境占 2%，边境小额贸易占 1%左右。2012 年我国丙酮主要进口厂商统计见表 5。

2012 年国内主要进口厂商、来源地及贸易方式见表 7、图 3 和图 4。

表 7　2012 年中国主要丙酮进口厂商统计　kt

进口厂商	进口量	进口厂商	进口量
上海浦顺进出口有限公司	67.1	浙江前程石化有限公司	20.2
南通化工轻工股份有限公司	59.3	上海喜皓美国际贸易有限公司	19.1
建德市新化化工有限责任公司	33.7	浙江远大进出口有限公司	18.8
成都欣华欣化工材料有限公司	33.0	江苏省对外经贸股份有限公司	16.7
璐彩特国际(中国)化工有限公司	28.6	江苏开元国际集团轻工业品进出口股份有限公司	16.7
中化国际贸易股份有限公司	26.1	上海申福化工有限公司	16.2
拜耳(上海)聚氨酯有限公司	25.2	浙江东越化工有限公司	16.0
中化物产股份有限公司	24.9		

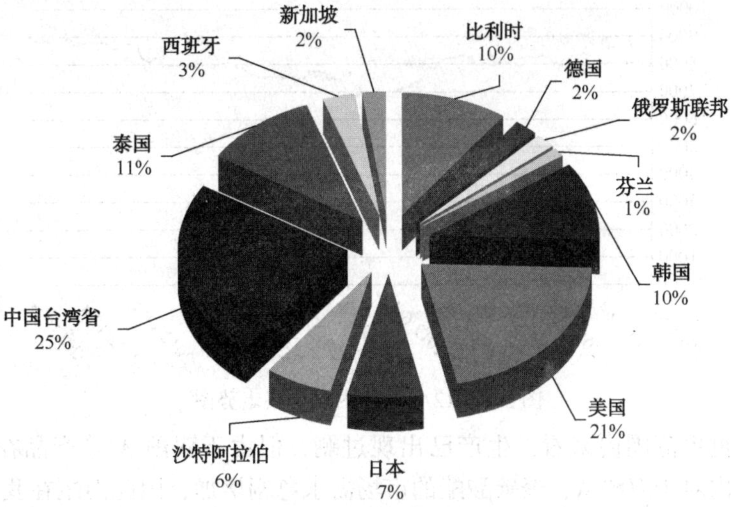

图3　2012年我国进口来源地

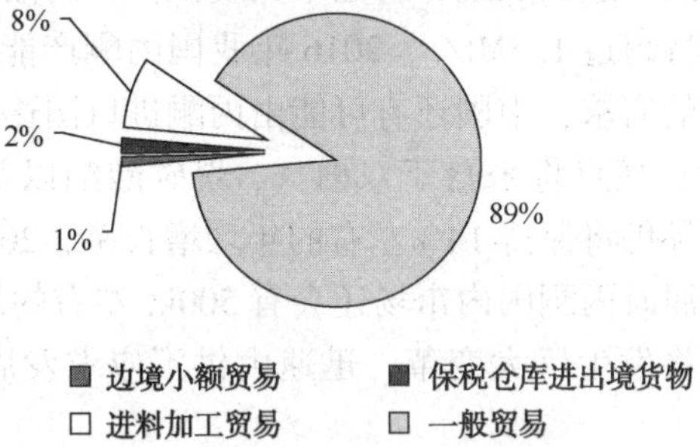

图4　贸易方式比例

6　价格走势

2012年我国丙酮市场呈上半年先涨后跌，下半年稳步增长态势。价格从年初7500元/t左右一路上涨，至4月底5月初到上半年最高点为8320元/t左右，随后进入下行通道，至6月中旬降至年内最低点为7000元/t左右，并于7月初开始进入波浪式上涨通道，直至12月中旬出现全年最高点8695元/t，随后全年末丙酮进入高位整理时期。

2012年一季度，国内丙酮市场延续需求清淡局面，需求利空而外盘利好使国内丙酮市场价格僵持盘整。二季度初随着原油价格持续走低，外围利空因素积聚，刚需萎缩等因素影响，加之缺少下游需求的配合，市场商谈重心一路下滑，价格一路下探，到6月中旬时跌至全年最低的6600元/t。下半年，多数石化企业进入停车检修期，导致市场货源减少，故供应商封盘惜售或报价迅速攀升。纯苯震荡走高，丙酮成本拉动力度相对较大。从12月中旬至年末，企业开工率稳定，部分进口货源通关，补充市场需求，货源紧张得到化解。加之下游整体开工率维持在低位徘徊，市场缺乏持续性追涨动力，短期内丙酮处于理性回归态势。总体来看，下半年丙酮绝地逢生，原料因素位居第一。

2012年国内丙酮价格走势如图5所示。

7　前景展望

目前世界上的苯酚-丙酮主要生产采用异丙苯法生产工艺，比例超过93%，然而由于世界范围内对苯酚需求的增长要大于对丙酮的需求，据预计，全世界苯酚需求可望以5%左右增长，而丙酮增长不会超过4%，两者的不平衡造成了未来丙酮供应存在着过剩的风险。

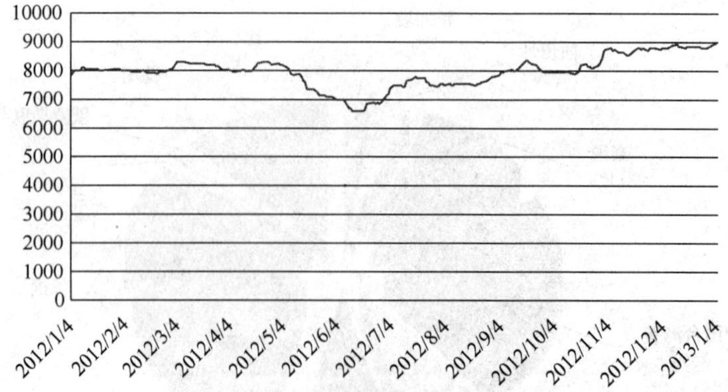

图5　2012年国内丙酮价格走势图

虽然丙酮从全世界范围内来看，生产已出现过剩，但由于双酚A等产品在我国发展较缓慢，技术不够成熟，国内对于双酚A、聚碳酸酯的市场需求急剧增加，因此丙酮在我国仍有一定的发展潜力。

未来几年是中国丙酮市场的高速发展期，将迎来大规模扩产高潮。若这些改扩建项目均能如期投产，2013~2016年新增产能将超过1.5Mt/a，2016年我国丙酮产能将达到2.425Mt/a。自给力大大的提高，不但能够满足国内的需求，中国还有可能由丙酮进口国逐步转化为出口国。从消费结构来看，未来几年丙酮的需求增长亮点将来自于双酚A、聚碳酸酯以及丙酮法制异丙醇领域，预计2013~2016年我国丙酮的消费量仍将保持14%左右的年均增长率，2016年国内消费量为2.26Mt左右，按目前的开工率来计算，届时丙酮国内市场还会有500kt左右的缺口。未来3年，国内市场竞争会进一步激化，供需结构也将发生巨大变革，迅速由供不应求发展为供需平衡甚至升级为产能过剩。

己二腈生产技术现状和国内外市场分析

王新涛　孟宪会

（中国石化齐鲁分公司，山东淄博　255408）

1　前言

己二腈[分子式为 $NC(CH_2)_4CN$]是一种无色透明的油状液体，其90%的用途是生产尼龙66盐，尼龙66盐尼龙66又名聚已二酰已二胺，是聚酰胺塑料中的主要品种，具有较高的化学稳定性、弹性、强度以及耐光、耐水、耐高温等一系列优点，用途极为广泛。由己二腈通过加氢反应生成的HDI(1，6-己二异氰酸酯)是生产高档环保型涂料的重要添加剂。另外，己二腈在电子、轻工及其他有机合成领域也有广泛的应用。

己二腈现有生产技术有四种，其中有开发利用价值的三种，即己二酸法、丁二烯法和丙烯腈法，但其专利生产技术和产品的生产全部掌握在国外几家大公司手中，技术被严格保密。

丙烯腈法的基础原料为丙烯，再用丙烯合成的丙烯腈加入电解槽中进行反应以制造己二腈。丁二烯法是生产己二腈的主流生产路线，为大多数厂家所采用，也是今后的发展方向。丙烯腈原料费用和巨大的电解用电量，成为该路线继续发展的制约因素。但该法作为一套技术成熟、工艺可靠的路线，对于具备原料易得、用电方便的企业，仍不失为较好的选择。己二酸法因其生产成本太高，已趋淘汰。

本文简述了己二腈的物化性质、生产技术路线、对国内外己二腈的生产情况和市场情况作了分析预测，重点考察了丁二烯法和丙烯腈法两种工艺路线的现状，对丙烯腈法生产己二腈的开发应用前景提出了建议。

2　己二腈的性质及用途

2.1　己二腈的物化性质

己二腈(ADN)是一种无色透明的油状液体，有轻微苦味，易燃，有毒性和腐蚀性，密度为 $962kg/m^3$，熔点1℃，沸点295℃，分子式为 $NC(CH_2)_4CN$，通过口腔吸入或皮肤吸收均能引起中毒，溶于甲醇、乙醇、氯仿，难溶于水、环已烷、乙醚、二硫化碳和四氯化碳。

2.2　己二腈的用途

己二腈最重要的工业用途是生产己二胺，己二胺再与己二酸发生中和反应生成尼龙66盐。世界上每年约90%的己二腈用于尼龙66盐的生产，其成本约占尼龙66盐生产成本的40%。

尼龙66又名聚己二酰已二胺，是聚酰胺塑料中的主要品种，具有较高的化学稳定性、弹性、强度以及耐光、耐水、耐高温等一系列优点。其主要用途为：生产轮胎子午线、机械附件如齿轮和润滑轴承、渔网、地毯丝、尼龙袜、泳装、汽车安全带等；代替有色金属材料作机器外壳、汽车发动机的叶片等；在电子仪器设备和继电器等电气设备中做零件、电梯导轨；生产医疗器械、体育用品和日用品；制造棒球击球棒、滑雪板；也可制成薄膜，与铝箔形成复合膜作食品包装，如软包装罐头、饮料等。在汽车工业飞速发展的今天，作为轮胎的主要骨架材料——尼龙66帘子布逐渐成为己二腈最主要的后加工产品，其强度、寿命、耐疲劳性能远比人造丝、聚酯丝为原料生产的帘子布大得多，并且在橡胶输送带、地毯丝、工程塑料等方面也有广泛应用。目前尼龙66成为子午胎、帘子布的主要原料。

由己二腈通过加氢反应生成的HDI(1，6-己二异氰酸酯)是生产高档环保型涂料的重要添加剂，国内市场需求急剧增加。另外，己二腈在电子、轻工及其他有机合成领域也有广泛的应用。例如，己二腈在酸或碱的水溶液中，水解制取己二酸；在醋酸酯、丙酸酯、丁酸酯和混合酯中作增塑剂；己二腈胍胺合成三聚氰胺-尿素氨基树脂，用作纺织工业的辅助材料，如涂敷纸张、玻璃纸等，可提高聚丙烯、聚丙烯腈、聚甲醛、聚甲基丙烯酸酯等高分子聚合物的抗氧性和稳定性；己二腈还可以作丙烯腈、甲基丙烯腈、甲基丙烯酸酯三元共聚体纺织的溶剂；己二腈和四氢呋喃的混合物用作PVC纤维的湿纺、干纺的溶剂；己二腈还是较好的芳烃萃取剂；在电解镀镍时，添加己二腈可使镀层均匀发亮、光泽度好。己二腈也用于制取火箭燃料、电镀工业、洗涤添加剂 、杀虫剂等。

3 己二腈的生产工艺路线

当前全球己二腈生产工艺路线主要有己二酸(ADA)催化氨化法、丙烯腈(AN)电解二聚法、丁二烯(BD)法和己内酰胺法4种。

3.1 己二酸(ADA)催化氨化法

己二酸催化氨化法的主反应方程式为：

$$HOOC(CH_2)_4COOH + 2NH_3 \xrightarrow{催化} NC(CH_2)_4CN + 4H_2O$$

此生产工艺路线于20世纪60年代末由法国罗纳普郎克公司开发成功，主要有液相法和气相法两种具有代表性的生产工艺。二者反应原理基本相同，都是以磷酸或其盐类或酯类为催化剂，己二酸与氨反应生成己二酸己二胺，然后加热脱水得粗己二腈，最后经精馏得成品。

气相法采用磷酸硼催化剂，反应温度约为300~350℃，己二酸气化时会分解，所以其选择性只有80%。工艺采用瞬时气化和流化床反应器之后，选择性可提高到90%。液相法是将约200~300℃的熔融己二酸，在催化剂(如磷酸)存在下进行氨化。反应产物经过脱水、脱重组分、化学处理和真空蒸馏等步骤，获得纯己二腈。该工艺路线由于使用了生产尼龙66盐的另一主要原料己二酸，造成工艺路线长，成本高的不足。

液相法的历史较为悠久，但产品质量较差，且收率低，约84%~93%。气相法又分为BASF法和孟山都法两种，产品质量及收率都较液相法有了明显提高，收率可达92%~96%。但终因气相法的流程过长，反应温度较高，消耗过大，而始终不能代替液相法。

3.2 丙烯腈(AN)电解二聚法

$$丙烯 \xrightarrow[氧化]{} 丙烯腈 \xrightarrow[二聚]{} 己二腈$$

其主反应方程式为：

$$CH_2CHCN_3+NH_3+O_2 \longrightarrow CH_2CHCN+2H_2O+H_2$$

$$2CH_2CHCN + H_2 \xrightarrow[二聚]{电解} NC(CH_2)_4CN$$

该工艺路线于20世纪60年代由美国孟山都公司率先开发成功，目前有溶液法和乳液法两种路线。溶液法目前以孟山都公司的技术为代表，主要特点是10%~40%的丙烯腈溶解在含有季铵盐等物质的阴极液里进行电解偶联反应制得己二腈。乳液法是日本旭化成公司在孟山都公司溶液法的基础上发展起来的新工艺，其生产原理是丙烯腈借助乳化剂聚烯乙醇、电解质等物质，在阴极液里呈乳化状态进行二聚反应。其后，孟山都公司采用无隔膜电解槽生产己二腈，大幅度降低了电耗和设备投资及维修费用，十分引人瞩目。BASF公司也采用一种特殊的毛细间隙电解槽，建立了无隔膜电解装置，电解槽由多片石墨板重叠构成。

电化学法生产己二腈的两极反应如下：

阳极：$H_2O \longrightarrow 2H^+ + \frac{1}{2}O_2$

阴极：$2CH_2CHCN+2H_2O \longrightarrow NC(CH_2)_4CN+2OH^-$

阴极材料对丙烯腈的氢化二聚过程起重要作用，己二腈的最佳产率是在具有较高氢过电位的金属如铅、镉、石墨中得到的，反应时采用10%~15%的磷酸钾作为本底电解液，同时加入磷酸使溶液的pH值保持在8.5~9.0范围内。己二腈生产采用电解液强制循环并换热以维持温度，电解槽为双极性电极的压滤式。下面分述两种方法流程。

3.2.1 隔膜式电解法流程见文献[9]

3.2.2 无隔膜电解法流程(见图1)

磷酸钾水溶液、氢氧化四乙基铵和丙烯腈分别从量槽1~3装入电解槽4，冷却器5和离心泵组成的循环回路。水相和有机相的体积比1:0.5。从量槽1不断地加入磷酸四乙基铵溶液以补充被电解的水。塔8用于分离出从电解槽导出的有机相中的季铵盐，并使之返回电解槽。淋洗塔6用于吸收电解槽中的气体丙烯腈。塔9分离出丙烯腈，塔11分离出丙烯腈后得到半成品己二腈，再经13分离出丙烯腈低聚物得成品。

3.2.3 两种方法对比

隔膜电解法的电耗为4000kW·h/t己二腈，丙烯腈消耗为1·1t/t；无隔膜电耗为3000kW·h/t，丙烯腈消耗为1·15t/t。隔膜法要考虑阳极液和阴极液两个循环，无隔膜电解槽生产己二腈，大幅度降低电耗和设备投资及维修费用，十分引人瞩目，其生产流程见图1。但电解采用了毒性和腐蚀性均较强的丙烯腈，污染严重，生产成本高。其工艺优化方向是降低电耗，提高收率。

目前国外采用该工艺生产己二腈的企业有日本旭化成公司(41kt/a)、美国首诺公司(270kt/a)、德国巴斯夫公司(135kt/a)。这些公司均利用自产丙烯通过氨氧化生产的丙烯腈为原料。1t己二腈产品需消耗原料丙烯腈约1.06t、耗电约3000kW·h。

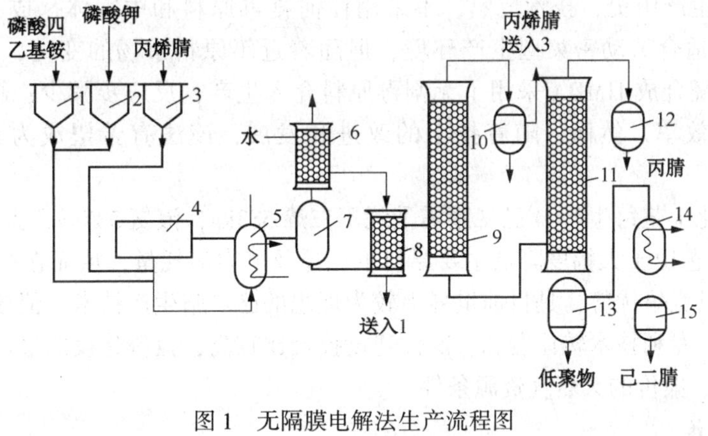

图1 无隔膜电解法生产流程图

1~3—量槽；4—电解槽；5，14—冷却器；6，8—洗涤塔；7—相分离器；9，11—精馏塔；10—丙烯腈-水共沸物收集器；12—丙腈收集器；13—蒸馏釜；15—己二腈收集器

丙烯腈加氢二聚法的原料丙烯价廉易得，反应选择性高，具有单位产品投资较小、建设规模不受限制、原料品种单一且来源较为广泛、技术相对简单且便于生产管理等特点。该工艺存在的主要缺陷是生产中采用了毒性和腐蚀性均较强的丙烯腈，污染严重，以及耗电巨大，增加了生产成本。

作为一种技术成熟，经过数十年大规模工业化的技术路线，丙烯腈法依然受到许多人的重视，有多所国内高等院校在此基础上做过深入研究，例如，2008年，青岛科技大学教授王光信与山东润兴投资发展公司合作，对电合成己二腈项目作了数年研发，并于2011年建设一个中试装置。有消息说，该公司准备建设一个100kt/a级的丙烯腈法己二酸生产装置。

3.3 丁二烯(BD)法

丁二烯法的主反应方程式为：

$$CH_2CHCHCH_2+2HCN \longrightarrow NC(CH_2)_4CN$$

丁二烯法法包括 4 条合成路线：①丁二烯直接催化氢氰化法合成 AND(一步法)；②丁二烯氯化-金属氰化法合成 AND(两步法)；③羧酸、氨热脱水法合成 ADN 及 HMDA；④丁二烯经己二醛合成 HMDA。

丁二烯氯化-金属氰化法合成 AND(两步法)是由美国杜邦公司在 20 世纪 60 年代初首先开发成功的，丁二烯首先与氯气反应生成二氯丁烯，再与氰化钠和氢气反应制得己二腈。氯化法生产工艺繁锁，腐蚀严重，建厂费用高，消耗大量氯气和氢氰酸，现已淘汰。该方法在美国本土建有两套生产装置。

70 年代初，杜邦公司又开发并采用了不用氯气的丁二烯直接氰化法，即丁二烯直接催化氢氰化法合成 AND(一步法)，将 1，3-丁二烯与氢氰酸在催化剂存在下，于 100℃下进行液相反应，生成戊烯腈的异构体混合物；经分离并将异构体异构为直链戊烯腈后，再与氢氰酸加成为己二腈。该法比氯化法降低原料成本 15%，节能 45%。1974 年，杜邦公司与法国合作，采用这种方法在法国的夏郎欠(Chalampa) 地区与罗纳普郎克公司合资兴建了布特欣密化工厂 (Butachemic Co. Ltd)，这是目前全球运转状况最好的一套生产装置。

丁二烯直接催化氢氰化法合成 ADN(一步法)易于自动化控制、生产运作成本低、节能，但设备投资大、潜在生产安全后果极其严重。对于劳动力成本昂贵的发达国家该法具有成本上的竞争优势，但对于中国人口密集、劳动力充足的国情，一方面需要迅速研发“一步法”生产技术；另一方面有必要将安全后果、人民就业等方面的社会效益综合考虑，以最适合国情、地方经济环境的考量部署己二腈和己二胺的产业化。丁二烯氯化-金属氰化法合成 ADN(两步法)原料简单易得、成本低廉，设备投资较少，固体氰化钠等金属原料虽然也是剧毒品但是与高温高压的氢氰酸相比则容易控制得多，适合中型以上规模的企业。羧酸、氨热脱水法合成 ADN 及 HMDA 具有悠久的工业化生产历史，技术成熟，不采用任何剧毒原料和中间体，成本低，与“一步法”和“两步法”相比更适合劳动密集型生产环境，但随着近年原料市场的变化，该法不具有价格优势。丁二烯经己二醛合成 HMDA 采用了无剧毒原料介入生产，反应步骤少；缺点是醛化收率差，必将拖累整体生产效率，然而，随着技术的改进和发展，该法有希望成为具有综合竞争力的方法。

丁二烯直接氰化工艺每生产 1t 己二腈需消耗丁二烯 583kg，液氨 537kg，天然气 994Nm^3，动力电 200kW · h。该工艺由于大幅度降低主要原料丁二烯及电力消耗量，从而在产品成本上与丙烯腈电解二聚法相比更具竞争优势，是目前世界上较为理想的己二腈生产技术。但该技术复杂且目前尚处于高度垄断状态，专利技术转让费和一次性建设投资比较高，投资建设的最低经济规模不得低于 100kt，要求有充足、廉价的天然气资源条件。

3.4 己内酰胺法

这是日本东丽公司开发的一条以废旧己内酰胺为原料，将己内酰胺降解然后再水解生产己二腈的工艺路线，其规模小，产品仅够供本公司的下游产品使用，它着眼于废旧原料再生利用，虽说是一种很好的发展思路，但原料的缺乏使不可能成为进行大规模工业化生产的选择。

除上述四种生产工艺外，还有糠醛法、乙炔法等一些方法，只是这些工艺路线尚未形成规模化生产，还无法判断对其实际应用前景做出判断。

4 生产成本估算

表 1 以丙烯腈为原料生产 ADN 的成本估算

项　目	单位成本	消耗定额	成本/($/t)
原材料：丙烯腈	550 $/t	1. 138t/t	626
公用工程			130

续表

项　　目	单位成本	消耗定额	成本/($/t)
电	0.036 $/kW·h	2946kW·h/t	106
蒸汽	7.78 $/t	3.046t/t	24
专利费			30
固定成本			188
操作劳务			3
维修(以固定资产的5.5%计)			55
折旧(按每年5.5%计)			50
利息(以8%计)			80
前4项总生产成本			974
工厂管理费10%			97
税金10%			107
1~6项总销售成本			1178

表2　以丁二烯为原料生产ADN的成本估算

项　　目	单位成本	消耗定额	成本/($/t)
原材料			626
丁二烯	353 $/t	0.685t/t	232.3
天然气	1.85 $/MMBTU	36MMBTU/t	66.6
氨	128 $/t	0.531t/t	68
其他中间体			158
公用工程			79.7
电	0.036 $/kWh	1409kWh/t	50.7
蒸汽	9.483 $/t	3.04t/t	29
专利费			29
固定成本			188
操作劳务			5
维修(以固定资产的5.5%计)			40
折旧(按每年5.5%计)			36
利息(以8%计)			75
前4项总生产成本			810.6
工厂管理费10%			81
税金10%			89
1~6项总销售成本			980.65

如表1、表2所示，对丁二烯法和丙烯腈法两种典型工艺路线的生产成本进行估算，以丙烯腈为原料生产己二腈的总销售成本为1178美元/t，而丁二烯为原料生产己二腈的总销售成本为901.2美元/t。由此可以看出，丙烯腈法生产己二腈的总销售成本比丁二烯法高23.5美元/t，在生产成本方面，丁二烯法的生产技术和己二腈产品比丙烯腈法稍占优。

5　己二腈市场分析预测

5.1　己二腈供方市场分析

表3　己二腈市场现状

生产企业	生产规模/(kt/a)	工艺	备注
美国英威达	820	BD	含上海在建1套200kt/a装置，2014年投产
德国巴斯夫	140	ADA，AN	
美国首诺	300		
美国孟山公司	180	AN	
日本旭化成公司	60	AN	
法国罗地亚公司	400	ADA，BD	
日本东丽	6	己内酰胺	
意大利拉蒂西化工	24	ADA	
东欧(俄罗斯)	11		
中石油辽阳石化	21	ADA	

目前，全球己二腈生产装置共有14套，总生产能力约为2Mt、其中，美国英威达公司、德国巴斯夫公司、美国首诺公司、法国罗地亚公司、日本旭化成公司5家公司合计产能达到1.72Mt。其中丁二烯法生产装置的生产能力为600kt/a，占全球年生产能力的54%。产品占据了主导市场。己二酸法生产的产品居第二位，丙烯腈法居第三位。由于己二酸催化氨化法生产成本高，已基本淘汰。世界各国己二腈生产厂商均建有配套的己二胺生产装置，大部分产能用于本公司己二胺及尼龙66盐的生产，仅有美国英威达、法国罗地亚、德国巴斯夫3家公司具有部分剩余己二腈商品外售。

5.2　己二腈需方市场分析预测

2000年全球尼龙纤维和工程塑料领域共消耗尼龙66约3.04Mt，需尼龙66盐3.5Mt、己二胺1.28Mt、己二腈1.25Mt。2005年全球尼龙纤维和工程塑料领域消耗尼龙66约3.5Mt，需尼龙66盐3.04Mt、己二胺1.55Mt、己二腈1.5Mt，每年需求平均增长率超过4%，预计2013年将达到2Mt。

中国是世界上最大的己二腈单一进口国，2010年后国内市场尼龙66盐、HDI、工程塑料(尼龙610等)及助剂市场需己二腈原料200kt。近几年我国尼龙66项目遍地开花，已建及在建产能已经达到800kt/a。预计“十二五”末，全国尼龙66年产能或将超过1Mt。

目前国内尼龙66盐的生产厂家只有中国神马集团和中石油辽阳分公司，两家合计每年进口己二腈约200kt。

HDI生产对己二腈的需求：随着国内市场对高档聚氨酯涂料需求的日益增加，HDI市场非常看好。为了满足市场需求，德国拜耳公司投资1亿美元在上海化工园区开工兴建了一套年产50kt的HDI生产装置，计划2006年底建成投产，全部达产后年需外购己二胺35kt。拜耳公司已与中国神马达成了己二胺供货协议，加上国内现有HDI及未来新增生产能力，预计2010年国内HDI对己二胺的需求将突破50kt/a，相应产量的己二胺对己二腈原料的需求将达到49kt以上。

5.3　国内己二腈装置现状

己二腈的供应日趋紧张。近七年来，国内投资者将目光已投向自产己二腈领域，一些大的企业集团纷纷与外国公司合作，准备在国内建设己二腈生产装置。

国内己二腈生产装置最早的是中石油辽阳分公司，这是一套于20世纪70年代从法国罗纳普朗克公司引进的尼龙66盐生产线，设计年产尼龙66盐45kt，配套己二胺装置每年需要己二腈原料20kt，原设计由配套引进的己二酸氨化法己二腈生产装置生产己二腈。这套己二酸氨化法己二腈生产装置是国内仅有的规模化己二腈生产装置。由于该工艺路线成本较高，与国外丁二烯路线生产的己二腈相比没有竞争优势，2002 年开始已停止生产，并且没有重新开车。该公司尼龙 66 盐装置所需 20kt 己二腈今天要靠外购解决。

由于近年来己二腈下游市场的急速膨胀，己二腈的供应日趋紧张，在这种形势下，国内众多企业将目光投向了这一领域，纷纷准备上马己二腈生产装置，据不完全统计，国内有意向、准备建和正在建设的装置有：河南神马集团主导产品尼龙 66 盐产生产能力 200kt，为亚洲规模第一。年需己二腈 150kt，购自美国英威达。该集团已与美国英威达公司协议，准备建设一套己二腈生产装置。到目前为止，已做大量准备工作。

1996 年美国杜邦公司与德国巴斯夫公司达成协议，采用两公司开司的最先进中间体专利技术在亚洲建设一套世界最大的己二腈化工项目，经广泛选址定在中国海南东方化工城建厂，总投资 12.9 亿美元，年用天然气 $8\times10^8m^3$，己二腈产能 300kt/a。其中，40kt/a 供中石油辽阳分公司，260kt/a 用于生产己二胺 110kt/a、己内酰胺 90kt/a 和尼龙 6 树脂 60kt/a。

美国英威达公司确定在中国上海新建一家尼龙 66 中间体和聚合物工厂。该工厂将使用公司拥有专利的丁二烯基技术生产己二胺(HMD)和己二腈(ADN)以及不同种类的专用化学品和尼龙 66 聚合物。项目已确定在上海化学工业园区建设，生产规模为己二胺产能 200kt/a，己二腈产能 300kt/a 已经达成协议，厂区地块已经预留，据报道，项目建设将于 2012 年开始动工，预计在 2014 年建成投产。但是项目一拖再拖，迟迟未见正式启动的消息。

此外，山东润兴投资集团致力于六亚甲基二异氰酸酯(HDI)项目研发建设，已于 2011 年底建成投产 1kt/a HDI、己二腈生产装置，使用专利技术，采用非光气法生产 HDI，使用丙烯腈电合成法生产己二腈。

HDI 是一种重要的脂肪族异氰酸酯，由它制得的聚氨酯产品在耐候性、颜色等方面优于其他产品，主要用于高端聚氨酯产品的生产，在涂饰飞机、汽车、铁道车辆等领域均有应用。中国对高端聚氨酯产品的需求越来越大，高品质 HDI 的需求也越来越多。此前 HDI 的生产技术一直被国外所垄断，且主要采用传统的光气法，存在较大的安全和环保隐患。从 2008 年开始，该公司与青岛科技大学教授合作，对丙烯腈电合成法的研究也好象实现了突破，有消息说，该公司正准备上马一套 100kt/a 级的丙烯腈法己二腈生产装置，从而形成从己二腈、己二胺到 HDI 的完整的上下游产业链。

6 结论与展望

(1) 如上所述，国内外己二腈市场的紧张状况短期难以改观，己二腈的生产厂家和产量在十几年来并没有明显的增加，国内几家较大的己二腈虽然然纷纷计划上马，以及国外垄断企业巨头有意在亚洲设厂，并把目标地选定在中国，但因为己二腈生产装置建设的高门坎和对环保的极高要求，几套新装置虽说做了大量的前期准备，但实质性建设的日期一拖再拖，仍然遥遥无期。

(2) 齐鲁分公司腈纶厂现有一套 80kt/a 丙烯腈装置，该装置计划于 2014 年搬迁、扩建，扩建后的规模将达到 200kt/a，所产丙烯腈除了本厂腈纶装置自用之外，剩余产量完全可以满足建设一套 100kt/a 丙烯腈法己二腈装置。另外，该公司拥有充足的自产丙烯腈的原料和自备电厂，这样便可以解决丙烯腈法对庞大耗电量的要求。充分利用自产丙烯腈和自备电厂，完全可以大幅度降低生产成本，增强产品市场竞争力，可与国外产品相抗衡。

(3) 在工艺路线选择方面，当今主流是丁二烯法，丙烯腈法虽然具有单位产品投资较小、建设规模不受限制、原料品种单一且来源较为广泛、技术成熟相对简单、便于生产管理的优点，但制约因素是丙烯腈原料费用很高以及对电解用电方面的要求很高，己二腈的市场价格比丙烯腈稍高，如果通过外购原料再加工成己二腈，在成本上优势不明显，所以齐鲁分公司依托现有条件，完全有能力、有必要建设一套己二腈装置。同时，国内高校对丙烯腈法的研究热情持续很高，已经做出一些研究成果，并建有中试装置，可以充分利用。

参 考 文 献

[1] 李金朋．己二腈生产技术现状及市场趋势分析[J]．河北化工，2012，2.
[2] 吕清海．抓紧时机发展我国己二腈工业[J]．河南化工，2006，23.
[3] 刘扬．己二腈的生产现状及市场分析[J]．河南化工，2010，27.
[4] 赵义山．己二腈生产技术现状及其进展[J]．郑州工业大学学报，1998，(9).
[5] 化工科技市场，2010，08.
[6] 合成纤维工业，2011，34(2).
[7] 石油化工技术与经济，2011，03.
[8] 樊凯非．己二腈生产工艺综述[J]．化工进展，2003，22(10).
[9] 鄂利海，奕耕时．丙烯腈电解二聚法生产己二腈[J]．抚顺石油学院学报，1994.3(33).

高乙烯基丁二烯橡胶(HVBR)市场应用、专利及技术

(中国石化齐鲁分公司，山东淄博　255408)

摘　要：系统介绍了1，2-聚丁二烯橡胶特别是高乙烯基丁二烯橡胶的研究论文和专利技术以及国内外生产技术、工业技术进展和市场应用情况，并据此提出相应建议。

关键词：HVBR　市场应用　专利

1　1，2-聚丁二烯橡胶技术概述

聚丁二烯橡胶在世界合成橡胶中是仅次于丁苯橡胶的第二大品种，主要用于生产合成橡胶和合成树脂，其工业生产所采用的引发体系(催化剂体系)有以钴、钛、镍和稀土体系为代表的Ziegler-Natta配位阴离子聚合体系，以及以锂系为代表的活性阴离子聚合体系。聚丁二烯橡胶在不同类型催化剂的作用下，可以分别发生1，4和1，2加成聚合反应，前者有顺式和反式两种异构体；后者则可以生成全同、间同和无规三种立构聚合物。乙烯基聚丁二烯按1，2-链节含量的不同，又可分为1，2含量大于65%的高乙烯基聚丁二烯(HVBR)和1，2-含量中等(35%~65%)的中乙烯基聚丁二烯(MVBR)。其中间同1，2-聚丁二烯是一种热塑性树酯，兼具塑料与橡胶的性质；无规的中、高乙烯基1，2-聚丁二烯(1，2-PB)可用作橡胶材料。1，2-聚丁二烯分子主链上存在乙烯基侧基，具有抗湿滑性好、耐老化、低生热等优点[1-4]，因而可用来制作飞机及汽车轮胎。此外随微观结构及相对分子质量的不同，1，2-聚丁二烯在塑料、涂料、粘合剂、功能高分子等许多领域中的应用日益广泛，可用于制备薄膜、纤维、橡胶制品以及橡胶制品的改性剂等[5,6]。

1.1　制备1，2-聚丁二烯的催化体系

制备1，2-PB可采用多种催化体系，从反应机理分主要有两类：一类是碱金属或其有机化合物特别是烷基锂化合物。丁二烯在此类催化剂作用下的聚合反应以阴离子机理进行。另一类是Ziegler-Natta型催化剂，主要有钼、铁、钨、钴及铬系催化剂，这一类催化剂催化丁二烯按配位阴离子机理进行聚合。目前实现工业化的体系有锂系和钴体系。

1.1.1　锂系1，2-PB

锂系催化剂是一种典型的阴离子聚合催化剂，以丁基锂(BuLi)的各种异构体及其同系物较为常见[7]。该体系具有许多优点，如：易于调节乙烯基含量，在体系中加入极性添加剂(醚类，叔胺类等Lewis碱)即可改善乙烯基含量，调节范围广，从而方便的制得不同乙烯基含量的聚丁二烯橡胶品种；催化体系单一，生产工艺流程简单；催化活性高，催化剂用量少，生产效率高，因此它是制备通用型乙烯基聚丁二烯橡胶首选催化体系，也最早实现了工业化。美国菲利浦石油公司曾以乙醚、三乙胺、乙二醇二甲醚、四氢呋喃等作为结构调节剂制得了中乙烯基聚丁二烯；德国许耳斯公司研究添加四氢呋喃或乙二醇二甲醚制备中乙烯基聚丁二烯；英国国际合成橡胶公司研究添加乙二醇二甲醚或二乙二醇二甲醚等添加剂来制备中、高乙烯基聚丁二烯；此外，添加六甲基磷酰三胺等也可制得不同乙烯基含量的聚丁二烯。但是锂体系也存在一定的缺点，如用此催化剂生产的PB分子量分布窄，物理机械性能较差，冷流倾向大，故一般只和聚苯乙烯树脂等混炼作改性树脂使用[8]。

1.1.2 钴系1，2-PB

1，2-PB的过渡金属催化剂很多，如Co、Cr、Mo、Pa、Ti、Va等，大多数催化剂得到的聚合物均因活性低，立构规整度低，所得产品分子量低或凝胶多而没有商业价值。Co系是合成间同1，2-聚丁二烯的活性最高的催化剂，所得产物的间规度也最高。实现工业化的Co系包括日本JSR公司的$CoBr_2/Al(i-Bu)_3/H_2O/PPh_3$[9]使用的溶剂为二氯甲烷和日本Ube公司的$Co(acac)_3/Al(Et)_3/H_2O/CS_2$[10]体系。前者聚合物结晶度低，必须在卤化烷烃中催化剂才有足够的活性。后者的产物的结晶熔点高，结晶度大，加工困难。前者所用卤化烷烃类溶剂与CS_2均有毒，存在环保问题。

最近几年，关于Co系催化丁二烯聚合的研究主要是以MAO为助催化剂，开发催化活性高和定向性高的新型Co系催化剂。此类专利有日本专利[11]介绍的钴化合物/含磷化合物/MAO和(或)$AlMe_3/H_2O$体系引发丁二烯聚合。反应溶液中存在一种含Si的化合物。反应液的处理可在常温和常压下进行。反应在高温下进行，产物从反应液中分离容易。另有高活性Co化合物/PMAO/CS_2体系制得的1，2-PB具有100%的间同结构，高的结晶度，和不低于200度的熔点[12]。日本JSR公司用CoX_2L_2(X为氯原子或溴原子，L为带至少一个烷基的三价磷化合物)有机铝氧化合物以及有机铝化合物组成的催化体系，所得结晶1，2-PB具有高的熔点，优良的高温加工安全性[13]。

文献中关于Co系催化丁二烯聚合的研究主要是以MAO为助催化剂，开发含磷配体的新型Co催化剂催化活性和定向性均有提高。如：一种新的高活性、高定向性的催化剂$CoCl_2((PPrPh_2)Pr$-*i*)在MAO存在下，用于丁二烯以及烷基取代得丁二烯的1，2聚合[14]。一系列磷配体的Co化合物$CoCl_2(PEt_3)$、$CoCl_2[(PPr_3)Pr$-*n*]、$CoCl_2(PCy_2H)$、$CoCl_2((PBu_2H)Bu$-t)、$CoCl_2((PBu_2Me)Bu$-t)、$CoCl_2(PCyp)$，$CoCl_2(PCy_3)$；(Et=ethyl，Pr-n=normal-propyl、Cy =cyclohexyl、Bu-t = tert-butyl、Cyp =cyclopentyl)与MAO组成催化体系用于丁二烯的聚合具有高活性，不同的配体所得聚合物具有不同的立构规整性[15]。

1.1.3 铁系催化剂

Fe系是合成1，2-聚丁二烯的另一种催化体系。早期对Fe系的研究以Fe(II)为主，发现其催化活性低，产物的立构规整性差，经常得到低分子量的液体聚合物，因此未实现工业化。现在有关Fe系的研究以Fe(III)[16]为主。以含氮、含氧、含硫化合物为给电子体的铁系催化剂用于二烯烃聚合，可使催化活性提高，制得间同含量高的1，2-聚丁二烯。产物多为低聚物，有些即使得到高聚物，但凝胶含量较高，所得聚合产品变色严重[8]。后来研究发现，以双齿含氮化合物为配体的铁系催化剂可得到基本不含凝胶的二烯烃聚合物[17,18]。Bazzini等[19]报道$(Bipy)_2FeEt_2$，2MAO催化剂可制备间同1，2聚丁二烯，但需在较低的温度(<0℃)下进行。Steven[20]发现以二烷基亚磷酸酯(如二乙基亚磷酸酯)为配体的铁系催化剂可在较高的温度(50℃)下制备间同1，2-聚丁二烯，使铁系催化剂合成高乙烯基聚丁二烯具有了工业化开发价值，但该体系的组分配比对聚合产物立构规整性的影响较大[21]。LuoSteven等人在专利中介绍一种铁系催化剂$Fe(acac)_3/MgBu_2$/二碳氢磷酸酯[如：$HP(O)(OCH_2CH(Et)(CH_2)_3CH_3)_2$]用于合成1，2-PB，可不用$CS_2$、烷基氯化物为溶剂，熔点可通过催化剂中某一组分的浓度简单的在100-190℃范围内调节。产品可用于塑料、橡胶添加剂、也可用于普通橡胶的硫化交联加工[22]。张学全等人以$Fe(acac)_3/AlR_3$/1，10-邻啡罗啉为催化体系进行丁二烯和异戊二烯的聚合，具有较好的活性，且聚合物不含凝胶[18,23]。以烷基磷酸酯化合物为配体的铁系催化体系进行二烯烃的聚合，依据催化体系组分间配比的不同和聚合条件的不同，可得到无规高乙烯基丁二烯橡胶和间规规整度、熔点不同的间同1，2-PB热塑性弹性体[24,25]。

1.1.4 钛系催化剂

钛催化体系是Ziegler-Nata催化剂中最为重要的一类。在不同条件下，它可分别引发α烯烃和双烯烃发生定向聚合。就丁二烯聚合而言，其聚合产物的微观结构主要取决于与钛结合的阴离子。钛的卤化物大多引发丁二烯发生1，4-加成聚合；若与钛结合的阴离子为极性取代基，如烷氧基等，则将导致1，2加成聚合。Ti系可合成出乙烯基含量为35%~65%的无定型中乙烯基聚丁二烯[26]。Wilke[27]和Nata[28]用$Ti(OCH)_4/Al(i-Bu)_3$。组成的催化剂催化丁二烯聚合，得到了高分子量、1，2结构含量几乎高达100%的弹性体。最近的文献报道，单茂钛eta(5)-pentamethylcyclopentadienyl-tribenzyloxy titanium [Cp * Ti(OBz)(3)]与MAO. 组成催化体系用于丁二烯的聚合，得到1，2-，*cis*-1，4和*trans*-1，4混合的无规PB。

国内对钛体系合成1，2-PB的研究开展较晚，文献报道也不多见，主要工作集中于MVBR的合成[29,30]。钛系催化丁二烯1，2聚合的不足在于催化活性低，产物凝胶含量较高。

1.1.5 钨系、镉系、钒系催化剂

钨与铝同属第Ⅵ族元素，二者化学性质十分相似。仲崇祺等[31,32]探索WCl_6醇(酚)/烷基铝体系催化剂合成1，2-链节含量在80%，全同立构体在60%以上的PB，但催化活性不高(仅为$W/Bd=10^{-3}$)。

Cr系可合成高乙烯基全同聚丁二烯和间同聚丁二烯，但铬的化合物毒性大，可对环境造成污染，因而近几年来对Cr的研究较少。其中，Cr的有机化合物/Mg的有机化合物/磷的烷氧基化合物组成三元催化剂催化聚合丁二烯，所得1，2-PB较通常的Cr系制得的1，2-PB具有更高的间同含量和高的熔点[33]。

此外，文献中有用三乙酰丙酮钒/三乙基铝催化剂[34]，以不含卤素的钒催化剂可制得这种聚合体，但其组成是非均相的，粗品聚合物料中乙烯基摩尔分数约78%~86%，催化剂的铝钒值较高，摩尔比在3~30时，可得到收率较高且具有高结晶度的聚合体，其乙烯基摩尔分数约为90%~95%，熔点为156%。乙烯基含量较低的非晶型组分可通过乙醚或低沸点脂肪烃萃取加以脱除。

1.2 钼系1，2聚丁二烯研究概况

钼系催化剂是合成高乙烯基1，2-PB橡胶的主要的配位催化剂之一。该体系由Mo系化合物和有机铝化合物组成，有机铝化合物中的烷氧基团是制取HVBR的必要条件。由此类催化剂制得的聚丁二烯的1，2-结构含量可达80%以上，属高乙烯基聚丁二烯，1，2-结构呈现无规分布，它是一种新型的性能优良的橡胶材料，以其独特的抗湿滑性和较好的耐热氧老化性成为一种制备高速子午线轮胎的理想弹性体材料，也是用于制造轿车轮胎和飞机轮胎的优异材料，故在轮胎工业中备受重视。

1.2.1 钼系聚丁二烯的催化剂研究

钼系催化剂合成1，2-聚丁二烯的研究开始于Ziegler-Natta催化剂发现的同时，1954年美国杜邦公司提出用钼的氯化物与金属化合物为催化剂体系合成1，2-聚丁二烯，1958年Natta[35]用$MoO_2(OR)_2-AlR_3$、$MoO_2(acac)_2-AlR_3$等催化体系合成出高相对分子质量的1，2-聚丁二烯，其1，2-含量高达92%以上。1966年美国的Phillips公司[36]开始用$MoCl_5$为催化剂合成1，2-聚丁二烯。

20世纪60年代，由于顺丁橡胶实现了工业化并得到了迅速发展，再加上当时钼体系活性低且所得聚合物相对分子质量过高，许多原来从事1，2-聚丁二烯开发的工作者转而致力于顺丁橡胶的研究。直到1965年，Dawans等[37]用烷基氧化铝代替烷基铝作助催化剂，才使钼系催化剂合成1，2-聚丁二烯的研究取得了很大进展，助催化剂Al中含有烷氧基团是钼系催化剂制备高1，2-聚丁二烯的必要条件。为解决$MoCl_5$不溶于烃类有机溶剂的问题，1970年Phillips公司[38]把$MoCl_5$与酸反应转化成$MoCl_3(RCOO)_2$代替$MoCl_5$，聚合活性有所提高，同时解决了反应体系复杂难以控制的困难。

20世纪60年代后期，国外钼催化体系研究又进入了高潮。当时，美国菲利浦公司[39]在内的多家机构的研究发现1，2-聚丁二烯橡胶(1，2-含量为40%~50%)具有一些特殊的优异性能，可以单独用来制作轮胎，也可与天然橡胶并用。另外，1，2-聚丁二烯也可用作塑料、涂料、粘合剂等。因此世界各国对1，2-聚丁二烯的研究又活跃起来。钼系催化剂活性很低的一个原因是催化剂的分散性差，1968年菲利浦公司提出用$MoCl_3(COOR)_2$[40]来代替$MoCl_5$，1970年Dawans[41]提出先

将 $MoCl_5$ 用乙酸乙酯溶解，然后加到催化体系中去的方法解决 $MoCl_5$ 的难溶问题，使聚合活性提高方便了聚合操作。

1974 年日本合成橡胶公司[42]研制的 $MoCl_5$-(i-Bu)$_2$AlOPh 体系在 50℃下催化丁二烯聚合 4 小时每克钼可得聚合物 940 克，活性高于以前的催化体系，这一催化剂体系与以前催化体系的显著不同在于助催化剂 Al 上引入了共轭基团-苯基。此外，FuruKawa[43]用 $MoCl_3(OR)_2$-AlR'_3、$MoCl_5$-$AlEt_3$ 以及 $MoO_2(acac)_2$-AlR'_3-Et_2AlCl 等催化体系合成出(顺式 1，4 链节与 1，2-链节含量相等)等二元聚丁二烯；要得到等二元聚丁二烯，R、R′中的碳数均不能大于 6，Al/Mo 摩尔比要大于 6；FuruKawa[44]还用 ^{13}C-NMR 法研究了等二元聚丁二烯的序列结构，发现顺 1，4-链节与 1，2-链节沿大分子主链呈无规分布；但该催化体系的聚合活性较低，30℃下聚合 18 小时，每克钼只能可得聚合物 200 克。由于仍未能在活性和相对分子质量调节方面取得突破，1976 年以后国外对钼体系合成 1，2-PB 的研究再度处于低潮，有关这方面的文献逐渐减少。

由于制备 1，2-PB 的工业化体系有锂系和钴体系，溶剂大多采用苯、甲苯等有毒而昂贵的溶剂。从 1979 年开始，国内唐学明、倪少儒等人较早开始钼体系的研究，主催化剂以 $MoCl_5$ 为主，其最大的特点是采用廉价、而无毒的加氢汽油作溶剂，工作重点是设法提高催化活性和调节聚合物的相对分子质量及微观结构。唐学明等人以加氢汽油作溶剂，对钼系催化剂合成 1，2-聚丁二烯进行了系统研究[45-49]。详细研究了各种钼系催化剂的聚合条件[n(Al)/n(Mo)、催化剂浓度、加料方式、聚合温度等)以及杂质(水、氧等)]对催化体系的影响。倪少儒以 $MoCl_5OPh$-R_2AlOPh 为催化剂(Ph 为苯基)，催化活性大为提高，体系在 50℃下反应 7h 每克钼可得 7000g 以上聚合物。在五价钼研究成果的基础上，杨玉伟等人又开展了四价钼的催化体系的研究[50-53]，发现四价钼与相应的五价钼体系的规律类似。通过对四价钼、五价钼、六价钼等体系催化剂进行系统研究，发现钼的价态越高，催化活性越高。近年来国外又出现这方面的专利报道，2002 年 Bridgestone 公司[44]向钼体系中加入氢化亚磷酸酯作为第三组分，并且采用多种不同配体的有机铝的共混物作助催化剂，合成出间同 1，2-聚丁二烯，并用有机铝化合物的用量来调整所得聚合物的熔点和相对分子质量。

对于大多数钼系催化体系，提高活性和寻找能有效调节相对分子质量的方法仍是现在研究的主要问题。但相对于已经工业化的 Ni、Co 体系等催化剂，钼系催化剂还存在催化活性可进一步提高、聚合物相对分子质量太高且调节困难的问题，所以至今未能实现工业化。

1.2.2　聚合物相对分子质量的调节

合成橡胶的物理机械性能与其相对分子质量及分布密切相关。由于钼胶的相对分子质量过大，相对分子质量分布窄，对钼胶的加工造成一定困难。所以如何控制分子量大小及其分布，是钼系聚丁二烯能否工业化生产的关键问题。

钼系 1，2-聚丁二烯相对分子质量调节可采用两种方式，一是改变聚合参数；二是添加相对分子质量调节剂。

(1) 改变聚合参数　聚合参数主要包括助、主催化剂的用量及配比、聚合温度、聚合时间等。主、助催化剂的用量及配比对相对分子质量都有很大影响，但用来调节相对分子质量并不实际，因为它并不能有效的调节相对分子质量的大小，而且催化剂用量太多会导致聚合产物中灰分量增加和增加后处理的麻烦，同时也增加了产品的成本。改变聚合温度在一定范围内(一般是 20~60℃)能有效的调节相对分子质量[52,54]，但温度过高会破坏活性中心的结构，影响催化活性。所以采取以上方法调节分子量是没有实际意义。

美国 Goodyear 公司[55]发明专利中用 10~30 个碳原子的烷基羧酸或 7~30 个碳原子的芳烃羧酸取代的 $MoCl_5$，$MoCl_3$ 和 $MoCl_4$ 与 1-8 个碳原子的烷基取代的苯酚，烯丙基取代的苯酚组成的催化体系在脂肪烃溶剂中制备 HVPB。此催化体系具有高的聚合活性和高的定向性，所得聚合物的分子量可降为 250000。

(2) 相对分子质量调节剂　调节聚合物相对分子质量最好能在不降低催化活性的前提下进行，

加入分子量调节剂可以达到这个目的。关于钼系1，2-PB的相对分子质量调节剂有以下几种。

① 氯化硅烷　是一种非常理想的相对分子质量调节剂，调节其添加量，可大幅度调节聚合物的相对分子质量，而且对聚合物的微观结构及聚合活性无明显影响[56]。文献[57]具体研究了四种氯化硅烷的影响，发现其中二氯-甲基-乙烯基硅烷的链转移常数高达59.88(mol/L) min^{-1}，表明向氯化硅烷的链转移剧烈，导致相对分子质量下降程度较大。

② 烯丙基卤　唐学明等人[47]研究了20余种极性添加剂对聚合反应的影响，发现烯丙基卤具有较好的调节相对分子质量的能力。文献[41]研究了烯丙基卤对Mo(IV)体系催化丁二烯聚合动力学的影响，发现体系中添加烯丙基卤后，既使活性中心浓度[C*]提高，又使反应活性的平均寿命缩短，因而可导致相对分子质量明显下降。三种烯丙基卤对相对分子质量的调节效果是：烯丙基溴>烯丙基碘>烯丙基氯。陈滇宝等[58]研究后认为其机理是烯丙基卤分子和丁二烯共同竞争钼系催化活性中心Mo(III)上的配位点，形成一稳定配合物，阻碍了丁二烯分子的进一步插入，从而使活性链提前转移，相对分子质量大幅下降。

在研究钼系丁二烯相对分子质量及其分布的影响时，倪少儒[45]发现烯丙基卤是一种效果很好的相对分子质量调节剂，可以使聚丁二烯的重均相对分子质量大幅降低。但烯丙基卤沸点较低且容易与聚合所用溶剂加氢汽油形成共沸物，影响溶剂的回收利用。

1.3　1，2-PB橡胶的结构与物理机械性能

由1，3-丁二烯聚合而得的聚丁二烯存在着3种链结构：顺式1，4-、反式1，4-及1，2-结构。由于1，2-结构存在侧链乙烯基，它又有以下3种链接方式：无规立构、全同立构和间同立构。通过对乙烯基含量的控制和立体化学结构的调整，可以改善BR的缺陷，使1，2-PBR具有独特的性能。

通过对1，2-链节含量的控制，可以合成中乙烯基聚丁二烯橡胶(MVBR)和高乙烯基丁二烯橡胶(HVBR)。MVBR是指乙烯基含量为35%~55%的聚丁二烯橡胶，T_g在-70~-50℃范围内，与乳聚丁苯橡胶(ESBR)相近。它可作为并用胶(15~50份)替代目前使用的BR或SBR，用于轮胎、胶鞋的透明或彩色鞋底及各种杂品。该胶加工工艺可行，硫化胶保持原制品的主要性能，同时显示优良的抗湿滑性、耐老化性及抗屈挠性。HVBR具有低结晶性，其乙烯基含量约为70%~90%，具有高抗湿滑性、低滚动阻力和低生热，在高性能轮胎的应用中具有独特的优越性。

1.3.1　1，2-PBR的分子运动和热转变

1.3.1.1　1，2-PBR的多重转变和松弛

倪少儒等[59]利用动态力学、介电松弛和固态核磁共振等方法研究了1，2-PBR的多重转变和松弛。由力学谱观察到有强度较大的玻璃化转变及-100℃左右强度较小的次级转变。在介电损耗谱(tgδ随温度变化的曲线)上可观察到高温处的T_{1-1}转变(在无定形高聚物中存在液-液转变，Boyer指出，从一种液态到另一种液态的整链运动，没有相变而具有松弛特征，称为T_{1-1}转变)。强度最大处的玻璃化转变及-150~60℃之间较宽的次级转变。在介电系数谱上观察到了α、β、γ和δ转变：(1)α转变为玻璃化转变；(2)β转变为主链局部运动引起的，随1，2-链节的增多而趋于明显，β转变温度也随1，2-链节的增多而升高；(3)γ转变系由于乙烯基的内旋转运动引起的，其转变温度基本上与1，2-链节的含量无关，但随1，2-链节的增多，γ转变趋于明显；(4)δ转变可能与1，2-PBR加工缺陷和不均匀性有关。试验还考察了无规1，2-PBR的T_{1-1}转变的存在。

1.3.1.2　1，2-PBR的玻璃化转变温度

高分子链的玻璃化转变温度(T_g)是由分子内和分子间的影响共同决定的，随着1，2-链节含量的增大，分子内相互作用增强，而分子间的相互作用减弱，但对前者的影响大于后者，故随1，2-链节的增多T_g升高；另一方面，由于立体构型的影响，随着间同1，2-链节的增多，分子内相互作用增强，而且在间同1，2-链节中，由于1，2-链节的空间排列对称，链结构规整，有利于分子链的有序排列。当间同1，2-结构含量高于30%时，分子内部规整便有微晶出现，由此可知，随间

同1，2-链节增多而升高是分子内和分子间相互作用同时增加的共同效应。

对于无规1，2-PBR，Bahary[60]曾提出下列T_g与1，2-链节含量(V)的关系式：

$$T_g=91V-106$$

倪少儒等[59]考虑1，2-链节立体构型对T_g的影响，提出了对1，2-链节含量较高(>50%)的1，2-PBR的修正公式：

$$T_g=91V+100S-106$$

式中 S——间同1，2-链节的含量。

钼系催化剂对丁二烯聚合显示出较高的无规1，2活性。所得聚丁二烯的1，2含量可在70%~98%范围内变化，属于无定形弹性体。赵万兴、唐学明等[61]在大量实验的基础上又进一步提出了适用于1，2-链节含量更高(>80%)的1，2-PBR的修正公式：

$$T_g=91V+220S^2-106$$

通过改变聚丁二烯中1，2-链节的含量，玻璃化转变温度可在-100~-20℃之间变化。乙烯基含量为50%~55%的聚丁二烯，与SBR1500，1712具有相同的玻璃化转变温度(-50℃)，乙烯基含量为35%的聚丁二烯相当于SBR/BR(65/35)混合胶的玻璃化转变温度，这表明可以仅用丁二烯一种单体均聚制备乙烯基含量不同的聚丁二烯，来代替须有苯乙烯和丁二烯共聚所合成的丁苯橡胶[62]。

1，2-PB具有良好的抗湿滑性，随乙烯基含量的增加其抗湿滑性提高[63]；低温(17℃)回弹性明显下降，而与滚动损失相关的高温(82℃)回弹性下降不明显。

随着T_g的降低，橡胶的耐磨性、回弹性和耐低温性均能得到改善，但抗湿滑性变差。研究表明，乙烯基含量为35%~55%的MVBR，其T_g为-70~-50℃时，与SSBR和SBR/BR并用胶的性能相当。国际合成橡胶公司于1973年推出牌号为"Intolene-50"的MVBR产品，其乙烯基含量为50%，属充油橡胶，可以取代ESBR1712[64]。

1.3.1.3 1，2-PBR的结晶性与物性的关系

根据1，2-PB的形态不同，可分为无定性和结晶型两类。1，2-PB的结晶性主要是由分子链的微观结构决定的，分子链结构单元的立构规整性越高，聚合物越容易结晶，并且间同1，2的比率支配着1，2-PB的结晶度；间同含量越大，结晶度越大。研究还发现，大约有40%的间同1，2-结构排入晶相。1，2PB的性质随着结晶度的增加，由橡胶向热塑性弹性体方面转变，结晶度为10%~40%变为热塑性弹性体，并且1，2PB类热塑性弹性体是以结晶相为硬段的均聚物，这一点是特有的。倪少儒[60]等测定了钼体系的1，2-PB链结构，结果是全同、间同占一半以上，这些立构规整链节在拉伸时可进行规则排列，形成微晶区，起者物理交联点的作用，同时聚合物中有40%多的无规链节，这又使得聚合物在静态时不结晶，而在拉伸时由于无规1，2链节内聚力很低，从而贡献给聚合物以高度柔顺性，使其具有橡胶弹性。静态下不结晶，拉伸时结晶，这是典型的天然橡胶性质，这在合成橡胶中是罕见的。

1.3.2 1，2-PBR的动态力学性能

倪少儒等[65]在-150~50℃范围内测定了不同1，2-链节含量和立体构型的1，2-PBR的动态力学性能。

1.3.2.1 动态力学谱

在试验温度范围内，在1，2-PBR动态力学谱上可观察到两个内耗峰：高温处的内耗峰强度很大。与该内耗峰对应，剪切模量约下降3个数量级，显然该内耗峰与玻璃化转变温度相对应；低温处的内耗峰在-90℃左右，强度很小，与1，2-链节的运动有关。

1.3.2.2 动态力学性能与1，2-链节含量的关系

1，2-PBR玻璃态模量与1，2-链节含量的关系不大，而高弹态模量则与1，2-链节含量有关。在高弹态，当1，2-链节含量低于40%时，动态剪切模量随1，2-链节含量的变化不明显，但当1，

2-链节含量高于40%时，动态剪切模量随1，2-链节的增多而增大。对应高弹态和玻璃态平衡模量之差称为松弛强度。当1，2-链节较多时，松弛强度随1，2-链节的增多而下降，这是由于1，2-链节增多时，分子内旋转势垒增高，松弛时间延长，柔顺性下降。因此，如果1，2-链节较多时，1，2-PBR的回弹性变差，不能再单独作为橡胶使用。

随着1，2-链节的增多，内耗峰移向高温区且宽度减小。内耗峰的宽度取决于松弛时间分布宽度。聚丁二烯结构单元中含有1，2-、顺式1，4-和反式1，4-三种链节，1，2-链节较少时，结构花样数较多，松弛时间分布宽，故内耗峰较宽。随着1，2-链节的增多，结构趋于单一，松弛时间分布变窄，故内耗峰也随之变窄，在1，2-结构含量为50%左右时，内耗峰最高。在高弹态1，2-PBR的力学内耗非常小，这就是1，2-PBR生热低、耐热裂解性较好的内在原因。

1.3.2.3　动态力学性能和链立体化学结构的关系

当1，2-链节含量较高时，1，2-PBR的动态力学性能不仅与1，2-链节含量有关，还与1，2-链节的立体化学结构有关。在非玻璃化转变区动态剪切模量与1，2-链节立体构型关系不大，而力学内耗则与1，2-链节立体构型有很大关系。随着间同1，2-链节的增多，内耗峰的位置向高温区移动，内耗峰高度降低，但峰宽无明显变化。

1.3.3　1，2-PBR的加工流变性

高分子材料流动性能影响其加工性能，并会影响最终产品的力学性能，对控制加工工艺和改善产品质量及其重要。聚合物的流变特性是其内在结构的反映，流变行为随聚合物的链结构、链间结构化程度、相对分子质量及分子质量分布、聚合物的支化结构等因素的变化而相应变化。

1.3.3.1　塑炼中1，2-PBR的无扰尺寸及分子量的变化

于旻等[66]研究了塑炼中1，2-PBR的无扰尺寸及分子量的变化。研究表明1，2-链节含量分别为40%和87%的1，2-PBR，均随薄通次数的增加，分子链的无扰尺寸降低，但降到某一最低点后，再继续增加薄通次数时，则分子链的无扰尺寸只在某一范围内波动。对1，2-链节含量为87%的1，2-PBR薄通样品，在放置过程中样品内的自由基继续相互连接，生成支化点更多的链结构，从而使无扰尺寸降低。

高分子材料在机械剪切力的作用下，可发生分子链断裂，产生自由基以及自由基之间相互结合。1，2-PBR不仅在主链上具有叔碳原子，而且在每个1，2-链节上都有一个乙烯基。在塑炼过程中不同1，2-链节含量的1，2-PBR在薄通过程中的变化主要与起始分子量有关。起始特性黏度[η]大的高1，2-PBR随着薄通次数的增加分子量降低，且其分子量分布宽度在薄通30~50次时有最大值。分子最分布宽度在薄通20~25次时有最大值。起始[η]小的低1，2-PBR在薄通过程中[η]略有降低，在薄通50次时[η]有一最小值。

1.3.3.2　1，2-PBR黏度与剪切速率的关系

李素清等[67]利用多速粘流仪和Monsanto试验机联用，观察了HVBR与BR，EPDM和SBR1500在流变性质上的差异，HVBR虽在中等剪切速率下有较高的黏度，但在低、高剪切速率下黏度均较低，这一特性有利于它的加工。HVBR在低剪切速率下的流动活化能较其他橡胶高，故抗冷流性能优越，易于存放。从理论上分析其黏度特性与支化度及分子量分布有关。与其他橡胶相比，HVBR有较稠密的侧基，分子链旋转困难，在低温时表观黏度较高随着剪切速率的增大，该胶在较高的低温区时表观黏度和剪切活化能均急剧变小。

1.3.3.3　聚合物分子量及其分布对加工性的影响

王松波[68]等研究发现1，2-PBR在低剪切速率下，分子量分布对聚合物的加工行为影响较大，分子量分布宽有内增塑作用，吃药状态很好。吃药状态还与聚合物的微观结构有关。在高剪切速率下，影响聚合物加工行为的主要结构参数是聚合物的平均分子量。为使1，2-PBR能满足加工工艺的要求，其生胶平均分子量不能太高，控制分子量的意义还在于降低膨胀率，分子量高，弹性记忆较大，挤出时施加的力也就大了，所以聚合物的膨胀率相应的升高，不利于半成品的尺寸稳定性。

1.3.3.4　生胶门尼黏度对加工性的影响

生胶的门尼黏度 ML 值随1，2 结构含量的增加而提高，当 Mn 达到一定值后，ML 值不再提高，将 1，2-PB 胶样与顺丁胶相比较，两种胶样重均分子量 Mw 相近，但 1，2-PB 的 ML 值较高。随 Mw 与 1，2 含量增加，胶料的压出膨胀值提高，1，2-PB 的包辊性差，可能是由于该胶种的热塑性大，加工时提高温度后弹性下降，并易于流动的缘故[69]。

1，2-PBR 大部分都很快包辊，吃药状态良好，加入软化剂后，辊筒行为更好，并且随塑炼降解行为的加深，与碳黑的润滑性变好，黏度变化不大，经过深度塑炼的 1，2-PB 与碳黑的润滑性优于不塑炼的顺丁橡胶。MVBR 和 HVBR 在开炼机上混炼时有脱辊现象发生[70]，但与少量 NR，SBR 或 BR 胶种并用后即可消除。MVBR 的耐热老化性、耐屈挠性和抗湿滑性均比 BR 好，MVBR 是一种难塑化的胶种，不过其门尼黏度尚可满足要求。在开炼机上混炼时稍有脱辊现象，有很好的挤出性能。

辛波等[71]采用阴离子溶液聚合法以多官能团有机锂为引发剂合成星型高乙烯基聚丁二烯，此类星形结构的聚合物的加工性和吃料性都会得到明显改善。

1.4　1，2-PBR 的硫化特性

随着 1，2-PBR 分子链中乙烯基含量的增加，其分子链主链的双键减少。对其进行硫化时，硫化剂的攻击点减少，因此，需要更高的硫化温度。对 1，2-PBR 的硫化试验表明：1，2-PBR 胶料的正硫化时间($t90$)随乙烯基含量和 Mw 的增大而延长，这可能是由于侧链上的乙烯基团的游离基硫化反应与主链上双键的硫化反应不尽相同造成的。当乙烯基含量较高时，随着硫化温度的提高和硫化时间的延长，1，2-PBR 硫化胶的 300%定伸应力会出现与 NR 和 BR 等相反的上升趋势[72]。

1，2-PB 的硫化曲线平缓，无最大转矩，正硫化点不易确定，但有利于同其他橡胶并用，即不存在硫化不同步的问题。这是其他橡胶很少具备的。钼系合成的 1，2-PB 基本物理机械性能与天然橡胶、顺丁胶及丁苯胶相近，生热值特别低，有利于航空轮胎的制造[68]。

1.5　1，2-PBR 硫化胶的基本物理力学性能

1，2-PBR 的抗张强度[69]、伸长率和定伸强度已接近或达到顺丁胶的水平，而硬度比顺丁胶高，1，2 含量对抗张强度影响不明显，Mw 稍高对提高强度有利，1，2 结构和 Mw 的增加对降低生热有利，并有一极大值。生热性好的特点是 1，2 结构及 Mw 达到一定值时，压缩形变显著下降所致。1，2 结构含量增加，耐磨性下降，抗湿滑性得到改善，1，2 结构 40%时，两者可取得较好平衡。总得看来，1，2-PB 的耐磨性不如顺丁胶，其优点是滚动阻力小、抗湿滑性良好、不易降解、耐老化性能优越。

林裔珍等[73]研究了乙烯基含量对 1，2-PBR 的基本性能的影响。研究结果表明：在 T_g 较低时，随着乙烯基含量的增加，滞后损失和磨耗增大。当乙烯基含量进一步增加时，分子链柔顺性减小，使得磨耗对滞后损失的依赖性减弱，从而出现了乙烯基含量增加而磨耗变化不大的情况。

随着乙烯基含量的增加，硬度随之降低，撕裂强度也下降。这是由于乙烯基含量的增加，减少了分子链相对运动的障碍，有利于较大裂缝的扩展。根据回弹性对滚动损失的影响，低温下的回弹性越低，抗湿滑性越好；而高温下的回弹性越高，滚动损失越小。Noguchi 等认为在综合改善滚动损失和湿滑性方面，70%是乙烯基的最佳含量。

王可信[74]等研究了充油对 1，2-PBR 抗湿滑性能的影响。发现充油可使 1，2-PB 的门尼黏度降低，加工性能明显提高。1，2-PBR 基质胶与充油胶的抗湿滑性均随 1，2 链节含量的增加而提高，充油胶抗湿滑性高于基质胶，可能是填充油中芳烃含量较高。充油可降低 1，2PB 的脆性温度，提高臭氧老化和热氧老化性质。充油 1，2-PBR 采用硫磺/促进剂 CZ/促进剂 TMTD 硫化体系，可获得适宜的硫化速度和良好的物理性能。新工艺碳黑 N326 可赋予胶料较好的综合物理，而高耐磨碳黑和中超碳黑补强的充油 1，2-PBR 的热老化稳定性较强。

聚丁二烯橡胶的热氧老化交联反应是由于大分子主链上双键的存在而引起的分子间交联为主，

这种交联是主链间的化学交联，老化后表观交联密度值增长较大，分子运动性下降程度更低，而1，2-PB的热氧化交联则主要是通过其侧乙烯基实现的，当发生分子间交联时，网络中链间距离较BR大，由于1，2-PBR中侧乙烯基密度较大，很容易发生分子内交联，这种交联形式使得无论是大分子间交联还是大分子内交联都对大分子运动束缚程度较小，对材料表观交联密度贡献不大，结果更有利于材料的耐热老化性[75]。

刘振海[76]等发现，对不同1，2-含量无规聚丁二烯的研究表明，与侧链乙烯基相比，主链双键更容易发生热氧化反应，这可能因为含有较多的α-氢。根据热氧化温度和动力学参数活化能E，钴系高1，2含量间规聚丁二烯比钼、锂系聚丁二烯更为稳定，是由于通常钴系聚合物为晶态。

马洪海[77]等通过试验对比中乙烯基聚丁二烯橡胶(MVBR)和BR基本物理性能和在胎冠胶中的应用效果。结果表明，MVBR的硫化速率较低，但抗湿滑性能更好，综合性能优于BR。MVBR可以部分或全部替代BR用于载重斜交轮胎胎冠胶。

1.6 1，2-PB的应用

由于1，2-PB乙烯基含量和立构规整性的不同，1，2-PB具有多种用途。低分子量的液体1，2-PB被用做涂料、胶黏剂、热固性树脂等；高分子量的无定形1，2-PB作为橡胶材料使用，兼有降低汽车滚动阻力和改善湿滑阻力两种性能；高结晶度有1，2-PB的短纤维被用做轮胎用的补强材料；低结晶性的1，2-PB(简称RB)被广泛用于热塑性弹性体和树脂交联制品的制造方面。

1.6.1 高乙烯基聚丁二烯(HVPB)的应用

适当控制1，2-PB的立构规整度和结晶度，就能得到一定性能的材料。当HVBR中可以形成一定量的晶体微区充当未结晶软段的物理交联点时，HVPB就可以在高温下像塑料一样加工，在常温下具有橡胶的性质，即成为热塑性弹性体。

1.6.1.1 作为热塑性弹性体的应用

作为热塑性弹性体的RB多用于鞋底材料。RB在成型温度下流动性好，注压成型能得到良好的低泡沫鞋底。用它制造的鞋底有质量轻、弹性好，无弹力减弱现象，缓冲性好，模型图案再现性好，不易破裂等优点。用它制造的薄膜透明性好，透气性大，撕裂强度高，热封温度低，适合于果品保鲜用薄膜的制造。目前这种特殊的高强度薄膜已在日本和欧洲上市。

利用RB在成型温度下流动性好的性质，把它掺入到链烯烃类、苯乙烯类热塑性弹性体中，以改善操作性和外观质量；利用其较好的化学反应性，将其与顺丁胶接枝共聚，得到硬度高、弹性好，抗龟裂性能优异的橡胶。日本宇部兴产公司已开始工业化生产，商品名为Ubepol-VCR。用它改性的EPDM橡胶既改变了产品耐油性，又提高了机械强度等性能[78]。

日本合成橡胶公司(JSR)已成功地开发了一系列名称为JSR-PB的热塑性1，2-PBR，其1，2-结构含量在98%以上，结晶度为15%~29%，加工性能优良，可注塑或吹塑成型，用于薄膜、鞋底、胶管、海绵、高硬度橡胶制品以及其他橡胶制品的改性剂等。乙烯基含量在70%~90%范围的低结晶1，2-PBR可作为轮胎胎面胶料并用组分。乙烯基含量呈均匀梯度变化的HVBR能改善轮胎的行驶稳定性，减少滚动损失，偶联后的丁二烯聚合产物还能改进橡胶的撕裂强度和磨耗性能。

高1，2-含量的低结晶性聚丁二烯也可用来制造高硬度橡胶材料。1，2-PB适合制造硫化海棉，不仅工艺简单，不需要预硫化和二次硫化工艺。而且产品具有比重小，缓冲性好，永久变形小等特点。1，2-PB可通过注射成型而同时硫化的高速注射成型成为可能。1，2-PB还可以作为反应性助剂，感光性树脂、热固性树酯广泛应用于各种用途。

1.6.1.2 作为橡胶材料的应用

在品种繁多的橡胶制品中，轮胎用胶量占有很大的比例。当今汽车高速行驶时对轮胎的安全性和节能方面的要求是逐渐增加。1，2-聚丁二烯橡胶的强伸性能已达到通用型合成橡胶的水平，而且抗湿滑性、耐热老化性和低生热性尤为突出。与天然橡胶(NR)、顺丁橡胶(BR)和丁苯橡胶(SBR)并用。不仅保持其原有的滚动阻力和生热低的特点，而且其抗湿滑性显著提高，具有良好的综合性能有利于制造节能安全轮胎，是用于制造高速轿车子午线轮胎的理想胶种。国外已有用1，2-BR生产汽车轮胎的报道。含有70%以上的高乙烯基低结晶的1，2PB不仅具有较高的摩擦系数而且具有优异的抗湿滑性，已用于FAABaling727飞机轮胎。此外，由于1，2-PB中存在着大量的侧基，阻碍了分子链的运动，因此，硫化胶的气密性明显地优于顺丁橡胶，而介于NR和SBR之间。

除此以外，充油可使1，2-PB的门尼黏度降低，加工性能明显提高。用1，2-PB部分代替其他橡胶应用于轮胎及其他制品中，不但可以起到调节性能的作用，而且有利于降低成本。

高乙烯基丁二烯橡胶的另外一个重要消费领域是可用于聚苯乙烯和ABS树脂的抗冲改性。随着我国聚苯乙烯和ABS树脂生产能力的不断增加，加强这一胶种的研究开发以及应用方面的研究开发工作显得尤为重要。

1.6.2 中乙烯基聚丁二烯(MVPB)的应用

针对MVBR加工性能较差的问题，自20世纪70年代以来，各国研究人员提出了许多改进方案，如选择引发效率差、引发速率慢的引发剂，使用不同活性的混合引发体系，分批加入引发剂，采用连续聚合的方法，使用特殊极性添加剂使产品分子量分布加宽等[79-81]。

杨大川等[82]对宽分子量分布MVBR的合成进行了研究。他们利用新的调节体系控制聚丁二烯的1，2-结构。采用DVB进行偶联反应，制得了宽分子量分布(分布指数>2)和少量支化(支化度<1.6)的MVPB，改善了MVPB的加工性能，当它与NR并用时。可替代通用SBR，而且其低温性能优于SBR。

Wilder[83]通过研究发现，乙烯基含量为42%的1，2-PB滚动阻力性能最好，MVBR与NR或SBR并用能赋予轮胎良好的性能。美国固特异已采用该胶种试制了包括飞机轮胎在内的各种轮胎，其耐磨性、生热性、滚动阻力抗湿滑性能都较好[84]。

马洪海[85]等研究认为，MVBR抗湿滑性好，综合性能优于BR，可以部分或全部代替BR用于载重斜交胎胎冠胶。

1.6.3 液体1，2-PBR的应用

美国Golden化学公司利用有机过氧化物交联EPDM和EPM时，发现加入液体1，2-PBR可改进橡胶的耐热性和耐老化性能。改性所用的液体1，2-PBR分子结构中乙烯基含量很高，当它与有机过氧化物反应时，便固化成玻璃状树脂，密度为0.89Mg·m^{-3}EPDM与之共混时可形成坚固的网状结构，从而明显改善EPDM的耐油性和机械强度等性能。

张红梅[86]等研究了1，2-PB作为交联剂在EPDM/PP热塑性硫化胶中的作用。结果表明：在EPDM用量高的TPV中，1，2-PB能提高材料的交联密度，在EPDM用量低的TPV中，1，2-PB则起到了增塑剂的作用。

1.6.4 星型乙烯基1，2-PBR的应用

王玉荣、刘慧明等[87]在以n-BuLl为引发剂，THF为结构调节剂，环已烷为溶剂的丁二烯聚合体系中，用$SiC1_4$作偶联剂，研究了在不同条件下合成星型中乙烯基聚丁二烯的影响因素。试验制得的星型中乙烯基聚丁二烯的表观黏度相对较小，从而改善了加工性能。产物的表观黏度对温度较敏感，随着剪切速率和温度的增高，偶合前后产物的模量均下降，但偶合产物分子链刚性大，模量高，故其剪切速率和温度对流动性影响更大，在低剪切速率下，模量和表观黏度均减小，流动性好，易于加工。由此可知，偶合后的星型中乙烯基1，2-PBR的冷流性和加工性能均得到改善。

1.6.5 国内外专利中关于1，2-PB的应用实例

1.6.5.1 在橡胶轮胎中的应用方面

国外已有用HVPBR生产汽车轮胎的报道。Goodyear Tire & Rubber Company使用1-25份间规1，2-PB做充气轮胎[88]。使用SBR/IBR/1，2-PBR共混来生产胎面胶[89]。该公司还使用1，2结构含量不低于75%的间规1，2-PB生产载重充气轮胎的胎面胶，制成的轮胎有非常好的耐用性，

主要用于轮胎磨损较严重的情况，如较差的路面及施工工地上重型车辆的使用[90]。此胶种对于中国的公路状况也很适用。除此之外，他们使用 NR、1，2-PBR 和其他合成胶的复合胶种的硫化胶制作轮胎的带束层上的敷胶[91]。日本的 Sumitomo Rubber Industries 使用 1，2-PB 含量不低于 75%的合成橡胶制造具有行驶安全性高的轮胎。此轮胎可以安全、高速行驶[92]。Japan Synthetic Rubber Co.，Ltd. 使用 1，2 含量高于 70%的 1，2-PB 和其他如天然胶等二烯胶共混，硫化后胶料具有高硬度、高模量，性能对温度变化不敏感，并且具有低生热和优异的防爆性能，用做子午线轮胎胶料[93]。含有 70%以上的高乙烯基低结晶的 1，2PB 不仅具有较高的摩擦系数而且具有优异的抗湿滑性，已用于 FAA Baling 727 飞机轮胎 。

除此以外，充油可使 1，2-PB 的门尼黏度降低，加工性能明显提高。用 1，2-PB 部分代替其他橡胶应用于轮胎及其他制品中，不但可以起到调节性能的作用，而且有利于降低成本。Goodyear Tire & Rubber Company 使用 1-25 份间规 1，2-PB 做充气轮胎[88]。使用 SBR/IBR/1，2-PBR 共混来生产胎面胶[94]。

Ube Industries 研究出一种液体橡胶，其中分散着质量份数为 1%~50%的极细的 1，2-PB 粒子，这种液体橡胶的硫化胶产品有低比重、高的弹性模量、令人满意的机械强度和最大伸长[95]。

1.6.5.2　在作为热塑性弹性体方面

Yukong Limited 合成了一种含有 1，2-PB、EPDM 橡胶和聚烯烃树脂的热塑性弹性体，部分硫化后，具有很好的综合性能。如机械性能、弹性、耐热耐油性等[96]。

Taylor Made Golf Company 公司使用含有结晶的间规 1，2-PB 制作高尔夫球，可以注射或挤出成型。这种球性能出色，可控性好，打击感适宜，对抗剪切力性能无不利影响[97]。

1.6.5.3　在其他方面的应用

Matsushita Electric Industrial Co.，Ltd. 使用 1，2PB 和苯乙烯或者苯乙烯的衍生物来制造绝缘树脂。这种树脂克服了耐火环氧树脂和不饱和聚酯树脂在高温下绝缘性能变差、抗电弧和抗电弧径迹性差等缺点，可以在高频、高压下作为绝缘材料使用[98]。日本 Toyoda Gosei Co.，Ltd. 在汽车制造中使用了一种减震吸声复合材料，这种复合材料中吸声部分含有质量分数为 15%~85%的 1，2-PBR[99]。

高 1，2-含量的低结晶性聚丁二烯也可用来制造高硬度橡胶材料。1，2-PB 也适合制造硫化海绵，不仅工艺简单，不需要预硫化和二次硫化工艺。而且产品具有比重小，缓冲性好，永久变形小等特长。1，2-PB 可通过注射成型而同时硫化的高速注射成型成为可能。

Matsushita Electric Industrial Co 使用 50%~100%的乙烯基含量为 70%以上的 1，2-PB 制作浇铸电极和固体电解液，提供了高的离子传导率和可使用性。使制造性能优越的含有注塑固体电解液和注塑电极的电气化学的设备成为可能[100]。

1，2-PB 还可以作为反应性助剂，感光性树脂、热固性树酯广泛应用于各种用途。故开发该种胶可以提高我国入世后在国内外市场中的竞争力；扩大和提高我国合成橡胶工艺技术在高科技化和知识创新、学术领域中的地位和影响力。故具有长远的经济效益和社会效益。

2　国外 1，2-聚丁二烯橡胶的牌号及产能

Bayer 公司在德克萨斯州奥克兰有一套乙烯基聚丁二烯橡胶生产装置，产能为 25kt/a，产品主要用于轮胎胎面。Bridgestone/Firestone 公司在路易斯安那州莱克查尔斯的装置上生产少量高乙烯基丁二烯橡胶。2003 年该公司在德克萨斯州奥克兰的装置新增了 20kt/a 的产能。印度石油化工公司和日本合成橡胶公司分别生产少量中乙烯基聚丁二烯橡胶和高乙烯基丁二烯橡胶。日本瑞翁公司也可生产少量高乙烯基丁二烯橡胶，产品牌号为 Nipol BR1240 和 Nipol BR1245。意大利 Enichem 弹性体公司也生产高乙烯基丁二烯橡胶，产品牌号为 Intolene-80[101,102]。

3 1，2-聚丁二烯的国内外技术市场分析

我国是聚丁二烯橡胶生产大国，也是最早从事聚丁二烯橡胶技术开发并使用自己技术发展聚丁二烯橡胶的国家之一，目前的生产能力仅次于美国位居世界第2位。但目前我国聚丁二烯橡胶生产以镍系聚丁二烯橡胶BR9000为主，品牌比较单一，乏市场竞争力。同时我国合成橡胶产能过剩问题日益严峻。与国外相比，我国重复建设的低端产品生产装置多，产品同质化严重，特种高性能产品比较缺乏，部分高性能产品安全依赖进口。与国外产品的竞争更加激烈。我国加入WTO后，国内市场进一步开放，周边的俄罗斯、韩国、日本和我国台湾地区的生产商不断涌入，抢占国内市场。在这种形势下，开发出特种高性能橡胶产品，特别是轮胎用橡胶产品，并尽快开发市场就显得尤为重要。为了使我国聚丁二烯橡胶的生产消费健康有序发展，迎接今后更加激烈的市场竞争，需要对我国聚丁二烯橡胶的产业战略进行调整。进一步研发各种不同类型的1，2-PB扩大市场份额，满足下游用户需求。

1，2-聚丁二烯分子主链上存在乙烯基侧基，具有抗湿滑性好、耐老化、低生热等优点[103~106]，因而可用来制作飞机及汽车轮胎。中科院长春应化所和青岛科技大学对高乙烯聚丁二烯橡胶的合成研究已进行多年，但一直没有工业化产品问世、日本的宇部兴产株式会社的乙烯基聚丁二烯合成及应用技术开发也势头强劲，近年来在中国申请了很多专利，抢占中国市场的意图非常明显。这两种产品主要应用于轮胎制造领域，都能改善轮胎的抗湿滑性、滚动阻力、耐磨性及强度等性能，为抢占先机，应保护好知识产权的同时，抓紧实施产业化，并加快产品的应用开发，积极培育市场。

4 未来技术发展建议

以钼系催化合成乙烯基聚丁二烯橡胶技术为基础，针对目前存在的问题，进一步优化工艺；针对轮胎应用存在的问题，优化产品及组合物性能；针对轮胎应用方面不同部位的性能要求，开发系列组合物配方，开发高乙烯基丁二烯橡胶在其他领域的应用；采用有效手段调节乙烯基含量，开发相应产品在轮胎及其他方面的用途；合成不同结晶度产品及不同微观结构产品，开发其用途。

中国石化乙烯基聚丁二烯的合成技术来源于青岛科技大学。青岛科技大学对钼系催化合成乙烯基聚丁二烯橡胶进行过系统研究，通过委托或与青岛科技大学合作开发，可获得具有自主知识产权的新技术和新产品，有利于形成完善的专利网络，保护中石化知识产权。

参 考 文 献

[1] 谢遂志，刘登祥，周鸣恋．橡胶工业手册(第一分册，生胶与骨架材料)修订版．北京：化学工业出版社，1995：210.

[2] 张新惠，刘亚东，战敏．1，2-聚丁二烯硫化胶热老化性能的研究[J]．合成橡胶工业，1984，7(4)：295-298.

[3] 杨清芝．现代橡胶工艺学[M]．北京：中国石化出版社，1997：39.

[4] 刘亚东，张新惠，唐学明．1，2-聚丁二烯的结构与性能[J]．合成橡胶工业，1983，6(5)：369-373.

[5] 杨玉伟，唐学明．$MoCl_2(C_7H_{15}COO)_2$-$(i\text{-}Bu)_2AlO$-C_6H_5 体系催化丁二烯聚合的研究[J]．高分子材料科学与工程，1986，2(5)：1-9.

[6] Ashitaka H，Kusuki Y，Yamamoto S，Ogata Y，Nagasaka A. Preparation of Carbon Fibers from Syndiotatic 1，2-Polybutadiene，J ApplPolym Sci，1984，29 (9)：2763-2776.

[7] 卢炳森．乙烯基聚丁二烯橡胶技术概况[J]．石化技术，1994，(3)：173-178.

[8] 刘惠琴．国外聚丁二烯橡胶催化体系及其进展[J]．合成橡胶工业，1990，13(6)，437-441.

[9] Makino K，Komatsu K，Takeuchi Y，Endo M.，Proces for the preparation of 1，2-polybutadiene，US 4 182-813. 1980.

[10] Ueno H，Oizumi K，Ishikawa H，Nakajima K，Tsujimoto N，Kimura O，Aikawa H.，Method of Producing 1，

2-Polybutadiene, US 4 153 767. 1979.

[11] NIPPON GOSEI GOMU KK (JAPS), Production of 1, 2-polybutadiene type polymer - by polymerising 1, 3-butadiene type compound in presence of a catalyst comprising a cobalt compound, a phosphine and other material, JP10158333-A, 1998.

[12] UBE IND LTD (UBEI), J Catalyst for mfr. of syndiotactic 1, 2-polybutadiene - comprising cobalt cpd., carbon di: sulphide and poly: alkyl-aluminoxane, P4209603-A, 1992.

[13] JSR CORP (JAPS), Production of crystalline 1, 2-polybutadiene useful for a unit sole, comprises polymerizing a monomer comprising 1, 3-butadiene in a solvent comprising (halogenated) hydrocarbon compounds, JP2001181335-A, 2001.

[14] Ricci, G.; Forni, A.; Boglia, A.; Motta, T.; Zannoni, G.; Canetti, M.; Bertini, F., Synthesis and X-ray structure of CoCl2((PPrPh2)-Pr-i)(2). A new highly active and stereospecific catalyst for 1, 2 polymerization of conjugated dienes when used in association with MAO. Macromolecules, 2005, 38, (4), 1064-1070..

[15] Ricci, G.; Forni, A.; Boglia, A.; Motta, T., Synthesis, structure, and butadienepolymerization behavior of alkylphosphine cobalt(II) complexes. Journal of Molecular Catalysis a-Chemical, 2005, 226, (2), 235-241..

[16] Swift H E, Bozik J E, Wu CY J. Catal., 1970, 17: 331.

[17] Porri L, Giarrusso A. In Comprehensive Polymer Science; Eastmond G C, Ledwith A, Russo S, Sigwalt P, Eds. Pergamond Press: Oxford, UK, 1989, Vol. 4, Part II, p53.

[18] Z. Y. Zhang, H. J. Zhang, H. M. Ma and Y. Wu. A novel iron catalyst for the polymerization of butadiene Journal of Molecular Catalysis Volume 17, Issue 1, October 1982, Pages 65-76.

[19] Cristina Bazzini, Antonino Giarrusso, Lido Porri, Diethylbis(2, 2-bipyridine)iron/MAO. A Very Active and Stereospecific Catalyst for 1, 3-Diene Polymerization. Macromolecular Rapid Communications Volume 23, Issue 15, Pages 922-927 Published Online: 5 Nov 2002.

[20] Ricci, G.; Morganti, D.; Sommazzi, A.; Santi, R.; Masi, F. Polymerization of 1, 3-dienes with iron complexes based catalysts Influence of the ligand on catalyst activity and stereospecificity, J Mol Catal A 2003, 204, 287-293..

[21] 胡雁鸣，张学全，董为民，等.2003 全国高分子学术论文报告会论文集．杭州：浙江大学(Hu Y M, Zhang X Q, Dong W M, Liu X Ch, Bi J F, Jiang L Sh, Chen Y, Yang D C. Chinese National Symposium on Polymers. Hangzhou: Zhejiang Univ), 2003. A466..

[22] Luo Steven, Catalyst Composition Based on Iro and Production of Syndiotactic 1, 2-polybutadiene. US, US 172346.

[23] Zhang Z, Zhou Z. 13C-NMR study on the equibiary polybutadience (cis-1, 4-1, 2) polymerized with iron catalyst, 13C-NMR 研究铁系聚丁二烯(顺 1, 4-1, 2)的链结构, Acta Polym. Sinica, 高分子通讯, 1982, (3): 195-201.

[24] HU Yan-ming, ZHANG Xue-quan, BI Ji-fu, DONG Wei-min, JIANG Lian-sheng, WANG Fo-song, Development of catalyst systems for synthesizing diene rubbers woth vinyl structure, Symposium of International Rubber Conference, 2004, 33-37.

[25] Hu, Y. M.; Dong, W. M.; Jiang, L. S.; Zhang, X. Q.; Yu, G.; Cao, L. H., Investigation on synthesis of high vinyl polybutadiene with iron-based catalysts I. Effect of triphenyl phosphate. Chinese Journal of Catalysis, 2004, 25, (8), 664-668..

[26] R. Spitz, L. Durane and A. Guyot, Supported Ziegler-Natta catalysts for propene polymerization: Grinding and co-grinding effects on catalyst improvement Makromol. Chem., 1988, 189, 549-558.

[27] Güunther Wilke, Oligomerization of 1, 3-diolefines with ziegler-type catalysts Journal of Polymer Science, 1959, 38 (133), 45-50.

[28] Nata, G., Stereospecific polymerizations, Journal of Polymer Science, 1960, 48, 219-239.

[29] 王松波，孙李立，唐学明．$TiC_{12}(OC_4H_{10})_2$-$Al(i\text{-}Bu)_3$ 体系合成中乙烯基聚 T 二烯[J]. 合成橡胶工业，1983, 6 (4), 280-283.

[30] 倪少儒，李卫东，唐学明．钛催化体系合成 1，2-聚丁二烯的研究[J]. 合成橡胶工业，1984, 7(2), 112-116.

[31] 仲崇祺，李晓文，胡正水，唐学明．$WCl_4(OR)_2Al(i\text{-}Bu)_3$ 体系合成1，2-聚丁二烯的研究[J]．应用化学 4(3)，17-21，1987.
[32] 俞志明，仲崇祺，陈滇宝，唐学明．钨系催化合成1，2-聚丁二烯的研究[J]．合成橡胶工业，12(4)，243-246，1989.
[33] Luo Steven，Catalyst composition and polymerization process for producing syndiotactic 1，2-polybutadiene，EP 0 962 471 A1，1998.
[34] Natta G，Porri L，Mazzei A Stereospecific polybutadiene of conjugated diolefins：Polymerization of butadiene with catalysts prepared from aluminum alkyls and soluble vanadium chlorides[J]. Chim de Ind. 1959. 41：116-122. .
[35] Natta. G. Stereospecific Polymerization. J. Polymer Science，1960，48：219-239.
[36] Naylor F G. Rubber Polybutadiene. US，3232920，1966.
[37] Dawans F. Amorphous 1，2-polybutadiene. Fr，1493442，1967.
[38] Zeliski R. P，Sonnenfeld R J. Catalytic compositions for high-vinyl polybutadiene . US，3663480，1972.
[39] Zelinski R. P. ，Geath R. H，Catalyst system for butadiene polymerization. US，3560405，1971.
[40] Gaeth Z. H. Four - component catalyst system for butadiene polymerization. US，3594360.
[41] Dawans F. Amigues P. Amorphous 1，2-polybutadiene. Ger，2175004，1972.
[42] 特许公开，昭48-781.
[43] Furukawa J，Kobashi E，Kawagoe T. Equibinary（cis-1，4-1，2）polybutadiene. Polymer J. 1973，5(3)：231-237.
[44] Luo Steven. Molybdenum - based catalyst composition and process for controlling the characteristics of conjugated diene polymers. US，6348550，2002.
[45] 倪少儒，唐学明．一种新型聚丁二烯[J]．化工学报，1983，(1)：84-89.
[46] 阎春珍，郭玉刚，唐学明等．合成无定形1，2-聚丁二烯橡胶的研究[J]．合成橡胶工业，1982，5(1)：19-23.
[47] 王松波，唐学明．合成无定形1，2-聚丁二烯橡胶的研究[J]．合成橡胶工业，1982，5(5)：366-370.
[48] 倪少儒，唐学明．合成无定形1，2-聚丁二烯橡胶的研究[J]．合成橡胶工业，1982，5(6)：444-447.
[49] 倪少儒，周子南，唐学明．合成无定形1，2-聚丁二烯橡胶的研究[J]．高分子通讯，1982，(4)：284-290.
[50] 杨玉伟，任绪鹏，唐学明．$MoCl_2(n\text{-}OC8H17)_2$—$(i\text{-}Bu)_2AlOR$ 体系催化丁二烯聚合活性探讨[J]．山东化工学院学报，1984，4(2)：65-74.
[51] 杨玉伟，刘建平，唐学明，等．$MoCl_2(C_7H_{15}COO)_2$-$(i\text{-}Bu)_2AlOPh$ 体系催化合成丁二烯聚合的研究[J]．高分子材料科学与工程，1986，2(2)：56-62.
[52] 杨玉伟，张洪民，唐学明．$MoCl_2(RCOO)_2$-$(i\text{-}Bu)_2AlO$-Ph 体系催化丁二烯聚合的研究[J]．合成橡胶工业，1986，9(1)：34-38.
[53] 杨玉伟，刘卫东，唐学明．$MoCl_2(OR)_2$-$(i\text{-}Bu)_2AlOAr$ 催化体系合成1，2-聚丁二烯的研究[J]．石油化工，1986，15(3)：141-145.
[54] 杨玉伟，刘卫东，唐学明．$MoCl_2(OR)_2$-$(i\text{-}Bu)_2AlOAr$ 催化体系合成1，2-聚丁二烯的研究[J]．石油化工，1986，15(3)：141-145.
[55] Kenneth F. Castner，Uniontown；Anthony J. Bell，Stow；Kimberly M. Glenn，Broadview Heights，Synthesis of high vinyl polybutadiene utilizing a molybdenum catalyst system，US 4912182，1990.
[56] 陈滇宝，仲崇祺，唐学明．二氯二甲基硅烷在钼系催化剂催化丁二烯聚合的分子量调度作用[J]．石油化工，1992，21(11)：733-736.
[57] 陈翔．氯硅烷在 MoO_2Br_2 催化体系引发丁二烯聚合反应中的作用[J]．弹性体，1995，5(1)，1-5.
[58] 陈滇宝，王利峡，唐学明．MoO_2Br_2 体系催化丁二烯聚合中烯丙基卤素的作用[J]．高分子学报，1994，(5)：513-519.
[59] 倪少儒，等．1，2-聚丁二烯的多重转变和松弛[J]．合成橡胶工业，1987，10(4)：266.
[60] Bahary，W. S. ，Sapper，D. J. ，Lane，J. H. . Structure of polybutadienes. Rubber chemical and technology，1967，40：1529.
[61] 赵万兴，唐学明．钼系1，2-PB 结构与性能的研究[J]．高分子材料科学与工程，1989，5(5)：68-73.

[62] Tanimoto T., Nagasawa M., Kashiwakura, Kautschukzusammensetzungen und deren Verwendung J. Rubber composition . Ger, 2 900 558, 1980.

[63] 龚怀耀，张淑珍，刘润祺 . 1，2-聚丁二烯中 1，2-结构含量及分子量对生胶性能的影响[J]. 合成橡胶工业，1984，7(5)：378-381.

[64] 金关泰等 . 中乙烯基聚丁二烯的合成和性能研究[J]. 化工技术 . 1986，(4)：29.

[65] 倪少儒，余赋生，沈联芳，等 . 1，2-聚丁二烯的动态力学性能[J]. 合成橡胶工业 . 1987，10(1)：41-44.

[66] 于旻，宋法江，隋雪梅 . 塑炼 1，2-聚丁二烯的无扰尺寸[J]. 合成橡胶工业，1990，13(1)：46-50.

[67] 李素清，秦汶 . 高 1，2-聚丁二烯及通用橡胶流变性[J]. 合成橡胶工业 . 1990，13，(5)：339-342.

[68] 王松波，张新惠，赵东明 . 羧酸钼体系 1，2-PB 的结构与性能[J]. 合成橡胶工业，1984，(3)：215-218.

[69] 龚怀耀，张淑珍，刘润祺 . 1，2-聚丁二烯橡胶的基本性能[J]. 合成橡胶工业 1987；10(2)：113-117.

[70] 龚怀耀，张淑珍，刘润祺，等 . 中乙烯基聚丁二烯橡胶的工艺特性[J]. 合成橡胶工业 . 1987，10(6)：428-432.

[71] 辛波，韩丙勇，张兴英 . 星型高乙烯基聚丁二烯的合成[J]. 北京化工大学学报，2001，28(4)：33-37.

[72] 曹勇，金关泰 . 1，2-聚丁二烯橡胶的结构与性能[J]. 橡胶工业 . 1996. 43. 744-750.

[73] 林裔珍，李书琴，昌焰 . 乙烯基含量对 SSBR 性能的影响[J]. 合成橡胶工业 . 1990 13(6)：430-432.

[74] 王可信，范汝良，时克刚，等 . 充油 1，2-聚丁二烯橡胶结构与性能的研究[J]. 橡胶工业，1991，38：494-498.

[75] 张萍，杨淑新，黄宝琛，等 . 高乙烯基聚丁二烯硫化胶的臭氧老化特性[J]. 合成橡胶工业 . 1991，14(5)：357-360.

[76] 刘振海，倪少儒，刘淑敏，等 . 双烯类聚合物的热分析[J]. 应用化学，1985，2(2)：39-42. .

[77] 马洪海，陈祖权，张万生，等 . 中乙烯基聚丁二烯橡胶在载重斜交轮胎胎冠胶中的应用[J]. 轮胎工业，2005，25(4)：216-219.

[78] 聚合物之友(日文)，1983，20(1)：9.

[79] Adel F H. polymerization of conjugated dienes with starved lithium, potassium or sodium catalyst. USP 3, 966, 691, 1974.

[80] Neithart S and Gerhard C. Process for the production of polymers having abroad molecular weight distribution . USP 4, 016, 347, 1977.

[81] Delmar F L and Donard N S Molecular weight distribution and mircrostructure modifiers for elastomers. USP 4, 424, 323, 1984.

[82] 杨大川，等 . 宽分子量分布中乙烯基聚丁二烯的合成和性能的研究[J]. 石油化工，1987，16(2)：832.

[83] Wilder C R and Haws J R. rolling loss of tires using tread polymers of variable characteristics with compounding variations. Kautschuk Gummi Kunststoffe, 1984, 37(8): 683.

[84] Richard M S and Wayne H S. Tires with tread rubber containing medium vinyl polybudiene with clay and carbon black. USP 4, 522, 970, 1985.

[85] 马洪海，陈祖权，张万生，等 . 中乙烯基聚丁二烯橡胶在载重斜交轮胎胎冠胶中的应用[J]. 轮胎工业 2005，25：216-218.

[86] 张红梅，De Risi F R，Noordermeer J W M. 交联剂 1，2 聚丁二烯在三元乙丙橡胶/聚丙烯热塑性硫化胶中的作用[J]. 合成橡胶工业，2005，28(3)：228.

[87] 王玉荣、刘慧明、潘志元，星型中己烯基聚丁二烯橡胶的研制[J]. 合成橡胶工业，1987，16，(3)：192-196.

[88] Westermann; Stephan Franz, Thielen; Georges Marcel Victor, Thise; Ghislain Adolphe Leon. Pneumatic tire having a rubber component containing a rubber gel and syndiotatic 1, 2-polybutadiene. USP6, 807, 994, 2002.

[89] Duddey; James Edward. Tread rubber for high traction tires, USP6, 390, 163. 1999.

[90] Matsue; Akihiko , Ohtake; Toru. Heavy duty vehicle pneumatic tires, USP5, 420, 193. 1993.

[91] Halasa; Adel F., Hsu; Wen - Liang, Scriver; Richard M. Pneumatic tire containing syndiotactic 1, 2 - polybutadiene, USP5, 307, 850. 1991.

[92] Ataka; Hiroshi . Safety tire, Pneumatic tire containing syndiotactic 1, 2-polybutadiene, USP5, 299, 615. 1991.

[93] Tanimoto; Tsutomu, Nagasawa; Mutsuo , Kashiwakura; Junji . High - hardness and high - modulus rubber composition containing 1, 2-polybutadiene, USP4, 220, 564. 1979.
[94] Duddey; James Edward. Tread rubber for high traction tires, USP6, 390, 163. 1999.
[95] Okamoto; Naomi, Shoda; Takeshi. Liquid rubber composition. USP5, 895, 798. 1997.
[96] Lee; Soon Jong , Lee; Hae Won, Chu; Dong Jin , ect. Thermoplastic elastomeric composition and process for preparing the same. USP5, 714, 545. 1996.
[97] Kim; Hyun Jin. Golf balls, golf ball compositions, and methods of manufacture, USP6, 878, 075. 2001.
[98] Yoneno; Hiroshi, Inami; Akira. Insulation material, USP3, 933, 666. 1974.
[99] Sato; Junichi , Yamada; Tomoyoshi , Naito; Junichiro, ect. Vibration damping soundproof sheets for use in vehicles, USP4, 734, 323. 1987.
[100] Takada; Kazunori, Iwamoto; Kazuya , Kondo; Shigeo . Molded solid electrolyte, molded electrode and electrochemical element, USP6, 368, 746. 2000.
[101] 美国聚丁二烯橡胶生产消费现状及发展趋势(快讯)[J]. 石化技术, 2004(3): 11.
[102] 王凤菊, 刘利, 杨雨富. 国内外聚丁二烯橡胶生产及应用概况[J]. 弹性体 13(3): 61-65.
[103] 谢遂志, 刘登祥, 周鸣恋. 橡胶工业手册(第一分册, 生胶与骨架材料)[M]. 北京: 化学工业出版社, 北京: 1995: 210.
[104] 张新惠, 刘亚东, 战敏, 1, 2-聚丁二烯硫化胶热老化性能的研究[J]. 合成橡胶工业, 1984, 7(4): 295-298.
[105] 杨清芝. 现代橡胶工艺学. 北京: 中国石化出版社, 1997: 39.
[106] 刘亚东, 张新惠, 唐学明. 1, 2-聚丁二烯的结构与性能[J]. 合成橡胶工业, 1983, 6(5): 369-373.

乙烯裂解 C_5 抽余油处理方案分析

吴旭波

(中国石化镇海炼化分公司，浙江宁波 315207)

摘　要：镇海炼化Ⅱ非芳加氢装置掺炼 C_5 抽余油，在150℃下完成把含量6%~10%的二烯烃加氢饱和成单烯烃后，再掺炼到1.2Mt/a焦化汽油加氢装置(Ⅱ加氢)原料中进行加氢饱和反应，解决了 C_5 抽余油直接进焦化汽油加氢时易造成反应系统结焦、反应器飞温等生产难题，开拓了 C_5 抽余油处理方法，保证了装置的长周期生产。

关键词：C_5 抽余油　加氢　RSS-1A 催化剂　工业应用

1　前言

镇海炼化1.0Mt/a乙烯开工以后，乙烯裂解副产物 C_5 馏分经镇海一化工企业(简称J工厂)进行 C_5 抽提分离出环戊二烯、间戊二烯、异戊二烯等高价值组分，同时约有6.0t/h左右J工厂 C_5 抽余油返回至镇海炼化，经过二烯烃加氢饱和、单烯烃加氢饱和处理后作为乙烯原料。

C_5 抽余油是乙烯裂解副产物 C_5 馏分经过抽提工艺抽提出经济价值较高的部分双烯烃和支链单烯烃后，剩余的 C_5 混合物，其中主要以 C_5 单烯烃和 C_5 烷烃为主，并含有一定数量的二烯烃(含量6%~10%)。C_5 抽余油通过加氢饱和后，是优质乙烯裂解原料，但在现有加氢技术中，为减少各类二烯烃的共聚，采用加氢处理工艺时，需要采用对氢气纯度、硫含量、水含量等要求极为苛刻的还原态贵金属催化剂。

2　C_5 抽余油处理方案

J工厂 C_5 抽余油的组成见表1。从表1可以看出，J工厂 C_5 抽余油中二烯烃+炔烃含量达到9.32%，单烯烃含量有45.56%。C_5 抽余油中含有较高浓度的二烯烃及炔烃，易导致催化剂积炭；同时反应速度快、放热量大，易造成催化剂床层发生飞温情况。

表1　J工厂 C_5 抽余油的组成

组　成	含量/%	组　成	含量/%	组　成	含量/%
总碳四	2.78	反-2-戊烯	7.35	总碳六	4.11
3-甲基-1-丁烯	2.49	顺-2-戊烯	4.45	苯	0.10
异戊烷	15.22	2-甲基-2-丁烯	6.51	甲苯	0.26
1，4-戊二烯	6.09	反-1，3-戊二烯	0.02	其他二聚体	0.02
2-丁炔	2.51	环戊二烯	0.08	烃基降冰片烯	0.01
1-戊烯	11.02	顺-1，3-戊二烯	0.04	双环戊二烯	0.01
2-甲基-1-丁烯	13.68	环戊烯	0.06	碳十以上重组分	0.01
正戊烷	22.08	环戊烷	0.36	总计	100
异戊二烯	0.58	其他碳五	0.16	二烯烃(含炔烃)含量	9.32
				单烯烃含量	45.56

2.1　加工处理 C_5 抽余油存在问题

2010年6月28日J工厂 C_5 抽余油掺炼至Ⅰ加氢装置(0.6Mt/a柴油加氢)后，反应器床层压降上升明显，在22天内，反应器床层压降从0.13 MPa上升到0.36 MPa(见图1)，导致装置无法长周期运行，装置被迫停工处理。经分析，主要原因是C_5抽余油中二烯烃含量较高，C_5抽余油在反应入口温度300℃以上操作工况下，出现二烯烃明显结焦、聚合现象，催化剂表面积炭严重，反应器压降快速上升。

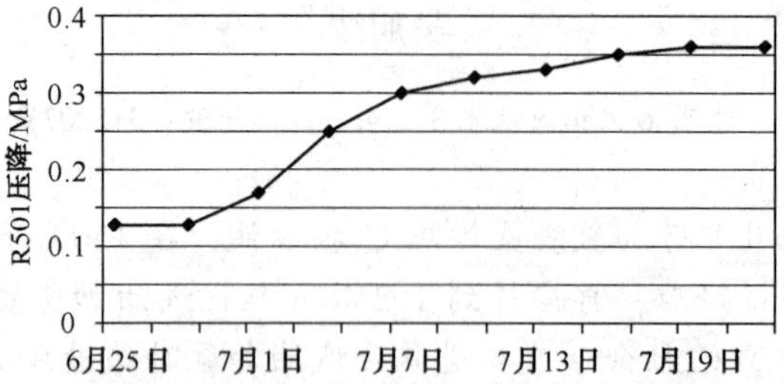

图1　Ⅰ加氢掺炼C_5抽余油期间R501压降趋势图

Ⅰ加氢装置在处理J工厂C_5抽余油过程中系统压降快速上升，为避免C_5抽余油直接进Ⅱ加氢出现反应系统压降快速上升情况发生，决定利用Ⅱ非芳加氢装置进行预加氢，采用加氢活性较低的喷气燃料加氢催化剂RSS-1A在低压、低温条件下进行加氢处理，降低二烯烃含量，加氢后产品再作为Ⅱ加氢装置原料。

2.2　Ⅱ非芳加氢装置情况介绍

Ⅱ非芳加氢装置主要用来处理芳烃抽提及苯抽提装置的非芳馏分，加氢生产石脑油或溶剂油。该装置反应器R401主要装填RSS-1A航煤加氢再生催化剂和保护剂，共装填保护剂3.22吨，RSS-1A再生剂13.6t，具体装填数据见表2。

表2　反应器R401催化剂装填情况

物　　料	装填高度/mm	装填重量/t	装填堆比/(kg/m³)
Φ18瓷球	231	0.90	
Φ6瓷球	210	0.71	
保护剂	2010	3.22	0.508
RSS-1A再生剂	5 610	13.6	0.772
Φ6瓷球	150	0.65	
Φ18瓷球	250+550(出口收集器高度)	2.10	

2.3　非芳加氢装置掺炼C_5抽余油初期存在问题

J工厂C_5抽余油原料至Ⅱ非芳加氢流程完善后(见图2)，装置于2010年7月18日引非芳原料循环开工，循环量28t/h，17：30反应器R401入口温度110℃时，开始掺炼C_5抽余油2t/h，调整反应温度。19日分析精制产品二烯烃含量≯0.1%，10：00精制产品部分循环，剩余部分进Ⅱ加氢装置非芳原料罐V206作为加氢原料。逐步提高C_5抽余油至5t/h，装置产品质量符合要求，产品二烯烃含量一般在0.03%左右，装置生产较为平稳，反应温升在3~10℃之间。通过对反应系统压力的监控，无明显变化(见表3)，表明C_5抽余油在反应系统自聚、结焦较少。

表3　非芳加氢装置反应系统压力情况

时　间	原料泵流量/t	E406原料入口压力/MPa	R401入口压力/MPa	R401出口压力/MPa	总压降	反应器压降
7月21日	28	1.678	1.592	1.565	0.113	0.027
8月11日	26	1.602	1.522	1.499	0.103	0.023

由于装置运行平稳，安排掺炼1#C_5抽余油(约1.5t/h)，由于1#C_5抽余油中1，4-戊二烯含量较高，含量在22%以上，为积极稳妥掺炼1#抽余油，分多次逐渐提高1#比例。8月11日5:00开始

C_5总量提至3.1t/h，其中1#抽余油300kg/h，反应温升11℃。8月12日C_5总量提至3.3t/h(1#抽余油500kg/h)，反应温升上升，入口温度从130℃降至125℃，温升在13℃左右。8月16日J工厂C_5总量提至5t/h，1#抽余油掺炼量不变，反应温升22℃。8月18日总量提至5.2t/h，其中1#抽余油掺炼至700kg/h，温升32℃左右，产品分析二烯烃含量0.06%，具体见表4。

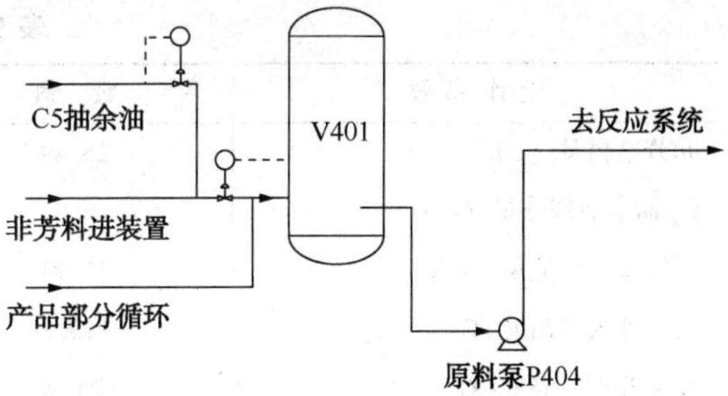

图2　C_5抽余油加工流程

表4　掺炼1#抽余油后反应温升情况

时间	C_5总量/(t/h)	1#抽余油/(kg/h)	入口温度/℃	反应温升/℃	二烯烃含量/%
8月11日	3.1	300	132	11	0.04
8月12日	3.3	500	131	12	0.04
8月13日	3.5	500	126	14	0.06
8月14日	3.5	500	123	16	0.08
8月15日	3.5	500	124	14	0.1
8月16日	4	500	125	15	0.07
8月17日	5	500	126	24	0.06
8月18日	5.2	700	125	32	0.06

2.4　非芳加氢C_5流程优化后加工情况

2.4.1　非芳加氢C_5流程缺陷

非芳加氢装置加工C_5抽余油流程上的缺陷，反应热回收换热流程无旁路，一旦R401反应温升快速上升，原料油温度也快速升高，虽可采取停运加热炉、增加循环氢流量并切断进料等措施，但反应器床层还存在温度异常上升情况的发生。C_5抽余油中含有将近50%左右的单烯烃，反应温度达到单烯烃不饱和键断裂活化能，反应器内将为发生剧烈加氢反应，出现反应器超温现象。同时，装置采用部分循环流程，当反应温度异常上升后，采取进料泵停运、增大循环氢量，对催化剂起到循环赶油、干燥过程。原料罐中含有一定数量的二烯烃，当重新启动原料泵，存在催化剂见油后释放出吸附热、诱发二稀烃反应可能性，此时反应器床层温度进一步上升、达到单稀烃加氢反应所需温度。

2.4.2　非芳加氢C_5流程优化

针对R401存有潜在的飞温可能，暴露出C_5抽余油流程不完善、部分循环加工方案存在缺陷。需对C_5抽余油流程进行优化，配管直接将C_5抽余油引至P404入口，见图3。

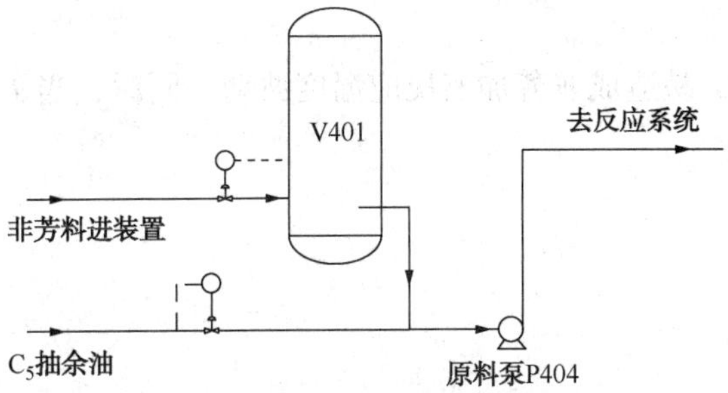

图3　C_5抽余油优化后流程

C_5流程优化后，非芳加氢装置部分循环改为非芳原料和C_5抽余油混合一次通过，当C_5抽余油二烯烃含量出现大幅波动，出现反应温度异常上升后，可降低或关闭C5抽余油的掺炼量，防止反应温度进一步上升。精制非芳产品进Ⅱ加氢作为原料，在Ⅱ加氢装置进行二次加氢后，精制石脑油产品作为乙烯原料。通过优化操作，C_5抽余油的掺炼量最高达到了6.0t/h，具体操作参数见表5，预加氢后精制非芳和C_5抽含油混合产物的组成分析见表6。

表5 装置操作参数

操作参数	数值	操作参数	数值
非芳进料量/(t/h)	25.49	反应器平均床层温度/℃	120.0
C_5 抽余油掺炼量/(t/h)	6.0	反应器入口压力/MPa	1.87
原料泵出口流量/(t/h)	31.94	循环氢流量/(m^3/h)	13 500
反应器入口温度/℃	113.3	F401 燃料气耗量/(m^3/h)	54.63
反应器出口温度/℃	125.30	精制非芳出装置流量/(t/h)	31.18
反应器总温升/℃	12.0		

表6 预加氢后精制非芳和 C_5 抽含油混合产物的组成分析

组成	含量/%	组成	含量/%	组成	含量/%
总碳四	0.79	顺-2-戊烯	1.29	甲苯	0.17
3-甲基-1-丁烯	0.09	2-甲基-2-丁烯	3.17	其他二聚体	9.48
异戊烷	3.26	反-1，3-戊二烯	0	烃基降冰片烯	0
1，4-戊二烯	0.02	环戊二烯	0	双环戊二烯	0
2-丁炔	0	顺-1，3-戊二烯	0	碳十以上重组分	0
1-戊烯	0.40	环戊烯	1.44	总计	100
2-甲基-1-丁烯	1.47	环戊烷	0.86	二烯烃(含炔烃)含量	0.02
正戊烷	5.15	其他碳五	0	单烯烃含量	11.53
异戊二烯	0	总碳六	67.73		
反-2-戊烯	3.67	苯	1.01		

从表5可以看出，在 C_5抽余油掺炼量6.0t/h、非芳进料量25.49t/h、反应器入口温度113.3℃情况下，加热炉F401还有调整的余地。同时根据装置实际运行工况看，当反应器入口温度大幅波动时，反应器催化剂床层温升波动幅度大幅减小，装置抗波动能力大幅增强，确保了装置安全稳定运行。

3 结论及建议

(1) 镇海自行开发的此套生产方案是成功的，且装置长周期运行得到保障。装置改 C_5抽余油/非芳一次通过方案后，较好地解决了在处理 C_5抽余油时反应器床层温升易波动、易超温的问题，确保了装置安全稳定运行。通过加氢工艺优化，解决了 C_5抽余油加氢过程中易结焦的难题，经二次加氢后产品可以作为乙烯原料，提高了 C_5抽余油的附加值。

(2) 喷气燃料加氢 RSS-1A 再生催化剂用于加氢处理 C_5抽余油，可以满足生产乙烯装置原料的要求，拓宽了再生催化剂的应用途径。

(3) 要求 C_5抽余油组分稳定，原料组分大幅变化，易造成非芳加氢反应温度波动，同时，当J工厂装置出现异常，要将信息及时反馈。

氯丙烯直接环氧化生产环氧氯丙烷的研究进展

王新龙　郭　崇

（中国石化巴陵石化分公司，湖南岳阳　414014）

摘　要：介绍了现行的环氧氯丙烷生产工艺，分析了各工艺的优缺点。从氯丙烯出发经催化环氧化直接制取环氧氯丙烷是当前研究的主流方向，对该领域的最新进展进行了综述。

关键词：环氧氯丙烷　直接环氧化　氧源　催化体系

1　前言

环氧氯丙烷(ECH)分子结构中含有环氧基团和氯，在碱的作用下可水解生成甘油；与含有羟基的有机化合物反应生成开醚化合物；与双酚A反应生成环氧树脂。因此，环氧氯丙烷是生产环氧树脂、合成甘油、氯醇橡胶等化工产品的重要原料，也可用于制备其他衍生物，还可用作溶剂、增塑剂、阻燃剂、表面活性剂等，它是一种重要的有机化工原料和石油化工中间体，用途广泛[1,2]。

2　环氧氯丙烷生产技术简介[3~5]

环氧氯丙烷的生产始于20世纪30年代。1945年，壳牌化学公司开始氯醇化法(或称烯丙基氯化物法、氯丙烯法)的工业化生产。1955年，陶氏化学公司采用同样的方法生产出环氧氯丙烷。1985年，日本昭和电工公司开发了醋酸丙烯酯法(或称烯丙醇法)，并于同年实现工业化生产。2006年陶氏化学、苏威宣布建成并迅速投产了甘油氯化法环氧氯丙烷大型生产装置。目前，工业上环氧氯丙烷的生产方法主要有氯醇化法、醋酸丙烯酯法和甘油氯化法等3种生产工艺技术。

氯醇化法、醋酸丙烯酯法和甘油氯化法，都需要经过氯醇化和皂化两道工序，生产过程存在严重的设备腐蚀，同时会产生大量的高温、高COD、高pH值、高悬浮物(SS)的含盐废水。就国内产能占环氧氯丙烷总产能的80%以上氯醇化法生产方法内而言，同时存在副产物多、物耗高、能耗大等问题[6]；醋酸丙烯酯法由于本质安全性能较差等原因，已基本被淘汰；甘油法产生的废水量要比氯醇法少，但其COD含量却非常高(达10000~15000mg/L)，必须经稀释后才能进入生化处理装置，并未实现真正意义上的减排，详见表1。

表1　环氧氯丙烷生产工艺优缺点比较

工艺路线	优　点	缺　点
氯醇法	生产过程灵活，工艺成熟，操作稳定	原料氯气引起的设备腐蚀较严重，对原料纯度和反应器的材质要求高，能耗大，氯耗量高，副产物多，产品收率低。生产过程产生的含氯化钙和有机氯化物污水量大，处理费用高
醋酸丙烯酯法	反应条件缓和，副产物少，且氯气和石灰原料消耗比氯醇法低	反应步骤多，需用不锈钢材料防醋酸腐蚀导致一次性投资较大，催化剂再生困难，烯丙醇单元混合气体存在爆炸危险等不足，目前工业化生产基本上不采用该法

续表

工艺路线	优点	缺点
甘油法	操作条件缓和，成本低，投资少，废水量较少	国内甘油资源有限，且大部分粗甘油含量只有40%～50%，原料中含有的废水仍然需要处理，废水中COD含量过高，并没有从根本上实现清洁生产

3 氯丙烯直接环氧化生产环氧氯丙烷工艺的研究情况

由于严重的腐蚀和污染问题，发达国家因缺乏先进的清洁生产工艺而关闭了一些生产企业，并将部分产能转移到了中国。随着科学发展观的深入落实，国家节能减排措施的持续推行，现有的环氧氯丙烷生产技术将受到限制甚至面临淘汰。因此，迫切需要开发先进的清洁生产工艺技术，彻底解决氯醇化和皂化过程中带来的腐蚀和污染问题，简化流程、降低成本，以推进环氧氯丙烷生产的节能减排，增强企业的发展，取得更大的经济效益。

目前，世界各国都在积极探索和开发环保型环氧氯丙烷生产的新技术，该技术主要是针对氯醇化法的缺点，通过改变合成路线，将产生废水和废渣的氯醇化和皂化两个反应步骤去掉，由3-氯丙烯(ALC，简称氯丙烯)直接环氧化一步反应合成环氧氯丙烷，从而可以显著地减少废水的排放量，同时又不会产生氯化钙废渣。近年来，以过氧酸(过乙酸[7]、过丙酸[8-10])、烷基过氧化氢(ROOH)[11-12]、氧气[13]和过氧化氢(H_2O_2)为氧源的研究有着广泛报道，其中以H_2O_2为氧源，代替其他对环境有污染、有联产品的氧源是近年来环氧化研究的主导方向，而且取得了一定的成果[14]。

以H_2O_2为氧源的催化环氧化体系中，经常使用的催化剂多是Ti(Ⅳ)、V(Ⅴ)、Mo(Ⅵ)、W(Ⅵ)的化合物，具体到氯丙烯环氧化，目前以H_2O_2为氧源且有较好环氧化效果的体系主要有季铵盐氯化物(aq. $H_2O_2/NaWO_4/H_3PO_4/R_4N^+Cl^-$)与$H_2O_2$/钛硅分子筛体系。

3.1 $H_2O_2/[PO_4[WO(O_2)_2]_4]^{3-}$氯丙烯直接环氧化体系

1983年Venturello等报道了aq. $H_2O_2/NaWO_4/H_3PO_4/R_4N^+Cl^-$体系对氯丙烯进行环氧化[12]。反应在苯/水两相体系、酸性条件下进行。季铵盐氯化物作为相转移催化剂使两相反应顺利进行，由于反应在苯/水两相进行，减少了生成的环氧化物与水接触的机会，可以直接得到环氧化合物。该体系是氯丙烯直接环氧化研究中少数的均相催化反应，反应条件较为温和，所得到的结果也令人满意，但其使用的催化剂价格高、分子量大，如何有效解决该均相催化剂的分离、活化和循环使用问题是该技术的关键。巴陵石化公司技术中心自主开发了氯丙烯直接环氧化季铵盐氯化物相转移催化剂，并进行了一系列的小试研究。

3.1.1 反应原理

ALC直接环氧化生成ECH的反应式为：

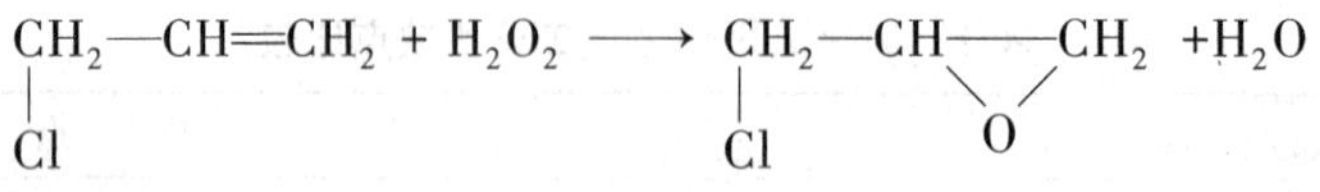

(ALC)　　(ECH)

由于系统中有水存在，生成的ECH会与水作用，生成3-氯-1，2-丙二醇。

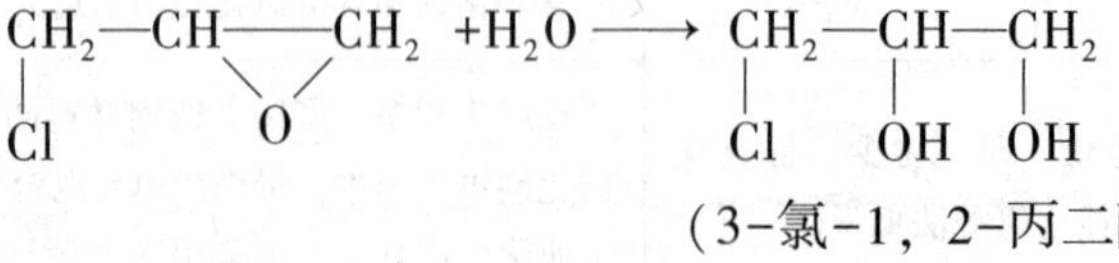

(3-氯-1，2-丙二醇)

因此系统中的水越少越好，也就是说，H_2O_2的浓度越高越好。

事实上H_2O_2不可能被百分之百利用，一般情况下，它都不稳定，会发生无效分解即：

$$2H_2O_2 = 2H_2O + O_2$$

通常有2%~5%的H_2O_2会发生无效分解。

3.1.2　实验方案

将催化剂、过氧化氢与ALC按照一定比例加入反应釜，加热到45℃后，停止加热，反应自行放热，待温度上升至54~56℃，温度不再上升时，反应结束。初次反应时间一般在60~90min。反应结束后，液相用泵打入油水分离器冷却，温度冷却至10℃以下，分离器底部有固相催化剂析出，中间层为油相，上层为水相。催化剂经计量后重新回到反应釜循环利用。油相送入油相接受罐待精制，水相去废水储槽，处理后排放。

油相的主要组成是ALC和ECH，还有微量的高沸物。油相首先进行常压蒸馏，得到氯丙烯；待ALC蒸馏出98%后，ALC中ECH的含量大于0.5%时，采用负压蒸馏，得到中间产物；ECH含量大于96%时，加大负压，得到粗产品。分别收集氯丙烯、中间产物和粗产品。粗产品送至精馏塔，处理后得到合格的ECH。

蒸馏油相时可析出催化剂，将析出的催化剂酸洗、活化后，继续回系统反应。

3.1.3　实验结果

对如表2所示的实验数据分析可知，环氧氯丙烷的产率和过氧化氢的转化率基本达到了工业化生产的要求，催化剂经酸洗、活化后可以重复使用，但总流失率仍高达15%以上，导致生产成本大幅增加，因此，该体系对实现氯丙烯直接环氧化制环氧氯丙烷的工业化生产还有较大距离，仍处于基础研究阶段。

表2　氯丙烯直接环氧化相转移催化体系研究的实验数据

工艺条件	第一次循环试验	第二次循环试验	第三次循环试验
反应温度/℃	40~48.5	40~48.5	40~51
平均反应时间/min	67	68	65
反应循环次数	30	43	53
催化剂总流失率/%	15.5	16.3	16.9
环氧氯丙烷平均产率/%	78.3	79.2	78.7
过氧化氢平均转化率/%	94.5	95.0	94.6

3.2　H_2O_2/钛硅分子筛氯丙烯直接环氧化体系

在温和的反应条件下，钛硅分子筛能够使烯烃高活性、高选择性地与H_2O_2发生反应得到环氧化产物。目前，H_2O_2/钛硅分子筛体系用于氯丙烯的直接环氧化是环氧氯丙烷制备研究中最为活跃的领域，已经取得了一定的成果[12]。

中国石油化工集团公司石油化工科学研究院经过多年的研究开发，以钛硅分子筛为活性组分催化氯丙烯与双氧水直接环氧化生产环氧氯丙烷新工艺，通过工艺条件优化和再生方法的创新，显著地延长了催化剂的使用寿命，达到了工业应用的要求。目前该院与巴陵石化公司正在合作建设600t/a直接环氧化中试装置。

3.2.1　反应原理

在钛硅分子筛催化剂存在下，3-氯丙烯与过氧化氢发生如下环氧化反应生成环氧氯丙烷和水：

$$CH_2ClCH{=}CH_2 + H_2O_2 \longrightarrow CH_2ClCHOCH_2 + H_2O$$

除了上述主反应外，在反应条件下还会发生下列副反应：

$$CH_2ClCHOCH_2 + CH_3OH \longrightarrow CH_2ClCHOCH_3CH_2OH + CH_2ClCHOHCH_2CH_3$$

$$CH_2ClCHOCH_2 + H_2O \longrightarrow CH_2ClCHOHCH_2OH$$

$$2H_2O_2 \longrightarrow 2H_2O + O_2\uparrow$$

3.2.2　工艺流程简述

将一定配比的氯丙烯、溶剂、双氧水混合后，加入少量碱溶液调节原料 pH 值，加热到需要的反应温度后，进入反应器在催化剂作用下进行环氧化反应；反应物料经换热降温后，进入气液分离罐分离，气相至排放总管，液相经泵送入萃取单元；通过萃取，令环氧氯丙烷和溶剂分别进入水相和有机相，分离水相得到溶剂后送回反应系统循环使用，分离有机相得到高纯度的环氧氯丙烷产品。

3.2.3　技术特点

采用自主开发的 H_2O_2/钛硅分子筛催化剂、反应器和独特的反应介质酸度控制技术，以氯丙烯和 H_2O_2 为原料，直接合成环氧氯丙烷，H_2O_2 转化率≥97%，环氧氯丙烷选择性≥95%；采用低温双塔逆流萃取技术和专用萃取剂，实现了环氧氯丙烷和反应溶剂的有效分离，产品质量和收率高，纯度可达 99.99%；采用溶剂在线清洗的催化剂再生技术，大大延长了催化剂的使用寿命，可实现装置的长周期运行。

3.2.4　不同生产工艺的技术指标比较

环氧氯丙烷不同生产工艺的主要技术指标比较见表 3，表中直接氧化法的数据来源于《巴陵石化公司氯丙烯直接氧化法中试装置可行性研究报告》。

表 3　不同环氧氯丙烷生产工艺的主要技术指标比较

项　目	消耗			
	氯醇法	醋酸丙烯脂法	甘油氯化法	直接氧化法
原料单耗(折 100%)/(t/t)				
丙烯甘油	0.66 丙烯	0.58 丙烯	1.30 甘油	0.58 丙烯
氯气 HCl H_2O_2(27.5%)	2.10 氯气	1.10 氯气	1.10 HCl	1.48 H_2O_2(27.5%)
CaO	0.70	0.30	1.27	—
醋酸催化剂	—	0.0005	0.0005	0.00016
ECH 收率/%	80~85	接近 90	85~90	95
纯度/%	>99.9	>99	>99.9	>99.9
废水量/(m^3/t ECH)	55~60	11~15	5~8	2~3
废水 COD 平均值/(mg/L)	1400	2000	11000	800
废水 COD 总量/(kg/t ECH)	<84	<30	<88	<2.4

4　小结

以钛硅分子筛为催化体系，以过氧化氢为氧源，将氯丙烯催化环氧化合成环氧氯丙烷，不需要经过氯丙烯的次氯酸化、二氯丙醇的环化等工序，缩短了工艺流程，工艺消耗和废水排放量都显著的降低，若能实现工业化生产，将改变整个环氧氯丙烷的生产工艺技术，可真正淘汰现行的对环境影响较大的落后生产工艺，意义重大。

参　考　文　献

[1]　李玉芳，伍小明．国内外环氧氯丙烷生产消费现状及市场前景[J]．中国氯碱，2005，2005，17(1)：1-6.

[2]　石宝忠．环氧氯丙烷调研报告．化工科技市场，2003，26(1O)：27-29.

[3]　郭崇．氯丙烯直接环氧化生产环氧氯丙烷工艺危险性研究．华东理工大学硕士论文，2011.

[4]　李杰．TS-1/NH_4^+-锂皂石复合材料(TSH)和 Ti-β 沸石的制备及其催化环氧化氯丙烯性能的研究．浙江工业大

学硕士论文，2007.

[5] 崔小明．环氧氯丙烷的生产技术及其进展．江苏氯碱，2008，3：6-16.

[6] 徐伟箭，陈康庄．浅议环氧氯丙烷生产技术及其发展．氯碱工业，2006，35(9)：29-33.

[7] Comprino B V. Neth. Appl. 7609148，1977.

[8] Hiddon Anthony M. Greenhalgh Peter F，US4177169，1979.

[9] Walraevens Rene，Lerot Lnc，EP19322. 1980.

[10] Hiddon Anthony M. Greenhalgh Peter F，US 2602776 . 1976.

[11] Shedon RA，Kodm JA，Metel-Catalyzed Oxidation of Ongenic Cornpounds，Acadenric Press，New York，1981.

[12] 孙渝，奚祖威，曹国英。氯丙烯直接环氧化制取环氧氯丙烷研究进展。石油与天然气化工，1999(4)：246-249.

[13] Kyazimor SH K，Rzaeva A S，et al，Proceedings of the Sunagait Municipal Scientific-Technical Conference on Organic and Organochloride Symthesis，Sumgait，USSR，1980：15-16.

[14] 曹国英，李宏愿。催化学报，1995，16(3)：217-219.

环己酮肟重排制己内酰胺研究进展

李　犁

(中国石化巴陵石化分公司，湖南岳阳　414000)

摘　要：近年来分子筛、离子液体等新型催化体系在催化化学中的应用逐渐受到研究者的广泛重视。介绍了替代浓硫酸或烟酸催化环己酮肟的贝克曼重排反应；对各类分子筛和新型离子液体等催化剂的反应机理和其新工艺作了阐述。其中MFI结构分子筛催化剂应用于气相重排，己内酰胺收率达到95%以上。磺酸型离子液体催化贝克曼重排反应收率亦能达到95%以上，并且离子液体能重复利用，具有较好的经济性。这些新型催化体系在未来均具有较好的开发应用前景。

关键词：分子筛　气相重排　离子液体　重复利用

1　前言

己内酰胺是用于合成尼龙-6纤维和树脂的一种重要的有机中间体。21世纪早期几乎所有的环己酮肟的贝克曼重排工艺都是以发烟硫酸或者浓硫酸为催化剂进行的。其显著的缺点是硫酸和烟酸对反应器有很强的腐蚀性；同时这个工艺中中和步骤是不可避免的，最终形成的副产物硫酸铵使得己内酰胺的分离变得较为复杂，并导致10%~15%的己内酰胺的损失。每生产1t己内酰胺，都要消耗1.7t的硫酸[1]。因此，无论是在液相体系或气相体系中，烟酸的使用对整个工艺流程和己内酰胺的生产和盈利能力造成了很大的影响。

因此寻找贝克曼重排工艺的新型的催化体系成为研究者们当前亟需解决的问题之一。

2　传统催化剂

工业生产中环己酮肟的贝克曼重排反应一般使用浓硫酸和烟酸进行催化，生产己内酰胺工艺有日本宇部公司、三菱公司、德国BASF公司、荷兰DSM公司[2]和中石化巴陵公司。环己酮肟经过羟胺肟化或氨肟化工艺制得环己酮肟，经过催化剂浓硫酸或者烟酸催化作用下生成己内酰胺。图1为环己酮氨肟化反应式。

现在生产中一般利用烟酸为催化剂催化贝克曼重排反应。其可能机理如图2所示[3]，可以看出，经过较为复杂的重排后，最终生成己内酰胺。同时，我们可以得知，由于反应副产物较多，因此后续精制工艺较为复杂，而且副产物硫酸铵成本比较高，目前市场硫酸铵价格不景气；烟酸，硫酸铵等物质对设备的腐蚀情况比较严重；废水等对环境的污染也是很严重的问题。

目前科学家们和技术研究者们着眼于寻找新的贝克曼重排体系从而达到原子经济性，环境友好型，污染小等绿色化学的要求。

3　固体催化剂

研究者设计出了不同种类的固体催化剂，金属氧化物、沸石、包括MCM-22，SAPO-11，MgCoAlPO-36，质子改性例如HZSM-5，HY，和Hβ。尽管有高的选择性和转化率，但是气相重排需要较高的温度(250~300℃)，因此经常导致催化剂较快的失活。2003年，日本住友公司利用沸石分子筛替代浓硫酸作为制备己内酰胺的催化剂。此工艺2003年开始使用[4]。

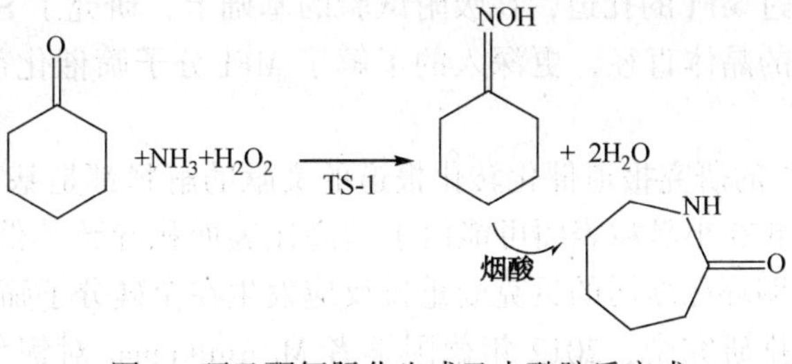

图 1　环己酮氨肟化生成己内酰胺反应式

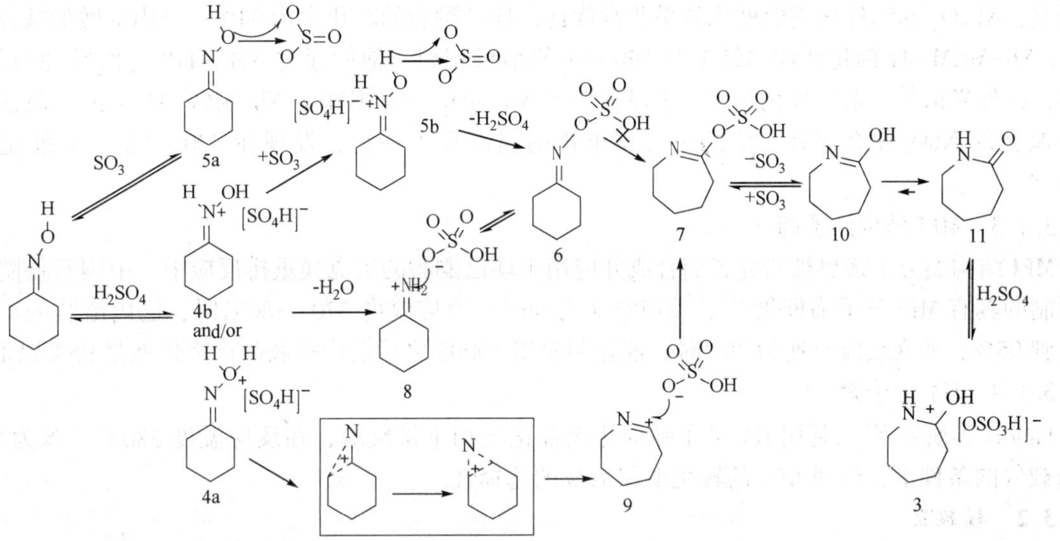

图 2　Beckman 重排反应可能机理

3.1　分子筛

分子筛应用于贝克曼重排反应被研究者们广泛重视。他们研究了多种分子筛，例如 β 分子筛，介孔分子筛，HY 型分子筛，MFI 结构型分子筛等。

3.1.1　β 分子筛

L. Dai 报道[5]，在 Hβ 分子筛的催化作用下，己内酰胺的选择性能达到 100%，转化率可以达到 96%，证明了 Hβ 分子筛的催化性能较为优良，而且 β 分子筛作为催化剂对气相重排的实验也有较好的结果，实验结果表明己内酰胺的产率能达到 92% 以上。G. Dahlhoff 等[6]将改性的 β 分子筛用于气相重排反应，在低于其他气相重排的温度条件下，铝改性的 β 分子筛和硼改性的 β 分子筛的选择性却有显著的提高，其中铝改性的 β 分子筛对气相重排反应的选择性为 91%，而硼改性的 β 分子筛对气相重排的选择性则达到 97%。因此硼分子筛比铝改性的分子筛选择性高，但是硼分子筛催化剂会更快失活。上述结果同时也表明，Al-β 分子筛比 Al-β 分子筛更适合肟的气相重排反应。

3.1.2　介孔分子筛

Avelino Corma 等研究分子筛催化剂 ZSM-5 对环己酮肟的液相重排反应。在 60~150℃ 温度范围内，随着温度的升高，己内酰胺的收率逐渐增大，最高收率达到了 73.5%，在 150℃ 以上，可能因为催化剂的失活导致转化率逐渐下降。BZSM-5 分子筛或者 TS-1 分子筛，Holger Kath 等[7-8]合成不同晶体直径(0.5~50μm)的 Si-1 型分子筛对环己酮肟的转化率和己内酰胺的选择性进行了探讨，发现 0.5μm 的 Si-1 型分子筛对反应的催化效果较好，催化剂在反应 50~200min 时，环己酮肟的转化率为 100%，在 250min 后，转化率仍然达到 90%，而在晶粒直径达到 50μm 时，环己酮肟的选择性在反应 100min 后，转化率达到最高，为 66%，研究者利用 GC-MS 对产物的分布作了分析，证明晶粒直径较小的分子筛对己内酰胺有更高的选择性，达到 98%[8]，他通过吸附的作用研究了环己酮肟和己内酰胺是否通过 MFI 的孔道，在吸附试验的基础上，研究了 Si-1 晶体能将环己酮肟催化为己内酰胺的最高收率的晶体直径，更深入的了解了 MFI 分子筛催化剂是如何作用于贝克曼重排反应上的。

然而，例如 Yashima[9]的研究报道催化转化报道的文献的解释都是基于环己酮肟的异构化发生在分子筛的表面，他们推测在小晶粒表面可能由于其高比表面积导致其催化活性位点较多．因此，Holger Kath 报道的结果表明环己酮肟的贝克曼重排反应发生在全硅分子筛 Si-1 的孔道内。

在环己酮肟的气相重排研究中，2012 年德国学者 M. Anilkumar 对铌负载的介孔分子筛催化剂作了研 Nb-MCM-41，Nb-HMS 和 Nb-SBA-15，对微孔分子筛和无定型催化剂(浸渍在 SiO_2上)也有研究，Nb_2O_5/SiO_2催化剂的催化效果非常优良，环己酮肟的转化率为 94%，己内酰胺的选择性为 98%；Nb-MCM-41 催化活性的结果与 Nb/SiO_2的结果相似。他们通过 NH_3-TPD，吡啶原位红外，XRD，红外光谱等一系列催化剂表征手段证明了 Nb/SiO_2，Nb/HMS，Nb-SBA-15 中的金属活性组分以孤立的 NbO_4种类存在。他们对气相重排的温度作了探讨，发现在 300～325℃ 下催化活性最强[10]。

3.1.3　MFI 结构分子筛

MFI 结构类分子筛也被研究者们合成并应用于环己酮肟的贝克曼重排反应中。中国石科院的学者研制的具有 MFI 分子筛催化[11]，反应空速为 $8h^{-1}$、反应温度 370～380℃时，己内酰胺的产率可以达到 95%；而在反应空速为 $2h^{-1}$时，催化剂使用 1000h 之后己内酰胺的产率依然是 95%以上。

3.1.4　HY 分子筛

Landis 等研究者[12]利用 HY 分子筛催化剂催化气相重排反应，在反应温度 380℃、苯为溶剂、N_2为载气的条件下，得到 85%的转化率和 76%的选择性。

3.2　硅酸盐

硅酸盐的孔径比较大，并且具有活性羟基，因此它们成为新的催化气相重排的催化剂的研究方向。Kim[13]利用 Ta 催化重排反应。产率达到 97.5%以上，反应 8h 后，环己酮肟的转化率为 98.2%，己内酰胺的选择性为 97.1%。环己酮肟的转化率和己内酰胺的选择性与硅酸盐的比表面积有关。

3.3　氧化物

有关氧化物催化剂的研究在前几年也有较多的涉及，例如 Ta_2O_5/SiO_2，B_2O_3/SiO_2等固体催化剂，它们也被利用在气固相反应中，对环己酮肟进行气相重排的催化反应，Ushikubo 等[14]利用自制的 Ta_2O_5/SiO_2催化剂催化环己酮肟的气相重排反应，环己酮肟转化率和己内酰胺的选择性分别为 96.5%和 97.5%，同时使用此种催化剂 10h 内没有失活。

4　离子液体

离子液体又称室温离子液体，是有机阴离子和阳离子组成的没有电中心分子且室温下为液体的物质，由于其具有极低的蒸气压、较高的热稳定性和可调的溶解能力被作为一种取代传统挥发性有机溶剂的绿色介质而广泛地应用在有机合成、分离提纯领域；由于电导率高、稳定电化学窗口宽和可调的酸碱性被作为新型电解质和高效催化剂而应用于催化化学和电化学研究领域；由于几乎没有蒸汽压，无污染，并具有难以挥发的特性，这种绿色溶剂和催化剂已经引起了各地学者的广泛重视与研究。

J. J. Peng 等研究者[15]发现利用 1，3-二烷基咪唑或者烷基吡啶盐的含磷化合物的室温离子液体作为催化剂催化酮肟的贝克曼重排反应，在 353K 下反应两小时，环己酮肟的选择性高达 99%，己内酰胺转化率高达 100%。他们发现，当离子液体与含磷化合物共同存在时，催化效果较好，例如由 $BmimBF_4$和 PCl_5固体共同存在时，催化的性能最优。

在 Rex X. Ren 的研究[16]中，在离子液体中使用 P_2O_5或者伊顿溶剂催化环己酮肟的贝克曼重排反应，例如1-正丁基-3-甲基咪唑六氟磷酸盐有优良的实验结果。在75℃下，P_2O_5用量为10mol%，可见在较短的时间内己内酰胺的收率都达到了95%以上，详见表1。

表1 环己酮肟的贝克曼重排反应

离子液体	催化剂	温度/℃	反应时间/h	收率*/%
$BmimPF_6$	P_2O_5	75	16	95
$BmimPF_6$	P_2O_5	95	21	95
$BmimPF_6$	Eaton 溶剂	75	21	99
$BmimPF_6$	Eaton 溶剂	95	24	99
$BmimBF_4$	Eaton 溶剂	75	16	66

注：*指己内酰胺收率。

他选择了一种功能性离子液体[HO_3SBmim][HSO_4]讨论了不同温度下和不同反应方式下对离子液体催化环己酮肟贝克曼重排反应的影响，结果如表2所示。在100℃下，机械搅拌对环己酮肟转化效果较好。

表2 离子液体[HO_3SBmim][HSO_4]对环己酮肟的贝克曼重排反应催化效果

反应方式	温度/℃	时间	肟转化率	选择性*
机械搅拌	80	6h	62	46
机械搅拌	100	6h	99	62
超声波	70~190	10s	77	68
微波辐射	45~120	4min	98	95
微波辐射	45~120	10min	0	0

注：*指己内酰胺收率。

同时，离子液体[HO_3SBmim][HSO_4]的回收实验也被研究探讨[16]，实验结果见表3。

表3 离子液体[HO_3SBmim][HSO_4]重复利用情况

回收次数	环己酮肟转化率/%	CPL 选择性/%	收率*/%
1	>99	>99	96
2	>99	>99	92
3	>99	>99	94
4	>99	>99	96
5	>99	>99	92

注：* 指己内酰胺收率；反应条件：机械搅拌，4h，80℃，离子液体酮肟物质的量之比=5:1。

可见，在这种离子液体的催化下，收率较高，且离子液体回收到第五次反应时己内酰胺的收率依然为92%。在J. Gui[17]的研究中布朗斯特酸性离子液体对于贝克曼重排反应具有良好的催化活性，在合适的反应条件下，反应时间6h，反应温度90℃以下收率达到90%以上。

5 结论

以上介绍了环己酮肟的贝克曼重排反应生成己内酰胺的一些新型绿色催化剂，它们最大的优点就是可以不用进行中和反应生成副产物硫酸铵。

其中，气相重排利用各种固体路易斯酸催化剂和分子筛催化剂在实验室已经得到较好的结果，可以进一步的进入中试阶段。与烟酸相比，固体催化剂对设备的腐蚀性要小很多，并且节省了中和和后续复杂精制的成本；但是由于气相重排需要在较高的温度下进行，固体催化剂容易积炭结焦从而失活，使用寿命受到了较大的限制，需要加其他工序煅烧进行催化剂的再次活化。在以后的研究中，科学家和研究者们可以着重加强对催化剂失活机理的研究，进而在获得已内酰胺高收率的同时，进一步提高催化剂的寿命。

在液相重排反应中，离子液体催化是新型的绿色催化体系，它的特性使得设备的腐蚀比以前催化体系腐蚀更小；由于溶剂不易挥发，低毒，是环境友好型催化剂和溶剂。通过一系列改变离子液体与催化剂种类，可以筛选出较高活性和高收率己内酰胺的催化体系，例如[HO_3SBmim][HSO_4]和P_2O_5体系。通过重复利用的探讨，催化剂体系可以重复利用，对未来的科研来说，这是值得继续研究的新工艺。

参考文献

[1] D. Li, F. Shi, S. Guo, Y. Deng. Highly efficient Beckmann rearrangement and dehydration of oximes[J]. Tetrahedron Lett. 2005, 46(4): 671-674.

[2] 张大海，任宁．贝克曼重排反应合成己内酰胺研究进展[J]．邯郸学院学报，2009，19(3)：85-90.

[3] V. Fabos, D. Lantos, A. Bodor, et al. Caprolactamium Hydrogen Sulfate: An Ionic Liquid Used for Decades in the Large-Scale Production of Caprolactam[J]. ChemSusChem, 2008, 1(3): 189-192.

[4] H. Ichihashi, M. Ishida, A. Shiga, M. Kitamura, T. Suzuki, K. Suenobu, K. Sugita. The Catalysis of Vapor-Phase Beckmann Rearrangement for the Production of ε-Caprolactam[J]. Catal. Surv. Asia, 2003, 7(4): 261-270.

[5] L. Dai, R. Hayasaka, Y. Iwaki, Vapour phase Beckmann rearrangement of cyclohexanone oxime catalysed by Hβ zeolite[J]. Chem. Commun. 1996, 9(1): 1071-1072.

[6] GP. Heitmann, G. Dahlhoff, WF. Holderich. Modified Beta Zeolitas as Catalysts for the Beckmann Rearrangement of Cyclohexanone Oxime[J]. Appl Catal: A, 1999, 185(1): 99-108.

[7] K. Chaudhari, B. Rajaram, AJ. Chandwadkar. Beckmann Rearrangement of Cyclohexanone Oxime over Mesoporous Si-MCM-41 and Al-MCM-41 Molecular Sieves[J]. J Mol Catal A, 2002, 177(2): 247-253.

[8] H. Kath, Roger Gläser, Jens Weitkamp. Beckmann Rearrangement of Cyclohexanone Oxime on MFI-Type Zeolites [J]. Chemical Engineering & Technology. 2001, 24(2): 150-153.

[9] T. Yashima, N. Oka, T. Komatsu. Vapor phase Beckmann rearrangement of cyclohexanone oxime on zeolite catalysts [J]. Catal. today. 1997, 38(2): 249-253.

[10] M. Anilkumar, W. F. hoelderich. Gas phase Beckman rearrangement of cyclohexanone oxime to caprolactam over mesoporous, mircroporous and amorphous Nb_2O_5/SiO_2 catalyst: A comparative study [J]. Catal. today, 2012, 198(1): 289-299.

[11] 程时标，汪顺祖，吴巍．环己酮肟在RBS-1催化剂上的气相Beckmann重排反应[J]．石油炼制与化工，2002，33(11)：1-4.

[12] PS. Landis, PB. Venuto . Organic Reactions Catalyzed by Crystalline Aluminosilicates: Beckmann Rearrangement of Ketoximes to Amides [J]. J Catal, 1966, 6(1): 245-252

[13] Kim S J, Kim M H, Ko Y. Zeolites and Mesopomus Materials[C]. Amsterdem. Elsevier, 2001.

[14] Ushikubo T, Wada K. Vapor phase Beckman rearrangement over silica-surpperted tantalum oxide catalysts [J]. J. Catal., 1994, 148(2): 138-148.

[15] J. J. Peng, Y. q Deng. Catalytic Beckmann rearrangement of ketoximes in ionic liquids[J]. Tetrahedron Lett. 2001, 42(3): 403-405.

[16] R. X. Ren , L. D. Zueva, W. Ou. Formation of caprolactam via catalytic Beckmann rearrangement using P_2O_5 in ionic liquids[J]. Tetrahedron Lett., 2001, 42(48): 8441-8443.

[17] J. Gui, Y. Deng, Z. Hu. Sun. A novel task-specific ionic liquid for Beckmann rearrangement: a simple and effective way for product separation[J]. Tetrahedron Lett. 2004, 45(12), 2681-2683.

[18] R. Pomes, B. Roux. Molecular dynamics simulation of electrolyte solutions in ambient and supercritical water. 1. Ion solvation[J]. J. Phys. Chem. A 1996, 100(7), 2519-2527.

二苯基甲烷二异氰酸酯(MDI)技术与供需状况分析

翟　健

(中国石化齐鲁分公司，山东淄博　255408)

摘　要：介绍二苯基二异氰酸酯(MDI)产业生产技术现状，分析了其市场供需现状，并对未来市场竞争趋势进行了预测。

关键词：二苯基二异氰酸酯　MDI　市场需求

1　前言

2012年，房地产限购政策延续以及各地家电下乡政策陆续退出。2012年，中国商品房销售面积下滑、冰箱和热水器产量萎缩，预示着中国MDI在传统下游需求方面将出现大幅萎缩。在大环境低迷的背景下，“十二五”规划将节能减排提上日程，旧房改造成为其重要的一部分措施，聚氨酯板材需求大幅增加，成为MDI需求延续增长势头重要的新生力量。

2　MDI物化性质

MDI的化学名称是二苯基甲烷二异氰酸酯(Diphenyl-methane-diisocyanate)，有4，4′-MDI、2，4′-MDI、2，2′-MDI等异构体。分子式 $C_{15}H_{10}N_2O_2$，CAS No：101-68-8。相对密度(50℃)1.19，熔点38~40℃，沸点156~158℃。溶于丙酮、四氯化碳、苯、氯苯、煤油、硝基苯等。有毒，蒸气压比TDI的低，对呼吸器官刺激性较小，空气中最高容许浓度为0.20mg/m^3。

根据分子的聚合度的不同，MDI可分为聚合级、混合级(二聚物和三聚物混合料)和纯单体3个级别。目前，MDI市售品主要以纯MDI和聚合MDI为主，其中聚合MDI约占总量的80%。纯MDI是含4，4′-二苯基甲烷二异氰酸酯99%以上的MDI，室温下呈白色或微黄色固体状态。聚合MDI是含有4，4′-二苯基甲烷二异氰酸酯和多苯基甲烷多异氰酸酯的混合物。常温下是深棕色或茶褐色液体，相对密度1.19，黏度可调，通用的聚合MDI黏度一般在150~250mPa·s(25℃下)之间。

3　技术进展

MDI的合成方法有光气法和非光气法两种，目前成熟的生产工艺采用光气法，非光气法一直处于不断的研究和探索当中。光气法技术成熟、经济合理，在未来一段时间内仍将是主流生产方法。

3.1　光气法

苯胺/甲醛缩合、光气化制备MDI的方法是1954年由Goodyear首先进行的，1960年美国的Carwin/Upjohn、欧洲Bayer和ICI分别独立发展了此工艺，使苯胺/甲醛缩合制得同系芳胺混合物，经再光气化、分离，制备MDI和PMDI，此方法已成为现在普遍采用的工艺方法。

光气化反应分两个阶段，在第一阶段，胺和光气反应生成酰氯和氯化氢，反应放出的氯化氢有可能和胺结合生成胺盐，由于反应过程放热，所以该阶段又称为放热反应(冷反应)；在第二阶段，酰氯分解为MDI和氯化氢，胺盐也进一步反应生成MDI和氯化氢，由于反应过程吸收大量的热量，该过程又称为吸热反应(热反应)。反应方程式如下：

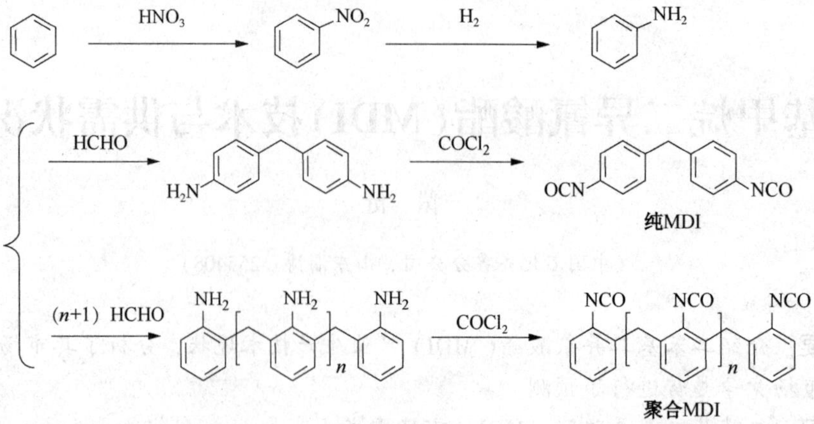

在合成中根据原料配比和工艺条件的变化，生成物为 $n=0$、1、2…等的混合物；

这种生产工艺技术虽然非常成熟，但是具有以下几个缺点：①光气易挥发、剧毒，存在着巨大的潜在性事故隐患；②副产物氯化氢对设备腐蚀严重，造成生产装置造价昂贵；③技术要求复杂；④环境污染大；⑤产品中含氯化合物不易分离，会影响产品的质量。因此，改进异氰酸酯工艺，开发非光气法生产异氰酸酯已成为化工领域十分活跃的课题。

3.2 非光气法

目前，非光气法合成 MDI 主要是三步反应：

第一步，苯氨基甲酸酯(甲酯 MPC 或者乙酯 EPC)的合成；

第二步，苯氨基甲酸酯缩合成二苯氨基甲基甲酸酯；

第三步，苯氨基甲酸酯分解为二苯甲烷二异氰酸酯(MDI)。

碳酸二甲酯法：以碳酸二甲酯(DMC)和苯胺为原料，在 110～180℃，硫酸等催化剂下合成(MPC)，此反应是个可逆反应，在反应过程中同时分离出副产物甲醇。然后 MPC 和甲醛缩合得到二苯氨基甲基甲酸酯，再经加热分解后就可得到 MDI。

第一步反应如下：

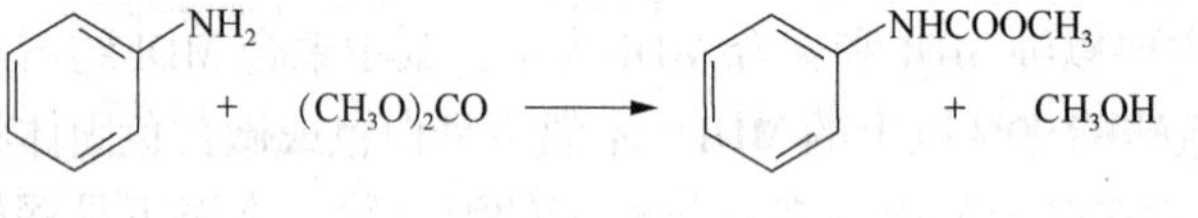

作为普遍应用的成熟技术，用液相光气法生产 MDI 会产生大量的废盐水，为了解决这些废盐水的出路，原则上 MDI 厂的厂址会选在近海。鉴于光气法的缺陷，研究人员一直在寻找非光气法的 MDI 工艺路线。目前比较成熟的替代工艺有氨基甲酸酯法，该法反应条件温和，原料利用率高，理论上可以实现零排放，据报道，德国巴斯夫公司在比利时和美国建有氨基甲酸酯法的工业生产装置，但未见有详细的报道。

20 世纪 80 年代的后期，烟台万华开发出了具有自主知识产权的 MDI 生产技术。其工艺流程由原来的间歇法变为全过程连续化，实现了连续化生产，各项消耗大幅度下降，产品收率提高，降低了成本，节约了资源，并达到了当时的国际水平，成为国内惟一能够自主生产 MDI 产品的企业，打破了跨国公司的技术垄断，使我国成为继巴斯夫、拜耳、道化学、亨斯迈之后第五个拥有 MDI 生产技术的企业。

万华工业集团的 MDI 装置在以下三个方面成为全球首创：①完全抛弃了引进的间歇工艺，缩合、光气化和 MDI 结晶分离过程实现了全连续生产；②全装置通过实施能量集成、工艺优化，使公用工程消耗达到并部分超过了国外公司的技术水平，原料消耗与国外公司持平；③装置取消了液态光气储罐，使全系统内光气贮量为零，极大地降低了装置的安全风险。

我国的 MDI 生产技术有以下几个特点：①MDI 的光气生产技术占主导地位；②我国苯胺原料充

足；③铁钼法甲醛技术得到进一步消化和掌握。

4 全球 MDI 生产情况

全球 MDI 生产能力主要分布在西欧、北美和亚洲地区，生产装置多集中在经济发达的国家(如美国、德国、日本、比利时等)。截止到 2012 年，全球 MDI 生产商共计 12 家，产能达到 6616kt/a。由于生产技术门槛较高，全球产能主要集中在拜耳、陶氏、巴斯夫、亨斯迈、日本聚氨酯和万华实业等少数几家企业。其中，排名前五的分别是：拜耳公司占全球总产能的 20.9%，在全球 8 个国家拥有 MDI 生产装置，合计产能 1389kt/a；陶氏公司在美国、荷兰、德国、葡萄牙装置的合计产能为 1120kt/a，占全球总产能的 16.9%；万华实业旗下的烟台万华和宁波万华合计产能为 1100kt/a，占全球总产能的 16.6%；巴斯夫在比利时、美国、韩国、德国的装置产能合计为 1012kt/a，占全球总产能的 16.5%；亨斯迈在美国、荷兰的 2 套装置合计产能为 850kt/a，占全球总产能的 13.8%。这五大公司 MDI 产能合计为 5471kt/a，占据了全球 88.7%的生产份额。值得一提的是，排名中的四家国外公司不管是销售渠道还是制造基地均是全球布局，形成了很强的区域平衡能力。为了适应行业发展的趋势，2011 年 1 月，万华实业通过海外的控股子公司收购匈牙利 BorsodChem 公司 96%的股权，在全球最大的异氰酸酯消费区的欧洲拥有了制造基地，为公司的国际化发展奠定了基础。

表 1 2012 年全球主要 MDI 生产企业及产能统计 kt

生产厂家及所在国家和地区	产能统计	生产厂家及所在国家和地区	产能统计	生产厂家及所在国家和地区	产能统计
拜耳		万华实业		上海联恒	
中国上海	350	中国山东/浙江	1100	中国上海	240
美国	346	巴斯夫		BORSODCHEM	180
德国	315	比利时	560	匈牙利	
西班牙	150	美国	260	俄罗斯	15
日本	87	韩国	156	合计	195
匈牙利	60	德国	36	锦湖三井	
巴西	45	合计	1012	韩国丽水	110
比利时	36	亨斯迈		三井-武田	
合计	1389	美国	450	日本大牟田	60
陶氏		荷兰	400	伊朗国家石化	
美国	550	合计	850	伊朗	40
荷兰	200	日本聚氨酯		Afino 精细化工	
德国	190	日本	400	中国台湾	30
葡萄牙	180	中国浙江	70	总计	6616
合计	1120	合计	470		

5 全球 MDI 消费分析

全球范围来看，有 80%的 MDI 用在生产聚氨酯泡沫上。MDI 下游主要用于硬泡、浆料等领域。其中聚合 MDI 主要用于生产硬泡等，多用于冰箱冰柜、建筑等行业；纯 MDI 主要用于生产浆料、鞋底等，下游用于合成革、氨纶、制鞋等。此外，MDI 也用于弹性体、粘结剂、密封剂、涂料和塑料以及反应注射成型制品(汽车仪表板、方向盘)等。

2012 年全球 MDI 需求领域中，建筑行业占第一位，约 50%；反应注射模塑(RIM)需求量第二，约 13%；冰箱冷藏行业需求量第三，约 12%；包装材料需求量第四，约 8%；泡沫用途(如运输和家具)第五，约7%；其他应用合计约占8%。2012全球MDI消费结构情况如图1所示。

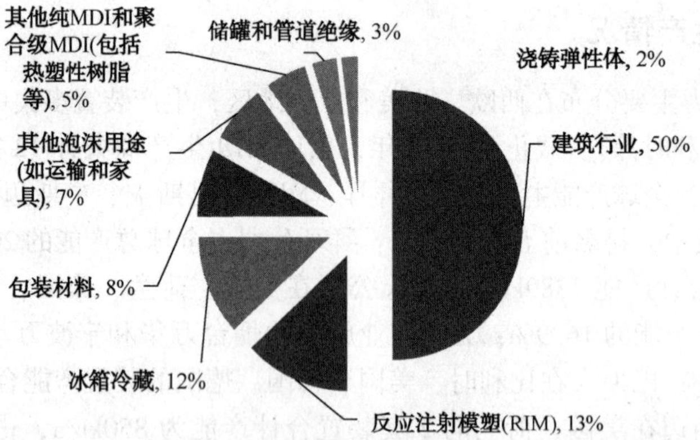

图1　2012年全球MDI消费结构

目前全球经济复苏乏力，MDI下游的传统行业需求增速放缓。中国市场是未来几年全球需求的主要增长来源，印度、俄罗斯等目前聚氨酯应用处于起步期的国家将加入中国的阵营，逐渐成为全球需求增长的重要拉动力量。

6　国内MDI产能分析

回顾我国MDI行业发展历程，可以发现2004~2011年8年期间，国内生产能力的增长以两年为单位，呈现极有规律的阶梯形态势。2004~2005年，国内MDI产能维持在120kt/a；2006~2007年，随着宁波万华、上海联恒的相继投产，产能增至520~600kt/a；2008年万华扩能60kt，日本聚氨酯公司在浙江瑞安及拜耳在上海分别投建50kt/a、350kt/a生产装置后，国内1140kt/a的MDI产能保持到2009年底没有变化；2010年宁波万华第三次扩能，将国内MDI产能推高到1440kt，较2004年增长1100%，而2011年则没有新的产能投入，如图2所示。

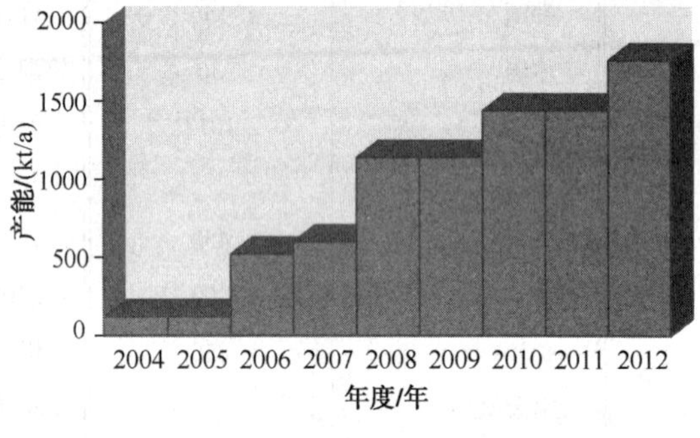

图2　2004~2012年中国MDI企业产能统计

2012年国内新增MDI产能共计320kt，包括万华新扩增的300kt以及日邦瑞安的20kt扩能。截止2012年底，中国共有MDI装置5套(万华分烟台、宁波两套装置)，总产能为1760kt/a，见表2。万华在烟台和宁波的两套MDI装置总产能达到1100kt，位居中国和亚洲第一，全球第四。作为我国MDI生产的龙头企业，万华近年来的扩张步伐势不可挡，2006~2011年间产能经四次扩张，迅速从120kt/a增至800kt/a，2012年6月，万华公司又对宁波装置进行了为期40天的扩能建设，新增产能300kt；此外，宁波厂区的粗MDI精馏装置也在扩张中，建设完成后将再增加300kt产能，计划2013年投产。除了宁波工厂两套装置进行改造外，烟台八角工业园区的600kt MDI项目也正在建设中，预计2015年前后万华公司的MDI产能将扩大至1800kt/a。2013年国内MDI新增产能有限，仅有万华的300kt有望在上半年投产。2014年，随着BASF在重庆的400kt以及万华在烟台厂区的600kt相继完工投产，国内MDI将迈向新的台阶。

表 2　2012 年中国 MDI 主要生产企业及产能统计　　kt/a

国家和地区	产能统计	国家和地区	产能统计
万华实业	1100	上海联恒异氰酸酯有限公司	240
拜耳(上海)	350	日本聚氨酯(浙江瑞安)	70
合计	1760		

7　中国 MDI 需求分析

在我国，由于受设备、工艺、资金等条件的限制，国产 MDI 大多只适合用在冰箱冷藏、建筑、浆料、鞋底原液等方面，而汽车工业、弹性体、密封剂、涂料等领域相对较少，这种状况严重影响了国内 MDI 产业的发展。我国 MDI 消费结构情况如图 3 所示。

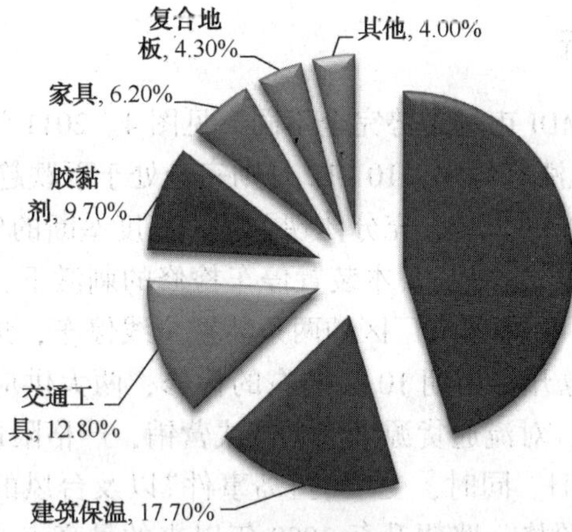

图 3　我国 MDI 消费结构分布图

近年来，在我国经济快速发展的带动下，MDI 新产品研发及应用领域的逐渐扩大，家用汽车的普及，房地产所带动的家电行业产量逐年攀升以及节能减排概念的引入，中国对 MDI 需求的逐渐增多。2006~2012 年是我国 MDI 行业快速增长期，需求和产量一直保持高速增长。六年间，我国 MDI 需求年均增速达到了 21%，虽然产量增速也很快，但由于基数小，所以国内 MDI 产量总是难以满足国内市场需求，每年需要大量进口 MDI。但最近几年，随着国内产能的大量释放，特别是 2010 年开始，进出口格局发生了巨人的变化，进口量大幅减少而出口量大幅增加，自给率也迅速地提高至 96. 2%。

2011 年，中国 MDI 进口量约 382kt(纯 MDI 约 113kt，聚合 MDI 约 269kt)，出口量约 238kt(纯 MDI 约 46kt，聚合 MDI 约 192kt)。2012 年 MDI 进口量约 323kt(其中纯 MDI 约 100kt，聚合 MDI 约 223kt)，同比减少 15. 4%。主要的进口国依次为：日本占比约 58%、韩国 24%、美国 7%。进口贸易方式中一般贸易所占比例最大，占进口总量的 80%；第二位为进料加工贸易，占进口总量的 11%。第三位为保税仓库货物，占进口总量的 8%。2012 年全年出口约 270kt(纯 MDI 约 51kt，聚合 MDI 约 219kt)，出口量再创新高，同比增加 13. 4%。主要的出口国依次为：美国占比约 18%、韩国 15%、印度 10%。

2012 年国内 MDI 产量为 1360kt 左右，同比增长 8. 8%，其中聚合 MDI 产量约 909kt，纯 MDI 约 501kt；表观消费量约 1410kt，同比增长 1. 4%。由表 3 可以看出，由于全球经济恢复缓慢，对国内 MDI 的下游产品市场，特别是建材、氨纶、制鞋等产业造成很大冲击：首先是房地产调控政策使市场交易萎缩，对家具、冰箱等产业产生了不良影响；其次是在建工程的减少，使节能隔热建材产业需求不振；还有纺织(氨纶)、制鞋等以出口为主的产业，海外订单的大幅减少，众多企业几乎难以维持生产；再加上经历几轮的产能快速扩张的国内供应市场，需要等待下游配套产业跟进加以消化。这些因素叠加，造成了2010年后MDI的市场需求增长明显放缓。

表3 2006~2012年中国MDI供需状况统计 kt

年份	产量	进口量	出口量	表观消费量	自给率/%
2006	284	393	46	631	450
2007	382	458	60	780	490
2008	503	391	84	810	621
2009	791	363	162	992	797
2010	1134	459	215	1378	823
2011	1250	382	238	1394	897
2012	1360	323	270	1413	962

8 中国MDI价格走势分析

与2011年相比，2012年国内MDI市场走势完全不同，见图4。2011年旺季持续下跌，淡季持续上涨。2012年1~9月整体处于上涨趋势中，10~12月则完全处于下跌趋势中。2012年MDI在生产商停产、检修、限产等因素对市场的影响，充分体现了技术高度垄断的生产厂商对市场价格控制能力。2012年初，在亨斯迈、万华以及NPU日本装置停车检修的刺激下，市场延续去年年底的乐观走势，呈小幅上行态势。6月初，万华宁波厂区的两条装置全线停车，进行扩能检修，为期一个月左右。6月中旬，上海联恒装置也开始为期10天左右的检修，两大供应商同时停产，市场供应骤然紧张。同时，各厂家齐心保价，对流通货源采取饥饿式营销，严格限量供货，使得市场价格开始大幅走高。8~9月，厂家限货依旧。同时，受"钓鱼岛事件"以及台风的影响，进口日韩货源大幅减少，国内市场货源一度告急，价格一路飙升至2008年以来的最高点25500元/t。10月中旬以后，日韩货的陆续到港给国内高价市场带来冲击，加之行业淡季来临，价格大幅回落。12月，市场企稳在18000元/t左右。

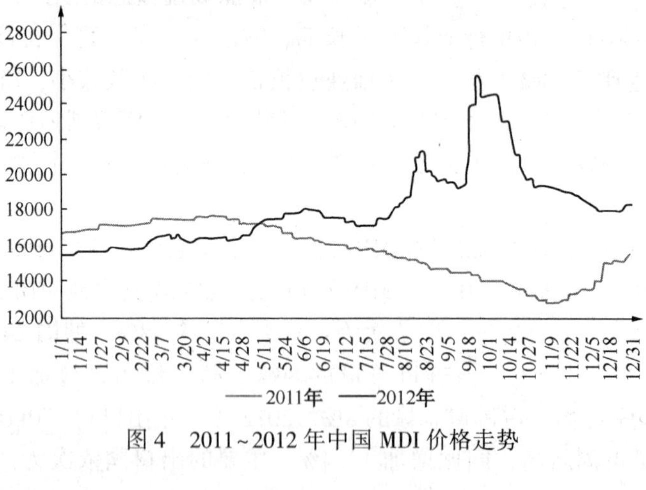

图4 2011~2012年中国MDI价格走势

9 MDI市场展望

全球二苯基甲烷二异氰酸酯(MDI)需求在以5.7%的年增长率增长，2020年，将接近8Mt。冷冻和建筑行业的MDI需求会增加，目前这两个行业占了消费量的一半多。虽然因经济增长放慢，MDI的需求增长已慢下来，但保温和节能措施将继续推动MDI的需求。同时，聚氨酯对于聚苯乙烯甚至无机材料的替代进程也将在近几年加快。从行业下游需求和产能投产的情况来看，2013~2016年全球MDI将处于供需弱平衡，行业开工率将缓慢提高，产品盈利能力向上。

虽然国内MDI产能已具有相当的规模，但各生产厂商依旧看好行业未来发展空间，特别是对亚洲新兴经济体快速增长后的需求潜力报以乐观态度，而中国较为完善的产业链和配套产品也促使各个工厂在中国继续大力扩建、新建MDI装置。2012年以后中国部分新建MDI装置情况统计见表4。

表4 2012年后中国部分MDI新建及拟建装置情况统计

项　目	产能/(kt/a)	计划投产时间/年
拜耳材料科学公司	扩建150	不详
	新建500	2016
万华实业	宁波300	2013
	烟台600	2015
重庆巴斯夫	400	2014
亨斯迈	240	审批中
中国化工集团	200	不详
天津煤炭化工	180	计划中
甘肃银光聚银化工有限公司	160	计划中
沧州大化	100	计划中
中国蓝星太化	100	计划中

从消费结构来看，几乎占据中国MDI消费市场的家电行业，经过两年高速增长，受消费周期的限制，国内需求量很难获得大幅提升。“十二五”期间，国内城镇化建设的推进，建筑节能相关政策的陆续实施，住房和城市基础设施建设和老旧小区改造，均将为房地产行业的持续发展带来增长动力，同时拉动硬泡聚氨酯板材的需求，也成为“十二五”期间带动MDI需求增长的主要来源。2012年公安部消防局对65号文件关于建筑外墙保温材料使用限制的取消，使得聚氨酯材料在建筑外墙保温领域有望得到更大的发挥。据初步测算，2013~2015年，建筑保温市场将拉动MDI需求增量400kt，约占2012年全年需求量的30%。综合国内情况而言，国内MDI产能扩张，但下游市场容量增速趋缓，MDI供大于求的趋势将越发明显。国内自给率的提高，下游部分行业市场饱和以及国内与国际市场销售利润的差异，都将抑制对国外货源的需求，国内进口量减少，出口逐年增加的趋势会得以延续。

参 考 文 献

[1] 李峰，朱铨寿．甲醇及下游产品[M]．北京：化学工业出版社，2008：161.

[2] 吴礼定，MDI生产现状和研究进展[J]．广州化工，2011，39：18-21.

[3] 白庚辛．1，4-丁二醇、四氢呋喃及其工业衍生物[M]．北京：化学工业出版社，2013：270.

[4] 李峰．我国4，4′-亚甲基二苯基二异氰酸酯产业发展趋势分析[J]．化学工业，2013，（2~3）：41.

[5] Gasperini M，Raganini F，Cenini S，et al. Carbonylation of nitrobenzeneto N-methyl phenylcarbamate catalyzed by palladium-phenanthrolinecomplexes - bifunctional activation by anthranilic acid[J]. Journal ofMolecular Catalysis A：Chemical，2003，204：107-114.

[6] 李峰．我国4，4′-亚甲基二苯基二异氰酸酯产业发展趋势分析[J]．化学工业，2013，（2~3）：41.

丙烷脱氢丙烯分离系统优化设计

高海见　许　晨　张启云

(中国石化宁波工程有限公司，浙江宁波　315103)

摘　要：通过对某600kt/a丙烷脱氢装置丙烯精馏系统进行分析，认为其设计中采用的塔板效率过低，造成塔的操作能耗偏高。选取塔板效率95%，通过PROII软件对此精馏塔进行模拟，在实际塔板数不变的情况下，回流比可降低至18.76，塔顶和塔釜热负荷可分别降低至-428.0GJ/h、437.2GJ/h。在此基础上对温水系统进行改进，可取得节省2772.4万元投资和节省操作费用768万元/a的效果。

关键词：丙烷脱氢　丙烯精馏塔　流程优化

1　前言

丙烯精馏塔是丙烷脱氢装置中的关键设备。由于脱氢反应单程转化率较低，丙烯精馏塔进料中丙烯含量低，丙烯/丙烷相对挥发度小，故该塔具有塔板多、回流比大、能耗高等特点。在某CATOFIN工艺600kt/a丙烷脱氢装置中，为降低能耗，流程中设置了低位热回收系统(温水系统)，将回收的热量作为塔釜热源。但此系统在增加投资和操作的复杂性的同时，却未必能起到节能降耗的效果。本文通过模拟软件对丙烯精馏塔进行模拟与优化，在此基础上对温水换热网络进行分析，提出优化方案，并从投资及操作费用方面对其效果进行分析与对比。

2　丙烯精馏系统介绍

2.1　流程简介

CATOFIN丙烷脱氢工艺中，丙烯精馏塔采用双塔串联操作，其流程如图1所示，从上游脱乙烷塔来的进料进入一塔，经分离后塔顶得到高纯丙烯产品，塔釜丙烷则循环回反应单元。塔釜热源

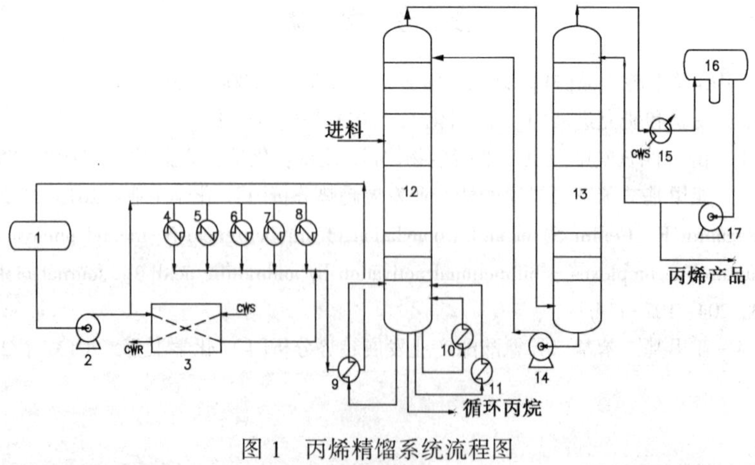

图1　丙烯精馏系统流程图

1—温水缓冲罐；2—温水循环泵；3—温水冷却器；4—压缩机入口冷却器；5—一段冷却器；6—二段冷却器；7—三段冷却器；8—反应器抽真空冷却器；9—温水再沸器；10—再沸器1#；11—再沸器2#；12—丙烯精馏塔1#；13—丙烯精馏塔2#；14—精馏塔中间泵；15—塔顶冷凝器；16—回流罐；17—回流泵

大部分来自低压蒸汽，其余部分由热温水提供，温水系统为闭路循环系统，用于回收产品气压缩机段间和反应器抽真空出口气体中的低位热(110~120℃)。温水缓冲罐中的冷温水(68℃)通过温水泵送至各换热器，回收热量后的热温水(温度约 75℃)作为热源送至丙烯精馏塔再沸器；温水回路设有旁路，通过循环水除去系统中多余的热量，以调节热平衡。

2.2 进料组成及分离要求

丙烯精馏塔进料组成如表 1 所示。

表 1 进料组成及流量

组 成	含 量	组 成	含 量	组 成	含 量
乙烯/(μg/g)	≤10(μg/g)	丙烯/%	40.8	C_{4+}/%	2.2
乙烷/(μg/g)	≤80(μg/g)	丙烷/%	57.0	流量/(t/h)	179.1

分离要求：

(1)塔顶丙烯含量≥99.6%；

(2)塔底丙烯含量≤1.5%~3%。

2.3 原设计塔操作参数

原设计丙烯精馏塔操作参数如表 2 所示。

表 2 丙烯精馏塔操作参数

操作参数	数值	操作参数	数值	操作参数	数值
塔顶压力/MPa(g)	1.84	回流比	21.8	理论板数(塔顶冷凝器、塔底再沸器)/块	218
塔顶温度/℃	47	塔顶丙烯产量/(t/h)	75		
塔釜压力/MPa(g)	2.0	塔底再沸器负荷/(GJ/h)	501.8	实际板数/块	290
塔釜温度/℃	60	塔顶冷凝器负荷/(GJ/h)	-493.2		

从上表可知：该丙烯精馏塔回流比较大，塔顶冷凝器与塔底再沸器热负荷较高，而塔板效率仅有 74.5%，而对于丙烯精馏系统，工业中应用的塔板效率远高于此。

2.4 塔釜热量来源

表 3 列出了塔釜热量的主要来源，原设计中塔釜所需的总热量为 501.8GJ/h，其中低压蒸汽提供 80.3%的热源，剩余的热量由温水系统回收的热量提供。温水系统共回收 167.2GJ/h 热量，除提供塔釜所需的 98.8GJ/h 热量外，剩余的热量在温水冷却器中由循环水带走。在温水系统中，温水冷却器起到调节系统热平衡的作用。

表 3 塔釜热量来源

项目	设备名称及代号		热负荷 GJ/h	公用介质
	名称	代号		
塔底再沸器				
	温水再沸器	9	98.8	热温水
	再沸器 1#	10	138.5	低压蒸汽
	再沸器 2#	11	264.5	低压蒸汽
	小 计		501.8	
温水系统回收热量				
	压缩机入口冷却器	4	32.3	冷温水
	一段冷却器	5	53.0	冷温水
	二段冷却器	6	18.6	冷温水
	三段冷却器	7	15.5	冷温水
	反应器抽真空冷却器	8	47.8	冷温水
	小 计		167.2	
富余热量				
	温水冷却器	3	-68.4	循环水

2.5 存在的问题

从表观来看，温水系统回收了大量的低位热作为塔釜热源，可节约低压蒸汽和用于冷却低位热的循环水消耗，起到节能降耗的效果。但结合塔板效率综合来看，此精馏系统的设计存在着许多不足之处。原设计中丙烯精馏塔塔板效率选取过于保守，仅有74.5%，而对于丙烯-丙烷分离系统，实际塔板分离效率可达95%，甚至高达100%[1,2]。在保持实际塔板数不变的情况下，如采用高效塔板，理论板数可增加，在相同的分离要求下，塔的回流比可减少，塔釜和塔顶热负荷也可相应减少。在此情况下，过量的热量输入精馏塔无非是将温水回收的热量转移，最终仍需在塔顶冷凝器和温水冷却器中通过循环水移除，未必能带来节能的效果。相反，温水系统的设置反而会增加设备和管道的投资，并给操作带来一定的复杂性。

3 丙烯精馏系统优化

根据以上分析可知丙烯精馏塔和温水系统存在不足之处，具有一定的优化余地。本文将结合塔板效率，优化塔的设计，在维持实际塔板数和分离要求下，降低回流比，减少塔顶、塔底负荷。并在优化塔的设计基础上，对温水系统进行分析与改进。

3.1 塔的设计优化

为便于定量分析塔的操作条件，本文采用SIMSCI公司的PROII 9.0软件，并选用Peng-Robinson热力学方法对丙烯精馏塔进行模拟[3,4]。在维持实际塔板数不变的情况下，如按照塔板效率95%(即理论板数为277块)、回流比21.8对该塔进行重新核算，塔顶丙烯含量可达99.9%，高于分离要求0.3%；如将塔顶丙烯含量调整至99.6%，则回流比仅需要18.76，塔顶负荷和塔底负荷分别为-428.0GJ/h、437.2GJ/h，比原设计减少13.2%和12.9%。可见，采用高效塔板可减少塔釜热量的输入。

表4 丙烯精馏塔方案对比

操作参数	原设计		优化方案
	低塔板效率	高塔板效率	
塔顶丙烯含量/%	99.6	99.9	99.6
理论板数(塔顶冷凝器、塔底再沸器)/块	218	277	277
实际板数/块	290	290	290
塔板效率/%	74.5	95	95
回流比	21.8	21.8	18.8
塔底再沸器负荷/(GJ/h)	501.8	501.8	437.2
塔顶冷凝器负荷/(GJ/h)	-493.2	-493.2	-428.0

3.2 温水系统优化

从以上对塔的分析结果来看，优化后的塔釜需要437.2GJ/h，两台低压蒸汽再沸器和回收反应器抽真空气体中的热量(共450.8GJ/h)即可满足要求，无需再回收产品压缩机段间的低位热，取而代之的是采用循环水直接冷却此部分低位热，流程简图见图2。

4 优化效果分析

4.1 公用工程及能耗对比

根据计算，原设计和优化方案的公用工程消耗情况如表5所示。

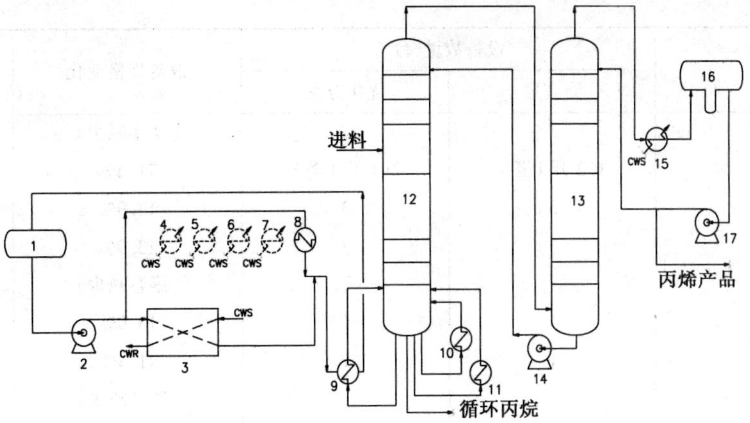

图 2 优化后丙烯精馏系统流程图(图注同图 1)

表 5 公用工程消耗对比

项 目	优化前	优化后	增量
电耗量/kW·h			
温水循环泵	442.4	126.5	-315.9
塔顶回流泵	1047.4	900.8	-146.6
精馏塔中间泵	879.6	756.5	-123.1
小计	2369.4	1783.7	-585.7
循环水消耗量($\Delta T=10℃$)/(m^3/h)			
塔顶冷凝器	11867.0	10296.5	-1570.5
温水冷却器	3185.0	635.7	-2549.3
压缩机段间冷却器	0.0	2245.0	2245.0
小计	15052.0	13177.1	-1874.9

从表 5 可以看出：与原设计相比，优化方案电和循环水消耗分别减少了 585.7kW·h 和 1874.9m^3/h。按照 GB/T 50441—2007《石油化工设计能耗计算标准》对能耗进行折算，优化后流程可降低能耗 14234.1MJ/h。年节约操作费用约 768 万元。

4.2 设备及管道投资

丙烯精馏系统经优化后，其设备数量、规格及投资变化情况如表 6 所示。

表 6 设备数量及投资对比

设备位号	设备数量/台		设备规格变化	投资节约/万元
	原方案	优化方案		
换热器			(换热面积减少)	
压缩机入口冷却器	3	3	39.7%	223.4
一段冷却器	3	3	52.0%	346.5
二段冷却器	1	1	77.5%	85.9
三段冷却器	1	1	78.3%	53.3
反应器抽真空冷却器	1	1	—	0.0
温水冷却器	4(3 开 1 备)	2(1 开 1 备)	80.0%	179.8
温水再沸器	1	1	65.4%	186.8
再沸器 1#	1	1	—	0.0
再沸器 2#	1	1	—	0.0
塔顶冷凝器	4	4	13.2%	224.4

续表

设备位号	设备数量/台		设备规格变化	投资节约/万元
	原方案	优化方案		
机泵			(功率减少)	
温水循环泵	3(2开1备)	2(1开1备)	71.4%	76.0
精馏塔中间泵	3	3	13.9%	198.8
回流泵	3	3	13.9%	232.1
罐			(罐容减少)	
回流罐	1	1	13.9%	63.6
温水缓冲罐	1	1	71.4%	67.5
塔			(塔径减少)	
丙烯精馏塔1#	1	1	7.0%	324.3
丙烯精馏塔2#	1	1	7.0%	273.9
合计设备数量	33	30		
合计节省设备投资				2536.4

从表6可以看出：经优化后，系统内的换热器面积、机泵功率、罐及塔器规格均有所减小，部分设备数量由原来的33台减少至30台，设备投资共节省约2536.4万元。此外，管道、管件及仪表费用可节约236万。可见，优化方案可节约的投资费用十分可观。

4.3 其他优点

优化方案除节约操作成本、投资费用外，还具有以下优点：

(1) 丙烯精馏塔循环比的降低，可减少塔中碳三的蒸发与冷凝量、减少系统中的能耗损失；

(2) 直接采用循环水用作压缩机段间冷却介质，可提高产品压缩机运行的稳定性；

(3) 经优化后，产品压缩机与精馏塔之间不再通过温水进行热量传递，二者之间操作不再相互影响；

(4) 简化温水系统流程，减少温水的循环量，降低温水控制系统的复杂性。

5 结论

(1) 在维持实际塔板数不变的情况下，如采用高效塔板，回流比可由21.8降低至18.76，塔釜和塔顶冷凝器负荷可降低至437.2MkJ/h和-428.0MkJ/h；

(2) 经优化后，温水系统可减少热量回收，产品压缩机段间可直接采用循环水冷却。设备、管道及仪表投资可节约2772.4万元；

(3) 经优化后的精馏系统共可减少电和循环水消耗585.7 kwh和1874.9 m^3/h，年节约操作费用约768万元。

参 考 文 献

[1] 曲晓廉，邹德东．丙烯精馏塔板效率分析[J]．齐鲁石油化工，2004，32(1)：24-26.
[2] 孙卫国，伏妍等．丙烯精馏塔的优化操作[J]．石油技术与应用，2008，26(1)：61-65.
[3] 孙卫国，李凭力等．丙烯精馏塔过程模拟[J]．石化技术与应用，2007，25(2)：147-151.
[4] 杨青云，张励等．气体分馏装置丙烯精馏塔三种软件包的计算对比[J]．炼油设计，2000，30(8)：35-38.
[5] 肖锦堂．烷烃催化脱氢生产 C_3～C_4 烯烃工艺之二[J]．天然气工业，1994，14(3)：69-71.
[6] 肖锦堂．烷烃催化脱氢生产 C_3～C_4 烯烃工艺之三[J]．天然气工业，1994，14(4)：72-76.
[7] 肖锦堂．烷烃催化脱氢生产 C_3～C_4 烯烃工艺之四[J]．天然气工业，1994，14(6)：64-67.
[8] 中国石油化工参数与数据，中国石油化工集团公司经济技术研究院，2011.

C_4馏分加氢制备乙烯裂解料技术

艾抚宾　乔　凯　方向晨　徐　彤　祁文博

（中国石化抚顺石油化工研究院，辽宁抚顺　113001）

摘　要：对液化气加氢及液化气与焦化汽油混合加氢工艺进行了研究。在此研究基础上，FRIPP所开发的液化气加氢技术首次在宁波某化工厂进行工业试验并一次开车成功。结果表明，FRIPP研发的低碳烯烃加氢硫化型催化剂以及液化气加氢制备烷烃的技术是成功的。此外，FRIPP研发的液化气与焦化汽油混合加氢技术，可有效控制反应温升并相对延长催化剂的运行周期。

关键词：C_4　液化气　加氢　LH-10A

1　前言

随着炼油工业的发展，炼厂气的深加工越来越受到人们的重视。炼厂气的利用有多种路径[1~5]，其中C_4馏分加氢可以作乙烯裂解原料；C_4馏分（液化气）加氢后会有许多用途，比如，用作乙烯原料、合成顺酐的原料、车用液化气等。炼厂C_4馏分加氢后转化为烷烃因为其用量较大、涉及生产装置众多，所以备受关注[6~13]。

目前我国乙烯装置使用的原料以石脑油为主（石脑油占64%、加氢尾油占10%、轻柴油占10%），乙烯原料是影响乙烯成本的最主要因素，原料在总成本中所占比例为70%~75%，甚至更高。近几年来，国内石化企业新建、扩建了多套大型乙烯生产装置，虽然在实际生产中拓宽了原料来源，但乙烯裂解原料还是相当紧张；另外，近几年来，原油价格不断上涨，乙烯裂解原料石脑油价格也随之升高，企业生产经济性变差。现实状况迫使企业寻找新的乙烯原料来解决这个问题，C_4馏分加氢作乙烯原料就是解决这一问题的有效方法之一[14,15]。

在通常情况下，工业C_4馏分中的烯烃含量均较高，同时还含有少量的二烯烃以及硫等杂质，如直接将C_5馏分作为蒸汽裂解制乙烯的原料，烯烃会在裂解炉中发生聚合、环化、缩合和结焦反应，因此，必须将烯烃加氢使之成为烷烃。

从理论上来讲，C_4馏分加氢制备烷烃技术，从催化剂上分类，一般有两条技术路线：其一是采用贵金属类型催化剂，比如Pd/氧化铝；其二是采用非贵金属类型催化剂，比如W-Mo系列的催化剂。贵金属类型催化剂的优点是反应温度较低，能耗低；缺点是不耐硫，催化剂价格较高。非贵金属类型催化剂的优点是可以脱硫、降烯烃；催化剂使用温度范围宽；催化剂价格比贵金属类型催化剂的低。缺点是反应温度较高。

将液化气加氢做乙烯裂解原料，从公开的文献资料检索，未见有进行研究的报导。但是，近年许多单位开展了液化气加氢作乙烯原料的研究工作，比如，中国石化石油化工科学研究院、大庆石化总厂研究院及化工三厂、中国石油兰州化工研究中心及中国科学院兰州化学物理研究所、天津大学及天津石化。

中国石化石油化工科学研究院（RIPP）所选择的技术路线是：选择一种硫化型的选择性加氢脱双烯催化剂和一种硫化型加氢精制催化剂，进行组合装填；液化气进料采用稀释进料，用以取出反应热；采取高压反应，以降低反应温度。在250mL加氢装置上开展了液化气加氢工艺条件和1500h

催化剂活性稳定性考察试验。试验结果显示，在氢分压为3.2MPa、反应温度为(基准±30)℃、氢/油体积比为200、体积空速为(基准×2.0)h^{-1}、进料稀释比为3：1~2：1等反应条件下，C_4烯烃的加氢饱和率达到95%~100%，加氢后产物中C_4烯烃体积分数不大于1.0%，是蒸汽裂解制乙烯的优质原料。

大庆石化总厂研究院及化工三厂，采用南京化学工业公司催化剂厂生产的牌号为NCG催化剂(该催化剂为镍系催化剂，用于炼油厂重整车间苯加氢制取环己烷。该催化剂也适用于不饱和脂肪烃和芳香烃加氢反应)，在100mL加氢装置上，开展了液化气加氢工艺条件和1500h的催化剂稳定性考察试验。试验结果显示适宜的加氢反应条件为：反应温度180~200℃，压力2.0MPa，氢油体积比100~150，体积空速2.0h^{-1}。在此条件下反应结果为：烯烃几乎能全部饱和，烷烃含量在99%以上，超过目前乙烯裂解原料——轻烃的水平(烷烃≮98%)；1500h的稳定性试验结果显示，该催化剂有着较好的加氢饱和活性及稳定性。

中国石油兰州化工研究中心及中国科学院兰州化学物理研究所，采用一种以钯/氧化铝催化剂，在催化剂装量为50mL的加氢装置上，开展了液化气加氢工艺条件和1000h的催化剂稳定性考察试验。试验结果显示适宜的加氢反应条件为：温度55~70℃，压力1.5~2.0MPa，空速1.0~2.0h^{-1}，氢油体积比200~400。在此工艺条件下进行的稳定性试验结果表明，除个别时间段外，原料中烯烃的加氢饱和率均大于99%，加氢产物中烯烃含量均低于2%，满足乙烯裂解料和车用液化气的要求。

到目前为止，从公开的文献资料看，除FRIPP的技术之外，国内液化气加氢作乙烯裂解原料的研究工作大多数处在研发和试验阶段，只有兰州石化进行了工业应用试验。

抚顺石油化工研究院(FRIPP)从2001年开展了液化气加氢技术的研发工作。当时是受某石化公司委托，开展以液化气为原料加氢制备车用液化气技术的研发工作，试验结果为：以钯/氧化铝为催化剂，在反应温度115~190℃、压力2.0~4.0MPa、体积空速为0.75~2.0h^{-1}、氢油体积比300~1000等条件下，反应产物中烯烃含量<5.0%。

2009年，FRIPP受某炼化企业的委托，开展了液化气加氢制备乙烯裂解料的技术研发工作。将液化气中的烯烃加氢使其成为烷烃，从理论上说是简单易行的，但实际状况是液化气普遍含硫较高，这就要求所用的加氢催化剂要有很好的耐硫性，同时还要有很好的加氢稳定性。FRIPP经过试验研究，开发出LH-10A催化剂，该催化剂在碳烯烃加氢方面表现出加氢活性好、耐硫性佳的特点。同时FRIPP还开发出与该催化剂配套的低碳烃加氢工艺技术，并完成了《30万吨/年液化气加氢工艺包》的开发任务。2013年8月，FRIPP开发的液化气加氢技术首次在宁波某化工厂进行工业试验，11万吨/年液化气加氢制高纯度丁烷装置一次开车成功。

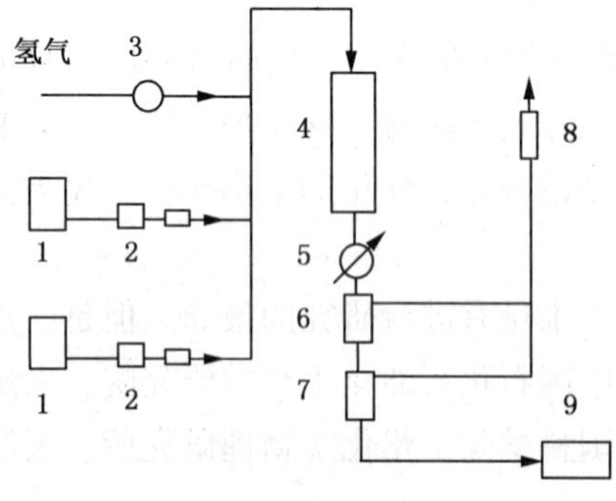

图1 评价装置

1—原料罐；2—原料泵；3—氢气定压器；4—反应器；5—冷却器；6—高分-1；7—高分-2；8—氢气计量器；9—产品罐

2 试验部分

2.1 评价装置

试验装置见图1。反应器长1.2 m，内径25mm，评价时内装100mL催化剂。反应为上进料，反应流出物经冷却后进入高分-1中。尾气经气体计量器计量后排出，试验所取的样品用气相色谱分析。

2.2 催化剂

试验所用催化剂为FRIPP研制的LH-10A低碳烯烃加氢专用催化剂，为硫化型催化剂。

3 液化气(C_4)加氢技术

3.1 试验原料及产物指标要求

试验原料组成见表1。

表1 试验用液化气组成

组分	含量/mol%	组分	含量/mol%	组分	含量/mol%
乙烷	0.06	C_4烷烃	40.11	C_5烷烃	0.48
丙烷	16.64	C_4烯烃	42.71	总计	100

试验所用氢气：新氢纯度大于99.9%。

反应产物指标：反应产物中烯烃含量<1.0%。

3.2 试验结果与讨论

由于液化气中的烯烃含量较高，所以所采用的工艺路线是：用部分反应产物循环稀释进料，以此取出反应热。据此所进行的考察试验条件及结果列于表2。

表2 工艺条件二的试验条件及结果

编　号	LH3-3-1	LH3-3-3	LH3-4-1	LH3-5-1
新鲜液化气/循环液化气	1/1	1/1	1/1	1/1
反应器入口温度/℃	基准温度+8	基准温度+15	基准温度+18	基准温度+58
反应压力/MPa	6.0	6.0	6.0	6.0
氢油体积比	110	110	140	140
新鲜液化气空速/h^{-1}	2.0	2.0	2.0	2.0
产物中烯烃含量/mol%	2.68	0.87	0.59	0.00

由表2中数据可知，在反应压力6.0MPa条件下，反应器入口温度在(基准温度+15)℃时，反应产物中的烯烃含量<1.0%，达到了产品的指标要求。说明在给定反应压力条件下调整反应温度是控制产品烯烃含量的有效手段。

该项工艺优点是：(1)选取6.0MPa反应压力，降低了反应温度；减小了温度对反应平衡的影响；(2)采用液化气稀释进料，有利于取出反应热，降低反应温度，减少催化剂积炭，延长催化剂使用寿命。

4 液化气与焦化汽油加氢技术

4.1 试验原料及产物指标要求

试验原料组成及焦化汽油性质分析分别见表3和表4。

表3 试验用液化气组成

组分	含量/mol%	组分	含量/mol%	组分	含量/mol%
丙烷	2.25	C_4二烯烃	0.32	C_6	0.24
丙烯	1.45	C_5烷烃	0.42	硫	552μg/g
C_4烷烃	63.32	C_5烯烃	0.02	烯烃小计	33.76
C_4烯烃	31.97				

表 4 焦化汽油性质分析结果

油品名称	焦化汽油	油品名称	焦化汽油
密度/(g/cm³)	0.7363	烯烃	36.3
馏程(ASTM D86)/℃		芳烃	45.7
初馏点/10%	28/57	溴价/(gBr/100g)	110.47
30%/50%	95/136	双烯值/(gI_2/100g)	2.4
70%/90%	169/207	汽油组成/mol%	
95%/终馏点	221/229	*P*	47.82
硫/(μg/g)	5200	*O*	24.62
氮/(μg/g)	173.3	*N*	10.27
荧光组成/%(体积分数)		*A*	12.16
饱和烃	18.0		

试验所用氢气：新氢纯度大于 99.9%。

反应产物指标：反应产物中烯烃含量<1.0%。

4.2 试验结果与讨论

根据所设计的方案，在催化剂装填量为 100mL 的加氢小型装置上进行了考察试验，试验条件及结果列于表 5。

表 5 试验条件及结果

编号	原料：液化气 焦化汽油	产物		
		LG1-1	LG1-2	LG1-3
入口温度/℃		基准温度+80	基准温度+90	基准温度+103
反应压力/MPa		4.0	4.0	4.0
氢油体积比		350	350	350
液化气液体空速/h^{-1}		0.66	0.66	0.60
焦化汽油液体空速/h^{-1}		1.68	1.68	1.50
液化气中烯烃含量/mol%	33.78	2.10	0.10	0.09
焦化汽油中烯烃含量/mol%	36.3	8.16	4.40	0.73

由表 5 中的数据可知，提高反应温度可以大幅度地降低反应产物中的烃含量。反应温度提高到(基准温度+103)℃后，加氢后液化气及焦化汽油中的烯烃含量均<1.0%，达到了企业所提出的作乙烯裂解料的指标。

混合加氢技术有如下优点：

(1) 对单独液化气加氢而言，同等反应条件下，焦化汽油热容比液化气大 30%左右，混合加氢工艺可利用焦化汽油热容大的特点，将液化气加氢反应热取出，是控制温升的有效手段。

(2) 对焦化汽油加氢而言，混合加氢工艺，液化气对焦化汽油中的二烯烃有很好的稀释作用，可缓解二烯烃缩合结焦问题，并相对延长催化剂运行周寿命。

(3) 二个加氢反应合二为一，共用一台反应器，可减少投资，降低操作费用。

5 液化气(C_4)加氢技术工业应用

2012 年 3 月，宁波某化工厂决定采用 FRIPP 液化气加氢技术建设一套 110kt/a 液化气加氢装置。该装置是 1，4-丁二醇联合装置的原料生产装置，是对富含正丁烷的 C_4组分中的少量丁烯进行加氢，所生产的高纯度正丁烷送到下游丁烷氧化装置做原料。

根据企业原料的性质及对目的产品质量等要求，FRIPP 为其提供出设计数据包。原料性质及技术要求见表6~表8。

表6 液化气的主要性质

组　分	含量/mol%	组　分	含量/mol%	组　分	含量/mol%
C_4烷烃	96.04	硫含量(以硫醇计)	1000μg/g	合计	100
C_4烯烃	3.94	砷含量	微量	密度/(g/cm^3)	0.5686
C_5烷烃	0.02				

表7 本装置所用新氢组成

组成	规格要求	组成	规格要求
氢气	最低99.9mol%	硫	最大0.1μg/g

表8 合格正丁烷产品质量要求

指标名称	规格要求
烯烃	≤0.1%

利用炼厂尾气(C_4馏分)加氢制备烷烃技术经过多年的系统研究之后，于2013年8月在浙江省宁波市的宁波某化工厂进行了首次工业应用试验。装置生产能力为110kt/a正丁烷，反应采用固定床反应器，所用催化剂为LH-10A液化气专用加氢精制催化剂。此次装填采用普通装填法，该催化剂无需干燥，可以直接升温硫化。

2013年7月27日液化气加氢装置开始升温进行催化剂硫化，7月30日恒温硫化结束；之后降温，待反应床层温度降到(基准温度+30)℃后引入液化气，并将反应条件逐步调整到正常值。稳定后反应条件及结果分别见表9和表10。

表9 液化气加氢反应器主要操作条件及结果

项　目	操作条件	项　目	操作条件
反应器入口压力/MPa	4.0	未加氢的液化气体积空速/h^{-1}	1.5
反应器入口氢与液化气体积比	300	反应器入口温度/℃	基准温度+30

表10 加氢后液化气主要性质

组分	含量/mol%	组分	含量/mol%	组分	含量/mol%
C_4烷烃	99.9	C_5烷烃	0.02	烯烃小计	≯0.1
C_4烯烃	0.08	硫含量	40μg/g		

由表10中的运转结果可知，加氢后的液化气中烯烃含量小于0.1%，此次工业运转结果完全重复了小试、中试的反应结果。该装置的反应条件及结果达到了设计预期值，首次工业应用试验是成功的。

6 结论

(1) FRIPP成功开发出液化气加氢制备烷烃的系列技术。

(2) FRIPP研发的液化气加氢制备烷烃技术所用的催化剂为硫化型，可以脱硫、降烯烃，催化剂使用温度范围宽。

(3) FRIPP研发的混合加氢技术，可利用焦化汽油热容大的特点，将液化气加氢反应热取出，有效控制反应温升。液化气对焦化汽油中的二烯烃有很好的稀释作用，可缓解二烯烃缩合结焦问题，并相对延长催化剂运行周期寿命。

(4) 液化气加氢制备高纯度丁烷技术的工业试验结果完全重复了小试、中试的反应结果。该装置的反应条件及结果达到了设计预期值，该项技术首次工业应用试验是成功的。

(5)炼化企业C_4馏分加氢制备乙烯裂解料技术的开发成功，为企业搞好炼厂气的综合利用，更好地满足市场对产品多元化的需求，提供了一条有效的选择途径。

参 考 文 献

[1] 徐喆，韩波．我国炼厂气体的综合利用[J]．当代化工，2009，38(3)：257-261.

[2] 曹武卫，邱冬梅，宋建平．提高炼厂气综合利用水平的途径[J]．内蒙古石油化工，2004(30)：143-146.

[3] 徐勤利．炼厂气分级利用[J]．齐鲁石油化工，2009，37(3)：252-254.

[4] 李其京．炼厂气的综合利用新技术应用现状[J]．四川化工，2006，9(5)：25-28.

[5] 由宏君，丛玉凤．浅谈 C_4 的综合利用[J]．河南化工，2003，(11)：4-6.

[6] 李维彬，郭立艳，杨世成等．炼油厂 C_4 馏分加氢生产优质蒸汽裂解料的研究[J]．石油炼制与化工，2002，33(4)：21-24.

[7] 李永田．液化气加氢制备乙烯装置裂解原料的研究[J]．黑龙江石油化工，1996(1)：18-20.

[8] 王清江，谭蔚，泉红．炼厂加氢液化气作裂解原料的分析与评价[J]．乙烯工业，2006，18(1)：53-56.

[9] 陈真真，张立芬，李勇等．正丁烷氧化制取顺酐的 Huntsman 工艺技术进展[J]．化学工程．2011，39(11)：9-98.

[10] 陆江银，杨朋坤．VO_x/SiO_2 催化剂上正丁烷氧化脱氢[J]．新疆大学学报(自然科学版)．2011，28(1)：76-82.

[11] 吕志辉，宋丽芝．C_4 馏分加氢制备车用液化气的研究[J]．化工科技，2001，9(5)：19-22.

[12] 李军，曹晖，吴明清．作为车用燃料的液化气使用性能的研究[J]．石油炼制与化工，2003，34(3)：43-46.

[13] 谢民．对发展国产车用液化气的思考[J]．石油化工动态，1999，7(6)：26-28.

[14] 王强．关于乙烯原料优化的几点思考[J]．石油化工，2002，31(1)：58-62.

[15] 袁晴棠．关于优化乙烯原料的若干思考[J]．当代石油石化，2001，9(10)：5-10.

C_4馏分脱氢法制丁二烯技术分析

李　涛

（中国石化扬子石化公司南京研究院，江苏南京　210048）

摘　要：介绍了丁烷脱氢、丁烯脱氢、丁烯氧化脱氢等C_4馏分脱氢法的国内外技术发展概况，对C_4馏分脱氢法技术进行了工艺技术经济分析，并针对当前国内C_4馏分法脱氢制丁二烯项目投资现状进行了思考，指出该工艺与碳四抽提法相比，因生产成本较高，长期来看缺乏竞争力和经济性，国内企业应谨慎投资建设丁烯氧化脱氢制丁二烯项目。

关键词：C_4馏分　丁烷　丁烯　脱氢法　丁二烯

1　前言

丁二烯是一种重要的聚合物单体，主要用于合成丁苯橡胶、顺丁橡胶、丁腈橡胶、氯丁橡胶及各类树脂等，此外，还可用于生产已二腈、已二胺、尼龙66、1，4-丁二醇、环丁砜、农药克菌丹等有机化工产品。目前世界上工业生产丁二烯方式有C_4馏分分离法和C_4馏分脱氢法（包括丁烷脱氢、丁烯脱氢、丁烯氧化脱氢等）两种。C_4馏分分离法是对乙烯裂解装置副产的混合C_4馏分进行抽提得到丁二烯，该方法成本较低，是目前世界上生产丁二烯的主要方法，占全球丁二烯生产能力的98%，C_4馏分脱氢法目前只在丁烷、丁烯资源丰富的少数几个国家采用。近几年随着我国橡胶产业的发展，丁二烯的产量不能满足国内橡胶生产的需求，供求矛盾日益突出，国内一些企业纷纷投资建设C_4馏分脱氢法生产丁二烯项目。

2　国内外C_4馏分脱氢法技术发展概况

2.1　丁烷脱氢

由天然气或C_4馏分中分离所得的丁烷，可脱氢制取丁二烯。丁烷脱氢是强吸热过程，需要输入大量的热量才能获得有经济价值的转化率，但同时裂解和产物二次反应也显得突出。因此，过程的关键是选择一种高活性的催化剂，并要求尽可能降低温度。有两种工艺方法已在工业上得到应用：

（1）菲利浦法　即二步法，第一步反应使用铬铝（氧化铬负载在氧化铝上）催化剂，温度600℃，将丁烷脱氢为丁烯，转化率30%，选择性80%；第二步反应使用类似催化剂，温度650℃，将丁烯脱氢为丁二烯，转化率27%，选择性76%[1]。1965年美国Phillips公司建成年产125kt的大型工业装置。此法虽一度发展较快，但终因生产步骤多，操作麻烦，难以与乙烯装置副产C_4馏分抽提法竞争，致使发展受到影响。

（2）胡德烈法　该法在600℃、15kPa和绝热条件下使丁烷一步脱氢成丁二烯。催化剂为浸渍了18%~20%氧化铬的活性氧化铝，每反应4~10min进行一次催化剂再生。因系减压操作，催化剂再生十分麻烦，设备条件苛刻，要求配有大口径耐高温快速启闭的阀门及大容量真空设备。反应过程实际上是丁烷与丁烯的混合脱氢。反应气体分出丁二烯后进行循环，并与新鲜的丁烷混合进入脱氢反应器。以原料丁烷计，单程转化率28%，选择性55%~60%，此法只在美国、前苏联采用，近年产量日趋减少。前苏联因为丁二烯缺乏，于1985年用胡德烈（Houdry）丁烷一步脱氢制丁二烯的方法，建成了年产180kt/a的一套生产装置。

2.2 丁烯脱氢

美国在20世纪40年代末开发的方法，其工艺过程的基本原理与菲利浦法的第二步反应相似，但反应过程作了很多改进，主要是在丁烯原料中加入大量蒸汽以降低烃分压，在有利于脱氢平衡条件下进行反应。此法所用催化剂(氧化铬和稳定的钙-镍磷酸盐)寿命较长，丁二烯选择性较高(约90%)，但蒸汽用量大，60年代后被丁烯氧化脱氢法取代。

2.3 丁烯氧化脱氢

与催化脱氢制丁二烯相比，丁烯氧化脱氢的优点是在脱氢时通入氧气(空气)，改脱氢反应为氧化反应，由此可将氢从反应生成气中除去，反应由可逆反应变为不可逆反应，从而大幅度提高丁烯的转化率及丁二烯的选择性，反应由吸热反应变为放热反应，使反应能在较低的温度下进行，从而降低了反应的能耗。

该工艺曾经在美国、日本发展较快。美国Petro-Tex(现为Texas Petrochemicals，TPC)公司于1965年开发了Oxo-D™氧化脱氢工艺，催化剂采用铁尖晶石，反应在较小正压力下进行，反应器温度入口约370℃、出口约600℃，丁烯转化率可达78%~80%，丁二烯选择性92%~95%。在美国，20世纪70年代末有70%厂家采用此法生产丁二烯。另外，罗马尼亚和墨西哥所建成的丁烯氧化脱氢生产装置，也都是引进美国得克萨斯公司的技术。此法不足之处是反应进出口温差达200℃以上，不能实现等温操作，难以使反应在最佳条件下进行，因此丁烯转化率，丁二烯收率都比较低，水蒸气耗量较大。

另据报道，三菱化学公司开发了高活性催化剂，可以有选择性的将正丁烯进行氧化脱氢转化为丁二烯，三菱化学公司采用这一新工艺在日本水岛地区新建了一套200t/a的中试装置，于2009年完成新工艺的设计，三菱公司计划利用这一新工艺新建一套50kt/a丁烯制丁二烯装置[2]。

我国从60年代初开始丁烯氧化脱氢制取丁二烯的研究工作，70年代末开发出第三代新型铁系催化剂，实现了工业化生产，催化剂性能达到美国Petro-Tex工业装置催化剂水平，主要包括两类工艺：一类是中科院兰州化物所开发的采用H-198催化剂的导向挡板流化床反应工艺，吉林化学工业公司有机合成厂建成的2.5万t/年丁烯氧化脱氢生产丁二烯装置，采用H-198催化剂和ϕ3.4m挡板流化床反应器，一次开车成功生产出了纯度为99.8%的丁二烯，丁二烯收率63.25%，丁二烯选择性87.5%；另一类是燕山石化公司橡胶厂开发的采用B-02催化剂的两段轴向绝热固定床反应工艺，主要设备是两个直径为3000mm的轴向绝热固定床反应器，并采用两段流程，一段丁烯为气相进料，二段丁烯为液相进料，丁二烯收率64.2%，丁二烯选择性90.7%~92.4%[3,4]。

3 工艺技术经济分析

3.1 工艺比较

图1摘自2007年发布的Butadiene/Butylenes PERP报告，以C_4馏分为原料，采用不同的工艺路线的丁二烯生产成本比较。

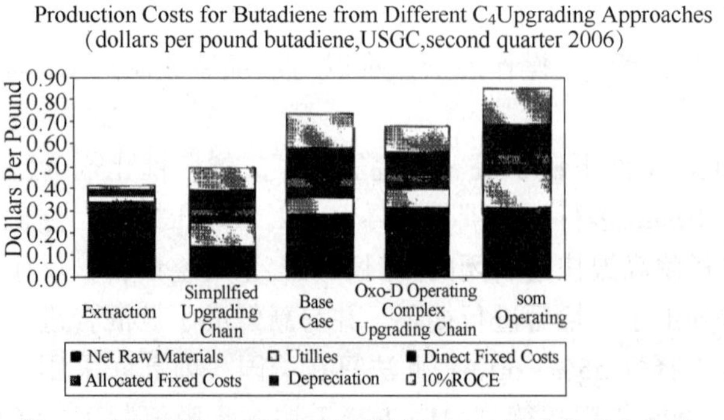

图1 采用各种C_4馏分升级路线的丁二烯生产成本比较

从图1可以看出，采用萃取精馏法的丁二烯生产成本最低，约0.4美元/磅，即880美元/t，采用Oxo-D™氧化脱氢工艺的丁二烯生产成本约0.65美元/磅，即1430美元/t，两者生产成本相差550美元/t。

3.2 主要技术经济指标

新建7万吨/年丁二烯装置的主要技术经济指标见下表1，产品及原辅材料价格采用市场预测价，主要价格见下表2。

表 1　70kt/a 丁二烯装置的主要技术经济指标

项目名称	规格	单位	数量
生产规模		kt/a	70
产品方案			
丁二烯	纯度质量>99.0%	kt/a	70
主要原材料用量			
丁烯	丁烯≥99.9%	kt/a	150
乙腈	乙腈≥98%	t/a	740
催化剂		t	32.25
吸附剂		m^3	32
主要公用工程用量			
循环冷却水	$t=33℃$，$\Delta=10℃$	t/h	3728
年耗电量		MW · h/a	56
吸收油		t/a	2250
总定员		人	200
总占地面积		m^2	26640
总投资		万元	29315
建设投资		万元	27136
铺底流动资金		万元	2179
销售收入(含税)		万元	90280
销售税金及附加		万元	4107
税后利润		万元	6839
所得税后内部收益率		%	28.82
投资利润率		%	28.0
所得税后财务净现值($i=13\%$)		万元	25103
投资回收期(含两年建设期)		a	4.55

表 2　产品及原辅材料价格

名称	价格(含税)	名称	价格(含税)
产品		催化剂/(元/t)	35000
丁二烯/(元/t)	18300	吸附剂/(元/m^3)	35000
蒸汽(副产品)/(元/t)	135	乙腈/(元/t)	12000
主要原辅材料		吸收油/(元/t)	9000
C_4/(元/t)	6200	循环冷却水/(元/t)	0.35

从表 1 可以看出，本项目总投资 29315 万元，投资回收期 4.55 年(含建设期 2 年)，投资利润率 28%，具有较好的盈利能力。

4　对当前 C_4 馏分法脱氢制丁二烯项目投资现状的思考

4.1　国内现状

从全球来看，西欧和北美地区的裂解装置正在向更轻质的裂解原料转换，从而导致丁二烯产量的减少，使全球丁二烯市场供应趋于紧张。从国内来看，由于近几年国内橡胶产能的快速增长，对丁二烯需求大幅增加，造成国内丁二烯阶段性供应紧张。尤其从 2011 年开始，我国丁二烯市场价格出现大幅上涨，价格最高涨到 30000 元/t，出现了全国各地纷纷投资建设 C_4 馏分脱氢制丁二烯项目的热潮，仅在山东地区，正丁烯氧化脱氢装置产能已经达到450kt，另据报道，2012年7月10日，巴陵石化100kt/a丁烯氧化脱氢制丁二烯装置项目可行性研究报告获中国石化总部批复，总投资约8.8亿元，原料采用武汉石化和九江石化供给的醚后C_4资源，技术采用径向固定床绝热反应器和铁系催化剂，锦州石化计划2013年底建成年产100kt反应器为流化床的生产装置[5]。目前国内部分在建及拟建项目见表3。

表3 国内部分在建及拟建丁烯氧化脱氢制丁二烯项目

公司名称	规模/(kt/a)	竣工时间/年．月	工艺类型
齐翔腾达	100	2012.5	一次脱氢
华懋新材料	150	2013.6	一次脱氢
山东创源	100	筹建	两次脱氢
东营万达	100	2012	一次脱氢
巴陵石化	100	2013~2014(预计)	一次脱氢
锦州石化	100	2013.12(预计)	一次脱氢(流化床)

4.2 思考

丁烯氧化脱氢工艺是解决目前国内丁二烯供应短缺的一个有效方法，短期来看，有一定盈利空间。但长远来看，丁烯脱氢制丁二烯是否具有经济性具有较大的不确定性，主要存在几个方面的原因：(1)丁烯脱氢制丁二烯的生产成本比乙烯联产C_4抽提法要高，长远来看，工艺缺乏竞争力。从前面比较可以看出，以2006年美国海湾地区为例，两者成本相差550美元/t。据测算，国内丁烯脱氢制丁二烯完全成本在每吨1.3~1.4万元，要比乙烯联产碳四抽提法高出4000元以上。未来丁二烯的价格要维持在1.3~1.4万元以上才有盈利空间；(2)随着未来几年国内乙烯新建装置的投产，碳四抽提法丁二烯产能也会有较快的增长。如中石油在四川新建的150kt/a丁二烯装置、武汉800kt/a乙烯项目配套新建的120kt/a丁二烯、扬巴公司年产120kt丁二烯装置都将陆续在近几年投产，根据目前我国乙烯/丁二烯新建扩建计划，预计到2015年，丁二烯产能将能满足国内需求；(3)传统的乙烯生产丁二烯工艺有望在近期取得技术突破，从而进一步提高丁二烯产率。随着全球丁二烯生产能力的不断增加，世界丁二烯的供需将趋于平衡。

5 结束语

国内企业应谨慎投资建设丁烯氧化脱氢制丁二烯项目，短期来看虽然该项目有一定的盈利空间，但长期来看，与碳四抽提法相比，该工艺因物耗、能耗较高导致生产成本较高，从而缺乏竞争力和经济性。正丁烷一步法脱氢工艺虽然原料来源相对广泛，但与正丁烯氧化脱氢法相比，其投资、能耗和生产成本要高很多，因此经济性更差，未来即使抽提法生产的丁二烯无法满足市场需求，正丁烷一步法脱氢制丁二烯也难以占有一定的市场。

参考文献

[1] Process EconomicsReview Program Report. Butadiene/Butylenes[R/OL]. New York：Nexant Limited，2007.

[2] Mitsuhishi Chemical Corp. Mitsuhishi to start making butadiene from butane[J]. European Rubber Journal，2009，191(1)：12.

[3] 李亲华．我国丁烯氧化脱氢制丁二烯技术进展[J]．石油化工，1990，19(3)：183-190.

[4] 付岩，张威，用H-198催化剂在流化床反应器中丁烯氧化脱氢生产丁二烯[J]．合成橡胶工业，1990，13(6)，397-398.

[5] 隆众资讯．丁烯氧化脱氢制丁二烯如火如荼进行中[EB/OL]．[2012-09-10]．http：//www.oilchem.net/chemical/1_ 3_ 542371.html.

对位芳纶浆粕抄造性能的研究

王 芳[1] 王 鑫[2] 唐爱民[3]
(1. 中国石化仪征化纤股份有限公司研究院，江苏仪征 211900；
2. 潍坊科技学院，山东寿光 262700；3. 华南理工大学，广东广州 510640)

摘 要：在实验室小型抄片器上，探讨对位芳纶短切纤维的长度、芳纶浆粕用量、对位芳纶浆粕打浆度、对位芳纶浆粕的本身性能对芳纶原纸物理性能的影响。结果显示：芳纶浆粕和短切纤维用量比例、浆粕的本身性能是影响对芳纶原纸的抗张指数和撕裂指数重要因素。

关键词：芳纶浆粕 抗张指数 撕裂指数 芳纶原纸 短切纤维

1 前言

对位芳纶纸具有比重轻，比强度大，比刚度高，抗冲击，良好的高稳定性和透电磁波性能等特点，广泛应用于高温绝缘材料、航空航天和高性能电子器材等领域[1~3]。近几年，随着高密度互联(HDI)和激光蚀孔技术的成熟，以聚芳酰胺纤维纸为PCB基材的相关产品逐渐成为PCB产业的热点，具有广阔的发展前景[4]。

PCB用（又称为聚芳酰胺无纺布），是将聚芳酰胺短纤维及其浆粕按湿法造纸技术抄造成纸，经浸渍及热压成形得到的一种复合材料，具有良好的高频性能、低热膨胀系数、薄型化、轻量化、高可靠性等特点[5,6]。在聚芳酰胺纤维纸抄造过程中浆粕纤维含量越多，纸的介电性性能越高，而机械强度则较低。反之，在造纸过程中，增加短切芳纶纤维含量，纸的抗张、撕裂强度都有所提高，但介电性能下降，并引起抄造工艺上的困难。

本论文在实验室以对位芳纶短切纤维和对位芳纶浆粕为原料抄造全芳纶纤维原纸，探讨了对位芳纶短切纤维的长度、对位芳纶短切纤维和浆粕的配比、芳纶浆粕打浆度等对全芳纶原纸性能的影响，并对增强剂和助留剂用量对芳纶原纸性能影响进行研究，获得芳纶纸抄造的适宜工艺参数。

2 实验

2.1 实验原料

对位芳纶短切纤维：仪化产芳纶纤维，切成3mm、6mm；

芳纶浆粕：进口对位浆粕；用仪化芳纶纤维制备的对位芳纶浆粕；用进口短纤制备的浆粕；

增强剂：固含量51%，国内某公司生产；

助留剂：浓度23%，国内某公司提供。

2.2 实验方法

将对位芳纶短切纤维和芳纶浆粕按照一定比例混合，用标准纤维疏解机疏解并混合均匀，在实验室小型抄片器上抄片制成芳纶原纸，纸张定量为75g/m^2。

2.3 强度指数的测定

抗张指数用L&W CE 062抗张强度测定仪按GB/T 453—2002来测定；撕裂指数用TMI 83-11-00撕裂度测定仪按GB/T 455-2002来测定。

3 结果与讨论

3.1 对位芳纶短切纤维的长度对芳纶原纸物理性能的影响

对位芳纶短切纤维的长度对芳纶原纸的性能有着至关重要的影响，芳纶短切纤维的长度太短，可能无法形成交织网络；芳纶对位短切纤维的长度太长，纤维的分散性较差，则会影响纸张的匀度，同样会影响纸张的抄造过程及纸张的物理强度。在其他条件固定的情况下，研究了对位芳纶短切纤维的长度对芳纶原纸物理性能的影响，实验结果见图1。其中，对位芳纶短切纤维和芳纶浆粕的用量分别为20%和80%，芳纶浆粕的打浆度为26.0°SR，增强剂和助留剂的用量分别为8%、0.3%，改变对位芳纶短切纤维的长度比(3mm：6mm)分别为100：0、80：20、60：40、50：50、40：60、20：80、0：100，即改变长度为6mm的对位芳纶短切纤维的用量分别为0、6%、12%、15%、18%、24%、30%。

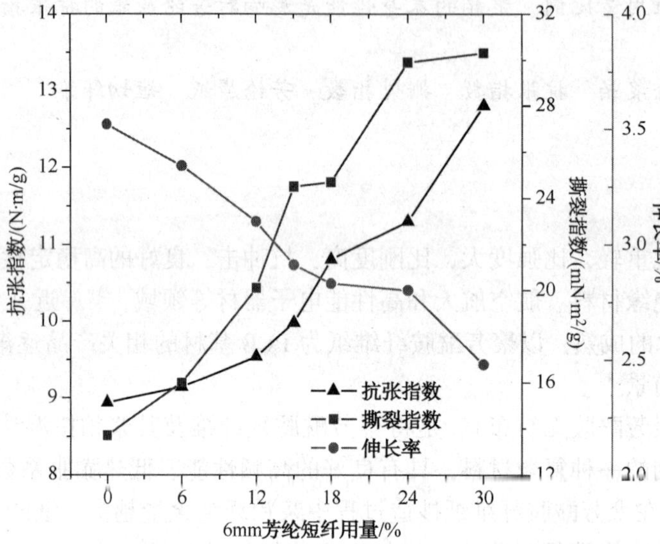

图1 对位芳纶短切纤维的长度对芳纶原纸物理性能的影响

从图1中可以看出，当6mm的芳纶短切纤维用量为0时，即当芳纶短切纤维的长度全为3mm时，纸张的抗张指数和撕裂指数均为最低。随着长度为6mm的芳纶短切纤维用量的增加，芳纶原纸的抗张指数和撕裂指数均呈现逐渐增大的趋势。长度为6mm的芳纶短切纤维的用量为30%时，即当芳纶短切纤维长度全为6mm时，纸张的抗张指数和撕裂指数都达到最高值。纸张的伸长率随着短切纤维用量的增加逐渐降低。

使用数码相机对芳纶原纸进行拍照，图2为不同的芳纶短切纤维长度抄造的芳纶原纸的外观图，图中(a)~(d)分别对应长度为6mm的芳纶短切纤维的含量为0、6%、24%、30%。从图2中可以看出，随着长度为6mm芳纶短切纤维含量的增多，芳纶原纸的匀度逐渐降低。当芳纶短切纤维的长度全为3mm时，纤维的分散性较好，芳纶原纸的匀度好；随着6mm的芳纶短切纤维含量的不断增加，芳纶原纸的匀度逐渐降低。当6mm芳纶短切纤维的用量增加到30%时，芳纶原纸的匀度变得很差。

在芳纶原纸的制备过程中，对位芳纶短切纤维起着骨架的作用，对位芳纶短切纤维的长度对芳纶纸的物理强度性能以及最终的成品纸的性能也有着至关重要的影响。芳纶短切纤维长度太短，纤维间的结合点增多，但是芳纶短切纤维所起的“骨架”的作用就会降低；而芳纶短切纤维长度太长，纤维的分散性能较差，纸张的匀度势必就会降低，从而影响到纸张的物理性能。因此，随着6mm短切纤维含量的增加，芳纶原纸的抗张指数和撕裂指数均呈上升趋势。伸长率是指纸张受到张力至断裂时，伸长的百分率，反应了纸张的收缩性能。纸张的伸长率受打浆方式、纸浆的种类、半纤维

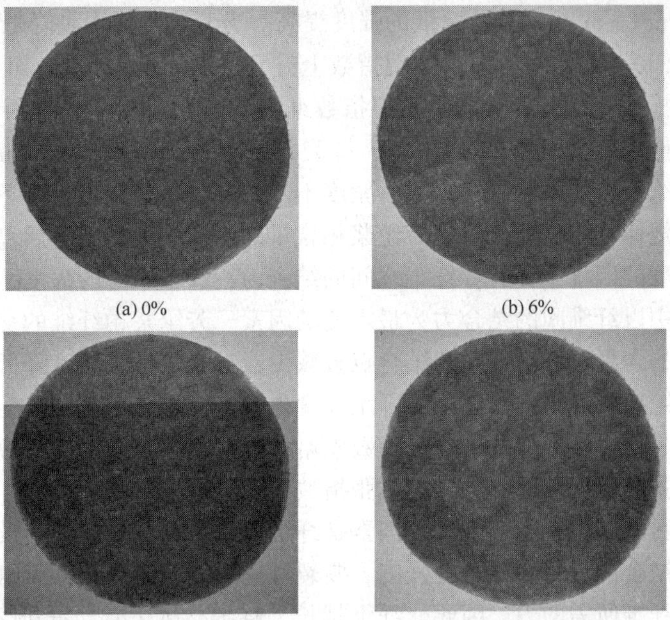

(a) 0%　(b) 6%　(c) 24%　(d) 30%

图 2　对位芳纶短切纤维的长度对芳纶原纸匀度的影响

素含量、纤维本身的强度和弹性、纤维长度以及纸页干燥时所受的张力大小等因素的影响。当6mm 的芳纶短切纤维含量较少时，纤维的分散性能好，纤维间的结合点多，纸张的伸缩变形就越大，因此伸长率就较大。

综合考虑纸张抄造时的分散性能、纸张的匀度以及芳纶原纸的强度，选择 3mm 与 6mm 的对位芳纶短切纤维的长度比为 20：80 为最佳。

3.2　芳纶浆粕用量对芳纶原纸物理性能的影响

对位芳纶短切纤维本身的强度虽然很高，但是纤维表面光滑，纤维与纤维之间缺乏交织力，而芳纶浆粕的交织力虽然较强，但是芳纶浆粕纤维的长度较短，纤维本身的强度也较小，单独使用芳纶短切纤维或者芳纶浆粕均不能抄造出强度较高的纸张。为了充分发挥两者的优势，抄造出强度性能较高的芳纶纸，需要将对位芳纶短切纤维和芳纶浆粕按照一定的比例进行混合抄造。

在其他条件固定的情况下，对芳纶浆粕用量对芳纶原纸物理性能的影响进行了研究，结果见表1。其中，对位芳纶短切纤维的长度配比(3mm：6mm)为 20：80，芳纶浆粕的打浆度为 26.0°SR，增强剂和助留剂的用量分别为 8%、0.3%，改变芳纶浆粕的用量分别为 100%、90%、80%、70%、60%、50%、40%。

表 1　芳纶浆粕用量对芳纶原纸物理性能的影响

编号	芳纶浆粕用量/%	定量/(g/m^2)	厚度/mm	紧度/(g/cm^3)	抗张指数/(N·m/g)	撕裂指数/($mN·m^2/g$)	裂断长/km	伸长率/%
1#	100	80.2	0.253	0.32	10.6	7.83	1.08	4.38
2#	90	76.2	0.273	0.28	11.2	16.9	1.14	3.87
3#	80	74.5	0.292	0.26	12.6	26.4	1.29	3.06
4#	70	77.5	0.323	0.24	10.7	33.1	1.09	2.31
5#	60	75.6	0.368	0.21	11.7	41.2	1.19	2.48
6#	50	75.9	0.426	0.18	11.3	38.6	1.15	2.84
7#	40	75.1	0.466	0.16	9.22	45.1	0.94	2.76

从表 1 中可以看出，当芳纶浆粕的含量为 100%时，芳纶原纸的抗张指数为 10.6N·m/g，撕裂指数为 7.83 $mN·m^2/g$；当芳纶浆粕用量降低为 90%时，芳纶原纸的抗张指数上升到 11.2N·m/g，

撕裂指数增大为16.9mN·m^2/g，芳纶原纸的强度提高。当芳纶浆粕用量降低到80%时，芳纶原纸的抗张指数达到最大，为11.2N·m/g，撕裂指数上升到26.4mN·m^2/g。继续降低芳纶浆粕的用量，芳纶原纸的抗张指数开始出现下降，撕裂指数继续上升。当芳纶浆粕用量变为40%时，芳纶原纸的抗张指数降到最小值，为9.22N·m/g，撕裂指数上升到最大值45.1mN·m^2/g。随着芳纶浆粕含量的降低，芳纶原纸的厚度越来越大，紧度不断下降，伸长率也一直下降。裂断长的变化规律与抗张指数的变化规律相同，随着对位芳纶浆粕含量的降低，先升高，后稳定下降。

影响纸张抗张强度的因素主要有：纤维之间的结合力，纤维本身的强度、纤维的平均长度及纤维的交织情况等，其中以纤维间的结合力为最重要的因素。芳纶浆粕纤维的交织力强，纤维间的结合力大，降低其浆粕的含量，纤维之间的结合点数减少，纸张的抗张强度降低，厚度不断增加，紧度随之下降。但是芳纶浆粕纤维的长度小，纤维强度也较小，单独用其抄造的纸张的抗张指数就较小。因此，随着芳纶浆粕含量的降低，抗张指数先略有提高，但是继续提高短切纤维的含量，纤维间的结合力下降，纸张的匀度较差，纸张的抗张指数出现下降。

决定纸张撕裂指数的因素有很多，主要因素是纤维的形态，包括纤维的长度、粗度和刚度，其次是纤维与纤维之间结合的数目和结合的强度。撕裂过程所需的力由两方面组成，一是把纤维拉脱所需的力，一个撕断纤维所需的力。因此，纤维越长、越细、越柔软，纤维之间的接触点就越多，摩擦阻力越大，拉脱时所需要的力就越大，参与拉脱和撕裂的纤维也就越多，撕裂度就越高。所以，当芳纶短切纤维的含量增加时，纤维的长度较大，参与拉脱和撕裂的纤维越多，撕裂度就越高。撕裂度与紧度、韧性水分有关，提高紧度会降低撕裂度，纸页的韧性越好，撕裂度就越高。

芳纶浆粕的含量越少，纤维之间的结合力越小，纤维与纤维之间越疏松，纸页的厚度越大，紧度越来越小。芳纶原纸的伸长率是衡量纸张强韧性的一项重要指标。纸张的伸长率，包括纸张的弹性伸长率和非弹性伸长率，也包括易断裂的纸在被拉开时纸条延伸的距离。芳纶浆粕的含量越少，浆粕纤维的弹性越小，纸张的弹性越低，伸长率就越低。

使用数码相机对芳纶原纸进行拍照，图3为不同的芳纶浆粕用量抄造的芳纶原纸的外观图，图中(a)~(d)分别对应芳纶浆粕的用量为100%、80%、60%、40%。从图中可以看出，当芳纶浆粕的用量为100%时，纤维的分散性好，芳纶原纸的匀度较好；随着芳纶浆粕含量的不断降低，芳纶原纸的匀度逐渐降低。当芳纶浆粕用量降低到40%时，芳纶原纸的匀度变得很差。

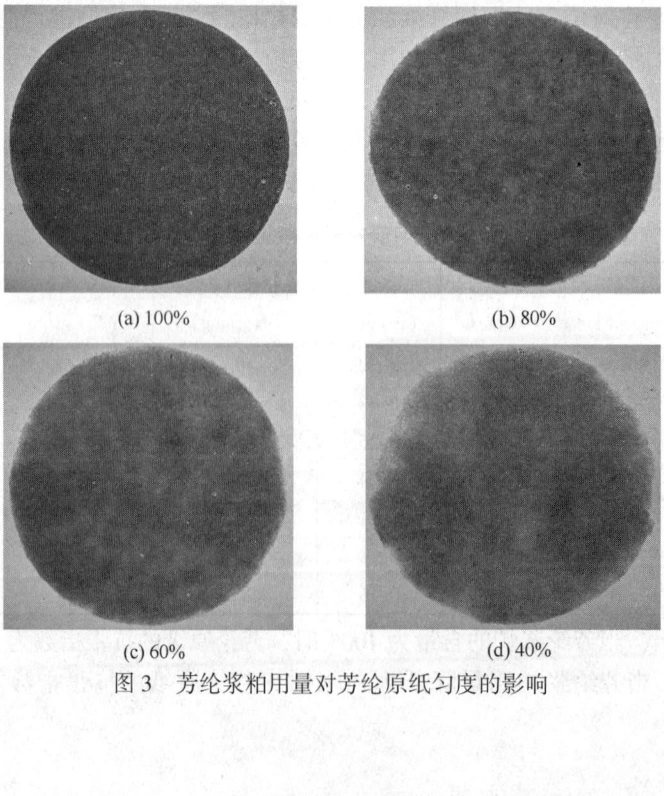

(a) 100%　　(b) 80%

(c) 60%　　(d) 40%

图3　芳纶浆粕用量对芳纶原纸匀度的影响

综合考虑纸张抄造时的分散性能、纸张的匀度以及芳纶原纸的强度，选择芳纶浆粕的用量80%为最佳。

3.3 对位芳纶浆粕打浆度对芳纶原纸物理性能的影响

芳纶浆粕的打浆度不仅是评价芳纶浆粕性能的重要指标之一，更是影响芳纶纸强度的重要影响因素。本节研究了芳纶浆粕的打浆度对芳纶原纸物理性能的影响，结果见表2。

表2 对位芳纶浆粕的打浆度对芳纶原纸物理性能的影响

编号	打浆度/°SR	定量/(g/m^2)	厚度/mm	紧度/(g/cm^3)	抗张指数/(N·m/g)	撕裂指数/($mN·m^2/g$)	裂断长/km	伸长率/%
ZJ1	21.5	78.6	0.296	0.27	12.3	26.9	1.25	3.76
ZJ2	25.0	75.8	0.277	0.27	14.5	23.4	1.48	2.57
ZJ3	34.5	79.8	0.287	0.28	7.89	21.8	0.805	2.62
ZJ4	36.0	78.0	0.281	0.28	12.5	24.9	1.28	3.22
ZJ5	42.0	78.2	0.282	0.23	11.0	25.0	1.12	2.57

从表2中可以看出，芳纶浆粕的打浆度不同，所抄造的芳纶原纸的强度性能也不同。当芳纶浆粕的打浆度为21.5°SR时，芳纶原纸的抗张指数为12.3N·m/g，撕裂指数为26.9$mN·m^2/g$，伸长率为3.76%；当芳纶浆粕的打浆度为25.0°SR时，纸张的抗张指数变为14.5N·m/g，为五种不同打浆度的芳纶浆粕所抄原纸的物理强度中的最高值，撕裂指数为23.4$mN·m^2/g$；当芳纶浆粕的打浆度为34.5°SR时，芳纶原纸的强度最低，抗张指数和撕裂指数分别为7.89N·m/g和21.8$mN·m^2/g$，裂断长仅为0.805km；当芳纶浆粕的打浆度为42.0°SR时，纸张的抗张指数变为11.0N·m/g，撕裂指数为25.0$mN·m^2/g$。因此，对于芳纶浆粕来说，打浆度越高，所抄芳纶原纸的物理性能并不一定好，本项目选择26°SR的芳纶浆粕用以后续实验。

3.4 对位芳纶浆粕的本身性能对芳纶原纸物理性能的影响

对位芳纶浆粕的本身性能不同，浆粕的打浆度不同，浆粕纤维的形态不同，所抄造的芳纶原纸的物理性能就有所差异。

使用不同来源的对位芳纶浆粕，在实验室小型抄片器上抄片，并对抄造的纸样进行表征，对影响芳纶原纸物理性能的因素进行了研究，结果见表3。其中1#为购买进口对位芳纶浆粕，2#为仪化对位芳纶纤维实验室自制浆粕，3#为进口对位芳纶纤维实验室自制浆粕。

表3 对位芳纶浆粕的种类对芳纶原纸物理性能的影响

编号	打浆度/°SR	定量/(g/m^2)	厚度/mm	紧度/(g/cm^3)	抗张指数/(N·m/g)	撕裂指数/($mN·m^2/g$)	裂断长/km	伸长率/%
1#	26.5	78.6	0.328	0.24	7.55	21.7	0.770	4.55
2#	25.0	79.7	0.303	0.26	9.14	23.9	0.933	2.93
3#	25.0	75.8	0.277	0.26	14.5	23.4	1.48	2.57

从表3中可以看出，对比三种不同来源的芳纶浆粕，购买芳纶浆粕所抄造的芳纶原纸的抗张指数、撕裂指数分别为7.55 N·m/g、21.7 $mN·m^2/g$，裂断长为0.770km，纸张强度较低，但伸长率最高为4.55%；进口对位芳纶纤维实验室自制浆粕所抄造的芳纶原纸的强度指标均较高，其抗张指数和撕裂指数分别为14.5N·m/g和23.4$mN·m^2/g$，裂断长为1.48km，伸长率较低，为2.57%；国产对位芳纶纤维实验室自制浆粕所抄原纸的各指标居中，其抗张指数和撕裂指数分别为9.14N·m/g和23.9$mN·m^2/g$，裂断长为0.933km，其伸长率为2.93%。

4 结论

(1) 对位芳纶浆粕的来源不同，浆粕的打浆度不同，浆粕纤维的形态不同，所抄造的芳纶原纸的物理性能不同。用进口芳纶浆粕所抄造的芳纶原纸的抗张指数、撕裂指数分别为 7.55 N·m/g、21.7 mN·m^2/g，裂断长为 0.770km，纸张强度较低，但伸长率最高为 4.55%；进口对位芳纶短纤实验室自制浆粕所抄造的芳纶原纸的强度指标均较高，其抗张指数和撕裂指数分别为 14.5N·m/g 和 23.4mN·m^2/g，裂断长为 1.48km，伸长率较低，为 2.57%；国产对位芳纶纤维实验室自制浆粕所抄原纸的各指标居中，其抗张指数和撕裂指数分别为 9.14N·m/g 和 23.9mN·m^2/g，裂断长为 0.933km，其伸长率为 2.93%。

(2) 全芳纶原纸的较佳的抄造工艺条件为：芳纶浆粕的打浆度为 25°SR，芳纶浆粕的用量为 80%，长度为 3mm 的对位芳纶纤维用量为 4%，长度为 6mm 的对位芳纶纤维用量为 16%。

参 考 文 献

[1] 王宜，胡健，周雪松，等．芳纶酰胺纸基材料的研究[J]. 造纸科学与技术，2004，23(6)：57-59.

[2] 陆赵情，张美云，吴养育，聚酰胺纤维纸的研制开发[J]. 中华纸业 2004，25(12)：34-37

[3] 李金宝，张美云．对位芳纶纤维结构形态及造纸性能[J]. 中华纸业 2003，22(10)：54-57

[4] Andoh D. The Progress of the ALIVH Substrate; Electronic Components and Technology Conference[R]. 2002 Proceedings. 52nd，2002：1419-1424.

[5] Robert W Barton. Metal-clad Dielectric Sheeting：US，4035694[P]. 1977，07，12.

[6] 杜杨，王宜，贾德民，等．高性能印制电路板用聚芳酰胺纤维纸的研究进展[J]. 绝缘材料，2006，39(3)：18-22.

全轻烃运行工艺在乙烯装置停车中的应用

赵　莹

（中国石化天津分公司，天津　200270）

摘　要：介绍了乙烯装置检修停车时优化操作，完全用轻烃作为裂解原料，实现停车时单台炉运行的新工艺技术，回收了大量的产品和物料、减少损失，同时减少了因装置停车对环境造成的影响。

关键词：检修停车　节能　离心式压缩机　轻烃　低负荷

1　前言

“三机”系统是乙烯装置停车的排放大户。在以往的检修停车中，以裂解石脑油为工况时，3 台炉运行是保证裂解气压缩机运行的最低负荷，停车时会有大量的物料排放火炬，经济损失的同时对环境也造成污染。为了减少原料损失，降低排放污染，天津乙烯经反复研究讨论，在原来停车方案的基础上进行优化，决定逐渐用较轻的组分代替石脑油裂解后的重组分，最后用氮气代替烃类。实现了单台炉运行停车，有效地减少了物料损失和环境污染。

2　“三机”的工作原理

裂解气压缩机（GB-201）、丙烯制冷压缩机（GB-501）、乙烯制冷压缩机（GB-601）并称为乙烯装置的“三机”，这三台压缩机都是离心式压缩机。离心式压缩机是靠高速旋转的叶轮来给气体增压和增速的。被吸入的气体到达叶轮后和叶轮一起做高速的旋转，速度和压力都得到提升，然后在离心力的作用下被甩出叶轮进入扩压器，压力得到进一步的升高；同时在叶轮中心形成一个稀薄的空间，入口管路中的气体被不断的吸入叶轮做高速的旋转，离心力作用下连续不断的吸入和排出，形成了离心压缩机的连续工作。

3　喘振

喘振主要是由吸入量不足引起的。当压缩过程中出现气量不足时，气体排出后，在叶轮与入口之间就会形成真空度，当达到一定值后，部分出口气体会倒流回压缩机，如此反复，会造成机体与系统的剧烈震动，这就是喘振。喘振会使设备间隙发生变化，造成设备损坏，甚至工艺系统物料中断而停车。

计划停车前要尽量降低装置负荷，以减少物料损失，但首先应保证“三机”有足够的吸入量，稳定运行。

4　停车前低负荷运行“三机”主要控制要点

4.1　裂解气压缩机停车前的控制要点

要保证足够的吸入量，将出口气体经旁路返回到入口，通过 FV202“三返一”，FA-211“五返四”弥补入口流量的不足。对以轻柴油和石脑油为原料的裂解气压缩机，通常气体进口温度为 40℃，出口温度通常低于 90℃。以轻烃为原料的裂解气，由于二烯烃较少，特别是丁二烯少，压缩机出口温度可以稍高，一般低于110℃。注意各排出温度不能高于120℃，防止温度超高联锁停车。同时注意各段间罐液位，防止高液位联锁、空液位串压和泵的抽空。

4.2 丙烯制冷压缩机停车前的控制要点

负荷降低后，丙烯制冷压缩机各用户的冷剂用量都会相应减小，汽化量会明显降低。这时要密切注意各段流量，防止压缩机出现喘振。因为最小流量是来自压缩机出口80℃以上的热物料，对吸入温度影响很大。因此当一段汽化量减小时应首先考虑开大汽化线HC-502，调整激冷线TC-501。然后考虑开大最小流量返回阀FC-502。负荷降低后注意各罐的液位，不要造成高液位联锁停车。调整打开TC501、TC2502、TC503，控制气相吸入温度，防止出口温度超高联锁停车(联锁值110℃)。流程如图1所示。.

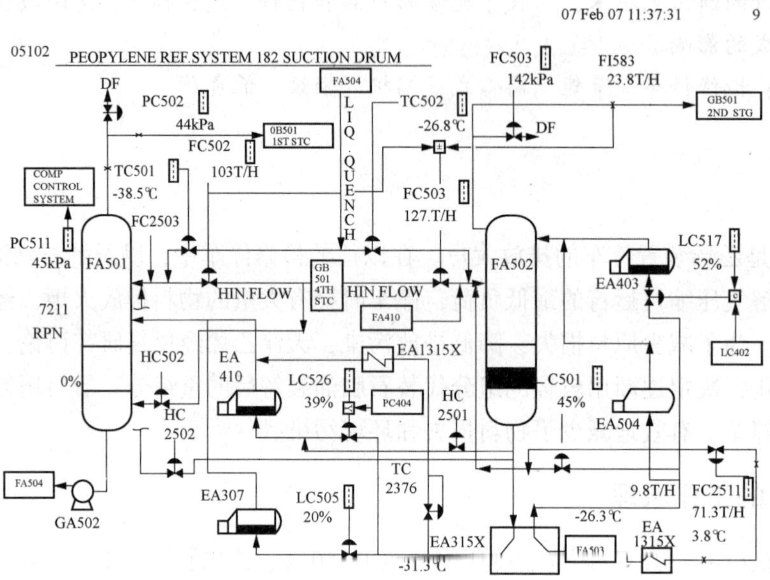

图1 丙烯制冷流程图

4.3 乙烯制冷压缩机停车前的控制要点

负荷降低后，乙烯制冷压缩机的汽化量也会明显降低。这时要注意各段吸入量，防止压缩机出现喘振。和丙烯压缩机相同，它的最小流量来自压缩机出口的热物料，对吸入温度影响很大。当一段汽化量减小时应首先考虑开大汽化线HC-601，调整激冷线TC-601。然后考虑开大最小流量返回阀FC-602。负荷降低后注意各罐的液位，不要造成高液位联锁停车。调整打开TC601、TC602，控制吸入温度，防止出口温度超高联锁停车(联锁值110℃)。随着裂解气物流中断，乙烯制冷压缩机的负荷丧失，系统自动进入全循环。因此要密切注意各参数的变化，直到系统稳定。流程如图2所示。

因此，在停车时首先要保证压缩机入口有足够的吸入量，控制好吸入温度、排出温度和各吸入罐液位，防止联锁停车。同时根据负荷及时调整转数，控制进出口压力。

5 2012年乙烯装置大检修“三机”停车过程

5.1 主要停车方案

装置停车之前为四台炉运行。裂解炉退料是一个循序渐进的过程。随着裂解工段退料，GB201负荷随之下降，这时应进行降转处理。为了避免压缩机喘振，最小流量线“三返一”和“五返四”在自动位置也会逐渐打开。当转速降至最小控制转速附近时，通知裂解工段通过急冷水塔(DA103)逐渐补入中沙乙烯来的甲烷，尽量满足GB201最低的负荷。当裂解工段退至两台炉时，逐渐向

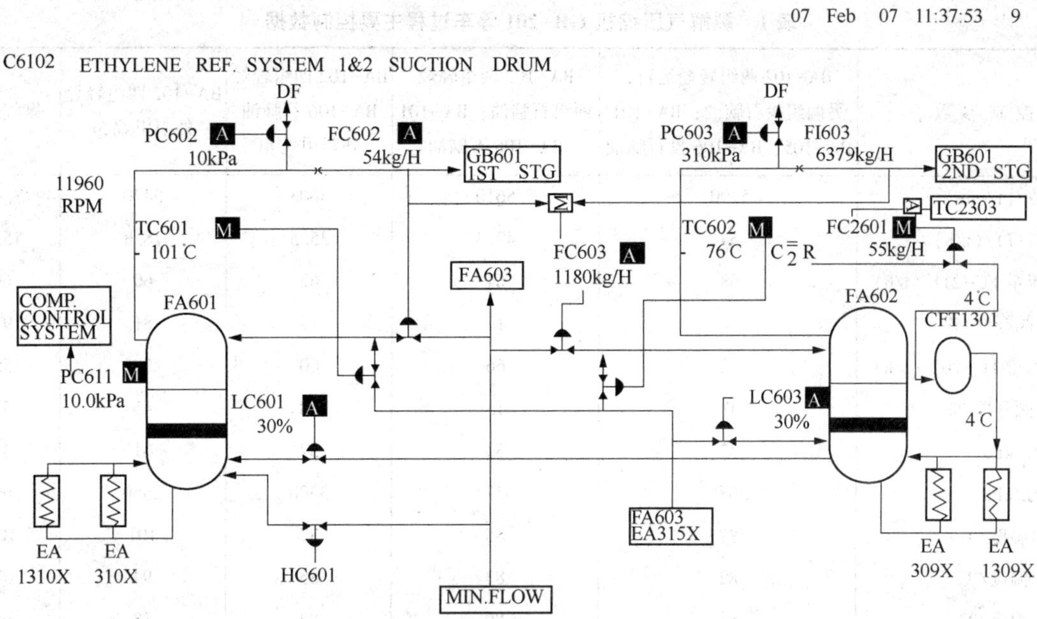

图 2 乙烯制冷流程图

GB201 系统补入氮气，防止 GB201 喘振。随着裂解气负荷的降低，GB501/601 系统逐渐降低用户的液位，并对液态乙烯丙烯进行回收。当裂解炉退至一台时，裂解气量已严重不足，这时应及时对氮气补入量进行调整。随着氮气补入，压缩机各段排出温度会随之升高，段间冷却器的冷却水应及时开大，防止段间温度过高造成压缩机损坏。待系统物料基本倒空，按程序进行停车。

5.2 主要结点

8 月 15 日下午，乙烯装置检修停车逐步展开。停车前工况：1 号裂解炉 BA101、2 号裂解炉 BA102、5 号裂解炉 BA105、6 号裂解炉 BA106 运行。

（1）16：25：退 BA105，三台炉运行，装置负荷为 42.3t。“三机”降转数，逐渐引入中沙甲烷，系统运行稳定，GB-201 开始降液位操作。GB-501 逐渐减小用户负荷、降低各吸入罐液位，GB-601 系统降液位。

（2）18：40：BA101 降负荷操作，BA-102 改为四组轻烃运行，装置负荷 35.5t。“三机”系统开大各返回线，GB-501、GB-601 开激冷线和汽化线保证压缩机吸入汽化量。

（3）19：15：BA101 退料、BA106 降负荷，

（4）20：50：慢慢退出 BA106，GB-201 慢慢引氮气，段间液位降至 0 液位操作，各段无串压现象。各段排出温度正常。凝液汽提塔 DA-202 停加热。

（5）21：30：GB-601 系统吸入罐液位降至 0，将乙烯导至乙烯冷剂冷凝器 FA604，通过 11/2” ER6047 将乙烯送至脱乙烷塔回流罐 FA401。GB-601 降至最小控制转数，按程序进行停车。现场进行倒空置换。

（6）21：35：退 BA102，GB-201 氮气运行，负荷 15.8t。各段排出温度升高，全开现场段间冷却器冷却水，一至五段排出温度为 81℃、86℃、95℃、101℃、108℃。GB501 系统各吸入罐液位降为 0。将丙烯导至丙烯制冷压缩机四段吸入罐 FA-504 中，通过 3”PR5021 将多余的丙烯冷剂送入脱丙烷塔回流罐 FA404。

（7）23：10：乙烯停采出，按程序停 GB-501。现场进行倒空置换。

（8）23：45：GB-201 程序停车，现场进行倒空置换。

停车过程中“三机”主要控制数据如表 1～表 3 所示。

表1 裂解气压缩机 GB-201 停车过程主要控制数据

控制参数	BA-102 两组轻烃运行，另两组投石脑油；BA-101 BA-105、BA-106 投石脑油	BA-102 两组轻烃 两组石脑油；BA-101 BA-106 石脑油	BA-102 四组轻烃 BA-106 石脑油 外引甲烷 4t	BA-102 四组轻烃 外引甲烷 5t	氮气运行
控制转数/(r/min)	5790	5610	5603	5470	4995(掉转)
负荷(FI217)/(t/h)	54	42.3	35.5	18.8	15.8
三返一流量 FC-211/(t/h)	68	64	62	60	60
FC-211 阀开度/%	0	17	17	81	97
五返四流量 FC-202/(t/h)	72	66	60	58	55
FC-202 阀开度/%	0	15	18	45	54
吸入压力/kPa	32	33	37	41	48
排出压力/kPa	3686	3573	3500	2850	2605
1 段排出温度/℃	82	85	87	101	108
2 段排出温度/℃	82	83	85	94	101
3 段排出温度/℃	81	80	84	88	95
4 段排出温度/℃	92	88	87	87	86
5 段排出温度/℃	85	84	82	82	81

表2 丙烯制冷压缩机 GB-501 停车过程主要控制数据

控制参数	BA-102 两组轻烃运行，另两组投石脑油；BA-101 BA-105、BA-106 投石脑油	BA-102 两组轻烃 两组石脑油；BA-101 BA-106 石脑油	BA-102 四组轻烃 BA-106 石脑油 外引甲烷 4t	BA-102 四组轻烃 外引甲烷 5t	氮气运行
控制转数/(r/min)	7144	7100	5950	5950	5950
1 段吸入温度 TC-501/℃	-40	-40	-38	-18	-12
1 段吸入流量 FC-502/(t/h)	103	90	84	84	81
TC-501 阀开度/%	0	70	95	100	105
FC-502 阀开度/%	0	0	4	25	45
HC-502 阀开度/%	0	75	95	95	95
2 段吸入温度 TC-502/℃	-27	-27	-24	-14	-7
TC-502 阀开度/%	0	30	78	105	105
2 段吸入量 FC-503/(t/h)	132	121	106	99	101
FC-503 阀开度/%	0	0	10	18	20
一段吸入压力/kPa	49	45	51	65	77
四段排出压力/kPa	1580	1530	1500	1460	1430
四段排出温度/℃	85	81	78	94	97

表3 乙烯制冷压缩机 GB-601 停车过程主要控制数据

控制参数	BA-102 两组轻烃运行，另两组投石脑油；BA-101、BA-105、BA-106 投石脑油	BA-102 两组轻烃两组石脑油；BA-101、BA-106 石脑油	BA-102 四组轻烃；BA-106 石脑油；外引甲烷 4t	BA-102 四组轻烃；外引甲烷 5t
1 段吸入温度 TC-601/℃	-101	-96	-93	-89
TC-601 阀开度/%	0	60	75	95
1 段吸入量 FC-602/(t/h)	5886	5598	5501	5530

续表

控制参数	BA-102 两组轻烃运行，另两组投石脑油；BA-101、BA-105、BA-106 投石脑油	BA-102 两组轻烃两组石脑油；BA-101、BA-106 石脑油	BA-102 四组轻烃；BA-106 石脑油；外引甲烷 4t	BA-102 四组轻烃；外引甲烷 5t
FC-602 阀开度/%	0	0	0	0
HC-601 阀开度/%	0	60	65	73
2 段吸入温度 TC-602/℃	-76	-75	-73	-70
TC-602 阀开度/%	0	28	53	100
2 段吸入量 FC-603/(t/h)	11408	10013	9050	8980
FC-603 阀开度/%	0	0	8	15
排出温度/℃	69	67	78	92
排出压力/kPa	2304	2275	2340	2735
一段吸入压力/kPa	19	17	52.5	82
转数/(r/min)	11408	11385	11780	12040

由以上 3 组数据可以看出，负荷减小后，通过外引甲烷气和四组轻烃进料，可以保证裂解气压缩机的吸入量，能安全运转。丙烯制冷压缩机和乙烯制冷压缩机通过调整可以维持各参数，为后系统物料回收提供冷量。同时停车过程中“三机”系统无超压放火炬现象。

6 结束语

本次停车新工艺技术的应用是成功的，有效保证了裂解气压缩机(GB-201)的最小负荷运转。8 月 15 日从 16 点 25 分裂解炉降负荷至 23：45 GB201 停车，GB201 运行了 7h，随着甲烷在 GB201 系统和分离系统的运转，大量的液相烃类被回收。本次停车与 2008 年检修停车相比，节能效果显著。2012 年 8 月 14～15 日投入原料 2458.13t，总采出为 2730.46t，收率为 111.08%，多回收物料 279.70t(以正常总收为 99.7% 计算)。2008 年 9 月 27～28 日投入原料 1561.75t，总采出为 1646.02t，收率为 105.40%，多回收物料 88.95t(以正常总收为 99.7%计算)。2012 年比 2008 年多回收物料 190.75t。

POF 膜用 LLDPE 专用料 DFDA-6010 的工业化开发

崔宇辉

(中国石化天津分公司，天津　300271)

摘　要：根据 POF 热收缩膜对中间层的性能要求，采用了国产 1-己烯为共聚单体生产高性能的 LLDPE。并确定了 DFDA-6010 的技术指标：熔体流动速率为 0.95g/10min，密度为 $0.921g/cm^3$。经过分子设计、催化剂体系和助剂体系的选择、并通过聚合工艺的调整与优化，在气相装置冷凝态下，成功研制并工业化生产出 POF 热收缩膜芯层专用料 DFDA-6010。生产厂家的加工应用表明，DFDA-6010 与 1-辛烯共聚 LLDPE 树脂性能相当。

关键词：1-己烯　POF 热收缩膜　线型低密度聚乙烯　专用料　添加剂

1　前言

POF 热收缩膜全称为环保型多层共挤聚烯烃热收缩膜，是在专用设备中将线性低密度聚乙烯(LLDPE)作为中间层，共聚丙烯(PP)作为内、外层，经特殊工艺将内、中、外三层共同挤压，而制成的具有高透明度，高收缩率及热封性能良好的热收缩薄膜。

课题组在经过深入的市场调研后发现，POF 热收缩膜的市场容量较大，约 170~180kt/a。其中 LLDPE 作为膜的中间层使用，用量占到 120~130kt 左右，且以 20%~30%/年的速度增长。但是由于受到单体、技术条件等限制，国内还没有用于生产 POF 膜芯层的 LLDPE 专用树脂。而目前生产企业全部使用进口 C8-LLDPE 作为 POF 膜的中间层，来满足对 POF 膜的使用要求。所以，开发一种即能满足 POF 膜的性能要求，又能实现连续工业化生产的 POF 膜芯层专用树脂势在必行。

2　DFDA-6010 产品开发过程

2.1　技术指标定位

POF 膜具有：①透明度高，光泽性好；②柔韧性好，使用方便；③收缩率大；④焊封性能好、强度高；⑤耐寒性好；⑥环保无毒六方面特性。

针对这些特性，课题组对国外同类产品的性能进行认真剖析，并根据其装置生产工艺特点对新产品的分子结构进行了设计。大胆提出以国产 1-己烯作为共聚单产生产 POF 膜芯层专用 LLDPE，替代目前市场上被广泛使用的 1-辛烯共聚 LLDPE。并根据产品的使用性能，设计出分子结构，制定相应表观性能指标。

2.2　MFR 的确定

树脂的 MFR 是产品相对分子质量的表征。MFR 与相对分子质量的大小成反比的关系。LLDPE 的平均分子量通常为$(7\sim35)\times10^4$，其相应的 MFR 为 0.1~30.0g/10min。树脂 MFR 不仅对产品的强度、韧性、抗冲击性、断裂伸长率等性能有影响，同时也影响树脂的加工流动性能。当 MFR 过低时，树脂加工流动性较差，与其他树脂的相容性也较差，会造成吹膜过程中膜泡不稳定现象；当 MFR 过高时，流动性虽好，但膜的强度会受到影响。为此，为保证树脂的使用性与加工流动性能的平衡，确定 DFDA-6010 的 MFR 的为 0.95g/10min。

2.3 密度的确定

树脂的密度是间接表征产品的结晶度和支链数的大小，密度与结晶度有线性关系，密度越高，结晶度越高，分子取向排列越整齐，树脂的硬度、屈服强度、刚性和软化点也越高。而 POF 膜对拉伸屈服强度、拉伸断裂强度都有特殊要求。根据产品应用于 POF 膜这一特点，确定了 DFDA-6010 的密度为 0.919~0.923 g/cm^3。

2.4 质量指标的确定

在市场调研和技术论证的基础上，最终确定了 POF 膜专用树脂 DFDA-6010 产品典型性能指标，见表 1。

表 1 DFDA-6010 产品典型性能指标

项　目	指标	测试方法	项　目	指标	测试方法
共聚单体	1-己烯	—	断裂拉伸应力/MPa	26	GB/T 1040
熔融指数/(g/10min)	0.95	GB/T 3682	雾度/%	14	GB/T 2410
密度/(g/cm^3)	0.921	GB/T 1033	落镖冲击强度/g	130	GB/T 9639
屈服拉伸应力/MPa	10.0	GB/T 1040			

3 专用树脂的添加剂配方的设计、确定

3.1 基础树脂的选择

由于在配方设计过程中，无法找到与目标产品相匹配基础树脂，采用了 MFR 为 0.95g/10min、密度为 0.921g/cm^3 的 1-丁烯共聚 LLDPE 粉料为基础树脂来进行配方研究。

3.2 配方的研制

针对 POF 膜的特性，以及使用加工过程的要求，研制出特殊的添加剂配方体系。对不同配方体系下膜的黄度，透明度、与 PP 层贴合度以及拉伸强度，进行了测试及比较。筛选出最佳的添加剂配方体系。并通过预混复配的方式对添加剂进行预加工，便于在添加剂与粉体树脂在生产过程中的均匀混合，见表 2 和表 3。

表 2 对热氧化稳定系统进行筛选(某组实验典型值)

类别	1#	2#	3#	4#	5#
熔融指数/(g/10min)					
第一次通过	0.82	0.86	0.95	0.96	0.98
第二次通过	0.89	0.84	0.96	0.93	0.96
黄色指数					
第一次通过	2.1	1.3	0.9	0.27	0.22
第三次通过	4.6	3.4	2.9	1.7	1.0
凝胶条纹	有	有	无	无	无
密度/(g/cm^3)	0.921	0.920	0.921	0.920	0.920

表 3 专用料典型配方对薄膜性能的影响

类　别	4A	4C	5A	5C
雾度/%	10	11	10	10
透明度(45℃)	75	70	77	80
落镖冲击强度/g	98	97	107	110
膜厚/μm	30			

根据实验及测试结果，最终筛选出 5#C 配方。

4 产品的工业化试生产

4.1 生产工艺

在冷凝状态下投用1-己烯单体作为共聚单体。

DFDA-6010的工业化试生产，采用了天津石化公司烯烃部自主开发的气相聚乙烯冷凝技术。气相聚乙烯冷凝工艺技术是将反应产生的聚合热由循环气体的温升(显热)和冷凝液体的蒸发(潜热)共同带出反应器，从而提高反应器时空产率(SYT)和循环气的热焓的技术。冷凝媒体一般为用于共聚的高级α-烯烃/惰性饱和烃类物质，对不同产品牌号选用适宜的冷剂。由于1-己烯单体的存在，提高了循环气的露点，被露点限制的生产率会出现降低。应用气相聚乙烯冷凝技术的关键在于使反应器入口温度低于反应器入口循环气的露点，选择与时空收率相匹配的最佳液相冷量范围，使液相物流均匀地分散在流化床层中。并采用连续稳定操作方法，缩短了物料在反应器中的停留时间，不仅提高了生产能力，改善了反应操作的稳定性，有效地控制静电的产生，还可以减少系统波动，实现反应稳定控制。

4.2 乙烯分压和1-己烯浓度的控制

利用少量排放或补充少量氮气稳定乙烯分压，根据粉料的密度值适当调节1-己烯 进料，控制C_6/C_2比为0.154左右。在调节C6进料时，注意平稳控制及静电变化。

4.3 树脂脱气效果的保证

提前、过量加大脱气仓氮气吹扫量，以保证脱气效果。负荷为17t/h时1-丁烯产品的氮气吹扫量为320~350 Nm^3/h，而己烯产品在负荷为13~14t/h下的氮气吹扫量为460Nm^3/h。同时我们还将吹扫氮气的温度由原来的62℃提高到85℃，进一步增强了脱气效果。

4.4 催化剂配方的研制

催化剂是影响产品树脂分子量分布、分子量大小的主要因素。催化剂活性及对己烯共聚单体的竞聚率与反应器稳定操作、产品质量及产品的成本有直接的关系。催化剂的活性过高，易生成超大分子，树脂产品的“鱼眼”多，而活性过低，使产品的金属残留物增多，影响薄膜的表观性能和抗老化性能。为此我们从催化剂的活性、共聚单体的竞聚率等方面对原用的催化剂进行研发，配制了专门用于DFDA-6010生产的专用催化剂。

5 产品的工业化生产

在经过充分的技术和生产准备之后，于2011年8月首次进行了DFDA-6010的试生产，实现了切换过程中1-丁烯到1-己烯的平稳过渡。在之后的正常生产阶段，工艺控制和产品质量稳定，产品颗粒外观晶莹透明，产品的各项性能指标达到了预期的目标，这标志着环保型聚烯烃热收缩膜芯层专用料DFDA-6010产品的成功开发。实现了首次工业化试生产的圆满成功。对DFDA-6010和进口料(C8-LLDPE)吹膜，进行同比测试，结果如下：

表4 工业化产品DFDA-6010与进口料(C8-LLDPE)性能比较

项目		DFDA-6010	进口料	检验方法
熔体流动速率/(g/10min)		1.1	1.0	GB/T 19466.3-2004
密度/(g/cm^3)		0.921	0.920	GB/T 1033.2-2010
拉伸屈服应力/MPa	TD	12.4	12.80	GB/T 1040.3-2006
	MD	11.6	12.4	
拉伸断裂强度/MPa	TD	33.6	36.4	GB/T 1040.3-2006
	MD	29.9	23.3	

续表

项　目		DFDA-6010	进口料	检验方法
拉伸断裂应变/%	TD	670	567	GB/T 1040. 3-2006
	MD	630	585	
雾度		9. 2	8. 6	GB/T 2410-2008
落镖冲击破损重量/g		150	149	GB/T 9639. 1-2008
膜厚/μm		30		

由表 4 看出，DFDA-6010 的横纵向拉伸比优于进口 C8-LLDPE 专用树脂，达到横纵向拉伸强度的平衡。其他性能指标达到进口料水平。

6　加工应用实验及对比

将工业化试生产的 DFDA-6010 专用料在下游厂家进行应用试验，结果表明 DFDA-6010 满足了企业加工工艺与产品性能的要求。

厂家试用后对膜的性能测试，数据如表 5 所示。

表 5　POF 膜性能比较数据

项　目	DFDA-6010	进口 C8-LLDPE	项　目	DFDA-6010	进口 C8-LLDPE
收缩率/%	71/73	69/72	拉伸强度/MPa	107/111	108/113
断裂伸长率/%	112/108	109/114	摩擦系数 Adim	0. 21	0. 22

注：实验膜厚度为 15μm。

在厂家试用过程中，DFDA-6010 得到了厂家的充分肯定，认为 DFDA-6010 专用树脂满足了生产加工工艺和薄膜性能要求，达到了进口料的水平。这标志着 DFDA-6010 专用树脂开发与工业化生产的成功。

7　结语

DFDA-6010 的物理机械性能与进口 C8-LLDPE 的性能相当，有优异的拉伸断裂强度与良好的纵横向强度的平衡，可满足企业对此类树脂的需要。DFDA-6010 的成功研发，是国内首次在气相冷凝状态下，使用国产 1-己烯单体生产的 POF 专用树脂。填补了国内空白，具有显著的社会效益。同时高性能 1-己烯共聚 LLDPE 对 1-辛烯共聚 LLDPE 的成功替代，也为的新产品开发指出了新方向。

催化裂化柴油中芳烃的利用

冯保杰 侯志忠 黄震宇 于焕良

(中国石化天津分公司研究院，天津 300270)

摘 要：对催化裂化柴油中的芳烃分布进行了总结，介绍了用溶剂抽提法利用催化裂化柴油中的芳烃，重点概况了几种经催化转化等两步法由催化裂化柴油生产芳烃的工艺，在此基础上提出了利用催化裂化柴油中芳烃的建议。

关键词：催化裂化柴油 芳烃 分离 催化转化 制芳烃

1 前言

芳烃主要包括苯、甲苯、二甲苯，是重要的基础化工原料，其产量和规模仅次于乙烯和丙烯。在已知的有机化合物中，芳烃化合物占了约30%。芳烃广泛应用于合成橡胶、合成树脂、合成纤维的生产，同时也是合成洗涤剂、增塑剂、炸药、染料和农药等工业的原料。随着全球范围页岩气的大规模开发，石油化工领域"三烯三苯"格局被打破。页岩气作为原料生产烯烃时，产品大部分是乙烯，几乎没有芳烃，这将促使国际芳烃价格的上涨，因此预计未来10年内芳烃还会处于紧缺状态，价格尚存上涨空间。

目前芳烃的主要来源为石脑油催化重整和蒸汽裂解汽油加氢，为了应对芳烃紧缺，扩大其来源已成为国内外的研究重点。催化裂化工艺技术的主要特点是链烷烃和环烷烃发生裂解，芳烃基本不被破坏，因此催化裂化柴油是一种富含芳烃的柴油调合组分，芳烃含量50%~85%之间，然而高芳烃的存在使其十六烷值低，点火性能差，作为柴油调合组分的吸引力越来越差，若采取适宜的手段合理利用其中的芳烃，不失为一种可创造更大价值的途径。

2 催化裂化柴油芳烃分布

因催化裂化原料和采取的工艺不同，各装置所产柴油的芳烃含量各不相同，主要成分为苯系(甲苯、二甲苯、三甲苯等)、萘系(萘、甲萘及二甲萘等)及多环芳烃的衍生物。徐先荣[1]将两种组成差别较大的石蜡基催化柴油和中间基催化柴油利用实沸点装置进行切割，每20℃为一馏分段。通过对窄馏分芳烃含量的测定，总结出以下规律：单环芳烃含量随沸点升高而降低；双环芳烃随沸点升高先增加后下降；多环芳烃(三环及三环以上芳烃)随沸点升高而升高；芳烃总量变化不大。原因可能是沸点属于凝聚性指标，与分子的大小、形状及碳链的弯曲程度有关。在碳原子相同时，芳烃和环烷烃的沸点较高，环数越多沸点越高，因此多环芳烃沸点较高，容易出现在较重馏分段中。由于烷基芳烃的烷基易于断裂，烷基芳烃裂化的能力随取代基碳数的增加而增加，使得催化柴油重馏分中单环芳烃较少，主要集中在较轻馏分段中。

3 催化裂化柴油芳烃分离利用

芳烃分离技术包括溶剂抽提、精馏和抽提蒸馏、吸附分离、结晶分离、络合分离、膜分离等工艺[2]。结合催化裂化柴油芳烃的分布规律，用抽提方法完全可以改善柴油十六烷值及其安定性，但是柴油收率低，因而，抽出物能否再利用和寻找较高选择性的溶剂是此法的关键。

谢琼玉[3]等人在实验室筛选合适的萃取溶剂的基础上，进行了全馏分催化裂化柴油溶剂抽提实验，原料的芳烃质量分数在75%左右，在130~150℃、剂油体积比1.5~6.0的条件下抽提，抽余油的芳烃质量分数降至38.4%~63.3%，原料十六烷值低于26，而抽余油的十六烷值可以达到45以上。因选用的溶剂沸点在柴油的馏程范围内，造成全馏分抽提后，抽出油解析困难，故先将催化裂化柴油进行常减压分馏，后进行前馏分抽提实验，这样不仅利于抽出油解析，溶剂也可以循环使用。同时，因催化裂化柴油前馏分单环芳烃含量高，作为抽提原料，使得抽出芳烃中单环芳烃含量增加，可用作芳烃溶剂油，增加其经济价值。

4 催化裂化柴油制芳烃

为了实现催化裂化柴油价值最大化和寻找生产二甲苯原料的新途径，国内外研究机构和石化公司纷纷研究开发相关的催化转化工艺[4]。

UOP公司2007年开发了LCO(催化裂化轻循环油，即催化裂化柴油)加氢转化-选择性烷基转移生产二甲苯和苯的LCO-X工艺，即先加氢去除原料油中的杂质，接着进行转化，最后是选择性烷基转移，实现芳烃产率最大化，工艺流程图见图1。该工艺除可生产混合二甲苯和苯外，还得到一部分液化气、轻石脑油和超低硫柴油组分。采用该工艺，668kt/a催化裂化柴油可以生产出215kt/a二甲苯(收率约为37%)和80kt/a苯(收率约12%)。二甲苯产品中乙苯含量仅为1%，且非芳含量亦很低；苯纯度在90%~99.9%之间，取决于生产装置的设备；轻石脑油若用作裂解原料石脑油，可以生产出含90%链烷烃的石脑油，若用作汽油调合组分，可以将研究法辛烷值调整到约82%。与用石脑油重整生产二甲苯和苯相比，该工艺的经济优势主要取决于二甲苯、石脑油、低硫燃料油和催化裂化柴油地市场价格。据统计，用催化裂化柴油比用石脑油重整的生产成本低100美元/t。LCO-X工艺流程如图1所示。

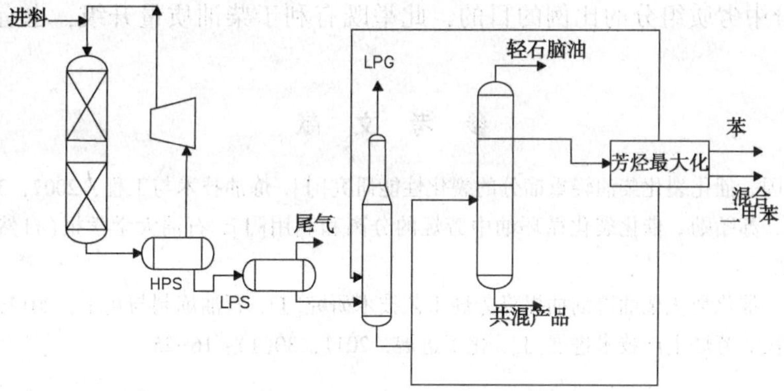

图1 LCO-X工艺流程图

NOVA化学品公司开发了ARO技术将低附加值的催化裂化柴油转换成高附加值的轻烃和BTX(苯、甲苯、二甲苯的统称)，该工艺技术包含催化加氢过程和加氢产生环烷烃的开环反应两步。第一步以镍钼或者镍钨基础催化剂，加氢脱除硫、氮等杂质，并使多环芳烃选择性加氢饱和而单环芳烃不饱和。第二步以贵金属改性的沸石分子筛催化剂，进行环烷烃开环反应，产生轻烃和C6-C9的芳烃，即富含BTX物料，此步反应可以通过改变空速来调整产物组成，使该工艺具有更强的操作弹性，以应变市场波动。高空速下可生产芳烃，低空速下产物以轻烃和液态饱和烃为主。

为了充分利用催化裂化柴油中C10以上芳烃组分(烷基苯、茚、萘、烷基萘等)，日本东丽公司开发了重油两步加氢生产BTX的相关工艺与催化剂，第一步反应采用加氢活性很高的负载金属催化剂，使萘及烷基萘进行单苯环加氢生成四氢化萘及烷基四氢萘；第二步反应采用负载金属的分子筛催化剂，其中酸性分子筛为12元环以上，硅铝比为12~35，进行碳环加氢开环反应、加氢脱烷基反应及烷基转移反应，生成BTX。催化裂化柴油中萘及烷基萘易吸附在分子筛催化剂的细孔中，高温高压下会产生结炭，降低第二步反应的催化活性和BTX收率，该工艺必须严格控制第一步反应的条件。进料中四氢萘的含量越高越有利于 BTX 的选择性。当氢烃比较高时，有利于加氢反应的进行，而当氢气不足时，四氢萘则先开环，再进行加氢反应，易生成乙基苯乙烯、烯基烷基苯等副产物。

中国石化上海石油化工研究院开展了 LCO 制芳烃的研究工作，采用加氢精制、多环芳烃部分饱和和选择性加氢开环催化剂二段工艺制芳烃。第一段采用优化方法制备的氧化铝载体上负载了钴钼等活性组分的加氢精制催化剂，经加氢脱硫后，产物总芳烃保留率大于 96%，其中多环尤其是双环芳烃有了较大幅度的减少，单环芳烃含量明显增加，表明双环和三环芳烃发生了部分开环反应。第二段原料中双环组分的其中一个六元环，可在沸石固体酸作用下异构化为甲基五元环，这为后续的选择性开环反应创造了条件，通过金属功能组元改性后，可有效提高催化反应的总转化率，BTX 的选择性以及催化剂的寿命，加入少量助催化剂改善了加氢金属活性中心的分散性，提高了催化剂的稳定性，有效抑制了多环芳烃引起的催化剂快速结焦失活。此工艺多环芳烃单程转化率在 40%左右，单环芳烃选择性为 65%，BTX 选择性在 45%以上，催化剂活性和稳定性较好。

5 总结

催化裂化柴油中的芳烃是造成其十六烷值低的原因，但其本身又是非常有用的资源，因此炼化一体化企业在处理这部分资源的时候，应根据其芳烃分布规律和占柴油调合基础油比例，选用适当的技术方案。对于催化柴油占柴油调合基础油比例小的企业，可以根据其芳烃分布规律，选用适宜的溶剂采取溶剂抽提的方式，既提高柴油的十六烷值，又可以得到单环芳烃较高的芳烃溶剂油，该工艺具有投资小，路线短的优点。对于催化柴油占柴油调合基础油比例大的企业，可根据本企业的生产路线、现有加工装置、长期市场情况等，选择催化转化两步法工艺，以达到拓宽芳烃的来源和降低柴油调合组分中劣质组分的比例的目的，此举既有利于柴油质量升级，也有利于企业效益的增长。

参 考 文 献

[1] 徐先荣，毛安国．催化裂化柴油轻重馏分的裂化性能研究[J]．炼油技术与工程，2007，37(6)：1-5.

[2] 战风涛，李林，苏贻勋．催化裂化循环油中芳烃的分离和利用[J]．石油大学学报(自然科学版)，1996，20(1)：108-112.

[3] 谢琼玉，徐斌．催化裂化柴油溶剂抽提降芳烃工艺技术研究[J]．石油炼制与化工，2012，43(4)：10-14.

[4] 孔德金，杨为民．芳烃生产技术进展[J]．化工进展，2011，30(1)：16-25.

中沙石化聚丙烯装置预聚合反应器出料堵塞分析

刘富绪

（中沙（天津）石化有限公司，天津 300271）

摘 要：介绍了聚丙烯装置工艺特点，重点介绍了预聚合反应的作用，提出了中沙石化聚丙烯装置预聚合反应器在运行中存在的问题，找出了问题的根本原因，通过改进设计，优化操作入手对预聚合反应器出料堵塞进行了有效的控制，保证了装置的长周期平稳运行，同时取得了良好的经济效益。

关键词：预聚合 堵塞 聚丙烯

1 前言

中沙（天津）石化有限公司聚丙烯装置采用世界上最先进的多区循环反应器技术，如图1所示。反应系统由多区循环反应器和气相流化床反应器组成，在一条生产线上可生产均聚、无规共聚、抗冲共聚和双子无规等不同类型的聚丙烯产品。装置设计生产时间为8000h/a，生产能力为450kt/a的无色聚丙烯颗粒，是世界上单套生产能力最大的聚丙烯装置。该工艺是在环管法聚丙烯工艺基础上进一步发展而来，为气相法工艺，其主反应器采用独特的多区循环反应器，即单一的反应器可分为两个独立操作区域，其气相组分各不相同，反应物在两个区域中不断循环，与传统的两个串联反应器工艺相比，反应产物有良好的均一性，产物物理性能有较大的提高，有利于生产双峰聚丙烯产品。在主反应器下游串接一气相共聚共聚产品。多区循环反应器技术代表着聚烯烃制造产业的最新进展，该技术可以更显著地改进产品性能，更进一步拓展产品应用，生产出更好的可以取代其他材料的产品，尤其是它能提供一种更广阔的研究开发新产品的发展潜力。

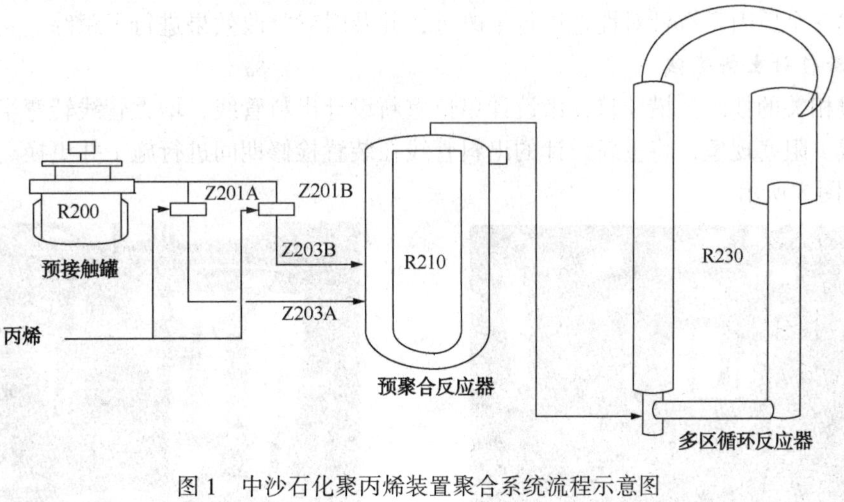

图1 中沙石化聚丙烯装置聚合系统流程示意图

2 预聚合反应

2.1 预聚合的作用

高活性的聚丙烯催化剂在工业应用时通常有催化剂预聚合过程，即在较缓和的条件下先进行一定倍数的丙烯聚合。与环管法工艺相同，多区循环反应器技术同样有催化剂的预聚合环节。通过预聚合反应可获得较好的催化剂形貌复制，减少催化剂的破碎，也可均匀激发催化剂的活性中心，以得到较高的催化剂活性，同时还能避免高活性催化剂之间在初始聚合过程中粘结，减少聚合物块料。

2.2 预聚合反应运行中存在的问题

预聚合反应通过控制催化剂与丙烯在低温条件进行初始反应，来提高催化剂的活性和减少聚合反应过程中细粉的生成。这也是该项技术工艺控制难点，由于催化剂的初始活性高，一旦工艺控制不恰当，易导致预聚合反应器内出现结块，当结块堵塞出料线时会引起预聚合反应器压力升高，严重时会引发预聚合反应器联锁停车，从而导致聚丙烯装置整体停车，。自2010年开车至2012年底，中沙石化聚丙烯装置已累计发生出料堵塞10余次，其中两次导致全装置停车，公司经济效益受到损失。

3 预聚合反应器出料堵塞的原因分析

经过对以往事故的分析总结，对可能导致出料堵塞的原因进行逐一分析，得出以下三个主要原因。

3.1 预聚合反应器出料线弯度设计不合理。

预聚合反应器出料线转弯半径过小，会造成出料不畅，出料阻力增大，含有较高催化剂活性的聚合物在出料口停留时间过长，导致出现过度反应。易发生堵塞现象，应改造为大转弯半径管线，减少流动阻力，从而减少阻塞现象。

3.2 预聚合反应器温度控制过高。

预聚合反应器温度决定了催化剂与丙烯接触后的反应速率，控制温度过高会使预聚合反应器反应速率提高，单位时间产率升高，浆料浓度增大，易出现小的结块，在出料口处聚集，使出料受阻，反应器压力升高，最初导致出料堵塞。

3.3 牌号切换导致出料背压升高

当聚丙烯装置切换高流动性抗冲共聚牌号时，根据要求需要提高下游多区反应器压力，压力升高后，导致出料背压升高，出料阻力增大，催化剂出料口停留时间过长，出现反应结块堵塞出料。

4 对策实施及效果

针对上述三个原因，有针对性地进行了改进，并及时对整改效果进行了跟踪。

4.1 重新设计出料管线

通过上报相关的技改技措项目，由设计单位重新设计出料管线，增大管线转弯半径，减少流动阻力，从而减少阻塞现象，将重新设计的出料管线在装置检修期间进行施工并更换。改造前后的出料线如图2、图3所示。

图2 改造前的出料线

图3 改造后的出料线

4.2 降低预聚合反应器温度

在不影响细粉含量的前提下，最大限度降低温度。在拟定好的时间段内每次降低预聚反应器温度1℃，连续降低5℃，做好产率变化监控。同时每降低1℃，对聚合反应器细粉含量进行监控。

从图4~图6可看出预聚合反应器温度每次降低1℃，连续降低5℃，其聚合物粉料平均粒径降低，粒径变化可以接受对生产控制没有造成影响，温度降低的同时，聚合的产率降低了，出现块料的风险被大大降低。

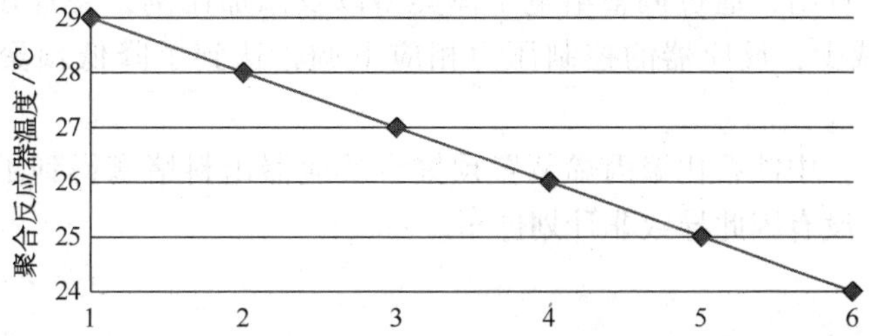

图4　温度调整图

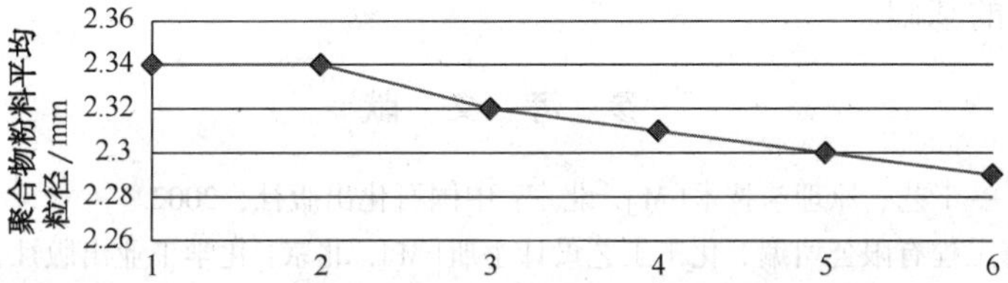

图5　聚合物粉料粒径随温度调整的变化

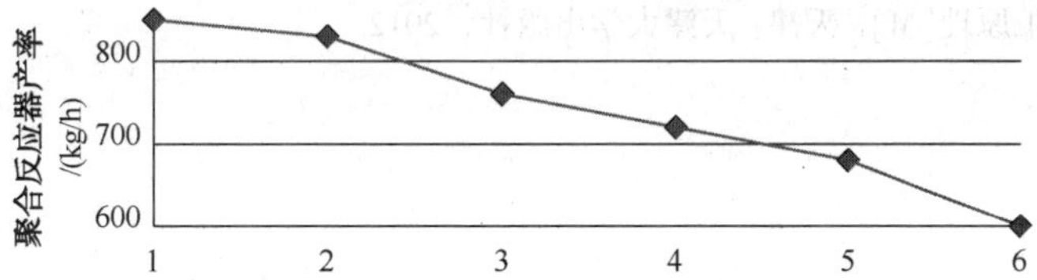

图6　预聚合反应器的产率变化

4.3 降低下游多区反应器压力控制

保证相关牌号正常生产的前提下，降低预聚合反应器出料背压。主要是指通过调整给电子使用类型来改善催化剂氢调性，同时适度调整给电子加入比例。降低聚合反应器氢气加入量，减少氢气分压从而降低聚合反应器压力。

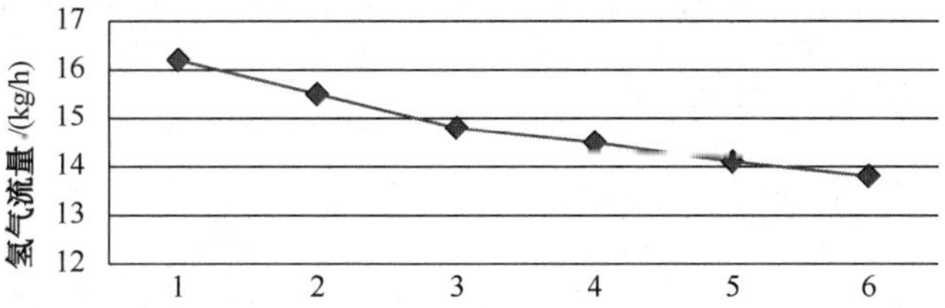

图7　氢气加入量的变化

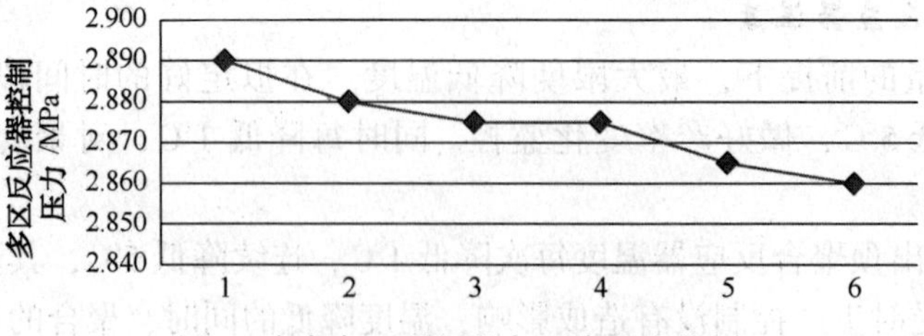

图 8　氢气加入量调整与压力的变化图

从图 7、图 8 可以看出，通过调整给电子体类型以及添加比例，装置在生产相关牌号，反应器中氢气进料量大大减少，反应器的控制压力相应下调，达到了降低预聚合反应器出料背压的目的。

通过采取以上对策，中沙石化聚丙烯装置预聚合反应器出料堵塞得到了有效的控制，2013 年全年未发生出料堵塞，没有因此导致非计划停车。

5　总结

通过改造和调整，预聚合反应器出料堵塞情况得到了有效的控制，避免了非计划停车事故的发生，降低了经济损失。经过近一年的调整和跟踪，预聚合反应器整体运行良好，为实现聚丙烯装置长周期运行奠定了好的基础。

参 考 文 献

[1]　洪定一．聚丙烯——工艺、原理与技术[M]．北京：中国石化出版社，2002.
[2]　中国石化集团上海工程有限公司编．化工工艺设计手册[M]．北京：化学工业出版社，2009.
[3]　潘祖仁．高分子化学[M]．北京：化学工业出版社，2003.
[4]　何曼君．高分子物理[M]．上海：复旦大学出版社，2002.
[5]　黄葆同，沈之荃．烯烃双烯烃配位聚合进展[M]．北京：科学出版社，1998.
[6]　夏清，贾绍义．化工原理[M]．天津：天津大学出版社，2012.

冷箱及脱甲烷塔系统乙烯损失因素分析及优化

李先强

（中沙(天津)石化有限公司，天津 300271）

摘 要：介绍了中沙(天津)石化有限公司100万t/a乙烯装置冷箱及脱甲烷塔的运行情况，通过对冷箱系统和脱甲烷塔的相关操作参数分析和对比，查找出冷箱及脱甲烷塔乙烯损失偏高的主要原因，并优化操作参数和操作方法，降低高压甲烷中乙烯损失。

关键词：冷箱 脱甲烷塔 乙烯损失 优化调整

1 前言

中沙天津石化有限公司乙烯装置于2010年投产运行，装置的生产能力为1Mt/a聚合级乙烯，操作弹性为50%~110%，采用顺序分离、低压脱甲烷塔工艺流程，并采用二元制冷系统。自开车投用以来，装置基本达到了工艺要求，然而深冷系统的乙烯损失量持续偏高，尤其在装置高负荷运行时，脱甲烷塔顶的乙烯损失值比设计值高出3倍左右。装置的乙烯损失主要集中在冷箱及脱甲烷塔系统，冷箱及脱甲烷塔系统中乙烯损失较大将导致乙烯产量下降，造成经济损失；同时也会对再生和加氢系统产生不利影响，进入再生系统的乙烯在干燥剂和催化剂表面聚合结焦，影响干燥和加氢效果；乙烯含量的增加亦会影响冷箱制冷效果，增加二元制冷系统的功耗。所以降低深冷系统乙烯损失是我们亟待要解决的问题。

2 冷箱系统工艺描述

裂解气被工艺物料逐级冷却后进入冷箱EA315X，将其冷却至-72℃进入1号脱甲烷塔(DA301)进料分离罐(FA301)中进行分离，经过自身换热器EA309X后分成两股物料进入脱甲烷塔(脱甲烷塔第1股和第2股进料)。从FA301顶出来的裂解气被EA314X冷却到-95℃，冷凝液在脱甲烷塔2号分离罐(FA302)内被分离出来，作为第三股物料进入脱甲烷塔。从FA302顶出来的裂解气被EA315X冷却到-128/-136℃(工况1/工况2)，送入到分凝分馏塔(DA302)。(DA302)的凝液作为脱甲烷塔的最上部进料。在进入氢/甲烷分离系统之前，裂解气被DA302顶部最低温的二元冷剂冷却，以最大程度地回收乙烯。以-134/-136℃(工况1/工况2)离开的DA302顶部汽相为残余的裂解气，其中含有76%~79%的氢气。富氢的残余裂解气在两级膨胀系统(FA304和FA305)中进一步提纯，第一级焦-汤膨胀来的顶部汽相，其中含有80%~81%(摩尔)的氢气，在第二级焦-汤膨胀中被冷却到-163℃，以产生纯度为95%(摩尔)的氢气，高低压甲烷气与尾气换热器EA319X换热后进入下游系统。冷箱系统流程见图1。

3 脱甲烷塔工艺介绍

脱甲烷塔(DA301)为距鞍环散装填料低压塔，共有九层填料，塔釜设计操作压力为0.657MPa，这个塔的操作压力规定为保证塔顶甲烷产品能够提供给干燥器再生使用。从裂解气深冷序列来的四股冷凝液送到脱甲烷塔的相应进料位置，脱甲烷塔有底部和侧线两个再沸器，热量全部由裂解气提供。塔底物料在冷箱中被二元冷剂再加热，之后被分为两路，一路作为液体顶部进料直接送入脱乙烷塔；另一路被裂解气进一步预热后，作为下部进料送到脱乙烷塔。经过二元冷剂冷却而部分冷凝的塔顶物料为塔提供回流，塔顶汽相与来自焦-汤膨胀的高压甲烷混合并被再加热。脱甲烷塔流程见图2。

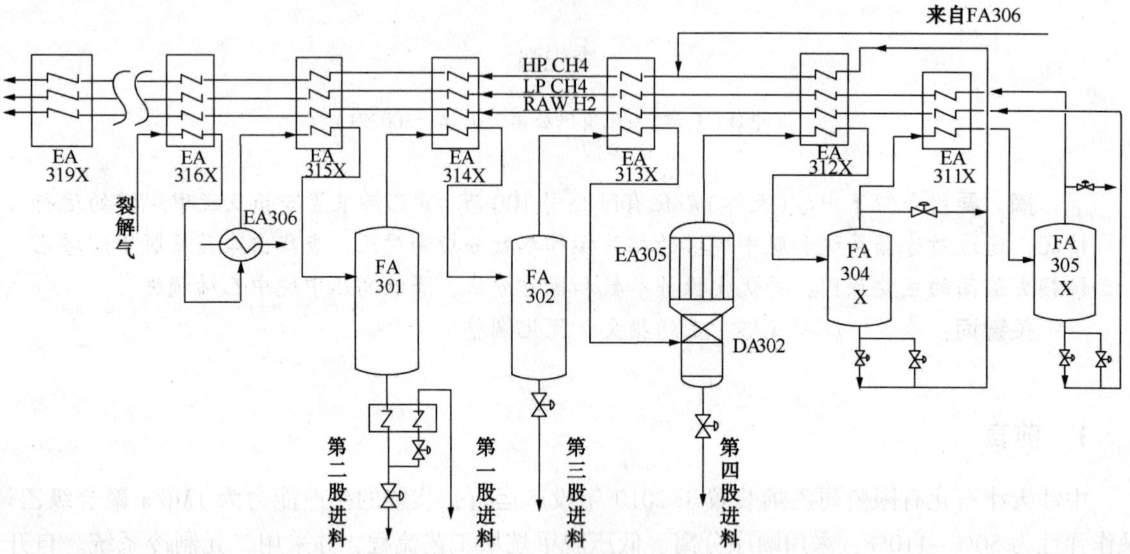

图1 冷箱系统流程

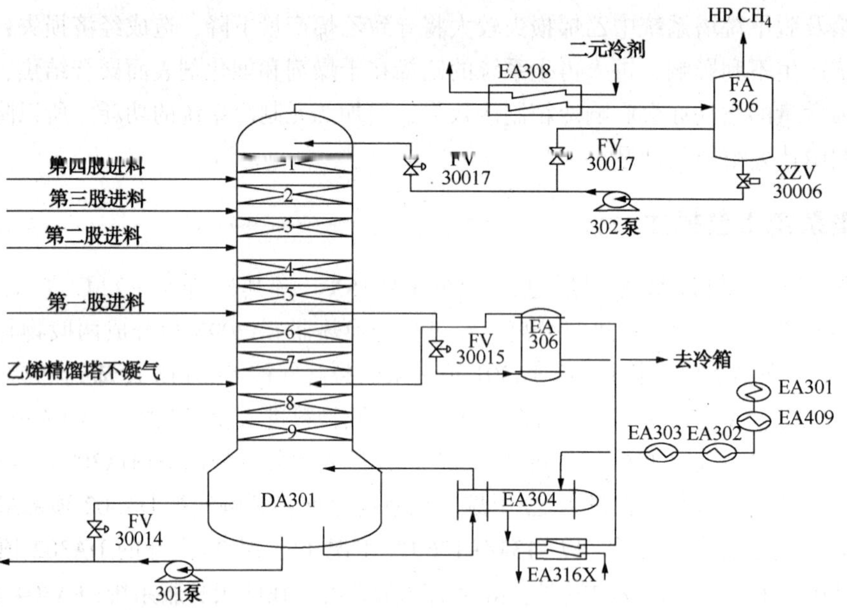

图2 脱甲烷塔流程

4 冷箱及脱甲烷塔所存在的问题

由表1可知，高压甲烷中乙烯含量较设计值高很多，而深冷系统乙烯损失主要集中于脱甲烷塔顶气相出料(尾气)中，由上述流程可知，高压甲烷中的乙烯无法回收，最终去往燃料系统烧掉，这对公司经济效益产生较多损失。冷箱压力于设计值偏差较多，由于裂解气压缩机的设备原因，2012年10月大修之前冷箱操作压力一直维持在3.36MPa，大修后提高至3.43MPa依然较设计值偏低，同时冷箱系统冷剂配比也有待优化。

表 1 冷箱及脱甲烷塔实际操作参数与设计值的对比

项 目	设计值	实际值 1	实际值 2	实际值 3
冷箱操作压力/MPa	3.501	3.352	3.36	3.43
FA301 进料温度/℃	-72	-70.1	69.9	-70
FA302 进料温度/℃	-95	-104.2	-102.5	104.6
DA302 顶部温度/℃	-136	-133.8	-134	-134.3
FA302 底部出料流量/(t/h)	13.19	22.31	21.69	20.86
DA302 底部出料流量/(t/h)	20.25	19.21	18.52	18.31
FA304X 底部出料流量/(t/h)	2.334	4.853	4.862	4.91
FA305X 底部出料流量/(t/h)	7.541	8.63	9.35	8.92
HP 甲烷中乙烯含量/mol%	0.23	0.59	0.48	0.33
脱甲烷塔底部压力/MPa	0, 657	0.584	0.592	0.615

5 脱甲烷塔乙烯损失因素分析

5.1 冷箱压力对高压甲烷中乙烯含量的影响

自 2012 年 10 月大检修后，乙烯装置根据裂解气压缩机检修后的实际运行状态，逐步提高冷箱操作压力至 3.45MPa，同时将脱甲烷塔操作压力提高至 0.6~0.62MPa，如图 3、图 4 所示冷箱操作压力提高以及脱甲烷塔顶气相出料乙烯含量变化趋势。

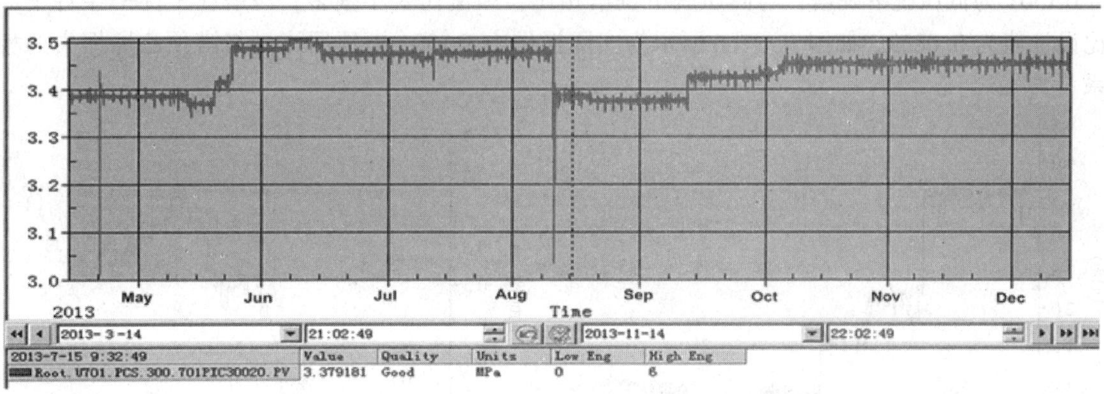

图 3 冷箱操作压力/MPa

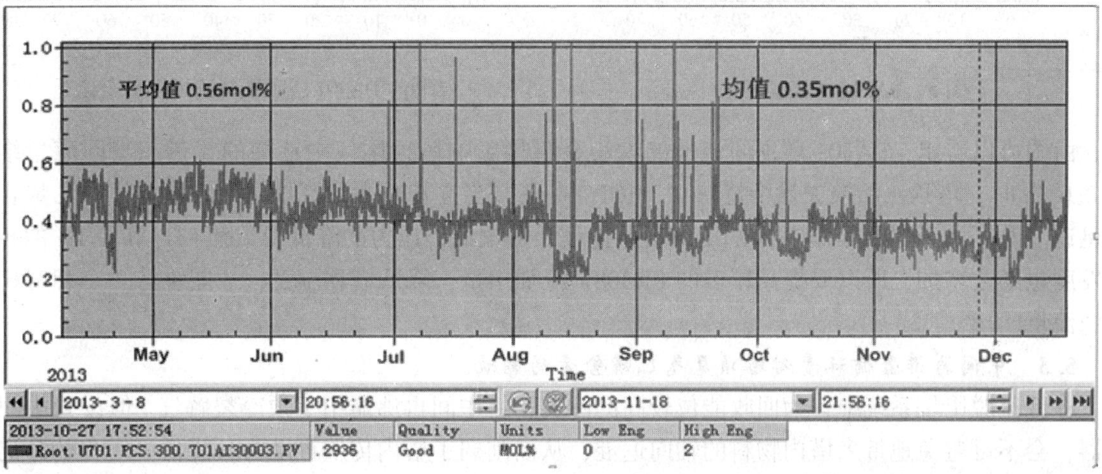

图 4 脱甲烷塔顶气相中乙烯含量/mol%

(1)结合图3、图4可以看出，冷箱操作压力由3.35MPa逐步提升至3.48MPa后，脱甲烷塔顶气相出料中乙烯含量有了明显的下降，由原来的平均值0.56mol% 将至均值0.35mol% ，期间脱甲烷塔操作压力也相应提高到0.6~0.62MPa。由于冷箱压力升高逐渐接近设计值，则可提高冷箱第一、二级焦-汤膨胀效率，从而降低冷箱负荷，节约低温度等级冷剂用量。

(2)如表2，提高冷箱压力，则FA301，FA302和DA302底部出料(即脱甲烷塔进料)中的乙烯含量分配有了较大变化，实际值1是在冷箱压力为3.35MPa时做的样品分析，实际值2是在冷箱压力为3.48MPa时做的样品分析，提高冷箱压力后脱甲烷塔下部进料分离罐FA301和中部进料分离罐FA302中得乙烯含量均有增加，而最上部进料分凝分馏塔DA302中乙烯含量减少了1mol% %左右。结合脱甲烷塔流程图填料分布可以看出，第四股进料介于1填料、2填料之间，1填料处理能力极为有限，如果第四股进料中乙烯含量较高，那么很容易将更多乙烯带入塔顶，导致气相出料中乙烯含量增大。

表2　脱甲烷塔进料分离罐底部出料乙烯含量/mol%

项　　目	设计值/mol%	实际值1/mol%	实际值2/mol%
FA301底部出料乙烯含量	46.38	44.08	45.27
FA302底部出料乙烯含量	48.49	51.37	49.85
DA302底部出料乙烯含量	16.86	18.75	17.69

5.2　回流比对塔顶尾气乙烯含量的影响

DA301为低压脱甲烷塔，与高压脱甲烷塔相比，回流比要小很多，该塔在工况一条件下，回流比设计值为0.0839。如图5、图6所示为实际操作中DA301塔顶回流量与塔顶乙烯损失的相应关系。

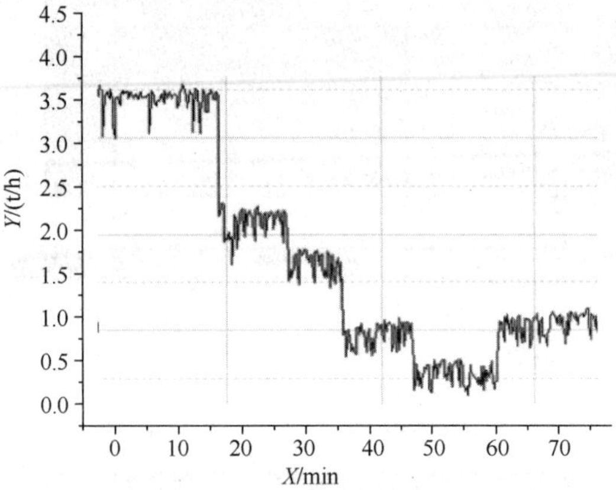

图5　DA301回流量变化

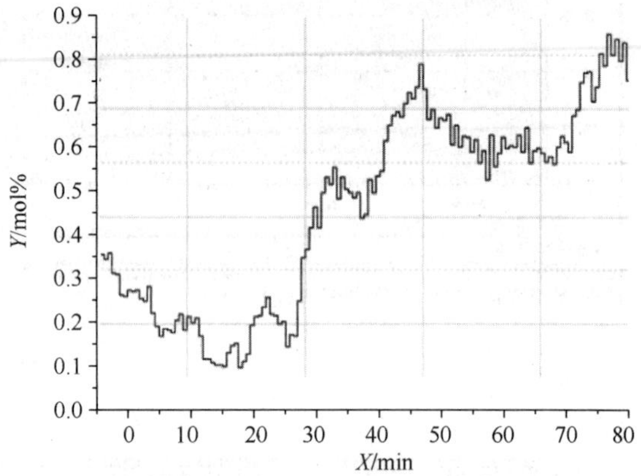

图6　DA301塔顶尾气乙烯含量变化

由图可以看出，DA301塔顶回流量的大小会直接影响塔顶尾气中乙烯的含量。当回流量维持在2.6t/h时，塔顶乙烯损失量维持在0.3MOL%左右，当逐步减小回流量时，塔顶尾气中乙烯含量将迅速上升。由于实际操作中DA301的塔压比设计值偏低，压力的降低，致使CH_4和C_2H_4的相对挥发度也随之增加，所以要提高较多的EA308X冷剂用量，降低塔顶温度，才能维持一个相对稳定的回流量。

5.3　中间再沸器循环量对塔顶尾气乙烯含量的影响

在低压脱甲烷系统中，为回收能位较高的冷量，将中间再沸器用于预冷裂解气。但设置中间再沸器，会不可避免地带来塔内物料的轴向返混，从而削弱了塔内传质推动力，降低了塔板的分离效率。所以，中沸器循环量对塔顶尾气乙烯含量亦有着较大影响，如图7、图8所示在保证塔压力，回流比，进料流量恒定时，将中沸循环量由46t/h提高至65t/h，塔顶气相出料中乙烯含量也随之逐渐上升，由 2.98mol% 升高至 5.67mol%，随后降低中沸循环量后，塔顶气相出料乙烯含量也随之下降。中沸循环量过大会使脱甲烷塔中部气相负荷增大，温度升高，对 4~7 填料层系膜分离平衡破坏较大，从而使塔的气液传至效率降低，分离效果变差，导致塔顶气相出料中乙烯含量增加。

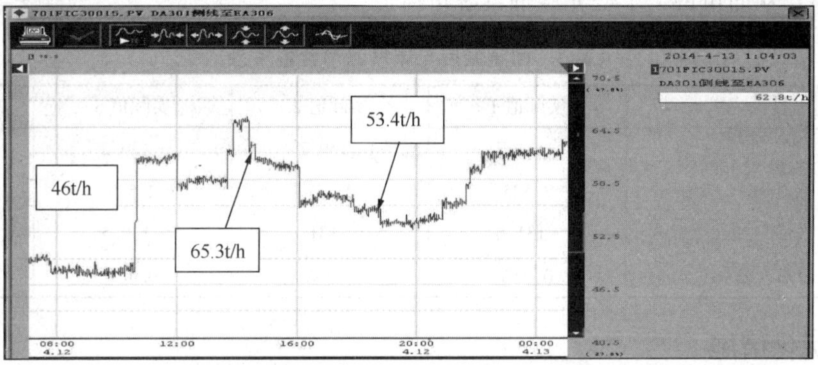

图 7　脱甲烷塔中沸流量/(t/h)

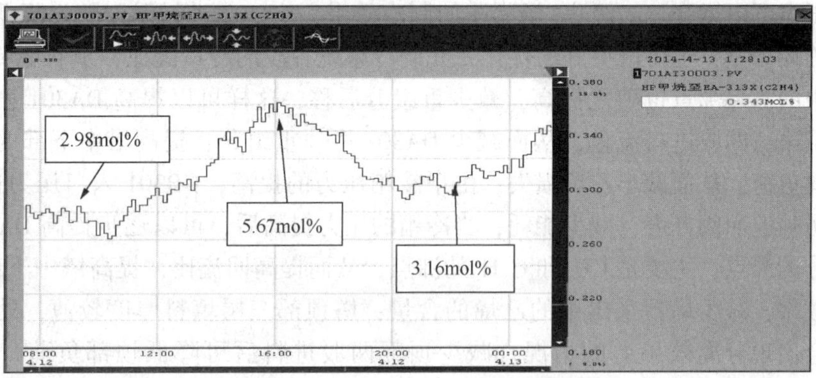

图 8　脱甲烷塔顶尾气乙烯含量/mol%

5.4　塔压力变化对塔顶尾气乙烯含量的影响

如图 9、图 10 所示，在保证脱甲烷塔进料量、回流比和再沸量恒定时，脱甲烷塔压力与塔顶尾气乙烯含量存在关联因素，当塔压力有加大幅度波动且塔压降低时，塔顶尾气中乙烯含量有明显上升。随后操作人员调整塔，稍微提高塔压，并且维持塔压平稳，则乙烯含量也随之逐渐下降。脱甲烷塔为矩鞍环散堆填料塔，其气-液两相逆流操作为系膜式接触，不同于板式塔中气-液两相的鼓泡式(或喷射式)接触，而且塔的持液量少，因此当塔压大幅波动时则会破坏系膜式接触平衡，导致膜破裂传质效率下降，从而导致塔顶尾气乙烯含量增大；塔压降低亦会使乙烯的相对挥发度提高，然而填料塔持液量较少，从而导致塔操作的气-液比增大，如果此时回流量不提高，则会造成塔顶气相中乙烯含量增高。

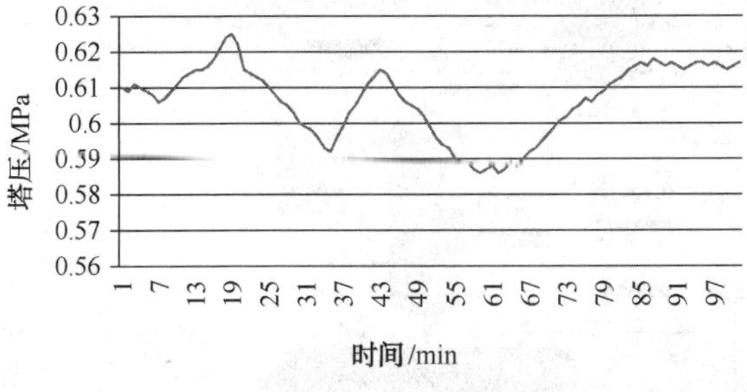

图 9　脱甲烷塔压力变化趋势

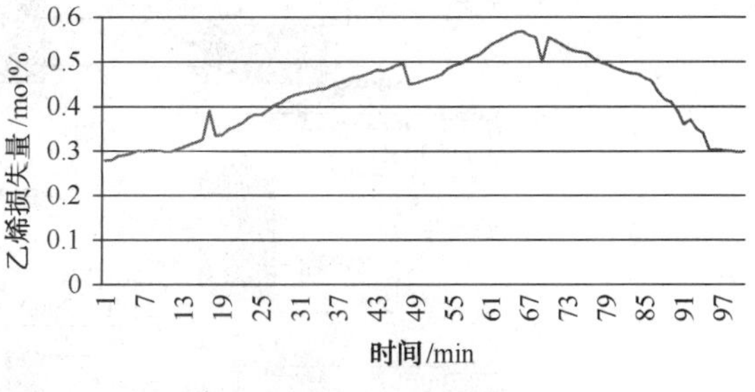

图 10　脱甲烷塔顶气相出料(尾气)中乙烯含量变化趋势

5.5 回流温度变化对塔顶尾气乙烯含量的影响

由表3可见，在进料状态恒定，塔压相对稳定，回流温度降低，塔顶操作温度也随之降低，塔顶尾气中乙烯损失由0.558mol%降至0.312mol%，实际操作中，降低回流温度，势必要增大塔顶冷凝器冷剂用量，从而也增大了二元冷剂系统负荷。

表3 回流温度与尾气乙烯含量关系

项　　目	实际值1	实际值2	实际值3	实际值4
回流温度/℃	-131.3	-130.7	-130.2	-129.5
回流量/(t/h)	2.525	2.531	2.529	2.532
塔顶温度/℃	-131.6	-131	-130.5	-129.3
尾气中乙烯含量/mol%	0.312	0.356	0.467	0.558

6 综合优化措施

6.1 逐步提高冷箱操作压力以接近设计值，同时相应提高脱甲烷操作压力

提高冷箱压力可以增强一二级焦-汤膨胀的制冷效果，DA302进料温度随之降低，从而减少高低压甲烷中的乙烯含量，也可以更好的优化二元制冷系统各段的冷量配比，节省能耗；冷箱压力的提高，使冷箱中的乙烯沸点也随之提高，减少重组分后移，这样可以提高DA301第一、第二股进料流量，降低了第三四股进料流量，从而减少DA301塔顶重组分，提高塔中下部的传质效率，降低塔上部的分离负荷，从而减小乙烯损失；由于冷箱压力的提高，GB301入口压力也会随之提高，这样可以关小防喘返回阀开度，减少能耗；当冷箱的压力提高后，可以逐步提高DA301操作压力，从而提高各组分的沸点，主要是CH_4和C_2H_4的沸点，从而提高回流比，提高塔中下部的分离负荷，增强气液传质效率，减少塔顶采出中的乙烯的含量；塔顶部三层填料厚度较薄，处理能力相对不足，高负荷时会出现分离效果差的情况。减少顶部两股进料后可降低顶部负荷，有利于乙烯的分离。

6.2 优化二元制冷系统的冷量配比，降低脱甲烷塔回流温度，提高回流比

影响回流比因素众多，例如塔顶冷凝冷剂量不够、进料组成发生变化等，都会造成回流罐液位波动，不能满足正常的回流比，导致塔的气液传质效率下降。在维持塔压稳定情况下，增大冷凝器冷剂用量是提高回流量、降低脱甲烷塔回流温度的有效方法，如图11所示，适当开大LIC30011(即提高DA301塔顶冷凝器的二元冷剂用量)，同时注意二元冷剂一段吸入罐FA651的液位变化，可以适当关小TIC30021，减少EA305的二元冷剂用量，这样可以保持吸入罐液位相对稳定。实际操作表明，塔顶冷凝器二元冷剂用量的增加可以将DA301回流比稳定在0.052左右，高压甲烷中乙烯含量维持在0.35mol%左右。如图12，通过优化后，脱甲烷塔回流量由1.65t/h提高至2.45t/h。

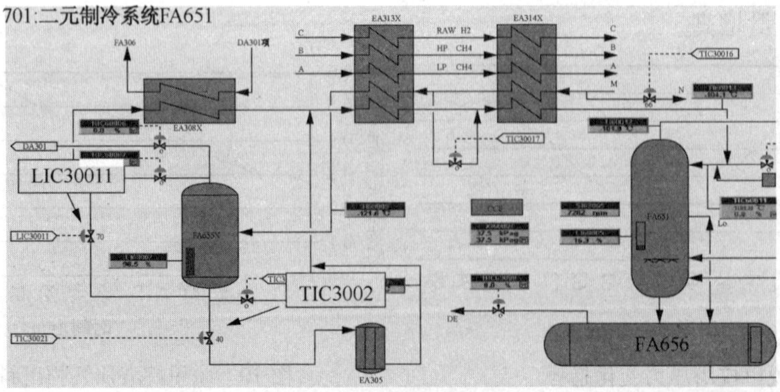

图11 二元制冷系统

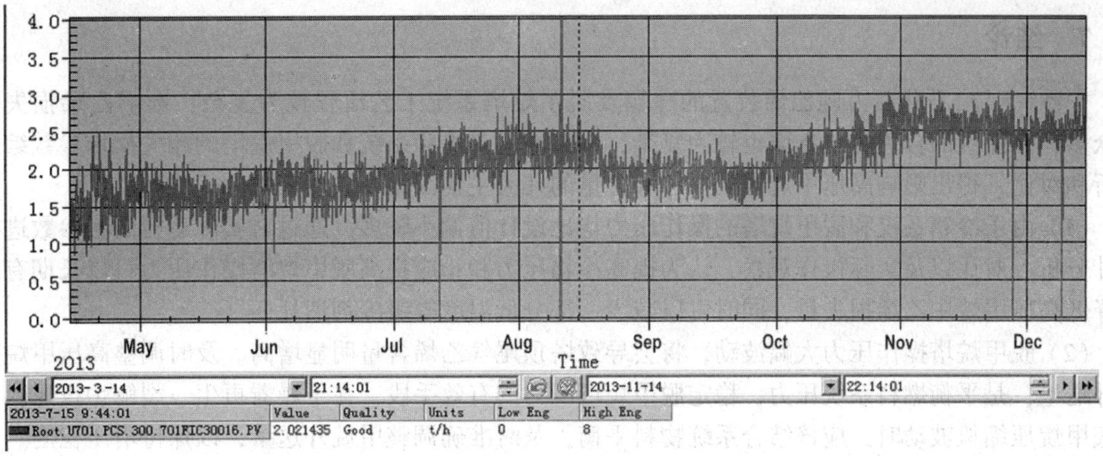

图 12　脱甲烷塔回流量/(t/h)

6.3　维持脱甲烷塔操作压力相对平衡。

塔压力的大幅波动将会打破填料的膜分离平衡，降低气液传质效果，增大塔顶乙烯损失，然而影响 DA301 塔压的因素众多，例如：甲烷产品外送量波动、裂解炉燃料波动、裂解投退料、裂解气干燥器切换、高压甲烷再生系统波动以及底甲烷压缩机波动等。结合平日操作可知，稳定脱甲烷塔压力最有效的手段是调节甲烷产品外送量。目前，调节甲烷外送量的是人工手摇阀，这对及时准确调整塔压有些影响，所以在平日操作中，各工段协调好，室内操作人员与室外操作人员积极沟通，以便保证脱甲烷塔压力平稳；在技改方面可考虑增加甲烷外送调节阀，以便能及时有效控制燃料系统压力平衡。

6.4　及时调整再沸量，并控制乙烯精馏塔气相返回量

脱甲烷塔再沸由底沸器和中沸器组成，加热介质是裂解气，裂解气组成和流量变化都会影响再沸热负荷的变化，所以要根据脱甲烷塔灵敏版温度变化及时调整再沸量，同时通过调整 EA302 丙烯冷剂量和 EA316X 二元冷剂量，控制再沸温度；乙烯精馏塔气相返回中含有大部分的 C_2H_4，H_2 和 CH_4，若增大返回量导致 DA301 中 H_2 含量增加，由于 CH_4/H_2 越大，塔顶尾气中乙烯损失也就越小，所以要适当减小乙烯精馏塔气相返量。

综上优化调整后，脱甲烷塔顶气相中乙烯含量有了大幅下降，如图 13 可知，2013 年 9 月后乙烯损失量较之前平均下降了 0.2mol% ，即每年减少乙烯损失 1728t 左右。

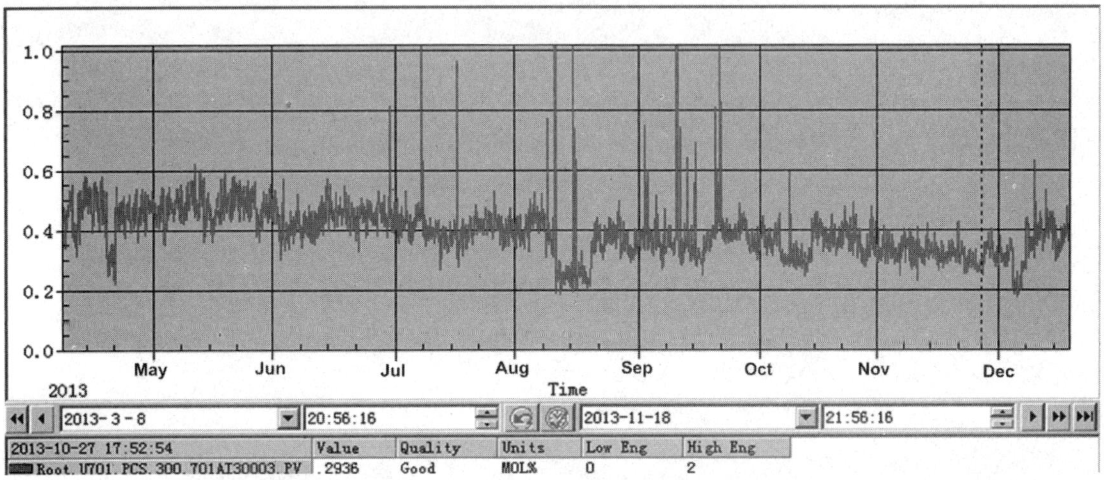

图 13　脱甲烷塔顶气相中乙烯含量/mol%

7 结论

中沙(天津)石化百万吨乙烯装置的冷箱及脱甲烷塔系统工艺流程较为复杂，影响乙烯损失因素众多，在能量的合理优化方面也较为复杂，本文通过对冷箱系统和脱甲烷塔的相关操作参数综合分析和对比，得出影响高压甲烷尾气中乙烯含量的几大主要因素，并作有效的优化调整。

(1) 由于冷箱系统和脱甲烷塔的操作压力均比设计值偏小较多，通过对实际运行的各参数进行统计分析、对比以及实际操作观察，认为提高冷箱压力和相应提高脱甲烷塔操作压力可以长期有效的降低高压甲烷中乙烯损失量，同时可以减少一部分低温度等级冷剂消耗。

(2) 脱甲烷塔操作压力大幅波动，将会导致塔顶尾气乙烯含量明显增高。及时调整高压甲烷产品外送量，是平衡燃料系统压力，稳定脱甲烷塔压力的有效手段，在干燥器再生、裂解炉投退料以及底甲烷压缩机波动时，应该结合系统物料平衡，及时准确调整甲烷外送量，以保持塔压稳定。

(3) 合理分配二元冷剂和丙烯冷剂用量，适当增加脱甲烷塔顶冷剂用量，可以有效降低塔顶回流温度，增加回流量，从而降低塔顶尾气中乙烯含量。实际操作中，当装置较高负荷运行时，二元制冷压缩机也处于较高负荷运行，功率较大，此时应通过提高丙烯冷剂量，降低进入深冷系统裂解气的温度，从而降低深冷系统负荷，并保持乙烯损失量在合格范围内。

(4) 再沸量过大或者大幅波动，亦将增加塔顶尾气中乙烯损失量。裂解气组成和流量变化以及给裂解气降温的EA302、EA303液位变化都会影响再沸热负荷的变化，所以要根据脱甲烷塔灵敏版温度变化及时调整再沸量。

参 考 文 献

[1] 王汉松，何细藕．乙烯工艺与技术[M]．北京：中国石化出版社，2000，428-500.
[2] 贾绍义，柴诚敬．化工传质与分离过程[M]．化学工业出版社．2001，87-102.
[3] 蒲通，马渝平．乙烯装置脱甲烷系统工艺条件分析及对策[J]．现代化工，2000，20(4)：22-25.
[4] 冯利，胡红旗，李红梅．乙烯装置中脱甲烷塔优化模拟研究[J]．吉林化工学院报，2004，21(4)：13-14.

三　　剂

新型固定床钴基 F-T 合成催化剂开发及千吨级试验

侯朝鹏[1] 吴 昊[1] 胡志海[1] 夏国富[1] 徐 润[1]
孙 霞[1] 聂 红[1] 李大东[1] 严仲彪[2] 亢万忠[3]

(1. 中国石化石油化工科学研究院，北京 100083；2. 中国石化镇海炼化，浙江宁波 315207；
3. 中国石化宁波工程有限公司，浙江宁波 315103)

摘 要：针对 F-T 合成反应的特点和固定床反应器的需要，通过选择合适的载体和助剂，开发了具有高活性、高选择性的 F-T 合成催化剂 RFT-2。在立升级装置上对 RFT-2 催化剂的 F-T 合成活性、选择性、稳定性、工艺条件影响等进行了考察。千吨级中试应用研究结果表明，原料气转化率 93% 左右的工况下，C_{3+} 液体烃选择性达 90% 以上，催化剂具有较好的反应性能；在超过 1000 h 的稳定性运转考察过程中，催化剂活性、选择性未见明显损失，催化剂运转稳定性良好。

关键词：F-T 合成催化剂活性选择性固定床工艺条件中试

1 前言

F-T 合成是指合成气($CO+H_2$)在催化剂上转化成烃类的反应，产物包括烷烃和烯烃，并副产 CO_2 和 H_2O 以及醇、醛、酸、酮和酯等有机含氧化合物，产品经过深加工可得到优质液体燃料，如汽油、柴油和航空煤油等[1~6]。F-T 合成是 GTL、CTL 和 BTL 工艺技术中都要用到的关键步骤。随着炼油厂生产清洁燃料和清洁生产要求不断提高，F-T 合成的气化原料还可以扩展到炼厂尾气、劣质渣油及残渣等其他含碳资源，F-T 合成可能成为未来炼厂的重要工艺过程之一。

自 1923 年 Fischer 和 Tropsch 发现了 CO 和 H_2 的混合物合成烃类产品的方法以来，20 世纪 30 年代，F-T 合成最先在德国工业化，二战后因该合成路线代价高昂、在效益上竞争不过石油炼制而纷纷关闭。只有南非因长期受到国际社会的政治和经济制裁，被迫根据本国丰富煤炭资源的国情发展煤制合成油的 F-T 合成技术。自 70 年代初的两次石油危机后，世界各国重新评价 F-T 合成技术，一些大的石油公司加快了合成油技术及工艺开发进程，参与 GTL 技术开发的公司有 Shell、Exxon-Mobil、大陆石油、Mossgas、Rentech、Sasol/Chevron、BP 和 Syntroleum 等国际知名石油公司。

近年来，随着石油资源的日趋紧张、原油价格的不断攀升以及相对廉价煤炭和天然气资源的发现和开采，各大石油公司在竞相投入开发 F-T 合成的新技术和新工艺的同时，也在世界各地加快 F-T合成油工厂的建设。在我国，即使天然气大量转向民用和工业直接燃烧，但大量的煤炭资源和生物资源的利用将会使 F-T 合成的发展拥有一定的潜力。F-T 合成的烃类混合物可以加工成超清洁、优质的柴油调合料、高档润滑油基础油和特种化学品。F-T 合成的气化原料还可以扩展到目前炼厂还不能完全吃干榨净的含碳原料，如炼厂尾气，残渣以及劣质渣油等，有可能成为未来炼厂的重要工艺过程。

基于对当前世界能源形势和我国能源需求不断增长的特点分析，中国石油化工集团总公司确定了“以我为主、加强合作、加快开发，尽快形成具有中国石化自主知识产权 GTL 技术”的指导方针。依据此方针，石油化工科学研究院积极发挥成功开发成套工业化技术的综合优势，走多学科、综合开发模式，协作攻关，建立起完整的实验室催化剂制备、分析、筛选、评价的装置和方法，对 F-T 合成的催化材料、催化剂制备、反应工程等方面进行了系统研究。

2 试验部分

2.1 催化剂的制备

采用饱和共浸法制备氧化铝负载的钴催化剂，来考察和选择催化剂的基本配方。浸渍液为含有适量的硝酸钴或含有适量助剂的盐类的混合水溶液。浸渍完毕后，120℃恒温干燥 4h，然后焙烧 3h。一般情况下，催化剂样品中的 Co 含量相同。在活性评价之前，催化剂需要经过还原活化处理。

2.2 评价条件及评价指标的确定

F-T 合成催化剂的筛选评价在固定床微型反应器上进行，评价条件：反应温度 190~250℃，压力 2.50MPa，$n(H_2)/n(CO)=2.0$。微反原料气由稳压阀控制压力、质量流量计控制流量，经脱水、脱羰、脱氧等净化处理后进入反应器，反应流出物分别由热阱和冷阱收集，尾气经湿式气表计量后放空。

在微反评价的基础上，另外分别建立了催化剂评价装置、小试工艺研究装置、立升级固定床中试装置，在不同催化剂装量工况下，对催化剂的各种性能进行考察。F-T 合成产物包括气相、液相、固相等产物。油相产物主要包括 C_5~C_{22} 的有机物，如烷烃、烯烃以及少量的含氧化合物等，水相产物中除了水之外，还有少量的醇、酮、醛及酸等含氧有机化合物；固相产物包括烷烃和烯烃等高碳烃类。气相产物主要包括 H_2、CO、CH_4、CO_2 和 C_2-C_6 烃类，在多通道气相色谱仪上对气体产物进行在线分析。

2.3 千吨级中试装置

固定床 FT 合成千吨级中试装置由中国石化集团宁波工程有限公司设计，依托中国石化镇海炼化分公司的合成气制造的基础和公用工程条件进行建设。该装置可以采集工程数据、提出工程放大过程中需要解决的问题，最终为建设工业装置提供成套设计数据。

3 结果与讨论

3.1 RFT-2 催化剂的研制

3.1.1 催化剂载体材料的选择

载体是催化剂的重要组成部分，载体性能的好坏直接关系到催化剂的性能，载体价格的高低将影响到催化剂的最终成本和价格。F-T 合成催化剂载体材料有多种来源，载体对 Co 催化剂在 F-T 合成过程中的影响很复杂，国外公司在催化剂载体的选择和催化剂的制备上也各具特色[7]。

在 RFT-2 催化剂研制开发过程中，选择了三种不同来源的 Al_2O_3 粉为载体，其负载 Co 催化剂的反应性能列于表 1。从表中可以看出，3# 载体的 FT 合成性能较好，所以选择 3# 氧化铝粉作为催化剂的载体材料。

表 1 不同氧化铝粉制备催化剂的反应性能

氧化铝粉	CO 转化率/%	C_5^+ 选择性/%	CH_4 选择性/%	CO_2 选择性/%
1#	20.57	17.55	27.44	4.78
2#	43.40	68.98	14.72	3.50
3#	49.73	82.31	7.81	1.14

氧化铝的物理和化学性质受焙烧温度的影响非常大。结合固定床 F-T 合成催化剂的需要，考察了焙烧温度对氧化铝载体性能的影响，选定了载体的焙烧温度。

3.1.2 催化剂助剂的选择

在催化剂还原时，由于钴铝强相互作用的存在，使一部分的钴不能被有效地还原，因此可以引入有助于活性金属还原的助剂，促进催化剂中的活性组分更大程度地还原；同时通过这些助剂的添加，优化催化剂的性能。实验选择A助剂，考察了助剂的添加量对催化剂性能的影响。图1为添加A助剂催化剂的程序升温还原谱图。在图1中，对于没有添加助剂的催化剂，其TPR图有两个耗氢峰。低温耗氢峰在280~380℃之间，对应于催化剂中氧化钴物种的还原，且该峰包含CO_3O_4的分步还原，即CO_3O_4-CoO-Co[8,9]。而高温处的耗氢峰在400~700℃之间，属于氧化钴和氧化铝强相互作用形成物种的耗氢峰，这种物种是介于氧化钴和钴铝尖晶石之间的物种(Co_xO_y-Al_2O_3)。其形成原因为在制备过程中，当用硝酸钴的水溶液浸渍氧化铝载体时，金属钴离子以$Co(H_2O)_6^{2+}$的形式与氧化铝载体表面的羟基发生类似氢键的分子间作用，干燥后以一定的尺寸残留在载体的表面，在高温焙烧或还原过程中金属钴离子就会迁移到氧化铝的四面体或八面体空穴中形成难还原的表面钴氧化物相。

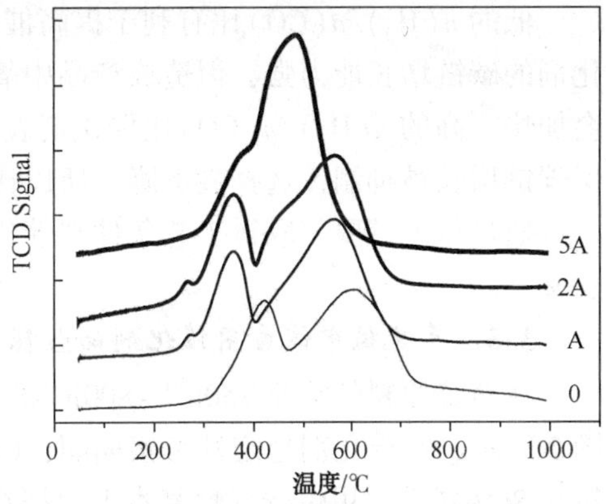

图1 助剂A的添加量对催化剂TPR的影响

加入助剂A以后，催化剂TPR谱图均发生了明显的变化，催化剂的TPR峰的起始温度降低了约60℃，而TPR峰的结束温度也有不同程度的降低。说明A助剂的添加明显促进了催化剂中氧化钴物种的还原。

但是A助剂不同的添加量引起TPR还原峰的峰形有较大的区别。A助剂加入以后，催化剂的TPR还原峰整体向低温平移。添加2倍A助剂(用2A表示)后，催化剂的TPR还原峰也向低温明显偏移，对应的TPR还原峰顶温度与添加了A助剂的催化剂相似，但是在低温和高温峰之间，有出现第三个还原峰的趋势。添加5倍A助剂(用5A表示)后，催化剂的TPR还原峰也整体向低温明显偏移，但是高温峰偏移更加明显，介于氧化钴和钴铝尖晶石之间的钴氧化物物种(Co_xO_y-Al_2O_3)的还原更加容易。通过以上研究考察工作获得了RFT-2的基础配方。

当催化剂的颗粒尺寸小于0.2mm时，可以消除一般F-T合成条件下的扩散限制，而颗粒大时，传质就会受到限制。为了适应固定床F-T合成的需要，制备活性非均匀型的催化剂来改善扩散控制，可以提高催化剂的反应活性和选择性。在配方定型剂的基础上，采用专利ZL200610112725.5方法制备了外观异形且活性组分非均匀分布的催化剂RFT-2[10]。

3.2 催化剂的稳定性考察和工艺条件考察

一个性能良好的F-T合成催化剂，不仅要具有高的活性、好的选择性，还需具备良好的稳定性。在立升级固定床中试装置上进行了1260h催化剂的稳定性试验。RFT-2催化剂的活性和选择性均较为稳定，催化剂失活速率慢；合成油产品性质也同样保持了稳定，不因催化剂活性后期的下降而改变。催化剂经过再次氢活化后，性能可以基本恢复，表现出较好的结构稳定性。

在小试工艺研究装置上分别考察了反应温度、反应压力、反应空速以及H_2/CO进料摩尔比对催化剂F-T合成性能的影响。结果表明，反应工艺条件对F-T合成反应具有较大的影响，随着反应温度的升高，催化剂的活性增加，CO和H_2转化率提高，平均每升高1℃，CO转化率提高1.4个百分点，同时随着转化率的增加，CH_4和CO_2选择性升高、C_5^+选择性及C_5^+收率降低。

反应压力的考察范围为2.5MPa~3.0MPa，反应压力升高，CO和H_2的转化率升高，催化剂的活性得到提升，催化剂的选择性随反应压力增加得到明显改善，CH_4选择性降低，C_5^+选择性和C_5^+收率均有所改善。

空速的考察范围包括500~2000h^{-1}，空速增加，CO和H_2的转化率迅速降低，生成CH_4与CO_2的选择性明显降低，而C_5^+选择性及C_5^+收率随空速的提高先增加后略降低，表明空速提高有利于催化剂选择性的改善。在空速增加时，虽然CO的转化率降低，但原料气CO消耗速率却增加，表明空速增加催化剂上实际反应的CO量是增加的，所以在一定范围内提高空速有利于提高催化剂的加工能力。

低的 $n(H_2)/n(CO)$ 比有利于提高催化剂表面的 CO 吸附浓度，可以提高催化剂的选择性，催化剂的碳链增长能力强，但造成产品中氧含量高，同时催化剂表面含碳物种浓度高时催化剂积炭也会加快。高的 $n(H_2)/n(CO)$ 比催化剂表面的 H_2 分压高，加氢能力提高，有利于催化剂活性提高，但碳链增长被抑制，选择性下降，所以比较合适的 $n(H_2)/n(CO)$ 比是在 1.9~2.0。

通过以上试验，取得工艺条件与催化剂反应性能关系规律，对指导更大规模装置运行具有重要意义。

3.3 千吨级中试应用催化剂的性能

在新鲜原料气空速 $750h^{-1}$~$800h^{-1}$ 的工况下对催化剂进行了超过 1000h 的稳定性考察，结果如图 2 所示。在催化剂稳定性考察期间，CO 转化率一直保持在 92%~93%、C_{5+} 液体烃产品选择性保持在 86%左右，甲烷选择性基本上保持在 10%以下，在较高的空速及较高的原料气转化率工况下，催化剂运转稳定性良好。

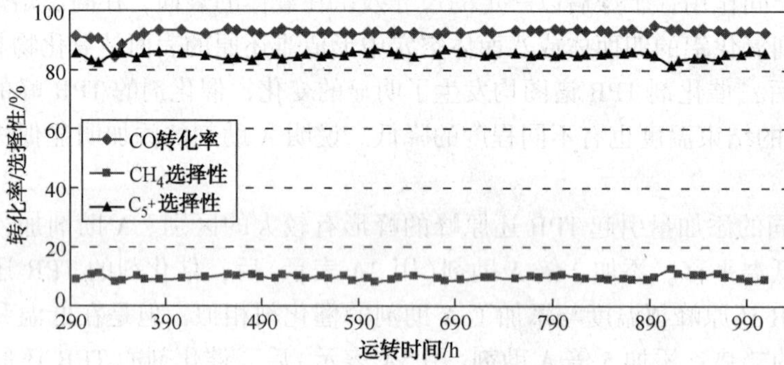

图 2　RFT-2 催化剂稳定性考察结果

在原料气总转化率高于 93%的工况下，C_{3+} 高价值产品总选择性超过 90%，CO_2 选择性仅为 0.13%，每公斤催化剂 C_{5+} 烃时空收率近 170g/h。所以 RFT-2 催化剂在较高的原料气转化率时，仍具有较高的液体烃选择性，其反应性能较优。

另外，催化剂床层的温差较小，说明 RFT-2 剂的放热效应调控较好，放热比较均匀，热点较少，催化剂床层利用率高。

其产品性质见表 2，由油品性质可知，合成轻油密度为 $0.7142g/cm^3$、馏程范围为 38~277℃，与同馏程范围石油基油品相比，合成油密度较低；合成轻油酸值为 0.32gKOH/g，油品具有一定的腐蚀性；合成轻油中含氧化合物总量为 7.7%左右，其中以醇类为主，余量为少量的醛类和酸类。合成重油密度为 $0.8635g/cm^3$，馏程范围约为 159~542℃。

表 2　合成油主要性质

项　目	合成轻油	合成重油	项　目	合成轻油	合成重油
密度(20℃)/(g/cm^3)	0.7142	0.8635	氧含量/%	1.09	0.80
折光率(n_D^{20})	1.4148	1.4306	C 含量/%	84.46	85.08
凝点/℃	−42	>50	H 含量/%	15.54	14.84
氮含量/(μg/g)	<0.2	<1	馏程 ASTM D86/℃	38~277	159~542(95%)

合成水的性质见表 3，其中中含氧有机化合物总量为 6.1%左右，其中以醇类为主，余量为少量醛、酮、醚、酸类化合物。

表 3　合成水主要性质

项　目	性　质	项　目	性　质
20℃密度/(g/cm^3)	0.9954	酸值/(mgKOH/g)	0.60
凝点/℃	−2	水中含氧有机物总含量/%	6.09

4 结论

（1）针对 F-T 合成反应的特点，通过选择载体和助剂、优化制备工艺等手段，开发了具有高活性、高选择性的 F-T 合成催化剂。经过制备方法的优化获得了非均匀的催化剂，并在工业装置中进行了工业试生产，获得了工业试生产催化剂 RFT-2。

（2）在立升级固定床中试装置上进行了催化剂的稳定性试验。RFT-2 催化剂的活性和选择性均较为稳定，催化剂失活速率慢。同时考察了反应温度、反应压力、反应空速以及 H_2/CO 进料摩尔比对催化剂 F-T 合成性能的影响。获得了反应工艺条件对催化剂反应性能的影响规律。

（3）RFT-2 催化剂在千吨中试应用中活性稳定，CO 转化率一直保持在 92%~93%、甲烷选择性基本上保持在 10%以下，C_{3+}高价值产品总选择性超过 90%，CO_2选择性仅为 0.13%，每公斤催化剂 C_{5+}烃时空收率近 170g/h。同时，催化剂床层的温差较小，说明 RFT-2 剂的放热效应调控较好，放热比较均匀，热点较少，催化剂床层利用率高，整体反应性能较优。

参 考 文 献

[1] Anderson R B. The Fischer-Tropsch Synthesis [M], New York: Academic Press, 1984: 86.

[2] 张碧江．煤基合成液体燃料[M]，山西太原：山西科学技术出版社，1993：106.

[3] 相宏伟，钟炳．天然气制取液体燃料工艺技术进展[J]，化学进展，1999，11：385-393.

[4] Fleisch T H, Sills R A, Briscoe M D. Emergence of the gas-to-liquid industry: A review of global GTL development [J], Journal of Natural Gas Chemistry, 2002, 11: 1-4.

[5] van der Laan G P, Beenackers A A C M. Kinetics and selectivity of the Fischer-Tropsch synthesis: A literature review [J], Catal. Rev. -Sci. Eng., 1999, 41: 255-318.

[6] Anderson R B. The Fischer-Tropsch Synthesis[M], Academic Press, New York, 1984: 176-255.

[7] R. Oukaci, A. H. Singleton, Jr, J. G.. Goodwin. Comparison of Patented Co F-T Catalysts Using fixed-bed and slurry bubble column reactors, Appl. Catal. A, 1999, 186: 129-144.

[8] P. Arnoldy, J. A. Moulijn. Temperature - Programmed Reduction of Co/γ - Al_2O_3 Catalysts, J. Catal., 1985, 93: 38-47.

[9] A. Kogclbauer, Jr. J. G. Goodwin, R. Oukaci. Ruthenium promotion of Co/$A1_2O_3$ F-T catalysts, J. CataL., 1996, 160: 125-133.

[10] 侯朝鹏，孙霞，王倩，等．一种钴基 F-T 合成催化剂及其制备方法：中国，ZL200610112725. 5[P].

连续重整催化剂物理分级技术的工业应用

唐 玲

(中国石化镇海炼化分公司，浙江宁波 315207)

摘 要：介绍了重整催化剂密度分级原理，重点分析了某连续重整装置在2012年2月装置停工检修期间，对约22t混有高碳含量的死区重整催化剂进行密度分级，回收催化剂17.81t，既减少了催化剂损失，又缩短了开工初期催化剂黑烧时间。

关键词：连续重整装置 物理分级 死区催化剂

1 前言

催化剂再生公司(CRI)于20世纪90年代中期开发出密度分级技术，有效地分离密度差为5%~10%的重整死区催化剂颗粒，低碳催化剂的最高含碳量小于8%，符合工业化应用要求，体积回收率达到60%~90%，获得了显著的经济效益[1]。因此，开发适合国内使用的一种或多种有效分级手段，是十分必要的。

催化重整工艺是炼油和石油化工重要的工艺之一。重整催化剂在使用过程中会产生积炭，一般情况下，连续重整催化剂的积碳量控制在3%~5%。反应器内的积碳催化剂被送入连续再生系统，完成烧碳、氯化更新、还原后，再返回反应器，在上述过程中，各反应器底部会有少量的催化剂未参与循环，这部分没有流动的催化剂称为死区(滞底)催化剂。随着滞留在反应器底部时间延长，含碳量会不断升高。其碳含量高达20%~30%，甚至更高。研究表明，如果催化剂碳含量超过7%，这部分高碳催化剂颗粒在烧焦区内不能将炭全部烧尽，未烧尽炭的催化剂进入高温、高氧含量的氧氯化区后，残余炭得到充分的燃烧，造成局部超温[2]。

一般情况下，最后卸出的占反应器总藏量10%~35%的催化剂中含有死区催化剂，其中65%~90%的催化剂的炭含量小于6%，通过密度分级技术回收低炭催化剂继续使用，减少经济损失。此项技术已在中国石化茂名分公司、中石化青岛炼油化工有限责任公司、中石油兰州石化分公司、中石化洛阳分公司等连续重整装置上应用，效果良好。

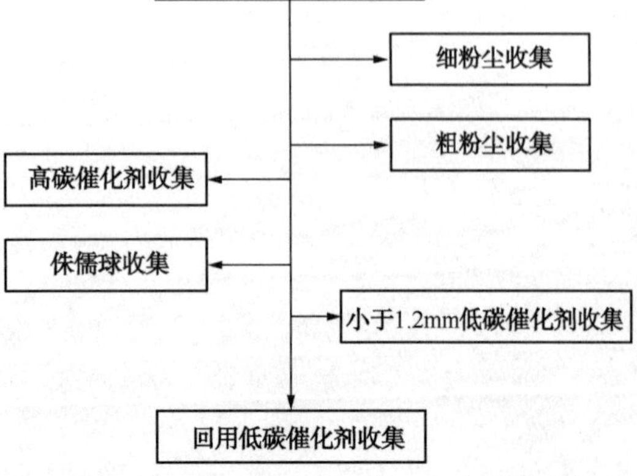

图1 重整催化剂物理分离装置流程图

2 密度分级原理

重整催化剂密度分级是根据不同碳含量催化剂的密度差异，在风力惯性负压作用下对密度不同的颗粒进行物理分离过程。

待分级的催化剂在重力作用下流入给料器，给料器的特点是给料均匀、流量可控。风量的调节很关键，由于每桶含碳量都不一样，一般情况由少增多，风量与分离板也随着碳含量的变化而不断做出相应的调节，避免低碳催化剂流入高碳催化剂区内，相反也避免高碳催化剂流入低碳催化剂区内。

重整催化剂物理分离装置流程图如图1所示。

3 催化剂密度分级

3.1 催化剂卸剂情况

本次停工检修时从反应器和再生器中共卸剂 685 桶，其中含有黑亮球、侏儒球的催化剂共 185 桶，进行密度分级处理。

3.2 催化剂密度分级结果验收标准

① 被回收的低碳催化剂颗粒的最高含碳量<6%。

② 混合催化剂中低碳催化剂的分级效率>98%。

③ 进行处理的重整催化剂损耗率<0.1%

验收方法：最高碳含量是在当催化剂密度分级处理完毕后，随机挑选 1 桶低碳催化剂，随机取出 2000 粒催化剂，在其中选出 30 颗最黑的小球交由质量技术中心进行炭含量测定，并以此分析数据作为验收数据。

在密度分级过程中，随机对 1 桶待分级处理原料催化剂取样 2000 颗，人工分选"亮黑、黑、微黑、灰、微灰和微白"6 大类，其中微黑碳含量在 6%左右，得出低碳催化剂在原料催化剂中的百分含量(微黑、灰、微灰和微白视为低碳催化剂)。然后，分别对该桶催化剂分级处理量(kg)和回收的低碳催化剂量(kg)进行实际称重。

$$\eta = m_{回}/(C \times \alpha)$$

式中 η——分线效率；

$m_{回}$——回收的低碳催化剂量；

C——该桶催化剂分级处理量；

α——低碳催化剂在原料催化剂中的百分含量。

按次步骤共随机进行 3 次测定，取 3 次测定的分级效率平均值作为混合催化剂中低碳催化剂分级效率验收值。

重整催化剂密度分级前后分别在现场采样 100g，分析水含量(加热至 105℃)，分级前后催化剂扣除水含量后的重量差值与催化剂密度分级前扣除水含量的重量比值作为重整催化剂耗损率，密度分级前后重整催化剂化验结果见表 1。

表 1 密度分级前后重整催化剂化验结果

样品编号	碳含量/%	样品编号	碳含量/%
分级前 1#	4.21 水含量:% (加热至 105℃)无	分级后 1#	1.78
分级前 2#	16.46	分级后 2#	1.3
分级前 3#	14.57	分级后 3#	0.78
分级前 4#	9.24	分级后 4#	0.78
分级前 5#	9.26	分级后 5#	0.81
分级前 6#	5.60	分级后 6#	1.16
分级前 7#	8.20	分级后 7#	2.22
分级前 8#	8.09	分级后 8#	1.5
分级前 9#		分级后 9#	0.98 水含量:% (加热至 105℃)无
分级前 10#		分级后 10#	1.31

3.3 催化剂密度分级结果

本次密度分级共处理重整催化剂22356.2kg(185桶)，回收催化剂17808.5kg，(165桶)，作废催化剂4547.1kg，采样催化剂0.3kg，处理过程中催化剂耗损率0.00134%，密度分级后随机在桶内抽2000粒催化剂，选取最黑催化剂送去化验进行分析，见表2。

表2 选取样品化验结果

样品	C/%	样品	C/%	样品	C/%
后1#黑(量少)	3.08	后7#最黑(量少)	4.31	中间剂	6.36
后6#最黑(量少)	4.61	后8#最黑(量少)	4.13	后高炭	33.23

3.4 分级后催化剂使用情况

3.4.1 催化剂装填情况

重整催化剂装填按照高碳催化剂尽量装在再生器烧焦区、分离料斗区以及四反底部，低碳及新鲜催化剂装在闭锁料斗区和反应器的原则。反应器共装剂605桶(还原区料位99%)，其中包括25桶新剂；再生系统共装剂119桶(分离料斗料位28%)，其中包括37桶新剂。总共补充新鲜催化剂6.2t。

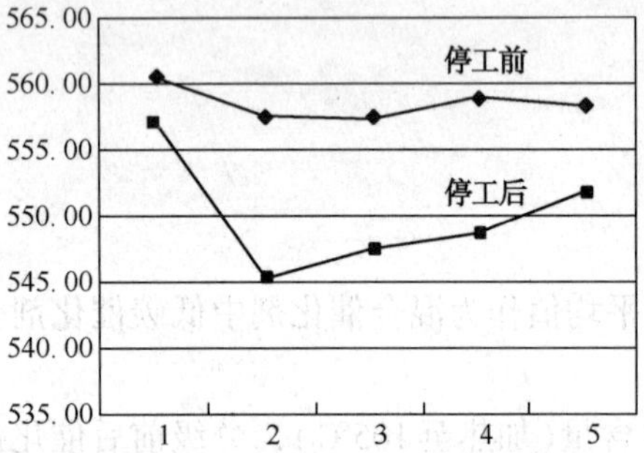

图2 烧焦区第二点温度趋势图

3.4.2 再生器烧焦情况

催化剂再生系统于4月2日建立循环、启动黑烧，开工初期，再生器烧焦区氧含量0.7%~0.95%(因大修氧分仪更换配件，显示值比上周期大)，催化剂循环速率控制在80%~100%。图2为烧焦区第二点温度(峰温)，可以看出，烧焦区的最高温度低于检修前的平均温度。

3.5 催化剂性能评价

在重整装置于4月22日提量后负荷与苛刻度与反应前基本相同，按照原料性质、装置负荷和苛刻度相近的原则，从停工前后一个月内分别选取一天，取24h的平均值作为参照数据。因原料性质不一样，但总体开停工前后的各主要参数数值相近，催化剂性能总体正常，见表3。

表3 开停工前后装置主要参数对比

项　目	2012-02-07	2012-04-22	项　目	2012-02-07	2012-04-22
重整进料流量/(t/h)	164.97	165.05	反应器压力/MPa	0.314	0.314
重整进料芳潜/%	41.56	42.07	高分压力/MPa	0.24	0.24
WABT/℃	491.37	493.78	辛烷值 *RON*	99.30	98.90
WAIT/℃	523.83	524.91	C_5 液收/%	92.24	92.13
反应总温降/℃	291.95	282.78	芳烃收率/%	67.99	63.77
氢油比	1.58	1.57	纯氢收率/%	3.88	3.70
空速/h^{-1}	2.05	2.06	芳烃转化率/%	163.33	164.45

3.6 经济效益

本次密度分级回收催化剂17.81t，为公司节约成本约175.03万元。

4 结论

(1) 本次重整催化剂密度分级效果良好，回收低碳催化剂的碳含量为0.78%~2.22%。

(2) 进行密度分级后的催化剂活性、选择性正常，再生器床层7个温度点均没有发生超温现象，避免了约翰逊内网的破损，为重整装置的长周期运行奠定了有效的基础。

参考文献

[1] 姚国欣. 全方位提供各类催化剂整套技术服务的CRI国际公司(CRI International Inc.)[J]. 现代化工，2001，21(2)：54-58.

[2] 徐承恩. 催化重整工艺与工程[M]. 北京：中国石化出版社，2006：523.

新一代加氢催化剂在海南炼化的工业应用

刘 嘉[1] 石巨川[2]

(1. 中国石化催化剂有限公司抚顺分公司，辽宁抚顺 113122；
2. 中国石化海南炼油化工有限公司，海南洋浦 578101)

摘 要：介绍了FF-46/FC-16B齿球形催化剂在中国石化海南炼油化工有限公司1.5Mt/a加氢裂化装置上的工业应用，应用结果表明，齿球形催化剂易装填均匀，FF-46/FC-16B级配催化剂活性好、加氢性能强，提高了催化剂的整体使用性能。

关键词：催化剂 齿球形 工业应用

1 前言

目前，加氢裂化技术是炼厂比较青睐的一项炼油技术。近些年加氢裂化技术的进步主要是在于工艺上的改进，而提高催化剂的选择性、活性和稳定性，以及降低操作压力、减少氢耗则是提升炼厂经济效益的关键所在[1]。

加氢精制和加氢裂化催化剂的生产方法都已经比较成熟。催化剂研制和生产工艺的改进是科研单位和生产企业研发的主要方向，除了催化剂的新配方和新工艺外，催化剂外形的创新也成为一个发展方向[2]。其中，齿球形催化剂因拥有易于装填均匀、活性高、机械性能好和使用寿命长等优点而引起广泛的关注。但其制造工艺复杂，生产成本高于同类型条形催化剂的客观因素也要综合考量。

中国石化海南炼油化工有限公司(以下简称：海南炼化)150万吨/年加氢裂化装置，采用中国石油化工股份有限公司抚顺石油化工研究院(以下简称：FRIPP)开发的FDC单段两剂多产中间馏分油加氢裂化工艺技术，该技术创新性地在反应器中级配装填使用加氢精制和加氢裂化两种催化剂，并优化两种催化剂的级配装填比例，使加氢裂化反应温度、主要目的产品质量和催化剂总费用之间得到合理优化，从而使加氢裂化对原料适应性、活性、目的产品选择性、催化剂活性匹配等总体性能明显提高。FDC单段两剂多产中间馏分油加氢裂化技术具有很好的原料适应性，可以加工不同性质的原料油。该技术不仅保留了传统单段加氢裂化工艺技术体积空速大、工艺流程简单等优点，而且还克服了传统单段加氢裂化工艺技术起始反应温度高、对原料油变化适应性差等不足，此外还具有中间馏分油收率高、化学氢耗低、产品质量好、催化剂总费用低等特点，因此，可为用户带来很好的经济效益和社会效益[3]。本周期该装置采用FRIPP开发的FZC系列保护剂、FF-46齿球形加氢精制催化剂以及FC-16B齿球形加氢裂化催化剂，齿球形催化剂可以增加催化剂的外比表面积，具有最大外扩散传质的速度，提高催化反应速率；齿球形催化剂颗粒尺寸均一，易于装填且催化剂床层均匀，解决了反应器内催化剂床层阻力和压力均衡性，有效解决反应器内物料分配均匀的问题，可以消除催化剂架桥而产生沟流和局部过热，减少催化剂结焦，延长催化剂使用寿命。生产方案以多产中间馏分油为主，适当提高催化重整原料收率，同时保持柴油和尾油产品低凝点的特点，并适当提高反应活性，以及保证装置在低能耗下长周期稳定运行。

装置于2013年9月开始催化剂装填，10月4日开始向反应系统引入低氮油，10月5日0:30开始催化剂硫化，10月7日5:20开始切换新鲜原料，10月16日产品合格，装置一次开汽成功。

2 催化剂的装填

1.5Mt/a 柴油加氢裂化装置于2013年9月9日开始装填催化剂，至9月22日结束，装填FZC-100加氢保护剂0.96t，FZC-105加氢保护剂0.98t，FZC-106加氢保护剂1.56t，FF-46齿球形加氢精制催化剂141.7t，FC-16B齿球形加氢裂化催化剂105.14t。催化剂物化性质和总用量见表1和表2。

表1 主催化剂物化性质

催化剂	FF-46	FC-16B	分析方法	催化剂	FF-46	FC-16B	分析方法
活性金属	Mo-Ni	W-Ni		形状	齿球形	齿球形	目测
孔容/(mL/g)	>0.30	>0.34	ASAP2400氮吸附法	直径/mm	2.5	2.5	游标卡尺
比表面/(m^2/g)	>160	>180	ASAP2400氮吸附法	耐压强度/(N/cm)	≥150	≥180	QCY-620仪四分到100粒，平均值

表2 催化剂总用量

装填物	装填重量/t	装填物	装填重量/t
FZC-100	0.96	FF-46(φ2.5齿球)	141.70
FZC-105	0.98	FC-16B(φ2.5齿球)	105.14
FZC-106	1.56	合计	250.34

3 催化剂的硫化钝化

催化剂的硫化采用湿法硫化，所用的硫化剂是二甲基二硫(DMDS)。

2013年10月4日15：00开启原料油泵向反应系统引入低氮开工油，逐渐调整进料量，建立反应-分馏大循环。硫化初始条件见表3。

表3 硫化初始条件

条　件	数　值	条　件	数　值
R101入口温度/℃	180	循环氢量/(Nm^3/h)	大于200000
系统压力/MPa	14.35	循环油量/(t/h)	130

10月5日0:30开启注硫泵向反应系统注入DMDS。同时以10℃/h的升温速度向200℃升温。13:00硫化氢穿透，循环氢中硫化氢浓度为1900mg/L，累计耗时约12h。16:00开始230℃恒温硫化8小时，循环氢中硫化氢浓度为7000~15000mg/L.

10月6日2:30开启注氨泵进行催化剂钝化，4:30开始注水，注水量为7t/h。并以3℃/h的升温速度向250℃升温。6:00，高分酸性水中氨浓度为6551 mg/L，氨穿透裂化反应器，耗时约3h。然后以8℃/h的升温速度向290℃升温，此过程循环氢中硫化氢浓度为2600~11000mg/L。16:00开始290℃恒温硫化，期间循环氢中硫化氢浓度为5000~8000mg/L。恒温硫化4h。21：00开始以6℃/h的升温速度向320℃升温，此过程循环氢中硫化氢浓度为3700~9500mg/L。

硫化过程共消耗硫化剂DMDS约64t，钝化剂无水液氨7t。

催化剂钝化和250℃以后催化剂高温硫化同步进行，装入缓冲罐无水液氨10.12t，实际钝化使用约7.5t。注氨罐玻璃板液位计漏、注氨泵出口蓄冷器漏，现场只能采取水喷淋的方式掩护作业(下次使用时，应做好气密检查工作，玻璃板提前更换)。加氢裂化催化剂硫化钝化趋势见图1。

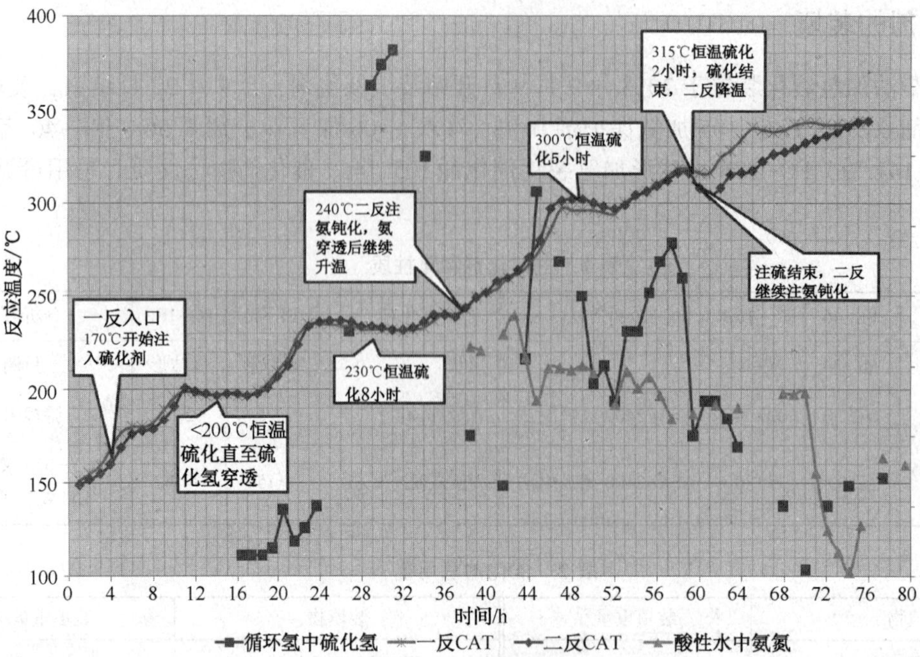

图1　加氢裂化催化剂硫化钝化趋势

4　切换原料及产品性质

催化剂硫化结束后将精制反应器入口温度降至315℃，裂化反应器入口温度降至310℃，2013年10月7日5:20向反应器内引入直馏蜡油40t/h进行稳定调整，8:30将蜡油进料量调至80t/h，并逐步提高精制和裂化反应器入口温度，之后开始调整操作。

2013年10月16日，主要产品合格，150万吨/年加氢裂化装置一次开汽成功。开工初期，装置主要操作条件、产品分布和产品性质见表4~表6。

表4　原料主要性质

原料油	蜡油	原料油	蜡油
密度/(kg/m³)	890.2	95%/EBP	524.8/542.3
馏程/℃		S/(μg/g)	7600
FBP/10%	285.0/346.0	N/(μg/g)	1226
30%/50%	401.3/438.6	S/(μg/g)	8360
70%/90%	469.9/510.7		

表5　主要操作条件

项　目	参　数	项　目	参　数
新鲜进料/(T/h)	180	2床层(入口/出口)/℃	388.9/395.9
反应入口压力/MPa	14.27	3床层(入口/出口)/℃	389.5/396.5
循环氢/(Nm³/h)	>200000	4床层(入口/出口)/℃	389.7/397.4
精制		总温升	
1床层(入口/出口)/℃	364.9/380.1	精制/℃	32.75
2床层(入口/出口)/℃	381.1/389.9	裂化/℃	29.94
改质		精制油氮含量/(μg/g)	43
1床层(入口/出口)/℃	388.9/397.0		

表 6 主要产品性质

加氢改质产品	重石脑油	喷气燃料	柴油	尾油
密度/(g/cm^3)	0.7385	—	—	0.8455
馏程/℃				
IBP/10%	60.3/90.9	159/180	217.1/254.1	314.1/368.3
50%/90%	119.1/149.8	199.4/222.8	299.9/353.6	434.4/503.4
95%/EBP	—/165.4	—/242.6	367.5/376.5	518.9/540.7
闪点/℃	—	51	101	—
凝点/℃	—	—	—	20
铜片腐蚀/级	—	1a	—	—
S/(μg/g)	12	—	—	—
黏度/(mm^2/s)(40℃)	—	—	—	23.16
黏度/(mm^2/s)(100℃)	—	—	—	4.527
黏度指数	—	—	—	107

5 运行情况

目前，海南炼化 1.5Mt/a 加氢裂化装置已经进入第四个运行周期，自 2006 年 9 月建成投产以来，经过三个周期 7 年多时间的运行，加工原料油 560 多万吨，生产催化重整原料近 1.3Mt，优质清洁柴油产品 290 多万吨，优质 3#喷气燃料 20 多万吨，加氢裂化尾油产品近 900kt，产品分布和产品质量均很好满足海南炼化实际生产要求。在装置综合能耗方面，随着各项节能措施的逐步实施和装置操作条件的不断优化，装置运行与操作渐入佳境，装置综合能耗逐年降低，前三个周期平均综合能耗仅为 24.12kgEO/t 原料油。

海南炼化 1.5Mt/a 加氢裂化装置通过采用系统综合集成的高能效加氢裂化成套技术，在技术研究、技术选择、装置设计和操作运行等方面全方位采用高效节能降耗措施，综合能耗指标已处于国内外加氢裂化装置排行榜榜首，综合节能效果达到世界领先水平，树立了高能效加氢裂化技术工业应用典范，对新装置建设和现有装置优化操作提高能效均有很好的示范和导向作用。

6 结语

(1) 海南炼化 1.5Mt/a 加氢裂化装置采用湿法硫化，硫化过程平稳，硫化效果较好，切换原料过程平稳顺利，各床层温升均在可控范围内。由于此次硫化的流程为反应—分馏大循环，硫化剂的损失量较大，实际硫化剂用量比理论硫化剂用量多了 10t。

(2) 海南炼化 1.5Mt/a 加氢裂化装置所装填的 FF-46/FC-16B 齿球形催化剂，易于装填均匀，加氢催化剂级配活性好、加氢性能强，提高了催化剂的整体使用性能。应用结果基本达到设计要求，可作为优质的催化重整原料，航煤和柴油都能满足产品质量要求。

(3) 前三个运行周期的工业应用结果表明：随着各项节能技术和节能设备的不断投入使用，装置综合能耗逐年降低，平均能耗由第一周期的 35.81kgEO/t 原料油降低到第三周期的 17.73kgEO/t 原料油，综合能耗指标已处于国内外加氢裂化装置排行榜榜首，综合节能效果达到世界领先水平。

(4) 选用齿球型加氢催化剂，反应系统压降及各床层的温度分布较上周期有了明显的改善，精制反应器的脱氮效果更好，这也为装置的长周期运行提供了有力的保障。

参 考 文 献

[1] 蒋兆鹏，孙楚桥．炼油技术及东方石化炼油技术路线[J]．广东化工，2013，40(258)：88-89.

[2] 杨大奎，魏涛，张谦温．齿球形催化剂工业应用综述[C]//加氢装置生产技术交流会论文集，2012：900-905.

[3] 曾榕辉，孙洪江．FDC 单段两剂多产中间馏分油加氢裂化技术开发及工业应用[C]//2007 年中国石油炼制技术大会，2007：636~642.

FF-46催化剂在1.8Mt加氢裂化装置的首次应用

张 飞

(中国石化天津分公司，天津 300271)

摘 要：介绍了FF-46精制剂在天津1.8Mt/a加氢裂化装置中的首次装填及应用情况，通过与上一周期装置原料性质变化和FF-36精制剂使用数据的对比、以及精制反应器出口生成油氮含量、分馏主要产品硫氮含量的分析结果，表明目前装置使用的FF-46精制剂具有良好的脱硫、脱氮效果。

关键词：加氢裂化 FF-46催化剂 首次应用

1 前言

1.8Mt/a加氢裂化装置(以下简称2#加氢裂化装置)是中国石油化工股份有限公司天津分公司1Mt/a乙烯-炼油一体化项目新建装置之一，由SEI设计，设计加工能力为1.8Mt/a，主要为乙烯和催化重整提供化工原料，分为反应(包括循环氢脱硫系统)、分馏、吸收稳定三部分。所加工原料为3#常减压装置提供的直馏蜡油(360~510℃)，产品主要包括液化气、轻石脑油、重石脑油、喷气燃料、柴油和尾油。

2#加氢裂化装置于2012年8月26日~9月20日进行了停工检修；此次检修对催化剂进行了器外再生，并补充了FF-46新型加氢精制催化剂，10月7日7:00，装置一次开车成功并生产出合格产品。

2 FF-46催化剂简介

FF-46催化剂是抚顺石油化工研究院(FRIPP)最近开发成功的新一代具有高加氢脱氮活性的加氢裂化预处理催化剂。该催化剂采用络合制备技术，可以使活性组分充分硫化，具有更多活性中心数目，FF-46催化剂主要物理性质及化学组成见表1。

表1 催化剂物化性质

项 目	指 标	项 目	指 标	项 目	指 标
化学组成/%		物理性质		物理性质	
MoO_3	23.0~26.0	孔容/(mL/g)	>0.30	直径/mm	2.1~2.5
NiO	3.8~4.2	比表面/(m^2/g)	>160	装填密度/(g/cm^3)	0.95
		形状	齿球型	耐压强度/(N/粒)	≥40

3 催化剂装填

催化剂卸料结束，R101、R102反应器清洗合格，设备检修，理化检测合格后，由车间与抚研院相关技术人员共同确认，反应器器壁清洁、无杂物，具备催化剂的装填条件。催化剂的卸出和装填工作由江苏天鹏石化特种工程有限公司承担，车间和抚研院的人员全程跟踪并最终验收。

R101(精制反应器)中二床层催化剂采用密相装填(床层顶部采用普通装填)，共装填再生条形FF-36加氢裂化预精制催化剂122.75t，一床层顶部采用普通装填，底部采用密相装填。共装填齿球形 FF-46 加氢裂化预精制催化剂 31.36t，细条形 FF-46 催化剂 13.32t，回填 FF-36 再生剂 10.02t。一床层顶部装入保护剂 FZC-106 计 3.78t，FZC-105 计 1.90t，FZC-100 计 1.12t。R101 精制反应器装填情况见表 2。

表 2 R101 精制反应器催化剂装填情况

床层	装填物	装填高度/mm	体积/m^3	质量/t	装填密度/(t/m^3)	备注
一床层	FZC-100	120	15.08	1.12	0.74	
	FZC-105	260	3.27	1.90	0.58	
	FZC-106	570	7.16	3.78	0.53	
	FF-46(齿球)	2960	37.21	31.36	0.84	
	FF-46(细条)	1935	24.26	13.32	0.97	密相装填
	再生 FF-36			10.02		
	FF-46(齿球)	105	1.32	1.12	0.85	
	Φ6 瓷球	90	1.13	1.00		
二床层	Φ13 瓷球	90	1.13	1.00		
	再生 FF-36	10460	131.48	122.75	0.93	密相装填
	FF-46(齿球)	100	1.26	1.12	0.89	
	Φ6 瓷球	100	1.26	1.00		
	Φ13 瓷球	200		4.50		
合计	FZC-100	120	15.08	1.12	0.74	
	FZC-105	260	3.27	1.90	0.58	
	FZC-106	570	7.16	3.78	0.53	
	FF-46(齿球)	3165	39.78	33.60	0.84	
	FF-46(细条)			13.32		密相装填
	FF-36(再生)			132.77		密相装填

4 催化剂使用情况

2012 年 10 月初装置开车后精制催化剂 FF-46 显示了其良好的脱除硫、氮、氧的活性，精制反应器入口温度约控制在 330℃左右，精制油氮含量可以完全满足生产要求(<10mg/kg)。

为准确反映和全面考核 FF-46 加氢精制催化剂的的使用性能，车间对精制反应器的操作参数与上一周期进行了对比。考核 FF-46 加氢精制剂在当前原料生产条件下的精制性能。开工初期加氢裂化原料密度平均为 0.9033g/cm^3，硫含量为 2.368%，氮含量为 560mg/kg，精制反应器平均反应温度为 370.7℃，精制油氮含量为 6.4mg/kg，脱氮率为 98.85%。目前装置原料及精制油脱氮率基本维持在以上水平。以下为检修前精制反应器运行参数与目前装置运行参数对比情况。

表 3 FF-46 催化剂对比数据

项 目	现 阶 段	上 周 期
催化剂	再生 FF-36/FF-46	FF-36
进料量/(t/h)	200	200
高分压力/MPa	15.5	15.5
精制反应器平均温度/℃	356	360
氢油比(体积比)	851	770

续表

项目	现阶段		上周期	
油品性质	原料油	精制油	原料油	精制油
氮含量/(mg/kg)	560	6.4	484.3	8.9
脱氮率/%	98.85		98.16	
产品分布/%				
干气	1.33		2.13	
液化气	2.44		2.96	
轻石	5.67		6.86	
重石	21.81		21.83	
喷气燃料	16.77		18.52	
柴油	14.38		11.91	
尾油	36.21		31.82	
损失	0.03		0.04	

通过装置目前精制剂运行数据与上周期对比可见，在原料油氮含量相对较高的情况下的情况下，在主要操作条件相当时，精制油脱氮率仍比检修前要高，说明 FF-46 精制催化剂具有良好的加氢脱氮性能。

从表 3 数据可以看出，催化剂重新装填后，干气收率为 1.33%，比再生前低 0.8%，液化气收率 2.44%，比催化剂再生前低 0.52%，轻石收率 5.67%，比催化剂再生前低 1.19%，重石脑油收率 21.81%，与催化剂再生前基本持平，航煤收率 16.77%，比催化剂再生前低 1.75%，柴油收率 14.38%，比催化剂再生前高 2.47%，尾油收率 36.21%，比催化剂再生前高 4.39%；表明再生催化剂的选择性有了较大的提高，解决了本装置生产末期反应温度高轻组分过度裂化，液体收率低的问题。

表 4　主要产品目前硫氮含量

项　　目	轻石脑油	重石脑油	项　　目	轻石脑油	重石脑油
总硫/(μg/g)	<0.5	<0.5	总氮/(μg/g)	—	0.6

通过表 4 主要产品的硫氮含量数据可以看出，FF-46 作为裂化后精制剂同样具有良好的脱硫醇性能，产品硫氮含量均在控制指标以内。

5　催化剂评价

5.1　活性

从表 3 可以看出，加氢裂化装置经过检修，装填部分再生剂及新剂后，反应器平均床层温度较上一周期有所降低。实际操作表明：FF-46 再生催化剂对温度比较敏感，较小的提温操作即能产生明显的温升和转化率，说明 FF-46 催化剂活性较高。

5.2　抗氮性

原料油氮含量平均在 500mg/kg 以上，装置负荷一直保持在较高状态，说明 FF-46 催化剂抗氮能力及原料适应性强。

5.3　生产灵活性

通过调整反应温度，可以灵活控制主要目的产品 77~177℃重石脑油和加氢尾油产率。

5.4　反应器温度匹配

由于 FF-46 裂化催化剂抗氮能力的提高，使精制反应平均温度相对较低，裂化反应器入口冷氢阀门开度维持在25%~30%左右，具有较大的调整余地，有利于安全生产，精制段和裂化段反应温度匹配能更好地满足实际生产需要。

6 小结

目前，天津石化1.8Mt/a加氢裂化装置使用的FF-46精制催化剂具有良好的脱硫、脱氮活性，操作灵活性大，通过调整反应温度，可以灵活控制目的产品收率，同时能够适应装置当前的原料劣质化生产要求，并且在精制段和裂化段反应温度匹配上能更好地满足实际生产需要，从而更有利于装置的长周期运转和节能降耗，可在国内同类装置中进一步推广使用。

ZCG-1增产汽油裂化催化剂在燕山二套催化装置上的应用

单炳昆

(中国石化北京燕山分公司，北京 100012)

1 前言

催化裂化技术是将劣质质油最有效技术之一，在汽油和柴油等轻质油品的生产中占有不可替代的地位。在世界范围内，大约45%的汽油来自FCC装置及其附属装置，如烷基化装置，美国约有35%的商品汽油来自于FCC汽油，我国汽油池中FCC汽油的比例更高达70%左右。因此，催化裂化装置汽油产率的高低将直接影响到整体汽油市场的供给能力，增加FCC汽油产率无疑是炼油厂提高经济效益、优化产品结构、提高企业竞争力的主要途径。

燕山分公司第二套SZorb装置2013年10月25日建成投产，在炼油系统1.3Mt/a扩能完成之前化满负荷运行，催化汽油年产量约1.41Mt，S Zorb装置负荷率偏低，难以实现经济运行。为此，催化裂化装置应采取有效措施，提高催化汽油产量。

二催化为800kt/a重油催化裂化装置，反应器和再生器为高低并列式布置，采用富氧再生、VQS快速分离系统、KH-4高效雾化进料喷嘴。该装置自2007年12月初开始使用VRCC-1催化剂，为提高催化汽油收率，石科院和燕山分公司2011年共同承担了中国石化课题“增产汽油催化裂化催化剂开发及工业应用”，确定的课题目标是汽油产率同比提高2个重量百分点以上，气体产率不明显增加，总液体收率不降低。为此，石科院根据催化裂化的反应机理，针对二催化进料重金属和碱性氮含量较高，在裂化催化活性组元和基质的选取、不同类型催化材料的配伍和催化剂制备工艺的优化等方面进行了研究，开发了ZCG-1增产汽油催化剂，并采集二催化原料，在中试装置上考察了反应温度、剂油比等对该剂使用效果的影响。试验结果表明：与二催化在用VRCC催化剂相比，在原料中饱和烃含量54.4%以及反应温度515℃、剂油比为6的条件下，C_5以上汽油收率同比提高4个百分点以上(考虑与柴油质量重叠，汽油收率同比提高2个百分点以上)，焦炭产率同比降低约0.5个百分点。

二催化2013年3月完成检修、开工，并从5月中旬开始使用ZCG-1新型催化剂。到目前为止，汽油收率比使用VRCC-1时平均提高了6个质量百分点，改善了炼油系统产品结构。

2 ZCG催化剂的开发

因催化裂化原料油中含有大量的双环和多环环烷烃以及大量的双环和多环芳烃。环烷烃在催化裂化过程中可以发生不同的反应，如果有侧链则先断侧链生成烯烃和环烷烃，没有侧链或只有一个甲基的时候则可以发生开环生成烯烃的反应，当然环烷烃还可以发生氢转移反应直到转化为芳烃，带侧链的五员环烷烃可以异构化成六员环烷烃，并进一步脱氢生成芳烃。而对于芳烃，芳环在催化裂化条件下十分稳定，而连在芳环上的烷基侧链则很容易断裂成较小分子烯烃，侧链越长，反应速度越快。多环芳烃的裂化反应速度很低，它们的主要反应是缩合成稠环芳烃，进而转化为焦炭，同时放出氢使烯烃饱和。同时，因原料油中的重金属和碱性氮的含量都比较高，催化剂设计时必须考虑到抗重金属污染和抗碱氮的问题。

因此，石科院主要从如下方面进行ZCG催化剂的研制：

(1) 活性组元的选取。选择不同品种(不同稀土含量)的，其中包括具有较高环烷烃的开环活性，并具有适当氢转移反应活性的 FAU 型系列和/或 β 系列分子筛。

(2) 基质的选取。选取不同类型的天然矿物质或改性后的天然矿物质以及活性氧花铝等，粘结剂可以从铝溶胶、胶溶拟薄水铝石以及硅溶胶中选取。催化剂的基质具有一定酸性，也就是具有一定与裂化活性，同时应具有理想的孔径分布以改善重油大分子的扩散。

(3) 不同类型催化材料的协同配合比例。这包括不同类型分子筛之间的组成比例、分子筛于基质的组成比例、不同类型基质的组成比例。

(4) 制备过程对各种催化材料的调整加工技术。主要是在投料顺序、胶溶、胶体改性、焙烧以及洗涤等环节进行研究。

新催化剂设计如下：

(1) 采用多种具有不同稀土含量的分子筛，使催化剂具有适度的阶梯分布裂化活性。

(2) 应用新型结构稳定分子筛，调整稀土含量和超稳化程度，提高分子筛硅铝比，提高其开环能力或引入具有较高开环能力的分子筛。

(3) 提高催化剂基质中大孔的比例以提高其“可接近性”，同时改善产物分子从孔内向外扩散。同时，基质大孔利于提高催化剂的抗金属污染能力，尤其是含量较高的铁、镍和钙。

(4) 对天然矿物质进行改性，适当提高基质的酸性，在对重油大分子进行预裂化的同时能抗碱氮。但不宜具有较大的路易斯酸酸密度，以防止过多环烷烃脱氢反应的发生。

(5) 提高分子筛酸中心强度，适当降低酸中心密度以得到合适的氢转移活性，控制基质的生焦选择性。

总之，新增产汽油催化裂化催化剂的设计核心就是对主、副反应的合理控制以及催化剂活性组元和基质的合理搭配。

2.1 ZCG 催化剂评价结果

通过对燕山分公司二催化原料油性质的分析以及对烃类催化裂化反应机理的认识，根据以上章节的内容，石科院对新设计的催化剂进行了中试生产和实验室评价。表 1 和表 2 给出了 ZCG 系列新配方催化剂与燕山分公司二催化装置现用裂化剂 VRCC-1 的 ACE 评价结果，评价条件：催化剂老化条件为 800℃/17 小时，反应温度 510℃，剂油比为 6.0。由表中结果可以看出，ZCG 系列 1~16 号催化剂相对 VRCC-1 催化剂具有更高的转化率和汽油产率，这表明这些催化剂除了具有较高的活性，还应该具有相当好的汽油选择性。表 3 数据表明 ZCG 系列裂化剂的 800℃/17 小时微活指数除了 ZCG-2 与对比剂相当外。其他催化剂的微活指数都高于对比剂 VRCC-1，这说明 ZCG 系列裂化剂具有更好的活性稳定性。

表 1 ZCG 系列裂化剂 ACE 评价结果

催化剂	对比剂	ZCG-1	ZCG-2	ZCG-3	ZCG-4	ZCG-5	ZCG-6	ZCG-7	ZCG-8
干气	1.54	1.54	1.64	1.56	1.59	1.6	1.57	1.61	1.61
液化气	16.61	16.95	17.66	17.06	17.37	17.32	17.05	17.53	17.3
焦炭	6.65	6.59	6.83	6.72	6.75	6.59	6.57	6.67	6.58
汽油	46.62	48.05	48.27	48.10	48.33	47.89	47.90	47.92	48.56
柴油	16.57	15.98	15.24	15.70	15.55	15.98	16.13	15.77	15.88
重油	12.00	10.89	10.36	10.87	10.41	10.62	10.79	10.50	10.08
转化率	71.43	73.13	74.40	73.43	74.04	73.4	73.08	73.72	74.04
氢气	0.08	0.07	0.08	0.07	0.07	0.07	0.07	0.07	0.06
甲烷	0.57	0.57	0.62	0.58	0.60	0.60	0.59	0.60	0.60
乙烷	0.45	0.44	0.47	0.44	0.46	0.46	0.45	0.46	0.46

续表

催化剂	对比剂	ZCG-1	ZCG-2	ZCG-3	ZCG-4	ZCG-5	ZCG-6	ZCG-7	ZCG-8
乙烯	0.44	0.45	0.48	0.47	0.47	0.47	0.46	0.48	0.48
丙烷	0.83	0.86	0.93	0.88	0.89	0.88	0.88	0.90	0.90
丙烯	4.78	4.85	5.04	4.85	4.95	4.95	4.85	4.99	4.93
正丁烷	0.72	0.78	0.84	0.80	0.81	0.80	0.80	0.81	0.83
异丁烷	3.42	3.68	3.94	3.83	3.86	3.76	3.78	3.84	3.89
C_4 烯烃	6.86	6.79	6.91	6.69	6.85	6.92	6.74	6.99	6.75
1-丁烯	1.27	1.27	1.29	1.26	1.28	1.29	1.27	1.31	1.27
异丁烯	2.12	2.00	2.00	1.92	2.00	2.06	1.94	2.04	1.92
2-顺-丁烯	1.36	1.38	1.42	1.37	1.4	1.4	1.38	1.43	1.39

表 2　ZCG 系列裂化剂 ACE 评价结果

催化剂	对比剂	ZCG-9	ZCG-10	ZCG-11	ZCG-12	ZCG-13	ZCG-14	ZCG-15	ZCG-16
干气	1.52	1.54	1.56	1.53	1.51	1.54	1.51	1.56	1.5
液化气	14.55	16.04	16.1	15.4	15.6	15.47	15.6	15.97	15.76
焦炭	5.99	6.5	6.4	6.13	6.29	6.33	6.25	6.33	6.30
汽油	47.78	48.42	48.5	49.07	48.31	48.31	48.92	49.88	48.99
柴油	18.39	17.57	17.6	17.85	17.87	17.96	17.66	16.99	17.58
重油	11.76	9.93	9.84	10.02	10.42	10.38	10.07	9.27	10.87
转化率	69.84	72.50	72.56	72.13	71.71	71.66	72.27	73.74	72.56
氢气	0.06	0.07	0.07	0.06	0.07	0.08	0.07	0.07	0.07
甲烷	0.59	0.59	0.60	0.59	0.58	0.59	0.58	0.60	0.57
乙烷	0.45	0.44	0.46	0.45	0.45	0.45	0.45	0.46	0.44
乙烯	0.42	0.43	0.44	0.42	0.41	0.42	0.42	0.44	0.42
丙烷	0.72	0.83	0.85	0.79	0.80	0.79	0.80	0.85	0.82
丙烯	4.22	4.52	4.54	4.37	4.41	4.37	4.41	4.5	4.45
正丁烷	0.62	0.77	0.78	0.71	0.72	0.72	0.72	0.78	0.74
异丁烷	2.76	3.5	3.54	3.22	3.26	3.26	3.29	3.53	3.41
C_4 烯烃	6.24	6.42	6.39	6.32	6.42	6.32	6.37	6.32	6.33
1-丁烯	1.15	1.21	1.22	1.19	1.21	1.21	1.20	1.21	1.19
异丁烯	2.00	1.85	1.83	1.88	1.9	1.84	1.88	1.79	1.85
2-顺-丁烯	1.21	1.32	1.32	1.28	1.3	1.29	1.29	1.30	1.3
2-反-丁烯	1.88	2.03	2.03	1.97	2.01	1.98	2.00	2.01	2.00

表 3　ZCG 系列裂化剂 800℃/17 小时微活指数

催化剂	对比剂	ZCG-1	ZCG-2	ZCG-3	ZCG-4	ZCG-5	ZCG-6	ZCG-7	ZCG-8
微活指数/%	55	56	55	61	58	59	60	59	61
催化剂	对比剂	ZCG-9	ZCG-10	ZCG-11	ZCG-12	ZCG-13	ZCG-14	ZCG-15	ZCG-16
微活指数/%	55	59	60	61	62	61	60	63	61

2.2　小结

通过对原料油性质的分析，从催化裂化反应化学入手，对催化裂化催化剂进行设计，并对现有裂化剂活性组元和基质进行筛选和优化组合以及对裂化的生产工艺过程进行优化，开发了新型增产汽油 ZCG 系列催化裂化催化剂。评价结果表明，在催化剂稀土含量较 VRCC-1 催化剂降低 5%~15%(重量百分比)的条件下，ZCG 系列催化剂具有更高催化裂化活性和更高的汽油产率。

3 ZCG-1 催化剂工业应用情况

二催化在使用 ZCG-1 催化剂之前，于 2012 年 8 月和 2013 年 5 月进行过两次工业标定。新鲜剂采用小型加料的方式间断补充，根据系统平衡剂活性和反应深度，控制 ZCG-1 催化剂的加入量。到目前为止，未出现流化失常装置总体运行稳定。表 4~表 11 列出了 ZCG-1 催化剂在二催化上的应用情况。

表 4 混合原料油性质

时间	2012 年 8 月	2013 年 5 月	2013 年 8~9 月
名称	空白标定 1	空白标定 2	平均统计数据
密度/(kg/m^3)	914.4	909.6	913.8
残炭值/%	3.7	3.3	4.02
金属含量/(μg/g)			
Fe	7.6	8.9	6.8
Ni	6.5	9.4	9.54
Cu			0.18
V	5.5	5.7	2.35
Na	1.0	1.8	2.34
Ca	4.1	2.5	1.42
500℃馏出量/mL	55.3	65.6	
含量/%	0.51	0.47	0.35

表 5 主要操作条件

项 目	2013 年 8~9 月 使用后	2012 年 8 月 空白标定 1	2013 年 5 月 空白标定 2
掺渣率/%	36.05	34.6	29.0
处理量/(t/h)	112	111	111
反应压力/MPa(G)	0.140	0.142	0.140
反应温度/℃	508	518	513
主风流量/(Nm^3/h)	101510	84081	94842
分馏塔顶温度/℃	114	116	118
回炼比/%	6.0	23.1	24.1
剂油比	7.8	8.7	8.0
再生压力/MPa(G)	0.182	0.188	0.197
再生密相温度/℃	650	644	645
富氧流量/(Nm^3/h)	1200	2794	1722
一中回流量/(t/h)	95	123	110
顶回流量/(t/h)	200	210	200
轻柴抽出温度/℃	225	220	220
油浆循环量/(t/h)	265	285	280
吸收塔顶温/℃	35	38	35
再吸收塔顶温/℃	40	36	38
二中回流量/(t/h)	52	60	60
回炼油返塔量/(t/h)	55	52	58
塔底温度/℃	335	345	345
解析气流量/(Nm^3/h)	4000	5200	5600
再吸收油流量/(t/h)	17	21	18
补充吸收流量/(t/h)	26	28	28

表6 ZCG-1平衡剂性质

项　　目	2013年8~9月 使用后	2012年8月 空白标定1	2013年5月 空白定2
催化剂活性	65.6	62.5	63.1
定炭/%	0.035	0.048	0.051
催化剂单耗/(kg/t)	0.90	0.70	0.80
筛分			
0~20μm	0.37	2.5	2.09
0~40μm	15.57	21.6	21.65
0~80μm		66.2	65.25
0~110μm	83.32	82.5	84.08
0~149μm	94.68	95.5	94.7
金属含量/(μg/g)			
Fe	4130	5900	5950
Ni	4020	5000	4850
V	1200	3000	2480
Sb	1240	1500	1210
Ca	1250	1100	1770
Cu	90	40	30
Na	1520	1820	1890

表7 物料平衡统计数据比较

项　　目	2012年8月 (空白标定1)	2013年5月 (空白标定2)	2013年8~9月 (使用后)
处理量/(t/d)	2661	2741	2664
掺渣率/%	34.58	27.05	40.45
物料平衡/%			
干气	4.3	5.64	4.21
汽油	42.85	43.82	49.79
柴油	27.63	22.22	17.17
液化气	13.29	14.78	16.37
油浆	3.83	5.32	4.25
焦炭	8.01	8.07	8.06
损失	0.09	0.15	0.15
总计	100.00	100.00	100.00
轻质油收率/%	70.48	66.04	66.96
总液收/%	83.77	80.82	83.33

表8 汽油性质(RIPP分析结果)

项　　目	2012年8月 (空白标定1)	2013年5月 (空白标定2)
密度(20℃)/(kg/m^3)	728.4	734.4
折光率(20℃)	1.4168	1.4202
诱导期/min	517	942
硫醇/(μg/g)	20	22
二烯值/(gI_2/100g)	1.5	0.9
溴价/(gBr/100mL)	46.4	31.3
胶质/(mgKOH/100mL)	4	2

续表

项　目	2012年8月（空白标定1）	2013年5月（空白标定2）
碱氮含量/(μg/g)	39	36
苯体积分数/%	0.70	0.59
烃类体积分数/%		
饱和烃	44.3	51.9
烯烃	36.3	25.2
芳烃	19.4	22.9
元素组成/%		
C	86.73	86.41
H	13.26	13.58
S/(μg/g)	181	188
N/(μg/g)	38	40
馏程/℃		
IBP	35	33
10%	52	52
30%	69	70
50%	94	97
70%	127	129
90%	164	167
FBP	192	199
RON	92.3	91.3
MON	80.1	80.5

表9　柴油性质(RIPP分析结果)

项　目	2012年8月（空白标定1）	2013年5月（空白标定2）
密度(20℃)/(kg/m^3)	911.5	930.2
黏度(20℃)/(mm^2/s)	4.186	3.821
凝点/℃	-22	-34
闪点/℃	53	82.5
实际胶质/(mgKOH/100mL)	95	54
10%残炭/%	0.05	0.13
折光率(20℃)	1.529	1.5441
十六烷值	27.6	21.0
碱氮含量/(μg/g)	82	61
冷滤点/℃	-4	-14
平均相对分子质量		184
溴价/(gBr/100mL)	8.3	6.6
元素组成		
C/%	89.32	89.92
H/%	10.68	10.08
S/%	0.41	0.42
N/(μg/g)	719	423
馏程/℃		
IBP	166	193
5%	213	226

续表

项　目	2012年8月（空白标定1）	2013年5月（空白标定2）
10%	224	232
30%	249	250
50%	271	266
70%	298	285
90%	329	313
95%	338	327
FBP	343	335
烃类组成/%		
链烷烃	20.8	17.5
环烷烃	10.9	5.5
芳烃	68.3	77.0
单环芳烃	21.4	21.3
双环芳烃	39.7	50.8
三环芳烃	7.2	4.9

表10　干气组成

项　目	2012年8月（空白标定1）	2013年5月（空白标定2）	2013年8~9月（使用后）
硫化氢	0.01	0.01	0.02
空气	14.42	17.15	15.85
二氧化碳	2.56	2.00	1.90
一氧化碳	0.00	0.00	0.00
氢气	33.90	30.01	35.73
甲烷	22.82	22.68	20.3
乙烷	9.91	11.25	10.25
乙烯	11.10	13.9	11.8
丙烷	0.45	0.38	0.41
丙烯	3.75	1.57	2.16
异丁烷	0.28	0.32	0.39
正丁烷	0.11	0.11	0.15
1-丁烯	0.11	0.09	0.14
异丁烯	0.12	0.08	0.12
反丁烯	0.13	0.11	0.20
顺丁烯	0.11	0.08	0.15
C_{5+}	0.22	0.26	0.43
C_6	0.00	0.00	0.00
合计	100.00	100.00	100.00

表11　LPG组成

项　目	2012年8月（空白标定1）	2013年5月（空白标定2）	2013年8~9月（使用后）
C_2	0.00	0.00	0.00
丙烷	9.44	10.03	9.47
丙烯	35.18	35.45	36.26
异丁烷	20.48	23.64	22.36

续表

项　目	2012 年 8 月（空白标定 1）	2013 年 5 月（空白标定 2）	2013 年 8~9 月（使用后）
正丁烷	4.65	5.24	5.08
丁烯	7.50	7.59	6.55
异丁烯	8.98	7.13	6.76
反丁烯	8.06	6.60	7.64
顺丁烯	5.56	4.30	5.67
异戊烷	0.02	0.00	0.14
1，3-丁二烯	0.13	0.02	0.07
合计	100.00	100.00	100.00

4　应用结果与技术分析

从表 4 可见，使用 ZCG-1 催化剂后，混合原料中金属含量相比空白标定略有降低，但总体仍旧较高，达到 22.63μg/g；残炭值由 3.3%增加至 4.02%；密度由 909.6kg/m^{3}增加至 913.8kg/m^3；硫含量相比略有降低。

日常统计的原料主要性质变化趋势见图 1。新周期开工后，催化原料性质因相关炼油装置的生产流程调整有一些波动，2013 年 7 月之前，密度低、硫含量在 0.5%以上；2013 年 8 月之后原料密度增加、硫含量降低，残炭值保持在 3.0%~4.0%左右。

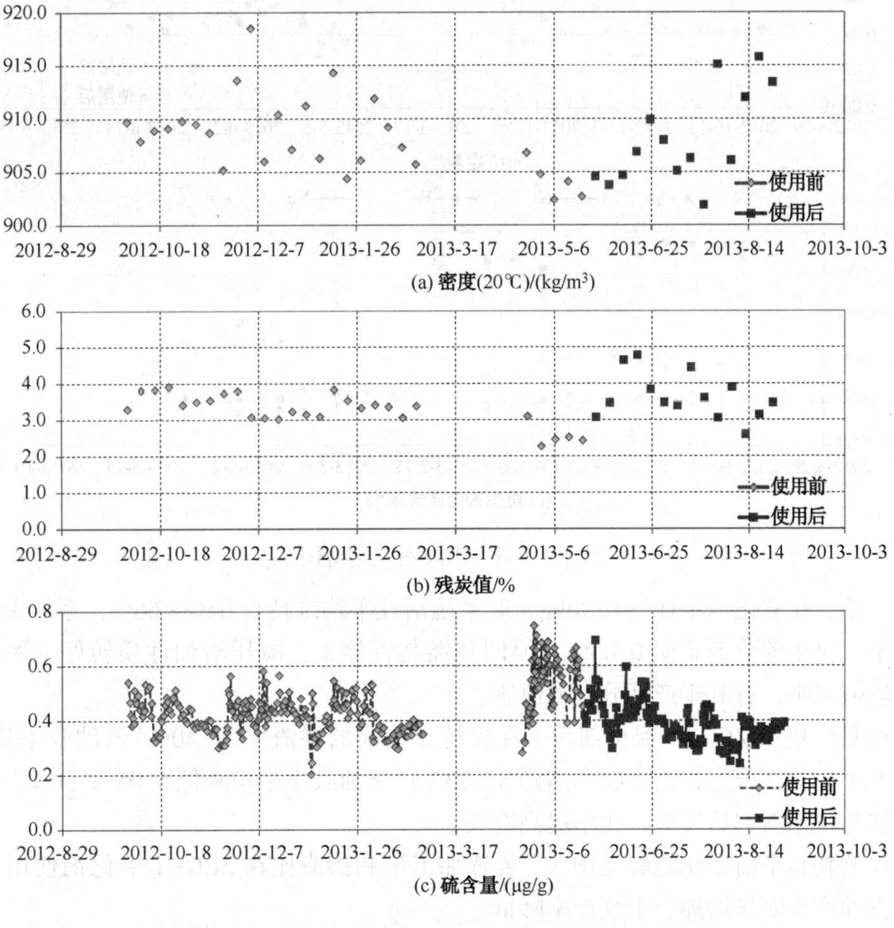

图 1　原料主要性质变化趋势图

从表5来看，因使用新剂后反应深度较大，油浆密度(20℃)较高(大于1100kg/m³)，停止回炼油浆。回炼比较低(约0.06)。主风流量满负荷，根据烟气氧含量适当补充氧气。汽油干点按≤206℃控制，分馏塔顶温度控制在114℃±2℃，正常操作时，为降低油气空冷负荷及压降，冷回流停用。为保证分馏塔下部的安全操作，控制油浆总循环量约265t/h。为保证油浆固体含量剂塔底液位，分馏塔底温度控制在330~340℃，人字挡板上温度严格控制低于370℃。

日常统计的平衡剂性质变化趋势见图2。因新周期系统催化剂跑损一直偏高(催化剂自然跑损量约为0.9kg/t)，所以新鲜剂的补充量增加，表现出平衡剂活性提高而金属含量降低的变化趋势，同时系统催化剂的粒径分布的波动也相应变大。

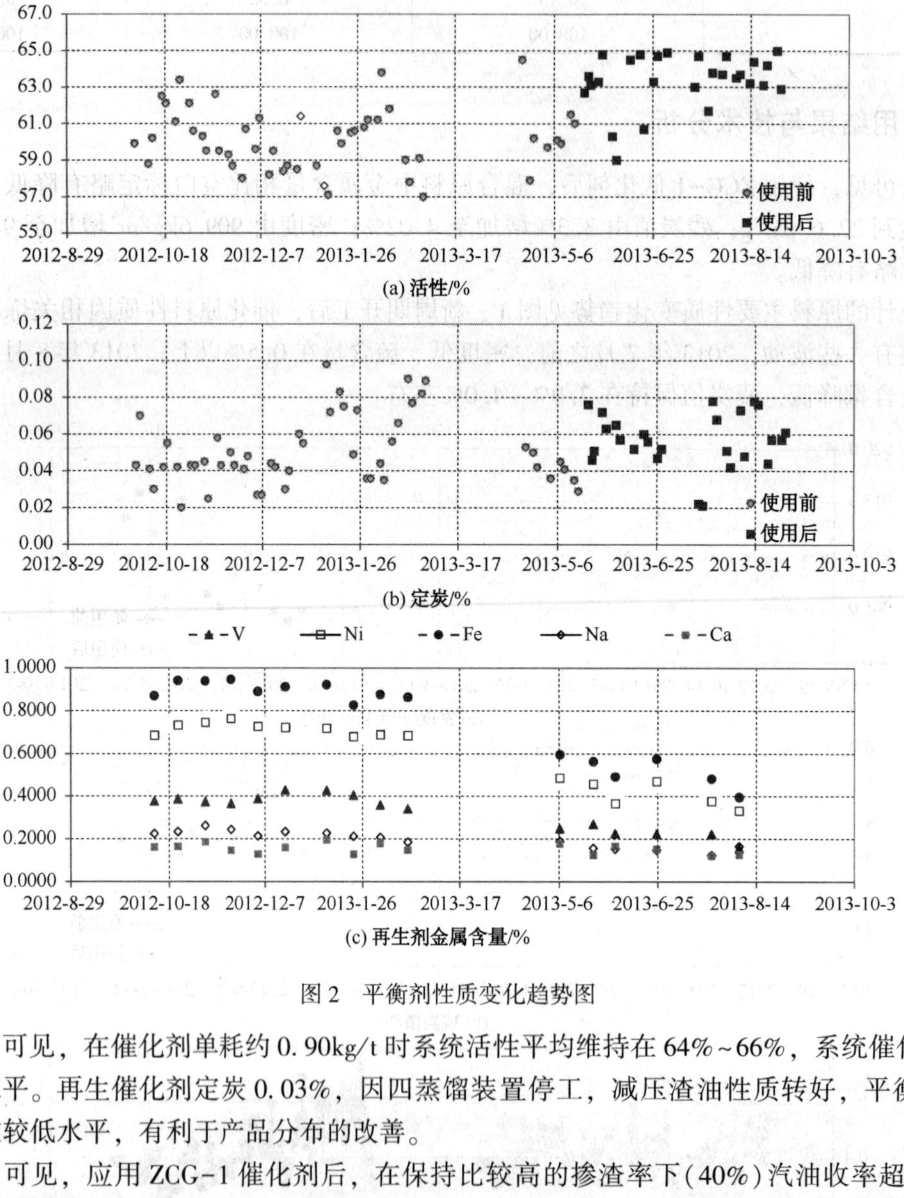

(a) 活性/%

(b) 定炭/%

(c) 再生剂金属含量/%

图2　平衡剂性质变化趋势图

从表6可见，在催化剂单耗约0.90kg/t时系统活性平均维持在64%~66%，系统催化剂活性保持较高的水平。再生催化剂定炭0.03%，因四蒸馏装置停工，减压渣油性质转好，平衡剂重金属含量保持在较低水平，有利于产品分布的改善。

从表7可见，应用ZCG-1催化剂后，在保持比较高的掺渣率下(40%)汽油收率超过49.5%，平均提高了6个质量百分点；液体收率达到83.33%；柴油收率平均降低5.05个百分点，干气产率相应降低。这与使用新剂后反应转化率提高有关。

日常统计的物料平衡变化趋势见图3。装置加工量和掺渣比在ZCG-1催化剂使用前后均有一定的变化，汽油产率明显增加，干气产率降低。

从表8和表9的汽油、柴油性质可见，因催化原料性质的变化，相应的汽油、柴油性质也有一定的波动，总体上汽油、柴油馏程基本保持不变。

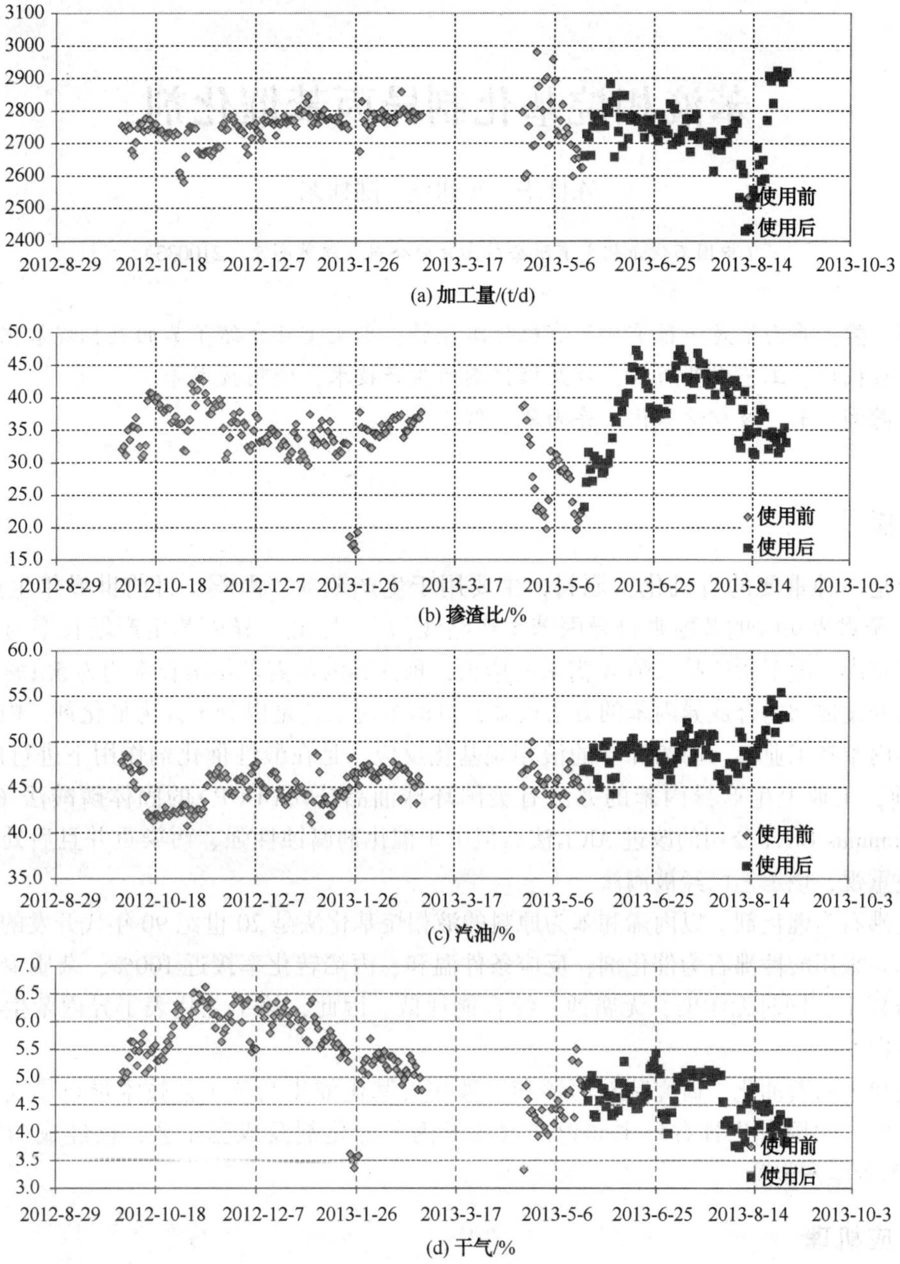

图 3　物料平衡变化趋势图

总体来说，ZCG-1 催化剂在较高的掺渣率下能改善产品分布，汽油收率增幅大，有利于炼油系统产品结构的改善。

5　结论

ZCG-1 在燕山二催化装置的初步应用结果表明，该催化剂能适应催化原料重质化和劣质化性质的改变，具有较强的原料适应性，具有较好的干气和焦炭选择性，在汽油选择性上表现尤为突出。在掺炼减压渣油约 40%时，汽油收率达到在 49%～50%，液体收率达到在 83%～84%。使用该剂后产品分布有效改善，可达到增产汽油、改善炼油产品结构的目的。

苯液相烷基化制异丙苯催化剂

陈世华　郑建坡　陆桂东

(中国石化催化剂有限公司南京分公司，江苏南京　210033)

摘　要：异丙苯是一种重要的有机化工原料，本文重点介绍了苯的液相烷基化制异丙苯的反应机理、工艺发展历程，以及催化剂的生产技术、使用技术等。

关键词：苯　液相烷基化　异丙苯　催化剂

1　前言

异丙苯是一种重要的有机化工原料，主要用于生产苯酚、丙酮。目前世界年生产能力约为1000万吨，全世界90%的苯酚来自异丙苯生产路线[1]。因此，异丙苯生产增长率与苯酚紧密相关。今后五年内，随下游产品双酚A需求的增长，预计异丙苯需求年增长率约为5.1%。

目前已开发成功的合成异丙苯的方法很多，目前主流工艺是以分子筛为催化剂，丙烯和苯经烷基化合成异丙苯在工业上，丙烯和苯的液相烷基化反应，是在酸性催化剂作用下进行的。20世纪80年代以前，工业上生产异丙苯的方法有美国环球油品公司(UOP)的固体磷酸法（SPA法）和Monsanto/Lummus Crest公司的改进$AlCl_3$法。但由于催化剂腐蚀性强、污染重并且后处理繁杂，随着环保日益重视，该工艺已经被淘汰。

以酸性沸石为催化剂、以丙烯和苯为原料的液相烷基化法是20世纪90年代开发的新一代异丙苯合成技术。采用酸性沸石为催化剂，反应条件温和、丙烯转化率接近100%、杂质少、异丙苯收率高达99%以上，同时无污染、无腐蚀，综合能耗低。因此，该工艺代表了异丙苯生产技术的发展趋势和方向。

中国石化上海石油化工研究院对丙烯和苯液相烷基化催化剂及工艺技术进行了大量的研究工作，成功开发了中国石化具有自主知识产权的异丙苯催化剂及成套工艺，已经成功应用于天津300kt/a异丙苯生产装置。

2　反应机理

丙烯和苯烷基化生成异丙苯及多异丙苯烷基转移的主反应过程如图1所示。主要的副反应如图2所示。

一般认为丙烯和苯的烷基化反应是由酸催化的亲电取代反应，遵循正碳离子机理。烷基转移反应机理有单分子反应机理(SN1)和双分子反应机理[1~3]。二异丙苯与苯反应是一个比较复杂的反应过程，在发生烷基转移反应的同时，还存在分子重排、异构化、脱烷基、分子断裂等反应。

研究表明，丙烯和苯的液相烷基化反应是通过如下机理进行：丙烯首先在催化剂活性中心吸附活化为丙烯碳正离子；活化的丙烯碳正离子存在以下三种可能的竞争反应过程：(1)丙烯碳正离子和苯分子反应生成异丙苯；(2)碳正离子和丙烯分子发生齐聚生成C6、C9等烯烃，生成的C6、C9等烯烃再进一步和苯烷基化生成重组分，这也是造成催化剂失活的主要原因之一；(3)碳正离子进一步和异丙苯反应生成二异丙苯、以及三异丙苯等。其中，丙烯的吸附活化是快过程，而碳正离子和苯的烷基化是慢过程。从动力学的观点看，丙烯(动力学直径0.5nm)是小分子，扩散速度快，易于在催化剂孔道发生吸附并聚合。苯(动力学直径0.68nm)，尤其反应产物异丙苯(动力学直径

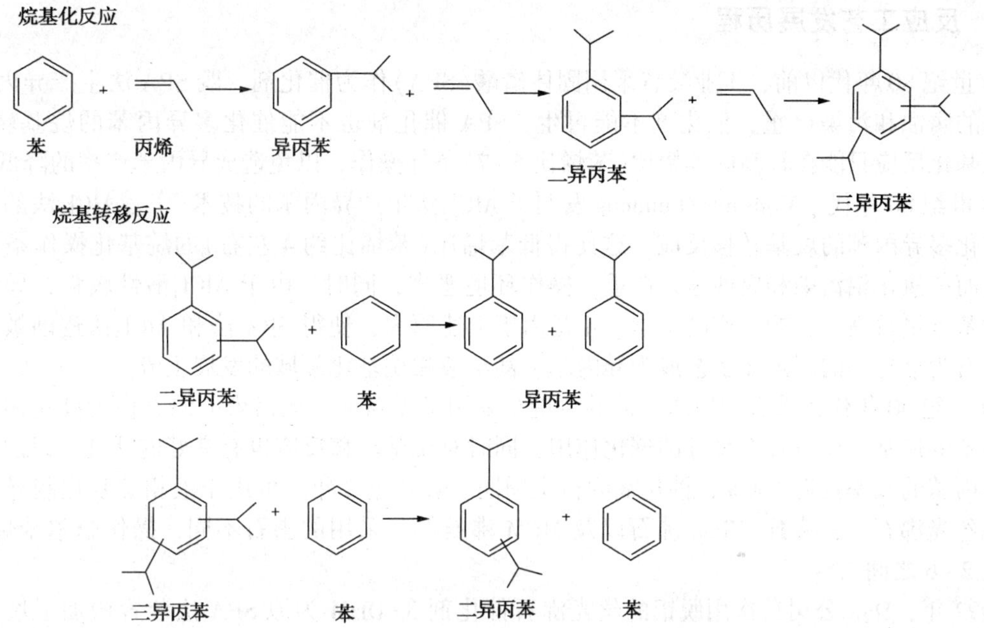

图 1　合成异丙苯的烷基化及烷基转移主反应

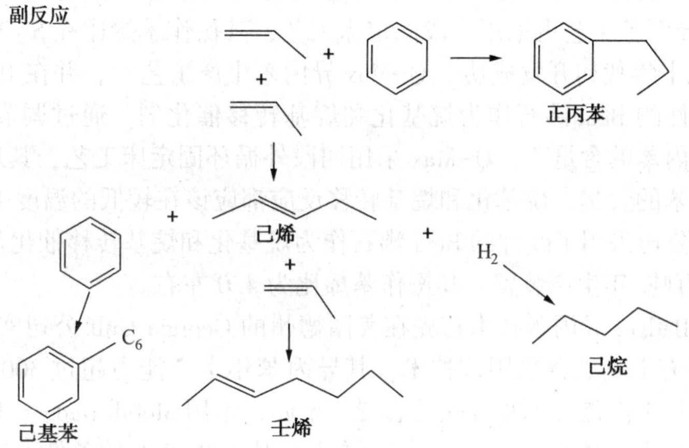

图 2　合成异丙苯的主要副反应

0.76nm)、多异丙苯(动力学直径 0.8~0.9nm)分子较大，其分子大小接近催化剂孔道尺寸，因此扩散阻力大，易于发生深度烷基化，造成催化剂微孔堵塞而活性降低，同时也降低了异丙苯选择性。从表面酸性位的性质看，强 L 酸易引起丙烯的聚合而导致催化剂酸中心覆盖；强 B 酸的存在，易导致分子间的氢转移甚至环化生成大分子，进而导致催化剂失活。由此可见，提高催化剂性能的关键：1. 是改善催化剂表面酸性，抑制丙烯聚合；2. 改善微孔扩散环境，提高大分子的扩散能力，避免深度烷基化；3. 通过对表面酸性的调变，提高催化剂的选择性，控制催化剂的活性。最终目的是提高催化剂在低苯烯比条件下的稳定性和异丙苯选择性。

杂质正丙苯含量是异丙苯技术优劣的最关键技术指标之一。杂质正丙苯主要是通过双分子烷基转移机理形成，和生成异丙苯相比，正丙苯在热力学上更有利。提高反应温度，反应产物分布将更趋向热力学平衡。因此，降低催化剂表面酸强度和降低反应温度能够减少正丙苯的生成量。然而降低反应温度不利于烷基化反应，而有利于丙烯的聚合。解决这一矛盾的关键是改善催化剂的综合性能，提高催化剂耐低温性能和抗烯烃齐聚能力。

3 反应工艺发展历程

20世纪80年代以前，工业装置采用固体磷酸(SPA)作为催化剂，既SPA法生产异丙苯。SPA催化剂的腐蚀和污染严重，催化剂不能再生。SPA催化剂也不能催化多异丙苯的烷基转移反应，因此烷基化反应只能在较高的苯烯比(苯烯比5~7)条件操作，以免造成异丙苯产率的降低。

20世纪80年代，Monsanto/Lummus发明了$AlCl_3$法生产异丙苯的技术[4,5]。$AlCl_3$法的优点在于能够催化多异丙苯的烷基转移反应，这使得低苯烯比(苯烯比约4左右)的烷基化操作条件成为可能。然而三氯化铝污染和腐蚀问题严重，操作环境恶劣，同时，由于$AlCl_3$酸性较强，导致产品中的正丙苯含量较高，影响了产品质量。正是由于上述原因，使得SPA法和$AlCl_3$法逐渐被淘汰，以固体沸石为催化剂的固定床工艺成为异丙苯、甚至液相烷基化领域的发展主流。

20世纪90年代，沸石固定床工艺的关键是采用了无腐蚀、无污染的沸石作为催化剂，沸石对丙烯和苯的烷基化反应具有良好的催化作用，同时对烷基转移反应也有良好的活性。以沸石为催化剂，异丙苯的收率接近100%，催化剂的再生周期一般超过2年。可用于液相烷基化制异丙苯的沸石包括丝光沸石、Y沸石、Beta沸石以及MCM沸石等。采用的沸石不同，操作摩尔苯烯比不同，一般在2~6之间。

1992年，Dow公司首次用脱铝的丝光沸石催化剂3-DDM为原SPA法装置增加了烷基转移工艺[6,7]。改性的3-DDM催化剂也可用作烷基化催化剂。丝光沸石经过高度脱铝后，其骨架体系中存在大量的介孔，这可能使得仅具有一维孔道的丝光沸石的扩散性能得到改善，减少了焦油的生成。Dow的3-DDM异丙苯工艺也采用多段固定床工艺，其操作苯烯比在5~7。

UOP于上世纪九十年代初开发成功了Q-Max异丙苯生产工艺[8]，并在1996年工业化。Q-Max工艺采用金属离子改性的Beta沸石作为烷基化和烷基转移催化剂。通过调节骨架中金属离子的含量，可以有效降低正丙苯的含量[9]。Q-Max采用四段外循环固定床工艺，其理想的摩尔苯烯比在4左右。为了减少正丙苯的含量，烷基化和烷基转移反应都应该在较低的温度下运行。

意大利Enichem公司采用了改性的Beta沸石作为烷基化和烷基转移催化剂[10]，并于1996年在Porto Torres建成26万吨/年生产装置。其操作苯烯比为4.0左右。

1996年，Mobil/Badger异丙苯技术首先在美国德州的Georgia Gulf公司实现工业应用[11,12]。到2002年，全世界已经有七套装置采用该技术，其异丙苯年生产能力超过300万吨。另外有三套改造和一套新建、共计年生产能力150万吨的装置。至此，采用Mobil/Badger工艺的工业装置生产能力达到全世界的50%以上。Mobil/Badger工艺可在苯烯比2.0~3.0的条件下运行，产物中重组分很少，异丙苯的纯度达到了99.97%。

近年上海石化院开发了S-ACT工艺，该工艺利用苯和丙烯的烷基化反应来制取异丙苯，反应在液相中进行，采用四段外循环固定床技术和上海石化院的专利催化剂：烷基化采用MP-01和烷基转移采用MP-02。

S-ACT工艺技术(见表1)的主要特点是：①收率高，烃焦油比值<4kg/t异丙苯；②产品质量高，可生产纯度≥99.9%的异丙苯；③热能回收率高，超过95%的热量被回收利用，因而能耗低；④上海石化院专利催化剂是一种稳定且可再生的催化剂，寿命长。

表1 S-ACT主要工艺技术指标

项目	指标	项目	指标
烷基化反应温度/℃	150~170	烷基转移反应温度/℃	180~210
烷基化反应压力/MPa	2.6~3.0	烷基转移反应压力/MPa(G)	1.7~2.0
丙烯重量空速 WHSV/h	0.7~1.2	多异丙苯重量空速 WHSV/h	0.8~1.5
苯/丙烯物质的量之比	2.0~3.0	苯/多异丙苯质量比	1.0~1.5
丙烯转化率/%	≥99.9	多异丙苯转化率/%	~50.0
单异丙苯选择性/%	≥84	催化剂寿命/年	≥5

4 催化剂生产技术

4.1 催化剂的优选原则

分子筛是由硅氧四面体和铝氧四面体组成的结晶硅铝酸盐，具有很宽的可调变酸中心数和酸强度，其比表面积大，孔径可以调变，结构稳定性好，催化活性高，无腐蚀，是固体酸催化剂重要的一部分。因此，烷基化合成异丙苯催化剂大多为各类分子筛催化剂。为了提高催化剂的抗积碳水平，从而延长催化剂使用寿命，将丝光沸石、Y 沸石、Beta 沸石等分子筛进行改性处理可制备异丙苯催化剂[13]。

4.2 主要生产工艺

分子筛类异丙苯催化剂生产主要分为以下两部分：分子筛合成；催化剂成型生产。其中，分子筛的合成包括投料、成胶、晶化、过滤洗涤、改性、烘干打粉等工序制成所需的分子筛。在进一步通过物理混合法、挤条成型、干燥、焙烧等过程制成催化剂成品。其生产工艺流程见图 3。

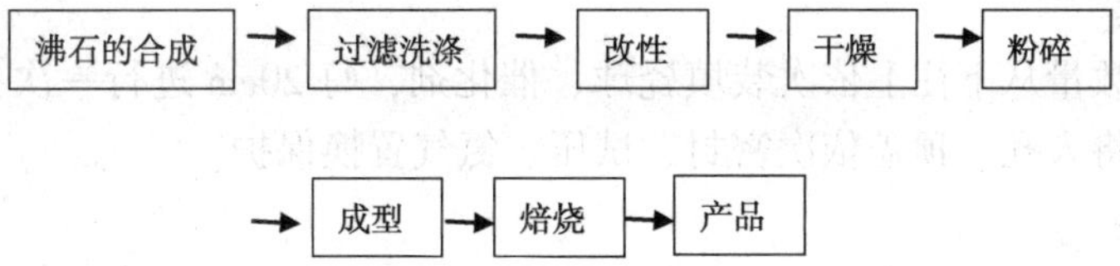

图 3 生产工艺流程示意图

4.2.1 沸石分子筛生产

将含有硅和铝的原料在溶解计量槽内分别称量、溶解后，以一定的速率投入到合成胶釜内混合，在一定温度和压力下老化，形成的浆料放入到晶化反应釜内，在一定温度和压力下，反应一定时间，形成晶体；然后将晶体溶解形成浆料，通过带式过滤机和离心机设备的反复清洗，以及在反应釜内进行改性处理；最后先将料体通过烘房烘干，然后进入闪蒸干燥器干燥打粉，形成粉状半成品原粉，用于催化剂生产。生产过程中为了减少杂晶的生成，一定要注意温度、pH 值、反应时间的控制。

4.2.2 催化剂生产

将制备好的分子筛原粉 60~80 份和 10~50 份黏结剂，放入捏合机内进行捏合，并加入一定量的酸溶液，捏合到一定程度的物料再经过螺杆挤条机挤出成型，并分盘装配后，自然养生干燥，养生一段时间再由带式干燥机进一步干燥，去除多于的水分，然后用切粒设备切成一定条长的物体，并进入网带窑进行高温焙烧，500~600℃进行焙烧 2~6h，最后，切粒整形,，过筛制得所须的异丙苯催化剂。

4.3 主要生产设备

在高压合成釜内进行分子筛的合成，然后进行洗涤，再进行改性处理，经压滤机压滤 ，烘箱烘干，粉碎机打碎，最后得到所需分子筛原粉；分子筛原粉与粘结剂经充分混合，进入大型造粒机进行成型然后在网带窑焙烧，最后经切粒机整形、切粒，得到催化剂产品。

4.4 催化剂性能评价方法

将催化剂破碎后筛取 20~50 目颗粒，在固定床反应器中进行催化剂性能评价。其中烷基转移评价条件：反应压力：2.0MPa，苯/多异丙苯比 1.0，多异丙苯空速 2.0 反应温度：185℃。烷基化评价条件：反应压力：2.6MPa，苯/烯比 2.0，丙烯空速 5.5，入口温度：140℃。分别考察催化剂的转化率与选择性。

表 2 MP-01 和 MP-02 物化性能指标

催化剂	MP-01	MP-02	分析方法
表观	白色颗粒状	白色颗粒状	目测法
催化剂颗粒尺寸/mm	1.6×2~6.0	1.6×2~6.0	游标卡尺及测量
松堆积密度/(g/mL)	0.34±0.03	0.34±0.03	GB6286-86
压碎强度/(N/cm)	70-100	70-100	HG/T 2783
平均压碎强度/(N/cm)	81	82	算术平均法

5 催化剂使用技术

5.1 前期准备

使用装置必须将反应器打扫干净，现场预留装填所需要的器具、场地。选择合适的天气进行装填。

5.2 催化剂装填

按照装置需要的数量从下往上依次装填瓷球、催化剂，每 20cm 进行一次找平操作。最后以瓷球覆盖催化剂床层。将人孔、顶盖依次密封、试压、氮气置换保护。

5.3 开车前准备

系统 N2 置换和气密试验已通过；

所有设备已能正常运转，并有足够的合格库存原料；

反应、精制系统仪表运转良好；

投料所使用的纯苯确认不含游离水等杂质，经分析后各项指标合格；

5.4 开车程序

反应器抽真空；建立苯循环，达到开车要求；压苯至反应器顶部安全阀视镜观察到苯流出，要求苯的温度低于 65℃，水分含量小于 400ppm，进苯速度应当适当控制；必须全部充满苯，保证反应器顶部出口无残留气体.

检查并确认反应系统符合投料条件，处于可投料状态，准备投料。

投料条件：保证反应器入口温度 150℃，反应器压力 2.7MPa，循环稳定，按照 50%、70%、90%、100%逐渐提高丙烯进料量至要求量，每次调整丙烯进料量必须调整相应进苯量、循环量等，保证苯烃比在要求的范围内波动，催化剂床层温度稳定在 157~160℃。

5.5 停工与重新开工

由于装置检修、设备故障、更换催化剂、其他原因等，装置需要进行停工操作，对于烷基化单元，停工顺序如下：

(1) 在烷基化单元停车开始时，把停车时间及主要安排及时通知联合装置内其他操作单元的管理人员，包括相关的公用工程单元。

(2) 通过降低进料加热炉的出口温度把反应器的入口温度降低 10℃，同时将烷基化反应器的液体进料流量降到设计量的 70%，异丙苯分馏单元也应进行相应的调整。进料流量的调整应分步小幅度进行，以便维持相对稳定的操作控制。

(3) 停止烷基化反应器的液体进料，以便二甲苯分馏单元能够单独停车。

(4) 维持原来反应温度和压力，在此条件下进行氮气循环 10h 以上，用以吹扫催化剂床层和装置系统中残存的油气，吹扫过程中每隔 2h 从系统中最低点排放残存油料。

(5) 经确认反应系统中残存油气基本排除干净后，进行反应系统降温，调整进料加热炉的热负荷，降温速度 20~30℃/h。

(6) 继续进行氮气循环直到反应器出口温度被冷却到 65℃以下。将反应器系统向燃料气系统泄压，直到两个系统的压力几乎相等为止。

(7) 将反应系统的剩余气体通过高压分离器的安全阀旁路管线排入火炬系统。

(8) 停工后根据计划要求进行处理，例如停工期较长可进行氮气置换保护，反应器内保持正压状态。

5.6 催化剂卸出

确认反应器已经进行彻底的吹扫、置换、检测反应器气体达到安全后，在反应器卸剂口准备好装料桶，从卸剂口将瓷球与催化剂全部卸出，过筛分离出催化剂备用。

6 安全与环保

液体异丙苯对皮肤有刺激性。由动物试验得出，异丙苯是强的麻醉剂和抑制剂。皮肤长时间接触，会被皮肤慢慢吸收，对身体产生积累影响[15]。

异丙苯很容易受空气氧化，生产过氧化异丙苯，此物很不稳定，在130以上剧烈分解有发生爆炸的可能，因此，在操作过程中要避免异丙苯被空气氧化。

催化剂生产过程中含碱污水要处理后达标排放，废气也要进行处理。

催化剂的主要成分是硅铝酸盐分子筛和氧化铝，生产装置失活的废催化剂和废瓷球经过氮气吹扫和烧焦，使催化剂上吸附的有机物完全脱除，然后进行填满。

7 结论与展望

2000~2002年我国苯酚的表观消费量保持在350kt左右；2012年我国对苯酚的表观消费量接近2.5Mt/a。同时近年来我国丙酮消费也增长迅速，2005年我国丙酮产量270kt，进口量337kt，表观消费量达610kt，自给率只有45%。2012年丙酮的表观消费量超过1.8Mt/a。我国苯酚/丙酮的产量和需求之间仍存在巨大的缺口。这说明开发高性能异丙苯催化剂具有良好的市场前景。

异丙苯生产技术方面也向更低的反应温度、更低的苯烯比方向发展，因此要求催化剂具有更高的反应活性，更好的选择性。分子筛向中孔、小晶粒方向发展，以增加外表面和提高利用率。具有双孔的十元环和部分十二环的大超笼结构的分子筛，经改性，制备的催化剂选择性高、稳定性好、使用寿命长、苯烯比低，代表了新一代催化剂发展方向。

Mobil公司正在开发的MCM-56分子筛[17,18]，它具有一种独特结构，所制备的催化剂用于异丙苯合成的活性高于MCM-22分子筛，而选择性相当。北京服装学院新近开发的MCM系列分子筛催化剂，其再生周期为β分子筛催化剂的3倍左右，丙烯转化率大于99%，异丙苯选择性高于95%[19,20]；上海院开发的SRZ-21系列分子筛催化剂，丙烯转化率大于99.5%，以丙烯计选择性高于99.5%，已实现工业化。环保方面，分子筛合成过程中，为了其提高性能，需要添加有机胺作模板剂，而有机胺是对环境有害的化学物质。未来，随着分子筛合成技术的提高，有望开发出生产过程不加有机胺的高性能的分子筛。清洁化生产技术的开发是未来催化剂研发发展方向。

参 考 文 献

[1] 曹钢．异丙苯法生产苯酚丙酮．北京：化学工业出版社，1983.

[2] 陈标华，林世雄，张吉瑞等．Y沸石催化剂上二异丙苯与苯反应机理及催化剂失活[J]. 石油学报(石油加工) 1998，14(3)10~16.

[3] TsiTc，Wang I. J Catal，1992，133：136.

[4] Corma A et al.，Appl. Catal. A，1993，106：143.

[5] Thomas F. Degnan Jr.，C. Morris Smith，Chaya R. Venkat. Alkylation of aromatics with ethylene and propylene：recent developments in commercial process[J]. Applied Catalysis A：General 2001，221：283~294.

[6] 毛东森，卢冠忠，陈庆龄等．固体酸代替液体酸催化剂的环境友好新工艺．石油化工，2001，30(2)：152.

[7] Higgins J B. Industrial Application of Shape-Selective Catalysis. Catai Rev Sci Eng, 1986, 28(2): 185.

[8] Lok, Brent M. T., Vail, Lawrence D., Flanigen, Edith M. Process for the use of magnesium-aluminum-phosphorus-silicon-oxide molecular sieve compositions. US 4882038, 1989.

[9] Uop (Des Plaines, IL), Gajda, Gregory J., Patton, Robert L., Wilson, Stephen T., et al. Discrete molecular sieve and use in aromatic-olefin alkylation . US 5434326, 1995.

[10] Bellussi G, Pazzu G, Perego C, et al. Liquid - phase Alkylation of Benzene with Light Olefins Catalyzed by βZeolites. J Catal, 1995, 157: 227.

[11] Mobil Oil Corp. (Fairfax, VA), Kushnerick, John D. (Boothwyn, PA), Marler, David O. (Deptford, NJ), Mcwilliams, John P. (Woodbury, NJ), Smith, Charles M. (Princeton, NJ), Process for preparing short chain alkyl aromatic compounds. US 4992606, 1991.

[12] Mobil Oil Corp. (Fairfax, VA),, Chu, Pochen (Voorhees, NJ), Landis, Michael E. (Woodbury, NJ), Le, Quang N. (Cherry Hill, NJ), Production of ethylbenzene . US 5334795, 1994.

[13] 郭士志.异丙苯合成中分子筛催化剂的研究[J].北京：北京服装学院，1993.

[14] 魏文德主编.有机化工原料大全(第二版).北京：化学工艺出版社，1999. 113.

[15] 杜泽学，闵恩泽.异丙苯生产技术进展.石油化工，1999，28(8)：562.

[16] Mobil Oil Corp. Cheng, Jane C., Fung, Anthony S., Klocke, Donald J. et al. Process for preparing short chain alkyl aromatic compounds . US 5453554, 1995.

[17] Mobil Oil Corporation , Cheng, Jane C., Fung, Anthony D., Klocke, Donald J. et al. Process for preparing short chain alkyl aromatic compounds . US 5557024, 1996.

[18] 张鑫.MCM-22分子筛的动态合成、表征、改性及烷基化催化应用[J].北京：北京服装学院，2001.

[19] 卜亿峰.MCM-22分子筛的静态合成与应用[J].北京：北京服装学院，1993.

[20] 吴隶华.几种值得注意的有机原料清洁工艺技术.化学进展，1998，10(2)：131.

[21] 孙洪敏，杨为民，陈庆龄.石油炼制与化工，2001，32(5)：32.

高活性催化剂性能的分析

（中国石化天津分公司，天津　300271）

王茂凤

摘　要：烯烃部乙二醇车间自2008年9月使用YS-8520催化剂并进行了配套二氧化碳系统改造，运行平稳可靠。

关键词：选择性　能耗　物耗　稳定

1　前言

天津石化公司烯烃部乙二醇装置以乙烯和氧气为原料生产环氧乙烷、乙二醇和二乙二醇三种产品，该装置氧化单元所使用的催化剂属于有一定使用寿命须定期更换的特殊辅料。2008年9月按照生产需要，烯烃部乙二醇车间对催化剂进行更换，选用燕山石化研究院研制的高活性催化剂YS-8520。该催化剂具有活性高的特点，是首次在工业上投入使用。从投用前的处理到使用中操作条件控制车间人员严格执行厂家要求，并对装置进行了配套改造，运行一年来，取得阶段性成果。该批YS-8520银催化剂经天津分公司、催化剂北京分公司和北京燕山分公司研究院三方验收，平均强度137.4N/粒，磨损率为2.6%；在单管装置上模拟天津分公司EO/EG装置的工艺条件（CO_2为3.0%）进行评价，汽包温度214℃，选择性为82.3%。符合乙二醇装置生产要求。

2　现场情况

该批催化剂2009年3月中旬投入生产，5月份装置按照催化剂性能要求完成脱碳系统改造并将改造后的系统并入装置运行。

2.1　新装填反应器的基本参数

反应器数：1个；反应器列管总数：3360根；反应器列管内径：38.9mm；催化剂床层高度：10670mm；催化剂总体积：42.06m^3。

2.2　稳定反应条件下的反应器进料气体组成（mol%）要求及实际参数

表1　反应器进料气体组成

组成/mol%		指标	要求范围	实际参数
乙烯		30.0	30.0±1	27~31
氧气		8.0	≤8.3	≤8.6
二氧化碳		全程≤2.0	0~2.0	2~3
致稳气 CH_4		50	45~55	≤60
抑制剂 EC/(μg/g)		1~10	≤10	4~8
循环气进料压力/MPa		1.6	1.6±0.1	1.5~1.7
工况	空速/h^{-1}		4200	≤4400
	出口EO浓度/mol%		2.62	≤3

2.3　YS-8520的性能预测

天津分公司EO/EG装置所用YS-8520银催化剂在近似的操作条件下的温度和选择性变化情况预测结果见图1。

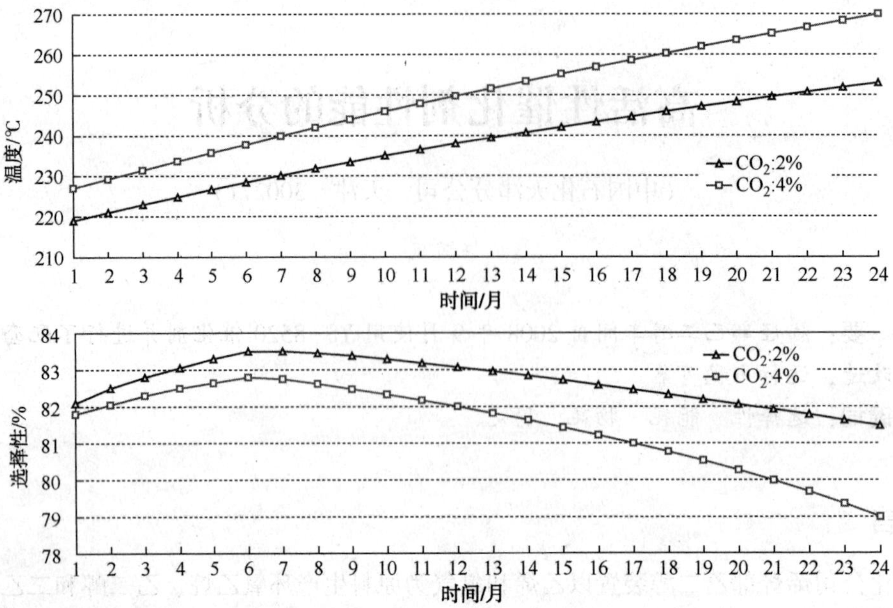

图 1　YS-8520 银催化剂在两年内的性能变化曲线

3　配套措施及实施

现装置对催化剂运行的各项保障：脱碳系统改造后的平稳运行、人员技能的提高、设备运行稳定性、工艺操作条件稳定性四个方面。

2008 年 10 月检修期间，完成脱碳一期的改造工作：对吸收塔循环气出入管线扩颈；更换吸收塔填料；预留二期项目接口。5 月初停车 5 天，完成了再解析塔安装，新增循环泵安装，更换吸收塔顶冷却器，安装了抽提减压器以及调压控制阀门等。

在催化剂出厂检验时严格按照合同规定进行的相关指标的检验确认确保催化剂各项工指标符合装置要求。

在催化剂装填和预处理过程中严格按照厂家技术人员的要求进行操作，确保装填和预处理的质量，同时做好人员操作培训。

在装置开车过程中，氧化反应器的投料量、操作程序及温度压力流量等参数的控制要严格按照催化剂厂家技术人员要求进行，组织相关人员学习尽快掌握相关操作内容要点，提高操作技巧。

脱碳系统操作要保持稳定、脱碳效果要持续高效，关注活化剂和消泡剂的添加情况，确保反应器入口二氧化碳尽量接近 2%。避免出现系统发泡，影响脱碳效果。组织人员学习辅料添加条件的确认、配制方法、及添加操作。

对催化剂选择性数据和汽包温度进行频率监测。

做好各步操作说明和操作数据的积累留存。

4　运行效果

车间对高压汽包进行温度监控和记录，每两天一次的运行数据，每 10 天取一个平均值，绘出催化剂投用后的汽包与运行时间之间的趋势曲线如下：(50 天之前为脱碳改造之前，50~70 天之间属于脱碳改造期，70 日之后为改造完成期)，汽包温度随时间变化曲线如图 2 所示。

将图 2 和催化剂厂家提供的理论数据对比可以看出该批催化剂性能实际运行情况与预测情况基本吻合，到 2009 年 12 月底高压汽包温度均低于 220℃。选择性变化曲线见图 3。

从图表可以看出，YS-8520 催化剂的反应初活性高，运行性能比较稳定。催化剂的最高选择性并不是出现开车初期阶段，而是在提高反应温度到 219℃，在增大转化率过程的半年期内，这与

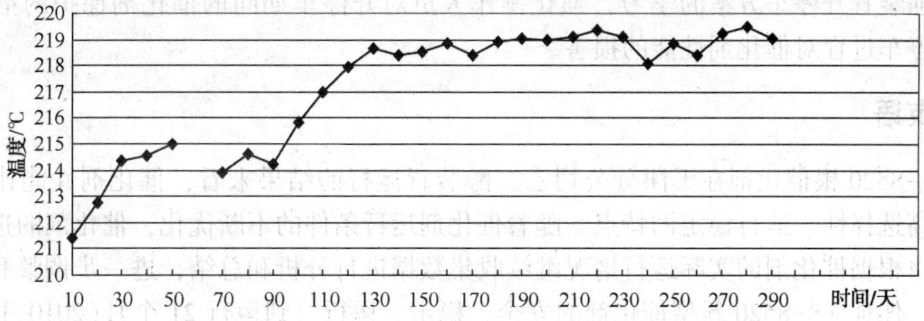

图 2　汽包温度变化曲线

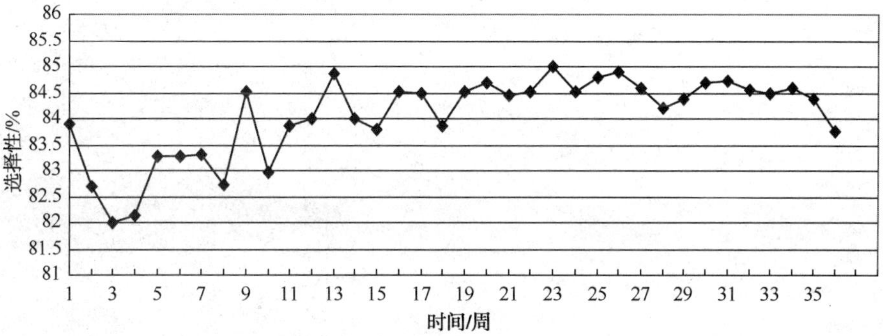

图 3　选择性变化曲线

单管试验运行结果相符。反应温度升高趋势较低，此情况利于高选择性操作，对进行末期提高温度升高转化率延长催化剂使用周期有利。

5　效益评价

与原有的 YS-7 催化剂相比较，YS-8520 银催化剂在选择性方面提高 3 个百分点，对应的物耗相应下降 30kg 乙烯/EOE，同时能耗提高 37kgEO/EOE。具体计算时，2009 年实际运行时间为 290 天。

（1）节省乙烯费用：0. 26t(每小时少投入量)×6960h×5701 元/t＝1031. 646 万元；

（2）节省氧气费用：0. 9t(每小时少投入量)×6960h×483 元/t＝302. 586 万元；

（3）高压蒸汽多消耗费用：-4. 27t×6960h×170 元/t＝-505. 209 万元；

（4）低压蒸气节省费用：0. 25t×6960h×100 元/t＝17. 4 万元；

计算年节约费用为以上四项之和：846. 423 万元/a。

从运行结果表明，YS-8520 催化剂的开车过程活性较高，运行性能可靠，未发现异常问题。YS-8520 催化剂在运行开车中，与前期 YS-7 催化剂相比加入抑制剂加入量增大 100g/h 以上。同时，反应温升较缓慢，月均升高 1℃，有利于催化剂长周期反应。从二氧化碳浓度降低过程，对比催化剂的选择性影响关系得出，每降低 0. 15%的 CO_2 浓度，催化剂选择性约提高 0. 1%。

6　巩固措施

（1）根据催化剂厂家提供的相关资料继续加强操作人员对催化剂性能的培训，提高下一步操作的预见性。

（2）稳定循环气组成，及时脱除其中的惰性组分，控制反应器的操作温度和压力，尽量避免波动。

（3）强化操作人员应急处理能力，避免操作失误引起的意外停车。

（4）加强动静设备管理和维护，避免因设备原因导致的意外停车。

(5) 加强装置开停车方案的学习，强化操作人员对开停车期间的催化剂保护的措施学习和演练，避免开停车过程对催化剂性能的损害。

7 结束语

根据 YS-8520 银催化剂在天津分公司乙二醇装置运行的结果来看，催化剂性能比较稳定，具有高活性、高选择性、运行稳定的特点。随着催化剂运行条件的不断优化，催化剂的选择性有所提高。下一步将根据催化剂的实际运行情况继续收集数据进行分析和总结，进一步调整和优化催化剂的运行条件，保证 YS-8520 新型催化剂的安全、稳定、运行，到运行 21 个月(2010 年 12 月底)控制催化剂选择性在 81%以上，汽包温度在 250℃以下。

贵金属催化剂 HDO-18 的工业应用

刘建军

（中国石化北京燕山分公司，北京　100012）

摘　要：HDO-18 是由抚顺石油化工研究院（以下简称“抚研院”）研制开发的新一代催化重整生成油选择性加氢催化剂。该催化剂以 $\gamma-Al_2O_3$ 为载体，Pd、Pt 为复合活性金属组分，采用蛋壳型金属分布方式，与同类催化剂相比，具有更好的催化性能。该剂不仅可应用于重整生成油苯馏分的选择性加氢脱烯烃，而且还可应用于半再生重整生成油全馏分和第二代连续重整生成油 BTX 馏分的选择性加氢脱烯烃。投产应用后芳烃损失<0.5%，满足了产品溴价<1.0gBr/100g 油、芳烃损失<0.5%的 HDO-18 催化剂工业应用规定的质量指标要求，说明该剂具有良好的催化活性、选择性和稳定性。

关键词：贵金属　催化剂　选择性　活性

1　前言

HDO-18 是由抚顺石油化工研究院（以下简称“抚研院”）研制开发的新一代催化重整生成油选择性加氢催化剂。该催化剂以 $\gamma-Al_2O_3$ 为载体，Pd、Pt 为复合活性金属组分，采用蛋壳型金属分布方式，与同类催化剂相比，具有更好的催化性能。该剂不仅可应用于重整生成油苯馏分的选择性加氢脱烯烃，而且还可应用于半再生重整生成油全馏分和第二代连续重整生成油 BTX 馏分的选择性加氢脱烯烃。北京燕山石化公司芳烃抽提装置原来使用 481-3 催化剂，该剂具有较好的催化活性和选择性，由于 2005 年装置加工能力由原来的 15kt/a 提高至 200kt/a 时，预处理单元并未进行同步扩量改造，使得加热炉负荷偏低存在瓶颈，因此需要通过更换性能好、反应温度低的催化剂来满足生产要求。经过充分调查研究，北京燕山石化公司决定采用 HDO-18 选择性加氢催化剂，并与抚研院共同承担了工业化应用任务。

本次工业化应用目的，是在工业加氢装置上对 HDO-18 选择性加氢催化剂的反应性能进行全面考察，完成长期稳定运转。第二周期经过两年多的长期稳定运转，上述工业应用目的已全面达到。

HDO-18 催化剂于 2010 年 3 月 11 日进油，到 2012 年 12 月 10 日，已累计运转了约 1000 多天，共处理原料油 419580t，催化剂处理原料油达 77.84m^3/kg 剂。在反应器入口温度 100～130℃、反应器入口压力 1.8MPa、重量空速 7.14h^{-1}、体积空速 6.33h^{-1}、气油体积比 250:1 的操作条件下，产品溴价为 0.1～0.5gBr/100g 油，芳烃损失<0.5%，满足了产品溴价<1.0gBr/100g 油、芳烃损失<0.5%的 HDO-18 催化剂工业应用规定的质量指标要求。这说明该催化剂具有良好的催化活性、选择性和稳定性。HDO-18 催化剂及工艺技术成熟可靠，能够确保工业装置的长期稳定运转。

2　工艺流程概况

北京燕山石化公司 20 万 t/a 芳烃抽提装置前身是 150kt/a 的催化重整装置，是我国自行设计建造的。装置始建于 1969 年，1971 年正式投产，并于 1978 年、1983 年先后两次进行了重大技术改造。

自 2000 年 600kt/a 连续重整装置开工以后，芳烃抽提装置原来的重整单元停用，仅保留预处理、抽提和精馏三个单元，主要以生产苯、甲苯、二甲苯产品为主。连续重整装置生产的抽提料经过预处理单元进行烯烃饱和反应后，进入抽提单元，经萃取后芳烃组分通过精馏单元进行分离，进而生产出苯、甲苯和二甲苯；而非芳烃组分则作为副产品送出装置。装置的原则工艺流程见图 1。

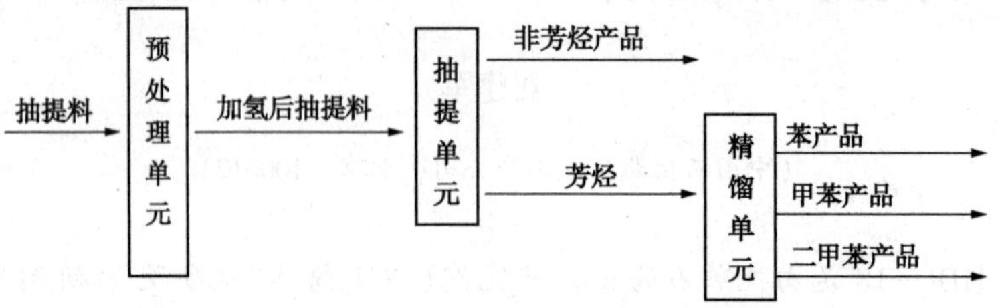

图 1　装置原则流程图

芳烃抽提装置原料加氢精制部分是沿用了原来催化重整装置的预处理单元，采用传统的原料油加氢精制工艺流程。精制的目的是将抽提原料中烯烃等不饱和烃类加氢饱和，以保证苯类产品的酸洗比色和非芳烃产品的溴价等指标合格。根据装置工艺特点和产品质量的需求，在工业装置运行过程中，要求催化剂对原料油进行选择性加氢，产品溴价应<1.0gBr/100g 油，加氢精制前后 C_6组分中苯损失应<0.5%。即要求：催化剂应当只对烯烃加氢饱和，对芳烃基本不加氢。为了保证加氢精制产品的上述两项质量指标，催化剂应具有较高的催化活性和很好的选择性。

3　催化剂性能情况

HDO-18 催化剂的总量为 7t，平均装入两个预加氢反应器中(每个反应器内装填 3.5t 催化剂)，催化剂预硫化需要二甲基二硫化物约 35kg。HDO-18 催化剂性状见表 1。

表 1　HDO-18 催化剂的主要物化性状

项　目	规格要求	检验结果	项　目	规格要求	检验结果
外观		黄色圆柱条形	比表面积/(m^2/g)	≮170	179
外形尺寸 Φ×L/mm	(1.4~1.6)×(3~8)		铂(Pt)/%	≥0.18	0.192
堆积密度/(g/cm^3)	0.70~0.80	0.74	钯 (Pd)/%	≥0.08	0.091
径向耐压强度/(N/cm)	≮90	97	担体	γ-Al_2O_3	γ-Al_2O_3
孔容/cm^3	≮0.45	0.50			

4　催化剂装填

装剂前，清扫反应器内部。装填过程中，为使催化剂装填均匀，采用漏斗布袋装填，每装填一米高，耙平一次。催化剂装填尺寸如表 2 和图 2 所示。

表 2　单个反应器的装填尺寸

项　目	数　据	项　目	数　据
反应器内径/mm	1380	HDO-18 高/mm	3430
反应器总高/mm	6600	HDO-18 装填体积/m^3	5.1277
上部 φ18 瓷球高/mm	100	下部 φ6 瓷球高/mm	200
上部 φ13 瓷球高/mm	150	下部 φ13 瓷球高/mm	200
上部 φ6 瓷球高/mm	200	下部 φ18 瓷球高/mm	下切线

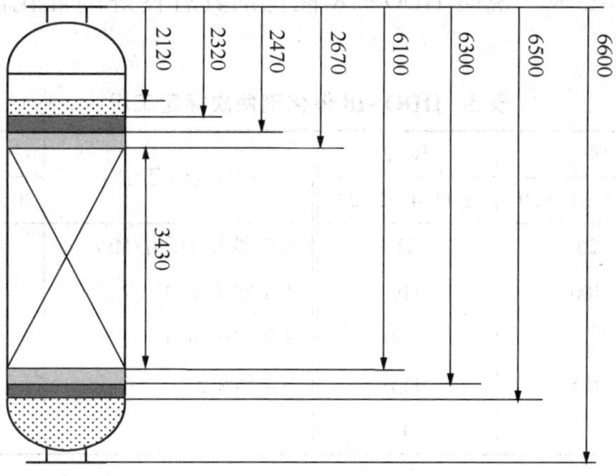

图 2 R201 装填示意图

5 催化剂干燥脱水及还原

HDO-18 催化剂为氧化态。由于催化剂在放置、运输和装填过程中，难免会与空气接触吸湿，因此，进油前必需对催化剂进行脱水干燥、用氢气进行还原。

2010 年 3 月 8 日，在确认管网氢气中 H_2S 含量<0.5μL/L、水含量<200μL/L 后，于 15:00 时向临氢系统引入氢气，20:00 升压至 2.0MPa，进行吹扫、置换和气密；氢气置换合格后，改为一次性通过。投用加热炉，以 25~30℃/h 速度将反应器入口温度逐渐提高至 120℃，恒温 5h。至 3 月 10 日 8:00 催化剂 120℃恒温脱水结束，以 20~25℃/h 的速度将 R201/1 入口温度升至170℃，当 R201/1 入口温度稳定后，恒温 8h，以便对反应系统后部(反应器下游)进行干燥脱水，同时完成催化剂还原。

6 催化剂预硫化、进油

HDO-18 催化剂按照抚研院的要求进行了湿式预硫化，硫化油采用 6#溶剂油。3 月 10 日 23:50 催化剂干燥、还原结束后，启动 P201 向反应系统注入硫化油(6#溶剂油)，进料量控制 13t/h。3 月 11 日 5:00 启动硫化剂泵建立硫化流程。催化剂硫化的工艺条件：温度 170℃，系统压力 1.5~2.0MPa，体积空速 $2h^{-1}$，氢油体积比(200~400):1。

催化剂硫化，共注入 35kg 二甲基二硫，硫化时间 2 小时，硫化阶段要求：R201/1 入口压力>1.8MPa，氢油体积比：(200~300):1。硫化剂刚注入反应器时，催化剂床层最大温升为 10~12℃，随后温升消失，床层温度十分平稳。硫化阶段结束标志：从 R201/1、2 出口能检测出 H_2S 的浓度。

3 月 11 日 7:00，从 R201/1、2 出口采样分析，H_2S 已穿透催化剂，催化剂硫化结束。3 月 11 日 9:00，启动 P101 引原料油，按 25%、50%、75%、100%原料油的方案逐渐切换进油。进料切换后，有一段时间抽提料溴价偏高，主要原因是临氢系统氢气闭路循环，注硫后氢气中残存的 H_2S 依然存在于系统中，而 H_2S 对催化剂有暂时失活的作用，所以在初期抽提进料溴价较高。在将氢气外排火炬降低 H_2S 浓度后，抽提料溴价很快达到<1gBr/100g 的厂控产品质量指标要求。

7 HDO-18 催化剂运转标定

从 2010 年 3 月 11 日进油至今，装置共运转 1000 多天，处理原料 419580t，催化剂处理原料 $77.84m^3/kg$ 剂。在反应器入口温度 100~120℃、高分压力 1.8MPa、重量空速 $7.14h^{-1}$、体积空速 $6.33h^{-1}$、气油体积比 250:1 条件下长期稳定运转；在反应器入口温度的情况下，加氢精制产品溴价基本维持在 0.1~0.5gBr/100g 油，芳烃损失<0.5%，满足产品溴价<1.0gBr/100g 油、芳烃损失<

0.5%的厂控产品质量指标要求。说明 HDO-18 催化剂具有良好的催化活性、选择性和长期稳定性。标定结果见表 3~表 5。

表 3 HDO-18 催化剂两次标定工况

项目及标定时间	标-1	标-2	项目及标定时间	标-1	标-2
	2010.8.31~9.01	2011.4.22~23		2010.8.31~9.01	2011.4.22~23
进料量/(t/h)	25	25	反应器入口压力/MPa	1.81	1.8
反应器入口温度/℃	100	110	重量空速/h-1	7.1	7.1
高分压力/MPa	1.43	1.40	体积空速/h-1	6.33	6.33
反应器出口温度/℃	105	114	气油体积比	334	300
床层温升/℃	5	4			

表 4 两次标定原料与精制产品质量分析数据

时间项目及标定	标-1		标-2	
	2010.8.31~9.01		2011.4.22~23	
	原料	产品	原料	产品
密度/(kg/m^3)	770.6	768.7	782.9	781.2
初馏点/℃	70	70	73	71
终馏点/℃	148	145	145	145
苯/%	22.4	22.5	22.7	22.9
甲苯/%	16.3	16.1	19.3	19.5
二甲苯/%	17.1	17	19.2	19.2
三甲苯/%	0	0	0.7	0.2
总芳烃/%	55.8	55.6	61.9	61.8
溴价/(gBr/100g)	5.28	0.11	4.45	0.14

表 5 三苯、非芳烃产品质量分析数据

考查项目	标-1	标-2	设计要求
苯			
IBP/℃	79.82	79.78	≮79.65
EBP/℃	80.07	80.13	≯80.45
结晶点/℃	5.45	5.36	≮5.0
酸洗比色	0.05	0.05	≯0.1
密度(20℃)/(kg/m^3)	878.9	878.8	876.0~881.0
甲苯			
IBP/℃	110.40	110.40	≮110.3
EBP/℃	110.71	110.86	≯111.0
酸洗比色	0.05	0.05	≯0.1
密度(20℃)/(kg/m^3)	866.9	867.0	865.0~868.0
二甲苯			
IBP/℃	138.90	138.90	≮137.0
EBP/℃	140.70	140.90	≯143.0
酸洗比色	0.05	0.05	≯0.5
密度(20℃)/(kg/m^3)	867.2	867.7	860.0~870.0
非芳烃			
含苯/%	0.06	0.03	≯0.1

8 结论

（1）经过充分准备和精心操作，HDO-18 催化重整生成油选择性加氢催化剂，在加工量为200kt/a 的芳烃抽提工业装置上进行的工业应用项目，获得了开工一次成功和长期稳定运转的良好结果。

（2）在长达 1000 多天的长期稳定运转中，进行了两次工业标定。长期运转和标定结果表明，在反应器入口温度 100~120℃、高分压力 1.8MPa、体积空速 6.33h^{-1}（重量空速 7.1h^{-1}）、气油体积比 250∶1 的操作条件下，加氢精制产品溴价为 0.1~0.5gBr/100g 油，芳烃损失<0.5%，小于工业应用试验合同规定的产品溴价<1.0gBr/100g 油的指标。

（3）以加氢精制生成油为原料，HDO-18 催化剂完全满足产品三苯和非芳烃的质量标准要求。

参 考 文 献

[1] 陈素明等．加氢催化剂工艺和工程技术[M]．北京：中国石化出版社，2003.
[2] 李大东．加氢处理工艺与工程[M]．北京：中国石化出版社，2005.

碳八芳烃异构化催化剂长周期运行浅析

皇甫协立

(中国石化上海石油化工股份有限公司，上海 200540)

摘 要：介绍了SKI-110乙苯脱乙基型的碳八芳烃异构化催化剂在上海石化600kt/a芳烃联合装置上的长周期运行情况。结果表明SKI-110催化剂在原料中乙苯含量较低的情况下仍能保持较好的活性和选择性，满足优化产品结构，降低对二甲苯生产成本的要求。且在进料中存在较高非芳的情况下仍能保持良好的催化剂性能，适用于高苛刻度下的运行。

关键词：SKI-110 脱乙基 催化剂 乙苯 非芳

1 前言

一般来说，对二甲苯(PX)较其他碳八芳烃更具有价值，所以工业上常常通过异构等方法将其他碳八芳烃转化成对二甲苯。混合碳八芳烃经吸附分离或结晶分离装置分离成对二甲苯和贫对二甲苯，而贫对二甲苯则通过异构化装置反应生成接近热力学平衡的混和碳八芳烃。

在异构化装置中，根据乙苯转化途径的不同，催化剂可分为两类：(1)乙苯转化为二甲苯型异构化催化剂；(2)乙苯脱烷基转化为苯型异构化催化剂。用来衡量此两类反应的主要参数为乙苯的转化率。在第一种转化途径中，乙苯转化为二甲苯的反应有中间产物环烷烃的形成，因此反应进料及反应出料中的环烷烃存在量，决定了反应苛刻度用以达到所需的乙苯转化率，乙苯转化为二甲苯型的催化剂转化率一般为25%~35%。这些环烷烃的存在造成若生产同等量的对二甲苯，需要配套较大的吸附分离装置、二甲苯精馏装置及异构化循环回路，同样意味着需要较大的设备投资与能量消耗。在第二种转化途径中，乙苯转化率更高些，一般为60%~90%。主反应为乙苯转化为乙烷及苯，贫对二甲苯转化为热力学平衡态的混合二甲苯，由于反应中不生成环烷烃这一中间产物且乙苯转化率更高些，生产同等产量的对二甲苯所需的二甲苯装置回路流量大大小于第一种转化路径，但是需要更多的混合碳八芳烃，部分联合装置则通过提高补料量的形式来完成生产要求。该反应的副反应主要为二甲苯歧化生成甲苯和碳九芳烃，此副反应在高苛刻度条件下尤其容易发生。相比第一种转化途径而言，芳烃饱和和裂解反应较少。

中国石化上海石油化工股份有限公司(以下简称上海石化)600 kt/a大型芳烃联合装置应用中，选择乙苯脱乙基型的碳八芳烃异构化技术路线，与项目初期选择乙苯转化型异构化技术路线比较，不仅可以较大幅度地降低了装置新建规模，还可以明显节省一次性固定投资，降低装置运行能耗。

文章主要介绍上海石化600 kt/a大型芳烃联合装置中异构化装置使用的石油化工科学研究院研发的SKI-110乙苯脱乙基型碳八芳烃异构化催化剂长周期运行情况。

2 反应机理

2.1 主反应

A：二甲苯异构化

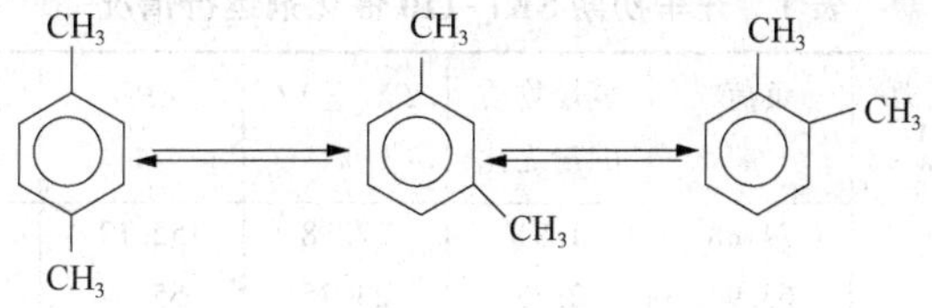

多数研究者认为二甲苯异构化遵循分子内甲基位移的单分子反应机理。借助催化剂中分子筛的酸性功能，分子内的甲基按临位位移逐步形成不同的异构单体。

B：乙苯脱乙基生成苯

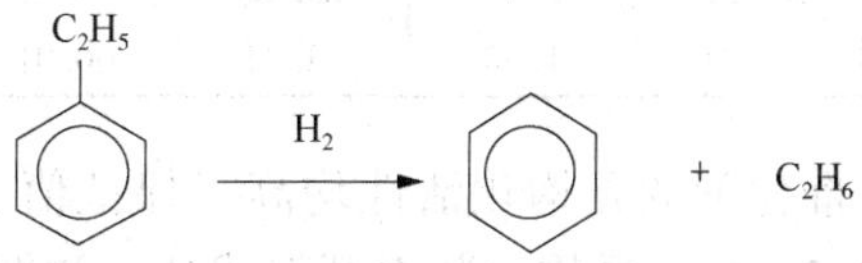

乙苯脱乙基反应生成苯和乙烷是催化剂酸性中心和金属中心协同催化完成的。

2.2 计算公式

二甲苯异构化活性($PX/\sum X$)= $PX_P/X_P \times 100\%$

乙苯转化率(EBc) = $(EB_F - EB_P \times Y)/EB_F \times 100\%$

乙苯转化为苯的选择性(B/EBc)=$[(B_P \times 106)/(EB_F \times Y - EB_P) \times 78] \times 100\%$

二甲苯收率(X_Y)= $(X_P \times Y)/X_F \times 100\%$

二甲苯损失(X_L)= 100%- X_Y

式中 PX_P——高分底液中对二甲苯质量分数,%；

X_P——高分底液中总的二甲苯质量分数,%；

EB_F——进料中乙苯的质量分数,%；

EB_P——高分底液中乙苯的质量分数,%；

B_P——高分底液中苯的质量分数,%；

X_F——异构化进料中总的二甲苯质量分数,%；

Y——高分底液对进料的质量液收,%。

3 催化长周期运转情况

3.1 催化剂装填与开车

上海石化 600 kt/a PX 联合装置中，异构化装置选用了石油化工科学研究院新研发的 SKI-110 乙苯脱乙基型碳八芳烃异构化催化剂。2009 年 8 月 20 日装填催化剂，装填量为 35 t，装填堆积密度为 723kg/m^3。

催化剂装填完成后，使用 PSA 产高纯氢气作为补充氢，于 460℃，0.50 MPa 条件下进行器内补充还原 2h；确认连续重整、二甲苯精馏、吸附分离等关联装置完成投料，操作基本稳定；异构化装置在反应器入口温度 327℃、系统高分压力 0.60 MPa、液体进料占设计负荷的 80%、补充氢量 25000 Nm^3/h、起始循环氢纯度为 98%的条件下投料。投料过程中进料负荷、吸附和反应热、系统循环氢纯度以及系统压力等方面的变化均在控制范围内，投料一次成功。

3.2 开车初期催化剂运转情况

开车初期受上游装置波动和原料性质变化以及对二甲苯市场行情等多重因素影响，SKI-110 催化剂在投料开工后并没有马上进入满负荷正常运行状态，催化剂开工后的初期运行结果见表 1。

表 1 开车初期 SKI-110 催化剂运行情况

时间/(年.月)	反应温度/℃	高分压力/MPa	负荷/%	氢烃物质的量之比	$PX/\sum X$/%	EBc/%	X_L/%	B/EBc/%	反应器温差/℃
2009.09	342	0.5	74.88	1.91	22.88	52.12	2.56	64.89	22.56
2009.10	342	0.5	63.94	2.13	23.75	55.04	2.38	66.50	21.43
2009.11	347	0.51	78.69	1.69	23.86	49.65	2.19	74.08	14.78
2009.12	347	0.52	93.59	1.38	22.53	46.04	1.8	63.24	12.69
2010.01	349	0.51	98.39	1.32	22.93	51.46	1.52	59.49	11.98
2010.02	350	0.50	98.77	1.32	22.75	50.08	1.09	58.95	11.05
2010.03	350	0.53	99.22	1.33	23.15	53.45	1.11	54.30	11.4
2010.04	353	0.55	95.22	1.41	23.48	53.83	1.45	59.55	12.31
2010.05	367	0.56	93.71	1.48	23.21	60.91	1.65	73.19	10.68

从表 1 可以看出：SKI-110 催化剂的异构化活性均高于保证值 22.60%，乙苯转化率在低温条件下高于 50%，二甲苯损失小于 2.5%。异构化装置开车成功。初期运行数据表明 SKI-110 型催化剂的活性、选择性正常，工艺参数和性能表现还存在一定的优化调整空间。

3.3 低乙苯进料对催化剂性能的影响

实验室中以原料进料 EB 为 13.67%、高分压力为 0.60MPa、重时空速 10.0 h^{-1} 和氢烃摩尔比 1.0 的条件下，进行了反应温度的考察试验，结果见表 2。

表 2 设计 EB_F 下温度对 SKI-110 催化剂反应性能的影响

工艺参数				反应性能			
温度/℃	EB_F/%	空速/h^{-1}	压力/MPa	$PX/\sum X$/%	EBc/%	X_L/%	B/EBc/%
350	13.67	10	0.60	22.01	46.12	1.07	83.11
360	13.67	10	0.60	23.05	55.76	1.37	87.43
370	13.67	10	0.60	23.57	62.17	1.66	93.33
380	13.67	10	0.60	23.84	70.88	2.77	92.35
390	13.67	10	0.60	24.21	78.32	2.12	94.67

表 2 数据表明：反应温度对催化剂的异构化活性和乙苯转化率影响显著。提高温度，活性增加，副反应也同时会增加，导致二甲苯损失增加。实际生产中，反应进料原料中乙苯含量未达到 13.67%，处于低乙苯状态运行，由于重时空速、氢烃比、反应压力对反应影响较小(实验室数据)，对照表 2 和表 3，可以看出：

(1) 同等温度对比，在 350~360℃之间，低乙苯进料对比设计乙苯进料情况，二甲苯异构化活性较高，乙苯转化率较高，乙苯转化为苯的选择性较低。

(2) 同等温度对比，在高温下(≥360℃)，低乙苯进料对比设计乙苯进料情况，二甲苯异构化活性较低，乙苯转化率较低，乙苯转化为苯的选择性基本一致。

表 3 实际 EB_F 下温度对 SKI-110 催化剂反应性能的影响

工艺参数				反应性能			
温度/℃	EB_F,%	空速/h^{-1}	压力/MPa	$PX/\sum X$/%	EBc/%	X_L/%	B/EBc/%
350	7.77	8.19	0.53	23.15	53.45	1.11	54.30
363	6.53	7.50	0.56	23.21	56.90	1.17	74.66
370	5.02	8.01	0.61	22.95	60.39	1.54	88.25
379	4.87	8.00	0.62	22.99	65.15	1.79	93.34
385	3.70	7.78	0.62	23.59	72.67	1.90	87.78
393	4.01	8.65	0.62	23.44	78.40	1.70	87.02

催化剂由 2009 年 9 月运行至 2013 年 12 月，虽然一直处于低乙苯运转工况，二甲苯选择性、乙苯转化率、二甲苯损失率，都维持在合同性能指标内（二甲苯选择性≥22.60%，乙苯转化率≥56%，二甲苯损失率≤2.5%），且目前已经连续运转 52 个月，超出第一周期 36 个月的保证寿命。具体见图 1~图 3。

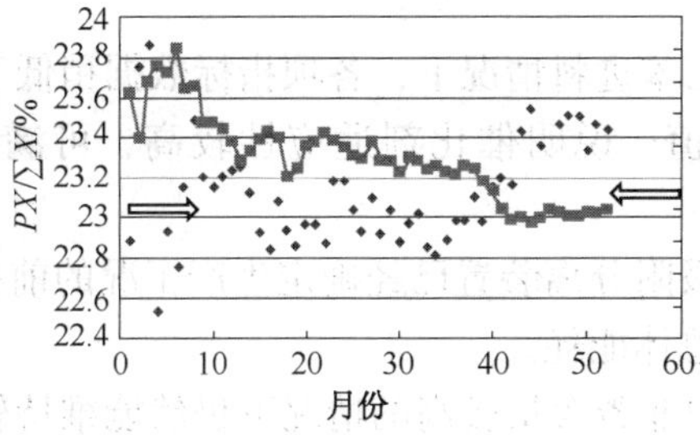

图 1　SKI-110 运转期间进料乙苯及二甲苯活性变化

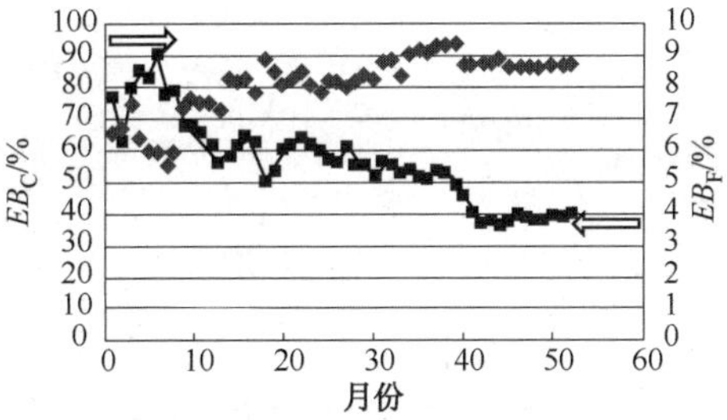

图 2　SKI-110 运转期间进料乙苯及乙苯转化率变化

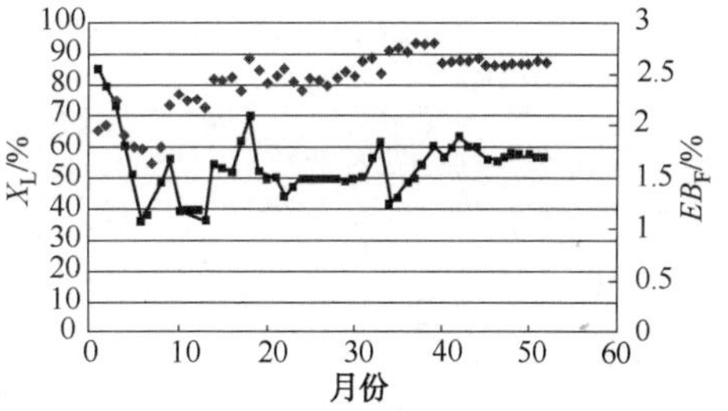

图 3　SKI-110 运转期间进料乙苯及二甲苯损失率变化

另外，在现有吸附分离装置生产运行工况已经确定的前提下，同高乙苯原料相比，低乙苯原料下的异构化装置始终能够维持较低的重量空速，这表明整个二甲苯系统的循环量是低于高乙苯原料生产状态的，能耗势必会较高乙苯状态有所下降。而目前苯产品的市场价格也不容乐观，因此在一定程度上减少苯产品的产出，对装置优化产品结构是有利的。

3.4　进料中非芳含量的影响

2011 年 7 月~2012 年 12 月，由于重整进料换热器泄漏，造成下游二甲苯回路系统内非芳含量升高，异构化装置反应进料中的非芳也逐步上升，至 2012 年 12 月重整装置恢复正常后，原料非芳含量才恢复正常。具体进料非芳趋势见图 4。在此期间，反应压力未做特别的调整，反应温度则根据催化剂自身运行周期的变化而进行相关升温操作，未受到进料非芳提高的影响，主要变化趋势如图 5 所示。

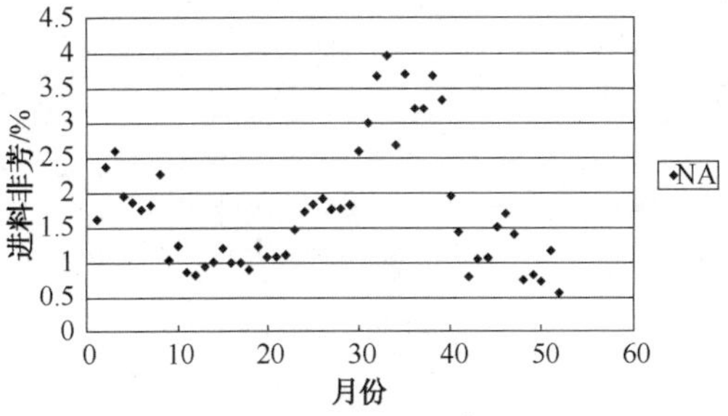

图 4　SKI-110 运转期间进料非芳变化

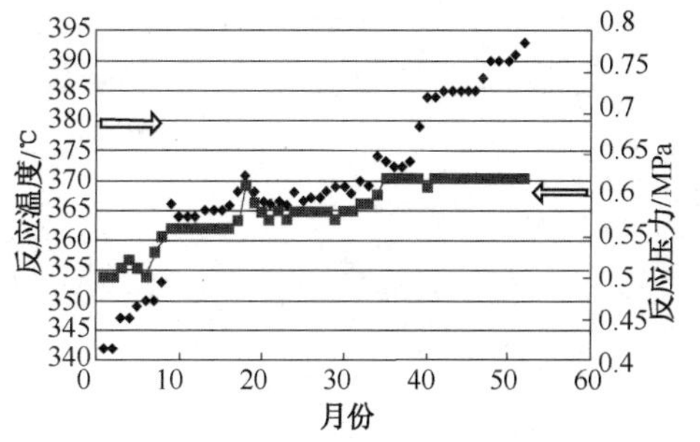

图 5　SKI-110 运转期间反应温度及高分压力变化

根据相关运行数据表明，进料非芳含量上升期间，反应温度及高分压力工艺参数未根据非芳的变化而进行相应调整，且根据图 1~图 3 的数据趋势也表明，在非芳进料提高后，二甲苯损失率、二甲苯活性、乙苯转化率和乙苯转化为苯的选择性等指标参数，均未受明显影响，这说明 SKI-110

型催化剂具有较好的耐受性。

4 结论

(1) SKI-110 催化剂运行 52 个月的结果表明，催化剂各项指标均达到保证值，催化剂的稳定性良好。

(2) SKI-110 催化剂的在低乙苯进料情况下，各项指标数据稍低于实验室设计乙苯进料情况下的数据，但仍然能达到合同保证值，说明催化剂适应性较高，可满足缺乏高乙苯物料下的生产运转。

(3) 同高乙苯进料相比，在吸附分离装置已经确定生产工况的前提下，低乙苯原料运转能够更好的减少系统物料循环量，降低总体能耗。

(4) SKI-110 催化剂在系统内非芳含量较高的情况下仍然能维持较好运转状态，说明此催化剂适用于苛刻条件下的应用。

聚烯烃添加剂颗粒化、复配化的应用及管理

李秀军

（中国石化镇海炼化分公司，浙江宁波 315207）

摘 要：针对聚烯烃装置生产过程中粉料产品添加剂添加过程中易产生粉尘及添加剂跑损等问题，通过添加剂单剂颗粒化及产品添加剂复配化，解决了上述问题，并减少了操作人员工作强度。但由于复配添加剂成分检测的方法不健全，对复配添加剂的检验存在一定困难，探讨了如何通过管理来保证复配添加剂的质量，减少对聚烯烃产品的质量影响。

关键词：聚烯烃 颗粒化 复配化 添加剂 管理

1 前言

中国石化镇海炼化分公司现有三套聚烯烃装置，聚烯烃设计总产能950kt/a，2011年、2012年聚烯烃总产量均达1Mt以上。其中两套聚丙烯(PP)装置，均采用国产第二代环管PP工艺技术，设计总产能为500kt/a(ⅠPP：200kt/a、ⅡPP：300kt/a)，分别于2004年1月和2010年2月投产，目前ⅠPP产品以双向拉伸(BOPP)膜料和拉丝料为主，可以生产高熔体强度聚丙烯和透明料等无规共聚产品；ⅡPP产品目前以纤维料、拉丝料及低中高熔融指数抗冲共聚料为主。一套聚乙烯(LLDPE)装置，采用美国联碳公司(UNIVATION)的低压气相法全密度聚乙烯(UNIPOL)工艺技术，设计产能为450kt/a，2010年3月投产，设计可以生产低、中、高密度共14个牌号的产品，目前以膜料DFDA-7042、DFDC-7050为主，并每季排产高熔指注塑(电缆)料DNDA-8320。

生产中，聚烯烃装置的产品添加剂由原辅料班操作员人工加料至添加剂加料斗，经由失重式计量称计量后，进入连续输送混合器与聚烯烃粉料混合均匀，再进入挤压造粒机进行熔融造粒，添加剂的加入比例可根据产品牌号的不同进行调整。

由于添加剂种类繁多，性状各异，可以是不熔化的，低熔点的，易吸湿的，对热不稳定的，易起尘的，有放射性或有毒性的。这些在加工使用中都会产生各种问题，如物性损失，粘附于加料器壁，环境尘害，增加操作时间、加料困难、结块、失活等。添加剂的质量、加入量是否稳定对聚烯烃产品的质量、性能有明显的影响[1]。在使用颗粒化、复配化添加剂之前，生产中曾出现过抗氧剂、爽滑剂、开口剂流动性不好，造成计量称下料困难，影响产品质量甚至影响装置稳定运行。

2 聚丙烯装置添加剂种类及存在问题

ⅠPP、ⅡPP试运行时按专利商提供操作指南，使用抗氧剂1010、168及B215、硬脂酸钙(CAST)和单硬脂酸甘油酯(GMS)作为产品添加剂。ⅡPP装置试运行时除抗氧剂1010、168外其他产品均已实现颗粒化，而ⅠPP装置2004年6月之前使用的均为粉末状添加剂，使用过程中存在添加剂系统易架桥、下料管堵塞、下料不畅，计量称易过载跳停、螺杆易断，物料易跑损、计量系统平衡管易堵、现场环境差，产品粒料熔融指数、黄色指数波动大等问题。

2004年开工至2005年1月曾多次发生上述问题。根据ⅠPP装置生产技术月报2004年3月抗氧剂计量称W802B送料螺杆共断5次，主要原因是抗氧剂AT1010易吸潮，在双螺杆的不断挤压下结块，引起螺杆断裂。同时经常出现计量系统平衡管堵、齿轮泵入口压力波动大、M802振动大及产品黄色指数偏高等问题。在平衡管尾部加装了压缩空气吹扫管，并定期吹扫和清理；平衡管低点

加排放阀等措施，但仍未根本解决问题。

针对上述问题对粉料中 Cl^-、树脂温度、GMS、CAST 等进行了跟踪排查，都比较正常，排除这几个因素引起黄色指数波动的可能性，但发现 C805A/B 抽吸系统的风量与黄色指数有比较明显的正比例关系，说明当抽吸量大时，硬脂酸钙、抗氧剂等粉料堆密度较轻，容易被抽吸系统的风机吸走，导致实际加入产品中的抗氧剂少，引起黄色指数偏高，黄色指数较高时，粒料 MI 与粉料 MI 偏差也越大，说明添加剂加入量不足，产品易老化。同时被抽吸系统吸走的添加剂在水平的平衡管中，尤其是三楼平衡管低点处沉积，并逐渐堵塞平衡管。平衡管易堵就需要经常清理，导致现场添加剂和聚丙烯细粉飞扬，现场环境较差。

3　聚丙烯添加剂的颗粒化、复配化应用

针对粉料添加剂使用过程中存在的各种问题，公司与添加剂供应商进行了针对性的技术交流，并逐步探讨颗粒化、复配化添加剂的使用。实践证明，颗粒化、复配化添加剂的使用有效解决或缓解了上述问题。

3.1　硬脂酸钙(CAST)的颗粒化

为了改进 PP 在生产及制品加工时的流动性和脱模性、改善材料的外观和降低成本，通常在 PP 本体粉料中加入润滑剂。常用的润滑剂包括脂肪酸、脂肪酰胺及金属皂类，如硬脂酸钙、硬脂酸锌、乙撑双硬脂酰胺等[1]。硬脂酸盐同时起酸中和剂和热稳定剂的作用[2]，对聚丙烯颜色的稳定及防腐蚀有直接的贡献。硬脂酸钙设计用于聚丙烯产品的卤素吸收剂，以消除残留催化剂对颜色和稳定性的不良影响。2004 年 5 月之前一直使用的是粉状硬脂酸钙，所生产的 PP 产品质量稳定，各种指标均达到设计要求，但由于硬脂酸钙(粉料)比重较轻(其堆积密度约为 $0.20g/cm^3$)，较易被抽吸系统抽吸走，为确保产品质量、减少损失，从 2004 年 5 月 18 日起试用了颗粒状硬脂酸钙(其堆积密度约为 $0.50g/cm^3$)，使用情况良好，解决了因粉料堆密度太轻，容易被吸走的问题。

3.2　抗氧剂的颗粒化、复配化

Ⅰ聚丙烯装置使用抗氧剂单剂 AT1010、AT168 等粉料产品，但 AT1010 熔点较低易在计量称下料管口粘堵，频繁造成计量称下料不畅，为此 2004 年 4 月试用了复配粉料 AT225B，但效果不理想，仍不能避免架桥现象。

2004 年 6 月 27 日~7 月 2 日期间试用了供应商 A 生产的抗氧剂 AT225G(粒料)，可以避免添加剂架桥现象，但因 AT225G 颗粒较大(直径：3mm、长度：3~10mm)，颗粒在计量秤螺杆的输送过程中被研磨成粉未状，一方面增加了输送电机的输出功率和电流，使得电机电流值超过额定值，电机发热并导致过流跳停；另一方面，由于研磨产生的摩擦阻力很大，对螺杆产生很大的扭矩，使得螺杆不能以正常的转速运行，甚至出现过载跳停、不能启动等现象，对计量秤的运行造成较大影响。同时，由于研磨产生的摩擦阻力，使得下料量不均匀，可能会对 PP 产品质量造成一定的影响，说明第一次试用的 AT225G 粒料的粒子形状并不适合，为此从 7 月 2 日起，又恢复使用 AT225B。之后对 AT225G 粒料的形状进行了改进，主要是将粒径调整为 2.5mm，并更换了更适合粒料输送的计量称输送螺杆，并经不断优化，调整，2006 年起添加剂计量系统运行较为稳定。

3.3　单硬脂酸甘油酯(GMS)的颗粒化

单硬脂酸甘油酯(GMS，简称单甘酯)在塑料工业中主要用作脱模剂、增塑剂、抗静电剂，特别适用于塑料发泡制品的抗缩剂[3]。Ⅰ聚丙烯装置投产以来一直使用颗粒状单甘酯(GMS)，有柱状粒料和半球状粒料 2 种形状，为乳白或微色，使用情况良好，但也存在熔点较低，在计量称及混合器中受挤压熔化结块、粘壁，添加剂下料不畅问题，但与较粉料抗氧剂及硬脂酸钙相比，情况要好得多。Ⅱ聚丙烯装置投产以来按Ⅰ聚丙烯装置经验一直使用相同的单甘酯(GMS)，但新牌号的开发单独添加单甘酯的(GMS)有减少的趋势，目前 2 套装置只在 PPH-T03、PPB-M02、PPB-

M09、C30S 等常规牌号上单独添加。

3.4 聚丙烯复配添加剂的使用情况

2010 年以来随着公司聚烯烃新产品研发工作的开展，对聚丙烯产品质量要求越来越高，为配合各种新牌号的开发，添加剂复配化应用也越来越广。

（1）满足高速超薄 BOPP（双向拉伸聚丙烯）膜料的开发需求，一方面加强了产品质量控制，另一方面公司引入高效复配抗氧剂，将 3 种组分复配造粒后添加，保证了添加剂的准确加入，2011 年试用以来，并经对原配方及生产方案的优化，使得膜料产品质量明显提升（见表 1），在下游多个厂家用于 10u、11u、12u 光膜和 12u 消光膜生产取得成功，产品成膜性良好，超薄产品各项性能测定结果满足质量指标要求。

表 1　高效复配抗氧剂应用前后膜料产品质量

项　目	指标	常规	首次试验料		优化后试验料	
		PPH-F03D	0424D-Ⅰ	0424A-Ⅰ	0829A-Ⅰ	0829D-Ⅰ
大粒和小粒/(g/kg)	≤100	11	17	18	1	1
熔体质量流动速率/(g/10min)	2.5~3.1	2.8	2.6	2.7	2.7	2.7
等规指数/%	≥95.0	97.4	97.6	97.4	95.8	96.0
灰分/%	≤0.030	0.018	0.029	0.024	0.020	0.018
拉伸弹性模量(E_t)/MPa	≥1100	1390	1340	1350	1200	1230
拉伸屈服应力(σ_y)/MPa	≥30.0	33.6	33.2	33.1	31.1	30.9
拉伸断裂标称应变(ε_{tB})/%	≥200	540	490	480	550	520
横向拉伸强度/MPa	报告	—	—	—	33.16	33.16
纵向拉伸强度/MPa	报告	—	—	—	79.83	79.83
黄色指数	≤1.0	-2.9	-3.0	-3.2	-2.1	-2.9
薄膜雾度/%	<6.0	2.6	2.5	3.1	2.8	2.9
薄膜鱼眼(≥0.8mm)/(个/1520cm^2)	≤3	1	2	1	1	1
薄膜鱼眼(0.4~0.8mm)/(个/1520cm^2)	≤10	2	2	1	1	2

（2）为满足高熔指抗冲聚丙烯 M30RH 产品的开发需求，按北京化工研究院推荐的添加剂配方，通过添加剂供应商将抗氧剂、增刚成核剂及吸酸剂进行复配、造粒，成为增刚成核剂复配添加剂 ZHPP-M30-A，并按设定的比例进行添加。根据应用情况，进一步优化增刚成核剂的配方，形成了 ZHPP-M30-B/C 等复配添加剂，解决了增刚成核剂由于粒径过于微小（平均粒径 D_{50}通常≯40 微米）、堆密度偏低堆密度通常≯0.40g/cm^3）引起的添加及分散困难等问题，保证了 M30RH 产品刚性指标的提高，提高了产品的刚韧平衡水平，使得 M30RH 产品在洗衣机及汽车上广泛应用。

（3）为满足高熔指快速注射成型聚丙烯 M50T 的开发需求，按北京化工研究院推荐的添加剂配方，通过添加剂供应商将抗氧剂、透明成核剂及吸酸剂进行复配、造粒，成为复配增透成核剂 ZHPP-M50，解决了增强成核剂由于粒径过于微小（目前所有透明成核剂的 95%粒径 D_{95}≯20 微米）、堆密度偏低（目前所有透明成核剂的堆密度只有 0.40g/cm^3）引起的添加及分散困难等问题，保证了 M50T 产品透明性的提高。2013 年 9 月Ⅰ聚丙烯装置首次试生产的 M50T 产品各项指标全部达到预期指标，经专业公司进行性能测试和评价，M50T 的力学性能较市场上的同类型略好，光学性能更优。

4　聚乙烯装置添加剂种类及存在问题

聚乙烯装置 2010 年第一年生产时按专利商工艺包推荐使用抗氧剂 Irganox 1076、Irganox168、复配剂 Preblend 46K 及芥酸酰胺、水合硅酸镁、硬脂酸锌等作为产品添加剂，其中抗氧剂 Irganox 1076、Irganox168 和水合硅酸镁为粉末状，使用过程中存在物料跑损、容易堵塞气路平衡管线，造成下料困难、同时粉料倒料过程中粉尘过多造成加料器的过滤器堵塞，抽吸效果差、现场环境差等问题，而水合硅酸镁由于添加量较大且分散不均、芥酸酰胺因熔点低易熔化引起下料不畅等因素，导致挤压机多次跳闸、多批产品出现色粒超标、密度超标问题。

2010 年 9 月聚乙烯装置首次进行用于服装包装袋、工业包装袋和零售包装袋的膜料 DFDC-7050 的生产，计划生产 10kt，实际只生产了 4228t，主要问题表现为产品颗粒外观不合格，白色粒子超标及产品密度超标。分析认为专利商提供的产品配方中水合硅酸镁添加比例过高(6.3‰)，同时添加剂加料称由于螺杆选型不合适，下料不稳定。2010 年 9 月将产品配方中水合硅酸镁的添加比例调整至 3.5‰再次生产，仍存在添加剂加料称下料不稳定的问题，导致色粒和密度超标的产品多达 5278 吨，是正品产量(1273t)的的 4 倍多。10 月起产品配方中水合硅酸镁的添加比例按 3‰进行生产，基本稳定，但挤压机熔融泵安装后，2011 年 1 月再次生产时 4 次发生挤压机因熔融泵入口压力高联锁跳停的问题。

2010 年 9 月以滑石粉的下料波动为主，自 2010 年 10 月至 2011 年 1 月芥酸酰胺下料波动均较大，主要原因在于芥酸酰胺熔点较低，在输送过程中易于结垢粘壁，从而引起下料波动大，又因芥酸酰胺良好的爽滑性，降低了粉料树脂输送、下料过程的摩擦力，在芥酸酰胺瞬间加入量增大时使大量的树脂进行挤压机筒体，从而引起挤压机跳停。从 2011 年 1 月进行的多次螺杆和套筒试验看，芥酸酰胺均有结垢粘壁现象，下料波动大，且 3 次挤压机跳停，均是螺杆清理再投用加料称时发生。

针对上述问题，分析主要原因有如下几点：

(1) 螺杆、套筒型式/型号与芥酸酰胺不匹配，在运行期间易发生下料不畅。

目前暂无好的解决措施，每次螺杆、套筒清理后，芥酸酰胺在套筒和螺杆间更易滑动，即使初始手动给定的转速较低，也难免在启动瞬间加入量远高于设定值。

各兄弟厂家基本通过产品添加剂复配来解决滑石粉、芥酸酰胺加入波动大及滑石粉不容易分散均匀的问题。

(2) 挤压机负荷高时，操作弹性变小，芥酸酰胺首次加入及清理螺杆及套筒后加入，极易引起挤压机瞬间进料量增大而停机。

正常情况下，挤压机负荷不变，S6220 转速一定，加入到 D6260 中的粉料量是一定的，但在加入芥酸酰胺时，D6260 内的粉料流动性将明显提高，粉料更易流动到挤压机入口缓冲斗 Y6260 中，即短时间内挤压机的喂料能力提高，在芥酸酰胺瞬间加入过大时，这种效果就更加明显，从历次芥酸酰胺加入时，挤压机的扭矩提高及 S6220 电流的下降可以证明。而重新开挤压机，负荷逐步提高时，挤压机及添加剂系统可以稳定运行起来。因此建议在添加芥酸酰胺前，首先将挤压机负荷降至最低，待加入添加剂后，再逐步提高负荷。

采样做了简单的测试，对比加入芥酸酰胺与未加芥酸酰胺的粉料，其休止角(休止角即物料在自然堆放状态下所形成的锥体母线与水平面的夹角)分别为 28.37°和 31.8°，可以看出加入芥酸酰胺的流动性明显转好。

5 聚乙烯装置复配添加剂使用情况

添加剂复配是目前各兄弟企业普遍用于解决单剂加料困难、改善现场工作环境(粉尘)的主要形式，且作为聚乙烯装置低成本战略(添加剂国产化)的一项主要工作在公司聚烯烃新产品开发会上进行协调、推动。根据实际生产情况，共设置了三种复配添加剂，型号分别是 ZHPE42、ZHPE50、ZHPE20，分别应用于 DFDA-7042、DFDC-7050、DNDA8320 产品。

试用结果表明：

(1) 三种型号的复配添加剂单耗，与使用单剂添加时相当。

(2) 三种型号的复配添加剂可以在 PE 装置上工业使用，生产 DFDA-7042、DFDC-7050、DNDA8320 牌号产品质量符合要求，各牌号试用前后的质量分析情况见表 2~表 4。

表 2　DFDA-7042 试用前后质量分析情况

项　　目	指标	DFDA-7042 试用之前		DFDA-7042 试用之后	
		20110310F	20110311C	20110316A	20110317E
机杂/(个/kg)	0	0	0	0	0
黑粒/(个/kg)	0	0	0	0	0
色粒/(个/kg)	≤10	0	0	0	0
蛇皮粒和拖尾粒/(个/kg)	≤20	0	0	0	0
大粒和小粒/(g/kg)	≤10	0.00	0.10	0.00	0.00
密度(D 法)/(g/cm^3)	0.918±0.002	0.919	0.918	0.919	0.918
熔体质量流动速率/(g/10min)	1.6~2.4	2.1	2.0	1.9	2.0
拉伸屈服应力(σ_y)/MPa	≥7.0	10.2	10.2	9.60	9.65
拉伸断裂标称应变(ε_{tB})/%	≥200	≥750	≥750	≥750	≥750
鱼眼(≥0.8mm)/(个/1520cm^2)	≤8	2	2	1	2
鱼眼(0.4~0.8mm)/(个/1520cm^2)	≤40	3	3	1	3
薄膜雾度/%	报告	11.5	11.5	8.5	8.9

表 3　DFDC-7050 试用前后质量分析情况

项　　目	指标	DFDC-7050 试用之前		DFDC-7050 试用之后	
		20110223F	20110224C	20110421B	20110423C
机杂/(个/kg)	0	0	0	0	0
黑粒/(个/kg)	0	0	0	0	0
色粒/(个/kg)	≤10	0	0	0	0
蛇皮粒和拖尾粒/(个/kg)	≤20	0	0	0	0
大粒和小粒/(g/kg)	≤10	0.31	0.14	0.0	0.0
密度(D 法)/(g/cm^3)	0.921±0.002	0.920	0.920	0.921	0.921
熔体质量流动速率/(g/10min)	1.7~2.3	2.0	1.9	2.0	2.0
拉伸屈服应力(σ_y)/MPa	≥7.0	9.80	9.61	9.78	9.86
拉伸断裂标称应变(ε_{tB})/%	≥200	≥750	≥750	>750	>750
鱼眼(≥0.8mm)/(个/1520cm^2)	≤8	1	1	1	0
鱼眼(0.4~0.8mm)/(个/1520cm^2)	≤40	2	2	1	1
薄膜雾度/%	报告	13.7	14.7	14.8	13.5

表 4　DNDA-8320 试用前后质量分析情况

项　　目	指标	DNDA-8320 试用之前		DNDA-8320 试用之后	
		20110304C	20110305B	20111016C	20111017D
机杂/(个/kg)	0	0	0	0	0
黑粒/(个/kg)	0	0	0	0	0
色粒/(个/kg)	≤10	0	0	0	0
密度(D 法)/(g/cm^3)	0.924±0.003	0.924	0.924	0.924	0.924
熔体质量流动速率/(g/10min)	20.0±2.0	19	21	18	19
拉伸屈服应力(σ_y)/MPa	≥ 7.0	9.81	9.76	9.78	9.66
拉伸断裂标称应变(ε_{tB})/%	≥ 200	530	600	610	620
简支梁缺口冲击强度 23℃/(kJ/m^2)	≥ 40	67	67	62	62

（3）三种型号复配添加剂试用期间，复配添加剂的加料情况明显优于添加剂单剂的加料情况，添加剂在管线内熔融、结片的情况明显减少。

自 2011 年 6 月以来，聚乙烯装置所有产品全部使用复配添加剂，添加剂加入一直非常稳定，添加剂计量称故障率明显下降，未再发生挤压机因添加剂加入不稳定、不均匀引起的停运。

6 复配添加剂使用存在的问题及管理探讨

目前3套聚烯烃装置在用的复配添加剂2~5种组分复配的均有，使用中存在的最大问题就是复配剂的单组分含量无法有效测量，目前只能通过供应商的生产过程质量控制来保证，而且由于组分较多，一旦出现产品质量问题，排查原因较难。

为解决上述问题，通过向兄弟企业取经，并经公司各部门讨论确定如下措施：

(1) 严把复配剂单剂质量关，为保证复配剂单剂质量，在技术附件中约定复配用单剂只能从我公司认可的且有实际应用的单剂厂家采购。

(2) 复配剂单剂组分变更时需重新签订技术附件。

(3) 定期对复配剂供应商的物资采购、生产过程控制、质量管理等情况进行突击检查。

(4) 积极与科研院所合作，研究复配剂组成的定量检测方法。

7 结论

(1) 通过添加剂单剂颗粒化，有效解决了硬脂酸钙、单硬脂酸甘油酯等聚丙烯添加剂添加困难的问题，改善了挤压造粒现场的工作环境。

(2) 通过添加剂的复配化，有效解决了水合硅酸镁、芥酸酰胺等聚乙烯添加剂加入困难、易引起挤压机跳闸及产品质量不合格等问题。

(3) 复配添加剂的单组分含量目前无有效测定方法，需通过加强对供应商的管理来保证，并有待建立复配添加剂组分的定量检测方法。

参 考 文 献

[1] 姚小利．聚烯烃工业生产装置添加剂进展[J]．现代塑料加工应用，2003，15(3)：1-3.

[2] 汉斯·茨魏费尔．塑料添加剂手册[M]．北京：化学工业出版社，2005.

[3] 周路等．单硬脂酸甘油酯的应用研究及其生产工艺现状[J]．化工时刊，2013，27(5)：441-49.

NO_x GETTER 脱硝助剂在催化装置应用

张　锋　侯玉宝

（中国石化洛阳分公司，河南洛阳　471012）

摘　要：NO_xGETTER-NP 和 NOxGETTER 是庄信万丰生产的脱硝助剂，该剂在洛阳分公司催化裂化装置工业应用结果表明，对催化裂化烟气具有高效的脱硝功能，当其单独加注 NO_xGETTER-NP、维持 NO_xGETTER 占总藏量的 1%和 2%期间，脱硝率分别达到了 86.37%、88.07%和 94.89%，脱硝效果显著。

关键词：催化裂化　丙烯　LOSA-1 助剂

1　前言

洛阳分公司 2#催化裂化装置采用单器单段完全再生方式，两器同轴式布置，装置包括反应—再生部分、烟气能量回收部分、余热锅炉部分、分馏部分、吸收稳定部分。1997 年 10 月 17 日投入运行。2002 年装置进行了 MGD 工艺技术改造，2008 年进行了 FDFCC-Ⅲ工艺技术改造。2011 年大检修期间，将汽油提升管进行了隔离，装置检修开工后停运了汽油提升管。2#催化裂化装置设计原料油为常压渣油，目前装置实际原料为加氢蜡油和闪蒸塔底油，进料硫含量为 0.25%左右，烟气中 SO_2含量为 $686mg/m^3$，NO_x 含量为 $450mg/m^3$。根据《石油炼制工业污染物排放标准》规定，2014 年 7 月 1 日执行 SO_2 含量≯$400mg/m^3$，NO_x 含量≯$200mg/m^3$，粉尘排放浓度≯$50mg/m^3$的排放指标。为满足日益严格的环保要求，同时为减少投资成本。2013 年 9 月 16 日在 2#催化装置试用庄信万丰生产的脱硝助剂，以考察使用脱硝助剂能否解决再生烟气 NOx 含量超标问题。

2　助剂原理

庄信万丰生产的脱硝助剂由 NO_xGETTER-NP 和 NO_xGETTER 组成。NO_xGETTER-NP 为 Pd 基助燃剂，不同于以往 Pt 基助燃剂，具有良好的助燃效果，效率约为其他一氧化碳助燃剂的 2～4 倍。同时可以消除由于 Pt 基一氧化碳助燃剂导致的烟气中硝排放的增加。NO_xGETTER 为脱硝主剂，该助剂的工作原理是通过降低催化裂化装置再生器中的氧与氮的反应以降低氮氧化物的生成；该脱硝助剂还原后继续循环并继续降低氮氧化物的生成，直至其失活。本次试用为以上两种型号助剂搭配使用，以达到更好的脱硝效果。

3　工业应用情况及技术分析

3.1　工业应用情况

3.1.1　助剂加入情况

助剂通过庄信万丰提供的一套 200 立方英尺的自动加料系统加入系统，分三个阶段，第一阶段仅使用 NO_xGETTER-NP；第二阶段继续使用 NO_xGETTER-NP 并维持原加入量，同时使用 NOxGETTER，其浓度为催化剂总藏量的 1%；第三阶段继续使用 NO_xGETTER-NP 并维持原加入量，同时使用 NO_xGETTER，其浓度为催化剂总藏量的 2%。助剂加入情况详见表 1。

表1 脱硝助剂加注情况表

项 目	空白标定期 2013.8.26~2013.9.16	单独加 NO_xGETTER-NP 2013.9.16~2013.11.4	NO_xGETTER 占总藏量1% 2013.11.5~2013.11.25	NO_xGETTER 占总藏量2% 2013.11.26~2013.12.30
助燃剂类型	Pt基助燃剂	Pd助燃剂	Pd助燃剂	Pd助燃剂
助燃剂加注量	10kg/d	14kg/d	14kg/d	14kg/d
脱硝助剂	—	—	NO_xGETTER 脱硝剂	NO_xGETTER 脱硝剂
脱硝剂添加方式	—	—	7天快加阶段，454kg/d； 14天稳定阶段，40kg/d	7天快加阶段，505kg/d； 21天稳定阶段，81kg/d

3.1.2 进料性质

助剂试用期间原料油变化频繁，特别是原料油中的氮含量有大幅波动，高点在4600mg/kg，低点在1500mg/kg。详见表2。

表2 四个阶段二催化进料情况对比

二催化进料	空白标定期	单独加注 NO_xGETTER-NP	NO_xGETTER 占总藏量1%期间	NO_xGETTER 占总藏量2%期间
平均氮含量/(mg/kg)	2896.4	3017.27	2211.18	1818.36
平均硫含量/%	0.27	0.17	0.38	0.42
平均残炭含量/%	2.25	1.96	2.31	1.95

3.1.3 主要操作条件

试用期间，装置进料量变化较大，在助剂第三阶段期间，加工量降到160t/h，再生烟气氧含量达到9%以上。详见表3。

表3 操作参数情况对比

时期 操作参数	空白标定期	单独加注 NO_xGETTER-NP	维持 NO_xGETTER 占总藏量1%	维持 NO_xGETTER 占总藏量2%
进料量/(t/h)	181.89	173.29	187.86	159.72
掺渣比/%	53.47	58.72	60.01	43.00
反应温度/℃	514.04	516.48	517.39	514.18
进料预热温度/℃	248.95	249.92	250.04	250.45
外取热产汽量/(t/h)	52	26	51.00	13.90
密相温度/℃	652.02	652.23	646.36	648.32
稀相11#温度/℃	678.99	675.74	672.60	667.88
三旋入口烟气温度/℃	660.98	658.24	661.88	649.56
主风量/(Nm^3/h)	165354	174053	176501	179251
再生烟气氧含量/%	5.5	7.6	5.43	9.35
再生器压力/MPa	0.18	0.18	0.18	0.18

3.2 技术分析

3.2.1 助燃效果对比

自2013年9月16日开始使用脱硝助剂 NO_xGETTER-NP，添加量为14kg/d，并停用原含铂助燃剂。再生剂定炭、稀密相温度变化详见表4、图1和图2。

表 4　NO_xGETTER-NP 和 NO_xGETTER 混合加注后助燃效果评价

评价项目	空白标定期（平均值）	单独加注 NO_xGETTER-NP 期（平均值）	维持 NO_xGETTER 占总藏量 1%期间（平均值）	维持 NO_xGETTER 占总藏量 2%期间（平均值）
再生剂定炭/%	0.0194	0.016	0.011	0.010
密相温度/℃	652.02	652.23	646.36	648.64
稀相 11#温度/℃	678.99	675.74	672.60	668.35
三旋入口烟气温度/℃	660.98	658.24	661.88	649.90

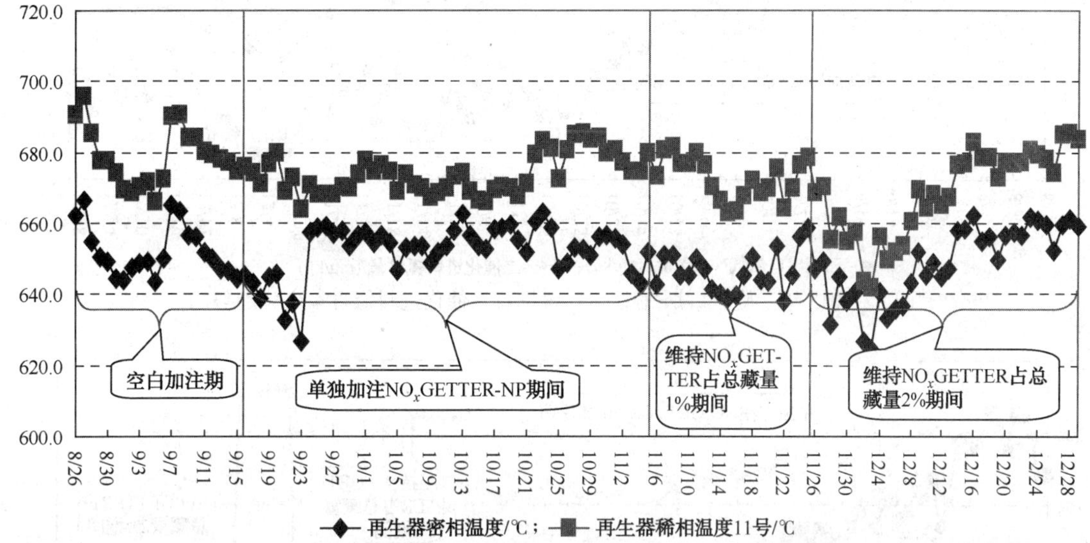

图 1　2013 年再生器稀密相温度对比情况

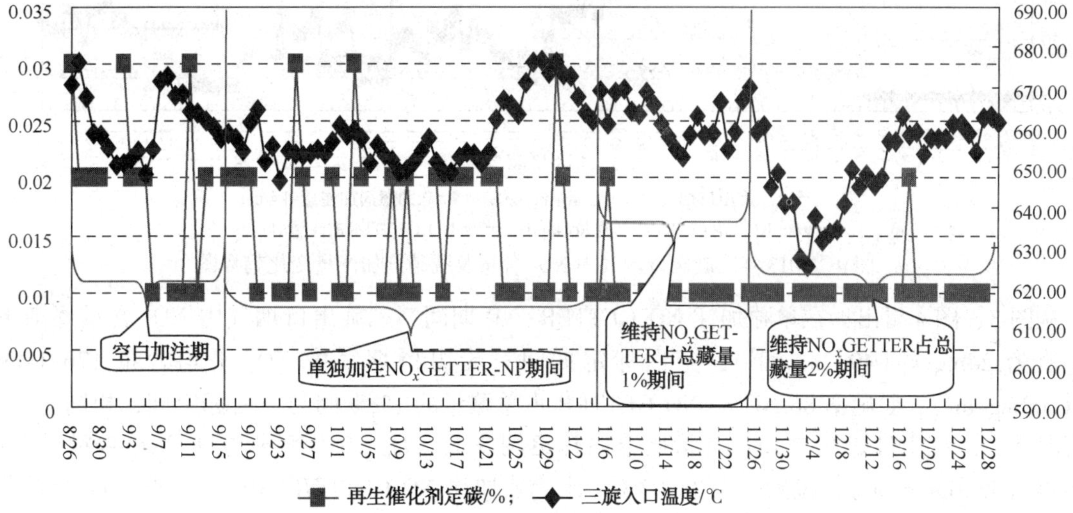

图 2　2013 年再生催化剂定碳及三旋入口温度对比情况

NO_xGETTER 占总藏量 1%和 2%期间，再生催化剂定碳分别比空白期低 0.0084 和 0.0094 个百分点，比单独加注 NO_xGETTER-NP 期间低 0.005 和 0.006 个百分点，说明 NO_xGETTER-NP 和 NO_xGETTER 混合加注期间比空白期和单独加注 NO_xGETTER-NP 期间再生器烧焦效果都要好；稀密相温度比空白期和单独加注 NO_xGETTER-NP 期间都要低，未发生偏烧情况。NO_xGETTER-NP 和 NO_xGETTER 混合加注期，其助燃效果良好。

3.2.2 脱硝效果

试用期间烟气中 NO_x 含量变化详见图 3、图 4。

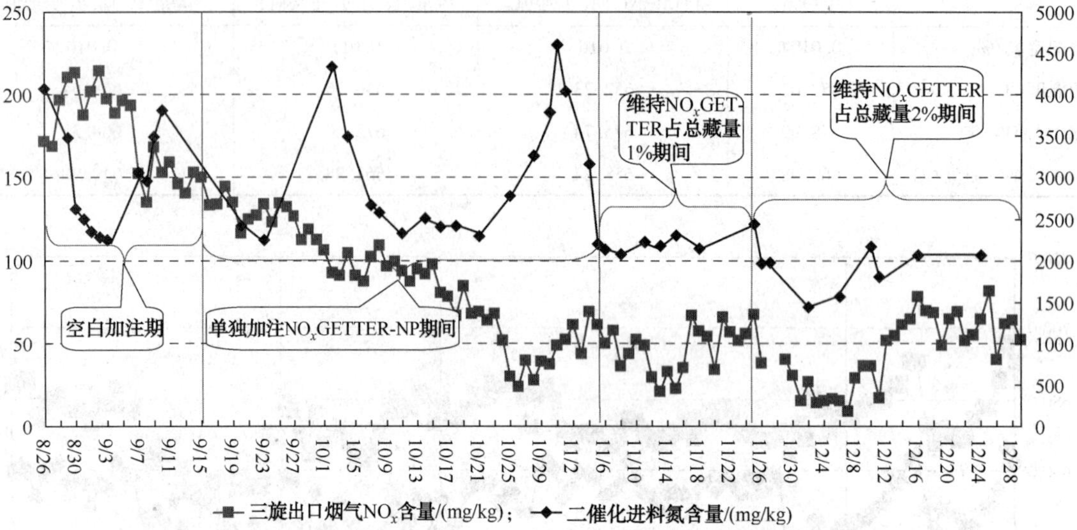

图 3 2013 年三旋出口烟气中 NO_x 含量及二催化进料氮含量变化趋势图

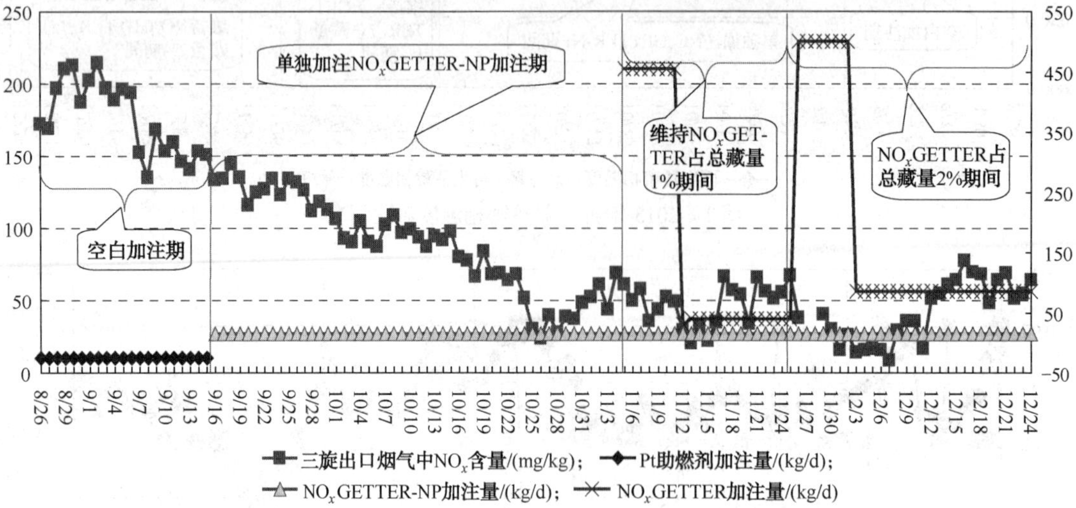

图 4 2013 年三旋出口烟气中 NO_x 含量及脱硝剂加注量变化趋势图

从图 3、图 4 看出，在单独加注 NO_xGETTER-NP 期间，三旋出口烟气中 NO_x 含量逐渐下降，最小值为 24mg/kg(49.2mg/m^3)，空白标定期间三旋出口烟气中 NO_x 平均含量 176.14mg/kg(361.09mg/m^3)，脱硝率 86.37%；NO_xGETTER 占总藏量的 1%期间与空白标定期，相同进料氮含量情况下，三旋出口烟气中 NO_x 含量比空白标定期要低，且三旋出口烟气中 NO_x 含量最低值为 21mg/kg(43.05mg/m^3)，脱硝率为 88.07%，比单独加注 NO_xGETTER-NP 期间高 1.71 个百分点，脱硝效果显著。

从 2013 年 11 月 25 日~12 月 30 日，将 NO_xGETTER 占总藏量的比例由 1%提高至 2%。在 NO_xGETTER 占总藏量 2%期间，三旋出口烟气中 NO_x 平均含量最低 9mg/kg(18.45mg/m^3)，脱硝率 94.89%，比 NO_xGETTER 占总藏量 1%期间高 8.53 个百分点，比单独加注 NO_xGETTER-NP 期间脱硝率高 6.82 个百分点，脱硝效果显著。

另外，在 2013 年 11 月 3 日、17 日，12 月 12 日期间，三旋出口烟气中 NO_x 含量有突然升高趋势，主要由于再生器藏量出现跑损，分别补充含铂平衡剂 30t、20t、及 25t，Pt 基存在有利于焦炭中氮转化为 NO_x，造成三旋烟气中 NO_x 含量略有升高，但补充含铂基平衡剂，对三旋烟气中 NO_x

含量影响是短暂性的，待再生器中 Pt 基自然跑损后，脱硝效果会随 NO_xGETTER－NP 和 NO_xGETTER 的不断补充逐渐恢复。

3.2.3 脱硝费用

（1）不同助燃剂加注费用对比 使用 NO_xGETTER-NP 助燃剂与一般的 Pt 基助燃剂成本对比见表5。

表5 不同助燃剂加注费用对比情况

项 目	空白标定期某种型号助燃剂	单独加注 NO_xGETTER-NP 期间
费用(税前)/(元/天)	1743.26	5688.61

单独加注 NO_xGETTER-NP，比例按 14kg/d 计算，相比空白标定期添加某种型号助燃剂应用成本高 3945.39 元/d。

（2）脱销成本 单独加注 NO_xGETTER-NP、维持 NO_xGETTER 占总藏量的 1%和 2%期间，脱硝率分别为 86.37%、88.07% 和 94.89%，脱每千克 NO_x 所需成本分别为 4.3 元、16.5 元、26.9 元。

3.2.4 其他

使用脱销助剂对产品收率、质量、平衡剂性质的影响见表 6。

表6 产品收率、产品质量及平衡剂性质情况

项 目	空白试验期间（平均值）	单独加注 NO_xGETTER-NP 期间（平均值）	维持 NO_xGETTER 占总藏量 1%（平均值）	维持 NO_xGETTER 占总藏量 2%（平均值）
干气收率/%	2.67	2.6	2.91	3.01
液化气收率/%	15.75	15.58	16.45	16.96
汽油收率/%	50.43	50.67	49.03	50.84
柴油收率/%	21.15	21.96	19.94	19.93
稳定汽油初馏点/℃	28.19	29.88	26.54	28.24
稳定汽油 90%点/℃	179.41	176.79	175.78	176.84
柴油初馏点/℃	163.63	161.63	160.28	159.58
柴油 90%点/℃	356.09	353.93	351.67	333.04
RON	89.78	89.7	89.8	89.5
稳定汽油烯烃含量/%	29.56	27.09	26.78	23.53
平衡剂活性/%	66.8	68.28	70	71
Fe 含量/(mg/kg)	4826.92	5011.51	4529.73	4705.52
Ni 含量/(mg/kg)	7352	6359.37	5207.21	4714.82
V 含量/(mg/kg)	4191.32	3534.4	2879.61	2179.17

单独加注 NO_xGETTER-NP 期间相比空白标定期，产品收率、产品质量、*RON*、平衡剂性质等基本无影响；在 NO_xGETTER 占总藏量 1%和 2%期间，受催化剂钙中毒影响，产品收率和平衡剂活性较空白标定期略有变化，产品质量、*RON*、平衡剂性质等基本无变化。

4 总结

（1）在单独加注 NO_xGETTER-NP、维持 NO_xGETTER 占总藏量 1%和 2%期间，再生催化剂定碳分别比空白期低 0.0034、0.0084 和 0.0094 个百分点，且加注期间助燃效果良好，未发生偏烧、尾燃情况。

（2）在混合进料平均氮含量分别为 3017.27mg/kg、2211.18mg/kg 和 1818.36mg/kg 时，单独加注 NO_xGETTER-NP、维持 NO_xGETTER 占总藏量的 1%和 2%期间，三旋出口烟气中 NO_x 含量最

低值分别为 24mg/kg(49.2mg/m³)、21mg/kg(43.05mg/m³)和 9mg/kg(18.45mg/m³)，脱硝率分别为 86.37%、88.07%和 94.89%，脱硝效果显著。

(3) 单独加注 NO_xGETTER-NP，加注量 14kg/d 计算，相比空白标定期添加某种型号助燃剂高 3945.39 元/d。单独加注 NO_xGETTER-NP、维持 NO_xGETTER 占总藏量的 1%和 2%期间，脱硝率分别为 86.37%、88.07%和 94.89%，脱每千克 NO_x 所需成本分别为 4.3 元、16.5 元、26.9 元。

(4) 在单独加注 NO_xGETTER-NP 期间、维持 NO_xGETTER 占总藏量的 1%和 2%期间，对主催化剂无影响，产品质量、*RON*、平衡剂性质等基本无变化。

(5) 比较单独加注 NO_xGETTER-NP、维持 NO_xGETTER 占总藏量的 1%和 2%期间，对催化裂化烟气具有高效的脱硝功能，在装置上 NO_xGETTER-NP 及 NO_xGETTER(浓度为催化剂总藏量的 1%)可实现烟气硝排放降至 60mg/Nm³以下。

装备技术与信息技术

金属密封球阀在S Zorb装置中的应用分析

(中国石化北京燕山分公司，北京　100012)

摘　要：本文介绍了汽油吸附脱硫装置闭锁料斗系统所用金属密封球阀的特点和结构，密封付硬化技术及特征参数。分析了球阀运行中常见的故障，包括内漏、开关速度慢、电气元件故障等，导致球阀内漏的主要原因有球阀表层硬化质量问题，阀球、阀座涂层磨损，阀球上沉积吸附剂焦块，阀座后吸附剂沉积以及工艺因素。最后提出应对措施，包括安装时要注意密封方向，保证管道和球阀的内洁，做好工艺调整，避免程序的中断，加强阀门在线和离线检验，及时修理有故障的阀门，建立有效维修维护策略，做好备用阀门及备件的储备，提高设计、安装、使用维护水平以及改进金属密封球阀设计制造水平等。

关键词：S Zorb；闭锁料斗；金属密封球阀；内漏

1　前言

S Zorb(汽油吸附脱硫)是目前汽油产品质量升级的关键技术之一，该技术利用吸附剂对汽油中硫的吸附作用，得到超低硫含量的清洁汽油，图1是S Zorb的原则流程，反应器内的吸附剂载硫后转移到再生系统进行烧硫再生，再生后的吸附剂从再生系统转移到反应系统，实现吸附剂的循环，这一过程是通过闭锁料斗及其控制系统实现的。

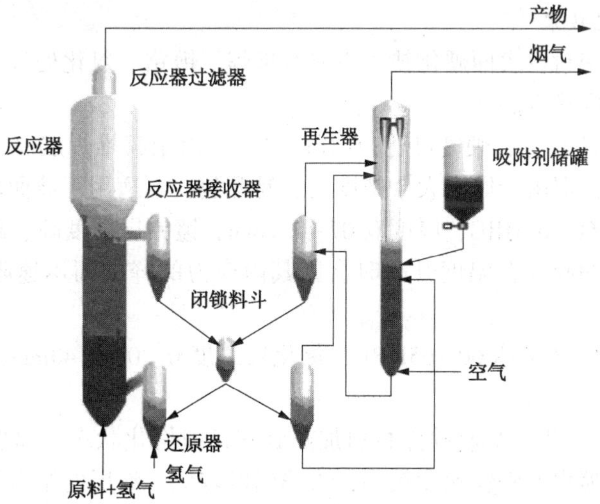

图1　S Zorb原则流程图

反应系统属于高温高压临氢系统，再生系统属于高温低压氧气系统，要实现吸附剂在两个系统之间的循环，必须经过闭锁料斗实现两种环境的切换，闭锁料斗典型的操作条件见表1。阀门在此过程中实现隔离、切断、密封的作用，工艺过程决定了阀门的操作条件非常苛刻：

(1) 工作介质是高温吸附剂颗粒(粒度为1~150μm)、氢气和氮气，吸附剂的输送主要靠差压、重力，要求阀门必须耐磨，耐冲蚀；

(2) 吸附剂管线上设置2~3台阀门，主要是用来隔离氢/氧环境，要求阀门达到VI级密封，符合安全规定；

(3) 阀门由闭锁料斗程序控制，20~30min内开关一次，温度、压力、前后压差变化较大，部分阀门压差方向也发生变化；

(4) 要求阀门开启、关闭时间在8s以内。

表1 闭锁料斗操作条件

设计压力/MPa	操作压力/MPa	设计温度/℃	操作温度/℃	最大压差/MPa	操作介质
4.26	2.97	470	427	4.26	吸附剂(0~150μm)，H_2，HC

根据以上操作条件，闭锁料斗系统程控阀门选用金属密封球阀，关键部位选用进口金属密封球阀，在实际运行过程中，这些球阀故障频发，严重影响吸附剂的正常循环，进而影响产品质量，且这些球阀维修难度大、维修成本高，严重制约装置的长周期运行，降低关键阀门故障率，延长阀门寿命是目前S Zorb装置长周期运行亟待解决的问题。

本文通过分析金属密封球阀的结构和特点，结合在运行过程中出现的一些问题，指出阀门安装和运行过程中应重点关注的地方，确保阀门正常运行，保证装置长周期运行。

2 金属密封球阀介绍

2.1 金属密封球阀的特点

根据阀球结构以及与阀座的关系，球阀可分为固定球阀、浮动球阀、弹性球阀和油封球阀；根据密封形式可分为单向密封和双向密封；根据密封副材料分为软密封(非金属密封)和硬密封(金属密封)[1]。

金属密封球阀是指球阀密封付材料配对为金属对金属的球阀。球阀内件材料一般包括不锈钢系、硬质合金系及特种合金系，密封付表面都经过硬化处理，应用于高温、高压、耐磨、耐冲蚀等环境中[2]。

2.2 密封付表面硬化技术[3~5]

目前，金属密封球阀密封付表面硬化技术主要有堆焊、镀铬、氮化处理、火焰喷涂、等离子喷涂、超音速喷涂、渗硼处理等方法。

(1) 堆焊(或喷焊)硬质合金，硬度可达40HRC以上，由于其堆焊层厚，耐腐蚀性好，常常被应用于普通阀门的密封面，但由于厚度大、硬度高、易开裂，不适用于球面堆焊。

(2) 镀铬，硬度可达60~65HRC，厚度0.07~0.1mm，镀铬层硬度高、耐磨、耐蚀并能长期保持表面光亮，但硬铬镀层的硬度在温度升高时会因其内应力的释放而迅速降低，其工作温度不高于427℃。

(3) 氮化处理，表面硬度可达60~65HRC，氮化层厚度0.20~0.40mm，等离子氮化处理硬化工艺耐腐蚀性较差。

(4) 火焰喷涂是利用氧-燃气焰将喷涂材料加热到塑性或熔化状态，喷射到经预处理的基体表面的喷涂方法。火焰喷涂喷出的颗粒速度较小，火焰温度较低，涂层的结合强度及涂层本身的综合强度都比较低。火焰喷涂需对被喷涂工件要求加热到1000℃以上，因此对基材的耐热性能要求高，不适用于所有材质。

(5) 等离子喷涂是利用电极(阴极)和喷嘴(阳极)之间形成的电弧，产生高温等离子体，气体热膨胀从喷嘴喷出高速等离子射流将喷涂材料加热到塑性或熔化状态，再将它喷射到经预处理的基体表面。这种方法具有超高温特性，便于进行高熔点材料的喷涂，喷射粒子的速度较高，喷嘴出口处速度可达1~2km/s，喷射到基体材料上的速度可达150m/s，涂层致密，结合强度高，但抗热冲击性能差。

(6) 超音速喷涂(HVOF)是利用碳氢系燃气或煤油、酒精等可燃液体与高压氧气，在特制的燃烧室内燃烧产生的高温、高速的燃烧焰流，焰流速度可达2km/s。同时将粉末状的涂层材料粒子按轴向或侧向送进喷枪中，当粉末状的喷涂材料流出喷枪时，燃烧的气体将其包围起来，并将其均匀加热，由于燃烧气体将高动能传递给粒子，所以涂层材料一般不用被完全熔化。由于火焰焰流速度极高，喷涂粒子被加热至熔化或半熔化状态的同时，飞行速度高达500m/s以上。喷涂粒子高速飞行撞击到工件表面，将动能转化为热能，形成与基体结合强度极高的涂层，但对工件表面的热影响较小(一般基体表面温度不超过150℃)，不影响基体材料的原热处理组织，在粉末粒子沉积过程中，由于冷却速度快，将会产生明显的喷丸效应，使涂层产生压缩残余应力，有效地提高涂层的表观结合强度。

(7) 喷涂融合是指基体材质经等离子喷涂或超音速喷涂后，将工件重新加热到1000℃以上，涂层与基材会发生部分融化，涂层与基材发生冶金结合。

(8)渗硼处理是一种在高温(800~1000℃)下使硼元素渗入金属表面获得硼化合物硬质层的化学热处理技术，渗硼处理可用于Co基和Ni基合金，这种方法渗层薄，热膨胀系数差异小，可以显著提高表面硬度、耐磨性、耐腐蚀性。

2.3 硬化性能参数[3~5]

表征硬化性能的主要参数有硬度、厚度、结合强度以及磨损性能等。

(1) 表面硬度　涂层材料要抗磨损，不但要求在常温下有很高的硬度，而且其硬度不应随温度的升高而急剧衰减，这样才能保持其高温下优良的耐磨性能。在常温下Ni基-CrC或Co基-WC喷涂材料经等离子喷涂或超音速喷涂后，表面涂层硬度能达到60HRC以上，但根据喷涂材料的不同，高温下硬度存在差异。

密封副之间接触面需具有一定的硬度差，否则容易发生咬死现象。通常，阀球和阀座的硬度差在5~10HRC，该硬度差使球阀能具有较长的使用寿命。一般选择球体的硬度高于阀座表面的硬度，但是也有选择硬度一样的。

(2) 结合强度　结合强度是指涂层对基体的附着力。采用超音速喷涂方法，其涂层的质量受到喷涂粉料结构、喷涂工艺参数的影响较大，但由于其喷射粒子与基体相撞速度高，涂层的结合强度几乎不受粉末结构等因素的影响。对于Ni基-CrC或Co基-WC喷涂材料，超音速喷涂结合强度可达到68MPa。

(3) 涂层厚度　涂层厚度与涂层抗脱落性能是一对矛盾，涂层的厚度越厚则耐磨损的时间越长，但涂层本身硬度高，过厚的涂层也将产生较大的应力，由于涂层与基体不是冶金结合，受结合强度影响，过厚的涂层反而容易脱落。超音速喷涂完成后涂层的厚度一般在0.3~0.6mm，经过研磨加工后最终的涂层厚度一般均控制在0.2~0.4mm。

(4) 热膨胀系数　热膨胀系数是材料的固有属性，其数值大小是选择基体与硬化材料是否匹配的重要参考因素。超音速喷涂选择基体为410SS、Inconel718与硬化层为Ni基-CrC，Co基-WC的匹配已经为业界认可。

(5) 磨损性能　密封副在实际工作中的磨损性能，可通过冲蚀磨损实验评价法表征涂层的磨损性能。

2.4 金属密封球阀的制造流程

金属密封球阀研制过程包括结构分析和改进；有限元分析和计算；合金粉末及喷涂工艺研究，包括密封付硬化工艺的选择，根据球阀工况选择适合的合金粉末和喷涂工艺；当阀球阀座喷涂后就进入下一道工序——磨削，磨削包括精密磨削和人工研磨，人工研磨是每一个金属密封球阀装配前必须的工序，是保证球阀密封性能的关键，新研制的球阀，还要经过必要的耐磨试验。

2.5 S Zorb装置常用金属密封球阀介绍

目前S Zorb装置闭锁料斗系统所用阀门主要采用美国MOGAS和加拿大GOSCO以及国内SKV的金属密封球阀。

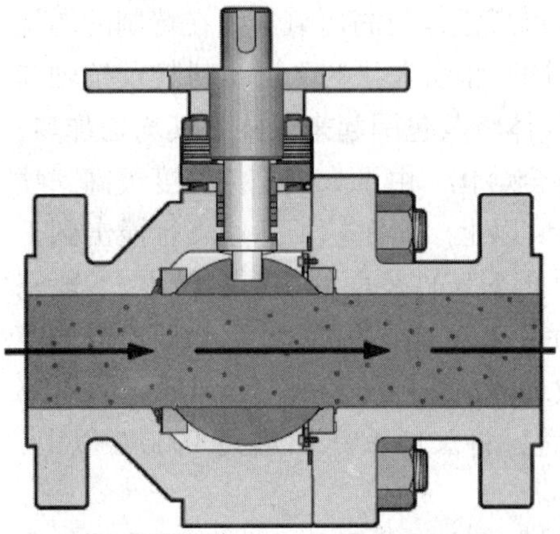

图 2　MOGAS 金属密封球阀

2.5.1　MOGAS 金属密封球阀的特点

图 2 是 MOGAS 球阀典型结构，球阀为两半式阀体、浮动球、双向密封结构。其中，阀座包括进口端阀座和出口端阀座，出口端阀座用卡簧或锁紧螺栓固定在阀座上，进口端阀座与阀体之间装有碟簧，碟簧的预紧力使进口端阀座压在阀球上。

阀球和阀座材料选用马氏体不锈钢 410SS，表面硬化工艺采用超音速火焰喷涂 CrC，喷涂后硬化表层硬度达到 62HRC 以上。

对于 MOGAS 金属密封球阀，存在四组密封面，即阀体与进口端阀座、进口端阀座与阀球、阀球与出口端阀座、出口端阀座与阀体。这些密封面都是一一配对研磨，以保证整体密封，而且阀座后面没有非金属材料。

2.5.2　GOSCO 金属密封球阀的特点

图 3 是 GASCO 球阀结构，球阀为浮动球、单向密封结构。阀球和阀座材料为 Inconel718，表面硬化工艺采用渗硼技术，渗硼后不用研磨，硬度达到 97HRC 以上。GASCO 球阀的另一个特点是其进口端阀座的设计，其上设计有导流槽，这样固体颗粒可通过导流槽自由进入进口端阀座与阀球之间，当阀门打开时，进去的固体颗粒被带走，避免吸附剂在阀座和阀球之间的堆积。

2.5.3　SHK 金属密封球阀的特点

图 4 是 SHK 球阀结构图，SHK 球阀为浮动球、单向密封结构。阀球和阀座材料选用 316H，表面硬化工艺采用超音速火焰喷涂 CrC，喷涂后硬化表层硬度达到 61HRC。SHK 球阀主密封阀座采用一体式结构，消除了静密封的泄漏点，高压端密封阀座，采用石墨密封圈的形式，避免粉尘进入密封面。

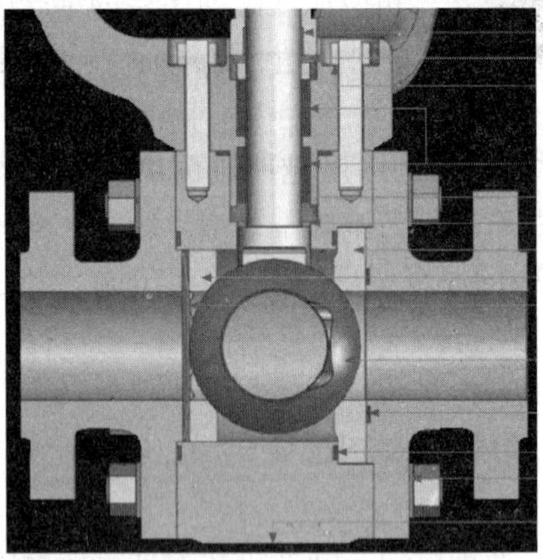

图 3　GOSCO 金属密封球阀

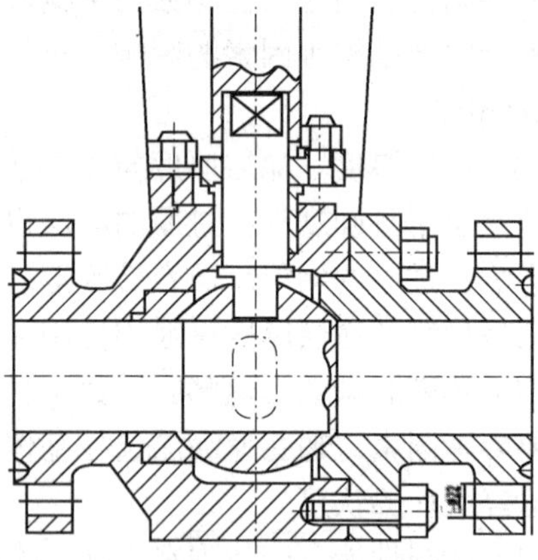

图 4　SHK 金属密封球阀

3　金属密封球阀运行分析

3.1　阀门失效状况介绍

根据近几年 S Zorb 闭锁料斗金属密封球阀运行情况，主要有以下几种故障。

3.1.1　阀门内漏

表 2 是装置投产运行 3 个月后，对吸附剂输送管线上的 8 台球阀进行高压密封试验的结果，可见除了 XV06 满足要求外，其他阀门泄漏量远远超过规定值，尤其以 XV10、XV09、XV13、XV14 最为严重。

表 2 耐磨球阀高压密封试验(试验条件：$p=3.26$MPa，常温；试验介质：水)

序号	位号	规格	试验结果/(滴/min)	修复情况	密封要求
1	XV02	*DN*80 *CL*600	27	研磨	对于 *DN*80 的耐磨球阀，达到 VI 级密封，允许泄漏量为 0.9mL/min (14.4 滴/min)，或 6 个气泡/min(气体试验)
2	XV03	*DN*80 *CL*600	47	研磨	
3	XV05	*DN*80 *CL*600	46	研磨	
4	XV06	*DN*80 *CL*600	13	研磨	
5	XV09	*DN*80 *CL*600	136	研磨	
6	XV10	*DN*80 *CL*600	成线	更换阀内件一套	
7	XV13	*DN*80 *CL*600	成线	研磨	
8	XV14	*DN*80 *CL*600	92	研磨	

S Zorb 工艺在实现闭锁料斗氢氧环境隔离以及吸附剂循环过程中，已经充分考虑阀门内漏的影响，要求阀门零泄漏，同时，在每条料腿上设置多个阀门，工艺上保证安全。阀门内漏导致安全性能降低、吸附剂损耗增加、程序运行中断、运行时间延长、吸附剂循环不畅，进一步影响加工量和产品质量。

3.1.2 阀门开关速度降低

表 3 是装置投运 3 个月后，阀检时间设定情况，由于阀检时间延长，吸附剂的循环时间延长，对于提高加工量和产品质量以及生产安全都是不利的。

表 3 耐磨球阀阀检设定时间

序号	位号	规格	实际阀检设定时间/s	要求阀检设定时间/s
1	XV02	*DN*80 *CL*600	12	<8
2	XV03	*DN*80 *CL*600	20	<8
3	XV05	*DN*80 *CL*600	35	<8
4	XV06	*DN*80 *CL*600	13	<8
5	XV09	*DN*80 *CL*600	12	<8
6	XV10	*DN*80 *CL*600	12	<8
7	XV13	*DN*80 *CL*600	12	<8
8	XV14	*DN*80 *CL*600	20	<8

3.1.3 电气元件失效

球阀的执行机构为气动执行机构，包括电磁阀、回讯器等电气元件，随着球阀运行周期的延长，这些部件也经常发生故障，导致球阀不动作或开关缓慢，通过在线判断，及时更换电气元件，可以很好地解决这类故障。

3.1.4 阀门外漏

阀门外漏主要指球阀的填料泄漏，这类故障相对比较好解决，通过及时压紧填料压盖、更换填料等措施，即可消除故障。

3.2 阀门内漏分析

3.2.1 球阀表层硬化质量问题(表现为喷涂层脱落或冲刷)

在阀球、阀座表层硬化过程中，如果控制不好喷涂工艺，硬化层硬度不够，表层碳化铬硬化层与阀球、阀座基材结合不好，则容易发生脱落。图 5 是运行 3 个月的阀球密封面表层损坏情况，最大的一个蚀坑深度接近 10mm。图 6 时另一台球阀(XV17)阀球密封面的冲蚀情况。

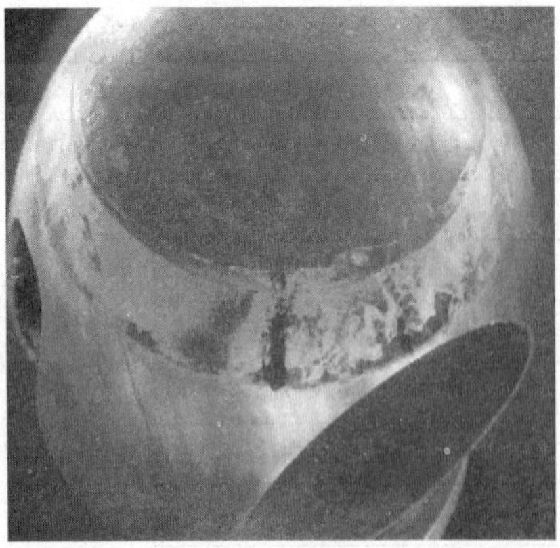

图5　XV10 阀球(MOGAS 3 个月)

图6　XV17 阀球(MOGAS 18 个月)

3.2.2　阀球、阀座涂层磨损

球阀频繁启闭，在吸附剂颗粒环境中，阀球与阀座之间吸附剂颗粒刮研不干净，二者之间存在摩擦发热，最终导致阀球或阀座表面硬化层磨损。图 7 为 XV16，GASCO 阀，投用 12 个月后表层磨损情况，该位置的 MOGAS 阀也发生磨损情况。

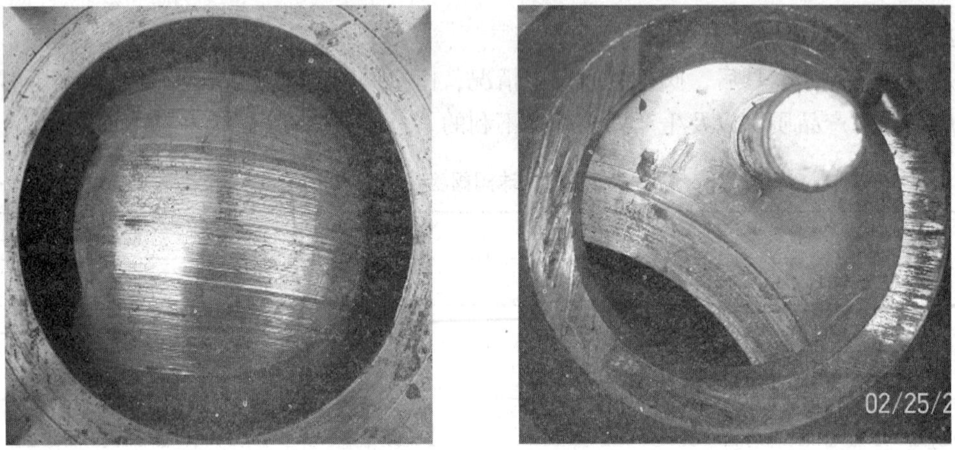

(a)　　(b)

图7　XV16 阀球、阀座表面划伤情况(GOSCO，运行 12 个月)

3.2.3　阀球上沉积吸附剂焦块

阀球上积聚吸附剂焦块，硬度很高，用通常的办法很难将其从阀球表面清理下来，这些焦块的存在，一方面不能使阀球阀座的密封面很好地接触，导致阀门的内漏，一方面加剧阀球和阀座的磨损，图 8 是表面附着吸附剂焦块的阀球。

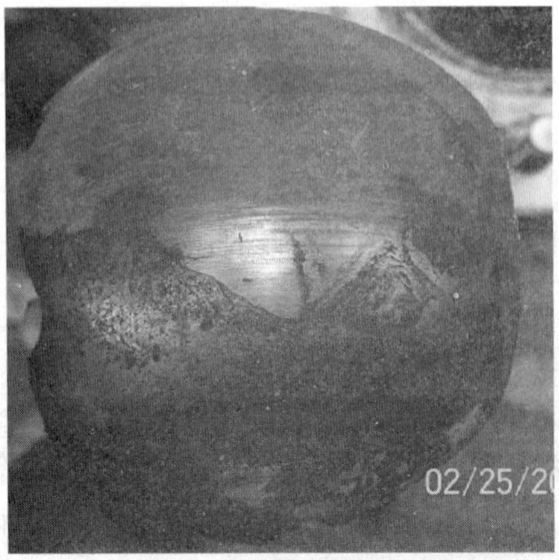

图8　阀球表面吸附剂焦块

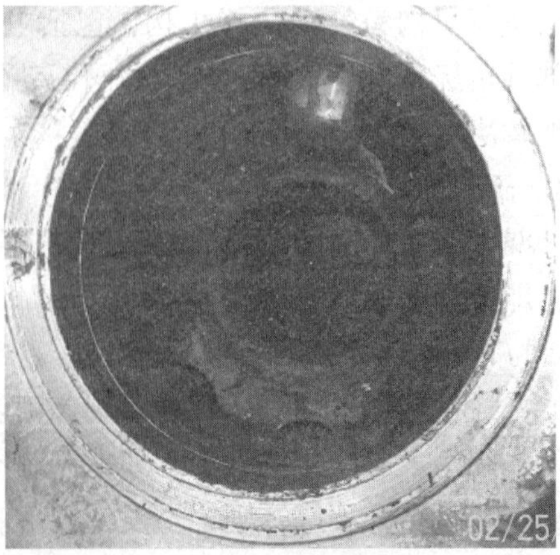

图9　阀座内部的吸附剂

3.2.4　阀座后吸附剂沉积

进口端阀座与阀体之间存在间隙，吸附剂颗粒进入这个间隙，如果不能及时带走，便积存在里面，导致碟簧失效，最终阀门密封失效泄漏，图9是进口端阀座设计有导流槽的GOSCO阀，拆掉阀球后，阀座内部充满吸附剂。

3.2.5　工艺因素影响

由于闭锁料斗介质、温度、压力由程序控制周期变化，阀门两侧压差大小周期变化，反向压差的存在，导致阀门密封性能下降，在压力波动情况下，反向压差大于碟簧的预紧力而使阀门发生泄漏，长时间导致密封面冲刷而失效。

操作温度低的部位要比温度高的部位球阀磨损严重(如再生器一侧的球阀发生内漏的机会要比反应器一侧的大)。如果吸附剂带液，球阀工况变成气、固、液三相，工况更加恶劣，这种磨损更严重。XV16、XV17这些部位的球阀，介质内的吸附剂很少，但是磨损却很严重，与温度低、介质带液有很大关系。

3.3　开关速度慢的原因分析

随着运行周期延长，一些球阀出现开启慢的故障，影响闭锁料斗程序运行，为保证闭锁料斗程序能够运行下去，被迫将阀检时间延长，在牺牲安全、效率的前提下保证程序正常运行，其中XV14、XV05仍在规定时间内打不开，导致程序停运。对XV14、XV05汽缸供风系统进行改造，增加增压器，由原来的单路供风改为双路供风，该阀方可正常运行。

导致球阀开关慢的一个重要原因是由于吸附剂的堆积，吸附剂堆积在阀球和阀座之间，阀球旋转阻力增加，导致开关速度变慢或开关不到位。通过在线吹扫或线下清理，可以改善球阀的开关速度。

导致球阀开关慢的原因还有电磁阀坏、回讯器坏、电路短路、仪表风压低、仪表风量不足等。发生这些故障时，应及时查明原因，通过更换损坏的器件，提高仪表风量、仪表风压的措施予以解决。

3.4　主要对策

鉴于闭锁料斗工艺的特殊性，吸附剂颗粒对球阀的磨损不可避免，在实际运行过程中应做好如下几方面的工作，提高耐磨球阀的使用寿命。

3.4.1　安装时要注意安装方向

球阀上一般标示“压力端(Pressure End)”或者用箭头标示“主密封”、“次密封”，安装方向与管道内介质流向不一定完全吻合，结合工艺要求以及具体位置确定安装方向，否则起不到隔断的作用。

对于浮动球阀，进口端阀座与阀体之间装有预紧弹簧，使阀球与出口端阀座紧贴在一起，实现密封。当球阀进口与出口为正压差时，压差使密封比压更大，有助于球阀的密封，当出现反向压差，即球阀出口压力高于进口压力时，反向压差克服弹簧的预紧力，密封比压降低，阀门的密封性能变差，当反向压差大于弹簧的预紧力后，阀球与出口端阀座分离，介质从出口端进入进、出口端阀座及阀球之间，此时，由于进口端阀座与阀体之间存在间隙，导致阀门内漏。当反向压差进一步增加，使进口端阀座与阀体之间的间隙逐渐减小，直到完全贴合，泄漏通道被堵塞，阀门重新达到密封状态，只是这时的密封是靠进口端阀座密封实现的，见图10(MOGAS)。

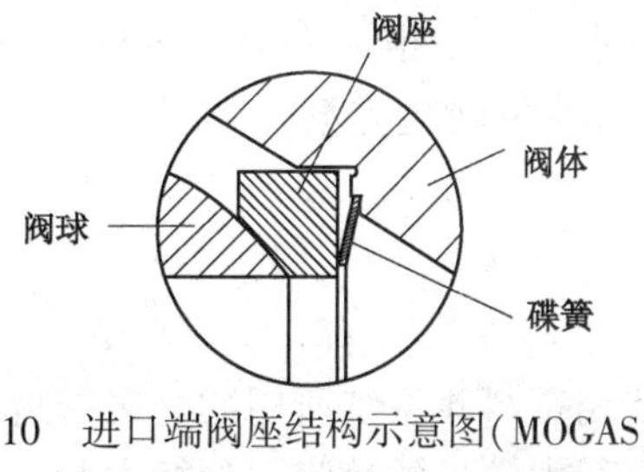

图10　进口端阀座结构示意图(MOGAS)

可见这种形式的双向密封是有条件的，反向密封首先依赖于预紧弹簧的预紧力，其次依靠进口端阀座与阀体之间的密封，而中间状态是不可靠的，如果反向压差正好抵消弹簧的预紧力，而又不足以使进口端阀座与阀体完全密封，则阀门泄漏，况且有些阀门进口端阀座与阀体并没有密封面，不具有密封作用。

3.4.2　安装时要保证管线及阀门的内洁

从目前S Zorb装置开工情况看，做好吸附剂管线及其阀门的内洁至关重要。在管道安装初期需进行管道吹扫；试压期间，保持管道内清洁。在管道完成吹扫前，不要随意启动球阀，避免造成不必要的划伤和磨损。

3.4.3　做好工艺调整，避免程序中断

工艺过程对球阀的运行影响很大，保证闭锁料斗平稳操作，避免程序中断，程序一旦非正常中断，吸附剂管道温度下降，对球阀运行不利；球阀关闭顺序不能按照正常程序停下，吸附剂堆积在阀门及管道内，加剧阀门的磨损；通过调整管道上不同阀门开关延时设定值，可以改善下方球阀的工作状况；提高操作温度、增加相关管道伴热，尽量避免吸附剂带液，可以改善球阀的工作环境；通过优化闭锁料斗各步序的时间，改善阀门前后压差，有利于球阀的运行。

3.4.4　加强阀门的在线和离线检验

在闭锁料斗投用初期，做好球阀在线密封试验，判断各球阀内漏情况。在运行过程中，通过观察工艺工况的变化，判断各球阀的内漏情况，阀门内漏初期，往往是吸附剂在阀腔内堆积或在阀球、阀座上的堆积造成的，并没有对硬化层破坏；通过在线吹扫或离线清扫，可以消除故障，防止球阀硬化层破损，发生大的泄漏，增加维修成本。离线检验要做高压密封和低压密封试验，确保球阀在各个压差等级下的密封性能。

3.4.5　及时修理有故障的阀门，建立有效维修维护策略

通过清扫、研磨、重新喷涂硬化层或更换内件的办法，及时将替换下来的球阀修复，使其真正达到备用的目的，有的单位定期将怀疑有问题的球阀拆下来清扫修理，也是避免故障扩大化，降低维修难度、降低维修成本的一种策略。

通过和国内有实力的的阀门公司签订维修协议，实现球阀的快速修理，快速备用，降低库存压力，确保装置平稳运行。

3.4.6　做好备用阀门及备件的储备

目前S Zorb装置闭锁料斗系统球阀主要有*DN*80和*DN*100两种规格，在同一系统内尽量采用相同的球阀，使其具有互换性，每种规格的球阀储备一定数量的备阀或阀内件，这样一旦出现故障，可以及时更换新阀，故障阀门可以线下修理。

3.4.7　提高设计、安装、使用维护水平

金属密封球阀作为S Zorb装置关键设备之一，应引起工程设计、施工、使用、维护以及维修各个环节相关人员的足够重视，通过建立符合实际要求的设计规范、安装标准、施工规范、操作规程、维修策略和规程，实现金属密封球阀的全过程科学管理，有利于提高球阀的使用寿命，降低装置生产成本。

3.4.8　改进金属密封球阀设计制造水平

目前，国内金属密封球阀制造水平有了很大提高，设计、研制出了符合S Zorb装置工艺特点的金属密封球阀(包括结构形式、密封付硬化方案)，是提高球阀使用寿命，保证装置长周期运行的必然选择。

4　结论

本文介绍了汽油吸附脱硫装置闭锁料斗系统所用的金属密封球阀的特点、结构、密封副硬化技术以及特征参数。分析了球阀在运行中常见的故障，包括内漏、开关速度慢、电气元件故障等，导

致球阀内漏的主要原因有球阀表层硬化质量问题，阀球、阀座涂层磨损，阀球上沉积吸附剂焦块，阀座后吸附剂沉积以及工艺因素。最后提出应对措施，包括安装时要注意密封方向，保证管道和球阀的内洁，做好工艺调整，避免程序的中断，加强阀门在线和离线检验，及时修理有故障的阀门，建立有效维修维护策略，做好备用阀门及备件的储备，提高设计、安装、使用维护水平以及改进金属密封球阀设计制造水平等。

参 考 文 献

[1] GB/T 12237—2007，石油、石化及相关工业用的钢制球阀[S].

[2] GB/T 21385—2008，金属密封球阀[S].

[3] 夏国顶．金属密封球阀硬化工艺概述[J]. 机械研究与应用，2011，1：108-109.

[4] 王志强，丘平．煤液化装置金属硬密封耐磨球阀喷涂方法及材料的选择[J]. 石油化工设备技术，2008. 29(4)：58-60.

[5] 王春鹏．S Zorb装置金属密封球阀内件硬化方法及材料选择[J]. 石油化工安全环保技术，2011. 27(2)：43-46.

复合型高效冷凝器的实验应用

刘 骏 黄汝奎

(中国石化沧州分公司，河北沧州 061000)

摘 要：传统的空冷器和水冷器在石化行业占据着主导地位，耗电量和耗水量都非常惊人。在催化裂化装置实验使用的复合型高效冷凝器进行了研究及说明，并与目前使用较多的蒸发式湿式空冷器用水量、用电量进行比较，其节能节水效果明显。

关键词：复合型高效冷却器；空冷器；节能；节水；标定

1 前言

石化行业对能源依赖度很高，能源的消耗量很大。在当前发展低碳经济的新形势下，石化行业面临着巨大的压力和挑战。为实现节能减排的目标，中国石化沧州分公司近几年来一直立足于节能节水的研究与管理，不断挖潜增效，为治理我厂的耗水大户湿式空气冷却器的超高耗水量，2009年3月引进一台复合型高效冷凝器用于催化裂化装置冷凝分馏塔顶油气。这台复合型高效冷凝器，冷凝效率高，相比传统换热设备由较好的节能节水效果，且通过了中石化科技成果鉴定，同时被工信部列为重点行业清洁生产技术的推广技术。

2 复合型高效冷凝器简介

复合型高效冷凝器以水的蒸发潜热为机理，将湿式空冷与蒸发冷、传热与传质过程融为一体的新型节能换热设备。复合型高效冷凝器具有结构紧凑，冷却效率高，安装维护方便，操作费用低等诸多优点；在冷却效果上，可替代传统的空冷器、水冷器和空冷器串联水冷器3种形式，其工作原理如图1所示。复合型高效冷凝器的冷凝盘管分为两部分，位于上部的是空冷翅片管组，位于下部的是蒸发光管管组，两部分通过外部接管相连。高温介质进入复合型高效冷凝器设备本体时，首先通过空冷翅片管组降温，再进入蒸发光管管组冷凝，使其达到设计要求时输出设备。设备底部是集水箱，水通过水泵及管路到达蒸发光管管组之上的喷淋分水装置，将水均匀布到蒸发光管管组表面。设备顶部安装轴流风机，将通过冷凝盘管的饱和湿空气抽出。

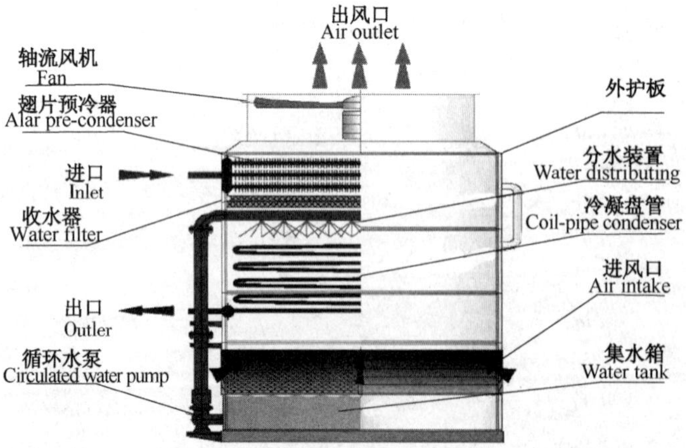

图1 复合型高效冷凝器

复合型高效冷凝器结构特点及技术特性：

(1) 采用蒸发式加空冷式优化组合的冷却方式，风机余能和饱和湿空气的二次利用使冷却效率大大提高，同时能量的损耗降到最低。复合型高效冷凝器的冷却效果相当于湿式空冷器和水冷的组合，从蒸发盘管进入到空冷翅片的饱和湿空气对工艺介质的冷却效果可比湿式空冷器，表面覆盖喷淋水的蒸发盘管的冷却效果优于水冷器。

(2) 设备整体由多个模块组合而成，模块之间可相互替换，模块化的结构设计使设备制造、运行、维护和检修都大大简便。根据现场实际需求，模块可自由组合；检修过程中，可按比例减少工作负荷，相应停止部分模块的工作，进行在线不停机检修；如有个别管束出现泄漏，可进行模块切断，对整体设备的工作情况影响极小，并可实现模块替换。

(3) 盘管组进行柔性化弯曲，有效消除设备制造及运行过程中的热应力，盘管可采用多种异型高效换热管，如波节管、波纹管、螺纹管，增加管内流体的雷诺数，大大提高换热系数。冷凝盘管整体进行475℃热浸锌防腐处理，锌层厚度达100μm，同时减少结垢现象，可以保证盘管正常使用10年以上。

3 设计选型依据

复合型高效冷凝器参照空冷器和水冷器的设计选型方法，结合自身的结构特点和技术特性进行设计选型。设计选型流程如下。

3.1 热量计算

根据介质的物理特性及工艺流程的要求核算换热量，要求已知的参数有介质组成，流量，压力，进、出口温度。查询物性参数手册，确定状态变化及相关物性，选择合适的关联模型方程进行计算。国际上通行的流程模拟软件如ASPEN及PROⅡ均可准确计算换热量，在此就不在赘述。

3.2 传热系数及有效温差

根据介质的组成、压力及温降范围确定其有无相变过程，在空冷器以光管外表面为基准的传热系数经验值中初选传热系数。根据设备使用的环境温度，一是夏季最炎热天最高温度的平均值，二是湿球温度；同时依据冷凝或冷却过程进行有效温差的选取。传热系数和有效温差决定了设备的换热效率。

3.3 结构设计选型

(1) 通流面积的确定　根据介质流量、流经管束的最大容许流速及设备压降要求确定通流面积。

(2) 空冷和蒸发冷的比例　根据介质的进出口温度及冷凝或冷却过程确定空冷和蒸发冷的比例，极大限度的发挥不同换热机理的优势，减少结垢现象，可实现设备冬季干运行。

(3) 模块及流程的选取　根据流通面积、换热面积及温度梯度合理选取模块和流程。

(4) 动力设备　根据配风和配水选取动力设备。

4 复合型高效冷凝器节能节水的理论计算

复合型高效冷凝器与传统的冷却设备(空冷器和水冷器)相比，在相同的工况下，通过理论计算能够得出较为显著的节能节水效果，具体如下。

4.1 复合型高效冷凝器

4.1.1 水耗计算

循环水量按照蒸发段的喷淋密度0.0091m^3/MJ计算，即分配给蒸发段的换热量(此蒸发段的换热量是总换热量减去预冷段换热量)乘以喷淋密度即可算出循环水量。

蒸发段的水耗分为蒸发量；飘逸量；排污量三个部分。

(1) 蒸发段水蒸发的平均温度按40℃计，此温度下1kg水的气化热是2406kJ，蒸发量为换热量与气化热的比值。

(2) 在高效收水器和预冷翅片的双重作用下，飘逸量可控制在循环水量的0.01%以内。

(3) 取循环水的浓缩倍数为2.5，排污量为循环水量的1.1%。

4.1.2 电耗计算

电耗主要包括两部分，分别是水泵和风机功率。风机功率根据风量来决定。由于是设备内的短距离闭路循环，故采用低扬程大流量的水泵。一般取水泵扬程为10m，已知循环水量，根据公式计算选取水泵。水泵功率计算公式如下：

$$N = \frac{\rho \cdot Q \cdot H}{102\eta} \tag{1}$$

其中 N——水泵轴功率，kW；

ρ——介质密度，kg/m^3；

Q——流量，m^3/s；

H——扬程，m；

η——效率,%。

4.2 空冷器和水冷器

4.2.1 水耗计算

空冷器不需要耗水。水冷器的循环水量根据总换热量和水冷温差确定，即循环水量=换热量/温差/比热。

水冷器的水耗也分为蒸发量；飘逸量；排污量三个部分。

(1) 凉水塔中水蒸发的平均温度按32℃计，此温度下1kg水的气化热是2423kJ，蒸发量为换热量与气化热的比值。

(2) 由于凉水塔采用开式结构，飘逸量一般为循环水量的0.2%。

(3) 取循环水的浓缩倍数为2.5，排污量为循环水量的1.1%。

4.2.2 电耗计算

空冷器电耗是风机功率之和。水冷器耗电量包括水冷器的整个水冷系统的耗电总量，主要包括从水冷器至凉水塔闭路循环中水泵总功率及凉水塔风机总功率。由于各厂区水冷器距离凉水塔远近及标高不同，现选取水泵扬程为25m，已知循环水量，根据式(1)计算选取水泵。

5 复合型高效冷凝器的实际应用

2009年作为节能项目，引进一台复合型高效冷凝器，用于催化裂化分馏塔顶冷凝器，由于当时属于实验性项目，公司只对催化分馏塔顶冷凝器7台中的1台进行了改造。2009年7月份进行了一次使用标定，大约较其他未改造的空冷节水20%左右，由于当时使用时间较短，我们在3年后即2012年5月23~25日进行了一次详细的使用标定，具体如下。

5.1 标定目的

复合型高效冷却器在石化领域的工业应用是全新的研究课题。新设备运行中的工艺参数测试和验证对设计理论和计算具有重要意义，测试参数也将为设备长周期安全运行提供依据。

5.2 标定内容

在喷淋水满负荷、风机全速运转条件下分别测量以下数据：

(1) 测量设备进、出介质的温度、压力，记录进口组分；

(2) 测量空冷段进、出口的温度、压力；

(3) 测试风经过盘管部件、翅片部件过程中的温度变化；

(4) 测量单台设备耗水量；

(5) 测量当地的干湿球温度。

5.3 检测仪器

检测仪器主要有感温探头，液位计，干、湿球温度计，风速仪等，部分检测仪器如图 2 所示。

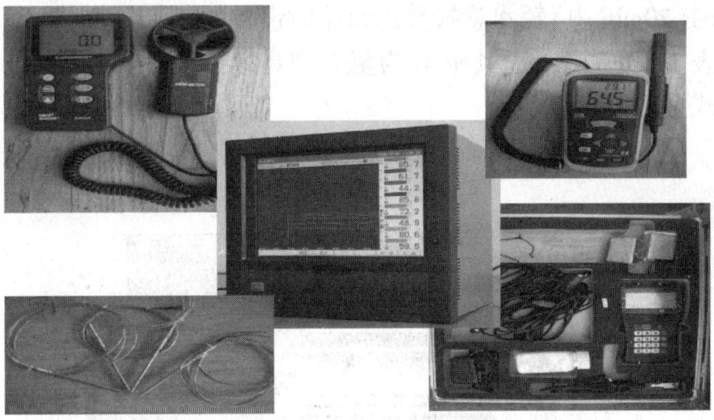

图 2　部分检测仪器图

5.4 检测方法与步骤

5.4.1　检测仪器校准

将新购温度、风速、水速测试元件按照国家度量标准进行校正归零，明确限定所测数据的误差范围。

5.4.2　工艺介质的进、出口参数

(1) 介质温度　选择不同模块的翅片、盘管进出口位置分别布置测温点，利用保温绝热材料将感温探头缠绕在管壁上进行测量。分别记录不同工作时段的介质温度，同时记录 DCS 数据显示的温度，并对二者进行对比筛选。

(2) 工艺介质组分　记录介质组分的化验分析数据。

(3) 介质压力　记录 DCS 显示数据。

5.4.3　温度测量

(1) 布点原则　位置关键，具有代表性，布点均匀，并保证测量点测得数据不受其他因素波动的影响。

(2) 数据测录　环境的干、湿球温度；用干湿球温度计测量，和其他测量内容同步测录；设备中不同时间段，不同位置处的风温；水温测试点的布置与测量，将两个探头放在水箱的对角线位置测量箱内水温。

5.4.4　风速测量

测定进风栅处和风机出风口处的风速，即待运行参数稳定后，利用风速仪测量各测试点的风速，并实时记录下各个测量点的数据。

5.4.5　水量测量

设备耗水量的测试：关闭补水阀，测量记录单位时间内水箱水位的变化值，核算出单位时间内设备的耗水量。

根据“大船抗大浪”的原理，在液位下降刻度测量时，将尺寸为 1m^2 的木板紧靠内壁放置在水箱内，虽然液面有所波动，但木板基本平稳地悬浮在液面上，记录下某一时段内该木板上沿所指示的液位高度差，乘以水箱内底面积，即为某一时间内设备的耗水量。

5.4.6　设备布点示意图(图 3)

5.4.7　标定结果

在测量过程中，受制于现场条件，每台设备不是单独供水，无法控制单台设备的供、停水。在测定耗水量时，只能在当每台设备水箱内液位低于集中补水口时，采取集中停水措施，然后测水位下降速率，在一定时间内耗水量表示为：

$$耗水量=液位差\times水箱液面面积$$

$$水箱液面面积=设备长\times宽=6m\times3m=18m^2$$

进而由单位时间内(20min 内)耗水量换算出每小时设备的耗水量。

原始测量数据如表 1~表 3 所示，其中 E 为复合型高效冷凝器，D、F 分别位于 E 两侧且与 E 并联使用的表面蒸发式空冷器。

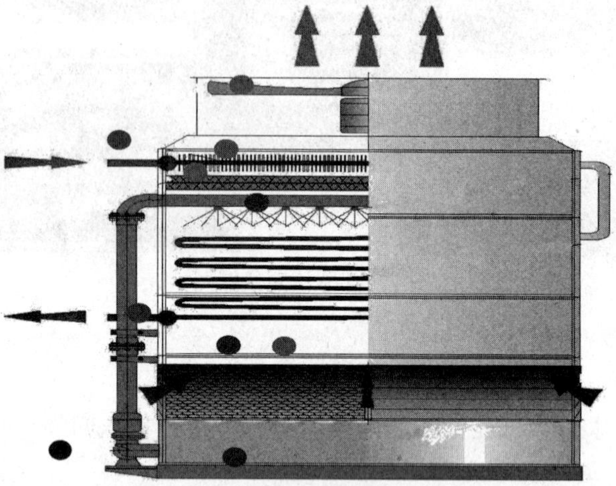

图 3　设备布点示意图

表 1　5 月 23 日测量数据记录表

类　别	比较项目	测量时间	D	E	F
设备结构	空冷段管排数		6	9	6
	空冷段面积/m^2		148	221	148
油气系统	设备入口温度/℃	10：15	83.5	83.5	83.5
	设备出口温度/℃	10：15	38.5	35.5	38.3
	空冷段出口温度/℃	10：25	71.2	62.8	71.1
空气系统	环境温度/℃	10：05	29	29	29
	环境相对湿度/%	10：05	40.8	40.8	40.8
	风机出口温度/℃	10：15	51	53	51
	风机出口相对湿度/%	10：15	57.3	57.3	58
水路系统	初始时刻水位/cm	10：05	26.9	28.6	28.2
	末端时刻水位/cm	10：35	31.1	31.9	32.3
	水位差/cm	10：35	4.2	3.3	4.1
	时间差/min		30	30	30
	水消耗量/(m^3/h)		1.52	1.19	1.47
	水箱内温度/℃	10：15	33.3	33.1	33.2

表 2　5 月 24 日测量数据记录表

类　别	比较项目	测量时间	D	E	F
设备结构	空冷段管排数		6	9	6
	空冷段面积/m^2		148	221	148
油气系统	设备入口温度/℃	12：15	84	84	84
	设备出口温度/℃	12：15	39	36	39
	空冷段出口温度/℃	12：25	71.5	63	71.3

续表

类　别	比较项目	测量时间	D	E	F
空气系统	环境温度/℃	12：05	31	31	31
	环境相对湿度/%	12：05	40.8	40.8	40.8
	风机出口温度/℃	12：15	53	55	53
	风机出口相对湿度/%	12：15	57.1	56.9	57
水路系统	初始时刻水位/cm	12：05	26.4	28.8	27.2
	末端时刻水位/cm	12：35	31.0	32.4	31.7
	水位差/cm	12：35	4.6	3.6	4.5
	时间差/min		30	30	30
	水消耗量/(m^3/h)		1.67	1.31	1.63
	水箱内温度/℃	12：15	34.6	34.3	34.7

表 3　5 月 25 日测量数据记录表

类　别	比较项目	测量时间	D	E	F
设备结构	空冷段管排数		6	9	6
	空冷段面积/m^2		148	221	148
油气系统	设备入口温度/℃	13：55	84.3	84.3	84.3
	设备出口温度/℃	13：55	39.2	36.2	39.2
	空冷段出口温度/℃	14：05	71.9	63.4	71.8
空气系统	环境温度/℃	13：45	33	33	33
	环境相对湿度/%	13：45	40.8	40.8	40.8
	风机出口温度/℃	13：55	55	56	55
	风机出口相对湿度/%	13：55	56.3	56.1	56.8
水路系统	初始时刻水位/cm	13：45	26.9	28.5	27.6
	末端时刻水位/cm	14：15	31.7	32.25	31.3
	水位差/cm	14：15	4.8	3.75	4.7
	时间差/min		30	30	30
	水消耗量/(m^3/h)		1.73	1.35	1.69
	水箱内温度/℃	12：15	35.2	35.1	35.17

在测量水箱内液位下降时，为了避免引起个别设备水泵的气蚀状况，需严格控制液位下降的界限。上述数据每天均复测 3 次，复测数据的误差均小于 5%，取其平均值，列于表中。

5.4.8　标定数据分析

将表 1~表 3 中数据平均后的耗水量检测数据如表 4 所示。

表 4　平均耗水量检测数据

比较项目	D	E	F
设备名称	表面蒸发空冷器	复合型高效冷却器	表面蒸发空冷器
设备型号	ZP-6×3	SYL-6×3	ZP-6×3
环境温度/℃	31	31	31
水消耗量/(m^3/h)	1.64	1.28	1.60

(1) 由表 1~表 3 可知，由于热物料先进空冷段，再进蒸发段，故当设备换热负荷一定的情况

下，蒸发段的换热负荷与空冷段换热负荷成负相关，而空冷段的热量与环境温度有关，设备的耗水量与环境温度间的关系如图4所示(设备耗水量随着环境温度的增加而增加)。

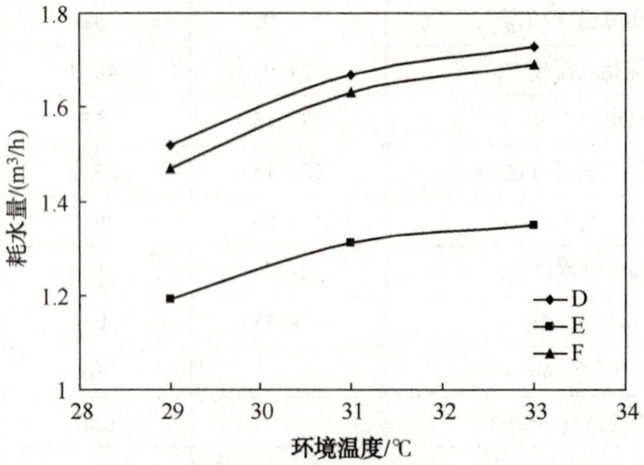

图4　设备耗水量与环境温度关系

(2) 由表4可知，由于复合型高效冷却器空冷段换热面积比普通表面蒸发式空冷器增加了50%左右，在31℃的环境条件下，其耗水量比普通表面蒸发式空冷器平均降低了21%左右。

(3) 两种设备的结构数据如表5所示。

表5　催化装置分馏塔顶单台表面蒸发式空冷器与复合型高效空冷器的比较

比较项目	表面蒸发空冷器	复合型高效空冷器	备　注
设备入口温度/℃	84	84	
冷却出口温度/℃	39	36	后者低3℃
空冷段出口温度/℃	71.4	63	后者低8.4℃
热负荷/kW	1187	1226	后者提高3%
空冷段面积/m^2	148	221	后者增加50%
蒸发段面积/m^2	444	444	
风机台数/台	2	4	后者布风均匀
风机总功率/kW	18.5×2=37	7.5×4=30	节能19%
风机连接方式	皮带连接	直连	后者效率高
收水器型号	无	LHBW-6×3	后者二次收水
耗水量/(t/h)	1.62	1.28	节水21%
管束防腐方式	先分步防腐再焊接成型	先焊接成型再整体防腐	可保8年
管束形式	水平管	倾斜管	传热好、压降小

5.4.9　标定小结

(1) 在管束布置方面，复合型高效空冷器采用倾斜管束，管内层流层的厚度较薄，在冷凝换热过程中，管内传热系数较大；且通过横向均匀布风和纵向梯度布风，管外传热系数也较高，导致复合型高效空冷器的换热能力可比表面蒸发式空冷器提高3%，出口温度低3℃，但能耗却降低19%。

(2) 在空冷段优化方面，复合型高效空冷器换热面积比表面蒸发式空冷器增加了50%，且在空冷段和蒸发段之间增加了收水装置，通过二次收水和横向均匀布风，在减少蒸发量的同时基本杜绝了水雾飘逸现象，故复合型高效空冷器可比表面蒸发式空冷器降低水耗21%。

(3) 复合型高效空冷器比表面蒸发式空冷器蒸发段的入口温度降低了8.4℃，(空冷段面积比传统的蒸发式空冷器大50%)，出口温度比表面蒸发式空冷器低3℃(当温度接近当地湿球温度时，不利于水的蒸发，温度比较难降下来，而且节水也体现在这里)蒸发段的结垢现象大大减缓，垢下腐蚀也大幅减少；且前者的水飘逸率较小，对周围设备的飘水腐蚀性较小。

(4) 在管束防腐方面，表面蒸发式空冷器的管束采用先防腐后焊接成型，管板连接处的缝隙不能彻底解决，锈水容易污染管箱，进而导致设备的均匀腐蚀；复合型高效空冷器的管束通过柔性化和模块化的设计，可实现先焊接成型后整体防腐，基本杜绝了缝隙腐蚀和均匀腐蚀。

(5)设备运行3年零3个月以来，复合型高效空冷器没进行过堵漏操作，设备冷却出口温度均能满足换热要求，满足长周期、安全、稳定运行的要求。

6 结束语

复合型高效冷凝器的换热机理决定了它较其他传统冷却设备有较大优势。其冷凝冷却效率高，设备操作运行安全可靠，同时可实现免拆卸不停机在线清洗。特别是在石油石化行业轻质烃类的冷凝冷却上，最终温度可以达到当地湿球温度之上7~8℃左右(如湿球温度为28℃，复合型高效冷凝器能冷却的终温可以达到35℃左右)，在最炎热的夏季也可以达到设计要求；同时，在严寒的冬季，可以停水干运行。既有空冷器的优势，又有水冷器的功用，达到一机多用节能节水的良好效果。通过对其长期使用后的标定结果，充分说明复合型高效冷凝器在我厂的实验性应用是非常成功的。

参 考 文 献

[1] 刘家明．石油化工设备设计手册[M]．中国石化出版社，2013：1777-2101.

浮环密封和干气密封在催化富气压缩机上的应用

吕红霞　刘　骏

(中国石化沧州分公司，河北沧州　061000)

摘　要：主要阐述了催化装置富气压缩机浮环密封系统结构，技术改造后干气密封系统结构、原理，对浮环密封系统运行10年以来的故障及对装置的影响做了详细的分析，同时对干气密封改造后的实际应用效果给予了客观的描述。密封改造4年以来，工艺介质零泄漏、润滑油消耗量降低、现场面貌和环境有了较大的改观、气压机组平稳运行，同时也为催化及下游装置的正常生产做出了一定的贡献。实践证明干气密封在催化富气压缩机上的改造是成功的。

关键词：干气密封；浮环密封；对比分析；富气压缩机

1　前言

中石化沧州分公司1200kt/a催化裂化装置富气压缩机为蒸汽透平驱动的多级离心压缩机，由沈阳鼓风机厂制造，2001年9月开始运行，型号为2MCL606-11，压缩介质为易燃易爆且含有硫化氢的分馏塔顶富气，作用是为吸收稳定单元提供气相原料，属于全厂的关键设备。富气压缩机的重要性以及介质的危险性给压缩机密封系统提出了硬性的要求：泄漏小，寿命长。以前的气压机密封采用浮环密封，这种结构运行过程中多次造成气封体的腐蚀、浮环密封面间隙超标、封油润滑油互串等现象，严重影响到了机组的安全运行；2010年8月借大检修之机，车间决定将压缩机的轴封型式由浮环密封改造成双端面集装式干气密封，新设备中干气密封系统前置气采用氮气，主密封采用氮气，隔离气采用仪表风，改造后的干气密封为介质侧的双端面干气密封和大气侧(轴承箱侧)的梳齿隔离密封组合的结构形式，该结构可做到工艺介质零泄漏，运行稳定、密封效果好，干气密封投用4年以来机组运行平稳，取得了较好的效果。

2　干气密封系统介绍

2.1　密封的主要结构特点

改造后的干气密封为介质侧的双端面干气密封和大气侧(轴承箱侧)的梳齿隔离密封组合的结构形式。该结构可做到工艺介质零泄漏，结构形式见图1。

双端面干气密封相当于面对面布置的两组单端面干气密封，在两组密封之间通入氮气作阻塞气体而成为一个性能可靠的阻塞密封系统，控制氮气的压力使其始终维持在比被密封工艺气体压力稍高0.3MPa的水平，使其在大气与工艺气之间起到阻隔作用。

在干气密封和工艺气之间引入略高于机组平衡管压力的洁净干气作为前置气，防止较脏的富气进入密封端面，造成密封失效。

由于干气密封在开停车时会产生接触磨损，因此，密封的动环选用较高硬度的硬质合金，而静环采用相对较软、具有自润滑性的浸渍石墨，密封动环的端面上加工有均布的流体动压螺旋槽。特殊设计的槽型结构在使用条件下运转时所产生的流体动压效应，使动、静环间形成具有一层极高刚度的气膜，由气膜作用力形成的开启力与由弹簧和介质作用形成的闭合力达到平衡，使密封面分开3~5μm，在非接触状态下实现密封。

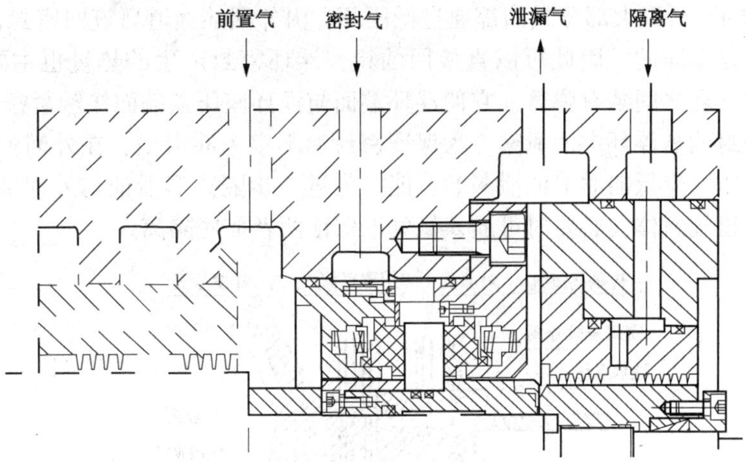

图 1　干气密封结构图

2.2　干气密封工作原理

干气密封其中的一个密封环上面加工有均匀分布的浅槽。运转时，进入浅槽中的气体受到压缩，在密封环之间形成局部的高压区，使密封面开启，从而能在非接触状态下运行，实现密封。

图 2 所示是密封端面的示意图，密封面上加工有一定数量的螺旋槽，其深度在 8～15μm 以内。密封工作的主要原理是静压力和流体动力的平衡。作用在密封上的流体静态力是由介质压力和弹簧力产生，在旋转和静止时都存在。流体动态力只在密封旋转时发生。密封旋转时，由动环产生的黏性剪切力带动被密封气体进入螺旋槽内，由外径朝中心，径向分量朝着密封坝流动，而密封坝节制气体流向低压侧，于是气体被压缩，压力升高，密封面分开，形成一定厚度的气膜。由气膜作用力形成的开启力与由弹簧力和介质作用力形成的闭合力达到平衡，于是密封实现非接触运转。

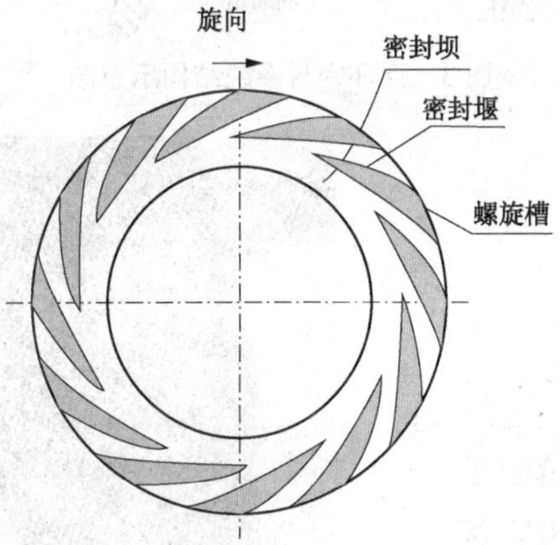

图 2　螺旋槽结构干气密封环

3　浮环密封系统介绍

如图 3 所示为浮环密封系统结构示意图，密封气(通常为干气)自流道Ⅰ进入内侧气封体，作为浮环密封系统的第一道密封，阻止气压机内部介质外漏。向外泄漏的密封气通过引出管保持一定的压力，此压力作为密封油压力的参考值，又称为参考气。浮环密封由内外两个浮环组成，如图 4 所示为浮环密封示意图，图 5 为浮环密封图片，工作时浮环能浮动，但受销钉限制不能转动。密封油自油路Ⅲ进入内外环之间，通过浮环和轴之间的间隙，沿轴向左右两端流动。图中右侧是高压端，左侧是低压端。流经高压端的封油经过高压环，由内回油通道Ⅵ排至油气分离器。封油压力比参考气压力高 0.05MPa 左右，压差很小，向高压端的泄漏量较小，回油和密封气以及机内泄漏气体混合排出，称为内回油，必须经过油气分离器处理后才能继续使用。而密封油与低压侧润滑油的压差是0.2~0.4MPa，所以大部分封油都通过低压环，由外回油通道Ⅶ流回密封油箱。外回油没有与压缩气体接触，是干净的，因此可以直接回油箱，浮环密封产生的热量也主要靠这部分回油带走。浮环密封的内外环之间装有弹簧，它使浮环端面与浮环座压盖端面接触紧密，防止机组在启动或停车过程中，密封油从浮环端面泄露。为保证密封油不串入润滑油，在外回油箱体处开呼吸孔，以使外回油保持常压，降低向润滑油泄漏的可能。为进一步隔离润滑油与外回油，防止二者互串，在二者之间加入一道气封体，必要时可通入氮气以保证两者彻底隔离。

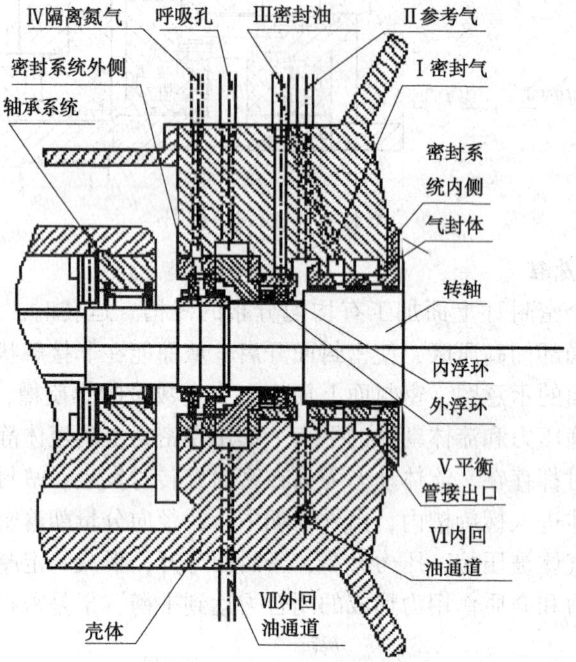

图3　浮环密封系统结构示意图

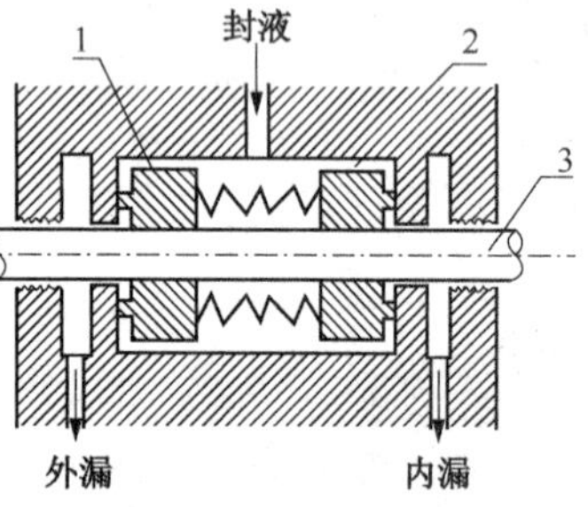

图4　浮环密封示意图

1—外侧密封环；2—内侧密封环；3—转轴

图5　浮环密封图片

4　密封系统改造内容

（1）拆除原封油系统包括浮环密封、封油站、脱气槽、封油高位油罐、干气罐及与之相连的管线及其伴热线。

（2）增上川密的控制柜(宽1650mm、高1650mm、厚600mm)1套、高低压端密封2套[每套密封包括介质侧的双端面干气密封和大气侧(轴承箱侧)的梳齿隔离密封]。

（3）压缩机原浮环密封腔处有9处接管需作改动，如图6所示，包括：

原高位油箱参考气接口作为干气密封前置气进气口(1 个)；原封油的入口作为主密封气入口(2个)；原封油的隔离气入孔作为干气密封的隔离气入口(2个)；原封油的内泄漏孔(酸油排放口)不用，需用盲法兰盲死(2个)；原封油的外泄漏孔作为干气密封排凝口，需要在接管上加一闸阀，就地排放(2个)；原泄漏气出口保留，仍作为干气密封的泄漏气出口，可不做改动(2个)；另外，需从原浮环密封干气入口法兰(高低压端各 1 个)上引出一路管线，与控制盘二次平衡管取压法兰相连，作为干气密封参考气管线。

图6　密封腔

5　浮环密封系统运行情况

总结压缩机浮环密封系统运行中的故障情况，我们发现密封系统的失效有几种形式，如表 1 所示。

表 1　浮环密封故障分析表

序号	失效形式	现象	原因	造成后果	车间采取的主要对策	效果
1	润滑油串入封油	润滑油箱液位下降、封油箱液位上升、黏度上升	隔离气封失效	合格润滑油浪费	降低润滑油压力、油温；疏通润滑油箱上部呼吸阀	润滑油跑损量 3 天/桶降至 10 天/桶
2	封油串入润滑油	润滑油箱液位上涨、润滑油黏度下降	隔离气封失效	润滑油酸值增高，腐蚀性增加，可能导致调速系统零部件腐蚀，失去灵活性，调速系统失灵，润滑油黏度下降，流动性加强，轴瓦油膜减薄，甚至会产生抱轴事故	重配润滑油与封油隔离气封处的氮气线，投用隔离气封	封油串入润滑油现象消失
3	内侧气封体腐蚀	密封油黏度下降较大	富气串入或密封干气质量差	密封油污染	加大脱气槽和干气分液罐的排凝频次、封油的置换数量，加大密封气的注入量及压力	稍有好转，待检修更换
4	浮环或气封体积炭或附着其他大量固体杂质	浮环浮动性能减弱，密封效果不好	富气串入或密封干气质量差	密封体、浮环腐蚀，封油质量变差	加大脱气槽和干气分液罐的排凝频次、封油的置换数量	稍有好转，待检修更换

由表 1 可以看出，浮环密封会经常在故障状态下运行，这样势必会造成大量润滑油的浪费和现场环境的污染，运行 10 年以来，有 5 次气压机检修是因为差压难以控制被迫进行的停机处理。在

停机更换浮环密封的过程中，催化装置降量生产，分馏塔顶的富气进入火炬系统，吸收稳定、气分、MTBE等下游装置被迫停工，对全厂的正常生产影响较大，因此，浮环密封系统必须进行改造。

6 干气密封系统运行情况

6.1 干气密封维护情况统计(表2)

表2 干气密封维护情况统计表

日 期	出现问题	原因	采取措施	效果
2010.10.30	氮气压力0.7~0.37MPa，密封气前置气差压0.07MPa报警	系统压力波动	要求相关单位尽快恢复	氮气压力恢复至0.7MPa
2011.3.15	氮气压力0.7~0.49MPa，密封气前置气差压0.17MPa	系统压力波动	要求相关单位尽快恢复	氮气压力恢复至0.7MPa
2011.4.5	氮气压力0.7~0.58MPa，密封气前置气差压0.24MPa	系统压力波动	要求相关单位尽快恢复	氮气压力恢复至0.7MPa
2011.10.10	氮气总线经过滤器差压0.08MPa，报警	滤芯脏	更换新滤芯	差压0.02MPa
2011.11.21	氮气压力0.7~0.46MPa，密封气前置气差压0.14MPa，报警	系统压力波动	要求相关单位尽快恢复	氮气压力恢复至0.7MPa
2012.1.20	氮气压力0.7~0.49MPa，密封气前置气差压0.13MPa，报警	系统压力波动	要求相关单位尽快恢复	氮气压力恢复至0.7MPa
2012.2.15	前置气与平衡管差压回零	前端梳齿密封结垢	开大驱动端前置气孔板副线	差压恢复至0.02MPa
2012.6.18	前置气与平衡管差压回零	前端梳齿密封结垢问题加剧	受系统氮气压力影响，车间无法调节	
2013.3.6	氮气总线经过滤器差压0.07MPa	滤芯脏	更换新滤芯	差压0.02MPa
2013.4.12	氮气压力0.7~0.56MPa，密封气前置气差压0.13MPa，报警	系统压力波动	要求相关单位尽快恢复	氮气压力恢复至0.7MPa
2013.5.10	密封气与前置气差压已降至0.21MPa	前端梳齿密封结焦问题加剧，前置气压力太高	关闭前置气孔板副线，降低前置气压力	密封气与前置气压力提至0.24MPa

由表2可以看出，干气密封运行中的主要问题主要集中在两个方面：一是氮气系统缓冲性太差，二是因气封体腐蚀结垢，前置气与二次平衡管差压、密封气与前置气差压呈逐渐下降状态。

6.2 干气密封故障应对措施

(1) 系统氮气压力不稳，各单位对于高压氮气的使用要严格控制用量并通知调度，由调度通知空分装置补液氮、通知催化装置机组岗位操作人员密切注意氮气压力，有异常时及时反映情况。

(2) 气封体结垢和局部的冲蚀导致前置气和二次平衡管、密封气和前置气差压降低。气封体结垢主要来自两个方面：一是受工艺介质影响，富气中的焦粉在梳齿上的沉积；二是富气中硫化氢与气封体腐蚀产物在梳齿上的沉积，而冲蚀主要体现在高压气封体一侧，建议将气封体材质由铝改为不锈钢。

6.3 干气密封改造后的效果

(1) 干气密封改造至今，气压机组已平稳运行4年，干气密封系统运行正常(由图7、图8可以看出气封体的腐蚀明显减轻)。干气密封系统的平稳运行是气压机长周期运行的必要条件之一，同时也为催化及下游装置的正常生产做出了一定的贡献。

图7　2010年气封体腐蚀情况(改造前)

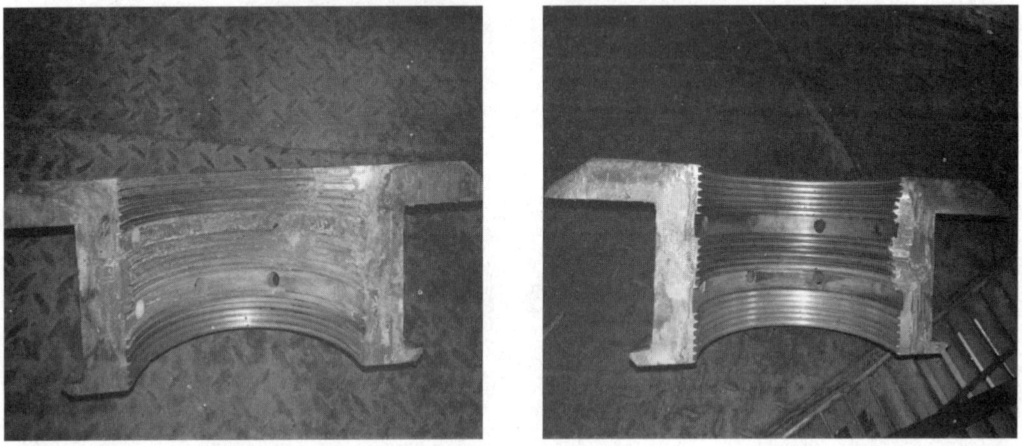

(a)　　(b)

图8　2013年气封体的腐蚀情况

(2) 密封系统较之以前的浮环密封系统更加安全环保(密封气、前置气采用氮气，隔离气用净化风)，密封气体泄漏量小，维护费用低，经济实用性好，密封驱动功率消耗小，密封寿命长，运行可靠。这大大减少了计划外维修费用和生产停车。

(3) 干气密封省去了密封油系统及用于驱动密封油系统运转的附加功率负荷。

改造前浮环密封系统费用：密封油泵电机耗电1.71万元/a，氮气耗量29.9万元/a，润滑油损失量5万元/a，共计36.61万元。

改造后干气密封系统费用：氮气耗量21.92万元/a，净化风耗量2.56万元/a，共计24.48万元/a。

干气密封系统运行费用共节约：36.61-24.48=12.13万元/a。

(4) 避免了工艺气体被油污染的可能性。

(5) 大大减少了操作工的操作难度，现场设备面貌和环境均有了较大的改观。

7　结论

浮环密封系统失效带来的损失巨大，包括由于机组更换密封造成的系统停机损失和检修费用的损失；润滑油被污染后给机组调速系统、轴瓦等带来的隐患；润滑油、封油被污染后频繁置换润滑油的消耗等。干气密封系统改造后，机组已平稳运行3年；密封系统较之以前的浮环密封系统更加安全环保(密封气、前置气采用氮气，隔离气用净化风)；密封气体泄漏量小，维护费用低，经济实用性好，密封驱动功率消耗小，密封寿命长，运行可靠，这大大减少了计划外维修费用和生产停车；省去了密封油系统及用于驱动密封油系统运转的附加功率负荷；避免了工艺气体被油污染的可能性；大大减少了操作工的操作难度，现场设备面貌和环境均有了较大的改观。干气密封系统的平稳运行是气压机长周期运行的必要条件之一，同时也为催化及下游装置的正常生产做出了一定的贡献。

蜡油加氢反应流出物系统管道开裂故障分析及处理

施瑞丰

（中国石化上海高桥分公司，上海 200137）

摘 要：针对蜡油加氢装置反应流出物系统管道设备发生的数次故障，简单描述了故障的发生过程，并从管道材质和运行环境两方面对故障原因进行分析，找出了原设备管道材质 Cr5Mo 并不适合于湿硫化氢工况是产生裂纹的根本原因。在装置需要尽快开工的情况下，对损坏部位进行了紧急修理。为达到本质安全，对此装置制定了详细的整改计划，准备在蜡油加氢检修期间，对该系统设备管道进行材质变更。

关键词：蜡油加氢；裂纹；硫化氢；腐蚀；焊缝；硬度

1 前言

某公司 1.4Mt/a 蜡油加氢装置是以焦化蜡油、直馏蜡油为原料，在催化剂作用下，经过高温、中压、临氢反应，在反应器内经过加氢脱硫、脱氮、烯烃饱和反应，生产合格的催化原料。该装置于 2007 年由 1Mt/a 汽、柴油加氢装置改造成 1Mt/a 蜡油加氢，原料设计硫含量提高到 3.28%。2010 年扩能改造为 1Mt/a。

2 故障发生及处理过程简述

2013 年 4 月 9 日 19 时 10 分，热高分气冷却器 E-603 壳程出口法兰出现裂纹，装置紧急停工处理。4 月 10 日，公司检验所对泄漏焊缝两侧进行光谱分析以验证材质；4 月 11 日，对泄漏焊缝和母材进行硬度检测后，采取打磨、补焊处理。为避免相同故障再次发生，还对热高分气空冷器 A-601到冷高压分离器 D-604 整根管道进行磁粉检测和光谱分析。4 月 12 日 19 时整，装置恢复正常，处理量为 120t/h，反应温度为 340℃，系统压力为 6.4MPa。

2013 年 5 月 6 日下午，E-603 壳程法兰大小头再次出现裂缝，装置紧急停工处理。当日 22 时 50 分，系统置换柴油过程中热高分气空冷器 A-601/D 南出口短管突然断裂，装置紧急停工处理；5 月 7 日，从热高分气相/混合氢换热器 E-602 到 E-603 进口设备管道全部进行测厚、测硬度、光谱分析和超声波探伤检测，5 月 8 日，在准备工作就绪后，将 4 片空冷全部吊至地面，对检测出有问题的 5 道接管焊缝进行刹头返片处理。5 月 9~10 日，空冷接管修复吊装复位，对所有焊缝进行射线探伤和焊后热处理。5 月 11 日，装置逐步恢复正常。

3 故障原因分析

根据光谱材质复验结果，从 E-602 经过 A601 直到 D604 的所有管道均为 Cr5Mo 材质，A-601 主体材质也为 Cr5Mo，E-603 管程法兰材质是 321 不锈钢，大小头材质为 Cr5Mo，E-603 损坏处正是异种钢焊接的部位，第二次开裂在第一次开裂的右下方，裂纹开裂朝 Cr5Mo 方向，如图 1、图 2 所示。热高分气空冷器 A-601/D 断裂处短管材质全部为 Cr5Mo，具体部位是靠近法兰与短管焊缝，将损坏处两段短管拼接起来，发现本体接管处缺少一块金属，是典型的脆性断裂故障，如图 3 所示。这两处都属于加氢反应流出物系统，操作温度在 40℃以下，系统中主要有 H_2、H_2S、氯化铵

(NH_4Cl)、氢硫铵(NH_4HS)以及 H_2O 等，其中 H_2S 溶解在水中经过两级电离产生了大量的氢离子，这是湿 H_2S 环境的显著特征。

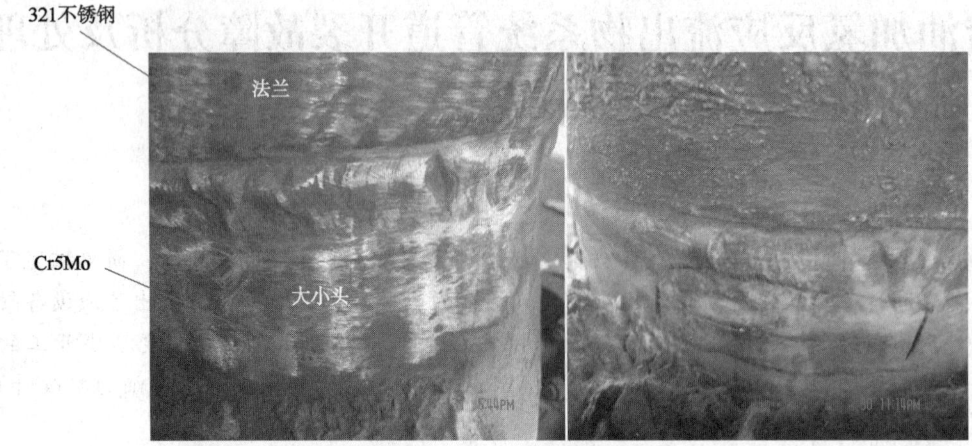

图 1　E-603 出口大小头焊缝开裂(第一次)

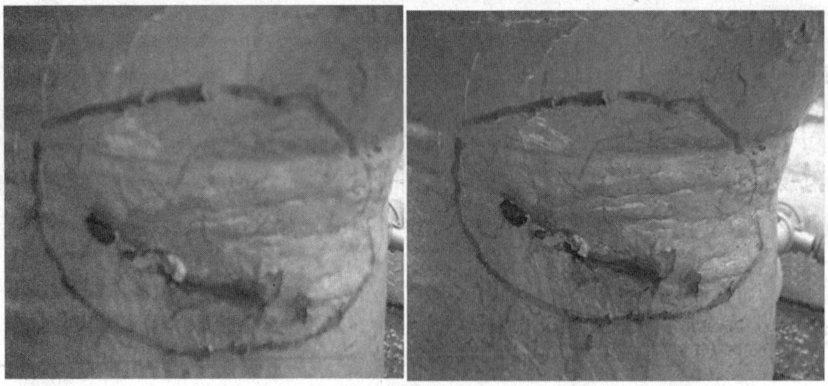

图 2　E-603 出口大小头焊缝开裂(第二次)

图 3　A-601/D 出口管道开裂

2013 年 4 月 11 日，对现场 E-603 大小头焊缝泄漏处进行硬度检测和光谱材质复验。硬度检测发现焊缝处硬度为 195HB，法兰母材为 136HB，对焊缝处进行光谱分析后发现材质组成是 Cr22%，Ni11.6%，更接近于 ER309 焊丝化学成分，这说明该焊缝化学成分近似于奥氏体不锈钢。从起裂的部位来看，为接近于母材和焊缝交界区域的熔合区。大量的失效案例表明，异种钢焊接接头的熔合区是产生裂纹失效的主要部位。在异种钢焊接接头区，Cr5Mo 大小头与奥氏体不锈钢焊缝具有完全不同的化学成分和组织特征，熔合区作为它们之间的过渡区域，组织的变化就更为复杂。异种钢焊接接头的复杂性在于焊接区的金相组织、化学成分、残余应力等方面与接头两侧母材相比均存在较大差别，而熔合区正是这种变化最显著的部位，因此，熔合区是抗腐蚀性能最差的部位，它的抗腐蚀性能控制着整个工件的防腐蚀性能。由于18-8不锈钢焊缝区组织主要是奥氏体+δ-铁素体，氢在原子间隙较大的奥氏体中的溶解度大于原子间隙较小的铁素体中的溶解度，而扩散速度正好相反，这样导致氢原子容易在熔合区与奥氏体焊缝区的边界处聚集。焊态下，熔合区主要为类马氏体组织，是小板条马氏体、贝氏体和碳化物的混合体，并具有较高的硬度。另外，由于母材与焊缝之间导热系数与热膨胀系数的较大差异，在熔合区产生较高应力集中，导致该区位错密度增加，因此，在熔合区容易出现较严重的氢腐蚀或氢致开裂。由于焊缝位于对焊法兰颈部和大小头的交界区域，这里正是截面发生转变的部位，虽然很难测得熔合区数十微米范围内的应力分布曲线，但从几何形状的突变，加上该区的组织变化，以及所对应的热膨胀系数差异等，可以判断其局部存在很大的应力集中，这进一步加大了产生裂纹的可能性。

而对于A-601出口短管来说，情况又有所不同。由于断裂并不在焊缝区，因此，它主要和母材Cr5Mo的特性有关。Cr5Mo的合金成分大于3%，属于中合金耐热钢，金相组织为铁素体+珠光体，它的碳含量小于0.15%。其中主加元素Cr的淬硬性比较大，Mo的淬硬作用还比Cr大约50倍。所以Cr5Mo有相当的空淬倾向，其冷裂倾向更大一些；研究证明，焊接接头的含氢量、钢的淬硬倾向和接头承受的拘束应力是产生焊接延迟裂纹的三大因素。钢的淬硬倾向越大，越容易形成片状马氏体组织，片状马氏体不仅能促进氢脆，而且能为微裂纹的扩展提供一个敏感的基体，促使裂纹扩展。总的来说，Cr5Mo对冷裂纹更为敏感，在选择焊接方法时应优先选用低氢的焊接方法。焊接接头的坡口形状和尺寸设计时，应尽量减少焊缝的横截面积。由于Cr5Mo淬硬性大，焊接前必须对焊件进行预热。为了改善焊接接头的组织，降低接头各区的硬度，提高接头的韧性以及消除焊接内应力，焊后必须对其焊接接头及时进行热处理而且应将预热温度保持到热处理为止。由上可知，Cr5Mo是一种非常难以焊接的金属，稍有不慎，便会产生片状马氏体组织。而且，这种金属对氢原子非常敏感。反应流出物水溶液电离出大量的氢原子渗入并聚集在片状马氏体中，造成金属组织不连续最终产生冷裂纹而失效。

综上所述，加氢反应流出物系统的低温部位属于典型的湿硫化氢工况，硫化氢溶解于水溶液中电离出大量的氢原子，而Cr5Mo钢的淬硬性非常大，这样，无论在同种钢的焊缝附近，或者在异种钢的熔合区，金相组织中都会存在各种形式的马氏体。马氏体硬度高，脆性大，当环境中的氢原子大量渗入到金属基体中时，就很容易形成应力集中点，形成开裂敏感区。在一定的外部条件作用下，如结构不连续的高应力部位、系统中由于工艺原因H_2S含量突然升高，都会造成管道开裂故障，对装置的安全生产造成不利影响。

4 故障处理过程与结果

2013年4月11日，在大小头和法兰均无备品的情况下，为保证及时开工，抢修过程中对焊缝热影响区存在问题的裂纹部位进行了修复，同时做好大小头的备品备件(备品备件选用321，主要考虑大小头与法兰同种材质焊接，大小头的大头端与尚未受损的管线进行异种钢连接)。由于E-603具体裂纹扩展深度未知，所以暂时规定：如裂纹未到焊缝，则偏向于Cr5Mo的焊接方案，用ER307焊丝，一边打磨，一边再做着色，直至完全将裂纹打磨干净为止，作业时预热到250℃，焊后进行700℃热处理；如裂纹到焊缝，则按异种钢焊接方案，用ER309焊丝，焊缝主体不需作焊前预热和焊后热处理，Cr5Mo侧需进行预热。经查证：ER309焊丝具体牌号为H1Cr24Ni13，适用于异种钢焊接；ER307焊丝具体牌号为H09Cr21Ni9Mn4Mo，适用于硬化钢、磁性钢、难以焊的钢。在实际修理打磨过程中，发现裂纹扩展很长很深，已到达焊缝主体，所以选用ER309焊丝，按异种钢方案进行焊接。

第二次故障处理：5月7日对高压空冷器A-601/A~D本体的进、出口管线先进行光谱分析、硬度检测，结果显示，4台空冷器进、出口短节与法兰的焊缝均有不同程度的硬度超标，其中有两道焊缝硬度高，两道Cr含量低。5月8日，对A-601/A~D空冷片接管进行抢修，对存在硬度超标的焊缝进行割除并重新焊接，Cr5Mo的焊接采用氩弧焊，焊材选用同种材质的焊材进行焊接。焊接过程要求焊前余热、控制好层间温度、焊后热处理、焊后检测等。焊后检测主要包括焊后超声波检测、硬度检测Ⅲ硬度不能超过241HB。

具体步骤：

(1) 因现场框架有油迹，为安全起见，将4片空冷片依次吊装至地面进行焊接。

(2) 将4片空冷全部吊至地面，这5道焊缝进行刹头返片处理。在地面上A-601/C南一进口杀头重焊，用全氩弧焊，5cm焊丝，全部RT处理；A-601/B北一进口杀头重焊；A-601/D北进口杀头重焊；A-601/D南出口杀头重焊；A-601/A北出口杀头重焊。

(3) 5月9日，空冷器接管修复吊装复位，并对A-601/D出口管道进行重新割除焊接处理，以解决管道被气流撞弯的问题。全部焊接完成后，对所有焊缝进行射线探伤(RT)，发现A-601/C南进口焊口检测不合格，其他焊缝进行焊后700~760℃热处理，要求硬度≤241HB。后于5月10日返片重焊热处理射线探伤合格。

同时，对当日下午出现换热器E-603大小头焊缝开裂也进行了抢修。E-603管程出口管线的大小头原材质为1Cr5Mo，更换为材质为TP321的大小头(*DN*250/300×*DN*18/22)。

具体步骤：

(1) 将原法兰送竹园进行坡口加工，后进行PT检测。

(2) TP321同种材质的焊接先用焊丝氩弧焊打底，焊接厚度大约10mm，然后再用焊条进行焊接，不需要进行热处理。

(3) TP321与1Cr5Mo的焊接线先用焊丝309氩弧焊打底，焊接厚度大约10mm，然后再用焊条A602进行焊接，不需要进行热处理。

在抢修设备缺陷的基础上，对该系统管道进行了检测，热高分气从E-603壳程出口出来，经过注水点后到空冷器A-601/A~D，后经换热器E-603管程到达热高分分离器D-604。该管线的材质采用1Cr5Mo，本次抢修对管线进行100%的光谱、硬度和UT检测，对检测过程中存在的问题进行修理，检测结果显示无异常。

从热高压分离器D-602顶到A-601的热高分气管线为中压管线，壁厚和管径比较大，初拟选用RT检测，需要3台大源进行为期一周的检测才能完全实施，将对安装核料位仪的1#连续重整装置、1#延迟焦化装置、2#延迟焦化装置的正常生产造成危害或影响。因而本次检测采用UT检测，检测结果正常。

5月11日，装置各部分逐步恢复正常，处理量为120t/h，反应温度为340℃，系统压力为6.4MPa。

5 具体措施

原设计选用Cr5Mo可能是考虑到防止硫腐蚀的因素，但这种钢主要作用是防止高温硫腐蚀，高温硫腐蚀要在204℃以上较为明显，而断裂处Cr5Mo管段的最高操作温度是40℃。所以，笔者认为设计选材有误。该处应用20#抗HIC钢以确保材料有足够的韧性，安装空冷片时尽量做到自然组装，减少强制组装应力，并细心做好管道施工管理工作。而且加氢反应流出物系统历来是故障高发部位，建议在日常的工作中要加强对这个部位的检查和定期检测工作，并在装置检修时要对其按国家标准进行全面检验。

6 措施落实情况

公司对该部位管道非常重视，对弯头、大小头等冲刷严重的部位进行定期测厚，并将测厚数据录入到 EM 系统中，以便观察其腐蚀变化规律。为了从本质上解决问题，向上级部门汇报，经同意后决定对该系统材质进行变更。工艺管道拟由 Cr5Mo 变更为 20#抗 HIC，且准备更换工艺管道 250m，在 2014 年 9 月蜡加装置检修中实施。热高分气空冷器 A-601/A~D 准备更新，主体材质由 Cr5Mo 变更为 10#抗 HIC 钢，由哈空调制造，准备在 2014 年 9 月检修中更换。

参 考 文 献

[1] 王宗杰，臧汝恒，李德源．工程材料焊接技术问答[M]．北京：机械工业出版社．
[2] 何文全．蜡油加氢装置技术问答[M]．上海高桥分公司炼油事业部．
[3] 施哲雄．压力管道材料课件[M]．华东理工大学化工机械研究所．

石化生产计划优化技术进展

谭仲海　罗　玲

(石化盈科信息技术有限责任公司，北京　100007)

摘　要：介绍中国石化生产计划优化技术近年应用情况，包括：单厂、多厂、单周期、多周期及关键技术和原油分配、产品分配、原料分配、产品链、互供料优化等应用。

关键词：石化；整体优化；模型

1　前言

随着中国能源需求的不断增加，中国石化原油对外依存度越来越高，2012年已高达80%以上。原油成本超过全部成本的90%，根据2012年炼油板块工作会要求，原油降本增效、产品结构增效、优化加工增效等成为2013年炼油板块“十大增效措施”的重要组成部分。因此，在总部层面做好原油资源选购、配置、生产加工、产品链、成品油出口的整体优化对中国石化实现世界一流具有十分重要的意义。

中国石化自2000年引进美国计划优化软件以来，广泛应用于生产计划优化、原油和原料优化、生产方案优化、产品结构优化、检修与库存优化、企业发展规划等，对发挥中国石化集团整体优势起到重要的支撑作用。

2　模型技术

计划模型综合运用了常减压模拟切割和校核、Delta-Base结构、全厂硫分布预测模型、油品调合、多周期模型等技术，真实地模拟了企业生产工艺、投入产出、技术经济指标，具有较好的预测精度，PIMS模型已成为总部和企业计划管理的重要工具。

2.1　模型类型

计划模型分为单厂模型、多厂模型、单周期模型、多周期模型等类型。

2.1.1　单厂模型

单厂模型用于建立企业级模型，企业级计划模型是彼此相互独立、毫无联系的模型，某个模型的运行结果只能反映该企业在特定限制条件下的优化方案，受模型边界和结构的局限性，不会考虑到其他企业的影响。

2.1.2　多厂模型

多厂模型集成了相关企业的计划模型，目前，多厂模型主要应用在具有相关性的企业，如炼油与化工联合、加工同一管道原油的多家企业、化工原料互供的多家企业等，具有对多家企业进行整体优化的功能。

2.1.3　单周期模型

单周期模型是最基本的计划模型，在生产周期内，生产状况(如装置的检修、装置的开停)、公用工程的供应、工艺流程、原料供应、产品结构等生产条件以及市场情况基本不变，其应用有很大的局限。

2.1.4　多周期模型

多周期计划模型具有优化库存、优化产品调合、安排装置检修、应对市场变化的功能；其优越性在于既能在一个大周期内同时考虑各个小周期内的生产状况(如装置的检修、装置的开停)、公用工程的供应、工艺流程、原料供应、产品结构等生产条件和生产环境的区别以及市场的变化(价格的变化、需求的变化),又能在大周期内进行整体优化,统一安排并优化资源的生产和库存,以保证生产、供应和销售平稳、稳定地进行。

2.2 关键技术

2.2.1 常减压模拟切割与校正

常减压切割数据的完整性和可靠性将直接影响到炼油企业级 PIMS 模型的运算结果是否准确、可信。为此,开发了原油评价数据库和常减压模拟切割与校正模块,开发过程中采用了原油数据处理、模拟切割、方案管理、报表无缝连接等先进技术,可以方便地解决理论切割数据与实际的差异,同时还可以按实际修正原油评价数据。

2.2.2 硫平衡

中国石化集团洛阳石油化工工程公司,对含硫原油不同馏分的加氢处理、加氢裂化、延迟焦化、溶剂脱沥青和催化裂化等,主要的含硫原油加工过程的硫分布规律,进行了全面研究和系统衡算。从石油化学角度对上对含硫原油加工工艺中原料油和产品之间的硫化物类型及其转化规律进行了剖析,发现影响含硫原油在各种加工过程中的硫分布的主要因素是原料油的硫化物类型分布、工艺操作条件和催化剂及载体的性能,目前,这些研究成果广泛应用在中国石化 PIMS 模型中。

2.2.3 Delta-Base 结构

计划模型是静态的线性模型,因此,要在计划模型中详细而准确地描述工艺生产过程十分困难,只有将 PIMS 模型与工艺过程模拟模型结合起来才是可行的。较好的、可行的方法就是利用机理模型提供装置的有关数据,使 PIMS 模型能更准确地描述装置的特性。为了描述操作条件和进料性质对装置侧线收率的影响,PIMS 系统采用 Delta-Base 结构来解决这个问题,用多方案来反映不同的典型操作条件下装置的侧线收率(Base),用 Delta 结构来反映收率随进料性质的变化量。当进料性质在一定范围内波动时,可以近似认为其对收率的影响是线性的,通过采用 Delta-Base 技术就可反映进料性质变化对侧线产品收率的影响关系。

鉴于中石化引进了催化裂化、催化重整、加氢裂化/精制 3 个模拟软件,故可以采用严格的反应机理模型和数据回归两种技术来获得不同装置的 Delta 数据,对蜡油催化裂化、加氢和重整三类装置采用严格的反应机理模型获得 Delta 值;对延迟焦化、溶剂脱沥青等装置采用数据回归的方法获得 Delta 值;对重油催化裂化、渣油加氢装置采用机理模型和数据回归相结合的方式获得到 Delta 值。

3 模型应用

中国石化自引进美国计划优化软件以来,经过不断应用和研究,其应用范围已从单个炼厂发展到多厂以及整个公司总部。

炼油板块企业级计划模型于 2003 年开始试点建设,2007 年全面建成了炼油企业级计划模型;2011 年炼油企业所用计划软件进行统一版本升级后,又相应对各炼油企业级计划模型进行了适应性调整。

化工板块自 2005 年 18 家化工企业计划优化模型开始实施建设,于 2009 年建成运行,用于总部和企业月度滚动计划排产、季度和年度计划排产对接,2014 年研究开发乙烯链、芳烃链和化工板块整体优化模型,以期达到更好的应用效果。

3.1 炼油生产计划优化技术应用

中国石化炼油生产计划优化多厂模型采用一个周期的多周期模型,结构见图 1,按业务需要进行了原油采购、原油配置、生产加工、化工原料互供、管道原油分配、成品油出口、基础油生产、沥青生产优化八方面优化。

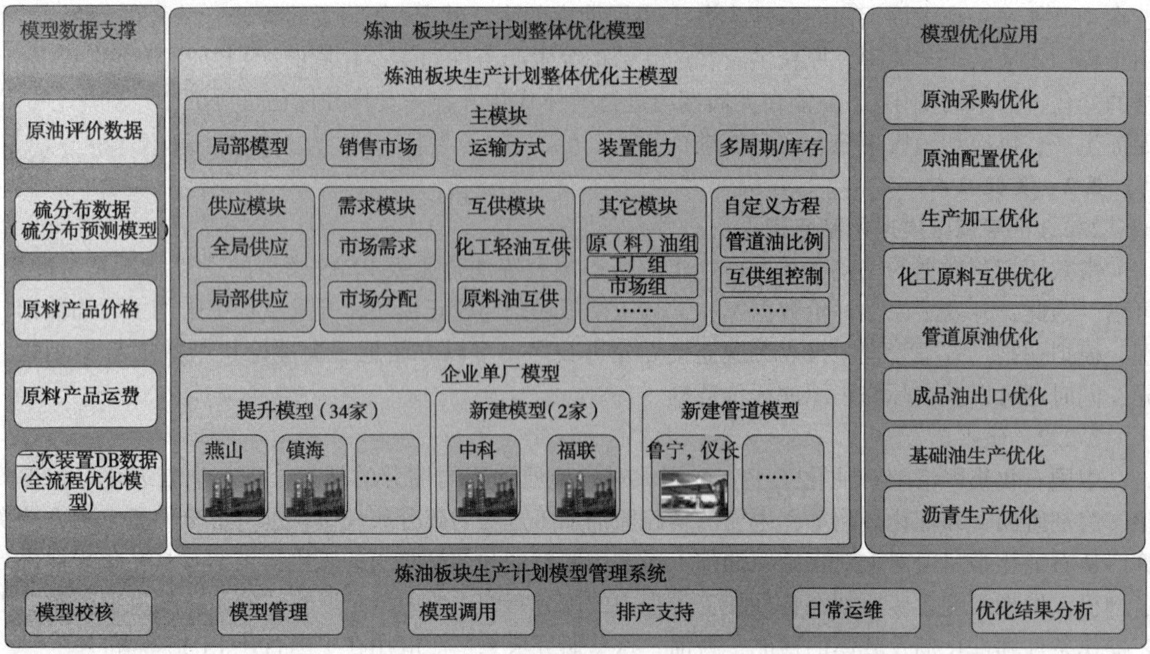

图1 炼油板块资源优化整体模型

(1) 原油采购优化 原油是炼油企业最重要的资源，原油成本占炼油企业总成本的90%以上，原油的选购是炼油企业最重要的决策。由于世界原油市场上原油价格波动剧烈，低硫原油和含硫油、高硫油以及轻、重质原油价差经常发生变化，因此，降低原油成本的一个主要途径就是结合当前市场价差和总体资源情况，选出经济效益最佳而且符合生产实际的原油。原油采购优化的目的是综合市场需求、化工原料需求、原油资源品种、原油价格、企业原油适应性、装置检修情况等信息，选择最优化的原油品种。

(2) 原油配置优化 根据原油采购工作流程，原油资源的确定分3个步骤，一是企业根据自身需要分品种提出需求，如石脑油加工的宜烯则烯、宜芳则芳，二是原油采购单位参照需求落实资源，提供可能采购到的原油品种和数量，三是综合企业需求和市场可供资源，确定最终的原油品种结构。为保证平稳生产，最终结果将满足资源数量的需求放在首位，在资源结构上往往会根据市场供给情况做些调整，与需求有些差异，这就带来了已定原油资源如何优化分配的问题。

(3) 生产加工优化 企业原油品种结构在已定的情况下，优化企业生产方案和产品结构的关键在于根据装置结构、市场的实际需求，从效益最大化出发，最好地发挥各装置的能力。从整体流程匹配来讲，随着加工原油和产品结构的变化，可能存在加工瓶颈，通过应用模型测算可以快速准确地发现加工瓶颈，选择最佳加工方案，增加企业效益。如催化装置多产液化气，还是多产汽、柴油；渣油进焦化装置加工，还是进重油加氢装置加工；蜡油进加氢裂化装置加工，还是进重油催化装置加工；加氢裂化装置是多产还是少产尾油等，还可以为企业装置改造、长远规划提供参考依据。

(4) 化工原料互供优化 根据化工原料边际效益不同，在区域内企业进行互供优化，提升区域内企业整体效益，如南京、沿江(安庆、武汉、荆门、长岭、九江)区域内化工原料互供优化。随企业新建装置的开工，尤其是涉及到石脑油互供的重整装置的开工，可以方便的利用整体优化模型进行测算，考察新建装置开工情况、物料互供情况等。

(5) 管道原油优化 管道原油优化主要内容是优化鲁宁管道油结构，优化仪长管道油结构，选购适合管道区域企业加工的原油。沧州、济南、石家庄、洛阳四家企业以加工鲁宁管道原油为主，九江、安庆、武汉、荆门、长岭五家企业以加工仪长管道原油为主。为了保证加工管道原油企业的生产平稳，有必要对管道原油的需求进行适当的优先考虑。

(6) 成品油出口优化　为应对出口市场对汽油需求变化，用炼油板块生产计划整体优化模型进行成品油出口的优化。按出口成品油市场需求变化，在汽油需求增加的情况下，优先由哪家企业增产汽油；在市场需求减少的情况下，优先对哪家企业限产。

(7) 基础油生产优化　按照业务需求，基础油生产的专项优化，既可以放到整个炼油板块中进行，也可以仅面向生产基础油的企业。基础油的生产优化立足于满足专业公司需求，选择适合生产基础油的原油，保证基础油的生产和供应。针对润滑油基础油差别化定价，将优化基础油生产作为专项测算，利用 PIMS 建模规则，充分考虑生产 HVI-a 级、HVI-b 级、HVI-c 级以及 MVI 级等各类润滑油基础油的实际业务流程，实现原油加工方案与基础油分牌号生产的对应关系，模型能够实现基础油牌号与生产该牌号的原油关联。对燕山分公司、茂名分公司、高桥分公司、济南分公司、荆门分公司 5 家生产基础油的企业，优化其原油采购、原油配置、生产方案和基础油牌号等，通过优化选择基础油原料、分储、分炼等措施，优化不同牌号基础油比例。

(8) 沥青生产优化　应用沥青生产专项优化，对原油采购、原油配置、重油流向、沥青牌号进行优化，选择适合生产高等级道路沥青的原油，保证沥青的生产和供应。应用整体模型，测算镇海、茂名、齐鲁、金陵等企业重交沥青总产量与整体效益的关系，寻找重交沥青产量与效益的最佳操作点。

3.2　化工生产计划优化技术应用

中国石化化工生产计划优化多厂模型，建立了乙烯链、芳烃链、整体优化 3 个模型，按业务需要进行“事业部—区域—企业”3 个层级上的“乙烯原料结构、资源配置、生产方案、产品结构”等优化。

3.2.1　乙烯原料结构

乙烯裂解是化工板块生产的龙头装置，其成本直接决定了整个板块的效益情况，为实现化工板块整体效益最大化，化工事业部大力开展各类降本增效活动，尤其是乙烯原料结构优化。乙烯原料分为很多种，生产中往往有几种原料进一套裂解炉，而裂解炉又分为多种炉型，如何优选原料非常复杂。单纯的依靠经验进行计划排产，难以贯彻化工事业部发展思想。为此，将化工 PIMS 模型提升为分乙烯原料的优化模型，从而达到优化原料结构，降低高价原料投入比例，降低吨乙烯原料成本。

3.2.2　资源配置优化

资源配置优化由化工事业部整体优化模型、乙烯链整体优化模型、芳烃链整体优化模型 3 个模型为主，实现化工事业部生产资源整体优化配置，结构见图 2。

(1) 整体优化　中国石化化工板块有 10 家乙烯企业，8 家芳烃企业，化工装置共 365 套，从原料到产品有多种复杂的加工过程。中国石化所属炼化企业之间有很多互供资源，一是石脑油、尾油、轻烃、芳烃原料等化工轻油，二是化工板块企业之间互供的苯、甲苯、PX、乙二醇、PTA 等化工原料，资源配置效率直接影响化工板块整体经济效益。由于企业数目和资源种类众多，企业间资源平衡、资源优化安排需要考虑的因素非常多，整体优化模型以化工事业部总体效益最大化为目标，结合销售需求，集成化工板块全部企业的模型，对整个化工板块的产品链结构、产品产量、装置负荷进行整体、全面的优化，有利于化工板块精细化管理程度的提高。

(2) 乙烯链资源优化　化工板块有乙烯企业 10 家，乙烯裂解装置 12 套(化工事业部口径)，乙烯裂解装置的产品主要有乙烯、丙烯、碳四和加氢汽油等，与下游的众多产品形成乙烯链，乙烯链从原料到产品有多种复杂的加工过程，原料有多种原料，乙烯链模型集成化工板块 10 家乙烯企业模型，科学、合理地统筹安排乙烯链原料投入，对化工事业部乙烯原料调配进行优化。

(3) 芳烃链资源优化　化工板块有 8 家芳烃企业，共有芳烃装置 47 套，和乙烯链类似芳烃链从原料到产品同样有多种复杂的加工过程，有直馏重石脑油、全馏分石脑油、加氢裂化重石脑油、

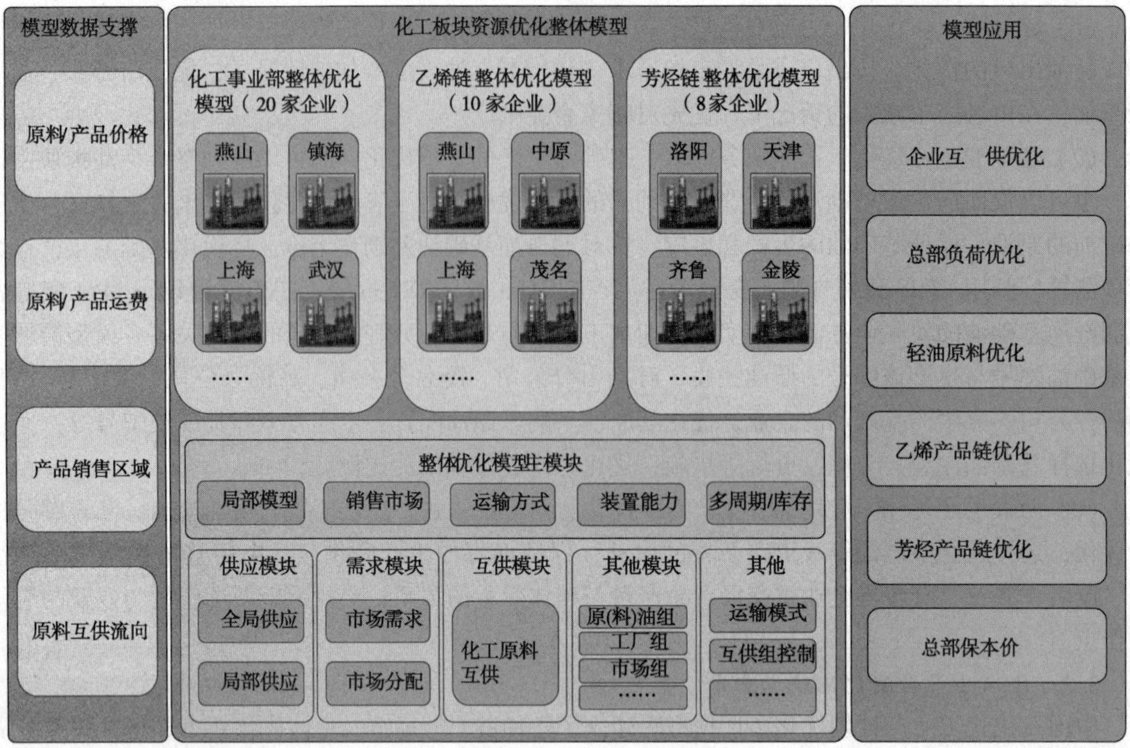

图2 化工板块资源优化整体模型

重整生成油、C_7 馏分等多种原料，最终生成苯、甲苯、二甲苯、PTA、苯乙烯、聚苯乙烯、己内酰胺等多种产品，尤其是芳烃装置中，包含重整装置、芳烃抽提装置、歧化装置、对二甲苯装置、预加氢装置、重整油分离装置等多类装置，装置之间物料循环、传递管理极为复杂，芳烃链模型集成8家芳烃企业模型，对化工事业部的芳烃链原料调配进行优化。

3.2.3 生产方案、产品链优化

化工生产过程十分复杂，有多种裂解炉型，下游产品生产装置繁多，加工流程长，且生产装置相互连接，环环相扣，上一装置的产物成为下一装置的原料，最终形成多种产品，科学、合理地统筹安排装置负荷、产品链和产品结构也是重要的优化点，中国石化化工板块PIMS模型实现对各种市场情况下生产方案以及下游产品链优化，实现产品链效益的测算，并进行保本价格、产品链盈利分析。

4 结束语

中国石化自2000年引进计划优化软件以来应用不断深化，应用上从单厂单周期到多周期，再到多厂区域优化、板块整体优化，实现了原油采购、原油分配、原料分配、互供料、产品链优化等应用，更好的统筹中国石化的生产资源，在中国石化降本增效方面发挥了巨大的作用。

炼化企业生产调度优化系统的开发与应用

魏跃峰　罗　玲　张刘军

（石化盈科信息技术有限责任公司，北京　100007）

摘　要：本文简要介绍炼油生产调度优化系统的实施和开发应用情况，通过生产调度优化系统的开发提升了炼化企业在调度计划方面的精细化水平，为企业优化生产、降本增效提供了有力支撑。

关键词：优化；调度；油品调合

1　前言

在炼化企业的信息化建设中，炼油生产调度优化系统作为炼化企业信息化建设的重要组成部分，越来越受到企业的决策层和IT开发商的关注和投入。调度优化系统是建立原油进厂、装置加工、原油储罐、中间组分罐、产品罐以及产品调和出厂的调度模型，对于提升企业计划和调度管理水平，具有十分重要的意义。目前世界上比较有名的调度软件有 Aspen RefSked，Haverly H/Sched，UOP TRION 和 Orion[1]。

生产调度优化系统已经在中国石化和中国石油所属的一些炼油企业开展了项目实施，比如九江石化、金陵分公司等。炼化企业通过实施调度优化系统可以正确预测原油的到港时间[2]，合理安排接卸和输送，合理安排原油混输混炼比例[3]。基于国内已实施调度优化系统炼厂的情况，预计能得到的经济效益为0.4~0.8元/t原油[4]。

生产调度优化系统采用简捷流程模拟、线性规划和专家系统通过处理各种生产条件，生成能满足设备约束、原料约束和提高目的产品需求的调度作业计划，并预测在此调度作业计划下炼厂的运行情况。

2　生产调度优化功能介绍

炼油企业生产调度优化系统是炼油厂调度员制定、模拟各种生产方案，预测未来7天企业原料、中间产品、半成品及成品产、运、销平衡衔接情况，公用工程系统产销平衡情况的辅助决策工具。用户可以使用EXCEL实现自定义计算，可以定义工艺产率关系、自己的性质调合方式以及炼厂特有的调度逻辑。

2.1　主要功能架构

功能架构如图1所示。

2.2　主要应用

（1）原油的调度：实现原油接卸，通过长输管线调度安排进厂。

（2）生产优化调度：根据实际生产情况，在判断作业滚动计划合理和可行后，下达到生产车间予以执行，达到合理调配原油、半成品、成品油的提运和存储，保证存储和收支平衡。

（3）油品调合调度：根据计划得出的配方和调度系统得出的中间产品的流量、物性，油罐收付状态和罐存，调度作出油品调合计划。

（4）中间产品调度：根据产品产量、产品质量指标、库存及装置负荷，通过调整装置生产方案及装置处理量，优化中间产品的产率、质量和去向，以达到炼厂生产平稳、效益最大的目的。

(5) 油品移动调度：使油品动态移动关系图形化，便于发现不合理的生产环节，还可查询以前的油品动态移动关系图形，与现在的加以比较，提高调度人员的操作技能，有助于作出合理的生产安排。

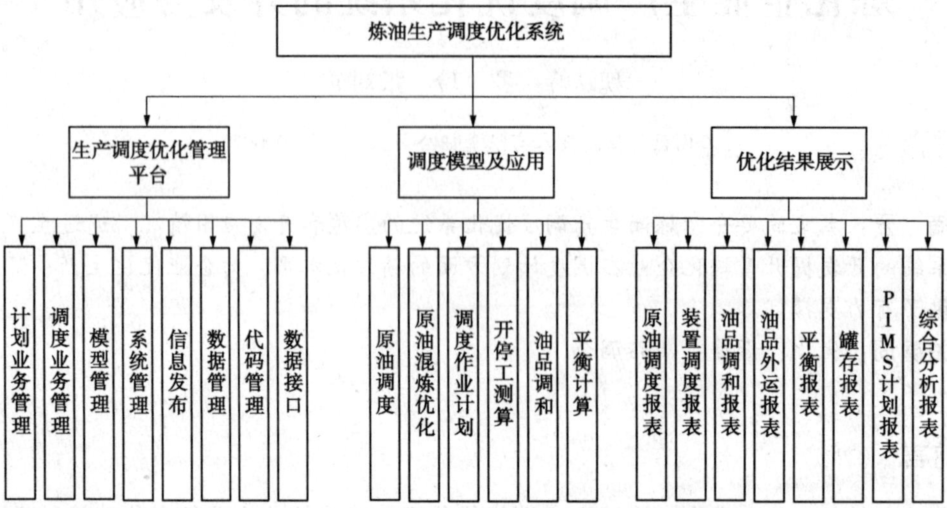

图1 生产调度优化系统功能架构图

生产调度优化系统，可以同时进行长期调度(30~60天)和短期调度(1~7天)计划的模拟。

3 典型应用案例

炼油生产调度优化系统是专门为炼油厂调度设计的，它的调度计划编制流程包括：初始数据导入、生产计划编制、生产计划模拟、结果发布，生成报表。它可以从系统的结果数据表中提取数据按照模板格式生成报表，可人为选择要生成的报表。

(1) 制定周、日调度作业计划

企业生产周计划根据公司月度生产计划、原油资源的结构和进厂情况、生产经营中的突出矛盾而制定的7天内的调度作业计划。周计划的重点是确定常减压和后续加工装置的处理量，预测原油、渣油、蜡油的库存和结构，预测产品产量和计划完成情况，尤其要根据原油分品种库存和原油到厂时间合理调配常减压装置的原油资源，确保两套常减压装置的加工量、原油调合、加工次序、换油时间、油种搭配合理。

日计划在周计划的基础上根据生产动态，产品产量完成情况、库存和出厂情况，产品调合情况、油品罐量动态安排每日的调度作业计划。调度作业计划工作概括的说是制定和执行原油加工方案和后续装置的生产方案，并在执行的过程中动态调整。确定加工方案是一个综合考虑各方面因素、循环反复、动态调整的过程。

生产调度优化系统原油接收、常减压加工可以使用原油混炼优化等辅助计算功能，达到原油优化选择的效果。图2是常减压装置模拟结果图。

(2) 预测氢气、高瓦等系统平衡

氢气平衡和高、低瓦斯平衡对公司日常生产很重要，通过加强管网的科学管理、能够有效地降低能耗及加工损失。以往由于系统的复杂性，油种多变，原料油性质不明及缺少基础数据，计算氢气，尤其是高压瓦斯的产销平衡是一件相当困难和繁琐的事。通过生产调度优化系统的实施，我们的目的是把氢气、瓦斯系统，通过计划优化模型，让生产调度优化系统模拟计算产耗数据。这些系统的预测计算，能大大增强生产方案的科学性和合理性，减少公用系统的波动，为平稳生产创造条件，也是减低能耗和加工损失的一个有效手段。

根据氢气产耗的对比逻辑关系，以水煤浆制氢为调节，自动实现系统的氢气平衡。如图3所示。

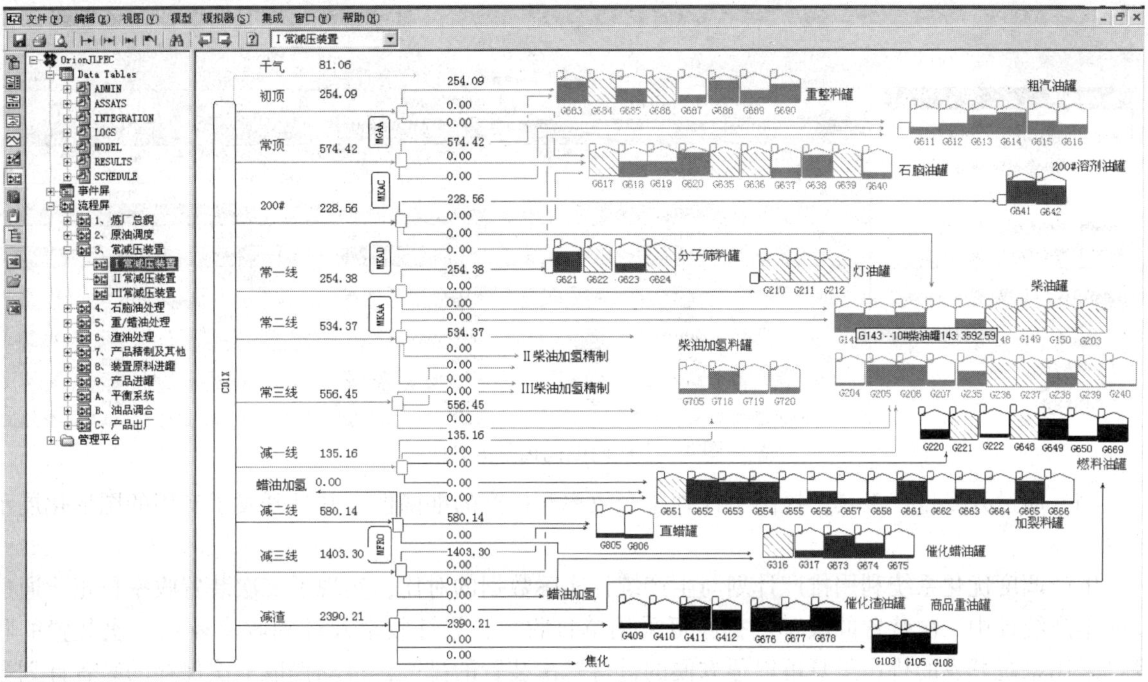

图 2　常减压装置模拟图

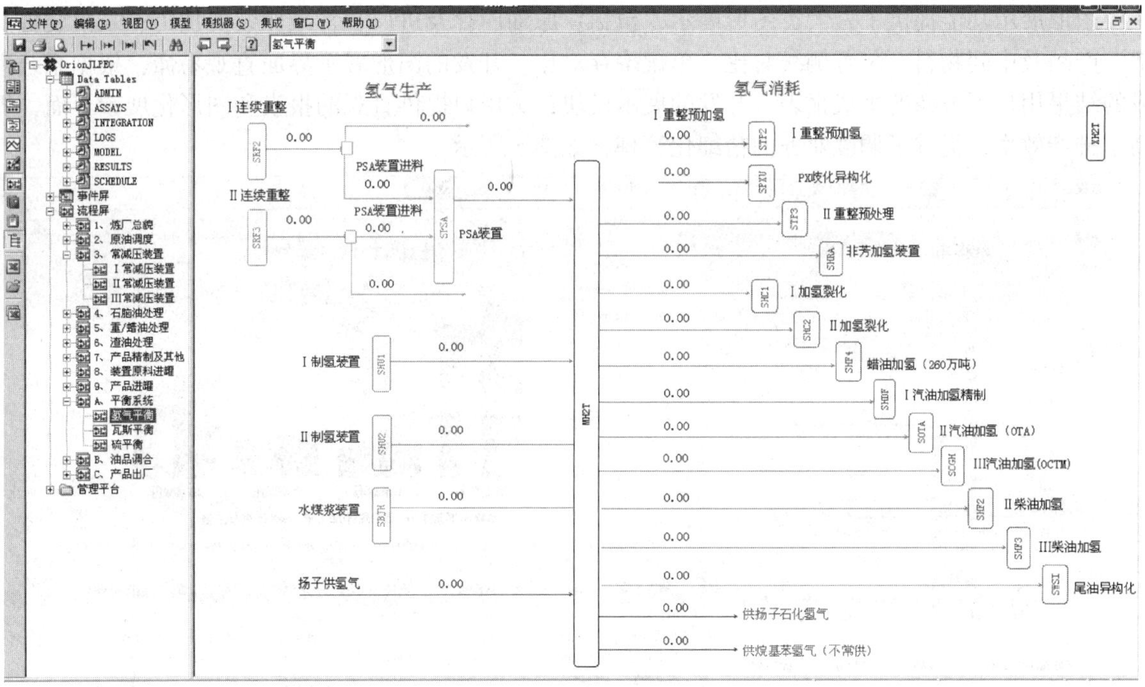

图 3　氢气平衡模拟图

（3）实现了与计划优化系统、MES、LIMS 和原油评价数据库等系统的数据共享，同时可为原油调合项目提供数据支撑

系统采用计划优化模型的 Delta-Base 结构以适应原料的性质变化对产品收率的影响，保证了调度计划是在月度计划的安排下进行人工分解。同时，系统在使用和维护过程中，数据处理量很大，为减少用户工作量，项目组在系统中开发了数据接口，实现了原油评价数据、MES 系统罐存数据、LIMS 系统化验数据的下载和维护。

建成的生产调度优化系统提供给原油调合所需要的基础数据，包括原油的基本性质，各个馏分的基础性质以及调度事件的安排计划，如图 4 所示。

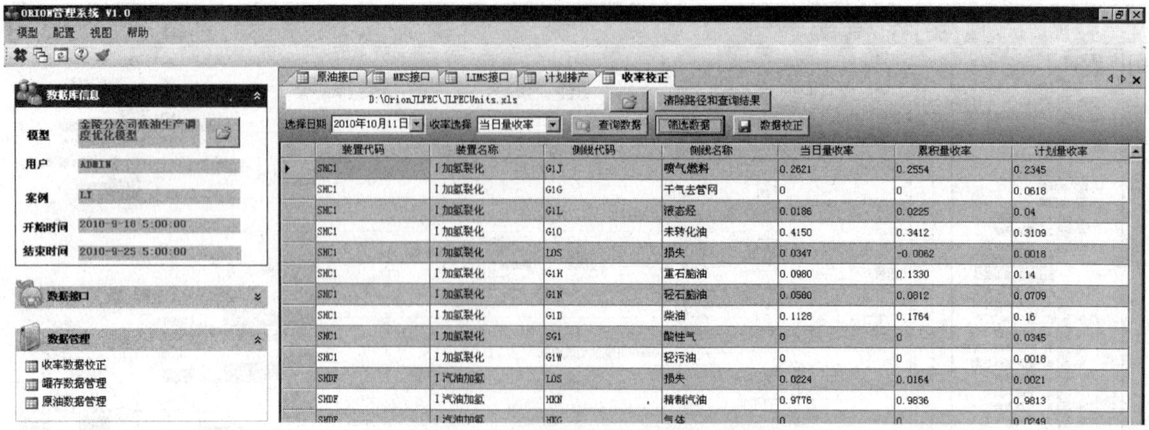

图 4　生产调度优化系统界面

(4) 通过开发排产工具，提高了计划排产效率和排产的准确性，并且开发了实用的图形化展示平台

生产调度优化系统利用排产计划与生产统计实际数据的对比，实现了二次装置收率校正，通过提取生产统计中二次装置的收率数据，可采用单日收率、累计收率及计划收率校正二次装置的收率；采用系统开发的排产工具可以很方便的进行二次装置的排产，自动提取上次保存的装置计划参数，不需要过多干预就可以完成排产，提高了排产的效率和准确性。

图形展示功能提供了六大类图形展示，包括：原油库存及进厂、常减压装置加工、二次装置加工、产品及中间物料、装置侧线对比、单罐罐存对比。开发的图形展示界面直观易懂，根据系统生成的结果用户可方便的生成报表。开发的展示模块，为用户提供直观的报表和图形化展示界面，提高了排产效率，促进了调度业务的精细化管理，如图 5 所示。

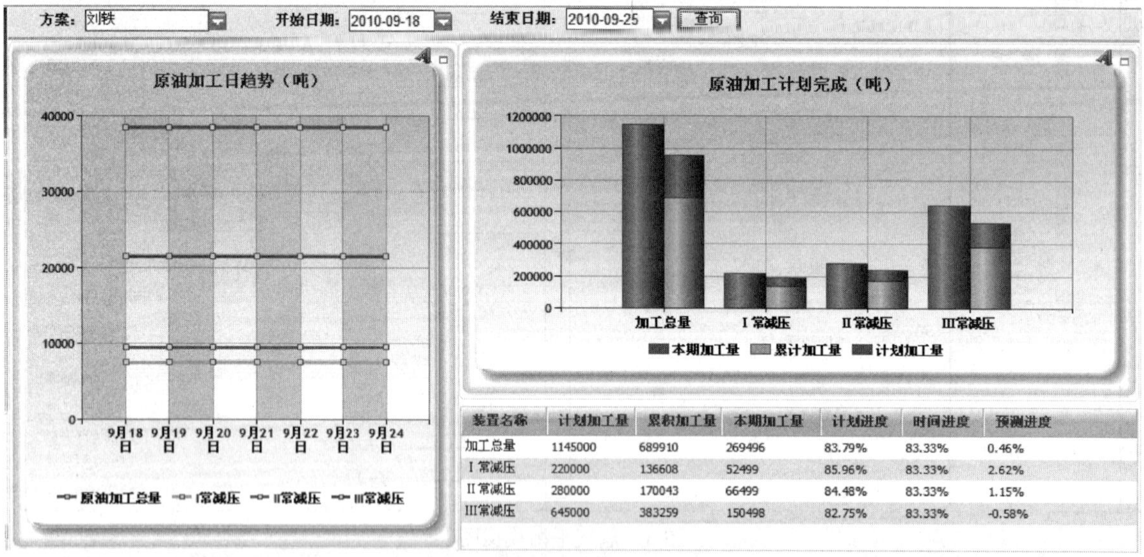

图 5　图形展示-常减压装置加工

4　结束语

(1) 炼油生产调度优化系统的建立，为调度作业计划的编制工作提供了一个科学、便捷的工具，提高了调度作业计划的准确性、可执行性和调度工作的效率，为生产管理提供了科学有效的技术支撑；

(2) 生产调度优化系统采用先进的调度建模技术，以炼化企业调度业务为核心，建立了适合生产调度业务的炼厂调度优化模型，开发了模型应用维护、接口和结果展示系统，缩短了排产时间，提高了生产精细化管理水平；

(3) 炼油生产调度优化系统借鉴了前期试点和推广项目经验，在模型和系统中进行了技术创新和客户化开发，初步实现了与原油评价数据库、LIMS、MES 和计划优化系统的集成，为生产调度优化系统和计划优化系统、MES 系统的进一步集成和协同运作打下了基础。

炼油生产调度优化系统的实施涵盖了调度生产的核心业务，将有力地提升生产调度部门的信息化建设水平，势必在快速制定生产方案、快速应对变化的市场及原油种类频繁变化的生产格局方面展现其优势，提前预测和解决生产中的制约因素和突出矛盾，使生产调度优化系统成为科学的生产辅助决策系统，为科学的生产调度提供有力支撑。

参 考 文 献

[1] 郑文刚，舒继和，王爱东. Aspen Orion 调度系统在镇海炼化公司的实施应用[J]. 数字化工，2005，06：37-41.

[2] 王军. 炼油企业 Aspen Orion 系统开发与应用[J]. 石油化工自动化，2004，5：69-74.

[3] 梁彬华，王中华，田宏斌. 炼油调度辅助决策系统开发与应用[J]. 广东化工，2006，5：56-60.

[4] 李海涛，樊庆远. Aspen Orion 系统在炼油厂生产调度优化中的应用[J]. 数字石油和化工，2008，4：28-30.

汽油在线优化调合系统的应用

周　磊

(中国石化长岭分公司，湖南岳阳　414012)

摘　要：本文论述了汽油在线调合软件和在线近红外分析仪系统的项目实施和应用。该系统的成功应用提高了汽油调合质量的稳定性和调合效率，完成了传统调合难以完成的任务，解决了长炼“大装置小储运”的问题，产生了显著的经济效益。

关键词：汽油；在线优化调合；近红外分析；应用

1　前言

油品调合作为石油炼制的产品最终实现，在炼厂生产中占有举足轻重的地位。长岭炼化以往汽油的调合过程有两种方式：一是先将主要组分催化汽油(或 S Zorb 汽油)收入成品罐，循环后采样分析其 *RON*、*MON* 及硫含量，按经验计算的调和比例加入其他组分油及抗爆剂、抗静电剂，然后再次循环和采样分析；二是根据催化汽油馏出口的辛烷值当天的采样数据，将其他汽油组分按经验计算比例与催化汽油混合收入成品罐，如不合格再重新调入所需组分和添加剂。馏出口组分质量波动较大、经验调和计算和化验分析误差都有可能引起二次甚至三次调合，造成产品质量过剩、调合成本高，遇到库容紧张容易发生“憋库”。

2011 年油品质量升级及改扩建完成后，长炼原油配套加工能力达到 8×10^3kt/a，汽油产量大幅增加与成品罐区库容偏小的矛盾凸显。汽油质量标准不断升级，调合难度越来越大，如果不能实时检测各项质量指标，而根据十几个小时前采样分析数据进行人工调合，则调和效率和效益无从谈起。长炼利用油品升级及改扩建项目之机，引进了霍尼韦尔油品调合技术和布鲁克近红外在线分析检测技术，通过控制汽油多项质量指标，实现了汽油在线优化调合，减少汽油质量过剩，提高了调合效率和一次调合合格率，同时增加了对成品库容的合理调度和管理能力，获得可观的调合效益。

2　汽油调合解决方案

汽油在线调合技术方案是以调合规则(也称调合属性预测模型)为基础的多变量预测优化调合控制，结合在线分析仪提供的质量反馈校正，实现以成品油质量为控制目标的在线优化调合技术；并在确保成品油合格的同时，对所有调合资源进行全周期整体优化，实现成品油质量过剩最小，从而使调合效益最大化。长炼在线汽油调合系统是霍尼韦尔 BMA 系统，由调合比例控制系统(BRC)和调合优化控制系统(OpenBPC)组成，实现配方调和控制和高级质量控制。

2.1　优化控制

在满足产品质量约束、设备约束和物料平衡约束条件下，使目标函数值最大或最小，就是优化调合。OpenBPC 使用 MINOS™优化器，根据成品油质量的在线分析系统的反馈和罐底油品质量，基于调合模型预测控制，确定最佳的组分配方，与 BRC 紧密配合，确保调合合格且质量过剩最小。优化器使用两阶段优化算法：第一个阶段先给出一个可行的控制方案以满足产品质量指标的控制要求，即在满足约束条件的情况下，首先使调合总管上成品汽油满足所控质量指标的要求，尽可能控制在设定的质量指标上下限范围内；第二个阶段则根据组分成本给出最经济的方案，即对成品汽油的质量指标进行优化，求解质量过剩最小和成本最低的调合配方。

如果优化问题的目标函数和约束函数中至少有一个是自变量的非线性函数，则这种优化问题就称为非线性规划(Nonlinear Programming，NLP)问题。MINOS™优化器专用于求解大型优化问题，可用下述标准的目标函数表达式来描述：

$$\underset{x,\ y}{Minimize} \quad F(x)+c^Tx+d^Ty \tag{1}$$

约束条件：

$$\{f^i(x)\} \quad f(x)+A_1y=b_1 \tag{2}$$

$$A_2(x)+A_3y=b_2 \tag{3}$$

$$l \leqslant \begin{pmatrix} x \\ y \end{pmatrix} \leqslant u \tag{4}$$

向量 c，d，b_1，b_2，l，u 和矩阵 A_1，A_2，A_3 都是常数，$F(x)$为光滑的标量函数，向量函数 f (x)为光滑函数的向量，x 为非线性变量，y 为线性变量。

式(2)为非线性约束条件，式(3)为线性约束条件，式(2)和式(3)统称为通用约束条件；式(4)指定所有变量的上限和下限，MINOS™在求解时对这些边界条件进行了特殊处理，为式(2)和式(3)定义边界。

质量控制阶段的目标函数形式如下所示：

$$MIN\sum_{i=1}^{m}[PC(i)\times OR(i)\times(PE(i)-LIMIT)^2]+\sum_{j=1}^{n}DF(j)\times[RR(j)-RR_A(j)]^2$$

$PC(i)$为属性成本，$OR(i)$为不合格时的惩罚系数，$PE(i)$为预测的属性值，$DF(i)$为组分油调节幅度的阻尼系数；用于控制每个优化周期内调合配方的调节幅度；$LIMIT$ 为质量指标的上限或下限，$RR(j)$为当前的调合配方，RRA 为上一优化周期的调合配方。

组分油调合配方的约束：$RRL(i)\leqslant RR(j)\leqslant RRH(j)$，$RRL$ 和 RRH 分别为组分油调合配方的上下限。

质量指标的约束：$PL(i)\leqslant PE(i)\leqslant PH(i)$，$PL(i)\leqslant LIMIT\leqslant PH(i)$。

调合头质量指标限制：分析仪上下限±属性的校验偏差。

设备约束：$FL(j)\leqslant RR(j)\times TF\leqslant FH(j)$，其中 TF 为目标流量，$TFL\leqslant TF\leqslant TFH$，$TFL$ 和 TFH 分别为目标流量的上下限。

质量过剩最小的目标函数形式如下所示：

$$MIN\sum_{i=1,\ not\ confingured\ range}^{m}[PC(i)\times(PE(i)-LIMIT)^2]+\sum_{j=1}^{n}DF(j)\times[RR(j)-RR_A(j)]^2$$

$PC(i)$为属性成本；$PE(i)$为预测的属性值；$DF(j)$为组分油调节幅度的阻尼系数；$LIMIT$ 为属性上下限的函数：如果目标是尽可能接近下限，并且产品质量已控制合格，那么 $LIMIT$ 为 $WL(i)$；如果目标是尽可能接近上限，并且产品质量合格，那么 $LIMIT$ 为 $WH(i)$；$RR(j)$为当前的调合配方；$RRA(j)$为上一个优化周期的调合配方。

组分油调合配方的约束：$RRL(j)\leqslant RR(j)\leqslant RRH(j)$，$RRL$ 和 RRH 分别为组分油调合配方的上下限。

质量指标的约束：$WL(i)\leqslant PE(i)\leqslant WH(i)$，$PL(i)\leqslant PE(i)\leqslant PH(i)$。

调合头质量指标限制：分析仪上下限±属性的校验偏差。

设备约束：$FL(j)\leqslant RR(j)*TF\leqslant FH(j)$，$TF$ 为目标流量；$TFL\leqslant TF\leqslant TFH$，$TFL$ 和 TFH 为目标流量上下限。

OpenBPC 的主要作用：为罐、调合头和在线分析仪执行分析仪校验；提供组分质量数据和目标罐平均值给调合监视应用程序；将分析仪动态特性考虑进去，计算模型偏差；为调合目标罐，组分罐和过剩罐执行线性罐平均计算，罐平均按照配置周期时间计算；对于内部的预混合操作，执行简单的线性混合计算。OpenBPC 的功能结构如图 1 所示。

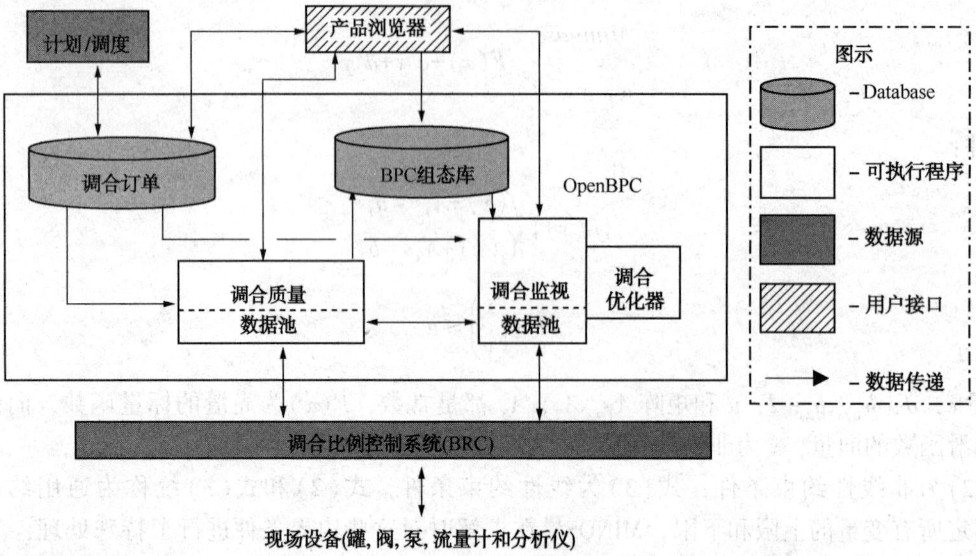

图 1　OpenBPC 功能结构

2.2　比例控制

BRC 根据 OpenBPC 提供的优化配方对组分油流量进行严格的比例控制，实施最终调合。BRC 实现在线调合的顺序控制、配方检验、组分限制检查、在线状况监测(机泵、阀门、组分比例等)等功能。主要功能：调合设定和配方校验；流量比率控制，计算组分和添加剂的流量及体积；调合的初始化、启动和停止；调合的重新启动和调合头流量调整；监测组分产生的 Pace 条件，具有调合联锁功能和紧急停车功能；调合监视、监测设备状态；提供与泵、阀、流量计和分析仪的接口。

2.3　调合流程

工艺方案设计了“一开一备”两组调合头，可调合 6 种汽油组分，其中 S Zorb 精制汽油产量大直接进调合头，其他组分设组分罐。调合以平衡全部精制汽油为前提，BMA 调合系统根据在线近红外分析系统提供的质量数据，计算出各组分最佳的调合比例，由流控器控制各组分流量，混合后进产品罐。调合示意图如图 2 所示。

2.4　近红外分析系统

2.4.1　原理方法

近红外区域指波长在 780～2526nm 范围的电磁波，由于近红外光谱反映了含氢基团(C—H，N—H，O—H 等)的分子振动信息，所以非常适合测量油品的性质，如烯烃、芳烃、馏程、辛烷值、十六烷值、凝点、闪点等，可以为炼油过程提供单一实时质量检测，也可向过程优化控制系统实时反馈分析数据，与 APC 技术结合可对生产过程实行优化控制。

近红外光谱分析技术是二级分析方法：第一步，筛选校正集样品，要求样品对需要检测的指标具有很好的代表性，然后采用常规实验室方法测试需要检测的指标数据，获取参照数据；第二步，用近红外光谱仪扫描校正集样品，获取近红外光谱数据；第三步，用化学计量学软件关联样品的光谱数据和参照数据，通过一定的数学计算方法计算出关联模型；第四步，用近红外光谱仪对未知样品进行扫描，获取光谱数据；第五步，调用模型对测得的光谱进行预测。近红外光谱分析技术方法由两个要素组成，一是准确、稳定地测定物质(样品)的吸收光谱图的硬件技术(仪器本身)，硬件技术的主要要求是仪器必须保持长时间的稳定性；另一个是利用化学计量学及多元校正方法计算测定结果的软件技术。长岭炼化的汽油在线调合系统使用德国布鲁克近红外在线分析仪作为产品质量

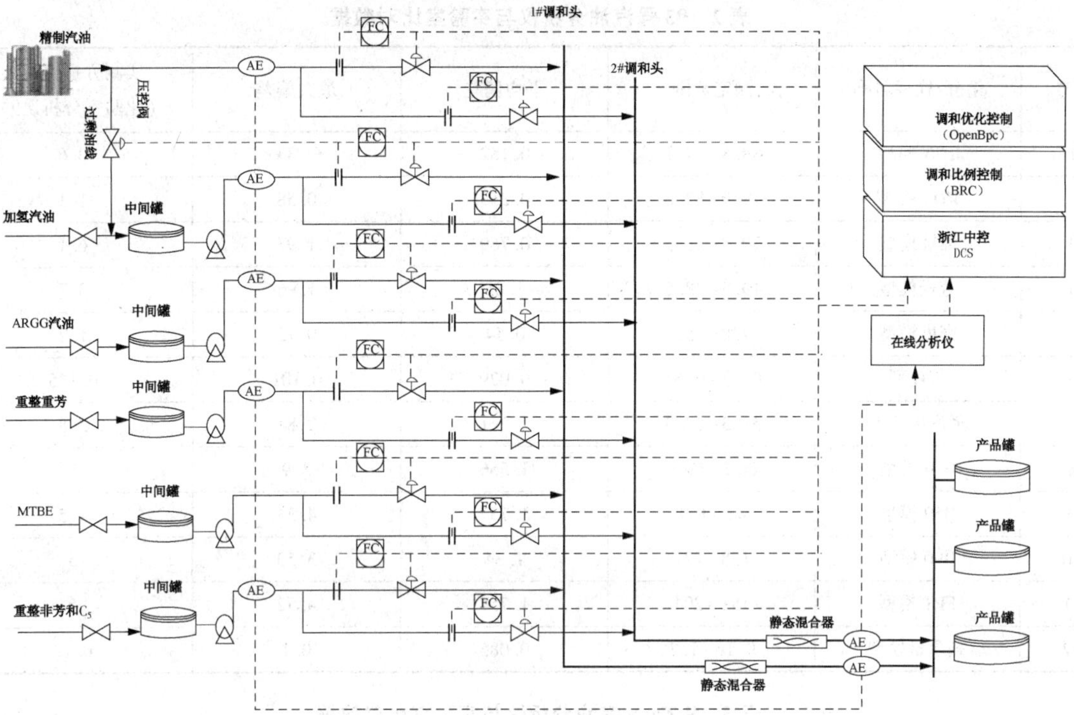

图 2　汽油在线调合工艺流程图

的反馈，构成闭环的优化控制回路。

2.4.2　分析模型建立

作为优化控制的反馈手段，在线分析仪的测量精度非常重要，需要采集大量的样品进行实验室分析，以校正分析模型，模型精度达到了要求，如果组分油的性质比较稳定，在线分析仪就会运行非常稳定。汽油在线调合项目开始以来，一直在进行据 S Zorb 汽油、93 号成品汽油、非芳汽油、重芳汽油等样品的采集和模型完善。根据样品的组成与性质参数，对模型谱区选择、谱图预处理、主因子数的选取、平滑点数的选择、“采谱”的分辨率和间隔时间等进行了优化与测试，建立了 S Zorb汽油、93 号成品汽油、非芳汽油、重芳汽油等组分的 RON、MON、烯烃、芳烃、苯含量、馏程、蒸气压、密度、氧含量的数学模型。至 2013 年 5 月，组分油、成品油及实验室采集配比的样品量见表 1。

表 1　样品采集量

样本名	采　样　数
120 万精制汽油	25 个前期离线采集样品
1#精制汽油	59 个前期离线采集样品
S Zorb 汽油	204 个为在线采集样品，5 个为前期离线采集样品
重芳汽油	92 个在线采集样品，60 个前期离线采集样品
在线成品汽油	120 个 93 号汽油，31 个 97 号汽油
实验室配比成品汽油	90 号汽油 6 个，93 号汽油 79 个，97 号汽油 36 个
非芳汽油	97 个在线采集样品，36 个实验室配比样品，60 个前期离线采集样品

根据模型预测结果的比对，S Zorb 汽油、93 号成品汽油、重芳汽油模型预测结果基本都满足标准分析方法的偏差要求及技术协议要求，满足在线优化调合要求。在线分析仪测量值与实验室分析值的比对数据具体见表 2~表 4。

表 2　93 号汽油分析仪与实验室比对数据

序号	组分/模型名称	测定范围	平均偏差	最大偏差	实测方法再现性（化验室分析误差）
1	*RON* 模型	89.8~94.1	0.182	0.33	0.6
2	*MON* 模型	79.9~82.6	0.253	0.58	1.1
3	烯烃模型	10.8~23.3	0.769	1.93	6.1
4	芳烃模型	19.3~38.5	1.05	1.96	3.7
5	密度模型	720~751	0.54	0.72	1.2
6	苯模型	0.33~0.61	0.029	0.101	0.115
7	蒸汽压模型	51.3~67.3	1.371	2.84	3.8
8	D10 模型	41.2~60.6	1.566	3.9	5
9	D50 模型	81~109	1.737	4.33	4.5
10	D90 模型	158~177	1.34	3.53	5
11	FPT 模型	181~204	1.754	4.52	5
12	氧含量模型	0.16~1.2	0.085	0.1	0.12

表 3　S Zorb 汽油分析仪与实验室比对数据

序号	组分/模型名称	测定范围	平均偏差	最大偏差	实测方法再现性（化验室分析误差）
1	*RON* 模型	88~92	0.17	0.35	0.7
2	*MON* 模型	79~82	0.274	0.56	1.1
3	烯烃模型	12.0~27	0.355	0.84	6.1
4	芳烃模型	20~28	0.977	2.16	3
5	密度模型	724~735	0.486	0.98	1.2
6	苯模型	0.4~0.7	0.026	0.08	0.115
7	蒸汽压模型	56~74	0.582	2.36	3.8
8	D10 模型	43~56	2.576	3.78	5
9	D50 模型	90~105	2.059	4.02	4.5
10	D90 模型	158~177	0.984	4.05	5
11	FPT 模型	182~200	1.326	3.18	5

表 4　调合成品罐软件罐平均数据与化验室分析数据对比表

罐号	*RON*	*MON*	*AKI*	备　注
	92.3	82.1	87.2	化验室分析罐
V151	92.20	81.96	87.08	调合软件罐平均
	0.10	0.14	0.12	偏差
	92.7	82.1	87.4	化验室分析罐
V152	92.46	81.84	87.15	调合软件罐平均
	0.24	0.26	0.25	偏差
	93.1	82.4	87.8	化验室分析罐
V153	93.21	82.31	87.76	调合软件罐平均
	−0.11	0.09	0.04	偏差

续表

罐号	RON	MON	AKI	备　注
V121	92.4	82.3	87.3	化验室分析罐
	92.66	82.02	87.34	调合软件罐平均
	-0.26	0.28	-0.04	偏差
V126	92.2	81.8	87	化验室分析罐
	92.43	82.03	87.23	调合软件罐平均
	-0.23	-0.23	-0.23	偏差
V127	92.7	82.3	87.5	化验室分析罐
	92.44	82.01	87.22	调合软件罐平均
	0.26	0.29	0.28	偏差

2.5 调合规则建立

汽油调合规则开发的任务是筛选现有的各类汽油调合规则，开发出满足长岭炼化汽油性质调合模型。具体包括：设计调合规则实验方案及协调调合样本采集；数据收集，收集长岭石化汽油调合组分的性质，实验室分析数据和在线分析仪分析数据；调合模型的筛选，从调合规则库中的调合模型中选择最有可能符合长岭石化汽油调合组分调合规律的2~3类调合公式；调合模型建模工具与估值工具的开发：根据选定的调合公式，分别编程建立调合公式模型和模型参数估值工具；调合模型的建立，采用上述开发工具，使用长岭炼化收集的调合数据，建立所选定的各类调合模型；模型选定与离线验证及调合模型的最终确认，对离线分析与仿真所获得的模型进行在线编程应用，调合模型精度应满足在线调合性质预测和控制的需求。

霍尼韦尔从公开发表的调合模型中选择出适合长岭炼化使用的模型，同时应收集一定量有代表性的调合数据，分别进行非线性参数估值校正模型的准确性，通过现场验证得到可以使用的调合规则。

3 系统运行及改进

2010年12月12日BRC投用，2011年6月23日Open BPC投用，均一次性成功调合出合格汽油，控制精度高，达到了预期目标。运行近三年以来，系统的投用率在99%以上，调合一次合格率在92%以上，系统与实际在磨合中不断地改进完善，已很好地与汽油生产融为一体。比较大的改进有：

（1）精制汽油节流阀会随之调合情况的变化控制阀门开度甚至关闭，造成装置精制汽油憋压。通过修改控制逻辑，节流阀始终保持全开，任何情况下都不进行调控。

（2）精制汽油管线设置超压和超流量报警联锁保护，指定了一台组分罐作为精制汽油的回流罐。

（3）组分调合泵频繁跳闸，且没有开停泵回讯，造成了调合混乱。初期采取人工设定回流阀开度，避免泵超电流跳闸，调合泵开停回讯引进了DCS。2012年调合泵安装变频器，解决了小流量组分难以控制，流量波动大的问题，泵节电效果也很明显。

（4）组分油的近红外仪探头易沉积油品杂质。改进措施：关小探头副线，油品大部分走装有探头的主线，通过足够的流速保持探头清洁，并定期检查探头灵敏情况，及时清洗。

（5）改造了汽油抗爆剂添加设施，实现了调合加剂一体化，发挥出在线调合的作用。

（6）中控DCS与霍尼韦尔OpenBPC的兼容性不好，组态修改发布后，调合系统的域变量容易丢失或错误，造成了系统运行混乱。双方进行了技术沟通，通过“刷新”可以解决域变量丢失问题。

4 应用效果

4.1 提高先控水平

汽油调合过程中，系统监视和控制整个调合过程，自动控制相关阀门，能够对调合过程中出现的设备异常情况做出及时响应，或系统自动采取相应动作，或提供报警、提示信息，由操作人员根据现场情况采取相应措施，实现了汽油自动调合。罐区所有的自动设备，如开关阀门、调节阀和泵等，都纳入 DCS 监控，可在中控室远程监视和操作现场设备，提高了生产的可视性和操作性，降低了操作强度，减少了设备的误操作。

4.2 提高调合效率

BRC 能够通过流控器精确控制各组分的体积流量，严格按照系统给定的配方比例进行调合；控制多种组分油同时参与调合，经混合器后进入成品罐，在较大程度上保证了混合的均匀性。相对以前的单组分收油方式，取消了单收催化汽油后的空白分析，缩短了循环时间。长岭炼化油品质量升级改造项目于 2010 年 11 月投产，汽油罐区库容相对改造前没有大的增加，而汽油产量增加 50% 以上。由于应用了汽油在线调合技术，汽油罐从收满到合格出厂的时间缩短了 20 多个小时，以 $5.5\times10^4 m^3$库容完成了日产 $8\times10^3 m^3$ 汽油的调合交库任务，解决了“小库容大产量”的汽油生产难题。93 号汽油产量与周转天数对比如图 3 所示。

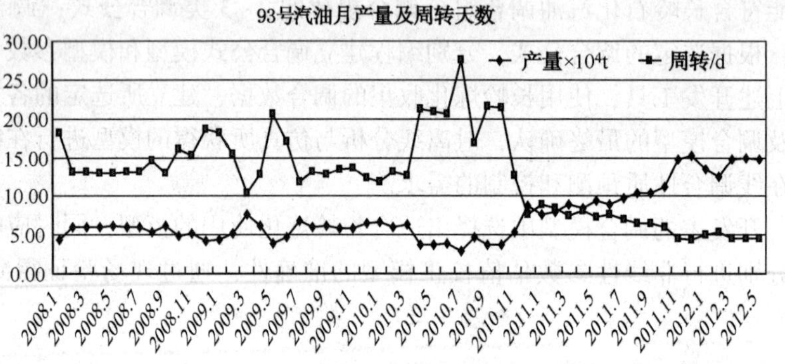

图 3 93 号汽油月产量及周转天数趋势对比

4.3 提高调合合格率，减少成品汽油的质量过剩

汽油在线优化调合系统投用后，*RON*、*AKI* 等主要质量指标的质量过剩有了明显减少，一次调合合格率高，2012 年在线优化调和 93 号汽油 350 罐次的一次调和合格率达 95.86%；近期汽油调合情况见表 5。高成本组分如 MTBE、重芳烃等比例下降，MMT 加入量增加，调合更加精确，降低了调合成本；调合比例对比见表 6。

表 5 2013 年 2~5 月汽油调合指标考核情况

考核指标	考核指标	2月	3月	4月	5月
93 号汽油一次调和合格率	≮92.00	93.80	95.50	92.90	93.33
93 号汽油 *AKI*	≯88.15	88.12	88.11	88.13	88.11
97 号汽油 *RON*	≯97.25	97.23	97.22	97.214	97.23

表 6 2011 年、2012 年 93 号汽油调合比例平均值

年份	产量/t	S Zorb 汽油/t		MTBE/t		重芳烃/t		非芳烃/t		MMT 加入量/(mg/L)	AKI
2011	1217379	1023741	83%	19114	1.35%	132286	11.97%	42227	3.68%	6.6	88.15
2012	1570917	1427823	90.9%	20764	1.3%	79603	5.1%	42713	2.7%	6.9	88.12

5 存在问题

汽油在线调合系统在长期不间断的运行过程中，由于系统的复杂性与 DCS 的兼容性不好，域

变量的问题无法得到根本解决，偶然会出现域变量错乱，需要进行系统同步或重启处理。

装置馏出口含有的微量杂质容易污染近红外分析探头，需要定期检查、清洗。

6 结语

汽油在线调合系统的成功应用，一是提高汽油一次调合合格率，从原来的80%提升至92%以上；二是汽油质量的稳定性得到了提升，减少了质量过剩，汽油抗爆指数的平均值从原来的88.21降低至目前的88.13，2012年93号汽油产量1.56Mt，*RON*平均值降低了0.08个单位，以此少加MMT8t，减少加剂成本150万元；三是加深了企业对油品储运系统先进管理概念的理解，加强了生产过程的管理和监控，提高了生产的灵活性。随着汽油在线调合系统使用水平的提高，分析模型的不断补充完善，系统的投用效果和效益将更为显著和持久。

汽油在线优化调合系统的成功应用提高了调合效率，很好地解决了“大装置小系统”的难题。目前93号汽油4.5×10^4m^3库容的周转天数为7.3天，而设计规范要求汽油罐区周转天数至少10天，则节省了2×10^4m^3库容的投资近2000万元。

加氢反应器气相入口扩散器数值模拟

陈　强　蔡连波　盛维武　赵晓青

（中国石化洛阳工程有限公司，河南洛阳　471003）

摘　要：气相加氢反应器中入口扩散器的具体结构，直接影响着反应器的工作效率。本文应用计算流体力学软件 CFX 对固定床反应器气相入口扩散器内的流场进行了数值模拟，通过改进扩散器的具体结构，优化结构参数，实现整个反应器入口处流场的均匀和稳定，进而提高整个反应器工作效率。对 4 种模拟结果进行对比分析，选出了一种经过结构优化的改进结构，并分析了其内部流场。

关键词：气相加氢；入口扩散器；数值模拟；内构件

1　前言

在重整预加氢和轻质油品加氢装置(如：汽油加氢、石脑油加氢等)中，固定床反应器入口物质基本为气相，反应器的工作效率多取决于反应器进口处气相扩散器的结构。轴向流固定床反应器内床层中流体的流动直接影响床层中的传热传质以及化学反应等过程，气相扩散器应保证催化剂层平稳地工作，防止催化剂层产生沟流和结块[1]。因此，研究轴向流固定床扩散器内的流体流动规律具有重要意义。

为了揭示气相加氢固定床反应器入口处的流体流动规律，除进行大量的实验测定外，数值模拟也是十分重要的，但这方面的工作目前报道较少。随着计算机信息技术的发展，计算流体力学为研究固定床内部流场提供了有力的工具，通过对床内流体的流动特性进行深入研究，为固定床的工程放大和优化设计提供了理论依据。因此，把计算流体力学方法用于固定床反应器内流场的研究具有重要的学术价值和广泛的应用前景[2]。

2　物理模型和数学模型

选择洛阳石化工程公司开发的气相加氢入口扩散器作为研究对象，以 ϕ600mm 的反应器作为模拟模型，其中选用了 ϕ200mm 的气相扩散器，高度为 150mm，基本结构及整个模拟区域如图 1 所示。

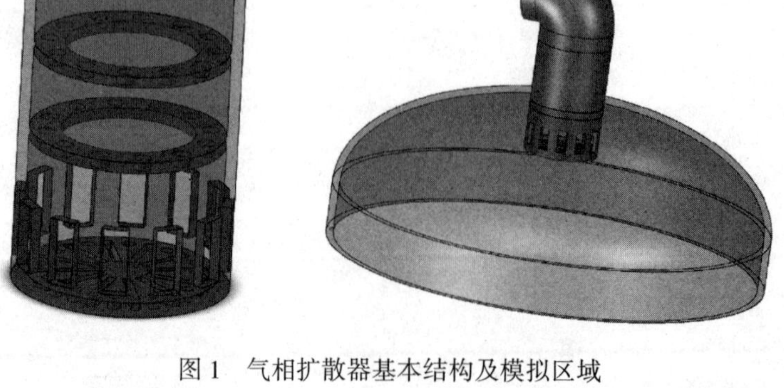

图 1　气相扩散器基本结构及模拟区域

由进口 90°弯管进入反应器的气体流道截面发生突然扩大以及从侧向进入的气流流向骤变，均会导致反应器床层截面上气流分布不均匀，气相扩散器通过双层整形板及分布底板的合理布局，一方面保证物流在进入床层时有均匀的分布，另一方面压降较小，对床层冲击力小，压降较小。

流体力学的基本方程组由连续性方程和动量方程组成，一般认为这个方程组的适用范围是极广泛的。计算过程中，把气相当作不可压缩流体，流体流动近似稳态流动，不考虑热量传递，采用标准 k-ε 模型计算出来的结果与实际情况基本相符合，因而本文的湍流模型采用 k-ε 模型[3]。

3 计算模型及模拟方案

选用标准 k-ε 湍流模型，以 100kPa 和 293.15K 条件下的空气作为模拟介质，上端边界为速度入口，下端为压力出口，壁面上取非渗透性及非滑移条件，各项速度为零。由于模型结构比较复杂，为了使网格有很好的适应性，采用非结构网格，局部位置加密，增加 3 层边界层考察近壁效应，局部网格如图 2 所示。

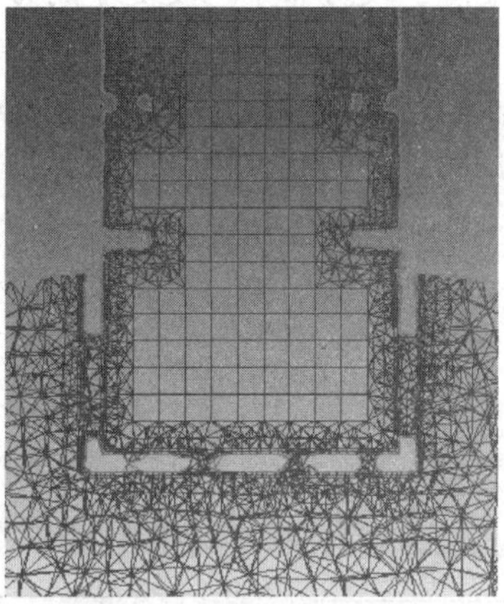

图 2　扩散器局部网格

本结构的入口扩散器影响扩散分布性能的主要受底板开孔结构和开孔面积决定，根据结构参数对扩散器的影响制定出相应的模拟方案(表 1)。

表 1　模拟方案

	结构一	结构二	结构三	结构四
结构图				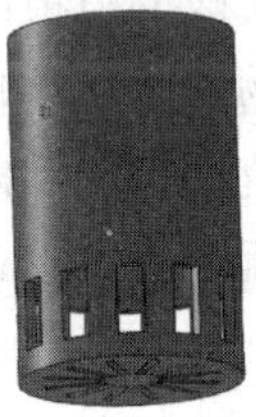
侧壁	侧孔 30mm×13mm，距底板 0mm	侧孔 30mm×13mm，距底板 5mm	侧孔 30mm×13mm，距底板 5mm	侧孔 30mm×13mm，距底板 5mm
底板	底板开有 12 条 28mm×4mm 条缝，12 个 ϕ6mm 环圆孔和 1 个 ϕ8mm 中心圆孔	底板开有 12 条 28mm×4mm 条缝，12 个 ϕ6mm 环圆孔和 1 个 ϕ8mm 中心圆孔	底板开有 12 条 28mm×4mm 条缝和 12 个 ϕ6mm 环圆孔	底板开有 12 条 28mm×4mm 条缝

入口扩散器扩散分配特性的评价指标主要有两个方面：

(1) 扩散器后的某一截面不均度　不均匀度越小表明同一截面上，气体分布越均匀。分布不均

匀系数 M_f 如下：

$$M_f = \left[\frac{1}{n}\sum_{i=1}^{n}\left(\frac{u_i - u}{u}\right)^2\right]^{\frac{1}{2}}$$

其中 u_i 为局部速度，u 为平均速度。

显然，对于理想均匀的速度场，$M_f=0$，分布越不均匀，系数值越大。

(2) 扩散器的压降　压降的大小直接导致能耗的高低，在相同的扩散均布特性下，扩散器产生的压降越小，说明扩散器的性能越好。

4　扩散器的 CFX 数值模拟

采用相同的工艺参数对 4 种结构的扩散器进行数值模拟，以模拟区域出口截面处作为考察面，主要通过截面上速度不均度衡量扩散器的扩散均布性能，同时考察相同工况下扩散器的压降。在一定范围内通过结构改进，适度增加压降，使分布不均度更小的方法在反应器内构件工程应用上是可以接受的。

图 3、图 4 分别是 4 种结构扩散器的出口截面上速度不均度对比图和压降对比图，由两个对比图中可以看出结构四不均度最小，均布性能最好，但是压降在进气量较大时稍高。

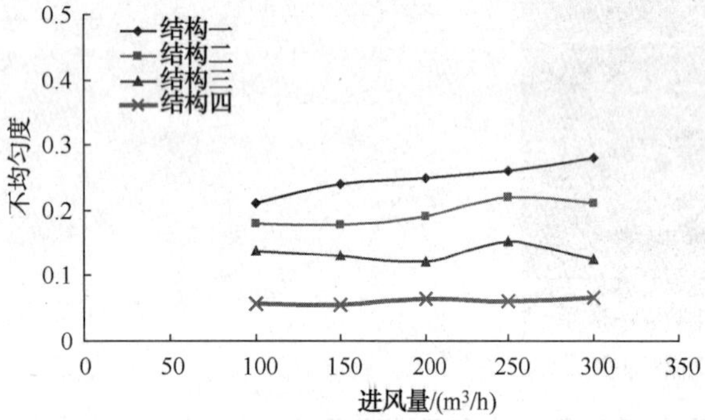

图 3　四种扩散器不均度对比

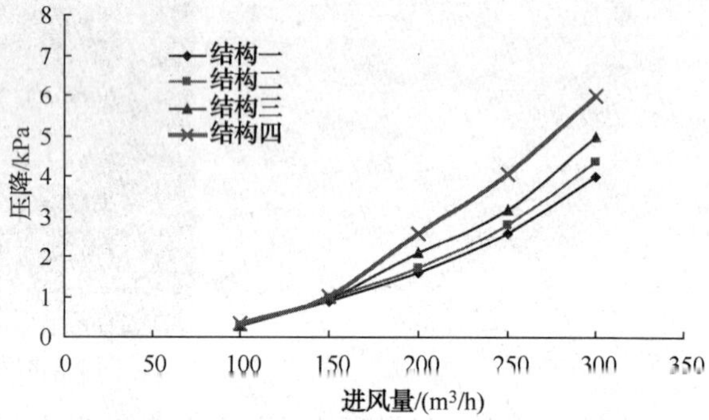

图 4　四种扩散器压降对比

结构一和结构二的开孔尺寸相同，因结构二侧壁开孔未到底，距底板 5mm，压降稍大，但是不均度要小，说明扩散器侧壁开孔不易离底板过近，需要有一定的距离，距离大小需要根据扩散器的大小确定，一般建议为扩散器直径的 1/40～1/30。

从数值模拟中流线图(图 5)可以看出距离过小时，侧壁流和底板流互相掺混，流道通畅了，但两股物流间扰动较大，极易导致扰流和偏流，分布不稳定。距底板距离合适时，挡板截流作用，两股物流在扩散器内部就分流，压降增加了，但是两物流出扩散器后覆盖不同的区域，互相干扰小，底板流主要负责正下方圆形区域，侧壁负责扩散均布周围的环形区域。

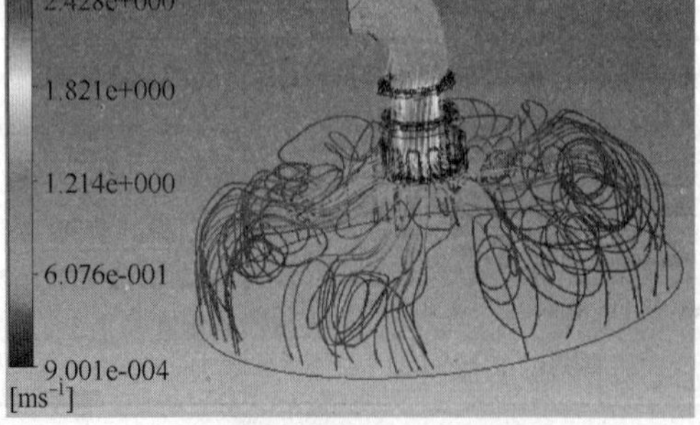

图 5　侧孔距底板 0mm 时流线图

结构二和结构三的区别在于结构二底板中心有一个 ϕ8mm 的圆孔，由于结构二中心圆孔的存在，扩散器正下方气流较大，导致不均度较大，同时结构二底板开孔率相对较大，所以压降较小，从图 6 结构二轴截面速度云图和速度矢量图可以看出中心速度较为集中，对正下方冲击力较大，因此一般不建议底板中心开圆孔。

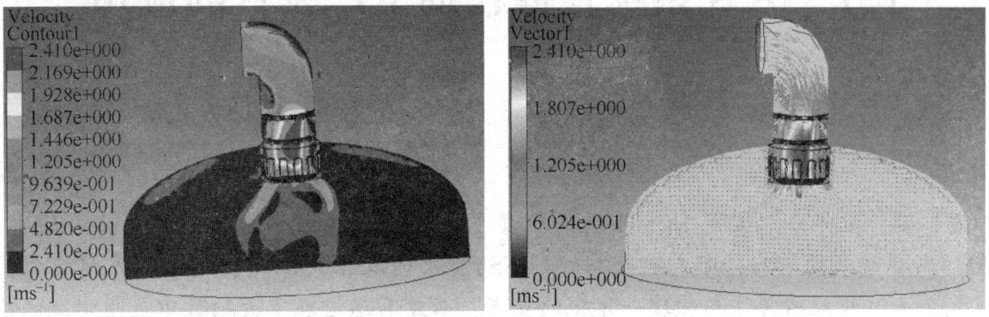

(a) 速度云图　　(b) 速度矢量图

图 6　数值分析图

结构三和结构四的区别在于结构三底板四周均布 12 个 ϕ6mm 圆孔，由于结构三 12 个均布的小圆孔的存在，扩散器四周存在一个速度突变区域，导致不均度较大，同时结构三底板开孔率相对较大，所以压降较小。一般建议底板四周不要均布圆孔，条缝适宜用于圆周向物流均布结构中。

结构四在体积流量 28m^3/h 时，模拟区域内流线图、速度矢量图和速度云图分别如图 7 所示。

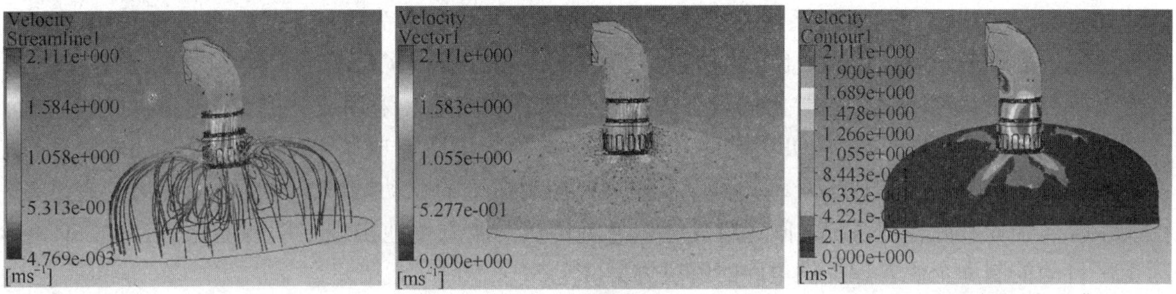

(a) 流线图　　(b) 速度矢量图　　(c) 速度云图

图 7　数值分析图

从结构四流线图和速度矢量图两方面对应可以看出气相扩散器流线稳定，扩散范围广，避免了出气中心效应和边壁效应，在出口截面气相均布性能好。从速度云图可以看出，气相扩散器扩散整体均布性能好，扩散均匀，不存在中心空洞，由于采用双环多孔板整形结构，压降较小。

5　结束语

入口气相扩散器是实现固定床反应器入口处气流均布的重要手段和必要措施，合适的入口扩散器结构能得到良好的气体扩散均布效果。

气相扩散器采用双层环板整形结构，大大降低气相流动阻力，通过数值模拟优化底板开孔和侧壁开孔参数，均化扩散器正下方流场，减小扩散器对正下方的气相冲击力。

气相扩散器结构四是一种较为理想的结构，侧孔应与底板保留一定距离，避免两股物流间扰动导致的扰流和偏流，底板应主要采用辐射状条缝均布结构。

参 考 文 献

[1] 吴民权，黄发瑞．固定床反应器低阻气流均布技术研究[J]．水动力学研究与进展，1991，6(1)：130-136.

[2] 裘峰．LYHC-Ⅰ型入口扩散器数值模拟[J]．石油化工设计，2012，29(1)：38-40.

[3] 钟思青，陈庆龄，陈智强，等．轴向流固定床内流场的数值模拟与实验验证[J]．化工学报，2005，56(4) 632-636.

国产 DCS 系统在催化剂生产装置的应用

黄　朗

(中国石化催化剂长岭分公司，湖南岳阳　414012)

摘　要：近年来，国产 DCS 系统的研发水平逐步提高。为打破国外大公司的垄断，国产 DCS 系统必须适应分布式控制系统(DCS)在功能及结构上正在发生的本质变化，满足现代企业过程控制与信息管理一体化的要求，必须有通过在重大项目中应用实践的机会有效提高了自身的水平。催化剂生产装置 DCS 控制系统国产化项目的成功应用，有利于提升国产自控系统的自主创新能力。

关键词：DCS；逻辑控制；自定义功能模块

1　前言

和利时 HOLLiAS MACS-S 系统是目前国产 DCS 控制技术较为先进的系统。该系统采用了目前世界上先进的现场总线技术(ProfiBus-DP 总线)，支持 FF、DEVICENET、CANBUS、PA 等主流总线，支持 HART 标准协议，智能化仪表可以方便的和系统相连。采用成熟的先进控制算法，全面支持 IEC61131-3 标准。支持 OPC 技术、ActiveX 技术，并且集成了 AMS 系统、RealMIS 系统、ERP 系统等，以及系统集成了众多知名厂家的典型控制系统的驱动接口，可在智能现场仪表设备、控制系统、企业资源管理系统之间进行无缝信息流传送，能方便地实现工厂智能化、管控一体化，为工厂自动控制和企业管理提供全面的解决方案。

中国石油化工股份有限责任公司催化剂分公司新建的云溪基地项目主体装置是 5000t/a 加氢催化剂生产装置和 1000t/a 连续重整催化剂生产装置。加氢、重整催化剂生产属于精细化工领域，过程控制参数多样，要求精密严格控制，在自控系统的选配过程中，通过多方比较考虑，选用了国产的和利时 HOLLiAS MACS-S 系统。

2　系统控制结构

催化剂生产过程要求采用一套 DCS 系统实现自动控制，满足工艺技术要求，使其达到精细化工行业自动控制的先进水平，并为建立全厂实时数据库实现信息化管理建立基础。

2.1　系统结构组成

系统由工程师站、操作员站、数据服务站(选配)、现场控制站、工业控制网络等部件组成。系统的结构截图如图 1 所示。

(1) 工程师站　进行控制模块组态，并根据运行效果对模块进行修改。

(2) 操作员站　对催化剂生产装置的运行情况进行实时监控，数据按工艺流程依次显示，以日志形式生成文件，通过对存储数据的管理，可得出历史控制趋势，同时可进行报表打印。

(3) 现场控制站　对生产过程中的各种工艺参数进行信号采集，通过有效变换后传送至操作员站。

(4) 网络结构　该系统由三部分工业控制网络组成：管理网(MNET)、系统网(SNET)和控制网(CNET)。其中：系统网和控制网都是冗余配置，管理网为可选网络。

(5) 管理网络(MNET)　由 100M 以太网络构成，用于控制系统服务器与厂级信息管理系统。

（6）系统网络(SNET)　由 100M 高速冗余工业以太网络构成，用于系统服务器与工程师站、操作站的连接，完成工程师站的数据下装，操作员站的在线数据通信，以及系统服务器与现场控制站、通信控制站的连接。可快速构建星型、环型或总线型拓扑结构的高速冗余的安全网络，符合 IEEE80 2. 3 及 IEEE802. 3u 标准，基于 TCP/IP 通信协议，通信速率 10/100Mbps 自适应，传输介质为带有 RJ45 连接器的 5 类非屏蔽双绞线。

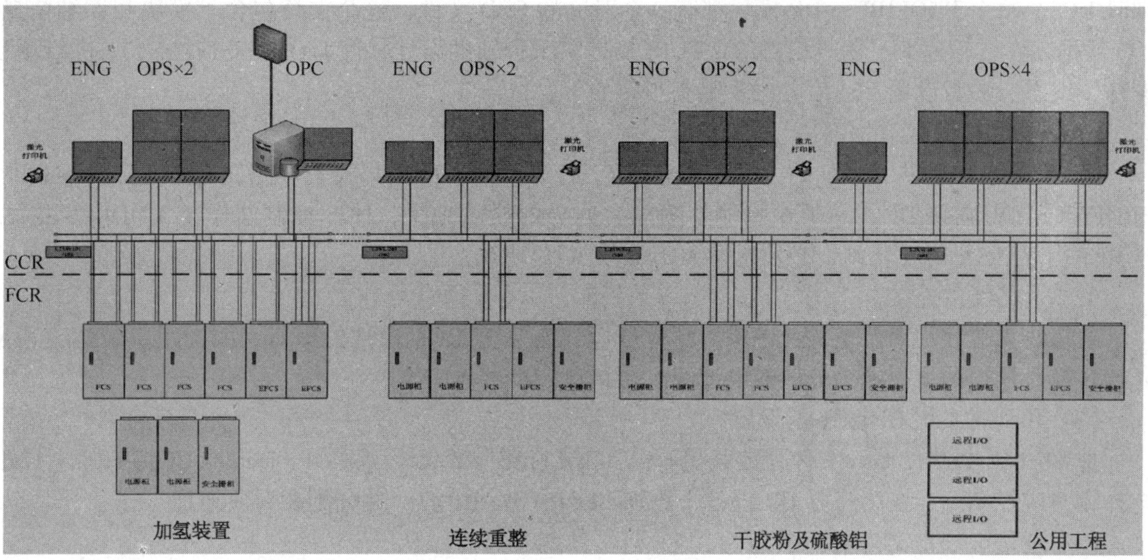

图 1　系统控制结构

2.2　系统功能和特点

（1）实时性　控制器 CPU 采用工业级 RISC 芯片，速度快，运算结果精确。

（2）可靠性　适合于催化剂生产精密控制的特点，采用多种冗余结构，在恶劣的工业环境下，抗干扰性能力强，可随时根据信息技术进步进行软件升级。

（3）先进性　工艺控制组态方便，运行过程中负荷均担，人机对话界面友好。

（4）易用性　针对催化剂生产工艺控制过程的复杂性，为提高操作人员的精细操作水平，系统可进行离线仿真。

（5）经济性　现场总线的设计充分考虑系统性，有效节约整体项目投资，降低运行维护成本。

（6）自诊断　现场控制站的每一单元上均带有 CPU，均可进行周期性自诊断。诊断除 CPU 与内存等的自检、开关量输出回读比较外，还可进行模拟量输入通道的正确性判断，且具有远程诊断功能。

3　应用开发

为选配合适的 DCS 系统，通过多场技术交流和论证，采用了一套 HOLLiAS MACS-S DCS 系统，分成 4 个控制域，每套装置为一个域，每个域之间能相互查看但不允许相互操作。各套装置能独立并可同时修改组态、在线下装等，下装过程中不影响本装置和其他装置的运行。由于公用工程各单元分布比较分散、相互间距离较远。现场部分设备采用 PROFIBUS 协议的远程 I/O 站，各远程 I/O 站和 DCS 控制站采用光纤环网通信。

HOLLiAS MACS-S DCS 系统提供了大量的功能块和操作面板，基本的控制和操作功能通过调用系统本身提供的功能块和操作面板即可实现。对工艺要求的一些特殊功能，我们开发了相应的自定义功能块和操作面板，实现了相关功能。

3.1 与第三方设备通信实现

催化剂生产装置单体设备自成体系的较多，为适应工艺需求，实现集中管理操作，各单体设备必须与DCS建立通信，DCS提供了MODBUS RTU通信协议的接口，各系统需与DCS进行通信。为防止干扰和易于维护，每一个单体设备使用一个通信模件，下面介绍和利时DCS与TURCK系统通信。

空压站、污水、液体原材料3个远程站就地采用TURCK系统，通过PROFIBUS-DP传输给和利时DCS。每个PROFIBUS-DP模块都有一个对应的GSD文件，这个文件包含了模块和详细信息，I/O数据量，传输速率、版本信息等。TURCK提供工程辅助设计软件I/O-ASISISTANT来进行项目设计、组态、参数设置。通信方法及组态步骤如下：

（1）提供进行通信的模件

因为TURCK提供了标准的PROFIBUS-DP接口，所以DCS只需有相应的通信模件FM1200，PROFIBUS-DP协议DP总线冗余控制器模块，并分配模块地址，DCS控制站作为MODBUS主站，TURCK作为MODBUS从站，必须遵循MODBUS RTU协议。

（2）通信线的连接

通信线为普通的串行电缆，一头为9针母口，连接TURCK模件的串口，因为距离较远，采用光钎转换，电缆的另一端为分散的电缆线，接接口转换器MOXA。

（3）和利时系统DP设备的设置

把TURCK提供的Gsd文件存放路径D：\ HOLLiAS_ MACS_ V4 \ Projects \ CHJGYGC \ Gsd。选择相对应控制站，在第三方DP设备中添加BL67-GW-DPV1，并分配相对应地址。

（4）通信I/O定义说明

当需要通信的数据为数字量输入时，以地址连续的8个DI信号并且在同一个BL67-8DI-PD卡上的信号为一个字进行通信，数据类型为Input(Discrete)数字量输入，然后将取来的数据用UNPACK块进行分解，一个字节拆分为8个BOOL变量，B表示输入的字，B0-B7表示输出BOOL的第0位到第7位。

3.2 温度曲线控制功能实现

在项目中需要对各种电加热焙烧炉、电加热干燥炉、导热油炉温度进行监测和控制，并且生产中要求按照特定的曲线进行炉温控制，温度偏差太大会对炉体产生影响，人工操作时需时刻将温度控制回路的给定值提高或下降，劳动强度大，控制精度差，很难将高温加热炉的温度曲线调整成所要求的曲线。我们将其过程分为升温、恒温、降温等过程，设计专门的升温、恒温和降温控制功能块，操作人员只需根据工艺要求设置升温目标温度、升温时间、恒温时间、降温目标温度和降温时间等参数，温度控制逻辑根据工况自动启动或停止升温、恒温和降温过程，每个控制周期自动实时计算出温度控制回路的的给定值按温度控制曲线实现加热炉温度控制，大幅度提高被控温度的技术指标，从而能够大大的提高产品的质量和数量，同时也保护设备。

3.3 阴阳离子交换器逻辑控制功能实现

在催化剂生产过程中，需要按一定顺序和配方添加多种物料，人工控制阀门开关不仅步骤繁琐，而且容易出错和配方比例控制精度不高等问题。根据生产工艺流程和生产步骤，采用顺控程序实现各种物料的阀和机泵的顺序逻辑控制，避免人为操作的失误，减轻了劳动强度，提高配比精度。利用顺控逻辑实现其功能，将整个过程分解成若干步骤，每步执行一组阀门的相应动作。正常情况下逻辑自动控制执行，特殊情况时，操作人员随时可以调整执行步骤。即使在人工操作时没必要手动对单个阀或电机进行操作，只要点击相应的步骤就可执行一组阀门相应的动作，这样既减轻了劳动强度又提高了操作的准确性和安全性。

4 结束语

在项目开发过程中我们综合工艺、仪表自控、计算机的专业技术人员充分利用DCS功能，实现了催化剂生产装置大规模生产的过程控制、检测、优化与管理的基础需要，同时充分满足了连续生产过程的高安全性和可靠性的需要，为国产 DCS 的精细化工生产领域的应用提供了成功案例。

为更好发挥 DCS 系统潜能，通过对工艺过程的深入分析研究，可开发相应的先进控制和优化功能功能，更好地提高经济效益。

常减压切割点自动优化技术在 GRTMPS 炼厂模型中的应用研究

闫武敏　姜湘兰　胡　隼

(南京富岛信息工程有限公司，江苏南京　210061)

摘　要：以前的炼厂计划优化模型，建模者要把常减压设置成多模式操作、或设置多个悬摆来模拟，使用者在做不同方案时因为加工不同原油的品质差别而经常调整常减压馏分的切割点，但是建模者和使用者的这些方法也只能是近似处理，无法真正的优化常减压切割点。GRTMPS 软件把 Adherent Recursion(AR)和 Process Simulator Interface (PSI)技术结合，运用在 G4 版本上，建立了炼厂的计划优化模型，真正地实现了常减压装置切割点的自动优化，实现了 LP 模型质的突破。该方法既保证了模型的准确性又方便了炼厂计划优化模型的建模者和使用者。

关键词：GRTMPS；HCAMS；粘附递归；模拟接口程序；计划优化；LP

1　前言

随着炼化企业产能过剩现象逐渐严重，落后产能的企业将会逐渐淘汰，炼化企业将在世界范围内面临越来越激烈的竞争。企业千方百计地降低生产经营成本，优化产品结构，以资源最大利用化和效益最佳化为目的，提高炼油利润。目前，国内几大炼化集团先后分别引进了先进的计划优化软件；中国石化于 2001 年引进了 PIMS[1]，中国石油于 2004 年引进了 RPMS[2]，中国化工集团于 2012 年引进了 GRTMPS。炼化企业通过计划优化模型指导编制生产计划，不断提高利润，已经是大势所趋，变得越来越重要。对于计划优化模型而言，模型数据的准确性是保证模型预测结果准确性的前提，是计划优化模型的核心基础。

常减压装置作为炼厂的龙头，该装置建模架构的合理性和数据的准确性对整个炼厂计划优化模型影响巨大。常减压装置在模型中的重要性和关键性是不言而喻的。常减压装置建模数据的关键是各馏分产品的切割点，一旦确定了合适的切割点，运用 HCAMS 切割软件结合 CHEVRON 数据库，就可以获取到准确的收率和馏分性质数据。但如何确定准确且优化的切割点是难题。因为对于不同的原油，或者不同的模拟方案，常减压优化的切割点是完全不一样的。

其他的计划优化模型未能实现常减压切割点自动优化，只能采用近似方法处理。例如，常减压悬摆模型，多模式选择等以及其他的建模方法，但是这些方法都是用 HCAMS(或其他的切割软件)固定温度点进行切割的，不可能真正的实现常减压切割点的优化；本文介绍了富岛科技实施的 GRTMPS 建模技术，把粘附递归技术(以下简称 AR)和外部模拟接口程序(以下简称 PSI)结合，运用在 GRTMPS 软件的 G4 版本上，在计划优化模型中真正地实现了常减压切割点的自动优化，实现了 LP 技术的飞跃和质的突破。

南京富岛信息工程有限公司(以下简称“富岛科技”)对这一建模技术做了详细深入的研究，在中国化工油气股份有限公司的炼厂计划优化模型(包括单厂单周期模型、单厂多周期模型、多厂单周期模型、多厂多周期模型四类模型)，灵活的运用了该技术。

计划优化模型的建模者为常减压装置设置多模式或设置多个悬摆；模型的使用者在测算方法时因加工不同原油而经常调整常减压馏分的切割点，但这些方法都无法很好地解决这一问题。本文中的方法解决了该问题，既保证了模型的准确性，又使计划优化模型的建模者和使用者提高了工作效率。

2 炼厂装置与模型简介

2.1 炼厂装置简介

中国化工油气股份有限公司现有14家子公司，拥有大型炼油装置59套，大型化工装置17套；炼油一次加工能力超过2.5×10^4kt/a；化工产品生产能力500kt/a；主要产品包括石油加工、石油化工两大类。主要产品有：车用汽油、轻柴油、化工轻油、MTBE、液化气、苯乙烯等石油化工产品，产品行销全国20多个省、市、自治区。

油气股份有限公司作为中国化工集团6家专业核心板块之一，下属包括山东昌邑石化有限公司(下称“昌邑石化”)、山东华星石油化工集团有限公司(下称“华星石化”)、正和集团股份有限公司(下称“正和石化”)和大庆中蓝石化有限公司(下称“大庆中蓝”)、蓝星石油有限公司济南分公司(“济南石化”)等8家炼厂。

2.2 炼厂计划优化模型现状

富岛科技于2012年10月承接了油气股份有限公司的总部及5家炼厂的计划优化模型的实施，截至目前已经完成了总部的多厂模型(单周期和多周期)和3家炼厂的单厂模型(单周期和多周期)模型的验收。总部模型和炼厂模型分别实现了原油采购优化、盈亏平衡点优化、操作参数优化、中间原料优化、产品结构优化和多周期库存优化等功能。本文以油气股份有限公司某炼厂的单油种保本价测算为例对切割点自动优化模型的准确性及可靠性进行了详细阐述和分析。为计划优化模型在建立常减压装置模拟时提供了更为先进的方法。

3 GRTMPS模型的常减压切割点自动优化实现的技术要点和技术接口程序流程

3.1 常减压切割点自动优化实现的技术要点

Harverly公司开发的GRTMPS、HCAMS和H/Sched三大主要产品，是炼化行业内的成熟产品。在全球具有很高的占有率度；其中GRTMPS(以下简称G4)是Harverly公司针对计划优化提出的软件解决方案。是世界上应用最为广泛的的线性规划系统，在全球已经安装了超过138份，在欧洲的市场占有率超过70%。

在用G4软件建模时，经常遇到很多非线性问题，如常减压装置的切割点优化、重整装置的产品收率同时关联芳潜含量和反应苛刻度、汽柴油调合添加剂等均是非线性的。G4软件将AR和PSI技术结合，以HCAMS和CHEVRON为基础，很好地解决了常减压切割点优化这个非线性问题。

(1) AR　粘附递归是一种技术，用于求解LP模型的非线性问题。对于炼厂模型，严格来说，大多数装置模型都是非线性方程，例如，装置收率与进料性质的关联是非线性的，装置产品的性质与进料性质的关联也是非线性的，甚至公用工程的消耗与加工量的关联也是非线性的，以前是用Delta-base技术近似处理非线性问题的，但是，当模型数据与基点数据偏离过大，模型出现较大偏差，甚至有时会出现错误。况且Delta-base技术实现较繁琐，因为必须设置基点、变化量和变化系数等，这些数据很难获取。

(2) PSI　PSI技术是将外部模拟接口程序集成到LP系统中。这样以来，使用者可以创造Excel接口程序或其他第三方接口程序，无需局限在LP模型的线性设置。同时PSI具有计算精确、稳定、快速，程序易构建等优点，为解决非线性问题提供了更可行的方法。以前的计划优化软件也可采用PSI技术，但是，PSI程序无法自动调用HCAMS进行切割计算，因为其他的建模软件和HCAMS切割软件不是同一公司开发。常减压切割点自动优化也无从谈起。

3.2 常减压切割点自动优化的应用程序

如图1所示，是该方法的接口程序图。由图可以看出，LP粘附递归生成SimIn.wk1文件和

SimIn. dat 文件，然后将这两个文件传递到外部接口程序中(PSI)；PSI 把接收到切割点数据，传递到 HCAMSclpx 和 Assay(cru)文件中，此时 PSI 自行调用 HCAMS 软运用新的切割点进行切割计算，把计算的收率和馏分性质数据，通过 Rawdata 文件传输到 PSI。PSI 再次进行粘附递归计算，得到模型优化需要的数据，通过 Simout. dat 文件传递到 LP 模型中，实现了一个循环迭代。模型依次循环进行迭代计算，每次计算都需按照上面步骤走一个流程，调用各模块完成此次迭代计算，直至最终满足模型需要，得到最优解。此时得到常减压的切割点即为最优化的切割点。

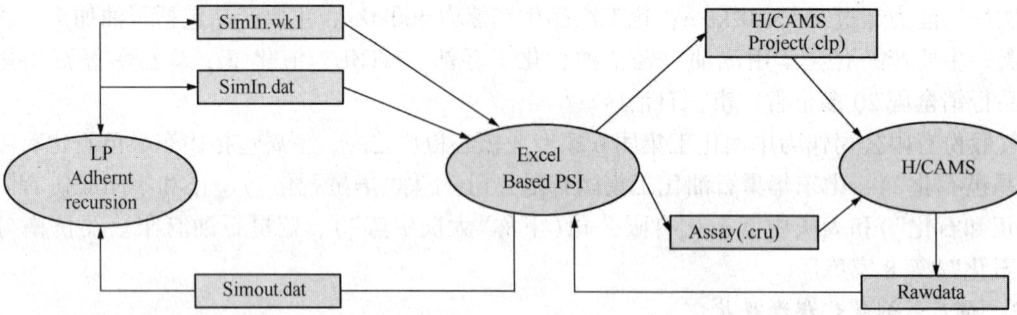

图 1　切割点优化模型中 HCAMS 到 GRTMPS 的接口程序

4　常减压汽柴油的切割点自动优化与悬摆测算结果的分析比较

在单油种保本测算模型中，常减压只加工一种原油，如果常减压切割点仍然是固定值，容易造成模型中全厂装置物料平衡自相矛盾，汽柴油产品调合出现瓶颈等情况，导致模型无解；即使模型有解，会发现部分汽油辛烷值、柴油凝固点等关键性指标质量过剩，严重影响了测算保本价的准确性，当多个原油保本价进行排序比较时，有可能影响单原油保本价的排序出现较大偏差。

本文以某炼厂的原油采购模型为基础，选择了 2013 年上半年采购的 9 个进口原油(达连、奎都、马林、荣卡多、多巴、芒都、混苟、埃斯坡和吉拉索)为样本，从以下几个方面进行了深入分析。

4.1　切割点自动优化模型和悬摆模型的切割点分析

如表 1 所示，切割点自动优化模型测算的 9 个原油保本价得出的切割点。常压石脑油终馏点均值是 162.8℃，常压柴油终馏点均值是 359.2℃。而悬摆得出的常压石脑油和常压柴油的切割点分别是 167℃和 345℃，所有原油的切割点均是一样的。两者相比较，柴油馏分的初馏点降低了 4.2℃，终馏点提高了 14.2℃，相当于常压柴油馏分段变宽了 18.4℃，此时，优化出各原油品种的切割点为常减压装置操作提高了数据参考和指导。

表 1　采用切割点自动优化得出的常减压宽馏分的切割点

原油名称		达连	奎都	马林	荣卡多	多巴	芒都	混苟	埃斯坡	吉拉索	均值
国家		安哥拉		巴西		乍得	安哥拉	安哥拉	俄罗斯	安哥拉	
产品 FBP/℃	常压石脑油	164	163	160	168	166	158	160	160	166	162.8
	常压柴油	365	357	360	364	359	360	348	361	359	359.2

由于该炼厂常压柴油收率的大小是原油保本价的关键，故悬摆方法测算出的原油保本价偏低。因为模型只能通过汽柴悬摆对收率做近似的调整。但悬摆温度段的宽窄对测算结果影响较大，如悬摆温度段设置的较窄或者较宽，对于一些超轻质油和超重质的原油，通过悬摆后的汽柴油组分均无法满足后续的汽柴油成品的调合。

4.2　汽柴油的切割点优化与悬摆的常减压馏分收率数据分析

切割点自动优化得出的收率根据最优的切割点重新调用 HCAMS 软件进行的切割计算，并参与了计划优化模型。悬摆得出的收率与优化得出的收率存在一定的偏差。如表 2 所示，切割点自动优化和悬摆相比，常减压装置收率各不相同，常压石脑油的收率绝对值增加了0.36%，常压柴油的收率绝对值增加了0.41%，原油保本价整体提高，模型最优解变大；由此可以看出，切割点优化的收率比悬摆的收率更精确，提高了单油种保本价测算的准确性。

表2 常减压切割点自动优化得出的宽馏分收率数据与悬摆收率数据比较

原油名称	常压石脑油				常压柴油			
	质量收率/%		比较		质量收率/%		比较	
	切割点优化	悬摆	绝对值	相对值	切割点优化	悬摆	绝对值	相对值
达连	5.71	5.44	0.27	4.96%	32.73	33.13	-0.4	-1.21%
奎都	5.79	5.5	0.29	5.27%	30.05	28.8	1.25	4.34%
马林	6.31	5.85	0.46	7.86%	26.61	26.5	0.11	0.42%
荣卡多	4.1	4.16	-0.06	-1.44%	20.91	20.81	0.1	0.48%
多巴	1.36	1.34	0.02	1.49%	20.68	19.8	0.88	4.44%
芒都	16.92	15.71	1.21	7.70%	33.11	33.59	-0.48	-1.43%
混荀	14.48	14.1	0.38	2.70%	31.36	29.67	1.69	5.70%
埃斯坡	16.83	15.72	1.11	7.06%	33.15	33.89	-0.74	-2.18%
吉拉索	12.13	12.55	-0.42	-3.35%	35.43	34.18	1.25	3.66%
均值	9.29	8.93	0.36	3.58%	29.34	28.93	0.41	1.58%

4.3 汽柴油的切割点优化与悬摆的常减压馏分收率数据分析

如表3所示，切割点优化测算后调合的0号柴油的凝固点过剩减少(虽然凝固点性质还有过剩，因其他性质控制指标已经卡边，实现了最优解)。9个样本凝固点过剩的均值减少2.38℃。

表3 常减压切割点自动优化测算的0号柴油馏分凝固点性质比较

原油名称	0号柴油凝固点/℃		比较	
	切割点优化	悬摆	绝对值	相对值
达连	-1.31	-2.62	1.31	-50.00%
奎都	0	-2.61	2.61	-100.00%
马林	-0.18	-3.46	3.28	-94.80%
荣卡多	-0.47	-2.58	2.11	-81.78%
多巴	-4.45	-8.31	3.86	-46.45%
芒都	-11.93	-15.01	3.08	-20.52%
混狗	-15.96	-16.5	0.54	-3.27%
埃斯坡	-8.37	-10.24	1.87	-18.26%
吉拉索	-12.86	-15.65	2.79	-17.83%
均值	-6.17	-8.55	2.38	-27.86%

综上所述，常减压切割点自动优化与悬摆相比较，以上9个原油样本的柴油馏分温度段变宽，常压柴油收率变大，0号柴油的凝固点过剩减少，进而对模型测算的经济效益结果产生了较大的影响。因为常柴馏分段变宽了18.4℃，常柴收率上升0.41%，0号柴油凝固店过剩减少了2.38℃。按照该炼厂5×10^3kt/a的加工量，常减压可增加柴油20.5kt/a。增加了常减压龙头装置高附加值产品的收率，降低了二次装置加工负荷，减少了加工损失，进而提高了全厂经济效益。

5 结论

PSI和AR技术在GRTMPS炼厂计划优化模型中的结合应用，实现了常减压装置切割点的自动优化。主要体现在以下几个方面：

(1) 该技术解决人工设置常减压馏分固定切割点无法优化的问题，既保证了模型的准确性，又使计划优化模型的建模者和使用者提高了工作效率；

(2) 该技术使炼厂计划优化模型中常减压装置的模拟与实际生产更加吻合，优化后数据为常减压装置的操作提供指导和数据参考；

(3) 该技术法为 LP 模型中复杂的、非线性的问题提供一个好的解决方法和建议，供其他计划优化模型借鉴和参考。

参 考 文 献

[1] 高勇，马德超 . PIMS 在中国石化生产经营中的应用[J]. 专题综述，2012，12(197)：18-19.

[2] 咸廷伟，张敏，曹永德，等 . 炼化企业生产计划优化软件 RPMS 的应用研究[J]. 专题研究，2006，06：12-13.

乙烯循环水横流式冷却塔消雾改造及消雾效果

黄纪军

（中国石化上海石油化工股份有限公司，上海　200540）

摘　要：中国石化上海石油化工股份有限公司乙烯循环水冷却塔四周建有乙烯等生产装置，因冬季冷却塔运行时产生大量水雾，引起设备、平台、劳动保护等设施大面积腐蚀，影响装置的安全运行，大量的水雾也影响周围环境。通过对冷却塔进行消雾改造，冷却塔风筒出口水雾明显减少，取得了较好的消雾效果，同时也减少了蒸发水量，起到了一定的节水效果。

关键词：冷却塔；湿度；含湿量；消雾

1　前言

上海石化烯烃部3#烯烃联合装置1#循环水场循环水量28000m^3/h，共有12台马利横流式冷却塔，主要供2#烯烃老区、水汽锅炉、丁二烯老区等装置使用，其中10台横流塔为300kt/a乙烯配套引进装置，单塔能力为2200m^3/h，1989年建成投用，1997年配合400kt/a乙烯增量改造，增加了2台横流塔，单塔能力为3000m^3/h，1989年建成投用，循环水系统连续运行最长周期为66个月。2002年因乙烯增量改造，在循环水冷却塔北侧又建一300kt/a乙烯装置，配套增加了2#循环水系统，8台逆流式冷却塔循环水量共32000m^3/h，单塔能力4000m^3/h。2套循环水系统冷却塔四周建有生产装置，冬季冷却塔产生大量水雾，生产装置经常湮没在水雾之中，水雾遇设备表面产生水珠，引起电化学腐蚀，使设备表面腐蚀严重，影响装置的长周期安稳运行，大量水雾降低装置区能见度，也影响周围环境等。

冷却塔参数及气象条件如下：

单塔冷却水量：2.2×10^{3}m^3/h	供水压力：0.50~0.55MPa
设计进塔水温：43℃	回水压力：0.20~0.25MPa
设计出塔水温：33℃	污垢系数：5.16×104m^2/kW
设计干球温度：32.4℃	塔进风面尺寸：11m
设计湿球温度：28.6℃	塔侧底部尺寸：16.4m
相对湿度：85%	塔顶平台标高：12.9m
大气压力：100.509kPa	风机直径：ϕ8.53m
蒸发损失：≤1.4%	配用电机功率：150kW

2　横流式冷却塔水雾形成机理

冷却塔排放的湿热空气排至环境温度较低的空气中，因温度降低，湿空气的饱和含湿量随之降低，部分水蒸气就会凝结析出形成小水滴，形成水雾，影响周围环境。水雾形成机理分析如下：

2.1　饱和水蒸气分压力

当空气在某一定的温度下吸湿能力达到最大值，即空气中的水蒸气处于饱和状态时，称为饱和空气，饱和空气中的水蒸气分压力称为饱和蒸汽压力，用p''_v表示，湿空气在某一温度所含水蒸气的数量不会超过该温度下的饱和蒸汽含量，当空气温度在0~100℃并在通常气压范围内时，用以下公式计算：

$$\lg p''_v = 0.0141966 - 3.142305 \times (10^3/T - 10^3/373.15) + 8.2\lg(373.15/T) - 0.0024804 \times (373.15 - T)$$

式中　p''_v——饱和蒸汽压力，atm；

T——绝对温度(273.15+t)，K；

T——空气温度,℃。

式中表明饱和蒸汽压力只与空气温度有关，与大气压力无关，空气的温度越高，则水蒸发越快，在一定温度下已达成饱和湿度的空气，当温度升高时又成为不饱和空气，反之，不饱和的空气，在温度降低时，又成为饱和空气[1]。

2.2　相对湿度

一定容积的湿空气在某一温度下，所含水蒸气的质量与同温度下达到饱和时所含水蒸气质量之比，称为该温度的相对湿度[2]。相对湿度的计算式：

$$\Phi = (p''_q - 0.000662 p_x (t - q)) / p''_t$$

式中　t，q——湿空气的干、湿球温度,℃；

p''_q，p''_t——相对于 q，t 的饱和水蒸气压力，atm；

p_x——大气压力，atm；

2.3　含湿量

由 1kg 干空气和 Xkg 的水蒸气所组成的(1+X)kg 的混合气体中，所含水蒸气的质量 Xkg 称为(1+X)kg 湿空气的含湿量，也成为比湿。

$$X = 0.622\Phi p''_v / (p_x - \Phi p''_v)\text{；}\quad X'' = 0.622 p''_v / (1 - p''_v)$$

式中　p_x——湿空气压力，即大气压力，N/cm^2；

Φ——相对湿度；

X''——饱和含湿量[8]。

一定大气压力下，空气的含湿量随着水蒸气的分压力增加而增大，使湿空气成为饱和空气的温度称为露点，当空气温度低于露点温度时，水蒸气开始凝结，形成水雾。如果环境温度较低，冷却塔湿热空气排放出去，遇较低的环境温度，其含湿量大于低温环境的湿空气饱和含湿量，就会产生水雾[5,6]。

按 $X'' = 0.622 p''_v / (1 - p''_v)$ 计算饱和含湿量曲线图如图 1 所示。

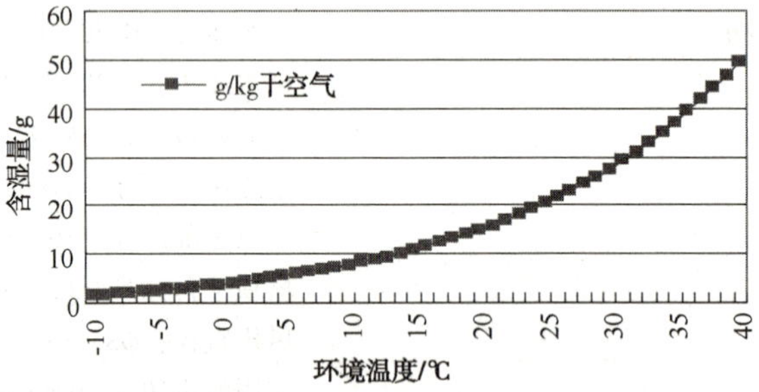

图 1　饱和含湿量曲线

3　冷却塔运行时水雾产生情况及国内外消雾改造情况

循环冷却水经过乙烯等生产装置换热器换热后温度达到 35~42℃，循环回水上至冷却塔顶配水池，经过池式配水系统均匀配水，与冷却塔风机抽进来的空气进行热交换，通过传导散热与蒸发散热，冷却至 25~32℃，然后用泵输送至生产装置进行换热，水与控制传导散热与蒸发散热时，会有部分水蒸发增加湿空气中的含湿量，另外有很小部分小水滴也会夹带在空气被冷却塔风机排至塔外，含有较多水分的湿热空气排至环境温度较低的空气中，因温度降低，湿空气的饱和含湿量随之降低，部分水蒸气就会凝结析出形成小水滴，形成水雾，影响周围环境。

在气温较低情况下，冷却塔运行经常会产生大量的水雾，遇大气压较低情况下，乙烯生产装置有时会湮没在水雾之中。2013年3月，对9#冷却塔内走道处湿空气的含湿量进行检测，该塔在3月份运行期间也经常会产生水雾。测试含湿量数据曲线如图2所示。

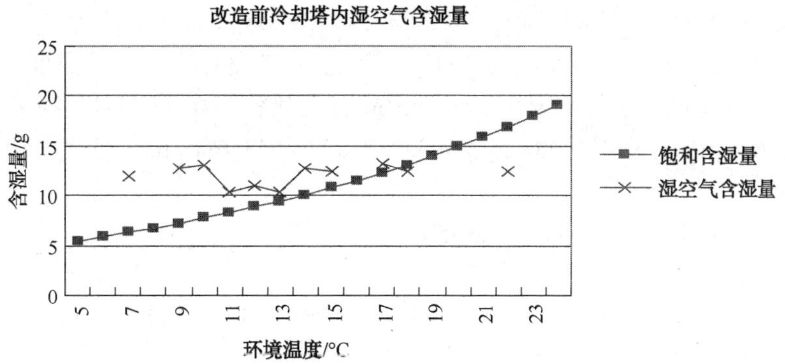

图2　含湿量数据曲线

德国GEA公司、美国马利公司、日本IHI公司等通过运用消雾技术(干湿式冷却塔等)，减少或消除冷却塔运行中产生的水雾，有利于改善环境质量，取得了一些成果[3-4]。国内电力系统及一些石油化工装置也有试验性逆流塔消雾技术改造，在消雾技术方面也取得了一些进展，成效不一[7]。上海石化与GEA公司及国内一些公司进行了技术交流，经过反复论证，制定了消雾技术改造方案，于2013年4~5月，上海石化烯烃部对1#循环水系统9#横流式冷却塔进行了消雾技术改造。

4　横流式冷却塔消雾改造目标及改造方案

横流式冷却塔消雾改造目标为冷却塔排放水雾与改造前相比减少50%以上，节约工业用水。通过对循环水运行情况及冷却塔现场布置情况进行分析，经过反复计算及论证我们决定采用两种方式进行消雾。由江苏宜兴富陶环境保护有限公司实施改造，消雾改造方式及内容如下：

4.1　消雾技改内容一

利用生产装置的低温热(如乙烯急冷水低温热)来加热塔内湿空气温度，提高空气中饱和含水量值，减少湿热空气遇低温空气时饱和含水量降低而形成水雾。

在冷却塔外部安装两台轴流通风机，把外部的冷空气送到列管式空气加热器中，引一路工艺的热水管线到加热器的管程中，通过热交换把冷空气加热变成干热空气，加热后的冷空气通过布气管在风筒底部布气，与风机抽上来的湿冷空气混合成不饱和的湿热空气，从而进一步减少了冷却塔风筒出口处白色水雾的产生。

列管式加热器的热源为热水，加热介质为工厂其他工艺过程产生的工艺急冷水，本项目因考虑到改造成本，加热介质改为丁二烯在沸器蒸汽凝液，流量约29m^3/h，压力为8kgf/cm^2，温度为90℃。轴流通风机风量为Q=15817m^3/h，全压为230.5Pa，空气气温按5℃计，计算后结果为：空气气温从5℃上升到73.6℃，空气流量为1.5817×10^{4}m^3/h，急冷水水温由90℃下降到78.5℃，急冷水流量为29t/h，换热器传热面积为32.3m^2，换热器风速为2.08m/s，换热器质量为1526kg，换热器风机功率为1.6kW，迎风面积为2.12m^2。

4.2　消雾技改内容二

在原横流冷却塔收水器外侧增加翅片式换热器，一部分循环回水走管程，与进塔内已与配水池喷淋下的热水进行过接触换热的湿空气再次进行换热，走管程的这部分水不产生水蒸气(冬季气温低时刻多走些循环热水)。湿热空气中夹带的小水滴经过收水器时有一小部分没被收走，通过翅片式换热器时小水滴经过再次接触回收，进一步提高了收水效果，使湿空气的含湿量相对减少，湿空气的温度也相对提高，从而达到减少了白色水雾的产生。

翅片式换热器采用绕片管散热器，由64个组装片预制好后到现场拼装，换热管其中表面2排管为轧片管，内部3排为绕片管。

环境空气温度入口温度为5℃，按空气冷却器出口温度求出合理出风温度为17℃，空气流量为$1.8\times10^{6}m^{3}/h$，空气定性温度为9.8℃，计算空气密度为1.24915kcal/kg，比热容为0.24kcal/(kg·℃)。

总换热量：$1.8\times10^{6}\times(17-5)\times1.24915\times0.24=6.4755936\times10^{6}kcal/h$

循环水入口温度为38℃，出口温度为26℃，定性温度为30.8℃(定性温度取0.4×热侧温度+0.6×冷侧温度)，定性温度下水的密度为$995.7kg/m^{3}$，比热容为0.997kcal/(kg·℃)。

循环水流量：$6.4755936\times10^{6}/(38-26)/995.7/0.997=543.6m^{3}/h$.

求对数平均温差：

$\Delta T=(38-17)-(26-5)/\ln(38-17)/(26-5)$

$\Delta T=15.465$℃

设计迎面风速为2.5m/s，钢铝复合翅片管规格为25×2.5-56/2.8/0.35，管排列60mm，窄隙流通面与迎风面比为0.49936。

空气质量流速：$V_{r}=3.8\times1.24915/0.49636=6.2537kg/s$

换热系数，取经验公式$K=14.2V_{r}^{0.24}$

代入：

$K=14.2\times6.2537^{0.24}=22.048kcal/(m^{2}\cdot℃)$

安全系数取1.2，

换热面积$A=6.4755936\times10^{6}/15.465/22.048\times1.2=2.279\times10^{4}m^{2}$

设计换热器外型尺寸为2600×1230×250，由64片组装而成，每侧32片。

每片换热器由表面19支，5排交叉排列，共95支，其中翅片有效长度为2500mm，单位换热面积为$1.5m^{2}/m$。换热面积为$356.25m^{2}$/片。

单支换热管水处理量：543.6×1000/2/19/5/8=357.6kg/h

管内水流速：357.6/1130.4=0.3163m/s，

计算结果，两侧各由8片单流程的换热器同进出即可符合要求。

横流式冷却塔改造后结构示意图如图3、图4所示。

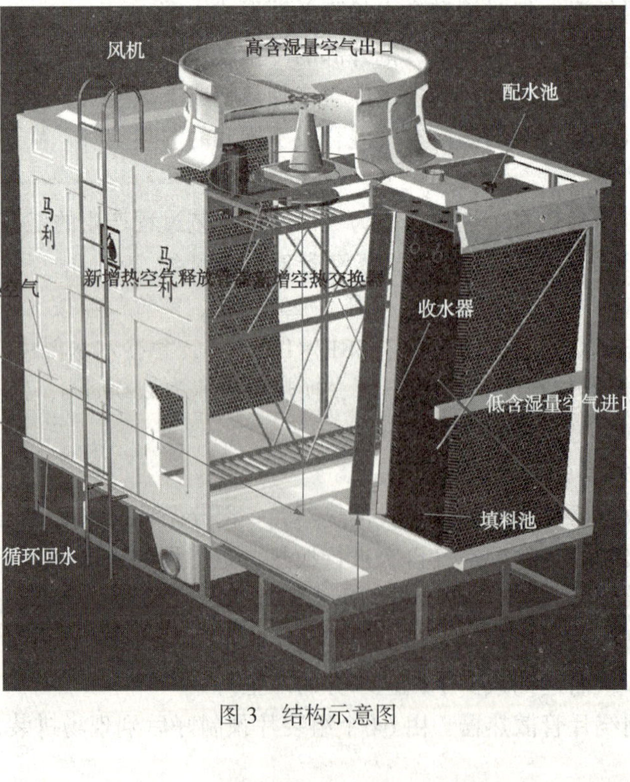

图3 结构示意图

(a)

(c)

(b)

图 4　冷却塔消雾改造

5　冷却塔消雾改造实际效果

从冷却塔排放水雾外观表象上看，水雾明显减少，从冷却塔内湿热空气含湿量对比分析，也达到了改造设计值，总体来看消雾改造冷却塔风筒出口处产生的白色水雾减少 50% 以上，达到了改造目标值。从塔内空气含湿量及现场实际排放水雾情况看，消雾效果达到了预期目标值。消雾改造后冷却塔内湿空气减少明显，湿度减少 4 ~ 8g/kg 干空气，节水效果明显。冬季器温降低后循环水回水全部走翅片式换热器，没有水雾产生。

5.1　消雾改造后冷却塔与没有改造的冷却塔湿空气含湿量对比分析

对改造后的 9# 冷却塔与没改造的 7# 塔进行塔内湿空气含湿量检测对比，经过消雾改造后的 9# 冷却塔塔内底部湿空气含湿量小于塔外环境温度下的湿空气饱和含湿量，没改造的 7# 塔塔内湿空气含湿量大于塔外环境温度下饱和含湿量，9# 塔塔顶排放处没有明显的水雾，而 7# 冷却塔塔顶排放处有明显的水雾。

冷却塔风筒排放空气含湿量需测试风机进、出口处空气含湿量及空气温度，如图 5 所示。

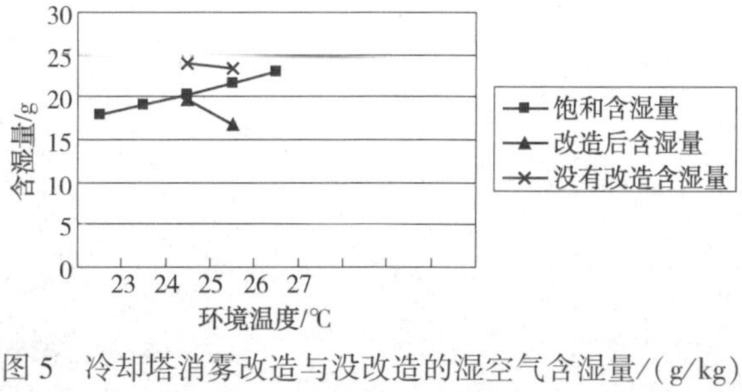

图 5　冷却塔消雾改造与没改造的湿空气含湿量/(g/kg)

5.2 消雾改造前后冷却塔运行时产生水雾情况(图6、图7)

图6 消雾实施投用前

图7 消雾实施投用后

6 冷却塔消雾改造存在问题

冷却塔经过消雾技术改造后总体效果良好，从冷却塔内外空气含湿量检测及现场实际排放所形成的水雾分析判断，虽然达到了消雾改造的目标值，但消雾设施的投运增加了一定的电耗和低温热消耗，夏季冷却塔的冷却效果也会因翅片式换热器增加了少量风阻而减少了少部分风量，影响夏季冷却塔的冷却效果，消雾设施宜在气温较低的秋、冬季使用，寒冷的冬季，如冷却效果达到热负荷冷却需求，可使循环水全部走翅片式换热器，最大限度地消除水雾，并减少蒸发水量，节约工业用水。夏季因气温较高，循环水冷却主要依靠蒸发散热，翅片式换热器不宜投用，消雾技术有待于进一步改进提高。

参 考 文 献

[1] 同济大学. 给水工程[M]. 中国建筑工业出版社，1983：478-479.

[2] 许保玖. 给水处理理论[M]. 中国建筑工业出版社，2000：755-765.

[3] 卢洪发. 日本防止冷却塔产生. 羽烟的技术措施[J]. 东方电气评论，1994，8(2)：117-122.

[4] 杨昭，郁文红. 火力发电厂冷却塔除雾收水的热力分析[J]. 天津大学学报，2004. 37(9)：774-777.

[5] 沙战，周亚泰. 干湿冷却塔研究现状及发展前景[J]. 能源研究与信息，2009，25(4)：192-197.

[6] 张涣武. 干湿式冷却塔[A]. 冷却塔研究会成立暨技术交流大会论文集[C]. 2004，59.

[7] 王晓静，冯璟，赵顺安. 机械通风冷却塔羽雾的形成机理及防治措施[J]. 发电技术，2012. 33(3)：52-55.

[8] 田德允，翁志刚. 湿空气含湿量的解析计算[J]. 佳木斯大学学报(自然科学版)，1999，17(2)：149-151.

6#裂解炉新型 TLE 运行情况总结分析

张文超　陈德明　吴文清

（中国石化天津分公司，天津　300270）

摘　要：通过6#裂解炉新型 TLE 与原 TLE 在温升、SS 产汽量、燃料气消耗量等方面进行数据分析对比，归纳总结出目前投用新型 TLE 在能源消耗上产生的优势及带来的经济效益。

关键词：裂解炉；TLE；运行天数；SS 产汽量

1　前言

裂解炉 TLE（Transfer Line Exchanger）可以尽快的冷却裂解炉出口裂解气，减少副反应发生，同时生产超高压蒸汽以回收热量，实现装置节能。降低裂解炉 TLE 出口裂解气温度，增加超高压蒸汽产汽量，可以有效降低装置能耗。

为此，利用2012年停车检修的机会，对6#裂解炉4台 TLE 进行了更新改造。原4台 TLE 是双套管式，更新改造后换为管壳式薄管板式，以降低 TLE 出口裂解气温度、增加超高压蒸汽产汽量，延长裂解炉运行周期，降低能耗。

2　设备工艺参数及工况（表1、表2）

表1　新型 TLE 设备工艺数据表

型式	规格型号	设计压力/MPa		操作压力/MPa		设计温度/℃		操作温度/℃		介　质		换热面积/m^2
		壳	管	壳	管	壳	管	壳	管	壳	管	
管壳式薄管板式	ϕ752×680×8454	13.9	0.35	12.4	0.09	350	900/560	326	805~840/397~560	BFW	裂解气	90.28

表2　原 TLE 设备工艺数据表

型式	规格型号	设计压力/MPa		操作压力/MPa		设计温度/℃		操作温度/℃		介　质		换热面积/m^2
		壳	管	壳	管	壳	管	壳	管	壳	管	
双套管式	ϕ1280×7921	13.9	0.35	12.4	0.09	350	900/560 管385	326	840	BFW	裂解气	75.9

6#裂解炉运行工况如下：

6#裂解炉：2001年装置进行扩能改造新增的一台60kt/a 的 CBL-Ⅲ国产北方炉，设计可裂解石脑油、加氢尾油，设计负荷石脑油为28.5t/h、加氢尾油为26t/h。

实际工况：石脑油进料负荷为17.0~24.5t/h、COT 设定为830~835℃、DS 比为0.5~0.6；加氢尾油进料负荷为18.0~21.8t/h、COT 设定为810~816℃、DS 比为0.8~0.85。

3　运行相关数据

为检验6#裂解炉新式 TLE 在石脑油/加氢尾油不同原料条件下具体运行情况，与原 TLE 在裂解气侧出口温升、SS 产汽量、燃料气消耗量等方面进行了分析对比。为达到好的说明效果，特选取了原 TLE 三次水力清焦后数据进行比较(原 TLE 三次水力清焦后运行数据分别列为周期 1、周期 2、周期 3，新式 TLE 运行数据列为周期 4)。

3.1 运行概述

3.1.1 负荷方面

从表 3 和表 4 中可以看出，新 TLE 运行期间裂解炉负荷在原 TLE 三次运行范围内，4 组 TLE 运行数据具有可比性。

表 3 6#裂解炉石脑油运行期间投料负荷 t/h

6#裂解炉石脑油运行	周期 1(水利清焦)	周期 2(水利清焦)	周期 3(水利清焦)	周期 4(新 TLE)
平均负荷	19.9	24.0	21.7	20.3
最小负荷	17.4	22.5	21.0	17.0
最大负荷	22.0	24.5	23.0	21.7

表 4 6#裂解炉加氢尾油运行期间投料负荷 t/h

6#裂解炉加氢尾油运行	周期 1(水利清焦)	周期 2(水利清焦)	周期 3(水利清焦)	周期 4(新 TLE)
平均负荷	20.9	19.2	19.0	20.0
最小负荷/(t/h)	19.8	18.5	18.5	18.0
最大负荷/(t/h)	21.8	21.5	19.5	21.5

3.1.2 运行周期方面

从表 5 可以看出，投用尾油时间均在投用石脑油运行 15 天后实施，平均尾油运行时间在 40 天以上。

表 5 6#裂解炉运行周期 天

6#裂解炉运行周期	周期 1(水利清焦)	周期 2(水利清焦)	周期 3(水利清焦)	周期 4(新 TLE)
总运行天数	56	67	97	101
石脑油运行天数	16	16	43	27
加氢尾油运行天数	40	51	54	74

3.2 TLE 温升情况

为保证分析具代表性，选取 6#裂解炉石脑油/加氢尾油不同原料运行期间 TLE 出口温度最高一组进行了比较，具体情况见图 1、图 2 和表 6。

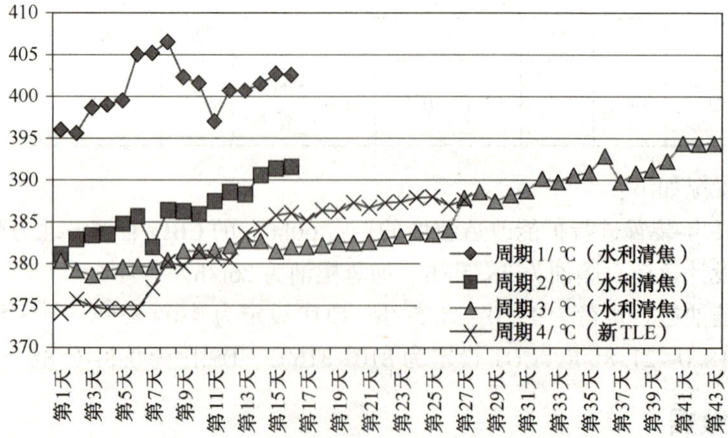

图 1 6#裂解炉石脑油运行期间 TLE 出口温度最高一组增长趋势

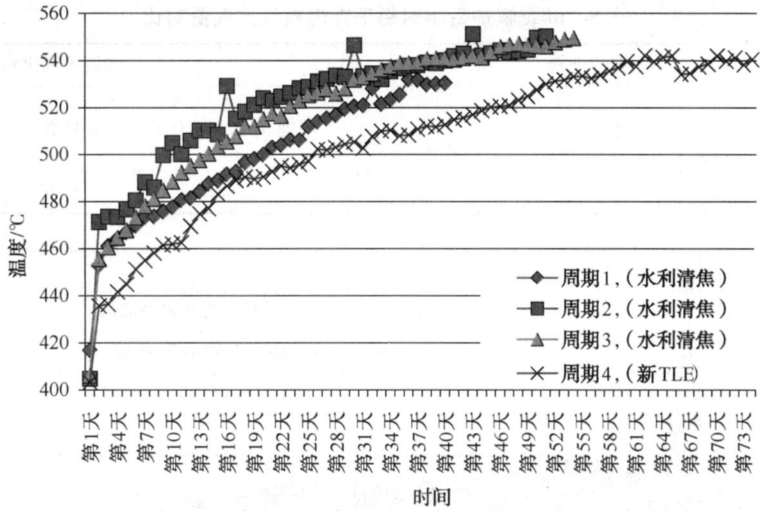

图 2　6#裂解炉加氢尾油运行期间 TLE 出口温度最高一组增长趋势

表 6　6#裂解炉加氢尾油运行期间最高一组 TLE 出口日均温升增长数据　　℃

时间段	周期 1(水利清焦)	周期 2(水利清焦)	周期 3(水利清焦)	周期 4(新 TLE)
第 1 天至第 5 天日均温升	10.02	14.38	12.36	8.30
第 1 天至第 15 天日均温升	4.81	6.92	6.48	5.33
第 1 天至第 25 天日均温升	3.80	4.96	4.77	3.75
第 1 天至第 35 天日均温升	3.10	3.77	3.79	2.99
第 1 天至第 45 天日均温升		3.07	3.05	2.60
第 1 天至第 55 天日均温升				2.37
第 1 天至第 65 天日均温升				2.13

3.3　裂解炉产汽情况

以周期 3 和周期 4 的运行数据进行对比，评价 6#裂解炉新式 TLE 产汽情况，具体数据和趋势分别见表 7、表 8 和图 3~图 6。

表 7　6#裂解炉每小时吨进料产汽量对比　　t/t

时间	石脑油进料			加氢尾油进料		
	周期 3(水利清焦)	周期 4(新 TLE)	每小时每吨进料产汽量差值	周期 3(水利清焦)	周期 4(新 TLE)	每小时每吨进料产汽量差值
平均值	1.08	1.28	0.20	0.99	1.09	0.10

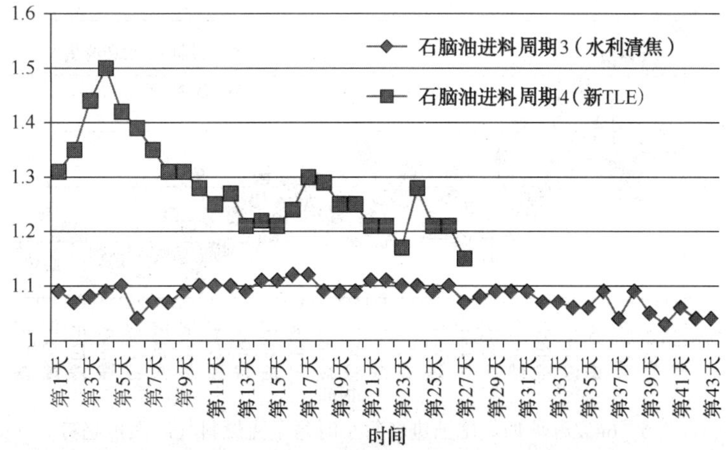

图 3　6#裂解炉石脑油进料每小时吨进料产汽量趋势

表 8　6#裂解炉每小时每千克燃料气产汽量对比　kg/h

时间	石脑油进料			加氢尾油进料		
	周期 3(水利清焦)	周期 4(新 TLE)	每小时每千克燃料气产汽量差值	周期 3(水利清焦)	周期 4(新 TLE)	每小时每千克燃料气产汽量差值
平均值	7.23	7.51	0.28	5.88	5.89	0.01

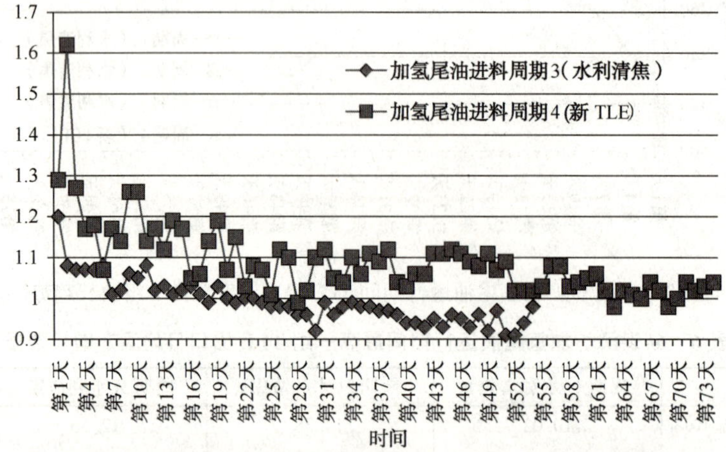

图 4　6#裂解炉加氢尾油进料每小时吨进料产汽量趋势

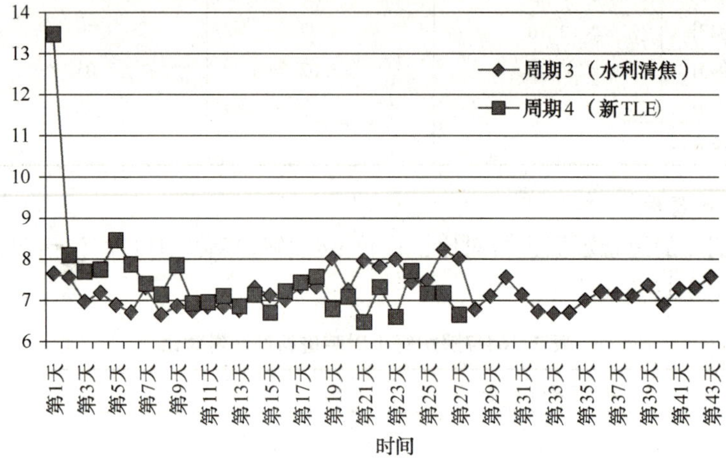

图 5　6#裂解炉石脑油进料每小时每千克燃料气产汽量趋势

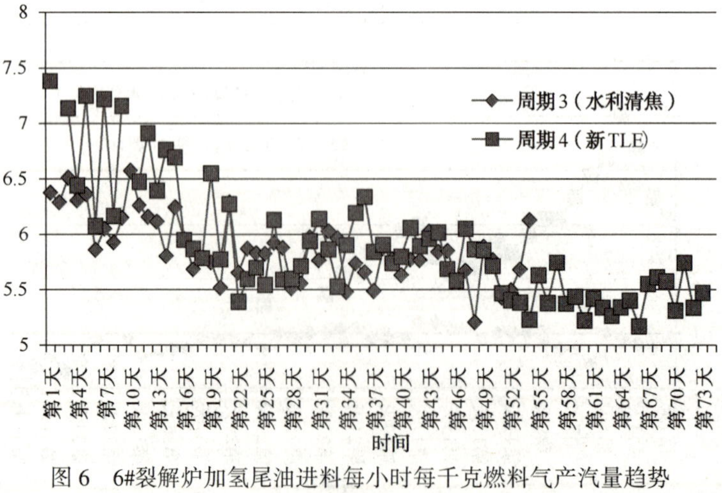

图 6　6#裂解炉加氢尾油进料每小时每千克燃料气产汽量趋势

3.4 裂解炉燃料气消耗情况

以周期 3 和周期 4 的运行数据为依据，对比 6#裂解炉燃料气消耗情况，具体数据和趋势分别见表 9 和图 7。

表 9　6#裂解炉每小时吨进料加吨 SS 产汽量消耗燃料气量对比

时间	石脑油进料			加氢尾油进料		
	周期 3(水利清焦)/(kg/t)	周期 4(新 TLE)/(kg/t)	吨进料加吨 SS 产汽量消耗燃料气量差值	周期 3(水利清焦)/(kg/t)	周期 4(新 TLE)/(kg/t)	吨进料加吨 SS 产汽量消耗燃料气量差值
平均值	77.74	71.70	-6.04	90.36	81.94	-8.42

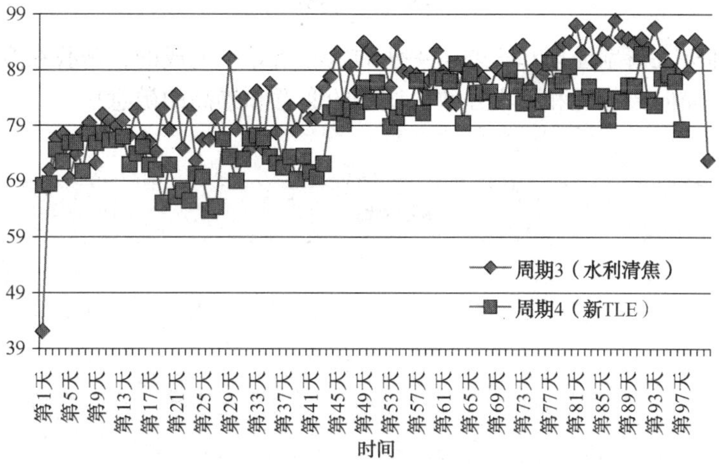

图 7　原 TLE 和新 TLE 每小时吨进料加吨 SS 产汽量消耗燃料气量趋势

4　总结分析

（1）从图 1 可以看出，新式 TLE 投石脑油后，其出口裂解气起始温度低于原 TLE。

（2）从图 2 和表 6 可以看出，新式 TLE 在切为加氢尾油运行后，其出口裂解气起始温度低于原 TLE，且新式 TLE 日均温升低于原 TLE。

（3）从表 7 中可以看出，6#裂解炉石脑油运行期间，新式 TLE 每小时吨进料产汽量较原 TLE 水力清焦后多 0.20t；加氢尾油运行期间，新式 TLE 每小时吨进料产汽量较原 TLE 水力清焦后多 0.10t。

从表 8 中可以看出，6#裂解炉石脑油运行期间，新式 TLE 每小时每千克燃料气产汽量较原 TLE 水力清焦后多 0.28kg；加氢尾油运行期间，新式 TLE 每小时每千克燃料气产汽量较原 TLE 水力清焦后多 0.01kg。

（4）从表 9 中可以看出，6#裂解炉石脑油运行期间，新式 TLE 每小时吨进料加吨 SS 产汽量消耗燃料气量较原 TLE 水力清焦后少 6.04kg；加氢尾油运行期间，新式 TLE 每小时吨进料加吨 SS 产汽量消耗燃料气量较原 TLE 水力清焦后少 8.42kg。

5　结论

（1）新式 TLE 加氢尾油工况下日均温升低，按照投用加氢尾油 TLE 出口初始温度为 410℃，末期温度为 560℃计算，裂解炉运行可延长 10~15 天。

（2）石脑油工况，同等负荷条件下（按进料 20t/h 计算），新式 TLE 时均可多发生超高压蒸汽 4.0t；同等负荷和 SS 产汽条件下（按进料 20t/h、SS 产汽量 22t/h 计算），新式 TLE 时均可多节约燃料气 253.7kg。

（3）加氢尾油工况，同等负荷条件下（按进料 20t/h 计算），新式 TLE 时均可多发生超高压蒸汽 2. 0t；同等负荷和 SS 产汽条件下(按进料 20t/h、SS 产汽量 20t/h 计算)，新式 TLE 时均可多节约燃料气 336. 8kg。

(4) 按全年石脑油运行 90 天、加氢尾油运行 265 天，SS 价格 175 元/t、燃料气(甲烷)价格 2050 元/t 计算，年可产生经济效益 925. 2 万元。

计算过程如下：

石脑油工况效益=(90d×24h)×(4. 0t×175 元/t+253. 7kg/1000×2050 元/t)= 263. 5 万元

加氢尾油工况效益=(265d×24h)×(2. 0t×175 元/t+336. 8kg/1000×2050 元/t)= 661. 7 万元

6#裂解炉新式 TLE 年产生经济效益=263. 5 万元+661. 7 万元=925. 2 万元

致　　谢

本论文是在导师吴文清副经理和陈德明主任的悉心指导下完成的，帮我在今后的工作和学习方面开拓了思路。在此谨向吴经理和陈主任致以诚挚的谢意和崇高的敬意！

ECS-700 系统在聚酯生产线的应用

吴晓白

（中国石化仪征化纤股份有限公司，江苏仪征　211900）

摘　要：介绍了应用 ECS-700 系统对聚酯 8 单元 DCS 系统进行更新改造的过程。详细叙述了系统设计方案，软硬件配置、系统组态及系统功能。

关键词：系统设计；系统配置；系统组态

1　前言

聚酯中心 8 单元 DCS 集散控制系统采用的 Honeywell 公司 TDC-3000 系统，多功能控制器 MC 和多功能操作站 US。从 1988 年投用至今，已运行 20 多年。系统老化，容量不够，所用板卡 Honeywell 公司现已不再生产，备件难以采购。浙江中控技术股份有限公司的 WebField ECS-700 DCS 系统（以下简称 ECS-700 或本系统）继承和发展了中控多年来积累的过程控制经验和核心技术，融合了大规模组网技术、现场总线技术和信息管理技术，自 2001 年推出后，广泛应用于石化、化工、电力、冶金等各个领域，被公认为成熟的控制系统之一。

2　设计方案

本次改造的 ECS-700 系统为一个独立的完整的系统，提供了与工厂管理网连接的数据服务器（OPC 站），内含标准的 OPC 通信接口服务程序，可便捷地实现与工厂管理信息网的无缝连接。

本次改造拆除原聚酯装置 Honeywell 控制系统和 5T 切片输送线的西门子 S5 PLC 系统，如图 1、图 2 所示。

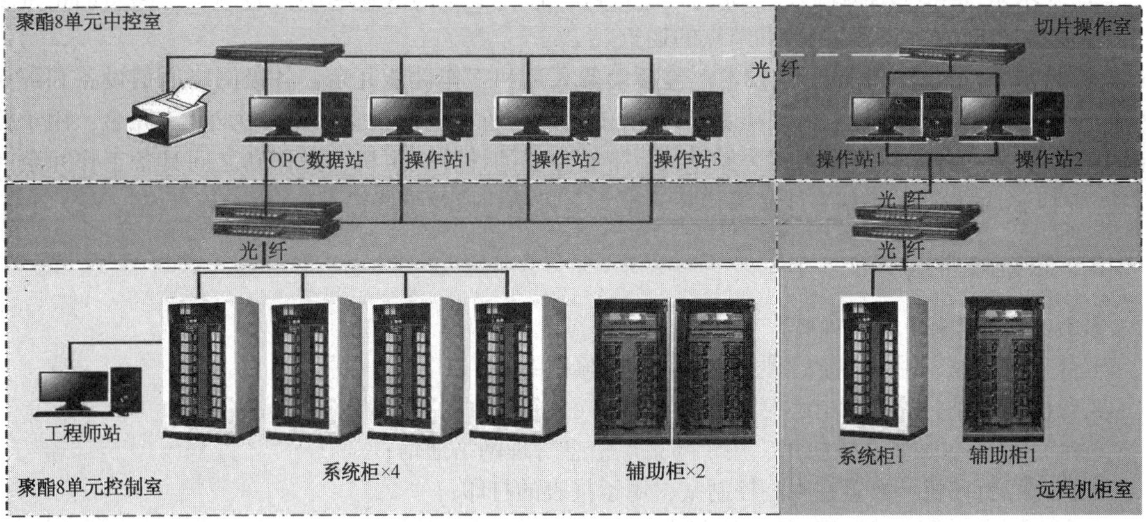

图 1　聚酯 8 单元 ECS-700 系统网络配置示意图

具体方案如下：

① 在原聚酯 8 单元仪表控制室安装两个 ECS-700 系统的控制站用以实现酯化、缩聚两个工艺装置的自动控制。

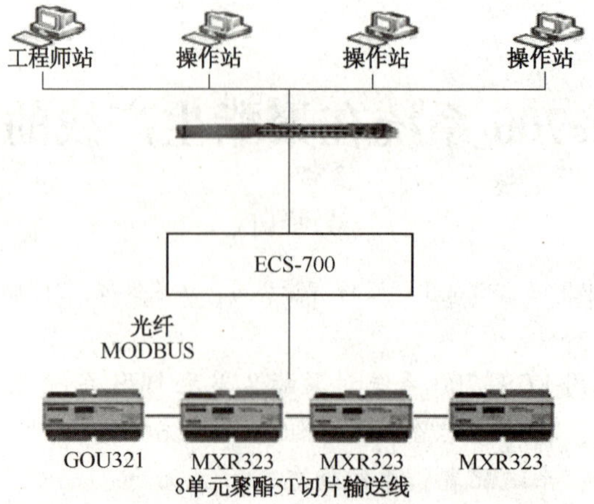

图2 聚酯5T切片输送线G3系统网络拓扑图

② 原聚酯8单元切片装置所有控制采用远程机柜，安装在原8单元切片控制室。

③ 操作站分布：聚酯8单元中央控制室内安放操作员站3台，在主机房安放工程师站1台，OPC数据采集站1台，切片控制室安放2台操作员站。

④ 在聚酯8单元5T切片输送控制室，安装1套中控的G3一体化控制器，用以控制5T切片输送。G3的控制信号通过光纤送到ECS-700系统，从而使整个聚酯装置的控制形成一体，对于G3的操作可以通过切片操作员站来完成。

⑤ 本次改造在控制系统内，采用了对等式C/S的网络结构，并配置了两层通信网络：过程控制网和过程信息网。过程控制网直接连接了ECS-700系统的控制站、G3 PLC和操作站节点，是传送过程控制实时信息的通道，完成实时I/O信息、控制命令、逻辑控制、联锁、报警和各种历史数据等的传输与发送，并采用双重化冗余设计，数据传输可靠、实时、高效。过程信息网主要是实现了与管理信息网的连接。

⑥ 每个系统内的任何操作节点，包括操作员站、工程师站节点等，均可以通过组态文件网络传输和共享发布的方法，进行系统组态、编译、下载等操作。

⑦ 要求系统网络结构稳固、可靠，任一网段、任一节点的故障均不会影响整个网络的正常运行，也不会影响网络上其他网段和节点的运行。

⑧ 要求系统具有完备的冗余技术，包括设备冗余和工作性能冗余：各级网络通信设备和部件为1∶1冗余；控制站的控制器等功能卡为1∶1冗余；所有电源设备和部件为1∶1冗余；用于控制回路的I/O卡为1∶1冗余；每个操作站应带有独立的计算机主机，操作站之间具备工作冗余的功能。对冗余的设备，均能在线故障诊断、报警、自动切换及维修提示。

3 系统硬件配制

3.1 中央控制室操作层配置

1台工程师站，用于系统管理和组态维护及修改；

3台操作员站，放置在中心控制室；

1台OPC站，放置在主机房，用于与工厂信息管理网络通信；

1台宽行打印机，放置在中心控制室，用于报表的打印；

5台平面式操作台，用于工程师站、操作员站、OPC站；

相关网络连接设备，用于SCnetII网络的连接，将所有操作员站、工程师站连接在一起；

200m8芯多模光纤，用于操作站和聚酯控制机柜的连接。

3.2 切片控制室操作层配置

2台操作员站，放置在切片控制室；

2 台平面式操作台，用于操作员站；

相关网络连接设备，用于 SCnetII 网络的连接，将所有操作员站、工程师站连接在一起；

140m8 芯多模光纤，用于操作站和聚酯控制机柜的连接。

3.3 网络配置

系统控制网采用 100M/1G 冗余工业以太网，双网并发，无扰切换，网络采用对等 C/S 结构，稳定可靠、响应快；

系统信息网采用 100M/1G 工业以太网。

3.4 聚酯机柜室控制层配置

根据输入/输出点数计算结果要求聚酯机柜间的配置如下：

2 对控制器用于装置控制使用，控制器型号为 FCU711，采用深度全冗余技术。含有双重化 SCnetII 网接口和冗余 SBUS 总线接口，控制器电源采用冗余配置，控制站通过冗余的 SCnetII 控制网与操作员站及工程师站通信；

4 个系统柜用于安装控制器、I/O 卡件及机座等；

2 台辅助柜用于安装配电开关及外配电源等。

3.5 切片远程机柜室控制层配置

1 个远程机柜用于安装 I/O 卡件及机座等；

1 台辅助柜用于安装安全栅、配电开关及外配电源等；

160m 8 芯光纤，用于与控制机柜的连接。

3.6 聚酯 5T 切片输送线 PLC 机柜室控制层配置

1 个机柜用于安装 G3 一体化控制器及 I/O 模块及配电开关等；

200m8 芯光纤，用于与控制机柜的连接。

3.7 I/O 卡件配置原则及配置清单（表 1）

I/O 卡件配置原则：

① I/O 点数的备用量已含在 I/O 点表中；

② I/O 卡件按信号类型分开布置；

③ 用于控制的 AI、AO 卡的通道数为每卡 8 通道，并按要求冗余配置；

④ DO 卡根据要求配置相应的继电器隔离；

⑤ 机柜内另外还留有 20%的备用安装空间。

表 1 I/O 卡件配置表

信号类型	I/O 点数(已包含 15%余量)	配置点数	卡件数量	卡件类型	卡件通道数
AI(4~20mA/二线制)HART 控制冗余	0	0	0	AI711-H01	8
AI(4~20mA/二线制)HART 检测	0	0	0	AI711-H01	8
AI(4~20mA/二线制)控制冗余	302	320	40	AI711-S01	8
AI(4~20mA/二线制)检测	244	256	32	AI711-S01	8
AI(4~20mA/非二线制)控制冗余	0	0	0	AI711-S01	8
AI(4~20mA/非二线制)检测	0	0	0	AI711-S01	8
AO(4~20mA)检测	140	152	19	AO711-S01	8
AO(4~20mA)控制冗余	258	288	36	AO711-S01	8
TC(IEC 标准)检测	0	0	0	AI721-S01	8
RTD(Pt100 型)检测	189	200	25	AI731-S01	8
DI 检测	891	912	57	DI711-S01	16
DI 控制冗余	115	128	8		16

续表

信号类型	I/O 点数(已包含15%余量)	配置点数	卡件数量	卡件类型	卡件通道数
DO 检测	386	416	26	DO711-S01	16
DO 控制冗余	115	128	8		16
RS232C/485(控制冗余)	0	0	0	COM741-S01	4
RS232C/485(检测)	0	0	0	COM741-S01	4
合计	2640	2800	251		

4 系统软件配置

4.1 系统配置软件清单(表2)

表2 系统配置软件清单

软件名称	型号	单位	数量	厂商
ECS-700 系统操作员站软件	VFOPS	套	5	中控
ECS-700 系统工程师站软件	VFEES	套	1	中控
Visual Field 报表软件	VF013-S	套	1	中控
OPC 服务器软件	VF014-S	套	1	中控
GCSContrix 组态软件	GCSContrix012-S00	套	1	中控
VisualField 虚拟控制器软件	VFCon-S00VisualField	套	1	中控
Office 2007	Office 2007	套	1	微软

4.2 系统配置软件功能说明(表3)

表3 系统配置软件功能说明表

软件名称	软件功能
VisualField 系统结构组态软件	
系统结构组态软件 VFSysBuilder	系统结构定义、工程师组态权限管理、全局工程管理等
VisualField 组态软件	
组态管理软件 VFExplorer	特定工程的组态管理，调用其他组态软件完成系统组态、组态下载、组态发布等功能
硬件组态软件 VFIOBuilder	控制站硬件组态
位号组态软件 VFTAGBuilder	位号组态
功能块图编程软件 VFFBDBuilder	图形化编程软件之一，提供功能块图编程语言
梯形图编程软件 VFLDBuilder	图形化编程软件之一，提供梯形图编程语言
用户功能块编写软件 VFSTModule	用户自定义功能块编程软件
监控组态软件 VFHMICfg	监控组态，包括报警、趋势、控制分组、操作关联等组态
流程图绘制软件 VFDraw	流程图组态
VisualField 实时监控软件	
实时监控软件 VFCenter	实时监控软件，包括报警、趋势、控制分组、流程图、仪表面板等监控画面
历史趋势服务软件 AdvHisTrdSvr	历史趋势服务，单操作员站 4000 点以下免授权
实时状态诊断软件 DiagUI	控制站、网络等实时状态诊断
历史报警离线查看软件 VFHAView	离线查看历史报警

续表

软件名称	软件功能
历史趋势离线查看软件 SCTrdHisView	离线查看历史趋势
操作记录离线查看软件 VFLog	离线查看操作记录
硬件调试工具 DevManager	详细查看 I/O 模块的各种故障信息
GCSContrix012-S00PLC 组态软件	
GCSContrix012-S00PLC 组态软件	AMR9 160MHz，4M Ram，5mS 高速逻辑，LD/FBD/ST 编程，支持 1 个循环 1 个事件进程 3 个周期进程，2×RJ45 通信接口，2×RS232/485 通信接口，支持 ModbusRTU 主/从站协议与自定义协议
其他应用软件	
报表组态软件 VFRptCfg	报表组态(基于 Excel 报表需另外配置 OFFICE2007)
OPC 服务器软件 SCRTcore	OPC 服务，对外开放数据
虚拟控制器软件 VFCON	在计算机上虚拟控制器，使工程师站具备离线调试功能

5 施工要求

新系统中对控制点实行冗余，取消现有 HIMA 卡及继电器控制盘，保留汇线盘、安全栅控制盘，对现有的安全栅柜子不动，现有安全栅全部利用，8 单元楼内新增控制点进 DCS 前加安全栅，8 单元楼外及切片生产控制点进 DCS 系统，不加安全栅，直接进系统。

利用 8 单元系统停车机会，对现有气动回路、就地控制回路进行改造，改造后系统全部进新 DCS 系统进行控制。

新系统与长丝控制系统可以进行通信，在聚酯中心可以看到交接点压力。新系统与公司数据采集系统留有接口。中控与八单元切片控制室分别设置 3 个和 2 个操作站，在中控机房设置 1 个工程师站。

在新系统组态时要对联锁回路要标明运行状况，超弛情况、逻辑状态。

对旧系统中不全的控制流程图在新系统中予以补全和完善，新系统中要做到由组操作变为流程图操作，方便工艺人员操作。

6 软件组态

6.1 系统组态

(1) 8 单元 I/O 点(包括备用点在内)共计 2640 个点。控制回路共计 150 个，其中酯化控制站 39 个、缩聚控制站 92 个、切片控制站 19 个。联锁控制共计有联锁 46 个，包括 A04、A05、A08、H06、WU0039、Q01. 1/2、Q05. 1/2/3/4、Q06. 1/2/3/4 等。在联锁切除/投用和联锁值设定方面比旧系统更加简单和直观，只要权限允许，在工艺联锁画面用鼠标打开对话框即可操作。

(2) 配料控制系统：

① 密度转换公式：

$$\text{浆料质量百分比}=\frac{166.16}{166.16+62.02\times\exp\dfrac{\ln \mathrm{DI0043}+0.02308\times\ln \mathrm{TI0045}-7.33537}{-0.08606}}$$

式中 DI0043——密度计测量值，kg/m^3；

TI0045——浆料温度，℃。

② 浆料配置程序计算公式，8 单元浆料配制是由 EG 流量控制 PTA 下料量的，其关系如下：

$$Wt_{(PTA)}=FI0034\times2.3527\times(1-K_{H_2O})+0.1\times DC0043\#MV$$

式中 FI0034——EG 流量，kg/h；

K_{H_2O}——EG 的水含量,%；

DC0043#MV——密度控制回路输出值。

③ 黏度控制主要运用“dalin 算法”来解决黏度测量纯滞后的控制问题。在“dalin 算法”投用时，程序首先进行初始化，读取当前黏度测量值 C-VMR051、黏度设定值 SVVR051、电流设定值 SVIC1012、电流值 IR1012、真空设定值 SVPC1027、真空开度 PC1027 # MV，直接输出 ALGOOUT501 给 SVPC1027 做设定，初始化后，黏度程序根据读取的当前数据，每 120s 输出一次 ALGOOUT501 给 SVPC1027。

④ 液位控制方式，主要反应釜的液位控制方式有变化，原来 R01、R02、R03、R04.1 为逆向控制，新系统改造将 R01、R02、R03 改造为顺向控制，R04.1 作为缓冲，液位过高或过低时微调 Q01 进料量。R04.2 和 R05 液位控制方式未改变。

6.2 实时监控

(1) 流程图画面　在编辑状态时，可以绘制流程图、设置动画功能、配置趋势组、生成特色画面，通过工具箱可以进行扩展模块配置、位号链接等设置。

在监控画面时，还可以进行回路调整和故障诊断等操作。

(2) 数据库管理器：

① 数据库可以导入组态中定义过的 IO 点信息；

② 数据库中可以定义标签名，设置扫描时间和相位、显示量程和工程单位、报警和报警区域、变化率、死区、滤波等。

7 结语

本次改造的成功体现在以下几个方面：

(1) 合理利用现有资源、减少浪费、降低项目改造成本，在 8 单元开车时 DCS 系统已经能够满足开车需要。

(2) 经过 3 个月的运行，八单元 WebField ECS-700 系统及 5T 切片输送线 G3 系统已逐步完善，系统运行可靠，软硬件工作正常。

(3) 操作方法易学易会，工艺流程一目了然，操作及维护人员经过短时间培训和实际操作，都已熟悉掌握了 WebField ECS-700 系统操作方法。

流程模拟技术在苯抽提装置上的应用

杨 勇

（中国石化镇海炼化分公司，浙江宁波 315207）

摘 要：以镇海炼化 450kt/a 苯抽提装置为研究对象，采用 Aspen Plus 流程模拟软件，建立了与实际工况相吻合的流程模拟模型。并利用此模型，对苯抽提进抽提蒸馏塔贫溶剂温度和苯抽提溶剂比操作调整进行验证分析，以降低装置能耗和经济效益最大化为目标，优化抽提蒸馏塔和溶剂回收塔的操作。实施后，抽提蒸馏塔蒸汽消耗减少，装置能耗降低。

关键词：苯抽提；流程模拟；贫溶剂温度；溶剂比；能耗

1 前言

镇海炼化苯抽提蒸馏装置规模为450kt/a(以抽提进料为基准，年开工 8000h)，装置设计负荷为60%~110%。2004 年初首次投料，装置原料主要为来自Ⅲ套重整装置的 C_6馏分，Ⅳ套重整装置的 C_6馏分及 PX 装置异构化的 C_6馏分，主要产品有苯产品，同时副产 C_6抽余油。苯抽提蒸馏装置主要由抽提蒸馏、溶剂回收与再生、苯精制 3 部分组成，另外还设有一套中压蒸汽减温减压系统以及其他相应公用工程。笔者尝试利用 Aspen plus 模拟软件，对装置抽提蒸馏部分、溶剂回收部分进行流程模拟，以期指导装置优化操作，提高装置运行水平。

2 工艺流程简述

来自上游装置的Ⅲ、Ⅳ重整 C_6馏份进入抽提蒸馏塔进料缓冲罐 V1101，抽提蒸馏原料由 P1101A/B 抽出升压后在流量控制下，进入抽提蒸馏塔原料/贫溶剂换热器 E1101A/B 壳程，与来自 P1104A/B 的贫溶剂换热，换热后抽提蒸馏原料部分汽化自第 59 块塔板进入抽提蒸馏塔 T1101。与抽提蒸馏原料换完热的贫溶剂由贫溶剂水冷器 E1102 冷却后进入过滤器 FI1101，自第 21 块塔板进入抽提蒸馏塔 T1101。回流罐的非芳烃经泵 P1102A/B 抽出升压后，一部分在流量控制下作为回流打入抽提蒸馏塔第 1 块塔板，另一部分作为非芳烃副产品。抽提蒸馏塔塔底的富溶剂进入溶剂回收塔 T1102 的第 25 块塔板，回流罐中的一部分苯经过泵 P1103A/B 升压后，送往白土罐换热器 E1107。塔釜贫溶剂由贫溶剂泵 P1104A/B 抽出升压，绝大部分送去 E1101A/B 与抽提蒸馏塔进料换热，少部分去溶剂再生罐 V1106 进行减压蒸发再生。从 P1103A/B 来的苯产品在 E1107 中首先与来自白土罐 V1104A/B 出来的物料换热，再进一步通过 E1108 加热，加热后的物料进入白土罐 V1104A/B，脱除微量烯烃和其他杂质。

3 基本工况模拟

3.1 建立模拟

利用 Aspen Plus 流程模拟软件，建立了抽提蒸馏和溶剂再生模型。抽提蒸馏塔和溶剂回收塔采用 Radfrac 模型，换热器采用 Heater 模型，抽提蒸馏塔和溶剂回收塔中引入塔板 Murphree efficiencies 来拟合理论塔板与真实塔板之间的差异，塔板效率依据各塔测温点的位置分段设置。

3.2 模型验证

该模型以装置2012年9月20日实际标定数据为依据对模型进行验证，各塔工艺控制参数以及物料组成模拟计算值和实际值的对比结果见表1。从表1看出，各塔工艺条件的模拟值和实测值基本相符，各塔物流组成数据计算结果与分析控制值也较吻合，模型能够较好的反映该工艺装置的实际操作状况，为进一步优化分析提供依据。

表1 苯抽提单元各塔数据对比

塔设备	项　目	标定值	模拟计算值
蒸馏塔T1101	处理量/(t/h)	44	44
	溶剂量/(t/h)	210	210
	回流量/(t/h)	18.5	18.5
	塔顶温度/℃	75~90	84.8
	塔底温度/℃	165~180	175.3
	塔顶压力/MPa	0.04	0.04
	溶剂比	3.6~4.9	4.77
	非芳苯含量	<1.5%	0.07%
	回流比	0.2~0.7	0.598
回收塔T1102	塔底温度/℃	158~170	161.7
	塔顶温度/℃	64~68	65.5
	回流温度/℃	30~40	35
	塔顶压力/kPa	-50~-30	-40
	塔底压力/kPa	-30~-10	-23.3
	苯产品纯度/%	100	99.99
	回流比	2.0~5.0	3.1
	进料温度/℃	155	155

4 模型优化分析

Aspen plus具有比较强大的分析工具，其灵敏度分析工具尤其突出，既可以用于单塔分析，也可以用于装置全流量模拟计算，下面以苯抽提装置抽提蒸馏塔(T1101)、溶剂回收塔(T1102)为例，从塔顶回流量、溶剂比(贫溶剂进料量/处理量)、贫溶剂进料温度等角度尝试较为深入的分析讨论。

4.1 抽提蒸馏塔

4.1.1 回流量改变的优化分析

在控制抽提蒸馏塔的溶剂比、非芳抽出量不变的情况下，随T1101回流量的改变，分析苯产品纯度、非芳中苯含量、T1101塔底蒸汽量、非芳中助剂含量的变化，结果如图1所示：随回流量的减少，非芳中苯含量降低(在回流量10t/h以上变化趋势较小)，苯产品纯度升高(在18t/h以下变化趋势较小)，T1101塔底蒸汽量减少，非芳中助溶剂上升(在9.5t/h以下变化趋势较为明显)。模拟结果显示，随着T1101回流量降低，非芳产品及苯产品纯度变化不大，而蒸汽消耗量降低，可以降低T1101能耗，但当回流量降至10t/h以下，非芳中助剂含量急剧升高，影响非芳产品质量。故T1101回流量可降低至10t/h左右，在保证产品质量达标的情况下，可节约蒸汽约1.8t/h。

4.1.2 溶剂比改变的优化分析

在控制抽提蒸馏塔回流比、非芳抽出量、进料量及组成不变的情况下，随溶剂比(贫溶剂量)的改变，分析该塔顶非芳中苯含量、T1101塔底蒸汽量、T1101塔底热负荷、苯产品纯度的变化情况，如图 2、图 3 所示，随着溶剂比的降低，苯产品纯度逐渐降低、非芳中苯含量增加、T1101 塔底热负荷及蒸汽量逐渐减小。模拟结果显示，随着溶剂比降低，T1101 塔底热负荷及所需蒸汽量减少，可以降低苯抽提装置能耗；但随着溶剂比降低非芳中苯含量会增加，苯产品纯度会下降，会导致产品质量不达标，故在保证产品质量合格前提下，可以适当降低溶剂比量，达到节能降耗目的。

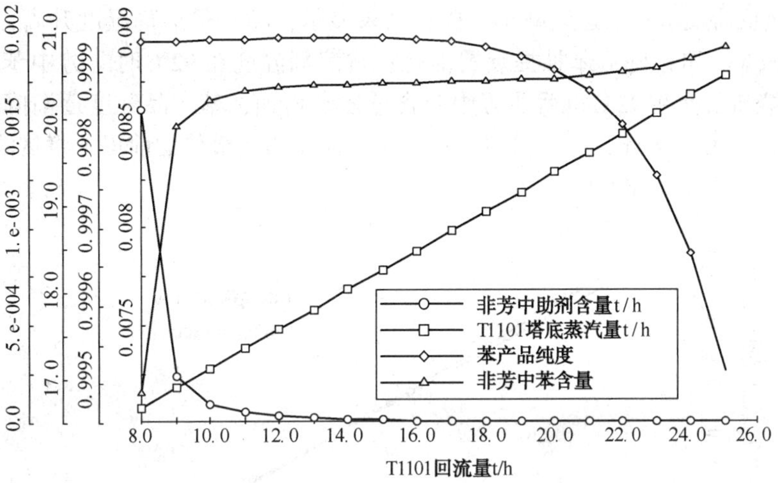

图 1　T1101 回流量改变对产品质量影响

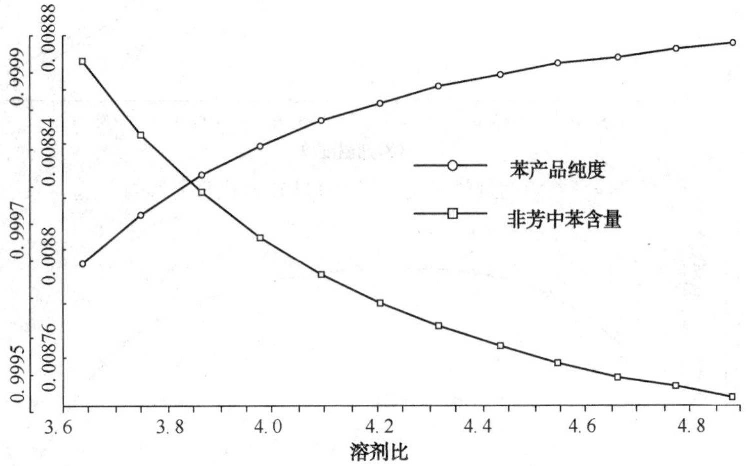

图 2　溶剂比改变对产品质量影响

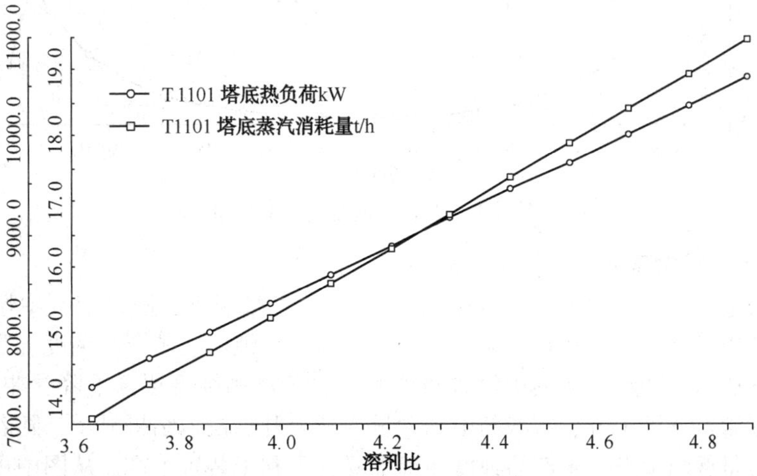

图 3　溶剂比改变对 T1101 蒸汽负荷影响

4.1.3 贫溶剂进料温度改变的优化分析

在控制抽提蒸馏塔回流比、非芳抽出量、溶剂比不变的情况下，随贫溶剂温度的改变，分析该塔顶非芳中苯含量、T1101塔底蒸汽量、T1101塔底热负荷、苯产品纯度的变化情况，如图4、图5所示，随着贫溶剂温度的升高，苯产品纯度先升高后逐渐降低、非芳中苯含量先降低然后逐渐增加、T1101塔底热负荷及蒸汽量逐渐减小。模拟结果显示，随着贫溶剂温度升高，T1101塔底热负荷及所需蒸汽量减少，可以降低苯抽提装置能耗；贫溶剂温度在92℃时非芳中苯含量最低，苯产品纯度最高，贫溶剂温度在92℃以后非芳中苯含量逐渐增加，苯产品纯度逐渐降低。实际生产贫溶剂温度控制在83.5℃，因此，根据模型计算在保证产品质量最佳的前提下将贫溶剂提高至92℃，可节约T1101塔底蒸汽量1.49t/h。

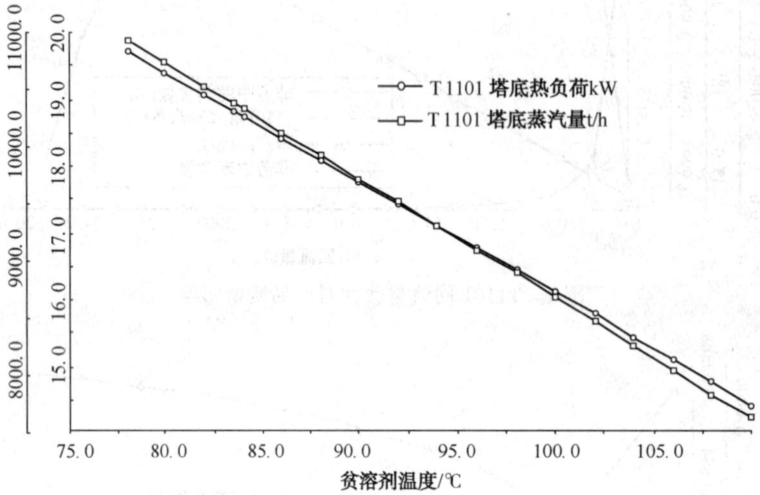

图4 贫溶剂进料温度改变对T1101蒸汽负荷影响

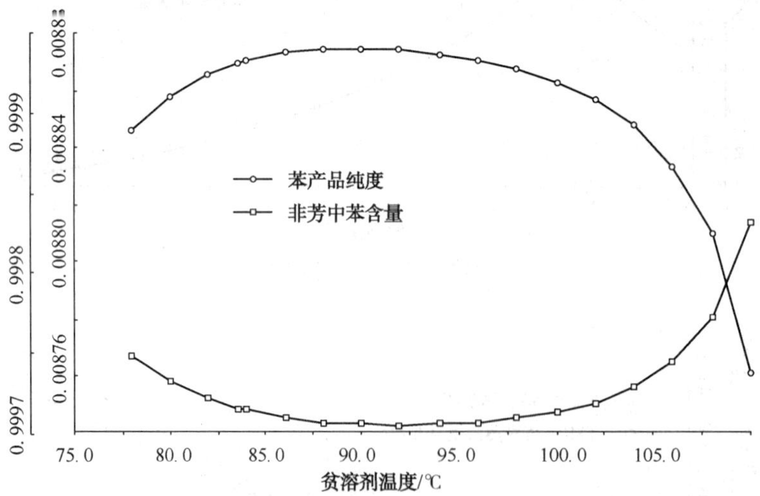

图5 贫溶剂进料温度改变对产品质量影响

4.1.4 贫溶剂中烃含量变化的优化分析

在控制进料及组成、非芳抽出量、T1101回流比不变的情况下，随贫溶剂中烃含量的增加，分析T1101塔顶非芳中苯含量、T1101塔顶C_8重组分、苯产品纯度、苯产品纯度、富溶剂中苯含量的变化情况，如图6所示，随着贫溶剂中烃含量的升高，苯产品纯度逐渐下降、非芳中C_8重组分逐渐下降、非芳中苯含量逐渐上升、富溶剂中苯含量逐渐上升。模拟结果显示，随着贫溶剂烃含量的上升，非芳中苯含量逐渐上升、苯产品纯度逐渐下降，不利于装置生产。从图中可以看出，贫溶剂中烃含量在0~0.5t/h时非芳中苯含量、苯产品纯度变化趋势较为缓慢；贫溶剂中烃含量在0.5t/h以上时，非芳中苯含量急剧上升，苯产品纯度急剧下降。所以在实际生产中贫溶剂中烃含量在

0.5t/h 以下有利于装置生产出合格产品。

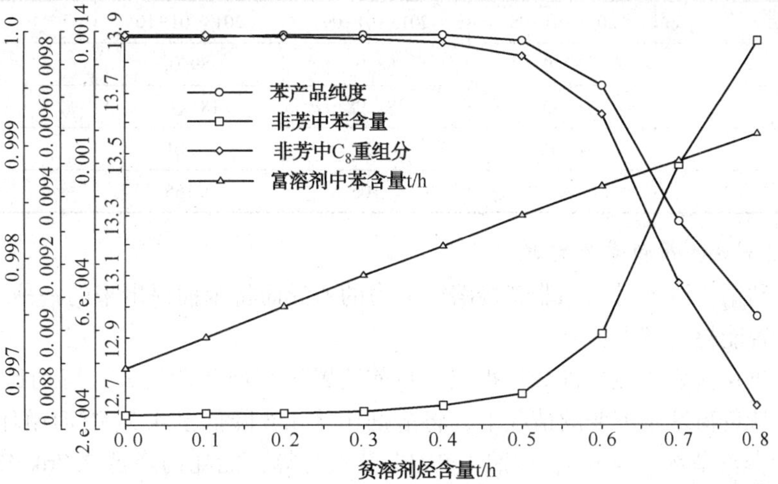

图 6　贫溶剂烃含量改变对产品质量影响

4.2　溶剂回收塔

在控制 T1102 回流比及塔顶苯产品抽出量不变的情况下，随着塔真空度的逐渐升高，分析 T1102 顶温、T1102 底温、塔底加热蒸汽量、苯产品纯度变化情况，如图 7 所示，随着真空度的升高，塔顶温、底温和塔底加热蒸汽量逐渐升高，苯产品纯度逐渐升高。模拟结果显示，当塔压在 -40kPa时，苯产品纯度达到了 99.993%，消耗蒸汽量为 11.65t/h。当 T1102 塔顶真空度继续增加，苯产品纯度基本不再上升，而塔底所耗蒸汽继续增加。从节能降耗以及苯产品纯度综合考虑，T1102 塔顶压力维持在-40kPa 时为最佳，这与实际生产相吻合。

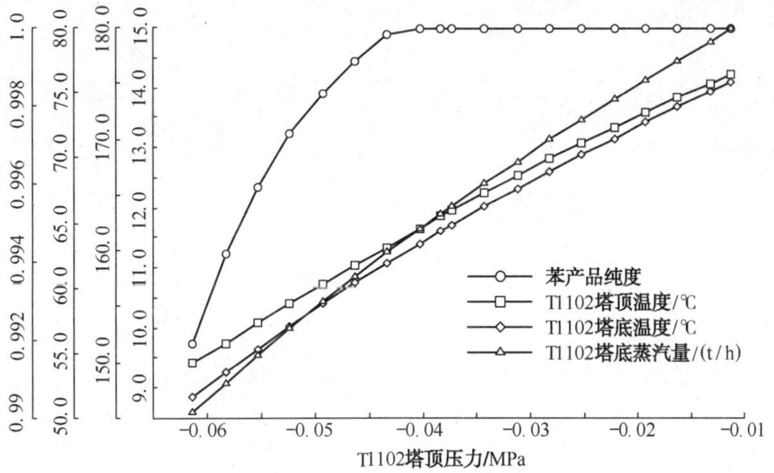

图 7　T1102 塔顶压力改变对产品质量影响

5　模型应用

5.1　提高贫溶剂进料温度，降低 T1101 底蒸汽耗量

通过利用模型分析结论，在维持处理量基本稳定时，实际生产中将贫溶剂进料温度从 84.5℃提高至 89.5℃，适当提高贫溶剂温度来优化 T1101 操作，节约 T1101 塔底蒸汽量约 0.556t/h。表 2 为苯抽提进料温度与蒸汽量数据。由表 2 可看出，随着贫溶剂进塔温度的提高，T1101 蒸汽耗量呈下降趋势。在温度提至 89.5℃以上时，苯产品纯度从 99.99%下降到 99.98%，苯产品结晶点从 5.48℃下降到 5.47℃，从产品化验分析数据看，已经开始影响产品质量，调整操作将贫溶剂温度控制在 89℃左右最佳。

表 2　苯抽提进料温度与蒸汽量数据

日　　期	2013-01-08	2013-01-09	2013-01-10	2013-01-11
贫溶剂进料温度/℃	87.0	88.0	89.0	89.5
T1101 蒸汽耗量/(t/h)	18.403	18.298	18.143	17.848
苯抽提处理量/(t/h)	47.19	47.32	47.01	46.16
节约蒸汽量/(t/h)	—	0.105	0.155	0.296

5.2　降低溶剂比，降低装置能耗

苯抽提装置利用贫溶剂对苯和非芳烃溶解能力的差异而将苯抽提出来的一种工艺。其中贫溶剂循环量大小对装置能耗有较大影响。

通过 Aspen Plus 流程模拟软件分析得出：目前装置溶剂循环量较大，溶剂比偏高，能耗较高。实际生产中在维持负荷基本不变的情况下，将溶剂比从 4.6 降低至 4.2(溶剂循环量从 202t/h 降至 184t/h)，T1101 蒸汽节约 1.45t/h，按照 1.5MPa 蒸汽计算，能耗约降低 2.76kgEO/t。随着溶剂比的降低，抽提蒸馏塔的各层灵敏板温度上升较为明显，非芳中含苯量上升。经实际工况运行分析，在不影响产品质量的情况下，溶剂比控制在 4.2 左右节能效果明显。

6　结论

镇海炼化苯抽提装置运用 Aspen Plus 软件，建立了装置模型，并利用模型来指导装置优化生产，在提高产品质量、降低装置能耗和验证装置设计参数等方面取得明显的效果，也说明了流程模拟技术在指导生产装置挖潜增效、提高装置运行水平等方面有一定的作用。

基于快评的原油调合优化控制系统及其应用

周家庆　胡　隼

（南京富岛信息工程有限公司，江苏南京　210061）

摘　要：我国炼化企业近年来加工的原油呈现品种多且性质波动大的趋势，通常需要多种原油调合后进行炼制加工。本文介绍了一种基于快评的原油调合优化控制系统，该系统承接计划优化给定的多套常减压原油物性和加工量，综合考虑原油库存、原油性质和设备约束等因素，在一定周期统筹原油质量和数量，为原油加工提供了一种有效的解决方案。该系统不仅适用管道调合，也适用罐调合。目前，在金陵石化、北海石化、广西石化已经成功上线运行。通过该系统的实施，稳定常减压装置进料性质，降低原油加工成本，实现了炼化企业计划、调度和执行有效整合，全面提升管理水平，有效提高炼化企业效益。

关键词：调合优化；调合控制；CDU；原油快速评价；计划、调度和执行

1　前言

炼化企业加工原油产地多元、种类复杂、性质多变，总体倾向是劣质及重质原油比例持续升高，严重影响原油加工效益和产品质量[1]。常减压装置（CDU）是原油加工的主体设备，也是后续加工装置的龙头，CDU在生产中对原油的性质（如硫含量和酸值）有严格的要求。原油性质的相对稳定均衡，对装置平稳操作、防范设备腐蚀和生产优化至关重要[2,3]。炼油企业目前广泛采用人工调合或其他调合软件，存在诸多问题，如不能及时获取原油性质，装置进料性质波动大，手工计算比例配比量不精确，计划优化与调度执行脱节等问题。

在原油加工前，对原油性质进行分析评价是炼化企业生产中的重要环节[4,5]，成品油（如汽油、柴油）自动调合技术发展较早[6~7]。随着原油快速评价技术的成熟和应用，为原油自动调合技术的快速发展提供了有效的支持。南京富岛信息工程有限公司（以下简称富岛科技）开发了一种基于快评的原油调合优化控制系统，有效解决上述问题，并且在金陵石化、北海石化、广西石化成功运用，目前正在茂名石化实施。

2　系统方案设计

基于快评的原油调合优化控制系统结构图如图1所示，从系统组成角度讲，包括原油调度调合优化系统、原油调合控制系统和原油快速评价系统3个部分。原油调度调合优化系统，根据生产计划要求给出最优配比方案，下发给控制系统执行。调合控制系统接收调度下发的指令，监视和控制生产过程。原油快速评价系统进行原油性质快速分析，给调度员加工原油提供数据支持。

从业务流程角度讲，包括计划、调度和执行3个层次。炼厂计划优化部门，根据全厂上月实际加工情况、下月来油计划和加工计划（由季度或年度计划分解得到），给出各套常减压加工量、产品产量及物性要求。

调度部门根据计划给出的常减压加工目标，利用原油调度调合优化系统，统筹多套常减压加工量和物性要求，在一个作业周期内，结合原油快评性质自动优化计算排产方案，下发给执行部门执

行，排产方案通过接口给 ORION，进行二次加工装置平衡计算。

执行部门收到调度下发的排产方案，人工确认并交付控制系统自动执行。

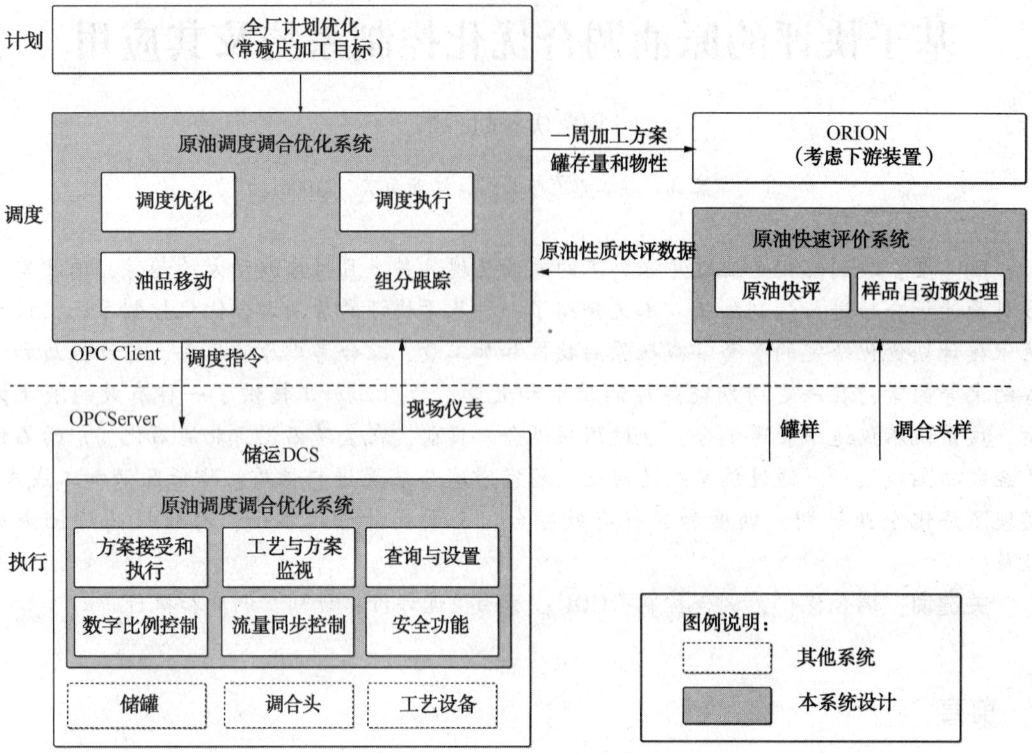

图1　基于快评的原油调合优化控制系统结构图

2.1　系统功能

2.1.1　原油快速评价系统

在原油调合前，通过富岛原油快速评价系统获取原油准确性质。原油快速评价系统主要包括样品自动预处理和原油快速评价。

样品自动预处理实现了原油样品恒温、恒压、除杂、进样和清洗等过程，保证了操作过程的安全稳定可靠。

原油快评不仅提供原油简评数据，而且根据不同常减压加工方案出具原油详细评价数据，为原油原油调度调合优化系统提供了数据基础。

2.1.2　原油调度调合优化系统

原油调度调合优化系统功能包括调度优化、调度执行、油品移动和组分跟踪。

调度优化主要用于统筹原油资源，以全厂计划优化条件下的多套常减压加工原油物性和加工量为排产优化目标，以来油计划、实时库存(量和性质)、工艺设备能力为约束条件，在一定周期内，优化计算排产方案，快速实现优质及劣质资源均衡优化使用。

油品移动是以订单方式进行原油油品移动跟踪管理，不仅跟踪当前原油移动状态，还能预测未来移动的趋势。

组分跟踪是对多种作业形式下的储罐混合原油性质进行组分跟踪和未来性质预测，针对不同性质采用线性或非线性调合规则，并通过原油快速评价对组分数据进行校正。

调度执行是当班调度员根据预先安排的一定周期内调度排产方案、生产执行情况和原油组分罐快速评价数据，进行方案滚动修正，并下发调合控制系统执行。

2.1.3　原油调合控制系统

原油调合控制系统主要功能包括调合方案接收与执行、工艺与方案监视、数字比例控制与流量同步控制。

调合方案接收与执行实现方案接收过程校验，执行前流程再次确认，与原油调度调合优化系统双向通信以及调合模式切换等。

调合工艺与方案监视实现调合工艺流程监控，并反馈给调度调合优化系统。

数字比例控制功能实现比例精确控制，在当前控制周期中自动补偿上一控制周期的累积流量偏差，实现流量偏差滚动修正。

流量同步控制实现在特定情况下自动调节其他掺炼线的设定流量，以保证流量之间比例不变。

2.2 技术特点

本系统对原油调合领域的关键共性技术展开研发，取得关键技术突破，开发了具有自主知识产权的基于快评的原油调合优化控制系统软件，并申请发明专利和软件著作权，成果在企业成功应用并推广，主要技术特点包括以下几点：

(1) 基于订单管理的油品移动及组分跟踪技术

支持多种作业状态，以订单方式管理油品移动，使调度人员明晰油品移动的历史和当前，并能预见未来移动的趋势；跟踪性质包括酸、硫、实沸点等多种性质，对不同常减压，按其侧线温度的差异，能自动调整性质跟踪数据。

(2) 支持多组分多储罐多目标的原油配方优化技术

支持多组分原油、多原油性质的非线性优化求解，兼顾工艺管道、罐存量、装置设防值等多种约束，采取稳定调合后原油性质并降低成本的双目标调合模式，支持向上限、向下限、范围内、范围内定值等多种优化方式。该技术已申请国家发明专利 2 项（专利号：201210125412、201310292729.6）。

(3) 针对罐的混合原油组分计算技术

支持对进油、倒罐、边进边出、调合等多种作业类型的罐混进行组分跟踪，支持多种作业类型的罐混全过程跟踪和预测技术，混合后小比例油种自动剔除技术，对不同性质分别采用不同的线性或非线性调合规则。该技术已申请国家发明专利 1 项（专利号：201310294921.9）。

(4) 原油快速评价对组分数据的校正技术

采用全自动原油预处理系统，建立了面向企业的原油光谱数据库。采用基于拓扑学及偏最小二乘相结合的复合预测和校正技术，通过快评数据对组分跟踪数据的校正，及时调整组分跟踪过程出现的性质偏差，提高调合优化精度。该技术已申请国家发明专利 2 项。

(5) 流量偏差滚动修正和同步控制技术

每经过一个流量控制周期，对上一周期出现的累积偏差进行滚动修正，实现流量高精度控制。异常情况下，能自动调整其他掺炼线的流量，确保流量比例不变，实现流量同步控制。该技术已申请国家发明专利 3 项。

富岛科技开发的基于快评的原油调合优化控制系统软件与国内外其他原油调合软件比较见表 1。

表 1　原油调合软件比较

比较类别	基于快评原油调合优化控制系统软件	国内其他调合优化软件
计划系统衔接	衔接短期生产计划	不衔接生产计划
调度排产优化	自动生成排产方案	无调度排产优化
与控制系统对接	与控制系统无缝衔接	控制系统仅接收订单不自动执行
与快评系统对接	双通道数据传输	单通道数据传输
软件结构	基于 B/S 结构，方便使用	基于 C/S 结构，必须安装客户端
界面风格	界面友好，图形化动态仿真现场工艺	表单化界面，无动态展示

富岛科技采用原油快评评价与国内外其他原油快速评价系统比较见表 2。

表2 原油快速评价系统比较

比较类别	富岛科技原油快速评价系统	其他国内原油快速评价系统
组成和原理	1. 采用具有代表性和权威性的INTERTEK原油光谱数据库，含1200多种原油光谱数据 2. 基于拓扑学的建模软件，模型建立和维护方便简单	1. 原油光谱数据库的原油种类不超过500种 2. 非拓扑学的建模软件。建模和维护工作量大
预处理	1. 采用全自动预处理系统 2. 一键式操作，简单方便 3. 密闭测量，自动清洗，安全环保	1. 无原油自动预处理系统 2. 手动操作，较为复杂 3. 在开放式环境下测量，手动清洗，对人体及环境有影响
测样时间	2min	5min
性质数据	1. 简评数据包括实沸点收率、密度、硫含量、残炭、氮含量、酸值、倾点、柴油十六烷值、渣油四组分 2. 详评数据包括根据不同常减压加工方案出具原油详评数据	1. 简评数据仅包括实沸点收率、密度、硫含量、残炭、氮含量、酸值 2. 未出具原油详细评价数据
准确性	1. 唯一通过了国际标准ISO17025认证 2. 原油性质再现性指标满足ASTM标准	1. 缺乏广泛的行业认可 2. 没有通过国际认证
外部接口	1. 与原油评价管理系统无缝集成，拥有原油详评报告生成系统 2. 向PIMS和ORION提供原油详评数据	1. 无 2. 不提供原油数据给PIMS和ORION

3 应用案例

中国石化金陵分公司原油调合是典型管道调合，广西钦州原油调合是典型罐调合，下面分别介绍管道调合和罐调合应用案例。

3.1 金陵原油调合

3.1.1 调合工艺

中国石化金陵分公司(以下简称金陵石化)炼油一次加工能力 1.9×10^4kt/a，包括3套常减压，其中Ⅱ常 3×10^3kt/a，加工胜利、达混等含酸重质原油；Ⅲ常 8×10^3kt/a，加工沙中等高硫原油；Ⅳ常 8×10^3kt/a，加工高硫低酸原油。

原油进厂有3个途径，仪金线线原油、甬沪宁管线进口原油和二程船原油，都在石埠桥中转站原油罐区接卸。在石埠桥中转站原油罐区，以中转站原油罐作为调合组分罐，有2个调合头均为3组分调合，原油调合后通过长输线送往厂区，可以实现主油种比例在60%以上，小比例掺炼最低6%的调合。

3.1.2 应用效果

自2011年3月25日运行以来，从投用初期的比例调合到现阶段多油种组分掺炼的优化调合，Ⅲ常减压进料的API、硫含量、酸值趋于平稳，如图2所示。

原油快评预测的石脑油收率与装置实际收率误差在1%，为常减压装置的操作和二次加工装置的生产提供了指导，如图3所示。

3.2 广西石化原油调合

3.2.1 调合工艺

广西石化常减压装置加工量为 1×10^4kt/a，主要加工低硫原油，要求对原油的硫含量、酸值、各侧线收率(主要是石脑油收率和蜡、渣油收率)等进行严格控制，原油加工品种多，API范围从17~45不等，硫含量范围从0.07%~0.34%不等，如何将原油混合均匀，并适应现有流程在物料平

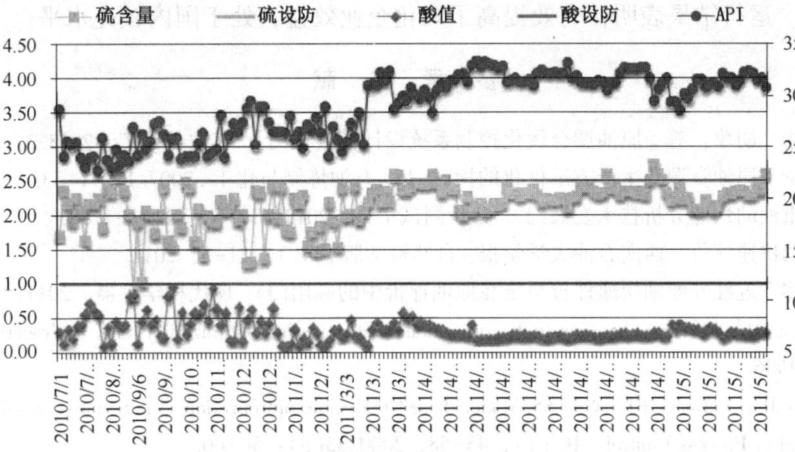

图 2　系统投运前后原油性质波动对比

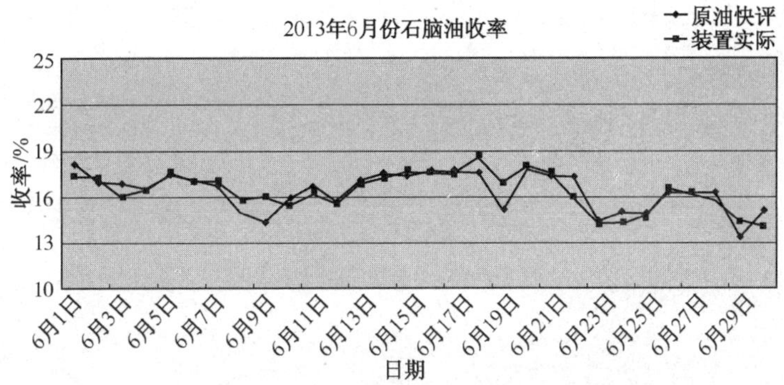

图 3　原油快评预测的石脑油收率与装置实际收率对比

衡、原料性质、产品方案等方面的要求，成为影响全厂稳定生产最关键的问题。

3.2.2　应用效果

广西石化原油调合系统自 2012 年 5 月投运以来，已进行了 712 个原油样品的快速分析，为原油储罐调合提供了快速、及时、准确的原油性质数据，同时减少了进行原油传统评价分析的人力，不仅保证了常减压进料的性质稳定，而且对于提升广西石化原油调合调度业务的管理水平也起到了显著作用。项目实施前后应用效果对比表详见表 3。

表 3　原油调合优化项目实施前后应用效果对照表

比较类别	实施前	实施后
调合优化	利用 RPMS 制定单周期计划，生产计划无法完全执行	承接 RPMS 制定的计划，推动了计划与调度的有效衔接
调合控制	靠人工手工计算，反复调整组分原油比例，人工强度大	软件自动计算，操作快速、性质稳定，解放劳动力
快速评价	没有原油组分的实时性质数据	有原油组分实时性质数据，为掺炼提供了数据支持，有效降低所加工原油成本
集成系统	各应用系统平台中的信息没有整合和共享	实现各应用系统平台中与原油调合相关数据和信息的共享与整合

4　结论

本文介绍了基于快评的原油调合优化控制系统，解决了原油性质快速稳定获取，计划优化与调度执行脱节等问题。同时稳定了常减压装置进料性质，解放了人力，并在金陵石化、北海石化、广西石化成功应用。运行结果表明，有效提高了炼化企业效益，处于国内领先水平。

参 考 文 献

[1] 周家庆，陈夕松，胡隼，等．原油调合优化控制系统设计与实现[J]．炼油与化工，2013.3：22-24.

[2] 任家军．高油价下原油资源及生产方案优化的探讨[J]．石油炼制与化工．2007.1：51-53.

[3] 陈瀑．原油及重油的快速分析技术发展[J]．分析测试学报，2012，31(9)：1191-1198.

[4] 陆婉珍．原油的快速评价．西南石油大学学报：自然科学版．34(1)，1-5，2012.

[5] 李建华，崔鸿伟．近红外原油快速评价系统在原油评价中的应用[J]．现代科学仪器，2011(1)：123-125.

[6] Diaz A，Barsamian JA. Meeting changing fuel requirements with on-line optimization [J]. Hydrocarbon Processing，75 (2)，71-76，1996.

[7] Singh A，Forbes JF，Vermeer PJ，Woo SS. Model-based real-time optimization of automotive gasoline blending operations [J]. Journal of Process Control，10 (1)，43-58，2000. 33(5)：58-60.

常压塔混合塔板的应用

刘可非

（中国石化洛阳分公司，河南洛阳　471012）

摘　要： 中国石化洛阳分公司常压塔2008年采用复合孔微型阀高效塔板，自2010年4月开始，由于塔板局部损坏发生了柴油黑油现象，2011年9月，装置检修期间进行改造，局部更换了更为稳定的塔板，两种不同塔板结合运行，开车后装置运行平稳，产品质量合格，整体技术指标达到预期。

关键词： 常压塔　塔板　运行　柴油　黑油

1　前言

洛阳分公司常压塔于2008年5月进行改造，采用复合孔微型阀高效塔板，改造后精馏段为44层塔板、四溢流形式，常压三线由33层板抽出。自2010年4月以来，多次发生常三线柴油黑油现象。针对这一问题，企业组成了技术攻关组，对常压塔运行情况进行分析，判断或因塔板降液管堵塞所致、或因局部塔板损坏所致。之后做了可能致使降液管堵塞的结盐预案处理，经过数次水洗塔板操作，仍无法恢复常三线柴油的质量。被迫于2011年6月起，将常四线(35层)单独抽出送至蜡油加氢装置加工，装置于8月底停工。

2　改造内容

装置停工期间，进行开器检查，发现该常压塔由于加工含硫量达1.2%左右的原油，同时，生产后期电脱盐后原油含盐量增加，致使塔顶部腐蚀严重、浮阀脱落较多；由于该微型阀高效塔板设计紧固强度较差，加之2010年装置高负荷运行加重了设备负担，检修期间发现31~41层塔板翻落损坏严重，局部塔板丧失了精馏能力导致柴油黑油发生。

2.1　混合塔板方案

针检查出的问题，检修指挥部决定进行改造和消缺，引进稳定性更高的齿形导向浮阀塔板，混合设置。技术方案包括：一是选用更为稳妥的塔板和分馏技术，混合并集成于一个塔内，确定可行的溢流转换方案；二是调整塔板降液管底隙，减少液流阻塞风险；三是对塔板的开孔率进行调整，提高阀孔动能因子的适宜性。

该塔共有48层塔板，精馏段为43层、提馏段为5层，共设塔顶抽出、12层常一线煤油抽出、21层常二线分子筛料抽出、33层常三线柴油抽出4个抽出。

1~5层共5层塔板由于腐蚀严重，更新为齿形导向浮阀塔板，保持四溢流形式不变，增加开孔率，塔盘板选用厚度为4.0mm的0Cr13材质，浮阀片采用增厚的0Cr13材质。

33层塔板由于塔板损坏，更新为齿形导向浮阀塔板，溢流方式仍保持四溢流，增加开孔率，塔盘板选用厚度为4.0mm的0Cr13材质，浮阀片采用增厚的0Cr13材质。

34~43层共10层塔板塔板损坏严重，并且检修前就已确定了改造方案，采用齿形导向浮阀塔板，四溢流改为双溢流形式，四溢流向双溢流过渡采用塔内导流管引流，塔盘板选用厚度为3.0mm的0Cr13材质。

6~32层、45~49层，共32层塔板仍保留微型高效浮阀塔板，但对塔板的锁紧结构进行了完善，以减少生产运行中的塔板脱落现象。检修后，常压48层塔板有32层沿用原塔板，占2/3比率、有16层改用新塔板，占1/3比率，两种形式塔板共存于一个精馏塔内，改造后的塔板相关参数见表1。

表1　常压塔改造后塔板相关技术参数

塔板号	降液管面积(A_d/A_T)/%	板间距 H_T/mm	堰高/mm	底隙/mm	开孔率 φ/%			降液型式
					改造前	改造后	附加孔	
1#	19.92	-	50	20	4.25	9.59	0.2	四液流
3#	19.92	900	50	40	6.04	9.59	0.2	四液流
5#	19.92	1200	50	40	6.04	10.7	0.2	四液流
33#	19.92	700	50	40	8.76	15.5		四液流
34#	10.00	1200	50/60	50/50	8.76	16.06	0.2	双液流
35#	10.00	700	50/60	50/50	8.76	16.06		双液流
39#	10.00	800	50/60	50/50	8.76	16.06		双液流
43#	10.00	700	50/60	50/50	8.76	16.06		双液流

2.2　其他配套调整

底隙高度　根据部分塔板存在降液管底隙高度偏低，发生堵塞可能性较高的问题，检修技术小组与设计人员核算和现场测量，将1~13层、27层、33层共15层降液管底隙高度进行了调整，具体情况见表2。

表2　常压塔降液管底隙高度调整情况

塔板号	原降液管底隙高度/mm	拟调整后的底隙高度/mm
1层	10	20
2层	18	两侧降50/中间降40
3~8层	10	40
9~12层	10	30
13层	53	两侧降70/中间降不变
33层	18	两侧降50/中间降40

注：其他未列入的塔板维持现有尺寸不变。

开孔率　根据塔板翻落较严重，及核算塔板开孔率偏低的情况，对精馏段塔板实施了开孔率调整方案，即1~5层开孔率由6%左右调整到9.59%~10.7%，34~43层开孔率由8.76%调整到15.5%~16.06%，如表1所示；对提馏段塔板实施了开筛孔措施，即在45~49层共5层塔板上增开 ϕ12筛孔3200个，由此共增加开孔面积1%，相当浮阀面积增加2%，详情见表3。

表3　提馏段塔板增设开孔的情况

塔板号	降液管面积(A_d/A_T)/%	板间距 H_T/mm	堰高/mm	底隙/mm	开孔率 φ/%			降液型式
					改造前	增筛孔	当量阀孔	
45#	35.98	600	50	25/28	2.16	1.0	4.16	四液流
47#	35.98	600	50	25/28	2.16	1.0	4.16	四液流
49#	35.98	600	50	37	2.16	1.0	4.16	四液流

3　塔板改造设计

根据装置加工原油和操作条件，模拟了常压塔的运行工况，对塔板改造进行了设计计算，核查了相关的设计参数和水力学数据。

3.1 设计条件

根据原油资源和生产计划预测情况，2012 年洛阳分公司预计加工中原、塔河混合、管输进口、长庆、陆运卡滨达以及凝析轻质原油，按 8Mt/a 装置加工规模委托设计，其中主流程即原油经初馏-常压-减压三级蒸馏路线，加工含硫原油和高硫原油，小时加工量为 820t，闪蒸流程即原油经闪蒸分离-闪蒸油气经常压塔蒸馏-塔底油作催化裂化原料的路线，加工低硫原油，小时加工量为 138t。原油品种及加工量配置情况见表 4。

表 4　常减压装置加工原油品种和加工量配置表

原油品种	年加工量/(t/y)	时加工量/(t/h)	进料位置
中原原油	1500000	820	进初馏塔
塔河混合原油	800000		
雅克拉轻质原油	400000		
进口管输	4140000		
长庆原油	600000	138	进闪蒸
卡滨达原油	560000		
合计	8000000	958	

根据所掌握的原油性质评价数据，以原油实沸点切割每馏分数据进行塔的模拟核算。根据 2008~2011 年生产周期的装置实际运行情况，整理了常压塔的主要运行参数，其中常压炉出口温度为 365℃，常压塔顶压力和温度分别为 0.07MPa 和 122℃，初侧油、闪蒸油气进塔，以及塔顶、侧线回流条件一并列于表 5 中，作为改造设计的基础条件。

表 5　常压塔主要操作参数和侧线回流方案

项　目	单　位	数　值	项　目	单　位	数　值
常压炉出口温度	℃	365	闪蒸炉出口温度	℃	350
塔顶温度	℃	122	塔顶压力	MPa(G)	0.07
塔底汽提蒸汽量	t/h	7.0	常二线汽提蒸汽	t/h	1.0
初侧油进塔	流量：8t/h，进料位置：14 块板				
闪顶油进塔	进料温度：350℃，进料位置：45 块板				
顶循环回流	从第 4 块板抽出，第 2 块板返回，抽出量 350t/h，温差 24℃				
常一中循环	从第 15 块板抽出，第 14 块板返回，抽出量 460t/h，温差 52℃				
常二中循环	从第 28 块板抽出，第 26 块板返回，抽出量 300t/h，温差 48℃				

3.2 设计参数

以新增的第 1 层、第 34 层为例，描述其主要设计参数选取过程，从而奠定不同塔板混合运行基础，其他数据不再一一列举。

第 1 层塔板为塔顶气相抽出板，抽出组分用以生产石脑油，对控制产品质量至关重要。根据装置设计参数对全塔负荷进行模拟，计算出负荷参数及水力学数据，列于表 6 中。从表 6 中的数据看出，第 1 层板的气、液相负荷分别为 33599.0m^3/h 和 170.60m^3/h，在开孔率为 9.59%情况下，校正阀孔动能因子为 7.25，较为适中，降液管底隙流速为 0.11m/s。

表 6　常压塔第 1 层塔板的设计参数和流体力学数据

设计参数			流体力学数据		
参数	单位	数值	参数	单位	数值
气相流量	m^3/h	33599.0	液流强度	$m^3/m \cdot h$	7.89

续表

设计参数			流体力学数据		
参数	单位	数值	参数	单位	数值
气相密度	kg/m^3	4.600	阀孔气速 W_0	m/s	2.68
液相流量	m^3/h	170.60	阀孔动能因子		5.75
液相密度	kg/m^3	633.45	校正阀孔动能因子		7.25
塔径	mm	6800	液体停留时间	s	107.02
板间距	mm	700	降液管中清液高度	mm	72.03
出口堰高	mm	50	降液管底隙流速	m/s	0.11
堰长	mm	21620	塔板压降	mmHg	0.89
降液管底隙高度	mm	20.0	雾沫夹带分率	%	0.37
降液管面积	m^2	7.245	下限孔速	m/s	1.35
塔板开孔率	%	9.59	R=Wo/Wn		1.98
空塔气速	m/s	0.26	最小停留时间	s	4.58

第34层为常三线柴油抽出以下塔板，将该板以下塔板更换主要是从改善降液管底隙结构，消除低底隙结构造成的液流不畅的威胁而考虑的，这段塔板对柴油质量合格与否产生影响，设计参数计算出负荷参数及水力学数据，列于表7中。从表7中的数据看出，第34板的气、液相负荷分别为69385.0m^3/h和262.90m^3/h，在开孔率为16.06%情况下，校正阀孔动能因子为11.39，较为适中，降液管底隙流速为0.18m/s。

由设计数据看出，本次改造的1~5层、33~43层塔板，其流体力学计算结果均能满足设计参数的要求。

表7　常压塔第34层塔板的设计参数和流体力学数据

设计参数		流体力学数据	
参　数	数　值	参　数	数　值
气相流量/(m^3/h)	69385.0	液流强度/($m^3/m\cdot h$)	32.620
气相密度/(kg/m^3)	7.028	阀孔气速 W_0/(m/s)	3.31
液相流量/(m^3/h)	262.90	阀孔动能因子	8.76
液相密度/(kg/m^3)	599.217	校正阀孔动能因子	11.39
塔径/mm	6800	液体停留时间/s	34.77
板间距/mm	700	降液管中清液高度/mm	105.43
两侧出口堰高/mm	50	降液管底隙流速/(m/s)	0.18
两侧堰长/mm	4030	塔板压降/mmHg	2.84
两侧降液管底隙/mm	50.0	雾沫夹带分率/%	1.04
两侧降液管面积/m^2	3.627	下限孔速/(m/s)	0.97
塔板开孔率/%	16.06	$R=W_o/W_n$	3.39
空塔气速/(m/s)	0.53	最小停留时间/s	4.72

4　装置运行情况

常减压蒸馏装置2011年10月开工后，维持在(1.96~2.15)×10^4t/d运行负荷，其中闪蒸系统进料量在3.5×10^3t/d(闪蒸塔与常压塔流程并行，闪蒸塔顶油气进入常压塔进料段，塔底油进催化裂化加工)，经一周左右的操作摸索，装置趋于稳定。

4.1 主要措施

根据装置实际情况，开工后实现混合常压塔板运行，主要措施如下：

一是提高常压塔运行效率。兼顾应拔尽拔、提升价值和能源优化的前提，尽可能降低常压塔底油 350℃前馏分含量，为减压塔操作奠定良好基础。

二是调控好关键运行参数：控制常压炉出口温度，以保证塔的充足的过气化率，为 362～365℃；保持适度的常压塔汽提蒸汽量，为 4.5t/h，这也是为防止老塔板紧固件失效破损的权益之策；将常三线柴油尽量拔出，使馏分的 95%馏出温度控制到 360℃以上；监测常压塔底油的 350℃前馏分含量，维持在 9%以下。

三是加强常压炉和闪蒸炉控制，常压炉分支出口温差不高于 10℃，炉膛温差不高于 30℃；闪蒸炉出口温度不低于 350℃，以避免闪顶油气温度低对常压炉转油线介质造成急冷。主要运行条件见表 8。

表 8　常压塔运行主要操作参数

设计参数			流体力学数据		
参数	单位	数值	参数	单位	数值
常压炉进料总量	t/h	531	常一中返塔温度	℃	145
常压塔顶压力	MPa	0.04	常一中回流量	t/h	131
常压塔顶温度	℃	109.5	常二线馏出温度	℃	235
常压塔顶油馏出量	t/h	27.5	常二线油馏出量	t/h	44
常压塔顶回流量	t/h	58	常二线汽提蒸汽量	t/h	456
常压塔顶回流温度	℃	46.5	常二中抽出温度	℃	261.5
常顶循抽出温度	℃	141	常二中返塔温度	℃	172.5
常顶循返塔温度	℃	94.5	常二中回流量	t/h	171
常顶循回流量	t/h	163	常三线馏出温度	℃	298
常一线馏出温度	℃	178	常三线油馏出量	t/h	118
常一线油馏出量	t/h	79	常三线汽提蒸汽量	kg/h	78
常一线汽提塔底温	℃	198.5	常压塔进料段温度	℃	356
初侧油进塔流量	t/h	31.5	常压塔底汽提蒸汽量	t/h	表失灵
常一中抽出温度	℃	208	常压塔底油流量	t/h	433

4.2 运行物料平衡

经过运行参数调整，取装置稳定运行期间的 10 月 25 日物料数据，整理出常压塔物料平衡情况见图 1。从图 1 中计算出轻油拔出率为 40.85%，塔运行情况良好。

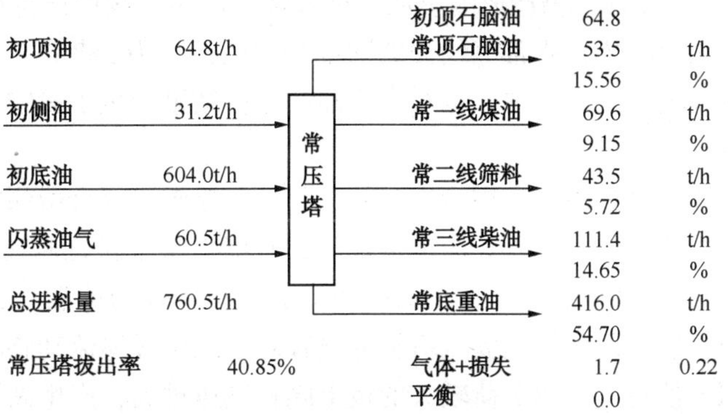

图 1　常压塔进出物料平衡简图

4.3 能量平衡

全塔过剩热为 1.57902×10^8kcal/h，总取热量为 2.5597×10^7kcal/h，塔顶回流、顶循环、一中段、二中段回流取热比例为 16.1∶15.3∶25.2∶43.4，回流热分配合理，全塔过剩热利用率为 92.35%。

4.4 产品分割评定

选取装置平稳运行的 10 月 27 日、29 日两天，将常压塔塔顶和各侧线产品的馏出口分析数据，经过整理列于表 9。

表 9 常压塔塔顶和各侧线产品流程分析数据

项　目	初馏点/℃	5%/℃	10%/℃	50%/℃	90%/℃	95%/℃	终馏点/℃	全馏/%
塔顶油	36.0	55.5#	75.0	118.0	144.5	157#	169.0	97.0
常一线	155.4	167.9#	180.4	199.4	223.4	235.6#	247.8	99.0
常二线	197.4	217#	236.6	252.8	264.0	269.4	280.0	-
常三线	228.8	255.2#	281.6	314.4	353.0	362.0	373.4	-
塔底油	252.0	318.5	357.0	506.5	704.5		350℃	8.8
以上数据为 2011 年 10 月 27 日 8∶00 时数据，常底油为 27 日 6∶00 时数据。								
塔顶油	39.5	61#	82.5	123.5	152.0	161.5#	171.0	97.0
常一线	160.0	170.5#	181.0	195.5	215.5	224#	232.5	99.0
常二线	196.5	214#	232.0	244.5	253.0	257.0	265.0	
常三线	222.0	246#	270.5	302.5	352.5	352.5	365.5	
塔底油	—	—	—	—	—	—	—	
以上数据为 2011 年 10 月 29 日 8:00 时数据。以上带#数字为试差推算获得。								

对表 9 的产品切割情况分析如下：

塔顶油与常一线：①脱空 167.9－157＝10.9℃，②脱空 170.5－161.5＝9℃，总体判断为脱空 10℃。

常一线与常二线：①脱空 217-235.6＝－18.6℃，②脱空 214.0-224.0＝－10℃，总体判断为重叠 14℃。

常二线与常三线：①脱空 255.0-269.4＝－14.2℃，②脱空 246.0-257.0＝－11，总体判断为重叠 12℃。

常三线与常底油：脱空 318.0-362.0＝-44℃，即重叠 44℃。

常底油中的 350℃前的轻组分含量为 8.8%，好于前一周期，但仍然偏高，判断其原因主要有：闪蒸炉出口温度为 334℃，较低，仍造成闪蒸油气进入常压炉转油线后产生冷却作用；装置加工石蜡基原油，因而为产品调合需要，将常三线油的 95%控制较低，为 358℃，对常底重油轻油含量产生影响；常底重油泵端面密封注入柴油，也对塔底油的分析结果产生了影响。

4.5 技术特性小结

该塔呈现了不同分离技术的组合应用特性，其一是导向浮阀与复合微阀在一个精馏塔内混合搭配、交替安装。两种塔板均采取了液流导向推进设计，有降低板上液面梯度的作用，有各自特点，在应用于常压塔方面，导向浮阀有 20 年以上的应用历史，技术较为可靠；其二是双溢流与四溢流两种方式并存，在精馏段组合出现。四溢流塔板的设置对于减少液体流动路程效果明显，但同时也牺牲了部分有效板面积，使得气液相负荷较大的板上阀孔气速过高，产生高压降的威胁。本次两种溢流方式在第 33 层与第 34 层板之间交替，采用三降液管导流方式，实现了流体降液的转换，从塔的运行效果看，这种过度非常顺畅。

5 结论和设想

（1）在常压塔出现塔板损坏问题后的检修期间，对其实施了消缺改造，采取导向浮阀塔板，并局部调整了降液管底隙结构等措施，开车后装置运行平稳，产品质量合格，各侧线油品分离状况良好，整体技术指标达到预期。

（2）实现了导向浮阀与复合微阀两种形式的塔板在一个精馏塔内混合应用，节省了检修改造费用；双溢流与四溢流两种方式在塔内并存，降液管导流方式顺利实现降液转换。

（3）常底油中的350℃前的轻组分含量为8.0%，好于前一周期，但仍然偏高，需采取进一步措施进行优化。

（4）混合塔板设置和运行，存在并将继续存在于企业生产实际中，但集成的技术保证问题也未能妥善解决，这给企业应用带来不便，希望塔板的技术供应商以开放的视角面对不同技术融合问题，公开必要的设计方法为技术集成提供保障。

致　谢

文中带＊部分的数据由华东理工大学李玉安教授提供，特此表示感谢。

烟机发电机组振动超标的原因分析与处理

王英卓

（中国石化北京燕山分公司，北京 100012）

摘　要：通过对烟机发电机组的在线振动监测数据和机组工艺运行条件，综合分析得出发电机轴振动超标的主要原因。针对发电机轴产生油膜振荡的原因进行了探讨分析，并提出调整润滑油温度及下次检修改进建议。经提高润滑油温度，发电机轴振动幅值下降到允许范围，机组运行正常。

关键词：烟机发电机组；振动；诊断分析；处理

1　前言

烟机发电机组是炼油二厂三催化2Mt/a催化裂化装置主要能量回收设备，利用再生烟气的热能和压力能膨胀做功，通过齿轮箱带动发电机发电，机组于1998年6月投入运行，为三催化装置节能降耗工作做出了很大贡献。

2013年7月15日至9月9日，在三催化装置停工检修期间，对该机组进行了大修，主要工作有更换三旋出口至烟机入口切断阀之间膨胀节和直管道、清理烟机叶片上的催化剂垢层、调整变速箱主动齿轮轴承位置、调整从动齿轮轴与发电机轴同心度，对发电机轴瓦进行检查等。

2013年9月12日，机组检修后开机，机组开机过程中发电机出现强烈振动，现场噪声非常大，机组不能正常运行。为分析其存在的故障隐患，我们应用S8000机组在线监测与分析系统对该发电机轴的振动进行分析。

2　烟机发电机组简介

2.1　烟机发电机组安装结构

烟机发电机组由烟机、变速箱和发电机组成，机组安装有S8000机组在线监测与分析系统、CCC和黑马控制系统，烟机发电机组结构示意图如图1所示。

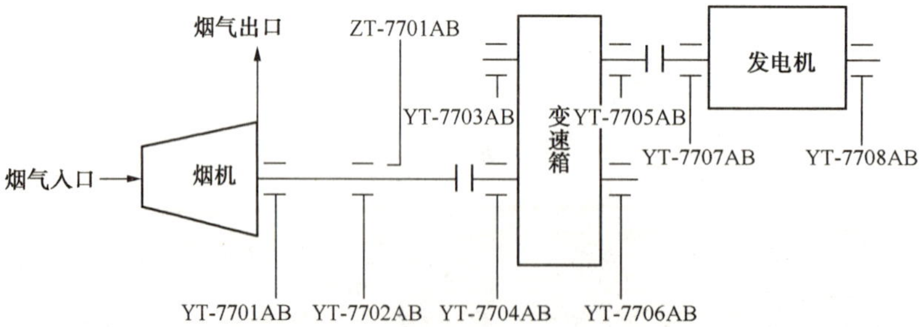

图1　烟机发电机组结构示意图

（注：图中YT-7701AB、YT-7702AB、YT-7703AB、YT-7704AB、YT-7705AB、YT-7706AB、YT-7707AB、YT-7708AB是轴振动传感器，A和B两个振动传感器互成90°安装，ZT-7701AB是烟机轴位移传感器。）

2.2 机组主要参数

烟机为兰州机械厂生产的YL型单级烟机，发电机是上海电机厂生产，机组主要参数见表1。

表 1　烟机发电机组参数

项　目	参　数	项　目	参　数
烟机型号	YLⅡ-16000B	发电机型号	QF-20-2
功率/kW	16300	功率/kW	20000
额定转速/(r/min)	5325	额定转速/(r/min)	3000
临界转速/(r/min)	8200	临界转速/(r/min)	1410
跳闸转速/(r/min)	5591	轴承形式	自动调心式滑动轴承
密封形式	蜂窝密封	轴振动报警值/μm	80
轴承形式	五油楔可倾瓦	轴振动高报警值/μm	100
机组监测系统	S8000 系统	轴位移报警值/μm	560
机组控制系统	CCC 黑马	轴位移停车值/μm	750

3　机组振动诊断分析

2013 年 9 月 12 日，机组检修后开机，在机组升速和提发电量过程中发电机出现强烈振动，现场噪声非常大。S8000 机组在线监测与分析系统显示发电机后轴 2 个振动幅值同时超过 80μm，发电机前轴 2 个振动幅值亦同时呈上升趋势，为此对机组开车数据进行了分析。

3.1　振动数据分析

鉴于机组在升速过程中，烟机和变速机轴振动变化在正常范围，发电机轴振动出现了比较大的波动，下面仅对发电机轴振动数据做分析。表 2 列出了发电机升速过程中在不同转速下轴振动幅值。

表 2　发电机不同转速下各测点轴振动幅值

发电机转速/(r/min)	烟机后轴振动/μm	烟机前轴振动/μm	发电机前轴振动/μm	发电机后轴振动/μm
	通道 YT-7701A/B	通道 YT-7702A/B	通道 YT-7707A/B	通道 YT-7708A/B
1801	26/26	25/27	34/27	29/48
2780	45/28	40/27	40/30	35/46
2826	41/29	38/26	56/52	89/219
3000	44/30	44/30	67/52	42/50

由表 2 可知，发电机转速升至 2826r/min 时，发电机轴振动出现波动，通道 YT-7708A/B 的振动幅值均超过 80μm，其他测点的振动幅值在允许范围内。

从 S8000 机组在线监测与分析系统提取的发电机升速波德图(见图 2)可知，发电机轴在发电机转速为 1300r/min 左右(怀疑临界转速有变化)和 1800r/min 左右时出现了 2 次振动波动。

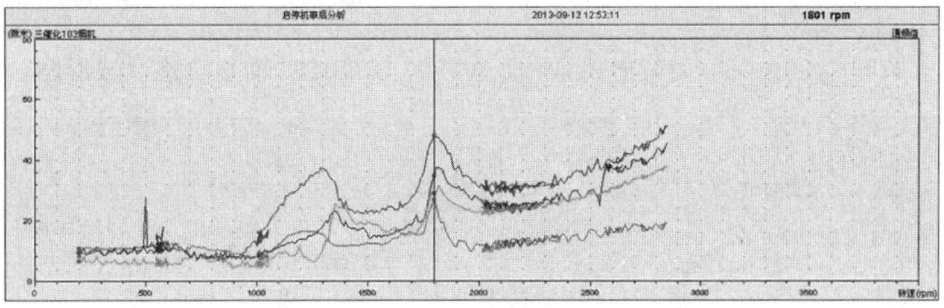

图 2　发电机升速波德图

从 S8000 机组在线监测与分析系统提取的历史振动曲线(见图 3)可知，发电机轴在发电机转速为 1800r/min 左右和 2826r/min 左右时出现了 2 次振动波动。

下面对发电机转速为 1801r/min 和 2826r/min 两个转速工况下振动数据做进一步分析。分析图谱如图 4~图 11 所示。

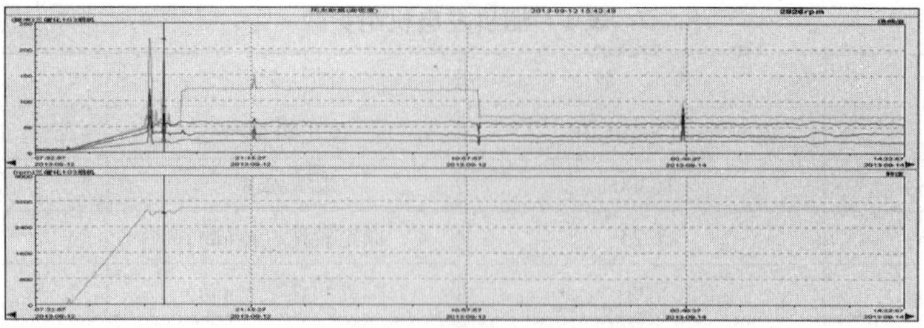

图3　发电机轴振动幅值和转速趋势曲线

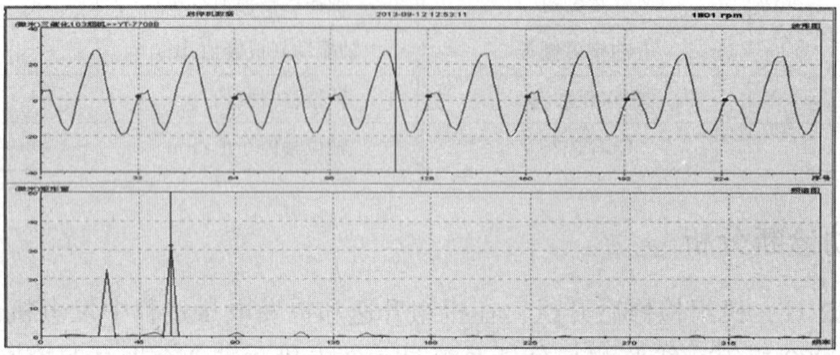

图4　1801r/min时通道7708B振动时域频谱图

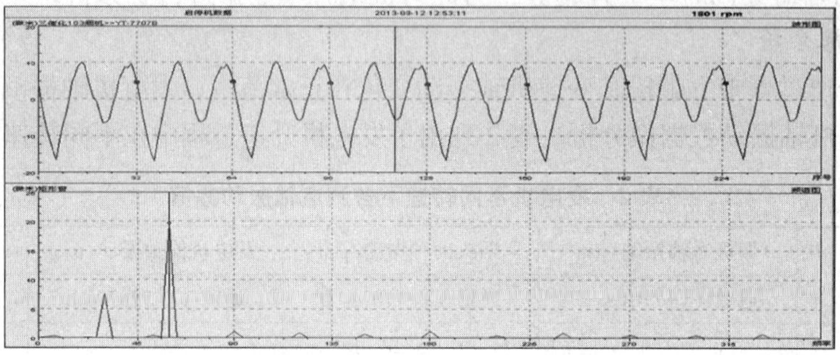

图5　1801r/min时通道7707B振动时域频谱图

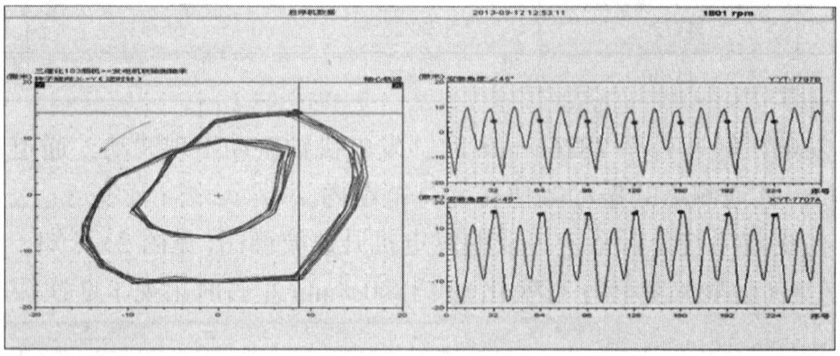

图6　1801r/min时发电机前(通道7707A/7707B)轴心轨迹及波形图

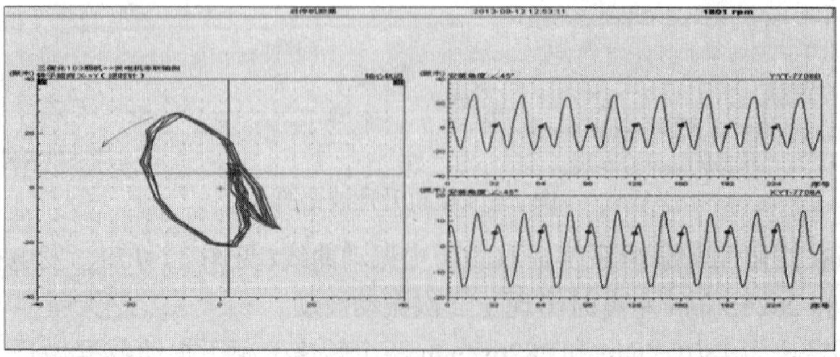

图7　1801r/min时发电机后(通道7708A/7708B)轴心轨迹及波形图

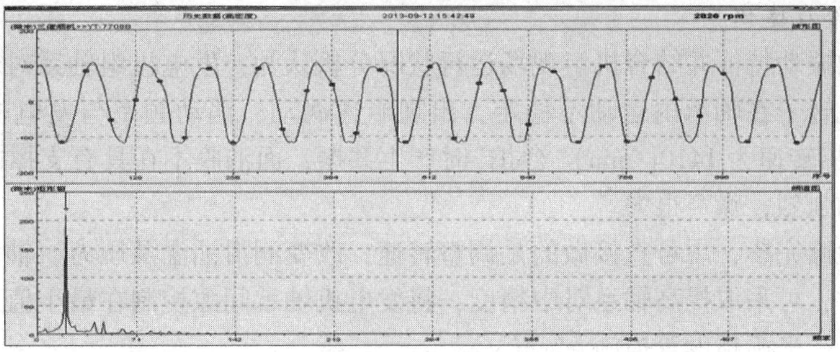

图 8　2826r/min 时通道 7708B 振动时域频谱图

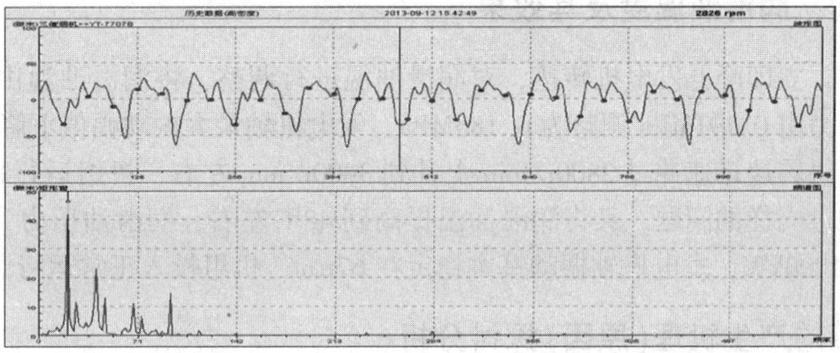

图 9　2826r/min 时通道 7707B 振动时域频谱图

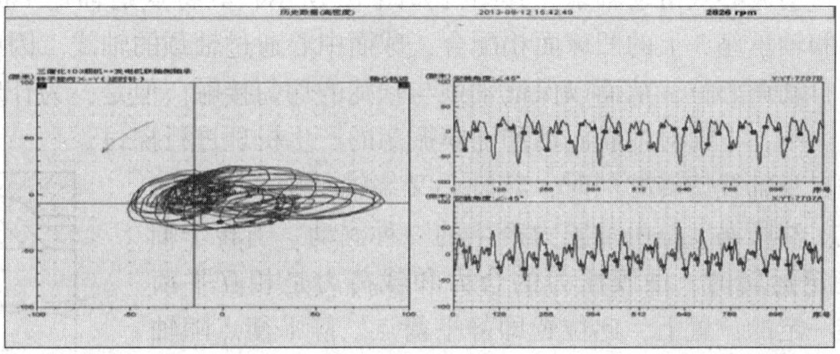

图 10　2826r/min 时发电机前(通道 7707A/7707B)轴心轨迹及波形图

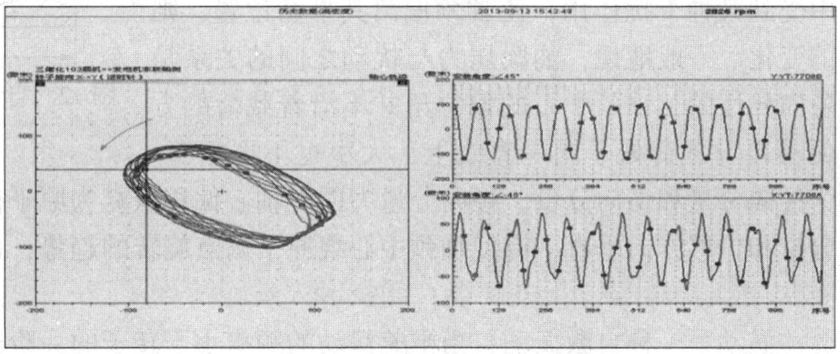

图 11　2826r/min 时发电机后(通道 7708A/7708B)轴心轨迹及波形图

3.2　机组振动特征分析

由图 4~图 7 可知，在烟机发电机组升速过程中，发电机转速为 1801r/min 时，发电机轴振动波动时的振动频率主要为工频和 2 倍频，且 2 倍频幅值高于工频；轴心轨迹呈内八字形和香蕉形，说明发电机存在轴系不对中[1]情况。

由图 8~图 11 可知，发电机转速为 2826r/min 时，发电机轴振动幅值上升最大到 219μm，通道 YT-7708B 振动频谱中只有 0.5 倍频(1413r/min)，0.5 倍频幅值最高；发电机前后轴心轨迹为扩散的杂乱无章的曲线，不稳定；时域波形存在消波，说明发电机轴出现了油膜振荡[1]情况。

3.3 诊断结论及建议

根据发电机轴振动特征并结合机组现场运行状况分析认为，发电机组轴系对中不良，导致某种运行工况下发电机转子在轴承内运动不稳定，出现半速涡动，涡动频率与发电机轴一阶临界转速(发电机轴一阶临界转速为1410r/min)“合拍”时产生共振，而油膜不在具有支撑能力，出现油膜振荡，于是机组振动强烈，噪声很大。

鉴于机组刚检修完毕，现可直接做的是调整转速，改变润滑油温及压力、轴承润滑状态、涡动频率。下次检修时，可采取提高轴系对中精度，将发电机轴承间隙控制在最小值，或更换轴承，进一步提高发电机转子平衡精度等措施。

4 调整转速、润滑油温度及其效果

根据诊断建议，立即降低发电机转速，对润滑油温进行调整，将润滑油温由43℃调整到46℃左右，将润滑油压力由0.191MPa调整为0.186MPa，发电机轴最大振动幅值下降为67μm，振动稳定下来后，将发电机转速迅速冲过2800r/min上升到3000r/min左右，机组运行稳定。后来在提发电量的过程中出现过同样的问题，又将润滑油温提高到48℃左右，润滑油压力为0.186MPa左右，发电负荷稳定在11000kW，发电机轴振动基本稳定在67μm，机组投入正常运行。

5 油膜振荡的产生机理(原因)探讨分析

发电机轴承是自动调心式滑动轴承，其结构如图12所示，其特点是轴瓦1的外支承面作成凸球面，与轴承盖2和轴承座3上的凹球面相配合，球面中心通过轴颈的轴线。因此，轴瓦可承受随轴的弯曲或倾斜而自动调心位，从而以保证轴颈与轴瓦的均匀接触。但是，为什麽发电机在运行过程中会出现油膜振荡呢，下面对油膜涡动和油膜振荡的产生机理进行探讨。

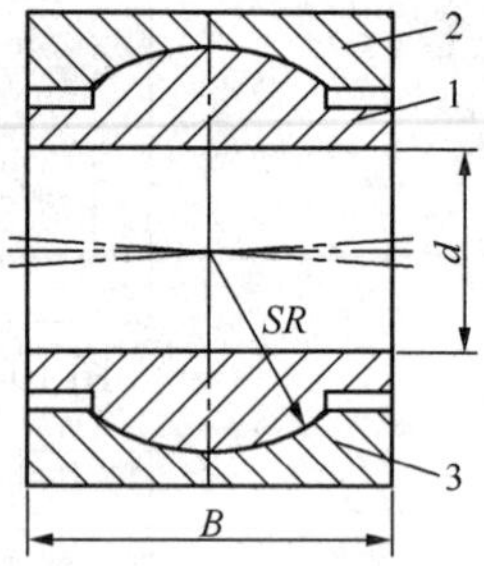

图12 自动调心式滑动轴承

涡动是转子绕自身轴线旋转的同时，其轴心又绕轴承中心连线回转的一种运动形式。油膜涡动是由油膜力产生的一种涡动。当转子轴颈在动压轴承中稳定运转时，油膜压力的合力和载荷力是相互平衡的，轴颈中心处在一定的位置上，此位置即静平衡点。静平衡点随轴的转速或载荷的不同而不同，其移动轨迹即是轴颈中心的静平衡曲线。假若转子运转中受到某种干扰作用，使轴颈偏离其平衡位置，则油膜力将产生相应的变化。一般地说，油膜压力与扰动之间的关系是非线性的，油膜是各向异性的，轴颈中心的偏位角并不沿着载荷的方向，因此，油膜力便不再与载荷处于同一直线上，大小也不再相等。两者的合力可分解为径向分量和切向分量，径向分量力图将轴心偏移恢复为原平衡位置，是一种弹性恢复力，而切向分量和位移方向垂直，有使轴颈中心绕原平衡点旋转的趋势，此即引起转子涡动的原因。

油膜振荡的概念，涡动是一种自激振动，当半速涡动的频率小于转子的一阶固有频率时，由于油膜具有非线性特性，转子轴心轨迹为一稳定的封闭图形，转子仍能平稳的工作。但当转子在2倍第一临界转速附近工作时，由于涡动转速和第一临界转速相重合，转子系统将发生强烈的共振，此时，轴心轨迹突然变成扩散的不规则的曲线，谱图中的半频谐波振幅增加到接近或超过工频振幅，轴在轴承中就象一艘船被水波推动一样振荡，轴颈与轴承表面接触、撞击，油膜破裂，这就是油膜振荡。油膜振荡时，转子的涡动频率始终等于转子的固有频率，油膜振荡具有惯性效应，一旦发生，油膜振荡就在较宽转速范围内继续存在，提高转速，振荡现象不会消减，对于转速在2倍临界转速以上发生的油膜振荡，转速必须降到2倍临界转速或更低，振荡才会消失。

对于本烟机发电机组，当发电机转速在2826r/min时，其0.5倍频，即1413r/min，恰好与发电机轴一阶临界转速1410r/min非常接近，出现油膜振荡，导致机组发生了强烈的共振。

根据有关资料介绍，油膜振荡的产生与多种因素有关，概括起来有：轴系结构设计；轴承负载；轴承进油温度；轴瓦间隙；转子平衡精度；轴系对中情况。

防止油膜振荡的措施包括：增大轴承载荷；改变润滑油黏度；改变轴承间隙；改变轴承的结构形式；改善转子的平衡状态；消除轴系不对中。

6 结束语

通过对机组运行状态实施在线及故障诊断技术，能够及时发现问题并分析故障原因，为制定相应的解决措施提供依据，确保机组的安全稳定运行。

通过分析转子稳定性、特征频率、时域波形、轴心轨迹等图谱特征，并结合机组自身运行的特点能够准确的诊断出油膜振荡类故障。

油膜振荡的影响因素很多，在机械的运转过程中，根据油膜振荡产生的现象，通过测量振动和轴心轨迹来预测油膜振荡产生的可能性，以保证机器的正常运行。

油膜振荡发生时会产生很大的振动，现场噪音亦非常大，振动主要频率是0.5倍频(半速涡动频率)，轴心轨迹呈扩散的杂乱无章的曲线，通过提高润滑油温度改变润滑油膜厚度和偏心率，可以消除油膜振荡，以保证机组正常运行。

通过观察分析，发现当发电机轴转速达到一阶临界转速的两倍以上时，基于某种边界条件，会引起发电机轴的激烈甩动。今后，生产厂在烟机发电机组开车过程中须快速通过发电机轴一阶临界转速及其2倍的转速，以避免油膜振荡的发生。

参考文献

[1] 林志英．设备状态监测与故障诊断技术[M]．北京：中国林业大学出版社，2007.

[2] 杨国安．旋转机械故障诊断使用技术[M]．北京：中国石化出版社，2012.

[3] 钱广华．设备状态监测与故障诊断技术问答[M]．北京：中国石化出版社，2012.

[4] 沈庆根．化工机器故障诊断技术[M]．杭州：浙江大学出版社，1994.

串联式机械密封在碱液循环泵上的应用

韩占圣

(中国石化北京燕山分公司，北京 102503)

摘　要： 气体分馏装置脱硫醇区域碱液循环泵 P3204 采用普通机械密封，经常发生泄漏，最多时一个月需更换 7~8 套密封，对生产造成极大影响。本文通过对密封介质、密封形式等方面进行分析，并从多角度对改进措施进行论证，最终选定串联式机械密封进行了改造。密封改造投用后，密封使用周期提高 50 倍以上，实现了设备的本质安全、环境友好，有效保障了装置稳定生产。

关键词： 单端面机械密封；串联式机械密封；波纹管机械密封；碱液结晶

1　前言

炼油二厂气分液态烃脱硫醇装置，1988 年建成投产，采用传统的梅洛克斯法抽提工艺脱除液态烃中的硫化物，目前处理二催液化气，预碱洗采用液体碱洗技术脱除硫化氢和硫醇。碱液循环泵 P3204 主要用于输送循环碱液，经常发生泄漏，最多时一个月需更换 7~8 套密封，对生产造成极大影响。碱液循环泵 P3204B 工作介质为 10%~15%NaOH，工作温度为常温，工作压力为 3.0MPa，型号为 50Y1-42×5，采用双支撑多级离心泵，原机械密封为大弹簧内置式，密封形式为 FOIJ-45，投用至今，密封多次发生故障，密封拆开检查后发现：

① 密封面磨损不严重；

② 密封面上有碱类结晶物并有臭味；

③ 弹簧中填充满大量碱类结晶物。

④ 在无新密封的情况下，将上述结晶物清除重新安装后密封可重新运转一段时间；

⑤ 冬季密封泄露情况较严重，用胶带吹密封腔体后，泄露情况有所改善。

⑥ 碱液渗漏情况一直存在。

2　分析问题

2.1　故障分析

一般机械密封失效主要有 4 种形式，即腐蚀、热损、磨损和安装、运转等因素引起的失效。该泵解体后密封面无划痕和磨损，因此，可以排除密封面物理损伤方面的原因。考虑到密封腔内结晶物较多，同时结合机械密封失效的诸多表现，初步判定所输送介质的易结晶性是引起密封失效的主要原因[1]。

2.2　结晶的来源

气分液态烃脱硫醇装置原料主要为二催化产液态烃，液态烃中含有硫化氢、硫醇、环烷酸等杂质，若不经碱洗就会影响后续气体分馏装置丙烯产品的硫含量，造成设备腐蚀及产品不合格。传统的梅洛克斯法抽提工艺是采用碱洗除去液态烃中的硫化物、硫醇、环烷酸等杂质，从而保证产品质量，防止设备腐蚀。反应方程式如下：

①氢氧化钠与硫化氢作用的反应式

碱量足够时　$2NaOH+H_2S \longrightarrow Na_2S+2H_2O$

碱量不够时 $NaOH+H_2S \longrightarrow NaSH+H_2O$

$$Na_2S+H_2S \longrightarrow 2NaSH$$

生成的 Na_2S 及 NaSH 溶解在碱液中随碱渣排出。

②氢氧化钠与硫醇作用的反应式

$$RSH+NaOH \rightleftharpoons RSNa+H_2O$$

由于 RSNa 易于水解，因此反应是可逆的，所以碱洗后硫醇不能完全被除去[2]。

含有硫醇钠及硫化钠的碱液需进行氧化反应再沉淀后进入碱液循环泵循环使用，碱液氧化包括如下反应过程。

脱硫醇后碱液中硫醇钠在催化剂作用下与空气中氧气反应生成氢氧化钠和二硫化物，理论上油碱可以沉降分离，二硫化物去储罐，再生碱液循环利用。反应式如下：

$$2NaSR+1/2O_2+H_2O \rightleftharpoons 2NaOH+RSSR$$

碱液中可能存在的硫化钠能进行如下氧化反应。

$$2Na_2S+2O_2+H_2 \longrightarrow Na_2S_2O_3+2NaOH$$

$$Na_2S_2O_3+2O_2+2NaOH \longrightarrow 2Na_2SO_4+H_2O$$

碱液氧化再生过程为碱液中硫醇钠与空气中氧气的气液两相接触的化学反应，同时该反应又为可逆反应，影响气液两相反应速率的因素包括两相接触面积、反应物浓度、产物浓度、反应温度、催化剂催化活性及含量等[3]。

由于碱液分析方法所限，碱液中的硫醇钠(RSNa)被误认为 NaOH，实际碱液浓度低于分析值。而装置仅通过液化气脱硫后硫含量是否超标决定是否更换碱液，故循环碱液中必然含有硫醇钠等杂质。相关研究表明，在含有结晶体的情况下，环境温度 0℃即可导致碱液大量结晶，显然硫醇钠的存在客观上加剧了碱液的结晶。

3 解决方案

3.1 改善工艺状况，减少碱液中硫醇钠含量

研究表明，增大接触面积、升高反应温度、选用催化活性较高的新型催化剂有利于提高两相反应速率，从而减少碱液中硫醇钠含量，在一定程度上可以减缓碱液结晶。但以上工艺改动需要对整套系统进行重新设计，短期内不容易实现。

3.2 改变机械密封形式

在目前工艺条件不易改动的情况下，对机械密封形式进行改造不失为一个简便易行的途径。根据相关文献，对机械密封的改动有以下途径：

① 将弹簧式机械密封改为波纹管机械密封；

② 改变密封环材质；

③ 将动环补偿改为静环补偿；

④ 注入清水冲洗密封腔来减少结晶；

⑤ 将单端面机械密封改为串联式机械密封；

下面分别对上述方案进行论证。

4 改造方案选择

4.1 方案 1——将弹簧式机械密封改为波纹管机械密封

改变弹性元件结构，将弹性元件由弹簧改为波纹管，波纹管既是弹性元件又是动环的辅助密封圈，省去原动环与轴套间的 O 型圈，只须在动环座尾处加一密封垫封住该处的物料，这样既解决了 O 型圈密封与补偿的矛盾，又将原准静密封改为完全静密封，使密封的可靠性提高。改用波纹管还省去了弹簧机械密封的传动销以及动环与动环座之间的配合面，避免了由固体颗粒物的沉积而

引起的动环动作失灵，进一步提高了机封的整体性能。波纹管既提供弹性补偿又提供扭矩，具有更好的追随性和补偿能力[1]。这种改造在某些场合取得了成功，但是根据烷基化装置碱液循环泵的使用经验来看，如果介质中含有极少量腐蚀性介质(如HF酸)则会出现波纹管经常断裂的情况。

4.2 方案2——改变密封环材质

在机械密封中，对动静环材质性能的主要要求包括：有良好的耐磨性和较高的硬度；有较好的导热性；有较高的热稳定性和化学稳定性；有较大的弹性模数和较好的抗冲击性。对于含有结晶物的碱液泵来说，增强密封环的耐磨性就显得非常重要。硬质合金具有高硬度、高强度、大弹性模数、小线性膨胀系数、耐磨、耐高温、耐腐蚀等优点，特别适用于高温下机械密封和含有固体颗粒的介质密封[2]。故此，大部分用于碱液泵的机械密封都改用了硬质合金或碳化硅等材质。

4.3 方案3——将内置式机械密封改为外置式机械密封

由于介质的易结晶特性，采用静环补偿比动环补偿显然更合适，其主要特点是：静环和轴套的间隙不在介质侧，保证了静环轴向补偿的灵活性；弹簧位于辅助密封圈外侧，与介质完全隔开，避免了弹簧的腐蚀和卡阻，这种改造需要机泵外侧有足够的空间来容纳静环补偿机构[4]。现场测绘结果表明，碱泵P3204不能满足此要求。如果实施此方案，只能对泵体及联轴器进行改造——这些改造需要机泵厂家的配合才行，显然这偏离了我们的初衷——采用最简便的方法来达到目的。

4.4 方案4——注入清水冲洗密封腔来减少结晶

注入清水冲洗密封腔可以减少碱液结晶，从而改善机械密封运行环境；但同时会对工艺运行产生不利影响，持续的注水会稀释碱液浓度，大大增加碱液消耗。

4.5 方案5——将单端面机械密封改为串联式机械密封

从相关文献看，用于碱泵的机械密封采用串联式机械密封的例子并不多见，但是这种密封利于环保，可以减少人身伤害；燕化地处北京，对于这种环境友好型本质安全型的新技术值得我们进行尝试；

串联式机械密封用于液态烃泵在本装置已经取得成功，相关操作人员也积累了一些经验。

由于现场条件所限及以往使用经验，最终选择方案4对碱泵P3204B进行改造，根据改造结果再决定另一台机泵的改造方案。

5 改造方案实施

根据前期技术交流情况，委托丹东凤城密封厂对此泵进行了密封改造，将原单端面密封改为串联密封，此密封结构示意图如图1所示[5]。

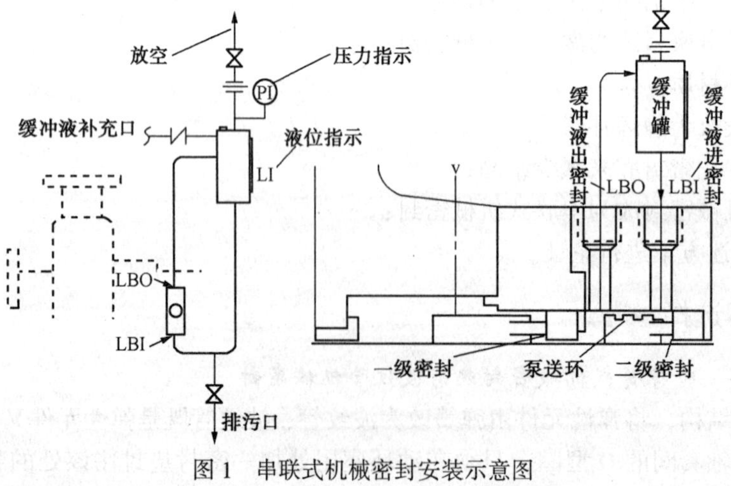

图1 串联式机械密封安装示意图

此系统的主要部件为由串联式机械密封、轴套及密封压盖组成的集装式机械密封密封，辅助系统有提供封液的缓冲油罐、压力指示仪表、连通管线及支架组成。

5.1 密封原理及结构

串联机械密封由两对单端面机械密封同向排列在一起，型号为PXT45B/45U,，隔离流体在两对摩擦副间，将介质端一对摩擦副与大气端摩擦副隔离，起润滑、密封和冷却作用。此串联式机械密封装配图如图2所示。

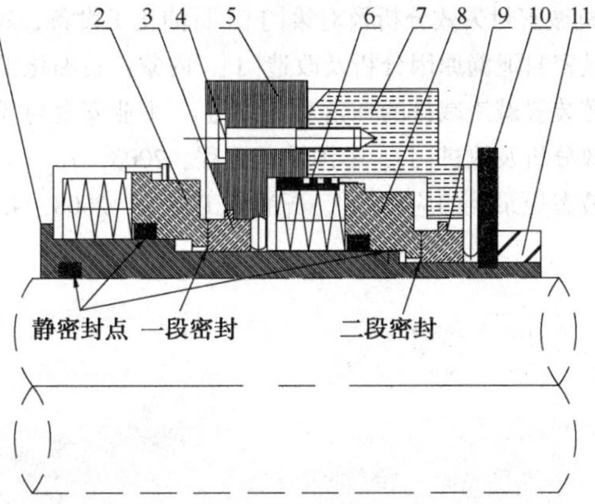

图2 串联式机械密封装配图

1—密封轴套；2—一段密封动环；3—一段密封静环；4—坚固螺钉；5—一段密封压盖；6—泵送环；7—二段密封压盖；8—二段密封动环；9—二段密封静环；10—销；11—定位块

5.1.1 一段密封

如图2所示，一段密封为主密封，安装在密封腔内部，内侧为密封介质，外侧为二级密封腔，采用平衡型多弹簧式机械密封；动环采用1Cr18Ni9Ti-YWN8，由安装在轴套(件号1)上的传动环实现与轴同步运转，静环采用YG6(钨钴类硬质合金)，被固定在一段密封压盖(件号5)上，依靠弹簧及泵送介质的合力将动环和静环的密封端面压在一起实现机泵的动密封，通过乙丙橡胶圈实现静密封。当一段密封发生失效时，碱液从静环与轴套的间隙释放到二级密封中，随缓冲液运转至缓冲罐中并沉积至罐底，定期排至固定地点，保证密封端面的良好润滑性，提高密封使用寿命。

5.1.2 二段密封

二段密封为保护密封，又称抑制密封(即CS)，为湿式接触密封，二级密封动环采用2Cr13-M106，静环采用SiC，安装在密封腔外部，直接接触外部环境，采用平衡型多弹簧式机械密封。冲洗形式为API682PLAN52，由二级密封的动环上的泵送环(件号6)随轴运转将密封腔中隔离液送入缓冲罐中进行换热，经换热后的隔离液靠自重重新补充到密封腔中，从而实现隔离液的循环使用；通过隔离液的循环将一段密封渗漏的碱液带至缓冲罐中定期排空。

5.2 密封特点

一、二级密封环材质均为硬对硬，耐磨，符合循环碱液易结晶的特性。此密封有以下特点：

(1) 本质安全　不会出现碱液大量喷溅出来伤人事件，因为即使一级密封大量泄漏，碱液也只泄漏到密封罐中，而不会直接喷溅到现场环境中。

(2) 环境友好　一级密封渗漏后的碱液会随二级密封的密封油运转至密封油罐中沉积到罐底排走，从而彻底解决密封因结晶物沉积而造成的密封泄露，同时改变了因碱液泄露造成的机泵周边积碱导致的环境污染。

(3) 减缓结晶　二级密封的运转在一定程度上可以将一级密封的密封环温度保持在较高水平，而不至于在冬季气温较低的情况下造成碱液过多结晶。

6 结束语

密封改造完成后，投用效果明显。设备故障率大为降低，由原来的每月修理5~6次提升至一套密封使用一年左右，密封使用周期提高50倍以上；现场机泵卫生大为改观，杜绝了泵台积碱现象；消除了因机封失效而导致的人身伤害。通过创新性思维，有效地解决了生产中的难题，保证了设备的本质安全、环境友好，此技术值得推广至相关碱液机泵中。

参 考 文 献

[1] 任鸿，刘凯，潘向阳. 碱泵机械密封失效分析及对策[J]. 石油化工设备，2012，1.
[2] 王加雄，李慧峰. 碱液泵机械密封泄漏原因分析及改造[J]. 内蒙古石油化工，27
[3] 余伟，喻武钢. 液化气脱硫醇装置碱渣减排的探索及实践[J]. 工业安全与环保，2012，3.
[4] 庄永福. 浓碱泵机械密封失效分析及改进[J]. 中国设备工程，2003，7.
[5] 韩占圣. 串联式机械密封在液态烃泵上的应用[J]. 石油化工设备，2008，4.

催化裂化烟机振动原因分析及预防措施

张 勃

（陕西延长石油集团永坪炼油厂，陕西延川 717208）

摘 要：通过对烟机振动值增大的因素、检修中发现烟机结垢和叶片磨损等问题，分析烟机振动增大、烟机结垢和叶片磨损的原因，结合烟机日常维护和检修中发现的问题，提出了减少这些问题出现的预防措施，保证机组的长周期运行。

关键词：烟气轮机；振动；结垢；磨损；措施

1 前言

在催化裂化装置，烟气轮机不仅是关键设备，也是重要的节能设施，其运行状况直接影响到装置的长周期运行和能耗水平，因此烟气轮机的平稳运行至关重要。延长石油集团永坪炼油厂1.2Mt/a催化裂化于2004年4月一次开车成功，1#主风机采用三机组配制：烟气轮机+轴流风机+电动/发动机。其中烟气轮机为兰炼石化机械厂制造的单级透平，采用轴向进气悬臂转子结构，烟机型号为YL10000B。

2011年6月装置年度大修后烟机开机以来运行平稳，但自从2012年7月烟机前、后轴振动值出现上升趋势见表1，烟机轴振动指标见表2。

表1 烟机轴振动值变化趋势 μm

日期	前瓦	后瓦	日期	前瓦	后瓦
2011年6月	7.78/2.69	22.9/23.2	2012年1月	12.7/2.55	24.2/27.03
2011年7月	7.0/2.6	20.8/20.5	2012年2月	12.61/2.4	24.25/26.92
2011年8月	6.73/2.57	21.56/21.78	2012年3月	11.3/2.44	25.0/27.6
2011年9月	7.24/2.81	21.08/20.56	2012年4月	12.9/2.47	25.8/28.15
2011年10月	5.86/2.87	20.48/19.32	2012年5月	11.1/7.77	26.6/27.5
2011年11月	10.0/2.86	23.45/23.56	2012年6月	17.3/2.5	25.6/29.0
2011年12月	10.47/2.66	22.76/24.5	2012年7月	51.0/3.7	29.9/44.8

表2 烟机轴振动指标 μm

安装位置及用途	操作值	报警限	报警值
烟机轴振动	<50	H	80
		HH	120

2 原因分析

2.1 预紧螺栓松动产生的振动

检查烟机地脚螺栓发现烟机轴承箱前后各有一个地脚螺栓松动，后紧固但是振动值没有减小，反而加大，说明是其他原因引起烟机振动值加大，从而引起地脚螺栓松动。

2.2 轴承润滑的影响

由于机组长周期连续运转，轴颈和轴瓦必然存在不同程度的磨损，两者间隙增大，同时，7~8月正处于夏季高温阶段，润滑油冷后温度的上升致使润滑油黏度下降，导致油楔刚度下降极易产生油膜涡动，后经过对润滑油温度的监控，不是该原因产生的振动值加大。

2.3 烟机与轴流风机对中出现偏差

从风机、烟机日常振动监测和检修中对主风机与烟机进行找正测量，对中没有出现偏差。

2.4 转子动不平衡

这一类故障的表象是一致的。就是烟机转子动平衡被破坏，导致振动超标，甚至机组停机。通常有以下原因造成转子动不平衡。

2.4.1 磨损

催化裂化装置烟气中所含催化剂为主的烟气粉尘，随烟气一起高速通过烟机叶片，对烟机流道产生冲刷，在高温的作用下(通常烟气的温度在650℃以上)，烟气粉尘对转子的磨损加剧，严重的部位经常出现在叶片的叶顶、动叶片根部、楔槽等部位。

2.4.2 叶片断裂

当叶片均匀冲刷时，磨损对烟机转子的动平衡影响不大，而当冲刷不均匀磨损时，转子的动平衡遭到破坏，机组的振动值上升。当冲蚀现象日益加剧，叶片受损严重，同时，机组振动逐步上升，受损叶片在长期振动产生的交变应力的作用下叶片极易发生断裂，转子动平衡严重破坏，机组振动会急剧上升。

2.4.3 结垢

本装置采用低压饱和蒸汽通过烟机出口加热做为烟机的密封蒸汽和轮盘冷却蒸汽。高温烟气通过温度较低的蒸汽时，在水分凝结的作用下，烟机粉尘会大量吸附在烟机的流道及叶片上。另外，蒸汽品质下降后，如蒸汽中含盐较高，容易在叶片上结盐。这些污垢有时分布不均匀，就会破坏转子的动平衡。特别是烟机运转过程中烟气条件不断的变化，结垢物不断的增加、增重，随着叶片某个部位的结垢物在离心力的作用下脱落，破坏了转子的动平衡，机组振动会突然加大。

3 检修状况

2012年8月由于烟机振动值超标，机组被迫停机，装置抢修。在检修过程中，对烟机进行了解体检查，从图1检查情况可以看出，转子叶片顶部磨损严重、叶根冲刷严重。造成转子动平衡破坏是烟机振动增大的直接原因。同时，静叶片和动叶片之间的瓦状催化剂垢片(图2)，可能是停机前振动突然加大吸附在动静叶片上的垢片脱落，致使振动进一步加大的原因。

图1 烟机检查情况

从再生器和三旋、四旋检修情况可以看出，三旋小分离单元旋风器催化剂卸剂口堵塞严重(1~4层基本堵死，5~6层大部分堵，7~15层部分堵)(图3)，由此可以看出，三旋结垢，分离效果不好，导致烟机入口催化剂粉尘颗粒浓度增加，大颗粒比例增加，加剧了烟机叶片结垢和磨损。

图2　催化剂垢片

图3　催化剂卸剂口堵塞情况

通过对烟机结垢和磨损的主要原因分析如下：

(1) 烟气中含有大量催化剂细粉颗粒，即烟气中催化剂颗粒浓度大，从表3平衡剂颗粒分布可见0~40μm颗粒减少，说明大量催化剂细粉颗粒带入烟气中。

表3　2012年平衡剂颗粒分布　　%(体积分数)

批号	粒度0~20μm	粒度20~40μm	粒度40~60μm	粒度60~80μm	粒度80~111μm	粒度>111μm
2012-2-24	1.1	3	16.6	23.2	29.4	26.7
2012-2-29	0	5.2	20.6	24.2	27.3	22.7
2012-3-9	0	3.2	17.6	23.3	28.6	27.3
2012-3-16	0.1	13	25	22.4	22.2	17.3
2012-3-30	0	2.6	16.7	23.7	29.9	27.1
2012-4-20	0	8.2	22.2	22.6	24.4	22.6
2012-5-4	0	6.3	20.8	23.2	26.3	23.4
2012-5-18	0	9.8	23	22.8	24	20.4
2012-6-29	0	3.1	18.8	24.7	29.2	24.2
2012-7-2	0	1.9	16	24	30.7	27.4

(2) 催化剂细粉(粒径小于10μm)颗粒存在静电吸附作用。由于经过三旋后的催化剂颗粒粒度已经很小，颗粒本身黏性强、互相吸附，促使催化剂细粉进一步结合，在烟机轮盘冷却蒸汽和密封蒸汽的作用下更容易结垢。

(3) 内取热器盘管、外取热器管束发生泄漏、进入两器内部蒸汽量过大，大量蒸汽进入再生器，引起催化器热崩、细粉增加，催化剂颗粒浓度增大，加剧了烟机的结垢和磨损。

(4) 催化剂磨损造成催化剂细粉数量增多。由于目前催化装置大部分要求长周期运行，系统内部的催化剂长时间使用，由于撞击、磨损等原因，催化剂颗粒大部分已经磨损，导致催化剂细粉量增加。虽然定期对系统内的催化剂进行置换，但是效果不是很理想。

(5) 当操作出现波动时，处理不及时导致烟机结垢。例如轮盘冷却蒸汽品质下降、带水等。

(6) 粉尘浓度高是磨损的直接原因。如果对烟气的粉尘含量没有监测手段或监测手段不完善，当粉尘浓度较高、粉尘颗粒较大时，烟机将长时间在极其恶劣的工况下运行，最终导致故障的发生。

4 预防措施

(1) 控制好烟气粉尘浓度、粒度，完善烟气粉尘浓度在线监测措施，当烟气粉尘浓度超过200mg/m^{3}时，及时调整操作，三旋进出口浓度持续较高时，考虑烟机切出系统。同时，定期对烟气浓度、粒度进行离线分析，保证监测值真实可靠。

(2) 保证烟机轮盘蒸汽品质。加强机组岗位对轮盘蒸汽进机前的脱水工作，尽量避免蒸汽带水，同时严格按照操作规程控制好轮盘温度，在控制好密封蒸汽的前提下，尽量减少蒸汽的注入量。

(3) 对两器内出现的蒸汽泄漏，例如：内、外取热器泄漏等在检修中对其进行更换，在生产运行中及时发现、及时处理，加强蒸汽排凝等措施，确保两器用汽干燥，减少催化剂因热崩而产生大量粉末，保证烟气质量。

(4) 加强系统内催化剂细粉量的监控。定期置换催化剂，做好对系统内催化剂颗粒分布的检测工作。

(5) 定期及时的转废剂，保证三旋泄气量达到设计要求，不降低三旋的分离效率。

5 结束语

烟机的稳定运行是催化装置优质平稳运行的基础，是装置节能降耗的关键点。同时烟机振动、叶片结垢、磨损也是烟机长周期运行过程中一个难题。所有要求我们要提前预防、提早处理，做好烟气质量监测和不断完善机组的状态监测手段，确保机组安全、长周期运行。

参 考 文 献

[1] 张锡宁. 双级烟气轮机振动原因分析[J]. 石油化工设备，2009，1.
[2] 沈丹，郑爱国. 齐鲁石化烟机结垢及磨损原因分析及预防措施[J] 中外能源，2008，13(增刊).

高温油泵安全性改造中存在的问题以及处理措施

唐万增

（中国石化沧州分公司，河北沧州　061000）

摘　要：中国石化沧州分公司高温热油泵在运行中中存在大量的安全性问题，对此进行了安全性改造，改造后在运行中又出现很多问题，本文对改造后的机泵出现的问题以及解决措施进行了讨论。

关键词：高温油泵；安全性改造；机械密封；问题；处理措施

1　前言

近年来，随着炼化企业加工原料的劣质化不断加剧，各企业的工作温度高于介质闪点温度的高温油泵由于密封泄漏等故障先后发生多起火灾等安全事故，对炼化企业的生产乃至安全、环境等造成很大危害，为了遏制事故的发生，彻底解决设备运行中出现的新的安全隐患，集团公司从 2011 年开始，统一安排系统内炼化企业利用两年的时间对所属的高温油泵机械密封进行彻底材质升级、改造，沧州分公司从 2011 年 6 月开始启动热油泵改造项目。

沧州分公司涉及改造的高温油泵共计 32 台，分布于常减压、催化裂化、延迟焦化等 3 套装置，改造项目共 4 类 127 项，包括机械密封改型机泵 32 台；机泵出入口阀门增加气动执行机构 63 台；机泵电机增加远程紧急停泵按钮 32 套；完善电机微机综保 4 套。

改造项目于 2012 年底前完成投用，其中阀门增加气动执行机构、电机增加紧急停工按钮，电机增加微机综保项目改造后运行状态良好，能达到改造初衷。但是机泵机械密封形式改造后，整体运行状况不是很好，虽然在解决了原有机泵密封存在的安全隐患，但又出现了很多新的、亟待解决的问题。

2　高温油泵原机械密封配置使用现状

涉及改造的机泵原密封大多数采用 C 型密封(DBM-B-1 结构)，我们习惯称之为单端面机械密封，采用 PLAN32+62 冲洗方式。该型式的机械密封结构相对简单，安装、检修便捷，投入成本低，可满足炼化企业大多数介质的密封要求，应用广泛，但是由于没有辅助流量、压力等直观检测元件，在使用中无法对密封的运行状态进行实时监控，只能靠人工巡检的方法对密封的泄漏进行观测，受安装、检修人员以及操作人员经验、能力等因素影响，具有很大的安全隐患，一旦检查不到位或判断失误，介质泄漏后直接漏到大气环境，极易引发火灾酿成大的事故。

3　高温油泵机械密封改造方案

本次改造中对机械密封的改造包含以下内容：机械密封的材质升级；机械密封的型式、机械密封的布置方式、机械密封的辅助冲洗方案改为适合高温油泵介质特点。

经过多方调研，讨论此次高温泵改造的机械密封布置形式我们选用了 3CW-FB 面对背接触型湿式密封；机械密封型式采用 B 型密封型式，即平衡型、内装式、集装式、无止推环(波纹管结构)、补偿装置旋转式密封型式。

密封材质方面，动环密封端面材质采用优质的抗起泡石墨；静环密封端面材质为 SIC 或 WC；

辅助密封圈材质选用柔性石墨/全氟化橡胶；波纹管材质为 Inconel718；密封轴套/压盖选用 316 材质。

冲洗方案根据机泵密封腔大小在原有的 PLAN32+62 的基础上增加 PLAN53A 和 PLAN54 两种方案。

3.1 PLAN32+PLAN53A 密封工作原理

3.1.1 PLAN32 示意图(图 1)

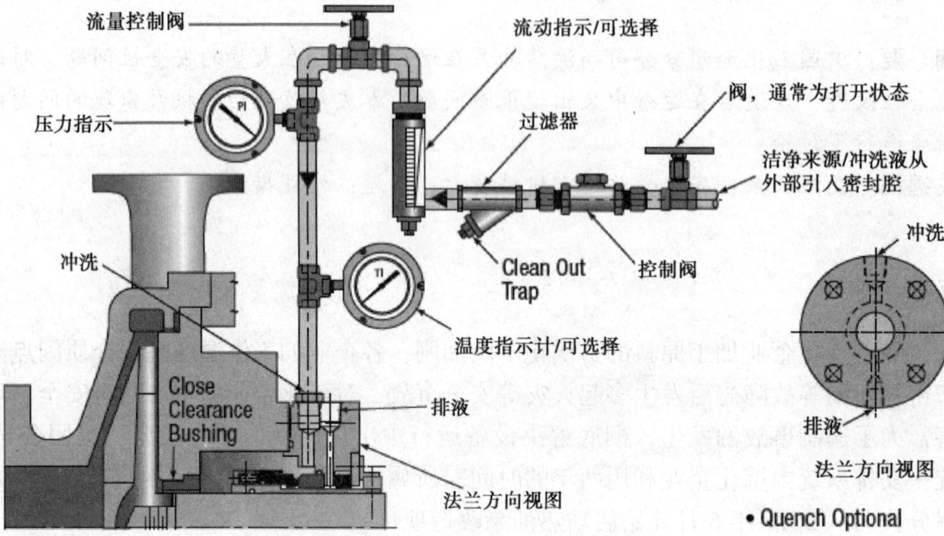

图 1 PLAN32 示意图

3.1.2 PLAN53A 示意图(图 2)

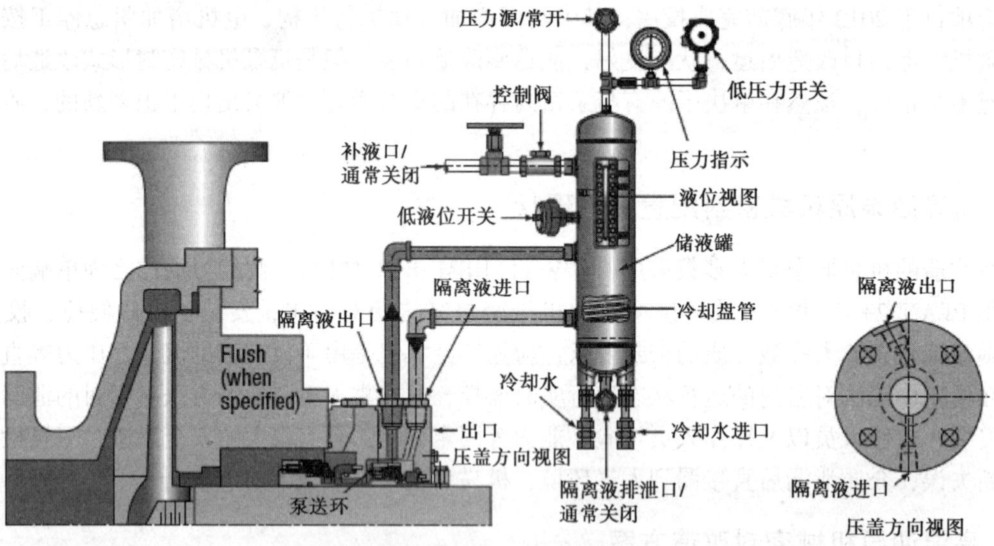

图 2 PLAN53A 示意图

3.1.3 PLAN32+PLAN53A 工作原理

在改造后的机械密封结构中，内侧密封为主密封，它承受储罐封液与 PLAN32 冲洗液之间的压差，密封结构采用旋转型波纹管。内侧密封采用 PLAN32 冲洗方案，即外部接封油管线。外侧密封为辅密封，起到保护的作用，承受储罐封液的压力。外侧密封同样选用耐高温金属波纹密封，采用 PLAN53A 方案，并用外接氮气加压至高于密封腔压力 0.1~0.2MPa。当主密封失效时，外侧密封可以在有限的时间内起到密封的作用，有足够的时间切换设备，保证工艺介质不会大量泄漏到大气中。

内侧主密封或外侧密封正常使用时，会有微量泄漏，运行一段时间后，储罐中的液体会减少，当减少到低液位刻度线时，液位开关会低报警，此时需要用手动补液泵向储罐带压补液，将液位补至标准液位刻度线以保证设备正常运行。

当储罐封液压力下降到设定值时，压力开关会低报警，此时需再用氮气加压，以保证设备正常运行。

当内侧主密封失效时，储罐封液向内大量泄漏，导致液位、压力均报警，并很快液位下降至低报警值以下，储罐压力表显示与 PLAN32 冲洗液压力相同，此时可判定内侧主密封失效，应立即停车更换密封。

若外侧安全密封意外失效，不仅大气侧会有大量白油泄漏，且储罐液位也会迅速下降，液位开关低报警，压力低报警，且会低至常压，此时应立即停车更换密封。

3.2　PLAN32+53A 方案特点

封液压力高于介质压力，保证高温工艺介质零逸出；储液罐配置液位及压力报警开关，可实时监控机封运转情况，提高了安全等级；机封为串联波纹管密封，在一级密封失效时二级密封实现主密封功能，提高设备运行安全等级。

3.3　PLAN54 密封工作原理简介

PLAN54 示意图如图 3 所示

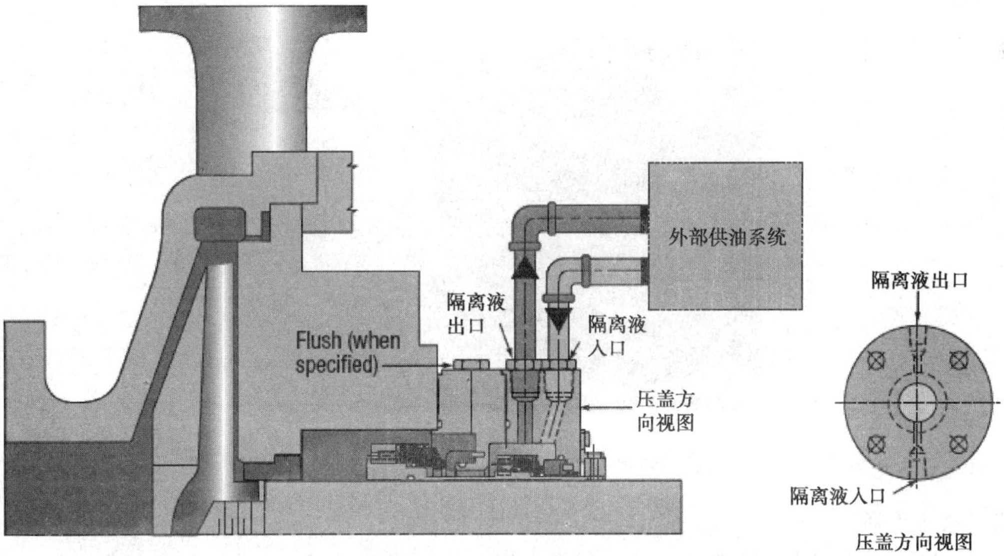

图 3　PLAN54 示意图

内侧密封为主密封，外侧密封为辅密封，起到保护的作用。外侧密封承受封油系统的压力。外侧密封同样选用耐高温金属波纹密封，采用 PLAN54 方案，并要求压力至高于密封腔压力 0.1~0.2MPa。当主密封失效时，外侧密封可以在有限的时间内起到密封的作用，有足够的时间切换设备，保证工艺介质不会大量泄漏。

3.4　PLAN32+54 方案特点

封油系统可同时给多台高温油泵提供封油；封液压力高于介质压力，保证高温工艺介质绝对零逸出；缺点是无法进行有效的实时监控。

4　改造后出现的问题和原因

4.1　问题的现象

高温泵机械密封完成改造后，经过半年多时间运行检验，冲洗方案为 PLAN53A 方案机泵运行相对平稳，主密封很少出问题，副密封偶有封油渗漏现象(平均一星期封油液位会有5cm左右的下降，需补液)。冲洗方案为PLAN32+54方案的密封使用效果不是很好，两端支撑式离心泵主、副密封均有不同程度的泄漏现象。现场查看，副密封短时间内封油滴漏为1滴/3min，或者目视无明显泄漏，改造初期寿命为3~5天，后来调整后机封使用使用寿命有所提高，但一般不会超过1个月，坚持运转1个月就会出现封油严重泄漏现象，需要更换密封。

经过解体检查发现密封动环表面有泡疤、崩边等现象，同时波纹管组件有结焦现象，具体如图4~图6所示。

(a) (b) (c)

图4　密封动环和波纹管组泡疤、崩边和结焦等现象

4.2　原因分析

经过对机泵改造后机械密封解体检查，结合运行中各类问题出现的频次，组织机修公司检修人员、机械密封制造厂家技术人员、使用车间的技术人员对其分析，认为问题的主要原因大体为以下几点：

① 由于生产厂家制造技术存在差异或原料问题，新的机械密封存在选材不甚合理、制造质量缺陷等，造成机封寿命达不到设计要求。

② 由于机泵使用年限参差不齐，机泵密封腔尺寸存在差异，测量时误差等原因，导致新机封安装后，运行效果达不到设计要求，导致部分机泵有泄漏超标现象。

③ 由于密封腔压力值给定不准，使机封在设计时就没达到最佳参数，安装后由于与实际运行条件有误差导致机封泄漏。

④ 由于生产单位对新技术的掌握程度参差不齐，造成在使用中有压力、流量调节不及时或不合适的现象，导致机封泄漏或使用寿命短。

5　改进措施

对改造完成的机泵，我们组织车间、厂家共同对上述存在的问题逐一排查，能通过安装、调整操作解决的，立即解决，对涉及机封结构或材质不合格、制造组织有问题的机封，要求厂家进行技术改进、更换合格材料，控制组装质量等多种举措，力争尽短时间解决。

具体整改措施如下：

(1) 根据新改造的机械密封的使用情况，结合国际知名专家的权威论著(美国西密歇根大学、GUICHELAAR教授，《油种类对机械密封石墨泡疤的影响》、《机械密封石墨泡疤形成的机理分析》；密歇根州FEMA公司、STEVEN，《多孔技术在启动扭矩下对机械密封石墨泡疤的影响》；日本九州工业大学，兼田桢宏，《关于机械密封端面泡疤的研究》)，机械密封制造厂家调整了设计结构和材质选材(将用SIC代替硬质合金)，重新更换全新的机械密封；同时，以后提供的高温机封密封也全部采用SIC代替硬质合金，旨在解决摩擦副泡疤、崩边，磨损严重等问题。

(2) 利用机泵检修的机会重新校核机泵密封腔尺寸，修正偏差，将测量造成的误差及时更正，并有针对性的对泄漏严重的机械密封进行重新设计、制造。

(3) 在运行中仔细对运行参数进行检测，汇总，得出最佳、最准确的密封腔压力并将数据反馈至机械密封制造厂家，制造厂家根据新的运行参数重新计算。并根据计算结果重新核算密封设计参数。使机械密封的设计使用条件尽可能与实际情况相符。

(4) 对于安装、操作中遇到的问题，具体改进措施如下：

① 改造后采用26号工业白油作为封液；由于该标号白油粘度太大，成膜困难，我们将其更换为低于15号的工业白油，以降低封液的粘度，进而保证密封的使用寿命。

② 由于双端面密封运行时发热量较原有的单端面密封大，而原有的冲洗液泵流量已经处于卡边运行，不能最大限度的带走机械密封热量，为此更换大流量的封油泵，以加大32外冲洗液的流量。

③ 机泵装配时必须严格按规程执行，比如泵喉部衬套间隙，安装时单边不得大于1.5mm等。

④ 冲洗统统中氮气压力保证维持在高于密封腔压力0.14~0.2MPa之间，以尽可能减轻密封的工作负荷；对于个别机泵，要有针对性的设置冲洗液压力，以保证32的冲洗压力高于54的封液压力0.05MPa。

⑤ 在操作时适当降低系统外接的氮气源压力，根据实际情况，定时定量的减小，然后观察白油泄漏量，即在保证氮气源压力略高于密封腔介质压力的情况下慢慢摸索，做好调节记录，直至调整到最佳程度。

(5) 管理方面的措施如下：

① 维护管理方面　将32台高温油泵纳入特护管理维护范围，要求操作、检修维护人员使用测振仪、测温仪进行检查记录，并进行分析；重点检查重视冲洗、背冷、冷却等辅助系统。

② 检修管理方面　加强检修过程的质量控制，重视辅助系统检查；按标准进行验收。

③ 运行管理方面　严格遵守工艺纪律；泵切换做到平稳；做好预热和备用检查工作。

④ 备件管理方面　加强机械密封、轴承等备品、备件的入厂管理，严格按标准进行质量检验。把好入厂质量关。

⑤ 应急管理方面　编制事故应急预案以及岗位练兵手册，定期进行培训和事故演练。

⑥ 电气管理方面　加强高温油泵使用的电机关管理，定期校核电机过流保护定值。

⑦ 系统管理方面　对新增的阀门快速开关气动执行机构，要求使用单位画出平片布置图，并将使用办法普及到每位员工，并纳入岗位练兵和应急演练范畴，确保每位员工能熟练操作并能处理简单的问题。

上述措施实施后机泵运行状况有了进一步改善改造初期发现的问题逐一得到了解决，但是仍存在密封使用周期较短、副密封微漏，职工感觉操作麻烦等问题。

6 总结

高温油泵安全性改造项目，对沧州分公司而言属于新技术的应用推广。如能正确看待和正确使用，相信定能达到生产本质安全的目的，虽然改造后的机泵存在一些问题，但是公司应作好充分的准备和应急预案。今后将继续对改造遗留的问题深入研究、不断改进，尽早发挥新技术的效力，为企业生产保驾护航。

参 考 文 献

[1] API682-2004. 美国石油学会，2004.

石化企业MES系统储运管理模块的开发与应用

祝春强

（中国石油广西石化公司储运一部，广西钦州 535008）

摘　要：着重就MES系统中储运生产管理模块的开发与应用研究进行论述。MES系统储运模块主要分为操作层和管理层，分别针对操作及生产管理人员，经过新建石化企业储运系统全面运行，已达到罐区生产数据实时性、网络化，使生产操作及管理人员能全面掌握并监控储运生产动态。

关键词：MES系统；储运；管理

1　前言

石化企业在经历多年信息化建设后，以集散控制系统(DCS)为代表的过程控制系统、实时数据采集的实时数据系统和化验分析系统(LIMS)、ERP等的管理信息系统得以广泛应用，但在石化行业中由于受投资、技术和重视程度的影响，对罐区各个方面的投入都非常有限。目前大部分石化企业罐区管理自动化程度较低，存在许多问题，例如有些企业还处于人工手动操作阶段、统计数据不准确不及时、流向数据失真、不能有效地进行油品调度、监控变量单一等；之后的发展也只是在罐区内部建立单独操作管理系统，大多为信息孤岛；MES系统中涉及储运的模块也只作为单一的计算功能。

新建石化企业，以建设世界一流、国内领先为目标，因此自动化设备全面，自控系统先进。可以实现生产数据的自动化采集，并且可以传输至DCS控制系统、MES系统。MES系统储运模块的设计开发不仅实现了DCS控制系统与MES之间的实时数据传输，还实现与LIMS系统(化验数据系统)、OMS(油品移动系统)等控制系统之间的实时数据传输，为储运模块的实际应用提供了硬件支持。MES系统储运模块开发与应用可以使储运的管理提升到上一层的平台。

2　模块开发

2.1　MES系统架构

MES系统(Manufacturing Execution System)直译是制造执行系统，俗称生产管理系统。MES系统在在石化企业管理业务中起到了承上启下的作用[1]：向上支撑ERP，向下连接过程控制层PCS。MES系统的实施，为PCS(过程控制系统)与ERP(企业资源计划)之间建立了桥梁，利用信息化手段，使各项生产业务在生产调度层面进行了汇聚，极大提升了炼化企业的生产管理水平和管理效率[2]，如图1所示。

2.2　储运操作与管理现状

从目前大多数的管理应用系统来看，大多数储运罐区的上层管理应用系统与生产工艺脱节，这些系统仅注重罐区业务的最终结果。而对于业务作业的具体过程信息不关注或者滞后，从而造成企业整个储运过程中很难进行精细控制和成本控制；很难针对储运过程的信息变化改变业务处理的具体策略；当企业规模逐渐增大、业务功能逐渐扩展时，具体储运工艺管理的难度也将呈几何级数增长[3]。

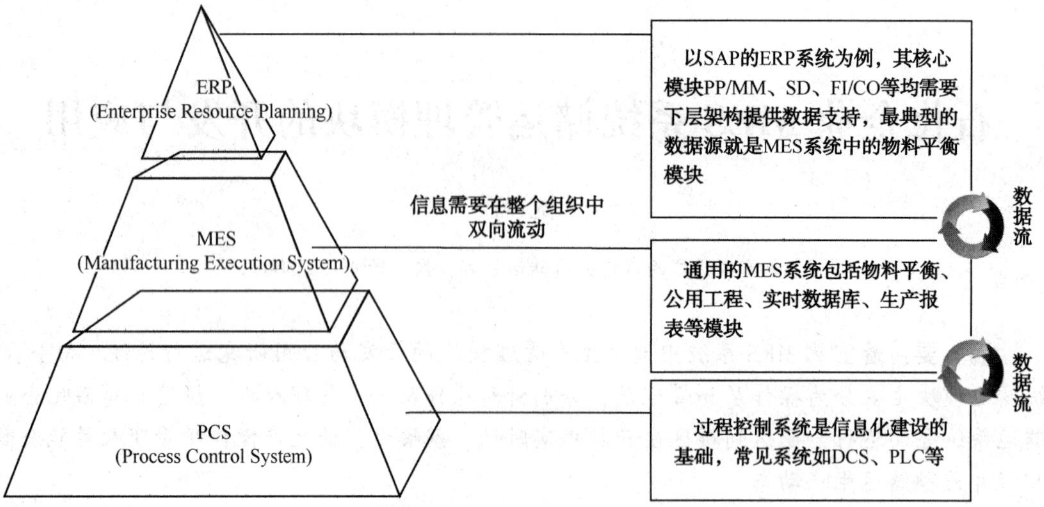

图 1　MES 系统的架构图

2.3　储运操作模块

(1) 设计出发点　该模块在石化企业 MES 系统中就有，但是在以前企业的应用主要是作为储罐计算库存的软件而已，实际上的效果就是可以不需计算器，可以使用复杂的计量公式进行计算，库存的计算结果可靠性比较高。但是该模块满足不了新建石化企业的要求。新建石化企业储运定员只有老企业的 1/10，却需完成相同工作量的要求，因此从生产操作与管理角度出发需要重新考虑该模块的设计，该模块属于操作模块，设计服务对象为操作人员。

(2) 设计目标：

① 自动获取生产数据，不需要人为输入或记录生产数据。

② 自动获取化验室数据，不需要人为输入或记录化验数据，该数据是准确计算库存的必要条件。

③ 操作步骤简化，三个步骤完成，且都只是鼠标点击，所有计算都由该模块进行，人为不参与具体计算以及不能修改计算结果，保障计算结果的可靠性。

④ 日常操作报表自动生成。

(3) 设计框架　该模块要达到以上设计目标，满足生产操作与管理的要求，必须从生产操作与管理的角度出发进行系统架构，由于该模块设计储运连续生产工况与批次生产工况并存的生产情况，因此整个模块的系统架构必须满足这两方面的操作与管理的要求。具体如图 2、图 3 所示：

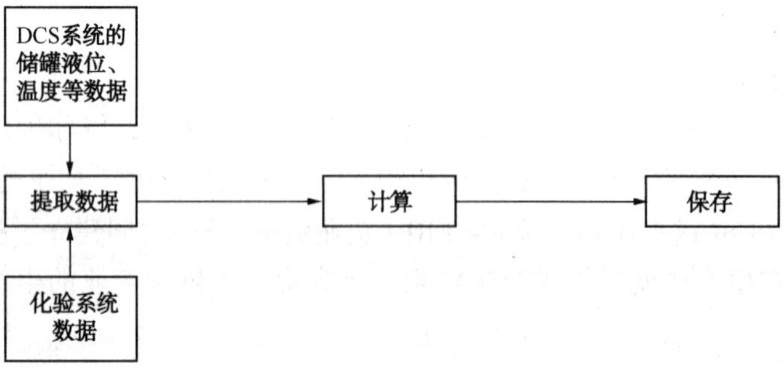

图 2　连续生产操作记录设计框架

2.4　储运管理模块

(1) 设计出发点　储运管理模块包含罐情分析模块和盘点模块，都属于新建石化 MES 系统储运管理模块的首次设计开发，主要服务对象是生产管理人员。石化企业储运生产管理人员要查询储罐的状态以及调查事故原因，需要查询数据时都需要占用操作控制电脑；生产管理人员对储罐生产运行信息的缺乏不仅不能提前发现问题，使事故消除在萌芽阶段，也不能在未造成较大影响之前解

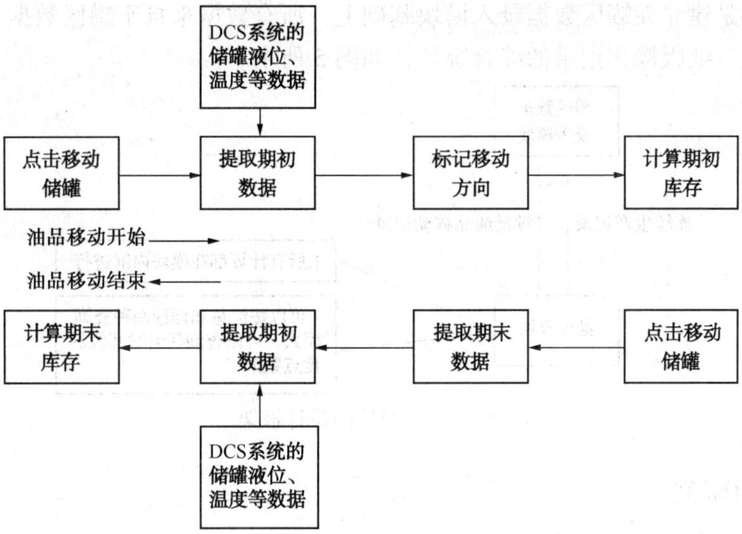

图 3　批量油品移动记录设计框架

决问题；更重要的是不能提前掌握生产状态就无法在交接班会上做出正确的生产指令，甚至出现指令偏差或是指令错误的现状。因此，如何在 MES 系统中开发出可以使生产管理人员在办公室即时掌握储罐的运行状态，查询历史生产工况等等信息是非常有必要的。另外，从计量统计操作与管理角度出发，解决老企业盘点难，盘点数据不准确不及时的大问题。之前设计的罐区数据录入模块为该模块的设计开发提供了数据基础，从管理角度可以深度开发出盘点模块。

（2）设计目标：

① 实时显示当天储罐的生产数据，最多可现实 24h 内的储罐生产数据，并可查询任何一天的储罐生产数据。

② 储罐的生产运行数据超过工艺卡片要求红色报警显示，使管理人员能最快时间发现操作不对的地方。

③ 化验结果能在该模块中显示，使生产管理人员能第一时间掌握储罐的产品质量状况。

④ 生产管理人员可以点击储罐即可链接出储罐的详细信息，点击化验结果能链接出相应的化验单据，能最大限度节约生产管理人员的查询时间。

⑤ 每班能实现精确的盘点，不需操作工可以去计算与记录，自动生成。

⑥ 可以自由选择任意过去时间段每班、周、月、季度、年度的盘点进行查询，并导出电子版盘点表格。

（3）设计框架　为了满足以上设计目标，除了要熟悉生产管理流程，熟悉储运的生产之外，更重要的是如何充分利用 MES 系统管理软件设计开发出相应的模块，解决系统连接问题，如图 4 所示。

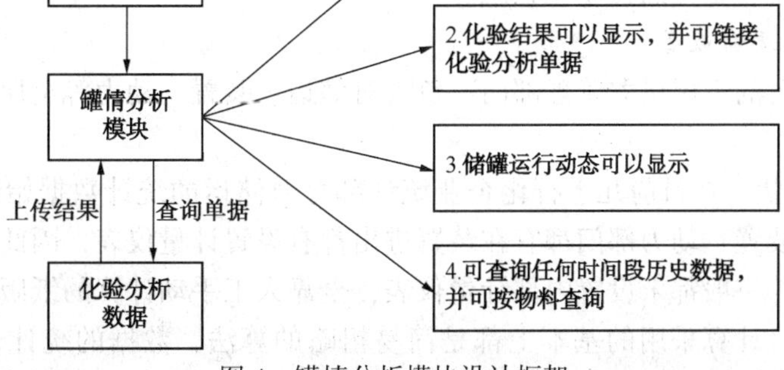

图 4　罐情分析模块设计框架

该模块的功能是建立在罐区数据录入模块基础上，所有数据来自于罐区数据录入模块，起设计思路来源于老企业对纸版操作记录的综合统计，如图5所示。

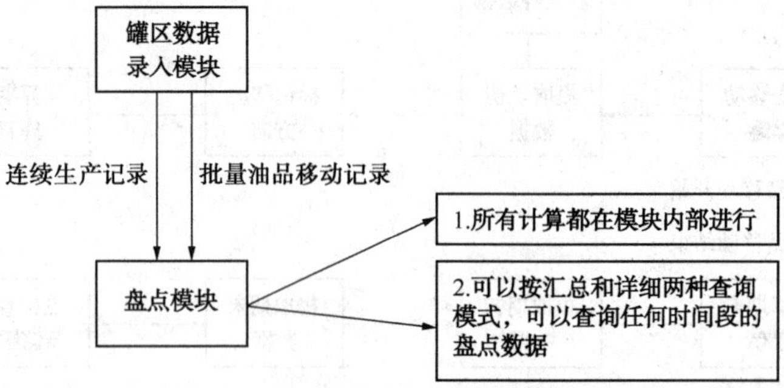

图5　盘点模块的设计框架

3　模块应用研究

3.1　储运日常报表的自动化

① 每个储罐两个小时定点生产记录实现自动化。操作人员通过鼠标点击：提取数据、计算、保存3个步骤，通过几秒钟的操作就能完成该罐区所有储罐的提起每两小时的罐生产数据、并且自动计算库区、保存至电子表存档。当然也可以通过软件不需要人为点击计算，自动提取计算保存。但从生产监控考虑，避免操作人员没有监盘，因此，该功能保留没有开放。

② 每个储罐收付操作记录实现自动化。操作人员通过鼠标点击“移动开始”、“计算”、“移动结束”3个步骤，即可形成一个完整详细的收付油操作记录。收油操作时，操作人员只需点击“移动开始(选择收付目标)”、“计算库存”；收油结束时，操作人员只需点击“标记结束”、“计算库存”，即可自动形成完整的收油或付油操作记录。

③ 盘点报表实现自动化。自动生成盘点报表，无人为修改编辑的过程。统计人员只需鼠标点击选择时间节点，类型上选择汇总也可选择明细，刷新即可自动生成盘点报表。可以实现按班盘点、月盘点、季度盘点、年度盘点。以班为单位，时间任意选择的盘点。

3.2　储运生产管理的自动化

① 生产操作的自动化管理　生产管理人员通过罐情分析模块能实现生产管理的自动化，通过罐情分析模块，超过工艺卡片的操作都会自动以红色报警显示，并且此报警是操作人员无权消除的。因此，生产管理人员在办公室，就能发现生产异常的操作，对异常工况的管理实现自动化；通过油品移动任务监控模块，能监控每个油品移动操作的状态，完成时间等移动任务信息，实现在办公室远程监控现场的生产情况。

② 油品质量的自动化管理　生产管理和质检管理人员通过罐区数据录入、罐情分析等模块都能监控每个储罐的油品质量。因为这些模块都通过MES系统访问LIMS系统上传的中间数据库。油品分析的结果自动在各模块中显示，合格、不合格清晰明了，并可链接详细的化验分析单据。油品质量控制是实时、有效、受控的自动化状态。

3.3　统计部门管理的改善

统计部门作为储运的上层机关管理部门，负责对储运、装置、动力等全厂生产数据的汇总、统计分析。

① 统计部门的现状　在目前几乎石化企业统计部分对储运的统计数据始终都抱有不信任、又无奈的心态。因为各装置、动力部门都有在装置进出都有设置计量仪表，因此数据是有据可循；储运部门由于管线众多，一般都未设置内部计量仪表，全靠人工手动计算的纸版记录给查询校对带来非常大的工作量，而且计算采用的基本上都是简易粗略的算法，数据的统计未与生产操作同步进行，很多存在后面补充数据的情况。因此统计部门对储运统计数据的管理基本上处于不受控的

状态。

② 统计部门管理的改善　自从盘点分析模块开发并成功应用后，统计部门可以通过局域网，访问 MES 储运的应用模块，查询盘点报表。甚至完全可以不需要储运部门上报统计数据，因为储运的统计数据都在盘点报表中，统计部门通过鼠标的点击选择统计的时间范围，自动生成统计报表。所有数据都是在储运模块中自动计算，数据真实可靠，因为所有的操作记录都是在罐区录入模块中随着生产操作的进行同步生成。

3.4　生产运行管理部门的改善

生产技术处作为储运的上级机关管理部门，负责全厂生产的管理。

① 生产运行部门的现状　在目前大部分石化企业生产管理机关与储运之间的生产状况的掌握与指挥一般都通过录音电话进行。因此生产管理部门的指令下达是否符合实际生产状况，以及指令下达后执行的进度和效果都是待储运反馈后才能知道，因此生产运行管理部门对储运的生产管理存在滞后性。

② 生产运行管理部门的改善　生产技术处可以通过 MES 系统储运模块查询储运生产动态，从而更能全面做出符合储运实际生产的指令，并且可以掌握储运执行指令的进度及状态。

4　总结

综上所述，通过对新建石化 MES 系统储运管理模块的开发并全面运行的效果看，规范了油品调度与操作人员操作流程，减少手动录入的劳动强度与可能出现的人为误差，实时共享生产数据，使公司领导层、生产管理层和操作层共享生产信息，使生产指挥更加准确。从而全面实现了油品储运信息网络化管理。

参 考 文 献

[1] 于波，黄丽月，陶大勇，等. MES 系统在炼油厂的应用[J]. 化工科技. 2009，17(4)：61-63.

[2] 赵世萍，王寿书，王晓莉，等. 应用 MES 系统提升炼化企业能源管理效率研究[J]. 中国信息界. 2011，7.

[3] Stephen L. Young. The enabler For tomorrow's agile enterprise. ISA Transactions，1995，Vol. 34(06)：335-341.

装置运行与管理

开展全流程优化工作，促进企业效益提升

李风敏　刘仁旭

（中国石化青岛石油化工有限责任公司，山东青岛　266043）

摘　要：运用全流程优化工具，优化减一线加工路线，优化减一线、焦化柴油 95%点控制，多方案比选常一线加工方向，促进了企业效益提升。

关键词：全流程优化　减一线　焦柴 95%点　常一线　效益

1　前言

当前国际原油价格变动很大，原油成品油价格亦随之波动，给企业生产经营带来很大困扰，如何从企业内部挖潜，实现企业效益最大化，就成为一个摆在所有炼油企业前的一个迫在眉睫的课题。运用全流程优化工具，从炼油全过程寻求优化机会，紧紧抓住稍纵即逝的时机，可以促进企业效益提升，在激烈的市场竞争中立于不败之地。本文结合 3 个实际优化案例，介绍全流程优化工具在生产经营中的应用，实现企业效益最大化。

2　优化减一线加工路线，保证企业效益最大化

目前，常减压装置减一线一般由 2 种加工路线，一是并柴油做加氢原料生产产品柴油，另外一个是并蜡油做催化原料生产汽油、液化气等产品，减一线究竟是采用何种加工路线，需要从全厂角度考虑，密切跟踪汽柴油的价差，从企业效益最大化角度减一线的加工去向。2013 年 9 月 30 炼油厂产品价格(不含税价)如表 1 所示。

表 1　2013 年 9 月 30 日炼油厂产品价格(不含税价)

产　　品	裸税价/(元/t)	产品	裸税价/(元/t)
饱和液化气	5176.99	石脑油	5615.38
车用液化气	5132.74	苯	7692.31
焦化液化气	5176.99	船舶燃料油	3996.54
普通液化气	5176.99	石油焦	1196.58
90#汽油	5753.13	硫磺	564.10
93#汽油	6191.59	丙烯	8547.01
97#汽油	6630.06	聚丙烯 040	8974.36
0#柴油	5476.22	催化油浆	2167.48
-10#柴油	5647.16		

从上表可以看出，93#汽油和 0#柴油的价差是 715 元，液化气和柴油的价差是-299 元。汽柴油价差比较小，液化气的价格反而低于柴油的价格。

运用全流程优化 RSIM 模型，测算了 2013 年 10 月份几种原油加工品种，按照减一线去加氢和减一线去催化，二者做效益对比，结果如表 2 所示。

表 2 减一线加工去向不同全厂效益对比(2013 年 9 月 30 日炼油厂产品价格)

方案	方案内容					效益/(百万元/a)	利润/(元/t)
	原油品种	原油月加工量/kt	600kt/a 柴油加氢精制进料/t/h	1×10^3kt/a 汽柴油加氢精制装置进料/t/h	减一线去向		
1	达混:奥瑞特:荣重=1:1:1	260	59.86	102.7	催化	38.166	13.002
2	达混:奥瑞特:荣重=1:1:1	260	59.73	110.5	加氢	39.515	13.461
3	达混:荣重=1:2	260	55.9	109.7	催化	-21.914	-7.465
4	达混:荣重=1:2	260	60.1	112.4	加氢	-15.368	-5.235
5	达混:萨图恩=1:2	260	65.71	102.4	催化	-122.913	-41.872
6	达混:萨图恩=1:2	260	66.69	109.9	加氢	-119.957	-40.865

从表 2 可以看出，2013 年 9 月 30 日炼油厂产品价格，汽柴油价差不大，液化气的价格和柴油价格倒挂，减一线去催化生产汽油、液化气不如去加氢生产柴油效益好，因此，在此种价格体系下，应该尽量安排减一线去加氢加工生产柴油。

当产品价格发生变化时，及时调整减一线的加工路线，来保证企业效益最大化。2013 年 11 月 15 日，成品油价格调整，炼油厂产品价格(不含税价)如表 3 所示。

表 3 2013 年 11 月 15 日炼油厂产品价格(不含税价)

产品	裸税价/(元/t)	产品	裸税价(元/t)
饱和液化气	5707.96	石脑油	5615.38
车用液化气	5486.72	苯	7692.30
焦化液化气	5707.96	船舶燃料油	3705.94
普通液化气	5707.96	石油焦	1246.15
90#汽油	5552.27	硫磺	568.37
93#汽油	5978.68	丙烯	8974.35
97#汽油	6405.09	聚丙烯 040	9658.12
0#柴油	5279.63	催化油浆	2252.95
-10#柴油	5450.57		

从上表可以看出，93#汽油和 0#柴油的价差是 699 元，液化气和柴油的价差是 428 元。

运用全流程优化 RSIM 模型，测算了 2013 年 11 月几种原油加工品种，按照减一线去加氢和减一线去催化，二者做效益对比，结果如表 4 所示。

表 4 减一线加工去向不同全厂效益对比(2013 年 11 月 15 日炼油厂产品价格)

方案	方案内容						效益/(百万元/a)	利润/(元/t)
	原油品种	原油月加工量/kt	600kt/a 柴油加氢精制进料/(t/h)	1×10^3kt/a 汽柴油加氢精制装置进料/(t/h)	减一线去向	船燃产量/(t/h)		
1	达混:奎都:奥瑞特=9:27:2	260	70	115	加氢	4.22	-201.7	-66.5

续表

方案	方案内容						效益/（百万元/a）	利润/（元/t）
	原油品种	原油月加工量/kt	600kt/a 柴油加氢精制进料/（t/h）	1×10^3kt/a 汽柴油加氢精制装置进料/（t/h）	减一线去向	船燃产量/（t/h）		
2	达混：奎都：奥瑞特=9：27：2	260	65.77	115	催化	0	-142.3	-46.9
3	达混：荣重：奥瑞特=6：12：1	260	64.19	115	加氢	0	-214.3	-70.7
4	达混：荣重：奥瑞特=6：12：1	260	59.1	113.2	催化	0	-211.4	-69.7

从表4可以看出，在新的价格体系下，由于汽油、液化气、丙烯与柴油的价差拉大，减一线去催化加工的效益要好于去加氢加工的效益。因此在此种价格体系下，应该尽量安排减一线去催化加工生产汽油、液化气。

3 控制好减一线、焦化柴油95%点，保证效益最大化

目前减一线、焦化柴油95%点一般都从本装置的角度进行控制，大都控制在365℃左右，但从全厂角度考虑，这样控制是否合理，是否效益最大化，还是需要从全厂角度进行考虑。

运用全流程优化RSIM模型，测算减一线、焦柴95%点变化对全厂效益影响，原油品种选用原油品种荣重：达混=3：1，萨图恩：荣重=1：2，月加工量260kt。

选用炼油厂产品价格（不含税价）如表5所示。

表5 炼油厂产品价格（不含税价）

产品	裸税价/（元/t）	产品	裸税价/（元/t）
饱和液化气	6183.19	苯	8162.39
车用液化气	6114.16	船舶燃料油	4725.33
焦化液化气	6183.19	MTBE	6410.26
普通液化气	6183.19	石油焦	1117.95
90#汽油		硫磺	723.93
93#汽油	6441.17	丙烯	8846.15
97#汽油	6893.30	聚丙烯040	9555.56
0#柴油	5463.40	催化油浆	2252.95
-10#柴油	5854.85	燃料油供青炼	4725.33
石脑油	5931.62	溶剂油	5359.03

原油品种荣重：达混=3：1（月加工量260kt），根据减一线、焦柴95%点变化设计的测算方案如表6所示。

表6 减一线、焦柴95%点变化测算方案（荣重：达混=3：1月加工量260kt）

方案	方案内容					效益/（百万元/a）	利润/（元/t）
	600kt/a 柴油加氢精制进料/（t/h）	1×10^3kt/a 汽柴油加氢精制装置进料/（t/h）	减一线95%点/℃	焦柴95%点/℃	船燃产量/（t/h）		
1	66.45	115	345.1	343.3	0	1022.61	337.12
2	68.35	115	345.1	354.6	0	1026.66	338.46

续表

方案	方案内容					效益/(百万元/a)	利润/(元/t)
	600kt/a 柴油加氢精制进料/(t/h)	1×10^3kt/a 汽柴油加氢精制装置进料/(t/h)	减一线95%点/℃	焦柴95%点/℃	船燃产量/(t/h)		
3	69.75	115	345.1	363.4	0	1031.98	340.21
4	70	115	345.1	368.7	0.35	1032.97	340.54
5	68.37	115	355.2	343.3	0	1020.91	336.56
6	70	115	355.2	354.6	0.27	1022.89	337.22
7	70	115	355.2	363.4	1.77	1018.92	335.91
8	70	115	355.2	368.7	2.37	1018.19	335.67
9	70	115	365.5	343.3	0.72	1015.43	334.76
10	70	115	365.5	354.6	2.82	1004.57	331.18
11	70	115	365.5	363.4	4.32	1000.46	329.82
12	70	115	365.5	368.7	4.92	999.96	329.66
13	70	115	370.1	343.3	2.33	1003.82	330.93
14	70	115	370.1	354.6	4.43	992.92	327.34
15	70	115	370.1	363.4	5.83	989.33	326.15
16	70	115	370.1	368.7	6.43	989.46	326.20

将上述方案效益情况作图如图1所示。

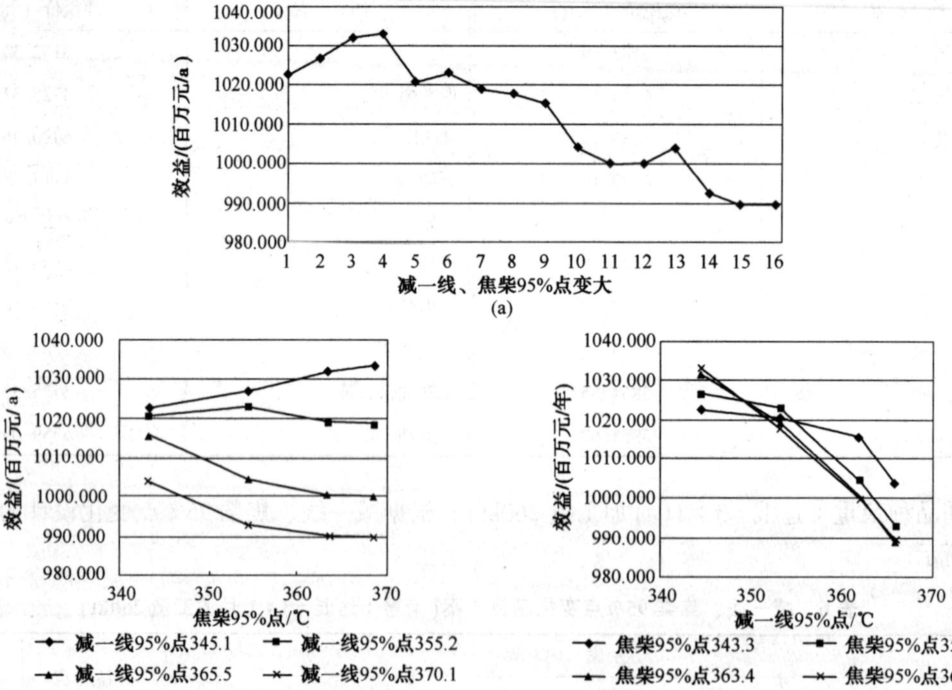

图1 各方案效益情况(一)

原油品种萨图恩：荣重=1：2(月加工量260kt)，根据减一线、焦柴95%点变化设计的测算方案如表7所示。

表7　减一线、焦柴95%点变化测算方案(萨图恩：荣重=1：2月加工量260kt)

方案	方案内容					效益/(百万元/a)	利润/(元/t)
	600kt/a柴油加氢精制进料/(t/h)	1×10³kt/a汽柴油加氢精制装置进料/(t/h)	减一线95%点/℃	焦柴95%点/℃	船燃产量/(t/a)		
1	64.02	115	347.3	343.4	8.747	609.57	200.96
2	66.12	115	347.3	349.4	7.7	618.82	204.01
3	69.42	115	347.3	363.5	6.3	636.28	209.76
4	70	115	347.3	368.9	6.22	640.70	211.22
5	67.59	115	357	343.4	6.8	623.00	205.38
6	69.59	115	357	349.4	5.9	630.95	208.01
7	70	115	357	363.5	7.29	629.98	207.68
8	70	115	357	368.9	7.8	630.72	207.93
9	70	115	367.1	343.4	6.6	625.37	206.17
10	70	115	367.1	349.4	7.6	620.58	204.59
11	70	115	367.1	363.5	9.5	616.77	203.33
12	70	115	367.1	368.9	10	617.19	203.47
13	70	115	371.9	343.4	7.93	617.63	203.62
14	70	115	371.9	349.4	8.93	613.21	202.16
15	70	115	371.9	363.5	10.83	608.96	200.75
16	70	115	371.9	368.9	11.33	609.52	200.94

将上述方案效益情况作图如图2所示。

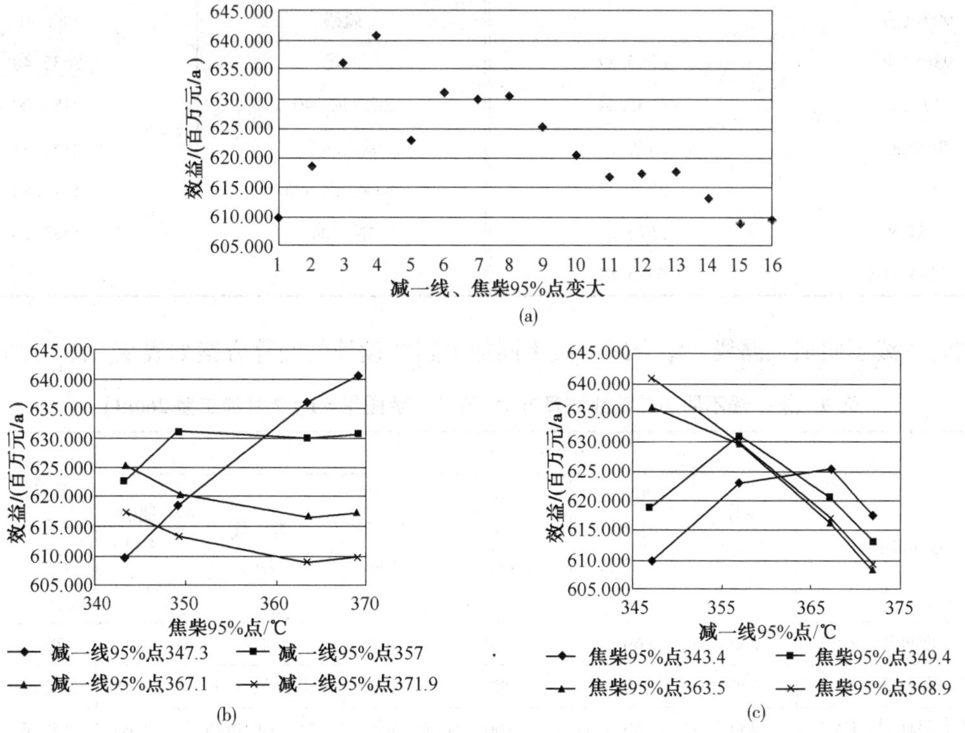

图2　各方案效益情况(二)

在这个价格体系下，加工原油品种荣重：达混=3：1，柴油十六烷值富裕，当减一线、焦柴95%点增加时，由于多产柴油，效益会增加，但增加量超出加氢负荷时，会产船舶燃料油，效益会下降。特别是减一线、焦柴同时提高95%点至370℃时，会生产较多的燃料油，效益最差。当减一线95%点较低，多产常压蜡油去催化加工，焦柴95%点较高，多产柴油去加氢时，效益较好。

加工原油品种萨图恩：荣重=1：2，柴油十六烷值不足，当减一线、焦柴95%点增加时，减一线、焦柴产量减少，加氢装置会加工较多的催化柴油，船舶燃料油减少，效益会增加。特别是当减一线95%点较低，多产常压蜡油去催化加工，焦柴95%点较高，多产柴油去加氢，少产船舶燃料油时，效益最好。

从这两种原油比例来看，基本是减一线95%点较低，焦柴95%点较高时全厂效益最好。因此，实际生产时要适当对减一线、焦柴95%点进行控制，控制减一线95%点在350℃，焦柴95%点在370℃。

4 多方案比选常一线加工去向，选择最优路线

常一线可能的加工路线去向有去加氢生产柴油，生产溶剂油，去催化做急冷油，做催化原料，生产喷气燃料组分等。需要对常一线这几种可能的加工路线进行全厂效益测算，以找出最好加工路线，提高企业经济效益。

运用全流程优化RSIM模型，对常一线这几种可能的加工路线进行全厂效益测算，原油品种选用奎都：萨图恩=1：2、奎都：萨图恩=1：3，月加工量260kt。

选用炼油厂产品价格(不含税价)如表8所示。

表8 炼油厂产品价格(不含税价)

产　品	裸税价/(元/t)	产　品	裸税价/(元/t)
饱和液化气	5901.77	苯	7777.78
车用液化气	5612.39	船舶燃料油	4744.82
焦化液化气	5901.77	MTBE	6410.26
普通液化气	5901.77	石油焦	1032.48
90#汽油		硫磺	982.91
93#汽油	6395.87	丙烯	8632.48
97#汽油	6845.44	聚丙烯040	9188.00
0#柴油	5450.58	催化油浆	2252.95
-10#柴油	5841.18	燃料油供青炼	4744.82
石脑油	5675.21	溶剂油	5487.24
喷气燃料组分	6395.87		

根据常一线不同加工路线，结合减一线不同加工路线设计的测算方案如表9、表10所示。

表9 常一线不同加工路线测算方案(奎都：萨图恩=1：2月加工量260kt)

方案	方案内容							效益/(百万元/a)	利润/(元/t)
	原油品种	原油月加工量/kt	600kt/a柴油加氢精制进料/(t/h)	1Mt/a汽柴油加氢精制装置进料/(t/h)	减一线去向	常一线去向	船燃产量/(t/h)		
1	奎都：萨杜恩=1：2	260	60	100	加氢	加氢	32	75.5	24.9
2	奎都：萨杜恩=1：2	260	60	100	加氢	急冷油5t/h	27.08	117.1	38.6
3	奎都：萨杜恩=1：2	260	60	100	加氢	急冷油10t/h	22.69	159.6	52.6
4	奎都：萨杜恩=1：2	260	60	100	加氢	溶剂油	26.30	116.6	38.4
5	奎都：萨杜恩=1：2	260	60	100	加氢	催化原料10t/h	23.30	168.7	55.6

续表

方案	方案内容						船燃产量/(t/h)	效益/(百万元/a)	利润/(元/t)
	原油品种	原油月加工量/kt	600kt/a柴油加氢精制进料/(t/h)	1×10^3kt/a汽柴油加氢精制装置进料/(t/h)	减一线去向	常一线去向			
6	奎都：萨杜恩=1：2	260	60	100	加氢	催化原料20t/h	14.09	265.1	87.4
7	奎都：萨杜恩=1：2	260	60	100	催化	溶剂油	18.21	174.7	57.6
8	奎都：萨杜恩=1：2	260	60	100	催化	催化原料10t/h	15.26	227.3	74.9
9	奎都：萨杜恩=1：2	260	60	100	催化	催化原料20t/h	6.441	324.9	107.1
10	奎都：萨杜恩=1：2	260	60	100	加氢	全做催化原料	0.51	405.2	133.6
11	奎都：萨杜恩=1：2	260	60	100	加氢	喷气燃料组分	3.81	417.5	137.6
12	奎都：萨杜恩=1：2	260	55.71	100	催化	喷气燃料组分	0	453.0	149.4

表10　常一线不同加工路线测算方案(奎都：萨图恩=1：3月加工量260kt)

方案	方案内容						船燃产量/(t/h)	效益/(百万元/a)	利润/(元/t)
	原油品种	原油月加工量/kt	600kt/a柴油加氢精制进料/(t/h)	1Mt/a汽柴油加氢精制装置进料/(t/h)	减一线去向	常一线去向			
1	奎都：萨杜恩=1：3	260	60	100	加氢	加氢	31.37	72.2	23.8
2	奎都：萨杜恩=1：3	260	60	100	加氢	急冷油5t/h	26.56	115.8	38.2
3	奎都：萨杜恩=1：3	260	60	100	加氢	急冷油10t/h	22.21	161.6	53.3
4	奎都：萨杜恩=1：3	260	60	100	加氢	溶剂油	25.55	116.0	38.3
5	奎都：萨杜恩=1：3	260	60	100	加氢	催化原料10t/h	22.67	166.6	54.9
6	奎都：萨杜恩=1：3	260	60	100	加氢	催化原料20t/h	13.64	268.4	88.5
7	奎都：萨杜恩=1：3	260	60	100	催化	溶剂油	17.48	174.1	57.4
8	奎都：萨杜恩=1：3	260	60	100	催化	催化原料10t/h	14.64	224.6	74.0
9	奎都：萨杜恩=1：3	260	60	100	催化	催化原料20t/h	5.82	326.1	107.5
10	奎都：萨杜恩=1：3	260	59.91	100	加氢	全做催化原料	0	402.3	132.6
11	奎都：萨杜恩=1：3	260	60	100	加氢	喷气燃料组分	2.74	420.9	138.8
12	奎都：萨杜恩=1：3	260	54.64	100	催化	喷气燃料组分	0	449.4	148.2

将上述2种原油加工品种，常一线、减一线不同加工路线，全厂效益情况作图7所示。

在这个价格体系下，这2种原油加工比例，减一线去催化加工，可以多产汽油液化气，降低船燃产量，在此基础上，常一线生产喷气燃料组分，船燃产量会进一步减少，效益最好。常一线做催化原料、常一线做催化急冷油也可以多产汽油液化气，降低船燃产量，效益也比较好。常一线做加氢原料生产柴油效益是最差的。

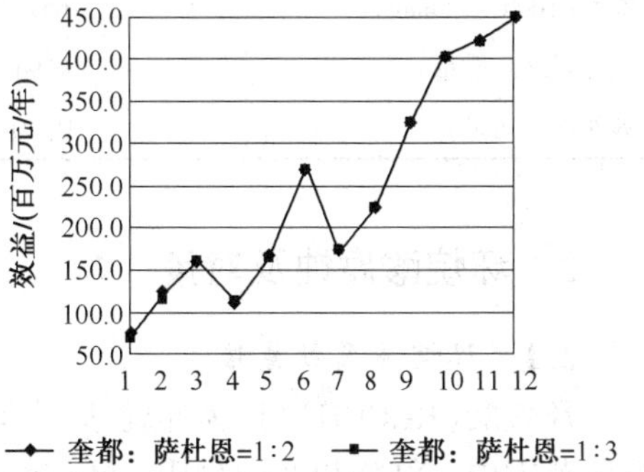

图7　常一线、减一线不同加工路线效益图

5　结论

在激烈的市场竞争中，运用好全流程优化工具，把握好每个优化机会，紧盯市场，紧盯产品价格，企业效益最大，不断发展壮大。

加工劣质原料延迟焦化长周期运行的探讨

张万河

(中国石化青岛石油化工有限责任公司，山东青岛 266043)

摘 要：分析了环烷酸的腐蚀机理以及装置关键部位的结焦原因。通过在原料系统大于220℃的高温部位以及加热炉对流段炉管采用316L材质，并控制加热炉对流室出口温度不低于380℃，减少了设备腐蚀；通过合理控制加热炉出口温度在498℃，并根据原料不同而及时进行调整以防止产生弹丸焦，同时根据处理量及时调整循环比和注汽量，控制炉管清焦周期在6~8个月，实现了加热炉的安全高效运行；通过优化操作控制焦粉携带，减缓了大油气线和分馏塔底的结焦。实现了装置的长周期运行。

关键词：延迟焦化 环烷酸 焦粉携带 结焦 长周期

1 前言

随着原油的不断开发利用，油品性质日益重质化、劣质化。高酸原油便是劣质原油的一种，近年来其产量占原油总产量的比重逐年增加。由于高酸原油比重大，轻质油收率低，加工过程中对设备产生严重的腐蚀等问题，一直没有较好的加工方法。为探索高酸原油的加工经验，青岛石化于2009年建成了高酸原油加工试验基地，其中1.6Mt/a延迟焦化装置是配套建设的加工高含酸渣油的焦化装置。设计采用一炉两塔、冷焦密闭循环的先进工艺。装置主体包括焦化、分馏、吸收稳定、产品精制、吹汽放空、冷焦水循环、除焦水系统七部分[1]。设计加工原料为高酸原油的减压渣油(主要原料性质见表1)，这些高酸渣油的特点是，密度、黏度大，酸值高，芳烃及胶质含量、金属含量高。高酸渣油结焦倾向严重且易形成弹丸焦。渣油中环烷酸含量高，对设备腐蚀严重，同时还造成焦炭塔泡沫层高，焦粉携带严重，影响装置的长周期运行。

表1 主要原料性质

项 目	高酸减压渣油	项 目	高酸减压渣油
密度(20℃)/(g/cm^3)	1.0232	四组分/%(质量)	
黏度(100℃)/(mm^2/s)	1652.2	饱和烃	16.7
		芳烃	36.9
硫含量/%(质量)	0.94	胶质	44.6
残炭/%(质量)	18.71	沥青质	1.8

2 环烷酸腐蚀及对策

2.1 环烷酸腐蚀原理

环烷酸(RCOOH)(R为环烷基)为原油中的一种有机酸，不是单纯一种物质，而是集中在一定馏分范围内，结构相似的物质。环烷酸是环烷基直链羧酸，其中五、六环为主的低分子量环烷酸腐蚀性最强。环烷酸在低温时腐蚀不强烈，一旦沸腾，特别是在高温无水环境中，腐蚀最激烈，腐蚀反应按下式进行：

$$2RCOOH+Fe \longrightarrow Fe(RCOO)_2+H_2\uparrow$$

$$FeS+2RCOOH \longrightarrow Fe(RCOO)_2+H_2S\uparrow$$

由于$Fe(RCOO)_2$是一种油溶性腐蚀产物，能为油流所带走，因此，很难在金属设备表面上形成保护膜，即使形成硫化亚铁保护膜，也会与环烷酸发生反应，而完全暴露出新的金属表面，使腐蚀继续进行。

环烷酸腐蚀速率与环烷酸结构、浓度、工艺介质的温度及流速、设备材质等因素有关。环烷酸腐蚀受温度影响很大，环烷酸在常温下对金属没有腐蚀。但在高温下与铁生成环烷酸铁，引起强烈腐蚀。环烷酸腐蚀有2个高峰区[2]，一般环烷酸腐蚀开始于220℃，以后随温度的升高而腐蚀加剧，270~280℃时腐蚀性很强，以后随温度上升而减弱。但在350~400℃时，腐蚀急剧增加，400℃以后环烷酸已分解，已无环烷酸腐蚀。

2.2 环烷酸腐蚀的对策

2.2.1 提高设备材质

根据环烷酸的腐蚀机理，装置在材质选择上重点对炉管和原料系统220℃以上的部分进行了提高，主要材质选择如下：

① 焦炭塔选材　焦炭塔设计材料选择铬钼钢14Cr1MoR，上部选用14Cr1MoR+0Cr13复合板。

② 分馏塔选材　焦炭塔设计材料选择Q235R+06Cr13复合板，塔内件选用内件0Cr13。

③ 管道和高温换热器选材　原料系统大于220℃的高温换热器材质采用316L。在装置其它高温部位，柴油抽出以下部位高温介质所接触部位的抽出管道，采用1Cr5Mo材质，换热器管束采用00Cr19Ni10材质，提高设备的抗腐蚀能力。

④ 加热炉炉管选材　对流段炉管选用316L，辐射段炉管选用1Cr9Mo，提高加热炉炉管的抗硫、抗酸腐蚀和抗高温氧化能力。

2.2.2 优化工艺操作

加热炉辐射段炉管选用1Cr9Mo，因此控制好对流室出口的温度对减少辐射段炉管的腐蚀尤为重要。

(1) 合理控制循环比

在相同的操作条件下，加热炉入口温度提高则对流室出口温度也相应提高。加热炉入口温度的高低主要受换热终温和循环比的影响，如图1所示，粗黑线为调节循环比的流程。在实际生产中换热流程确定和操作平稳时换后终温变化不大，而循环比的大小对加热炉入口温度影响较大。在分馏塔底温度控制在365℃，基本保持不变，换后终温一般在300℃，从表2可以看出，提高循环比将明显提高加热炉入口温度，从而提高了对流室出口温度。

表2　不同循环比下加热炉对流室出入口的温度

项　目	循　环　比			
	0.1	0.2	0.3	0.4
新鲜进料量/(t/h)	170	170	170	170
换后终温/℃	300	300	300	300
对流室入口温度/℃	304	309	313	317
对流室出口温度/℃	373	378	383	387

由于生产中随着循环比的提高，会造成焦炭产率、装置能耗增加。所以在操作中一般控制循环比在0.2~0.3。在生产中需要根据辐射室入口管线的腐蚀检测情况不断优化循环比，以进一步降低焦炭产率，提高装置液收。

(2) 优化对流室入口注汽量

对流室炉管注汽的目的是为了提高渣油在炉管内的流速，防止炉管结焦。但流速的提高降低了渣油在对流室的停留时间，也就缩短了渣油的加热时间，影响对流室出口温度。从表3可以看出，在保持循环比为0.25，对流室入口温度不变的前提下，降低对流室入口注汽量，对流室出口温度将升高。

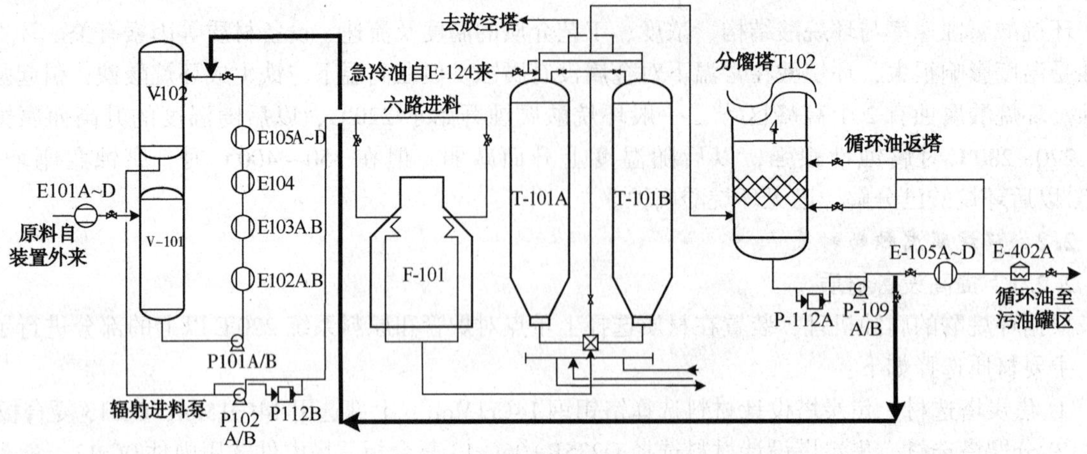

图1　循环油流程示意图

表3　对流室入口不同注气量下对流室出口的温度

项　目	对流室入口注气量/(kg/h)				
	70	80	90	100	120
对流室入口温度/℃	311	311	311	311	311
对流室出口温度/℃	385	383	379	376	369

降低对流室入口注气量，能提高辐射段入口的温度，防止环烷酸对辐射炉管的腐蚀，但对流室入口注气量如果降得过低，将增加对流炉管的结焦趋势，同样影响焦化炉的长周期运行。结合生产实际，确定最佳对流室入口注气量为80kg/h。加热炉对流室出口温度控制在380℃以上。

2.3　运行检测

根据环烷酸腐蚀的特点，找出装置腐蚀的重点部位，并定期进行测厚，以跟踪装置的腐蚀情况。表4为重点部位的测厚数据，从表中可以看出装置环烷酸腐蚀的高危部位都在可控范围内。由于定点测厚的局限性，在操作中需要加强薄弱环节的检测和预防，减少环烷酸对装置的腐蚀，保证装置的长周期运行。

表4　焦化装置重点部位测厚数据

管线名称	类型	材质	公称壁厚/mm	操作温度/℃	介质	2011年监测壁厚/mm				腐蚀速率/(mm/a)
						1月	3月	6月	9月	
E105C壳程出口	三通	316L	9.5	240	原料渣油	9.21	9.23	9.22	9.19	0.08
辐射进料泵P102A出口	弯头	316L	7	310	混合渣油	7.63	7.64	7.63	7.65	0
辐射进料泵P102B出口	弯头	316L	7	310	混合渣油	7.42	7.42	7.43	7.41	0.02
对流转辐射室弯头1	弯头	Cr9Mo	11	380	混合渣油	11.94	11.90	11.82	11.80	0.20
对流转辐射室弯头2	弯头	Cr9Mo	11	380	混合渣油	10.67	10.65	10.59	10.55	0.20
对流转辐射室弯头3	弯头	Cr9Mo	11	380	混合渣油	11.57	11.55	11.49	11.45	0.20

3　装置内重点部位的结焦及对策

焦化是焦炭化的简称，是重质油(如重油，减压渣油，裂化渣油等)在高温条件下进行裂解和缩合反应，产生不凝气、汽油、柴油、蜡油和石油焦的过程。渣油在通过加热炉时，采用高的流速和较高的加热强度，使油品在短时间内获得焦化反应所需的热量，并迅速离开加热炉管进入焦炭塔内进行裂解、缩合反应。焦化的反应机理决定了结焦是不可避免的，在生产中操作的关键是控制原料油在加热炉管中基本上不发生裂解和缩合反应，而延缓至专设的焦炭塔中反应。加热炉炉管、焦炭塔大油气线、分馏塔底等部位的结焦直接关系到装置的长周期运行，在生产中需要重点加以控制。

3.1 加热炉炉管结焦的对策

3.1.1 合理控制炉出口温度

加热炉出口温度不但影响炉管的结焦程度，而且也影响装置的液体产品收率，是焦化装置重要的操作参数。提高液体产品收率，应采用较高的加热炉出口温度，但结焦程度会增加，影响开工周期。由于高酸原油渣油的胶质、重金属含量高，是一种热稳定性较差，容易快速生焦的劣质原料，在操作中需要保证炉管结焦速率可控的前提下，尽量提高炉出口温度，以达到较高的液体收率，提高装置的经济效益。在原料性质、加工量、注气量不变，循环比为 0.25 时，考察了装置炉管表面温度增长率(图 2)和液体收率(图 3)随炉出口温度的变化情况。从图 1 可以看出炉出口温度每提高 2℃，炉管表面温度每月增高约 5℃。从图 2 可以看出炉出口温度每提高 2℃，装置的液体收率可以提高约 0.7%。为保证装置的液体收率，提高装置经济效益，经过对不同操作温度的对比，确定炉出口温度为 498℃，炉管表面温度每月增高约 12℃，控制炉管清焦周期在 6~8 个月。同时在原料性质发生变化时及时调整炉出口温度，防止产生弹丸焦。通过合理控制炉出口温度，既保证了加热炉的长周期运行，又提高了反应苛刻度，提高了装置液体收率。

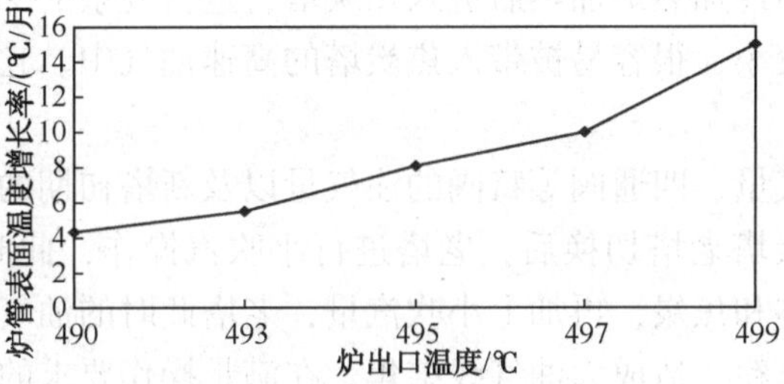

图 2 炉管表面温度增长率随炉出口温度的变化

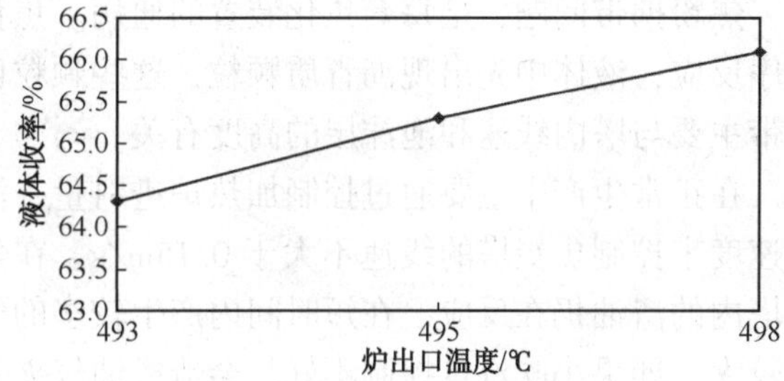

图 3 装置液体收率随炉出口温度的变化

3.1.2 控制好炉管流速

焦化加热炉炉管内，随着 3 点注汽量、油品的汽化和裂化量的增加，实际流速会逐渐增大，一般从 5m/s 到 50m/s，流型也会由泡状流到雾状流(设计冷油流速为 2.0m/s)。不希望出现分层流、液节流。在实际生产中焦化装置物料来源具有不稳定性，也就是说，焦化物料的波动性很大。所以，辐射进料在加热炉管内的停留时间波动性也比较大，流速不稳定。车间根据生产实际，在低处理量时为了保证辐射量和炉管的流速通常采用提高循环比和适当提炉管注气量的操作。在提高循环比时，辐射量的重油组分增加，炉管流速增大，炉负荷增加。对于辐射室入口注汽而言，是保证炉管不结焦的关键所在，根据辐射进料量及时调整辐射入口的蒸汽注入量，以保证炉管内 426℃以上段的停留时间不大于 45s。控制参数见表 5。

表 5 不同处理量下的循环比和注气量

项　　目	低处理量	正常	大处理量
新鲜进料量/(t/h・支)	22~25	26~29	30~32
循环比	0.35	0.25	0.15
辐射进料量/(t/h・支)	32~35	36~39	40~42
对流室入口注汽量/(kg/h・支)	80	80	80
辐射室入口注汽量/(kg/h・支)	380	350	320
辐射室出口注汽量/(kg/h・支)	90	85	70

3.1.3 加强管理，平稳加热炉操作

焦化加热炉是1炉3室6路进料的双面辐射立式炉。在日常操作中加强炉子管理，控制好炉火，保持所有燃烧器燃烧正常，火焰高度、颜色等保持一致，严禁火苗直扑炉管。控制6炉进料各参数稳定一致，防止偏流或局部过热引起的局部结焦现象。烟气氧含量控制在2%~3%之间，炉膛温度控制不超800℃，最高炉管表面温度控制不超630℃。根据操作情况在炉膛或炉管表面温度接近上限时及时安排炉管机械清焦，保证炉管的使用寿命。

通过以上控制措施，加炉热2年多来一直运行平稳。加热炉入口压力稳定，炉6路出、入口压降维持在1.0~1.2MPa之间，未出现明显增大趋势。期间根据操作情况进行了1次炉管烧焦，2次炉管机械清焦，实现了加热炉的安全高效运行。

3.2 焦炭塔大油气线结焦的对策

焦炭塔大油气线的结焦与塔顶油气温度和焦粉携带关系较大，在操作中主要从稳定焦炭塔顶温度和减少焦粉携带两个方面进行控制。

3.2.1 稳定焦炭塔顶温度

焦炭塔顶急冷油的作用是降低焦炭塔的塔顶温度，洗涤高温油气中的焦粉，提高大油气线油气线速。急冷油注入位置、方式、性质、温度对焦化大油气线的结焦影响较大。为保证急冷油的洗涤效果，除在焦炭塔顶油气线出口下方设置3个注入点，还在油气线出口增加了1个专利喷嘴。在焦炭塔生产期间4个喷嘴同时注入，这样急冷油既可以降温，同时又起到洗涤焦粉的作用。

3.2.2 控制焦粉携带

焦粉携带问题，是每套焦化装置的通病。焦化油经加热炉加热后进入焦炭塔，进行复杂的平行顺序反应，液体中先出现沥青质颗粒，这些颗粒比较小，很容易被带入焦炭塔的高速油气中。它的夹带主要与塔内线速和泡沫层的高度有关。

在正常生产中主要通过控制加热炉进料量、注气量、四通阀等特阀的注气量以及新塔初期的预热速度来控制焦炭塔的线速不大于0.15m/s。在焦炭塔老塔切换后，老塔进行小吹汽操作，此时，老塔内的渣油仍在反应，在短时间内产生较多的气体和焦炭，再加上小吹汽量，老塔此时的油气线速较大。如果小吹汽量控制不好，会造成油气夹带焦粉，造成大油气线结焦。在满足操作要求的前提下，小吹汽量尽量低控。经过操作优化将小吹汽量控制在4t/h，比设计降低了3t/h。在焦炭塔预热初期，由于新塔内压力较低，预热阀的开启阀位大小也直接影响焦粉携带。预热时老塔内的料位已经较高，如果预热阀开启过大会造成老塔压力突然降低，塔内油气线速突然增大，造成短时间内携带大量焦粉。在预热初期一般控制老塔的塔顶压降不大于0.005MPa，避免了油气线速突然增大，减少了焦粉携带。

高酸渣油中的芳烃含量高，其中的环烷酸容易发泡，造成焦炭塔的泡沫层比同类装置高2m左右。在生产中采取加热炉变温操作，在切塔前4h，将加热炉出口温度提高2℃。通过提高加热炉出口温度，焦炭塔内的反应温度提高，反应深度增加，泡沫层相应降低，减少了焦炭塔焦粉携带。在生产中还通过稳定焦炭塔顶压力、严格控制消泡剂注入量和注入时间以及根据焦高及时缩短生焦周期保证焦炭塔空高等操作，来减少焦炭塔的焦粉携带。

3.3 分馏塔底结焦的预防

分馏塔底结焦主要有两方面的原因，一是从焦炭塔出来的大油气线携带焦粉。二是塔底温度过高，塔底循环油自身产生的裂解、聚合反应。

减少焦粉携带有利于减缓分馏塔底结焦，原因是沉淀到分馏塔底的焦粉颗粒对塔底循环油具有吸附作用，给循环油液滴聚结提供了核心，含焦粉的液滴碰撞合并加速了沉降速度并集于塔底死区，形成焦子。因此，减少焦粉携带对分馏塔底的结焦具有重要意义。

分馏塔底循环油富含芳烃，在高温下极易发生聚合反应，如果温度降低，从反应动力学角度分析，聚合反应速度会降低。从上面图1可以看出，分馏塔底循环油分2路返塔。上返塔主要是脱除油气过热和洗涤焦粉作用，温度控制过低或量过大，会造成循环比过大影响产品收率。下返塔主要是控制塔底温度和增大塔底循环的作用。在循环油温度一定下，增大下返塔量可以降低分馏塔底温度。通过循环油下返塔控制分馏塔底温度在360~365℃。

增大分馏塔底油的回炼，降低分馏塔底液位，减少分馏塔底油的停留时间，对减少分馏塔底结焦也有一定的作用。通过采取以上措施，分馏塔底运行良好，结焦趋势不明显，分馏塔底过滤器基本上一年切出清理一次，每次清出的焦粉约占过滤器的1/3左右。

4 结论

根据环烷酸的腐蚀特性，在原料系统大于220℃的高温部位以及加热炉对流段炉管采用316L材质，并通过控制加热炉对流室出口温度不低于380℃，减少了设备腐蚀，实现了装置长周期运行。

合理控制加热炉出口温度在498℃，并根据原料不同而及时进行调整以防止产生弹丸焦，同时根据处理量及时调整循环比和注汽量，控制加热炉炉管清焦周期在6~8个月，既提高了装置液体收率又实现了加热炉的安全高效运行。

通过优化操作控制焦粉携带，减缓了大油气线以及分馏塔底的结焦趋势。开工以来装置运行稳定，未出现影响装置长周期运行的结焦现象。

参 考 文 献

[1] 中国石油化工设备管理协会设备防腐专业组，石油化工装置设备腐蚀与防护手册[M]. 北京：中国石化出版社，2001.

连续混炼机长周期运行存在问题及改进措施

李成志　王晓飞

(中国石化天津分公司，天津　300271)

摘　要：介绍了对天津石化分公司烯烃部聚乙烯装置关键设备 Y-7001X 连续混炼机进行运行优化并降低能耗的措施，提高了机组运行质量和稳定性。对混炼机的长周期运行优化、维护管理提出了建议，可供同类机组借鉴和参考。

关键词：混炼机　扩能改造　比能耗　优化管理

1　前言

天津石化 60kt/a 的聚乙烯装置，引进美国 UCC&P 公司提供的 Unipol 专利技术和工艺包，由天津联化公司和中国石化总公司联合承包、大庆石化设计院设计，于 1995 年开车。2001 年，装置采用自主开发的气相流化床聚乙烯冷凝技术进行扩产改造，规模达到 120kt/a，改造时新上造粒系统一套、老造粒系统停用。新造粒系统的连续混炼机 Y-7001X 为新上造粒系统中关键设备。

聚乙烯装置连续混炼机 Y-7001X 为 CMP320 型双螺杆混炼机，属混炼机+齿轮泵机型，是造粒工段将聚合工段来的聚乙烯粉料进行混炼并水下切粒、造粒的设备，额定生产能力 15t/h。该机组 2001 年由日本制钢所(JSW)生产。机组主要由主电机、主减速箱、混炼机、熔融泵、换网器、模板、切粒机、启动装置以及其他辅助装置组成。混炼机机组主电机额定功率约 2800kW、熔融泵功率为 450kW。混炼机机组在生产过程中如果发生故障停车 3h 以上，由于粉料包装能力限制及产品规格要求方面的限制聚乙烯装置就必须降低负荷运行，装置的能耗、物耗就会迅速上升、装置的经济效益也将受到很大影响。混炼机频繁停车造成物料损耗，每次开停车大约浪费聚乙烯树脂 0. 8t，同时也增加了电能消耗。因此，连续混炼机机组的长周期稳定运行对聚乙烯装置意义重大。

2　挤压造粒工艺系统的工艺流程

来自于脱气仓的粉料树脂经过破块器、振动筛后和来自于添加剂系统的添加剂一起进入到混炼机料斗中，经过混炼机 2 根相互咬合的螺杆混炼后，通过剪切和挤压呈熔融的状态(通过调节间隙可以改变混炼温度和出口压力)。高温的熔融树脂经过熔融泵的增压通过换筛器的筛网过滤除去杂质，过滤后的洁净熔融树脂进入模板并被从细孔中挤出、进入切粒机封闭水腔，紧贴着模板的旋转切刀将模板挤出的物料在切粒水室内切成一定规格的树脂颗粒，并被循环的脱盐水冷却，颗粒和脱盐水通过颗粒水泵打入到干燥器，树脂颗粒在脱块器、离心干燥器经过除块、脱水干燥后通过风机送入产品料仓。挤压造粒系统工艺流程见图 1。

3　影响混炼机机组长周期运行的主要因素

2001 年开车以来，混炼机机组本身以及相关系统造成机组非正常停车 700 多次。从 2001 年运行到 2009 年，混炼机机组运行质量较差，特别是 2004 年和 2005 年造粒机组停车次数达到 233 次和 235 次，平均每周停车 2~3 次。机组非正常停车包括多方面因素：设备设计因素、设备老化因素、工艺生产方面因素和人员操作因素等。

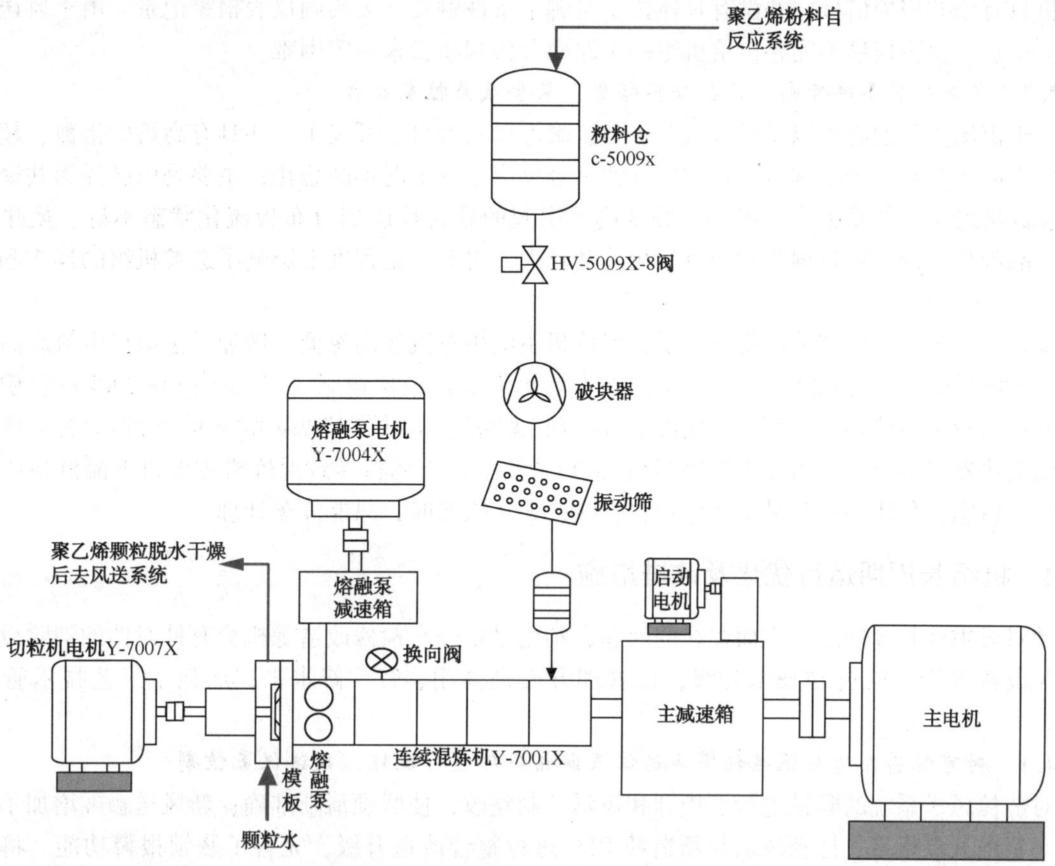

图 1　挤压造粒系统工艺流程

3.1　机组原始设计等方面存在一定不足

CMP320 型双螺杆(转子)混炼机，螺杆为单支撑悬臂结构，其结构相对简单、占地面积小、但是机组相对双支撑结构机组故障率较高，对设备操作、运行维护和检修水平要求都比较高；双支撑混炼机虽然在前期设备购置费用较大，其运行比较稳定可靠；目前，聚乙烯行业混炼机单支撑机组逐步被双支撑结构混炼机取代。

机组在低负荷运行或加工树脂的熔融指数较大时，造成机组筒体内熔融树脂的温度升高，熔融树脂相当于轴承的润滑油，高温使树脂运动黏度降低，树脂膜支撑力减小，螺杆容易发生“摆臂”现象造成与筒体额外摩擦。2007 年，混炼机发生一根螺杆传动轴断裂事故。

主电机裕量大，机组比能耗高。该混炼机机组主电机及传动系统在设计上有超过正常 10%~15%的余量。而在机组达到 15t/h 的额定生产能力时，主电机电流仅达到 180A，远低于 283A 的报警电流，导致机组能耗较大。双转子连续混炼机具有较优异的轴向混合特性、混合效果柔和且分布混合效果优异。但由于机组的负荷相对较低，四段筒体内熔融树脂有时处于未充满状态，机组熔融泵入口位置压力波动较大、负值频率较高，机组内部噪音较大；造成熔融泵转数同步波动，熔融泵的变频器经常处于满负荷状态、故障率较高(变频器在夏季需增加临时通风降温措施)。

由于机组现场仪表探头较多、设备外表结构较复杂，而已有的保温材料又过于厚重，因此从 2001 年开车以来一直没有对机组筒体外表进行保温，造成大量由电能转化的热能损耗。

混炼机机组的模板加热原始设计为 3.5MPa 高压蒸汽加热，模板温度只能达到 136℃、无法精确控制模板温度，正常生产和新品的试验受到设备能力的限制。

机组相关仪表系统方面存在缺陷：混炼机机组本身的报警 59 个、联锁有 50 个，另外还有其他相关系统的可间接导致机组停车联锁 20 多个；原始设计中，与混炼机相关的造粒风送系统仪表的联锁设置存在问题。2011 年有几次混炼机机组停车后，造粒控制系统(控制混炼机机组相关系统)

上位机只有公共报警信号，并没有具体指示是哪个条件触发，无明确仪表报警记录。由于风送系统没有上位机，报警信息不完善，给机组停车原因分析判断带来一定困难。

3.2 装置工艺条件苛刻、产品切换频繁，聚合反应控制较差

由于市场竞争的需要以及经济效益压力，聚乙烯装置自主开发了一些具有高熔融指数、超低密度等特点的新产品。产品牌号频繁切换导致聚合反应系统情况不断恶化，主要是以己烯为共聚单体产品和高熔融指数产品生产间隔小、频次高，引起的聚合反应器分布板流化状态不好、换热器堵塞。产品牌号不同、粉料树脂的熔融指数波动较大，也在一定程度上影响了造粒机组的操作和稳定运行。

聚合反应控制不好会造成粉料结块，混炼机主电机电流忽高忽低，增加了主电机电流高高报警联锁停车的危险。2001~2009 年，振动筛处平均每天截余结块树脂 3~5 袋(150~200kg)。粉料树脂中的块料较多易使料仓底部、破块器上方出现“架桥”、破块器堵塞影响下料(粉料中有大块可直接造成破块器过载停车并引发机组停车)；造粒系统下料不畅将导致混炼机主电机电流低报联锁停车。粉料树脂膨化块多还容易堵塞包粉料管线，无法吹通时，只能停车处理。

4 机组长周期运行优化及改进措施

针对机组在长周期运行方面存在的问题，利用设备停车检修改造等机会有针对性的消除设备缺陷、对设备进行了改进和技术升级，在管理方面提高用、管、修水平；加强了工艺技术管理与攻关。

4.1 对可能造成造粒混炼机停车的仪表联锁条件进行梳理、改进仪表控制

对造粒风送系统的联锁进行了梳理和逻辑控制整改，使联锁清晰准确；新风送触屏增加了确认按扭、新增五点报警，把新风送与新造粒 PLC 进行整合改造升级，完善了联锁报警功能。将颗粒水流量仪表的联锁引压管从蒸汽伴热改为电伴热，提高了测量的稳定性，避免了原来冬季寒冷季节存在的误联锁隐患。把误动作或误碰后能够造成停车的几个紧急停车按钮在控制台上都加装了透明保护罩；将控制系统上位机进行设备更新，避免了上位机“死机”情况发生。

4.2 机组简体表面进行新型保温材料保温。

2011 年 3 月，对混炼机筒体、熔融泵外表进行了 T 型保温涂料保温。T 型保温涂料是一种集保温、隔热、防火、节能等各项性能于一体的新型保温材料，特别适用于传统保温材料较难施工或几何形状复杂的异型设备。T 型保温涂料保温厚度只有传统保温材料的 1/3~3/5，可实现保温层与被保温设备的整体密封。采用 T 型保温涂料，机组至少减少热量散失 80%。

4.3 混炼机机组扩能改造

2001 年聚乙烯装置扩产改造为 120kt/a，混炼机 Y-7001X 投入运行。刚投产时，聚合工段的聚乙烯粉料可完全造粒，但是经过工艺优化调整，到 2005 年聚乙烯产量达 140kt/a，其中 20kt/a 粉料无法造粒，每年造成 400 多万元效益流失。经过计算和对机组各设备参数的复核，认为在不改动机组主电机和熔融泵的情况下，仅投入较少资金对模板进行扩能改造即可。在 2012 年 8~9 月聚乙烯装置停车大修期间，将模板的 3.5MPa 蒸汽加热改为更加成熟可靠的热油加热，新增了热油控制系统。同时，更新了模板、扩大了模板的生产能力，保持模板外形及连接尺寸不变，孔数从 1360 个增加到 1640 个(提高 20%造粒能力)，并将切粒机切粒刀由原来的 12 把增加为 16 把。

4.4 优化聚合反应减少聚乙烯粉料结块

为了减少聚乙烯粉料结块，对聚乙烯催化剂的配制、原料净化、聚合反应器参数的设定等方面都加强了管理。改良了催化剂配方、加强反应器流化状态的控制，规范反应器冷剂量持续微量注入方式，合理控制反应器料位，解决了对反应系统及后系统影响较大的反应器排料口结块、饼状粉料结块，并对反应器次要结块包括反应器器壁结片、催化剂分布不均匀结块、分布板堵塞造成结块、冷剂注入量大导致结块、露点操作引起分布板堵塞结块、产品出料罐中结块、静电结片提出了解决

措施和监控判断方法，有效减少聚合反应器的结块数量。

4.5　加强设备特级维护、改进操作

制定连续混炼机 Y-7001X 的特级维护方案，机、电、仪、管、操特护人员每天按时巡检，及时准确的了解和掌控设备运行情况。根据生产不同牌号而引起的工况变化及时调整工艺参数(筒体温度、筒体间隙和熔融泵入口压力、温度)，使机组运行在最佳状态。车间对造粒机组关键运行参数进行摸索和总结，不断调整优化操作，结合统计的数据和经验完善机组操作法，有针对性的固化操作。加强岗位人员培训，提升操作技能。

5　优化运行、改进措施实施后效果

5.1　增加T型保温后、达到机组节能与提高运转质量两个方面效果

机组筒体加 T 型保温后，设备筒体外表温度从 260℃下降到 40℃左右，减少了热能无谓损耗，工作环境温度降低，极大改善了工作条件。增加 T 型保温后，节电效果明显。以生产最普通的 DFDA-9020、9085 牌号树脂为例，每年可节约电能 75600kW · h。保温前机组的模板和筒体需要加热才能达到温度要求，增加 T 型保温后节约了大量蒸汽；保温后每年可节约 3.5MPa 蒸汽 1700t。

增加 T 型保温后机组筒体内部温度明显升高，机组四段筒体内部温度由 210℃上升至 250℃，筒体间隙放大 5mm。在生产牌号、机组负荷相同情况下，熔融泵入口温度由 188℃上升至 195℃，说明树脂熔融情况良好，树脂的混炼效果提升，树脂可以更加平滑、连续稳定地到达泵入口；机组运行更加平稳。

5.2　机组生产能力和产品适应性提高

2012 年 9 月 大修期间，对混炼机机组进行了模板热油改造和模板扩能改造，模板温度从原来只能达到 136℃，提升为从 DCS 精确控制在 120～160℃。机组生产能力从 15t/h 提高到 16.5～17.0t/h，机组产能增加 13%。主电机电流从 180A 增加到 190A，电能比原设计额定工况增加 6%。混炼机机组模板扩能改造后每吨产品能耗下降 7%左右。机组负荷提高后，筒体噪音下降明显、熔融泵入口压力波动幅度减小，机组运行质量得到改善。

5.3　机组运行平稳、经济效益显著

经过工艺调整优化，聚乙烯粉料结块情况明显改善。2010 年开始粉料树脂中膨化块明显下降，到 2011 年、2012 年以后平均每天结块不到 1 袋。经过精心维护、认真操作，2011 年该造粒机组创造了连续运行 65 天的记录，2012 年连续运行 88 天，2013 年创造了连续运行 102 天的长周期运行新记录。据测算，每减少一次机组停车可减少 1.38 万元损失，最近 3 年由于长周期运行，机组减少损失在 20～30 万元左右。机组扩能改造后，聚乙烯粒料生产能力增加，每年产生的经济效益 320 万元。两年来，车间新增加了 11 个牌号产品的造粒，其中 TJZS-2650 牌号产品填补了国内空白。2013 年，相对于普通牌号产品，聚乙烯新产品多创效 800 多万元。

6　不足方面

机组目前仍需要停车进行人工更换熔融泵前过滤网，下一步可实施不停车自动换网技术改造减少停车次数。机组缺少在线熔融指数分析仪，无法及时根据熔融指数情况调整设备运行控制参数，以后可增加在线分析仪器，及时优化机组操作。针对夏季熔融泵变频器故障率高的情况，在没有彻底解决熔融泵入口压力波动大的情况下，可以增加变频器在线备台，减少机组的故障停车时间。混炼机机组控制系统为 PLC 控制系统(ABPLC5/40)已连续运行 10 年以上，卡件严重老化，备件采购困难，可考虑升级为 DCS 控制，提高控制系统安全性、稳定性、更有利于机组长周期运行。

7　结语

通过对机组仪表系统改进、对混炼机筒体外表增加了 T 型保温，并进行了机组模板加热热油

技术改造、模板扩能改造，工艺优化、管理改进等措施，实际运行证明，混炼机机组节能降耗，提高了机组运转质量和运行周期；机组生产的品种增多，产品产量、质量得到提高；装置效益增加。目前，聚乙烯产品的国际国内市场竞争非常激烈，小规模的装置要在竞争中生存必须不断提高产品竞争力；装置的关键设备高产能、低能耗、高可靠性方面的能力和技术必须瞄准先进并为这一前提服务。

参 考 文 献

[1] 孔令江. 聚乙烯生产中熔融泵变频器的更新及应用[J]. 河北化工，2012，35(8)：78-79，88.
[2] 吴大鸣. 塑料混炼设备的研发及应用进展[C]//塑料加工技术高峰论坛论文集，2005.
[3] 俞长庚，贾朝阳，曹军凯. 大型挤压造粒机组节能改造技术研究[J]. 化工机械，2010，37(4)：85-88，94.
[4] 赵晶. 大型聚烯烃装置挤压造粒机组的选择[J]. 石油化工设备技术，2008，29(1)：39.

改性沥青烟气处理装置的设计及运行影响因素分析

刘洪安　王红祥

(中海沥青股份有限公司，山东滨州　256601)

摘　要：改性沥青生产过程中烟气不处理或不达标排放，其组分对环境造成污染，对人体造成危害。中海沥青股份有限公司根据改性沥青烟气排放量、富集点、烟气的组分，设计了投用了烟气处理系统，烟气净化效果达到了97%。虽然增加了物耗与能耗，没有创造经济效益，但避免了二次污染，创造了良好的社会效益。

关键词：烟气　洗涤　净化　运行

1　前言

改性沥青生产过程中，高温时释放出一定量的烟气，其组分极为复杂，主要是多环芳烃类物及少量氧、氮、硫、磷的杂环混合物，其中，有害成分为酚、蒽、萘及微量的苯并芘。烟气中的挥发物排放到大气中，成为大气污染物之一。烟气经呼吸道和皮肤进入人体，引起头晕、胸闷、心悸、畏光、流眼泪、急性光敏性皮炎等中毒症状。

对改性沥青烟气进行处理关系到员工的身心健康和环境保护，势在必行。

2 装置设计

2.1　设计原理

建造两个填料洗涤塔，圆筒形塔体内有填料、液体分布器、支撑板等组成。工作原理为高温烟气冷却后，经引风机引入1#塔内，烟气与低温溶剂油逆向流动，溶剂油自塔上部进入，经液体分布器在填料表面形成膜状下流。烟气自塔底进入，沿填料的缝隙上升，气、液两相接触传质、传热而净化烟气；部分烟气不能被完全吸收，剩余的烟气进2#塔，烟气与碱液逆向流动，碱液自塔上部进入，经液体分布器在填料表面形成膜状下流。烟气自塔底进入，沿填料的缝隙上升，气、液两项接触传质、传热达到净化剩余烟气的目的。

物理变化：烟气+低硫溶剂油=含硫含氮溶剂油

主要化学反应：硫化物+$2NaOH=Na_2S+2H_2O$

2.2　设计流程

改性沥青装置和罐区高温有害气体→冷却→集液罐→引风机→有机溶剂吸收塔去除有机有害物质(油分、苯化合物等被吸收富集)→碱液吸收塔去除无机有害物质(硫化物)→无害化排放。

有机物被溶剂富集后可以作为炉子的燃料烧掉或进入污油池统一处理。废液可以送到有资质的环保处理站进行处理，见图1。

2.3　烟气收集量

根据改性沥青生产实际情况、反应釜数量、沥青进料速度，每个反应釜烟气产生量 $V_1=60\text{m}^3/\text{h}$。故总排放烟气量 $V_a=10\times60=600\text{m}^3/\text{h}$；烟气设备开启时，罐体处于负压状态，由于罐体不是完全封闭的，会有部分空气进入烟气管道，保守预计每个呼吸口引风量为烟气量的3倍，则：$V_b=3\times600\text{m}^3/\text{h}=1800\text{m}^3/\text{h}$。

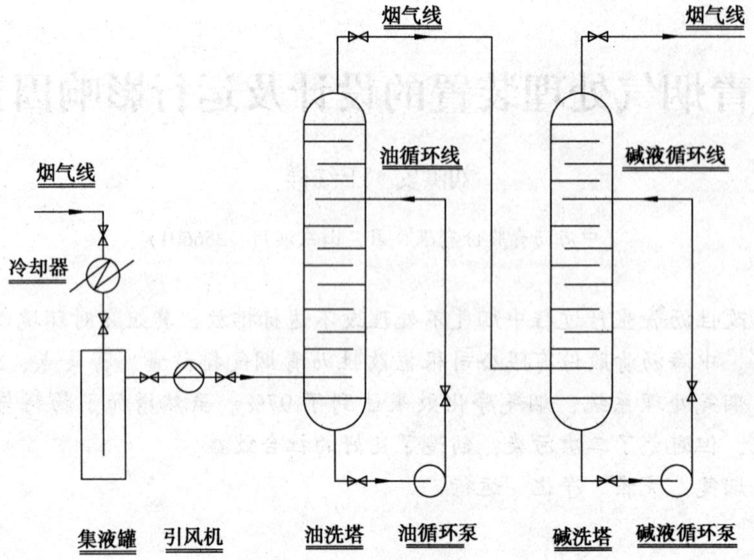

图1 装置设计流程

2.4 管路计算

改性沥青加工过程中废气排放量按 $1800m^3/h$ 设计，管道内气体流速在 10~15m/s 范围内，在此取总管道内气体流速 $v=10m/s$，总管直径为 D，

根据：$V=\pi(D/2)^2v=0.25m^3/s$

得出：$D=0.252m$

考虑到管线长度及弯管对烟气的流动阻力，即各个烟气管路的汇总管直径选用 $DN300$，各支管流速取为 10m/s，同理得出支管直径分别为 $d_1=0.08m$。考虑到管线长度及弯管对烟气的流动阻力，即与罐体直接相连的管路直径选用 $DN150$。

2.5 主要设备选型

设备名称	规格型号	数　量
集液罐	ϕ800×2000	1
空冷式烟气冷却器	风机功率为 5.5kW(防爆)换热面积为 $20m^2$	1
引风机(防爆)	风量 6000~9000m^3/h7.5kW	1
溶剂吸收塔(常压)	ϕ1400×6000	1
碱液吸收塔(常压)	ϕ1400×6000	1
溶剂循环泵(防爆)	30m^3/h	1
碱液循环泵(防爆、防腐)	30m^3/h	1

3 运行影响因素分析

3.1 溶剂油、碱液与烟气交换流量

溶剂油、碱液与烟气交换流量不均衡往往受泵的工作状态及引风机流量受阻的影响，使溶剂油或碱液与烟气的两个流量产生不同步现象，致使彼此的流量不均衡，严重时，还会造成跑溶剂油和碱液的生产事故。

因溶剂油和碱液循环量的不均衡，就会出现气液比分配不均衡，甚至产生断档。溶剂油或碱液断档，会使烟气因溶剂油、碱液循环交换量不足，烟气吸收不下来，被引风机排到大气中；烟气断档，会使溶剂中烟气成分含量过低，溶剂成分比例大，无效做功。

产生这方面的故障，大部分是溶剂油或碱液循环量受阻引起的。经常检查循环泵的流量、压力和运转情况，并要做详细运行记录。溶剂油和碱液过滤器要保持过滤面畅通，冷却器要定期检查清洗，保证足够的交换流量。勤观察塔积液腔液位计，控制好标准液位，并经常检查液位计旋塞，防止假液位现象。如果单纯是泵流量引起，短时间内可调整塔底溶剂油或碱液出口管道阀门开度来控制液位。

3.2 溶剂油和碱液质量控制

溶剂油和碱液的质量是烟气净化效果的关键。循环使用的溶剂油必须具备纯净、干燥、无其他机械杂质和污染的物理性能和一定的化学稳定性。污染、乳化、变质都会影响溶剂对烟气净化吸收的效果；碱液浓度控制在3%~5%为宜，浓度过低会影响碱液对烟气的吸收效果。

因此，必须定期检查溶剂油和碱液的质量情况，做质量品质分析和杂质化验检测。机械杂质超标，可将溶剂油单独沉淀分离处理，去杂质后再使用。乳化、变质或出现其它的变化，必须重新全部更换。平时生产中应预防为主，控制结合。

3.3 溶剂油和碱液液位的控制

溶剂油的补液依据为塔体上的液位计，液位低于液位计下限时，需要及时补充，否则溶剂油量偏小，不能与烟气充分接触洗涤，处理效果不好；补液时液位也不要超过液位计的上限，超过上限，溶剂油淹没烟气入塔口，溶剂油倒灌进入引风机，会造成引风机运行故障；补充液位最好控制在液位计2/3处，溶剂油量充足且不会倒灌入风机。碱液的液位控制与溶剂油采取同样的措施。

3.4 冷却器及冷却罐

冷却器的作用是降低烟气温度，冷凝部分油气。如果冷凝效果不好，烟气温度高、油气冷凝量少，会增加后续溶剂油吸收的压力，有可能会增加溶剂油的挥发、增加溶剂油的使用量和更换频率。所以要确保冷却器风机的正常运转、及时清理冷却罐中的冷凝油，以获得好的传热效率、降低烟气温度。

3.5 集液罐

集液罐内收集的是冷凝的油品，需及时将收集的油品排出，如果积攒太多，会部分被烟气带入引风机或塔内，影响风机的运行和塔的吸收效果。集液罐需定期检查、外排冷凝油，防止出现冷凝油大量积攒情况。

3.6 风机叶轮

由于烟气中含有沥青烟、油分等黏稠物质，在经过引风机进入吸收塔时，容易粘在引风机叶片上，造成风机动平衡异常，应对风机叶片做定期清洗，时间间隔根据产能情况确定。

4 装置运行效果

① 改性沥青加工区无无组织排放烟气，环境中无刺激性气味，环境明显改善。

② 烟气排放情况。

③ 有效地净化了改性沥青生产排放烟气，净化率达到97%以上，硫化物的平均值在0.01mg/m^{3}以下，远远低于0.06mg/m^{3}的国家排放标准；油分、苯化合物等物质等有机物的含量基本未检出，烟气净化后完全实现达标排放，符合环保要求。

5 结语

通过采用油洗和碱洗两道工艺手段，达到了对改性沥青烟气吸收处理的目的，系统投用后，装置烟气达标排放，很大程度上改善了员工的工作环境和周围居民的生活环境，具有良好的社会效益。

大型关键机组在线监测与故障诊断系统的应用

李海涛

(中国石化天津分公司，天津 300270)

摘 要：通过网络化监测与故障诊断系统的应用实例，积累了一定的大型机组在线网络监测系统的应用经验，结合装置整个系统、工艺操作，等几个方面综合考虑分析，来准确判断原因。有针对性的采取操作调整及维护措施，保机组平稳运行，减少装置非计划停工带来的损失。

关键词：大机组 在线监测 故障诊断 判断

1 前言

在机械和力学的发展中，产生了一个十分重要的分支，这就是机械设备故障诊断学。目前，我国机械设备状态检测与故障诊断已经基本上形成了一门既有理论基础又有实际应用的交叉性学科。坚持开展机械设备状态检测与故障诊断工作也已经越来越得到企业的重视。S8000 大型旋转机械在线状态检测与分析系统，能够在线连续检测大型机组运行过程的振动及各种工艺参数，自动存储振动分频、方向、波形、启停机等有诊断价值的数据，并提供专业的诊断图谱。可以及时识别机组状态，发现故障的早期征兆，对故障原因、严重程度、发展趋势等做出准确判断，从而及早消除故障隐患，避免事故的发生，提高设备的可靠性，降低维修成本。

虽然运用状态监测及故障诊断技术，可以更方便、更快捷、更有效地把握设备运行状况，提高设备维修水平，天津分公司在这方面也积累了一定经验，但由于设备故障诊断技术是一门综合性学科，还需要在实践中进一步探讨与提高。加之设备千差万别，外部运行条件各不相同，同种故障往往有多种不同的信号反应。相反，有些信号往往介于两种或多种可能的故障之间，不是一一对应关系。这就要求我们从实际出发，具体问题具体分析，平时勤于观察，收集好第一手资料，不断提高自身技术水平，准确判断，灵活运用，把设备管理维修工作提高到一个新的水平。

目前设备维修的工作状况分 3 种情况[1]：

① 事后维修 事后维修是设备运行到失效再进行维护，优点是不需要安排计划。对有些设备，更换比修理往往更便宜。缺点是意外停机引起生产损失；灾难性的设备事故；库存备件投资多；引起设备的二次损伤。

② 定期维修 定期维修是按预定的时间间隔或检修周期对设备作维修、调整和更换备件。其优点是机器寿命较长；减少意外停机；备件库存较少。缺点是意外停机引起生产损失；过剩维修导致维修费用增加；过剩维修引起人为维护故障。

③ 预知维修 预知维修是有计划地对设备作检查和测试，以确定其健康状态。其优点是减少非计划停机损失；维修时间间隔可以延长；将非必要维修减少到最少；备件库存最小。缺点是需要初始投资，需要学习和培训。

在实际应用中，这 3 种维修方式都有采用，转动设备应用根据重要程度分为：特护设备、A 类、B 类、C 类。对于 C 类设备来说，可能采取事后维修的方式更经济些；而对于特护设备、A 类、B 类采用状态监测技术进行有计划的预知维修更经济、安全、高效。

在 2004 年大型机组应用了 S8000 网络化监测诊断系统，经过近 10 年的实际应用取得了一定的应用经验，主要实例过程分析如下：

2 裂解气压缩机转子共振故障分析

2.1 故障情况

2007 年 2 月 26 日 7 时 11 分由于压缩机入口油气分离器液位控制高报而停机联锁。联锁停机后，机组在低转速(2000r/min 左右)运行一段时间后降为零，联锁解除后机组再重新启动时，压缩机各缸轴承各测点振动值不同程度增大，在升到 2000r/min 时，高压缸振动值急剧上升而再次停机联锁，因此必须对机组进行运行状况分析，确定故障原因和处理方法。

2.2 原因分析

图 1 是低压缸 4 个测点停机监测的波德图。通过游标搜索，机组在 1600~2300r/min 转速下滞留时间较长，已经产生较大的振动，相位也发生相应的变化。同样，其他几个缸的波德图也是类似的情况，在此略去。

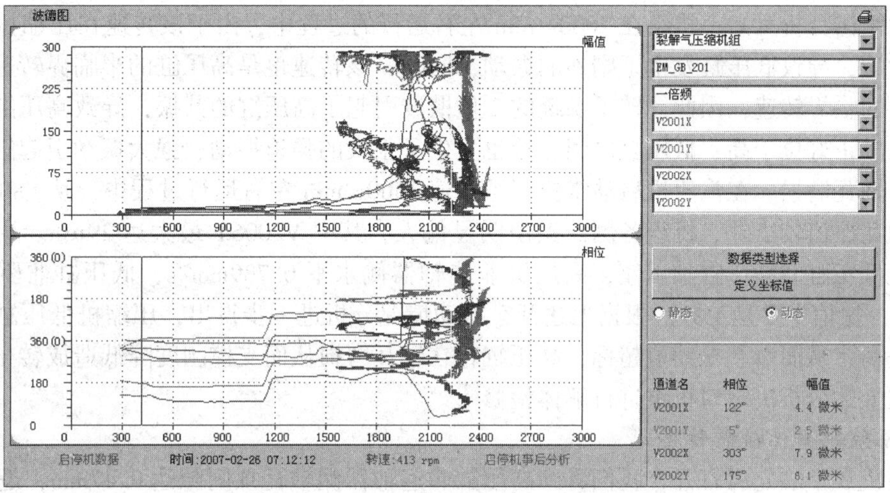

图 1 压缩机低压缸低速运转波德图

图 2 是低压缸某测点的波形频谱图，主要是工频成分，且幅值异常大，波形的峰和谷有削波情况，压缩机高压缸也存在此情况，表明机组转子与气封有接触磨擦的情况。

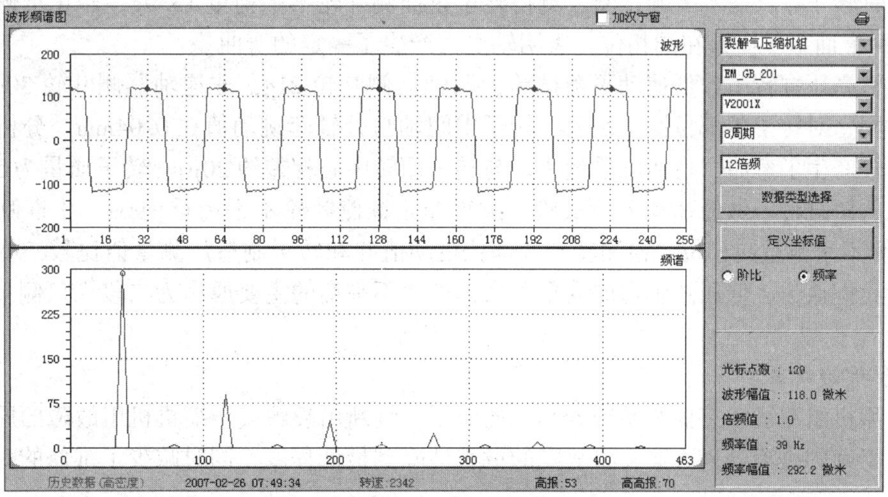

图 2 压缩机低压缸 V2001X 波形频谱图

图 3 是高压缸 4 个测点的波形频谱图，2 倍频幅值异常大，而 2 倍频正好是高压缸的临界转速。

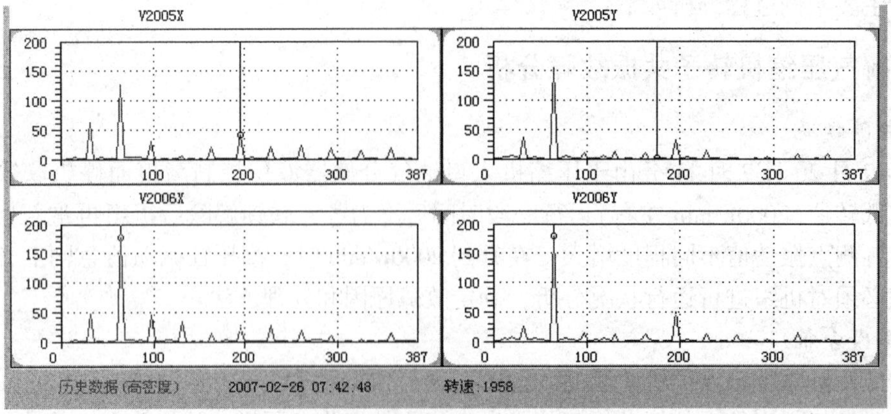

图 3 压缩机高压缸波形频谱图

2.3 分析结论

由上述图谱分析可知，机组在 2000r/min 左右运行的过程中，由于该转速在压缩机低压缸一阶临界转速附近，导致低压缸发生了剧烈的振动，同时，该转速也是高压缸的半临界转速，即其 2 倍频是高压缸的临界转速，因此，转子系统的 2 倍谐波引起了高压缸的共振，导致高压缸转子振动剧烈，而中压缸正好位于高、低压缸之间，故也发生了很大的强迫振动，强大振动引起缸体内部发生动静碰摩、轴瓦磨损。在汽轮机启动维持机组转速 1500r/min 左右运行过程中，从 S8000 系统中看除汽轮机轴瓦振值较小外，机组各测点振值明显偏大，其中 V2006Y 最大达 29μm。用离线监测仪测量压缩机低压缸和高压缸轴承座，高压缸非连轴器侧水平 0.739mm/s，低压缸非驱动侧水平达 5.598mm/s，振值主要是工频。根据上述开车振动情况分析进一步得出，压缩机低压缸转子可能存在严重不平衡，从而引起振动值超标，高压缸存在轴瓦磨损从而支撑刚度降低造成转子不平衡能量释放，根据上述分析决定对机组进行解体检修[2]。

2.4 压缩机解体检修情况

将压缩机 3 个缸先后打开，我们看到高压缸非连轴器侧轴瓦顶间隙达 0.47mm，超标 0.35mm，低压缸驱动侧轴瓦顶间隙超标 0.05mm，机组其他轴瓦间隙均在标准范围内。压缩机各气封和油封均有不同的磨损，低压缸二段入口侧(平衡毂)转子轴封处有较重的局部磨损，深度约有 0.5mm。

2.5 各转子动平衡效验情况

对中压缸转子作低速动平衡试验，测得转子止推侧叶轮不平衡重 13.9g，非止推侧叶轮不平衡重 9.59g，两个面不平衡重在同相位，表明轴受力产生了一定的弯曲。

对压缩机高压缸转子作低速动平衡试验，联轴器侧叶轮 21g，非连轴器侧叶轮 30g，两侧不平衡重相位相同。对转子各部位测量跳动，转子中间轴封处轴套跳动值在 0.04mm。分析上述数据认为，高压缸轴产生了弯曲，弯曲轴质量中心与转子回转中心相差约 20μm(转子质量为 588.25kg)。

压缩机低压缸转子做低速动平衡试验，测得非止推侧叶轮不平衡重 190g，止推侧叶轮不平衡重 23g，两侧不平衡重同相位。检测转子各部位跳动值并和转子制造厂测量值比较，变化不大。根据上述分析我们认为，低压缸轴弯曲变形不大，产生不平衡的主要原因为二段入口侧平衡毂和叶轮的局部磨损。

2.6 分析的效果

通过大型机组在线状态监测系统 S8000 的应用，判断出裂解气压缩机机组故障的原因和发生部位，制定了正确的决策处理方案，将故障的危害性降到最低程度，同时减少了维修的时间。

3 裂解气压缩机紧急停机转速异常情况分析

3.1 基本情况

裂解气压缩机在发生联锁停机时存在转速降低过快的情况，从在线监测系统 S8000 的监测情况来看，几次紧急停机均存在转子在6s左右转速从6000r/min快速降至低于400r/min(可视为零，监测设定最低转速300r/min)，然后在7s左右又快速回升至2500r/min，而后才缓慢停止转动的情况。图4、图5是两次停机S8000监测系统记录的情况。

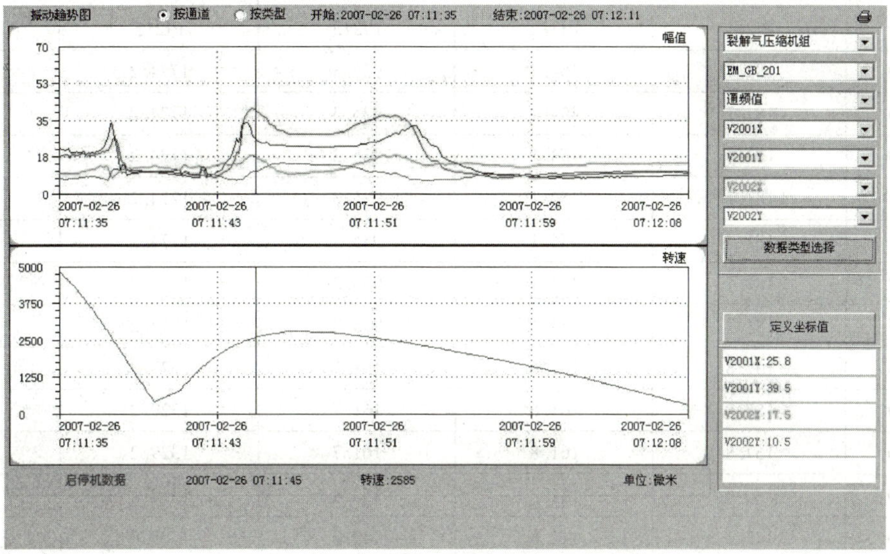

图4　2007年2月26日机组停机转速变化情况

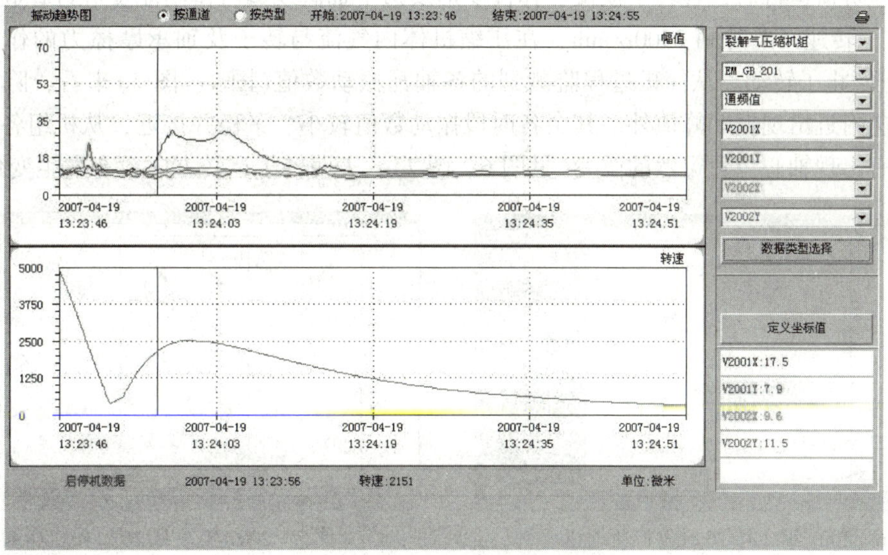

图5　2007年4月19日机组停机转速变化情况

3.2　停车过程分析

从图4和图5来看，机组联锁保护系统接到跳机信号后，汽轮机主汽门和调节阀同时动作停机，汽轮机失去做功能力，而此时刻，由于压缩机仍满负荷运行，阻力矩消耗了转子惯性能量，使机组转速约在6s内由6000r/min降到400r/min左右。此时各转子惯性能量还没有完全消耗掉，压缩机叶轮阻力矩与机组转子惯性能量的互相作用而形成的弹性变形能量没有完全释放，透平LP调节阀至抽汽止逆阀管线存在约0.9m^3高压蒸汽(约11kg)，通过透平低压缸还要推动转子做功。

机组跳闸后压缩机系统内设置防喘振控制阀FV202(三段出口返一段入口)和FC211(五段出口返四段入口)全开，据历次检修校验此阀动作(即从全闭合到全打开)时间约3~5s，即机组联锁停机5s后，防喘振阀已全部打开(对转子及止推轴瓦起保护作用)，使压缩机叶轮阻力矩降到最低(相当于空负荷运行)。从表1(2008年5月29日该机组联锁)停车前后压缩机各段出口压力数据变化情况证明了上述分析。

表1　2008年5月29日停车前后压缩机各段出口压力变化数据

时间	一段出口压力/kPa	二段出口压力/kPa	三段出口压力/kPa	四段出口压力/kPa	五段出口压力/kPa
	PI211	PI212	PI213	PI215	PI216
10：46：30	181.7	454.1	935.3	1774.2	3628.3
10：46：40	181.7	454.1	935.3	1774.2	3628.3
10：46：50	181.7	454.1	935.3	1774.2	3628.3
10：47：00	181.7	454.1	935.3	1774.2	3628.3
10：47：10	181.7	454.1	935.3	1774.2	3628.3
10：47：20	181.7	454.1	935.3	1774.2	3628.3
10：47：25	181.7	454.1	935.3	1774.2	3628.3
10：47：30	157.8	161.6	161.7	1329.2	1377.7
10：47：40	157.8	161.6	161.7	1329.2	1377.7
10：48：00	157.8	161.8	161.7	1329.2	1377.7
10：48：30	150.6	151.3	152.4	1312.4	1315.0
10：49：30	142.1	142.8	143.8	1307.0	1310.4

压缩机空负荷运行后，各转子惯性、弹性变形及透平抽汽线蒸汽作功能量进行释放，使机组转子在7s左右，转速又上升到2500r/min，在压缩机体内气流与转子及轴承摩擦力的作用下，经过50s左右机组停止了转动。从停机过程监测到的各轴瓦振动数值(图4、图5)来看，除了在低压缸转子临界转速附近出现振动峰值外，其余各时段振动数值较小、平稳并接近，从机组各轴承轴心轨迹来看，没有出现轴心位置突然的改变(见图6、图7)，表明转子运转方向没有发生变化。

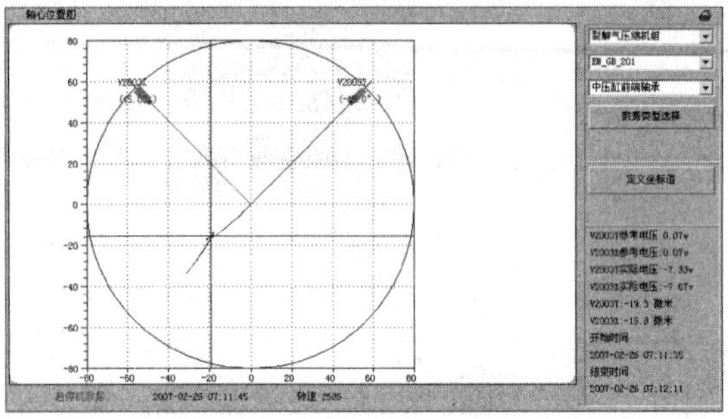

图6　2007年2月26日停机压缩机中压缸前轴承轴心轨迹

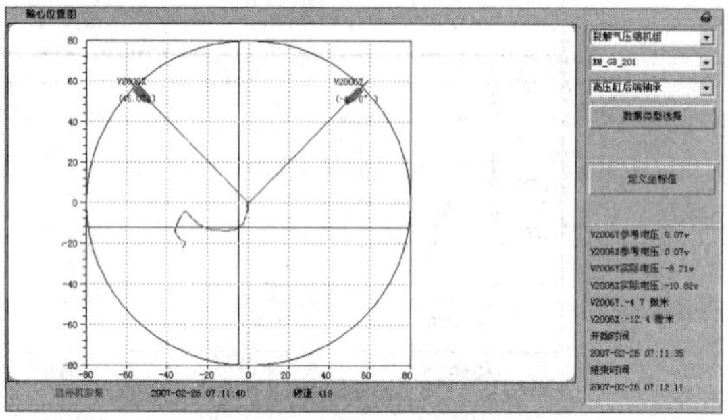

图7　2007年2月26日停机压缩机高压缸后轴承轴心轨迹

3.3　过程分析的意义[3]

缓解机组紧急停机时工艺介质对压缩机转子不利影响的措施是设置防喘振阀，GB201机组布置有“三返一”和“五返四”两个防喘振阀，与防喘振阀相配套的是在三段和五段出口配备有止逆阀，以保证防喘振阀更加有效。当压缩机紧急联锁停车时，这两个防喘振阀会同时打开，以平衡压缩机的进出口压力。如果防喘振阀或相应的管线通过能力不足，压缩机紧急停车时，(三段或五段)出口就不能及时泄压，而反向作用于压缩机转子上，机组转速降低过快，同时，压缩机各转子轴向力异常加大，对转子各联轴器和轴瓦(特别是止推瓦)运行带来一定的冲击。因此，在机组紧急停车的情况下，防喘振阀全开时间控制、过流能力和防护系统(包括止逆阀)动作的可靠性是保护机组不受损坏的重要因素，在日常维护和机组检修过程中，对上述机组保护系统应重点检修和试验。

在2000年挖潜改造中，裂解气压缩机的这两个防喘振阀FV202和FC211，由中国石化工程建设公司请压缩机厂家 HITACHI 核算过，其结果为现有防喘振阀满足正常操作防喘振要求的最低值（*CV* 值最低应为 440 和 100），最佳为 610 和 147，而原设计的 *CV* 值分别是 580 和 120。最终结论：对改造装置，原阀利旧是可行的，因此，在此次装置的改造中没有对防喘振阀进行扩能改造（图 8）。

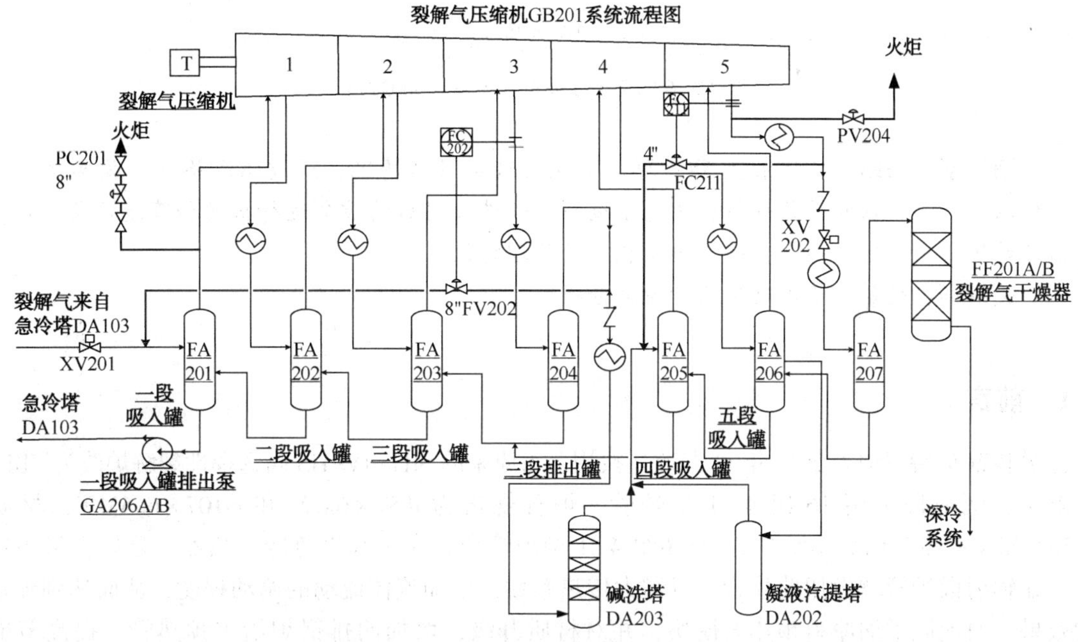

图 8　压缩机工艺流程示意图

从设计的角度出发，机组这两个防喘振阀的 *CV* 值偏低，可以考虑采纳新建装置的做法，更换两个防喘振阀（甚至管线），将它们的 *CV* 值提到至少 610 和 147（相应的流量分别是 89.676t/h 和 82.210t/h），并选用动作更迅捷的阀。

4　结束语

我部现有大型机组 7 台，在各装置中发挥着极其关键的作用，其运行故障直接造成机组所在装置运行的停车。保持好大机组良好运行始终是设备管理重要的课题，而网络化监测诊断系统是在线监测和记录了机组运行振动、轴瓦温度及机组各工艺参数，根据在线监测所获得的信息，结合设备的工作原理、结构特点、运行参数及其历史运行状况，对设备存在的运行问题和可能发生的故障进行分析、预报，对设备已经或正在发生的故障进行分析、判断，以确定故障的性质、类别、程度、部位及趋势，落实故障检修方案，因此，应用好大机组网络化监测诊断系统，对避免恶性设备损坏事故的发生，降低大机组停机次数和缩短停机时间、减少企业的经济损失等机组运行管理具有十分重要的意义。

参 考 文 献

［1］　李善春，李宝彦，沈殿成，等．石油化工机器维护和检修技术［M］．北京：石油工业出版社，2012：85-88.

［2］　徐杨光．设备工程与管理［M］．华东理工大学出版社，2011：23-25.

［3］　徐敏．设备故障诊断手册［M］．西安交通大学出版社，2003：134-137.

乙烯装置5#裂解炉改造后运行情况分析

位卫卫

(中国石化天津分公司，天津 300271)

摘 要：介绍了乙烯装置5#裂解炉节能改造后投用情况，通过跟踪检测、收集运行数据以及对于数据的计算分析，阐述了裂解炉改造投用后的综合运行状况和节能效果。指出目前运行中存在的问题，并提出了相应的处理建议。

关键词：裂解炉节能改造运行情况分析

1 前言

乙烯装置5#裂解炉为2012年11月改造投用，由原来的SRT-IV-HS高选择性裂解炉改为CBL-IV型裂解炉，辐射段采用16组4-1型炉管，炉管规格为$\phi57\times6$MW和$\phi107\times6.5$MW，材质为25Cr35NiNbMA和35Cr45NiNbMA，每8组4-1型炉管合并在一起进急冷换热器，且炉管采用单排排布。在辐射段炉管增设扭曲片管，以增大传热系数，增加流体流动的湍动程度，从而达到强化传热的效果。对流段增加原料预热大模块，并对材质升级，增加两排锅炉给水预热管，提高节能效果，且三段超高压蒸汽过热器之间增加4个减温增湿器，以提升超高压蒸汽的品质；辐射段衬里、燃烧器全部更换；辐射管吊架全部更换；同时，对看火塞进行了改型更换，节能效果明显。

2 裂解炉运行情况

5#裂解炉改造完成后，于2012年11月9日投料运行。经过改造，该台炉可以裂解炉石脑油和加氢尾油，减缓了只有3#炉和6#炉可以裂解加氢尾油的紧张局面。投用至今，平均运行周期为67天。平均热效率(石脑油工况)由原来的93.01%提升至95.02%，炉外壁温度也有较大幅度降低，节能效果较好。辐射管管排面及弹簧吊架刻度在正常范围内，整体运行情况较好，实现了节能改造的目标。

2.1 裂解炉热效率检测情况

投用后，每月开展一次公司级热效率检测，检测情况见表1。

表1 热效率月检测表(石脑油工况)

日 期	201301	201304	201305	201307	201312	201403
5#炉热效率/%	94.51	95.6	95.32	94.84	94.73	95.13

表2 热效率月检测表(加氢尾油工况)

日 期	201302	201303	201306	201308	201309	201310	201311	201401	201402	201404
5#炉热效率/%	92.48	92.42	92.75	92.59	烧焦	93.17	93.45	92.65	92.73	93.35

从表1可以看出，石脑油工况下，月检测热效率平均值为95.02%，较改造前的93.01%提高了2.01%；从表2可以看出，加氢尾油工况下，月检测热效率平均值为92.84%。

2.2 裂解炉外壁温度红外检测情况

投用一段时间后，对该炉外壁温度进行红外成像检测，检测情况见图1~图3。

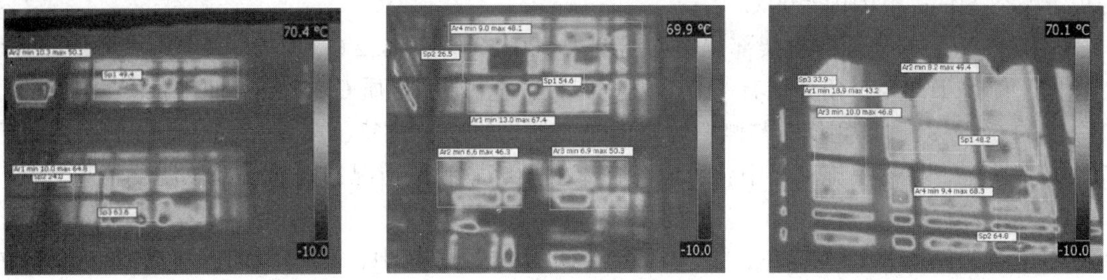

(a) 西侧整体上部　　(b) 西侧整体中部　　(c) 南侧二层西数第二框

图1　红外成像检测(一)

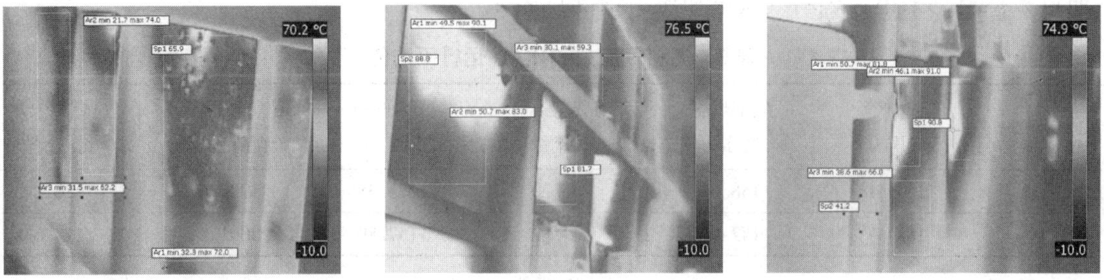

(a) 南侧二层东数第一框下部　　(b) 东侧一层上部　　(c) 东侧一层中部

图2　红外成像检测(二)

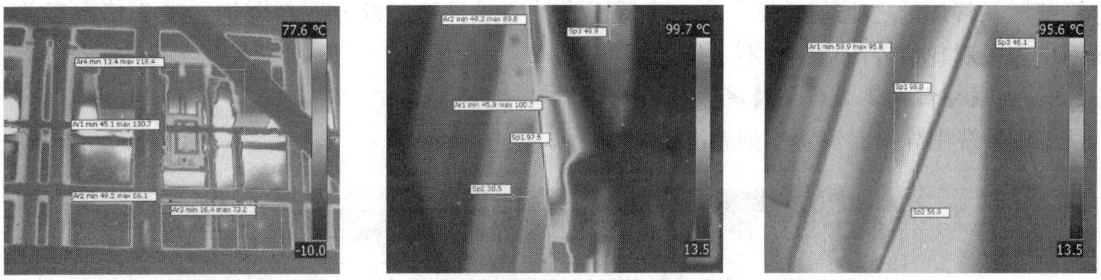

(a) 北侧三层东数第二框　　(b) 炉底

图3　红外成像检测(三)

炉外表面温度检测结果如下(检测条件为：环境温度5℃，风速0.5m/s)：

① 西侧表面温度在42℃左右；

② 南侧表面温度在50℃左右，南侧三层燃烧器附近高温区域温度在100℃左右，南侧五层看火门附近高温区域温度在90℃左右；

③ 东侧表面温度在55℃左右，东侧二、三层看火门附近高温区域温度在90℃左右；

④ 北侧表面温度在60℃左右，北侧看火门附近高温区域温度在90℃左右；

⑤ 北侧横跨段温度在50℃左右，北侧横跨段高温区域温度在110℃左右；

⑥ 对流段北侧表面温度在50℃左右，对流段西侧表面温度60℃左右。对流段南侧表面温度在55℃左右。对流段东侧表面温度在95℃左右；

⑦ 炉底表面温度在45℃左右，炉底高温区域表面温度在90℃左右。

根据检测数据及所选取红外成像图片，转换成标准状况下辐射室外表面温度(温度转换条件为：环境温度27℃，风速0m/s)分布情况如下：

① 炉体外表面整体转化平均温度为43.9~75.2℃之间，且超出70℃部位所占面积较小，基本符合设计文件要求；

② 框架、看火孔部位外表面转化平均温度在75.1~91.2℃之间，且只有4.3m^{2}面积转化温度超出90℃，基本符合裂解炉改造衬里询价文件上要求，即"看火孔、烧嘴砖及作业门外延100mm,

托砖板上下各50mm范围内≤90℃”;

③四层、五层外表面及框架部位平均温度为100.8℃和116.2℃,辐射室四层、五层安装有侧壁燃烧器,侧烧下部两个角分别有一个L型托砖板,托砖板(材质Cr25Ni20)伸出长度为220mm(占衬里厚度的66.7%),且侧烧砖与侧壁烧烧由燃烧器厂家整体供货,需要先安装侧烧砖,再进行该部位的衬里施工,在衬里施工当中,可能存在塞缝不够紧致的情况,因而该部位温度较高。

2.3 裂解炉运行周期

投用至今,经历了6次烧焦,平均运行周期为65天(其中,第三周期因生产原因而退炉除外),超出设计运行周期5天。

2.4 燃烧器运行情况

通过数据自动采集,燃料气流量和压力情况见表3。

表3 燃料气流量和压力(运行平均值)

原料	侧壁燃料气压力	底部燃料气压力	侧壁燃料气流量	底部燃料气流量	燃料气流量(底部+侧壁)	燃料投用量/投料量
加氢尾油	160.41	158.01	766.29	1223.38	1989.67	126.248
石脑油	185.67	142.97	843.82	1157.89	2001.71	119.648

设计文件中给出底部燃料气与侧壁燃料气用量分布为64∶36。从表3可以看出,裂解加氢尾油时,底部燃料气与侧壁燃料气用量之比约为62∶38,符合设计要求;裂解石脑油时,底部燃料气与侧壁燃料气用量之比约为58∶42,略低于设计要求,这与部分底部燃烧器喷头堵塞有关。燃料投用量与投料比值较改造前也有一定的降低。

2.5 对流室排烟温度检测情况

从EM系统中导出对流室排烟温度检测情况见图4。

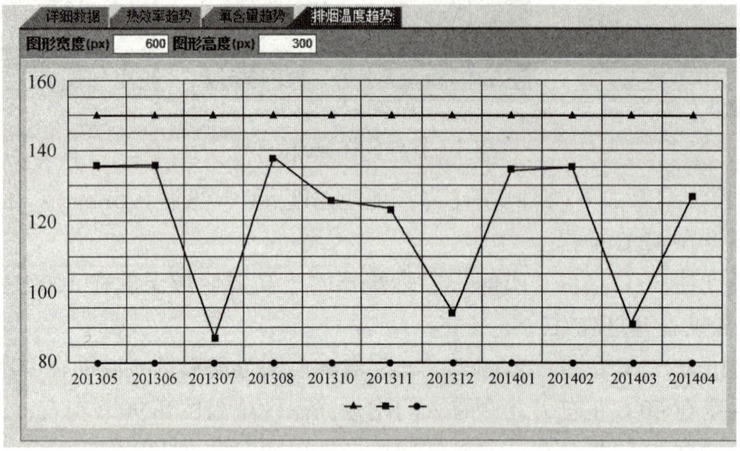

图4 对流室排烟温度

从图4中可以看出,对流室排烟温度因为原料的不同而改变,因为裂解炉加氢尾油进料温度高,因而排烟温度较高,石脑油进料温度较低,相应的排烟温度较低。所有排烟温度均在标准(图中▲表示要求的排烟温度最大值)允许的范围内。

2.6 对流室氧含量检测情况

从EM系统中导出炉对流室氧含量检测情况见图5。

从图5可以看出,氧含量有两次检测数据超出4%的要求,风门较大,其他情况均在要求(图中▲表示要求的氧含量最大值)范围内,氧含量检测情况基本正常。

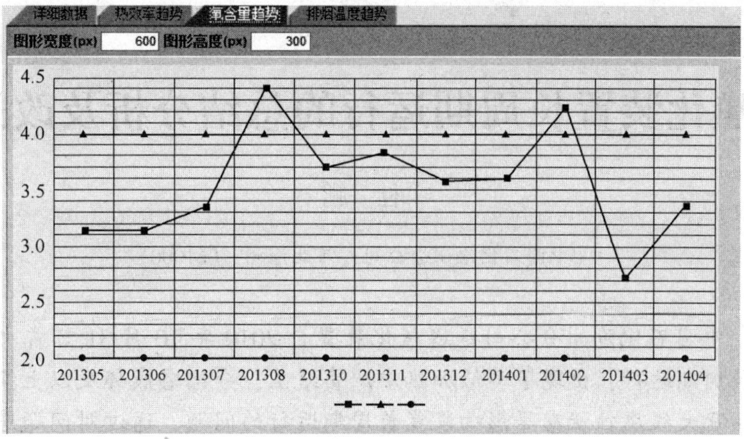

图5 对流室氧含量检测情况

3 改造后经济效益

鉴于5#炉改造后新增了裂解炉加氢尾油功能，因而无法对加氢尾油工况的经济效益进行对比评价。现仅对石脑油工况下热效率提高带来的直接经济效益进行评价。热效率由原来的93.01%(改造前1年内平均热效率值)提高到95.02%(截止到2014年4月，月平均热效率值)，计算效益为：

$$\eta=Q_{热负荷}/(B_{燃料}/3600)Q_{\mathrm{I}}\times10^{-3}$$

式中 η——加热炉热效率，%；

$Q_{热负荷}$——加热炉的热负荷，MW；

Q_{I}——燃料气的低热值，kJ/kg；

$B_{燃料}$——燃料消耗量，kg/h。

5#裂解炉热负荷 $Q_{热负荷}=34.25\text{MW}$；

燃料气的低热值 $Q_{\mathrm{I}}=46055\text{kJ/kg}$；

$$B_1=34.25\times3600/(46055\times10^{-3}\times0.9301)=2878.44\text{kg/h}；$$

$$B_2=34.25\times3600/(46055\times10-3\times0.9502)=2817.54\text{kg/h}；$$

$$B_3=B_1-B_2=2878.44-2817.54=60.89\text{kg/h}。$$

一年运行时间按8000h计算，可以节省燃料：

$$60.89\times8000=487120(\text{kg})=487.12\text{t}；$$

每吨燃料价格为2050元，每年效益为：

$$487.12\times2050=998596(元)\approx99.86\ 万元。$$

4 存在问题及原因分析

(1) 底部燃烧器部分喷头堵塞 主要原因：喷头直径较小，喷头结构与燃料气的适应性有待提高；部分喷头安装精度未达到设计要求，被烧嘴转卡住，正常运行时无法抽出清理。

(2) 裂解加氢尾油时，对流段排烟温度较高，热效率值较低 主要原因：加氢尾油进料温度较石脑油高40℃左右。

5 结束语

改造后，该台炉可以裂解加氢尾油，有效缓解了只有3#、6#炉可以裂解加氢尾油的尴尬局面。裂解炉石脑油时，热效率为95%左右，超出了设计指标。

延迟焦化装置长周期运行的总结分析及改进措施

杜　鹏

（中国石化沧州分公司，河北沧州　061000）

摘　要：中国石化沧州分公司延迟焦化装置自2010年10月31日首次开工至今，经历了3年的长周期运行，出现了类似加热炉炉管结焦、分馏塔底部及以上换热挡板塔盘结焦、焦炭塔油气大线腐蚀泄露等影响装置长周期运行的问题。通过对问题进行总结，结合装置实际情况加以分析，提出改进措施，以确保装置在下个运行周期内能够实现安全、平稳、长周期运行。

关键词：延迟焦化　结焦　腐蚀　分析　措施　长周期运行

1　前言

沧州分公司延迟焦化装置于1999年建成投产，原设计为“一炉两塔”工艺，加工能力为500kt/a。2010年9月，装置进行扩能改造，在“一炉两塔”的基础上新增“一炉两塔”，装置规模达到“两炉四塔”，加工能力提高到1.2Mt/a，并新增了吸收、稳定系统。

2　延迟焦化工艺简介

延迟焦化工艺是重油加工的一种主要过程，该过程采用加热炉将原料加热到焦化反应温度，并在高流速、短停留时间的条件下，使原料基本不发生或发生少量裂化反应就迅速离开加热炉而进入其后绝热的焦炭塔内，借助自身的热量，在“延迟”状态下进行的裂化和生焦缩合反应，生成气体、汽油、柴油、蜡油和焦炭的工艺过程。

3　加热炉炉管结焦的情况、原因分析及改进措施

延迟焦化加热炉是为焦化反应提供热量的唯一设备，炉出口温度通常会达到493～503℃之间。在此温度下，富含沥青质和胶质的重质油在通过炉管时很容易发生裂解和缩合反应，使加热炉炉管结焦。而一旦加热炉炉管结焦，势必大大增加加热炉的热负荷。炉管出入口压降增加，使辐射炉管内介质流速下降，进一步加剧加热炉炉管结焦。同时，会出现管壁超温，炉膛超温，严重影响加热炉的长周期运行，也直接影响焦化装置的长周期运行[1]。

2.1　炉管结焦情况

2010年装置扩能改造后，新增一台设计加工能力700kt/a的两管程双室卧管立式双面辐射炉。加热炉运行至今，共进行了3次停炉清焦，分别是2011年11月和2012年10月的两次非计划停炉清焦，2013年9月装置进行大检修，进行的一次计划停炉清焦。以2012年10月炉管清焦为例，结焦情况较为严重，如图1～图4所示。

2.2　炉管结焦原因分析

焦化并炉操作过程中，辐射泵抽空，造成辐射流量异常减少，使炉管内介质流速降低，炉管表面热强度增加，造成炉管结焦。

焦化装置设计加工能力1.2Mt/a，而受到全厂渣油平衡的影响，装置实际的加工负荷常常较低。以2012年为例，平均加工负荷为76%，最低仅为70%，因此，只需要运行设计加工能力为

700kt/a 的“一炉两塔”，就可以满足生产要求。但当渣油产量过大，装置“一炉两塔”运行无法平衡全厂渣油时，就需要进行并炉操作。2012 年装置共进行 3 次并炉操作，在每次并炉操作中，辐射进料泵都出现 3~4 次抽空现象，分析如下：

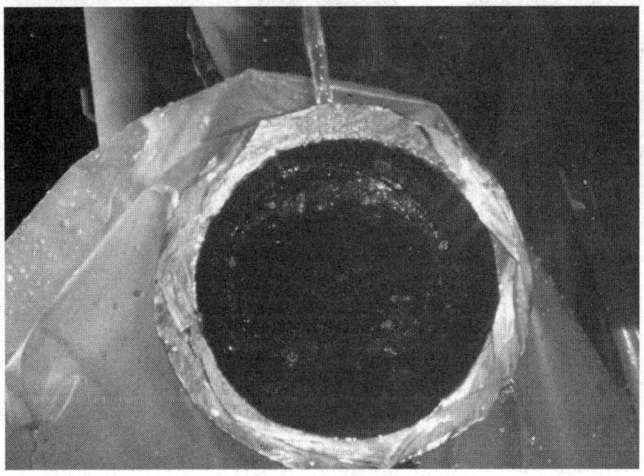

图 1　北下第三根炉管被碎焦堵塞 10 余米

图 2　北侧转油线清出的焦块最大厚度 4cm

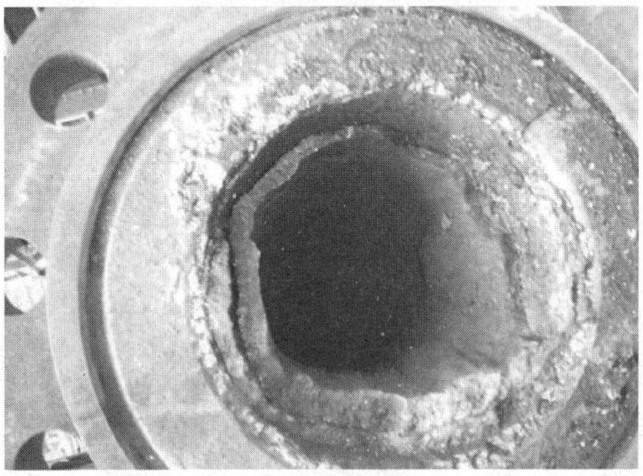

图 3　北侧清焦短接结焦情况

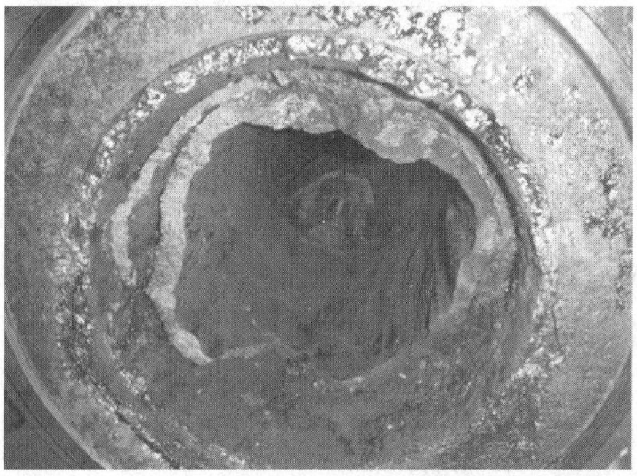

图 4　北侧转油线结焦情况

焦化装置共有 4 台辐射进料泵，1、2 号辐射进料泵供给 500kt/a 系列运行，3、4 号辐射进料泵供给 700kt/a 系列运行。但设计之初，700kt/a 单系列运行时，无法对 1、2 号辐射进料泵进行预热。因此，500kt/a 系列停工时，需要将 1、2 辐射进料泵出、入口线及泵体彻底吹扫干净，泄压、排空处理。并炉操作时，又要对 1、2 号辐射进料泵进行蒸气吹扫、试压、封油(蜡油)灌泵试漏、置换泵入口线内存水，泵入口引渣油等操作。当进行到引渣油操作步骤时，分馏塔底 300℃热油与泵入口线内部 60℃左右的封油(蜡油)接触，会导致泵入口线内封油(蜡油)中的轻组分和部分存水汽化。因 4 台辐射进料泵共用一个进料口，故当 3、4 号辐射泵运行时，入口会形成抽真空效应，将 1、2 号辐射进料泵入口汽化的封油(蜡油)和残存的水汽瞬间抽入到 3、4 辐射进料泵泵体中，造成辐射进料泵抽空。

2.3　改进措施

2013 年 9 月大修期间，在辐射进料泵 3、4 号出口与 1.2 号出口增加一条连通线。当 700kt/a 单系列运行时，打开连通线，同时对 1、2 号辐射进料泵预热。并炉操作时，关闭预热线，直接开启辐射进料泵 1、2 号，不会对辐射进料泵 3、4 号的运行造成任何影响。

3　分馏塔底及以上人字挡板、塔盘结焦的情况、原因分析及改进措施

3.1　结焦情况

2013 年 9 月检修过程中发现，分馏塔内焦粉较多，分馏塔底出现了厚约 0.7m，高 2~3m 的环状结焦，人字挡板全部结满焦炭；蜡油集油箱下面 7 层塔盘结满焦炭，最厚处达 50cm，整个分馏

塔结焦估计在60t左右，结焦情况如图5~图7所示。

图5 分馏塔底结焦情况

图6 人字挡板结焦情况

图7 分馏塔清理出的部分焦炭

3.2 结焦的原因分析：

3.2.1 分馏塔内焦粉较多的原因分析

700kt/a单系列最大加工量110t/h，循环比为0.25，塔顶压力为0.2MPa。焦炭塔安全空高控制较低，一般切线高度在5m。计算焦炭塔线速为0.165m/s，设计最大允许线速为0.15m/s，线速过大，导致大量焦粉被携带到分馏塔内。

整个生产周期负荷低，为了提高柴油95%点，降低了蜡油下返塔流量和底循上返塔流量，焦粉洗涤效果不好。

3.2.2 分馏塔底结焦的原因分析

生产末期辐射控制阀开度为1%，同时关小控制阀上游阀，显示流量为45t/h。辐射控制阀难控制流量，造成分馏塔底液位难控制。经常发生短时间100%液位的情况，此时渣油与焦炭塔高温油气接触，导致结焦。

分馏塔底焦炭灰分较高(8.025%)，一般焦炭灰分≯0.4%，主要是污油作为焦炭塔急冷油回炼所致，因油气线气速高，污油中杂质大部分被携带到分馏塔底部，加剧了塔底结焦。

油浆回炼比例高，有时超过10%，且固体含量超6g/L，石油焦最高灰分达到过0.8%。

3.2.3 蜡油集油箱下部塔盘和人字挡板结焦的原因分析

蒸发段温度控制较高为405℃，采用分馏塔底循上返塔来控制循环比，导致塔盘挡板结焦。

3.2.4 下个生产周期控制结焦措施

① 700kt/a单系列生产时，加热炉负荷不高于120%(100t/h)，控制焦炭塔切线高度在7m以上；

② 加热炉辐射进料控制阀更换变小，本次大修已经实施；

③ 加大分馏塔底循环上返塔和蜡油下返塔流量，控制蒸发段温度≯400℃；

④ 水厂污油在焦炭塔小给水时回炼，不在作为焦炭塔急冷油回炼；

⑤ 尽量降低油浆掺炼比例，最大不得超过10%，固体含量不得超过5g/L。

4 焦炭塔顶至分馏塔底油气总线腐蚀泄漏的原因分析及改进措施

2013年10月24日，500kt/a系列运行时，焦炭塔顶至分馏塔油气总线泄漏冒烟，焦化紧急“分炉”处理。

4.1 原因分析

焦化原料中存在含硫、含氯、含氨和含酸物质，并伴随着焦化反应进入到油气和焦炭中，根据温度的不同，会发生高温S腐蚀和低温H_2S腐蚀：

高温S腐蚀：腐蚀起始温度为240℃，温度在240~340℃，硫化物开始分解，生成H_2S，开始对设备腐蚀，并有随着温度升高，腐蚀加重的趋势；温度在350~420℃之间，H_2S会分解生成元素S，其具有比H_2S更强的活性。同时，低级硫醇能与铁直接反应也会产生腐蚀。尽管生成的FeS形成一层保护膜，一定程度上会降低腐蚀速率，但由于酸的存在，破坏了FeS保护膜，因此，腐蚀作用也就更加剧烈[2]。

低温H_2S腐蚀：焦化装置低温部位存在Cl^-和H_2S，对设备腐蚀主要是均匀腐蚀，但由于NH_3的中和作用，会使得介质pH值上升，达到中性甚至碱性，设备腐蚀也将由均匀腐蚀转变为局部腐蚀，H_2S会造成碳钢及低合金钢(尤其是焊缝部位)的氢致开裂(HIC)，HCl与NH_3反应生成的NH_4Cl结晶产生垢下腐蚀[2]。

装置设计加工能力为1.2Mt/a，而实际加工负荷远小于设计加工负荷，造成500kt/a系列间断性运行。2010年10月31日开工至今，累计进行了10次“分炉”操作和10次“并炉”操作。频繁的“分炉”和“并炉”操作，使得焦炭塔顶油气线内温度变化范围较大，通常在室温~420℃之间。“并炉”后，油气线处在高温状态下，发生了高温S腐蚀，而当“分炉”后，油气管线处在低温状态下，发生了低温H_2S腐蚀，致使管线减薄泄漏。

焦炭塔油气总线材质为碳钢材质，抗腐蚀性能较差，更易发生腐蚀。

4.2 改进措施

根据装置原料库存情况，及时与有关部门联系，调整装置加工量。在保证全厂渣油平衡的前提下，尽量减少“分炉”和“并炉”的次数，减少油气总线的温变次数。

500kt/a系列焦炭塔油气总线增加伴热线，在该系列停止运行期间投用，保证油气线内介质温度在100℃以上，防止低温H_2S腐蚀发生。

500kt/a系列焦炭塔油气总线增加放水线，在该系列停止运行后，将油气线内存水排净，防止低温H_2S腐蚀发生。

5 结束语

沧州分公司延迟焦化装置经历了3年多的运行，暴漏出了影响长周期运行的诸多问题。尽管通过工艺控制和小型技改等措施，问题基本都得到了有效解决，但在装置下一个运行周期过程中，还会遇到其他未曾发现的问题。总之，保证延迟焦化装置安全、平稳、长周期运行是一个永恒不变的课题。

参 考 文 献

[1] 瞿滨．延迟焦化装置技术问答[M]．北京：中国石化出版社，2010：61-62.

[2] 瞿国华．延迟焦化工艺与工程[M]．北京：中国石化出版社，2007：524-555.

优化空冷运行降低气分软化水消耗

王　刚　黄汝奎　刘云龙

(中国石化沧州分公司，河北沧州　061000)

摘　要：针对空冷耗水高的原因进行分析，通过查找空冷耗水的途径，分析造成软化水消耗高的主要原因有六大项，并制定了三项措施优化空冷运行。所有措施的实施，有效降低了软化水的消耗，并降低了气分的能耗。

关键词：软化水　消耗　节水　气分　空冷

1　前言

气体分馏装置建成于2001年7月，2007年7月再次扩能改造，加工能力达到250kt/a。2010年7月改造后，加工能力达到300kt/a。2001年改造由于循环水冷却能力不足，所以在气分装置被迫采用湿式蒸发式空冷。

蒸发式空冷的主要特点是利用管外水膜的蒸发强化管外传热，其工作过程是用泵将设备下部水池中的循环冷却水输送到位于水平放置的光管管束上方的喷淋水分配器，由分配器将冷却水向下喷淋到传热管表面，使管外表面形成连续的薄水膜；同时，用风机将空气从设备下部空气吸入窗口吸入，使空气自下而上流动，横掠水平放置的光管管束。此时，传热管的管外换热除依靠水膜与空气流间的显热传递外，管外表面水膜的迅速蒸发吸收了大量的热量，强化了管外传热。

由于水具有较高的汽化潜热(水在一个大气压下的汽化潜热为2257.2kJ/kg)，因此，管外表面水膜的蒸发大大地强化了管外传热，使设备总体传热效率明显提高，管外表面水膜的蒸发使得空气穿过位于光管管束后湿度增加而接近饱和，风机将饱和湿气从管束中抽出并使其穿过位于喷淋水分配器上方的除雾器，除去饱和湿空气中夹带的水滴后从设备顶部风机出口排入大气中，由于风机位于设备上部向上抽吸空气，从而在风机下部形成负压区域，加速了管外表面水膜的蒸发，有利于强化管外传热，蒸发空冷中，工艺介质走管内水平流动，空气、水走管外，空气由下向上流动，喷淋水则由上往下流动，水、空气、与工艺介质为交叉错流、水与空气为逆流，这样一来从流程布置上也强化了传热传质过程。

2　情况调查

据统计，2011年气分装置消耗软化水144.9kt，平均每月耗水15kt，消耗量较大，图1。通过查看PI系统冷后温度波动曲线发现，冷后温度波动幅度较大，平均冷后温度偏低，过冷现象严重，由于没有及时进行调节，造成了软化水的过消耗(图2)，同时丙烯塔顶压力控制在1.80MPa，由于压力较高，导致塔顶冷却负荷增加。调查发现，2011年冬季生产中，由于防冻防凝需要，喷淋全部开启，风机大部分停用，由于喷淋的使用数量多，导致软化水的消耗偏大。

3　原因分析

针对软化水消耗量较大的现状[1]，通过对工艺、设备、生产、环境四大项，共十三小项影响因素进行分析，通过分析最终确定六项主要因素。

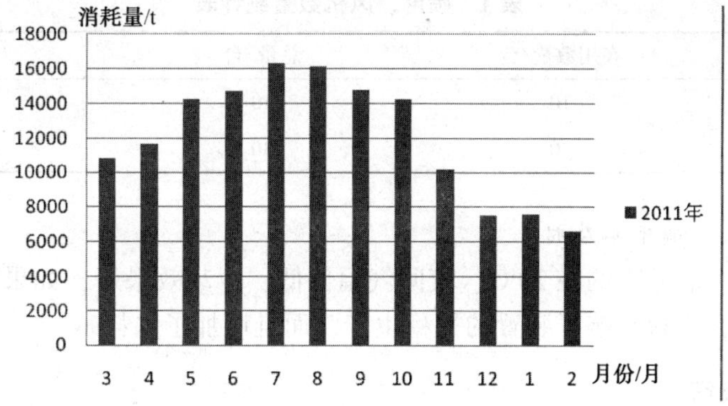

图 1　2011 年软化水消耗量

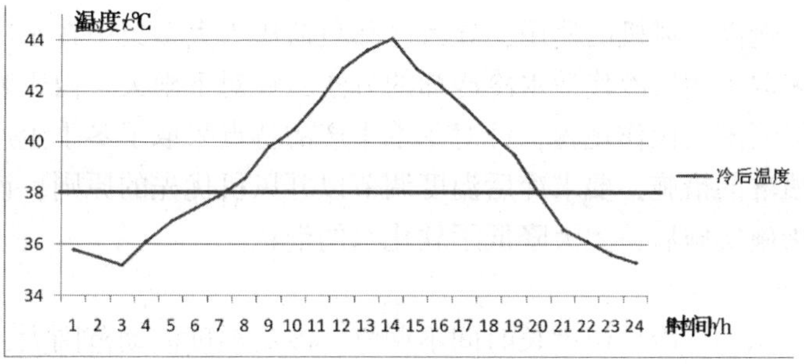

图 2　冷后温度变化曲线

3.1　冷却负荷偏大，用水量增加

通过 ASPEN 计算得出丙烯塔塔顶冷却负荷约 33500MJ/h，冷却负荷较大，导致每月的软化水消耗量保持在 15kt 左右，同时塔顶压力较高，平时压力控制在 1.8MPa，通过优化摸索得出将塔压降低至 1.75MPa 不影响分离效果，因此可以适当降低塔顶压力，降低冷却负荷，节约空冷用水。

3.2　防冻防凝需要

当室外气温达到-4℃时，软化水出现结冻现象，冬季生产室外温度在-20℃，软化水会结冻，为防冻、防凝需要，需保持软化水的流动状态，所以对空冷进行喷淋，冬季水温低，水冷效果好，所以停用部分风机，造成了软化水的消耗。

3.3　冷后温度需优化

塔顶冷后温度没有进行严格的控制，导致冷后温度波动曲线较大，长时间冷后温度偏低，由于没有控制指标，操作人员仅会在冷后温度影响生产时对冷后温度进行调节，通过摸索发现，冷后温度维持在 38~42℃时，对装置的平稳生产质量控制最好，查看 2011 年冬季生产时的 PI 系统数据曲线(图 2)看出，波动曲线较陡，且长时间温度低于 38℃，冷后温度偏低既增加了塔底的热负荷，也增加了塔顶了冷却负荷，影响了装置的平稳生产，进而增加了软化水的消耗。

3.4　节水意识需进一步提高

通过查看冷后波动曲线，发现班组操作人员没有根据生产需要及时对冷后温度进行调节或调节不及时，特别是夜间和下雨时室外温度低，导致冷后温度低，由于班组没有及时停喷淋减少水冷负荷，导致冷后温度过低，消耗软化水的量增加。

3.5　冬季喷淋数量偏多

冬季生产冷却负荷小，水冷和风冷不必全部开启，通过现场调查发现，水冷全部开启，风冷风机仅开启 1/3，(表 1)水冷全部开启造成了软化水的消耗增加，可以停用部分水冷改为风冷冷却，可以有效的降低软化水的消耗。

表1　喷淋、风机数量统计表

项　　目	在用数量/台	总量/台	使用比例
喷淋水泵	10	10	100%
风机	10	30	33%

3.6　昼夜温差大，调节不及时

夏季生产时，昼夜温差大约在20℃，夜间气温偏低，冷却效果好，如果冷后温度调节不及时，导致夜间冷后温度低，不仅影响了装置的平稳生产，而且增加了水耗。

4　优化空冷运行

4.1　运行模式调整

由于喷淋的使用比例高于风机的使用，导致冷却负荷压力大多集中在水冷冷却，造成了软化水的过度消耗，因此，采取了用风冷代替水冷冷却的方法，针对下雨天、白天晚上温度变化较大的特点制定了雨天、夜间停喷淋的操作规程；针对冬季生产的特点采取了冬季生产在满足防冻、防凝需要的前提下停用部分喷淋的措施，要求冷后温度调节以开风机优先的原则，该项措施的实施是降低软化水消耗的重点，措施实施后，大大降低了软化水的消耗。

4.2　培养节水意识

个别人员的节水意识差，冷后温度长时间不调整，冷后温度波动范围大，温度偏低，影响了平稳生产，造成了软化水的浪费，为了提高班组的节水意识，车间将软化水消耗量纳入小指标竞赛指标，并逐步完善考核制度，加大奖惩力度，措施实施后，班组的节水意识大大增强，对减少软化水的消耗起到了较好的推进作用。

4.3　工艺调整

通过ASPEN优化软件进行计算，计算所得数据和生产实际情况进行比对，发现在不影响精馏效果的前提下，冬季生产可以将丙烯塔顶压力降至1.75MPa，冷后温度波动范围可以控制在38~42℃。

为了降低冷却负荷，采取了适度降低塔顶压力的方法，将塔顶压力由1.80MPa降至1.75MPa，措施实施后节水量上升，耗电量下降，说明该对策的实施降低了冷却负荷，起到了很好的节水效果。

由于没有冷后温度的控制指标，导致冷后温度波动较大，温度较低，针对该问题，采取了重新制定工艺指标控制范围，要求冷后温度不小于38℃，并将冷后温度的波动纳入平稳率考核，减小了冷后的波动范围，保证了装置的平稳生产，降低了软化水的消耗，见图3。

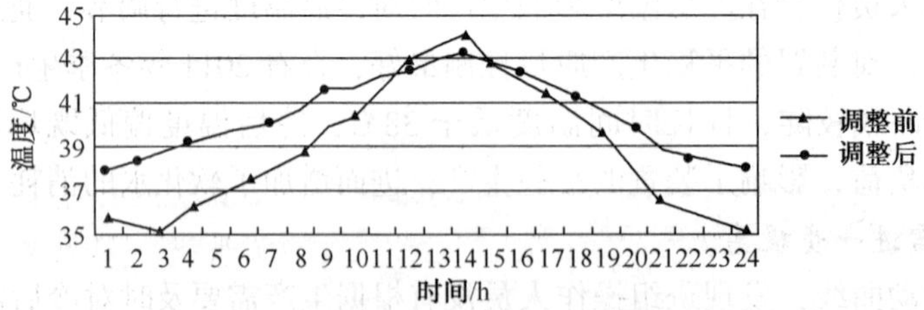

图3　调整前后冷后温度变化曲线

5　效果检查

气分节水情况(全年共节约软化水约33.5kt)如图4所示。

所有措施实施前，气分装置耗水量为144.9kt，实施后耗水量降至111.3kt，节水33.5kt，节水比例达到了23%。

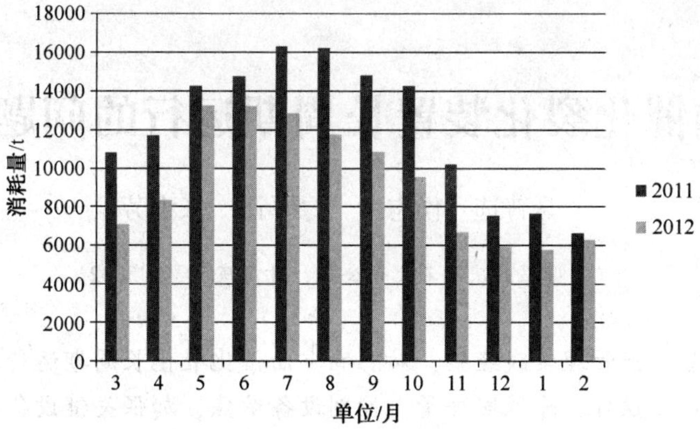

图4　气分节水情况对比

通过数据比对发现，夏季生产节水较多，说明根据生产条件适当停用喷淋数量和优先使用风冷起到了很好的节水效果。吨油耗新水量是衡量炼油厂能耗的一个重要指标，如何有效降低吨油耗水量是每个炼油厂的难题，通过减少软化水的消耗，能够有效降低吨油耗水量，创造了可观的经济效益。

参　考　文　献

[1]　郭宏山，林大泉．炼油厂用水与节水[J]．石油炼制与化工，2002，33(3)：61-65.

影响催化裂化装置长周期运行的问题探讨

聂普选　侯志孝　禄军让　张小芳

(中国石油庆阳石化分公司，甘肃庆阳　745002)

摘　要：结合生产管理实践经验，对影响重油催化裂化长周期运行的典型问题进行分析，从优化油浆系统操作、降低固含量，控制设备结焦，加强关键设备管理，加强衬里施工过程及维护管理，加强公用工程的质量控制和稳定供应6个方面进行分析，并提出防范措施。

关键词：催化裂化　长周期　原料性质　设备结焦　固含量

1　前言

重油催化裂化装置作为炼油厂重油轻质化的核心装置，不仅是高辛烷值汽油的主要来源(提供80%的汽油)，也是柴油和低碳烯烃的主要来源(提供30%～40%的柴油、40%的丙烯)，特别是在燃料型炼厂催化裂化装置其作用和地位更加重要，被称作为炼厂的“物料平衡中心、燃料平衡中心、能源供给中心”。催化裂化装置运行质量的好坏、运行周期的长短直接决定着炼厂整体运行水平和生产经营效益。近年来，随着装置的大型化、原料的重质化和劣质化，关键单体设备的结构型式、运行质量、反应系统的结焦、油浆固含量、衬里的质量以及公用工程的质量控制和稳定供应成为影响和制约催化裂化装置长周期运行的主要因素。

2　优化油浆系统操作，控制合理的循环油浆流速，降低固含量，延长装置运行周期

催化裂化装置的油浆系统是在较高的温度下操作运行的，催化裂化的反应机理决定了油浆富含多环芳烃、胶质、沥青质和催化剂固体粉末等，这些产物在一定的温度条件下缩合形成焦状物，黏度大、流动性差，对油浆系统的操作及和装置长周期运行造成危害。

2.1　循环油浆系统控制合适流速，防止系统堵塞

当油浆在系统中线速小于1.5m/s时，油浆会在管线及换热器的浮头管箱上缩合结焦，使管道、设备堵塞，降低冷换设备的传热系数，影响油浆系统的运行和取热，严重时堵塞管道，造成装置停工。庆阳石化1.6Mt/a重油催化装置循环油浆蒸汽发生器(BJS1400-1.6/5.0-455-9/30-4ⅠB=625)设计4台，开工前期通过核算发现流速太低，投用2台备用2台，完全满足取热需求，运行19个月停工检修，打开投用的2台油浆蒸汽发生器，发现管束无堵塞现象。

2.2　平稳操作，严格控制油浆固含量

控制油浆固含量≤3g/L，确保油浆泵及油浆系统长周期运行。油浆固含量≥5g/L时，会迅速加剧油浆泵及油浆系统管线的磨损，严重时导致油浆泄漏，引起火灾事故及装置停工。庆阳石化沉降器改造前提升管出口粗旋和单旋采用软连接，离心法固含量为8～10g/L，烧后为1～3g/L，油浆泵3个月进行一次切换检查，油浆泵入口口环有轻微磨损，其它部件完好。为了检测油浆系统管道的磨损情况，每周对油浆系统39个测厚点进行测厚，建立测厚台账，对比每次测厚结果。

2.3　油浆固含量高的原因

反应系统设备故障，装置运行突然出现固含量突然升高，通过调整操作效果不明显一般为旋风分离器故障。庆阳石化600kt/a催化装置2008年6月检修后恢复开工过程浆固含量突然上升至

30g/L，被迫停工，检查时发现沉旋内部升气管外壁焦块脱落堵塞卡住翼阀堵塞料腿（沉旋的入口宽度22.5cm，长度51cm很难进入，检修时忽略检查），造成跑剂。

催化剂热崩、破损严重，细粉含量高，使反应油气携带的催化剂量增加。油浆回炼量或外甩量太小，塔内油浆不能及时置换，造成油浆固含量高。

2.4 油浆固含量高的处理措施

分析反应、再生系统操作参数，查找原因。若催化剂分离系统故障，效率低，应首先平衡操作，调整旋风分离器线速；若催化剂细粉含量太高，应消除催化剂破碎；若旋风分离器损坏、料腿被焦块堵塞，催化剂大量跑损，油固含量高，应停工处理。

优化分馏系统操作，提高油浆外甩量，适当提高油浆回炼量，增加固含量分析频次；适当提高油浆循环量，合理分配上下返塔油浆量，保证洗涤和脱过热；油浆蒸汽发生器不走热流，保证换热管束油浆线速；适当加大分馏塔底搅拌油浆及搅拌蒸汽流量，防止催化剂在分馏塔底部沉积。2012年催化装置检修后一度油浆固含量高达7g/L，现场通过摸索总结适应沉降器粗旋与顶旋新的连接方式下操作控制参数，消除一、二段粗旋出口汇合处两股油气之间的扰动，分馏塔串入部分原料等措施，固含量下降至3g/L。

3 控制设备结焦 确保催化裂化装置长周期运行

随着催化裂化装置掺渣比的提高，设备结焦问题成为制约装置长周期运行的瓶颈。据不完全统计，设备结焦导致非计划停工占催化裂化装置非计划停工总的次数的50%以上，有的装置连续发生相同部位的严重结焦，导致装置非计划停工。结焦问题已经严重影响到催化裂化装置“安、稳、长”运行。

3.1 结焦原因

（1）催化裂化原料掺渣油量高，进料馏分重，加工再生剂的混合温度低，不足以全部汽化，以液相形式存在的原料容易生成液焦。

（2）使用低效雾化喷嘴，雾化蒸汽量不足，形成颗粒大于80μm的液滴，以及喷嘴位置安排不当，使进料分配不均，造成喷嘴上部提升管内壁结焦。

（3）反应沉降系统设备内表面和油气管线内壁温度低，达到油气露点以下，造成油气凝聚结焦，如提升管出口温度低、开工时沉降器升温未达到预定温度、紧急停工等情况下，就会出现严重结焦。

（4）沉降器快分设计不当，油气在沉降器内停留时间过长，造成二次裂化，使沉降器系统，包括粗旋、顶旋、器内壁、内构件、顶部、集气室等部位结焦，加上大分子液滴的进入，更加剧了结焦。

（5）分馏塔底油浆停留时间长，超过5min，塔底温度超高，或油浆密度超过1000kg/m^3，油浆系统线速低，使油浆系统结焦加剧。

3.2 预防措施

3.2.1 优化工艺条件，控制反应系统设备结焦

（1）加强原料管理，选择合理的掺渣比，优化原料性质。日常加强对原料的分析检测，原料性质变化时要保证平稳过渡，避免装置发生较大的操作波动。

（2）控制合理的反应温度。提升管出口温度控制过低，油气中重组分冷凝，聚合结焦成“软焦”，提升管出口温度过高，热裂化反应严重，热裂化缩合结焦成“硬焦”。提升管出口温度控制在490~520℃，既能保证足够的反应转化率和足够的剂油比，保证原料中难汽化组分的汽化效果，减少和避免液焦的形成。

（3）降低回炼比，当油浆进反应器回炼时，其生焦量约占总生焦量的15%~19%，降低回炼比可以降低烃分压，从而降低沸点增加汽化率。

(4) 改善进料的雾化效果，一方面保证较高的原料的预热温度，原料预热温度控制在180~250℃；另一方面，提高原料的雾化蒸汽量，雾化蒸汽量应占原料的6%~8%左右，减少反应产物的聚合反应，提高提升管内水汽分压。

(5) 平稳生产避免装置切进料，频繁的切进料是造成沉降器结焦的重要原因之一，切断进料后温度的大起大落还容易造成沉降器内焦块脱落影响催化剂输送，因此应平稳生产避免装置切进料。

3.2.2 调整设备结构，减少结焦

(1) 只要在沉降器内存在着高沸点结焦前身物、足够的停留时间和足够的温度，催化装置是无法消除沉降器的结焦。庆阳石化公司1.6Mt/a重油催化提升管出口粗旋和单旋设计为软连接，装置运行19个月，2012年4月15日提供检修，发现沉降器结焦严重，沉降器直径为7400mm，结焦约450t，为了解决结焦，通过和华东院对接，提升管出口粗旋和单旋改为直连，减少了油气停留时间及二次反应的发生，轻油收率1.5个百分点。

(2) 增加防焦隔栅　由于目前的装置条件结焦是不可避免，一旦发生进料中断、两器停止流化的情况则沉降器内大量焦块在温变应力的作用下非常容易造成待生路线催化剂输送中断，造成催化停工。在沉降器过渡段增设防焦隔栅，防止焦块脱落，堵塞流化通道，增加装置抗事故能力。

(3) 采用更加高效的喷嘴　喷嘴雾化效果的优劣直接影响反应状况，对提升管内喷嘴处的结焦以及后部各部位的结焦情况都有显著影响。线速过低原料拉膜雾化效果差，线速过高会造成催化剂的冲击破损。庆阳石化喷嘴采用CS-Ⅱ型喷嘴，该喷嘴强化喷嘴的雾化功效，大直径液滴消除较好，具有良好的抗结焦性能，喷射速度适中，喷嘴磨损小，催化剂单耗低。

(4) 大油气线采用热冷壁结合，具有良好的效果　庆阳石化公司油气线直径为1000mm，设计气体流速35~45m/s，沉降器出口至进分馏塔U型弯前采用冷壁结构，其余为热壁结构，2012年4月15日停工检查发现油气线结焦很少，只有微量软焦。

(5) 汽提过程是反应的延续，改进汽提段设计，采用高效汽提技术，增强汽提效果，降低待生催化剂含碳，增大剂油比，提高转化率，达到减少结焦的目的。庆阳石化1.6Mt/a重油催化装置采用自主研发的正四方锥汽提器，汽提效果良好，待生剂定碳为1.05~1.2，再生剂为0.02~0.05。

4　加强关键设备管理，为装置长周期运行提供大硬件支持

4.1　加强设备巡回检查管理

根据装置情况对各岗位制定严格合理的检查内容和路线，做到24 h不间断巡检，同时对班组配备红外测温仪和测振仪，要求巡检过程必须携带，对反应再生部分进行测温检查，对大型机组和重要机泵进行测温、测振检查，建立一套科学的巡检方法。

4.2　加强大型机组的特护管理

对每台特护机组制定特护方案，规定有关各专业的检查路线及相应的检查部位、检查内容和检查标准，特别对机组运行过程出现的问题进行多专业会诊，分析原因采取处理措施。

4.3　加强外取热器的使用与管理

庆阳石化制定了一套严格的加药管理制度，药剂加注采用计量，根据汽包水质控制药剂加注量和排污量，严格控制炉水pH值、电导和磷酸根离子，确保炉水及蒸汽质量指标。公司规定汽包水位控制在正常水位线上下50 mm范围内，水位过高、过低连续排污都无法有效排出水面杂质，影响蒸汽品质。

5　加强衬里施工过程及维护管理

衬里作为催化反再系统的重要部分，其运行的好坏直接影响到装置的长周期运行。由于衬

里破坏，每次装置检修都要投入大量的人力、财力修补这些损坏的衬里，有时在生产中期出现脱落，轻者出现局部外壁过热现象，重者造成两器系统滑阀、半再生阀、翼阀等卡阻，流化中断，严重威胁着生产的正常运行。庆阳石化公司 1.6Mt/a 重油催化装置衬里施工采用支模浇注工艺，装置于2010 年9 月24 日开工运行不到半年再生斜管和外取热入口斜管衬里脱落，外取热入口斜管表面温度高达 470℃，为了确保装置安全、长周期运行，对衬里脱落部位用不锈钢板进行了包焊。

5.1 反再系统各部位衬里设计选型原则

5.1.1 沉降器

沉降器应采用双层龟甲网隔热耐磨衬里，不能采用无龟甲网单层隔热耐磨衬里。因为无龟甲网单层隔热耐磨衬里易产生裂缝，在运行过程中，沉降器内油气会沿着衬里裂缝渗透到器壁，在冷却过程中结焦，油气结焦体积膨胀，累积到足够的力量就会引起衬里脱离，破坏衬里结构。而有龟甲网的加强和隔离，不会产生上述情况，且沉降器操作温度较低（<500℃），龟甲网结构能很好的适应其操作条件。

5.1.2 再生器

再生器、外取热器、烧焦罐采用无龟甲网单层隔热耐磨衬里。该衬里由 Ω 型锚固钉、隔热耐磨衬里组成。衬里既有一定的强度和耐磨性，又具有隔热功能，整体性好，在隔热耐磨衬里中掺人钢丝纤维，以增强衬里的抗裂纹性能。

5.1.3 油气管线和提升管

油气管线和沉降器一样，内部容易结焦，因此，衬里结构宜采用双层龟甲网隔热耐磨衬里。斜管、提升管衬里结构宜采用双层龟甲网隔热耐磨衬里，可以有效防止衬里脱落而造成的装置非计划停工事件的发生。

5.2 加强衬里施工过程管理及维护保养

待生、再生斜管，外取热器下斜管及所有三叉相贯线处衬里，在原始施工和衬里修补进程中，选材得当，保温钉布点和焊接质量达到要求。

衬里施工在条件允许的情况下应尽量连续进行浇注施工，特殊情况需暂时停止施工或衬里超过初凝时间时应预留接口，接口形状要做成阶梯状，防止形成直通缝。衬里施工完后要及时养护，在开工中严格按照衬里烘干升温要求，使其充分烧结，达到足够强度。

6 重视公用工程的质量控制和稳定供应，为生产装置的长周期运行提供重要保障

催化裂化装置长周期运行，不仅要解决好装置自身的问题，同时，要加强水、电、汽、风的质量控制和平稳供应，才能保证催化装置长周期运行。

6.1 水质

水质硬度超标会使冷却器结垢，影响冷却器冷却效果，催化裂化装置就多次因为结垢，冷却效率变差，严重的可使冷却器管束堵塞，使整个操作系统平衡遭到破坏。防范措施是搞好水质加药处理和水质监测，严格控制水质的各项指标，防止结垢和腐蚀。

6.2 电气系统

系统的停电或晃电直接影响催化裂化装置长周期运行。庆阳石化外管网供电采用 110kV 双回路供电，提高外网供电的可靠性，从源头上减少“晃电”的产生。

6.3 蒸汽

蒸汽压力、温度、流量影响着催化裂化装置的操作，蒸汽品质的好坏影响着热工系统设备的使用寿命和汽轮机组的安全高效运行。

7 结束语

催化裂化装置长周期运行，是一个系统工程。除了要有高水平的设计、制造与施工质量、操作

平稳与严格管理外，认真分析和总结影响长周期运行的因素，有针对性地采取相应的措施，从进料、工艺操作、设备维护、动力保障等方面防止出现停工，减少停工损失，对提高企业经济效益有着较大的意义。

参 考 文 献

[1] 翟伟，温传忠，柴剑锋．控制设备结焦确保重油催化裂化装置长周期运行[J]．石油炼制与化工，2003(8)．
[2] 中国石化总公司催化裂化装置长周期运行调查组．催化裂化装置长周期运行的调查[J]．炼油设计，1998，28(2)．

庆阳石化公司 1.6Mt/a TSRFCC 装置综合技术分析

余颖庆　兰创红　谢炳军　周向忠　白宁波　何红娥

（中国石油庆阳石化分公司，甘肃庆阳　745100）

摘　要：庆阳石化公司 1.6Mt/a TSRFCC 装置 2010 年 10 月份投产，装置经过 3 年多时间的运行，实施了一系列技术改造措施，解决了装置存在的一些瓶颈问题。并通过定期标定对装置的物料平衡、能耗、两器及提升管等进行核算，与设计值进行比较，找出不足之处，进一步优化装置操作，降低能耗，目前装置各项指标均优于设计值。

关键词：产品分布　能耗　产品质量　技术改造

1　前言

庆阳石化公司 1.6Mt/a 重油催化裂化装置包括反应-再生、分馏、吸收稳定、主风机及烟气能量回收机组、气压机组、余热锅炉以及装置污水预处理设施等部分。以长庆原油常压渣油为原料，反应工艺技术采用中国石油大学(华东)两段提升管催化裂化(TSRFCC)技术。为进一步改善产品分布，提高目的产品收率、特别是丙烯产率，降低干气及焦炭产率，在提升管反应系统设计中采取了预汽提器等一系列措施，使得催化剂从进入提升管至离开沉降器汽提段整个过程的流化状态更趋合理，从而达到提高轻质油收率，降低干气、焦炭产率目的。再生工艺采用两器并列式布置，再生工艺技术采用的快速床-湍流床串联再生技术。再生器下部为快速床(烧焦罐)，上部为湍流床(二密相)，中间由低压降大孔分布板将两段隔开。汽提段采用“正四方锥”高效汽提器，以改善蒸汽与催化剂接触，在较低的蒸汽耗量下取得理想的汽提效果。外取热器采用一台下流式外取热器。采用自然循环方式，节省动力，运行可靠。

2　装置目前运行情况

装置自从 2010 年 9 月首次开工投用以来未发生任何非计划停工，第一周期连续运行 19 个月，2012 年 4 月 15 日至 6 月 5 日按照计划进行了装置首次全面停工大检修，检修期间针对上一运行周期存在的再生器晃动、外了取热管束泄漏、沉降器结焦等问题完成了再生器晃动组合工艺改造、外取热器改造、沉降器旋风分离器直连等重点项目。2013 年 8 月按计划进行碰头维修及操作优化改造，重点实施了 CRC 项目及沉降器改造，油浆固含量高的隐患得到解决。目前装置运行良好，轻油收率及装置能耗等各项指标得到较大改善。

2.1　物料平衡(表 1)

表 1　装置物料平衡

油品名称	设计		实际		对比	
	收率/%	数量/(t/h)	收率/%	数量/(t/h)	收率/%	数量/(t/h)
处理量		181.143		222.661		41.518
液化气	19.6	35.512	15.22	33.889	-4.38	-1.623
汽油	36.53	66.179	45.21	100.681	8.68	34.502
柴油	29.62	53.643	26.78	59.625	-2.84	5.982

续表

油品名称	设计		实际		对比	
	收率/%	数量/(t/h)	收率/%	数量/(t/h)	收率/%	数量/(t/h)
油浆	0.97	1.762	1.35	3.014	0.38	1.252
干气+损失	4.73	8.571	3.22	7.169	-1.51	-1.402
焦炭	8.55	15.476	8.21	18.28	-0.34	2.804
合计	100	181.143	100	222.661	0	41.518
轻质油收率	66.15		71.99		5.84	
产品总收率	85.75		87.21		1.46	
产品综合商品率	86.72		88.56		1.84	

2.2 能耗情况(表2)

表2 装置能耗

名称	设计耗耗	实际能耗	对比
循环水/(MJ/t)	55.9	86.44	30.54
新鲜水/(MJ/t)	0.04	0.004	-0.036
除氧水/(MJ/t)	267.7	309.12	41.42
污水/(MJ/t)	0.9	0.887	-0.013
净化风/(MJ/t)	22.8	15.29	-7.51
非净化风/(MJ/t)	14.5	26.3	11.8
焦炭/(MJ/t)	3577.7	3265.44	-312.26
电/(MJ/t)	37.3	230.14	192.84
1.0MPa 蒸汽/(MJ/t)	-274.7	-232.94	41.76
0.5MPa 蒸汽/(MJ/t)	-25.9	0	25.9
3.5MPa 蒸汽/(MJ/t)	-1075.9	-1793.51	-717.61
凝结水/(MJ/t)	-39.35	0	39.35
能耗合计	2295.7	1907.41	-388.29
单位能耗/(kgEO/t)	54.82	45.61	-9.21

2.3 反再系统核算结果汇总表(表3)

表3 反再系统核算汇总

项目	设计值	实际值	项目	设计值	实际值
一段提升管出口温度/℃	505~515	491	二段提升管出口线速/(m/s)	18.04	13.7
二段提升管出口温度/℃	510~520	493	一段反应段平均线速/(m/s)	13.1	12.8
沉降器顶压力/MPa(表)	0.234	0.22	二段反应段平均线速/(m/s)	13.89	10.4
回炼比	0.44	0.44	一段反应时间/s	1.4	1.9
进料温度/℃	200	259	二段反应时间/s	1.7	1.8
一段剂油比	6.5	10.53	汽提段直径/mm(内)	3400	3400
二段剂油比	7	8.62	沉降器稀相直径/mm(内)	7200	7200
一段催化剂循环量/(t/h)	1143	1948	一段粗旋入口线速/(m/s)	18	16.1
二段催化剂循环量/(t/h)	644	692	一段粗旋入口线速/(m/s)	18	15.2
一段提升管出口线速/(m/s)	19.18	17.4	单级旋分入口线速/(m/s)	20	24.4

续表

项　目	设计值	实际值	项　目	设计值	实际值
烧焦量/(kg/h)	15479	17379	二密相藏量/t	60	80
再生器顶压力/MPa(表)	0.254	0.239	稀相内径/mm	12150	12150
烧焦罐顶部温度/℃	690	678	稀相气体表观线速/(m/s)	0.54	0.591
二密相温度/℃	700	697	旋分器组数/组	8	8
烧焦罐气体线速/(m/s)	1.7	1.703	一级入口线速/(m/s)	20	19.92
烧焦罐直径(内)/mm	7150	7150	二级入口线速/(m/s)	22	22.91
烧焦罐藏量/t	54.7	65	主风流量/(Nm^3/min)		3750

2.4　产品质量情况

2.4.1　稳定汽油性质(表4)

表4　稳定汽油性质

项　目	2012年数值	2014年数值	对比	项　目	2012年数值	2014年数值	对比
密度/(kg/m^3)	725.8	723.9	-1.9	辛烷值(*RON*)	90.99	90.62	-0.37
初馏点/℃	36.8	36.6	-0.2	硫含量/(μg/g)	90	103.5	13.5
10%/℃	53.9	53	-0.9	饱和烃/%(体积分数)	35.45	43.99	8.54
50%/℃	101.8	100.4	-1.4	烯烃/%(体积分数)	48.98	40.25	-8.73
90%/℃	168	165.1	-2.9	芳烃/%(体积分数)	15.45	15.72	0.27
终馏点/℃	195	190.8	-4.2				

2.4.2　轻柴油性质(表5)

表5　轻柴油性质

项　目	2012年数值	2014年数值	对比	项　目	2012年数值	2014年数值	对比
密度/(kg/m^3)	865.3	892.7	27.4	50%/℃	276.5	283.4	6.9
十六烷值	34.7	38	3.3	90%/℃	341.9	364	22.1
初馏点/℃	181	189.4	8.4	95%/℃	354.1	378.6	24.5

2.5　装置主要操作参数(表6)

表6　主要操作参数

项　目	数值	项　目	数值	项　目	数值
一段提升管出口温度/℃	491	烧焦罐顶部温度/℃	673	吸收塔顶压力/MPa(表)	1.07
一段提升管预提升段温度/℃	657	二密相温度/℃	697	再吸收塔顶压力/MPa(表)	1.05
二段提升管出口温度/℃	493	烧焦罐藏量/t	54	稳定塔顶压力/MPa(表)	0.95
二段提升管预提升段温度/℃	648	分馏塔顶温度/℃	116	解吸塔底温度/℃	115
沉降器顶压力/MPa(表)	0.22	分馏塔底温度/℃	340	稳定塔顶温度/℃	57
再生器顶压力/MPa(表)	0.24	气压机入口压力/MPa(表)	0.14	稳定塔底温度/℃	167
原料油进料温度/℃	259				

2.6　技术分析

2.6.1　装置产品分布情况

装置目前生产方案采取多产汽油兼顾汽油降烯烃方案，催化剂为齐鲁催化剂厂生产，提升管进料为全部为常压渣油。

物料平衡(表1)中设计值为装置多产气方案的产品分布，该产品分布的设计反应温度为505～520℃。从对比表中可以看出，装置重油进料量实际222.66t/h，远高于设计值，通过一系列操作优化及实施CRC-再生剂冷却器技术改造，实现了“低温接触、大剂油比、高催化剂活性”的反应要求，一、二段剂油比分别增加了4.05和1.6左右，实际的反应温度只有492℃左右，有效的促进了遵照正碳离子机理进行的催化裂化反应，抑制了热裂化反应，因此，造成装置目前的产品分布中干气和损失产率低于设计值1.51个百分点，液态烃低于设计值4.38个百分点，汽油高于设计值8.68个百分点，生焦低于设计值0.34个百分点，加之装置进料量高，油浆外甩高于设计值0.38个百分点。但装置目前的产品分布是比较理想的，轻油收率高于设计5.84个百分点，反应深度比较适中。

2.6.2 装置能耗情况

从能耗情况对比表中可以看出装置的综合能耗比设计值低9.21kgEO/t，影响装置能耗低于设计值的主要因素为生焦量和中压蒸汽产量。装置目前的反应温度较设计值低10～20℃，增强了氢转移、异构化等放热反应，一方面生焦量偏低，另一方面反应热减少，再生器余热增多产汽量增加；同时富气量较少气压机消耗的中压蒸汽量相应减少，因此，中压蒸汽外输量增加，装置能耗较设计值大幅降低。由于设计中四机组通过烟机做功要发电，但实际运行过程中为确保机组安全运行，电机做一部分功，电流控制在200A左右，造成电耗高于设计值220.6MJ/t，同时，由于实施的CRC-再生剂冷却器技术改造，产汽量及流化风量增加，除氧水及非净化风单耗高于设计值。

2.6.3 产品质量

稳定汽油辛烷值达到90.62，稳定汽油烯烃含量为40.25%，说明通过优化运行及工艺，剂油比增加、油剂接触温度降低，增加了催化剂活性中心，氢转移反应和芳构化反应同时增强，质量符合要求，合格率达99.5%以上。从柴油性质数据表6可以看出，混合柴油十六烷值达38，柴油质量较好。

2.6.4 反再操作分析

从反再系统核算结果汇总表可以看出，一、二段汽油提升管内线速较设计值偏低，主要是由于汽油提升管出口温度较设计值低，反应产物中轻组分较少所致。粗旋入口线速较设计值低、沉降器单旋入口线速较设计值高，但从目前油浆产率为1.35%的情况下，油浆固含量一直≯2g/L来看，粗旋及单旋的旋分效率还是很高的。再生器藏量较设计值高，烧焦量较设计值长，这主要是根据装置实际烧焦效果，保证再生剂定碳而做的必要调整。烧焦罐温度较设计值高，主要为了低温接触、大剂油比控制，其他操作件均与设计值基本吻合。

3 开工以来装置存在的主要问题及解决措施

3.1 处取热管束泄漏问题

外取热自2010年9月24日投产至2011年8月一直运行平稳，没有出现泄漏现象，2011年8月8日开始至2011年12月先后出现外取热管束四组泄漏。

3.1.1 采取的措施

运行期间发现泄漏后及时对泄漏管束进行整组切除，维持装置正常运行。2012年5月份大检修期间对外取热外取热管束进行了整体更换，新增加了两根脱气管，入口斜管增加了导向平台。外取热器过渡段直段高度由500mm增加至900mm；在直段处开两个450mm孔增加烟气平衡线引至再生器。外取热器入口斜管增加催化剂导向衬里平台。外取热器入口管束基管减少一根(原56根现55根)。外取热器入口管束18根基管增加套管。外取热器入口管束18根基管表面喷钴基耐磨合金。外取热器入口换热管原5根和4根一组改为4根和3根一组，增加进水量，减少入口处热负荷。

3.1.2 实施效果

实施改造后，处取热器运行正常，产汽量 90~100t/h，外取热上部温度与脱气管温度基本一致(298/281)，外取热上、中、下部温度及催化剂藏量运行趋势平稳，外取热入口斜管及筒体温度均匀，无热点。

3.2 再生器中部、上部晃动大，晃动幅度 7~12mm

自 2010 年 9 月 24 日装置开工后，两器存在晃动，2010 年 11 月份晃动增大，最大晃动幅度 7~12mm。正常情况下再生器中部晃动幅度 4~7mm、上部晃动幅度 4~9mm；晃动方向以南北方向为主、间隙性出现东西方向晃动，晃动形式为扰动，晃动幅度大小有周期性变化现象，频率为 1s 左右。与再生器相连的外取热器汽包框架、三旋框架与再生器晃动形式基本相似，外取热器汽包框架晃动幅度相对较大。

3.2.1 采取的措施

装置运行期间加强操作平稳率管理，避免操作波动，现场安装晃动在线实时监测系统，随时掌握运行情况。

2012 年大检修期间通过实施以 D401 汽包框架加固、再生器基础加固、外取热器增加脱气线和大孔分布板系列组合工艺改造。

为减少催化剂在大孔分布板外圈周期性堵积、滑落，检修改造在更换原来 718 个喷咀的基础上，在大孔分布板外圈增设喷嘴 70 个。

3.2.2 实施效果

经过大检修期间实施组合工艺改造，本周期开工后，再生器晃动问题解决，从根本上消除了影响装置长周期运行的瓶颈问题，实现了装置本质安全。

3.3 沉降器结焦严重

2012 年 4 月装置停工检修期间设备开孔后检查，沉降器结焦严重，共计清除焦炭 450 多吨。经分析认为，导致沉降器结焦主要原因是沉降器旋风系统设计问题，二段粗旋无对应单旋，油气经升气管直接进行沉降器，油气包容率低，油气在沉降器内停留时间长。

3.3.1 采取的措施

与设计单位对接，在沉降器整体结构不做大的改造情况下，将沉降器粗旋与单旋由原来的软连接改造为直连结构，二段粗旋出口油气与一段粗旋出口油气合并后，进行分配，经四组单旋分离后进入集气室。

3.3.2 实施效果

提高了油气包容率，沉降器温度由改造前的 530℃降至 460℃，有效降低油气在沉降器内停留时间，减少内部结焦及油气在沉降器内的二次反应，轻油收率在原来基础上提高 0.3%左右。

3.4 油浆固含量高问题

2012 年经过检修改造，装置整体运行平稳，轻质油收率和综合收率稳中有升，装置运行质量较检修前有了改善，但出现油浆固含量偏高问题，成为制约催化装置安全、长周期运行的瓶颈问题。

3.4.1 采取的措施

① 加强操作平稳率管理，在装置加工负荷调整时，注意平衡一、二段提升管进料，避免操作大幅度波动，引起一、二段粗旋出口油气互相扰动，影响旋风分离器效率，导致油浆固含量波动。

② 加强油浆系统管线、阀门、机泵的日常巡检及测温、测厚，定期切换检查油浆泵，油浆泵出口增加双阀。

③ 进行风险分析，对油浆采样线、泵预热线改造，一旦出现磨损、泄漏，在不影响正常生产的情况下能够切出系统，更换。

④ 2013 年碰头维修期间，委托华东设计院对沉降器旋风分离器内件进行改造，改变原二段粗

旋出口无对应单旋的结构形式，二段粗旋出口设置1组单旋，将一段粗旋出口对应的4组单旋改变为2组单旋，沉降器内旋风分离器由原来的3组粗旋4组单旋改造为3组粗旋3组单旋。

改造后沉降器内旋风分离器结构图示如图1所示。

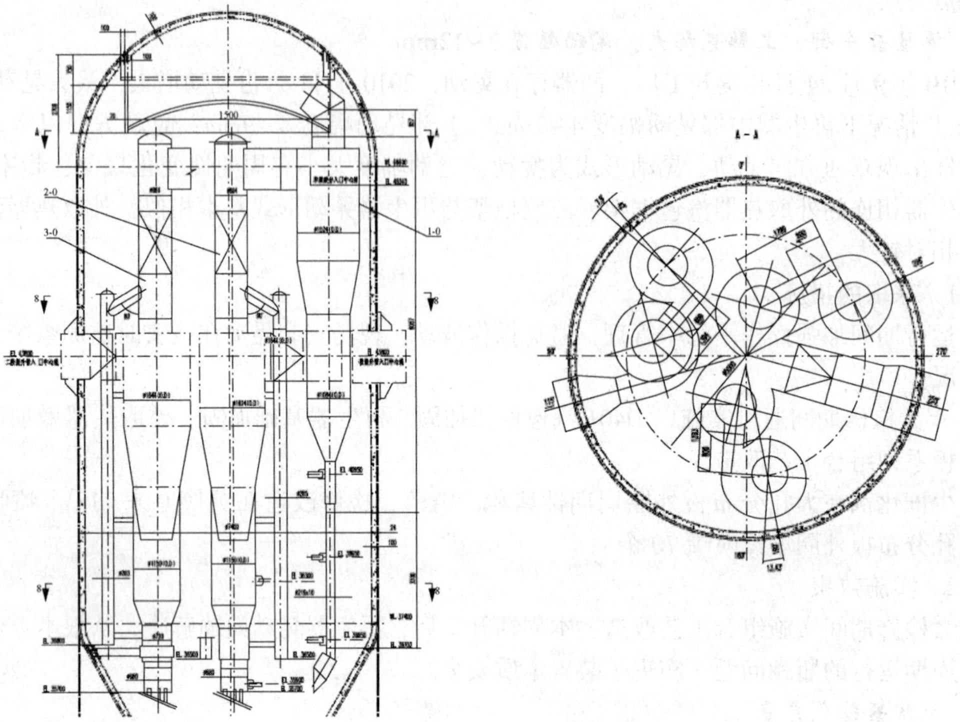

图1　改造后沉降器内旋风分离器结构图

3.4.2　实施效果

开工后油浆固含量下降至2.0g/L以下，效果良好，达到预期目的。说明通过改造后，沉旋线速提高，旋风分离效果好。

4　积极实施新技术，优化产品分布、降低综合能耗

为了进一步优化催化装置反应过程，改善产品分布，提高液体产品收率、降低装置能耗，2013年8月利用碰头维修进行CRC技术改造，新增两台CRC-再生剂冷却器。

4.1　技术原理及特点

该原理是通过对进入提升管的再生催化剂进一步冷却，有效降低催化剂与原料油的接触温度，提高进入提升管的原料温度，改善原料的雾化效果，提高反应选择性，强化催化裂化反应、减少热裂化反应，提高轻油收率、降低干气产率，同时为噻吩类硫化物向H_2S转移的氢转移反应提供了有利的条件。在提高剂油比的同时，提高了进入提升管的催化剂的平均活性，使得催化剂活性中心数提高，从而强化了遵照正碳离子机理进行的反应。提高了反应再生系统催化剂藏量和缓冲能力，提高了装置操作的安全性和可靠性。

4.2　应用效果

实施CRC技术改造后，再生催化剂冷后温度降低32℃，剂油比增加了3左右，实现了“低温接触、大剂油比、高催化剂活性”的反应要求，热裂化反应减少，干气产率明显降低，轻质油收率增加，通过产品分布情况，改造后汽油收率增加2.7个百分点，柴油收率降低1.4个百分点，液化气收率降低0.71个百分点，干气收率降低0.21个百分点，油浆收率降低0.78个百分点，生焦率增加0.39个百分点，轻油收率增加1.30个百分点，综合商品率降低0.19个百分点，达到了改善产品分布的目标。

表 7 产品分布情况 %

项 目	空白标定	改造后标定	对比	项 目	空白标定	改造后标定	对比
汽油	42.51	45.21	2.7	生焦	7.82	8.21	0.39
柴油	28.18	26.78	-1.4	轻油收率	70.69	71.99	1.30
液态烃	15.93	15.22	-0.71	总液收率	86.62	87.21	0.59
干气+损失	3.43	3.22	-0.21	综合商品率	88.75	88.56	-0.19
油浆	2.13	1.35	-0.78				

改造后，催化装置总产汽量增加 13.5t/h。改造前装置能耗为 50.78kgEO/t 原料，改造后为 45.61kgEO/t 原料，改造后能耗降低 5.17 个标油。

5 结论

装置运行 3 年多来，通过采取采取一系列优化运行及技术改造措施，从装置目前运行情况看，装置运行情况良好，各项技术指标接近国内中上游水平，但装置长周期运行还存在一定差距，还需要加强管理和采取一定优化措施，争取达到国内先进水平。

参 考 文 献

[1] 陈俊武. 催化裂化工艺与工程[M](第 2 版). 北京：中国石化出版社，2005.

炉管抗结焦涂层技术

王红霞

(中国石化北京化工研究院，北京　100013)

摘　要：炉管结焦决定乙烯裂解炉的运行周期，本文介绍了炉管结焦对乙烯生产的不利影响，阐述了近年来国内外炉管抗结焦涂层技术的最新进展，并对今后炉管抗结焦涂层技术的开发提出了建议。

关键词：乙烯　裂解炉管　结焦　涂层

乙烯是石油化工行业最重要的基础原料之一。在乙烯生产过程中一个无法避免的难题是裂解装置在服役过程中的结焦和渗碳。以乙烯裂解炉辐射段炉管为例，结焦使炉管内径变小，管内压降增大，使局部区域炉管壁温升高，缩短裂解炉的运行周期；当炉管管壁温度达到允许极限或压降达到一定程度时，须停炉进行清焦作业。炉管内壁结焦阻碍裂解反应的正常进行，影响乙烯收率，降低生产效率，而且高温下容易促使炉管内壁渗碳，导致炉管材料性能弱化。开发新型抗结焦炉管材料或涂层，对于石化工业的迅速发展具有重要的经济价值和现实意义。

裂解炉辐射段炉管通常为耐高温镍铬合金管，主要由 Ni、Cr、Fe 等金属元素组成，炉管材质表面的 Fe 和 Ni 元素在烃类热裂解过程中对结焦反应具有催化效应，为了最大限度减少因管壁金属引起的催化结焦，通过在炉管内表面形成抗结焦涂层的方法，可以使裂解过程中的烃流体与炉管金属隔离，降低炉管表面 Fe 和 Ni 的催化结焦活性，达到消除或减轻催化结焦和抗渗碳的目的。

在裂解炉管内表面形成抗结焦涂层的方法，有两种不同的形式：一种是通过热喷涂、热溅射、高温烧结、化学热处理和化学气相沉积等手段，在裂解炉管内表面形成 Cr_2O_3、SiO_2、Al_2O_3、TiO_2 等金属或非金属氧化物保护层，缺点是保护层与炉管基体的结合不够牢固，容易剥落；另一种是通过一定温度下特定的气氛处理，在裂解炉管内表面原位生成氧化物保护层，优点是保护层与炉管基体的结合力强，不易剥落。采用第一种技术的国外公司主要有加拿大 Westaim SEP 公司、韩国 SK 公司和美国 Alon 公司等，采用第二种技术的国外公司最具代表性的是加拿大 Nova 公司。

加拿大 Westaim SEP 公司[1~4]在炉管涂层技术开发领域一直处于领先地位，继开发出“Coatalloy 1060”涂层后，又推出“Coatalloy 1100”涂层技术，特点是涂层在 1130 ℃下能保持稳定，并可提高裂解炉的抗结焦及抗渗碳性能。涂层由耐高温和抗氧化的氧化物组成，包括表层、加强层及扩散膜层。使用“Coatalloy 1060”及“Coatalloy 1100”涂层技术可保证裂解炉长周期运行。Westaim SEP 公司的涂层技术已用于多家工业装置。

韩国 SK 公司开发的“PY-Coat”炉管涂层技术，是一种在线和原位喷涂技术，涂层配方含 Si、Cr、Al、Ti、碱金属及碱土金属，该涂层是涂敷于炉管内壁的一层膜状结构，可阻碍催化结焦的形成，减少形成自由基结焦的表面积，降低裂解过程的总结焦量。“PY-Coat”涂层技术已在工业装置上应用[5-6]。

美国 Alon 公司[7,8]开发的“AlcroPlex”技术是一种炉管双扩散涂层技术，涂层中主要含有 Cr、Si、Al、Mn 等成分。处理步骤：首先将铬、硅扩散入炉管形成阻隔层，用来屏蔽炉管基体材料，防止催化结焦及渗碳；然后再扩散入铝和硅，用来防止焦垢黏附。经过表面处理的炉管可减少焦炭附着和炉管脆化，清焦周期延长约 1 倍，炉管寿命大大延长，并可将耐热温度从 1000℃ 提高到 1200℃，从而提高乙烯收率。Alon 公司的炉管涂层技术已进行过工业试验。

以上述3家公司为代表开发的炉管内表面保护层，均是通过表面涂层技术将Al、Cr、Si等涂层组分外加到炉管内壁上，制备过程较复杂。涂层与炉管基体的结合力、涂层的抗热冲击性及耐磨性是决定该类技术能否成功推广的关键。

美国普渡大学[9,10]是较早且持续开展炉管原位涂层技术研究的机构，该技术的特点是利用Mn和Cr与氧在高温下反应活性大于Fe和Ni的原理，当在特定的气氛下处理炉管时，炉管材料中的Cr和Mn向表面富基并被缓慢氧化而生成一层致密的、与炉管基体结合牢固的氧化物保护层，而炉管中的Fe和Ni等元素则基本不被氧化并向体相迁移，最终在炉管内壁表面原位形成铬锰尖晶石结构的薄膜，屏蔽了炉管中的Fe和Ni元素，从而抑制了炉管内的催化结焦及整个结焦过程，并有效提高了炉管的抗渗碳性能。

加拿大Nova公司[11-15]的"ANK400"技术也是基于同样的原理的炉管原位涂层技术。通过对炉管在低氧分压气氛下进行处理，在炉管内表面形成一层0.1~10μm、具有$Mn_xCr_{3-x}O_4(x=0.5\sim2)$纳米尖晶石结构的涂层。具有该锰-铬尖晶石涂层的炉管可有效降低催化结焦速率，抑制焦碳的生成。Nova公司已将"ANK400"技术推向了工业化，该技术可使清焦周期延长10倍，且在3年后清焦周期仍可延长5倍，提高了裂解炉的能效，降低了维修费用，同时减少了焦碳处理成本。"ANK400"技术对急冷锅炉的结焦也具有较好的抑制作用。该技术已转让给日本久保田公司。Nova公司与久保田公司正在合作开发旨在提高尖晶石机械强度、增加其抗热冲击及抗氧化能力的改进"ANK400"技术，以适应更高裂解温度及更灵活的操作条件，并获得了比传统"ANK400"技术有所改进的实验室评价结果，改进"ANK400"技术的工业试验正在进行中[16]。加拿大阿尔伯塔大学也对常规Fe-Cr-Ni炉管合金材料中Si含量、Mn含量或CeO_2含量及氧分压对锰-铬尖晶石涂层性能的影响进行了深入研究[17~20]。

以Nova公司为代表开发的炉管原位涂层技术，制备工艺简单，涂层组分来自炉管基体本身，涂层与基体结合牢固并具有优异的抗结焦及抗渗碳性能，取得了较好的工业运行结果。

加拿大Quantiam公司[21,22]和Nova公司合作开发了一种生产烯烃的辅助催化技术(CAMOL技术)，通过在裂解炉管内表面覆盖具有催化及抗结焦双功能的纳米陶瓷涂层，可使管壁温度降低50~100℃，可减少裂解过程温室气体排放量20%，且可降低烯烃生产能耗20%。工业试验结果表明，以乙烷为原料的裂解炉运行周期可达1~2年，以石脑油为原料的裂解炉运行周期可达100~400天。他们开发的第二代产品已进行了工业试验，目标是进一步降低裂解炉管壁温度及适应更重的裂解原料。Quantiam公司提出的CAMOL技术，是近几年活跃在乙烯裂解结焦抑制技术领域并被广为宣传的一项技术，但其涂层配方及制备过程未曾披露，人们对该技术的具体细节了解有限，其工业化前景有待进一步验证。

国内也有多家单位对裂解炉管涂层技术进行过小试或模拟放大研究。华东理工大学[23]进行过SiO_2/S涂层小试及模拟放大研究，以轻石脑油为裂解原料进行了涂层的抑制结焦性能评价。根据未涂层炉管与SiO_2/S涂层炉管的结焦压力升高曲线与横坐标裂解时间形成的面积之比，得出SiO_2/S涂层的结焦抑制率约为39%。

华东理工大学[24,25]还开发了一种由稀土-Al-Cr-Si组成的复合扩散涂层，并在离心铸造的KHR45A钢炉管上进行了实验室研究，结果表明，涂层炉管的渗碳速率约为未涂层炉管的1/90，涂层炉管的结焦速率为未涂层炉管的1/5~1/7。以石脑油为裂解原料，在SRT-Ⅲ型裂解炉上进行的分组工业试验结果表明，涂层可延长裂解炉清焦周期21%以上，提高装置的处理能力约9%。

中国科学院金属研究所[26-27]选用在裂解高温下不引起催化结焦、不发生碳化反应的无机材料SiO_2，BaO，CaO，Al_2O_3作为涂层组分，制得了光亮的玻璃涂层试样，该玻璃涂层具有较好的抗结焦性能及很好的抗渗碳能力。

中国石化石油化工科学研究院[28-29]采用粉末包渗法在金属表面制备了Al涂层、Al-Si涂层、Cr涂层和Al-Cr涂层，并对4种涂层的抗结焦性能进行了比较，发现4种涂层都有较明显的抑制结焦作用，且在不同裂解深度下，涂层的结焦速率也有所差异；但无论在何种裂解深度下，Al-Si涂层的效果都最好。

江苏工业学院与江苏标新久保田公司合作，采用热浸渗铝技术，在KHR35CW裂解炉管表面制得了由Al_2O_3氧化膜和复杂金属化合物构成的渗碳阻挡层，具有良好的抗结焦及抗渗碳作用[30]。

中国石化北京化工研究院[31-32]采用化学气相沉积法进行了炉管在线涂层小试研究，制备出SiO_2质量分数达95%以上、涂层厚度约为5 μm的SiO_2涂层及Si-Ce共沉积涂层，涂层均匀、致密并具有优异的抗结焦性能及较长的使用寿命。在以石脑油为原料的120min短周期裂解及结焦评价实验中，SiO_2涂层第1周期结焦量减少90%以上，第5周期结焦量仍能减少80%以上；Si-Ce共沉积涂层在经过6个周期的裂解结焦评价试验后，结焦抑制率仍保持在50%以上。此外，中国石化北京化工研究院还与中国石油大学(北京)合作开展了原位涂层抗结焦技术研究，在中国石化北京燕山分公司的工业裂解炉上，进行了原位涂层抑制结焦技术的工业应用试验。试验结果表明，原位涂层技术抑制结焦效果明显，用于石脑油等液体原料时裂解炉运行周期超过200天。

综上所述，国内研究者在炉管抗结焦涂层技术研制方面进行了大量工作，也取得了一定的进展，但与国外相比尚有一定差距，建议在加强理论基础研究的同时，增强研发力量，加速炉管抗结焦涂层特别是原位涂层技术的开发推广进程，争取早日实现工业化。

参考文献

[1] Surface Engineered Products Corporation. Surfaced Alloyed High Temperature Alloys: US, 6268067[P]. 2001-07-31.

[2] Surface Engineered Products Corporation. Protective Coating System for High Temperature Stainless Steel: US, 6475647[P]. 2002-11-05.

[3] Surface Engineered Products Corporation. Surface Alloyed High Temperature Alloys: US, 6503347[P]. 2003-01-07.

[4] Surface Engineered Products Corporation. Coating System for High Temperature Stainless Steel: US, 6585864[P]. 2003-07-01.

[5] SK Corporation. Method of On-Line Coating of a Film on the Inner Walls of the Reaction Tubes in a Hydrocarbon Pyrolysis Reactor: US, 2003/0152701[P]. 2003-08-14.

[6] SK株式会社. 在烃裂解反应器的反应管内壁形成涂层的方法: 中国, 1321752C[P]. 2007-06-20.

[7] Alon, Inc. Surface Alloy System Conversion for High Temperature Applications: US, 6537388[P]. 2003-03-25.

[8] 王治春, 范金钢, 马乃金. 结焦抑制技术的工业应用[J]. 石化技术, 2005, 12(1): 63-67.

[9] Zhang Zhaobin, Albright L F. Pretreatments of Coils to Minimize Coke Formation in Ethylene Furnaces[J]. Ind Eng Chem Res, 2010, 49(4): 1991-1994.

[10] Luan Ta-Chi, Eckert R E, Albright L F. Gaseous Pretreatment of High-Alloy Steels Used in Ethylene Furnaces: Pretreatment of Incoloy 800[J]. Ind Eng Chem Res, 2003, 42(20): 4741-4747.

[11] Nova Chemicals(International)S A. Surface on a Stainless Steel Matrix: US, 6824883[P]. 2004-11-30.

[12] Nova Chemicals(International)S A. Composite Surface on a Stainless Steel Matrix: US, 6899966[P]. 2005-05-31.

[13] Nova Chemicals (International) S A. Thermal Cracking Process Using Tubes, Pipes, and Coils Made of Novel Stainless Steel Matrix: US, 7156979[P]. 2007-01-02.

[14] Nova Chemicals(International)S A. Surface on a Stainless Steel Matrix: US, 7488392[P]. 2009-02-10.

[15] Oballa M C, Benum L, Apuzzo A, et al. Innovative Furnace Coil Surface Technology for Steam Crackers Producing Ethylene and Propylene Shows Substantial Results[C]//17th World Petroleum Congress. Rio de Janeiro. 2002.

[16] Györffy M, Benum L, Sakamoto N. Increased Run Length and Furnace Performance with Kubota and NOVA Chemicals' ANK400 Anti-Coking Technology; Data from Current Installations as well as Technology Improvements for Higher Thermal Stability and Decoking Robustness [C]// AIChE Spring National Meeting. Orlando: AIChE, 2006: 135e.

[17] Liu Yingcai, Wei Weifeng, Benum L, et al. Oxidation Behavior of Ni-Cr-Fe-Based Alloys: Effect of Alloy Micro-

structure and Silicon Content [J]. *Oxid Met*, 2010, 73(1): 207-218.

[18] Li Hao, Chen Weixing. High Temperature Carburization Behaviour of Mn-Cr-O Spinel Oxides with Varied Concentrations of Manganese[J]. *Corros Sci*, 2011, 53(6): 2097-2105.

[19] Li Hao, Cui Xinwei, Chen Weixing. Effect of CeO_2 on High Temperature Carburization Behavior of Mn-Cr-O Spinel and Chromium Oxide[J]. *J Electrochem Soc*, 2010, 157(10): C321-C327.

[20] Li Hao, Chen Weixing. Stability of $MnCr_2O_4$ Spinel and Cr_2O_3 in High Temperature Carbonaceous Environments with Varied Oxygen Partial Pressures[J]. *Corros Sci*, 2010, 52(7): 2481-2488.

[21] Petrone S, Deuis R, Kong F, et al. Catalyzed-Assisted Manufacture of Olefins (CAMOL)*: Year-4 Update on Commercial Furnace Installations[C]// AIChE Spring National Meeting. San Antonio: AIChE, 2010: 88a.

[22] Petrone S, Chen Yan, Deuis R. Catalyzed-Assisted Manufacture of Olefins(CAMOL): Realizing Novel Operational Benefits from Furnace Coil Surfaces[C]// AIChE Spring National Meeting. New Orleans: AIChE, 2008: 133c.

[23] 周建新，徐宏，马秋林，等．SiO_2/S 涂层抑制结焦性能的中试对比研究[J]. 石油学报：石油加工，2009，25(5)：678-684.

[24] 范根芳，黄志荣，李培宁．延缓裂解炉管结焦和渗碳的涂层开发与工业考核(一)[J]. 乙烯工业，2009，21(3)：17-21.

[25] 范根芳，黄志荣，李培宁．延缓裂解炉管结焦和渗碳的涂层开发与工业考核(二)[J]. 乙烯工业，2009，21(4)：18-20.

[26] 李处森，杨院生，于力．一种提高 FeCrNi 合金材料抗结焦能力的玻璃涂层[J]. 材料保护，2001，34(5)：13-14.

[27] Li Chusen, Yang Yuangsheng. A Glass Based Coating for Enhancing Anti-Coking and Anti-Carburizing Abilities of Heat-Resistant Steel HP[J]. *Surf Coat Technol*, 2004, 185(1): 68-73.

[28] 中国石油化工股份有限公司石油化工科学研究院．一种乙烯炉管表面的涂层制备方法：中国，1312316C[P]. 2007-04-25.

[29] 樊黑钦，崔德春，李锐．裂解炉管涂层材料的制备及其作用机理的研究[J]. 乙烯工业，2003，15(1)：26-29.

[30] 谢飞，张炳生，李雄，等．乙烯裂解炉管抗渗碳热浸渗铝研究[C]//江苏省机械工程协会第6次会员代表大会论文集．江苏省机械工程学会，2002：41-43.

[31] 王红霞，王申祥，王国清，等．乙烯裂解炉管抑制结焦在线涂层的制备研究[J]. 石油化工，2010，39(12)：1313-1318.

[32] 郏景省，王申祥，王红霞，等．Si/Ce 化学气相共沉积制备抗结焦涂层的研究[J]. 乙烯工业，2010，22(3)：1-4.

瓶级聚酯切片生产中二甘醇的控制

江　璐

(中国石化仪征化纤瓶片中心，江苏仪征　211900)

摘　要：主要对瓶级聚酯切片(PET)生产中二甘醇产生的原因进行分析，并结合实际生产情况，通过对其原料的控制、工艺过程的优化来调整切片中的二甘醇含量。并研究了EG/PTA摩尔比、酯化温度等因素与二甘醇生成的变化关系，为优化控制瓶级聚酯切片中二甘醇的含量提供了参考依据。

关键词：瓶级聚酯　二甘醇　摩尔比　酯化温度

1　前言

瓶级聚酯切片生产中，二甘醇(DEG)在切片中的含量是PET的重要质量指标，在生产过程中必须严格控制。

对于瓶级聚酯切片用户来说，合适的DEG含量及其控制稳定性对后加工过程和最终制品质量有直接影响。DEG含量的适当增加有利于提高注塑过程的流动性能和制瓶过程的拉伸性能，但DEG含量太高会产生很多不良结果：由于醚键的存在降低了PET分子的刚性和热稳定性，太高的DEG含量会使制品的强度下降。因此，在瓶级聚酯切片生产中，DEG含量的控制及稳定性对瓶级聚酯切片的质量比较重要。

影响瓶级聚酯切片DEG含量的因素很多，如原料的质量、配料摩尔比、酯化温度、酯化压力、停留时间、乙二醇回流等。本文对影响瓶级聚酯切片DEG含量的主要影响因素进行初步的讨论，提出控制瓶级聚酯切片DEG含量的方法和手段，可供实际生产和同行参考。

2　实验

二甘醇分析方法：甲醇酯降解法

主要设备：岛津GC2010气相色谱仪

分析原理：试样在高温、甲醇存在的条件发生降解反应，二甘醇游离，然后用气相色谱法检测滤液中二甘醇含量。

3　DEG简介

3.1　DEG的生成

在瓶级聚酯切片的生产过程中，重要原料乙二醇(EG)在200℃以上时，易脱水生成二甘醇。在酯化反应和缩聚反应中，DEG和EG一样，两端具有羟基，会和PTA发生酯化反应。由于二甘醇中存在醚键，会使PET在有氧的情况下发生氧化降解，并使PET的熔点下降。同时还影响了聚合体的结构和分子构型，从而引起切片玻璃化温度下降、耐热和耐光性变差。当然，在PET产品中检测到的二甘醇含量是指在大分子链上形成醚键结构的部分“二甘醇”，而不是单一的二甘醇。

从反应方程式来说，一般聚酯生产中DEG的生成有以下几种方式：

$$2HOCH_2CH_2OH \longrightarrow HOCH_2CH_2OCH_2CH_2OH + H_2O \quad (1)$$

$$-C_6H_4-COOCH_2CH_2OH+HOCH_2CH_2OH \longrightarrow -C_6H_4-COOCH_2CH_2OCH_2CH_2OH+H_2O \quad (2)$$

$$2-C_6H_4-COOCH_2CH_2OH \longrightarrow -C_6H_4-COOCH_2CH_2OCH_2CH_2OOC-C_6H_4-+H_2O \quad (3)$$

从反应动力学来说，DEG 的反应动力学方程可用下式表示[1]：

$$\frac{dC_{DEG}}{dt}=Ae^{-\frac{E}{RT}}C_{EG}C_{OH}$$

其中，C_{DEG}、C_{EG}、C_{OH}分别指体系中二甘醇(DEG)、乙二醇(EG)、端羟基(OH) 的浓度；A、E 分别为频率因子和活化能；R 为气体常数；T 为温度。由式子可以得出，随着 EG 浓度、端羟基浓度、停留时间的提高，DEG 的浓度会增大。

3.2 二甘醇含量对瓶级聚酯切片热性能的影响

在瓶级聚酯切片的生产中，可以用差示扫描量热法(DSC)来分析切片的热性能。测试方法为：取瓶级聚酯切片的切片剖面 8~10mg 样品。在 N_2环境下以一定速率升温至 290℃，得到第一条升温曲线。停留几分钟后，快速降温至室温，再升温至 290℃，得到第二条升温曲线。最后，停留几分钟，降至室温得到降温曲线。

图 1 中曲线上面一条为第二次升温曲线，下面一条为降温曲线。表 1 中数据采用第二条升温曲线。这是由于第一次加热的样品，受热历史的影响，数据分散性大，不能真实反映分子热运动与 DEG 关系。而通过充分熔融再急冷处理后的样品，经再次加热，保证了样品间相同的处理条件，消除了热历史的影响，故数值能较真实地表征样品的性能。

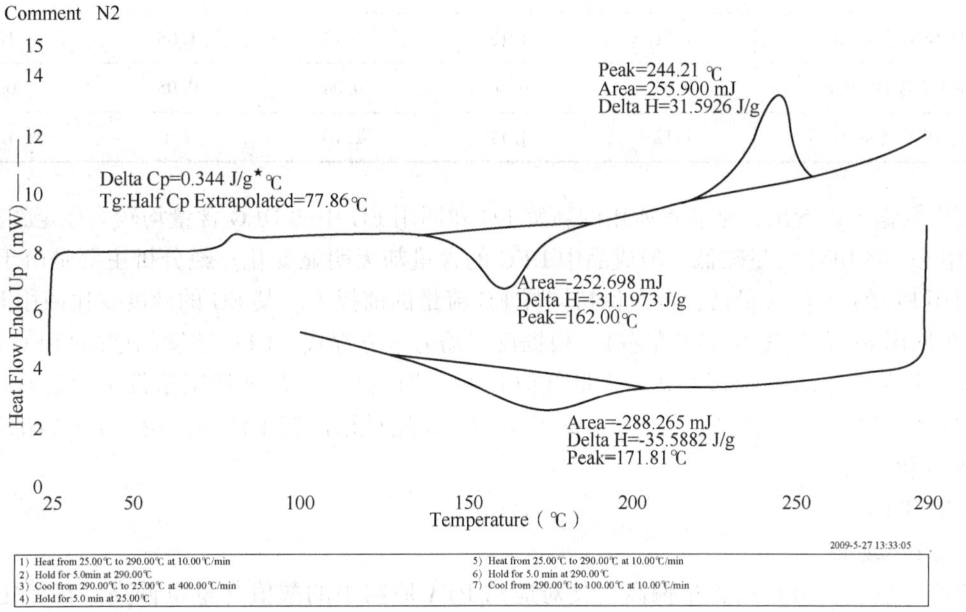

图 1 1#样的 DSC 曲线图

下表为某装置不同 DEG 含量的某种产品及其 DSC 数据。

表 1 样品的 DEG 含量与 DSC 数据关系

样号	1#	2#	3#
DEG/%	1.50	1.73	2.39
T_g/℃	77.86	77.42	68.36
T_m/℃	244.21	238.22	206.07
T_c/℃	162.00	165.85	166.54

表中 T_g 为玻璃化转变温度，T_m 为熔点温度，T_c 为冷结晶温度。由表中的数据可以看出，随着

DEG 含量的提高，T_g 有缓慢的下降，T_m 有较为明显的下降，T_c 有少许的提高。T_g 随着 DEG 含量的升高而下降，是由于 PET 中的醚键增加以后[2]，使分子链的柔顺性得到了提高，分子链活动性增强，所以切片的玻璃化转变温度下降；T_m 随 DEG 含量升高而下降，表明 DEG 含量的升高会导致切片熔点的下降；DEG 含量的升高，T_c 增加，T_g 减小，(T_c-T_g)值越来越大，表明结晶速率减慢，吹瓶的工艺范围越宽。由图表可知，用 DSC 曲线来分析 DEG 含量对其热稳定性的影响是一个较好的方式。

4 DEG 的控制

4.1 原料

4.1.1 配料用乙二醇(EG)

EG 是生产 PET 的重要原料，其本身含有少量的 DEG。装置在配料时一般使用回用 EG，在开车或回用 EG 异常时，使用新鲜 EG。在 PET 的生产过程中，体系中会生成一定量的 DEG，故回用 EG 相较新鲜 EG 的 DEG 含量会高一些。下表为新鲜 EG 与回用 EG 中 DEG 含量的抽查表，如表 2 所示。

表 2 抽样新鲜 EG 与回用 EG 中 DEG 含量

样　号	1#	2#	3#	4#	5#
新鲜 EG 含 DEG/%	0.03	0.03	0.03	0.03	0.03
切片 DGE 含量/%	1.11	1.12	1.12	1.08	1.09
回用 EG 含 DEG/%	0.05	0.06	0.08	0.05	0.06
切片 DGE 含量/%	1.12	1.11	1.10	1.1	1.09

由表中数据可以看出，某装置所用的新鲜 EG 和回用 EG 中的 DEG 含量均较为稳定，虽然新鲜 EG 较回用 EG 的 DEG 含量较低，但成品中 DEG 的含量却无明显变化。经分析主要是由于新鲜 EG 虽然比回用 EG 的 DEG 含量低，但在保持同样 EG 流量的前提下，其 EG 的纯度要比回用 EG 高 2%左右(分析回用 EG 的纯度为 98%左右)。根据反应动力学方程式，DEG 浓度的增高与 EG 浓度的增高成正比。正是由于新鲜 EG 的 DEG 含量低但其 EG 浓度高，在某种特定条件下两者对产生 DEG 量的作用正好基本上互相抵销，所以表中使用新鲜 EG 配料相比较于使用回用 EG 配料的切片中的 DEG 含量变化不大。

4.1.2 PTA

4.1.2.1 酸值

在生产中发现，DEG 的含量偏高，其对应的 PTA 原料中的酸值含量也偏高。在酯化反应中，由于 PTA 的羧基分离较多的 H^+，酯化反应酸性增强，既加强酯化反应的进行，也加强了 EG 间的反应。

4.1.2.2 粒径

PTA 的粒径及其粒径分布会影响 PTA 和 EG 中的溶解性。PTA 的平均粒径大，PTA 和 EG 的接触面积小，酯化反应程度下降，造成体系中 EG 浓度上升，醚化副反应增多，DEG 生成量上升。PTA 的平均粒径小，浆料混合均匀，在 EG 中的溶解性提高，在同样的条件下，酯化反应更容易进行，抑制了生成二甘醇的副反应。

所以在 PET 的生产过程中，要关注 PTA 的酸值、粒径等质量指标，防止由于 PTA 原料的波动造成产品的波动。

4.2 EG/PTA 摩尔比

由 DEG 动力学反应方程式可知，提高摩尔比，就是提高了 EG 的相对浓度，在相同的温度、压力等其它条件下，EG 含量越高，醚化反应的速度加快，乙二醇脱水生成的 DEG 含量也越高。当然，反应中的乙二醇不足会导致酯化的速度减慢，酯化率偏低，从而导致端羧基的偏高及粘度偏低等不良后果，影响切片的质量。

表 3 为某装置调整 EG/PTA 后的 DEG 变化情况统计。

表 3 调整 EG/PTA 摩尔比对切片 DEG 含量的影响

调整 EG/PTA 物质的量之比	浆料密度/%	调整幅度△	调整后的 DEG 值
1.20→1.19	70.8	0.01	1.13
1.19→1.18	70.9	0.01	1.13
1.18→1.17	71.0	0.01	1.12
1.17→1.15	71.0	0.02	1.11
1.15→1.13	71.0	0.02	1.10
1.13→1.12	71.0	0.01	1.10
1.12→1.11	71.3	0.01	1.09
1.11→1.09	71.4	0.02	1.06

由表看出，随着 EG/PTA 摩尔比的下降，浆料密度提高，切片中 DEG 的含量下降。根据 DEG 反应动力学式，EG/PTA 的摩尔比下降，EG 的相对浓度降低，生成的 DEG 含量也下降。这和表中摩尔比和 DEG 的变化趋势是吻合的。所以，在保证酯化率的前提下，可以将调整 EG/PTA 的摩尔比作为调整切片 DEG 含量的有效方法之一。

4.3 工艺塔

酯化反应器内发生的主反应为

$HOOC—C_6H_4—COOH+2HOCH_2CH_2OH \rightleftharpoons HOCH_2CH_2OOC—C_6H_4—COOCH_2CH_2OH+2H_2O$（可逆反应）

由反应式看出，酯化反应产生了大量的水。为了去除酯化反应的水，保持正反应的进行，将其反应产生的大量的 EG 及水蒸气一起送至工艺塔进行分离。工艺塔将分离水分后的 EG 重新送回到酯化系统中，保持酯化反应所需的足够 EG。

某单元的塔釜加热温度为 178℃，工艺塔的灵敏板温度为 103℃，塔顶的温度为 100.4℃，标况下，水的沸点为100℃，EG 的沸点为180℃，DEG 的沸点为245℃。工艺塔分离后，塔顶以大量废水夹带极少量的 EG、DEG 及乙醛进入气提系统，塔釜以大量 EG、少量的水、DEG 及少量的齐聚物一起进入储罐进行浆料配制或回到酯化反应器进行酯化反应。所以 DEG 的生成反应不仅在酯化、缩聚反应中是一重要的副反应，在水和 EG 的分馏过程也是很重要的副反应。由于分离后的 EG 停留在塔釜，控制好工艺塔塔釜液位稳定，并适量的降低液位有助于减少塔釜 DEG 的含量。

同时，塔釜 EG 进入酯化反应器的回用流量对酯化反应中 DEG 的含量影响较大，要控制适宜。回流偏低，会导致酯化系统的酯化率不足；回流偏高，会导致酯化系统中游离 EG 浓度偏高，生成 DEG 的浓度增大。

4.4 酯化温度

根据瓶级聚酯切片某单元生产的分析数据计算，酯化反应产生的 DEG 含量占切片 DEG 含量的75%左右，故酯化反应的参数调整显得尤为重要。

某单元开车后，酯化温度调整的过程见表 4。

表4 各负荷下酯化温度及回流调整后DEG含量变化

负荷/(t/d)	第一酯化温度/℃	第一酯化回流EG量/(kg/h)	第一酯化的DEG/%
500	257.0	3000	0.70
	257.5	3000	0.70
	258.0	3000	0.72
	258.5	3000	0.77
	259.0	3000	0.79
	259.5	3000	0.82
	260.0	3000	0.86
600	260.5	3500	0.79
	261.0	3500	0.80
	261.5	3500	0.81
	262.0	3500	0.84
	262.5	3500	0.85

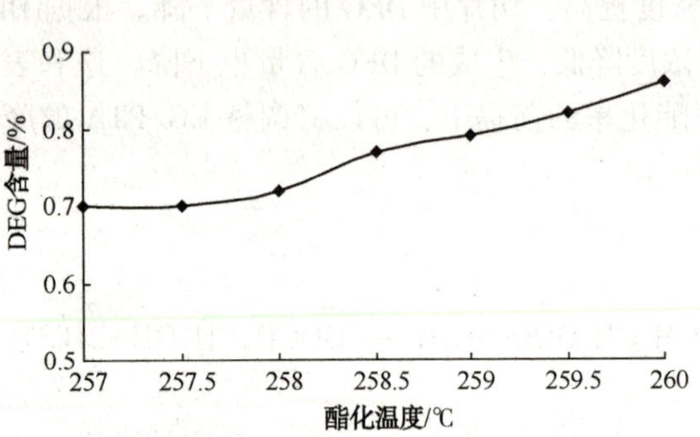

图2 500t/d负荷及温度下第一酯化反应釜内的DEG含量

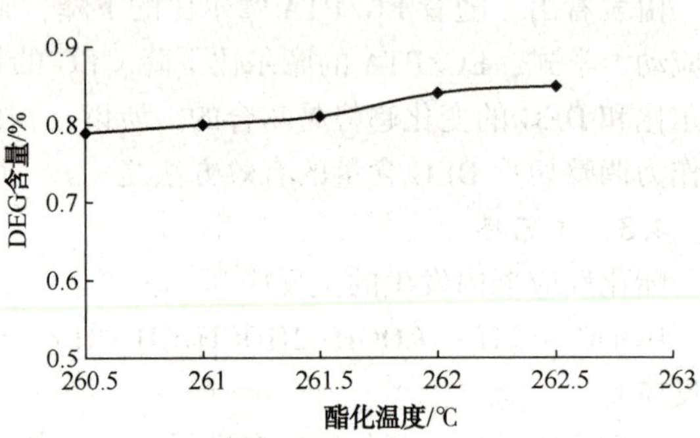

图3 600t/d负荷及温度下第一酯化反应釜的DEG含量

若在257~260℃的范围内，拟一条直线，公式为：$y=0.0564x-13.821$。

若在260.5~263℃的范围内，拟一条直线，公式为：$y=0.032x-7.55$。

式中 x——第一酯化反应釜的温度；

y——第一酯化反应釜的DEG含量，12R01为第一酯化反应釜位号。

在一定范围内调整参数时，可以将需调整的温度带入计算，作为调整的参考。

由图2、图3中曲线可以看出，第一酯化反应釜的温度对于第一酯化反应釜的DEG含量的影响较大。在相同的负荷下，随着酯化温度的升高，酯化反应釜的DEG含量也增大。根据反应动力学方程，T升高，$Ae^{-\frac{E}{RT}}$升高，DEG浓度升高。所以在日常生产控制中，在保证酯化率的基础上降低酯化的温度，酯化反应釜的DEG含量会下降。

4.5 酯化液位

在连续化生产中，酯化反应的停留时间是指物料在酯化反应釜内停留的时间，即物料从反应器进口到出口所需的时间。同样的负荷，液位越高，停留时间越长；同样的液位，负荷越高，停留时间越短。所以在相同的负荷下，反应釜液位的高低直接决定停留时间的长短，调节反应釜液位就可以达到调节停留时间的目的。

某装置在一定的负荷及酯化温度、压力下，酯化液位及其DEG含量的关系如表5所示。

表5 酯化液位及其DEG含量的关系

第一酯化反应釜液位/%	第一酯化反应釜DEG/%	第一酯化反应釜液位/%	第一酯化反应釜DEG/%
36.5	0.77	39.5	0.81
37.5	0.79	40.0	0.83
38.5	0.89		

由表5数据可以看出同样的负荷、酯化温度及压力下，酯化反应釜内的DEG含量随着液位的增高而上升。根据反应动力学式，其他条件不变的情况下，停留时间t增加，所以DEG的浓度也增加。在实际生产中，酯化反应的液位不能太低，虽然有利于DEG的含量的减少，但会造成酸值偏高，酯化率偏低；酯化反应的液位也不能太高，虽然有利于酯化反应的进行，但DEG含量会偏高。而且随着着停留时间延长，酯化率会不断的升高并趋于平衡酯化率，但DEG会随时间的延长而增加。所以可以通过适当降低酯化反应釜液位，缩短停留时间的方法来减少产品中DEG的含量。

4.6 缩聚反应

在缩聚反应阶段，各种不同的分子链相互连接，并脱出大量的EG分子。如不及时除去，会影响到缩聚反应的进行，使切片的黏度下降。所以，生产中采用低真空和搅拌的方法排出EG。由于缩聚反应的真空较低，生成的EG还来不及碰撞生成DEG，就被抽离出了反应体系，所以在缩聚反应中，生成DEG的含量占切片DEG含量的比例较低。

4.7 固相缩聚

有研究表明，固相缩聚后产品中DEG的含量只取决于基础切片的含量，并不随固相缩聚的反应温度及反应时间而变化。但适合于固相切片的DEG含量<1.3%，过高的含量会导致切片的熔点降低，软化点下降，使固相缩聚过程中的控制温度受到限制，可能会导致切片在反应器底部结块。

5 结论

控制好原料质量指标的平稳性，在原辅料的重要质量指标发生变化时，应对生产过程的工艺参数进行提前干预，监控好浆料配制EG的纯度，防止由于原料本身的DEG波动而导致切片中的DEG波动。

根据生产过程分析数据，如第一酯化二甘醇含量值，可以对EG/PTA的摩尔比进行调整，优化切片的DEG含量。由于切片中75%左右的DEG均在酯化反应中产生，要在保证酯化率的基础上，尽量的降低酯化温度及液位，并同时将酯化的压力控制平稳(由于装置的酯化压力调整的数据有限，故未进行深入讨论)。

在生产中，保证工艺塔汽液交换充分，塔釜、塔顶的副产物浓度较低的前提下，尽量降低塔釜的EG液位，保持适量的回流。

参 考 文 献

[1] 张忠安，王金堂. PET酯化反应过程中的二甘醇生成[J]. 合成树脂及塑料，2004，21(5)：44-46.

[2] 马文宁. 间苯二甲酸与二甘醇对PET共聚改性的研究[J]. 合成纤维工业，2003，6(4)：5-7.

[3] 卓俊谦. 聚酯瓶及其原料品质探讨[J]. 聚酯工业，2005，18(5)：12.

制氢装置转化炉三米温度上升原因分析

黄国栋

(中国石油大庆石化，黑龙江大庆　230600)

摘　要：介绍大庆石化炼油厂制氢装置转化炉三米温度上升即转化催化剂失活的原因，提出处理措施，和改进意见，催化剂再生后活性完全恢复到中毒前的水平。

关键词：三米温度　转化催化剂　积炭　中毒

1　前言

中国石油大庆石化公司炼油厂，制氢装置由中石化北京设计院设计，采用油田气、加氢裂化干气与重整氢 PSA 尾气作为制氢原料，设计产氢能力为 40000Nm^3/h，是加氢裂化装置的配套装置。本装置采用烃类水蒸气转化法造气，转化催化剂选用的是齐鲁石化研究院的轻油蒸汽转化催化剂 Z417/Z418。2013 年 8 月 8 日 16：00，发现转化炉管三米温度逐渐上升至 740℃，证实为转化催化剂中毒。

2　问题出现

2013 年 8 月 8 日 16：00 发现转化炉三米温度较高，达到了 690℃，到 9 日 13 时，转化炉炉管内三米温度逐渐从 680℃升到 722℃(见图 1)，后又逐渐升高至 730℃以上，怀疑为转化催化剂中毒。马上采取措施加大水碳比及配氢量，水碳比从原 3.2 逐步提高到 4.9，配氢量由 0Nm^3/h 提高到 600Nm^3/h 进行转化催化剂还原。同时联系化验对入装置原料进转化炉原料进行分析，没检测出毒物。

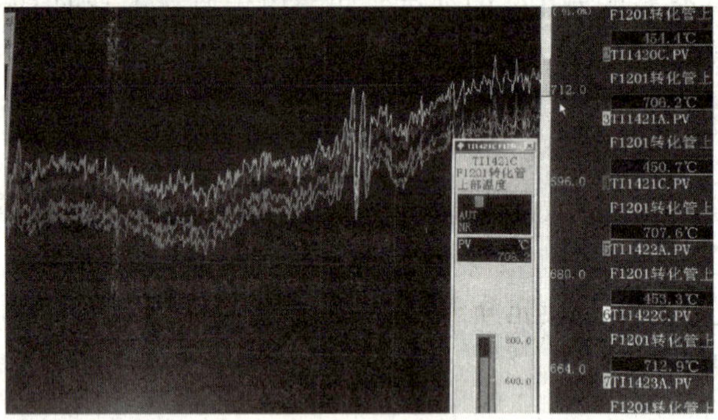

图 1　转化炉三米温度升高曲线

3　制氢用转化催化剂的性能

本套制氢装置采用的是齐鲁石化研究院的轻油蒸汽转化催化剂 Z417/Z418，此种转化催化剂均以金属镍为活性组分，具有优良的活性、抗积炭性和机械强度，并有较低的钾损失率，而且能耐较高的空速，操作弹性较大对炉型适应性强。Z417 以高铝水泥做粘结剂，以钾碱为抗积炭助剂。Z418 以预烧铝酸钙为载体，浸渍法加入镍组分。下段 Z418 对上段 Z417 催化剂缓慢施放出来的钾有一定的捕集能力。Z417 中的硅与其它组分呈结合状态，难以挥发流失，不会因钾、硅迁移对过程和设备产生危害。如原料中有超过 0.2Mg/g 以上的氯，0.5Mg/g 以上的硫就会引起转化催化剂中毒。转化剂的主要物、化性质见表 1。

表 1 催化剂的物理性质

催化剂牌号	Z417(指标)	Z417(实测)	Z418(指标)	Z418(实测)
NiO	≥16.0	18.22	≥10.0	13.15
K_2O	≥5.0	5.64	—	—
形状	四孔圆柱状	四孔圆柱状	四孔圆柱状	四孔圆柱状
尺寸(外径×孔径×高)/mm	Φ16×Φ4×7	Φ16×Φ4×(6~8)	Φ16×Φ4×16	Φ16×Φ4×(16~16.5)
颜色(氧化态)/(还原态)	浅灰色/黑色	灰黑色	灰绿色/黑色	浅灰(绿)色
堆密度/(kg/L)	0.95~1.15	1.07	0.90~1.10	1.01
侧向抗压碎力/(N/颗)	≥200	244	≥400	425

4 转化炉三米温度升高的原因

4.1 转化催化剂积炭

转化炉炉管内三米温度升高的一个原因是积炭；“结炭”一般理解为热力学过程，指烃类蒸汽转化过程中副反应或中间反应生成的炭。“结炭”是一个动态的过程，伴随着“消碳”形成一个“结炭”和“消炭”的平衡，当“结炭”的速度大于“消炭”的速度时，炭在催化剂上产生沉积就形成了“积炭”。

烃类水蒸气转化过程中，在400~800℃变温床层内的一定区域内发生结炭反应在热力学上是不可避免的。结炭主要是催化裂解和气相裂解结炭。

催化裂解结炭反应是由于烃类在镍系催化剂上深度脱氢造成的。

$$C_nH_m \longleftrightarrow nC + 1/2\ H_2$$

不饱和烃、芳烃以及较高级烃类裂解产生的“碎片”在Ni催化剂上聚合，脱氢碳化等都容易发生析碳反应，尤其是烃类较重或不饱和烃和芳烃较多时脱氢析碳反应更加严重。

气相裂解结炭是在高温下，高级烃向低级转化过程中发生的析炭反应。

催化剂床层一旦发生积炭，积炭部位烃类转化反应减慢，吸热量减少，再就是积炭引起传热效果的降低，所以催化剂床层中什么部位积炭，反映在炉管上就是局部外壁温度升高，局部发红，所表现的现象是花斑、热带、红管和床层阻力升高。

根据当时的操作条件看(见表2)：水炭比、炉管压差没有变化，炉管颜色没有变化(见图2)，因此排除转化催化剂积炭可能。

表 2 制氢装置转化炉操作数据

内容	5日	6日	7日	8日	9日	10日	11日	12日
转化炉入口温度/℃	488	490	492	489	483	478	476	472
转化炉出口温度/℃	736	735	735	719	725	733	730	725
转化炉膛温度/℃	996	1000	998	1003	1001	1003	1011	1010
转化炉烟气温度/℃	885	881	882	884	855	867	868	870
炉出口甲烷含量/%	5.9	6.4	6.3	4.2	4.3	3.2	3.2	3.4
转化炉三米温度/℃	677	678	676	690	697	719	732	737
水炭比	3.5	3.4	3.5	3.7	3.8	5.0	5.1	5.4
炉出口甲烷含量/%	5.9	6.4	6.3	4.2	4.3	3.2	3.2	3.4
炉管压差	0.13	0.127	0.131	0.130	0.140	0.143	0.147	0.143

4.2 转化催化剂中毒

硫、氯、砷等均是制氢转化催化剂的毒物，主要由原料脱毒和工艺蒸汽不合格引起。硫、氯中毒时可逆的中毒，砷中毒是永久性的。转化催化剂中毒后活性下降，出口甲烷偏高，严重时炉管出现花斑、热带甚至红管。

4.2.1 转化催化剂砷中毒

砷对转化催化剂的中毒时永久性的，具有不断累积性。当砷进入转化系统后，可能渗进转化管，若不采用必要的手段刮去砷的污染物，还会对新装填的催化剂继续产生危害，当转化催化剂中含有 As_2O_3 超过 50μg/kg 时，对转化剂影响就十分明显，目前转化剂对原料中砷的要求是小于 5μg/kg。

由于砷来源于原料油，本套制氢装置的原料为油田气、二次加工气体和炼厂气，不含砷，而砷在加氢脱硫过程中容易被吸附在钴钼加氢催化剂上，因此排除转化剂砷中毒的可能。

4.2.2 转化催化剂氯中毒

氯是镍系转化催化剂的主要毒物之一，氯随物流进入转化系统，将加速镍系催化剂中镍晶粒的熔结和长大，加速转化催化剂的老化，氯进入转化催化剂床层不仅吸附在上部催化剂床层，而且会慢慢的通过物流下移，继续对下部催化剂造成危害，从而导致整个床层的转化催化剂中毒失活。氯所造成的转化催化剂中毒通常是可逆的，但大量氯进入转化床层后将促进转化催化剂发生烧结而永久性中毒，导致转化催化剂失效。在工业运行中，氯主要来源于原料的烃类本身含氯并且在净化脱毒系统中脱氯措施不利而带入转化系统；汽包给水处理不合格而带氯导致自产蒸汽中带氯；外来蒸汽不合格而导致氯进入转化系统；受氯污染的其他工艺物流等。

本套装置中氯的可能来源为：原料中重整氢 PSA 尾气和自产蒸汽，因此车间立即联系化验对制氢中可能存在氯的物料进行分析(见表 3)，未发现氯的存在，因此排除转化催化剂氯中毒的可能。

表 3 过热蒸汽与重整氢 PSA 尾气分析

项　目	5 日	6 日	7 日	8 日	9 日	10 日	11 日	12 日
蒸汽中(Cl^-)/(μg/g)	—	—	—	—	0	0	0	0
重整氢 PSA(Cl^-)/(μg/g)	0	—	0	0	0	0	0	0
锅炉给水(Cl^-)/(mg/L)	—	—	—	—	0	0	0	0

4.2.3 转化催化剂硫中毒

硫是转化催化剂最常见，也是最难以彻底清除的毒物，硫中毒是可逆的，一般情况下，硫主要引起转化炉上部催化剂中毒，而不宜引起整个床层中毒，硫严重超标时也会导致整个系统硫污染。

转化催化剂硫中毒一般认为是硫化氢与活性组分发生了反应：

$$3Ni + 2H_2S \longleftrightarrow Ni_3S_2 + 2H_2$$

硫化氢使活性镍变成了非活性的 Ni_3S_2，因而使转化催化剂活性下降甚至失活。

镍中毒机理认为：硫进入转化炉均氢解生成硫化氢，硫化氢在催化剂表面发生强烈的化学吸附 $Ni + H_2S \longleftrightarrow Ni-S + H_2$ ，在硫浓度很低的条件下，甚至比能生成固体 Ni_3S_2 的硫浓度低几个数量级的条件下就能发生这种化学吸附，因此即使催化剂吸附少量硫也可能降低催化剂的反应活性。

在制氢过程中，硫中毒导致催化剂活性下降，首先表现为上部转化炉管温度的升高，吸热区下移，转化出口甲烷变化往往是不明显的，随着硫中毒的不断加深，转化催化剂失活将引起高级烃下移，造成转化催化剂上积炭现象的发生。一旦硫中毒而引起转化出口甲烷升高时，说明转化催化剂中毒已经很深。

根据生产现象(表 2 中的数据)：水炭比、炉管颜色没有变化，炉管压差变化不大，炉出口温度有所下降，三米温度升高速度较快，因此初步判断为转化催化剂硫中毒。

过量的硫是从哪里来的呢？根据流程，加氢干气与重整氢 PSA 尾气混合，经湿法脱硫合格后（≤10μg/g）与油田气混合，进入加氢反应器，在加氢反应器中将原料中的有机硫转化为无机硫，再经过氧化锌脱硫反应器，将硫化氢吸收至0.3μg/g 以下，进入转化炉内反应，若有超标的硫化氢进入转化炉中，就会引起转化催化剂中毒。由于脱硫反应器 R-1202A 罐使用不到 7 个月，因此分析为：

（1）由于生产波动造引起硫瞬间穿透脱硫剂引起催化剂中毒。

通过表 4 中的数据可以看出，干气塔出口硫化氢含量合格，并且比较稳定；加氢反应器床层与脱硫反应器床层温度没有较大波动；转化炉膛温度比较平稳；氨液质量没有明显变化，因此可以排除生产操作波动，而导致转化催化剂中毒的情况。

表 4　制氢装置生产数据

项　目	5 日	6 日	7 日	8 日	9 日	10 日	11 日	12 日
干气量/(Nm^3/h)	4892	4829	5307	5501	4891	4609	4481	4132
加工干气量/(Nm^3/h)	4315	4325	4611	5000	3000	2500	3600	3682
入塔溶液量/(t/h)	3.0	3.0	3.2	3.4	3.9	3.9.	3.9	3.8
干气塔出口硫化氢/(μg/g)	10	—	10	—	10	10	10	10
加氢反应器床层温度/℃	363	363	366	366	366	365	366	364
脱硫反应器床层温度/℃	345	346	350	349	353	353	356	353
转化炉膛温度/℃	996	1000	998	1003	1001	1003	1011	1010
转化炉烟气温度/℃	885	881	882	884	855	867	868	870
氨液硫含量/(g/L)	1.33	1.38	1.33	1.38	1.42	1.34	1.24	1.42

（2）由于原料中硫化氢含量变化异常，导致脱硫反应器穿透，使转化催化剂中毒。

车间联系化验对制氢原料气中的硫化氢含量进行跟踪监测，具体数据见表 5。

表 5　原料监测数据表

日期	干气塔出口硫化氢/(μg/g)	油田气硫化氢/(μg/g)	日期	干气塔出口硫化氢/(μg/g)	油田气硫化氢/(μg/g)
7 日	10	—	14 日	10	5
8 日	10	—	15 日	10	15
9 日	10	10	16 日	10	5
10 日	10	15	19 日	10	5
11 日	10	10	20 日	10	5
12 日	10	5	21 日	10	5
13 日	10	5			

通过表 3 中的原料硫含量的化验分析数据可知，制氢原料中的硫含量变化不大且比较平稳，这排除了由于原料硫含量突然波动引起的脱硫剂穿透，而使转化剂中毒的可能，因此车间怀疑脱硫反应器(R-1202A)已经穿透所以才导致转化剂中毒。

(3)由于脱硫反应器(R-1202A)被穿透，造成硫化氢超标引起转化催化剂中毒。

车间对脱硫反应器(R-1202A)入出口硫化氢进行监控，见表 6。

表 6　脱硫反应器监测数据表

日期	加氢反应器出口硫化氢/(μg/g)	脱硫反应器出口硫化氢/(μg/g)	脱硫反应器出口硫化氢车间监测数据/(μg/g)
8 日	—	—	0
9 日	—	—	0
10 日	—	0	0.5
11 日	—	0	0.5
12 日	—	0	0.5
13 日	—		0.7
14 日	44.4	0	0.7
15 日	40.7	0	0.5
16 日	64.7	0	0.5
19 日	69.7	0	1
20 日	65.4	0	1
21 日	95.8	0	1

注：车间与化验的分析方法都是采用比色管吹气的方法，不同的是化验使用的是球胆，而车间使用的是锡纸袋。加氢反应器出口硫化氢化验采用的是色谱法。

通过表 4 中的数据看，脱硫反应器 R-1202A 被穿透，但化验分析数据与车间检测的数据存在一定的误差，分析可能与采样使用的工具有关(球胆是硫化橡胶，在其中装含有硫化氢的气体时，球胆会吸附一些硫化氢，造成分析数据误差大)。因此车间立即组织对脱硫反应器(R-1202B)中的脱硫剂进行更换。

8 月 12 日开始对 R-1202B 脱硫剂进行更换，于 8 月 14 日更换完毕，8 月 15 日投入系统运行，R-1202B 投入运行后转化炉管三米温度开始下降，8 月 20 日制氢装置开始提量，同时降低水碳比，到 8 月 22 日制氢装置提量至 9500Nm3/h，水炭比降至 3.6，三米温度下降至 670℃左右的正常值。这标志着转化催化剂还原成功，转化剂恢复至正常活性，见图 3 和图 4。

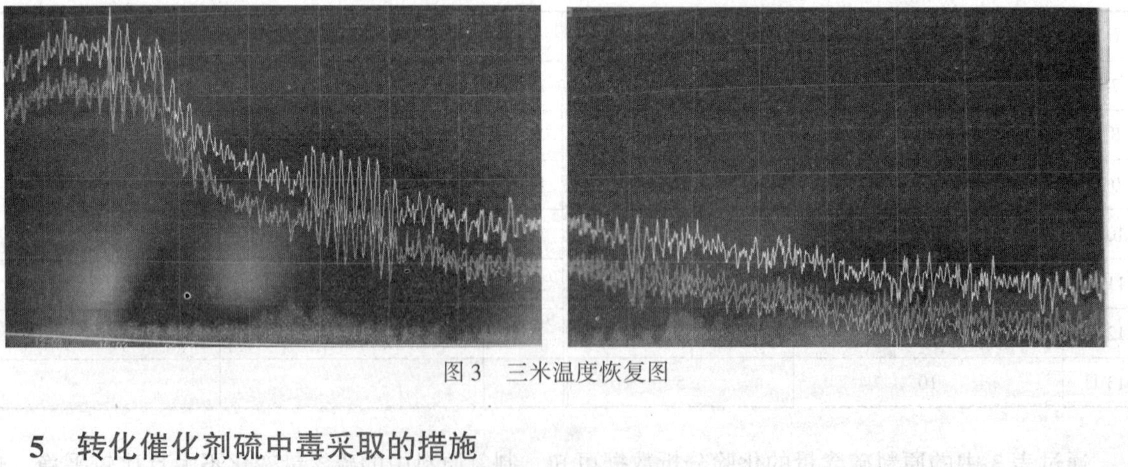

图 3　三米温度恢复图

5　转化催化剂硫中毒采取的措施

通常认为转化催化剂硫中毒在低于 700℃时是不可逆的，而在高于 700℃时是可逆的。转化催化剂硫中毒以后，通过采用无硫原料和优化操作条件是可以逐步使催化剂恢复部分活性，但整个过程十分缓慢，转化催化剂硫中毒再生最有效的方法是蒸汽驱硫再生。蒸汽驱硫条件是在蒸汽气氛下，反应温度维持正常操作温度或偏高于正常操作温度，争取使床层更多的部分达到 700℃以上。

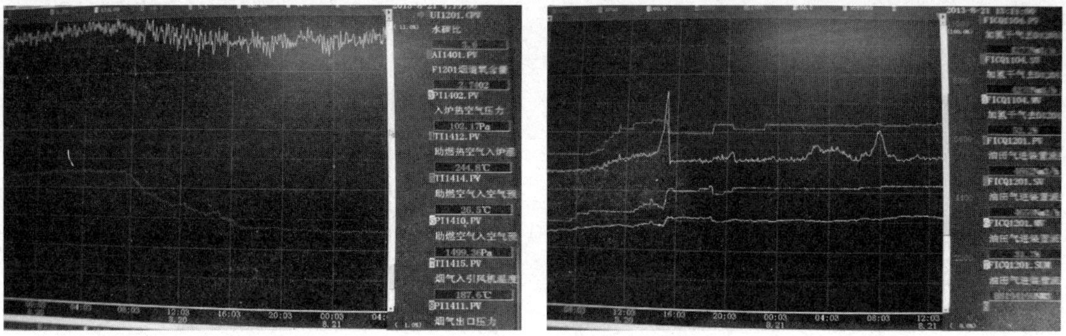

图 4　制氢装置提量降水炭比图

反应机理为：

$$Ni-S+H_2 \rightleftharpoons SNiO+H_2S$$

$$H_2S+H_2O \rightleftharpoons SO_2+H_2$$

蒸汽再生的同时，还原态的镍也被氧化成 NiO

$$Ni+H_2O \rightleftharpoons NiO+H_2$$

在蒸汽驱硫过程中，系统压力可以降下来，蒸汽量可以维持不小于满负荷的 30%。氢含量高不利于驱硫反应的进行，但氢气含量高对积炭等副反应有一定的抑制作用，因此做以下调整：

(1) 根据当时生产的要求在操作上进行调整，适当降低装置生产负荷(负荷逐渐降低至原料气量 6600Nm^3/h)，保证加氢裂化装置处理量在 105t/h；控制制氢装置水碳比在 5.4，增加配氢量至 700Nm^3/h，同时炉温控制在 860℃，对转化催化剂进行还原处理。

(2) 增加化验分析频次，加强监控原料硫化氢含量，包括油田气、干气脱硫塔出口气、脱硫反应器入、出口；同时根据化验分析数据，适当调整原料配比(加工部分焦化干气，油田气加工 3000Nm^3/h，干气加工 3600Nm^3/h)，保证脱硫出口硫化氢合格。

(3) 组织人员对脱硫反应器 B 进行换剂。

(4) 为保证脱硫反应器的脱硫效果，根据情况适当提高脱硫反应器 A 的床层温度(脱硫反应器床层温度提高至 355℃)。

6　结论及经验

(1) 本此转化催化剂为硫中毒。

(2) 本次转化剂硫中毒主要原因为氧化锌脱硫剂穿透而使超标的硫进入转化剂中引起转化剂中毒。

(3) 要充分对氧化锌脱硫剂给予足够的重视，当发现脱硫反应器出现硫穿透后，应该增加监控力度，当脱硫反应器入出口硫含量接近平衡时，根据监控情况在最短时间内对脱硫剂进行更换。

(4) 为保证分析数据的准确性，建议在含有硫化氢气体的分析样，采样时使用锡纸带等对硫化氢及其他转化剂的毒物没有吸附作用的工具采样。

安全与环保

催化裂化烟气除尘脱硫脱硝技术

刘忠生　王学海　齐慧敏　彭德强　李　勇

（中国石化抚顺石油化工研究院，辽宁抚顺　113001）

摘　要：针对催化裂化烟气特点，抚研院和宁波工程公司联合开发了具有中石化完全自主知识产权的催化裂化烟气除尘脱硫脱硝成套技术，主要有：①在国内率先开发了催化裂化烟气选择性催化还原（SCR）脱硝工艺；②在国内率先研制了适用于催化裂化烟气脱硝的蜂窝状氨SCR催化剂；③发明了催化裂化烟气新型湍冲文丘里除尘脱硫工艺；④在国内率先开发了脱硫废液胀鼓式过滤、深度氧化处理技术；⑤开发了大型SCR反应器、喷氨组件、文丘里格栅、圆筒除雾器、逆喷喷头、脱硫废水氧化塔等关键设备和专利内构件产品。在镇海建成国内首套催化裂化烟气除尘脱硫脱硝装置。工业运行结果表明，净化烟气粉尘<30mg/m^3、SO_2<40mg/m^3、NO_x<50mg/m^3（NO_x最小20mg/m^{3}以下），逃逸氨浓度<2.0mg/m^3。每年可减排SO_2 1479t，NO_x 206t，粉尘867t，环境效益和社会效益十分显著。

关键词：FCC 催化裂化　除尘　脱硫　脱硝

1　FCC烟气除尘脱硫脱硝技术开发意义

1.1　FCC烟气治理的必要性

FCC装置是炼油过程中重要的二次加工装置，是提高轻质油收率，生产高辛烷值汽油，同时又多产柴油的重要手段。FCC烟气中含有SO_2、NO_x、粉尘等大气污染物，它们的大量排放，会产生酸雨、光化学烟雾、雾霾和PM2.5，对自然环境和人类健康危害很大，因此，必须对FCC烟气进行治理[1]。

我国共约150~160套FCC装置，中国石化有50多套，我国典型FCC装置烟气排放状况列表1。

表1　我国典型催化裂化装置（FCCU）烟气排放状况

项　目	排放状况	项　目	排放状况
FCCU规模/kt/a	600~3000	烟气粉尘浓度/(mg/m^3)	150~500，余热锅炉吹灰时可达3000~9000，甚至25000
烟气排放量/(Nm^3/h)	(6~30)×10^4	烟气SO_2浓度/(mg/m^3)	600~4500，个别装置高达8000
烟气排放温度/℃	140~220	烟气NO_x浓度/(mg/m^3)	120~800
烟气排放压力/kPa	微正压	烟气SO_3浓度/(mg/m^3)	30~400

1.2　国内外FCC烟气排放标准

美国、欧洲FCC烟气排放标准和我国FCC烟气执行标准分别见表2、表3。

表2　美国、欧洲FCC烟气污染物最高允许排放浓度

FCCU烟气排放标准	粉尘/(mg/m^3)	SO_2/(mg/m^3)	NO_x/(mg/m^3)	镍/(kg/h)
美国EPA 40CFR60，2007年	41.7	年均71.4	年均41.1	0.013
欧洲	10~30	20~150	50	—

表 3 我国 FCC 烟气污染物最高允许排放浓度

执 行 标 准	粉尘/(mg/m³)	SO_2/(mg/m³)	NO_x/(mg/m³)
GB 16297—1996 大气污染物综合排放标准，1997	120	550	240
广东省 DB 44/ T 27—2001 大气污染物排放限值，2002	120	500	120
HJ/T 125—2003 清洁生产标准 石油炼制业	100	550	—
北京 DB 11/447—2007 中 催化裂化烟气污染物排放标准	50	150	300
石油炼制工业污染物排放标准 征求意见稿	50	200	200
浙江等地方环保局要求	50	100	100
我国 2020 年排放标准预测	30	80	50

1.3 国内外 FCC 烟气治理技术

控制 FCC 烟气粉尘排放的技术有旋风除尘器、静电除尘器和湿式洗涤器；控制烟气 SO_2 排放的技术有原料油预加氢、硫转移助剂和烟气脱硫；控制烟气 NO_x 排放的技术有低 NO_x 烧焦、低 NO_x 燃烧促进剂、低 NO_x 还原添加剂、氨选择性非催化还原(SNCR)、氨选择性催化还原(SCR)和臭氧氧化吸收法等[1-4]。

由于其他方法很难将烟气中的粉尘、SO_2 和 NO_x 降到很低的水平。因此，随着烟气排放要求越来越严，烟气洗涤除尘脱硫、烟气 SCR 脱硝的应用将越来越多。在美国，FCC 装置普遍安装烟气洗涤除尘脱硫。Haldor Topsoe 公司认为，全球有一半炼油厂安装了 SCR 脱硝。

在美国、日本等西方发达国家应用的 FCC 烟气洗涤除尘脱硫技术有：ExxonMobil 的钠碱洗涤 WGS 工艺，Belco（现属于 DuPont）公司的钠碱洗涤 EDV 工艺，日本 Cosmo 公司的氢氧化镁浆液洗涤工艺，加拿大 CANSOLV 公司的有机胺吸收工艺，DuPont 公司的 LABSORB 磷酸二氢钠溶液吸收再生工艺等。其中，钠碱洗涤法由于工艺和设备简单、占地小、成熟可靠、吸收剂来源广，应用数量在 80%以上。

可以提供选择性催化还原(SCR)烟气脱硝的公司有：BASF、Clariant、Cormetech、Haldor Topsøe、Johnson Matthey 和 Mitsubishi Power Systems 等。

我国 FCC 原料油预加氢已经获得广泛应用，硫转移助剂、低 NO_x 燃烧促进剂、低 NO_x 还原添加剂也有工业应用试验报道，催化裂化再生器普遍采用三级或四级旋风分离器控制烟气粉尘排放，但尚无自己的烟气脱硫脱硝技术。前几年，燕山石化、广州石化、兰州石化等采用美国 Belco 技术建设了几套钠碱洗涤法烟气除尘脱硫装置。近两年，金陵石化、上海石化采用 Belco 技术建设了臭氧氧化-钠碱洗涤除尘脱硫脱硝装置。

2 FCC 烟气除尘脱硫脱硝技术

确定适宜的 FCC 烟气除尘脱硫脱硝技术的工艺需综合考虑以下因素：

(1) FCC 烟气余热锅炉间歇吹灰，吹灰时粉尘浓度很高；
(2) FCC 可能发生“跑剂”现象，跑剂时有大量催化剂粉尘进入脱硫塔；
(3) 我国普遍没有 FCCU 静电除尘器；
(4) 我国 FCCU 都有烟机能量回收系统，烟气排放压力很小；
(5) 我国普遍没有预留 FCCU 烟气治理装置空间；
(6) 简单可靠和广泛适用性；
(7) 投资和操作费用低；
(8) 无二次污染；
(9) 净化效率高，能适应未来一段时间内的排放标准。

抚顺石油化工研究院、宁波工程公司、镇海炼化、洛阳工程公司等攻关组成员，经过综合分析，确定 FCC 烟气脱硝的研究方向为氨选择性催化还原(SCR)技术，除尘脱硫研究方向为钠碱洗涤技术；烟气先脱硝，后除尘脱硫。

2.1 SCR 工艺

2.1.1 反应原理

NH_3-SCR 反应机理：当烟气通过催化剂床层时，NO_x、O_2 和还原剂 NH_3 自烟气扩散到催化剂外表面，再进一步向催化剂中的微孔表面扩散；还原剂 NH_3 被催化剂表面活性中心吸附，然后与气相中的 NO_x 和 O_2 反应生成 N_2 和 H_2O；N_2 和 H_2O 从催化剂表面上脱附到微孔内，再由微孔内向外扩散到催化剂的外表面，最后 N_2 和 H_2O 从催化剂的外表面扩散到主流气体中被带走。

主要反应式如下：

$$4NH_3+6NO \longrightarrow 5N_2+6H_2O \qquad \Delta H_0=-1627.7kJ/mol$$

$$2NH_3+NO+NO_2 \longrightarrow 2N_2+3H_2O \qquad \Delta H_0=-757.9kJ/mol$$

主要副反应式如下：

$$2SO_2+O_2 \longrightarrow 2SO_3 \qquad \Delta H_0=-196.4kJ/mol$$

$$2NH_3+SO_3+H_2O \longrightarrow (NH_4)_2SO_4$$

$$NH_3+SO_3+H_2O \longrightarrow NH_4HSO_4$$

硫酸氢铵的露点是由 SO_3、NH_3 和 H_2O 的分压决定的，催化剂上硫酸氢铵的形成取决于催化剂孔道的毛细管作用力。为避免硫酸氢铵的生成，通常要求反应温度在 280℃以上。

2.2 烟气脱硝系统流程

SCR 烟气脱硝系统包括还原剂制备单元和 SCR 脱硝反应单元两部分。图 1 为催化裂化烟气脱硝工艺流程。

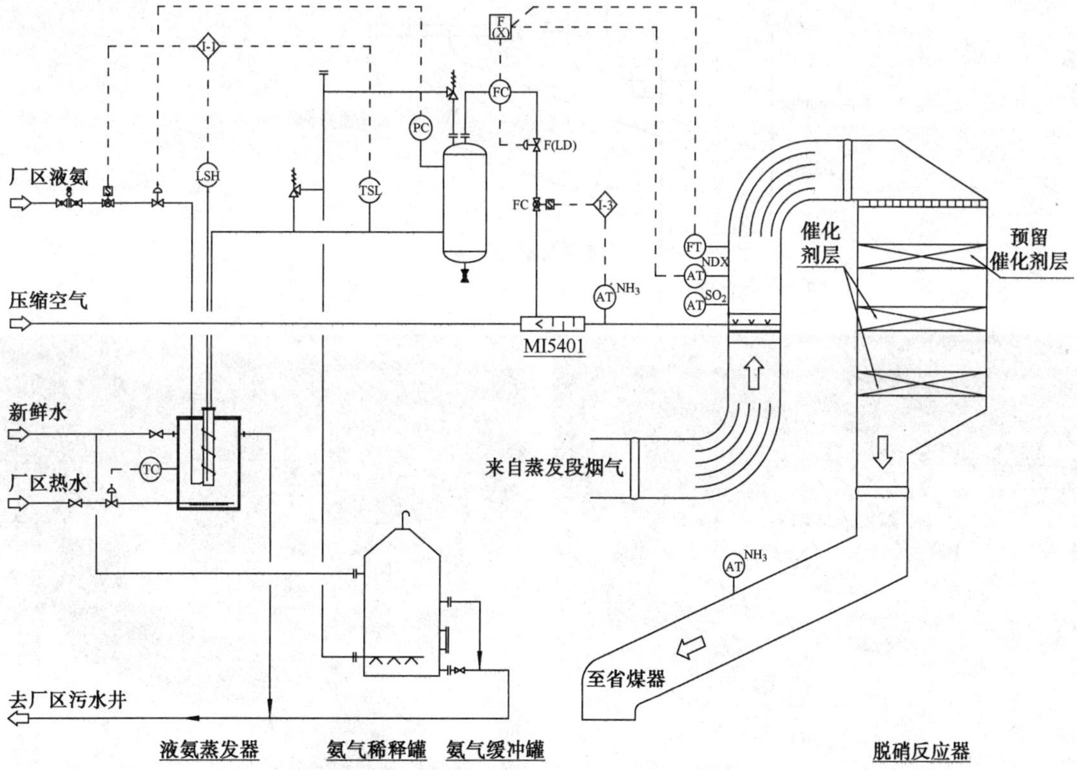

图 1 催化裂化烟气脱硝工艺流程

FCC 烟气脱硝由还原剂制备和 SCR 脱硝反应单元两个部分构成。

(1)还原剂制备单元：由厂区来的液氨首先进入液氨蒸发器，经厂区热水换热升温汽化，进入氨气缓冲罐待用。

(2)SCR脱硝反应单元：引自余热锅炉蒸发段的锅炉烟气，经烟道进入SCR脱硝反应器；来自脱硝剂制备单元氨气缓冲罐的氨气进入氨/空气混合器，与来自稀释风机的空气按一定比例混合，氨/空气混合气体经氨喷射系统自SCR脱硝反应器前部烟道喷入原烟气中，并与原烟气均匀混合，然后进入SCR脱硝反应器；在SCR脱硝反应器中，氨与烟气中的NO_x在催化剂的作用下发生还原反应，生成N_2和H_2O，净化后的烟气返回省煤器继续回收热量。

2.2.3 流场模拟及内构件

SCR脱硝反应器中烟气流场、温度场的分布及还原剂(NH_3)与NO_x的混合效果是脱硝效果好坏的决定因素，它不但影响最终的脱硝效率及氨逃逸率，还对脱硝系统的长期安全稳定运行产生影响。如气体速度分布不均会在速度过高处造成催化剂冲蚀和磨损，在速度过低处造成催化剂积灰和堵塞，影响催化剂的寿命和脱硝性能；反应物分布不均会使得反应不能充分进行，降低脱硝效率，增加氨逃逸量和氨的消耗；还原剂喷入烟道后分布不均会使得氨与NO_x的混合效果变差，一部分烟气接触过量的氨，造成氨逃逸量大，而另一部分烟气接触氨量不足，脱硝效率达不到设计要求。因此，课题组应用CFD流场模拟软件对不同外形结构、管道和导流板布置方案，进行了流场模拟计算，优化的脱硝反应器及含导流板烟道尺寸如图2。图2的流场流线和压降模拟图见图3和图4。

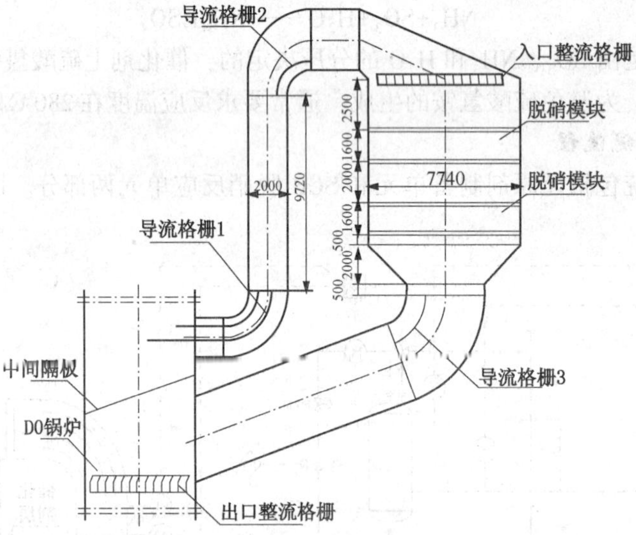

图2 镇海炼化1.8Mt/a FCC脱硝反应器及烟道结构简图

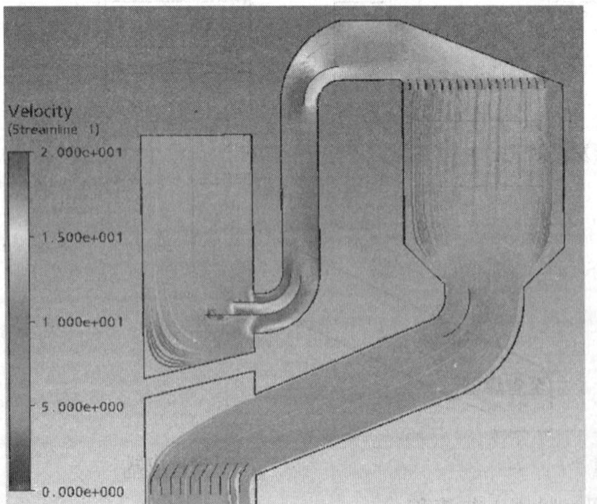

图3 镇海FCC脱硝反应器流线模拟图

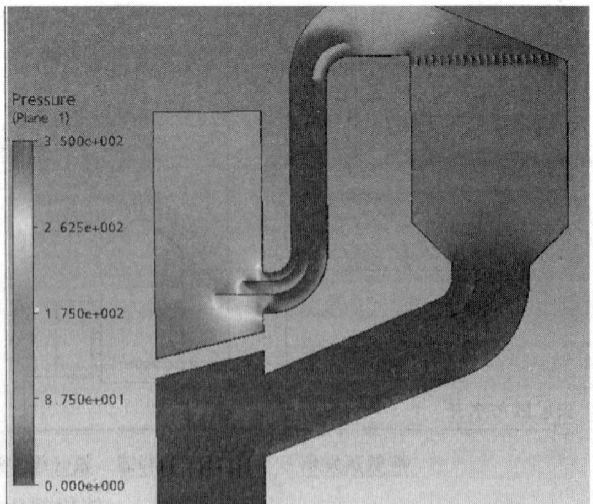

图4 镇海FCC脱硝反应器压降模拟图

在脱硝过程中，烟气与NH_3的迅速和充分混合十分重要，采用抚研院研制的喷氨组件的模拟计算结果如下图5和图6所示。

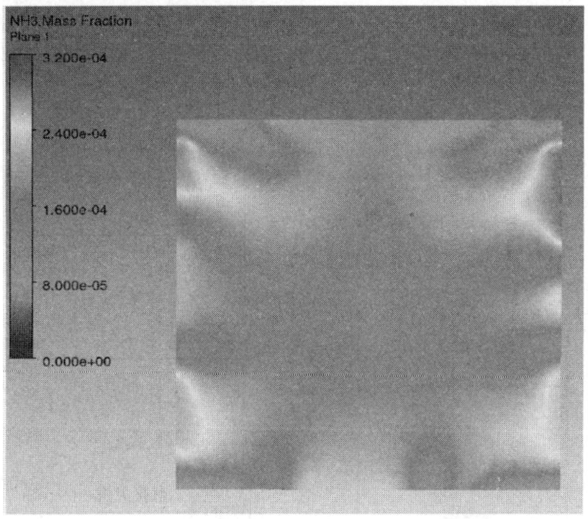

图5 Ⅱ型组件氨分布云图(距离喷氨截面2m)

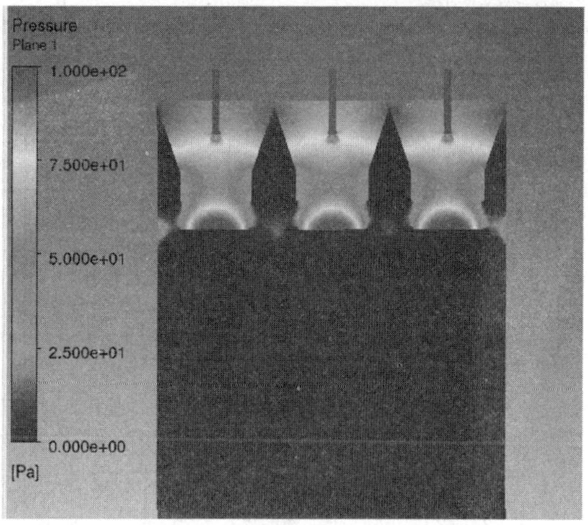

图6 Ⅱ型喷氨组件氨气分布云图

图5表明，Ⅱ型组件在2m内可完成氨与烟气充分混合。喷氨组件压降100Pa。

2.2.4 FN-2脱硝催化剂

SCR工艺的关键是脱硝催化剂。抚研院经过多年的研究，开发出适合FCC烟气脱硝的FN-2脱硝催化剂。FN-2催化剂采用直接挤出成型法制备，以纳米二氧化钛为载体原料，V、W等金属作为催化剂活性组分，与同类催化剂相比，具有机械强度高、活性好和良好的热稳定性等特点。

FN-2催化剂的制备过程如图7描述。

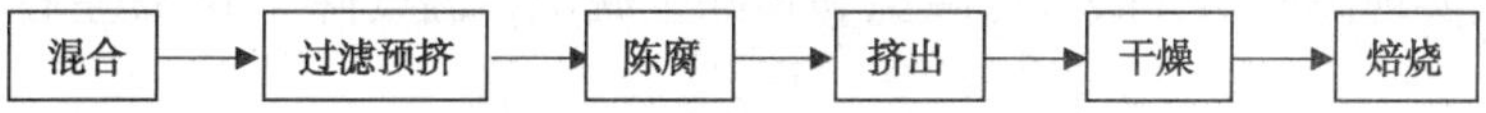

图7 催化剂制备流程

表4为镇海催化裂化烟气脱硝装置所用FN-2催化剂数据表。

表4 镇海炼化FCC烟气脱硝所需FN-2催化剂数据表

项　目	数　量	项　目	数　量
催化剂床层数	2+1	轴向	>2
尺寸		径向	>1
节距(pitch)/mm	7.05	脱硝率/%	90
催化剂单元截面尺寸/(mm×mm)	150×150	NH_3逃逸率/(μg/g)	<3
催化剂单元长度/mm	1000	SO_2转化率/%	<1
物理性质		最高允许温度/℃	420
孔数	21×21	最低允许温度/℃	280
几何比表面积/(m^2/m^3)	478	化学寿命/H	24000
密度/(kg/m^3)	450	机械寿命/H	80000
抗压强度/MPa			

2.3 钠碱洗涤除尘脱硫工艺

FCC烟气采用新型湍冲文丘里除尘脱硫及其废水处理技术。

图8为FCC烟气除尘脱硫工艺流程。烟气处理主要由急冷预除尘脱硫塔和综合塔构成，急冷预除尘脱硫塔内顺序安装有文丘里格栅和湍冲逆喷喷头；综合塔内顺序安装有消泡器，人字形除雾器和立式圆筒除雾器。废水处理单元顺序安装有胀鼓过滤器，上清液氧化罐和过滤浓缩液真空带式

脱水机。有关功能如下：

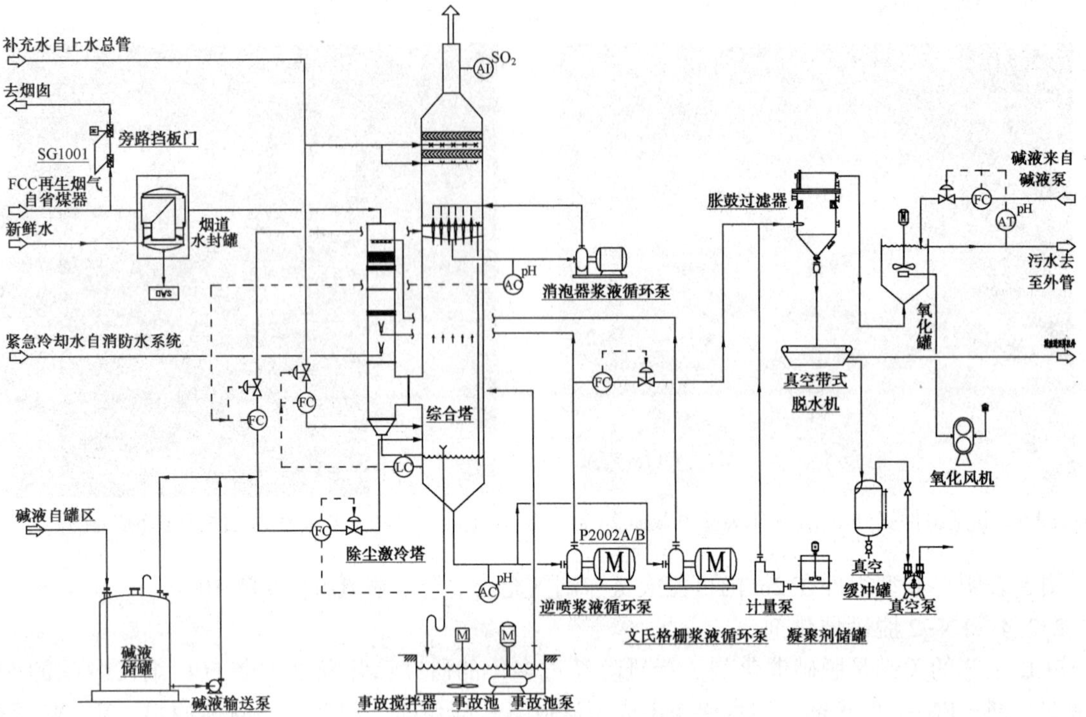

图 8　FCC 烟气除尘脱硫工艺流程

① 激冷预除尘脱硫：自 CO 余热锅炉来的 160～200℃烟气，首先进入除尘激冷塔依次经文丘里格栅和湍冲逆喷，实现高温烟气的激冷降温和预除尘脱硫，温度降至 60℃左右，并去除绝大部分粉尘和 SO_2。

② 深度除尘脱硫：在综合塔设置消泡器，烟气在通过消泡器液膜过程中，烟气中的剩余粉尘和 SO_2被强化脱除。

③ 除雾：脱硫净化烟气依次经过人字形除雾器和立式圆筒除雾器去除净化烟气中的液滴，净化烟气由综合塔顶排气筒排入大气。

④ 脱硫废水/污泥处理：脱硫废水首先经胀鼓过滤器实现污泥浓缩，浓缩液依次经过浆液浓缩缓冲罐和真空带式脱水机实现固液分离，固体装袋外运，上清液进入氧化罐，经空气强制氧化去除废水中 COD 后，达标排放。

2.3.1　大型烟气除尘脱硫反应器内构件开发

2.3.1.1　文丘里格栅组件开发

文丘里被广泛用于烟气除尘脱硫，美国 Exxon 公司的 WGS 催化裂化烟气脱硫工艺即采用文丘里洗涤器。典型的文丘里洗涤器包括圆形文丘里管和气液分离器，圆形文丘里管由收缩管、喉管和扩散管组成。文丘里管入口直径为 D_1，出口直径为 D_2，可按气速 15～20m/s 确定。喉管内气速可取 40～120m/s，喉管长度 LT 可取喉管直径 DT 的 0.8～1.5 倍；收缩管收缩角α_1愈小，阻力愈小，一般采用 $\alpha_1=23\sim250$；扩散管扩散角α_2一般取 6～80；由烟气量和 D_1、D_2、DT、α_1、α_2可以算出收缩管和扩散管长度。烟气量越大，文丘里管越高，有的文丘里管高达几十米；文丘里管越高、喉口直径越大，除尘脱硫效率越低，因此，Exxon 公司通常在一套催化裂化烟气 WGS 装置上安装 2~4 根文丘里管。

为在较小的空间内、用较小的投资，采用文丘里管完成烟气除尘脱硫，课题组通过 CFD 流场模拟软件和冷模试验开发了文丘里格栅组件，有关结构见图 9～图 11。

文氏格栅组件由喷淋总管、喷淋支管、喷嘴、文氏格栅板和安装组件构成，文氏格栅板构成多个小型文丘里，因此，可以在很小的空间和高度内处理很大的气量。

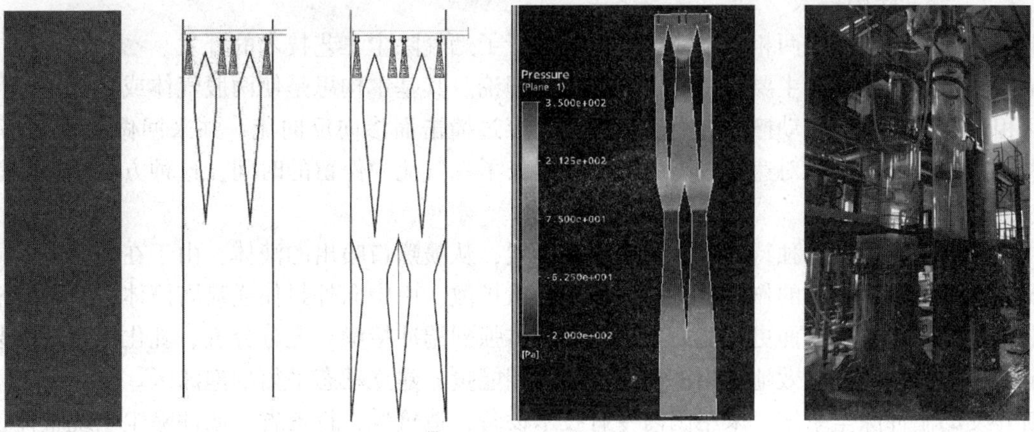

图 9　文丘里格栅流场模拟和冷模试验装置

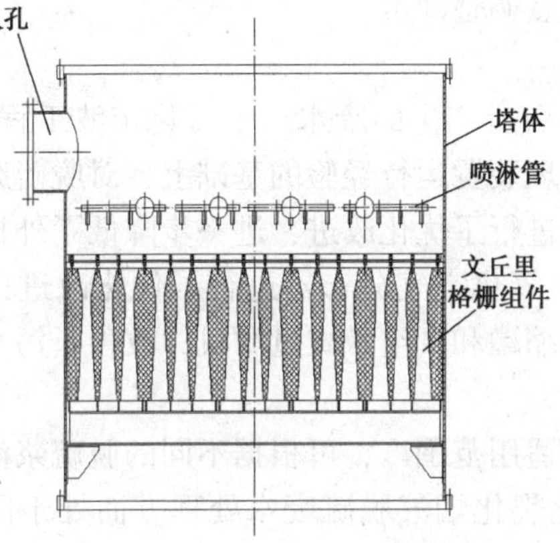

图 10　文丘里格栅板结构示意图

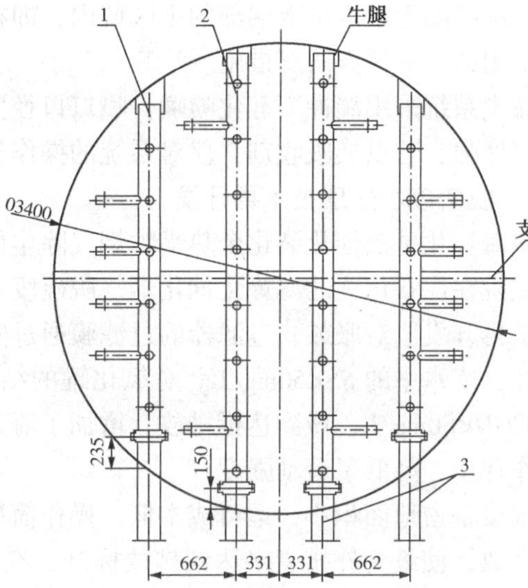

图 11　文丘里格栅喷淋管布置示意图

2.3.1.2　圆筒除雾器组件开发

洗涤脱硫烟气夹带水雾排放，加大了水的消耗，因此，洗涤脱硫塔(内)上部都有除雾器，课题组开发的圆筒除雾器工作原理和结构见图 12、图 13。向上流动的烟气进入除雾器滤筒，轴向通过滤料，雾滴被去除，并沿着滤料向下汇流到溢流板上溢流落下。

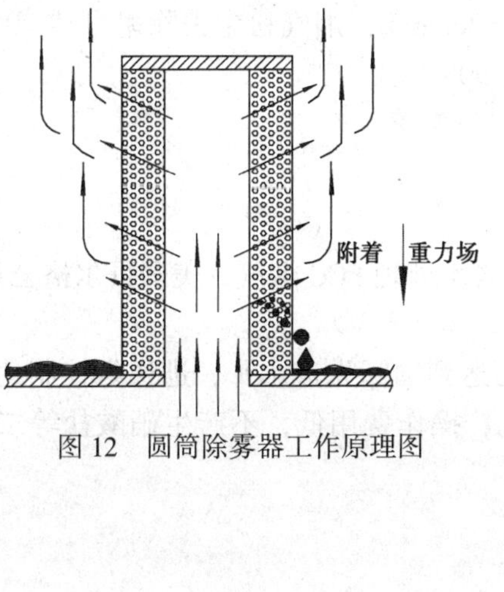

图 12　圆筒除雾器工作原理图

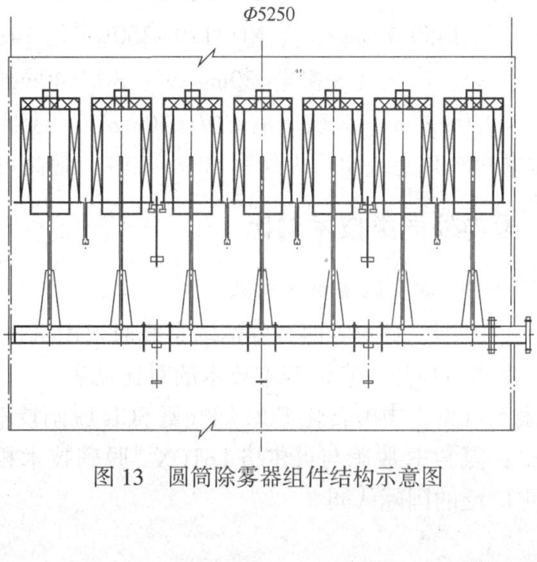

图 13　圆筒除雾器组件结构示意图

2.3.2 湍冲除尘技术

宁波技术研究院应用两相同轴撞击学原理进行了烟气除尘工艺技术的开发。

湍冲洗涤工艺技术其主要原理是根据撞击学理论。其基本构思是使两股气体或气液——颗料或滴粒两相沿着同轴相向流动撞冲，由于惯性颗粒穿过撞击面渗向反向流，并来回做减幅振荡运动。其结果，颗粒经历相向相对速度极高的条件并延长了在气流中停留的时间，这种方法对强化热、质传递过程非常有效。

技术关键是利用设计独特的喷头和合理的装置，从喷嘴口喷出的液体，由于在截面上不同位置而不同的自身旋转离心力的作用下，均匀呈辐射状扩散，由中向外封住逆喷塔筒体，并且使液体在微观上旋转翻腾，提高表面更新能力，同时与气体强烈湍冲接触，充分分散、乳化在合理的装置中和一定的工作参数下，有效地利用液相能量和气相能量，建立动态平衡的泡沫区。

新开发的湍冲除尘系统，采用国内专有技术设备，造价低，投资省。湍冲除尘系统整体设计采用不同防腐材料、不同防腐工艺、分区域进行防腐。将高温强腐蚀恶劣工况集中在几何形状较简单、体积较小的除尘激冷塔上端部的小区域内，即在该区域对烟气进行脱硫的处理，故只需要在该小区域内采用适应的重点防腐措施。

湍冲除尘系统采用湍冲不雾化喷嘴，喷口口径大，它对于吸收剂的选择范围很广泛，设备对吸收剂的适应性强，若更换吸收剂，仅对系统的操作控制点调整即可。

2.3.3 脱硫废水处理技术再开发

针对镇海炼化重油催化裂化余热锅炉烟气除尘脱硫后所产生的废水，中石化宁波工程公司/宁波技术研究院在广石化、北海炼化催化烟气脱硫废水处理装置运行经验的基础上，对脱硫废水处理技术进行了再开发。对胀鼓式过滤器的过滤膜通过实验进行了优化改进，进一步降低了外排废水的悬浮物指标，废水中的 $SS<50$mg/L。对氧化罐的结构、氧化空气分布器进行了优化改进，保证废水排放的 $COD<50$mg/L，做到达标排放。增加了渣浆浓缩罐和真空带式过滤机，改善了污水处理单元现场操作环境，降低了劳动强度。

该技术设备占地面积小，运行成本低，操作简单，适用范围广，可根据不同的脱硫浆液调整各个设备的参数，使最终外排废水达到排放标准。在催化裂化烟气脱硫废水处理方面处于国内领先水平。

3 工业应用试验

镇海炼化 1.8Mt/a 重油催化裂化烟气，脱硝单元于 2012 年 11 月投产，除尘脱硫单元于 2012 年 12 月投产。

脱硝单元入口烟气约 1.9×10^5Nm^3/h，280~350℃，粉尘 200~600(平均 523.3) mg/m^3、SO_2 700~1800（平均 1459.7) mg/m^3、NO_x 120~300(平均 148.2) mg/m^3，通过脱硝单元、脱硫单元和脱硫废液处理系统，净化烟气粉尘<30mg/m^3、SO_2<40mg/m^3、NO_x<50mg/m^3(最小 20mg/m^{3}以下)，逃逸氨浓度<2.0mg/m^3，脱硫废液 $COD<30$mg/L，悬浮物<20mg/L；烟气粉尘去除率可达 90%以上；SO_2去除率 98%以上；NO_x 去除率 50%~70%，最高可达 90%以上。

4 国内外同类技术对比

4.1 FCC 烟气脱硝技术对比

目前，美国、日本等西方发达国家普遍采用氨 SCR 技术处理 FCC 烟气，美国贝尔格公司的 LoTOX™技术也有应用，它们与本技术的对比见表 5。

由表 5 可见，中国石化 FCC 烟气氨 SCR 脱硝技术已达到国际先进水平，逃逸氨控制达到国际领先水平；氨 SCR 脱硝与贝尔格 LoTOX™脱硝技术相比，操作费用低，不产生硝酸盐等二次污染物，有更广泛的国际认同。

表 5　FCC 烟气脱硝技术对比

技术名称	中国石化 FCC 烟气氨 SCR 脱硝技术	美国 FCC 烟气氨 SCR 脱硝技术	贝尔格 FCC 烟气 LoTOX™脱硝技术
床层空速/h^{-1}	3500~4500	3500~4500	-
反应温度/℃	280~400	280~400	常温
系统相对烟气压降	1	1	<1
NO_x去除率/%	40%~95%	40%~94%	40%~90%
净化烟气 NO_x/(mg/m^3)	可小于 50	可小于 50	可小于 50
逃逸氨/(mg/m^3)	<2.5	3.8~15.2	无
相对投资	1	>1	>1(臭氧和脱硝塔贵)
相对操作费用*	1	1	>4(电、碱费用高)
二次污染问题	无	无	生成硝酸盐污染物

注：*SCR 脱硝操作费用主要是床层压降和氨消耗；LoTOX 脱硝费用主要是臭氧发生器和氢氧化钠试剂消耗；系统压降的电力消耗小于臭氧发生器的电力消耗，NaOH 试剂费是 NH_3试剂费的 4.6 倍。

4.2　FCC 烟气除尘脱硫技术对比

由表 6 可见，中国石化双循环新型湍冲文丘里除尘脱硫技术与在美国获得广泛应用的贝尔格 EDV 技术相比，除尘脱硫效率更高，脱硫废水悬浮物和 *COD* 去除效果更好，而且在烟气压降和投资上具有更大的进步空间。

表 6　FCC 烟气除尘脱硫技术对比

技术名称	双循环新型湍冲文丘里除尘脱硫技术	贝尔格 EDV 技术
SO_2去除率	97%以上	97%以上
粉尘去除率	90%	90%以上
净化烟气 SO_2/(mg/m^3)	<40	<50
净化烟气粉尘/(mg/m^3)	<30	<50
装置相对占地	1	0.90
烟气压降/kPa	~4	~4
装置相对投资	1	>1
相对操作费用	1	>1
脱硫废液固液分离后悬浮物/(mg/L)	<60	>60
脱硫废液氧化后 *COD*/(mg/L)	<60	>60
技术进步前景	在压降和投资上有较大空间	改进空间不大

5　结论

(1) 开发了具有中国石化完全自主知识产权的催化裂化烟气除尘脱硫脱硝成套技术，建成国内首套工业化装置，净化烟气符合现行国家和地方污染物排放标准，为中国炼油企业普遍存在的催化裂化粉尘、SO_x 和 NO_x 污染问题，提供了成套治理技术。在镇海炼化应用表明，总体技术和经济指标达到国际领先水平。关键技术有重大创新，申请专利 49 件，已获授权专利 30 件。对炼油行业环保治理、技术进步有重大推动作用。

(2) 在国内率先开发了催化裂化烟气选择性催化还原(SCR)脱硝工艺。

(3) 在国内率先研制了适用于催化裂化烟气脱硝的蜂窝状氨 SCR 催化剂。

(4) 发明了催化裂化烟气新型湍冲文丘里除尘脱硫工艺。

(5) 在国内率先开发了脱硫废液胀鼓式过滤、深度氧化处理技术。

(6) 采用先进的流场模拟计算软件，结合大中型试验，开发了大型 SCR 反应器、喷氨组件、文丘里格栅、圆筒除雾器、逆喷喷头、脱硫废水氧化塔等关键设备和专利内构件产品。

(7) 在镇海炼化的应用表明，入口烟气粉尘平均浓度 523.3mg/Nm^3 、SO_2平均浓度 1459.7mg/Nm^3、NO_x 平均浓度 148.2mg/Nm^3，净化烟气粉尘<30mg/m^3、SO_2<40mg/m^3、NO_x<50mg/m^3(NO_x最小 20mg/m^{3}以下)，逃逸氨浓度<2.0mg/m^3，脱硫废水 *COD*<60mg/L，悬浮物<60mg/L；烟气粉尘去除率可达 90%以上；SO_2去除率 98%以上；NO_x 去除率 50%~70%，最高 90%以上。每年可减排 $SO_2$1479t，NO_x206t，粉尘 867t，环境效益和社会效益十分显著。

参 考 文 献

[1] P K Niccum, E Gbordzoe, S Lang, et al. FCC flue gas emission control options. NPRA, 2002, AM-02-27.

[2] J A Sexton, M Confuorto, N Suchais. LoToxTM technology demonstration at Marathon Ashland Petroleum LLC's Refinery in Texas city, Texas. NPRA, 2004, AM-04-10.

[3] R B Miller, E Gbordzoe, Y Yang. Solutions for reducing NO_x & particulate emissions from FCC regenerators. NPRA, 2004. AM-04-23.

[4] G Yaluris, T J Dougan. Additives achieve ultra-low FCCUemissions. NPRA, 2005, AM-05-21.

凝析油加工过程的特殊环保问题

侯凯锋

（中国海洋石油总公司炼化与销售部，北京 100010）

摘 要：研究和分析了凝析油区别于常规原油的特殊污染物的分布特点。由于这些污染物含量和分布的特殊性，如低分子硫醇、汞等污染物在轻质组分中的含量相对较高，使其加工过程更易诱发环保问题，需要引起特别重视。结合部分代表性凝析油的主要污染物含量和分布数据，提出低分子硫醇和汞是凝析油加工过程更易引发环保问题的特有污染物，其在轻质馏分中的高浓度分布，使凝析油在接卸、储存、转输和一次加工过程中可能产生较为严重的恶臭和汞污染等特殊环境风险问题，需要在凝析油项目的设计和环境影响评估时给予重点关注，并采取针对性防护措施。

关键词：凝析油 环保 污染 汞 硫醇

1 前言

我国的乙烯和PX生产大都以石脑油为主要原料，为缓解国内石脑油供给紧张的矛盾，国内炼化企业开始进口凝析油资源，通过掺炼或单独加工方式，弥补乙烯裂解原料和芳烃原料的不足[1~3]。

凝析油馏分多在20~200℃（C_5~C_8烃类），是优质的石脑油原料，加工凝析油能给企业带来较高的经济效益[4]。但凝析油作为凝析气田天然气生产过程中凝析出来的液相组分，其分布特征和成因与常规原油有所不同，特别是与轻质组分关联度较高的硫醇、汞等污染物含量非常高[5,6]。加工凝析油的炼油厂，必须高度重视加工过程可能存在的潜在环境污染问题，必须重新审视油品接卸、储存、转输和加工过程的环境防护措施，确保不发生环境污染事故。

2 凝析油性质和主要污染物分析

2.1 一般性质分析

表1列举了国内外有代表性的几种凝析油的主要性质[2,7,8]。为了与常规原油对照，选择了国内经常加工的沙轻原油的主要性质作为参考对象。

表1 国内加工的凝析油的主要性质

项 目	Marine condensate（中国）	Inland condensate（中国）	South Parscondensate（伊朗）	NWScondensate（澳大利亚）	Light crude（沙特阿拉伯）
API度	44.6	44.5	61.9	62.5	33.1
密度(20℃)/(g/cm³)	0.7993	0.7997	0.7271	0.7291	0.8557
硫含量/%	0.0173	0.0178	0.2762	0.0026	1.86
闪点/℃	<30		<20	<25	113
沥青质含量/%	<0.1	0.22	0.43	0.15	1.54
Ni+V/(mg/kg)	<0.2	<0.6	2	<1	17.5
收率/%					
<160℃	54.71	25.75	53.16	77.60	4.15
160~350℃	38.85	46.79	41.65	22.40	15.05
>350℃	6.44	27.46	5.19	0.00	80.80

与常规原油相比，凝析油具有密度小、闪点低、轻组分收率高的特点，硫、沥青质含量低，因此易于加工。凝析油主要馏分为石脑油和柴油组分，重油馏分含量很少，因此加工流程不需要配置复杂的重油处理设施，只需设置蒸馏、石脑油和柴油馏分处理单元即可，加工流程短而简单。从一般性质对比分析，与常规原油加工相比，凝析油加工过程中可能产生环境问题的污染源点少、量小。

2.2 特征污染物分析

尽管凝析油的常规污染物含量低，但其特征污染物分布异常，如硫的特殊类型分布和汞等特殊污染物的存在，与凝析油高挥发性的特质结合在一起，更易引发特殊的环境污染问题。

2.2.1 硫类型的特征分析

王小伟[9]等详细分析了南帕斯凝析油的硫类型特征及其腐蚀性。凝析油的硫类型分布具有以下明显的特殊性：(1)凝析油的硫主要分布在轻馏分中，随馏分沸点的增加而显著降低并趋于稳定。<100℃轻烃及轻石脑油馏分中的硫含量占总硫的65%~70%；(2)硫醇硫是主要的硫型态，占总硫含量的比例高达70%以上。气体中硫醇硫占97%左右，<100℃馏分中硫醇硫占比高达99%，100~180℃重石脑油馏分中的硫醇硫也接近60%；(3)具有极强恶臭味的甲硫醇和乙硫醇等低分子硫醇在气体及轻馏分中形成集中分布。气体中的硫醇硫主要是甲硫醇和乙硫醇，浓度高达8700mg/Nm^3；乙硫醇在<100℃馏分中的比例约为38%。硫在凝析油主要馏分中的典型分布见图1，可见低分子硫醇硫(主要是甲硫醇和乙硫醇)是凝析油区别于常规原油的主要特征污染物，而其在轻质馏分中的高比例占比则是明显不同于常规原油的分布特征。这种独有的特征污染物和特殊的特征分布，是凝析油加工过程中需区别常规原油加工过程应重点关注的环保问题之一。

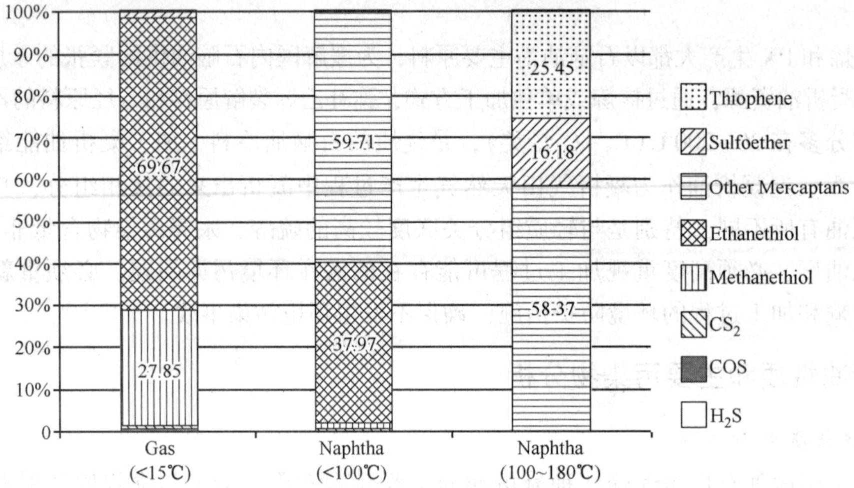

图1 硫在凝析油主要馏分中的类型分布

2.2.2 汞的特征分布

与常规原油中Ni/V等金属含量高相比，凝析油中的金属杂质含量极低。但相比常规原油，大多数凝析油中都含有汞及其化合物，一般为10~3000μg/L，主要以单质汞(10%~50%)、无机汞(10%~50%)态存在，同时还包含一定浓度的有机汞[10,11]。汞在油气中的含量很大程度上由其溶解度决定，其在凝析油不同沸点馏分中的分布见图2。与常规原油中的汞主要分布在渣油馏分中不同，汞在凝析油的分布更多集中在36~170℃石脑油馏分中，约占70%左右。汞在轻质馏分中集中分布的特殊规律，不仅会影响后续装置的生产操作，更易因随轻质组分的挥发或与水体的直接接触而产生大气或水体环境污染问题。

3 可能引发的环保问题及应对措施

3.1 恶臭污染及防治措施

凝析油的闪点一般都在30℃以下，在常温常压、非密闭环境条件下装卸、储存时，凝析油中

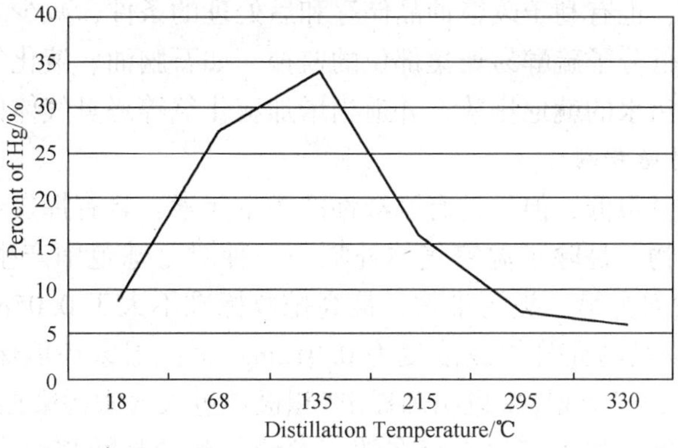

图 2　不同沸点馏分中汞含量占凝析油总汞的分布比例

富含的轻组分(如 C_5^-组分，约占凝析油的 6%～10%)就会自由扩散到大气环境中，而溶解在这些轻组分中低沸点的甲硫醇、乙硫醇等低分子硫醇组分也会随之溢入大气中。由于低分子硫醇的恶臭程度极高，如甲硫醇、乙硫醇的臭味因子分别为 25000 和 31300，是硫化氢的 17.48 倍和 21.89 倍[12]，空气中只要含 0.0019mg/L 的乙硫醇，其臭味就可嗅到。因此，凝析油加工过程引起恶臭污染的主要根源是分布在轻质馏分中的低分子硫醇，而不是常规原油加工过程的硫化氢、有机硫化物和氨等，并且产生恶臭污染的机率和产生的环境影响后果远大于常规原油。

与常规原油加工过程中的恶臭源主要来自二次加工过程中产生的硫化物、氮化物等恶臭物质不同，由于凝析油的轻质和高挥发性的特点，以及低分子硫醇含量高和集聚在轻端馏分的特征分布，凝析油加工过程中的恶臭污染更易发生在凝析油的一次接卸、储存、输转和加工过程中，且以低分子硫醇为主要特征恶臭污染物，从而易产生比常规原油加工更为严重的恶臭污染风险，因此需要采取特殊的防控措施。

凝析油加工过程恶臭污染的防治重心在凝析油的接卸、储存和一次加工过程中；防护重点为凝析油储罐和常减压蒸馏装置；重要防护措施是要保证实现全过程的密闭操作，从源头减少油气的无组织挥发，并对挥发油气进行有效回收处理，控制恶臭污染物的排放。

3.1.1　接卸过程的防护措施

(1) 油轮在卸油过程中适时对船舱进行泄压，控制好船舱内氧含量，严防有毒气体冲出；

(2) 控制卸油速度不大于 4.0m/s，保持卸油速度的平稳，同时保持进油高度的高液位，降低油气的挥发；

(3) 强化作业流程管理制度的落实，严格接、拆管及盲板和漂浮软管盲板打开期间的操作规程；

(4) 提前做好储罐等接收设施的准备工作，实现卸油操作的一次到位，减少二次转存等操作。

3.1.2　储存过程的防护措施

(1) 优选储罐一、二次密封型式，如选择对易挥发油品密封效果更好的管式充液式双重密封结构，使密封与罐壁保持良好的接触，最大程度地减少油气挥发；

(2) 选用反射效应大的浮盘涂料，增强隔热效果，降低轻组分因储罐温度升高的挥发量；

(3) 在罐顶二次密封周边和升降管密封处设置喷水设施，接卸过程中可进行罐顶喷水覆盖；

(4) 设置油气回收设施，并采用吸附、冷凝、吸收或膜分离等方法[13]对挥发油气进行集中回收，既有利于消除大气污染的发生，也可实现资源循环利用。

3.1.3　一次加工过程的防护措施

(1) 有条件的企业，可采取掺炼加工的方式，将凝析油按一定比例掺入到常规原油中，通过溶解和稀释作用，降低塔顶油气中的恶臭物质浓度；

(2) 设置轻烃回收和脱硫脱硫醇设施[14]，对塔顶气、轻烃和石脑油分别进行脱臭处理，既从根本上解决恶臭污染问题，也有利于改善油品储存和后处理的条件，减少二次污染的风险；

(3) 加强对硫化氢和低分子硫醇易聚集部位的监控，如石脑油、液化气、瓦斯、塔顶水采样线等，严禁含硫污水和含盐污水的就地排放，并适当增加硫化氢等恶臭气体监测仪和报警仪。

3.2 汞污染风险及防治措施

虽然凝析油中的汞含量很低，但汞是有剧毒性的微量元素，具有挥发性和累积性，被联合国环境规划署列为全球性污染物，是除了温室气体外唯一一种对全球范围产生影响的化学物质。我国《污水综合排放标准》将汞列为第一类污染物，最高排放标准不大于 0.05mg/L；《大气污染物综合排放标准》中汞及其化合物最高允许排放浓度为 0.012mg/m^3；国家环境保护部 2012 年颁布的《重点区域大气污染防治“十二五”规划》中也明确提出“积极推进大气汞污染控制工作”。由于汞在凝析油中特殊的型态和分布特征，加工过程中存在随挥发油气和产品转移至大气、土壤和水体中的风险，易对环境和人体健康构成极大隐患。

根据图 2 所示汞在凝析油中的分布规律，某凝析油的汞含量约为 30ng/g，各直馏馏分的汞含量及分布见表 2。脱汞前，气体(<36℃)馏分的汞含量约为 49.35ng/g，完全燃烧条件下计算烟气排放中的汞含量为 0.184mg/m^3，远高于《大气污染物综合排放标准》中最高允许排放浓度；石脑油馏分(100~170℃)的汞含量为 28.43ng/g，超过重整原料对汞含量不大于 10ng/g 的限制要求，直接作重整原料时易造成贵金属催化剂中毒[15]。因此，如果含汞凝析油不经过脱汞处理，各直馏馏分直接作下游装置原料或燃料使用，不仅会影响下游装置的生产，也会带来严重的大气污染环境问题。

表 2　脱汞处理前后某凝析油不同馏分中汞含量数据对比

Distillates	Yield/%	Hg content before treatment/(ng/g^3)	Hg content after treatment/(ng/g^3)
<36℃	5.41	49.35	0.49
36~100℃	16.89	49.01	0.49
100~170℃	35.67	28.43	0.28
170~260℃	23.74	20.22	0.20
260~330℃	10.85	20.46	0.20
>330℃	7.44	25.40	0.25

消除凝析油加工过程的汞环境风险危害，最直接的措施就是先脱汞再加工，即在凝析油深加工之前，先采取有效的工艺技术将汞全部脱除。汞的脱除方法有多种[10]，适合炼油厂且脱汞效率高的工艺为加氢分解-吸附脱汞工艺(图 3)。该工艺具有适应汞含量范围宽(50~1800μg/L)、汞类型多样(既可脱除有机汞，也可脱除单质汞)、脱汞效率高(可达到 99%以上)等优点。

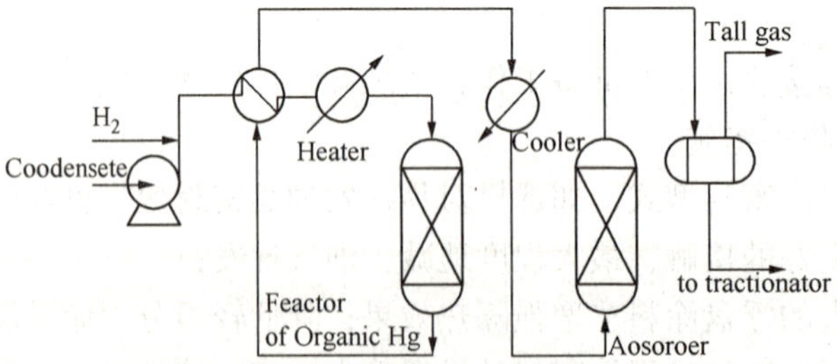

图 3　加氢分解一吸附脱汞工艺流程图

加氢分解一吸附脱汞工艺的基本过程是：在氢气和催化剂作用下，凝析油中的有机汞在转化器里发生分解反应生成单质汞，再流经吸附塔被硫化物吸附剂物理或化学吸附，从而达到全部脱除各种型态汞的目的。吸附饱和的吸附剂送往厂外进行集中的再生、回收或处理。该工艺可将凝析油中的汞含量降低到 1μg/L 以下，完全满足油品后续加工或直接使用的质量要求(表 2 列出了在脱汞率 99%操作条件下，经上述脱汞工艺处理后的凝析油各馏分汞含量及分布，较脱汞前有了大幅度减少)，而且整个脱除过程中油品物料既没有与水接触，也没有废水产生，消除了汞进入大气和水体的潜在风险。

4 结束语

(1) 恶臭污染和汞污染是凝析油加工过程中易产生的主要环保问题，也是区别于常规原油加工的较大环境风险因素，需要引起凝析油加工企业的特别重视，必须制定和采取有针对性的防范措施。

(2) 凝析油加工过程环保风险的存在，主要与其特殊的特征污染物因子(低分子硫醇硫和汞)含量和分布有关，并与凝析油的高挥发性特性相互作用。低分子硫醇硫在轻油馏分中的高含量分布，易引发大气恶臭环境污染；汞随着油品的分布进入后续加工流程中，不仅易造成设备损害和催化剂中毒，也增加了大气和水体污染的风险。

(3) 对凝析油加工实现全过程的密闭管理和操作，以及采取先处理后加工的工艺流程，是消除潜在环境危险的可靠手段。除了有效的技术措施外，还应增强防范意识、提高管理水平。

参 考 文 献

[1] 王亚彪．常减压蒸馏装置加工凝析油改造[J]．石油化工设计，2012，29(1)：41-45.

[2] 谭耀国．广州石化首次加工南帕斯凝析油技术分析[J]．炼油技术与工程，2012，42(2)：26-29.

[3] 王庆波，张毓莹，胡志海．煤柴油加氢裂化装置掺炼重凝析油工艺研究[J]．石油炼制与化工，2012，41(12)：1-5.

[4] 孙春明，王宇．凝析油加工处理装置经济评价[J]．石油化工技术与经济，2009，25(4)：18-21.

[5] 杨德彬，朱光有，刘家军，等．全球大型凝析气田的分布特征及其形成主控因素[J]．地学前缘，2010，17(1)：339-349.

[6] 刘全有，戴金星，李剑，等．油气中汞的地球化学特征与科学意义[J]．石油勘探与开发，2006，33(5)：542-547.

[7] 刘乃瑞，田小丽，沙宇，等．天然气凝析油的评价及处理探讨[J]．石油与天然气化工，2009，38(1)：51-53.

[8] 李长明，田亮，王玫，等．牙哈凝析油评价及利用探讨[J]．石油与天然气化工，2002，31(4)：178-181.

[9] 王小伟，章群丹，王京，等．南帕斯凝析油硫类型特征及其腐蚀性[J]．石油炼制与化工，2012，43(3)：88-90.

[10] 张哲，梁金川，黄永恒．凝析油脱汞工艺分析[J]．石油化工应用，2011，30(12)：88-90.

[11] 薛艳．石油中汞的分析方法进展[J]．当代石油石化，2008，16(6)：33-35.

[12] 李凌波，郭兵兵，刘忠生．炼油厂恶臭污染源综合监测与评价Ⅱ——污染源分级与排放评估[J]．石油炼制与化工，2013，44(2)：77-83.

[13] 杨光辉，贾中堂，杨继东．油气回收技术在凝析油加工企业的应用[J]．油气储运，2012，31(7)：546-548.

[14] 孟科全，唐晓东，李林．含硫凝析油脱硫技术研究[J]．精细石油化工进展，2007，8(9)：16-20.

[15] 徐承恩．催化重整工艺与工程[M]．北京：中国石化出版社，2006：114.116.

攻克污水系统无法去除氨氮的环保难题

肖 驰

(中沙(天津)石化有限公司，天津 300271)

摘 要：污水处理系统采用二级气浮、纯氧曝气、BAF技术。系统以去除*COD*为主，在原始设计时未考虑氨氮去除的问题。2012年大检修后，生产污水中氨氮含量突然升高，系统无法去除，导致二沉池、BAF出水氨氮指标超标，直接影响环保、达标排放。结合目前污水处理设施运行的状况，在投加高效的氨氮去除菌种的同时，优化污水运行、改善污泥沉降性能，并将曝气池一段转换为缺氧状态运行，最终实现氨氮的高效去除，满足环保指标要求。

关键词：氨氮 曝气池 硝化 反硝化 总碱度 BAF

1 前言

中沙(天津)石化有限公司污水处理系统采用的是二级气浮、纯氧曝气及BAF工艺处理模式，设计处理水量为500m^3/h，曝气池进水*COD* 700mg/L。目前实际运行水量为180~250m^3/h，曝气池进水*COD* 250mg/L，实际运行指标与设计指标偏差较大。目前二沉出水*COD*≤50mg/L，能够能实现达标排放。但自2012年下半年以来，氨氮超出环保指标(≤8mg/L)，直接影响环保、达标排放，如图1~图4所示。

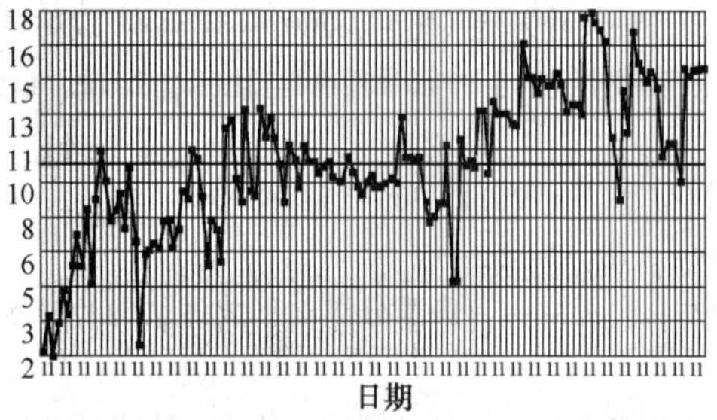

图1 生产污水氨氮趋势图

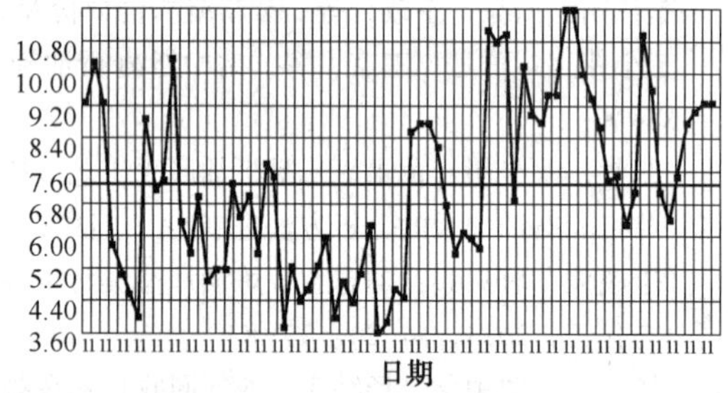

图2 氧曝进水氨氮趋势图

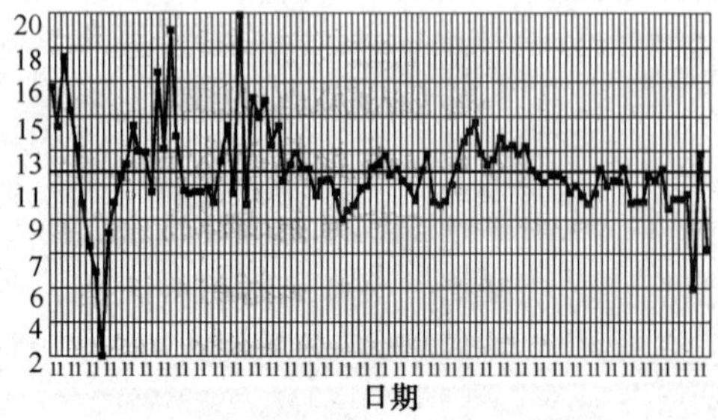

图3 二沉池出水氨氮趋势图

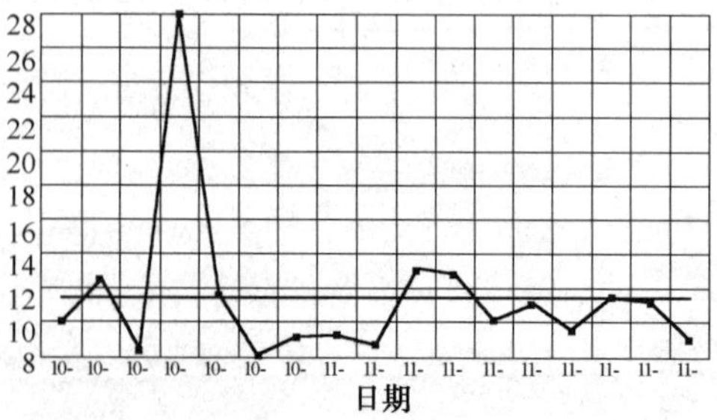

图4 BAF出水氨氮趋势图

因此，解决氨氮超标问题，实现污水处理后的达标排放，迫在眉睫。

2 原因分析

2.1 设计原因分析

由于目前污水处理系统是以去除 *COD* 为主，设计时未考虑生产污水中氨氮指标的问题，无相关工艺去除设施。

2.2 氨氮趋势变化分析

从图 1~图 4 可以看出氨氮超标频次较高，污水经氧曝池后，见图 2、图 3，二沉池出水氨氮未降低，说明曝气池内的活性污泥不具备去除氨氮的能力。

另外，二沉池出水氨氮，也经常高于曝气池进水氨氮，充分地说明系统中有机胺含量较高，并且在曝气池内分解生成氮氮，成为二沉池出水氨氮，高于曝气池进水氨氮的主要原因。

2.3 运行状况分析

2.3.1 BAF 运行状况分析

通过图 3、图 4 对比发现，BAF 与二沉池相比，其出水氨氮超标频次同样较高，说明 BAF 未生成优质的生物膜。通常情况下，优质的生物膜对氨氮有是较好的去除能力的。

2.3.2 系统内菌种情况分析

通过上述分析，可以判断目前污水处理系统内的菌种是以去除 *COD* 为主的菌胶团，无高效的氨氮去除菌种。

3 解决氨氮超标问题的可行性分析

通过上述分析，认为在目前现有设施的基础上，具备实现氨氮的有效去除，需从以下方面解决，具体如下：

3.1 向系统内投加高效的氨氮去除菌种

经查阅有关资料得知：采用生化法进行污水处理的系统，氨氮去除菌种主要为亚硝化菌、硝化菌，实现硝化反应，最终将氨氮转变为硝酸盐。有关反应机理见以下方程式：

$$NH_3\text{-}N+O_2+HCO_3^- \xrightarrow[\text{好氧}(DO>2.0\text{mg/L})]{\text{亚硝化菌}} NO_2^-+H_2CO_3+H_2O$$

$$NO_2^-+NH_3\text{-}N+O_2+HCO_3^-+H_2CO_3 \xrightarrow[\text{好氧}(DO>2.0\text{mg/L})]{\text{硝化菌}} NO_3^-+H_2CO_3+H_2O$$

3.2 充分利用好氧工艺为氨氮去除提供环境

从 3.1 中得知亚硝化菌、硝化菌是在好氧，即：溶解氧(*DO*)>2.0mg/L 的条件下，将氨氮最终转换为硝酸盐。因此，目前曝气池采用好氧工艺，是能够为氨氮去除提供环境。

另外，在发生亚硝化反应、硝化反应需要消耗总碱度，会使 PH 值降低，因此需向系统补充一定量的 $NaHCO_3$、NaOH 来维持总碱度和 PH 值。

3.3 优化运行，改善污泥沉降性能

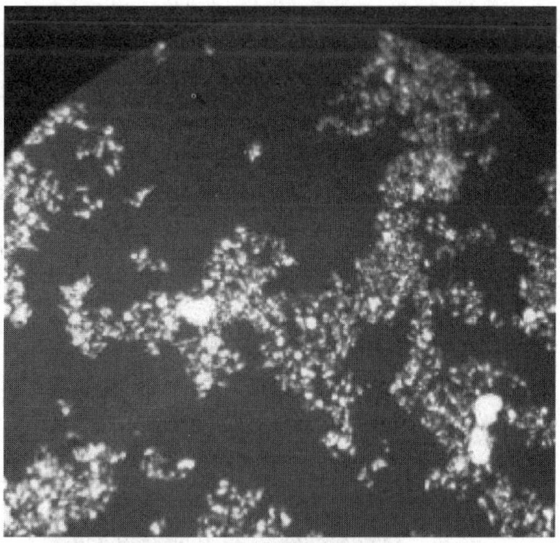

图 5 生物相镜检照片

由于污水处理系统实际运行指标与设计指标偏差较大，实际有机负荷远远低于设计值，导致污泥过氧化现象严重，通过生物相镜检发现，污泥结构松散，沉降性能不好，见图 5。图中镜检照片显示：①系统污泥污泥松散，无规则，存在很少原生动物及后生动物；②有较多无机杂质，胞外聚合物较多，表明系统易受到冲击，抗冲击性差，造成

微生物大量分泌胞外聚合物，导致污泥膨胀，影响污泥沉降性能。

若向系统内投入氨氮去除菌种，它们是吸附在菌胶团的外表面。污泥沉降性能不好，会造成菌种的流失，影响氨氮去除效果。因此，通过优化运行，改善污泥性能，特别是沉降性能，也是解决氨氮去除问题的关键。

3.4 BAF 培育优质生物膜，为进一步去除氨氮提供保障

从图3、图4 可以确定BAF 对氨氮没有去除效果，说明BAF 没有形成优质的生物膜，无法对氨氮进一步的去除。所以培育出优质的生物膜，能够为实现进一步提高氨氮去除率，提供强有力保障。

4 方案制订与实施过程

4.1 方案制订

经与安环部、动力部进行探讨，制订了投加菌种去除氨氮的试用方案。

根据镜检分析及水质分析，考虑到生化系统存在一定问题，因此在强化硝化系统时，现进行生化系统的强化，最终实现硝化系统的完善。

4.2 实施过程

2013 年 4 月 10 日开始投加诺维信生物增效剂 BioRemove 5150，投加量如表 1 所示。

表 1 BioRemove 5150 投加量表

kg

	第 1~2 天	第 3~4 天	第 5~8 天	第 9~14 天	日常维持量
建议每天投加量	40	20	15	10	10

投加 5150 一周后，也就是 4 月 17 日开始投加诺维信生物增效剂 BioRemove 5805，进行硝化系统的建立，投加量如表 2 所示。

表 2 BioRemove 5805 投加量表

项　　目	投加桶数	投加重量/kg	投加天数
第 1~2 天	18	81	2
第 3~4 天	14	63	2
第 5~7 天	12	54	3
第 8~15 天	8	36	8
日常维持量	5	22.5	25

日常维持投加量为 22.5kg。

4.3 实施过程说明

2013 年 4 月 10 日开始投加诺维信生物增效剂 BioRemove 5150，一周后，也就是 4 月 17 日开始投加诺维信生物增效剂 BioRemove 5805，进行硝化系统的建立。在实施过程中发现微生物种类、数量相对前期有明显的改善，起到积极的促进作用。如图 6 所示。

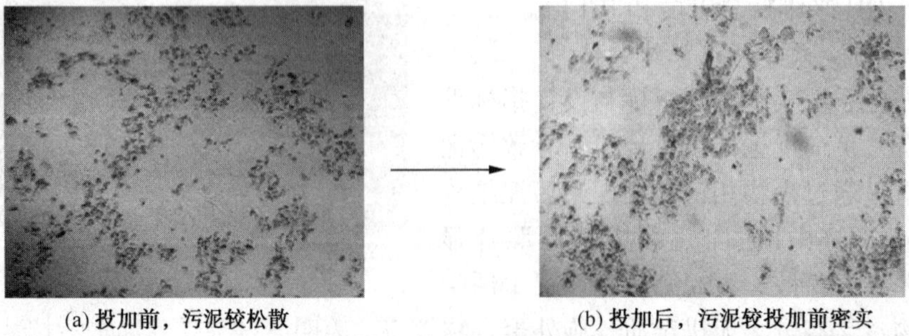

(a) 投加前，污泥较松散　　(b) 投加后，污泥较投加前密实

图 6 投加前后污泥情况

投加增效剂先后出现轮虫、钟虫(数量增多)，以及以前生物相镜检未曾出现的累枝虫，如图7所示。

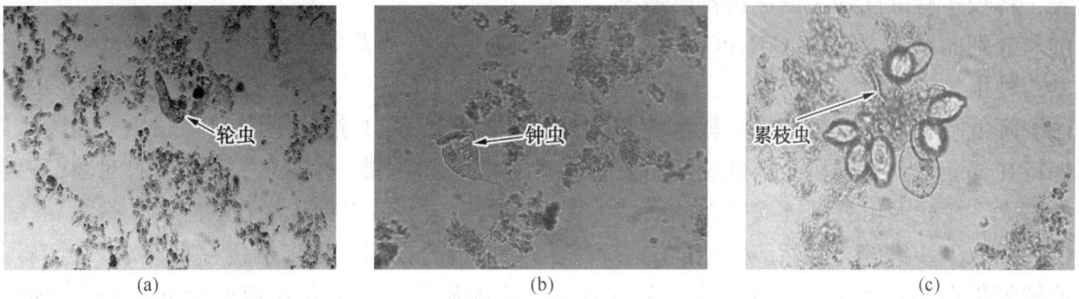

图7　轮虫、钟虫、累枝虫先后出现

其中，钟虫数量的增多，是污泥密实，沉降性较好的标志，累枝虫的出现是抗冲击提高的标志。特别是4月23日氧曝进水COD首次超过500mg/L，4月26日二沉池出水COD上涨至81.2mg/L，仅一天就下降至59.9mg/L，随后恢复到40~50mg/L的平均值，一直处于合格排放，体现出系统抗冲击性的提高。虽然4月28日~5月6日未投加诺维信药剂，但从微生物镜检中仍能发现大量的指示出水水质良好的微生物。

4.4　实施过程存在的问题

5805投菌初期，由于对系统认知的不够充分，没能及时调整系统运行参数，所以硝化系统建立较慢，通过与现场技术人员交流和现场勘察，了解到现场存在不利于建立硝化反应的一系列因素，主要表现在以下几点：

(1) 实验室小试证明，生化进水、二沉池出水通过硝化菌反应，都能去除氨氮，也就是能建立硝化反应，但混合液中氨氮无法降低，不能建立硝化反应。很有可能是上游来水中有某种有机胺类或其它抑制硝化菌的有毒物质，这些抑制的物质可能来自于某种有毒的物质，这些物质包裹在污泥中，不断的释放出来，这些物质阻碍了硝化系统的建立。

(2) 系统出水氨氮较进水氨氮高一倍，说明系统中有机胺含量较高，这对硝化菌有抑制作用，导致硝化系统较慢建立。

(3) 碱度的缺乏。通过pH值监测，投菌前期曝气池出口pH值仅仅为6.69，说明系统处于弱酸性，而建立硝化反应需要足够的碱度。

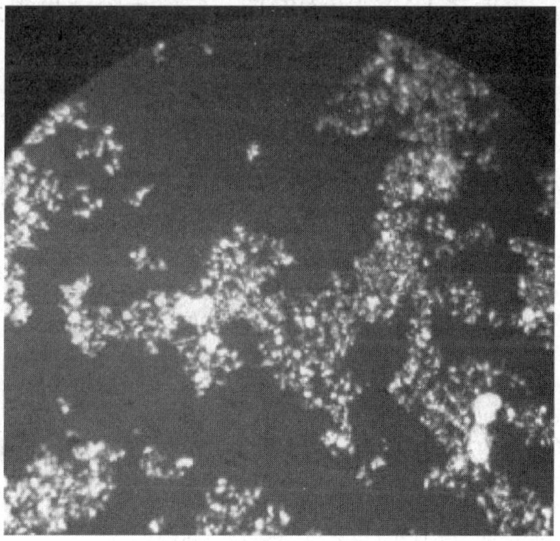

图8　墨汁染色示意图

(4) 营养的不均衡。根据墨汁染色观察到有很多菌胶团出现了胞外聚合物，这些胞外聚合物的产生导致絮体不规则，且吸附能力差，沉降性能不好，产生的主要原因结合监测数据来看是缺磷造成的营养失衡，如图8所示。图中镜检照片显示：根据墨汁染色观察到有很多菌胶团出现了胞外聚合物，这些胞外聚合物的产生导致絮体不规则，且吸附能力差，沉降性能不好，产生的主要原因结合监测数据来看是缺磷造成的营养失衡。

(5) 曝气池内溶解氧较高。一段溶解氧5~7mg/L，不利于建立硝化系统。

4.5　解决方案

针对上述存在的问题，制订如下解决方案：

(1) 降低氧曝池内污泥浓度，缩短泥龄后，污泥浓度由5g/L下降至3g/L，以往SV_{30}：70%~

80%，现在 SV_{30}40%~60%，污泥沉降性能明显提高。后经排查，有毒性物质主要来自前期事故罐 T-103 内超标废水，掺混、进入污水处理系统的水量较大，排泥量不足，导致污泥内有毒性物质残留较大，将较多有毒性的污泥尽快排出系统。

(2) 分别向系统内投加 NaH_2PO_4、$NaHCO_3$，为进一步改善营养结构，提高总碱度，创造有利于氨氮菌种生长的环境。

(3) 降低曝气池内溶解氧，一段溶解氧含量由原来的 7mg/L 逐步下降到 1mg/L，四段溶解氧基本保持在 5mg/L，表曝机全部低速运行，有效地克服了污泥被"打碎"，絮粒小的问题，污泥絮粒开始增大，硝化菌可积聚在大颗粒的活性污泥上，氨氮去除效果初步呈现。

(4) 采取上步措施，虽然氧曝池前端溶解氧得到一定的控制，但末端仍存在溶解氧较高现象，四段溶解氧仍在 5mg/L 左右，还存在过氧化现象，影响硝化、反硝化系统的建立，不利于氨氮的有效去除。我们采取措施：将四段溶解氧 2~4mg/L 为控制指标，一、二、段不发生厌氧溶解氧高于 0mg/L 即可。

4.6 BAF 培育优质生物膜

BAF 可对 *COD* 和氨氮起到进一步的去除作用，但在实际运行中没有明显的效果。主要原因：一直没有培育出优质的生物膜。

解决方案：进行 BAF 培菌。通过延长反洗周期、降低反洗强度，防止陶粒上生长的微生物脱落，促进其稳定生长，以提高去除 *COD*、氨氮的效率。经过摸索、尝试，反洗强度由气洗 3min—混洗 5min—水洗 15min，改为气洗 5min—混洗 5min—水洗 5min。

5 实施后的效果分析

5.1 氨氮去除效果显著

采取了上述解决方案后，氨氮去除效果得到了显著的提高，二沉池出水氨氮很快达到技术协议的要求：≤8mg/L，如图 9 所示。

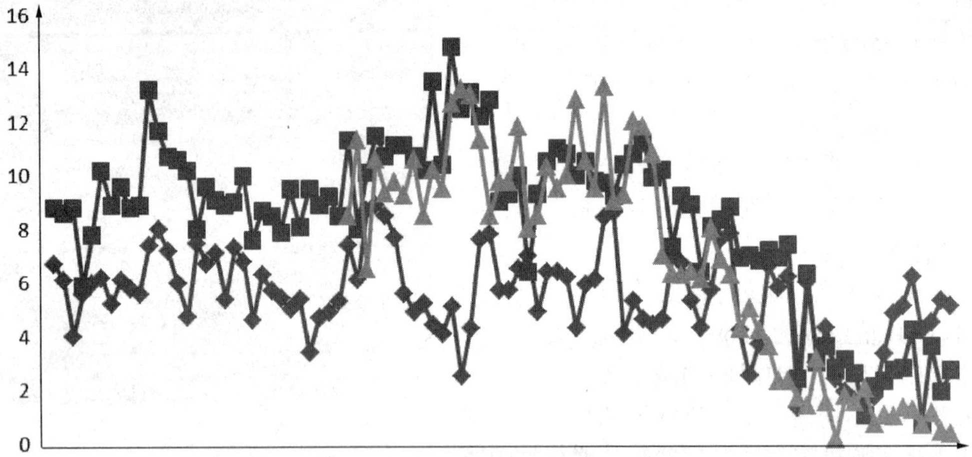

图 9 2013 年 3~5 月各段氨氮变化趋势图

—◆—氧曝进水氨氮(mg/L)；—■—二沉池出水氨氮(mg/L)；—▲—BAF 出水氨氮(mg/L)

通过图 9 可以看出，系统在投菌后，通过前期的调整，稳定开始下降，从 5 月 18 日至今(6 月 4 日，一共 17 天)，二沉池出水氨氮平均为 2.81mg/L，BAF 出水氨氮平均为 1.22mg/L。如图 10 所示。

在没有投加硝化菌 5805 之前，二沉池出水氨氮在 10mg/L 左右，而进水氨氮仅为 5mg/L 左右。出水氨氮远超过进水氨氮，但在稳定期，在进水氨氮仍然保持在 5mg/L 左右的前提下，出口氨氮将至 3mg/L 以下，这充分说明了硝化系统已经建立，已经将有机胺分解为氨氮，并将氨氮予以大部分进行了硝化。

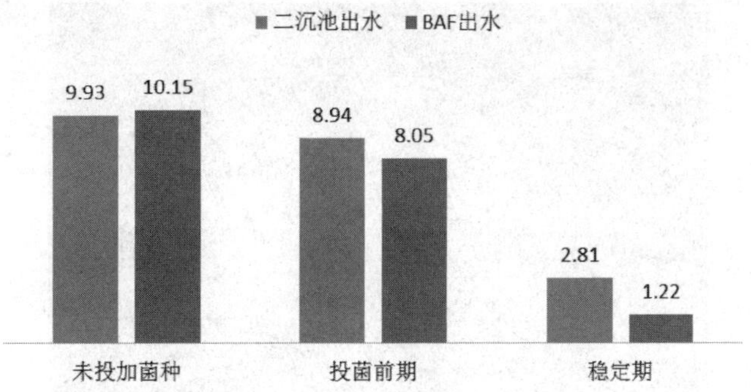

图 10 不同阶段氨氮柱状图

从总氮上也能看出硝化反应的完全建立，有关测试数据见表 3。

表 3 各段总氮水质表

样品名称	总氮/(mg/L)	凯氏氮/(mg/L)	硝酸盐/(mg/L)
中和池	13.4	8.28	
氧曝池进水		13.2	未检出
二沉池出水		1.64	5.01
氧曝池上清液	7.38	3.02	4.35

通过表 3 可以清楚看出，通过硝化菌的投加，将凯氏氮去除，转化为硝酸盐氮，硝化反应已经非常明显。从而使得出水氨氮的稳定降低。

硝化系统得以建立的前提是生化系统的完善，通过诺维信生物增效剂 5150 对系统生物相的改善，有效提高了污泥沉降性能，减少二沉池出水悬浮物。同时能明显在活性污泥中观测到原生及后生动物，如图 11 所示。图 11(a)中钟虫的出现说明系统絮体密实，出水 BOD 低；图(b)中累枝虫的出现说明系统抗冲击能力强；图(c)中曝气池上清液非常清澈，无杂质，通过镜检也可以看出自由水很清澈，说明出水 BOD 已经很低，生化可降解的已经很低。

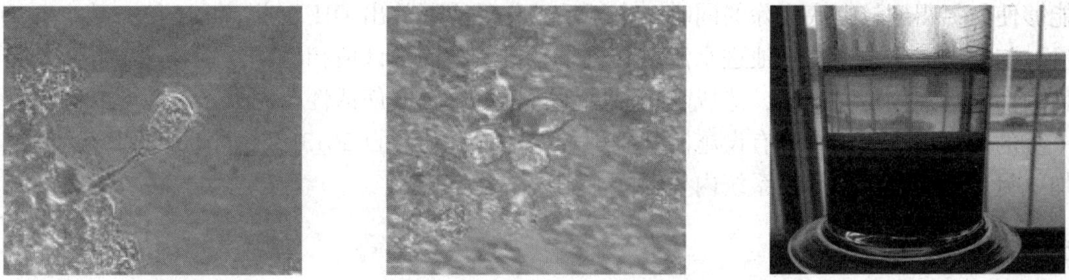

(a) (b) (c)

图 11 5150 对系统生物相的改善

系统抗冲击能力明显提高。数据显示，4 月 24、25 日进水 *COD* 上升到 350~450mg/L，但生物系统基本没有受到太多影响，出水 *COD* 稳定在 50mg/L，这也说明目前的生化系统还是较为健康的。

生物相镜检还发现，系统中出现吸管虫，说明硝化系统已建立。通过上述一系列现象表明，目前生化系统较为健康稳定，非常有利于生化及硝化反应的发生。图 12 中吸管虫是一种非常有益的指示微生物，当它出现时往往说明系统 BOD 低，好氧段氨氮低

5.2 曝气池第一段实现反硝化运行，氨氮去除更加彻底

在运行过程中实际指标与设计指标存在较大偏差，相关指标见表 4，造成污泥过氧化现象严重，虽然于 2012 年 7 月 31 日 9:00 由氧曝运行模式转为空曝运行模式，避免了污泥更严重的老化趋势。

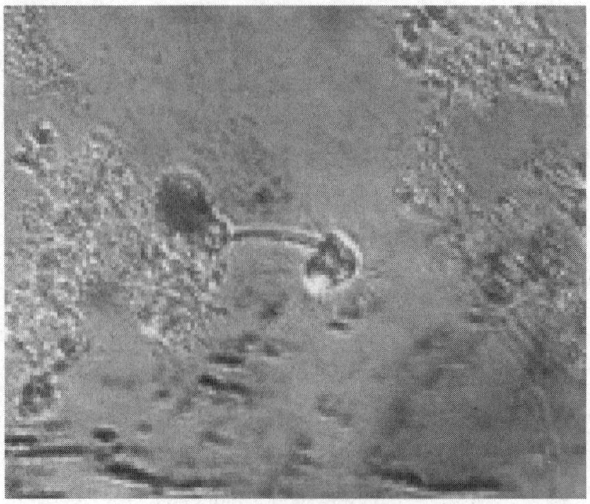

图 12　稳定的生化系统

表 4　实际指标与设计指标对比表

项　　目	水量/(m^3/h)	*COD*/(mg/L)	停留时间/h	曝气充氧/(mg/L)
实际运行	200	300	14	10~20
设计值	500	800	6	3~8
折合比例	0.4	0.375	2.3	
造成的偏差	实际进水量为设计进水量 40%	实际负荷为设计负荷 37.5%	延长 2.5 倍	过氧化
	微生物食料缺乏		氧化时间过长	污泥老化严重

注：实际总有机负荷仅为设计的 15%(37.5%~40%)，停留时间为设计 2.5 倍，溶解氧也高于设计值。

氧曝池氧化段过长也是造成污泥过氧化的原因之一，所以将其第一段改为缺氧段，实现反硝化反应。

$$NO_3^- + \text{有机物} \xrightarrow[\text{缺氧}(DO:\ 0.5\sim2.0\text{mg/L})]{\text{反硝化菌}} N_2\uparrow + OH^-$$

能够使氨氮得到较彻底去除的同时，由于反硝化反应释放出 OH^-，提高 pH 值，减少 NaOH 的消耗量。与此同时，由于氧曝池进水流量和进水有机负荷同设计值相比，差别较大，处于低负荷运行，且因活性污泥停留时间长，造成曝气时间较长，过度曝气使活性污泥处于过氧化状态的问题得到进一步的缓解，实现了在现有设施的基础上，挖潜、优化。自 2013 年 6 月 28 日以来，系统已停止投加氨氮去除菌种，能够在系统内生存、繁殖。

6　结论

自 2013 年 3 月我们氨氮治理以来，攻克了污水系统无法去除氨氮的环保难题，充分利用现有设施，在未进行设施投资的条件下，进行优化、挖潜。不仅成功地解决了氨氮超标的问题，同时长期困扰污水系统稳定的问题之一——活性污泥污泥过氧化问题也得了有效的解决。在此基础上，不断实现优化、稳定运行，目前污水处理系统运行达到历史最好水平。二沉池、BAF 出水氨氮数值继续呈下降趋势，水质得到不断改善，如图 13、图 14 所示。

图 13 中为 2013 年 11 月份的数据，说明二沉池、BAF 氨氮去除效果显著。二沉池：平均去除率：87.28%、最高去除率：93.78%；BAF：平均去除率：92.1%、最高去除率：97.92% 。图 14 中"虚线"升高部分是由于 20、21 日 BAF 堵塞，造成"厌氧"，又还原成氨氮所致。

随后，BAF、二沉池"青苔"、绿草等植物生长较好，也说明出水水质较好。其中 BAF 池内壁出现"青苔"，说明生物膜生长较好。

总之，通过成功地解决氨氮超标问题，积累了宝贵的经验，拓宽了解决问题的思路和途径，为今后污水系统不断优化、稳定运行，满足环保指标不断的严格，奠定了坚实的基础。

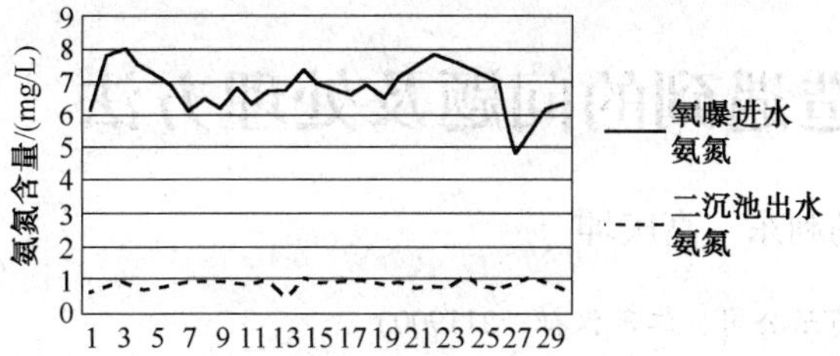

图 13　二沉池出水与氧曝进水氨氮含量对比

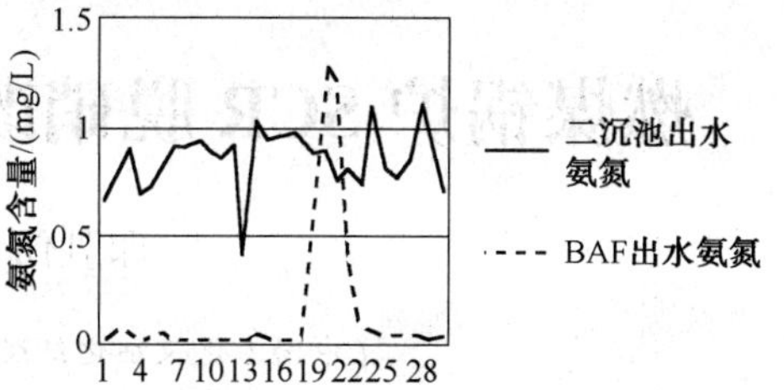

图 14　二沉池出水与 BAF 出水氨氮含量对比

参 考 文 献

[1]　杭世珺，张大群．净水厂、污水厂工艺与设备手册[M]．北京：化学工业出版社，2011.

[2]　郑书忠．工业水处理技术及化学品[M]．北京：化学工业出版社，2010.

[3]　周本省．工业水处理技术[M]．北京：化学工业出版社，2002.

[4]　胡亨魁．水污染治理技术(第二版)[M]．武汉：武汉理工大学出版社，2009.

[5]　徐新阳，于锋．污水处理工程设计[M]．北京：化学工业出版社，2004.

燃煤锅炉 SCR 脱硝改造遇到的问题及处理方法

印胜伟　杨利东　高庆坤

(中国石化仪征化纤股份有限公司，江苏仪征　211900)

摘　要：以中国石化仪征化纤股份公司烟气脱硝改造为例，介绍了采用 SCR 技术进行烟气脱硝改造过程中在设计和施工方面遇到的问题及处理方法，其经验对同类型锅炉进行烟气脱硝改造具有一定的指导意义。

关键词：锅炉　烟气脱硝　选择性催化剂还原法(SCR)　处理方法

1　前言

按照国家环保部在 2011 年 7 月 29 日发布的《火电厂大气污染物排放标准》(GB 13223—2011)的规定，自 2014 年 7 月 1 日起，现有火力发电锅炉大气污染物 NO_x 排放浓度限值执行 $200mg/Nm^3$，重点地区执行 $100mg/Nm^3$ 的大气污染物特别排放限值。由于中国石化仪征化纤股份公司(简称仪化公司)地处长江中下游三角洲地区，已被划定为重点地区，为确保 2014 年 7 月 1 日起锅炉达标排放，仪化公司正采用 SCR 技术进行烟气脱硝改造。

仪化公司 6 台锅炉全部为自然循环、四角切圆燃烧、Π型露天布置的固态排渣的高温高压煤粉炉，其中 1#~5# 炉为 HG220/100-10 型，6# 炉为 HG220/100-YM 型。锅炉尾部竖井烟道交错布置上、下两级省煤器与两级空气预热器；空气预热器采用双级布置立式管箱，上级空气预热器为单行程，下级空气预热器为三行程。每台炉配有静电除尘器 1 台(原 1#~3# 炉为 S3F2-100 型、4#~6# 炉为 S3F7-100 型，2009 年改造为四电场)，共设二座烟囱，为三炉合一座 180 米的烟囱向空排放，已建有石灰石-石膏湿法烟气脱硫装置，其中 1# 炉为一炉一塔，2#~3# 炉为两炉一塔，4#~6# 炉为三炉一塔。

2　SCR 脱硝原理

选择性催化还原(SCR)脱硝原理[1]是指在催化剂的作用下，利用 NH_3 等还原剂“有选择性”地与烟气中的 NO_x 进行选择性反应生成 N_2 和 H_2O，其主要化学反应方程式如下：

$$4NH_3+4NO+O_2\xrightarrow{\text{催化剂}}4N_2+6H_2O \tag{1}$$

$$4NH_3+2NO_2+O_2\xrightarrow{\text{催化剂}}3N_2+6H_2O \tag{2}$$

$$4NH_3+6NO\xrightarrow{\text{催化剂}}5N_2+6H_2O \tag{3}$$

$$8NH_3+6NO_2\xrightarrow{\text{催化剂}}7N_2+12H_2O \tag{4}$$

SCR 脱硝系统制备的氨气输送至炉前，通过混合器与稀释风混合稀释后进入烟道，稀释风通过烟道内的涡流混合器与烟气进行充分、均匀的混合后进入 SCR 反应器，在催化剂的作用下，氨气与烟气中的 NO_x 反应生成氮气和水从而达到除去氮氧化物的目的。

3　SCR 脱硝改造遇到的问题

3.1　设计方面

3.1.1　SCR 系统工艺布置的选择问题

仪化公司锅炉建于 20 世纪 80 年代，当时设计没有考虑后续的脱硝装置，没有预留脱硝系统的布置位置，这是目前国内所有老电厂面临的一个共同问题。因此，可供仪化公司选择的 SCR 脱硝系统布置方式只有 2 种：

（1）第一种称为高尘布置方式，即将 SCR 反应器布置在省煤器与空气预热器之间。烟气与来自氨/空气混合器的氨在催化剂的作用下反应后进入空气预热器。其工艺系统布置如图 1 所示。

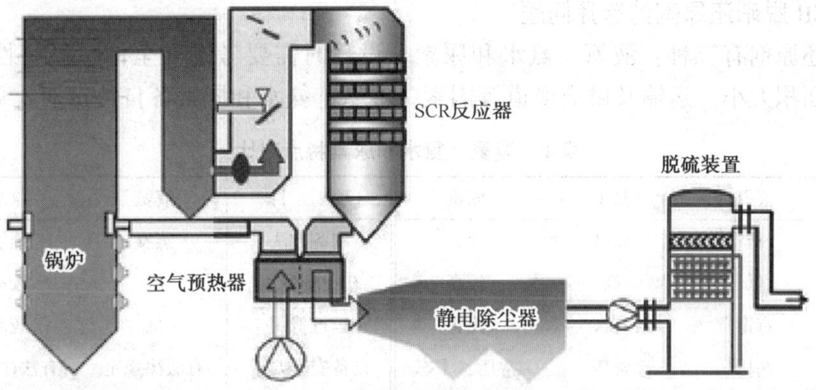

图 1　SCR 脱硝系统高尘布置方式图

（2）第二种称为尾部布置方式，即将 SCR 反应器布置在除尘器和烟气脱硫系统之后。烟气经过除尘和脱硫后，与氨气在催化剂的作用下反应后排入大气中，其工艺系统布置如图 2 所示。

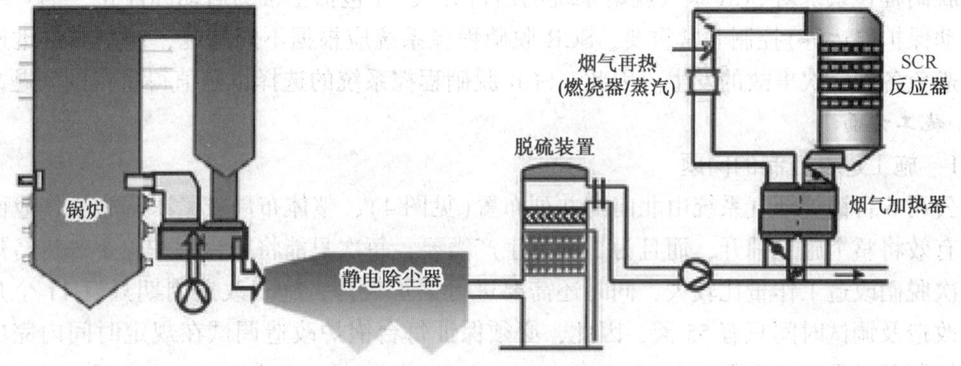

图 2　SCR 脱硝系统尾部布置方式图

3.1.2　SCR 脱硝催化剂的选择问题

在 SCR 脱硝系统中最重要的组成部分就是催化剂，目前市场上主要有蜂窝式、板式、波纹板式三种 SCR 催化剂，如图 3 所示。

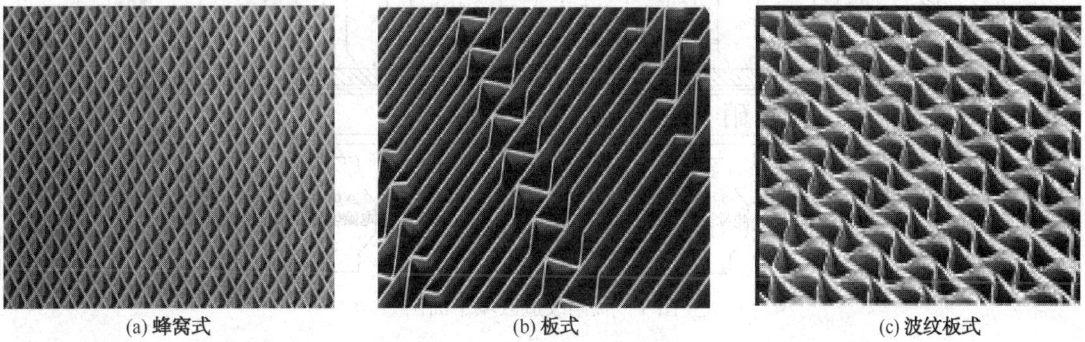

(a) 蜂窝式　　(b) 板式　　(c) 波纹板式

图 3　三种形式 SCR 催化剂

蜂窝式为整体挤压成型，载体和活性成分在催化剂内均匀分布，采用二氧化钛作基材，将活性物质 V_2O_5 和 WO_3 混合加湿后挤压成蜂窝状，经干燥焙烧形成的催化剂；板式采用不锈钢网作为基材，载体和活性成分敷设于其上，在金属网格板上浸渍催化剂活性成分，再经干燥焙烧而成；波纹板式指把陶瓷纤维加固的TiO_2基板放到催化活性溶液中浸泡，经高温烘干形成的催化剂。蜂窝式催化剂市场占有率最高约60%~70%，其次是板式催化剂，其他类型催化剂市场占有率较少。SCR烟气脱硝催化剂的性能直接影响SCR系统脱硝效果，科学合理的选择催化剂的型式、型号和催化剂的用量，就成为了SCR脱硝系统的设计关键之一。

3.1.3 SCR脱硝还原剂的选择问题

SCR脱硝还原剂有三种：液氨、氨水和尿素。设计时需要考虑安全性、经济性、技术是否成熟可靠、占地面积大小、运输及供应渠道等因素。液氨、氨水和尿素各自特点对比见表1。

表1 液氨、氨水和尿素特点对比

项目	液氨	氨水	尿素	项目	液氨	氨水	尿素
还原剂费用	低	较高	高	制备方法	蒸发	蒸发	热解、水解
运输费用	低	高	较高	初投资费用	低	较高	高
安全性	有毒	有害	无害	运行费用	低	较高	高
存储条件	高压	常压	常压，干态	设备安全要求	有法律规定	有法律规定	无
存储方式	液态	液态	微粒状				

3.1.4 SCR脱硝程控系统的选择问题

SCR脱硝程控系统对SCR烟气脱硝系统的运行方式[2](包括正常的启动和停止、锅炉跳闸后的停运和自动保护停运等)控制非常重要，SCR脱硝程控系统应根据不同情况，做出非常迅速和正确的反应，避免各种二次事故的发生。因此，SCR脱硝程控系统的选择也是值得重视的问题。

3.2 施工方面

3.2.1 施工进度控制的问题

仪化公司6台锅炉烟气系统由北向南并列布置(见图4)，整体布局较紧凑，施工作业面比较狭小，不能有效将整个施工铺开，而且为了满足生产需要，每次只能将1台锅炉停下来进行烟气脱硝改造。本次脱硝改造工作量比较大，同时还需要进行锅炉大修，施工改造周期只有11个月，平均每台锅炉改造及调试时间只有55天，因此，必须保证每台锅炉改造调试在规定时间内完成，所以施工进度控制就显得尤为重要。

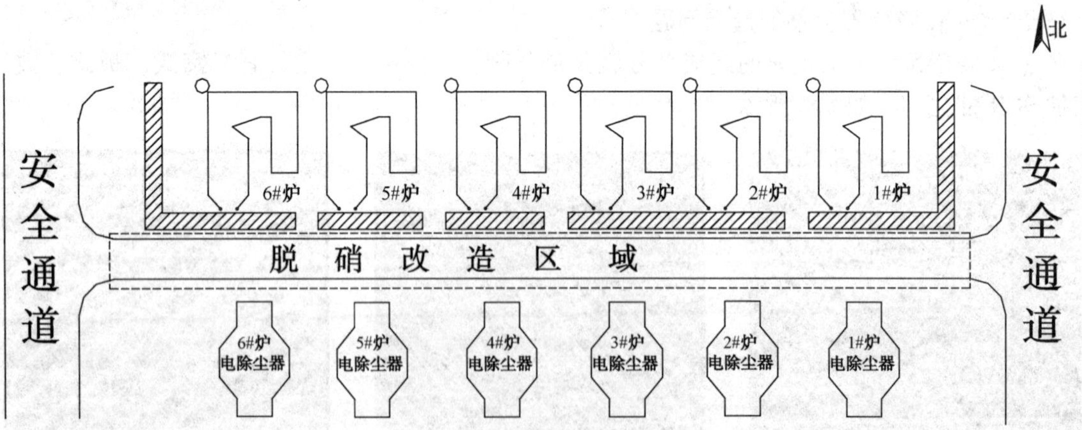

图4 脱硝改造区域平面图

3.2.2 施工质量控制的问题

由于仪化公司6台锅炉烟气脱硝改造施工时间比较紧，施工人员每天都在加班加点进行作业，第1台锅炉脱硝改造结束投运后，其低温省煤器甲乙侧入口联箱横向管焊缝相继发生了泄漏，分析其主要原因有以下几个方面：

(1) 焊工责任心不强。焊工在施工现场连续进行作业，工作责任心有所下降，在进行焊接作业时产生严重的焊接缺陷也未能发现；

(2)泄漏部位焊缝较隐蔽。由于焊接部位隐蔽，焊接时观察难度较大，容易产生焊接缺陷；

(3)焊缝检验方法存在局限性。两次焊缝泄漏部位分别位于低温省煤器甲侧入口联箱横向管从北向南第六排第2根和低温省煤器乙侧入口联箱横向管排从北向南第四排第4根管(见图5)，无法从上方进行射线探伤，另外由于下方被锅炉钢梁遮挡，也无法从下方进行射线探伤，因此，导致焊缝缺陷漏检。

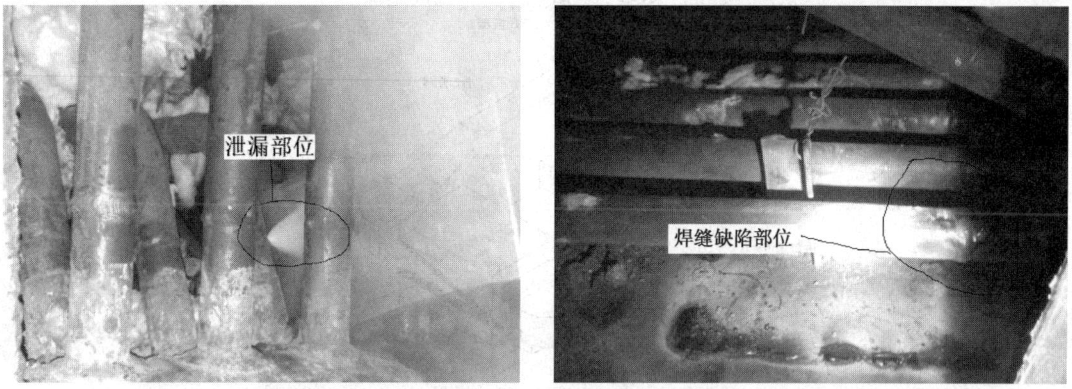

(a)甲侧入口联箱横向管　(b)乙侧入口联箱横向管

图5　两次焊缝泄漏部位

3.2.3　施工安全问题

仪化公司脱硝改造涉及到高处作业、用火作业、进入受限空间作业、起重作业、破土作业、临时用电和放射作业7项直接作业，且施工队伍和施工人员较多，施工现场比较狭小，存在大量交叉作业，施工现场复杂、危险性大。在进行第1台锅炉脱硝改造时就发生了如下安全问题：

(1)施工人员从高处往下抛物件、用火作业焊渣落至下方作业区并引燃废弃可燃物、吊物绑扎不牢坠落钢管等情况；

(2)作业下方人员随意穿行而被砸伤，如：运行人员穿过除尘器施工现场时，被20m高空落下的布袋袋笼砸倒在旁边的材料架上造成肋骨受伤；

(3)临时跳板不固定、跳板搭建在设备围栏上或搭设在钢管外侧、脚手架上堆放钢管不固定、焊接工具随意摆放等情况；

(4)临时拆下的栏杆未及时进行封堵，存在高处坠落风险；

(5)现场临时电线未架空、检修电源箱柜门敞开、电焊机线把搭接在现场设备上、电线有老化龟裂的现象等。

根据国家能源局综合司《关于近期六起燃煤机组脱硫脱硝系统人身伤亡事故的通报》(国能综安全[2013]511号)，可以看出全国范围内进行烟气脱硝改造已经发生了人身死亡事故，因此，锅炉烟气脱硝改造施工安全问题特别值得各方人员高度重视。

4　处理方法

4.1　设计方面

4.1.1　SCR系统工艺布置的选择

目前在SCR催化剂的实际应用中要求SCR反应器温度控制在320～420℃(最佳温度360～400℃)。现锅炉75%～90%BMCR工况，尾部烟道内高温省煤器出口烟气温度为410～430℃，高温空预器烟气出口温度为300～320℃(随煤种、锅炉负荷、环境温度和给水温度等变化)，为适应110%BMCR～50%BMCR的脱硝要求，仪化公司根据实际情况，采取了将SCR烟道接口位置布置在锅炉高温省煤器和高温空预器之间，高温省煤器和高温空预器之间用钢板分隔，并布置成不易积灰的倾斜角型式。为满足SCR烟道的接口要求，将高温空预器、低温省煤器、低温空预器的安装标高整体下移2050mm，同时将高温省煤器、低温省煤器由光管型改成了肋片型。烟气从锅炉的一侧引出，另一侧返回，烟气依次通过高温省煤器后进入SCR反应器，脱硝完成的净烟气返回锅炉高温空预器入口，并依次与尾部的受热面进行换热，锅炉尾部改造立体布置如图6所示。

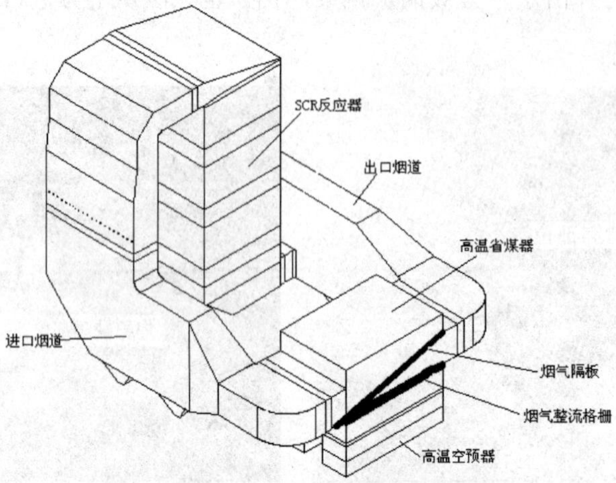

图6　锅炉尾部改造立体布置

4.1.2　SCR脱硝催化剂的选择

一般而言，当烟气中飞灰浓度在50~60g/Nm^3，甚至更高时，此时平板式催化剂由于其烟气通道截面较蜂窝式大，高飞灰工况下烟气和飞灰的通过性好等优点，选用平板式催化剂不易积灰堵塞，运行安全性较高。但是，当飞灰浓度小于50g/Nm^{3}时，由于板式催化剂几何比表面积比蜂窝式小，同样的工程条件下，板式催化剂用量要比蜂窝式多约20%~40%[3,4]。因此，仪化公司根据近年来燃用煤种情况，烟尘浓度平均不超过50g/Nm^3，在此条件下，蜂窝式催化剂与板式催化剂相比，其体积和总价要低，同时现在国产催化剂主要形式为蜂窝式，选择面多，便于采购，另外，为降低现有锅炉框架改造及加固的难度，仪化公司选择了蜂窝式催化剂。

4.1.3　SCR脱硝还原剂的选择

在SCR脱硝工艺里初始投资和运行费用液氨法都是较低的，尿素水解法的运行费用比尿素热解法的运行费用稍低，尿素热解法运行费用最高，在实际应用中，可从热一次风管道中引出热风供尿素热解室，以节省运行成本。脱硝剂的成本中，运输成本占到了很大一部分。氨水中有效的部分只有1/4，其余都是水，带来了额外的运输和储存成本。所以仅就消耗的费用而言，氨水是不经济的。但是液氨运输和储存具有一定的危险性。采用液氨和氨水作为脱硝剂，其系统基本一致，氨水的储罐容量要大于液氨储罐容量[氨水浓度一般为25%(体积分级)]。由于仪化公司厂区内有的足够的场地可用于液氨储存和氨气制备，且周边地区还原剂货源充足，从储存、运输、技术、投资和运行费用等角度考虑，最终仪化公司SCR脱硝还原剂选择了液氨。

4.1.4　SCR脱硝程控系统的选择

SCR烟气脱硝系统的控制要从满足设计脱硝效率和脱硝系统的安全、稳定运行二个方面综合考虑，催化剂是整个SCR脱硝系统的核心，运行控制必须保证催化剂长期有效，避免高温烧结、磨损和固体颗粒沉积堵塞、结垢积灰等现象的出现，因此，在选择程控系统厂家时选择了有SCR脱硝程控系统成功设计经验的厂家。另外，由于NO_x在线监测仪表需要经常进行维护、保养、校验与检修。因此，指定专人负责相关在线仪表的维护保养，并对维保人员进行了上岗前的专业培训。

4.2　施工方面

4.2.1　施工进度的控制

为了有效控制施工进度，确保在规定时间内完成施工改造，仪化公司在项目开始前就排好了每台锅炉改造的施工进度表，详细规定了项目施工的节点。但是在进行第 1 台锅炉脱硝改造过程中，由于涉及大量的交叉作业且受场地限制等多种因素的影响，最终该台锅炉脱硝改造没能按施工进度表规定时间节点完成，推迟了近 25 天，因此，仪化公司吸取了第 1 台锅炉改造中的经验教训，采取了以下措施：

(1) 剩下 5 台锅炉 SCR 反应器钢结构基础土建工作相继开工，在最短的时间内完成了土建工作；

(2) 要求承包商将施工人员分成两部分，一部分人按图纸在自己单位预制钢结构和 SCR 反应器，另外一部分人在锅炉脱硝改造现场进行钢结构和 SCR 反应器的安装；

(3) 承包商将预好的制钢结构和 SCR 反应器部件依改造顺序运送到施工现场进行组装，钢结构安装结束后先将平台护栏安装好，然后再将 SCR 反应器部件吊上去进行组装焊接，从而加快施工改造进度；

(4) SCR 反应器施工人员利用第 2 台锅炉保温拆除和受热面拆除的时间将第 2 台锅炉 SCR 反应器安装结束，然后让出场地供锅炉本体和电除尘施工改造，再依次开始接下来 4 台锅炉 SCR 反应器的安装和保温工作；

(5) 安排专人在现场负责施工协调工作，对施工过程中遇到的各种问题(包括施工队之间的工作协调、影响施工改造工艺管线及电缆的移位和施工场地转让衔接等)当场进行处理，减少施工过程中各种扯皮、互不相让现象发生，从而加快施工进度；

(6) 待改造锅炉本体受热面更换工作结束时进行烟道碰接，碰接好后开始进行锅炉水压试验和其他相关试验及验收，最后进行扫尾保温工作和平台栏杆的恢复；

(7) 单台锅炉施工改造基本结束后，立即安排进行“三查四定”工作，对“三查四定”发现的问题立即反馈给施工单位，落实相关责任单位进行整改并进行复查。

4.2.2 施工质量的控制

针对施工改造过程中焊接出现的问题，仪化公司召开了专题会议，对发生的焊接质量问题进行了原因分析，同时采取了以下预防措施：

(1) 对于焊缝较隐蔽容易产生焊接缺陷且漏检的可能性较大的部位，要求施工单位选派技术熟练、责任心强的焊工对其进行焊接处理，同时要合理安排好焊工人员的休息，确保焊工精神状态佳；

(2) 焊接接头部位产生焊接缺陷的可能性比较大，为了避免焊接缺陷再次发生，要求焊工在作业时应尽可能将焊接接头控制在可视范围内；

(3) 针对冬季特点，环境温度将会逐渐降低，焊缝冷却速度加快将增加产生焊接缺陷的可能性，要求施工单位做好防雨、雪等保护措施，天冷时必须对焊缝预热进行预热处理；

(4) 要求施工方尽量采用射线探伤方法检测薄壁管隐蔽焊口，提高焊接缺陷检出率；

(5) 要求施工方尽量在平地上焊接，减少高空焊接受各种因素影响而带来的焊接质量问题。

4.2.3 施工安全的控制

烟气脱硝改造中的安全问题引起了仪化公司的高度重视，对发生的轻伤事故召开了专题会议，进行了原因分析，采取了以下控制措施：

(1) 对施工区域进行有效隔离，增设醒目的围栏、警示标志及允许通行的方向指示等基本安全措施，并设专人监护，监护人员不得兼任其他工作；

(2) 安排监理公司人员和仪化公司安全管理人员一起对施工现场存在交叉作业和高空落物的部位进行识别，同时要求施工方在识别出的部位搭设硬隔离防护；

(3) 要求承包商每天开工前进行施工安全交底并派专人进行检查，让每位施工人员都清楚每天作业中的危害因素及防止措施，同时让每位施工人员牢记“四不伤害”的要求；

(4) 安排安全总监和安全员参加施工队的班前喊话会，传达《关于近期六起燃煤机组脱硫脱硝系统人身伤亡事故的通报》和《除尘改造施工现场落物伤人事件的情况报告》，从而引起承包商每位施工人员的高度重视；

(5) 加强对施工现场的检查力度，每周一、三、五由监理公司人员牵头，工程部安全管理人员、中心安全员和施工单位安全员组成的检查组对施工现场进行检查，对检查发现的问题立即纠正，同时进行通报和考核。

5 结束语

SCR 烟气脱硝技术是目前国内外烟气脱硝技术中相对成熟、可靠的工艺，该工艺易于控制、脱硝效率高、运行安全可靠，且产物可直接排放大气，不会造成二次污染，但是在进行老电厂烟气脱硝改造过程中一定会遇到一些实际问题，而这些问题将直接影响到脱硝改造项目的成败，因此，如何有效解决这些问题是保障 SCR 烟气脱硝改造顺利进行的关键，仪化公司进行烟气 SCR 脱硝改造经验值得同类型锅炉 SCR 烟气脱硝改造借鉴。

参 考 文 献

[1] 郑晓峰，等．选择性催化还原烟气脱硝技术(SCR)实践与探讨[J]．广西节能，2006(2)：25-27.

[2] 禾志强，等．SCR 烟气脱硝系统的运行方式及控制[J]．热力发电，2008(11)：93-96.

[3] 刘健．火电厂脱硝系统催化剂故障分析及解决对策[J]．华北电力技术，2012(11)：38-39，52.

[4] 汪德志，等．火电厂 SCR 法烟气脱硝催化剂的选型与对策[C]//中国电机工程学会清洁高效燃煤发电技术协作网年会论文集，2010.

AF 厌氧反应器在 PTA 污水处理中的应用与优化

林广晓　王　星　梁星彰

（中国石化仪征化纤股份有限公司，江苏仪征　211900）

摘　要：针对中国石化仪征化纤股份有限公司水务中心生化二装置厌氧反应器长时间处理高浓度 PTA 污水，出现进水配水管被填料碎屑堵塞，处理负荷难以提升和反应器内部存在死区等原因造成去除效率下降的问题，装置通过采取对 AF 厌氧反应器进行解体检修、工艺优化调整等一系列措施提高厌氧反应效率和抗冲击能力，降低后期好氧段去除难度。经过解体检修和工艺优化调整后，AF 厌氧反应器的 *COD* 去除效率由检修前的 60%以下，提高至 80%左右。

关键词：PTA 污水　AF 厌氧反应器　解体检修　工艺优化

1　前言

仪征化纤股份有限公司水务中心生化二装置（以下简称生化二装置）污水处理系统由中石化工程建设公司设计，主要负责处理仪征化纤股份有限公司 PTA 中心两套 PTA 装置（以下简称 PTA 装置）所排放的工业废水，污水处理工艺主要由预处理+厌氧 AF+两段好氧（完全混合+延时曝气）+气浮处理工艺组成，其中 AF 厌氧单元为生化二装置核心污水处理工艺，由德国 ENVIROASIA 有限公司负责设计，共 3 座，总设计处理水量 $400m^3/h$，*COD*cr≤8500mg/L，水力停留时间 60h，单池尺寸：ϕ34. 6m×9. 5m，厌氧反应器运行十年来，通过对厌氧反应器进行解体检修和不断的工艺优化调整，使厌氧反应器始终处在高效运行状态，为生化二装置 2010 年实现污水直排奠定了基础。

2　PTA 污水特点

PTA 污水成分主要包括精对苯二甲酸（PTA）、对苯二甲酸（TA）、苯甲酸（BA）、醋酸（HAC）、甲酸及醋酸酯等，其中 30%的 *COD* 来源于对苯二甲酸，40%~50%的 *COD* 来源于精对苯二甲酸。

PTA 污水温度较高（40~60℃）、偏酸性（pH 值为 3~4）、成分较为复杂且有机物含量高（*COD*6500~8500mg/L）、较难生物降解、水量和水质变化幅度大。

3　厌氧处理工艺

由于 PTA 污水有机物含量高，单靠好氧处理工艺难以将污水中的对苯二甲酸、对甲基苯甲酸等带苯环类有机物水解成乙酸盐。为此装置在好氧工艺前端采用 AF 厌氧反应器处理工艺，发挥厌氧处理高浓度污水效果好的优势对 PTA 污水进行生物处理，进而降低后期好氧段的去除难度。

厌氧处理工艺引进德国 Envirosia 公司提供的 AF 厌氧反应器，是德国 Envirosia 公司使用的几种反应器中适用于 PTA 污水处理的最好系统。能够连续去除厌氧反应器底部的乙酸、苯甲酸以及上部的对苯二甲酸、p-TA 而不受乙酸的抑制。

厌氧处理单元的组成：

（1）厌氧处理前的预处理装置：两座均质池、一座事故池、一座中和池、一座泵槽等；

（2）厌氧处理系统：三座 AF 厌氧反应器、一座污泥储存池、两座出水水封罐、一座气水分离罐、火炬等；

(3)厌氧加药系统：碱、氨水储罐；碱、氨水卸车泵和输送泵；

(4)DCS 自控系统：厌氧处理过程可通过 DCS 系统实现全自动控制。

厌氧处理工艺流程如图 1 所示。

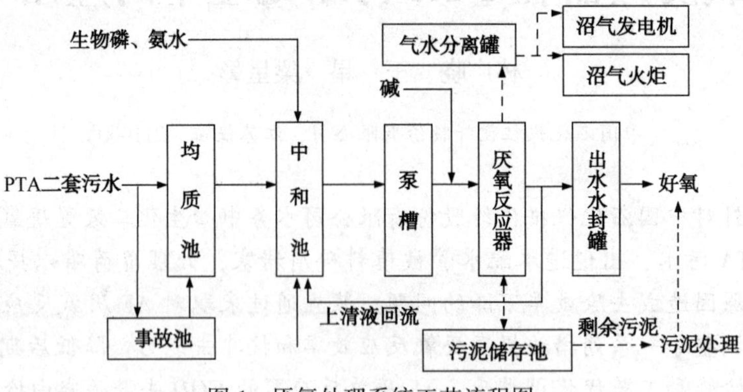

图 1　厌氧处理系统工艺流程图

——→ 污水；-·-·-→ 污泥；- - - → 沼气

4　AF 厌氧反应器

AF 厌氧反应器是生化二装置厌氧处理系统的主体构筑物，是上流式厌氧污泥床与厌氧生物接触池的组合体。厌氧反应器呈圆柱形，直径 34.6m，高 9.5m，共三座，每座有效容积 8000m³，水力停留时间 60h，为目前亚洲最大的同类型厌氧处理构筑物，如图 2 所示。

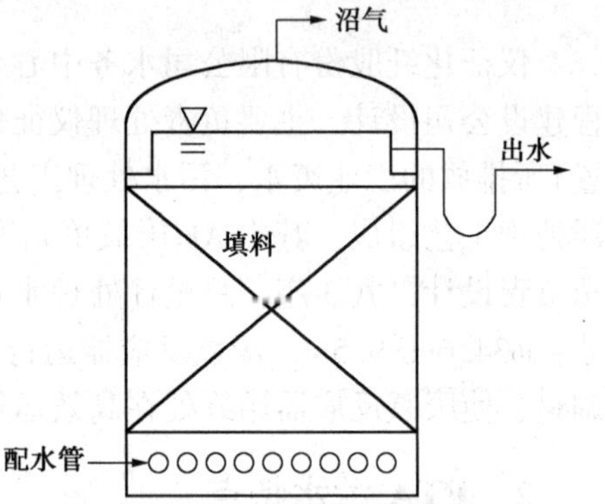

图 2　厌氧反应器构造简图

污水首先通过配水系统均匀地分布于厌氧反应器的底部。厌氧反应器内，装填有漂浮的污泥载体——聚丙烯填料，在漂浮的填料层下面，距反应器底部 1~2m 范围内，存在一个 SS 浓度可高达 60~80g/L 甚至更高的高浓度的污泥层——厌氧污泥床。污泥层上部为污泥悬浮层，厌氧污泥附着在填料的表面进行生长、繁殖，并在填料间以絮凝漂浮物形式存在。在对有机物进行厌氧降解的过程中，污水中大部分有机物得到降解，*COD* 浓度降低，并产生以甲烷为主要成分的沼气。

在厌氧反应器的上部，经过处理后的污水通过水封罐排出，再进入后续两段好氧处理单元和三级气浮装置进行处理，最终达标排入长江。

厌氧反应器中产生的剩余污泥被泵送入厌氧污泥储存池中，再进入污泥处理系统进行处理。

厌氧反应器中产生的沼气通过沼气管线送至沼气电站发电或经火炬燃烧后排入大气。

5　存在问题

AF 厌氧反应器投运初期运行效果较好，*COD* 去除率达 80%左右，随着运行时间的增加，*COD* 去除率逐年下降，2009 年最低时 *COD* 去除率降至 60%以下，见表 1 和图 3、图 4，严重影响后续好氧段处理效果。

表 1　2005~2013 年厌氧反应器进、出水 *COD* 及 *COD* 去除率统计表

项　目	2005 年	2006 年	2007 年	2008 年	2009 年	2010 年	2011 年	2012 年	2013 年
AF 进水平均 *COD*/(mg/L)	6023	6401	6874	6983	6047	6760	7197	7256	7530
AF 出水平均 *COD*/(mg/L)	1178	1680	2808	2850	2667	2382	1756	1650	1580
COD 平均去除率/%	80.44	73.75	59.15	59.19	55.90	64.76	75.60	77.26	79.02

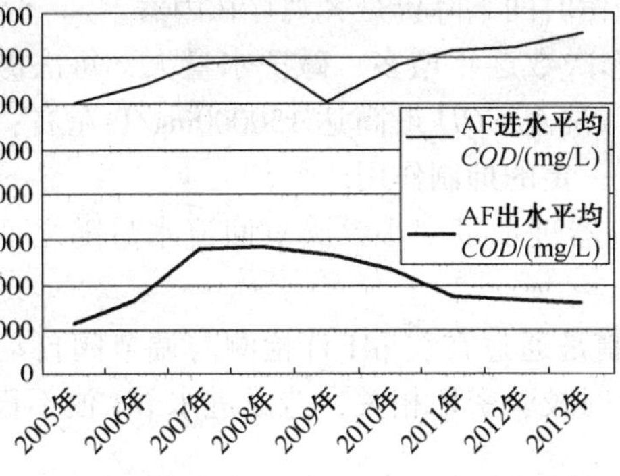

图 3　厌氧反应器进、出水 *COD* 平均浓度趋势图

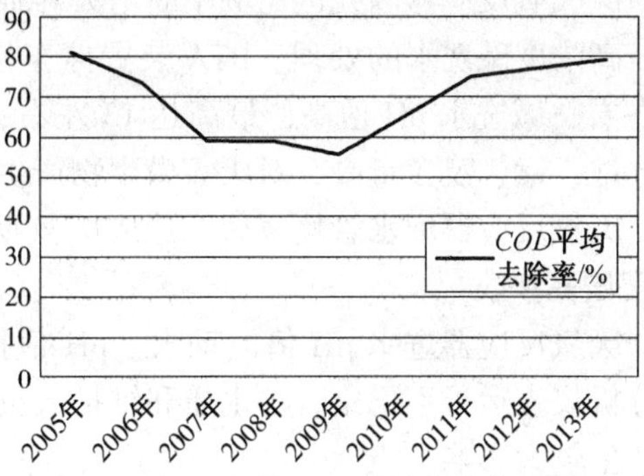

图 4　厌氧反应器 *COD* 平均去除率趋势图

6　原因分析

（1）PTA 装置运行不稳定及后期 PTA 产能的扩容，使得厌氧反应器进水水量和水质波动较大，造成厌氧处理 *COD* 负荷不稳定，对厌氧反应器造成了不同程度的冲击，使得厌氧出水 *COD* 偏高。

（2）厌氧反应器内的填料投加不合理，填料质量不符合要求。由于厌氧反应器内填料数量较多且填料质量一般，经过长期水力挤压和摩擦，填料破损严重，厌氧反应器内产生大量碎片，碎片随厌氧出水回流到厌氧反应器进水管，厌氧布水管严重堵塞，造成厌氧配水不均匀。厌氧反应器长期运行后产生了大量死区，污水在反应器内停留时间缩短，严重影响厌氧反应器的处理效果，使得出水 *COD* 偏高。为测定 AF 池停留时间，2007 年采用示踪剂测定方法对厌氧反应器 A 池和 B 池停留时间进行了检测，主要利用化学性能稳定的示踪剂小流量混入 AF 池进水中，然后分时段对 AF 出水示踪剂浓度进行检测，根据示踪剂浓度变化情况计算 AF 池内停留时间，示踪剂采用 LiCl，每次投加 25kg，分别于 2007 年 8 月 16 日、2007 年 9 月 19 日、2007 年 11 月 12 日、2007 年 12 月 4 日进行了 4 次示踪检测，2007 年 8 月 16 日检测结果如图 5、图 6 所示。

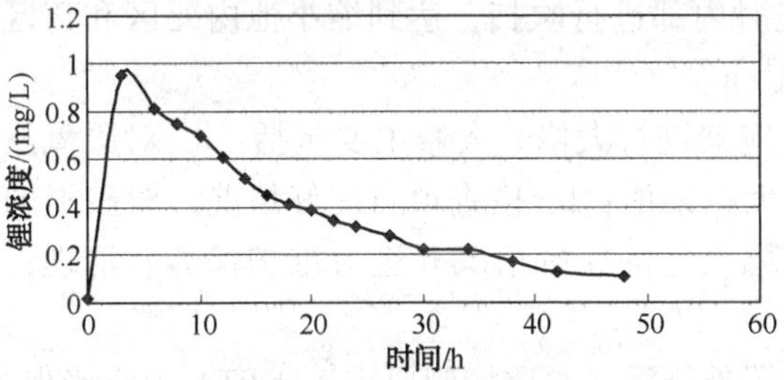

图 5　厌氧反应器 A 池出水锂浓度趋势图

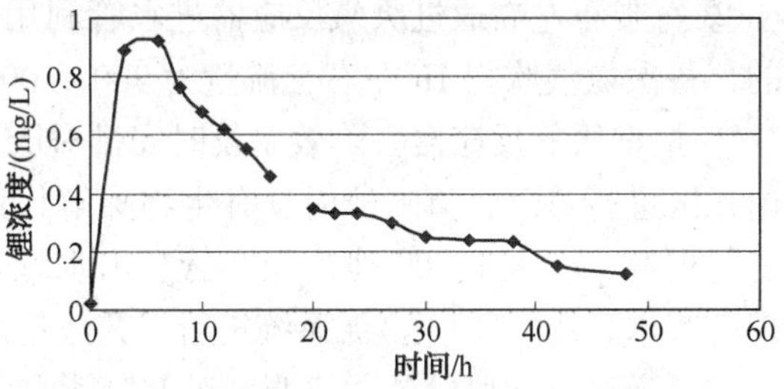

图 6　厌氧反应器 B 池出水锂浓度趋势图

由图 5、图 6 可以看出两座厌氧反应器出水锂离子浓度峰值出现时间均小于 10h，其他三次检测结果与第一次基本相同，说明厌氧反应器内实际停留时间明显小于设计停留时间，根据 4 次示踪检测结果计算，两座厌氧反应器时间停留时间如表 2 所示。

表 2　厌氧反应器实际停留时间统计表

时　间	A 池实际停留时间/h	B 池实际停留时间/h
2007-8-16	16.1	16.7
2007-9-19	17	17.4
2007-11-12	15.3	15.2
2007-12-4	19.4	19.3
均值	17	17.2

检测结果表明厌氧反应器内停留时间下降 57%左右，虽然该检测数据受进水流量影响存在一

定偏差，但厌氧反应器内死区比例不断增大导致停留时间下降仍是客观存在因素。

(3) 高浓度碱洗水的处理。PTA 装置停车检修次数逐年增多，碱洗水量大，每次碱洗水量达 9000m^3左右，碱洗水 pH 值高，最高达 13 左右；碱洗水 *COD* 最高达 150000mg/L 左右；碱洗水中有毒成分钴、锰、溴含量高，对厌氧微生物产生了一定的抑制作用。

(4) 厌氧反应器配水管堵塞后，造成厌氧反应器进水量变小，厌氧回流水量随之变小，进水 *COD* 浓度增高。

(5) 厌氧反应器进水 pH 值波动大。pH 值控制是通过在线 pH 计检测与调节阀自动调节实现的，因分析仪表运行不稳定，与水质和维护人员及时校验密切相关，造成进水 pH 值不稳定，对厌氧处理产生较大影响。

(6) 厌氧反应器内剩余污泥排放困难。厌氧反应器经过长期运行，剩余污泥较多，厌氧污泥中含有大量的钴、锰、溴，污泥龄过长，严重影响处理效果。由于厌氧反应器内只设计了一个排泥口，排泥口伸至池体中央，口径为 *DN*100，而厌氧反应器面积达 940m^2，每次排泥大部分是水，污泥排出不畅。

7 优化措施

(1) 加强对厌氧进水 *COD* 负荷的控制管理。根据均质池液位、PTA 进水负荷和厌氧去除效果等情况，逐渐低幅度增加或降低厌氧反应器 *COD* 进水负荷，尽可能保持厌氧 *COD* 处理负荷均衡，避免进水负荷波动较大对厌氧系统造成冲击。针对厌氧反应器配水管堵塞严重，进水负荷难以提升以及厌氧反应器内存在死区等问题，采取了以下方法和措施：

① 对厌氧反应器定期(周期为 15 天)进行清堵，清堵方式为正冲和反冲两种。正冲主要是将厌氧反应器 22 根配水管上的阀门关闭 21 只，提高单管进水压力和流速，将配水管内的细小的碎片和杂物清除；反冲主要利用厌氧反应器在停止进水的状况下，依靠静压将大的碎片和杂物从管道内随水排出。

② 每半年左右通过厌氧反应器进水管利用氮气对内部进行吹扫，达到缩小池内死区和盲区的目的，每次氮气吹扫 1h 左右，流量为 900~1000Nm^3/h。

③ 根据厌氧反应器去除效率及时安排对厌氧反应器进行大修。大修主要包括：a. 对厌氧反应器内死区进行清理，清除池内没有生物降解作用的无机杂质；b. 检查填料完好情况，对破损的填料进行更换；c. 检查 AF 池内配水管、出水堰等附属设施的完好情况并进行维护保养、清理；d. 对现有布水系统、排(送)泥系统进行工艺改进。

(2) 通过仪化股份公司协调，对 PTA 装置提出了外排污水水质控制要求：①PTA 中心确保 TA 残渣回收装置稳定，降低污水浓度；②将原 PTA 中心污水预处理装置进行专业重组，划归生化二装置管理，目前 PTA 污水 *COD* 浓度大幅度降低。③PTA 中心每次碱洗前，需提前一周将检修周期和外排水质水量情况通知生化二装置，以便装置腾出事故池空间接纳碱洗水以及避免碱洗水直接进入生产系统对厌氧系统造成冲击。

(3) 合理消化碱洗水。原先在消化碱洗水时，对厌氧系统抗冲击能力估计不足，消化量大，时间集中。通过对一段时间碱洗水消化处理的摸索，目前对碱洗水的消化制定了作业标准，增加消化频次，控制每次消化水量，消化期间对厌氧反应器 *COD* 去除率、沼气产量和 VFA 等工艺参数进行全程跟踪，确保厌氧反应器运行正常。

(4) 厌氧反应器进水 pH 值是一个关键控制点，控制要求高，最佳控制值为 7.2~7.4 之间。为保证 pH 始终能在控制范围内，首先加强对在线 pH 值计跟踪维护，做到及时校验；其次在运行岗位增设了一台离线 pH 计，每小时人工取样进行检测，检测结果与在线 pH 值进行比对，根据检测结果，及时进行碱投加量的调整，从而避免了 pH 波动较大对厌氧系统造成冲击。

(5) 控制厌氧反应器总进水量在 1100~1200m^3/h，确保厌氧回流比在 200%~250%之间，避免厌氧反应器进水浓度过高，通过控制水量和水流速度来保证污水与污泥充分接触。

(6) 在厌氧反应器大修时，对厌氧反应器内污泥管线进行改造，将原来单根伸至池中央的污泥管线，改造为两根 Y 型排泥管，进而增加了厌氧反应器的排泥面积和效率，避免了难降解的无机物和重金属等物质长期积累对厌氧微生物的影响，促进厌氧污泥不断生成和更新。

(7) 加强厌氧反应器进水温度的控制。厌氧反应器选择的是中温菌，温度控制范围在 35~38℃ 之间，装置为加强精细化管理，进一步提高厌氧处理效果，要求厌氧进水温度控制在 37.5℃，每天温度变化不超过 1℃。为达到此种效果，在中和池安装了温度监控系统，通过设定厌氧反应器进水温度控制加温蒸汽阀门的开启度，进而实现了温度的全自动控制，避免了进水温度波动较大对厌氧反应器的影响。

(8) 加强对厌氧反应器 N、P 营养盐投加控制。严格按照投加比例(*COD*：N：P=400：5：1)进行投加，要求当班人员通过 AF 处理 *COD* 负荷计算出所需的氨水和生物磷的投加量。

8 优化后运行效果

通过进行不断的工艺优化和调整，厌氧反应器 *COD* 去除率明显上升，能够持续稳定在 75%~80%左右。厌氧处理过程中产生的沼气量大幅度提高，达 1000Nm^3/h 左右，原先沼气量只能提供 3 台发电机进行发电，现在沼气量能供 4 台发电机同时发电，每天多发电 8500kW·h，每月发电量达 10^6kW·h。

2013 年厌氧反应器进出水 *COD* 浓度及去除情况如表 3、图 7 和图 8 所示。

表 3 2013 年厌氧反应器进出水 *COD* 浓度及去除率统计表

时　间	1月	2月	3月	4月	5月	6月	7月	8月	9月	10月	11月	12月
AF 进水/(mg/L)	8600	7655	6944	6814	7570	6799	6209	6320	7685	8673	9124	7964
AF 出水/(mg/L)	1734	1544	1396	1548	1539	1539	1314	1576	1698	1828	1793	1451
COD 去除率/%	79.84	79.82	79.89	77.28	79.67	77.35	78.83	75.07	77.89	78.92	80.35	81.75

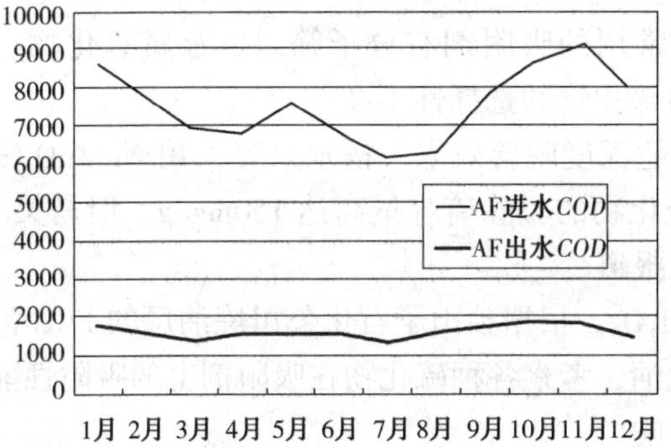

图 7 2013 年厌氧反应器进出水 *COD* 浓度趋势图

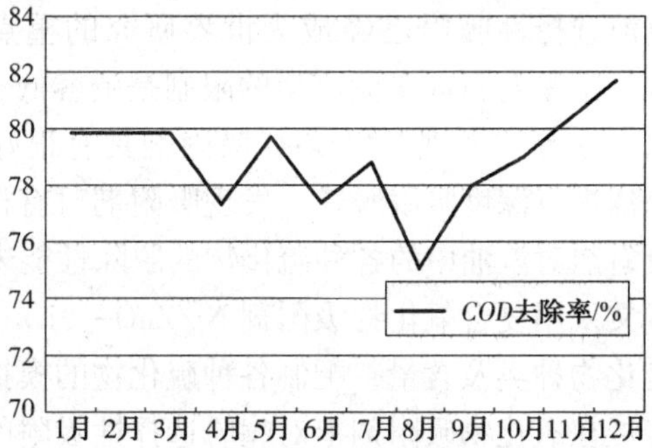

图 8 2013 年厌氧反应器 *COD* 去除率趋势图

在保证厌氧反应器运行正常的情况下，每天的 *COD* 处理负荷可提高至 60t 左右，且仍有进一步上升空间，有效地提高了厌氧反应器的抗冲击能力。

厌氧系统运行正常后，减轻了后续两段好氧处理的压力，目前装置出水 *COD* 稳定在 60mg/L 左右。

参 考 文 献

[1] 上海市环境保护局．废水生化处理[M]．上海：同济大学出版社，1999.11.

[2] 牛新征，盛定合．化纤污水处理场开车前活性污泥的驯化[J]．工业用水与废水，2001，(1)：48-51.

[3] 唐受印等．废水处理工程[M]．北京：化工工业出版社，1998.

[4] 纪轩．污水处理工必读[M]．中国石化出版社，2012.

反应吸附脱除模拟汽油中硫化物的研究

庞道双[1]　张文慧[2]　周广林[2]　李乃祥[1]　潘小虎[1]

(1. 中国石化仪征化纤股份有限公司研究院，江苏仪征　211900；
2. 中国石油大学重质油国家重点实验室，北京　102249)

摘　要：采用湿混法制备复合氧化物吸附剂 Ni/ZnO—SiO_2—Al_2O_3，在固定床装置上，选用不同类型硫化物的模拟汽油，考察吸附剂对各种硫化物的脱除性能，以及芳烃和烯烃对吸附剂选择性的影响。结果表明，吸附剂对硫醇的脱除效果最好，对正丙硫醇穿透硫容为12.05%，而噻吩的脱除比较困难，穿透硫容为3.71%，吸附剂对硫化物的穿透硫容大小顺序为：噻吩<2-甲基噻吩<苯并噻吩<正丁硫醚<正丙硫醇；采用GC-SCD色谱分析，发现硫化物在吸附剂上的脱除难易顺序为：噻吩>2-甲基噻吩>苯并噻吩>正丁硫醚>正丙硫醇。苯对 Ni/ZnO—SiO_2—Al_2O_3的选择性没有影响，烯烃的存在阻碍了吸附剂对噻吩的脱除。

关键词：吸附剂　脱硫　模拟汽油　烯烃　苯

1　前言

FCC汽油是一种组成复杂的混合物，其中不仅含有各种烃类，还有硫、氮、氧等元素组成的化合物。常压下汽油的沸程为：30~200℃，在这个范围内约含有500多种碳氢化合物。汽油中的硫化物有：硫化氢、硫醇、硫醚、二硫化物、噻吩及其衍生物等。噻吩类硫化物一般占总硫含量的70%左右，主要以噻吩、烷基噻吩和苯并噻吩为主。

目前选择性吸附已经成为世界研究的重点，常用的吸附剂有分子筛[1]、金属氧化物、活性炭[2]等，但是对目前工业应用的限制是硫容低、对硫化物的选择性不高。

Tawara 等[3]发现，Ni/ZnO 吸附剂具有很好的超深度脱硫效果。杨永兴等[4]用 Ni/ZnO 吸附剂对溶剂油进行深度吸附脱硫，发现吸附剂对有机硫化物的脱除硫容量高达150mg/g。但是关于 Ni/ZnO 吸附剂对汽油中的各种硫化物的脱除性能未见报道。

本文采用复合氧化物吸附剂 Ni/ZnO—SiO_2—Al_2O_3，根据独山子石化公司炼油厂的 FCC 汽油中所含硫化物种类及含量，配制各种硫化物的模拟汽油，考察各种硫化物在吸附剂上的吸附性能及烯烃和芳烃在氧化物吸附剂上对噻吩选择性吸附的影响。

2　实验部分

2.1　实验原料

活性氧化锌，工业级，郑州市永昌化工有限公司。

气相白炭黑，工业级，广州吉必时科技有限公司。

硝酸镍，工业级，山东金丝达化工有限公司。

一水合氧化铝，工业级，山东金丝达化工有限公司。

硫化物：正丁硫醚、正丙硫醇、噻吩、2-甲基噻吩、苯并噻吩(分析纯，Alfa Aesar 公司)。

溶剂：正己烷、正庚烷、正癸烷(分析纯，北京化学试剂公司)，苯、1-戊烯(分析纯，北京化学试剂公司)。

全馏分汽油：独山子全馏分 FCC 汽油，总硫含量：400. 23μg/g。

2.2　实验仪器设备

实验所需仪器和设备见表 1。

表 1　实验仪器和设备

名　称	型号	生　产　厂　家	名　称	型号	生　产　厂　家
库伦仪	RPA-200	江苏江环电分析仪器有限公司	电热恒温鼓风干燥箱	DH-101	天津市中环实验电炉有限公司
气相色谱	3420	北京分析仪器厂	箱式电阻炉	KWS-5-12A	天津市中环实验电炉有限公司
电子天平	DF-500	常熟市衡器厂	柱塞式计量泵	J-W	杭州之江石化装备有限公司
定时电动搅拌器	JJ-1	江苏金坛市中大仪器厂			

2.3　吸附剂的制备

将活性氧化锌、气相白炭黑、造孔剂和一水合氧化铝按一定的比例充分混合，边捏合边加入硝酸镍澄清溶液，得到浆料，然后制成微球形，在 450℃下焙烧 3h，在温度 450℃，压力 1.5MPa，氢气空速 2000h^{-1}下还原 3h，即为吸附剂 $Ni/ZnO—SiO_2—Al_2O_3$。

2.4　吸附剂脱硫试验

吸附脱硫实验在自制的固定床反应装置上进行，如图 1 所示。在温度 350℃，压力 2 MPa，氢气空速 600h^{-1}，吸附剂装量 5mL，吸附剂粒度为 60~80μm 的条件下进行吸附脱硫反应，脱硫后的汽油经冷凝器冷凝分离，每隔 1h 取样一次，用库伦滴定仪分析总硫，当脱硫后产品中的硫含量达到 10μg/g，就认为吸附剂被穿透。

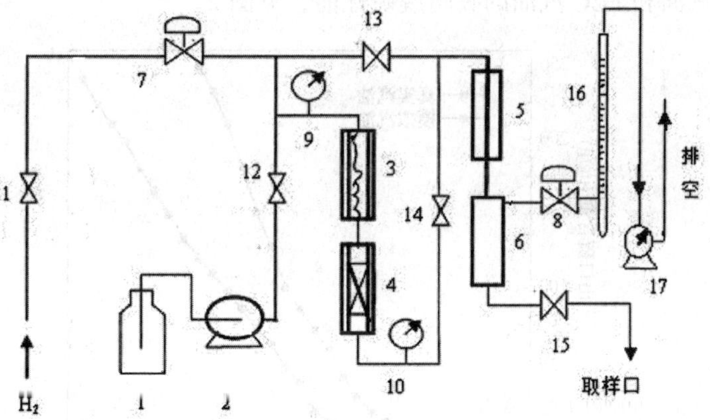

图 1　小型固定床装置示意图

1—储油罐；2—计量泵；3—汽化器；4—反应器；5—冷凝器；6—分凝器；7，8—减压阀

9，10—压力表；11~15—开关；16—皂沫流量计；17—气体湿式流量计

2.5　吸附剂脱硫活性评价指标

吸附剂脱硫活性评价指标有穿透时间、穿透硫容。

吸附剂的穿透硫容规定当脱硫后汽油的硫含量达到 10 μg/g 时，认为吸附剂被穿透，此时吸附剂床层所吸附的硫的量，就是吸附剂的穿透硫容，所需时间定义为穿透时间。穿透硫容计算式如下：

$$Ws = \frac{Q \times \int_0^T (C_{in} - C_{out})\,dt \times 10^{-6}}{M} \times 100\%$$

式中　Ws——穿透硫容，%；

T——穿透时间，h；

t——时间，h；

$C_{in}C_{out}$——反应器进、出口汽油硫含量，μg/g；

Q——FCC 汽油流量，g/h；

M——吸附剂的质量，g。

3 结果与讨论

3.1 吸附剂的性质

本文制备的吸附剂主要物化性质如表 2 所示。

表 2 吸附剂的主要物化性质

项目	性质数据	项目		性质数据
规格/μm	60~80	孔容/(mL/g)		0.32
磨损指数/%	11.7	比表面积/(m^2/g)		62.05
堆比重/(g/mL)	0.89	孔分布/%	2~10nm	34.6
最可几半径/nm	4.23		10~25nm	7.5
平均孔半径/nm	9.65		25~50nm	6.7
中值孔半径/nm	62.24		>50nm	51.2

3.2 模型汽油和 FCC 汽油吸附脱硫曲线对比

根据 FCC 汽油中硫醇、硫醚、噻吩、苯并噻吩及 2-甲基噻吩的比例配制硫含量 400μg/g 的模拟汽油，考察模拟汽油和 FCC 汽油的吸附脱硫性能，见图 2。

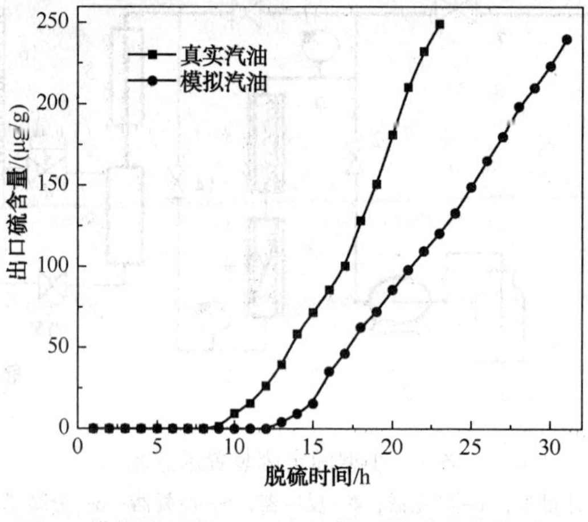

图 2 模拟汽油和 FCC 汽油的吸附脱硫曲线对比

从图 2 可以看出，模型汽油在 13 h 时开始有硫化物产生，14 h 时吸附剂被穿透时，穿透硫容为 6.61%。而 FCC 汽油在 10 h 就被穿透，穿透硫容仅为 4.7%。这说明 FCC 汽油复杂的组分对吸附剂的脱硫有明显的影响。

3.3 模拟汽油中硫化物的脱除

3.3.1 不同类型硫化物的脱除

汽油中主要的硫化物种类为：硫醇、硫醚、噻吩，实验以正己烷为溶剂，分别以正丙硫醇、正丁硫醚及噻吩为溶质配制成模拟汽油，考察三类硫化物在 Ni/ZnO—SiO_2—Al_2O_3上的吸附脱硫性能。不同类型硫化物模拟汽油的吸附脱硫性能见图 3 所示。

从图 3 可以看出，吸附剂对正丙硫醇的脱除量最大，脱硫后产品中硫含量为 10μg/g 时，所用的穿透时间为 26h，穿透硫容为 12.05%；正丁硫醚的穿透时间为 24h，其穿透硫容为 11.12%，而噻吩的穿透时间仅为 8h，穿透硫容为 3.71%，这说明吸附剂对噻吩硫的脱除最困难。

3.3.2 噻吩类硫化物在吸附剂上的脱除

噻吩类硫化物一般占总硫含量的70%以上，独山子石化的全馏分FCC汽油中，噻吩类占到90%以上。噻吩、2-甲基噻吩和苯并噻吩是FCC汽油中最主要的三种有机硫化合物。实验以噻吩、2-甲基噻吩及苯并噻吩的模拟汽油为原料考察不同模拟汽油的吸附脱硫性能，见图4。

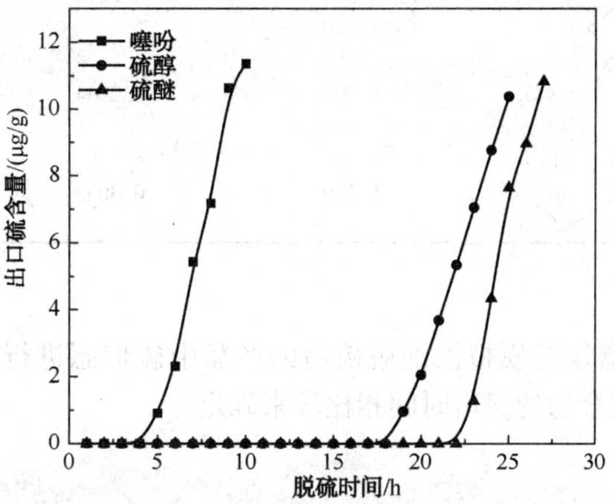

图3 不同硫模型物的吸附脱硫性能

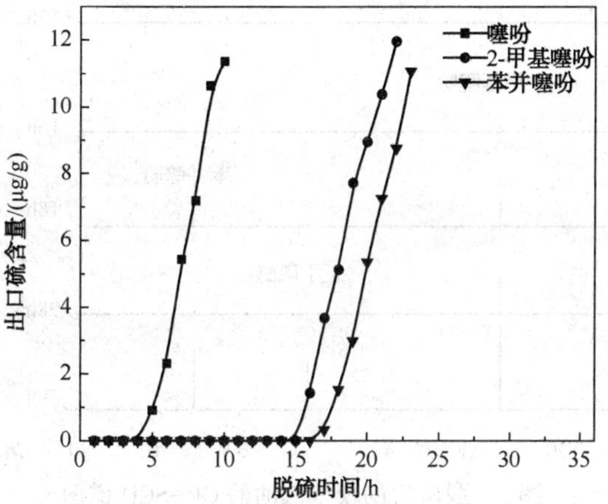

图4 不同噻吩硫的吸附脱硫性能

从图中可以看出，吸附剂对苯并噻吩的脱除量最大，脱硫后产品中硫含量达到10μg/g时，所用的穿透时间为22h，即吸附苯并噻吩的穿透硫容为10.20%，对于2-甲基噻吩来说，吸附剂所用的穿透时间为20h，其穿透硫容为9.27%，而噻吩的穿透时间仅为8h，吸附剂对噻吩的穿透硫容为3.71%。噻吩硫中噻吩最难脱除，而苯并噻吩脱除较容易。

噻吩是五元杂环分子，由五个原子和六个π-电子组成的共扼体系，因此环上的硫原子虽然具有孤对电子，具有给电子的作用，但是由于噻吩环的共扼作用，电子云密度降低，导致噻吩的碱性减弱，难以被酸性吸附剂脱除。而甲基、乙基等支链则能提高噻吩环上电子云的密度[5]，表3为这三种硫化物中S原子的电子云密度及其在吸附剂上的穿透硫容[6]。

由表3可见，噻吩中S原子上的电子云密度为5.695，而2-甲基噻吩中S原子上的电子云密度比噻吩大，为5.707，苯并噻吩中S原子的电子云密度比噻吩和2-甲基噻吩都要大得多，为5.739，吸附剂对苯并噻吩的穿透硫容也比较大。因此，吸附剂对硫化物的穿透硫容与硫化物中S原子的电子云密度存在一定关系，即硫化物中硫原子的电子云密度越大，其在吸附剂上的穿透硫容也越大。唐克[7]研究发现，吸附剂与硫化物中硫原子的作用对吸附脱硫起到了关键性作用，噻吩及其衍生物中硫原子的电子密度与含硫化合物穿透硫容的顺序一致。

表 3　含硫化合物性质及在吸附剂上的穿透硫容

Sulfide	Structural formula	Electronic density of S atoms	Charge number of S atoms	Sulfur capacity
Thiophene	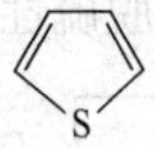	5.695	0.2614	3.71%
2-Methylthiophene	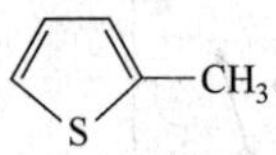	5.707	0.2934	9.27%
benzothiophene	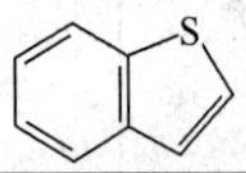	5.739	0.3053	10.20%

3.3.3　形态硫分析

采用 GC-SCD 气相色谱仪对模拟汽油脱硫后的产品中硫形态进行了分析，结果如图 5 所示。每个硫化合物用其与标准化合物的保留时间相比较来确定。

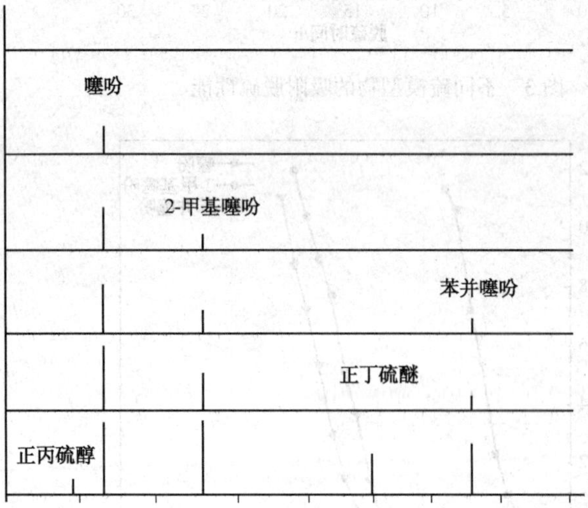

图 5　脱硫后的模型汽油的 GC-SCD 谱图

从图中可以看出，硫脱除时间为 12h 时，没有显示任何硫化合物的峰。当穿透时间为 13h 时，出现了噻吩特征峰，说明吸附剂对噻吩的选择性低；穿透时间为 16h 时，出现 2-甲基噻吩，在 18h，出现了苯并噻吩，在穿透时间为 28h 和 30h 分别出现了正丁硫醚和正丙硫醇，说明正丁硫醚和正丙硫醇类硫化物容易被吸附脱除。产物中硫化物脱除难易的顺序为：噻吩>2-甲基噻吩>苯并噻吩>正丁硫醚>正丙硫醇，与吸附剂对硫化物的穿透硫容一致。

3.4　烃类对吸附剂的选择性影响

FCC 汽油是由多种烃类组成的复杂的混合物，主要有烷烃、烯烃和芳烃组成，约含有 500 多种碳氢化合物，碳原子数在 3~12 之间。因此，有必要研究这三种烃类的存在对硫化物脱除的影响。

3.4.1　烷烃对吸附剂选择性的影响

分别以正己烷、正庚烷和正癸烷作溶剂，噻吩作溶质配制模拟汽油，考察不同溶剂下噻吩模型物的吸附脱硫性能，如图 6 所示。

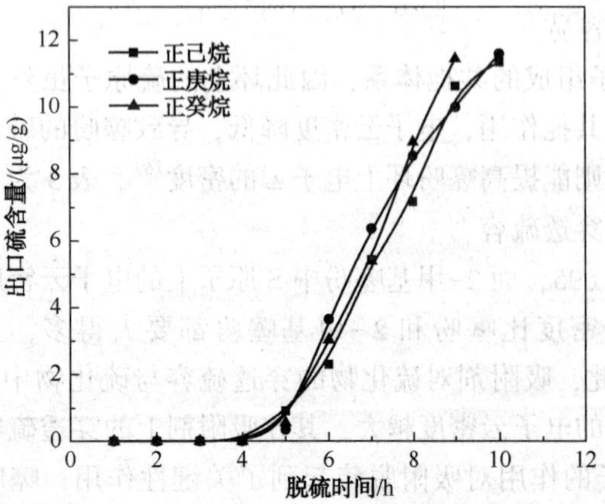

图 6　不同溶剂的噻吩模型物的吸附脱硫性能

从图6可以看出，吸附剂对正己烷模型物的穿透硫容为3.71%，对正庚烷模型物的穿透硫容为3.63%，对正癸烷模型物的穿透硫容为3.73%，脱硫量相差不大，说明溶剂的选取不会影响吸附剂的脱硫性能。这是因为烷烃是饱和的碳氢化合物，性质比较稳定。

3.4.2 芳烃对吸附剂选择性的影响

芳烃是汽油的主要组分之一，其辛烷值较高。汽油中含有5%~30%的芳香族化合物。苯环上的碳原子均采取sp2杂化，每个碳原子上还剩一个p轨道垂直于分子平面，每个轨道上有一个电子，从分子轨道理论看，可认为苯的6个p轨道相互作用形成了6个π分子轨道，因此，苯容易以π络合的形式吸附在吸附剂上[8]，又由于其结构跟噻吩相近，见表4[9]。因此，课题研究汽油中芳烃存在时噻吩的选择性吸附脱除。

表4 苯和噻吩的物化性质

Item	molecular weight/(g/mol)	Boiling point/℃	crystallization point/℃	dipole moment	molecular diameter/nm	Density/ (g/cm^3)
Benzene	78.11	80.1	5.5	0	0.58~0.67	0.897
Thiophene	84.13	84.1	-38.3	0.52	0.56	1.057

配制不同含量苯的噻吩模拟汽油，考察不同苯含量对噻吩吸附脱硫的影响，如图7所示。

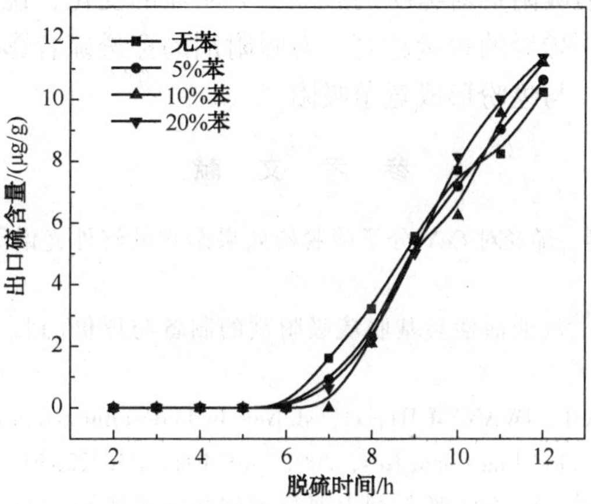

图7 苯对噻吩吸附脱硫的影响

从图7可以看出，未加苯时，吸附剂对噻吩的穿透硫容为3.71%，加入5%苯后，吸附剂的穿透硫容为3.73%，10%苯存在时，吸附剂的穿透硫容为3.69%，加入20%的苯，吸附剂对噻吩的穿透硫容为3.65%，随着苯含量的增加，穿透硫容有略微的降低，但是变化不大，因此认为苯环的存在对噻吩的脱除没有明显的变化，吸附剂在脱除噻吩的时候，苯没有在吸附剂上吸附，占据吸附剂的吸附位，也就是说苯的存在不会阻碍噻吩在吸附剂上的反应吸附。

3.4.3 烯烃对吸附剂选择性吸附脱硫的影响

配制不同含量1-戊烯的噻吩模拟汽油为原料，考察烯烃对噻吩吸附脱硫的影响，如图8所示。

从图中可以看出，不加烯烃的噻吩模型物穿透时间为8h，穿透硫容为3.71%，而加入5%烯烃以后，穿透硫容降到3.45%，烯烃增加到10%时，穿透硫容为3.22%，烯烃含量达到20%时，硫容仅为2.82%。随着烯烃含量的增加，吸附剂的穿透硫容逐渐减小，说明烯烃的存在阻碍了噻吩的吸附。

4 结论

(1) 对含硫量为400μg/g的模拟汽油和独山子FCC汽油进行硫化物脱除研究，在脱硫后产品中的硫含量达到10μg/g，吸附剂对模拟汽油的穿透硫容为6.61%，对FCC汽油的穿透硫容仅为4.7%。

(2) 吸附剂对硫化物穿透硫容的大小顺序为：噻吩<2-甲基噻吩<苯并噻吩<正丁硫醚<正丙硫醇，模拟汽油脱硫后的产物中硫化物脱除的难易顺序为：噻吩>2-甲基噻吩>苯并噻吩>正丁硫醚>正丙硫醇，两者一致，说明吸附剂对汽油中硫化物的穿透硫容越大，越易脱除。

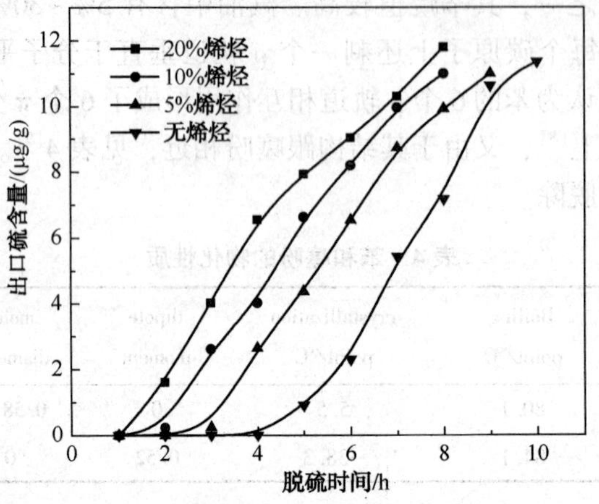

图8 烯烃对噻吩吸附脱硫的影响

(3) 模拟汽油中加苯前后吸附剂对噻吩的脱除没有明显的变化，说明芳烃的存在不影响吸附剂对噻吩的选择性；模拟汽油中烯烃的含量越高，对吸附剂的穿透硫容影响越大，这是因为烯烃中活泼的双键易与活性中心结合，与噻吩形成竞争吸附。

参 考 文 献

[1] 张晓彤，徐静，宋丽娟，等．烯烃对 CeY 分子筛脱硫效果影响的红外光谱研究[J]．燃料化学学报，2010，38：91-95.

[2] 唐晓东，李林，曾雪，等．汽油活性炭基脱硫吸附剂的制备与评价[J]．燃料化学学报，2009，37(5)：629-634.

[3] TAWARA K，N ISH IMURA T，IWANAM IH，et，al. New hydrodesulfurization catalyst for petroleum-fed fuel cell vehicles and cogenerations[J]. Ind Eng Chem Res，2001，40(10)：236722370.

[4] 杨永兴，张玉良，王璐，等．Ni/ZnO 吸附剂上溶剂油的超深度吸附脱硫[J]．石油化工，2008，37(3)：243-246.

[5] 黄蔚霞，李云龙，汪燮卿．离子液体在催化裂化汽油脱硫中的应用[J]．化工进展，2004，23(3)：297-299.

[6] 凌昊，沈本贤，周晓龙，等．含硫化合物的量子化学性质及选择性氧化动力学[J]．华东理工大学学报，2005，3(1)：48-51.

[7] 唐克．杂原子分子筛的二次合成及其选择性吸附脱硫性能[D]．兰州：兰州大学，2006.

[8] 纪容昕．脱硫吸附剂与吸附脱硫技术[J]．化学工业与工程技术，2007，28(3)：61-66.

[9] 刘光启，马连湘，刘杰．化学化工物性数据手册[M]．北京：化学工业出版社，2002：273-286.

节能减排

催化裂化装置节能潜力分析及措施

闫成波

（中国石化上海高桥分公司，上海　200137）

摘　要：在调查催化裂化装置能耗情况的基础上，以上海高桥分公司2#催化裂化为研究对象，针对催化裂化装置能源消耗较大的问题，运用基准能耗与实际能耗相比较的方法，分析催化装置具体设备或工艺系统能源消耗的影响因素，找出节能降耗的潜力所在，提出余热锅炉改造、热联合、低温热利用、气压机改造等具体的改进方案，来解决这些导致装置能耗高的因素。

关键词：基准能耗　催化裂化　余热锅炉　热联合　低温热

1　前言

催化裂化装置是炼油工艺中主要的二次加工装置，是将常减压装置的侧线产品转化为汽油柴油液化气的重要装置，也是节能增效的关键装置。

1.1　催化裂化装置能耗构成及基本水平状况

催化裂化装置的能耗一直是炼油行业节能工作的重点，并取得了巨大成绩。1965 年，我国在抚顺投产的第一套流化催化裂化能耗高达 6.28GJ/t 原料[1]。2012 年，中国石化平均能耗降至 2.15GJ/t 原料。表 1 是中国石化催化裂化年会统计 2012 年炼油各类装置能耗占比情况，催化装置明显高于其他各类装置。

表 1　中国石化各类装置能耗占比表

装　　置	常减压	催化裂化	焦化	重整	加氢	其他
占炼油厂能耗比例	16%	23%	7%	9%	14%	31%

2000 年和 2002 年，中国石化和中国石油分别成立了中国石化催化裂化能耗调查组，应用能量三环节原理分别计算了能量三环节的利用率，各个环节均有较大的节能潜力[2]，见表 2。

表 2　催化装置能量三环节利用率表

项　目	中国石化	中国石油
能量转化率/%	88.18	81.1
工艺利用能量效率/%	62.06	61.8
能量回收率/%	59.68	58.3

1.2　降低能耗的技术措施

针对各种原因，中国石化节能部门统计出目前国内设计院和炼油厂家主要采取的具体节能措施见表 3。

表3 降低催化能耗技术措施

降低催化生焦	提高焦炭能利用率	分馏吸收稳定优化
优化总流程，改善原料	烟气能量回收模型	降低分馏系统压降
生焦选择性好的催化剂	提高烟机运行效率	低温余热利用
高效进料喷嘴及高效汽提	降低余锅排烟温度	分馏吸收稳定模拟优化
冷催化剂技术	降低主风烟气管路压降	中间再沸器技术
	提高再生剂脱气效果	溴化锂制冷降回流比
		化工过程能量夹点技术

2 装置介绍及能耗分析

2.1 装置介绍

本文以中国石化上海高桥分公司2#催化裂化装置为研究对象，该装置是由洛阳工程公司设计的同轴式外提升管催化裂化装置，于1988年9月建成，处理能力为1000kt/a。为增产丙烯，1999年9月装置改造为600kt/a ARGG催化装置，改造后由于原料不断劣质化，装置能耗上升。

2.2 基准能耗介绍

基准能耗是针对某一套装置原料品种、产品分布方案、工艺流程，关键设备等情况，计算出工程理论上可以达到的能耗指标，是通过优化可以实现的先进指标。由于各装置之间的原料、工艺流程等差别，用能耗的绝对值进行比较是不合理的。所以，用实际能耗和基准能耗的比值能耗因数 *EF* 来作为评价装置的能量利用水平更合理。

能耗因数 *EF* 计算值越大，说明该装置的实际运行能耗与基准能耗差距就越大，或者说能量利用率低。基准能耗是装置多项能耗累计的结果，在计算基准能耗时，需要假定相对合理的基础条件[3]，详见《五类炼油装置基准能耗》一书。

2.3 标定能耗及分析

下面通过计算高桥石化2#催化装置的基准能耗和标定的实际运行能耗，通过对比，找出装置的节能潜力所在。

从表4可以看出装置的能耗因素 *EF* 为1.18，逐项进行分析可以看出装置的薄弱之处，据此给予节能改造的建议。上表基准能耗是根据各项计算公式计算的，标定能耗是根据装置实际运行数据计算的，下面对差距较大的几项进行分析。

表4 上海高桥分公司2#催化裂化基准能耗与标定能耗对比表

序号	项　目	基准能耗 MJ/t	标定能耗 MJ/t	差值
E_1	化学焓差	423.51	418.00	5.51
E_2	烟气排烟	178.31	255.86	-77.55
E_3	工艺排弃	552.29	687.00	-134.71
E_4	主风机	-276.5	-445.20	168.70
E_5	气压机	112.64	127.08	-14.44
E_6	工艺用蒸汽	565.38	787.00	-221.62
E_7	泵及其它用电	50	55.00	-5.00
E_8	散热	394.81	400.00	-5.19
E_9	冷却介质	61.37	151.98	-90.61
E_{10}	终止剂	0	0.00	0.00
E_{11}	其他能耗	45	45.00	0.00
EB/EC	*EB/EC*	2106.81	2481.73	-374.92
EF	*EF*	1.18		

烟气排烟能耗 E_2，基准能耗中设定再生烟气 180℃，标定时实测温度 260℃，远高于基准能耗。此项实际能耗与基准能耗差值 77.55MJ/t 原料，存在一定的节能潜力。

工艺排弃能耗 E_3，基准能耗中包括，顶循环 100~80℃；轻柴油 100~60℃；贫吸收油 100~40℃；油浆 100~90℃的冷却热。而装置实际运行中冷却负荷为顶循环 100~45℃；轻柴油 130~40℃；贫吸收油 130~40℃；油浆 230~90℃的冷却热，这些都稍微大于基准能耗条件的温差。计算得出此项实际能耗与基准能耗差值 134.71MJ/t 原料，存在一定的节能潜力。

工艺用蒸汽能耗 E_6，实测能耗中蒸汽消耗采用平均数据消耗 1.0MPa 蒸汽 20.5t/h，此项实际能耗与基准能耗差值 221.62MJ/t 原料，存在一定的节能潜力。

冷却介质能耗 E_9，装置循环水使用量为 36.36t/t 原料，实际能耗与基准能耗差值 90.61MJ/t 原料，存在一定的节能潜力。

其他各项能耗因与基准能耗差别不大，不再一一列举。

综上所述，本装置的节能潜力集中在再生烟气余热利用、工艺排弃能耗、蒸汽(包括气压机汽轮机组)利用、冷却介质能耗等方面，据此提出余热锅炉改造、热供料与热联合改造、低温热利用、气压机组改造四个具体方案。

3 改造方案

3.1 余热锅炉改造方案

3.1.1 现状

由于各种原因目前余热锅炉主要存在下列问题：①排烟温度过高。从开工初期的 200℃上升到周期末的 300℃以上，目前实测为 293℃，大大超过了基准能耗设定的 180℃。②过热蒸汽出口温度偏低。开工初期过热蒸汽出口温度 330℃，而目前，过热蒸汽温度只有 260℃，影响了汽轮机的做功。③省煤器出水存在汽化的可能。

3.1.2 技术方案分析

根据原因采取如下方案：①增加低低温过热器和蒸发受热面，提高锅炉自产蒸汽量，充分回收烟气余热。蒸发受热面采用传热效果更佳的水平布置的螺旋翅片蛇形管排结构。②增加一个立式汽包，并且和原上下汽包互相连通，确保水动力安全。新增立式汽包内设置汽水分离装置。③增加两台强制热水循环泵，开一备一，水循环采用强制循环的流动方式。④改造省煤器，将原光管省煤器改为采用螺旋翅片管结构。⑤改造吹灰器，原声波吹灰器效果不佳改为激波吹灰器，采用 PLC 自动控制。

经过改造后的流程模拟计算，锅炉烟气出口温度从 293℃降低至 185℃，可多回收烟气热量为 4442.4kW，可节约能耗 1.13kgEO/t 原料。余热锅炉改造如图 1 所示。

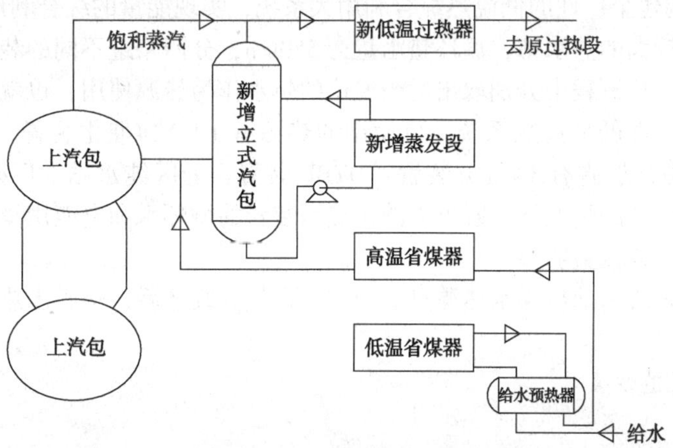

图 1 余热锅炉改造简图

3.2 热供料与热联合改造方案

3.2.1 现状

催化裂化装置设计原料均为蜡油和减压渣油。其中蜡油主要来源为蜡油加氢装置的精制蜡油；减压渣油来自1#蒸馏装置。目前蜡油、减压渣油均在上游装置冷却至70℃左右后，进入罐区，由罐区泵输送至装置内部，在装置内部由顶循环和油浆将原料加热到所需温度(180℃左右)，柴油和汽油是催化装置的产品，在出装置时先由循环水冷却器冷却到40℃左右，然后进入油罐，再由油泵抽到柴油加氢装置脱硫装置和S Zorb汽油精制装置。这样就产生了上游装置冷却，催化装置加热的反复热量传递的过程，造成了能量浪费。

3.2.2 技术方案分析

装置热进料后，原料油进装置温度由70℃将提升到128℃，可停用原来的顶循-原料油换热器，采用温位更合适的热柴油来加热原料油。然后再与油浆换热到180℃。顶循油(142t/h，155℃)从分馏塔抽出后，顶循油不再加热原料油，而2#催化与1#气分距离较近，2#催化顶循热量可作为1#气分装置脱丙烷塔再沸器的热源，先经脱丙烷塔再沸器换热至108℃，再经过新增顶循-热媒水换热器换热，最终由顶循冷却器冷却返塔。柴油(50.5t/h，220℃)从汽提塔抽出后，由先与富吸收油换热改为先与原料油换热至160℃，再与富吸收油换热至120℃后分两路，一路(20.5t/h)作为产品直接热出料至下游装置；另一路(30t/h)先经过贫吸收油-热媒水换热器(E210/1，2)和水冷器(E212)冷至40℃作为贫吸收油(20t/h)和封油(10t/h)。稳定汽油从稳定底出来后先与解析塔进料、除盐水换热至90℃左右，一路直接进入S Zorb汽油精制装置，另一路再经水冷器冷却至40℃左右至吸收塔做吸收剂。

改造后节省了顶循环加热原料的热量，降低了油浆加热原料的负荷，节省下来的高温热源在油浆蒸发器可以多产蒸汽，节省了柴油汽油的冷却负荷，节省了上游装置1#常减压蒸馏装置的减一线、减五线、减压渣油，蜡油加氢装置的精制蜡油等的冷却负荷，节省了下游1#气分装置丙烷塔底重沸器所用蒸汽能耗和柴油加氢装置和S Zorb汽油精制装置的原料加热能耗。

3.3 低温热利用方案

3.3.1 现状

目前催化装置建有一个局部的低温热系统，供水温度85℃，回水温度66℃，流量275t/h。热源为2#催化装置分馏塔顶油气。热阱为气分装置脱乙烷塔塔底重沸器和脱丙烷塔进料加热器。这套低温热系统存在如下问题：①催化装置低温热能不足，无法满足气分和其他一些低温热阱的用能要求，目前气分部分重沸器还在使用蒸汽作为热源。②低温热回收不充分。2#催化装置内部只有分馏塔顶油气部分有回收，顶循环、柴油、压缩富气等介质温度均在100℃以上，均是直接被循环冷却水冷却，没有得到充分利用。③相关装置还有没有利用的低温热源和热阱。

3.3.2 技术方案分析

本方案按照能量优化利用的大系统原则，在全厂范围内寻找热源和热阱，根据“温度对口、梯级利用”的用能原理构建全厂性的低温热综合利用大系统，实现能量的综合利用。

改造后建立一个较大的热水站，循环热水量为550t/h，分四路进不同的装置取热，再根据热阱装置需要温位的不同，从流程中分别取出适当温位的热水作为热源使用，也就是装置内部一对一的低温热利用改成了区域性的低温热系统。可使用的热源有1#、2#催化装置、喷气燃料加氢装置、S Zorb装置的低温热源，热阱有1#气分装置、MTBE装置、老区纯水站、厂办公大楼和储运罐区等。在保证装置安全生产的情况下，既可以减小热源装置的循环水和电能用量，还可以减少热阱装置的蒸汽用量，节能降耗效益明显。

其中，2#催化装置改造前热媒水热源只有分馏塔顶气。改造后，热媒水热源有分馏塔顶气、顶循油和热柴油。

3.4 气压机组改造方案

3.4.1 现状

2#催化装置气压机目前由蒸汽轮机和电动机共同带动，因为电动机的转速是固定的，因此整个机组的转速也是固定的，气压机进口的压力只能靠出口返回入口来控制，这样就存在了一定的气体循环，存在能量浪费。

3.4.2 技术方案分析

本方案改造为气压机由蒸汽轮机单独带动，节能主要是基于改造后，用气压机组的转速控制进口压力代替原来用出口返飞动流量控制，改造前由返飞动流程返回的富气量，造成了能量浪费。改造后此路循环气体平时关闭，只在紧急情况下做为安全措施备用，节能了能量，另外由于脱开了电机，电机本身运转消耗的能量也节省了下来，如图2所示。

目前气压机靠电机和汽轮机共同驱动，按经验，汽轮机总效率取0.95，电机总效率按0.9计算。

气压机总功率按照满负荷2600kW计算：

如果单靠电机带动，需电量为N=2600/0.9=2888.9kW，损耗60kW；

如果单靠3.5MPa蒸汽、370℃带动，排汽为0.35MPa、165℃，查资料得3.5MPa蒸汽、370℃焓值3151kJ/kg，0.35MPa、165℃焓值2788.8kJ/kg，则 $G=3600\times(2600/0.95+60)/(3151-2788.8)=27798$(kg/h)。

能耗比较：

电动机：(2889+60)×0.23=678.2(kgEO/h)；

汽轮机：27798×(88-66)=611.6(kgEO/h)；

电动机与汽轮机共同带动1.33×0.23×1000+21.9×(88-66)=787.7(kgEO/h)。

得出纯汽轮机带动比纯电动机带动、电动机与汽轮机共同带动都有利，因此从能耗方面考虑，气压机改由汽轮机单独带动是有利的。

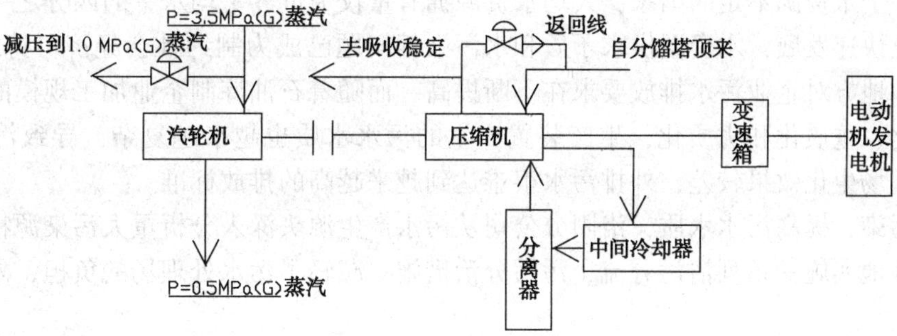

图2 气压机配置图

4 结论

经过对以上四个项目的充分分析，并模拟计算累计可以降低装置能耗7.81kgEO/t原料，能耗因数由1.18降低到1.02，使装置实际能耗更加接近基准能耗，达到改造目的。

(1) 余热锅炉技术改造后烟气出口温度从293℃降低至185℃，可多回收烟气热量为4442.4kW，有利于装置长期、稳定、高效的运行，本装置可节约能耗1.13kgEO/t原料。

(2) 热联合项目实施后，催化装置与上下游间实现了热量区域优化，仅本装置可节约能耗1.52kgEO/t原料。

(3) 低温热项目实现了装置之间热量的优化利用，仅本装置可节约能耗3.19kgEO/t原料。

(4) 气压机组改造项目节约了循环富气的耗能量，可节约能耗1.96kgEO/t原料。

参 考 文 献

[1] 郝希仁. 催化裂化装置能耗及用能分析[J]. 炼油设计. 1996, 26(3): 60-65.

[2] 张鸿等. 中国石油催化裂化装置能耗调查报告[C]//催化裂化协作组第十届年会报告论文集, 2005, (1): 76-86.

石油炼制污水重大污染源分析与控制对策

程俊梅

（中国石化洛阳分公司，河南洛阳 471012）

摘 要：结合洛阳分公司实际情况，通过对石油炼制污水重大污染源进行深入研究分析，对不同高浓度难降解污水实施了原油罐二次脱水、电脱盐切水增上除油设施、碱渣注污水汽提等预处理，同时拓宽净化水回用途径，降低电脱盐水温，优化高含硫含氨污水系统，从原进入含油污水改进含硫污水系统，经过污水汽提预处理后，再排入污水处理场。这些措施的实施，既在罐区和装置上游回收了油品、节水减排，又从源头降低了污染，减轻了污水场的负荷，提升了外排污水水质，减少了环境风险，实现了"节水、减排、环保、增效"四赢的目标。

关键词：石油炼制 污水 重大污染源 分析 控制

1 前言

我国是一个水资源不足的国家，人均水资源拥有量仅为世界平均水平的四分之一，随着人口迅猛增加和工业快速发展，水资源供求矛盾和水污染等问题已成为制约社会经济可持续发展的瓶颈，为此，国家和地方对企业污水排放要求在不断提高。而随着石油炼制企业加工规模的扩大和原油性质趋于高硫化、重质化和劣质化，生产装置产生的污水水质也越来越复杂，导致污水处理难度加大，污水处理场生化效果较差，外排污水很难达到越来越高的排放标准。

为降低污染，提高污水水质，洛阳分公司从污水产生源头深入分析重大污染源特性，再对症下药，有针对性地实施一系列清污分流、污污分治措施，减轻了污水处理场的负担，外排污水水质得到较大提升。

2 污水重大污染源分析

2.1 原油罐脱水带油多

公司有2个原油罐区，共10台50000m^3原油罐，全部通过人工监控方式脱水，脱水量约为20000t/a。如果原油罐脱水不完全，原油带水会冲击下游常压电脱盐装置，但由于罐容大，罐底水量少，在脱水度上很难完全通过人工准确把握，原油脱水带油多，油含量在1000~5000mg/L，给下游污水处理场的生产带来了较大压力。

2.2 电脱盐切水带油多

电脱盐装置是脱除原油中无机盐和悬浮固体的工艺，以减轻加工设备的腐蚀，除去杂质。脱盐过程就是在原油中加入破乳剂和水，混合加热至105~149℃，在电脱盐罐内通过高压电场作用，使水凝聚沉降分离，盐类及有害物质随水排出[1]。多年来，由于电脱盐罐油水分离不彻底而造成切水带油量大，石油类浓度在500~20000mg/L之间，这部分含盐污水约90t/h，直接排入炼油污水场后，不仅浪费了油品资源，而且给污水处理场带来冲击。

2.3 高浓度碱渣酸性水冲击污水场

为保证汽油和液化汽产品质量，需对其进行碱洗，降低产品中硫含量，碱洗后产生的碱渣污染物浓度极高，*COD*200000mg/L，酚100000mg/L，氨氮30000mg/L，硫化物10000mg/L，为降低污染物含量并减少恶臭气味，石化企业(包括本厂)采用的碱渣处理方法多为湿式氧化处理并酸化中和后，排入炼油污水场，碱渣处理后产生的酸性水量每年约1250t，酸性水主要污染物浓度为：*COD*10000~30000mg/L，酚300~500mg/L，氨氮300~800mg/L，硫化物3~30mg/L。处理方式为按0.5t/h的流量限流排入污水场，高污染浓度的酸性水对污水场造成冲击影响，对设备造成严重腐蚀，是石化行业重大环保难题之一。

2.4 污水汽提净化水回用率低

石油炼制过程中来自常减压、催化、加氢、重整、焦化等装置的油品及油气冷凝分离水、洗涤水称为含硫污水，由于其高含硫、氨等污染物，均通过含硫污水汽提预处理，将污水中的硫以硫化氢形式脱出，送硫磺回收装置制备硫磺产品，将污水中的氨汽提冷凝生产液氨、氨水产品，最终剩余的低浓度污水称为净化水。净化水水质水质较好，硬度低，*COD*浓度约为1500mg/L，根据《清洁生产标准 石油炼制业》(HJ/T 125—2003)要求，含硫污水汽提净化水应立足多回用，净化水回用率一级标准要求≥65%，二级标准要求≥60%，三级标准要求≥55%。洛阳分公司净化水共约150t/h，回用于电脱盐注水90t/h，由于净化水没有回用到更多的装置，因此回用率仅能达到清洁生产二级标准60%，还有较大挖潜空间。

2.5 高浓度汽油脱硫醇水洗水直排污水场

汽油脱硫醇水洗水未经预处理，全部直接排入炼油污水场，该高浓度污水排放量约为3~5t/h，水量虽小，但水质极差，主要污染物浓度为：*COD*2000~7000mg/L，酚1000~3000mg/L，氨氮30~70mg/L，硫化物0.3~1mg/L，pH9~12，对污水处理影响很大。

2.6 氨吸收罐高浓度含氨污水直排污水场

氨吸收罐是为降低液氨贮罐散发出的氨气污染环境而设置的水循环吸收设施，每经过一个半月左右，罐内氨水将饱和，失去吸收氨气能力，需外排进行置换。置换排放的污水因氨含量极高，且极易挥发产生刺鼻的氨味，对周围空气造成污染，影响现场人员身体健康，同时造成污水场进口氨氮浓度异常升高，在氨吸收罐集中排水时，污水场进口氨氮最高曾短时达到800mg/L，存在一定的外排污水氨氮超标风险。

2.7 电脱盐切水温度高

电脱盐切水温度为100℃，由空冷、水冷换热器换热后，经过约100m地下污水管线进入炼油污水场。由于设计原因，有小股污水无法通过水冷换热，电脱盐切水总体排放温度60℃，切水总量占污水总量的30%以上，造成夏季污水总进口水温升高到50℃以上，经过均质、隔油、浮选后，进入生化系统的水温仍高达45℃，高温对生化微生物造成致命伤害，必须降低污水温度。

3 污水重大污染源措施

3.1 对原油罐脱水增上二次切水设施

将其中一个原油罐G103做为二次切水罐，将其余9个原油罐脱出的污水经污水提升池全部提升送至罐G103集中沉降脱水，脱出的污水自流排入含盐污水管网。由于罐G103具有50000立方米罐容，一季度脱水一次，污油水在罐内有充分的沉降时间，保证油水分离效果，避免了单罐多次人工脱水含油造成的损失和对下游污水场带来的冲击。增上原油二次切水系统后，石油类、*COD*、氨氮等污染物含量均有大幅降低，外排污水含油量平均仅为62mg/L，效果显著。处理效果见表1。

表1 原油罐区二次切水效果对比

污水类型	石油类/(mg/L)	*COD*/(mg/L)	氨氮/(mg/L)	污水类型	石油类/(mg/L)	*COD*/(mg/L)	氨氮/(mg/L)
原油罐区切水(二次切水前)	4850	1103	81	原油罐区切水(二次切水后)	62	612	12.8

3.2 对电脱盐切水进行除油治理

采用“沉降隔油+水力旋流”的工艺，降低电脱盐切水油含量。技术原理为：电脱盐排出的污油水先经过换热，然后进入超声波污油水分离器进行三级沉降分离。经过污油水分离器三级分离沉降后的高浓度污油水经过撇油管排入撇油槽，再经过撇油槽排入污油水缓冲罐。经过污油水分离器三级分离沉降后的低含油污水经过水利旋流器进行污油水进一步分离处理，低含油污水外排，高含油污水排入污油水缓冲罐再次沉降分离，下部的污水打回污油水入口进行循环处理，上部的原油通过原油回收泵打回工艺流程进行回炼。工艺流程图如图1所示。

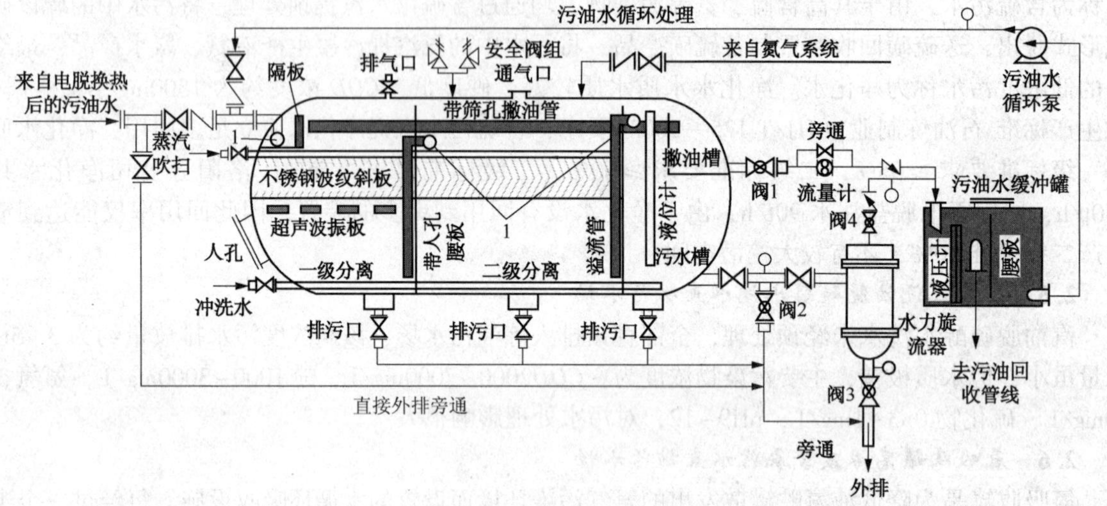

图1 电脱盐切水除油设施工艺流程图

经过除油设施隔油处理后，电脱盐切水油含量达到200mg/L以下，大大减低了污水处理场的负荷。处理效果见表2。

表2 电脱盐切水预除油效果对比

污水类型	石油类/(mg/L)	COD/(mg/L)	氨氮/(mg/L)	污水类型	石油类/(mg/L)	COD/(mg/L)	氨氮/(mg/L)
电脱盐切水(预除油前)	3000	1692	69.6	电脱盐切水(预除油后)	150	1343	64.5

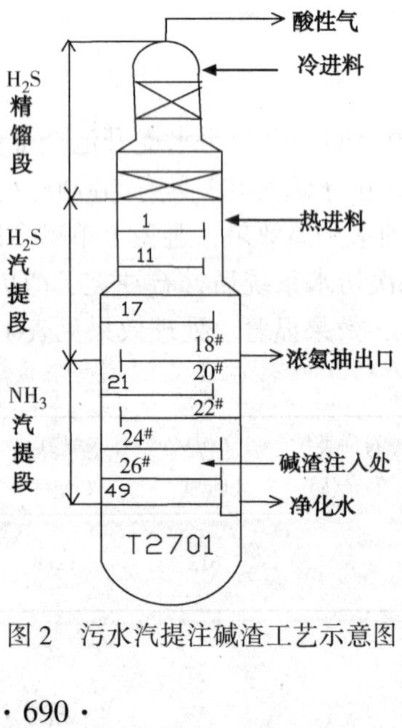

图2 污水汽提注碱渣工艺示意图

3.3 将汽油碱渣和液态烃碱渣作为碱注入污水汽提

参考其它炼油企业液态烃碱渣注入污水汽提工艺，在企业内部实验将汽油碱渣和液态烃碱渣全部注入污水汽提。技术原理：污水汽提原料水中有 SO_4^{2-} 等强酸阴离子存在，可以使碱渣中 NH_3—N以 NH_4^+ 离子铵盐形式被固定。在原料水体系中碱与铵离子存在以下平衡：

$$NH_4^+ + OH^- \rightleftharpoons NH_3 \cdot H_2O \quad ①$$

$$NH_3 \cdot H_2O \rightleftharpoons NH_3\uparrow + H_2O \quad ②$$

如果体系中 OH^- 浓度增加，反应①平衡右移，离子态铵盐 NH_4^+，转化为分子态 $NH_3 \cdot H_2O$。$NH_3 \cdot H_2O$ 中 NH_3 被汽提，反应②平衡右移，固定铵盐被消除。碱渣注入到汽提塔后，提供反应①所需的 OH^-。污水汽提塔上部有两层填料，下部有49层塔盘，原料水中绝大部分硫化氢，在侧线抽出口，第18层塔盘以上被拔出，根据计算，汽提塔注碱部位应在侧线抽出口以下的第27

层塔盘，一方面，避免 OH^- 浓度增加，OH^- 与硫化氢反应生产 S^{2-}，提高净化水脱硫效果；另一方面，可满足碱液在塔内停留时间要求。碱渣 *COD* 浓度 200000mg/L，若向汽提塔注碱渣 130kg/h，装置处理污水规模 110t/h（注碱比例 0.12%），注碱后原料水 *COD* 增加 234mg/L，增加了 1.2%，考虑到汽提塔对原料水 *COD* 有 95.13%脱除效果，净化水中 *COD* 增加量可忽略不计。污水汽提注碱渣在以图 2 所示 27 层塔盘处。

碱渣注入污水汽提装置后，消除了碱渣对污水处理场的影响，污水汽提后产生的净化水质量变化不大，氨氮还有所下降，对常减压等回用净化水的装置无影响[2]。处理效果见表 3。

表 3　污水汽提注碱渣前后净化水水质对比

污水类型	氨氮/(mg/L)	硫化物/(mg/L)	*COD*/(mg/L)	污水类型	氨氮/(mg/L)	硫化物/(mg/L)	*COD*/(mg/L)
污水汽提净化水（注碱渣前）	50	0.159	1068	污水汽提净化水（注碱渣后）	24	2.65	1166

3.4　净化水回用作临氢装置注水

根据二套污水汽提为处理加氢型酸性水的设计，产生的净化水可替代除盐水作为临氢装置注水使用，将加氢型汽提净化水回用至蜡油加氢和柴油加氢装置，回用流程为：来自污水汽提装置的加氢型净化水与蜡油（或柴油）加氢装置外来除盐水合并进入反应系统注水罐，经注水泵进入高压空冷前，除去空冷系统中的铵盐结晶等杂质，再变为含硫污水，返送回污水汽提装置继续处理。加氢型净化水总回用量 17t/h，年节省除盐水近 150kt，相应减少等量的含硫污水排放，减轻了炼油污水处理场负荷。

3.5　高含硫、氨污水改进含硫污水系统

经过判断，汽油脱硫醇水洗水和氨吸收罐排水属于高硫、氨污水，不应进入含油污水系统，而应改入含硫污水系统，通过增设管线，全部引进含硫污水，送至污水汽提装置进行预处理后，合格的净化水排入炼油污水场，污染物浓度大大降低。

3.6　电脱盐切水增上空冷器降温

在电脱盐切水增上一级空冷器，使切水外排温度从 60℃下降到 45℃，消除了高温源，污水处理场水温也下降约 8℃，特别在炎热的夏季，低温污水较好地保护了污水场生化微生物的生长，保证了生化系统的平稳运行。

4　实施效果

4.1　取得的环保效益

通过以上改造，使炼油污水处理场总进口水质明显提高，总进口主要污染物石油类、*COD*、氨氮浓度均有较大程度下降，经过污水场处理后，外排污水最难达标的指标 *COD* 从平均 99mg/L 提升到 75mg/L，环保和社会效益显著。改造前后炼油污水处理场进水和外排污水水质指标对比见表 4。

表 4　改造前后炼油污水处理场进水和外排污水水质指标对比

项　目	石油类/(mg/L)	*COD*/(mg/L)	氨氮/(mg/L)
炼油污水处理场进水（改造前）	2850	1756	41
炼油污水处理场进水（改造后）	144	1096	24
外排污水（改造前）	2.28	99	2.77
外排污水（改造后）	1.97	75	1.03

4.2 经济效益核算

原油罐二次切水和电脱盐除油设施全年回收油品约1000t，净化水替代加氢装置除盐水年约150kt，按原油价格5000元/t、除盐水价格7元/t计算，年回收原油增效500万元，节约除盐水增效105万元，共增效约605万元/a。

5 结论及建议

通过对石油炼制污水重大污染源进行深入研究分析，对不同高浓度难降解污水实施了原油罐二次脱水、电脱盐切水增上除油设施、碱渣注污水汽提等预处理，同时拓宽净化水回用途径，降低电脱盐水温，将高含硫含氨污水从原进入含油污水改进含硫污水系统，经过污水汽提预处理后，再排入污水处理场。这些措施的实施，既在罐区和装置上游直接回收了油品，又从源头降低了污染，减轻了污水场的负荷，提升了外排污水水质，减少了环境风险，实现了“节水、减排、环保、增效”四赢的目标。

要保证污水全面达到国家及地方不断提高的排放标准要求，在开好污水预处理设施的同时，还应针对原油性质变化和生产装置运行改变带来的污水水质变化，研究污水场生化系统微生物的变化和对水质的适应性，优化调整污水处理运行工况，精细化操作，必要时还需对污水处理场进行相应改造，才能切实有效保证外排水质优良。

参考文献

[1] 刘天齐．石油化工环境保护手册[M]．北京：烃加工出版社，1990：1.
[2] 夏秀芳，等．炼油厂酸性水注碱汽提新工艺[J]．石油化工环境保护，2002，25(2)：10-13.

炼化节水与污水回用潜能分析

郭宏山

（中国石化抚顺石油化工研究院，辽宁抚顺　113001）

摘　要：为降低炼化新水单耗，以原油加工量 8Mt/a 企业为例，从化学水与蒸汽系统、循环水系统、工艺装置、辅助装置及厂区生活等方面进行了节水与污水回用潜能分析。结果表明：采取装置热联合、汽提净化水回用、提高化学水制水率、蒸汽凝结水回用等措施，可使化学水与蒸汽系统新水单耗降至 0.35t/t；采取查漏补漏、完善风冷设施、改进旁滤设施、改善循环水质和提高浓缩倍数、污水回用等措施，使循环水系统不消耗新水；采取中水回用、减少非装置用水等措施，使工艺新水单耗达到 0.063t/t；采取经济和量化限制等措施，使辅助装置及厂区生活用水新水单耗达到 0.053t/t。最终，炼化新水单耗可达到 0.5t/t 以下。

关键词：炼化节水　污水回用　新水单耗

1　前言

随着水资源的短缺和有关节水、地下水限采等法规的出台，石化企业在新鲜水的使用上承受巨大的压力，水已成为部分石化企业生存和发展的瓶颈。一方面处于缺水或严重缺水的区域，如华北、西北和沿海等地，政府为优先保证人们的生活和农业生产等发展，对石化企业用水开始限量和减量；靠采集地下水补给的企业将面对着寻求新水源来替代；一些石化企业将被迫靠远距离输水维持生产，输水成本高。另一方面，大幅度提高水资源使用费已成为国家的发展趋势，水费对企业运行成本的影响越来越大。对此，炼化企业必须高度重视节水工作，在强化用水管理的基础上，需要结合自身的用水特点，寻求每一个"用水点"的最大节水潜力，全面开展节水与污水回用工作。

本文以原油加工量 10Mt/a 的企业为例，对其节水潜能进行分析，以期为炼化实施节水提供一些借鉴。

2　炼化企业用水分布

炼化新水用水主要包括：工艺装置用水、制取化学水用水、循环水补充水、生活用水和其它辅助装置用水 5 个部分，其消耗比例大体分别为 10%、50%、35%和 5%[1]。图 1 列出了某 8Mt/a 炼化企业设计新水消耗分布，平均新水单耗设计值 1.31t/t。为使炼化新水单耗得到根本降低，首先必须降低化学水用量；其次是减少循环水系统的新水补充量；同时对工艺装置、生活和其它辅助设施新水进行合理控制使用。

3　化学水及蒸汽系统节水分析

化学水主要用于动力锅炉、装置余热锅炉发生蒸汽，少部分作为工艺使用。目前该系统的新水消耗设计量约 650t/h，折合单耗 0.68t/t，通过采取以下节水措施，可减少新水消耗量 315t/h，使单耗降低至 0.35t/t。

3.1　*优化装置热联合和降低蒸汽消耗*

近年来，炼化企业普遍开展了装置内、装置间热联合和换热系统的优化设计，使油品加工过程

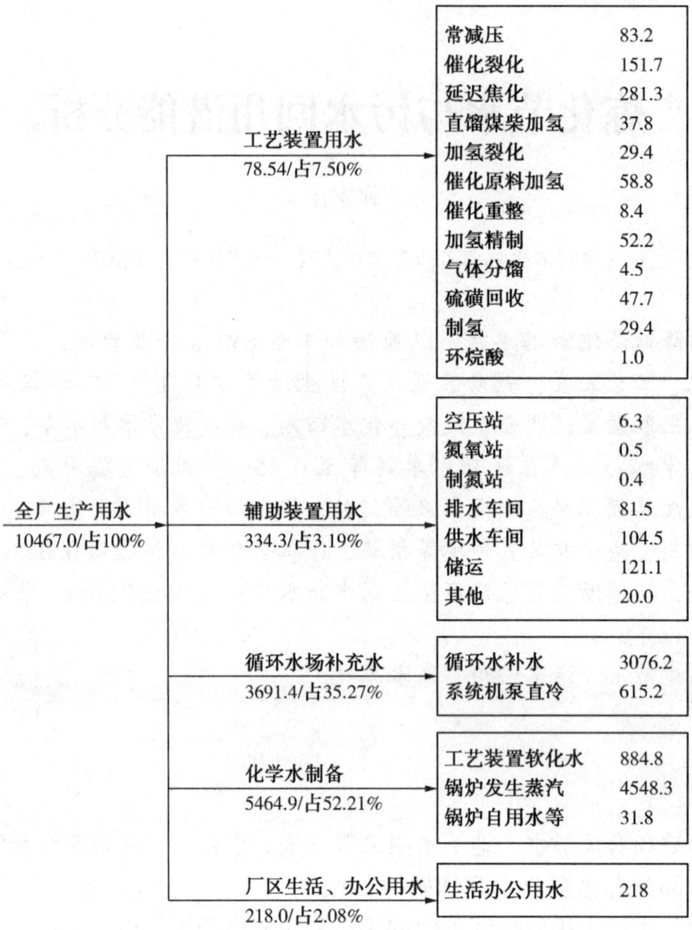

图1　某8Mt/a炼化企业设计新水消耗分布(kt/a)

中的大量高温余热得到利用，如利用催化裂化、加氢裂化、制氢以及硫磺回收装置的高温余热发生中压蒸汽等。但在低温余热和降低蒸汽消耗方面，还存在较大潜力。如常减压装置，由于蒸汽在较低压力和温度下冷凝，能级质量较低，尽管回收困难，但可采取根据原油性质、减顶不凝汽量合理调整抽真空蒸汽量；根据催化原料对渣油质量要求不高的特性，停掉增压器并减少一、二级抽真空蒸汽用量；通过提高加热炉瓦斯压力，停掉常压炉雾化蒸汽等措施，节省蒸汽消耗。重油催化裂化装置，可通过对进料采用新型高效雾化喷嘴，提高提升管反应雾化效果，降低蒸汽消耗。焦化装置，可利用排水污泥代替焦碳塔吹气，节省蒸汽等。通过采用这些优化措施，可减少蒸汽量约30t/h。

3.2　降低装置工艺软化水消耗

工艺软化水主要用于常减压湿空冷却、溶剂配制；催化裂化和焦化富气洗涤；加氢反应空冷前注水、喷淋用水等；电脱盐为获得高的脱盐率，一般也采用软化水。该部分总设计消耗量约140t/h。根据国内外炼化节水的先进经验和用水水质分析，其中大部分可由低含盐的含硫污水或汽提净化水替代。如含硫污水去做催化和焦化富气洗涤、常压塔顶注水；汽提净化水回用做电脱盐注水已得到成功应用，并被证明对生产过程未产生影响，有些已进一步回用到加氢装置上。这可减少100t/h以上的软化水消耗。

3.3　提高化学水制水率

化学水主要采用软化或离子交换、反渗透-混床两种制备工艺。目前存在的主要问题是：前者由于给水水质不高导致大量的锅炉排污，化学制水率高达1.2以上；后者由于只有70%的水回收率，新水耗量较大。对此，企业应采用适当提高给水水平，用二级化学除盐水代替作为中、低压产汽设备的给水，大幅度降低锅炉排污率；对含盐量较低的锅炉排水，利用余压送至循环水场作补充水；在反渗透工艺中增加对浓缩水软化循环或超级浓缩处理，提高水回收率至85%甚至95%以上等多种措施，可节约新水约60t/h。

3.4 增大蒸汽凝结水回收

炼化蒸汽除了用以汽提、抽真空、原料雾化、制氢和加热炉喷嘴燃油雾化变为工艺废水消耗外，其余的70%以上仅为间接加热用，是完全可以回收利用的。但长期以来，由于企业采用落后的蒸汽系统疏水器；没有完善的凝结水回收管网；换热设备的渗漏和腐蚀导致凝结水含油和铁，并缺乏有效监测手段和净化处理技术，使凝结水回收率多数低于30%。对此应首先进行凝结水系统管网的完善，选用先进的节能疏水阀；对无污染的高压透平凝结水与截等除油和离子交换、电磁过滤器除铁等技术设施，并采用在线污染检测设备加以保障。通过这些措施，可保证蒸汽凝结水得到高质量、高比例的回收，减少化学水消耗。以总回收率85%计，可减少软化水约125t/h。

4 循环水系统的节水与污水回用分析

循环水系统的节水主要有两个途径，一是降低系统内部水的流失、提高运行浓缩倍数、降低新鲜水补充量；二是采用污水代替新鲜水做系统补充水。根据国内外先进行业的调查分析，通过对循环水系统实施节水和强化管理技术；对污水采用污污分流、分质处理和适用的回用技术，使占60%左右的总外排污水(含油污水系列排水)回用系统补水，可以实现循环水系统不再补充新水，使目前系统设计新水单耗由0.46t/t降低至零。

4.1 节水措施分析

4.1.1 降低系统泄漏

系统泄漏主要来源于两个方面：一是管线渗漏；二是装置的某些机泵冷却用循环水，因回水压力低，冷却后直接排人含油污水，造成循环水的流失。采用的节水措施应对系统管道行使有效的查漏、补漏和防渗处理；对低压回水进行集中收集，由泵打回循环系统。通过这些措施，可使系统泄漏率由15%降低到5%以下，可相应减少补充水25~30t/h。

4.1.2 降低风吹损失

风吹损失是风冷过程中随出塔空气携带的循环水飘滴。由于风筒内风机的强大抽力作用，使填料中呈碎沫状水滴被塔内湿空气带到大气中，这部分水量损失较大，且对散热不起作用，应尽量避免。具体措施是完善塔体和填料结构、提高淋水密度、增加和选用有效的收水器、对现有塔的塔壁做防腐和堵漏处理、对风机增加或完善导流系统、降低风阻和水压等。风冷塔系列改造后，可使风冷塔风吹损失系数由目前的0.08%降到0.04%以下，可减少补充水8~10t/h。

4.1.3 降低旁滤系统反洗水耗

目前旁滤系统主要存在两方面问题：一是过滤设施的反洗水用量大，由于主要采用表面截流为主的传统沙滤，滤料利用率低、清洗效果差，反洗水耗高达5%；二是没有有效选择适应于含高浊度、高分散剂的过滤工艺和设施，使过滤效率低，被迫增加旁滤处理量。对此，炼化企业应结合自身的水质状况，在过滤设备和工艺上进行认真研究，如选用如微絮凝、高效纤维过滤、移动床过滤等，使反洗用水降低到2%以下，可减少系统补充水量15~20t/h。

4.1.4 提高系统浓缩倍数

由于技术、设备、管理等方面的原因，目前企业对浓缩倍数的控制普遍偏低。如对炼化1800余座凉水塔的调查，平均只有3.2，与发达国家4~5相比，补充水量增加近20%。其原因主要表现在：(1)管理水平差。装置随意排水、补水造成排污失控；设备老化及操作不当造成冷换设备泄漏，循环水质恶化，使大幅度进行循环水置换；工艺操作不按设计水温调节水冷器等。(2)设备和管线操作不当或老化。主要表现在风冷塔损失和泄漏量高。(3)旁滤设施不完善，循环水水质差，过滤反洗水耗大。(4)低水平药剂对高浓缩倍数的控制限制。

对此，企业除需要提高管理水平、降低风冷塔风吹损失和系统泄漏量外，还应针对具体水质下循环水药剂的选择和开发，使之可适用在高浓缩倍数和非良好水质的循环水处理中，降低对循环水水质水平的要求。另一方面要加大旁滤技术的开发，提高对悬浮胶体、浊度的去除，必要时增设去除有机物、硬度、总盐等工艺手段改善循环水水质，使浓缩倍数达到或接近发达国家水平。

4.2　污水回用技术分析

循环水系统实施污水同用取决于污水的水质状况、补充水的控制指标、以及解决两者之问差距所选用的工艺技术的经济可行性。

4.2.1　回用水质的控制指标

循环水系统平稳运行的前提条件是能够对循环水的碱度、硬度、浊度、氯和硫酸根离子、生物菌数及其生长繁殖速率等进行有效控制，避免系统结垢、腐蚀和生物黏泥。在借鉴国内外大量成功运行经验的基础上，中石化集团公司对回用水质控制指标提出了设计推荐标准，见表1。

表1　污水回用于循环冷却水系统作补充的水质设计

水质项目	推荐标准	水质项目	推荐标准
pH 值	6.5~9	氯离子/(mg/L)	≤250
悬浮物/(mg/L)	≤10	硫酸盐(SO_4^{2-})/(mg/L)	≤300
浊度/NTU	≤10	铁/(mg/L)	≤0.5
生化需氧量 BOD_5/(mg/L)	≤50	锰/(mg/L)	≤0.2
化学需氧量 *COD*/(mg/L)	≤50	总磷(以 P 计)/(mg/L)	≤2
氨氮/(mg/L)	≤5	溶解性固体/(mg/L)	≤1000
石油类/(mg/L)	≤5	游余氯/(mg/L)	≤0.5
电导率/(μS/cm)	≤1500	异养菌/(个/mL)	≤100
钙硬度($CaCO_3$)/(mg/L)	50~300	酚/(mg/L)	≤1
总碱度($CaCO_3$)/(mg/L)	50~300	硫化物/(mg/L)	≤0.1
钙硬度+总碱度/(mg/L)	50~300		

4.2.2　回用污水水质状况分析

由于原油加工种类、生产流程、装置组成的差别，特别是所采用的废水处理流程和运行水平的不相同，使目前炼化企业外排污水水质存在较大差别，但与污水回用做循环水补充水的控制指标相比，总体可表现为以下 4 种类型：(1)总体未能达标或未能稳定达标，如 *COD*>120mg/L、氨氮>50mg/L；(2)污水总体稳定达标，但 *COD*、氨氮、悬浮物等污染物含量明显高于循环水补充水要求，如 *COD*>50mg/L、氨氮>15mg/L；(3)污水水质总体良好，如 *COD* 接近或略高于 50mg/L、氨氮接近或略高于 10 mg/L，但污水中腐蚀性离子或结垢性离子含量较高；(4)表现出高含盐或强腐蚀性特征的污水，详见表 2。

表 2　典型炼化企业的污水场外排污水水质

出水水质	A	B	C	D	E	F	G
pH 值	6~8	6~9	6~9	6~8	7.2	7~9	4~7
石油类/(mg/L)	~5	~7	~7	2~5	~5	3~7	~10
硫化物/(mg/L)	~0.03	~1	~0.2	~0.05	0.07	~1.12	–
挥发酚/(mg/L)	~0.13	~0.5	0.1	~3.2	~0.3	–	–
COD_{Cr}/(mg/L)	38~63	80~100	80~100	110~140	68	90~100	60~100
氨氮/(mg/L)	2~18	30~40	10~15	14~57	~13	~10	~15
SS/(mg/L)	23~40	80~100	10~50	35~54	~37	60	~25

续表

出水水质	A	B	C	D	E	F	G
BOD_5/(mg/L)	3~20	5~30	5~30	10~30	5~20	30~40	–
钙硬/(mg/L)	51	90	50	95	100	178	–
总硬/(mg/L)	72	150	71	168~190	129	430	300
总碱/(mg/L)	50	190~280	81	58~82	387	183	–
总铁/(mg/L)	~2	~0.3	~0.4	~0.9	0.25	0.52	0.2~0.6
Cl^-/(mg/L)	90	250~300	108	112~114	55	1005	250~350
SO_4^{2-}/(mg/L)	220	230~250	208	98~100	80	–	–
总溶固/(mg/L)	669	860	586	650	638	1500	–
电导率/(μs/cm)	1053	1323	901	1000	981	3560	1100
出水水质	H	I	J	K	L	M	
pH值	6~9	7.1	7.6	8.0	7.5	6~9	
石油类/(mg/L)	4.5	4.5	2.1	1.0	4.7	3~10	
硫化物/(mg/L)	~0.3	0.09	–	–	0.06	0.3	
挥发酚/(mg/L)	~0.1	0.04	–	–	0.12	–	
COD_{Cr}/(mg/L)	90	108	103.5	<100	73	<150	
氨氮/(mg/L)	9.2	18.5	39.6	–	13.8	<30	
SS/(mg/L)	60	45	–	22	–	–	
BOD_5/(mg/L)	–	–	–	–	–	<30	
钙硬/(mg/L)	50.7	165	153	95	148	826	
总硬/(mg/L)	63	200	230	–	207	362	
总碱/(mg/L)	80.2	204	240	408	32~265	274	
总铁/(mg/L)	0.886	0.94	2.42	~0.35	2.0	0.19	
Cl/(mg/L)	88.7	107	91	85	–	705	
SO_4^{2-}/(mg/L)	<300	350	–	67	–	–	
总溶固/(mg/L)	420*	610*	760*	–	480*	564	
电导率/(μs/cm)	660	950	1183	–	740	826	

4.2.3 污水回用技术

(1) 强化污水达标技术　污水回用必须建立在水质稳定达标和水质中污染组分尽可能降低的基础上，对于目前水质不能稳定达标或水质污染组分相对较高的企业，需要对污水处理场强化管理或处理设施的改善优化，以最大发挥污水处理的潜力；对在此基础上仍难以达到有效降低污染物含量的，可以采用适度增加污水前处理或后处理单元加以解决。

污水前处理单元主要包括两类：一是对某些特殊废水或某些装置排出的特定废水进行适当的预处理或单独处理，如碱渣废水、罐区切水、含硫污水等，使其减少对污水场的冲击；二是完善除油设施和破乳、絮凝药剂，多年的运行经验证明，除油设施的运行效果直接关系到后续生化处理单元的正常运行和出水水质。由于近年来随着加工油品质量的变差、进水水质的乳化加重，除油方式和药剂多数不能发挥有效作用，改造增加新的除油技术设备和药剂是必要的，如采用新型浮选机、罐中罐、聚结技术、各种破乳絮凝剂等。

污水后处理单元是在原有污水处理流程的基础上增加一级生化或物化处理单元，如曝气生物滤池、膜生物反应器、活性炭吸附或生物活性炭、后絮凝过滤等，以保障污水的稳定达标和降低出水中各种污染组分的含量。

通过采取以上措施，可使废水生化处理的潜能和效率得到充分发挥，使污水稳定达标，且主要污染物 COD、NH_3-N 分别保持在 80mg/L(或 60mg/L)、15mg/L 以下。

(2) 污水深度脱 COD、氨氮、悬浮物技术。污水回用做循环水补充水的关键问题之一是污水回用后循环水系统不明显加重腐蚀和微生物粘泥生长，并通过适当的缓蚀杀菌药剂能够得到成功控制。根据循环水系统中不同浓缩倍数下污染物的积累性分析以及污水回用做循环水补充水的水质推荐指标，应采用各种先进的混凝沉降、多滤料过滤、纤维过滤以及移动床过滤等除悬浮物技术，曝气生物滤池、生物接触氧化、膜生物反应器、活性炭吸附、臭氧-活性炭、生物炭等除 COD 技术，生化法、氧化法、离子交换法等除氮氮技术，使污水稳定在 $COD<50$mg/L、NH_3-N<5mg/L 悬浮物<10mg/L。

(3) 污水微絮凝过滤一杀菌组合技术　一些污水处理场由于处理流程非常完善、设施和管理水平先进，处理后水质优良。如镇海炼化，具有完善的水系划分系统、对不同种类水质进行了适当预处理，混合后污水又经过了二级生化处理和氧化塘处理，使出水中 COD、NH_3-N 已分别稳定在 50mg/L 左右和 10mg/L 以下，经分析，废水中的 COD 主要由悬浮胶体构成的，对污水采用微絮凝过滤脱除胶体后，再结合适当的杀菌控制，即可使污水得到回用。

(4) 污水脱盐技术　对某些高含盐、高碱度硬度、高含量腐蚀性离子废水，除了需要考虑污染组分的处理外，还必须对这些离子进行适当处理，以满足污水回用后循环水系统在高浓缩倍数下不结垢、不腐蚀。采用的主要技术有低压反渗透、大孔阳离子树脂软化、电絮凝-电渗析-微滤、静电吸附脱盐等。

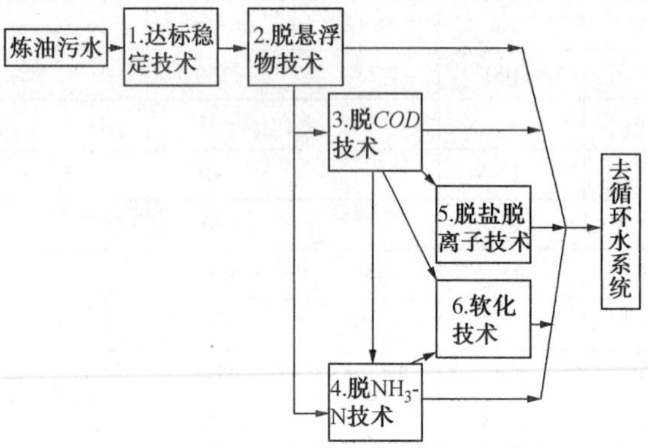

图 2　炼化污水回用流程

对炼化污水回用做循环水补充水的总体流程进行归纳，见图 2。图 2 中可选择的单元处理技术有：①装置废水的预处理技术、水质稳定技术、曝气生物滤池、膜生物反应器、移动填料式膜生物反应器、接触氧化、活性炭吸附、生物活性炭、后絮凝。②移动床过滤、纤维过滤、多滤料过滤、混凝沉降、微絮凝过滤组合技术。③曝气生物滤池、生物接触氧化、膜生物反应器、移动填料式膜生物反应器、活性炭。④低压反渗透、离子交换、电絮凝—电渗折—微滤、静电吸附。⑤大孔阳离子交换树脂软化、电絮凝—电渗折—微滤。

5　工艺装置节水技术分析

工艺装置用水包括生产成品或半成品高温加热时消耗的直冷水、动力蒸汽耗水、电脱盐用水、产品水洗水、药剂配制水、工艺注水、清洗槽车用水、机泵直流冷却水等。为了降低工艺新水的消耗，一方面要改革生产工艺，如增大油品加氢处理力度；采用管壳式表面冷却器代替大气冷凝器、真空泵代替蒸汽喷射泵，消除大气冷凝器排水；用干气、瓦斯或其它气体代替蒸汽或采用重沸器代替直接蒸汽汽提；用空气冷却取代水冷却等压缩用水量；取缔机泵等的直流冷却用水。另一方面要注重工艺用水的管理和优化使用。根据同内外成功的经验，采用先进的节水管理和中水利用措施，可将工艺新水用量控制在 60t/h 以下，即单耗由设计值 0. 1t/t 降至 0. 063t/t。

5.1　中水回用技术

工艺用水要改变所有用水点都得用新水的观念，要将某一工序的排水与下一工序的用水结合起来，经过选择和比较，使经过简单的净化或不加处理就可以提供给另一工序，建立若干循环回用系统，适当并逐步扩大采用中水代替新水做工艺用水的规模。在加大汽提净化水回用比例的基础上，采用催化汽提蒸汽凝结水吸收富气；将碱洗汽油废碱液脱臭处理后回用于柴油碱洗；冷焦水、切焦水处理后闭路循环使用；对某些含有发生蒸汽和电站的炼厂，可采用循环系统和锅炉排污等较洁净的废水做锅炉的冲灰水等。

5.2 强化管理、减少非装置用水

目前许多炼化工艺新水消耗在非工业生产装置上，如装置清洗、机泵和地面冲洗用等；某些部门因用水管理不善，长流水现象时有发生。对此必须完善计量，实施用水严格管理，减少或杜绝非装置用水消耗。

6 生活及其他辅助装置用水与节水

生活及其他辅助装置用水一般占有较小的分额，但一些企业由于基建项目频繁、承担生活区和外单位的供水，使全部的非生产性新水消耗量很大，如最高达到了50%以上。这除了需要开展全民性的节水教育和配备节水型用水设施外，更重要的是要采取经济手段和量化指标限制新水的使用，或采用较为纯净的清净排水和经适当处理的净化污水做生活区绿化、冲厕使用，使生活及其它用新鲜水量限定在50t/h以下，即这部分的新水单耗可达到0.0525t/t。

7 节水量化指标

通过对原油加工量8Mt/a的炼化企业工艺装置、化学水和蒸汽系统、循环水系统、生活和辅助装置等用水点的节水潜力与污水回用技术，企业吨油新水单耗可以实现由目前设计的1.31t/t降低到0.50t/t以下，从而接近发达国家的先进水平，见表3。

表3 炼化企业节水与污水回用量化指标(加工量8Mt/a)

新水用水状况	节水与污水回用前新水		节水与污水回用后新水	
	用量/(t/h)	单耗/(t/t)	用量/(t/h)	单耗/(t/t)
工艺装置用水	93.5	0.0982	60.0	0.0630
循环水补充水	439.5	0.4614	0.0	0.0000
蒸汽及化学水制备	650.4	0.6831	335.0	0.3518
辅助装置用水	39.8	0.0418	30.0	0.0315
厂区生活用水	26.0	0.0273	20.0	0.0210
合计	1249.2	1.3118	445.0	0.4673

8 结论与建议

随着水资源的逐年减少，国家、地区以及各行业必将制定有关限制生产用水和大幅度提高使用水资源费的政策，炼化将同所有其它行业一样回面临着前所未有的用水危机。为了尽快改变这种状况，企业必须转变用水观念，在充分吸收国内外先进的用水和节水经验的基础上，从工艺装置、循环水系统、化学水与蒸汽系统、辅助装置及厂区生活等各用水点挖掘节水与污水回用潜力，最大降低新鲜水消耗。通过对目前炼化企业用水点的节水与污水回用措施分析，新水耗量可以得到显著降低，吨油新水单耗可由设计值1.3t/t降低到0.5t/t，接近发达国家的先进水平。

参考文献

[1] 林大泉等. 发展节水型炼油工业的设想[J]. 石油炼制与化工，2002，3(33).

石化副产二氧化碳废气的资源化利用

李 涛

(中国石化扬子石化南京研究院，江苏南京 210048)

摘 要：二氧化碳的资源化利用是石化企业实现节能减排，保护生态环境，发展循环经济，实现可持续发展的重要课题。介绍了国内外 CO_2 的综合利用技术现状，提出了石化副产二氧化碳资源化利用的基本原则和主要利用途径。

关键词：石化企业；二氧化碳；减排；利用

1 前言

CO_2 是引起温室效应的主要气体之一，《京都议定书》的制定为发达国家明确规定了有法律约束力的温室气体量化减排指标。我国是发展中国家，2010 年 CO_2 排放量达 4300Mt，占世界的第二位，已成为发达国家碳排放贸易的主要对象，未来我国将有可能开始履行高比例的温室气体减排义务。而随着我国有关法律法规和政策的逐步出台和完善，石化企业也将面临日益加大的节能减排压力。但换个角度看，尽管 CO_2 的排放致使地球平均温度升高，对人类产生严重危害，但它同时又是一种无毒、不易燃的重要碳资源，若能回收加以开发利用，就能变废为宝。据统计，2010 年全世界各种矿物燃料燃烧、天然气开采等产生的 CO_2 200 多亿吨，致使大气中 CO_2 含量增加，然而 CO_2 的年利用量仅在 1 亿吨左右，如何有效地利用 CO_2 已成为当前全球迫切需要解决的问题[1]。

2 国内外 CO_2 的综合利用技术现状

CO_2 与其它碳一化合物的根本不同点在于它是含碳化合物的最终氧化物。目前，随着人们对 CO_2 利用研究的深入，使 CO_2 的应用领域得到了拓宽。其物理性质方面的应用主要有：用作惰性气体、冷却剂、压力源、溶剂等；其化学性质方面的应用主要有：用于羧酸的合成、尿素的合成、氨基甲酸酯的合成、碳酸酯的合成，此外还利用 CO_2 和环氧乙烷共聚的反应机理进一步可制得聚碳酸酯、聚醚、聚脲等。

用二氧化碳和氨合成尿素是二氧化碳规模固定和利用的最成功典范。以尿素为基础，还可利用二氧化碳合成碳酸二甲酯等重要化学品。以二氧化碳替代光气合成高附加值的系列重要化工原料(碳酸二甲酯、异氰酸酯、甲基内烯酸甲酯等)，不仅可实现清洁生产，还可以在温和条件下实现反应，提高过程的经济性和安全性[2]。化学利用则是 CO_2 循环利用最主要的方式，即在化工生产中直接消耗大量 CO_2，对减少 CO_2 排放量起到了举足轻重的作用，物理利用是对 CO_2 进行间接利用，并不消耗 CO_2。

目前，在国际上，二氧化碳作为化学品原料加以利用已初具规模。全世界每年有近 110Mt 二氧化碳被化学固定，尿素是固定二氧化碳的最大宗产品，每年消耗的二氧化碳超过 70Mt；其次是无机碳酸盐，每年达 30Mt；将二氧化碳加氢还原合成一氧化碳也已经达到 6Mt。此外，每年还有 2 万多吨二氧化碳用于合成药物中间体水杨酸及碳酸丙烯酯等。

在国内，目前我国已经掌握了碳捕集、分离与净化技术，在二氧化碳综合利用领域的技术与世界先进水平相当，这些都为国内炼化、水泥、燃煤、火力发电、炼钢等企业从废气中大规模回收二氧化碳，实现二氧化碳资源化和规模化利用、减少二氧化碳排放提供了有力的技术支撑。

3 石化副产二氧化碳废气的资源化利用

3.1 利用原则

二氧化碳可以转化生产多种化学品，其转化途径也多种多样。在确定二氧化碳资源化利用方向和选择项目时，要注意以下几个原则。

3.1.1 以市场需求为导向选择项目

一些以二氧化碳为原料制备的产品，其市场需求不大，这样的利用方案很难实现二氧化碳资源的规模化利用。在以二氧化碳为原料的产品开发生产中，要根据企业二氧化碳及其它相关资源情况，在进行充分的市场调研基础上，瞄准市场需求大，可以实现规模化、产业化生产的产品领域来选择项目，确定产品方案和生产规模，使开发生产的产品具有较好的市场发展空间，从而使二氧化碳资源化利用项目具有生命力。

3.1.2 要采用先进可靠、节能降耗、清洁生产的工艺技术

某些以二氧化碳为原料的产品生产过程需要大量具有毒害作用的溶剂或催化剂来支持，或者生产的产品中含有有毒有害元素，这种技术在解决二氧化碳利用问题的同时有可能引发新的环境污染问题。因此，在确定项目采用的工艺技术方案时，要对工艺技术方案进行认真比选，尽最大可能地采用先进可靠、节能降耗、清洁生产的工艺技术，以保证项目投产后，能安全、稳定、满负荷、长周期运行，提高资源的利用率，最大限度地减少污染物的排放，避免因生产过程中产生的副产品和污染物造成新的综合利用问题或引发新的环保问题，以实现产品的绿色化和产品生产的清洁化。

3.1.3 要注重资源化利用项目的经济性

某些以二氧化碳为原料生产的产品，其工艺技术实现成本过高，超出了利用其它原料或其它成熟工艺技术制备该产品的成本，使产品成本不具备明显的比较优势，无法在市场中推广应用。因此在选择项目和拟采用的工艺技术方案时，必须要满足技术与经济上的可行性，使项目不仅具有良好的环境效益和社会效益，更要具有良好的经济效益，从而使二氧化碳的资源化利用和企业的发展具有可持续性。

3.2 利用途径

3.2.1 利用 CO_2 合成基于 CO_2 共聚物的全生物降解塑料

将二氧化碳作为碳资源的化学利用，尤其是将二氧化碳中碳氧资源同时利用，是目前二氧化碳规模利用领域最有希望、最受关注的方向，其中值得关注的是具有良好发展前景的是 CO_2基生物塑料产业[3]。

该塑料具有可生物降解的特点，有助于解决塑料“白色污染”。例如，CO_2和环氧丙烷共聚物(PPC)，由于具备良好的生物降解性能、成本相对较低，且大量利用了 CO_2，聚合物中 CO_2的质量含量超过40%。二氧化碳共聚物的性能与聚乙烯类似，可以进行吹膜和注塑等，产品具有一定的透明性，许多性能可以和聚乳酸等生物降解塑料互补，尤其是阻隔性能比聚乙烯优越几十倍以上，而且生产成本比较低。

目前，以中国海洋石油总公司和内蒙古蒙西高新技术集团公司为代表的二氧化碳基塑料的工业化技术走在了世界前列，已经建立了两条千吨级的生产线。除此之外，河南天冠集团利用自创的催化体系，已经建成中试规模的二氧化碳共聚物生产线；中科院广州化学研究所生产低分子量的二氧化碳共聚物的技术已在江苏泰兴投入生产，品种是低相对分子质量二氧化碳/环氧化合物共聚物，用作聚氨酯发泡材料的原材料。

随着合成与应用技术不断进步、国家碳排放压力不断增大及国家政策扶持，CO_2基生物塑料距离大规模产业化已经为期不远。国内炼化企业可以与中科院长春应化所等有关单位合作，积极推动 CO_2基共聚物技术产业化进程，利用化工生产中的二氧化碳废气为原料，与环氧丙烷或环氧乙烷催化合成得到 CO_2基共聚塑料，发展符合环保发展要求，市场前景看好的生物降解塑料产业。

3.2.2 利用 CO_2 和环氧化合物直接环加成合成环状碳酸酯

目前，最为成熟的工业化 CO_2 利用是 CO_2 和环氧化合物直接环加成合成环状碳酸酯特别是碳酸乙烯酯(简称 EC)技术。EC 作为二氧化碳化学固定的重要典型中间体，以其替代二氧化碳作为羰基源参与化学反应，不仅可以解决二氧化碳直接利用中由于化学惰性所带来的反应条件苛刻等不利因素，而且能够有效实现二氧化碳产业链的拓展，获得高附加值精细化学品和具有可降解性能的聚酯材料[4-5]。

EC 是一种优良的高沸点、高极性溶剂和表面活性剂原料。在西方国家，EC 主要用于代替对环境有害的丙烯酰胺、尿素等作为无毒无害水玻璃浆料，此外，EC 作为添加剂广泛应用于锂电池电解液中、纤维整理剂等。近年来，人们陆续开展了以 EC 为原料合成高附加值的产品如：呋喃唑酮、碳酸二甲酯、乙二醇、功能高分子材料等，特别是合成具有可生物降解性质的聚碳酸酯越来越受到重视，展示了 EC 作为二氧化碳替代物的潜在化工原料在有机合成、聚合物材料等领域的广泛用途[6]。

目前，我国大型乙二醇生产主要采用国外环氧乙烷直接水合法专利技术(即在空气或氧气存在条件下，通过氧化银催化剂对乙烯进行氧化，然后环氧乙烷水解分馏制得乙二醇)，生产工艺存在水比高、选择性差、反应条件苛刻和能耗高的缺点，致使乙二醇的生产成本较高，无法和国外采用先进技术生产的产品相抗衡。炼化企业如采用酯交换工艺，可以充分利用环氧乙烷(EO)装置排放的 CO_2 资源，在现有 EO 装置内，只需增加 EC 管道反应器，将二氧化碳和环氧乙烷在催化剂作用下合成 EC，EC 和甲醇(MA)反应生成碳酸二甲酯和乙二醇，两步反应都属于原子利用率 100%的反应。采用该技术，不仅充分利用了环氧乙烷生产中产生的二氧化碳，节省了二氧化碳废气排放的环保费用，形成廉价合成碳酸二甲酯的工艺技术，而且降低了现有乙二醇合成工艺中原料消耗和能耗，与直接水合法相比，EG 收率提高 10%以上，高达 99%。

并且，炼化企业大多拥有环氧乙烷、苯、丙烯等丰富的原料优势，还可以进一步采用非光气法，利用碳酸二甲酯建设聚碳酸酯。对于国内来说，酯交换生产碳酸二甲酯(DMC)工艺较成熟，但从 DMC 与苯酚酯交换合成碳酸二苯酯(DPC)，再与双酚 A 熔融聚合制备聚碳酸酯(PC)这两步技术还不够成熟。目前，中国科学院成都有机化学所开发的国家 863 项目—碳酸二甲酯与苯酚酯交换合成碳酸二苯酯工艺，可为万吨级工业试验装置的设计提供软件包。

3.2.3 开展电厂烟气及装置废气等重点排放源的二氧化碳的捕集、存储及利用技术研究

二氧化碳的捕集应用与封存、利用(CCUS)技术是一种能大幅度快速降低化石燃料电厂碳排放的技术，其主要应用领域涵盖二氧化碳强化驱油(EOR)、二氧化碳强化采煤层气(ECBM)、食品级二氧化碳精制等[7]。

二氧化碳利用的前提是如何持续稳定地获取二氧化碳资源，而这方面的技术已经基本成熟。燃煤电厂作为 CO_2 的主要排放源，其尾部烟气 CO_2 的分离回收尤其受到关注。目前对 CO_2 进行回收比较成熟的方法有膜分离法、变压吸附法、低温分离法和吸收法[8,9]。

研究表明，二氧化碳被注入井下后，约有 50%~60%被永久封存于地下，剩余的 40%~50%随着油田伴生气返回地面。但通过原油伴生气二氧化碳捕集纯化，可将伴生气二氧化碳回收，并就地回注驱油，进一步降低了二氧化碳驱油成本。2009 年 12 月初，采用中国石化开发的具有完全自主知识产权的电厂烟气二氧化碳捕集纯化技术建成的燃煤发电厂烟气二氧化碳捕集纯化装置在胜利油田发电厂开工建设。2010 年建成后，每年使胜利油田减少二氧化碳排放 3 万多吨。

甘肃省兰州裕隆气体有限公司利用兰州石化公司生产过程中释发的二氧化碳废气，采用西南化工设计研究院变压吸附气体分离技术，将二氧化碳废气通过特殊的吸附剂，脱除其中的水分、硫、碳氢化合物等杂质进行粗净化，然后经加压冷冻使其变成液体，再进行闪蒸精馏、二次净化，生成高纯液态二氧化碳，已形成年加工生产 5 万吨高纯度液体二氧化碳的产能，其中 2 万吨高纯度液体二氧化碳的纯度达到或超过国家各项技术指标，现已成为西北地区最大的高纯度液体二氧化碳生产

基地。

炼化企业可以在中国石化开发的电厂烟气二氧化碳捕集纯化技术和西南化工设计研究院变压吸附气体分离技术的基础上，开展电厂烟气以及装置废气等重点排放源的二氧化碳捕集、分离、存储及利用的研究。

3.2.4　开展 CO_2 催化加氢制甲醇、甲酸和低碳烃类，CO_2 与甲烷重整制合成气等新技术的研究开发

目前国内外在这方面的研究大致可分为三类：第一类是二氧化碳加氢法[10]；第二类是二氧化碳-甲烷转化法[11]；第三类是烃类-水蒸汽-二氧化碳转化法。目前第三类方法是最为成熟的技术，应用较普遍，国内齐鲁石化公司的技术已应用近 30 年[12]。

第一类方法：需建有制氢装置，在电力供应充足地区采用这种方法是可行的，如果用化工生产的副产氢气则更好。丹麦托普索公司和德国鲁奇公司均完成了 CO_2加氢制甲醇的中试和工业装置设计。托普索公司采用 MK101 催化剂，在 5.0~8.0MPa、220~270℃条件下反应。该装置对氢气纯度有一定要求，低纯度氢气需经变压吸附、膜分离或深冷分离提纯。国内中石化南化集团研究院也正在开展 CO_2催化加氢制甲醇的研究。

第二类方法：采用天然气与二氧化碳重整制合成气，可实现工厂排放的二氧化碳循环利用，降低合成气的成本，提高下游产品的经济效益。另外，由于该过程没有废水、废渣、废气产生，是一条清洁、环保的绿色工艺路线，因此成为国内外研究的热点。这项技术的突出特点是适用范围广，可以在许多方面发挥作用。如在化工生产中，合成气的生产成本占下游产品成本 65%的份额。采用天然气与二氧化碳重整制合成气，每吨合成气比煤气化法大致可节约成本 595 元。调节原料气的配比后，用该路线还可生产甲醇、丁辛醇、醋酸等许多产品。国内吉林石化研究院在这方面已经取得成功，并且二氧化碳不需要进行提纯分离，可直接与天然气进行反应。

3.2.5　开展生物法固定 CO_2 技术研究，利用含油微藻制取生物柴油

CO_2的生物法固定近年来受到了较为广泛的关注。一些自养微生物可在温和条件下实现 CO_2向有机碳的转化，这些微生物大致有两类，即光能自养型微生物和化能自养型微生物。随着新型固定 CO_2的微生物不断被发现以及现代微生物育种技术的应用，生物法高效固定 CO_2将会成为一个潜在的应用技术。

藻类含有大量的生物油脂，也就是植物油，部分品种含油达 70%，而且它们的光合作用效率高，生长迅速。一年能种三季的玉米非常罕见，但藻类只需 10 天、最多两周就可完成一个生长周期。研究表明，每公顷土地上，玉米的年产油量只有 120L，大豆稍高，为 440L，而藻类可达 $(1.5\sim8)\times10^4$L，是玉米的数百倍。因此，如果能找到最适宜的品种，再加上培育得当，藻类将是非常有潜力的生物柴油来源。

我国在能源微藻基础研究方面有很强的力量，拥有一大批淡水和海水微藻种质资源，在微藻大规模养殖方面已走在世界前列。中科院大连化物所等在产氢微藻，中国海洋大学、清华大学等单位在产油微藻方面具有一定工作基础。北京新奥科技发展有限公司开发了微藻二氧化碳减排技术，已通过科技部组织的专家评审。该课题利用热电厂、化工厂排出的二氧化碳等废气养殖含油微藻，提取微藻油脂，用以制备生物柴油，实现二氧化碳就地吸收和资源化，该项成果曾在 2010 年上海世博会上进行了示范。另外，中国科学院与中国石化联合启动了微藻生物柴油成套技术开发，近期要完成小试研究，2015 年前后实现户外中试装置研发，远期将建设万吨级工业示范装置。

4　结语

近年来，随着世界各国对温室效应的日益重视，分离回收主要的温室气体 CO_2已经成为一个研究热点。石化企业是二氧化碳排放的重点行业，减排压力大，同时潜力也很大。开发生产以二氧化碳原料的各种化工产品，是一条实现石化企业碳减排的有效途径。国内石化企业可根据各自企业的

实际情况，采用合适的技术来实现二氧化碳废气的规模化回收利用，将 CO_2 固定转化为有用的再生资源，实现碳资源的循环利用和节能减排。

参 考 文 献

[1] 程明珠，刘忠生．二氧化碳减排技术和发展趋势[J]．当代化工，2011，40(8)：824-826.

[2] 张辉，罗玉，宋美华，韩璞．二氧化碳的资源化利用[J]．辽宁化工，2011，40(6)：601-607.

[3] 秦玉升，王献红．基于二氧化碳共聚物的全生物降解塑料[J]．生物产业技术，2012(3)：11-16.

[4] 徐宾．二氧化碳与环氧环己烷共聚的研究进展[J]．化学研究，2011，22(3)：88-98.

[5] Hiroshi Sugimoto. Shohei Inoue. Recent progress in the synthesis of polymers based on carbon dioxide[J]. Pure AplChem, 2006, 78: 1823.

[6] 陈松丛，刘建华，汪妍．二氧化碳的间接利用：碳酸乙烯酯应用研究进展[J]．分子催化，2010，24(6)：556-568.

[7] 朱家艺，贺军辉．二氧化碳的捕集、存储及转化[J]．影像科学与光化学，2011，29(3)：168-180.

[8] 侯建红，韩小东，程俊，樊丽华．二氧化碳回收技术进展[J]．中国环境管理干部学院学报，2011，21(3)：38-42.

[9] 王桂红，余云松，张早校．化学吸收法分离烟气二氧化碳研究进展[J]．青海大学学报(自然科学版)，2011，29(4)：35-39.

[10] 雷虹．二氧化碳加氢合成甲醇[J]．化工催化剂及甲醇技术，2009(1)：19-23.

[11] Jiang Z, Xiao T, Kuznetsov V L, etal. Turning carbon dioxide into fuel[J]. Phil. Trans. R. Soc. A., 2010, 368: 3343-3364.

[12] 靳治良，钱玲，吕功煊．二氧化碳化学—现状及展望[J]．化学进展，2010，22(6)：1102-1115

催化裂化装置能耗分析及改进

黄　勇[1,2]　张娟利[1]　张书勤[1]

(1. 陕西延长石油(集团)有限责任公司研究院，陕西西安　710075;
2. 西北大学化工学院，陕西西安　710069)

摘　要：借助物料衡算、热量衡算、㶲动量衡算和能量平衡、㶲平衡的三环节理论对催化裂化装置的反应-再生系统进行计算。结果表明，燃烧过量主风和干气使再生剂线速高、停留时间短，氧浓度低、水蒸气分压大，造成催化剂活性降低、烧焦利用热减少，导致装置能耗增加。通过降低主风、停烧干气以及优化换热、减少过程火用损和散热排弃能等措施，能耗降低23.71%，节能效果明显。

关键词：催化裂化　能耗　节能

1　前言

社会、经济迅速发展引起轻质油需求日益增加与原油供应劣质化、重质化的矛盾促进了重油轻质化工艺的快速发展。残炭低、金属含量低、沥青质少的重油特点决定我国重油轻质化工艺主要以催化裂化工艺为主。

催化裂化在生产轻质燃料的同时消耗大量的能源。操作状况的优劣直接影响装置的用能水平，关系炼油厂的综合能耗和经济效益。我国催化裂化装置能耗较高，约2800~3500MJ/t。通过利用先进的工艺技术、优化操作条件来降低装置能耗，缩短国内外差距，提高市场竞争能力，是催化裂化装置亟待解决的问题。

本文针对某厂催化裂化装置出现产品分布恶化、结焦严重、加工剂耗大和综合能耗高等问题，通过对反应-再生系统进行物料、热量和动量平衡计算，考察装置的加工能力、产品收率和能耗分布等情况，分析能耗高的主要原因，提出优化节能措施以降低装置能耗。

2　装置特点

某厂0.2Mt/a催化裂化装置以>350℃常压渣油为原料，由反应-再生、分馏、吸收稳定和产品精制(液化气脱硫、粗汽油脱硫醇等)等部分组成。两器采用高低并列式，提升管应用新型原料雾化喷嘴、分层进料技术和终止剂技术等，沉降器采用新型单级旋风分离器和新型汽提挡板技术。采用前置烧焦罐高效再生。

3　能耗计算与分析

为考察催化裂化装置的加工能力、产品收率和能耗分布等情况。通过对催化裂化装置进行物料平衡、热量平衡和动量平衡计算，分析操作参数，了解装置用能过程的损耗，分析能耗分布和能耗偏高的设备、环节，提出节能措施。

3.1　物料平衡

为反映回炼油和油浆对催化裂化反应的影响程度，在相同的反应再生温度、不同回炼比(工况1、2)条件下，以工况1为基准，收集数据借助物料平衡析装置的用能水平[1]。详见表1。

表1 物料平衡

项目	工况1(0.54)		工况2(0.2)		设计值
	流量 t/h	%(ω)	流量 t/h	%(ω)	
入方					
冷进料	7.26	43.96	6.8	41.46	—
热进料	9.256	56.04	9.59	58.54	—
合计	16.52	100.00	16.38	100.00	100.00
出方					
干气+损失	1.761	10.67+0.62	1.725	10.53+0.58	3.80
液化气	1.592	9.64	1.744	10.65	13.70
汽油	5.945	36.00	6.215	37.94	42.00
柴油	5.75	34.80	5.022	30.65	34.00
油浆	—	0	—	0.85	0
焦炭	1.372	8.30	1.441	8.80	6.50
合计	—	100.00	—	100.00	100.00

由表1可知，难裂解的稠环芳烃吸附在催化剂表面，恶化催化剂的环境。在相同操作条件下，将回炼比由0.54降至0.2，催化原料中难裂解的稠环芳烃减少，原料可裂化性提高，减少对催化剂的污染，改善反应体系的催化活性、选择性，使催化剂的重油转化能力增强。

3.2 热量平衡

通过热量平衡确定能量消耗的部位、大小和原因，改变反-再温度、剂油比和进料预热温度等参数，优化反应、再生条件和产品分布，详见表2。

表2 反再系统热量平衡

再生系统热平衡			反应系统热平衡		
项目	热量/MW	%	项目	热量/MW	%
入方			入方		
焦炭、干气燃烧放热	19.85	100	催化剂带入热量	8.453	90.9
出方			焦炭吸附热	0.846	9.10
主风升温热	4.632	23.33	出方		
水蒸气升温热	0.073	0.37	原料升温汽化热	4.535	48.79
焦炭升温热	0.277	1.39	回炼油升温热	0.579	6.23
焦炭脱附热	0.846	4.26	油浆升温汽化热	1.012	10.88
外取热器取热	1.897	9.56	提升干气升温热	0.568	6.11
散热损失	3.343	16.84	水蒸气升温热	0.234	2.52
催化剂带走热量	8.453	42.58	散热损失	1.065	11.45
燃料气升温热	0.332	1.67	总反应热	1.304	14.02
合计	19.85	100	合计	9.299	100

由表2可知，主风升温吸热4.632MW，占焦炭及干气燃烧放热量23.33%，是能耗的主要构成。反应器和再生器的散热损失为1.065MW、3.343MW，分别占总输入热的11.45%和16.84%，大于设计值(6%~7%)，造成能耗指标偏高[2,3]。

3.3 动量平衡

反再系统是催化裂化正常运行的关键，由提升管、沉降器、烧焦罐和余热锅炉等部分组成。本节对反再系统中的线速度、停留时间、催化剂藏量和烧焦强度等参数进行计算。

3.3.1 反应系统

高温再生剂在原料油喷嘴处与大分子原料油发生催化裂化反应。反应油气、催化剂粉末在快分、旋风分离器的作用下分离，过热油气进入油气管线、分馏塔；催化剂在汽提段内经过热水蒸气的作用，使吸附的油气解吸，脱吸的催化剂即待生剂经滑阀进入再生器。反应系统操作参数详见表3。

表3 反应系统操作参数

项目	实际值/设计值	项目	实际值/设计值
提升管催化剂总循环量/(t/h)	135.3/200	提升管平均剂油比	5.4/8.0
提升管入口线速/(m/s)	7.37	提升管出口线速/(m/s)	14.67/15.0
提升管平均线速/(m/s)	10.61	提升管停留时间/s	3.05/3.0
粗旋油气体积流率/(m^3/s)	4.15	旋分入口线速/(m/s)	17.39/21.3
粗旋入口线速/(m/s)	14.80/15.5	旋分内停留时间/s	0.14
粗旋内停留时间/s	0.41	沉降器内总停留时间/s	4.571
油气在油气管线内流速/(m/s)	28.26/34.54	焦炭中H含量/ω%	5.1

由表3可知，高温油气在一旋、二旋和油气管线内线速为14.80m/s、17.39m/s和28.26m/s，停留时间增加，反应油气易发生缩合生焦反应，生成大量焦炭，堵塞设备及管路。

3.3.2 再生系统

含炭量较高的待生催化剂在烧焦罐中通过主风烧去催化剂上的焦炭，恢复其活性后经再生斜管送回反应器循环使用。烧焦产生的高温烟气进入余热锅炉回收热量后排入大气。再生系统操作参数详见表4。

表4 再生系统操作参数

项目	实际值/设计值	项目	实际值/设计值
烧焦罐内停留时间/min	2.03	再生器内停留时间/min	9.41
烧焦罐烧焦强度/[kg/(t·h)]	237.6	再生器烧焦强度/[kg/(t·h)]	12.80
烧焦罐线速/(m/s)	1.599/1.426	再生器密相线速/(m/s)	0.836/0.845
再生器稀相线速/(m/s)	0.492/0.55	一旋入口线速/(m/s)	18.16/20.33
烟气管线线速/(m/s)	21.3	二旋入口线速/(m/s)	20.86/23.35

燃烧过量的干气造成烧焦罐的线速增大至1.607m/s，停留时间缩短至2.03min，烧焦强度为237.6kg/(t·h)，烧焦罐的烧焦能力减弱。部分焦炭在再生器中发生尾燃现象，造成再生器、烧焦罐温差40℃以上，大量热量被带入烟气中，热量损失增大。

干气中燃烧产生水蒸气，水蒸气分压为正常主风水蒸气分压的3倍以上，高温下催化剂发生水热失活，催化剂活性降低，导致转化率下降，产品分布恶化。

4 能量三环节

根据能量的变化规律，将催化裂化过程用能分为能量的转换和传输、能量的工艺利用和能量回收三个环节[4]。通过三环节模型对催化裂化装置进行能量平衡和㶲平衡的分析，评价过程用能，剖析每个环节，详细指出能耗的大小、部位及原因，提出节能途径。详见表5。

表5 能量平衡和火用平衡

项目	能量			㶲		
	符号	/MW	/(MJ/t)	符号	/MW	/(MJ/t)
能量转换						
总供入能						
焦炭	E_{PC}	19.85	4325.67	EX_{PC}	19.85	4325.67
供入蒸汽	E_{PS}	0.9947	216.76	EX_{PS}	0.4469	97.4
供入电	E_{PE}	1.968	428.96	EX_{PE}	1.968	428.96
供入热	E_{PH}	9.3	2026.63	EX_{PH}	3.45	751.8
合计	E_P	32.11	6998.02	EX_P	25.71	5604.2
转换输出	E_B	3.025	201.22	EX_B	1.67	363.38
直接损失	E_W	14.074	3066.96	D_{JU}	8.508	1854.13
过程㶲损	—	—	—	D_{KU}	2.76	601.23
工艺利用						
有效利用	E_U	14.361	3588.19	EX_U	11.44	2493.23
回收循环	E_R	17.65	3409.82	EX_R	3.91	852.46
工艺总用能	E_N	32.11	6998.02	EX_N	25.71	5604.2
热力学能(㶲)耗	E_T	4.215	925.12	E_T	0.031	6.74
散热	E_{UD}	0.2958	64.47	EX_{UD}	0.1588	34.6
过程㶲损	—	—	—	D_{KP}	11.77	2563.8
能量回收						
待回收能	E_O	27.60	6088.42	EX_O	7.55	1646.02
回收输出	E_E	1.2474	271.83	EX_E	0.4906	106.91
排弃能	E_J	10.678	2326.77	D_{JR}	0.9979	217.46
过程㶲损	—	—	—	D_{KR}	2.1531	469.19
汇总指标						
净能(㶲)耗	E_A	29.3	6384.99	D_A	26.3808	20.108
转换效率	η_U	88.76		η_{XU}	53.40	
使用效率	η_P	99.08		η_{XP}	29.49	
回收率	η_R	66.70		η_{XR}	53.67	
装置能源利用率	η_c	90.67		—	—	
总排弃能(㶲)	—	—		D_J	9.6667	2106.19
总过程㶲损	—	—		D_K	16.6831	3634.22

由表5可知，转换和传输环节中，能量和㶲转化率为88.76%、53.40%，通过改造余热锅炉结构以强化传热效果，减少排烟的损失能，提高能量转化效率。利用环节中，能量和㶲利用率为99.48%、29.49%，通过降低主风、干气减少工艺总热用能；降低回炼比、提高剂油比来减少焦炭产率和烧焦放热量。回收环节中，能量火用回收率为66.70%和53.67%，优化冷、热物流间换热

流程以减小传热温差、降低传热过程火用损和加强高温部位的保温，减少散热排弃能等措施，改进催化裂化装置的能量回收系统。

5 节能效果

通过对装置进行物料衡算、热量衡算、动量衡算和能量平衡、㶲平衡的三环节理论计算分析，采取降低主风和瓦斯量、改善余热锅炉、优化进料分布等措施，装置能耗显著降低，能耗分布见表6。

表6 能耗分布

名称	设计能耗/(MJ/t)	比例/%	改进前能耗/(MJ/t)	比例/%	改进后能耗/(MJ/t)	比例/%
新鲜水	0.9	0.0233	0.9	0.0127	0.9	0.0167
循环水	144.0	3.735	68.1	0.966	68.1	1.267
除盐水	35.4	0.918	0.7	0.00993	0.7	0.0130
蒸汽	-461.1	-11.961	488.3	6.930	170.3	3.167
电	1268.0	32.892	1247.1	17.699	1033.0	19.211
催化烧焦	2720.1	70.560	3744.2	53.139	3745.0	69.649
净化风	147.7	3.831	178.7	2.536	178.7	3.323
燃料气	0	0	1318.0	18.706	180.3	3.353
能耗合计	3855	100.00	7046	100.00	5377	100.00

由表6可知，改造后装置实际能耗为5377MJ/t，比改进前能耗下降1669MJ/t。其中，电能、水蒸气和燃料气消耗分别降低214.1、318.0、1137.7MJ/t，其余耗能物流变化不大。焦炭能耗为3745.0MJ/t，占总能耗69.649%，由于产品分布不良，焦炭收率过大，导致烧焦能耗指标超过设计值。通过优选催化剂、优化反应-再生条件，降低生焦率和焦炭能耗。

改造后装置能耗为128.5EO/t原料，降低23.71%，节能效果明显。改造后装置能耗为128.5EO/t原料，降低23.71%，节能效果明显。

参考文献

[1] 曹汉昌，郝希仁，张韩．催化裂化工艺计算和技术分析[M]．北京：石油工业出版社，2000：509-530.

[2] 余龙红．催化裂化装置实际能耗的计算与分析[J]．石油炼制与化工，2004，35(3)：53-56.

[3] 陈俊武．催化裂化工艺与工程[M]．北京：中国石化出版社，2003：77-80.

[4] 华贲．工艺过程用能分析及综合[M]．北京：烃加工出版社，1989：70-74.

重整装置高温法兰的保温节能应用

单寅昊

(中国石化上海石油化工股份有限公司，上海 200540)

摘 要：主要阐述了传统应用中高温法兰部位保温后的运行问题及解决思路，同时介绍了一种新型高温法兰连接组件在重整装置上首次应用的情况，并对节能情况进行了经济核算，此次高温法兰连接组件的成功应用为重整装置节能提供了新途径，同时也为行业内的节能降耗工作提供了新思路。

关键词：重整 高温法兰 节能

1 前言

重整装置是各石油炼制企业提高汽油辛烷值和生产芳烃原料的重要手段，在石化生产中具有重要的地位。重整反应是强吸热反应，能耗较大，一般半再生重整装置能耗为2.93~3.77GJ/t进料左右，连续重整为2.93~4.40GJ/t进料左右，在反应过程中为了保持所需的温度需多次“接力”加热，一般有四个反应加热炉。热量均由加热炉供给，重整反应部分的能耗最高，约占全装置能耗的53.6%左右。重整装置作为炼油加工链条中的耗能大户，必须要走节能减排的发展道路[1]。故降低重整加热炉能耗成为降低重整能耗的关键。

反应器与加热炉间是转油管线。重整炉的炉管进、出集合管各一根，连接炉管组件。集合管的一端与转油管线焊接连接，另一端与盲板法兰连接，转油线与反应器进出口为法兰连接，法兰不保温条件下外表面温度约为400~450℃。重整反应器与加热炉的工艺流程如图1工艺流程图。按照《GB 4272—1992 设备及管道保温技术通则》规定，当设备及管道的外表面温度大于60℃时需要保温，对于要求及时发现泄漏的法兰也可以不保温。但是，在很多高温场合采用了保温后，法兰连接处会出现渗漏故障，介质渗漏后积聚在保温材料中，在高温作用下，容易酿成火灾事故。正是出于安全的考虑，美国UOP公司(世界著名的炼油工艺专利商)建议425℃以上法兰不保温。目前为保证装置的安全，防止法兰泄漏引发的安全事故，全国各大炼厂的高温法兰连接部位及一定长度的接管均不保温。

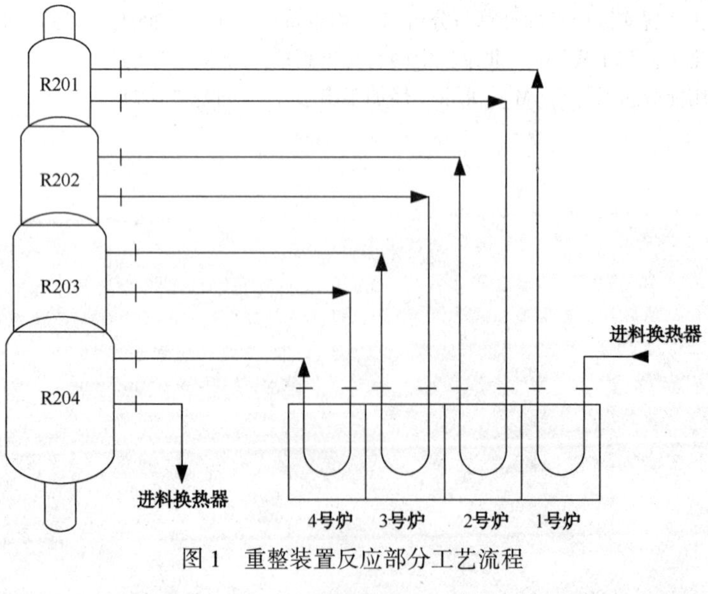

图1 重整装置反应部分工艺流程

新型高温法兰连接组件在本公司连续重整装置上的应用是行业内的首创，从保温至今已经连续运行 8 个月，运行情况良好无泄漏，此次应用为行业内高温法兰保温节能提供了新的途径。

2 高温法兰保温后的运行问题及解决思路

历史上，石化企业多次尝试对高温法兰接头进行保温，但保温后就会发生泄漏，尤其当介质是高温高压氢气时更危及装置安全。发生泄漏的法兰通常采用缠绕式垫片，有的厂是升温 2 天后泄漏，有的厂则是半天就泄漏。一般是在开车后 50h 内发生泄漏，但拆除保温后泄漏就会逐渐停止。

高温法兰保温后，螺栓、法兰和垫片的温度都相应升高，长期服役下会发生蠕变松弛。但现场表明法兰保温后 50h 内就发生了泄漏，其泄漏原因不是螺栓、法兰长期蠕变松弛问题，而主要原因是：①密封面压紧力不足；②现场安装不规范；③缺乏对螺栓预紧力的初始管理。

2.1 高温法兰保温后的运行问题

(1) 螺栓和垫片的温度都相应升高，在升温和降温过程中，法兰和螺栓的温度基本一致，与接头不保温相比，热胀冷缩使接头更紧密的好处此时不复存在。

(2) 法兰、螺栓和垫片的温度同步升高，螺栓和垫片的蠕变以及垫片回弹性能的降低会对法兰的密封可靠性产生不利影响。

(3) 微量的渗漏有可能在保温层积聚，长期积累可能导致火灾。

2.2 解决思路

主要通过以下五个方面保证高温保温法兰的密封性能[2]：

(1) 改变密封垫片的型式(金属缠绕式垫片改为金属与金属接触式垫片)，金属与金属接触式垫片的性能(主要是压缩回弹性能和密封性能)受温度影响较小，适用于高温场合。

(2) 改变密封的原理：基于金属与金属接触式法兰密封代替浮动式法兰密封。金属与金属接触式密封在施加螺栓预紧力后，石墨密封环上的比压保持稳定，预紧力的增加部分由石墨垫片的金属外环承担，这样可以施加更大的螺栓预紧载荷，以抵消高温和内压引起的密封环上比压的减少。另外，金属外环与法兰接触也限制了法兰的偏转，这些有利于提高法兰的密封性性能，故该密封型式特别适用于高温和温度波动的工况。

(3) 通过有限元计算，得到螺栓的预紧力和预紧顺序、螺栓的蠕变松弛与服役时间关系、泄漏与服役时间的关系等，估计安全服役周期。

(4) 选用抗蠕变性能好的螺栓材料。对国内外的高温用螺栓材料进行比较分析，并对选用的螺栓进行蠕变性能测试。

(5) 制订法兰现场安装规范。高质量的法兰连接取决于良好的法兰密封面质量，合适的安装工具和正确的安装程序，使用高质量的螺栓等。因此，通过控制和保证预紧力，并遵循合适的现场安装规范，以保证垫片有足够和均匀的比压，达到规定的安全服役时间。

3 实际应用

重整装置是以精制重石脑油为原料，生产富含芳烃的高辛烷值汽油，同时生产副产物 C_6 馏分、H_2、LPG、C_5、FG 等副产品。正常情况下，为保持反应过程中所需的温度，设置有四个反应加热炉，进行“接力”加热。最终实现原料的充分反应。

四个“接力”加热炉与反应器进出口，有 8 个集合管盲法兰，8 个转油线法兰，工艺流程如图 2，目前已经全部保温，保温前后的现场照片如图 2 保温前集合管法兰和图 3 保温后集合管法兰所示。

2013 年 5 月初，重整装置陆续将集合管盲法兰和转油线法兰保温，保温后集合管盲法兰外表面温度由原来的平均 405℃降至目前的平均 60℃，保温至今运行八个月，运行情况良好无泄漏。

图 2　保温前集合管法兰

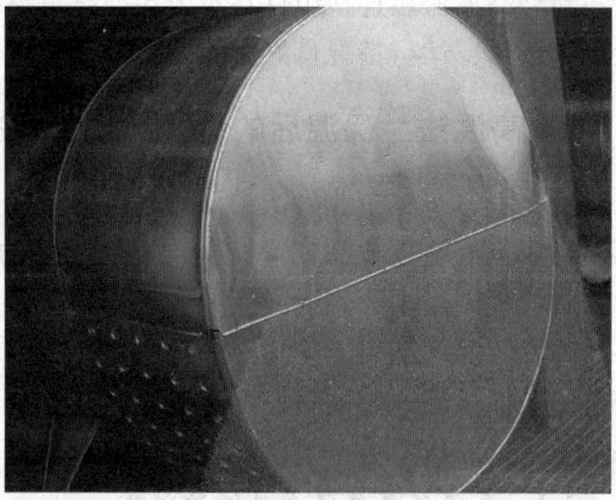

图 3　保温后集合管法兰

4　效益估算

重整反应为强吸热反应，反应部分的能耗来自于燃料消耗，燃料消耗量与重整装置负荷、重整原料的环烷烃含量，重整汽油辛烷值，反应温度均有关系。2014 年 3~7 月，重整装置运行平稳，负荷相对稳定，原料变化较小，原料中环烷烃含量在 22.6%左右，反应温度控制在 516℃左右，重整汽油辛烷值在 98 左右，因此选择这 3~7 月的数据(表 1)作为估算的依据。

表 1　3~7 月份重整装置负荷、反应温度、产品辛烷值、原料性质及反应炉燃料气用量

时间	负荷/(t/h)	反应温度/℃	辛烷值 *RON*	原料环烷含量/%	燃料气用量/(Nm^3/h)	吨原料燃料消耗/(Nm^3/t)t
3 月	123.8	515.3	98.3	23.3	5092	41.13
4 月	118.4	514.1	98.5	22.9	4959	41.88
5 月	124.9	516.5	98.0	22.6	4966	39.76
6 月	120.1	515.6	97.7	22.5	4883	40.66
7 月	121.8	515.8	97.9	22.2	4978	40.87

5~7 月的吨原料燃料气消耗比 3 月、4 月明显下降，燃料气用量平均降低了 1.08Nm^3/t 原料。按设计负荷 1Mt/a，每年可节约燃料气用量约 $1.08\times10^4 Nm^3$，本公司使用的燃料气以天然气为主(天然气相对分子质量 16g/mol)，每年可节约天然气约 769t，以每吨天然气价格 3789.69 元(2013 年 12 月)计算，全年可以节约约 291 万元。

5　结论

新型高温法兰连接组件在使用了特殊材质的螺栓垫片后，可以保证法兰不泄漏，实现装置的长周期运行，解决了行业内高温法兰不能保温的传统难题，同时也取得了较为可观的经济效益，为装置节能降耗做出贡献。

参　考　文　献

[1]　徐承恩．催化重整工艺与工程[M]．北京：中国石化出版社，2006：874-882.

[2]　蔡仁良等．核电站石墨密封垫片的实验研究[J]．液压气动与密封，2010，11(29).

巴陵石化炼油装置与苯乙烯装置的能量优化研究

杜建文

（中国石化巴陵石化分公司，湖南岳阳　414014）

摘　要：针对巴陵石化苯乙烯装置和炼油装置用能情况，提出了装置间能量优化思路，实施改造使炼油装置能耗降低了 6.97kgEO/t 原油，节能效果显著。

关键词：炼油装置　苯乙烯装置　能量优化　节能降耗

1　前言

对于石化企业来说，节能降耗是一项重要工作。就巴陵石化来讲，对炼油装置实施一系列节能降耗措施后能耗大幅下降，2005 年炼油综合能耗由原设计 114.45kgEO/t 原油降至 77kgEO/t 原油，2007 年综合能耗进一步降至 66kgEO/t 原油。为进一步降低炼油装置能耗，巴陵石化持续开展了能量优化研究。

巴陵石化炼油装置设计为 2Mt/a 常压蒸馏装置配套 105 万吨/年 ARGG 催化裂化装置，2009 年对催化装置实施了 MIP-CGP 技术改造后，催化反应所需热量有所减少，再加上原料油残炭上升、满负荷加工等因素的影响，催化剂再生采用不完全燃烧后热量仍有过剩，再生烟气 CO 体积含量达到了 7%~11%(设计值 3.6%)。受催化装置配套余热回收系统焚烧炉炉膛超温、排烟温度过高、蒸汽阻力偏大、再生烟气无法全部进入 CO 焚烧炉等瓶颈制约，催化烟气能量不能充分回收。

苯乙烯是生产 SBS 等锂系聚合物原料之一，为提高原料自给率，巴陵石化 2010 年规划建设 120kt/a 苯乙烯装置。苯乙烯装置采用中石化自有乙苯负压脱氢制苯乙烯技术，据了解蒸汽消耗约占苯乙烯生产总能耗的 73%。结合炼油装置催化烟气能量没有充分回收的情况，在项目实施时，开展了炼油装置与苯乙烯装置能量优化研究。

2　炼油装置和苯乙烯装置蒸汽消耗及系统分析

2.1　炼油装置蒸汽系统现状分析

炼油装置有 1.0MPa 和 3.5MPa 蒸汽管网，分别与公司主蒸汽管网连通，催化装置自产 3.5MPa 过热蒸汽 81t/h，主要供气压机透平。另外，为保证蒸汽管线暖管需要，需持续从公司 3.5MPa 主蒸汽管网吸入蒸汽 10.5t/h，通过管网平衡减温减压后并入 1.0MPa 蒸汽管网。炼油装置 1.0MPa 蒸汽主要来自催化装置汽轮机出口，主要供炼油装置各用汽点使用，富余 1.0MPa 蒸汽送入公司管网，表 1 列出了炼油装置蒸汽平衡情况。

表 1　炼油装置蒸汽平衡表(典型工况)

3.5MPa 蒸汽				1.0MPa 蒸汽			
来源/(t/h)		消耗/(t/h)		来源/(t/h)		消耗/(t/h)	
外来	10.5	气压机	75.5	气压机	75.5	炼油装置	52.08
自产	81	减温减压	16	减温减压	16	公用工程等	5.78
						外输	33.64
小计	91.5		91.5		91.5		91.5

2.2 120kt/a 苯乙烯装置蒸汽消耗分析

根据苯乙烯生产工艺特点，120kt/a 苯乙烯装置需消耗 0.35MPa 蒸汽 45.34t/h(具体见表 2)，但因公司未设置 0.35MPa 蒸汽管网，需在苯乙烯装置新建。如将 1.0MPa 蒸汽减温减压至 0.35MPa 则蒸汽压力能将会损失，为此在气体压缩机选型时采用 3.5MPa 蒸汽透平蒸汽驱动，背压出 0.35MPa 蒸汽。另外，除压缩机背压汽及苯乙烯装置自产汽外，还需要 0.35MPa 蒸汽 36.64t/h，可以考虑不同压力等级蒸汽之间能量的梯级利用。

表 2　120kt/a 苯乙烯装置蒸汽消耗分析(正常工况)

3.5MPa 蒸汽				0.35MPa 蒸汽			
来源/(kg/h)		消耗/(kg/h)		来源/(kg/h)		消耗/(kg/h)	
外来	8700	压缩机	8700	压缩机	8700	蒸汽过热炉	20749
				低低压废热换热器	8965	乙苯苯乙烯塔再沸器	18601
				低压凝液罐蒸汽凝	3435	其他用汽点	18385
				外来	36635		
小计	8700		8700		57735		57735

2.3 炼油和苯乙烯装置蒸汽需求分析

炼油装置只有催化装置可产 3.5MPa 蒸汽及 1.0MPa 蒸汽，正常工况下炼油装置可外送 1.0MPa 蒸汽 33.64 t/h，实际净外送汽 23.14t/h；120kt/a 苯乙烯装置建成投产后新增蒸汽消耗 36.64t/h，蒸汽缺口净量为 13.5t/h。另外，还需从公司主蒸汽管网吸入 3.5MPa 蒸汽 10.5t/h 保证蒸汽管网的热备用。因此，苯乙烯装置建成投产后，蒸汽缺口将在 25 t/h 以上。从炼油装置和苯乙烯装置蒸汽需求特点来看，正常生产工况下至少有 16t/h 的 3.5MPa 蒸汽需要减温减压到 1.0MPa 蒸汽才能保持管网正常运行，苯乙烯装置 36.64t/h 的 0.35MPa 蒸汽也从 1.0MPa 蒸汽减温减压，相应蒸汽减温减压能量损失将达 558.4kgEO/h 以上，见表 3。

表 3　蒸汽能量折算

类　别	单位	能量折算值/MJ	能源折算值/(kg EO)	减温减压需高一等级蒸汽量/(t/h)	能量损失/(kg EO/h)
3.5MPa 级蒸汽	t	3684	88		
1.0MPa 级蒸汽	t	3182	76	16	192
0.3MPa 级蒸汽	t	2763	66	36.64	366.4
合计能量损失				47.64	558.4

3 催化装置能量回收潜能分析

3.1 催化烟气能量回收潜能分析

催化烟气可充分回收能量主要是催化烟气化学能、显热及外排烟气中 CO 化学能。巴陵石化催化装置烟气总量约 146000Nm^3/h，对 2010 年 7 月～2011 年 6 月期间的相关数据进行统计表明，催化烟气未经余热回收系统而直排烟囱的体积量约为 11.9%；再生烟气 CO 体积含量平均为 8.875%；外排烟囱尾气 CO 含量平均为 17876μg/g。

因 1 分子 CO 充分燃烧可产生 283kJ 热量，由此可知直排烟气可回收的化学能可达 126230GJ(烟气密度按 1.25kg/m^3 计，可回收时间按 6480h/a 计)；直排催化烟气温度约 520℃，可回收显热 559100GJ(烟气比热容按 1.16kJ/(kg · ℃，烟气密度按 1.338kg/m^3，排烟温度按 200℃，可回收时间按 6480h/a 计)；外排烟气尾气中未完全燃烧的 CO 化学能达 2.545×10^8 MJ；由此可见，外排烟气中可回收能量可达436670GJ，折算可回收能量高达1.04×10^8kg EO。

3.2 催化装置再生器取热系统能量回收利用分析

在对催化装置实施MIP-CGP改造时，考虑了4种不同工况(具体见表4)，烟气CO体积含量9%核算，催化装置再生器过剩热高达29.42~38.18MW，而现有取热系统设计负仅25.47MW，取热器负荷缺口在3.95~8.26MW之间，超设计负荷15.5%~32.4%，催化装置再生器现有取热系统不能满足工况变化要求。

表4 4种不同工况下催化装置再生器热量分析

项　目	方案1	方案2	方案3	方案4
催化进料量/(wt/a)	105	105	105	115
轻汽油回炼量/(t/h)	0	10	10	10
轻柴油回炼量/(t/h)	0	0	6	0
再生器过剩热量/MW	33.73	29.42	31.05	33.2
折合3.5MPa饱和蒸汽量/(t/h)	58	50.6	53.4	57.1
主风消耗量/(Nm^3/min)	~1900	1900	1980	2080
取热器负荷缺口/MW	8.26	3.95	5.58	7.73
可增产蒸汽潜力/(t/h)	14.20	6.79	9.60	13.29

4 优化措施及效果分析

从巴陵石化催化装置再生器取热系统、余热回收系统、蒸汽管网系统的现状及能量回收潜能分析来看，发现均有可回收的能量未能有效利用，具有挖潜降耗的空间，因此对相应系统进行了优化改造，具体优化措施及效果分析如下。

4.1 催化装置取热系统优化及效果分析

4.1.1 催化装置取热系统优化改造方案

通过对催化装置再生器取热系统进行详细的研究和分析，对再生器取热系统进行改造不仅能解决催化装置运行“瓶颈”，还能增产蒸汽，降低装置能耗。结合装置平面布置及设备运行情况等因素后确定改造方案为：保留5组蒸发内取热器，将外取热器负荷放大到2.3×10^7kcal/h，正常工况可生产3.5MPa饱和蒸汽33.6t/h(最大工况66.2t/h)，饱和蒸汽送往余热锅炉过热后并入系统管网送往各用汽点。

4.1.2 催化装置再生器取热系统优化改造能量回收效果分析

改造前催化装置取热系统产汽34~35t/h，基本没有调节余地；改造后产汽23~41t/h，并可根据催化装置生焦量灵活调整取热。部分月份的改造后饱和汽产量低于改造前是加工原料油残炭变化较大引起的，在此不详细说明。具体数据见表5。

表5 催化装置取热系统改造前后饱和汽对比

同比月份	改造前(2011年) 饱和汽产量/(t/h)	改造后(2012年) 饱和汽产量/(t/h)	增量/ (t/h)
1月	34	41	7
2月	35	36	1
3月	35	38	3
4月	35	33	-2
5月	35	23	-12
6月	34	41	7

4.2 催化装置余热回收系统优化及效果分析

4.2.1 催化装置余热回收系统优化改造方案

前文分析提到，催化烟气可回收能量 4.3667×10^8MJ，理论上全年可回收 3.5MPa 蒸汽 118531 吨；催化装置外取热器同步改造还可增产 6.79~14.20t/h 蒸汽。确定催化烟气余热系统优化改造方案如下：

现有的 CO 焚烧炉及余热锅炉利旧。利用现有空余平面位置，在原有 CO 焚烧炉和余热锅炉旁新建一套余热锅炉和一台 CO 焚烧炉。新烟气能量回收系统和已有系统并联运行。在烟气分配方面，考虑到原系统运行周期较长，适当减负荷至 99100Nm^3/h；新增系统处理烟气负荷为 46900Nm^3/h，作为现有余热回收系统的补充，余热锅炉发生 3.5MPa 级蒸汽，烟气热能回收温度降到 200℃以下后排入大气。

4.2.2 催化装置余热回收系统优化改造效果分析

对催化装置余热回收系统实施优化改造后，充分利用催化过剩热和烟气能量增产 3.5MPa 蒸汽取得了较好的效果。表 6 对改造前后余热回收系统 3.5MPa 蒸汽产量进行了统计。从表 6 可以看出，在催化装置加工量、催化进料残炭及燃料气消耗均下降情况下，3.5MPa 蒸汽产汽量较改造前增加了 11t/h。分析其原因，主要是因为新增余热回收系统回收的催化烟气显热及化学能与增产蒸汽所需能量基本持平，因此余热回收系统在蒸汽总量增加的情况下，燃料气用量反而减少了 0.04t/h；外取热器改造后催化烧焦效果提高，催化剂积炭减少，催化烧焦能耗降低了 1.61kgEO/t 原油。

表 6 催化装置余热回收系统优化改造改造前后耗对比

项　　目	项目实施前数据 2011 年 1~6 月	项目实施后数据 2012 年 1~6 月
过热中压汽总产量/(t/h)	81	92
外送低压汽/(t/h)	25	35
燃料气用量/(t/h)	0.33	0.28
催化进料量/(t/h)	129	124
催化进料残碳/%(质量分数)	5.12	4.88
烧焦能耗/(kg EO/t 原油)	54.47	52.86

4.3 蒸汽系统优化及效果分析

4.3.1 蒸汽系统优化改造方案

结合催化装置取热系统及余热回收系统优化改造后新增蒸汽的特点，对炼油装置蒸汽系统进行了优化。鉴于炼油装置 3.5MPa 蒸汽管网只从公司主蒸汽管网吸汽，而目前炼油装置及苯乙烯装置对 3.5MPa 蒸汽的用气量仅 84.2t/h，对催化装置进行能量回收后，催化装置实际可生产 3.5MPa 蒸汽 92t/h，再加上需 10.5t/h3.5MPa 蒸汽左右维持管线热备用状态，则有 18.3t/h 的 3.5MPa 蒸汽需要减温减压至 1.0MPa 蒸汽系统。因此拟利用该部分蒸汽压力能推动 1 台 4000m^3/h 的循环水泵，将蒸汽压力降低到 1.0MPa 后并入系统管网，充分回收压力能。因苯乙烯装置需要 0.35MPa 蒸汽 36.64t/h，催化装置余热回收系统优化改造后，统计数据表明催化装置富余 35t/h 的 1.0MPa 蒸汽外送系统管网，因此，拟将该部分 1.0MPa 蒸汽推动苯乙烯装置新建循环水场 1 台 1500m^3/h 的循环水泵，将蒸汽压力降低到 0.35MPa 后送入苯乙烯装置新建 0.35MPa 系统管网供各用汽点使用，充分回收压力能。改造后全厂的蒸汽系统管网流程见图 1(红色部分为此次改造内容)。

4.3.2 蒸汽系统优化改造效果分析

结合蒸汽系统优化措施实施及苯乙烯装置用汽特点，对炼油装置及苯乙烯装置的蒸汽系统管网进行了优化改造，实现催化-苯乙烯装置的热联合及蒸汽能量的梯级利用，并能够满足两套装置蒸汽系统紧密联系又相对独立，可满足两套不同类型装置的不同步检修。全厂蒸汽系统平衡见表 7。

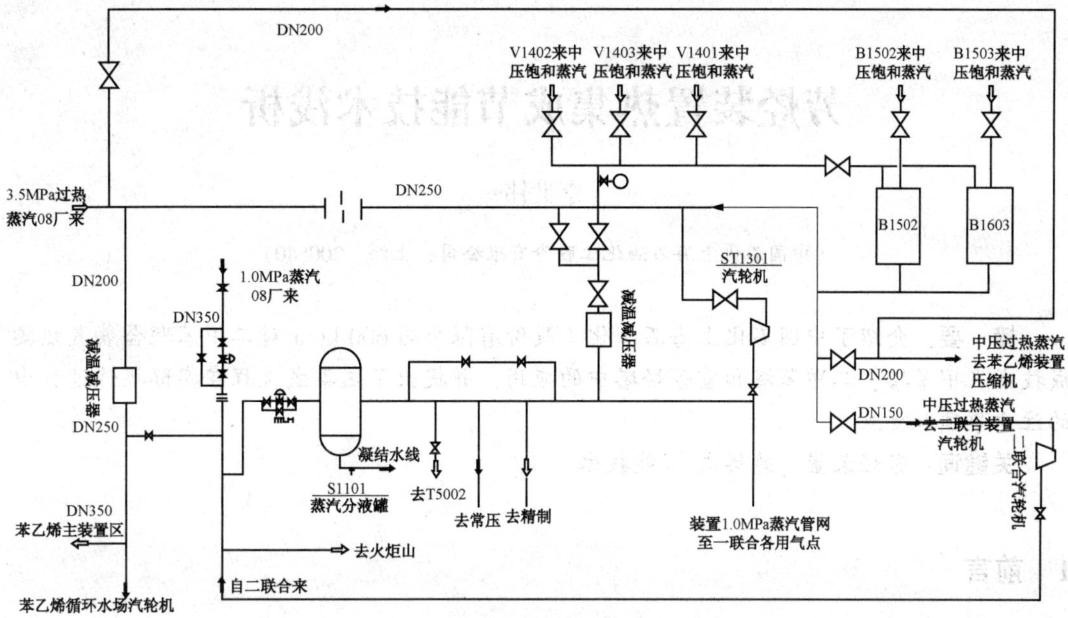

图1 改造后炼油装置蒸汽管网简图

表7 项目优化后全厂蒸汽系统平衡

蒸汽来源或用户	3.5MPa 蒸汽/(t/h)		1.0MPa 蒸汽/(t/h)		0.3MPa 蒸汽/(t/h)	
	产汽	用汽	产汽	用汽	产汽	用汽
炼油装置	-92.0	75.5	-75.5	52.08	–	–
炼油装置循环水场	–	18.3	-18.3			–
全厂公用工程	–	–		5.08		
苯乙烯主装置	–	8.7	–	–	-8.7	45.34
苯乙烯主循环水场	–	–	–	16.5	-16.5	–
减温减压	–	–	–	20.14	-20.14	–
外吸蒸汽	-10.5	–	–	–	–	–
小计	-102.5	102.5	-93.8	93.8	-45.34	45.34

5 结论

通过对催化装置和苯乙烯装置用能研究和分析，提出了能量综合利用思路并实施技改后，节能优化效果显著：催化装置余热回收系统可增产 3.5MPa 蒸汽 11t/h；实施蒸汽能量梯级利用折合回收 3.5MPa 蒸汽 3.37t/h；炼油装置可折合降低能耗 6.97kgEO/t 原油；另外，苯乙烯 1 台循环式泵改为蒸汽驱动后，每年还可节约用电 155.4 万度。

从经济效益角度来看，新增蒸汽年创效可达 1718.6 万元(新增蒸汽价格按不含税价 186 元/t 计算)，蒸汽梯级利用可创效 526.5 万元，总效益 2245.1 万元。

芳烃装置热集成节能技术浅析

李世伟

(中国石化上海石油化工股份有限公司，上海 200540)

摘 要：介绍了中国石化上海石油化工股份有限公司600 kt/a对二甲苯联合装置热集成技术在甲苯塔、二甲苯塔和重芳烃塔中的应用，并提出了热集成流程在实际操作过程中的注意事项和要点。

关键词：芳烃装置 热集成 节能技术

1 前言

中国石化上海石油化工股份有限公司(以下简称上海石化)芳烃部600 kt/a对二甲苯(PX)联合装置由连续重整、芳烃抽提、歧化、吸附分离、异构化、二甲苯分馏和氢提纯等7套装置及公用工程部分组成，这个集先进工艺技术、热集成工艺为一体的大型芳烃联合装置，技术优势十分明显。对于芳烃联合装置来讲，能耗是芳烃联合装置最大的操作费用，能耗的大小直接决定了联合装置的整体运行水平和经济效益。在联合装置中，节能技术设计优势比较明显，其中热集成技术[1-2]应用比较多，如甲苯塔、二甲苯塔、重芳烃塔。应用热集成节能技术不仅是一种节能的有效措施，而且也是降低装置基建投资的方法。

2 热集成流程应用

2.1 热集成流程原理

烃类介质的沸点及其气相的冷凝温度随着压力的升高而升高。根据这一特性，在一个联合装置中几个精馏塔同时操作时，通过设计可以使这几个塔在不同的压力和温度下操作，利用高温精馏塔塔顶馏出气体的冷凝热作为低温塔的塔底再沸器的加热源以达到热量的联合应用。

2.2 甲苯塔热集成流程

联合装置中的歧化装置甲苯塔采用升压升温操作，塔顶蒸汽为苯塔再沸器E-553提供热源，甲苯塔塔底通过F-551加热炉供热。甲苯塔加热炉，设计热负荷30.97 MW，在提供苯塔和甲苯塔热量后，多余的热量采用甲苯塔顶空冷进行调节，保持塔顶压力操作稳定。甲苯塔操作参数见表1。

表1 甲苯塔操作参数

名 称	操作参数	名 称	操作参数
进料温度/℃	148.0	塔底温度/℃	227.0
塔顶温度/℃	178.0	回流比(回流/进料)	1.86
塔顶压力/MPa	0.4		

甲苯塔热集成流程的应用，热效率将有了大大的提高，节能增效效果明显。苯塔塔底再沸器采用1台立式高通量管换热器提供热量，不仅换热效率高，而且降低了投资，节省了占地面积。具体流程见图1。

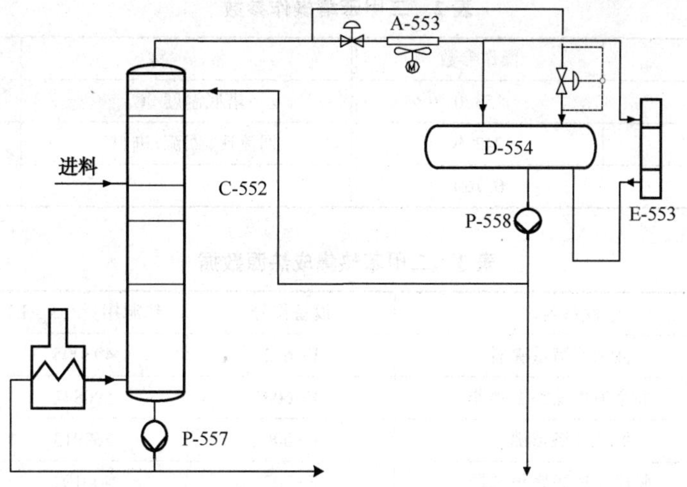

图 1　甲苯塔热集成流程

2.3　二甲苯塔热集成流程

在上海石化 600 kt/a PX 联合装置中，C-802 热集成流程如下：二甲苯塔底再沸炉 F-801A/B 作为供热系统，二甲苯塔底液通过 P-803 泵分别进入到 E-603(抽余液塔塔底辅助再沸器)、E-611(解吸剂再蒸馏塔塔底再沸器)、E806(白土塔进料加热器)、E-807(重芳烃塔塔底再沸器)、E-506(岐化汽提塔 C501 塔底再沸器)进行换热，换热后进入到加热炉 F801A/B 加热，再回到二甲苯塔塔底，以此循环，同时为各精馏塔提供热源。具体流程见图 2。

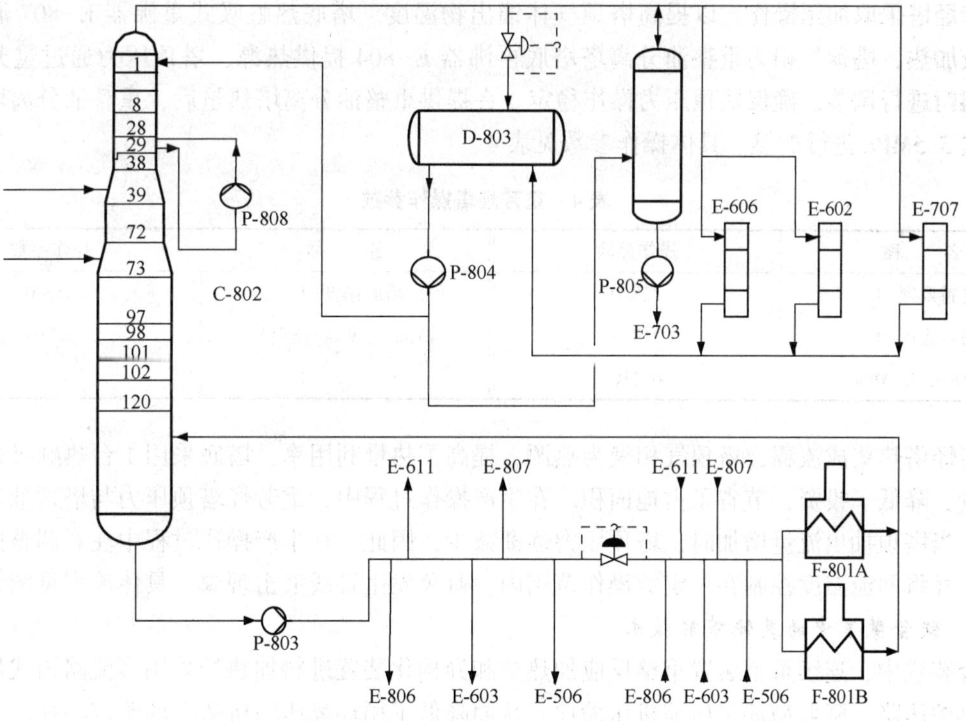

图 2　二甲苯塔热集成流程

同时，二甲苯分馏塔提高其操作压力，使其塔顶操作压力为 0.76 MPa(g)，塔顶温度达到 242 ℃，然而利用塔顶馏出气体的冷凝热作为 E-603(抽余液塔塔底再沸器)、E-606(抽出液塔塔底再沸器)和 E-707(脱庚烷塔塔底再沸器)的热源进行供热。具体操作参数见表 2。

抽余液塔塔底重沸器和塔底辅助重沸器分别采用高通量管换热器[2]，抽出液塔塔底重沸器也采用 1 台立式高通量管换热器。高通量管换热器占地面积少，并且换热效率较高。

表 2 二甲苯塔操作参数

名　称	操作参数	名　称	操作参数
进料温度/℃	153.0	塔底温度/℃	285.0
塔顶温度/℃	242.0	回流比(回流/进料)	2.205
塔顶压力/MPa	0.760		

表 3 二甲苯热集成热源数据

热源部位	设备名称	设备位号	热源用量/(kg/h)	热值(MW)
二甲苯塔塔顶汽	抽余液塔重沸器	E-602	493005	39.47
	抽余液塔辅助重沸器	E-603	590842	22.80
	抽出液塔重沸器	E-606	269913	21.6
	脱庚烷塔塔底再沸器	E-707	400102	32
二甲苯塔塔底液	解吸剂再蒸馏塔重沸器	E-611	104787	1.61
	重整油分离塔重沸器	E-804	79949	22.80
	白土塔进料加热器	E-806	49224	2.54
	重芳烃塔重沸器	E-807	701832	5.55
	岐化汽提塔	E-506	365715	22.80

2.4 重芳烃塔热集成流程

重芳烃塔采取加压操作，以提高塔顶气体馏出物温度。塔底热虹吸式重沸器 E-807 通过二甲苯塔底液加热，塔顶气相为重整油分离塔塔底再沸器 E-804 提供热源，塔顶压力通过重芳烃塔顶空冷前阀门进行调节，确保塔顶压力操作稳定。在提供重整油分离塔热量后，重整油分离塔其余的热量通过 3.5MPa 进行加热。具体操作参数见表 4。

表 4 重芳烃塔操作参数

名　称	操作参数	名　称	操作参数
进料温度/℃	228.0	塔底温度/℃	255.0
塔顶温度/℃	219.0	回流比(回流/进料)	0.793
塔顶压力/ MPa	0.210		

重芳烃塔热集成流程，塔顶气相做为热源，提高了热量利用率，塔底采用 1 台热虹吸式重沸器提供热量，降低了投资，节省了占地面积。在生产操作过程中，重芳烃塔顶压力与塔顶抽出成不同步趋势，当塔顶抽出流量增加时，塔顶压力逐渐减少，因此，在生产操作过程中注意调整操作、稳定塔压，并将回流温度控制在一定的操作范围内，避免发生管线液击现象。具体流程见图 3。

2.5 联合装置中的其他节能技术

联合装置中，连续重整装置重整反应加热炉和异构化装置进料加热炉采用多流路箱式炉，通过降低加热炉压降，降低循环氢压缩机压缩比，从而降低了循环氢压缩机透平的蒸汽消耗。

重整“四合一”加热炉对流段设置 1 台强制循环余热锅炉发生 3.5MPa、420℃过热蒸汽，以提高加热炉效率，降低装置能耗。

重整进料换热器、歧化进料换热器、异构化进料换热器采用纯逆流板式换热器，以提高传热效率，减小冷热端温差，减少进料加热炉的热负荷，且能减小临氢系统的压降，降低装置能耗。

另外，本联合装置设置有三套烟气余热回收系统，脱戊烷塔重沸炉、二甲苯塔重沸炉各设置一套烟气余热回收系统，歧化进料加热炉、甲苯塔重沸炉及异构化进料炉三炉共用一套。

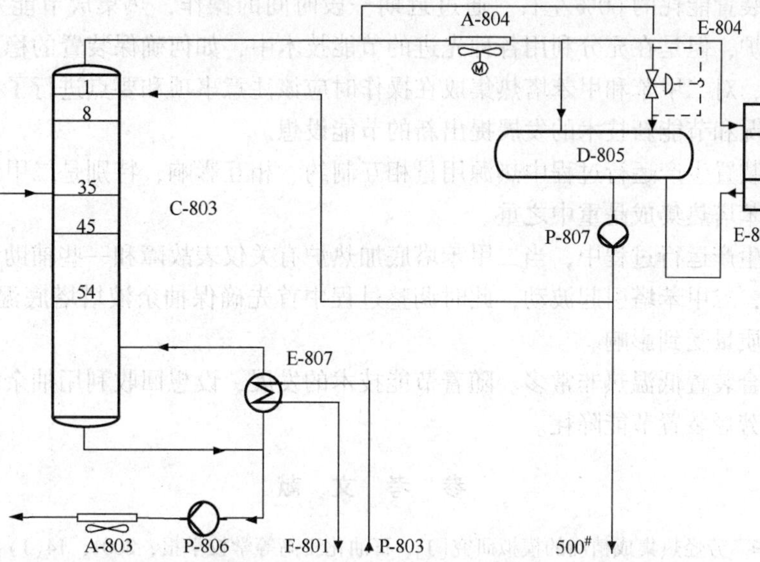

图 3　重芳烃塔热集成流程

3　热集成流程的经济效益

在节能技术上，芳烃联合装置采用各种先进节能技术，各精馏塔采用高效浮阀塔盘，具有较高的分离精度，回流比较低。联合装置工艺设计指标综合能耗为586.02kg(标油)/tPX，比235kt/a芳烃联合装置的设计能耗降低200~300kg(标油)/t PX。因此，在操作过程中通过对每个装置进行能耗分析，分别制定最佳操作参数。经过一段时间的运行，其中二甲苯加热炉热效率最为显现，各精馏塔回流比调整比较明显，数据见表5。

表 5　二甲苯塔热集成提供各精馏塔回流比

塔位号	名　　称	设计回流比	操作回流比
C-601	抽余液塔	2.09	1.98
C-602	抽出液塔	1.91	1.87
C-801	重整油分离塔	1.34	1.10
C-802	二甲苯塔	2.21	2.10
C-803	重芳烃塔	0.79	0.68

二甲苯塔塔底采用两台大型立管箱式炉作为重沸炉，类型为油气混烧，二甲苯塔塔底重沸炉(F801A/B)总设计热负荷约157.77MW，在单烧燃料气条件下，消耗燃料气12510kg/h，二甲苯塔塔底重沸炉为能耗大户。因此，充分利用热集成流程，在确保各精馏塔具有较高的分离度基础上进行优化操作；在热量平衡控制上，塔顶设定压差控制为0.14MPa，塔底压差控制设定为0.25MPa，当热量平衡控制偏差较大时，塔底对压差控制阀旁路进行调整，以保持整个系统的热量平衡，确保操作稳定。

热集成流程在操作过程中，优化操作取得的实体经济效益比较明显，对加热炉进行优化操作，同时，对其各精馏塔回流比进行优化，在确保装置稳定生产运行的基础上进行优化，降低能耗，节能增效。

4　结论与建议

上海石化600kt/a芳烃联合装置，节能技术优势明显。但是，联合装置是高能耗装置，其中燃料气的消耗占到装置能耗的60%左右。通过近期一段时间的操作，热集成节能效果非常明显，特别是二甲苯加热炉，但是在充分利用各种先进的节能技术中，如何确保装置的稳定运行是我们今后生产操作的重点，对二甲苯和甲苯塔热集成在操作时应该注意事项和要点进行了总结，并结合联合装置实际运行情况和节能新技术的发展提出新的节能设想。

(1) 在联合装置生产运行过程中热源用量相互制约、相互影响，特别是二甲苯塔。从文章的情况可以看出二甲苯塔热集成是重中之重。

(2) 合装置生产运行过程中，当二甲苯塔底加热炉有关仪表故障和一些辅助设备故障及燃料气热值发生波动时，二甲苯塔引起波动，此时调整过程中首先确保抽余液塔塔底温度及回流比正常，以免产品收率、质量受到影响。

(3) 芳烃联合装置低温热非常多。随着节能技术的发展，设想回收利用抽余液塔和抽出液塔的塔顶低温热，为芳烃装置节能降耗。

参 考 文 献

[1] 杨德明，匡华．芳烃热集成精馏的模拟研究[J]．石油化工高等学校学报，2001，14(1)：25-28.

[2] 李耀彩，谷喜妍，等．芳烃装置低温热回收工艺分析与系统集成[J]．化学工程，2013，41(4)：1-5.

[3] 谭集艳．对二甲苯装置中高通量管强化传热技术[J]．石油化工设备，2007，36(3)：81-83.

苯乙烯装置节能分离工艺开发及应用

刘文杰

（中国石化上海石油化工研究院，上海　201208）

摘　要：苯乙烯顺序分离恒沸热回收精馏节能技术是中国石化自主开发的苯乙烯装置节能新工艺，该工艺在国内苯乙烯装置上应用成功，节能效果和经济效益显著。

关键词：乙苯　苯乙烯装置　能耗　节能工艺

1　前言

苯乙烯(SM)是石化工业中十分重要的聚合单体之一，工业上，苯乙烯主要采用乙苯(EB)催化脱氢法生产[1,2]，SM 的生产过程需要大量的燃料和水蒸气，使得该工艺能耗较大[3]。

近年来，随着原油和原料价格的不断上涨，采用节能技术越来越成为 SM 装置降低成本的关键措施。国内外对 SM 装置的节能问题也进行了广泛研究，如王明福等[4]对 SM 车间实际操作进行优化；范宇东等[5]对 SM 脱氢工段能耗情况进行了研究，金力强等[6]对 SM 生产装置能耗进行了分析；M. S. Choi[7]等对 SM 换热网络提出了优化方案。

2　工艺流程

EB 脱氢制 SM 典型工艺流程主要分为脱氢和精馏两个工段[7]。脱氢工段由 EB 蒸发、脱氢反应、工艺凝液处理及汽提尾气压缩吸收三个部分组成。精馏工段由 EB/SM 分离、SM 精馏、EB 回收、苯、甲苯分离四个部分组成。

3　SM 能耗分布及影响因素

3.1　SM 能耗组成

SM 装置涉及的能耗主要有：蒸汽、燃料气、电、循环水、氮气、脱盐水和仪表风等，以国内某 200kt/a SM 装置为例，采用 PRO/II 流程模拟软件对全流程进行模拟，计算出 SM 单元综合能耗的主要组成，见图 1。

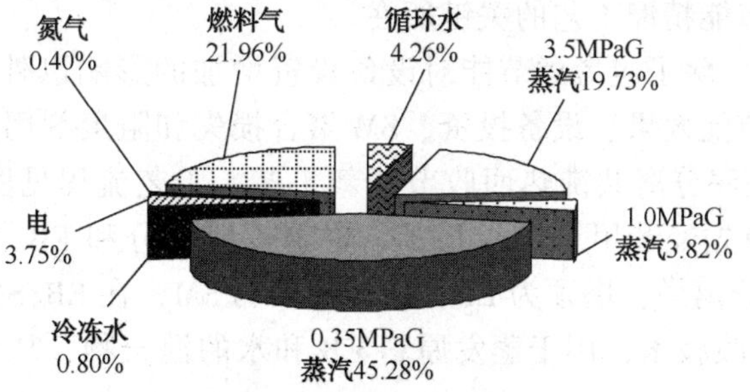

图 1　SM 装置能耗组成(占综合能耗比例)

通过计算，该装置的综合能耗为 14940MJ/t. SM，其中水蒸气(包括 3.5MPa、1.0MPa 和 0.35MPa)消耗占整个 SM 装置综合能耗 68.83%，燃料占 21.96%，循环水占 4.26%，水蒸气、燃料和循环水的消耗占综合能耗的 95.05%，因此，降低水蒸气、燃料和循环水的消耗是降低 SM 能耗的主要途径。

3.2 SM能耗分布及影响因素

通过对SM能耗组成的分析，节能工艺的研究重点应放在减少水蒸气、燃料和循环水的消耗上。为此，对SM装置中的蒸汽消耗、燃料消耗和循环水消耗的分布情况和影响因素做了计算，见表1。

表1 SM能耗分布及影响因素

项目	燃料气	循环水	高压蒸汽	中压蒸汽	低压蒸汽
蒸汽过热炉	100%				25%
EB蒸发		35%			22%
主冷凝器					
脱氢尾气压缩机			100%		
EB/SM分离塔		45%			30%
其他		20%		100%	23%
主要影响因素	反应温度水油比	水油比塔操作条件	尾气压缩机效率		水油比塔操作条件

注：水油比指进入脱氢反应器的水蒸汽与EB的重量比

按表1分析，燃料气用于蒸汽过热炉，其用量由反应温度和水比决定，也就是取决于脱氢催化剂性能和脱氢反应条件；冷却水主要用于脱氢液冷凝和精馏塔塔顶气的冷凝，其中EB/SM分离塔塔顶冷凝器循环水的消耗占整个装置的45%，是耗水大户；而水蒸气中高压蒸汽用于驱动尾气压缩机，背压可发生低压蒸汽，中压蒸汽用于EB塔再沸器和焦油加热器，用量较少，占SM装置综合能耗达52%的低压蒸汽除进入反应器外，主要用于原料EB蒸发和EB/SM分离塔釜再沸，这部分用量超过50%。

因此，采用节能新工艺减少蒸汽用量是降低SM装置能耗的主要研究方向。

4 SM节能分离新工艺

由于EB和SM沸点接近，常压下只差9℃，而EB/SM分离塔需控制塔顶SM≤1.5%，塔釜EB≤500ppm，因此需要的理论级数很多，约80块理论板，属典型精密精馏。

SM分离流程中EB/SM分离塔能耗最高，低压蒸汽的耗量占整个装置的30%，冷却水耗量占整个装置的45%，综合能耗占整个装置总能耗的30%左右，为防止SM高温聚合，EB/SM分离塔一般都采用高真空操作，塔顶温度通常低于102℃，属于较难回收利用的低温热，如何有效回收这部分低温热，是节能精馏工艺的关键所在。

SM精馏工艺的改进，除了应考虑节能对设备投资增加的影响以外，还必须考虑对SM聚合损失的影响，综合考虑节能效果、设备投资、SM聚合损失和阻聚剂用量等几方面因素，中国石化攻关单位开发了SM顺序分离共沸热回收节能新工艺，工艺流程见图2。SM精馏单元采用顺序分离工艺，即粗SM液先经苯甲苯塔，将苯、甲苯等轻组分和EB、SM进行分离，塔釜馏分(EB、SM)进入EB/SM分离塔，塔顶为EB，塔釜主要为SM，在EB/SM分离塔塔顶冷凝器(EB/水蒸发器)应用恒沸热回收技术，用于蒸发原料EB和水的混合物，从而节省大量水蒸气而达到节能目的。

由于采用顺序分离工艺，EB/SM分离塔塔顶气中基本没有苯、甲苯等轻组分，塔顶冷凝器(EB、水蒸发器)的换热温差可达10℃左右，设备投资增加少，EB分离塔的塔顶压力由原工艺的12kPaA提高至36kPaA，塔径缩小从而减少设备投资；塔釜温度控制在115℃以内，SM聚合损失和阻聚剂用量增加较少，良好的节能效果使得该工艺技术有着良好的经济性，见表2。

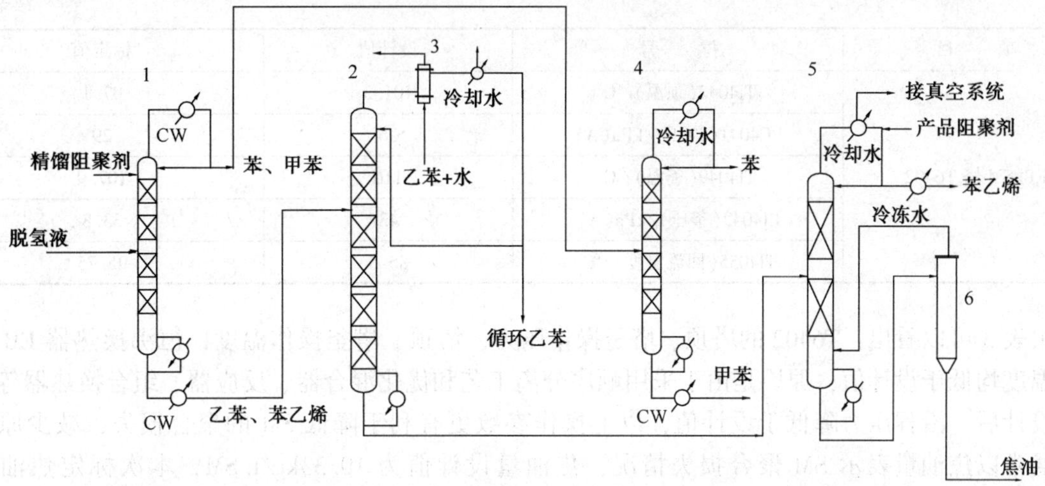

图 2 SM 顺序分离共沸热回收节能工艺

1—苯甲苯塔；2—EB/SM 分离塔；3—EB/SM 分离塔塔顶冷凝器；4—苯/甲苯分离塔；5—精 SM 塔；6—闪蒸罐

表 2 精馏工艺综合经济性对比(以 200kt/a 规模为例)

分离流程	典型 SM 精馏工艺		顺序分离共沸热回收节能工艺	
	消耗量，t/t. SM	费用，元/t. SM	消耗量，t/t. SM	费用，元/t. SM
循环水(0.3 元/t)	138.00	41.40	90.00	27.00
水蒸气(180 元/t)	2.67	480.6	1.74	314
电(0.63 元/kW·h)	30.90	19.47	36.00	22.68
聚合损失(SM 损失按焦油量估算，价格按 11000 元/t)	0.01	110	0.011	121
阻聚剂(40000 元/t)	0.0003	12	0.00035	14.00
合计		663.5		499
公用工程费用(万元/年)投资增加(万元)	13270		9980~500	

从表 2 可看出：采用顺序分离恒沸热回收技术，每年可节省公用工程消耗 3290 万元(200kt/a 规模)，设备投资仅增加 500 万元，综合经济性显著。

5 节能新工艺工业应用

5.1 工业应用

中国石化 SM 精馏节能新工艺在国内某 12 万吨/年 SM 装置上应用，顺序分离恒沸热回收节能工艺投用一次成功。

该 SM 装置经满负荷标定，恒沸系统主要操作参数见表 3。

表 3 恒沸系统主要操作参数

项　目	位　号	设计值	标定值
EB/蒸汽罐 V6304	FIC3141(EB 进料)/(kg/h)	25542	25972.9
	TI3142(EB 温度)/℃	90	80.1
	FIC3142(配水)/(t/h)	12.6	12.8
	TI3141(EB 出口温度)/℃	90.8	88.1
	PI3142(出口压力)/kPaA	98	90.9

续表

项　　目	位　　号	设计值	标定值
EB/SM 塔 T6402	TI4042(顶温)/℃	101.3	97.1
	PC4041(顶压)/kPa(A)	36	29
	TI4049(釜温)/℃	116	107.9
	PI4042(釜压)/kPa(A)	43	33.8
	TI4055(回流温度)/℃	85.5	95.75

由表 3 可以看出：T6402 的塔顶、塔釜操作压力，塔顶、塔釜操作温度，恒沸换热器 EB 和水恒沸温度均低于设计值，原因是由于采用顺序分离工艺和优化混合器、反应器、组合换热器等冷却器的设计后，沿程压力降低于设计值，以上操作参数更有利于降低 SM 的聚合损失，减少原料消耗，通常以焦油量表示 SM 聚合损失情况，焦油量设计值为 10.33kg/t. SM，本次标定焦油量为 8.68kg/t. SM。

5.2　节能效果

该 SM 装置为第一套采用中国石化开发的顺序分离恒沸热回收节能工艺的装置，自装置运行以来，该节能技术运行平稳，E6304 加热蒸汽量平均为 1.2t/h，如不采用该节能技术，E6304 加热蒸汽量需 17.8t/h(蒸发 25.8t/h EB 和 12.9t/h 配水)；T6402 塔釜加热蒸汽平均为 18t/h，塔顶 92%低温热得到回收，T6402 塔顶冷凝器循环冷却水用量仅需 75t/h(计算值，实际无循环水计量表)，如不采用该节能技术，T6402 塔顶冷凝器循环冷却水用量需 920t/h。相比不采用该技术的流程，采用该技术可节省水蒸气 16.6t/h，节省循环水 845t/h，综合能耗降低 77.6kg. EO/t. SM，节能达 23.1%，节能经济效益达 2428 万元/a。

5.3　技术特点

按应用该技术的 SM 装置运行情况，SM 顺序分离恒沸热回收节能新技术突出显示出以下几个特点：

(1) 节能效果突出　相比原工艺，装置每小时节省低压水蒸气达 16.6t，EB/SM 分离塔塔顶低温热 92%得到回收，实际运行表明节能情况优于设计值；

(2) 恒沸换热器运行情况良好　EB/SM 塔塔顶温度 97℃，恒沸换热器换热温差推动力 9℃，运行稳定，表明顺序分离工艺技术的恒沸换热器符合设计要求；

(3) 塔釜温度低，聚合损失小　EB/SM 塔塔釜压力 34kPa(A)，温度 108℃，塔釜温度明显低于国外恒沸技术(塔釜温度 119~125℃)，塔釜温度低可显著减少 SM 聚合损失；

(4) 恒沸技术具备良好的操作弹性　装置在 50%负荷左右操作时，精馏和反应并非最佳匹配负荷，但是装置实际运行时恒沸仍然可以较好地操作；装置在满负荷运行时，精馏和反应进入匹配负荷范围，节能效果达到最佳，同时操作简便，说明该恒沸技术具有良好的操作弹性和操作性。

6　结语

随着国内 SM 生产规模的不断扩大，节能降耗日益成为 SM 装置特别是大型 SM 装置的迫切需要。中国石化第二代 SM 技术的成功应用，标志着中国石化 SM 技术又有了质的飞跃，装置综合能耗预计可降低 20%以上，各项指标都达到了国际先进或领先水平，为中国石化建设大型 SM 装置奠定了坚实的技术基础。

参 考 文 献

[1]　崔小明. 苯乙烯的供需现状及发展前景[J]. 化学工业，2007，25(5)：43-50.

[2] Kirk-Othmer. Encyclopedia of Chemical Techndogy [M]. 3rd ed. New York: John Wiley & Sons. Inc., 1993: 770-80.

[3] 左文明，张群，等. 苯乙烯生产工艺及国产化技术进展[J]. 炼油与化工，2007，(3)：55-56.

[4] 王明福，齐航. 苯乙烯装置用能分析及节能措施[J]. 齐鲁石油化工，2007，35(3)：194-197.

[5] 范宇东，宋国权，等. 苯乙烯脱氢工段节能方案研究[J]. 辽宁化工，2003，32(9)：389-392.

[6] 金力强，李忠杰，等. 苯乙烯生产装置的能耗分析[J]. 青岛大学学报(自然科学版)，2006，19(4)：36-40.

[7] M. S. Choi 等. 李德荣译. 采用节能方法改进苯乙烯工艺[J]. 石化译文，2000，2：26-29.

管链输送技术在聚酯装置中的应用

宋志平　陈启中

(中国石化仪征化纤股份有限公司，江苏仪征　211900)

摘　要：本文分别介绍了精对苯二甲酸(PTA)采用氮气稀相输送和管链输送的基本工艺流程，并选取一条生产线，将改造后采用管链输送方式与改造前采用氮气稀相输送方式进行对比分析，体现了管链输送方式在节能降耗、设备维护等方面的优越性。

关键词：PTA　氮气稀相输送　管链输送　节能降耗　改善环境

1　前言

精对苯二甲酸(PTA)是聚酯生产的主要原料之一。聚酯生产厂家PTA的来源一般为市售的吨包装袋装料(1.0-1.1吨/包)、活动槽车灌装PTA料(20-30吨)和配套工程直接生产后通过管道输送(30-40吨/时)供应的。其中袋装料PTA到达聚酯厂家后首先是将其卸到PTA大料仓备用，然后再通过氮气稀相输送方式送至小料仓供浆料配制使用。然而，此种输送方式具有设备多、日常维护工作繁重、维护费用高，电耗、氮耗高，噪音大等缺点。

为了进一步降低生产成本，提高经济效益，改善生产现场作业环境，公司依据国内近年来PTA粉末物料输送技术的发展趋势、通过大量调研对比后，决定将新型的粉末输送方式——管链输送技术应用于聚酯装置。主要对所在聚酯装置两条生产线的PTA氮气稀相输送系统进行了相应改造优化，利用PTA管链输送技术，改变原来的卸料气送大料仓和大料仓气送小料仓二步法为直接管链输送一步法。管链输送方式具有工艺流程简单，设备少、操作维护方便，电耗、氮耗低，噪音小等优点，符合PTA输送技术的发展趋势。

2　两种输送方式工艺流程

2.1　PTA氮气稀相输送(以下简称气送)的工艺流程简介

PTA气送由卸料系统和输送系统两部分组成。卸料系统包括氮气柜、卸料回气风机、螺杆压缩机、槽车卸料站和回气管路等。卸料流程：氮气由气柜进入卸料回气风机，过滤冷却后进入螺杆压缩机压缩到一定压力供给槽车进气口；PTA和氮气混合后自槽车出料口进入大料仓储存。输送系统包括输送回气风机、罗茨风机、旋转给料器等。输送流程：氮气抽吸进入输送回气风机，经过滤冷却后，进入罗茨风机压缩到一定压力，不断供向大料仓下方的旋转给料器；大料仓中的PTA由旋转给料器加入管道中，通过氮气送往日料仓。PTA气送工艺流程见图1。

2.2　管链输送的工艺流程简介

管链式输送机又称链板式输送机，是输送系统中节省能耗、性能稳定的先进输送设备，广泛应用于化工、化纤、矿产和颜料以及食品、建筑材料等行业。其工作原理是：在密闭的管道内，主动链轮带动链条上的盘片带动物料沿管道运动。当水平输送时，物料颗粒受到链片在运动方向的推力，当料层间的内摩擦力大于物料与管壁的外摩擦力时，物料就随链片向前运动，形成稳定的料流；当垂直输送时，管内物料颗粒受链片向上推力，因为下部给料阻止上部物料下滑，产生了横向侧压力，所以增强了物料的内摩擦力，当物料间的内摩擦力大于物料与管内壁外摩擦力及物料自重时，物料就随链片向上输送，形成连续料流。物料在密闭的管道内运动，不会造成泄漏，由于盘片

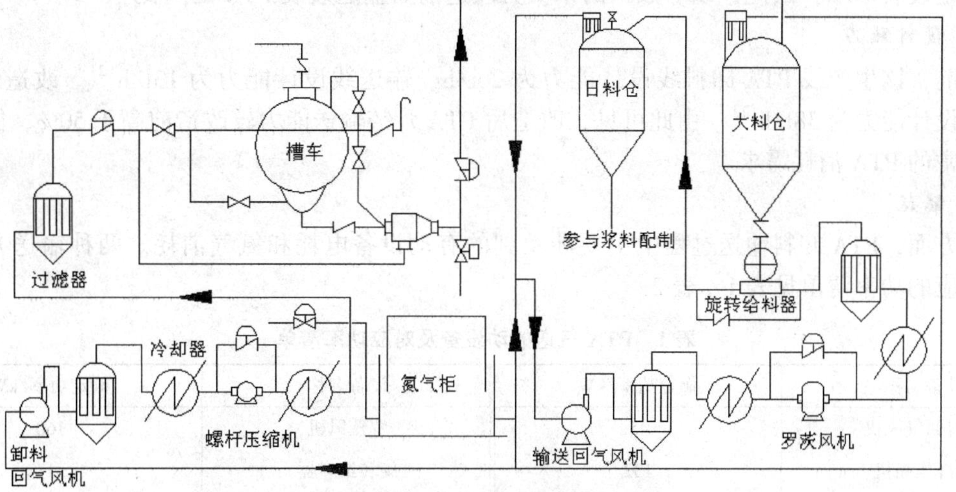

图 1　PTA 气送工艺流程图

运动速度慢（0.3~0.5m/s）不会对输送的物料造成破坏[1]。该设备可以用于输送粉状、小颗粒状及小块状等散状物料，可以实现水平、倾斜和垂直组合输送。前一台输送机的出料口与后一台的进料口由料斗连接，整个输送系统呈封闭循环结构，工作过程无物料损耗。在人工投料区设置除尘器和通风设备，确保现场环境整洁。

改造后的 PTA 管链输送基本工艺流程：小包装 PTA 由人工加入装料斗，进入第一段水平管链，在链板的传送下输送至第二段垂直管链，再传递到第三段水平管链，最终送入到楼顶日料仓内。人工投料斗处设有除尘装置，包括除尘过滤器、除尘风机和反吹装置。PTA 管链运行期间，除尘风机不断抽吸使投料斗处形成微负压，减少投料期间 PTA 粉尘飞扬；氮气间歇反吹，将吸附在滤袋上的 PTA 振落，保证过滤面积，从而确保除尘效果。PTA 管链输送工艺流程图见图 2。

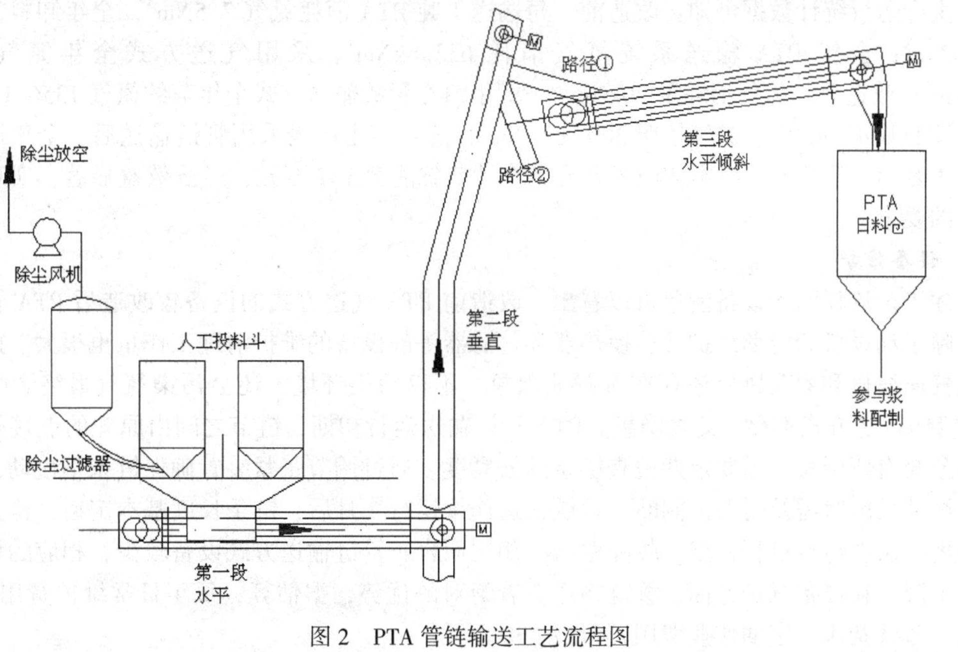

图 2　PTA 管链输送工艺流程图

3　改造前后对比

装置将两条生产线的 PTA 气送系统进行了改造，实现了管链输送。以下选取其中一条改造后的生产线，针对改造前后在设计能力、能耗、设备维护等方面进行比对分析。由于管链输送目前主要输送的是袋装 PTA，因此，以下数据的采集为改造前后输送袋装 PTA 的对比。

3.1 设计能力

改造前，该生产线 PTA 卸料线设计能力为 20t/h，输送线设计能力为 13t/h[2]。改造后，PTA 管链输送设计能力为 38t/h[1]。由此可见，改造后 PTA 管链输送能力较改造前高于 50%，能满足该生产线正常的 PTA 消耗需求。

3.2 能耗

能耗方面，PTA 卸料输送过程中主要涉及到的有动设备电耗和氮气消耗。两种输送方式的动设备及对应的功率清单见表 1、表 2。

表 1 PTA 气送的动设备及对应功率清单

设备名称	额定功率/kW	设备名称	额定功率/kW
卸料回气风机	45	罗茨风机	160
螺杆压缩机	132	旋转给料器	1
输送回气风机	75		

表 2 PTA 管链输送的动设备及对应功率清单

设备名称	额定功率/kW	设备名称	额定功率/kW
除尘风机	2.2	链板机(第二段)	11
链板机(第一段)	5.5	链板机(第三段)	15

由 2.1 中所述的设计能力和动设备列表及对应功率清单可知，改造前每输送 1 吨 PTA 耗电为 (45+132)/20+(75+160+1)/13 = 27kW · h，改造后每输送 1t PTA 耗电为(2.2+5.5+11+15)/38 = 0.887kW · h。即改造后的 PTA 管链输送方式每输送 1t PTA 较改造前 PTA 气送方式节约电耗为 26.113kW · h，该生产线每天消耗 PTA 为 275t，按照运行 360 天计算，全年节电 258.5 万度。

根据生产运行统计数据可知：改造前，每输送 1 吨 PTA 消耗氮气 7.5Nm^3，全年卸料氮气消耗为 742.5kNm^3；全年 PTA 输送系统氮气消耗 633.6kNm^3，采用气送方式全年氮气消耗为 1376.1kNm^3。改造后，氮气消耗量 20kNm^3。采用 PTA 管链输送方式全年节约氮气 1356.1 kNm^3。

电价按照 0.45 元/度、氮气按照 300 元/kNm^{3}计算：该生产线采用管链输送后，全年用电成本降低 116.3 万元，节约氮气成本 40.68 万元，合计节省能耗 157 万元，经济效益显著，实现了公司节能降耗的要求。

3.3 设备维护

由上述工艺流程图和设备清单可以看出，改造前 PTA 气送方式的设备较改造后 PTA 管链输送方式多，除了动设备的定期维护外，换热器和过滤器等静设备的维护清理工作量也很大。此外，改造前的螺杆压缩机和罗茨风机还存在着漏油现象，不仅污染环境，还会污染氮气最终影响到原料 PTA；而管链输送方式不存在此类隐患。PTA 管链输送运行初期，链节之间由原先的点接触变为弧面接触链条会有所延长，需要定期检查链条的松紧度，通过调节张紧装置确保链条不松动；当链条超出一个链节长度时需及时取出割断。管链输送连续运行 2 月后，链条长度基本定型，检查频次延长至每季度一次，运行过程稳定，故障率低。相比而言，管链输送方式设备较少，相应的设备维护费用同比下降。在设备维护方面，管链输送有着绝对的优势，据估算，每年日常维护费用(含风机检修费用、备件费用、定期作业费用)降低约 30 万元。

3.4 环境改善情况

由于 PTA 气送方式的主要动设备回气风机、螺杆压缩机和罗茨风机，正常运行时声音相对较大，环境噪音检测数据为 95dB，现场操作期间需要佩戴护耳器；而管链输送方式电机运行时声音小很多，环境噪音检测数据仅为65dB，无需佩戴耳塞。同时，由于管链输送采取了微负压方式卸料，粉末飞扬得到了控制，PTA 的浪费减少了，现场作业环境改善了。根据测算，每年减少 PTA 损耗数吨，折合 20 万元。

3.5 储存和应急状况

由于 PTA 管链输送是将 PTA 小包装卸至装料斗后直接送到生产线日料仓顶部用于浆料配制，相比 PTA 卸料输送方式缺少了储存至大料仓的环节。因此，当出现管链设备故障或者气候原因，小包装无法及时送达现场时，就可能会出现断料的情况。这是 PTA 管链输送相比改造前 PTA 气送方式的缺陷。然而，设备故障问题可以通过定期检查维护降到最低，而且装置对两条生产线进行了管链输送的改造，这两条生产线之间可以通过图 2 的路径①、路径②相互切换，可以解决管链设备突发的故障问题；当出现管链设备长期故障或因气候原因，小包装无法通过 PTA 管链输送进入生产线配制系统时，由于我们保留了原先气送的设备和管线，因此可以将 PTA 管链输送系统切换至改造前的 PTA 气送系统，避免了对生产的影响。

4 结论

通过对设计能力、能源消耗、设备维护、环境改善和储存和应急状况等多方面的对比分析，可以看出管链输送技术具有设计能力高、能耗低、设备维护方便、环境得到改善等方面的优点；并且针对管链输送方式存在的无法实现储存的缺陷，我们也通过保留原先 PTA 气送管线设备，做到有备无患，一旦出现极端情况，可以及时进行切换操作，将对生产的影响降至最低。综合评价分析，改造后两套管链系统连续运行 2 年便可收回投资。

循环水系统工艺改造及优化运行

王　星　林广晓　刘媛媛

(中国石化仪征化纤股份有限公司，江苏仪征　211900)

摘　要：仪征化纤股份有限公司水务中心三区循环水(原涤纶三厂)始建于1989年，由于三区循环水东、西站是分期建设，两套系统全部建成后，将系统供回水管网进行连通，安装隔断阀控制，隔断阀长期处于关闭状态，但随着运行时间的增加，两套系统存在互窜的现象，影响系统水质状况；且三区循环水设有两套系统，使系统呈现资源配置分散、利用率低的现状，需要对两套系统进行合并运行、工艺优化。

关键词：循环水处理；系统合并运行；节能降耗

节能降耗是我国经济和社会发展的一项长远战略，近年来各种节能降耗的措施、政策和目标在不断制定和完善，同时政府也相应投入大量资金用于支持节能降耗项目的开展。循环水泵站作为公用工程的主要耗能设备，节能改造空间较大，因此循环水泵站及其系统的节能降耗工作具有重要的意义。

1　循环水系统概况

仪征化纤股份有限公司水务中心三区循环水(原涤纶三厂)始建于1989年，三区循环水由东、西站两套系统组成，由于东、西站循环水是分期建设，待两套系统全部建成后，将供回水管网进行连通，并装有系统隔断阀，隔断阀长期处于关闭状态。西站循环水原设计供水能力为3300m^3/h，设有4台循环水泵和4组冷却塔，主要用户为聚酯七、八单元，50~70岗位，短纤中空17~18K和23~26K；东站循环水原设计供水能力为9000m^3/h，设有10台循环水泵和6组冷却塔，其中4台B02循环水泵专供聚酯九、十三单元及切片生产、长丝空压站、长丝一装置等用户，6台B01水泵专供冷冻系统。

由于原涤纶三厂完全是分期规划、分期建设，西站循环水原设计只考虑七、八单元建设所需循环水量，对于后期建设项目所需循环水均在东站循环水建设中考虑，因而形成现在的东西两个循环水站，客观上造成整个系统呈现资源配置分散，利用效率降低，且随着运行时间的增加，两套系统存在互窜现象，影响水质状况，对系统稳定运行产生影响，所以可利用目前七单元切片生产停运、长丝转产短纤、聚酯工艺调优、冷冻机改造优化循环水需求量不断下降的机会，对两套系统进行合并运行，进行系统节能降耗、优化运行工作。

2　运行存在问题

2.1　系统水泵运行组合方式不合理

由于原一、二、三厂聚酯系统生产规模相差不大，但原三厂需运行四台泵才能满足生产需求，而原一、二厂仅需运行三台水泵即可满足生产需求，且从表1分析中可以看出原三厂的单位能耗高于原一、二厂，说明运行四台水泵存在能源浪费的现象，水泵运行组合方式未处于最佳状况，具备节能改造空间。

2.2　系统隔断阀关不严，两套系统存在互窜现象

东西站循环水供回水管线中的隔断阀由于设备故障无法完全关闭，造成两个系统间窜水，部分

东站循环水进入西站系统中，相当于西站使用东站循环水进行系统补水，使西站各项水质数据较高，且从表 1、表 2 中可看出，西站各项水质数据均明显高于东站。

表 1　原一二三厂循环水系统概况对比表

原一厂	原二厂	原三厂
实际夏季用水量(表计)	实际夏季用水量(表计)	实际夏季用水量(表计)
$4400m^3/h$	$4800m^3/h$	(东、西站)$2400+2400=4800m^3/h$
水泵台数及功率	水泵台数及功率	水泵台数及功率
(两大一小)$2\times360+300=1020kW$	(三大)$3\times360=1080kW$	(四台)$2\times280+2\times315=1190kW$
单位能耗	单位能耗	单位能耗
232kW/千吨循环水	225kW/千吨循环水	248kW/千吨循环水

表 2　2012 年三区循环水东西站水质数据对比表

月份	有机磷平均值/(mg/L)		浊度平均值/(FTU)		COD 平均值/(mg/L)		电导率平均值/(μs/cm)		备注
	西站	东站	西站	东站	西站	东站	西站	东站	
1 月份	3.092	3.209	5.9	3.2	7.79	6.21	1109	920	
2 月份	3.107	3.263	6.0	3.8	7.8	6.3	1168	938	
3 月份	3.220	3.249	6.2	4.5	9.4	7	1304	1002	
4 月份	3.391	3.215	6.7	3.6	9.6	6.39	1248	872	
5 月份	3.192	3.207	4.1	2.0	8.84	5.71	1244	906	
6 月份	3.120	3.28	5.5	2.6	9.37	7.84	1166	1020	系统清洗预膜
7 月份	3.120	3.180	7.6	8.8	5.1	3.83	709	572	
8 月份	3.260	3.280	8.1	5.8	9.57	7.47	1381	1236	
9 月份	3.370	3.320	10.9	10	11.69	8.79	1457	1212	
10 月份	3.420	3.270	12.4	11.4	13.9	10.1	1619	1323	
11 月份	3.420	3.100	10.4	7.1	10.2	6	1249	794	
12 月份	3.140	3.380	5.9	5.6	7.4	7.4	891	829	
合计	3.243	3.246	7.48	5.70	9.22	6.92	1212	969	

从表 3 中可看出，西站循环水 2012 年全年加药量、补水率较东站明显偏低，但系统有机磷含量却与东站基本持平，且数据时有超标，说明东站循环水窜入西站系统中，对西站系统运行产生一定影响。

表 3　2012 年三区循环水东西站加药、补水数据对比一览表

月份	有机磷合格率/%		有机磷平均值/(mg/L)		缓蚀阻垢剂加药量/kg		系统生产水补水量/kt		备注
	西站	东站	西站	东站	西站	东站	西站	东站	
1 月份	96.8%	100%	3.092	3.209	115	1000	3.453	13.059	
2 月份	100%	100%	3.107	3.263	70	775	2.185	11.565	
3 月份	100%	100%	3.220	3.249	25	1000	2.614	15.568	
4 月份	87%	100%	3.391	3.215	65	1150	4.634	15.983	
5 月份	100%	100%	3.192	3.207	10	1250	5.151	18.856	
6 月份	100%	100%	3.120	3.28	30	625	18.340	42.241	系统清洗预膜
7 月份	67%	41%	3.120	3.180	720	1900	14.334	64.465	

续表

月份	有机磷合格率/%		有机磷平均值/(mg/L)		缓蚀阻垢剂加药量/kg		系统生产水补水量/kt		备注
	西站	东站	西站	东站	西站	东站	西站	东站	
8月份	92%	100%	3.260	3.280	50	850	5.517	24.183	
9月份	100%	98%	3.370	3.320	10	700	3.690	17.732	
10月份	98%	100%	3.420	3.270	10	775	3.210	14.273	
11月份	96%	90%	3.420	3.100	50	2375	2.455	26.150	
12月份	85%	90%	3.140	3.380	445	450	5.252	7.295	
合计	93.5%	93.3%	3.243	3.246	1600	12850	70.835	271.370	

3　系统合并运行，生产工艺优化

水务中心循环水装置于2013年1月7日在生产部牵头、中心组织下进行三区循环水东西站合并运行，实现东站代西站运行，东站循环水系统运行3台B02水泵，负责供应整个原三厂界区内所有用户，目前系统运行稳定。

表4　循环水东西站停运操作前后工艺数据对比表

项　目	2012年12月(合并前)	2013年1月(合并后)
西站供水压力	0.54MPa	/
西站回水压力	0.33MPa	/
西站供水温度	28.1℃	/
西站回水温度	32.1℃	/
西站供水流量	$1908m^3/h$	/
西站水泵运行方式	运行两台B04水泵	停运
东站供水压力	0.59MPa	0.58MPa
东站回水压力	0.25MPa	0.24MPa
东站供水温度	26.5℃	26.2℃
东站回水温度	33.5℃	33.8℃
东站供水流量	$2185m^3/h$	$3400m^3/h$
东站水泵运行方式	运行两台B02水泵	运行三台B02水泵
东西站供水总流量	$4100m^3/h$	$3400m^3/h$

从表4操作前后数据对比表中可以看出，通过此次合并运行，由东西站共运行4台水泵调整为东站运行3台水泵，供水总流量由$4100m^3/h$($1908m^3/h+2185m^3/h$)下降为$3400m^3/h$，供水压力、温度较合并前变化不大，且各用户无异常反应，说明东站运行3台水泵能够满足当前用户需求，系统运行正常。

4　系统并网运行后存在问题

(1) 受原三厂循环水系统分期规划建设的影响，东西站聚酯楼管道连接处最小管径为DN400，正常流通能力为$1100m^3/h$，该处需要通过的能力根据西站供水量应在$1900m^3/h$左右，存在明显“卡脖子”现象。

(2) 东站供聚酯系统有4台泵，管网合并后系统运行三台水泵，仅剩一台备台，存在安全生产隐患。

(3) 由于东站负荷增加，循环水供应量达到 3500 m^3/h 左右，超过水轮机设计负荷 3000m^3/h。

5 改造措施

(1) 采用不停车带压开孔技术在东、西站聚酯楼相连接的 DN600 供回水管两侧铺设 DN450 旁路管，扩大系统管网流通能力。

(2) 把东站 B01/A 原供冷冻系统的水泵更换为流量 2000m^3/h、扬程 59m 的新泵(电机不换)改供聚酯系统，原 B01/A 泵移至故障停运的 B01/C 泵上(详见图 1)，聚酯系统设置一大四小五台水泵，供水高峰期运行一大两小水泵，确保生产稳定、供水安全。

(3) 在水轮机的入口增加一个 DN700 流量控制阀，同时增加一个 *DN*700 的旁通阀进行分流，降低水轮机生产负荷，同时拆除原 T2 隔断盲板，将 T1、T2 两个塔全部作为聚酯回水冷却使用。

以上改造措施正在实施中，预计 2013 年 6 月初可以完成改造工作，确保夏季供水安全。

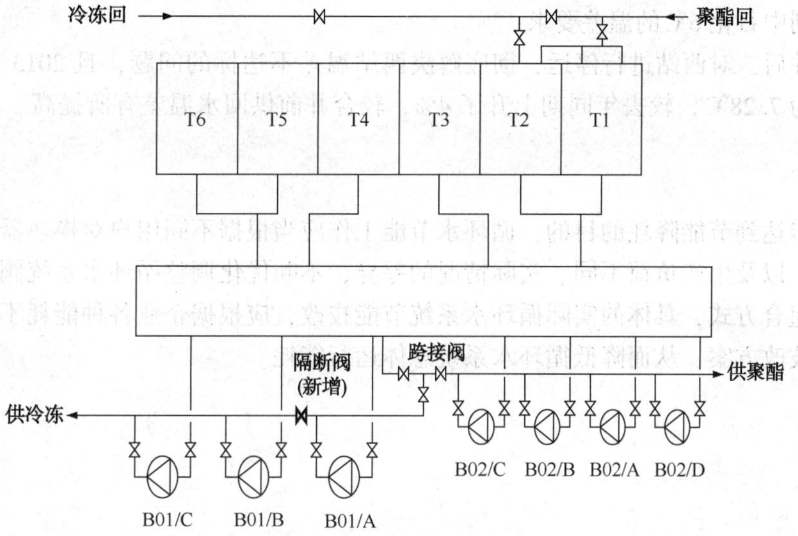

图 1 水泵改造示意图

6 经济效益分析

通过本次合并停运操作，成功地将西站停运，实现东站代西站供水，且保证各用户供水流量、压力稳定，系统运行正常，并从设备电量、系统水质、化工料消耗等方面进行对比分析，积累经验为下一步循环水改造提供技术支持。

6.1 耗电量下降效益分析

通过本次系统合并运行，高压端用电(水泵)由运行 4 台水泵(西站两台 280kW 水泵+东站两台 315kW 水泵)调整到运行 3 台水泵(东站三台 315kW 水泵)，所以高压端电量因循环水泵运行台数的减少而大幅度下降；低压端用电因西站风机、照明、电加热监测换热器等设备停运而减少。

截止到 2013 年 12 月底，三区用电量累计值为 1223.0377 万 kWh，较去年同期下降 256.3763 万 kWh，根据成本核算，上网电价为 0.45 元/kWh，直接经济效益为：256.3763 万 kWh×0.45 元/kWh=115 万元。

6.2 系统水质合格率上升

系统合并停运前，受跨接阀窜水影响，部分药剂流失，导致水质波动较大，2012 年全年西站水质综合合格率为 99.1%，其中有机磷含量共超标 27 次，东站水质综合合格率为 99.1%，其中有机磷含量共超标 8 次；而系统合并运行后，2013 年全年期间东站循环水有机磷控制平稳，仅有 2 次超标，全年累计综合合格率为 99.8%，说明合并运行后系统水质运行控制平稳，较合并前有了大幅度提高，具体数据见表5。

表5 系统合并前后水质数据对比表

时间	2012年全年		2013年全年	
区域	西站	东站	西站	东站
有机磷超标	27次	8次	/	2次
有机磷合格率	95.9%	98.7%	/	99.7%
综合合格率	99.1%	99.1%	/	99.8%

6.3 循环水温差上升

受循环水用户供水负荷以及本身冷却塔局限性影响，西站循环水温差合格率较低，虽然通过与聚酯短纤用户的不断调整优化，供回水温度有所提高，西站2012年全年累计温差平均值为5.4℃，但总体仍未达到中石化6℃的温差要求。

而系统合并后，对西站进行停运，彻底解决西站温差不达标的问题，且2013年全年东站供回水温度平均值为7.28℃，较去年同期上升了4%，较合并前供回水温差有所提高。

7 结语

为了进一步达到节能降耗的目的，循环水节能工作应当根据不同用户对换热器进出水温度、压力等工艺需求，以及生产负荷不同、实际情况的差异，不断优化调整循环水系统阀门的开度，同时调整水泵运行组合方式，具体的实际循环水系统节能技改，应根据企业各种能耗不利因素，有针对性的提出节能技改方案，从而降低循环水系统总体运行能耗。

表 4　航油 3#储油罐 9 月 7 日现场测试数据

时　间	10：00	12：00	14：00	16：00	18：00	20：00
环境温度/℃	31.2	33.0	35.2	37.2	37.8	33.4
罐内油温/℃	30.0	30.2	30.2	30.4	30.4	30.0
温差/℃	1.2	2.8	5.0	6.8	7.4	3.4
周边温度/℃	31.8	33.8	36.0	38.8	39.4	34.2

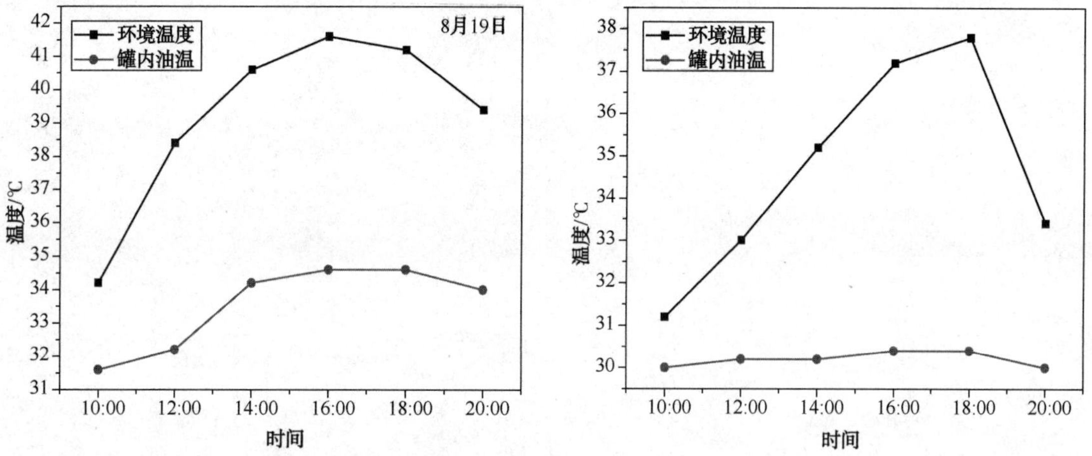

图 5　航油 3#储油罐现场测试数据

采用航天器热控技术军转民 ASRC 热控节能涂层不仅能够较少油气的挥发，减少油气的小呼吸，而且由于储罐油气的挥发和“小呼吸”减少，使得储罐内壁的化学腐蚀和应力腐蚀程度降低。涂刷航天器热控技术军转民 ASRC 热控节能涂层的储罐，由于阻隔了大量的太阳热，避免储罐由于喷淋降温而产生的腐蚀。

自 2012 年以来，该热控涂层技术相继应用到中航油黄山、哈密、克拉玛依机场航油库区的安全节能改造工程，经过使用测试，安全、环保、节能性能优异，获得业主的一致好评。

5　结论

（1）航天器热控技术军转民 ASRC 热控节能涂层是一种复合涂层，采用太阳光反射率在 85%以上的太阳热反射涂料作为主要材料，可将 80%以上的太阳热反射出去。

（2）新疆吐鲁番机场航油供应站地处高辐射、高温差、强风沙等恶劣气候环境下，使用航天器热控技术军转民 ASRC 热控节能涂层的航空煤油储罐罐内油温≤35℃。明显降低了油气的挥发，达到安全、环保、节能的目的。

（3）该航空热控涂层也相继应用到其他地区的储罐，其优异的性能，得到客户的一致好评。

参 考 文 献

[1]　黄永光．保温隔热功能性防腐涂料的研制与应用[J]．涂料技术，2012.

[2]　王科林，徐娜．太阳热反射隔热涂层及其发展趋势[J]．现代涂料与涂装，2009，12(2)：18-22.

[3]　范含林．航天器热控材料的应用和发展[J]．宇航材料工艺，2007，6：7-10.

[4]　胡金刚．中国航天器热控制技术发展[J]．航天器工程，2001，10(1)：14-29.

[5]　Paul Berdahl，Sarah E Bretz. Preliminary Survey of the Solar Reflectance of Cool Roofing Materials[J]．Energy and Buildings，1997，25：149-158.

[6] Hugo Gerd. Coating Material with Reflective Properties in Two Wavelength Ranges and Absorbent Properties in a Third Wavelength range[P]. US Pat6017981, 2000-01-25.

[7] Michael GrMe, Alan GrMe, Martin Sheeran. Thermally Reflective Substrate Coating and Method for Making and Applying Same[P]. US Pat6391 143 B1, 2002-05-21.

[8] 许铁群，孙乔，刘宏伟. GF-05 高效反射隔热防腐涂料的研制[J]. 防腐科学与防护技术，2008，20(4)301-303.

结合炼厂平面布置探讨系统能量优化措施

庄恒亚　孙虎良

（上海优华系统集成技术有限公司，上海　200120）

摘　要：介绍了某炼油企业结合全厂总平面、总加工流程、热源和热阱分布等情况，根据全厂物料流和能量热量流，即确定上下游装置间热出料形式和热联合。富余的热量通过热媒水构建合理的低温热系统。各装置和系统优化后，开展蒸汽动力系统改造优化和运营优化。考虑到企业的滚动发展以及建设资金一次性到位困难，结合企业检修计划，需制定项目分布实施规划。

关键词：平面布置　热出料和热联合　节能　分布实施

1　前言

工业和信息化部于2014年1月7日正式发布《石化和化学工业节能减排指导意见》。《意见》指出到2017年底，石化行业万元工业增加值能耗比2012年下降18%，重点产品单位综合能耗持续下降，全行业化学需氧量、二氧化硫、氨氮、氮氧化物排放量分别比2012年下降8%、8%、10%和10%，单位工业增加值用水量降低30%，废水实现全部处理并稳定达标排放，水的重复利用率提高到93%以上，新增固体废物综合利用率达到75%，危险废物无害化处置率达到100%。由此可见，目前的节能形势严峻，节能任务重。

本文以某炼厂全厂过程系统能量优化改造方案为例，运用三环节理论为指导，从用能的本质出发，分析该炼厂用能现状。提出结合全厂平面布置、全厂加工总流程、热源与热阱的相对位置关系等，对全厂热量流的流向进行了规划。即根据物料的流向和热源热阱的位置，确定上下游装置间热出料和热联合方式，将大量的热量以热出料的方式带到需要热量的地方。并在全厂范围内进行“高热高用、低热低用、温度对口、梯级利用”的原则对低温热源进行匹配和梯级利用。项目改造实施后，节能效果非常显著，改造投资明显降低。

2　某炼厂用能现状及存在问题

某炼厂主要装置有常减压装置、催化装置及配套气分装置、焦化装置、汽柴油加氢装置、制氢装置、MTBE装置、污水汽提装置和硫磺装置。同时配套有储运系统、循环水系统和蒸汽动力系统。该厂12年10月份炼油能耗为73kgEO/t，经过调研，分析该厂炼油综合能耗偏高主要有以下几个方面原因：

1）工艺操作参数和流程设计不合理

部分装置工艺操作参数不合理，如气体分馏装置脱丙烷塔塔顶产品中碳四组分含量高，大量的碳四组分带入脱乙烷塔和丙烯塔中，导致脱乙烷塔和丙烯塔塔底组分变重，在同样的操作压力下，塔底操作温度提高。而热媒水进气分装置温度95℃，温位不足，需要用8t/h的1.0MPag蒸汽将热媒水加热至115℃才能满足气分装置的要求。由于出气分装置的热媒水温位较高，需要用大量循环水将热媒水冷却至60℃。对于非深拔的减压塔，减顶真空度控制在1.14kPa，不合理。

部分系统工艺设计流程不合理，如原常减压装置减顶气与初顶和常顶气合并后，送至常压炉作为燃料。减顶分液罐顶排放气体的压力直接影响了减压塔抽真系统的蒸汽消耗量，将减顶气与初顶、常顶气合并后，减顶排放气的背压提高至20kpa以上，导致减顶抽真空蒸汽用量大幅增加。同时减顶真空度控制在1.14kPa，减顶抽真空蒸汽用量为14~15t/h。

2）装置和系统间的热量利用利用率较低够

气体分馏装置和催化裂化装置为联合装置，气分装置脱丙烷塔底采用蒸汽作为重沸器的热源，未与催化顶循实施热联合。低温热系统收集了常减压装置减压蜡油和减压渣油的热量，作为储运原油罐区维温热量，由于低温热系统热源的热量较少，原油罐需要补充蒸汽。热电车间反渗透生产的除盐水未直接进除氧器，消耗了大量蒸汽。冬季厂区办公楼采暖用蒸汽加热热媒水。但装置内大量的热量未回收利用，如焦化装置内有大量热源未回收利用，采用循环水冷却。如果能将焦化的热量供热电车间给除盐水加热、储运原油罐维温和冬季厂区办公楼采暖等，可减少全厂蒸汽消耗，也同步降低了全厂的循环水冷却负荷，降低全厂炼油能耗。

3）装置内用能有不合理的地方

主要体现在部分装置未实现热进料或热进料温度偏低，分馏塔取热比例和回流比不合理，换热网络夹点温差偏大等。

针对上述存在问题，本文提出根据全厂平面布置情况，规划全厂热量流流向；优化各装置操作参数和改进流程设计，加强装置内换热网络优化以及装置间热联合，提高热量利用效率。以热出料为契机的各装置优化和热联合后，富余的热量构建低温热系统，用于加热热阱。待各装置和低温热系统优化后，再优化循环水系统和蒸汽动力系统。

3 全厂热量流规划

合理利用低温余热是降低石化企业全厂能耗的有效途径。低温热系统将分散在各装置剩余的热量(即热源)与热媒水换热后，输送到全厂需要低温位热源加热的地方(即热阱)。如全厂工艺装置都采取热出料的方式，上游装置可降低冷却负荷，但对下游装置而言，夹点以下的热量增加，必然会导致冷却负荷的增加，如将下游装置的富余热量通过热媒水分别单独取出，则构建的低温热系统将很庞大，同时给生产操作和管理带来困难。因此，在构建全厂热出料和低温热系统之前，应根据该厂的加工总流程、平面布置和热源热阱的位置等进行综合分析，即应对全厂热量流做好顶层设计，规划好热量流流向，如能将上游装置的热量通过热出料的方式“自然”地向热需要低温热区域的下游装置“定向”热出料，则可以通过上下游物料流将热量从一个热量过剩的区域向一个需要热量的区域转移，从而达到热量集中，使低温热的收集变得更为便捷，也有效减少了工程的投资和项目投产后的运行费用。

即结合全厂平面布置和上下游装置的物料流向，结合全厂热量过剩装置和热量不足装置或系统之间的相对关系，针对性地热出料，是提高企业低温热利用水平的有效方法。

该厂热量过剩装置主要为常减压装置、催化装置、焦化装置和加氢装置。热量不足装置或系统主要为气分装置、储运系统、热电厂、厂区采暖等。

由平面布置图(略)可知，DCC和气分装置为联合装置，DCC装置取低温热供气分装置，作为气分装置脱丙烷塔进料预热、脱乙烷塔和丙烯塔塔底再沸热源。目前DCC装置取低温热由于热量不足，需要补8t/h的1.0MPag蒸汽加热热媒水，同时气分装置脱丙烷塔塔底使用6.1t/h的1.0MPag蒸汽作为再沸热源，气分装置蒸汽消耗量大。

目前DCC装置进料为冷进料，没有热进料。DCC原料需要用分馏塔顶循加热，分馏塔顶循热量没有得到有效利用。建议常减压装置减压蜡油热出料至DCC装置，DCC装置热进料后，原料将不需要用顶循加热，将顶循热量用于与气分装置脱丙烷塔底热联合。同时优化DCC装置低温热换热流程和气分装置操作参数，使DCC装置取低温热负荷能满足气分装置热阱要求。

目前常减压装置减压塔侧线产品输出低温热供储运原油罐区维温，常减压装置输出低温热不能满足储运原油罐维温要求。同时常减压装置蜡油热出料至DCC装置后，更不能满足储运原油罐维温要求。建议减压渣油热出料至焦化装置，由焦化装置集中取低温热供储运原油罐维温要求，同时多余的热量作为热电厂汽机凝结水加热和东区办公室采暖热源。

由于焦化装置需要扩能改造以及配套新建柴油加氢装置和制氢装置，同时结合全厂蒸汽动力系统优化，建议将常减压蜡油和渣油热出料分步实施。第一步实施常减压蜡油热出料至DCC装置；第二步待焦化装置扩能改造后，再实施常减压渣油热出料至焦化装置，构建全厂低温热系统。

全厂热量流示意图如图1所示。

其中：

1）DCC装置输出热量给气分装置包括两方面：一方面是分馏塔顶循与气分脱丙烷塔热联合；另一方面是DCC输出低温热作为气分装置加热热源。

2）DCC装置输出热量预热除盐水(DCC装置内)。

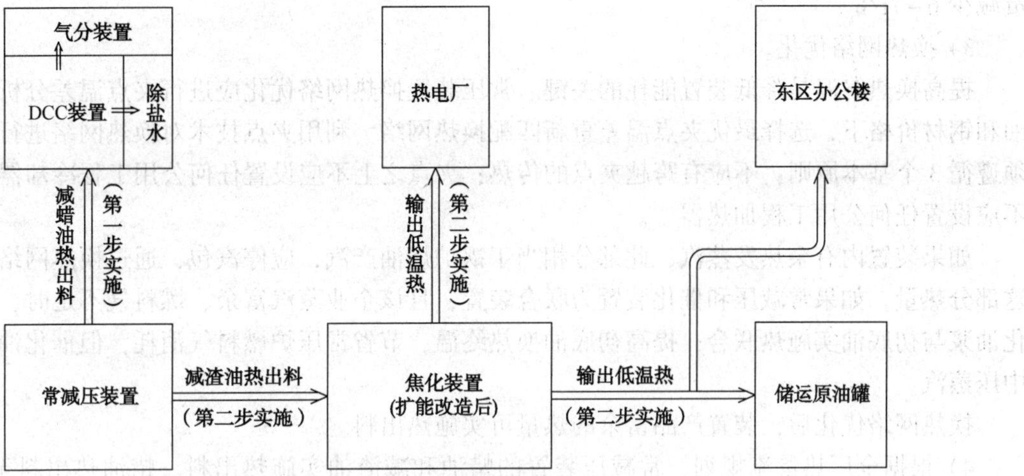

图1　全厂热量流规划图

3.1　热出料促使上游装置换热网络重新匹配和深入节能[1]

该炼厂上游装置为常减压装置，以常减压装置为例说明。

对常减压装置进行用能评价指标计算，计算结果如表1所示：

表1　常减压装置用能评价指标表　　%

项目名称	数值	说　明
综合能耗/(kgEO/t)	12.239	总供能-回收输出
能量转换效率	92.09	有效供能/总供能
有效供能比率	44.26	有效供能/工艺总用能
能量回收利用率	64.18	(回收循环能+热输出)/待回收能
回收输出率	5.45	回收输出/待回收能
冷却排弃损失率	24.98	冷却排弃能/待回收能
散热排弃损失率	8.3	散热排弃能/待回收能

根据用能分析该常减压装置主要存在的问题有：

在能量利用环节，该装置有效供能占工艺总用能的44.26%，该环节优化方向是努力增大回收循环能，以降低有效供能。同时优化减顶抽真空系统，减少蒸汽消耗量，减少利用环节消耗。

在能量回收环节，该装置的能量回收利用率为64.18%，冷却排弃损失率为24.98%，散热损失排弃率为8.3%。装置能量回收利用率低，增大回收循环能，减少回收环节中冷却排弃能，侧线产品实施热出料，可进一步提高能量回收利用率。

常减压装置优化措施主要为：

1）优化工艺操作参数，降低工艺总用能。如常压塔闪蒸段过气化率控制在2%～3%的合理范围内。根据减渣油是否需要深拔，控制好减顶真空度。对于非深拔工况的减压塔，建议减顶真空度控制在2～3kPa比较合适。

2）开发和应用节能新技术和新工艺[2]。常压塔汽提段开孔率优化，对常压塔汽提段进行水力学核算，很多常压塔汽提段阀孔动能因子在2%～4%，开孔率偏大，塔盘漏液严重，为了达到油品质量要求，在实际生产中采用了提高常压塔闪蒸段温度和加大汽提蒸汽流量等增大能耗的操作方法。对于减压塔顶抽真空系统，先将减压塔顶分液罐的排气与初常顶分开，降低减顶气的排放压力，降低减顶抽真空压比，减少抽真空蒸汽用量。减压塔顶抽真空可以采用蒸汽抽真空和水环抽真空相结合的混合抽真空形式。对于非深拔的常减压装置，减压塔顶真空度建议控制在2～3kPa，减顶真空度提高后，减压塔闪蒸段温度也相应提高。优化后，减顶抽真空蒸汽用量减少6～7t/h。

3）换热网络优化。

提高换热终温是降低装置能耗的关键。常压装置换热网络优化应进行夹点温差分析。在当前原油和钢材价格下，选择最优夹点温差重新匹配换热网络。利用夹点技术对换热网络进行设计时，必须遵循3个基本原则：不应有跨越夹点的传热；夹点之上不应设置任何公用工程冷却器；夹点之下不应设置任何公用工程加热器[3]。

如果装置内有余热发蒸汽，此部分相当于锅炉烧油产汽，应停汽包，通过换热网络优化，消化这部分热量。如果常减压和催化装置为联合装置，且该企业蒸汽富余、燃料气不足时，可以考虑催化油浆与初底油实施热联合，提高初底油换热终温，节省常压炉燃料气消耗，但催化油浆少发部分中压蒸汽。

换热网络优化后，装置产品富余的热量可实施热出料。

4）根据全厂热量流规划，常减压装置的蜡油和减渣油实施热出料。蜡油热出料至催化装置，顶出催化装置顶循油预热原料的热量，为催化顶循与气分装置实施热联合创造条件。减渣油热出料至焦化装置，焦化装置经换热网络优化后，一方面提高原料进焦化炉的温度，节省焦化炉燃料气消耗；另一方面由焦化装置集中取低温热。

需要说明的是，不是所有常减压装置蜡油和减渣油都需要实施热出料。如果催化和气分装置无法实施热联合，常压装置蜡油热出料给催化装置，顶出催化装置顶循油热量后，仍需要通过热媒水取出。此时，可以考虑常压装置蜡油和减渣油不实施热出料，直接输出低温热，提高热媒水至一定温度，使热媒水温位能满足气分装置脱丙烷塔底热源要求，同样节省脱丙烷塔蒸汽用量。

热出料后，上下游装置操作关联度比较大。应考虑当发生上下游装置非同步停工时，需要相应的辅助设备和管线，能将未停工的一方热流冷却下来进罐，冷流适当升温保持正常运行。在特殊事故状态下，要求有最快切断联合，处理事故部分的辅助流程和应急预案[1]。

3.2 热进料温度提高改变下游装置热量利用格局，促使装置能量优化进一步深入[1]

下游装置进料温度提高后，如果不对原有的换热流程做调整，提高进料温度将使换热器的传热温差减小，将只有很小一部分热量传递到高温端，其余大部分热量转移至空冷、水冷上，或顶出与其换热的一些高温位热量。因此，下游装置热进料后，需对换热网络进行调整。

原催化装置原料换热流程为，依次与顶循油、柴油、产品油浆和循环油浆换热，催化顶循油抽出温度为135～150℃。而催化装置热进料后，蜡油温度130～140℃，将顶出顶循油热量。如果富余的顶循油热量不能通过热媒水取出，将导致催化分馏塔顶打冷回流才能控制粗汽油干点合格。此时，催化装置分馏塔操作不合理。本催化装置热进料后，富余的顶循油热量与气分装置脱丙烷塔实施热联合，节省气分装置5.6t/h的再沸蒸汽。然后优化催化装置低温热换热流程，提高热媒水进气分装置温度。同时对气分装置操作优化调整，控制好脱丙烷塔顶产品中碳四含量，优化丙烯塔底丙烯纯度，使催化装置供出的热媒水负荷能满足气分装置的要求，此项目优化后，节省气分装置

8t/h 的加热蒸汽。

焦化装置实施热进料后，顶出用于加热原料的柴油热量。原焦化装置吸收稳定部分稳定塔和解吸塔底热源均由蜡油提供，稳定塔、解吸塔底再沸器热源不足，吸收塔的补充吸收剂量控制较少，导致干气中 C_3^+ 含量偏高。优化后，用顶出的柴油热量代替蜡油作为解吸塔底热源，蜡油仅作为稳定塔底热源。增加吸收塔的补充吸收剂量，降低干气中的 C_3^+ 含量。至于干气中的 C_3^+ 含量降低多少比较合适，还需根据柴油能提供的热量具体分析。

柴油加氢装置热进料后，新增换热器，加强原料与反应产物换热，提高原料进加热炉温度，降低加热炉负荷。当反应器温升达到一定值后，理论上是可以停加热炉。但停加热炉时，需注意一些操作事项，保证柴油加氢装置的稳定操作，在此不详细列举。

4　储运系统优化

上下游装置热供料和直供料后，为储运系统优化带来机会。储运系统优化，需考虑以下几点：

1）上下游装置实施热进料和直供料后，经中间原料罐区中转至下游装置物料的流量减少。此时，应考虑中间原料泵的节电优化。

2）原油储存温度，按照至少比凝点温度高 10℃和满足泵输送的最高黏度的原则确定不同原油的储存温度。原油储存温度不能太高，一方面增加维稳负荷，另一方面造成轻组分挥发，导致加工损失率高。

3）中间原料罐进料温度，在设备设计条件允许的情况下，提高中间原料进罐温度，可减少上游装置冷却负荷，同时降低中间原料罐维稳蒸汽用量。

4）做好罐区保温，尤其是罐顶保温，减少散热损失。

5）原油罐区维稳，选择适宜的加热方式。

原油罐维温温度在 30~50℃，如果用 1.0MPag 蒸汽作为维稳介质，传热温差大，属于高质低用，可以考虑用热媒水代替蒸汽作为原油罐维稳介质。对于原油罐维稳由蒸汽改为热媒水时，需注意原盘管加热面积是否满足要求；如果盘管泄漏时原油渗入热媒水中，热媒水怎么处理才能不影响热媒水系统正常操作。针对上述问题，可考虑新增换热器，用热媒水加热原油，提供原油进罐温度，减少原油罐加热和维温负荷。也可以对原油罐进行改造，在原油罐抽出口增加快速加热器，只加热抽出部分的油品，减少加热负荷。

5　低温热系统优化

本厂原有两套低温热系统，一套低温热系统为常压装置低温热系统。热源为减压蜡油(热负荷 2176kW)和减压渣油(热负荷 3141kW)，热阱为原油罐维稳和厂区冬季采暖。另一套低温热系统为催化装置低温热系统，热源为催化装置分馏塔顶油气、顶循油和稳定汽油，热阱为气分装置脱乙烷塔和丙烯塔。

1）常减压装置低温热系统存在的主要问题，蜡油和减渣油等热源随着常减压装置实施热出料将消失，且传热温差大，属于高质低用。蜡油热出料至催化和减渣油热出料至焦化装置，对下游催化装置和焦化装置的影响在上述已经分析。

2）催化装置低温热系统存在的主要问题，热媒水经分馏塔顶油气、顶循油和稳定汽油换热后，热媒水温度偏低，导致气分装置用 8t/h 的蒸汽加热热媒水，出气分装置的热媒水温度偏高，消耗大量循环水将热媒水冷却至一定温度。

在构建全厂低温热系统之前，需要对全厂热量流做顶层设计，根据该炼厂存在的问题，规划好热量流流向。即结合全厂平面布置情况，明确全厂热量过剩装置和热量不足装置或系统之间的相对关系，规划好热量过剩装置是否实施热出料。

根据全厂热量流规划图，本厂拟构建两套低温热系统，分别为催化装置低温热系统和焦化装置低温热系统。

催化装置低温热系统，优化催化装置低温热换热流程，提高热媒水进气分装置温度。同时对气分装置操作优化调整，控制好脱丙烷塔顶产品中碳四含量，优化丙烯塔底丙烯纯度，使催化装置供出的热媒水负荷能满足气分装置的要求，此项目优化后，节省气分装置 8t/h 的加热蒸汽。

焦化装置低温热系统，热源为焦化装置内的顶循油、稳定汽油、柴油和蜡油，热阱为原油罐区维温、汽机凝结水加热和采暖。焦化装置低温热系统优化后，可节省原油罐区维稳蒸汽消耗，汽机凝结水加热蒸汽和采暖蒸汽。合计节省蒸汽 4.7t/h。

6　循环水系统优化

随着各装置实施热出料和热联合以及低温热系统优化后，各装置或系统节省大量的冷却负荷，即减少大量的循环水消耗。以此为契机，为循环水系统优化提供条件。

循环水系统优化主要包括以下内容：

(1) 循环水水质优化，对水质进行分析，提出问题所在，通过改善水质，减少换热器结垢，提高传热效果。

(2) 循环水使用系统　目前石化企业普遍存在循环水上回水温差小，导致循环水量大，电力消耗大。造成这一状况的主要原因有以下几方面：

① 换热器本身的设计原因。换热器原设计偏大，流速偏低。

② 操作原因。为了节约循环水，关小循环水冷却器循环水出口阀，导致循环水侧流速过低，换热器管程结垢，传热系数降低，不得已又开大循环水，造成循环水浪费。

③ 工艺流程的原因。工艺流程不够优化，取热不足，导致进入循环水换热器的温度偏高，易造成循环水侧管壁温度超过 70℃，引起循环水结果。

针对上述问题，要从两方面入手。一方面通过全厂优化(热进料、热联合和低温热)降低公用工程的冷却负荷，从而减少循环水的用量。另一方面通过强化传热和循环水的流程优化提高循环水温差，降低循环水流量，达到节能效果。

(3) 循环水供应系统　循环水供应系统优化的主要目的是降低循环水泵电耗，主要从以下几个方面如下：

① 选择高效泵，提高泵的效率，降低循环水泵电耗。

② 降低循环水系统循环量，降低循环水泵电耗。

③ 通过循环水管网网络模拟计算和实际测量相结合的方法，优化循环水管网压降，降低循环水泵扬程。

④ 为保障水冷器长周期运行，新增监测和优化系统，根据监测结果，指导循环水系统的优化操作，保证运行和优化效果。

7　蒸汽动力系统优化

以热出料为契机的装置优化和热联合后，顶出部分装置的热量发低压蒸汽，催化装置多产中压蒸汽。低温热系统优化后，节省大量低压蒸汽用量。这些将使原蒸汽供需平衡发生较大变化，为蒸汽动力系统优化全面优化提供机遇，同时也为蒸汽动力系统优化出难题。

根据各装置和系统优化后，画出各压力等级的蒸汽冬夏季平衡图，根据冬夏季蒸汽平衡情况，提出蒸汽动力系统改造方案。做蒸汽平衡方案时，应考虑以下几个原则[2]：

1）蒸汽动力系统优化改造时，需考虑蒸汽动力系统的柔性调节。

2）提高转化效率，降低供汽能耗。在各装置的余热回收设计中，产汽设备根据热源温位，尽量发生高参数蒸汽，提高蒸汽品质。如催化装置反再系统的内取和外取发蒸汽、循环油浆发蒸汽和烟气余锅发蒸汽应发 3.5MPag 的中压蒸汽，而不要发 1.0MPag 的低压蒸汽。

3）优化匹配，实行不同压力等级的蒸汽逐级利用。炼油厂一般都设置三个压力等级的蒸汽管网，即3.5MPag、1.0MPag和0.5MPag。各等级的蒸汽管网之间尽可能选用背压式汽轮机发电或驱动大功率的机泵，背压透平排出的蒸汽供下一级管网使用，实现蒸汽能量的逐级利用，尽可能减少减温减压量。本文并不推荐全部选择背压式汽轮机，虽然各装置能耗均比较低，但有可能导致低压蒸汽富余放空，而全厂炼油能耗比较高。在选择汽轮机时，需根据全厂蒸汽平衡情况，选择凝汽式汽轮机还是背压式汽轮机。

根据优化后的蒸汽平衡和管网情况，用上海优华系统集成技术有限公司的蒸汽动力系统优化软件(SNAMER)构建蒸汽动力系统模型，根据模型运行结果，找出系统运行存在的问题，进一步提出蒸汽动力系统运营优化方案。

8 项目实施结果

项目全部实施后，主要节能实物量见表2。

表2 节能实物量汇总表

	实物名称	总项目	已实施项目
实物名称及节能量	3.5MPag蒸汽/(t/h)	2.37	
	1.0MPag蒸汽/(t/h)	44.03	25.34
	电/kW	167	-110
	循环水/(t/h)	2951.5	1100
	新鲜水/(t/h)	144	
	除盐水/(t/h)	-0.4	
	除氧水/(t/h)	-3.2	
	燃料气/(kg/h)	198.06	-190
	液化气/(t/h)	0.245	890
降低炼油能耗/(kgEO/t)		12.536	3.817
效益/(万元/a)		13411.161	4977
投资/(万元/a)		4476.46	

9 分布实施规划

考虑到企业的滚动发展以及建设资金一次性到位困难，结合企业检修计划，特制定项目实施规划。

项目实施规划原则：

(1) 热供/出料项目和以热供料为契机的装置内部优化项目同时进行。

如果不对装置内部换热网络进行优化，单纯的热进/出料节能效果非常有限；反之，如果不实施在实施热进/出料的基础上单纯进行装置内部优化，因热量有限，节能效果也非常有限。

(2) 热联合项目需要热阱和热源装置同时改造才有效益。

(3) 先实施装置优化项目后实施系统项目。

(4) 装置内优化项目先实施利用环节、后实施回收环节方案。

(5) 先实施节能量大、效益高的项目。

(6) 操作优化优先实施。

(7) 结合企业未来检修计划，制定项目实施规划。

参 考 文 献

[1] 华贲．中国炼油企业节能降耗——从装置到全局能量系统优化[J]．石油学报，2009，25(4)：465-467.
[2] 张日勇．在规划设计中优化炼油厂全局节能措施探讨[J]．炼油技术与过程，2010，40(5)：55.
[3] 朱玉琴，周丹黎．利用夹点技术分析优化换热网络[J]．西安石油大学学报(自然科学版)，2008，23(6)：68.

中国石化出版社
CHINA PETROCHEMICAL PRESS

30周年庆
1984～2014

中国石化出版社成立于1984年，是世界500强企业中国石油化工集团公司直属的科技出版社。30年来，石化出版社在中国石化历届党组的正确领导下，在各企事业单位和社会各界的大力支持下，高举中国特色社会主义伟大旗帜，以邓小平理论、“三个代表”重要思想和科学发展观为指导，严格遵守党和国家的出版政策和法律法规，始终坚持正确的出版方向，坚持把社会效益放在首位，坚持为人民服务、为社会主义服务，出版了一大批石油石化科技图书、大专院校教材、石油石化行业标准和企业文化建设等方面的图书，为中国石油化学工业的繁荣发展、为石油石化工业技术进步、为社会主义精神文明建设做出了应有的贡献。

您还在为
技术问题寻找解决方案
头疼不已吗？
敬请关注

东瓯微滤
DONOU

高新技术企业
国家火炬计划产品
Ⅰ、Ⅱ类压力容器制造企业

超细粉末过滤、洗涤、压干机

五大选用理由

1 产品回收率高达99.9%：
0.3μm颗粒一次截滤，不穿滤。
2 节约洗涤水近2/3：
采用静止薄层式或动态打浆的洗涤技术，能高效地洗去粉体中的离子。
3 降低干燥耗能：
排出粉体干度高达95%（视粉体而定）。
4 无需要繁重体力操作：
整个操作过程只需启闭几个阀门，
彻底解放劳动力，还可实行全自动操作。
5 密闭过滤、改善操作环境、长效过滤介质、运行费用低。

大面积薄层过滤系统

四大选用理由

1 过滤精度高：滤液清澈透明，一般浊度达1NTU
透光率98%以上。
2 处理量大：采用智能控制的方式，处理量0.5$m^3/m^2 \cdot h$
(视物料而定)
3 占地面积小：
如直径1800的过滤机过滤面积可达150m^2
4 过滤管使用寿命长：过滤介质使用寿命最少1年以上。

浙江东瓯过滤机制造有限公司
温州东瓯微孔过滤机有限公司

浙江省丽水市水阁工业园区石牛路85-2号
邮编：323000

电话：0577-88130119 88130813
0578-2695199 2975888

传真：0577-88138523
0578-2695198

www.chinadongou.com
E-mail：chinadongou@126.com
chinadongou@sina.com

上海洪利净化科技有限公司

上海市长寿路396号7楼
邮编：200060

电话：021-62778862
62275792

传真：021-52520537

E-mail：
xianhong@pubtic4.net.cn

重庆14000Nm3/h天然气重整制氢及尾气纯化系统

广东石油化工學院

Guangdong University of Petrochemical Technology

广东石油化工学院创办于1954年，地处中国南方大型的石化生产基地和水果生产基地广东省茂名市，是广东省属本科院校，华南地区一所石油化工特色院校，教育部“卓越工程师教育培养计划”试点高校，广东省人民政府与中国石油化工集团公司、中国石油天然气集团公司、中国海洋石油总公司共建高校。

学校开办有工学、理学、管理学、经济学、教育学、文学、法学、历史学、艺术学九大学科门类，43个本科专业。拥有控制理论与控制工程、化学工艺、环境工程3个省级重点学科，化学工程与工艺专业1个国家级特色专业建设点，化学工程与工艺、电气工程及其自动化2个卓越工程师教育培养计划国家级试点专业，化学工程与工艺等5个省级特色专业建设点，电气工程及其自动化等3个省级专业综合改革试点项目。现有教职工约1100人，全日制在校生20400多人。近年来学校毕业生就业率均在98%以上，曾获“全国普通高校毕业生就业工作先进集体”、“2009年度全国毕业生就业典型经验高校”等国家荣誉称号。

学校拥有3个国家级工程实践教育中心，1个省重点实验室，3个省高校工程技术开发中心，1个省工程技术研究中心，1个省级地方历史文化研究基地，1个省非物质文化遗产研究基地，6个省级实验教学示范中心建设项目，4个省级大学生实践教学基地等一批省级高层次教学、科研平台。近三年来，学校承担了600多项科研项目，其中包括国家自然科学基金项目等高级别项目近100项。

学校坚持面向国内外社会办学，与茂名石化公司、广州石化公司、湛江东兴石化公司等国家特大型企业、大型企业建立了紧密的产学研合作关系，与太原理工大学等20所高校联合培养硕士研究生、博士研究生，与英国知山大学等国（境）外20多所知名高校建立了合作关系。2013年学校成功获得招收外国留学生资格，首批本科学历外国留学生2014年7月到校学习。

“十二五”期间，学校力争成为硕士学位授予权规划建设单位，把学校建设成为以工为主，石油化工特色鲜明、优势突出，多学科协调发展，在省内外具有较大影响的本科院校。

图片注释

1. 现代化的教学大楼；2. 数字化的图书馆；3. 广东高校石油化工污染控制与清洁生产工程技术开发中心；4. 广东省石化装备故障诊断重点实验室；5. 标准塑胶田径场。

超深污泥污油自吸泵

消防柴油机自吸泵

长管线大流量自吸泵

罐顶卸车扫仓自吸泵

大流量高吸程自吸泵

硫磺介质自吸泵

移动式自吸泵

辽宁格瑞特泵业有限公司

- 高新技术企业
- 中石油、中石化、中海油物资成员单位
- 中石油炼化装置关键部位工业泵短名单企业
- 高效防爆自吸泵获12项国家专利
  （专利号：zl 2013 2 0398311.9、zl 2011 2 0510512.4等）
- 高效防爆自吸泵获第10届科学家论坛"2013年中国科技创新发明成果奖"
- 成功应用于石油、石化、煤化工、核电等行业苛刻自吸工况。出口印尼、伊朗、吉尔吉斯斯坦等国家。

GREAT®

格瑞特 • 优秀自吸泵品牌

LIAONING GREAT PUMP CO.,LTD.

高效防爆自吸泵十大优势

专利号：ZL2009 2 001590.6　　ZL2010 2 0560558.2

1.转动件不接触燃气，安全防爆；2.介质注满泵才启泵，避免干磨；

3.泵无介质或堵塞时，自动停机；4.入口滤网提上清理，操作安全；

5.自吸机吸上达 8米，自吸力强；6.无底阀自动吸介质，不用灌泵；

7.硫酸等强腐蚀介质，安全自吸；8.高温轻质气化介质，实现自吸；

9.罐顶卸车防止断流，技术先进；10.可燃气体收集排放，安全环保。

地址：沈阳市浑南新区新放街6号　　邮编：110179

电话：024-83787173　　传真:024-83783885　　联系人：13840013869

网址：www.lngrtby.com.cn　　E-mail:lngrtby@163.com

易汽化轻质油自吸泵

易汽化轻烃类自吸泵

强腐蚀介质自吸泵

有毒有害介质自吸泵

浮油、浮尘介质自吸泵

高黏度介质自吸泵

高温油、水(97℃)自吸泵